ENCICLOPEDIA DEL
VINO

CHRISTIAN CALLEC

EDIMAT Libros

www.edimat.es

ISBN: 84-9764-341-0

Título original: De grote wijn encyclopedie
Texto: Christian Callec
Fotografía: Minkowsky, bureau voor grafische vormgeving, Enkhuizen
Studio Imago, Amersfoort
Foto Spring, Slovenija
Atelje Villa, d.o.o., Slovenia
Redacción: TextCase, RenateHagenouw
Producción: TextCase, Groningen
Texto traducido al español: Susana Escudero
Corrección técnica: Unión Española de Catadores

Índice

PRÓLOGO   5

CAPÍTULO 1   La histora del vino y la viticultura   6

Los orígenes del vino   6
La antigüedad clásica   6
La Edad Media   11
Los siglos XVII y XVIII   13
El progreso hacia los tiempos modernos   15

CAPÍTULO 2   Los secretos de elaboración del vino   16

Factores esenciales   16
Variedades de uva   24
El factor humano   34

CAPÍTULO 3   La vinificación   36

La uva como materia prima   36
La elaboración del vino   38
El proceso de elaboración de los diferentes tipos de vino   41

CAPÍTULO 4   Catar el vino   48

Cata profesional de vinos   48
El análisis sensorial   50
Cata informal de vinos   54

CAPÍTULO 5   Comprar y guardar el vino   56

Guardar el vino   56
La compra del vino   60
La elección del vino   61
El lenguaje de las etiquetas   68

CAPÍTULO 6   Beber el vino   72

La copa de vino   72
Abrir el vino: ¿cuándo y cómo?   74
El vino y la comida   78

CAPÍTULO 7   Europa   82

Francia   82
España   216
Portugal   260
Italia   275
Grecia   341
Países Balcánicos   352
La antigua Unión Soviética   361
Hungría   363
Repúblicas Checa y Eslovaca   381
Austria   383
Suiza   394
Alemania   411
Benelux   420
Reino Unido   425

CAPÍTULO 8	Oriente Medio	430
	Turquía	430
	Chipre	433
	Líbano	433
	Israel	435
	Malta	437

CAPÍTULO 9	África	438
	Egipto	438
	Túnez	439
	Argelia	440
	Marruecos	441
	Sudáfrica	443

CAPÍTULO 10	América	450
	Canadá	450
	Estados Unidos	455
	México	461
	Sudamérica	462

CAPÍTULO 11	Australia y Nueva Zelanda	476
	Australia	476
	Nueva Zelanda	484

CAPÍTULO 12	Asia	488
	India	488
	Tailandia	488
	China	489
	Japón	490

AGRADECIMIENTOS	492
BIBLIOGRAFÍA	496
GLOSARIO	498

Prólogo

Con esta "Enciclopedia del Vino" *quisiera acompañarle en un viaje fascinante alrededor del mundo, visitando todos los países productores de vino más famosos y los menos famosos. El mundo del vino está cambiando constantemente: surgen con regularidad nuevas tendencias y nuevos países, y siempre se están añadiendo nuevos nombres de vinos. Mediante este libro conocerá muchos de estos cambios.*

En esta enciclopedia espero ofrecer una clara imagen de los últimos desarrollos relacionados con el vino. Además de los países productores de vino más conocidos en el pasado, como Francia, Italia, Portugal, España, Grecia, Alemania, Suiza y Austria, los países del antiguo bloque del Este y los Balcanes también están trabajando en una regeneración de la calidad en el mundo del vino, particularmente Eslovenia, Croacia, Hungría y, en menor grado, Bulgaria y Rumania; algunos países antiguos productores de vino casi olvidados, como Marruecos, Argelia, Túnez, Turquía, Líbano e Israel, también se están uniendo, aunque su contribución aún es en general muy modesta. De estos países, sólo Líbano tiene una importante presencia en el mercado de los vinos de alta calidad.

Los recién llegados más importantes desde hace diez o quince años incluyen el continente americano (Canadá, Estados Unidos, México, Bolivia, Brasil, Uruguay, Argentina y Chile) y Sudáfrica, Australia y Nueva Zelanda. Sin embargo, se están realizando grandes esfuerzos en la actualidad en Asia: Japón, China, Tailandia e India son los nuevos países productores de vino más destacables.

Países como Irán, Siria, Irlanda, Zimbagüe y los países escandinavos, que aún no son muy importantes con respecto a la producción vinícola, no han sido considerados en esta enciclopedia. Los países escandinavos están experimentando con el cultivo de la vid y los viñedos de Jutlandia; Suecia probablemente cuenta con las mayores oportunidades. Oiremos hablar de ellos en el futuro.

El viaje que emprenderemos con esta enciclopedia es una invitación a prestar más atención a las historias que se encuentran detrás de los diferentes vinos. El vino no sólo es una bebida agradable, también tiene mucho que decir: sobre sus raíces, sus orígenes, sus productores. Demasiado a menudo el consumidor escoge el vino como si se tratase de otro artículo de marca. Por ejemplo, comprará un "Burdeos" o un "Champagne". Compra una etiqueta y olvida escuchar su historia. En este libro encontrará algunas de las historias que se esconden detrás de las etiquetas, que ayudarán a hacer que incluso disfrute más de la experiencia de beber vino.

En el contexto de este libro, centraremos la atención en los vinos tintos, blancos y rosados, de los vinos secos a los dulces, también varios vinos espumosos (incluyendo champagne, crémants, cavas y spumanti) y los llamados vinos fortificados o generosos (como manzanilla, oporto, banyuls y maury, por ejemplo). No obstante, no tendremos en cuenta los diferentes licores aperitivos de hierbas, como el vermut.

Además, existen algunos trucos para servir el vino y para cada vino encontrará el tipo de plato que le puede acompañar. Le deseo todo lo mejor en su lectura, su viaje y su disfrute del vino.

Christian Callec

Vino japonés, cada vez mejor, cada vez más serio.

Vinos libaneses, quinientos años de historia.

Bodegas Bouchard en Borgoña.

1

La historia del vino y la viticultura

LOS ORÍGENES DEL VINO

Los vinos europeos tienen su origen en la región indo-europea transcaucásica (en la actualidad, Azerbaiyán, Georgia y Armenia), dato revelado por descubrimientos llevados a cabo por botánicos y arqueólogos. El vino comenzó a ser producido hace 8.000 años. A este respecto, las historias bíblicas y la realidad coinciden. Después de todo, según la leyenda local fue en el monte Ararat, en Armenia, donde el Arca de Noé fue a parar después de la inundación.

Mientras los orígenes de "la vid productora de vino", la *Vitis vinifera*, se encuentran en el Cáucaso, la familia Vitis parece ser mucho mayor. Existen fósiles con las huellas de hojas de vid de hace sesenta millones de años. Las esporas, hojas y semillas de antiguas especies de la familia Vitis también han sido encontradas en sedimentos de la era terciaria y cuaternaria. La vid logró sobrevivir durante las dos Edades del Hielo en varias zonas resguardadas, en particular el norte de

El sabroso fruto de la *Vitis vinifera.*

África, España, Italia, Grecia, los Balcanes y el área transcaucásica anteriormente mencionada. La vid fue en sus orígenes una planta trepadora que solía crecer sobre árboles de hoja caduca de diez o veinte metros de altura, preferentemente en zonas con veranos cálidos y húmedos. Otras variedades de Vitis florecieron en diferentes partes del mundo. Por ejemplo, no existieron Vitis viniferas en Norteamérica, pero quedaron cientos de otras descendientes de la familia Vitis. Una de éstas, *Vitis labrusca* (que también se haya en Europa), produce uvas de gran tamaño. Esta especie aún se usa en nuestros días en la fabricación de vino, dando a éste un gusto ligeramente alquitranado, la cualidad "especial" que hace tan característicos los vinos californianos. En total existen más de sesenta especies de Vitis en todo el mundo. Sólo una de ellas, *Vitis vinifera*, se emplea en la actualidad en la producción de vinos de calidad.

Con el paso de los años, la viticultura se ha hecho posible casi en todos los lugares, como resultado de la estudiada selección de variedades y el progreso de las técnicas de cultivo de la vid, incluso en áreas relativamente frías de Europa, como Alemania, los Países Bajos e Inglaterra. La viticultura también ha sido posible en los climas bastante húmedos del océano Atlántico (Galicia, Portugal) y en las zonas mediterráneas demasiado secas.

LA ANTIGÜEDAD CLÁSICA

EL VINO Y LAS VIDES EN LA MITOLOGÍA

Existe una historia en la Biblia sobre Noé plantando una vid (Génesis IX, 23). Al parecer encontró sus cepas en el paraíso terrenal. Después de todo, sabemos que, después de comer del fruto prohibido, Adán arrancó algunas hojas de parra para cubrir la vergüenza de su desnudez. El relato en el que Noé se emborracha con su vino casero también es un pasaje bien conocido. La Biblia también nos cuenta cómo Moisés y sus seguidores atravesaron muchos viñedos en su camino a la tierra prometida de Canaán. También tenemos las escenas del banquete de bodas de Caná, cuando los anfitriones descubrieron de repente para su horror que se había terminado el vino. Sin embargo, es en la Última Cena cuando se alcanza la apoteosis, cuando Jesús se dirige a sus discípulos y llama al vino "la sangre de Cristo". El vino era una bebida divina para los fenicios, los griegos y los romanos. Dionisos y su homólogo romano, Baco, eran grandes amantes del vino. El vino fue un aspecto fundamental en muchas ceremonias religiosas y paganas en las que corría libremente.

La viticultura moderna comenzó cuando se comenzaron a cultivar y reproducir las vides. Las nuevas plantas fueron podadas como arbustos o se servían de apoyos naturales. Apenas mil años más tarde, la viticultura llegó a Egipto. De allí se extendió a Grecia, probablemente gracias a los fenicios. Por su parte, los etruscos llevaron las técnicas de cultivo del vino a Italia hace 3000 años. Los romanos fueron responsables de la difusión de los viñedos por toda Europa. A medida que marchaban las legiones romanas, plantaban viñedos. De esta forma, los soldados romanos nunca tenían que privarse de la bebida divina de Baco, el dios del vino.

TRANSCAUCASIA, MESOPOTAMIA, PERSIA Y SUMERIA

La prueba más antigua del consumo de uvas como tipo de fruta data de la Edad Neolítica, un periodo en el que los hombres vivieron a menudo en las orillas de grandes ríos y lagos. Por ejemplo, las uvas ya se comían en los alrededores del lago Ginebra (Leman) en el 12000 a.C. Los historiadores consideran que es bastante probable que en aquella época los hombres estuvieran ya bebiendo el mosto fermentado de las uvas (es decir, el vino). No obstante, por el momento no existen pruebas de que hicieran tal cosa. Las huellas más antiguas de viticultura han sido encontradas en Transcaucasia (Armenia, Georgia, Azerbaiyán) y en la región fronteriza "entre los ríos" (entiéndase: el Tigris y el Éufrates), conocida como Mesopotamia, donde las uvas ya habían sido cultivadas 6.000 años a.C., seguramente para producir vino. Las vides crecieron allí probablemente en forma de arbusto, a la altura del suelo o como plantas trepadoras sobre coníferas, tal como ocurre ahora en Capadocia.

Recientes descubrimientos arqueológicos en Irán confirman que el hombre ya hacía cerveza y vino allí al menos quinientos años antes de Cristo. Recientemente, se ha descubierto una residencia neolítica completa en Hajji Firuz Tepe, en la que se encontraron seis jarras de vino así como varios artículos de cocina y un horno de pan. Estos descubrimientos datan del 5400 al 5000 a.C. Otros descubrimientos arqueológicos han sacado a la luz que la civilización neolítica en Oriente Medio desarrolló unas prácticas culinarias muy sofisticadas. Estos hombres sabían cocer el pan, eran capaces de hacer fermentar los vegetales, producir vino y cerveza de cebada, emplear hierbas frescas y especias para la carne, prepa-

rar platos con cereales y carne, y almacenar comida y bebida en jarras y vasijas de barro. ¡Ya hacían esto en el 6000 a.C.! Los análisis espectrográficos han puesto de manifiesto que las jarras encontradas en Hajji Firuz Tepe aún contienen restos de vino seco. También es sorprendente que existan restos de resina de trementina. Los botánicos lo explican de la siguiente manera: en aquella época las vides trepaban por altas coníferas, árboles conocidos por su producción de resina. Sin embargo, aún se desconoce si la resina de trementina se añadía al vino (tal como hicieron más tarde los egipcios, los griegos y los romanos, también para evitar que el vino se echara a perder y se avinagrase), o si las mismas uvas contenían un alto nivel de resina de trementina, porque crecían en el mismo terreno que las coníferas. Todo aquel que piense que la "retsina" es un descubrimento griego debería pensarlo dos veces y desengañarse, ya que los egipcios añadían resina a sus vinos antes que los griegos y los vinos de Mesopotamia que datan del 6000 al 5000 a.C. también contenían resina de trementina. En aquellos años, los hombres conocían la importancia de guardar el vino en un lugar fresco, y las jarras se sellaban con un tapón de arcilla. Los numerosos descubrimientos en el actual Irán (antigua Persia) e Irak nos han demostrado que existió un comercio muy activo relacionado con el vino en la antigua Sumeria y Mesopotamia, al menos el 3500 a.C., mucho antes de que los griegos e incluso los egipcios comenzasen a producir vino. Posteriormente, esta herencia se extendió aún más gracias a los fenicios, llegando a las distantes orillas del mar Mediterráneo (incluyendo el sur de Francia, España y Túnez).

Vino egipcio.

EGIPTO

Los botánicos se han visto sorprendidos al descubrir que se producía vino en Egipto incluso antes de los tiempos de los griegos. Después de todo, el vino no era autóctono del Antiguo Egipto. Sin embargo, los historiadores han establecido que existió un comercio floreciente entre el Antiguo Egipto y los países de Oriente Medio. Así probablemente fue como llegaron los primeros vinos a Egipto vía Palestina. Se han encontrado restos de viticultura que datan al menos del 2700 a.C. También se han descubierto jeroglíficos sobre la naturaleza (las vides con uvas) y el origen de los vinos (incluyendo Saqqara, Sile, Behbeit el Hagar y Menfis) en jarras oblongas egipcias que datan del tercer milenio a.C. Según los historiadores, estos jeroglíficos son las primeras versiones conocidas de las etiquetas de los vinos modernos. Los egipcios también sellaban sus jarras con tapones de arcilla.

La tumba del faraón Nakht se reveló como una rica fuente de información. Innumerables murales de espléndida belleza mostraban cómo era la viticultura popular en el Antiguo Egipto. Las pinturas muestran cómo las vides eran guiadas a lo largo de emparrados en estructuras similares a las pérgolas, que aún pueden encontrarse en la actualidad

Los vinos de Samos se encuentran entre los más antiguos del mundo.

ocasionalmente. Las uvas eran recogidas en cestos hechos con ramas de sauce y se llevaban a un balde para ser pisadas. Los egipcios pisaban las uvas en estos baldes grandes y abiertos. Se puede ver cómo tenían que agarrarse a una barra situada encima de ellos para que no resbalasen. El mosto comenzaba a burbujear y fermentaba con el calor. El mosto fermentado se traspasaba a grandes jarras de barro y la pasta restante era envuelta en telas, que se anudaban y se golpeaban con un palo para obtener los últimos mostos. La fermentación continuaba en las grandes ánforas selladas con una tapa de barro y paja, y el dióxido de carbono era liberado a través de un pequeño agujero en la tapa. Debido al calor del sol en el valle del Nilo, los vinos eran muy concentrados y contenían un alto grado de alcohol y azúcares residuales, lo que significaba que podían mantenerse durante un periodo razonablemente largo en las jarras frescas. Esta antigua técnica de producción de vino se usaba aún, hasta hace poco, en algunas partes de España; por ejemplo, en Valdepeñas. De hecho, las tinajas españolas no son muy diferentes de las ánforas puntiagudas de los antiguos egipcios, a excepción de su enorme tamaño.

Resulta sorprendente que los antiguos egipcios no parecieran considerar el vino una bebida popular: preferían beber cerveza en su vida cotidiana. El vino satisfacía una doble y paradójica función: por un lado, era muy apreciado por los faraones y los altos sacerdotes y se empleaba en los sacrificios a los dioses, luego el vino era una bebida popular en la otra vida. Por otro lado, sólo los esclavos, los sirvientes y los muy pobres bebían vino durante su vida. La elite, que bebía vino durante las ceremonias, empleaba bellas copas; los pobres lo bebían directamente de las jarras con una pajita. El patrón del cultivo de la vid, el dios Osiris, fue una inspiración para el dios Dionisos de la mitología griega, y posteriormente para el dios romano Baco.

GRECIA

Mientras los habitantes de la zona transcaucásica fueron los primeros en dedicarse al cultivo de la vid, y los egipcios fueron los primeros en representar las técnicas de la vinicultura y la producción del vino, fueron los griegos quienes alcanzaron el nivel de producción y, sobre todo, elevaron el acto de beber vino a una forma de arte. El vino y todo aquello relacionado con él constituyeron una fructuosa fuente de inspiración para los historiadores, filósofos, pintores, escultores y poetas griegos. La mayoría de los vinos en la antigua Grecia proceden de sus islas, y cada isla producía un vino muy específico. Los vinos de Chíos, Samos y Lesbos, en particular, pronto se hicieron famosos. También se importaba una gran cantidad de vino de Oriente Medio y Egipto. Al igual que en el Antiguo Egipto, el vino era una gran fuente de placer entre la clase alta. Las diferentes naciones "griegas" que extendieron sus horizontes hasta la costa del mar Mediterráneo, llevaron sus vinos y sus técnicas de cultivo con ellas a casi todos los lugares en los que se asentaron. Por ejemplo, los jónicos/fenicios fundaron ciudades como Massilia (Marsella), Nikaia (Niza), Antiopolis (Antibes) y Agathè (Aix-en-Provence), pero también ocuparon el sur de Italia y Sicilia. Las zonas productoras de vino de

En la antigüedad clásica, las vides a menudo crecían guiados a lo largo de pérgolas.

Antes de beberlo, se añade al vino todo tipo de elementos.

estas regiones debían casi todo a los antiguos griegos. También quedó claro que los griegos ya tenían contactos con los celtas desde más de 600 años a.C., y también tenían conocimientos sobre la producción vinícola.

LOS CELTAS

En los primeros tiempos de la viticultura, las uvas eran simplemente cosechadas en los bosques. Por ejemplo, los sacerdotes de los dioses y diosas celtas poseían amplios conocimientos sobre las fuerzas cósmicas y las fuerzas magnéticas terrestres, y sabían cómo determinar los lugares en los que estas diferentes fuerzas se encuentran llevando a cabo medidas secretas. A menudo eran árboles altos, normalmente robles que crecían en esos lugares. Hace 2500 años, los druidas recogían las "bayas" de las plantas trepadoras –la *Vitis labrusca*– que crecían en esos robles sagrados. También cogían algunas ramas de muérdago, que situaban sobre las uvas que habían recogido para mantener su secreto. Los druidas producían un tónico de estas uvas recién cogidas junto con hierbas y miel. Ya usaban recipientes de madera y barriles para la fermentación y el almacenamiento del vino. ¿Fue éste el secreto de la bebida mágica hecha por los famosos galos? Hoy en día, los fans

de Astérix y Obélix, así como muchos otros, aún creeen que el druida del poblado trepaba por el tronco de los robles para recoger el muérdago... Sin embargo, un breve estudio de la forma en la que crece el muérdago pronto nos muestra que casi nunca crece sobre los robles. Las técnicas que se usaban cambiaron pronto: para asegurar que las uvas estaban expuestas más tiempo a la luz del sol, se cortaron las hojas y los árboles que rodeaban las plantas trepadoras más productivas. Posteriormente, las vides retiradas del bosque fueron plantadas cerca de los poblados, cerca de árboles ya existentes. La productividad puede haber sido reducida por la poda de las vides, pero la calidad fue mejorando de manera constante.

LOS ROMANOS

El vino ha sido objeto de comercio desde tiempos inmemoriales, normalmente entre familias de clase alta que contribuyeron a mantener este desarrollo de la viticultura. Durante siglos, el vino estuvo muy solicitado en el mercado. Los fenicios, griegos, egipcios, romanos y otras civilizaciones transportaron el vino por toda Europa. Roma se convirtió en la metrópoli del comercio vinícola. Aunque los celtas y los griegos tuvieron un papel muy importante

Sotanum

M. CM. XCVII

« Les vins de Vienne fi renommés fous les Romains , fe receullaient à Seyffuel (...) Pline le naturalifte , Martial , Plutarque , &c. n'en parlent qu'avec éloges » (I).

« Le vin que produit le territoire de Seyffuel jouit d'une grande réputation : on peut en juger par ce paffage extrait de l'ouvrage de M. Faujas de Saint-Fonds (II) , p 183 , (...) ; « Seyffuel eft un village au nord de Vienne , qui en eft éloigné d'une lieu ; la vigne y croît dans des collines feches et arides , formées des débris de fchistes micacés granitoïdes Lyon en confome beaucoup , & l'on en fait des envois dans le nord du royaume » » (II).

« Un plant à raisin noir , appelé vitis Allobbrogica , cultivé sur le territoire de Vienne , donne trois crus : le Sotanum , le Taburnum , l'Heluicum suivant le terroir. Ce dernier est le plus recherché »(III).

Textes extraits de : (I) N.F Cochard Seysuel et Chasse (1789) BM. Vienne A 8312 ;(II) Cet ouvrage est un mémoire sur les vins du Dauphiné; (III) N.F Cochard. Dictionnaire manuscrit du Dauphiné (1789), (III) Pline l'Ancien. Histoire naturelle, livre XIV, Belles Lettres (1958).

Ya en la época romana se apreciaban los vinos del Ródano.

El vino tenía un papel esencial en la liturgia.

en el desarrollo de la viticultura europea, tenemos una gran deuda sobre todo con la insaciable sed de las legiones romanas y con las grandes técnicas de los viticultores que se establecieron por todo el territorio. Fueron los romanos quienes hicieron revivir el comercio del vino. La producción y el consumo de vino nunca fueron promocionados tanto como lo fue en la época romana. En algunas ciudades, como Pompeya, se podían encontrar puestos vendiendo vino en casi cada esquina de las calles. En la época romana el vino también fue una bebida de las clases altas. Los mejores y más exquisitos vinos corrían libremente en sus banquetes mientras el pueblo y los soldados tenían que contentarse con vino avinagrado rebajado con agua.

LA PRODUCCIÓN DE VINO EN LA ACTUALIDAD

En la antigüedad clásica, la tecnología no había logrado un alto nivel de desarrollo y los viajes a menudo duraban mucho tiempo. Los vinos de la época no estaban tratados

El vino se solía prensar al aire libre.

o apenas tratados: después de un proceso espontáneo de fermentación, eran almacenados en grandes ánforas o vasijas y después consumidos rápidamente. Por otro lado, los vinos destinados al comercio a menudo tenían que recibir algún tratamiento. Por ejemplo, durante la fermentación del vino, se añadía miel o pasas al mosto para aumentar el contenido en alcohol (el alcohol se produce como resultado de la conversión de los azúcares), de forma que los vinos no pudieran verse afectados negativamente al ser transportados. A veces también eran calentados para obtener un concentrado, o incluso ahumados para que pudieran "envejecer" más deprisa. Los vinos obtenidos mediante este método eran almibarados, fuertes y muy alcohólicos. Tenían que ser diluidos en una o dos partes de agua marina antes de consumirse. Muchos vinos también recibían un sabor especial mediante la adición de diferentes sustancias; en la actualidad preferimos decir que se ha quitado el sabor desagradable. Hierbas y especias, pimienta, resina, flores, raíces, hojas, cortezas y zumos de frutas se empleaban con este propósito.

DE LA ANTIGÜEDAD A LA EDAD MEDIA

Cuando se derrumbó el Imperio Romano como resultado de las incursiones de los bárbaros germánicos del norte y los árabes islámicos del sur, la viticultura europea casi desapareció por completo. Apenas quedaron algunos viñedos intactos, especialmente en las inmediaciones de las grandes ciudades. Bajo el dominio islámico se establecieron severas medidas contra el cultivo de vides en todos los territorios. Sin embargo, irónicamente, pasaron por alto una famosa zona del cultivo vinícola desde la época de los musulmanes shií-

El Dordoña, una arteria importante en la historia de la viticultura de Aquitania.

tas hasta el siglo XIX: la región de Shiraz, en el actual Irán.

Un clima incierto y hostil prevaleció en toda Europa. Las frecuentes guerras provocaban una sensación de inquietud, además del hambre y la pobreza; bajo estas circunstancias nadie estaba interesado en el comercio del vino. Fue la Iglesia católica la que honró la tradición de la Última Cena (el vino como "la sangre de Cristo"), salvando la viticultura europea de la completa extinción. Los sacerdotes y los monjes (re)plantaron las vides en toda Europa, no tanto como para producir vinos de alta calidad, sino por lo general para abastecer de vino las celebraciones eucarísticas. Aun así, el vino, que comenzó siendo destinado a la liturgia, pronto se convirtió en un valioso objeto de comercio.

LA EDAD MEDIA

A finales de la Edad Media un grupo de zonas productoras de vino gozaron de gran reconocimiento: Anjou, Charentes (Cognac), Poitou, Cahors y Gascuña en Francia, y las zonas germánicas que rodean el Ahr, el Rin y el Nahe, así como Alsacia. Cuando los últimos baluartes de los gobernantes moros se retiraron del sur de Europa, la viticultura comenzó a desarrollarse de nuevo muy deprisa, gracias en parte al trabajo realizado por los monjes. El comercio tuvo lugar sobre todo a lo largo del Sena y el Rin, pero pronto se trasladó al sur hasta La Rochela, Bergerac y Burdeos. Fueron los flamencos y los ingleses quienes ayudaron a hacer florecer el comercio. En el siglo XIII, la producción de vino se desarrolló con gran rapidez alrededor de Burdeos. Los acomodados habitantes de la ciudad financiaron enormes proyectos de deforestación en

los terrenos menos fértiles a lo largo de los ríos Garona y Dordoña, y se establecieron en nuevas propiedades en los viñedos de Burdeos. Debido a que la calidad de las cosechas no siempre podía ser garantizada, aunque la demanda aumentaba con gran rapidez, había necesidad de "reservar los vinos" en la región de Burdeos. Los viñe-

Los viñedos de Montravel (Bergerac) pertenecieron en cierto momento a la región de Burdeos.

do Borgoña y Flandes se unieron en un gran imperio. Sin embargo, como los vinos de Borgoña sólo podían ser transportados por tierra, tenían que enfrentarse a la competencia de los vinos germanos (que podían ser fácilmente transportados por el Rin) y los vinos del sur de Francia (transportados por el mar). Aun así, debido a su calidad superior, alcanzaron una popularidad cada vez mayor entre las familias flamencas más adineradas.

Tras la reconquista de España, el vino resurgió de nuevo. Sin embargo, los viñedos habían sufrido de forma exhaustiva durante la ocupación árabe y como resultado la calidad del vino era tan pobre que los españoles continuaron importando vino del sudoeste de Francia. Además de los vinos de Rioja y Navarra, que aún mantenían una calidad moderada en aquellos tiempos, quedaban unos pocos vinos ligeros y ácidos, como el vasco chacolí y los vinos gallegos.

Los vinos de Bergerac eran extremadamente populares entre los adinerados burgueses flamencos.

dos se multiplicaban por todas las tierras a lo largo del Garona, el Tarn y el Dordoña, hasta llegar a zonas tan lejanas como Auvernia. Zonas productoras de vino ya existentes, como Saint-Emilion, Bergerac, Cahors y Gaillac. Esta situación desembocó en un brusco final durante las guerras entre Francia e Inglaterra a finales del siglo XIII y comienzos del siglo XIV. Muchos viñedos fueron destruidos por motivos militares.

ALEMANIA Y LOS VINOS DEL RIN

Al mismo tiempo que los vinos de Aquitania se hacían famosos, el comercio con los vinos del Rin también floreció, particularmente en la ciudad de Colonia. El término colectivo "vinos del Rin" también incluye los vinos de Alsacia, Baden, Palafinado, Main y Mosela. En Alemania se comerciaba principalmente con vinos blancos, de forma que no existía una competencia real con Aquitania y otras regiones francesas. De hecho, se complementaban entre sí. La aparición de las cervecerías, algunas cosechas realmente pobres, las guerras religiosas y cierto anquilosamiento en la demanda fueron las causas, por desgracia, del fin de la edad dorada de la producción de vinos germanos hacia el siglo XVII. Las zonas vinícolas perdieron terreno en todas las regiones y la fama de aquellos vinos antes valorados quedó limitada a un círculo cada vez más pequeño.

OTRAS ÁREAS PRODUCTORAS DE VINO

En otras regiones de Europa, pero también en la propia Francia, la viticultura atravesó tiempos difíciles. En la Edad Media, los vinos italianos del Piamonte, Valtellina, Trentino-Alto Adigio y Tirol del Sur se hicieron muy famosos, así como los de la actual Saboya francesa (Apremont).

En Francia el "gran" sudoeste estaba floreciendo. Además de los vinos de Bergerac, Gaillac y Cahors, los vinos de Madiran y Marcillac también estaban dando muy buenos resultados. Los vinos de Borgoña sólo tuvieron un avance realmente importante a finales del siglo XIV, cuan-

VINOS DEL MEDITERRÁNEO

Los vinos más famosos de las zonas mediterráneas no sólo incluyen los vinos italianos; también los vinos griegos atravesaron una edad dorada, en parte por la ayuda de los insaciables italianos. La viticultura tradicional de muchas islas griegas fue avivada por los caballeros templarios. Los vinos

Los vinos españoles eran transportados en pieles de cerdo.

Los vinos dulces eran extremadamente populares.

Matraz de vino V. O. C.

de Commandaria y Malvasía alcanzaron tal fama que pronto fueron copiados por todas partes, en especial por los españoles (Málaga) y los portugueses (Madeira), pero también por los italianos (por ejemplo, Recioto della Valpolicella, Malvasía y muchos vinos "griegos" del sur de Italia).

LOS SIGLOS XVII Y XVIII

EL BRANDY HOLANDÉS

Debido a que el transporte del vino era arriesgado y, sobre todo, tenía altos costes, los ahorradores holandeses decidieron modificar las técnicas que empleaban. Los espléndidos vinos de Burdeos y los vinos del sudoeste fueron calentados hasta que su volumen quedó considerablemente reducido. Esto implicaba que los vinos podían ser transportados ocupando menos espacio. Estos brandies fueron muy populares en los Países Bajos. Se bebían solos o diluidos en agua. Los mismos brandies se empleaban también para fortificar los "mejores" vinos del sur de Francia. Una parte importante de brandy se añadía a estos vinos superiores de forma que pudiesen sobrevivir mejor al viaje. Cuando los holandeses comenzaron a dominar el comercio en Burdeos con demasiado éxito –muy a pesar de los deseos del rey francés Luis XIV y su ministro Colbert– esta supremacía holandesa pronto llegó a su fin. El hecho de que los holandeses estuviesen muy orgullosos de su república también suponía una espina clavada en el rey francés. La guerra entre los Países Bajos y Francia estalló en 1672. La consecuencia más importante de esta guerra –desde el punto de vista de este libro– fue la repentina y completa pérdida de interés de los holandeses en Burdeos y los vinos del sudoeste y la búsqueda de alternativas. Encontraron nuevas zonas productoras de vino en Portugal (Douro, famoso por sus vinos de Oporto), las islas de Madeira y España (Málaga y, especialmente, Jerez de la Frontera).

Según el Tratado de Nimega en 1678, los holandeses pudieron volver a la región de Burdeos con condiciones muy ventajosas y fueron recibidos con los brazos abiertos. Sorprendentemente, los ingleses –que lucharon del lado francés durante el conflicto franco-holandés– no gozaron de las mismas condiciones favorables. Frustrados, ignoraron los vinos franceses y a su vez se centraron en Portugal (Oporto) y España (Jerez).

LA APARICIÓN DE NUEVAS BEBIDAS

La cerveza había sido muy popular durante un tiempo en Alemania, los Países Bajos e Inglaterra, al igual que el whisky escocés, el junever holandés, la ginebra inglesa y varias bebidas tropicales destiladas, como el ron y el curaçao triple. En aquella época era mucho más sano beber vino que agua, o incluso que leche. La calidad de

Antigua prensa de champaña.

Bodega de champagne de roca caliza.

la cerveza no siempre era particularmente buena y por tanto se bebían grandes cantidades de vino. La competencia en el mercado del vino llegó de forma inesperada, no del brazo de otras bebidas alcohólicas, sino de las bebidas estimulantes, como el té, el café y el chocolate, que fueron traídas en los viajes de los exploradores y cuya popularidad se extendió cada vez más. En Inglaterra hizo furor la aparición de "coffee houses". Además de servir café, té y chocolate, también servían vinos cada vez más superiores, principalmente vinos generosos como el oporto, el jerez, vinos de Málaga o de Madeira. Sólo a comienzos del siglo XVIII los ingleses volvieron a mostrar interés por los vinos franceses de Burdeos, que durante ese tiempo habían mejorado enormemente en calidad. Se produjo un pronto crecimiento en el comercio del claret francés, y también de los champagnes.

LA APARICIÓN DEL CHAMPAÑA Y DE OTROS VINOS DE CALIDAD

Mientras que los monjes de la región de Champaña preferían hacer vinos secos que eran una mejora de la calidad de otros vinos blancos, fueron realmente los ingleses los que se aficionaron a los "vinos locos", que se volvían tan burbujeantes en el vaso. Enseñaron a los monjes cómo embotellar los vinos en las estrechas botellas inglesas con un tapón (español). El fabricante de vinos Don Pèrignon

y sus compañeros de profesión no consiguieron evitar la fermentación espontánea en la botella a pesar de los muchos intentos realizados; pero, a consecuencia de su trabajo, la calidad del champaña mejoró enormemente. Dejaron de tratar de eliminar las burbujas, y así estos champañas espumosos pronto adquirieron gran popularidad.

En Borgoña son los vinos tintos los que tienen mayor fama por su excelente calidad. Los vinos blancos se bebían cuando eran todavía jóvenes y se sirven a menudo como vinos de mesa. Sin embargo, la preferencia de los parisienses más pudientes eran los vinos con más cuerpo del valle de Rhône, en concreto el Cote Rôtie y el Hermitage. En Inglaterra, éstos nunca pudieron competir con el burdeos francés.

LA SUPREMACÍA DE LOS VINOS DULCES

En el siglo XVIII muchos otros grandes vinos dulces experimentaron un importante desarrollo además de los ya bien conocidos de Madeira, Oporto, Jerez, Málaga y Grecia. El Marsala, de Sicilia, y el Muscat en el Languedoc, de Frontignan, se hicieron muy célebres. A pesar de ello, las cortes europeas comenzaron a interesarse cada vez más por los vinos de la región húngara de Tokay. Debido a su sorprendente éxito, los famosos vinos de Tokay fueron imitados pronto en todas las regiones, no sólo en Alemania, el Jura francés y el norte de Italia, sino también en Monbazillac y Sauternes. La reputación de estos vinos creció en un tiempo récord y los precios aumentaron aún más deprisa. Al mismo tiempo, los consumidores comenzaron a darse cuenta de que algunos vinos de calidad excepcional estaban siendo imitados con demasiada frecuencia con resultados muy diferentes. No sólo las técnicas que se empleaban y la habilidad del productor eran importantes, sino también su origen geográfico, el "terroir". Se pensó seriamente en formas de evitar la imitación de los mejores vinos. A finales del siglo XVIII, se introdujo la primera protección legal oficial de las denominaciones de origen de los vinos. Junto con los ingleses, los productores de vino de la región de Burdeos establecieron una clasificación de los mejores vinos ("vin fins") de las regiones delimitadas ("terroirs délimités"). Además, los mejores vinos estaban siendo criados y guardados en madera.

Antigua prensa de vino de Borgoña (Drouhin).

Vino de Tokay, ¡el auténtico!

Instrumental de bodega.

EL PROGRESO HACIA LOS TIEMPOS MODERNOS

Aunque principalmente eran los ciudadanos prósperos los que bebían vino durante los siglos XVII y XVIII, cada vez más los miembros del pueblo comenzaron gradualmente a descubrir los encantos del vino. El vino se convirtió en una bebida popular, particularmente en España (Navarra

Instrumentos antiguos para combatir el oídio y la filoxera.

y La Rioja) e Italia. El sudoeste de Francia siguió esta línea algo más tarde, pero fue sobre todo durante la Revolución Industrial en el siglo XIX cuando el consumo de vino aumentó de forma explosiva. Mientras los ricos bebían champaña, burdeos y borgoña, la gente del pueblo disfrutaba los vinos del Loira o el Beaujolais.

La viticultura atravesó un periodo extremadamente difícil a finales del siglo XIX cuando un voraz insecto, la *Phylloxera vastatrix*, destruyó casi todos los viñedos de Europa. Como los viñedos estaban ya bastante debilitados porque poco antes sufrieron una invasión de mildíu, las consecuencias para la viticultura europea fueron desastrosas. Afortunadamente, se descubrió que las viñas de especies americanas eran inmunes a esta plaga tan temida para la vid. Los esquejes de las viñas europeas fueron injertados sobre pies de americanas, de forma que todos los viñedos pudieron replantarse. Sin embargo, las zonas productoras de vino habían quedado tan negativamente afectadas que nunca volvieron a recobrar el nivel del que habían gozado antes de la invasión de la filoxera.

EL SIGLO XX

En el siglo XX, la produción vinícola experimentó una evolución técnica y científica de proporciones gigantescas, en parte como resultado de la introducción de la mecanización y nuevos procedimientos científicos que mejoraron la salud de los viñedos y de las propias vides. Pequeños cultivadores independientes se unieron en poderosas agrupaciones de forma que pudieron tener acceso a las técnicas más modernas de elaboración y crianza del vino.

A continuación de un ambiguo periodo en los años 60 y 70, cuando la industria del vino se centró en la producción masiva a gran escala, comenzó una concienciación creciente de la enorme importancia de la calidad y la autenticidad. Esta concienciación también está aumentando en los llamados nuevos países productores (pese a que alguno de ellos ya empezó a producir vino hace 500 o 600 años). Ahora, en el siglo XX, los vinicultores están más que nunca preparados para adoptar un enfoque orientado hacia la calidad antes que una política a corto plazo, orientada a la cantidad, lo cual resulta realmente tranquilizador.

2 Los secretos de la elaboración del vino

FACTORES ESENCIALES

No hay nada misterioso en la elaboración del vino. Sin embargo, podemos destacar al menos cuatro factores esenciales para obtener el producto final: el suelo, la variedad de uva, el clima y, por supuesto, el propio vinicultor.

EL SUELO

Por suelo nos referimos a mucho más que el subsuelo real. De igual importancia son la situación geográfica (hemisferio norte o sur, país, región) y la posición topográfica (ladera o valle, situación con respecto al sol, proximidad a un río, etc.).

SITUACIÓN GEOGRÁFICA

Como ya descubrió en el capítulo anterior, las vides por naturaleza se dan mejor en zonas con verano cálido y suficiente humedad. En cualquier zona que no goce de estas características, el crecimiento de la vid es sólo posible con intervención del hombre. Por ejemplo, la viticultura ha sido capaz de desarrollarse en países demasiado fríos como Alemania, Holanda, Bélgica e Inglaterra o en regiones demasiado cálidas y secas como las regiones mediterráneas, como resultado de siglos de experiencia y búsqueda de las variedades de uva más apropiadas para estos climas. Se puede decir que en general los mejores resultados en el cultivo de las vides se logran entre los 30 y los 50 grados de latitud en el hemisferio norte y entre los 30 y los 40 grados de latitud en el hemisferio sur. Sin embargo, éstos deberían

El suelo es la clave para (casi) todo...

Viñedos en las suaves y onduladas colinas de Montravel (Bergerac).

ciertamente no ser considerados sin cierta flexibilidad: son medias. Por ejemplo, algunos buenos viñedos pueden encontrarse al norte de los 50 grados de latitud en Alemania, Holanda e Inglaterra.

UBICACIÓN TOPOGRÁFICA

La vid es una planta que crece fácilmente si tiene suficiente luz, agua y calor. Por tanto, si buscamos el lugar ideal para un viñedo, debemos destacar la preferencia por las regiones con muchas horas de luz solar. Esto puede ocurrir en una ladera, pero también en un valle o en una llanura.

No obstante, demasiado sol es perjudicial porque las plantas pueden secarse, particularmente si hay poca agua en la zona. Así, un buen viñedo a menudo se situará ligeramente en altura en las zonas muy cálidas y secas (cuanto más alto, más frío es el aire). En las zonas frescas y a menudo húmedas, por ejemplo en Alemania, los viñedos suelen situarse en las laderas del sur, el este o el oeste. Es donde reciben más calor. Otra ventaja de las laderas ante los valles es que a menudo existe menos probabilidad de heladas.

En muchas zonas vinícolas del norte, se usa la reflexión del sol en el agua. En las áreas suizas de Epesses y

Los mejores viñedos en el valle del Ródano se encuentran aproximadamente a 45° de latitud.

Laderas de Côte Rôtie.

Otoño en los viñedos de Toul (Lotharingen).

Dezaley, incluso se refieren a los "tres soles": el sol en el cielo, el sol en el lago y el sol de los muros de piedra que capturan el calor durante el día y lo liberan por la noche.

Otra ventaja de los viñedos situados en una ladera es que resulta más fácil drenar el subsuelo. El agua es esencial para las vides y tendrá que estar presente en el subsuelo, preferiblemente a una profundidad de varios metros, de forma que las raíces tengan que crecer para obtener más nutrientes. Los viñedos situados en los valles deben tener un buen drenaje, que puede consistir, por ejemplo, en guijarros o rocas. Esto implica que el suelo puede absorber una tormenta fuerte sin proble-

En Wallis el calor del sol se refleja en los muros de piedra.

mas. En las áreas muy cálidas del hemisferio sur existe a menudo agua subterránea insuficiente y pueden sucederse largos periodos sin lluvia. Estos viñedos tienen que ser regados e irrigados. El riego se realiza a menudo con extrema precisión, en ocasiones incluso gota a gota. Con este propósito se puede emplear un sistema completamente informatizado. En Europa, hasta donde llega nuestro conocimiento, está prohibido el riego en todos los países. Demasiada irrigación puede hacer que una vid se vuelva perezosa. Como en el caso de la fertilización irresponsable, a larga escala, las raíces de la planta no crecen más hacia las profundidades, sino que

Suelo pedregoso apto por un buen drenaje y regulación de la temperatura.

Viñedos en Dezaley (Suiza).

En los países cálidos, el agua es incluso más importante.

se quedan en la superficie. En Europa, muchas áreas vinícolas se sitúan a lo largo de las orillas de los ríos. Grandes extensiones de agua en un ambiente frío proporcionan protección contra las heladas, mientras que en regiones más cálidas el agua proporciona la frescura necesaria.

Además de la luz, el calor y el agua, importantes parámetros para la elección del emplazamiento perfecto, también es necesario tener en cuenta el viento. El viento puede influir positivamente refrescando las uvas cuando hace demasiado calor o secándolas después de las lluvias. En realidad, el viento puede ser frío o a veces muy caliente. Sin embargo, demasiado viento siempre tendrá un efecto negativo y puede incluso acarrear consecuencias fatales. En este caso, un bosque cercano al lugar indicado puede actuar como una pantalla contra el viento muy bien venida.

En Navarra, el viento logra enfriar el campo abierto.

El suelo como fuente de nutrición
(Quinta das Heredias, Portugal).

El impresionante suelo de Quinta do Bomfin (Portugal).

EL SUELO COMO FUENTE DE NUTRIENTES

Las vides obtienen sus nutrientes del suelo a través de las raíces. Aquí encontrarán todos los minerales que le aseguran un crecimiento saludable y una buena cosecha en términos de calidad y cantidad, en particular nitrógeno, fósforo, potasio, magnesio y calcio, pero también azufre, hierro y cinc, así como varias pequeñas cantidades de otros elementos.

La vid es capaz de absorber todos los nutrientes a una profundidad de varios metros, hasta más de quince, a través de su sistema de raíces. Los subsuelos apropiados son los de caliza, granito o aquellos que contengan grava y pizarra, cubiertos con sedimentos, arena o arcilla.

De nuevo resulta muy importante que la planta no reciba demasiados fertilizantes artificiales, porque esto supone que se vuelve perezosa y trabaja menos duro. La experiencia ha puesto de manifiesto que la sobrefertilización puede causar un efecto devastador. Muchos nutrientes fueron añadidos al suelo tras haber sido completamente fumigado con innumerables herbicidas, fungicidas e insecticidas químicos. Sin tener en cuenta las terribles consecuencias de sus actos, muchos cultivadores y grandes empresas emplearon estas técnicas simples y de bajo coste hasta los años 80. En los años 90, los científicos de todo el mundo hicieron sonar la voz de alarma: el suelo estaba empezando a revelar dramáticas formas de "mineralización" por todas partes. En otras palabras, ¡el suelo se estaba convirtiendo en roca!

LA VITICULTURA DE CULTIVO ECOLÓGICO

El movimiento de agricultura ecológica había advertido sobre estas consecuencias durante décadas, pero nadie escuchó sus consejos. Para muchos viticultores, los beneficios eran lo único que interesaba. Sin embargo, los viticultores de agricultura ecológica no siempre resultaban tan convincentes. Muchos de estos cultivadores aún parecían estar viviendo en el estilo hippy, y con sus románticas ideas sobre el poder de las flores no siempre eran capaces de explicar exactamente cuál hubiera sido la mejor solución en la práctica. En los años 90, muchos científicos famosos se dieron cuenta de la necesidad de un acercamiento al cultivo de la vid más respetuoso con el medio ambiente. Los ingenieros agrónomos habían escuchado una y otra vez el mismo grito de alarma durante varios años: ¡la agricultura ecológica no es un sueño de locos, se ha convertido en una necesidad!

Esto desembocó en una nueva generación de viticultores instruidos y cualificados, orientados a la calidad. No eran soñadores ni filósofos de sillón, sino fanáticos del trabajo duro con un gran carisma. En Francia, Nicolas Joly produjo uno de los mejores vinos blancos del país: el Savennières Coulée de Serrant, y lo produjo completamente con técnicas de agricultura ecológica. En el valle del Ródano, Michel Chapoutier (Tain-L'Hermitage) había cambiado al cultivo de vino de agricultura ecológica algunos años antes. Numerosos nombres famosos en toda Francia y también en Alemania, Austria, Hungría, España, Italia y los Estados Unidos ya han

ALBET i NOYA

XAREL·LO
D'ANYADA

1999

75 cl
12'5 % vol

PENEDÈS
DENOMINACIÓ D'ORIGEN

PRODUCT OF SPAIN
EMBOTELLADOR ALBET i NOYA S.A.T.
CAN VENDRELL
08739 SUBIRATS · CATALUNYA
Emb. 5585-B

AGRICULTURA ECOLÓGICA

EMBOTELLAT A LA PROPIETAT

Los vinos de Albet y Noya son buenos ejemplos de la viticultura ecológica moderna.

Cada vez más productores de vinos conocidos están cambiando a cultivos de vino ecológicos.

recibido el mensaje. No están interesados en un enfoque relacionado al folclore sino con la forma de sobrevivir.

Con respecto al cultivo ecológico de la vid, la clave consiste en el suelo y los planetas. Para absorber los minerales del suelo, la vid necesita bacterias especiales, al igual que los humanos necesitamos enzimas para digerir nuestra comida. Si el suelo es fumigado con herbicidas químicos, como ocurría en el pasado, la planta no será capaz de absorber los minerales presentes en el suelo, y los vinos producidos con estas vides perderán todas las características del "terroir". Por tanto, estos vinos se han convertido en copias unos de otros, sin ningún carácter.

La agricultura orgánica o dinámica biológica se remonta a 1924, cuando el famoso científico y filósofo Rudolf Steiner introdujo un método de cultivo en respuesta a la ansiedad de algunos granjeros que ya eran conscientes de que la agricultura intensiva no era beneficiosa para la tierra. El método ecológico se basa en tres aspectos: respetar el valor del suelo y el biotopo natural usando exclusivamente medios naturales (biología), en combinación con el uso de estos medios en momentos muy específicos del ciclo anual de la naturaleza (dinámica), y el arado y surcado de la tierra.

El objetivo de la agricultura ecológica consiste en crear un equilibrio entre la tierra, la planta y el medio ambiente, trabajando el suelo regularmente de forma considerada. Al proporcionar un contexto ideal, la calidad del suelo mejora (más bacterias diversificadas y microorganismos en el suelo), las raíces de la planta crecen más profundas y más anchas, y la planta crece y florece de forma más saludable. Para lograr estos objetivos, se emplean materiales específicos, como estiércol corriente de vaca, pero también abono almacenado bajo la tierra en astas de vaca, así como polvo de las astas de la vaca. Algunos compuestos vegetales especiales se usan para fortalecer las vides. En agricultura orgánica existe una preferencia a crear un medio ambiente que sea tan saludable que la planta pueda suministrarse sus propias defensas contra hongos y enfermedades. Además, se tiene cuidado a la hora de asegurarse de que se mantiene el equilibrio entre predadores y presas en el reino animal. En principio, ésta es una teoría bastante fantástica, excepto porque incluso los viticultores ecológicos recu-

El respeto es la esencia del cultivo ecológico del vino.

El cultivo ecológico del vino no es en absoluto sinónimo de despreocupación por la viticultura.

Grandes vinos de origen ecológico.

rren ocasionalmente al cobre y al azufre, aunque en cantidades muy pequeñas. Según los viticultores ecológicos, esto está permitido porque el azufre y el cobre son también productos naturales y pueden emplearse. Varios centros de investigación enológica están experimentando con el rociado de arcilla fina sobre las vides, a veces con cantidades homeopáticas de cobre, para proteger las vides contra el mildíu y la podredumbre. Estos métodos parecen muy prometedores, pero aún no son aplicables en todas las zonas.

Para aquellos que se oponen a la agricultura ecológica y la consideran una forma moderna de curandería, el mayor escollo lo supone la adopción del calendario astral. Los agricultores orgánicos siguen un calendario basado en las observaciones de María Thun, quien incorporó la influencia de la tierra, el sol y los planetas al ciclo vegetativo de la vid. Sus opositores consideran que se trata de un método no científico, ya que no puede ser probado. Aun así, a menudo se ha demostrado que la radiación del sol y la luna tienen una influencia en los fenómenos terrestres (sólo tiene que pensar en las mareas). Los viticultores y los agricultores siempre han tenido que tener en cuenta al sol y la luna. En una ocasión Michel Chapoutier lo resumió para mí con estas palabras: "Cuando amanece, las plantas tienen más luz y la savia asciende. Cuando el sol se pone, las plantas tienen menos luz y su savia baja de nuevo. Realmente no hace falta ser un científico para comprender que tiene mucho más sentido podar tus vides por la noche para que no pierdan ninguna fuerza vital."

EL CLIMA

Los factores climatológicos también determinan cuándo las vides crecerán mejor. Existen varios puntos importantes a este respecto: los inviernos tienen que ser moderados y no debería haber ninguna noche de grandes heladas mientras las vides están floreciendo. La primavera debe ser húmeda y el verano lo suficientemente caluroso para hacer que las uvas puedan madurar por completo.

El perfil del tiempo (agua, sol, temperatura, viento) no sólo determina si la elaboración de vino es o no posible, sino que también indica en gran medida la calidad y el rendimiento de la cosecha.

En general, un buen año requiere una media de 1.800 a 2.000 horas de luz solar para que las uvas maduren por completo.

Algunas variedades de uva necesitan más y más largas horas de sol para madurar por completo (uvas de maduración tardía), mientras que otras variedades madu-

Los mejores viñedos se sitúan a menudo en laderas soleadas (Tokaj, Hungría).

Joven racimo de uvas.

En los países cálidos los racimos cuelgan bajo una capa de hojas protectoras.

ran con mayor rapidez (uvas de maduración temprana) y pueden por tanto ser plantadas en lugares con escasas horas de luz solar. Además, el sol es importante para el vino, porque asegura que existirán muchos azúcares en las uvas, azúcares que se convertirán en alcohol durante el proceso de fermentación. Cuanto más sol, más azúcares y más alcohol potencial. No obstante, el sol por sí solo (por ejemplo, en regiones muy calurosas y secas) produce demasiado alcohol y pocà acidez. Esto hace que los vinos sean planos y pesados. Por tanto, también es importante tener suficiente lluvia, la cual asegura un buen nivel de acidez, y por tanto un vino más equilibrado.

Para florecer, la vid también necesita agua. Hasta cierto punto, esta agua puede provenir del suelo, pero la planta necesita un mínimo de lluvias, aproximadamente 500 milímetros cúbicos al año. La vid ciertamente no se beneficia de las fuertes tormentas que también pueden provocar el temido efecto de los "pies mojados" si el drenaje es inadecuado. Incluso cuando el drenaje es adecuado, el daño a los brotes y a los frutos jóvenes puede ser irreparable si hay demasiadas lluvias en un periodo y especialmente cuando hay tormentas de granizo. Una distribución equilibrada de la lluvia es importante para un crecimiento perfecto.

Junto a las horas de luz solar y lluvia necesarias, la media de la temperatura anual es también muy impor-

tante para la viticultura. No debería bajar de los 9°C y, por supuesto, no subir por encima de los 21°C, ya que la vid no podría soportarlo. En las áreas climáticas donde la temperatura media anual es bastante baja (por ejemplo, en Alemania), los vinos que se producen son principalmente vinos blancos, mientras que en zonas más cálidas (como las áreas mediterráneas) los vinos tintos suelen ser mayoritarios.

Las vides pueden sobrevivir a semanas de severas heladas invernales. Aun así, las heladas nocturnas en primavera, sobre todo cuando las vides están floreciendo, son extremadamente perjudiciales. Durante este periodo, los viticultores están alerta para proteger las vides al primer indicio de heladas.

Finalmente, el viento es también un factor climatológico extremadamente importante. Los vientos fuertes o las ráfagas de viento pueden causar grandes daños, particularmente en primavera, cuando aún la vegetación es muy delicada y vulnerable. Los fríos vientos del norte normalmente son perjudiciales, pero en zonas demasiado cálidas pueden contribuir a enfriar las vides y en zonas húmedas pueden llevarse la humedad sobrante. En áreas cálidas, los vientos cálidos entrañan el riesgo de secar las vides, pero en áreas frescas crean un clima ideal para el benigno hongo *Botrytis cinerea*, esencial en vinos dulces y licorosos como el Sauternes.

Los vientos húmedos que vienen del mar en la región del Vinho Verde (Portugal) fuerzan a los viticultores a guiar sus vides a una altura de dos o tres metros para protegerlas contra la destrucción. Los vientos marinos también pueden ser salinos y en altas concentraciones esta sal puede ser dañina para las hojas y las uvas.

LAS VARIEDADES DE UVA

Ciertamente no es ninguna casualidad que los vinos producidos en Alsacia y en Alemania sean principalmente vinos blancos o que algunas regiones dedicadas a la viticultura hayan tenido una fe absoluta en

Las uvas jóvenes son muy sensibles a las heladas.

Humedad, calor y viento seco, el secreto
de la podredumbre noble.

las mismas variedades de uva durante siglos. Tras innumerables experimentos de mayor y menor éxito, la experiencia pone de manifiesto qué uvas crecen bien en qué condiciones climatológicas, geográficas y topográficas. En Europa existe un gran apego al concepto del "terroir", mientras que la mayoría de los viticultores de los países llamados "nuevos productores" no están demasiado interesados en esto... Para ellos es más importante obtener lo mejor de la propia variedad de uva que encontrar una combinación determinada de variedad de uva y suelo. Por supuesto, existen algunas pocas excepciones, pero en la mayoría de los casos el viticultor francés producirá el típico Chablis o Médoc, mientras su colega de Australia o California preferirá producir el mejor Chardonnay o Cabernet Sauvignon.

LA VIÑA
La vid pertenece a la inmensa familia Vitis, y los botánicos conocen cientos de variedades diferentes. Sólo unas doscientas de ellas son apropiadas para la producción de vino hasta cierto alcance y siempre que sean cultivadas en su ambiente natural. Todas las variedades europeas de uvas proceden de la *Vitis vinifera* (vid que

La variedad de uva, el clima y el suelo deben
combinar entre sí (Laroppe, Auxerrois, Toul).

da vino). Aunque esta familia incluye casi cuatrocientas descendientes, el aficionado medio al vino no reconocería más de veinte. Un importador de vino experimentado o un enólogo encontraría difícil reconocer cuarenta o cincuenta variedades.

VARIEDADES DE UVA

Algunas variedades de uva son muy conocidas en determinadas zonas, como el *kadarka* húngaro o el *picolit* y fresa del norte de Italia. Otras se cultivan en todo el mundo: a veces porque se trata de uvas realmente nobles, a veces porque el nombre es famoso y atractivo por razones comerciales. Por ejemplo, en los años 80, los vinos de chardonnay, cabernet, sauvignon, pinot noir, merlot, syrah y shiraz se producían en todo el mundo para gran malestar de los franceses, así como de los puristas locales. En los años 90, el concepto de "terroir" también llegó a establecerse en muchos países del Nuevo Mundo del Vino, y cada vez más vinos se produjeron con su propia identidad, como el argentino Torrontés, el chileno Carmenère, el uruguayo Tannat y el californiano Zinfandel. Obviamente, resulta imposible para muchos países, en los que las vides fueron introducidas por los inmigrantes europeos no hace mucho tiempo, usar sus "propias" variedades de uva. Pero mientras muchos vinos chilenos fueron copias baratas de los vinos españoles o incluso franceses durante años, los vinicultores de Nueva

Hoy en día existen clones hechos a medida (V.C.R. Friuli).

Caladoc (grenache y malbec) es la más prometedora
de las nuevas variedades de uva.

Aglianico del Vulture (V.C.R. Friuli).

Zelanda consiguieron dar a su vino un carácter totalmente propio. A continuación ofrecemos una lista de las
variedades de uva más famosas y sus características. Esta
lista no es completa, pero encontrará otras numerosas
variedades de uva en otros lugares de esta enciclopedia.

UVAS TINTAS

AGLIANICO
La *aglianico*, una famosa variedad de uva del sur de Italia, produce vinos bastante poderosos, estructurados y
robustos, que suelen ser muy concentrados.

ALEATICO
Una uva de calidad del sur de Italia relacionada con el
moscatel; se emplea principalmente para producir vinos
dulces carnosos, fuertes y aromáticos.

BARBERA
La *barbera* se encuentra en muchas regiones de Italia,
pero principalmente es una variedad de uva del Piamonte. Según el origen de la uva (por ejemplo, la barbera de Alba y Asti son bastante famosas), el vino será
suave, ligero y afrutado, o robusto y extremadamente
aromático. Ciruelas, cerezas y grosellas son aromas muy
comunes en las *barberas*.

CABERNET FRANC
La *cabernet franc* se usa a menudo en Burdeos para complementar las variedades *cabernet sauvignon* y *merlot*. Originalmente, esta uva no se encontraba en Burdeos, pero
fue introducida cuando se replantaron los viñedos después
de la invasión de la filoxera, normalmente para reempla-

zar la uva carmenère. Los vinos de *cabernet franc* más puros
provienen del Loira, particularmente de Bourgueil, Chinon y Saumur-Champigny, donde esta variedad de uva en
ocasiones logra una sorprendente alta calidad.

La *cabernet franc* es ligeramente más suave y menos
rica en tanino que la *cabernet sauvignon*, pero mucho más
estructurada y llena que la *merlot*, y puede principalmente ser identificada por su calidad afrutada (fresas, grosellas
negras) y el aroma de la paprika verde recién cortada.

CABERNET SAUVIGNON
Esta variedad de uva fue en sus orígenes empleada en los
vinos franceses de Médoc, Graves y Burdeos, y en la actualidad también en vinos de California, Chile y Australia;
de hecho, en casi todo el mundo.

La *cabernet sauvignon* produce vinos ricos en tanino
con mucho sabor y un aroma distintivo que hace muy
apropiado para envejecer en roble (durante largos perio-

Barbera (V.C.R. Friuli).

25

Cabernet sauvignon (V.C.R. Friuli).

Freisa (V.C.R. Friuli).

dos de tiempo). El sabor y el aroma a menudo incluyen un toque de grosellas negras (casis), pensamientos, cajas de puros (madera de cedro) y tabaco.

CANAIOLO NERO
Una de las cuatro variedades de uva básicas para los vinos Chianti.

CARIGNAN (CARIÑENA O MAZUELO)
Carignan es el nombre francés de una variedad de uva mediterránea. Cariñena y carignan son los respectivos nombres en español e italiano. La carignan es una variedad de uva que depende por completo del sol. Las cualidades características de los vinos de carignan son su color oscuro y aromas específicos, como tinta, ciruela y pimienta. La carignan se usa en ocasiones como única variedad de uva, pero normalmente se mezcla con otras uvas mediterráneas, como grenache, cinsault y syrah.

Dolcetto (V.C.R. Friuli).

CINSAULT/CINSAUT
Los vinos producidos cien por cien con cinsault son cada vez más escasos. En general, la cinsault se emplea en mezclas; por ejemplo, con grenache, syrah y carignan. La variedad cinsault proporciona el cuerpo y la carnosidad a los vinos. En Sudáfrica, la cinsault también recibe el nombre de hermitage (ver también "pinotage").

CORVINA
Es la variedad de uva básica para los vinos de Valpolicella y Amarone. Varían mucho en calidad, de los vinos más ligeros a los maravillosos vinos clásicos.

DOLCETTO
Esta extendida variedad de uva italiana produce principalmente vinos interesantes, jugosos y afrutados en el norte (Piamonte), que recuerdan al Primitivo/Zinfandel.

FREISA
Típica variedad de uva autóctona del Piamonte. Produce vinos carnosos fascinantes con sorprendentes aromas a fresas y frambuesas. Se elabora como vino seco o dulce.

GAMAY
La gamay se ha hecho famosa en el mundo por los vinos de Beaujolais, pero una gran cantidad de gamay también se elabora en el Loira, particularmente en Touraine. Un vino de gamay debería ser afrutado hasta la médula: frambuesas, fresas (silvestres), grosellas, cerezas... En los mejores crus de los vinos del Beaujolais también reconocerá muchos aromas florales. Los vinos, cuanto más sencillos, más ligeros y más alegres serán, y se harán mejores, más llenos y más amables.

GRENACHE (GARNACHA)
La grenache es particularmente muy bien conocida en Francia (Ródano, Tavel Rosé, Languedoc, Roussillon)

Merlot (V.C.R. Friuli).

Montepulciano (V.C.R. Friuli).

y España (La Rioja, Navarra, Penedés), y en algunas ocasiones se encuentra en California y Australia.

Los vinos de garnacha suelen ser muy poderosos y vigorosos, pero también afrutados y suaves. Pueden ser identificados principalmente por la combinación de pimienta, hierbas y fruta (normalmente zarzamoras).

MERLOT

Esta variedad de uva también es muy conocida en la región de Burdeos, particularmente en Saint-Emilion y Pomerol. La *merlot* también se encuentra en varios países balcánicos, Italia, Chile, California y Australia.

La *merlot* es ligeramente más suave, más redonda y, especialmente, menos rica en tanino que la *cabernet sauvignon*. Las variedades de uva se combinan a menudo para complementar sus respectivas cualidades. En el aroma y en el gusto reconocerá un buen *merlot* por la fruta roja (generalmente cerezas, a veces grosellas).

MONTEPULCIANO

La uva de Montepulciano se encuentra en casi toda Italia, aunque es principalmente una especialidad de la parte central del país. Muchos vinos italianos golosos y extremadamente sabrosos deben su encanto a esta montepulciano, una uva que a diferencia de muchas otras uvas italianas produce vinos que se pueden beber cuando son jóvenes, también por el suave tanino.

MOURVÈDRE (MONASTREU)

Una variedad de uva algo menos conocida pero esencial, procedente del valle sur del Ródano, en particular Bandol. Produce vinos estructurados y poderosos, que envejecen bien. (Corresponde a la variedad del Levante español, conocida como Monastreu.)

NEBBIOLO

Se trata de una de las mejores variedad de uva del mundo, limitada geográficamente al norte de Italia, donde se usa para los vinos de Barolo, Barbaresco y Gattinara. Estos vinos siempre son muy ricos en tanino, casi opacos, y ciertamente tienen que envejecer durante unos años antes de poder ser consumidos. Un buen vino de *nebbiolo* tiene aromas a laurel, regaliz, ciruelas pasas en aguardiente, trufas, broza, setas y en ocasiones cacao o brea.

PINOTAGE

Abraham Perold, enólogo de KWV, cruzó la *cinsault* (conocida como *hermitage* en Sudáfrica) y la *pinot noir* en 1927, produciento la variedad *pinotage* que ahora es la imagen del mercado sudafricano. Durante años, la *pinotage* fue cultivada sólo en Sudáfrica; ahora la uva también se cultiva en Australia y Nueva Zelanda, entre otros países. Los vinos hechos con *pinotage* difieren en carácter, dependiendo de su origen. Los mejores vinos de pinotage tienen buen cuer-

Nebbiolo (V.C.R. Friuli).

Pinot noir (V.C.R. Friuli).

Sangiovese (V.C.R. Friuli).

po (particularmente los vinos envejecidos con cuidado en roble) y son ligeramente herbáceos, pero siempre con fruta (madura), y dejan una pizca de pimienta en el final de boca o posgusto. Los vinos de pinotage más pobres a veces tienen un característico aroma entre el de la acetona y los neumáticos de una bicicleta vieja (goma).

PINOT NOIR

La pinot noir es la última variedad de uva roja de los vinos de Borgoña, pero también se emplea para el vino tinto sarraceno y el Pinot Noir alsaciano. Excelentes resultados se han obtenido también al emplear esta variedad de uva en Italia, los Balcanes, Hungría, Sudamérica, California y Oregón.

Por lo general los vinos en los que se utliza esta uva son más elegantes y generosos y no tan pesados. Se les identifica por una tonalidad terrosa, por un olor a establo y abono... Después de esta primera impresión descubrirá el sabor a fruta de un buen vaso de Pinot Noir, especialmente grosellas, fresas (silvestres) y en ocasiones cerezas.

Tempranillo/cencibel.

PRIMITIVO

Una variedad de uva muy popular en Italia. Véase también "Zinfandel".

SANGIOVESE

La variedad de uva sangiovese es la "clave" de los mejores vinos toscanos, como el Chianti, Vino Nobile di Montepulciano y Brunello di Montalcino. Los buenos vinos hechos con sangiovese son ricos en tanino, poderosos y con un sabor bastante amplio y con cuerpo. A menudo encontrará zarzamoras, cerezas o ciruelas con un toque de hierbas aromáticas y especias, y en los grandes vinos, tabaco y vainilla.

SYRAH (SHIRAZ)

La syrah es la única uva autorizada para los vinos al norte del área del Ródano (Hermitage, Crozes-Hermitage, Saint-Joseph, Côte Rôtie, Cornas). Además, la syrah también es en gran parte reponsable de las características de los vinos al sur del Ródano (como Châteauneuf-du-Pape y Gigondas). Hoy en día, los vinos de syrah, conocida en Inglaterra como shiraz, se producen también en Sudáfrica, Australia y los Estados Unidos.

Los vinos de syrah tienen un color profundo y muy cubierto. Tienen un sabor intenso, con cuerpo que requiere algunos años de guarda en la botella. Un buen Syrah a menudo es fácil de reconocer por su aroma y por su sabor a hierbas aromáticas y a pimienta, las frutas maduradas al sol y los matices animales. Podría recordar a una silla de montar caliente después de una larga cabalgada.

TEMPRANILLO/CENCIBEL

La tempranillo es la variedad de uva perfecta para los mejores vinos españoles de La Rioja, pero también para los de Navarra y la Ribera del Duero. Tal como sugiere su nombre, la tempranillo es una uva que madura tempranamente. Aunque a menudo se mezcla con otras variedades de uva, la tempranillo puede producir algu-

Zinfandel/primitivo (V.C.R. Friuli).

nos resultados sorprendentes por sí misma, como en el caso de Navarra. Los vinos jóvenes hechos con tempranillo, que no han sido envejecidos en roble, son ligeros, afrutados (fresas, ciruelas) y pueden beberse pronto. Tras criarse en madera durante algún tiempo, adquieren un gusto característico a hierbas aromáticas con matices a vainilla y a tabaco y toques de ciruelas pasas o "mermelada casera".

ZINFANDEL
Esta uva fue llevada a los Estados Unidos hace mucho tiempo, probablemente de manos de un inmigrante húngaro. Se usó por error el nombre húngaro "zirfandli", para lo que demostró ser posteriormente una variedad italiana de uva, el primitivo, hecho descubierto con la ayuda de un examen de ADN. En California, el "zin" tuvo un gran éxito, pero el número de "fans de zin" también aumentó con rapidez en Europa. La zinfandel puede producir buenos *rosés* (secos o amables), así como vinos tintos herbáceos y con cuerpo. Ambos tipos saben y tienen aromas de fruta madura (entre otros, zarzamora, arándanos y grosellas negras) con un matiz herbáceo y un gusto característico a pimienta.

UVAS BLANCAS

AIRÉN
Muchas personas nunca han oído hablar de esta uva y aun así se trata (¿o trataba?) de la variedad de uva más extendida en los viñedos del mundo. Cierto es que la airén no debe su popularidad a sus características intrínsecas, como el aroma y el gusto, sino al hecho de que la piel es muy gruesa y protege la uva del calor extremo. Debido a esto, la uva es extremadamente apropiada para las áreas calurosas y secas de España, como La Mancha y Valdepeñas. Los vinos de airén no tienen realmente un sabor pronunciado –como mucho, algo de manzana verde y almendras en el sabor y en el aroma– y no envejecen bien.

ALVARINHO/ALBARIÑO
Se trata de una variedad de uva muy común en el norte de Portugal (región del Vinho Verde) y la vecina región española de Galicia. La uva se usa a menudo en mezclas, pero los mejores vinos se hacen con albariño al cien por cien. Estos vinos son con frecuencia muy aromáticos y tienen un sabor muy atractivo.

ALIGOTÉ
Los franceses conocen la uva aligoté por la tarta de vino del mismo nombre, típica de Borgoña. En el mejor de los casos, la aligoté (por ejemplo, la de Bouzeron) produce un vino afrutado y alegre, apropiado para un aperitivo o con platos grasos. Más sorprendentes aún (aunque algunos no en el sentido positivo) son los vinos hechos con la uva aligoté en los países del antiguo bloque del Este. En estos países la aligoté es particularmente valorada por su viva y alta acidez. Ocasionalmente el vino se bebe cuando aún es joven; por ejemplo, con una pierna de cordero con bastante grasa, ya que la grasa y la acidez se neutralizan entre sí, pero los vinos de aligoté también se beben después de un periodo de guarda de más de diez años. En este caso, los vinos se han oxidado completamente y su frescura ha desaparecido. El resultado es comparable a un jerez seco muy viejo. En Moldavia, Hungría, y algunos otros países, las personas mayores son muy aficionadas a este vino, pero los más jóvenes prefieren vinos más modernos.

AUXERROIS
Se trata de un nombre algo confuso del pinot auxerrois, un miembro de dos familias, la del pinot blanc y la del chardonnay. El uso de esta variedad de uva está muy extendido en las mezclas de Edelzwicker, pero también complementa o incluso reemplaza el pinot blanc.

CHARDONNAY
La chardonnay es muy conocida y está en los primeros puestos de los principales vinos de Borgoña y los champagnes. En la actualidad, la uva de chardonnay se cul-

Chardonnay (V.C.R. Friuli).

tiva en todas partes, no siempre porque se trate de una variedad de uva superior –aunque sí que lo es–, sino, en especial, porque se vende muy bien.

Los vinos de chardonnay son a menudo frescos y agradables cuando no han envejecido en roble. Después de su crianza en barricas durante un largo periodo se transforman en vinos untuosos con un sabor y aroma característicos, que recuerdan a una rebanada de pan tostado aún caliente untado con cremosa mantequilla. Algunos vinicultores que aún no han dominado el arte de lograr un equilibio entre la madera y la fruta, producen vinos dominados por un aroma sensual, casi a vainilla, y con un gusto a roble. Es una lástima porque un vino de chardonnay bien envejecido también tendría un aroma generoso en el que es posible identificar frutas exóticas, melocotones, melón, piña y frutos cítricos. Los vinos de Borgoña maduros también contienen un toque de frutos secos, normalmente avellana o nuez.

CHENIN BLANC

Existe otra variedad de uva de gran renombre en el mundo, sobre todo famosa por los fantásticos vinos del Loira de Vouvray, Saumur, Anjou, Bonnezeaux, Coteaux du Layon y Quart-de-Chaumes. La uva también se cultiva en Sudáfrica, donde se la conoce por su nombre local.

La uva chenin blanc está bendecida por su frescura ácida, que no sólo se valora en los vinos secos, sino también en los espumosos. De hecho, es precisamente en los vinos dulces donde esta acidez delicada proporciona vigor y equilibrio, así como –y esto es también importante– longevidad. Un Coteaux du Layon de un buen año puede guardarse durante más de treinta. Los vinos dulces del Loira deberán también reposar durante al menos diez años hasta alcanzar su momento. Pero esto le proporcionará un maravilloso cóctel de miel, melocotones y albaricoques, flores, especias, avellanas y mucho más, dependiendo del suelo en el que las viñas hayan sido cultivadas.

CLAIRETTE

La clairette se encuentra principalmente en el valle del Ródano y en Languedoc Roussillon, pero también en Sudáfrica. La clairette se emplea sobre todo en la elaboración de vinos espumosos que no son muy secos, de una calidad razonable o buena. El sabor y el aroma del clairette son bastante suaves, en una gama que puede ir de lo neutro a lo sutil y nunca son exuberantes.

GEWÜRZTRAMINER

Se trata de una variedad de uva bien conocida de Alsacia. Esta uva también es conocida de forma más simple como traminer en Alemania y en Italia. Los vinos hechos con esta uva pueden ser secos o dulces. En Alsacia también podrá encontrar dos tipos de vinos gewürztraminer: el más ligero que es bastante seco y debe beberse cuando aún es joven y los más estructurados e intensos que normalmente contienen un poco de azúcar. Además, están los vinos extremadamente dulces de las uvas de vendimia tardía, algunas veces recogidas incluso a mano: en este caso cada uva es seleccionada individualmente.

Los vinos gewürztraminer se describen a menudo como "extremadamente herbáceos". Personalmente nunca

Gewürtztraminer (V.C.R. Friuli).

he visto un solo traminer "herbáceo", aunque sí he tenido vinos potentes, con cuerpo y muy concentrados, con un aroma "perfumado" dominante y un sabor que recuerda más a flores y fruta sobremadura (mangos y frutas tropicales) que a hierbas. Algunos vinos también tienen un toque inexplicable de las pieles de moscatel.

MACABEO/VIURA

En La Rioja y Navarra, esta variedad de uva es conocida como viura, en otros lugares de España (y en la Cataluña francesa) la uva recibe el nombre de macabeo. En general, la viura produce un vino muy frágil, ligero, fresco y afrutado que no envejece demasiado bien. Aunque alguno de los vinos hechos con viura al cien por cien pueden tener una calidad razonable, la preferencia de

Malvasía aromática (V.C.R. Friuli).

Moscatel blanco (V.C.R. Friuli).

Pinot bianco/pinot blanc (V.C.R. Friuli).

los entendidos, particularmente en Navarra, es de una proporción de dos tercios de viura y un tercio de chardonnay, que da a los vinos más carácter y "rendondez".

MALVASÍA
Esta famosa y antigua variedad mediterránea de uva es la base de muchos vinos dulces legendarios desde tiempos remotos hasta nuestros días. Existen muchas variedades de malvasía que pueden producir muchos vinos diferentes, desde los vinos secos y aromáticos a los vinos poderosos y extremadamente dulces.

MARSANNE
Esta uva de gran calidad del valle del Ródano forma la base de los mejores vinos blancos del valle del Ródano, junto con otra variedad, roussanne. La marsanne también se cultiva en Longuedoc–Roussillon.

MUSCADELLE
En Europa, esta uva se emplea rara vez en solitario. Es muy aromática y común en la combinación con sauvignon y sémillon; por ejemplo, en Sauternes y Bergerac. En Australia, la muscadelle se usa para fabricar vinos dulces licorosos, denominados erróneamente por los locales tokay (¿cuánto tiempo seguirán haciéndolo?).

MUSCADET/MELÓN DE BOURGOGNE
Se trata de una variedad de uva muy conocida de las orillas del Loira, sobre todo en la región alrededor de Nantes, donde se producen los vinos de muscadet. Aunque no son vinos con "pedigrí", normalmente son frescos y sutiles, y en ocasiones sorprendentemente buenos, con un sabor mineral salado.

MUSCAT
Si existe una uva que puede reconocerse casi inmediatamente es la moscatel. Un vino de moscatel bien maduro huele y sabe a uvas muscat maduras, recién cogidas, con un toque ligeramente exótico a flores. Los vinos

moscatel pueden ser secos (Alsacia, Túnez, Samos, Navarra, Latium) o dulces (Italia, Francia) o incluso muy dulces (Navarra, Samos, Beaumes-de-Venise, Frontignan, Hungría, Australia). Siempre son vinos sensuales con gran cantidad de encanto. Aunque sólo nos referimos a un moscatel existen diferentes variedades: muscat ottonel (Austria, Alemania, Alsacia, Sudáfrica), el de grano menudo (Alsacia) y el menos conocido, a menudo más vulgar moscatel de Alejandría (Sudáfrica).

PALOMINO
Esta es la uva perfecta para el fino, el jerez y la manzanilla. Crece mejor en suelos calcáreos (albarizas) y produce vinos elegantes, sutiles y frescos. Recientemente, vinos corrientes de palomino que no han pasado ningún proceso de oxidación y encabezado también se pueden encontrar en las bodegas de Jerez. No son grandes vinos, pero son excelentes para acompañar al marisco, entre otros.

PEDRO XIMÉNEZ/P.X.
Si bien la palomino es la variedad de uva del jerez seco, la Pedro Ximénez es la uva perfecta para el jerez más dulce. Los vinos hechos con un cien por cien de Pedro Ximénez son raros, pero siempre suponen una auténtica experiencia. Sin embargo, la Pedro Ximénez se usa a menudo en mezclas delicadas de jereces menos dulces.

PICOLIT
Esta variedad de uva de Friuli recientemente redescubierta es única. Lo que ocurre a otras uvas sólo en los malos años, le ocurre todos los años a la picolit: los racimos pierden espontáneamente la mayoría de sus frutos (*abortus fructalis*) y retienen sólo una pequeña cantidad de uvas sanas. Siempre que sean de un buen stock y hayan sido cultivadas en el suelo apropiado, estas uvas producen un vino dulce delicioso con un nivel suficiente de acidez para lograr un equilibrio perfecto. Por sí misma, la picolit no es garantía de buen vino: ocasionalmente produce

Pinot grigio/pinot gris (V.C.R. Friuli).

un vino muy pobre, pero los buenos vinos son ciertamente algunos de los mejores del mundo. Sin embargo, el precio de estos vinos de calidad es realmente alto.

PINOT BLANC

La pinot blanc es muy conocida en Alsacia, pero también en Italia y en los Balcanes. En Alsacia y en Italia se hacen vinos con la uva pinot blanc bastante neutros, agradables y afrutados con acidez baja.

En Eslovenia, los productores de vino han conseguido vinos excepcionales con pinot blanc (*beli pinot*). En el área de Ormoz, la pinot blanc se vendimia a veces muy tarde, lo que concede a la uva una gran complejidad y potencial para envejecer. En 1997, probé un beli pinot que tenía veintiséis años, de la marca Jeruzalem Ormoz, y para mi sorpresa aún estaba fresco.

PINOT GRIS

La pinot gris es bastante común en el norte de Italia, Hungría, Austria, Alemania, Suiza y muchos otros países, pero no alcanza la calidad que logra en Alsacia, más que en ningún otro lugar. El sabor y el aroma dependen enteramente del origen, como lo hace la estructura del vino. Los vinos de pinot gris pueden ser ligeros, sutiles, secos y suavemente aromáticos (por ejemplo, en el norte de Italia), pero también pueden ser muy poderosos, llenos de aroma y amables o incluso muy dulces en Hungría y Alemania, y por supuesto en Alsacia.

RIBOLLA/ROBOLA

Esta variedad de uva, que por desgracia sigue estando infravalorada, a menudo da lugar a vinos fascinantes en el norte de Italia y Grecia (Cefalonia), normalmente con aromas tentadores de cítricos y un toque de miel.

RIESLING

Para los amantes del vino ésta es una de las mejores variedades de uva del mundo. La riesling originalmente procede de Alemania (incluyendo Alsacia, que fue en sus comienzos una provincia de Alemania), pero ahora se cultiva en todo el mundo.

La mayoría de los vinos de riesling son frescos y afrutados y tienen reminiscencias de flores y hierbas aromáticas. Los vinos de riesling envejecidos desarrollan un aroma muy característico que puede compararse al olor de las viejas cocinas de petróleo. Los vinos jóvenes de riesling también revelan un toque de manzanas frescas, frutas cítricas y en ocasiones fruta de la pasión. Los vinos más viejos tienden a miel y flores exuberantes. En Alemania, la riesling suele crecer en suelo volcánico o mineral. Esto puede apreciarse en el vino, por lo menos cuando éste está bien envejecido. Existen en la actualidad dos variedades principales de riesling: la riesling del Rin, famosa y muy aromática, y la menos marcada riesling italiana o Wälschriesling.

ROUSSANNE

Junto con la marsanne, se trata de una variedad de uva muy importante para los vinos blancos del valle del Ródano. La roussanne produce vinos carnosos y con cuerpo, a menudo con un aroma exótico. La uva es muy conocida; por ejemplo, en el Hermitage y Châteauneuf du Pape blanc.

SAUVIGNON BLANC

Se trata de una variedad de uva de renombre, que produce vinos de alta gama en las regiones de Burdeos y Bergerac y en el Loira. En Sudáfrica la uva se llama en ocasiones blanc fumé; en Norteamérica y Méjico, fumé blanc. Sin embargo, se está usando cada vez más el nombre sauvignon en la etiqueta. En la actualidad, los buenos vinos de Sauvignon se pueden encontrar casi en todas las partes del mundo.

Dependiendo de dónde se coseche la uva sauvignon, el aroma y el sabor de la uva tendrán diferentes características. El vino siempre es fresco, especiado, aromático y afrutado. Un vino sauvignon de Burdeos o Bergerac a menudo tiene aroma y sabor a manzanas verdes (Granny Smith), césped recién cortado, o incluso a boj o albaha-

Riesling itálica (V.C.R. Friuli).

Sauvignon blanc (V.C.R. Friuli).

Trebbiano romagnono (V.C.R. Friuli).

ca. (En el mercado, estas dos últimas características reciben el irrespetuoso nombre de "pis de gato".) En el Loira, Sancerre o Pouilly–Fumé, identificará en ocasiones el espárrago (verde), o el hinojo o el anís con un toque de regaliz. No obstante, los vinos de sauvignon más expresivos se encuentran en Nueva Zelanda, donde descubrirá una explosión de frutas tropicales, pomelo y grosellas. Los vinos de sauvignon son mejores cuando son jóvenes.

SÉMILLON
Nunca deberá despreciar un vino puro de sémillon. El problema es que esta variedad de uva no tiene suficiente acidez, por lo que a menudo debe mezclarse con otra variedad. En Europa, esto ocurre casi siempre con la sauvignon (Burdeos, Bergerac); en Australia, la sémillon se combina a menudo con chardonnay, lo que hace este vino incluso más lujoso. En Francia, los mejores vinos dulces se hacen con sémillon, en particular cuando la uva ha sido afectada por el hongo benigno *Botrytis cinerea*, que hace que las uvas se pasifiquen concentrando su sabor, aroma y azúcares. Los ejemplos típicos de los vinos producidos con este método de la "podredumbre noble" ("pourriture noble") son Sauternes, Barsac, Monbazillac y Saussignac.

Un vino de sémillon puede ser reconocido generalmente por el sabor y el aroma a frutas jugosas como el melocotón, albaricoque o mango. El vino también tiene un pronunciado matiz a miel, con el toque ocasional de la mantequilla caliente.

SYLVANER
En Alemania también se escribe "silvaner". Es muy conocida en Alsacia y en Alemania, donde las uvas producen vinos suaves, ligeros y elegantes con un bouquet claramente reconocible a flores delicadas y un toque de hierbas.

TREBBIANO/UGNI BLANC
En Italia, la trebbiano por sí sola produce vinos aceptables o buenos, pero pocos vinos importantes. En Francia, la ugni blanc se emplea principalmente para la destilación (cognac, armagnac), pero también para los vinos bastante más sencillos de Gascuña o en las mezclas de Provenza, el valle del Ródano y Languedoc–Roussillon. El encanto del trebbiano/ugni blanc recae principalmente en su frescura y, particularmente en los vinos italianos, los aromas a manzana verde y los cítricos en el inicio, y los matices a almendras amargas en el final de boca o posgusto.

VERDEJO
Se trata de una uva muy popular en España (Rueda) y produce vinos ligeros, delicados y afrutados con aromas a manzanas verdes, frutos secos y un ligero toque a menta.

Verdicchio (V.C.R. Friuli).

Vermentino (V.C.R. Friuli).

VERDELHO

Ésta es una famosa uva que produce vinos blancos secos y sofisticados en Madeira.

VERDICCHIO

En Italia es una variedad de uva muy conocida. Se usa en solitario o en mezclas, en vinos espumosos o en vinos no espumosos. Los vinos de verdicchio son generalmente secos, frescos y delicadamente afrutados.

VERMENTINO

Es una uva muy popular en Italia, particularmente en Liguria, Sicilia y Cerdeña, aunque también en Córcega. Los vinos hechos con uvas de vermentino son frescos y delicadamente aromáticos

VIOGNIER

Hace veinte años, pocas personas habían oído hablar de la uva viognier: sólo unos pocos conocedores de los vinos antiguos producidos cerca de la ciudad de Condrieu en el valle del Ródano francés habían oído hablar de esta variedad de uva. Cuando unos pocos vinicultores jóvenes dieron nueva vida al legendario vino de viognier, que casi había desaparecido, y convencieron al mundo de la calidad de esta uva, comenzó a cultivarse también en otras regiones. La uva produce muy buenos resultados en Languedoc–Roussillon y en Ardêche, pero también, por ejemplo, en Australia, los Estados Unidos e incluso Canadá. Los vinos de viognier bien envejecidos tienen un aroma increíblemente lleno de matices y saben a melocotones y albaricoques jugosos, combinados con el delicado bouquet de las flores de la pradera y la miel.

EL FACTOR HUMANO

Si el suelo es apropiado, el clima lo permite y las variedades de uvas han sido bien seleccionadas, un buen vinicultor debe ser capaz de producir un buen vino. Pero no siempre es tan simple. Los cosecheros de vid a pequeña escala que no tienen los medios financieros necesarios para invertir en maquinaria nueva se ven forzados a producir vinos de una calidad inferior que puedan ser vendidos con rapidez, pero a un precio más bajo. Para los vinicultores menos acomodados casi siempre hay una salida aceptable: la cooperación. No todos los cosecheros de vid se concentran en la viticultura a jornada completa. Por ejemplo, muchos viticultores franceses son ante todo granjeros que poseen unos pocos viñedos, además de cultivar maíz y trigo, y cuidar vacas y otro tipo de ganado. A menudo se ocupan de sus viñedos sin demasiada motivación y también muy a menudo recurren a métodos radicales tan pronto como alguna enfermedad afecta a los viñedos.

También existen casos especiales, como en los países del antiguo bloque del Este. En el pasado, éstos solían producir vinos muy aceptables, pero tras el dominio ruso esta situación cambió. La calidad fue reemplazada por la cantidad, y la sofisticación, por grandes cantidades de alcohol para ayudar a los rusos a saciar su "sed". Cuando las tropas rusas se marcharon y tuvieron lugar cambios sociales a gran escala, los productores de vino se quedaron con apenas restos. La maquinaria estaba anticuada y no había dinero, aun-

En V.C.R., Friuli, hay constantes experimentos con nuevos clones para clientes de todo el mundo.

Un buen ejemplo de cómo no deberían hacerse las cosas (Villány, Hungría).

Gran ejemplo de investigación extranjera con gran éxito (Disnókö, Tokaj, Hungría).

que el conocimiento y la técnica, así como, obviamente, las perfectas condiciones topográficas y climatológicas estaban y están presentes. La situación era realmente desafortunada, sobre todo porque los gobiernos locales dieron prioridad a la concesión de subsidios agrícolas para otros cultivos que atrayeran con mayor rapidez el capital extranjero a estos países. Por suerte, muchas empresas extranjeras han reconocido ahora los aspectos positivos de la inversión, y la viticultura está floreciendo de nuevo en muchos de los países del antiguo bloque del Este.

3 La vinificación

LA UVA COMO MATERIA PRIMA

En el último capítulo vimos lo importantes que son las variedades de uva, el suelo y el tiempo para hacer un buen vino. Si el productor de vino también está cualificado y posee un buen equipamiento, no hay casi nada que pueda salir mal. Los métodos para la elaboración del vino dependen de varios factores:

– El tipo de vino (joven, para beberlo deprisa o para guardarlo).
– El color del vino que se va a hacer (blanco, tinto o rosado).
– El tipo de vino (trancesico, espumoso o generoso).
– Los condicionamientos del viticultor (preferencias de sabor, consideraciones éticas, etc.).
– Las preferencias del consumidor (tendencias).
– La situación económica (recesión o crecimiento económico).
– El grupo al que va dirigido (por ejemplo, los holandeses beben normalmente diferentes vinos que los franceses o los españoles).

En el contexto de este libro nos limitaremos a los diferentes métodos de hacer vinos:

– Blancos, tintos y rosados.
– Espumosos.
– Encabezados o generosos.

Para estos tres métodos de la vinificación, es importante que la materia prima –las uvas– sea sana y de buena calidad. Con escasas excepciones, el mosto de las uvas blancas y tintas siempre es incoloro. Esto significa que también es posible obtener vino blanco con uvas. Sin embargo, no es posible obtener vino tinto sólo con uvas blancas. El color del vino tinto se produce como sigue: el alcohol presente en los mostos en fermentación disuelve los pigmentos que dan color (antocianos) en las pieles, que también han fermentado. Para los vinos rosados esto no lleva mucho tiempo y el color queda pálido. Para los vinos blancos, el vinicultor retira las pieles y sólo fermentan los mostos.

La uva como materia prima.

El «terroir» y la uva están inextricablemente unidos.

Los diferentes componentes que producen el aroma y el gusto del vino se encuentran en la piel y justo debajo de la piel de las uvas. Cuanto más profundo llegan las raíces al subsuelo, más nutrientes y, por tanto, más sabor obtienen de éste.

Los taninos que son particularmente importantes para los vinos tintos se encuentran en la piel, así como en las semillas y en los raspones (que normalmente se eliminan en la actualidad). Cuanto más tanino contenga, más tiempo se puede guardar el vino (siempre que existan también suficientes acidez –frescura– y alcohol en el vino). El tanino es de hecho un agente natural cuya función es preservar. Esta sustancia aporta a los vinos el conocido gusto áspero cuando son jóvenes, lo que les hace muy impopulares para la mayoría de los consumidores. Es como morder una vieja bolsa de té: amargo, agrio y ácido, ya que el tanino también está presente en el té. En los mejores vinos de guarda, el tanino es una bendición. Sin embargo, el comprador debe tener la paciencia de dejar guardado el vino durante unos años para que envejezca. Desgraciadamente, se venden muchos vinos ricos en tanino y se beben cuando aún son demasiado jóvenes.

Las pieles de las uvas contienen una colección completa de levaduras unicelulares que han llegado hasta allí con la ayuda del viento o de diferentes insectos. En el pasado, estas levaduras naturales eran responsables por completo del proceso de fermentación. Hoy en día se complementan con cultivos especialmente seleccionados que se añaden a la uva al comienzo del proceso de vinificación. De esta forma, el viticultor puede ejercer un mayor control en el proceso de fermentación.

Los mostos contienen dos componentes que determinan el éxito de cualquier vino: los azúcares, que se convierten en alcohol gracias a las levaduras durante la fermentación alcohólica, y los ácidos, que también son importantes para la frescura y la longevidad de los vinos. Las uvas con demasiada acidez (y por tanto demasiado poco azúcar/alcohol) no son muy estimadas, mientras que las uvas con demasiada poca acidez (por ejemplo, con demasiados azúcares/alcoholes) tampoco son demasiado buenas.

Obviamente, la pulpa también contiene el componente más importante del vino que va a elaborarse: el agua.

Los vinos ricos en taninos tienen que madurar más tiempo.

Levadura natural sobre uvas maduras (Suiza).

Las uvas de los países extremadamente calurosos tienen generalmente poca acidez.

La elaboración del vino

Antes de seguir con una descripción detallada de los diferentes métodos de producción del vino, explicaremos algunos términos en las líneas inferiores.

Despalillado

Los racimos de uva suelen ser recogidos con sus escobajos. Como éstos tienen mucho tanino, a menudo se retiran inmediatamente a la llegada a la bodega. Este proceso se puede hacer manualmente (sólo en los mejores vinos) o con máquinas. En los años en los que las pieles tienen poco tanino, se dejan algunos de los raspones. Siempre es mejor que prensar las semillas porque éstas dan al vino un gusto amargo desagradable.

Fermentación alcohólica

Esta primera fermentación consiste en la conversión de los azúcares presentes en las uvas (sobre todo glucosa y fructosa) en alcohol y dióxido de carbono. Las levaduras naturales y/o añadidas son las responsables de este proceso. El dióxido de carbono se pierde durante el proceso de fermentación, excepto en los vinos espumosos, en los que éste se retiene deliberadamente. La liberación del dióxido de carbono se acompaña de una gran agitación en el mosto: parece como si el mosto estuviese hirviendo.

La conversión de azúcares en alcohol tiene lugar según un patrón establecido. Tan pronto como queda claro cuántos azúcares contienen las uvas, es fácil calcular cuánto alcohol tendrá el vino. Por este motivo, los

Cuando llegan, se llevan las uvas a una máquina especial para separar sus partes.

El mosto sale por un lado...

... los hollejos por otro.

Burbujas durante la fermentación alcohólica.

Durante la fermentación la temperatura debe ser
comprobada constantemente.

viticultores recogen unas pocas uvas antes de la cosecha y analizan su mosto prensándolas en una pequeña máquina. Con la ayuda de una complicada técnica que incluye la medición de la desviación, es posible medir la cantidad de azúcares. La fermentación se detiene automáticamente cuando todos los azúcares presentes han sido fermentados o cuando se ha llegado a un porcentaje de alcohol de aproximadamente el 17 por 100 (no obstante, en la práctica, suele ser el 15 por 100). También existen formas de detener el proceso de fermentación antes de tiempo; por ejemplo, si se desea dejar algunos azúcares residuales en el vino. Normalmente, el mosto se enfría meticulosamente y las levaduras se retiran mediante un proceso de filtración o de centrifugado. También se liberan grandes cantidades de calor durante la fermentación. Por tanto es muy importante prestar atención a la temperatura. Con los métodos modernos de elaboración de vino la temperatura se regula completamente por ordenador. Durante la fermentación de los vinos tintos la temperatura no suele exceder los 30° C, pero la temperatura ideal para los mejores vinos se encuentra entre 18 y 26° C. Para los vinos blancos, una temperatura de aproximadamente 20° C se considera el máximo, pero en la práctica la temperatura fluctúa entre 6 y 18° C.

FERMENTACIÓN MALOLÁCTICA

Los vinos jóvenes contienen una buena proporción de acidez "aguda", debida al ácido málico. En la primavera, cuando la temperatura de las bodegas aumenta, este ácido típico de la manzana se convierte en ácido láctico, bastante más suave. Esta segunda fermentación, también conocida por fermentación maloláctica, es un proceso muy lento durante el que los vinos mejoran claramente en gusto, aroma y redondez. Siempre se hace en los vinos tintos, pero en ocasiones se evita en los vinos blancos que no contienen suficiente frescura ácida, como puede ser el caso de varios países muy calurosos. En este caso, el bodeguero pasa el vino blanco a través de una serie de filtros o incluso a través de un centrifugado para eliminar las bacterias que causan esta segunda fermentación. Una segunda forma de compensar la falta de frescura ácida que se usa con mucha frecuencia consiste en añadir ácido tar-

tárico. Este proceso perfectamente legal se emplea en muchos países calurosos (por ejemplo, en Australia).

MACERACIÓN CARBÓNICA

Este complicado término se explica mejor como "maceración bajo presión de dióxido de carbono". Esta técnica de fermentación especial se emplea a menudo para los vinos que se beben cuando aún son jóvenes y que deberían ser particularmente afrutados, con poco tanino. El ejemplo más típico es el *Beaujolais primeur o nouveau*, pero la técnica también se usa, por ejemplo, para los jóvenes vinos comerciales del sur de Francia o Burdeos. La técnica también se usa de forma extensiva fuera de Francia. Los vinos producidos mediante este método no pueden guardarse durante mucho tiempo, pero no es tal su pretensión.

El principio es simple: los racimos enteros pasan por un primer proceso de fermentación interna en un tanque de fermentación herméticamente sellado y relleno con dióxido de carbono, donde los azúcares se convierten en alcohol y en dióxido de carbono dentro de las uvas. Este proceso tiene lugar a una temperatura bastante baja y tiene la ventaja de que el vino retiene una gran cantidad del aroma afrutado y mucho color. Después de un periodo, las uvas se abren por la presión de su propio peso y la presión del dióxido de

Fermentación maloláctica en el barril (sur lie).

carbono. El resto del proceso de obtención del vino sigue los pasos normales.

MACERACIÓN PECULIAR

Este método se emplea para los vinos blancos y rosados. Normalmente, las pieles de las uvas se eliminan antes de hacer blancos. Sin embargo, permitiéndolas macerar en él durante un poco de tiempo, los vinos reciben aromas y sabores que se encontraban justo debajo de la piel. Siempre y cuando el método se emplee de forma adecuada y no como "técnica de camuflaje", los vinos elaborados por este método tienen un valor añadido. Esto se aplica tanto a los vinos blancos secos como a los dulces.

SUR LIE (VINIFICACIÓN SOBRE SUS LÍAS)

Los vinos que aún no han sido filtrados contienen algunas impurezas como partículas microscópicas de la piel y las hojas de la vid, y particularmente levaduras muertas. La gravedad hace que éstas caigan al fondo de la barricas o de las cubas. Este sedimento se conoce en francés como "lie" (lías). Originalmente, los vinos blancos se dejaban reposar "sur lie" (con el sedimento) mientras envejecían en la región de Muscadet, pero hoy en día esta práctica tiene lugar en muchas zonas productoras de vino. El vino se filtra sólo en la fase de embotellado. Debido al largo contacto con el sedimento, los vinos ganan en aroma, sabor y complejidad. Cuando se beben jóvenes, estos vinos también tienen un agradable chisporroteo carbónico que alegra levemente la punta de la lengua y hace que el vino resulte más elegante y fresco.

MICROOXIGENACIÓN (ADICIÓN HOMEOPÁTICA DE OXÍGENO)

Este proceso, también conocido como "micro-bullage", se desarrolló hace bastante poco tiempo, y se practica en la actualidad en un enorme número de zonas. Durante el inicio de los años 90, el método fue descubierto por el francés Partrick Ducourneau, basándose en un estudio de Pontalier (Châteaux Margaux) sobre la importancia de la oxidación (la influencia del oxígeno) en los mejores vinos. Partrick Ducourneau, de Chapelle L'Enclos en Madiran, descubrió el "micro-bulleur", y desde entonces los bodegueros han experimentado con este método en toda Francia y en muchos otros países, obteniendo un tremendo éxito. En 1996 el proceso fue definitivamente aprobado por la Unión Europea.

¿En qué consiste exactamente este proceso? Una mínima cantidad de oxígeno entra en el vino a través de los listones de las barricas de roble. En combinación con los pigmentos de color (antocianos para el tinto y flavonoides para el blanco) y el tanino, el oxígeno otorga a los vinos complejidad y carácter añadidos. La técnica del "micro-bullage" consiste en añadir oxígeno puro al vino mediante un método casi homeopático: de forma uniforme y en pequeñas dosis. Esto tiene lugar durante el proceso de vinificación mientras éste envejece en roble. El proceso se usa sobre todo en los vinos hechos con uvas de la variedad cabernet sauvignon y sémillon, y en menor medida, en aquellos hechos con merlot y sauvignon. El resultado es sorprendente: más aromas afrutados, muy puros, más cuerpo, más tanino graso, un equilibrio más conseguido; en pocas palabras, más vino. En la actualidad, el "micro-bullage" es empleado por casi cien de los mejores vinicultores de Madiran, Bergerac y Burdeos, pero también en Borgoña, Languedoc y la región del Loira. En otros países también existen un centenar de bodegas que están experimentando con este método, entre los que se incluyen España, Portugal, Suiza, Italia, Inglaterra, Canadá, Chile, Argentina, Australia y los Estados Unidos.

CHAPTALIZACIÓN

Este proceso, que fue descubierto por el francés Chaptal, implica que los azúcares (o el mosto dulce superconcentrado) sean añadidos al mosto fresco antes de su fermentación alcohólica, de forma que pueda obtenerse más alcohol de la conversión de esos azúcares añadidos. Este proceso, perfectamente legal, a menudo se emplea cuando han existido veranos desastrosamente fríos en los que las uvas no fueron capaces de madurar por completo. Desgraciadamente, a veces también es empleado con poco acierto por aquellos que prefieren no correr ningún riesgo y desean obtener dinero rápido. En este caso las uvas se cosechan demasiado pronto y se compensa mediante la adición de azúcares.

AZUFRE

El azufre es un desinfectante eficiente y un agente conservante muy empleado en las bodegas de vino. El azufre se añade a las uvas en polvo o en forma líquida nada más llegar éstas. Esto previene la fermentación prematura y, sobre todo, elimina cualquier germen patógeno que pudiera pudrir las uvas. La adición de azufre tiene lugar principalmente en los países cálidos o en lugares en los que la distancia entre los viñedos y las prensas es superior a una hora. Cuando las uvas no son negociadas con demasiado esmero, la adición de azufre también puede prevenir algunos problemas. En principio, esto no debería ser necesario si sólo fuesen vendimiadas las uvas sanas, si las uvas hubieran sido prensadas en los viñedos o, por supuesto, si hubiese pasado menos de una hora desde su recolección, o si las uvas fuesen transportadas manteniendo una temperatura fresca. Por ejemplo, en Sudáfrica, las uvas se suelen recoger por la noche para asegurarse de que se mantiene la temperatura a un nivel aceptable. En la práctica, sin embargo, la adición de azufre es aún y por desgracia un mal necesario en muchas ocasiones. En concreto, si comienza a llover justo el día anterior o el posterior a la cosecha, y existe un gran peligro de que las uvas se pudran, no hay forma de evitar esta práctica.

El azufre también se emplea en las bodegas en forma de pastillas para desinfectar las cubas y barricas. En este caso, se introduce una pastilla de azufre en ellas, y sus vapores aseguran que el barril queda completamente libre de gérmenes.

Finalmente, se añade en ocasiones el azufre en forma gaseosa al vino, bien antes o durante el proceso de embo-

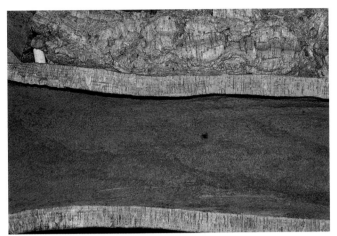

El corcho procede de la corteza del roble.

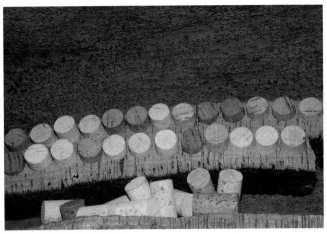

El corcho se extrae mecánicamente de la corteza.

tellado, sobre todo en los vinos más dulces; por ejemplo, para prevenir que tenga lugar una segunda fermentación dentro de la botella. Siempre y cuando se haga de forma apropiada, es un proceso completamente inocuo. Sin embargo, algunas bodegas toman demasiadas precauciones y añaden un extra de azufre gaseoso a los vinos que no son los mejores, normalmente los vinos dulces, con todas las desafortunadas consecuencias que esto conlleva.

EL PROCESO DE ELABORACIÓN DE LOS DIFERENTES TIPOS DE VINOS

EL PROCESO DE PRODUCCIÓN DE LOS VINOS TINTOS

La diferencia más importante entre el proceso de obtención de vinos blancos, rosados y tintos, es que en los vinos tintos las pieles no se eliminan. Éstas contienen los pigmentos de color que determinan el color del vino una vez que éstos se disuelven en el alcohol. La fermentación del vino tinto tiene lugar en los depósitos, cubas o tinos. En el pasado, la fermentación siempre tenía lugar en cubas abiertas, normalmente de madera, aunque también de cemento, hormigón, granito o resina sintética. Una especie de cubierta de hollejos (pieles) ("chapeau" en francés, o sombrero) se sitúa sobre estas cubas abiertas sobre el mosto en fermentación. Este "sombrero" está formado en gran parte por las pieles de las uvas en fermentación. Mientras se libera el dióxido de carbono hacia arriba durante la fermentación alcohólica, toda la materia sólida es elevada hacia la parte alta. El "sombrero" se rompe de vez en cuando y es empujado desde abajo, de forma que el mosto permanece constantemente en contacto con los pigmentos de color de la piel de las uvas. Esto también evita las infecciones bacteriológicas en el mosto: el calor puede fácilmente hacer que se acumulasen millones de microorganismos dañinos, si no se rompiese el sombrero. Mediante la inmersión constante del sombrero en el mosto, las bacterias mueren debido al alcohol formado.

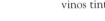

EL CORCHO

Los romanos ya conocían probablemente el secreto de sellar ánforas con un corcho. Sin embargo, el uso del corcho sólo llegó a extenderse en el siglo XVI. El corcho procede de la corteza del alcornoque, normalmente de España, Portugal o el norte de África. De nueve o diez años tarda la corteza en crecer hasta el grosor deseado. La capa de corcho se separa con hachas afiladas y el corcho es tratado con vapor (contra los insectos) y fungicidas (contra los hongos y las bacterias), secado y después procesado para producir los corchos que conocemos. Los corchos más largos y de mayor calidad son para los vinos de guarda que puedan vivir más de quince años. Los corchos más cortos se usan en vinos que se consumen en un plazo breve. Aunque no resulta particularmente agradable desde un punto de vista estético, es preferible usar un tapón de rosca que un corcho comprimido para los vinos de consumo diario, porque a menudo son de mala calidad. Desgraciadamente, el consumidor medio sigue optando intuitivamente por el corcho inferior antes que por los tapones de rosca funcionales e higiénicos.

Aún se usan en ocasiones tinos abiertos de madera para la fermentación (Guelbenzu, Navarra).

Cuando se pisan las uvas, el sombrero de las pieles también se sumerge constantemente (Quinta do Noval).

El acero inoxidable proporciona buen enfriamiento.

En muchos países y en las bodegas a gran escala, el proceso de elaboración del vino tiene lugar ahora en depósitos cerrados, o incluso en tanques de fermentación. La ventaja de éstos, normalmente hechos de acero inoxidable, consiste en que permiten que la temperatura sea regulada mediante un ordenador. Una desventaja es que resulta difícil llegar al mosto en fermentación y que el viticultor depende por completo de la tecnología. Si algo va mal, es difícil intervenir. Existe un sistema en estos barriles o tanques de acero inoxidable que constantemente sumergen el sombrero. Para asegurarse de una mejor absorción del color existe una técnica muy efectiva que se emplea en ocasiones: se bombea el mosto desde el fondo de la barrica y pasando por varios tubos se deja caer sobre el sombrero ("remontado").

Durante la fermentación resulta importante que los azúcares del mosto sean fermentados por completo para prevenir cualquier fermentación posterior no deseada. A menudo se añade un extra de azufre a los vinos tintos que contienen un residuo de azúcar para prevenir esta fermentación posterior, o se añade artificialmente el azúcar a estos vinos en un ambiente estéril después de que el vino haya sido filtrado y se hayan retirado todas las levaduras.

La fermentación de los vinos tintos dura aproximadamente dos semanas, después de las cuales los vinos jóvenes pueden pasar por la prensa. Los vinos que se obtienen antes de ser prensados (éstos son los que han sido extraídos con la bomba) son conocidos como "vinos de lágrima o yema"; los vinos que se obtienen después de ser prensados son vinos de prensa. Los últimos tienen un sabor más vulgar y menos cuerpo y tienen más tanino. Según la calidad y el tipo de vino, se añadirá todo, poco o nada del vino de prensa al vino de lágrima o yema en una fase posterior.

Después del prensado, se almacenan los vinos jóvenes. De nuevo, el tipo de vino deseado determina cómo y cuánto tiempo será guardado. Para los mejores vinos (los de guarda) se prefiere que el vino envejezca en barricas de roble. Los vinos que han de beberse con rapidez y que son muy afrutados no envejecen o apenas envejecen en madera.

La segunda fermentación tiene lugar cuando se cría el vino: la fermentación maloláctica o (segunda) fermentación de ácido láctico. Entonces los vinos en crianza serán a menudo trasegados para airarlos y separar sus sedimentos con suavidad. Al final de esta fase, los vinos son filtrados y/o clarificados: se añade al vino alguna proteína ligeramente emulsionada o productos que contienen pro-

Antigua prensa de vino de Borgoña (Drouhin).

Prensas modernas de vino (Navarra).

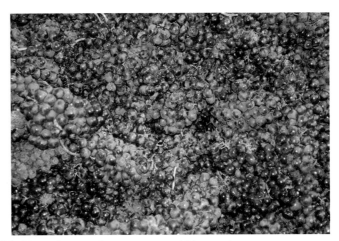

No importa lo avanzada que esté la tecnología, nunca podrá obtener buenos vinos con uvas podridas.

teína como la cola de pescado o bentonita (un tipo fino de tierra). Esto crea una especie de malla que poco a poco se hunde hacia el fondo, arrastrando todas las impurezas que flotan en el vino. La crianza en roble varía de unos pocos meses a dos años, en el caso de los mejores vinos. Ése es el momento en el que se embotellan.

Para obtener vinos tintos frescos y afrutados, ricos en color, a menudo se usa el proceso de "maceración carbónica". Esto implica que el mosto de las uvas es fermentado dentro de las pieles, no fuera, como en el método habitual.

En estos momentos, los productores de vino están experimentando con nuevas técnicas en todo el mundo. Todas estas técnicas tienen un denominador común que consiste en que están orientadas a conseguir vinos más estructurados, rotundos y afrutados que maduran plenamente con rapidez. El énfasis se centra más en el aroma y en el gusto del vino que en su guarda. Sin querer entrar en el debate, quisiera establecer una distinción entre dos diferentes tipos de técnicas:

– Las técnicas orientadas al producto y al consumidor, como el proceso de microoxigenación mencionado anteriormente, mejoran la calidad del vino de forma asombrosa, desde mi punto de vista, y hacen que los vinos sean accesibles con mayor rapidez (y por tanto se abaraten los costes) para el consumidor sin que se pierda calidad. Por esta razón, estas técnicas suponen un desarrollo positivo sobre todo porque a menudo son respetuosas con el medio ambiente.
– Las técnicas orientadas a los beneficios, como la adición de virutas de madera o saquitos rellenos de serrín, y el uso de barricas especiales hechas de materiales sintéticos con huecos para tablones de madera, tienen por objetivo producir vinos más baratos y reconocibles por el consumidor. En algunos países, estas técnicas se emplean para los vinos de calidad, mientras que en otros países sólo están permitidas para mejorar los "vinos de la tierra". Siempre y cuando el consumidor no acepte que la calidad y la autenticidad tienen un precio, estas prácticas desgraciadamente continuarán ganando más y más terreno.

EL PROCESO DE ELABORACIÓN DE LOS VINOS ROSADOS

Existen hasta tres formas de elaborar vinos rosados:
– Mezclando vinos tintos y blancos, lo que en la actualidad está prohibido en la mayoría de los países. En Francia, este método se emplea únicamente para

Un buen rosado tiene un sabor fantástico.

hacer *champagne rosé*, añadiendo una pequeña cantidad de vino tinto de la región de Champagne al vino blanco espumoso.

– Sacando el vino tinto después de un breve periodo de contacto con las pieles de las uvas (de una noche a dos días enteros). Esta técnica se conoce a menudo con el nombre de sangrado. También es posible dejar que todo un tino de uvas tintas fermente con sus pieles y filtrar el mosto tan pronto como se logre obtener el color deseado. Después de filtrar o extraer con la bomba, los vinos rosados son vinificados como blancos.

– Usando uvas tintas con mostos coloreados de forma natural, como la variedad de *poulsard*. (A estas variedades de uva se las conoce como tintoreras.)

EL PROCESO DE ELABORACIÓN DE LOS VINOS BLANCOS

Para hacer vinos blancos sólo se usa el mosto de las uvas blancas o tintas o una mezcla de ambas (esto en teoría es posible). Como las uvas ya han sido prensadas antes de la fermentación, los mostos contienen pocas o ninguna partícula sólida, por lo que la fermentación generalmente tiene lugar en los tinos. Los vinos blancos no sólo tienen un color diferente sino que también tienen un sabor distinto al de los vinos tintos. Esto sucede por el menor contenido en tanino del vino blanco y por el uso de otra variedad de uva que también crece en diferente suelo.

El vino blanco puede ser seco (en francés, "sec") con poco azúcar residual, semi seco ("demi-sec"), dulce ("doux"), untuoso y muy dulce ("moelleux") o incluso licoroso ("liquoreux"). En los vinos blancos secos, prácticamente todos los azúcares del mosto han sido fermentados. Después del prensado, los mostos de calidad inferior son tratados a menudo con una cantidad importante de azufre, para acabar con todas las levaduras y las bacterias "espontáneas". En ocasiones también son centrifugados para emplear una dosis de azufre inferior. Entonces se añaden al mosto las levaduras seleccionadas. Para los vinos de buena calidad, se recurre a las levaduras naturales y el mosto fermenta durante mayor tiempo a una temperatura inferior con la adición de muy poco azufre. Cada vez más, los vinos se crían sobre sus lías (sur lie) hasta el embotellado. La fase de crianza del vino blanco es comparable a la del vino tinto. Un creciente número de productores de vino franceses optan por fermentar los mejores vinos blancos en barricas de roble. Esto da lugar a resultados excepcionales, sobre todo en Borgoña, Burdeos Bergerac y en el sudoeste. Sin embargo, demasiada madera siempre daña al vino blanco. El secreto consiste en habilidad y moderación. La guarda de los vinos blancos en barriles de roble es también un tema polémico. Personalmente, considero que sólo los vinos con suficiente estructura y potencial para envejecer deberían ser madurados en madera. La madera debería añadir algo al vino y no camuflar sus defectos o expulsar todos los otros componentes del gusto dominando demasiado.

El proceso es diferente en lo que concierne a los vinos dulces. En este caso no todos los azúcares llegan a fermentar. En los vinos dulces baratos se añade azufre al mosto para detener la fermentación antes de tiempo, después de una fermentación muy corta. Esto se hace cuando el vino ha alcanzado el nivel deseado de alcohol y azúcares residuales. Cuando el vino ha sido trasegado, filtrado o aclarado, queda mucha cantidad de azufre en el vino para evitar una segunda fermentación en la botella, que podría ser desastrosa. Algunas bodegas prefieren usar el centrifugado o el enfriamiento repentino del mosto antes que añadir más azufre para detener la fermentación. Sin embargo, incluso así, se añade azufre al vino. Como no siempre existen suficientes azúcares naturales en el mosto, a veces se añade algo de mosto concentrado a los mostos o, en algunos casos, incluso azúcar corriente, lejos de la mirada de cualquier testigo.

En el caso de los mejores vinos dulces (Sauternes, Monbazillac, Saussignac), el proceso es diferente. Las uvas permanecen en las vides durante mucho más tiempo y se ven afectadas por la forma benigna del hongo *Botrytis cinerea*, que concentra las uvas, incrementando la concentración de azúcares en las propias uvas. El mosto por tanto contiene un alto nivel de azúcares naturales. Las levaduras mueren cuando se alcanza un grado de alcohol de 14,5 a 15 por 100. La fermentación de los mejores vinos dulces es lenta en comparación con la de los vinos más baratos. Después de la fermentación, incluso los vinos dulces de alta calidad son tratados con azufre.

EL PROCESO DE ELABORACIÓN DE LOS VINOS GENEROSOS

Este título engloba varios vinos de Jerez de la Frontera (jerez), Sanlúcar de Barrameda (manzanilla), Huelva,

La fermentación de Tokaji Aszú tiene lugar muy despacio, a una temperatura baja.

Los grandes vinos de Oporto, como el vintage nacional, descansan en madera durante dos años antes de ser embotellados.

Montilla–Moriles, Málaga, Madeira, Masala y Oporto, así como los Vins Doux Naturels de Francia, como el Muscat de Beaumes de Venise, Mireval, Rivesalts, Lunel, Saint-Jean y los Grenache, Maury y Banyuls.

Para los vinos encabezados o generosos el proceso de fermentación es interrumpido añadiendo alcohol vínico al mosto. Normalmente, se pretende producir un vino muy dulce y afrutado, pero la adición de alcohol también puede causar la destrucción del velo de levadura en los vinos secos y muy sofisticados de manzanilla, fino o amontillado.

En francés, el método de detener la fermentación mediante la adición de azufre o alcohol vínico se conoce con el nombre de "muter". Después de esta invención es posible optar por diferentes métodos para envejecer el vino: en roble o no, un periodo de tiempo corto o largo, etc... La mayoría de los vinos generosos, ya sean secos o dulces, contienen entre 15,5 y 22 por 100 de alcohol.

EL PROCESO DE ELABORACIÓN DE LOS VINOS ESPUMOSOS

Con el objetivo de simplificar, emplearemos el término "espumoso" para todos los vinos que contienen dióxido de carbono disuelto. Cuando se abre la botella, la espuma del vino causa un ligero y refrescante hormigueo en la lengua. Los vinos espumosos se obtienen de diferentes maneras. El método más conocido que produce la mejor calidad es el "méthode champenoise" de la región francesa de Champagne. Aunque este método ya se usaba casi en toda Francia hace mucho tiempo, los monjes de Champagne y, posteriormente, las poderosas casas de Champagne lograron patentar el nombre. Champagne y el "méthode champenoise" se han convertido en uno solo, lo que implica que los vinos que pueden llevar este nombre deben provenir

¡No hay nada que pueda compararse al champagne de verdad!

exlusivamente de la región de Champagne. Otras regiones tuvieron que contentarse con el término "método tradicional". En España, es el caso del cava.

Este método ampliamente extendido supone comenzar al principio con vinos sin espuma que han sido producidos por separado. Tras exhaustivos análisis y catas, el dueño de la bodega mezclará los varios vinos fermentados según proporciones secretas (lo que se conoce en francés como "assemblage"). Y en español como "esamblaje".

Entonces se añade a la mezcla de vinos un tipo de licor ("licor de tiraje"), realmente un sirope hecho de azúcar de caña y levaduras estrictamente seleccionadas. En la botella tiene lugar una segunda fermentación alcohólica inducida de forma que el dióxido de carbono no pueda escapar. Este proceso dura de diez días a tres meses. Enton-

Cava español.

Preselección de los vinos no espumosos usados
como base para mezclar.

Los vinos no espumosos se mezclan en
grandes tanques.

ces los vinos tienen que reposar algunos meses o, en ocasiones, años, mientras las botellas se remueven regularmente, bien a mano o mecánicamente, para que el poso vaya al cuello de la botella. Congelando rápidamente los cuellos en una solución de agua salina, este sedimento (levadura muerta y azúcares sin fermentar) forma un tapón de hielo bajo el corcho. En ese momento las botellas se vuelven a poner de pie y el corcho (temporal) se evita de forma que la capa de hielo sale despedida del cuello de la botella ("degüelle") como resultado de la enorme presión interna del dióxido de carbono atrapado en la botella. Los vinos están ahora pálidos y claros.

Dependiendo del gusto deseado (de muy seco a dulce), la botella se rellena con el mismo vino, o con otro al que se han añadido diferentes cantidades de azúcar de caña ("licor de expedición"). Se vuelve a taponar los vinos, esta vez con un corcho real, y se les pone sus etiquetas finales: Champagnes o vinos obtenidos con el *méthode traditionelle* y que contengan menos dióxido de carbono, bien deliberadamente o como resultado de factores geográficos, reciben el nombre de "crémants".

Una forma mucho menos costosa de conservar el dióxido de carbono en el vino consiste en usar el méto-do del "cuve close", también conocido como el "méthode charmat", o "granvás". Los vinos elaborados por este método también pueden ser de una calidad muy buena. El principio es casi el mismo que el del *méthode champenoise/tradicional*, aunque en este caso la segunda fermentación inducida no tiene lugar en la botella sino en un depósito cerrado. El vino entonces se filtra muy deprisa y se embotella. Este método se emplea con gran éxito en Italia (spumante) y Alemania (sekt).

Existe aún otro método, que desgraciadamente se sigue usando, y que quisiéramos mencionar aquí brevemente sin detenernos en los detalles: el "vino gasificado". Este método simple y, sobre todo, ultrabarato está rela-

Vinos jóvenes de champagne, reposando en pupitres.

Dégorgement.

Algunos vinos base del champagne se crían
primero en roble (en parte).

Tanques de guarda externos de Pazmand,
Hungría.

cionado más estrechamente con la industria de los refrescos que con la elaboración de vino. Una cierta cantidad de dióxido de carbono (en bruto) se inyecta simplemente en los vinos fermentados. Los nombres "perlant" y "vin perlé" describen estos vinos similares a las gaseosas. Finalmente, existen también algunos vinos (reales) que contienen una pequeña cantidad de dióxido de carbono, incluso aunque no sean vinos espumosos. Estos vinos tienen un efecto de cosquilleo en la lengua y son frescos y agradables. Los nombres habituales de estos vinos son: "frizzante", "pétillant", "spritzig" o "de aguja".

Catar el vino

CATA PROFESIONAL DE VINOS

Existen varias formas de degustar el vino. Dependiendo del propósito, la degustación de vinos puede convertirse en una actividad muy técnica o también puede tratarse de una forma de relajación y un momento delicioso.

El dueño de la bodega es el primero que cata el vino: las uvas, el mosto sin fermentar, el mosto fermentado, el vino turbio opaco y, finalmente, el propio vino en desarrollo, observándolo a intervalos regulares. La cata del vino joven no es realmente agradable. Debido a la fuerte acidez de algunos vinos, el esmalte de los dientes puede perderse espontáneamente. Los taninos fuertes, aún bastante amaderados, hacen que la boca se reseque, los dientes se oscurezcan, la lengua quede áspera. Este tipo de cata de vinos, que es puramente técnico, pretende principalmente controlar las propiedades del vino y obtener una idea de cómo está desarrollándose.

Después del jefe de la bodega, los periodistas y los enólogos vienen a probarlo. Normalmente la cata tiene lugar en las bodegas de la casa del bodeguero en cuestión. El vino joven se cata bajo la dirección del director de la bodega, si es necesario con comentarios apropiados. De esta manera se establece la primera opinión

Mediante catas regulares, el director de la bodega puede seguir el desarrollo del vino.

sobre la calidad y las perspectivas de futuro del vino. Obviamente el catador deberá haber hecho previamente esta tarea.

Algunos compradores de vinos usan agentes que prueban y seleccionan los vinos cuando aún son jóvenes. Por otro lado, otros estarán presentes en la primera cata y seleccionarán los vinos por sí mismos. En ambos casos se vuelve a catar el vino, tras envejecer durante varios meses. Si accede el comprador de vinos, se toman algunas muestras que podrán probarse regularmente en la bodega. De nuevo ésta es una cata "clínica" llevada a cabo de forma muy quirúrgica. El vino se analiza en términos de su acidez, alcohol, tanino, fruta y azúcares residuales. Si el vino parece ser prometedor y el precio es adecuado, se hace un pedido y cuando llega, el vino se compara con las muestras que fueron tomadas para controlar el proceso.

CATA CRÍTICA

¿Qué es el vino? El vino es el resultado de una compleja interrelación de variedades de uvas, el suelo y el clima unidos a los conocimientos y al estilo individual del elaborador con una rica tradición en viticultura como guía.

La cata de vinos es una experiencia real, pero también una técnica que usted sólo podrá dominar con mucha práctica. El conocimiento sobre los vinos no puede encontrarse simplemente en una copa de vino. Para catarlo como un entendido necesitará gran cantidad de experiencia, y tiene que haber probado cientos de vinos, así como tener mucha información sobre ellos. En principio, cualquiera puede aprender a catar excepto en los extraños casos que deben evitar la cata de vino por razones médicas. Aunque la cata de vino se ha venido realizando tradicionalmente sobre todo por hombres, las mujeres pueden catar igual de bien que los hombres; lo que es más, su sentido del olfato es incluso superior al de los hombres. La cata de vinos es un examen, un análisis y una experiencia sensorial. No existe ordenador que pueda reemplazarnos en esta actividad.

EL ENTORNO DE LA CATA DE VINOS

En las catas profesionales, existe una preferencia por los colores neutros (normalmente blancos). Los colores de fondo, de hecho, tienen una fuerte influencia en nuestras percepciones. Por ejemplo, ¿sabía usted que el color rojo refuerza nuestra percepción de los azúcares? ¿O que el verde parece causar en una cata de vinos que éstos sean más frescos (más ácidos), mientras que el color azul hace que el vino sea más amargo, y el amarillo resalta su salinidad? Los catadores inexpertos se dejan engañar así algunas veces...

Además, la zona de cata deberá estar suficientemente iluminada y ventilada, pero también lo más silenciosa que sea posible. La luz del día es preferible a la luz artificial, porque la luz del sol remarca los matices de color del vino de forma más efectiva. Fumar antes o durante la cata, usar perfumes y aftershaves está fuera de cuestión, porque dejan olores fuertes y abrumadores y dominan el sutil aroma del vino.

Zona de cata profesional destinada a la venta (Henri Maire, Jura).

EL HUMOR DEL CATADOR

La cata requiere una gran cantidad de atención y concentración. Si no se siente bien o está cansado y estresado o ligeramente desanimado, es preferible posponer una cata importante. Las preocupaciones, los dolores o un desequilibrio hormonal también tendrán un efecto negativo sobre la concentración y sobre la percepción de los estímulos sensoriales. Abusar del tabaco es otro factor inhibidor, así como consumir bebidas fuertes o dulces antes de la cata. Los fumadores no siempre perciben peor que los no fumadores, pero les lleva mucho más tiempo sentir las mismas cosas. Las papilas gustativas se cansan como resultado del uso del tabaco, alcohol o azúcar, y responden con menor presteza. Por tanto, el momento de la cata debe ser escogido con mucho cuidado para minimizar estos efectos. Normalmente, se suele preferir las últimas horas de la mañana, alrededor de las once, cuando la mayoría de la gente aún se siente bastante fresca. Es mejor no comprometerse a una cata de vinos después de comer o después de cenar. A esas horas las papilas gustativas están demasiado saturadas, mientras que el comienzo de la digestión implica que la atención puede ser distraída fácilmente.

EL RECIPIENTE ADECUADO PARA CATAR VINOS

Una buena copa para catar vinos deberá ser transparente, completamente clara e incolora desde el pie hasta el borde. Esto facilita que se pueda percibir el color con mayor facilidad. La copa de cristal debe ser ancha y redonda en su parte inferior, cerrándose ligeramente hacia su parte superior, como una tulipa. Esto es importante para liberar los diferentes aromas y el *bouquet*. Como el vino no podrá ser calentado por las manos, la copa tendrá un pie muy largo. De la copa sólo se llena un tercio para lograr la correcta concentración del color, pero también para que disponga de espacio suficiente para rotar el vino y liberar sus aromas. En Francia, España y otros países existe una copa oficial de cata que ha sido aprobada por el instituto que controla las

Copa Afnor/Inao.

denominaciones de origen de los vinos, la copa Afnor-Inao. Para los catadores semiprofesionales, es suficiente una copa corriente.

LA TEMPERATURA PARA CATAR VINOS

La mejor temperatura para la cata de vinos fluctúa entre 8 y 16°, y depende del tipo de vino que se cate. Como a menudo la temperatura ambiente se encuentra entre los 18 y los 20°, siempre es mejor probar un vino demasiado frío que demasiado caliente. El vino elevará su temperatura algunos pocos grados extra. Los vinos que tienen mucho tanino serán más agradables cuando se caten a una temperatura de 16 a 18°; los vinos jóvenes, frescos y afrutados son mejores si se degustan a menor temperatura. Para los vinos blancos, la temperatura tiene una gran influencia sobre nuestra percepción de los ácidos: cuanto mayor sea la temperatura, más desagradable será su sensación ácida. Finalmente, la temperatura también tiene una influencia sobre nuestra percepción de aromas, azúcares y alcohol. A mayor temperatura, mejor percibirá los aromas y el *bouquet*. El vino también parece ser más dulce y tener más alcohol a medida que aumenta su temperatura, mientras que los taninos se suavizan.

EL ORDEN CORRECTO EN LA CATA DE VINOS

Existen opiniones enfrentadas sobre el orden correcto para proceder en una cata de vinos. Los catadores profesionales prefieren comenzar con los vinos tintos y después proseguir con los blancos. Sin embargo, en mi opinión, la mayoría de los catadores prefieren el orden más lógico del blanco al tinto. Casi todos también están de acuerdo en probar los vinos jóvenes antes que los viejos, así como los secos antes que los dulces.

EL ANÁLISIS SENSORIAL

En todo el mundo, los catadores comienzan juzgando el color (vista), luego el aroma (nariz), el sabor (boca + lengua + nariz) y, finalmente, el final de boca o posgusto o regusto. Personalmente, también quisiera añadir el oído a la lista de sentidos que se emplean. Puede sonar algo extraño, pero existen todo tipo de maravillas que puede escuchar en su copa, particularmente en los vinos espumosos... Haga la prueba y escuche las burbujas hormigueando suavemente en una copa de champagne y compare esto con las burbujas más vulgares de una copa de vino gasificado. El sonido del vino al ser servido también tiene un encanto en sí mismo, aunque esto no guarda ninguna relación con la calidad del vino.

COLOR

El aspecto visual de los alimentos es muy importante, como lo es el olor. Nuestro cerebro responde con rapidez a las señales de los nervios visuales y olfativos y se prepara para el proceso digestivo. Un color o un olor desagradables nos repelen. Un vino apagado u opaco no es invitador.

El color se refiere a algo más que el color del vino. Un examen visual incluye un análisis del color, pero también de la limpieza, la densidad y la estructura del vino. ¿Cómo responde el vino cuando se mueve con movimientos de rotación en una copa? ¿Se pega a los lados de la copa y es siruposo y lento, o se comporta como el agua? ¿La superficie del vino es bastante uniforme o existen unas pocas burbujas de dióxido de carbono? Es mejor observar el color del vino con un fondo blanco. Deberá sujetar la copa en un ángulo de manera

El color...

que sea posible distinguir de forma más adecuada los diferentes matices del color.

En general, el color de los vinos blancos, que va del acerado (casi sin color) al amarillo dorado, dice algo sobre la edad y la concentración del vino. Cuanto más oscuro sea el color, más cantidad de extracto. Los matices de marrón anaranjado o dorado pueden indicar edad o –incluso en los vinos jóvenes– oxidación (en este caso el vino tiene aromas y sabe a jerez o a oportos rancios). Finalmente, un toque verdoso en la copa indica a menudo un vino joven. En los vinos tintos, el color rojo evoluciona con la edad. Los vinos jóvenes tienen un color purpúreo, mientras que los vinos que han envejecido en roble tienden hacia un color más cercano a teja o ladrillo. En cambio, los vinos más viejos presentan bellos matices entre el rojo teja y el granate.

Las descripciones de color que se escuchan a menudo (de los tonos más claros a los más oscuros) incluyen los siguientes:

- Para vinos blancos: acerado, verde pálido, amarillo alimonado, pajizo, dorado, ámbar.
- Para los vinos rosados: frambuesa, fresa, grosella, con brillos salmón o teja, piel de cebolla, naranja o teja.
- Para los vinos tintos: púrpura, rojo purpúreo, rojo granate, rojo cereza, rojo rubí, teja, marrón.

Los vinos pueden ser limpios, es decir, transparentes y netos, sin ninguna partícula flotante u opacidad. Para comprobar esto, es mejor sostener la copa de vino un momento en frente de una vela encendida.

AROMA

Durante esta segunda etapa de la cata, se estudian los diferentes aromas del vino, ya sean agradables o desagradables. Ciertamente no querrá probar un vino que tenga un olor desagradable, que huela a humedad o que esté avinagrado o con notas químicas. De hecho, existe una alta probabilidad de que haya algo mal en el vino. En la vida cotidiana, no nos damos cuenta de lo importante que resulta nuestro sentido del olfato. Nuestras papilas gustativas sólo pueden distinguir cuatro sabores: dulce, agrio, salado y amargo. También podemos eva-

Tomando un sorbo...

luar la temperatura y la densidad del vino. Sin embargo, nuestra nariz es diez mil veces más sensible que nuestro sentido del gusto. No cabe duda de que cuando usted tiene un constipado éste hace que todo tenga un sabor menos agradable. Sin embargo, no tiene menos "gusto", simplemente es incapaz de oler, por eso todo es menos sabroso. Nuestro sentido del olfato puede distinguir cientos de olores específicos, incluso si están combinados y camuflados.

Para evaluar el aroma de un vino de forma adecuada, deberá olerlo tres veces: con la nariz, primero de una copa en reposo, luego después de remover el vino en la copa, y finalmente, a través de la parte posterior, en la boca. Para hacer esto tome un poco de vino, aspire algo de aire en la boca y permita que el aire escape por la nariz (percepción retro-olfativa). De esta forma, los nervios olfativos son estimulados tanto como sea posible.

El aroma...

Análisis retro-olfativo...

Se pueden distinguir tres tipos de aromas:

– Los aromas primarios vienen directamente de las uvas y se liberan inmediatamente en la copa en reposo. Esto incluye todos los aromas afrutados (frutas rojas, grosellas negras, melocotón, albaricoque, piña, pomelo, grosellas), aromas florales (rosa, peonía, pensamiento, acacia) y aromas vegetales (hierba, boj, heno, anís, hinojo, espárrago).
– Los aromas secundarios son el resultado del proceso de fermentación, y pueden apreciarse sobre todo después de hacer rotar la copa o por percepción retroolfativa. Por ejemplo, se incluyen los olores lácteos (el yogur, en el caso de la maceración carbónica), los aromas típicos a vino, alcohol (banana, en el caso de la maceración carbónica), ácidos, etc.
– Los aromas terciarios son el resultado de la crianza. Se perciben después de hacer rotar la copa o por percepción retroolfativa. En contacto con el oxígeno, estos aromas forman el *bouquet*. Entre los típicos aromas terciarios se incluyen los diferentes matices de madera (vainilla) y también todos los de especias como pimienta, nuez moscada y clavo, así como los aromas intensos del tabaco, brea, cuero, café y cacao.

Además de los aromas (positivos), existen otros olores (negativos) en el vino: el olor a moho, a madera húmeda y antigua (de los vinos que se han guardado en barriles viejos en un ambiente muy húmedo), y sabores rústicos y terrosos, como hormigón, cemento o arcilla, lo que sugiere que se cometieron errores en la elaboración del vino o que se conservó inapropiadamente. El corcho también pertenece a la lista, así como todos los fuertes olores químicos, como el azufre, los ácidos agresivos y el olor a farmacia

SABOR

Nuestro sentido del gusto está formado por la lengua y, particularmente, las papilas gustativas. La lengua en su totalidad debería ser considerada una especie de receptor con funciones específicas. En lo que concierne al sabor, podemos en primer lugar distinguir cuatro zonas diferentes de percepción:

– La punta de la lengua es sensible a los sabores dulces. Esto implica que no sólo puede saborear los azúcares (fructosa, glucosa y sacarosa), sino también los diferentes carbohidratos, responsables de un sabor "dulce" o "suave" en el vino (es decir, alcohol y glicerina). Un vino se considera seco si contiene menos de 4 gramos de azúcar por litro, o un máximo de 9 gramos con un nivel tartárico de acidez de 2 gramos por litro; se considera semiseco si contiene 18 gramos de azúcar por litro, semidulce si contiene de 18 a 45 gramos y dulce si contiene más de 45 gramos de azúcar por litro. La cantidad de azúcar en sí misma no siempre determina el sabor del vino. Una falta de frescura ácida para contrarrestarlo puede hacer que un vino sea pesado, cargante y poco equilibrado, mientras que el mismo vino

El sabor: gran concentración...

parece mucho menos dulce si tiene un alto nivel de acidez. En Hungría, cierta vez probé un Tokaji Aszú Eszencia con no menos de 400 gramos de azúcar por litro, que parecía más fresco por los 21 gramos de nivel de acidez que muchos siruposos "Graves Supérieures" vendidos por muchos comerciantes de vino.

– Los lados y la parte baja de la lengua detectan el sabor ácido. En el vino, esta acidez puede ser málica, láctica, cítrica, tartárica y succínica). Algunos ácidos son producidos por las propias uvas (ácido tartárico, cítrico y málico) y se relacionan con otros componentes del vino. Por otro lado, otros ácidos son ácidos volátiles que resultan de la fermentación (ácido acético, láctico y succínico). La presencia de acidez es muy importante para la vida del vino (grado de frescura y viveza), así como para su longevidad. Sin embargo, un exceso puede hacer que el vino resulte verde y agresivo.
– Los laterales de la lengua también perciben el sabor salado, aunque en la zona más interna. Usted podría preguntarse si existen sales en el vino, pero sepa que es posible. Algunos vinos suizos, así como unos pocos vinos Muscadet y Vinhos Verdes, contienen restos de sal marina provenientes del suelo. Además de la sal de cocina, también pueden encontrarse algunas sales azufradas y carbonatadas en los vinos.
– Los sabores amargos son percibidos con la mitad posterior de la lengua. Diferentes componentes pueden producir un sabor amargo; todo el mundo sabe que los taninos pueden resultar muy amargos como otros ácidos, pero un exceso de alcohol también puede producir un sabor amargo, como en el caso de los

antocianos y los polifenoles (pigmentos de color de los vinos tintos y blancos, respectivamente).

Además de estas cuatro zonas gustativas, existe una quinta zona que no se relaciona directamente con el gusto, sino más bien con el sentido del tacto. Justo en el medio de la lengua podemos alcanzar la impresión de "calor" del vino. Esto no sólo se refiere a lo caliente o frío que esté el vino, sino a varias sensaciones muy sutiles del "pseudo"-calor. Puede intentarlo usted mismo. Un vino con cierta acidez dará impresión de ser "fresco", mientras que un vino muy alcohólico produce un efecto "cálido", incluso a veces "ardiente". Este centro del tacto en la lengua también nos permite experimentar la densidad del vino. Si el vino es delgado, puede evocar al agua, o si es estructurado y corpulento, puede sentir que casi podría masticarlo. Esta característica guarda relación con la cantidad de extracto, o el cuerpo del vino.

Hasta ahora hemos considerado aspectos como salino, amargo, ácido, dulce, cálido, fresco, estructurado y delgado. Sin embargo, cuando bebe vino también percibe otros aspectos, por ejemplo, ¿qué hay del sabor a fruta, flores o hierbas que podemos descubrir en muchos vinos? La respuesta no es tan simple como cabría imaginarse.

Usted sabe que el "sabor" del vino siempre queda determinado por su "aroma". Por ejemplo, una vez que hemos olido y probado un plátano, estas percepciones permanecen almacenadas en el cerebro. Cada vez que olemos algo que nos recuerda a un plátano, el cerebro es estimulado y el nuevo olor y el nuevo sabor son asociados inmediatamente con un plátano. Si usted huele a "plátano" en el vino, esto no significa que se haya vuelto loco, pero puedo asegurarle que no hubo ningún plátano implicado en la fabricación del vino. Lo que olemos y lo que saboreamos es un ácido y/o alcohol, que nos resulta familiar, ya que ambos huelen a plátano. Existen también ácidos que huelen a miel, mantequilla, vinagre o caramelo; compuestos carbonados que recuerdan al espino, almendras amargas, lilas, cerezas, canela, jacintos y aceites, que emiten el olor del heno, hierba, regaliz, rosas, geranios, etcétera. A medida que pasa por su boca, el vino se entibia ligeramente, de forma que esos olores volátiles son liberados (en forma de gases) y llegan a la presencia de los nervios olfativos. Esto significa que todos percibimos todos los matices que no son dulces, salados, amargos o ácidos. Todos estos componentes naturales en origen son imitados diariamente de forma artificial con todo tipo de propósitos, en ambientadores, por ejemplo, y en aerosoles especiales que pueden extender el olor del pan recién horneado. En algunos países, estos sprays se emplean para despertar el apetito a los clientes que están comprando, aunque realmente no se esté cociendo el pan.

Pero volvamos al vino: cuando usted cata un vino, las sensaciones dulces y suaves son las primeras que se perciben. Sentimos si el vino es delgado o corpulento y rápidamente obtenemos la impresión de la "temperatura" del vino (fresco o alcohólico). Las otras percepciones siguen a continuación: amargo, salado, ácido. En ocasiones pueden camuflarse entre sí. Por ejemplo, un vino con mucho tanino es más suave cuando tiene azúcares resi-

¡Final de boca o posgusto excelente, un gran vino!

duales, como sucede en algunos países del antiguo bloque del Este. Por otro lado, una gran cantidad de alcohol potencia el sabor de los azúcares y refuerza la percepción de la acidez. Ésta es una de las razones por las cuales siempre tiene que probar el vino con mucha concentración. Si lo prueba demasiado deprisa puede tener una impresión errónea del vino, por lo que debe tomarse su tiempo. Finalmente, debería advertir que la experiencia es muy importante en este respecto. Cuanto más a menudo realice catas, más pronto descubrirá los secretos del vino.

EL FINAL DE BOCA O POSGUSTO

Durante las catas profesionales y una vez que ha sido degustado, el vino se escupe en receptáculos especiales. Este procedimiento es necesario porque el alcohol, con el tiempo, empezaría a afectar el juicio de los catadores. Después de escupir el vino —aunque a veces y en secreto hay gente que traga un pequeño sorbo cuando degusta los mejores vinos—, el catador debería observar cuánto tiempo permanece el vino en su boca. En ocasiones se marcha muy deprisa, y en otras el sabor dura mucho tiempo. Si es una experiencia positiva, se describe como final de boca persistente o posgusto largo. En algunos casos un sabor fuerte y desagradable permanece en la boca después de escupir o tragar el vino. En este caso existe simplemente un mal regusto.

Los catadores profesionales a menudo puntúan varios aspectos. En general, el juicio queda determinado en un 10-15% por el color, en un 30% por el aroma y en un 55 al 60% por el sabor. Existen innumerables sistemas de puntuar, pero no entraremos en más detalles en lo que se refiere a este libro.

CATA INFORMAL DE VINOS

Una cata informal y relajada a menudo no tiene por objetivo juzgar la calidad del vino, ya que no todo el mundo es capaz de hacerlo, sino más bien probar un buen vino o simplemente pasar una tarde agradable con algunos amigos. En este caso, desgraciadamente, el énfasis suele ponerse más a menudo en disfrutar del vino que en su calidad. En mi opinión, estos dos aspectos pueden ser combinados satisfactoriamente, siempre que exista suficiente información disponible sobre los vinos en cuestión. Aquí ofrecemos un ejemplo típico que he experimentado varias veces durante catas de clientes: para una cata de Chablis tuve que hacerme con siete Chablis verdaderos, cada uno de ellos extremadamente delicioso y elegante. Un buen Chablis tiene un color pálido, alimonado con un toque verdoso y tiene acidez viva; no todo el mundo es capaz de apreciar un verdadero Chablis. Además, compré un Chablis "falso" en una tienda, a mitad de precio que el resto de los vinos. Este vino tenía un color amarillo oscuro, casi dorado, con poca frescura ácida, y, peor aún, contenía azúcar residual. Cuando lo probé con los ojos tapados, inmediatamente destaqué éste vino por atípico. Consumidores que habían catado vinos antes y que compraban vino con regularidad pensaron que este era el mejor. Algo parecido ocurre también con los llamados paneles para clientes; por ejemplo, los preparados por organizaciones de consumidores o programas de televisión. Se prueba el vino, le guste a la gente o no, y entonces se juzga si el precio es aceptable. No dicen una sola palabra sobre la calidad o las propiedades del vino. Se han llevado a cabo tests en varios países con vinos prohibidos, completamente artificiales: agua con algunos ácidos, azúcar, alcohol, aromas artificiales, etc. En su elaboración no tuvo que ver ni un viticultor ni una sola uva. La mayoría de los consumidores no se dieron cuenta y consideraron los vinos muy aceptables, incluso deliciosos. Por tanto, los resultados de estos tipos de tests para consumidores siempre tienen que tenerse en cuenta con un poco de excepticismo.

Puede organizar varias catas en su casa. Por ejemplo, pueden basarse en un tema, como los vinos de la primavera o los frescos vinos del verano o vinos antes de entrar en crianza. También puede resultar interesante catar muestras al azar: Burdeos, el sudoeste, la región del centro, etc. Otra posibilidad fascinante podría ser la de degustar variedades determinadas de uva: compare un vino de la tierra de Sauvignon con vinos similares de Burdeos, el Loira, California, Nueva Zelanda o Australia. También puede empezar por degustar el vino y beberlo de nuevo con la comida. Esto a menudo da lugar a todo tipo de sorpresas.

Para una cata relajada e informal, sólo necesita unas cuantas cosas: una pared clara como fondo (preferiblemente blanca) y un mantel blanco para que el color del vino se pueda apreciar con mayor claridad, algunas velas para determinar su limpieza, agua para que los catadores puedan enjuagarse la boca entre dos vinos, un número suficiente de copas (todas iguales), material para escribir, vino y... buenos amigos. No llene las copas demasiado (un tercio es suficiente) y tómese su tiempo.

Lo mejor es no tragar el vino durante la primera parte de la cata y escupirlo en un recipiente adecuado para este

Algunos sabores dejan recuerdos imborrables.

propósito. De esta forma será capaz de degustar seis u ocho vinos en una tarde. Si realmente piensa que escupir el vino es una pérdida (aunque los profesionales siempre lo hacen), no pruebe más de cuatro vinos uno detrás del otro. Después de esto, sus percepciones serán poco fiables como resultado del alcohol... ¡Después de cuatro copas le gustarán todos! También es importante enjuagarse la boca con agua entre dos vinos. Sin embargo, no se recomienda comer pan o frutos secos, ya que esto tendrá un efecto negativo en su sentido del gusto.

Cuando pruebe el vino tome nota de lo que ha experimentado. No dude en usar sus propias palabras para hacerlo. Su juicio siempre será acertado, porque se trata de su propia percepción. Catar es cuestión del momento. Usted degusta con su experiencia y con sus propios materiales de comparación. Si nunca ha olido o probado una trufa tendrá que describirlo con términos como olor a setas, leña, amoníaco, hojas húmedas, otoño; todos éstos son correctos. Después de degustar cada vino, discuta sus impresiones con los otros catadores. Esto no sólo resulta interesante, sino que también puede resultar divertido. Finalmente, prepare una especie de síntesis de sus experiencias gustativas y de las de los demás en conjunto. ¿Se trata de un buen vino? ¿Le gusta el vino? ¿Cuánto piensan los demás que ha costado el vino? Si regularmente cata vino con un círculo de buenos amigos, apreciará sus mejoras. También resulta muy satisfactorio desarrollar el sentido del gusto dedicando mucha atención a lo que se come o se bebe. En estos tiempos en los que el sabor se ve sacrificado por el rendimiento y el precio, es positivo reflexionar de vez en cuando en lo que nos proporciona la Madre Naturaleza.

Comprar y guardar el vino

GUARDAR EL VINO

El vino se suele comprar por impulso. Cuando está de oferta un determinado vino (a veces el precio sólo varía en unos pocos céntimos del precio normal), algunos suelen comprar seis o doce botellas de una vez. La verdad es que esto no es muy sensato. Nunca compre demasiadas botellas de vino sin haberlo probado antes. Además, puede ser más agradable para usted, las personas con las que vive y sus invitados, beber una botella diferente de vez en cuando. Arriésguese, pruebe con regularidad vinos nuevos y tome nota de sus conclusiones. También resulta divertido organizar jornadas de cata de vino e invitar a varios buenos amigos (del vino). Para este tipo de encuentros, busque varios vinos atractivos que puedan ser probados por todos en una tarde/noche. Guarde notas de los resultados (también puede guardar las etiquetas), así como el lugar donde compró los vinos y cuánto pagó por ellos. Esto le dará una referencia para otras ocasiones. Nunca tendrá invitados disgustados con miradas que le puedan resultar familiares y que parezcan decir: "Y yo que pensaba que entendías de vinos..." Aún existen muchas personas que piensan que cualquier vino mejora a medida que envejece. Nada más lejos de la verdad. La mayoría de los vinos (ciertamente más de tres cuartos de la producción mundial anual) están destinados a ser consumidos en un periodo de tres a un máximo de cinco años. Sólo un pequeño porcentaje de vinos se beneficia de ser guardados durante mucho tiem-

Bodega de guarda de vinos profesional (Robbers & v/d Hoogen, Arnhem).

Atractiva bodega navarra, ¡para aquellos con mucha sed!

Observe con atención las fluctuaciones de
la temperatura en su bodega.

po. Esto se puede hacer siempre y cuando se cuente con
condiciones adecuadas, ya que de otra manera es una pérdida de tiempo, de dinero y, por supuesto, de vino. Los
grandes vinos que son guardados en buenas condiciones
pueden evolucionar hasta niveles desconocidos.

En los vinos tintos el color cambia gradualmente del
púrpura al rojo teja con un matiz anaranjado. Dependiendo de la intensidad original del color de un vino joven,
el color de un vino viejo puede variar desde los tonos atejados al rojo granate. Por otro lado, los vinos blancos siempre ganan color con la edad y tienden a un color dorado,
topacio o ámbar. Si compra los vinos mejores, y por tanto
más caros, para guardarlos durante un largo periodo deberá comprobar regularmente cómo están evolucionando. Consulte una buena revista de vinos, le resultará muy
útil. A menudo los vinos evolucionan sorprendentemente bien o mal. Los vinos de un año que en principio era
considerado malo pueden desarrollarse mejor, como resultado de los antojos de la naturaleza, que vinos de un año
que en principio era considerado bueno. Por tanto merece la pena recordar esto. Abra con regularidad una botella para seguir la evolución de los vinos que tiene guardados. Si compra vino junto a varias personas, lo que siempre
es una buena idea, invíteles a turnarse para abrir una botella juntos de las respectivas bodegas. Guarde un cuaderno
con las notas de estas catas.

No todos los lugares de una casa son apropiados para
la guarda del vino durante un periodo largo de tiempo.
Es importante que el sitio no sea demasiado seco ni demasiado húmedo, y por supuesto, no tenga corrientes, ser
oscuro y esté libre de vibraciones.

TEMPERATURA DE GUARDA

En una buena bodega de vinos la temperatura ideal se
encuentra entre los 10 y los 12°C. Esto implica que también es posible una media ligeramente superior o inferior,
pero no debería existir ninguna fluctuación brusca. Debe
asegurarse de que la temperatura nunca alcanza un valor
por debajo de 0°C o aumenta por encima de 25°C. Esto
puede acarrear consecuencias desastrosas para el vino.

Si la temperatura es demasiado alta, el vino empe-
zará a expandirse ligeramente, lo que implica que el cor-

cho tendrá tendencia a salir despedido fuera del cuello
de la botella. Esto puede causar efectos de oxidación
fatales. Los vinos que se guardan en condiciones demasiado cálidas constantemente (pero no por encima de
los 25°C), evolucionarán más deprisa en los mejores
casos, pero nunca lograrán la complejidad que deberían
haber logrado de otra manera. Lo que es más, un vino
que se desarrolla (demasiado) rápidamente llega antes
a su apogeo y a continuación se deteriorará con rápidez.
Si las temperaturas son demasiado bajas, los vinos también se desarrollarán de forma insatisfactoria. A temperaturas bajas algunos vinos blancos se ven afectados por
depósitos de ácido tartárico. De hecho, este fenómeno
inofensivo también implica que el vino pierde algo de
su frescura, por lo que no puede ser guardado tanto
tiempo.

HUMEDAD

Resulta extremadamente importante guardar las botellas
de forma que el corcho no se reseque. Si ocurre así, se
produciría un fenómeno de oxidación y poco a poco se
perdería la calidad del vino. El aire del ambiente tampoco debería ser demasiado seco, porque esto implica que
el vino se evaporará a través del corcho, lo que también
resultará en oxidación. Igualmente, el aire no deberá ser
demasiado húmedo, por el posible desarrollo de hongos.
En este caso el olor a moho penetrará rápidamente en el
corcho con fatales consecuencias. El efecto que tiene la
humedad sobre las etiquetas también es desafortunado,

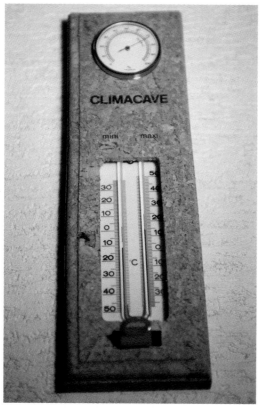

Use un termómetro para su bodega de vinos.

tienden a despegarse, y así no podrá estar seguro nunca más de qué vino se contiene en la botella.

Usted puede regular la humedad poniendo arena o gravilla en el suelo. También existen recubrimientos especiales resistentes a la humedad para poner en las paredes.

CORRIENTES DE AIRE

La presencia de corrientes no tiene nada que ver con la ventilación. Un buen lugar para guardar vinos debe estar bien ventilado. Sin embargo, los vinos expuestos a las corrientes tienden a no evolucionar demasiado bien. Podría decirse que los vinos se "constipan" y no se recuperan más. Lo mismo ocurre en los (malos) restaurantes: los vinos guardados en interminables estantes se sitúan a menudo entre la puerta principal (frío,

Los listones mantienen las botellas sujetas.

La gravilla en el suelo asegura que la bodega permanezca húmeda.

corrientes) y la cocina (calor, humedad). En estas circunstancias cualquier vino se deteriorará.

VIBRACIONES

Los vinos que van a ser guardados durante un periodo de tiempo largo necesitan reposar. Sólo entonces el vino puede desarrollarse realmente. Los buenos vinos añejos son muy sensibles a la vibración, por tanto es preferible no guardar vinos costosos cerca de una carretera o autopista muy transitada. No obstante, no deberían guardarse bajo las escaleras, en particular cuando hay niños en la casa subiendo y bajando varias veces al día. Este consejo también resulta importante para los vinos comunes que usted lleva a casa después de las vacaciones. Un largo viaje en coche, sobre todo en verano o en invierno, puede maltratar su vino. Deje que repose durante unas pocas semanas antes de abrirlo.

LUZ

La luz puede resultar peligrosa para el vino, pero también para la cerveza o el aceite (de oliva). Los efectos de la radiación UVA pueden modificar la composición química del vino. La luz (ya sea del sol o luz artificial) ejerce una determinada influencia en los polifenoles y antocianos responsables del color del vino. Estas moléculas pueden romperse y, por ello, cambiar su color, lo que también tendrá una influencia negativa en el sabor. El vino adquiere un gusto a "luz". Observe cuidadosamente la iluminación en la tienda. Nunca compre una botella que estuviese justo debajo de un tubo de neón o un punto de luz (¡luz y calor!). Elija siempre una botella que esté en la oscuridad. Lo peor de todo son las botellas que han sido expuestas en los escaparates de algunas tiendas de bebidas unas tres semanas sin interrupción, de forma que la luz del sol ha ejercido toda su influencia y las temperaturas han podido superar los 30°C, una verdadera lástima.

OLORES

Otro aspecto que se ignora demasiado a menudo. He visitado bodegas fantásticas que cumplen todos los requisitos. Sin embargo, los dueños también guardan sus patatas y cebollas en el mismo sitio, justo debajo de algunos de los

Mantenga sus botellas en un lugar oscuro y fresco.

Bloques de piedra volcánica para la bodega de vinos.

vinos *grand crus* de la región de Burdeos. Apenas sorprende que estos vinos contengan extraños matices a tierra cuando se abren. Algo similar ocurre cuando un famoso restaurador pensó que podría ahorrar dinero sin cambiar de sitio la bodega de vinos cuando renovó su restaurante. Durante algunas semanas el edificio fue invadido por los pintores, quienes dieron al restaurante un color diferente. Cuando los clientes comenzaron a quejarse de los vinos tras la reapertura del restaurante, el restaurador se dio cuenta de lo estúpido que había sido. Todos los vinos, desde los buenos vinos de mesa a los *grand crus* extremadamente costosos, sabían a lo mismo: ¡a pintura!

¿UNA BODEGA O UN ARMARIO PARA GUARDAR LOS VINOS?

Pocos de nosotros somos lo suficientemente privilegiados como para contar con una buena bodega para guardar el vino. Por supuesto, lo ideal sería tener esa bodega llena de botellas, poder estar de pie en su interior, contar con estantes y hornacinas, arena y gravilla en el suelo, iluminación suave (de velas)... Desgraciadamente, este ideal no es más que un sueño para la mayoría de nosotros. En las casas modernas, no se presta ninguna atención a las bodegas de vino. Las grandes alacenas bien equipadas también son algo del pasado. Aun así eran muy apropiadas para guardar una verdadera colección de vino en el interior y las puertas proporcionaban un buen aislamiento y se ponía en el suelo una gruesa capa de arena o gravilla. Las alternativas modernas son construir las separaciones con bloques de piedra volcánica. Estos bloques son muy buenos a la hora de regular la humedad y la temperatura, además son muy estables. Ciertamente no son demasiado baratos, pero más caro es tener una casa con una bodega a la antigua usanza.

Si desea guardar vinos buenos pero no quiere hacerlo durante diez años, un armario con un sistema de regu-

lación de la temperatura puede ser la solución. Son bastante similares a un frigorífico con una puerta de cristal o sellada. Son chic, elegantes y encajan en cualquier interior. La ventaja de estos armarios es que los vinos no sólo pueden guardarse a la temperatura correcta sino que también están listos para servir. Esto significa que su vino siempre estará a la temperatura apropiada. Son algo costosos, pero para cualquier aficionado que desee tener una buena bodega y viva en una casa pequeña, resulta una solución fantástica.

Aquel que no pueda o no quiera gastar tanto dinero tendrá que recurrir a su creatividad. Sin embargo, recuerde que cuanto más tiempo desee guardar los (mejores) vinos, mejores condiciones tendrá que obtener. Un viejo armario, un vestidor o un aparador pueden resultar muy

Use uno de los mejores armarios con regulación de la temperatura.

útiles. Hoy en día también es posible comprar "bodegas de espuma" en las que no sólo puede transportar los vinos, sino que también puede guardarlo. El vino permanecerá protegido de las fluctuaciones de la temperatura y de la excesiva humedad. Si sólo quiere guardar vinos, pero no durante mucho tiempo, simplemente puede apilar las botellas en cajas de vino resistentes. Como puede ver, con un poco de creatividad, las posibilidades son muchas.

LA COMPRA DEL VINO

Antes de escribir sobre las características de la tienda "ideal", quisiera hacer alguna mención sobre las ofertas de los vinos baratos. Los vinos baratos pueden en ocasiones ser muy buenos, pero nunca llegarán a ser grandes vinos. Si se encuentra con un Burdeos de 12 euros (precio para un consumidor del año 2001), no se sienta tentado a comprarlo. NUNCA encontrará un buen Burdeos a ese precio. Es tan simple como que algunos vinos no pueden abaratarse sin que la rebaja sea ilícita. Si usted no se puede permitir un *grand crus* de la región de Burdeos (y también aquellos que puedan, ya que hoy en día los precios son ridículamente excesivos), compre un vino superior de la región de Bergerac (por ejemplo, de David Fourtout, Luc de Conti, o un Dauzan Lavergne de la familia Mallard: ¡de calidad garantizada!). Si desea comprar un vino excelente, recuerde que entre el cielo y el suelo hay más que los carísimos burdeos y borgoñas. Pruebe un maravilloso Madiran de Alain Brumont (Chateau Montus/Boucassé), un Irouléguy de la familia Brana, Cahors de la familia Baldès (por ejemplo, Triguedina Prince Probus), y quedará gratamente sorprendido.

Asegúrese de comprar una selección variada, no sólo vinos que de guarda se podrán beber en diez o quince años. ¡Seguro que tendrá sed entre medias! Compre vinos para el consumo diario y vinos para las ocasiones especiales. Cuando compra el vino es importante pensar cuándo espera beberlo. ¿Con qué lo va a beber, prefiere comida francesa o italiana, o quizá china? Intente pensar con antelación qué vino necesita para acompañar esas comidas. También piense en las preferencias de sus invitados. No sólo compre botellas enteras (0,75 cl), sino también algunas medias botellas (0,375 cl). Si está comprando un vino que le gustaría beber, por ejemplo, dieciocho años después del nacimiento de su hijo o hija, cómprelo en botellas *magnum* (1,5 l, o incluso más grandes). Éstas durarán más que las botellas pequeñas.

¿DÓNDE COMPRAR EL VINO?

Hoy en día, se puede comprar vino en casi todas partes. En Holanda la mayoría de los vinos se venden en los supermercados, probablemente por conveniencia. La calidad de los vinos de los supermercados ha mejorado enormemente en los últimos años. Sin embargo, el problema consiste en la presentación y la guarda del vino en los propios establecimientos. El personal no está instruido específicamente y no pueden ayudarle a tomar la decisión correcta en su elección de vinos. Afortunadamente, cada vez más tiendas de comestibles de gran

tamaño reconocen ahora la importancia de proporcionar información adecuada y han respondido a esta necesidad. No deja de ser muy impersonal la forma de hacer descubrimientos sobre el vino basándose en la lectura de diminutas pegatinas en los estantes o la parte posterior de las etiquetas de una botella, pero al menos esto es algo. Las publicaciones de estas cadenas de la alimentación también pueden resultar muy informativas. En Francia y en Bélgica, un consumidor puede comprar todo tipo de vinos en un gran supermercado, desde litros de vino de mesa hasta los grandes *crus* de la región de Burdeos. Cada vez más de estos grandes almacenes tienen una sección especial para los mejores vinos, en la que también puede consultar a un comercial especializado.

Adquirir el vino en un establecimiento de bebidas corriente no es la mejor opción. La mayoría de los establecimientos de bebidas en Holanda no tienen los conocimientos suficientes sobre el vino para darle buenos consejos. Es perfectamente correcto comprar un vino de mesa de diario, o un buen vino para una fiesta, pero no es el lugar para comprar el vino que va a guardar.

En general, el nivel de las tiendas especializadas en vino es mucho mejor. Por ejemplo, los enólogos (literalmente: conocedores de los vinos) de la Academia Vinícola tienen un nivel mucho más alto de habilidades de cata que los empleados de los establecimientos de bebidas. Un buen enólogo debe mantener su empresa y asegurarse de no dormirse en los laureles. El mundo del vino está cambiando constantemente y los clientes se están interesando cada vez más por los vinos. Cada año se vuelven más "conocedores del vino" y más exigentes. Busque un comerciante de vinos si no está satisfecho con el que

Botellas extragrandes para ocasiones especiales.

Compre su vino en el mejor almacén
(Robbers & v/d Hoogen, Arnhem).

Por supuesto, también puede comprarlo directamente al productor
(Henri Maire Jura).

le atiende en la actualidad. Existen bastantes profesionales excelentes con un gran amor por su profesión que se sentirían encantados de servirle.

Los vendedores de vinos en las cadenas de alimentación no siempre están bien informados de lo que está ocurriendo en el mundo del vino. De hecho, el nivel de algunos de ellos es bastante deplorable. Afortunadamente, existen también algunos muy buenos que pueden competir sin lugar a dudas con los vendedores de vino tradicionales en términos de su rango, y que también están mejorando todo el tiempo en términos de experiencia. Una y otra vez, los compradores son capaces de encontrar nuevas joyas en todo el mundo. Sin embargo, el peligro de esta fórmula consiste en que el cliente que busca algo de ayuda se cansa de encontrarse constantemente con nuevos vinos. Para aquellos de nosotros que somos aventureros y viajeros, este tipo de establecimientos de bebidas es un verdadero paraíso del vino.

También puede comprar vino a los comerciantes particulares. Para cualquiera que esté buscando vinos de muy alta calidad, éste es el lugar más adecuado. Estos negocios familiares tienen varias generaciones de conocimientos acumulados sobre el vino y la experiencia en comprarlos a su disposición. Si escoge una firma bien conocida, nunca quedará defraudado. Concierte una cita y pruebe los vinos antes de comprarlos. En muchos casos, puede comprar también los grandes vinos de Burdeos o Borgoña reservando y pagando por adelantado (en *primeur*), y éstos pueden a menudo envejecer durante unos años en las a veces monumentales bodegas de estas firmas de vino sin apenas cargo o por un precio muy bajo. La gama de vinos de estas casas privadas a menudo es bastante limitada e incluso excesivamente clásica. Sin embargo, para los conocedores de los grandes vinos franceses no existe ningún obstáculo. El precio suele ser ligeramente más alto que en una tienda corriente, pero obtendrá una ayuda más profesional, mejores consejos, asesoramiento y, sobre todo, amor por el vino.

Finalmente, existen innumerables negocios, que van de muy buenos a muy modestos, que venden vinos por correo. De nuevo, hay que ser prudente. Lea la letra pequeña con sumo cuidado. Sólo compre vino con una garantía de que recibirá la devolución de su dinero si no le satisface. Algunas empresas tientan a sus clientes con ofertas muy baratas de grandes vinos, pero también venden vinos corrientes acompañados de una buena historia y beneficios proporcionalmente asombrosos. Por ejemplo, en algunos casos, se describe el mejor vino de cierto *chateau* en el catálogo, pero en la entrega recibirá el vino segundo de esa casa. Tenga cuidado con esto y recuerde que sus derechos como consumidor también se aplican a este caso.

LA ELECCIÓN DEL VINO

Para darle una idea de lo que podría comprar, hemos subdividido los vinos en diferentes tipos según una idea de Oz Clarke, el conocido escritor del mundo del vino. Es importante que intente descubrir sus propios gustos basándose en la experiencia. Al hacer esto, tenga en cuenta las comidas que suele tomar, las preferencias de sus amigos e invitados, las celebraciones y cumpleaños que se avecinan, etc. Para cada tipo de vino le ofrecemos algunos ejemplos. No importa lo impresionante que pueda parecer, esta lista no es en absoluto exhaustiva, pero debería darle algunas ideas para escoger un tipo determinado de vino.

VINOS TINTOS

Ligeros y afrutados (jugosos, poco tánicos, se beben jóvenes)
- Beaujolais nouveau (Francia).
- Tempranillo sin crianza (Rioja, Navarra: España).
- Vino joven (Rioja, Navarra, Ribera del Duero: España).
- Gamay Beaujolais (Niágara, Península Ontario: Canadá).

Saint-Pourçain.

Irouléguy.

Cabernet Sauvignon húngaro.

Jóvenes con poco tanino (ligeramente más estructurados que los vinos anteriores, frescos y afrutados, también se beben jóvenes)

– Beaujolais villages, crus de Beaujolais, Bourgogone passe-tout-grain, Bourgogone grand ordinaire, Gamay de Touraine, Gamay de Haut Poitou, vins de pays Gamay, Côtes de Forez, Châteaumeillant, Cheverny, Coteaux du Giennois, Coteaux du Loire, Chinon, Bourgueil, Sancerre rouge, Béarn, Côtes du Lubéron, Côtes du Ventoux, Tricastin, Costières de Nîmes (Francia).
– Valpolicella, Classico Superiore, Bardolino, Alto Adige (Italia).
– Navarra, La Mancha, Valdepeñas (España).
– Dôle (Suiza) y Egri Bikavér (Hungría).

Con cuerpo, prodecentes de climas moderados (vinos elegantes y atractivos)

– Anjou, Pinot Noir d'Alsace, los mejores Chinon y Bourgueil, Côtes de Nuits villages, Côtes de Beaune villages, Arbois, Bordeaux, Bergerac, Pécharmant, Haut-Médoc, Tursan (Francia).
– Ghemme, Gattinara, Dolcetto (Italia).
– Spätburgunder (Assmannhaüser; Alemania).
– Pinot Noir (Valans; Suiza).

– Los mejores Penedés, Navarra, Rioja y Ribera de Duero (España).
– Los tintos australianos (Australia).
– Pinot Noir de Oregón, Merlot, Cabernet Sauvignon o Pinot Noir de California (Estados Unidos).
– Los mejores Cabernet Sauvignon y Cabernet Franc (Hungría).

Con cuerpo, procedentes de climas cálidos (con más matices de hierbas aromáticas y a menudo con un sabor más "campestre" que los vinos; a veces, fascinante)

– Côtes du Roussillon villages (Caramany), Fitou, Collioure, Irouléguy, Cahors, Madiran, Côtes du Rhônes villages, crus des Côtes du Rhône, Provenza, Bandol, vinos de Córcega (Francia).
– Chianti Classico Riserva, Brunello di Montalcino (Italia).
– Bairrada, Dao, Douro (Portugal).
– Los mejores Navarra y Penedés (España).
– Naoussa, Nemea, Château Carras (Grecia).

– Los mejores Cabernet Sauvignon, Merlot, Pinot Noir, Pinotage (Sudáfrica).
– Los mejores chilenos, californianos y australianos.

Sabores de hierbas aromáticas y carácter poderoso (vinos estructurados con mucho carácter)
– Crus des Côtes du Rhônes (Hermitage, Côte-Rôtie, Châteauneuf-du-Pape, Saint-Joseph, Cornas, Gigondas), Madiran Château Montus, Irouléguy Domaine Brana (Francia).
– Barabaresco, Barolo, Taurasi (Italia).
– Priorato (España).
– Château Musar, Château Ksara (Líbano).
– Vinos Petite Syrah y Shiraz de California, México, Sudáfrica y Australia.

Excelentes, elegantes y con cuerpo
– Côte-Rôtie o (H)Ermitage, grandes burdeos y borgoñas, Pomerol, Saint-Emilion, Cahors Prince Probus Triguédina (Francia).
– Tignanello, L'apparita, Solaia, Boscarelli, Sassicaia y todos los mejores vinos da Tavola de la Toscana, Vino Nobile de Montepulciano, Brunello di Montalcino, los mejores Barolos y Chiantis (Italia).

– Los grandes vinos del Penedés (Torres, Mas de la Plana), Ribera del Duero (Vega Sicilia) (España).
– Grandes vinos de California y Oregón (Estados Unidos).
– Grandes vinos de Sudáfrica (Rust en Vrede, Hamilton Russel, Meerlust Rubicon), Chile (Casa Lapostolle Cuvée Alexandre, por ejemplo) o Australia (Penfolds Grange).

Sólo para los verdaderos conocedores, algunos vinos tintos inclasificables en las anteriores categorías
– Imiglyko (Grecia).
– Vinos tintos dulces de Austria y Alemania.

Quisiera mencionar por separado un vino tinto dulce de gran calidad, el Recioto della Valpolicella (entre otros, el vino de Masi también resulta absolutamente maravilloso, pero también costoso).

Barolo.

Brunello di Montalcino.

Chateauneuf du Pape.

Côte Rôtie.

Barbaresco.

Pinot bianco de Friuli.

Rueda Viura/Sauvignon blanc.

Sauvignon blanc chileno.

VINOS BLANCOS

Frescos y neutros, sin crianza en madera (se beben jóvenes)
– Sylvaner (Alsacia), Chenin blanc del Loira, Anjou blanc sec, Cheverny, Muscadet, Gros Plant du Pays Nantais, vinos blancos secos de la Saboya, Abymes, Apremont, Crépy, vino de Córcega, Corbières, Languedoc, Picpoul du Pinet, Gascoña, vins de pays (Francia).

Frescos y afrutados, sin paso por barrica (se beben jóvenes)
– Savennières, Vouvray sec, Anjou, Saumur, Haut Poitou Chardonnay, Jurançon, vin de pays de Viognier, Seyssel, Condrieu, Macon blanc, Beaujolais blanc, Saint-Véran, Rully, Montagny, Mercurey, Chablis, Bourgogne Aligoté, Pinot Blanc de Alsacia, Edelzwicker, Arbois (Francia).

Muy aromáticos y con un gusto herbáceo, sin crianza en madera (principalmente sauvignon)
– Sancerre (aromas a espárragos verdes o regaliz), Sauvignon Haut Poitou (herbáceo, toques de CO_2), Burdeos (hierbas, pis de gato = ¡boj!) (Francia).
– Sauvignon de España (hierbas, hinojo).
– Sauvignon de California (hierbas, melón, higos), Chile (hierbas, melón, algunas veces frutos cítricos), Australia (frutos exóticos, hierbas), Nueva Zelanda (extremadamente afrutados, chispeantes, tropicales, matices que recuerdan a grosellas) o Sudáfrica (grosellas, frutas frescas, higos, melón).

Muy aromáticos, sin crianza en roble
– Vin de pays de variedad Marsanne o Vognier, Riesling, Pinot gris de Alsacia, Jura y Arbois blanc, Pacherene du Vic Bilhi (Francia).
– Grauburgunder/Pinot Gris o Riesling (Alemania).
– Grüner Veltliner, Riesling (Austria).

Grüner Veltliner.

– Ermitage (=¡Marsanne!) o Petite Arvine y Amigne du Valais (Suiza).
– Pinot Grigio de Collio e Isonzo, Tocaï Friulano, Trebbiano d'Abruzzo (Italia).
– Galicia, Rías Baixas (España).
– Pinot Gris Zölt Veltelini (Hungría).
– Pinot Gris de Oregón (Estados Unidos).
– Riesling, Viognier (Canadá).
– Riesling (Nueva Zelanda).
– Riesling (Australia).

Elegantes y secos, con envejecimiento en madera
– Vins de pays de Chardonnay, Chardonnay de Borgoña, Chablis premier cru, Chablis grand cru, Condrieu, Hermitage blanc, los mejores Jurançon, Graves blanc sec, los mejores secos de Burdeos (Francia).
– Alto Adige, Collio, Isonzo Chardonnay (Italia).

Chardonnay del Penedés.

– Chardonnay del Penedés (España).
– Chardonnax de California, Chile, Australia, Nueva Zelanda, Sudáfrica o la Península del Niágara, Ontario, Canadá.

Con cuerpo y secos, criados en barrica
– Los grandes vinos Chardonnay de Borgoña (por ejemplo, Chassagne-Montrachet), pero también vinos como el Pacherenc du Vic Bilh sec del Château Montus, Madiran (Francia).
– Los grandes Chardonnays del Penedés (Jean Leon, Torres Milmanda) o de Navarra (Chivite) (España); los grandes Chardonnay de California, Australia (Penfold's, Tyrell's) o Sudáfrica.

Muy aromáticos y con cuerpo, razonablemente secos, en ocasiones envejecidos en roble
– Muscat y Gewürztraminer de Alsacia, vin de pays.
– Muscat seco (Francia).
– Traminer (Alemania).
– Moscatel seco (España).
– Gewürztraminer de California y Oregón (Estados Unidos).

Vin de pays de variedad Chardonnay.

Milmanda del Penedés.

Beerenauslese.

Loupiac.

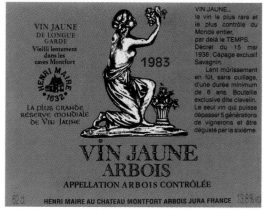

"Vin jaune" (vino amarillo).

– (Gewürz) traminer (Australia).
– Torrontes (Argentina).

Semidulces, a menudo con un paso por roble (una categoría muy amplia con una gran variedad en calidad)

– Vouvray semiseco o moëlleux, Montlouis semiseco o moëlleux, Coteaux du Layon, Bonnezeaux, Jurançon moëlleux, Pacherenc du Vic Bilh moëlleux, Cadillac, Cérons, Loupiac, Saussignac, Rosette, Côtes de Montravel, Haut-Montravel, verdanges tardives de Alsacia (Francia).
– Moscato d'Asti, Orvieto Classico abboccato (Italia).
– Spätlese Auslese de Alemania o Austria.
– Late Harvest estadounidense o australiano.

Dulces con cuerpo y con podredumbre noble (pourriture noble/ Botrytis cinerea), normalmente criados en madera (sólo se hacen en los mejores años)

– Vouvray, Bonnezeaux, Coteaux du Layon, Quarts de Chaume, vendanges tardives de Alsacia, Château de Cérons, Jurançon moëlleux, Quintessence van Domaine Cauhapé; por ejemplo, el extraño Condrieu de Yves Cuilleron afectado por la Botrytis cinerea, Sauternes.
– Beerenauslese alemán (ciertamente el del Muskat Ottonel), Beerenauslese o Ausbruch de Austria, Special Late Harvest de Sudáfrica, Botrytis y vinos Nobles de Australia, Tokaji Aszú.

Dulces y con cuerpo, sin podredumbre noble, en ocasiones envejecidos en madera

– Vin de Paille de Arbois, Alsacia, Ardêche (Chapoutier) o Auvergne (Claude Sauvat), vendanges tardives de Pacherenc du Vic Bilh, vendanges tardives de Jurançon (Francia).
– Vino dulce de Navarra (España).
– Vin Santo, Recioto di Soave, Moscato Passito (Italia).
– Amigne du Valais (Suiza).
– Muscat de Patras, Samos Muscat (Grecia).
– Vino Ice (Canadá).
– Vinos de la variedad muscat de Sudáfrica (por ejemplo, Vin de Constance del estado de Klein Constantia).

Vin de pays Muscat sec.

Vin fou del Jura.

Vinos blancos específicos, inclasificables en las anteriores categorías
- Vins jaunes, Château Châlon, L'Etoile del Jura francés.
- Tokaji Szamorodni Száraz (seco) o Edes (dulce) de Hungría.
- Retsina de Grecia (vino blanco seco, aromatizado con resina).

VINOS ROSADOS

Secos
- Rosé des Riceys (rosado de gran calidad de la región de Champagne), Marsannay (excelente rosado de Borgoña), Tavel, Lirac (de la región del Ródano, incluyendo el agradable Bandol rosé), Coteaux d'Aix-en-Provence, Rosé du Béarn, Rosé de Loire, vin de pays rosé (Francia).
- Rosado de Navarra (por ejemplo, Ochoa Rosado de Lágrima, Chivite Gran Feudo o Castillo de Javier de Las Campanas), Penedés (Torres) o Rioja (Marqués de Cáceres, entre otros) (España).
- Gris de Boulaouane o Gris de Chellah (Chantebled) (rosado marroquí simple, pero agradable).

Semisecos
- Rosado o Cabernet D'andou.
- Rosado portugués.
- Vinos grises (Garnacha blanc o Zinfandel) de California.

VINOS ESPUMOSOS

Blancos, ligeros, secos
- Clairette de Die brut, Seyssel (de Saboya), crémant

de Borgoña, de Alsacia, del Loira..., Saumur, Vouvray, Champagne brut inferior sin añada (Francia).
- Crémant de Luxemburgo, cava (España), sekt (Alemania), vinos espumosos de Inglaterra, Australia y Sudáfrica, Prosecco (Italia).

Blancos, de medio cuerpo, secos
- Crémant de Limoux, blanquette de Limoux, champagne (Bollinger, Krug, Deutz, Mumm, Pol Roger, Roederer, Ruinart, Tattinger) (Francia).
- Los mejores cavas (España), spumanti (entre otros, los excelentes Franciacorta –DOGG– de Italia) y los mejores espumosos de Sudáfrica, Estados Unidos y Australia.

Blancos, semidulces o dulces
- Champagne (Francia) o Asti spumante (Italia).

Rosados, secos
- Saumur rosado, champagne rosé (Francia).
- Rosado espumoso californiano y otros vinos espumosos estadounidenses.

Rosados, semidulces o dulces
- Rosado o champagne rosado (Francia).

Tintos, secos
- Tinto Saumur de Bouvet-Ladubay, Rubis Excellence (Francia).

Rosado de Marmande.

Debería probar un buen champagne rosado.

- Los destacables vinos espumosos australianos hechos con la variedad de uva shiraz (como el Seppelt).
- Lambrusco seco de Sorbara (no tienen tapa de rosca pero sí un corcho real y resultan mucho más caros que los Lambruscos dulces normales).

Tintos, semidulces o dulces
- Tinto Saumur mousseux, Cuvée Cardinal de Gratien & Meyer (Francia).
- Lambrusco (algunos de los mejores Lambruscos pueden llegar a ser deliciosos. Las variedades más baratas suelen parecerse a algunos refrescos de limón).
- El ruso Krimski sekt.

VINOS ENCABEZADOS Y GENEROSOS

Secos, elegantes y ligeros
- Manzanilla (Pasada Solear Barbadillo, Príncipe Manzanilla Barbadillo (España).
- Fino seco de Jerez: La Ina, Domecq; Tío Pepe, González Byass (España).
- Madeira Sercial de las isla portuguesa de Madeira, situada frente a las costas africanas.
- Oporto blanco, seco y fresco (Portugal).

Secos y con cuerpo
- Amontillado del Duque (González Byass), Palo Cortado "Sibarita" (Domecq) o Manzanilla Pasada Barbadillo (España).

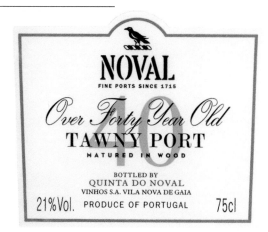

¡No sólo el oporto vintage merece una buena bodega!

Secos y poderosos
- Oloroso seco (España).
- Arsala Vergine (Italia).

Dulces y de media potencia
- Banyuls, Rivesaltes rancio, Maury de quince años (Mas Amiel) (Francia).
- Madeira Bual, Oporto última cosecha, Vintage Character Port (Portugal).
- Moscatel (España).
- Mavrodaphne (Grecia).

Dulces y poderosos
- Oporto Vintage, Moscatel de Setúbal, Malmsey Madeira (Portugal).
- Málaga Pedro Ximénez, Priorato Dolç de l'Obac. Pedro Ximénez, Jerez (España).
- Marsala (Italia).
- Muscat de Mireval, de Rivesaltes, de Saint-Jean de Minervois, du Cap Corse, Beaumes-de-Venise; Maury Vintage (Mas Amiel) (Francia).
- Vintage KWV de Sudáfrica (edición limitada), vinos licorosos australianos hechos con muscat o con muscadelle.

EL LENGUAJE DE LAS ETIQUETAS

La etiqueta es la prueba de la identidad del vino. Puede considerar que en la mayoría de los casos proporciona toda la información pertinente sobre el vino en cuestión. Sin embargo, al igual que sucede con el lugar de origen, la etiqueta no dice nada en absoluto sobre la calidad del vino.

Todos los países productores de vino están trabajando con mucho esfuerzo para hacer que sus propios sistemas de control sean más o menos irrefutables. Aun así, esto sólo podría tener éxito si existiese un agente controlando cada cuba de vino 24 horas al día, 365 días al año, un sueño imposible. No se deje engañar por lo que dice la etiqueta. Sin embargo, desde un punto de vista legal resulta ciertamente importante ser capaz de localizar al "culpable" cuando se encuentra con un determinado vino de mala calidad. Con este propósito, se usan a menudo los códigos numéricos en las etiquetas. Personalmente, siempre he dudado de aquellos que no desean ser mencionados en una botella y prefieren el

IL BACCO

Algunas etiquetas, no importa lo bellas que sean, no dan ninguna información sobre el vino.
Por tanto la etiqueta de la parte posterior es obligatoria.

NB: el término "vino de mesa" se usa a menudo para designar vinos muy buenos (y en absoluto económicos).

anonimato. Si el vino es bueno, deberían estar orgullosos de ello y deberían querer que su firma figurase en su preciado producto.

Observe con cuidado las correcciones en la etiqueta. Es posible que el bodeguero aún tenga una enorme reserva de etiquetas del año anterior (que no llegó a venderse demasiado bien) y haya decidido tachar el año malo y mostrar un nuevo año en las etiquetas porque piensa que es una lástima tirar todas las antiguas etiquetas. El grado de alcohol puede a veces variar de una partida a otra, pero normalmente si existe una diferencia superior al 1 o al 2% es más probable que sea resultado de una evasión de impuestos que de cualquier diferencia entre las remesas de vinos.

Es preferible comprar los vinos de una casa conocida. Por supuesto no tiene que ser una marca grande, siempre y cuando pueda ser localizada. Hoy en día existen suficientes guías disponibles para encontrar direcciones fiables (por ejemplo, Guide Ha-

chette). Si no sabe por dónde empezar, consulte a un buen comerciante de vinos. Estará encantado de ayudarle.

REGULACIONES DEL ETIQUETADO

¿Qué debería incluir una etiqueta? Dependiendo del país de origen (dentro o fuera de la Unión Europea), y la indicación de calidad, la etiqueta siempre debería mostrar la siguiente información:

Información obligatoria para todos los vinos con origen en la UE
- Volumen nominal (¿cuánto vino hay en la botella?).
- Nombre o código del embotellador.
- País de origen (miembro de la Unión Europea).
- Porcentaje real de alcohol por volumen (grado).
- Número de identificación del producto (de forma que se pueda localizar su partida concreta).

Etiqueta AOC.

Etiqueta de un vino de un país no miembro de la UE.

Además, la etiqueta debería indicar:
– La palabra "vino de mesa" (vin de table) para aquellos vinos sin indicación geográfica que procedan de la Unión Europea.
– La palabra "vin de pays" "vino de la tierra" para aquellos vinos de la tierra con una indicación geográfica de origen de la Unión Europea.
– Una indicación de la región.
– La indicación V. Q. P. R. D. (=Vin de Qualité Produit dans un Region Déterminée), D.O. o D.O.C. (Denominación de Origen o Denominación de Origen Controlada), A.O.C. (=Appellation d'Origine Contrôlée), V.D.Q.S. (=Vin Délimité de Qualité Supérieure) o, por ejemplo, Q.b.A. (=Qualitätswein bestimmter Anbaugebiete), etc. para los vinos de calidad de origen de la UE.

Información obligatoria para todos los vinos con origen en terceros países
– Volumen nominal.
– Nombre o código del importador o embotellador en la Unión Europea.
– País de origen (no miembro de la UE).
– Porcentaje real de alcohol por volumen (grado).
– Número de identificación del producto.

Según los requisitos de calidad del país en cuestión, la etiqueta también debería indicar:
– La palabra "vino" (wine, vin, wein, vino, etc.) para aquellos vinos sin una indicación geográfica.
– El área geográfica (región vinícola definida) para aquellos vinos con una indicación geográfica.

Como puede observar, en realidad una etiqueta podría ser bastante simple. Todo tipo de adornos y de información adicional sólo sirven a menudo para confundir innecesariamente al consumidor. Sería mejor presentar botellas con una contraetiqueta en la parte posterior que aportara toda la información adicional; esto haría que los consumidores pudiesen identificar con mayor facilidad las botellas (y facilitar también la labor del personal de los establecimientos que las colocan en las estanterías).

Etiqueta de un vino de calidad de un país no miembro de la UE.

6 Beber el vino

LA COPA DE VINO

Ahora que ya ha adquirido el conocimiento teórico necesario gracias a los primeros capítulos, llegamos a la mejor parte del vino, es decir, ¡a beberlo! Sin embargo, aún hay que examinar más teoría si quiere disfrutar de su copa de vino por completo. Vamos a empezar considerando al amigo más importante del vino: la copa.

En España y en el sur de Francia ha sobrevivido una atractiva costumbre: beber vino de porrones o botijos, recipientes de cristal o de barro con un surtidor. Se trata de una costumbre anticuada que resulta particularmente divertida para los espectadores curiosos. Los habitantes de los pueblos a menudo intentan con picardía hacer que los turistas prueben a beber de esa manera. Este tipo de recipiente no es muy fácil de manejar. Los que residen en las ciudades se han acostumbrado a beber vino de una copa o vaso, sin complicarse mucho más.

Sin embargo, ¿sabía que la forma de la copa influye directamente en nuestra percepción del vino? Si se siente escéptico sobre ello, pruébelo por sí mismo: vierta el mismo vino en un vaso recto, en una copa redondeada (globo) y en una copa de tulipa, y observe las diferencias... seguro que le sorprende. Por ello no es descabellado que cada región use sus propias copas. Por descontado que también es una cuestión de tradición, pero los científicos han probado con numerosos tests que la forma de la copa tiene una influencia directa en la forma en la que se liberan las moleculas en el vino. En otras palabras, según la forma de la copa, descubrirá más sensaciones de aroma y sabor con el mismo vino si usa el recipiente correcto. Si quiere tomarse en serio el mundo de los vinos, debe tener este aspecto en cuenta por el bien de su disfrute.

FORMA

Cobra gran importancia escoger un buen cristal para nuestras copas. Ahora bien, el pie debe también estar al

Molde de una copa del gremio de Leerdam.

nivel del cáliz, cumpliendo varios requisitos: no puede ser demasiado corto y debería permitir que usted sujetara la copa de vino fácilmente sin tener que tocar el resto de la copa. Coger la copa por la parte superior no es de alguien con buenos modales. No sólo se ensucia la copa, sino que además se calienta el vino y no queda demasiado elegante. Sólo hay un factor importante en lo que respecta al pie de la copa: debe ser práctico. La copa perfecta tiene las siguientes características:

– completamente incolora
– transparente
– sin decoración alguna
– hecha de vidrio fino, preferiblemente cristal
– borde pulido
– cuenco oval o redondeado (según el tipo de vino)
– pie (largo).

LA INFLUENCIA DEL TAMAÑO Y LA FORMA

Los aromas de un vino sólo pueden desarrollarse completamente a una temperatura determinada. Cuando se sirve el vino (asumiendo que usted sirve el vino a la temperatura correcta), alguno de los aromas comienza a evaporarse inmediatamente y llena la copa. Ciertos estudios han demostrado que los aromas pueden dividirse en tres tipos principales. Los aromas más evanescentes (fruta, flores) ascienden deprisa al borde de la copa y son los primeros en ser percibidos. Los aromas vegetales y minerales son ligeramente más pesados y se quedan a medio camino de la copa. Finalmente, están los aromas pesados del alcohol y la madera que permanecen en el fondo de la copa. Cuando se hace rotar el vino en la copa, las paredes se humedecen y la fina capa de vino se evapora con mayor rapidez, lo que produce aromas más y más intensos. Sorprendentemente, estos aromas no llegan a mezclarse sino que permanecen en las mismas capas horizontales. Si coge copas diferentes, verá que la anchura y la intensidad de estas capas de aroma dependen enteramente de la forma del cuenco (ancha, redondeada, oval) y el tamaño de la copa. En algunas copas muy abiertas, las frutas y las flores desaparecen muy deprisa, mientras que los aromas más pesados ganan en fuerza. En las copas cerradas los aromas de frutas y flores permanecen "atrapados" durante más tiempo. Los vinos tintos, particularmente aquellos con mucho carácter, requieren una copa más grande que los vinos blancos. En el caso de los vinos generosos se aconseja usar copas más pequeñas para que la fruta ascienda más, antes que el alcohol.

La forma de la copa también tiene una clara influencia en la forma en la que usted tiene que sostenerla cuando está bebiendo. Pruebe a hacer esto: coja una copa con un cuenco ancho y abierto y dé pequeños sorbos de vino. Entonces beba de una copa con un cuenco más cerrado. Para dar un sorbo, su cabeza se mueve hacia atrás ligeramente de forma que el vino fluya hacia la parte posterior de la lengua. ¿Se da cuenta de que de esta forma está usted estimulando diferentes centros del gusto y el tacto, y que esto no es probablemente ninguna coincidencia? Cuanto más despacio beba el vino, más sensaciones gustativas y táctiles percibirá.

Copas Riedel, una copa diferente para cada tipo de vino.

Cada vino tiene una historia que contar, ya sea larga o corta, sobre el suelo, el clima, las uvas y quizá incluso sobre el viticultor. Todos los aromas son complejos compuestos químicos a los que podemos referirnos como frutos, ácidos, minerales, taninos o alcohol. Cuando escoja las copas apropiadas asegúrese de que con ellas el vino puede revelar su historia a través de todos estos compuestos químicos. ¡Una copa no es sólo una copa!

LAS COPAS RIEDEL

La copa perfecta existe, no cabe ninguna duda. Los artesanos cristaleros de Riedel, en Alemania, han estado buscando las copas más bellas y de mejor calidad durante generaciones, no sólo para el vino, sino también para la cerveza y otras bebidas destiladas. En 1973, lanzaron una serie de magníficas copas, las "Sommeliers". Incluso los mayores escépticos tuvieron que quitarse el sombrero... Tras una larga búsqueda de la perfección, se diseñó una copa para cada tipo particular de vino, y permitieron que el vino fuera el narrador de su propia historia tal como es. Nada de andarse por las ramas, simplemente percepciones directas desde el corazón de la copa. Así se logra sublimar las características específicas de un vino determinado, existiendo copas para varios tipos de vinos tintos, blancos, espumosos y rosados. Para los entendidos de los grandes vinos, estas copas hechas a mano son absolutamente imprescindibles: después de todo, sería una terrible pérdida perder parte de la historia contada por el vino. Un noble de la región de Burdeos no habla en absoluto el mismo idioma que el poderoso propietario de Piedmont. Sin embargo, recuerde que estas sublimes copas con su infinito amor por el vino pueden ser igualmente crueles si el vino no es bueno... o si el vino se sirve en la copa errónea. Por ejemplo, un viejo patriarca de la Borgoña se sentirá como un joven labriego cuando le sirvan en una copa de Burdeos.

Copas Riedel: los mejores vinos merecen lo mejor.

En las cristalerías d'Arques se pueden encontrar excelentes copas (de champagne).

Aquel que no beba vinos *grand crus* de Burdeos o Borgoña diariamente, pero que quisiera contar con una excelente copa para estos buenos vinos, podría comprar la segunda línea de Riedel, la serie "Vinum". Aunque estas copas son de fabricación artificial, tienen casi las mismas cualidades que las copas Sommelier. Se trata de una elección ligeramente inferior, pero el precio es más económico. Además de las copas Riedel, también hay varias copas muy apropiadas para disfrutar de su dosis diaria de vino. Sin embargo, no descubrirá la misma gama de aromas en él, aunque son perfectamente buenas para los vinos corrientes. En primer lugar, existe la llamada copa Afnor (anteriormente conocida como la copa Inao) de Francia, que se emplea comúnmente en las catas profesionales. La forma y las dimensiones de estas copas han sido normalizadas meticulosamente y varios productores las emplean, como Verreries & Cristalleries Dárques en el norte de Francia. En Holanda, recomendamos las copas del gremio de la fábrica de cristal de Leerdam.

CUIDAR DE SUS COPAS

Aparte de encontrar el recipiente más apropiado también es importante saber cómo puede cuidar mejor de sus copas. Si se cree los anuncios de la televisión, la mayoría de los lavavajillas son bastante seguros para sus copas, siempre y cuando use las tabletas fabricadas para prevenir los depósitos de cal. Sin embargo, estas tabletas no eliminan el olor específico a lavavajillas. Personalmente, siempre prefiero el fregado tradicional para mis copas. Use una cantidad moderada de líquido para vajillas suave, sobre todo si las copas están demasiado grasientas. Sin embargo, es mejor trabajar con soda disuelta en agua caliente. La mayoría de los líquidos para vajillas tienen un olor fresco a limón que puede beneficiar en el caso de un vino blanco burdo, pero que ciertamente no pega con un vino bueno. En cualquier caso, siempre aclare sus copas meticulosamente en agua caliente. También use un paño de cocina para secarlas, y asegúrese de que no deja ninguna pelusa. Los paños de cocina que han sido guardados en el armario durante demasiado tiempo pueden absorber olores extraños, por lo que se aconseja oler primero el paño. Sitúe sus copas en un armario cerrado libre de polvo y de grasa. Como las copas tienden a absorber rápidamente el olor del ambiente, no se recomienda guardar las copas hacia abajo, para que no huelan a humedad o a madera. Antes de usar las copas, compruebe la existencia de olores extraños y la limpieza. Si es necesario, deles brillo situándolas sobre una fuente de vapor (una cacerola abierta o un hervidor) y sáquelas brillo suavemente con un trapo para cristales. De este modo obtendrá el máximo rendimiento de sus copas y, por tanto, también de sus vinos.

ABRIR EL VINO: ¿CUÁNDO Y CÓMO?

Algunos vinos merecen más atención cuando son servidos que otros. Cuanto más añejo es el vino, más cuidado deberá tener. Sin embargo, los vinos jóvenes también pueden beneficiarse de un poco de atención extra.

VINOS VIEJOS

Para aquellos vinos que hayan sido guardados durante algún tiempo existe la posibilidad de elegir entre dos métodos diferentes. En Burdeos, se anticipa el momento en el que se va a beber un gran vino. La botella tumbada se pone en posición vertical uno o dos días antes. Así, el vino tiene tiempo para reposar a la temperatura de la bodega y los sedimentos pueden bajar al fondo. Si emplea este método, resultará muy simple servir el vino. Sólo tiene que dejar un poco de vino en el fondo de la botella donde también quedan los posos. El otro método se emplea, por ejemplo, en Borgoña. Aparentemente son algo menos formales que en la región de Burdeos. Los miembros de la familia, los amigos y los conocidos son siempre bien venidos y un buen amigo merece siempre un buen vino. La visita a la bodega siempre termina con una buena botella. La botella que aún está guardada a la temperatura de la bodega se sitúa cuidadosamente en una cesta para servir, de forma que se pueda beber directamente. Una vez que llega al salón, el vino sólo necesita unos pocos minutos para aclimatarse e igualar la temperatura ambiente. Entonces se sirve el vino con esmero y la operación se interrumpe tan pronto como se hace visible la capa de sedimentos.

DECANTAR

Después de un tiempo, la materia colorante se hace insoluble en el vino. Esto significa que no permanece disuelto el líquido sino que se solidifica y cae al fondo. Hay otro tipo de poso que aparece en los mejores vinos que a menudo no han sido filtrados por principio y han sido embotellados en un estado tan natural como haya sido posible. Estos vinos pueden formar un ligero sedi-

La famosa garrafa "pato" para decantar y airear vinos.

mento a edades muy tempranas, que consiste en minúsculas partículas de materia vegetal, color y tanino. En sí mismo, este sedimento no tiene una influencia en el gusto del vino, pero cualquiera que haya ingerido accidentalmente un sorbo de los sedimentos (posos) sabe lo desagradable que pueden llegar a ser. Además, el sedimento hace que el color del vino sea bastante turbio.

Una forma eficiente de separar el vino de sus sedimentos es decantarlo. Literalmente, este término de origen francés significa que el vino es separado de su sedimento. Sólo los vinos añejos o los que no han sido filtrados han formado poso y tienen que ser decantados. Esto se hace como sigue: vierta el contenido de la botella vertical (método Burdeos) o en posición horizontal (método Borgoña) en una garrafa ancha, con una fuente de luz suave (vela) que ilumine el cuello de la botella, y continúe vertiendo hasta que vea los primeros sedimentos. De esta forma, el vino turbio y los sedimentos quedan en la botella. No lo tire sino que los filtra cuidadosamente con un trapo de lino o una estopilla, usando los restos para elaborar una deliciosa salsa.

AROMAS

Airear un vino es similar a decantarlo, aunque las razones para hacer esto son diferentes. Cuando se airea un vino la intención no es separarlo de su sedimento, sino ponerlo en contacto con el oxígeno, lo que sin duda beneficia a los vinos jóvenes. Además de la mayoría de los vinos jóvenes con mucha estructura, los vinos robustos y fuertes (por ejemplo, los del sudoeste de Francia o los del norte de Italia) también se benefician de ser decantados a una garrafa ancha antes de beberlos. Esto aumenta la superficie del vino en contacto con el oxígeno. Si existe un vestigio de gas CO_2 en el vino, también es una buena idea airearlo y jarrear el vino. Los vinos jóvenes deberían ser decantados entre treinta minutos y dos horas antes de ser bebidos. En el caso de los vinos robustos, particularmente los del norte de Italia, es preferible pasar de la botella al decantador horas antes (de cuatro a doce horas). Si piensa que sólo los vinos tintos se benefician de esto, está usted equivocado. Algunos grandes vinos blancos también merecen un perío-

Antiguo conjunto para decantar vinos.

do (corto en el caso del Dauzan Lasvergne Montravel de la familia Mallard, pero largo –24 horas– para un Coulée de Serrant Savennières de Nicolas Joly).

Retirar la cápsula

La mayoría de las botellas se siguen sellando con una cápsula de aluminio o plástico que puede ser transparente o no. Algunas botellas que contienen vino barato (y a menudo también espumoso) son bastante fáciles de abrir. Las cápsulas tienen un sistema muy útil para abrir la botella que consiste en tirar de una tira hacia atrás. Sin embargo, en la mayoría de los vinos primero hay que cortar la cápsula con el cuchillo del sacacorchos o con un cortacápsulas. Es preferible hacerlo por debajo del anillo del cuello (gollete). Ocasionalmente, se encontrará con una botella que tiene sello de lacre. La mayoría de los sommeliers lo aborrecerían. Es mejor cortar o separar la cera con un cuchillo afilado que romperla, aunque se haga suavemente. Lleva algo más de tiempo, pero es mejor para el vino. Con un trapo limpio, limpie el cuello y la parte superior del corcho después de quitar la cera o la cápsula. Esto implica que el vino no puede entrar en contacto con el lacre, el plástico o el aluminio. Afortunadamente ya no tenemos que temer el envenenamiento con plomo, ya que se ha prohibido su uso en las cápsulas. (En el pasado, se podía ver al vino gotear sobre esas antiguas cápsulas y eso podía llegar a hacerle enfermar.)

Descorchar

Existen diferentes tipos de corchos. La calidad de los corchos modernos es definitivamente peor que la que existió en el pasado. Los sacacorchos antiguos tenían la función de extraer los corchos fuertes y largos del cuello de la botella con gran cantidad de fuerza. Hoy en día, los sacacorchos parecen ligeramente más civilizados. Los corchos extralargos aparecen en ocasiones en los vinos muy buenos de guarda. Los mejores vinos actuales tienen corchos de tamaño medio, porque estos vinos no han sido guardados durante tanto tiempo. Los vinos anteriores a la guerra podían envejecer en ocasiones durante veinte o cincuenta años (o incluso más tiempo). La generación actual de bebedores de vino desean disfrutar de sus vinos antes y la mayoría de los viticultores simplemente no se pueden permitir dejar envejecer sus vinos en las bodegas durante mucho tiempo. A menudo se usan corchos más cortos para vinos de diario, a veces hechos con restos de corcho comprimido o pegado. El vino no puede respirar a través de estos corchos y la cuestión es cuánto tiempo durará esta práctica. Las pruebas con materiales sintéticos inodoros e insípidos (con forma de corcho) han dado resultados muy satisfactorios. Los tapones de rosca con una delgada capa de corcho en el interior funcionan muy bien, pero siguen sin ser aceptados por el público en general. Resulta extraño que casi todos estén contentos bebiendo jerez de una botella con tapón de rosca, pero no lo aceptarían en otros vinos. Para mí el motivo de esta preferencia es un auténtico misterio. Una visita a Suiza me convenció de que es mejor para el vino usar un tapón de rosca que un corcho comprimido, y además resulta más

Sacacorchos antiguos.

económico. En Suiza, incluso los vinos blancos de calidad superior son embotellados con tapones de rosca. Como serán consumidos en unos pocos años, el tapón de rosca resulta una solución excelente para estos vinos. Las quejas sobre el corcho deberían pertenecer sin duda alguna al pasado. Los corchos hechos de los mejores materiales sintéticos también cuentan con una calidad excelente y son ideales para aquellos vinos que van a ser consumidos en un periodo de cinco años. Un corcho verdadero sólo resulta útil si el vino puede mejorar envejeciendo durante mucho tiempo.

Los sacacorchos ideales

Hace muchos años había muchos sacacorchos malos en el mercado, generalmente con espirales muy cerradas (como taladros). Hayan sido tradicionales y elegantes con sus adornos de vides o simplemente hechos con el palo de una fregona, todos ellos desaparecieron en un cajón de forma bastante anónima. La botella se abriría generalmente en la cocina, lejos de cualquier mirada desaprobadora. Los sacacorchos basados en el principio de las palancas eran más fáciles de usar y nuestros instrumentos modernos se basan en este principio. Un buen sacacorchos no tiene que tener una espiral cerrada, sino una que los franceses puedan comparar con el rabo de un cerdo, una espiral abierta por la que pueda pasar una cerilla. Las mejores espirales se cubren ahora con una capa de teflón, lo que daña incluso menos el corcho. Desgraciadamente, esta capa de teflón sólo es capaz de sobrevivir a unos seiscientos corchos.

Existe todo tipo de sacacorchos, de los baratos a los extremadamente caros. Por ejemplo, el sacacorchos de sommelier es cómodo para la mano (excepto los modelos baratos y muy finos) y es fuerte, con un pequeño cortacáp-

El Pulltaps, uno de los mejores sacacorchos de sommelier.

Abrir una botella con un corcho largo (paso 1).

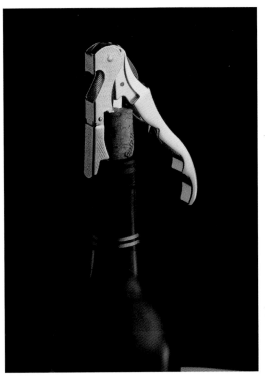

Abrir una botella con un corcho largo (paso 2).

sulas (que puede ser dentado) para cortar las cápsulas, y una espiral abierta larga o de longitud media. Este sacacorchos resulta muy útil para cualquiera que tenga que abrir muchas botellas con rapidez una tras otra. También hay una versión para camareros con un abridor de botellas incorporado en la parte superior. Para los mejores vinos resulta una buena idea usar los mejores sacacorchos, como el Screwpull o el Boomerang. El último es un sacacorchos basado en el principio de la palanca con una espiral extralarga y es eminentemente adecuado para los vinos superiores con corchos largos. Para cortar la cápsula metálica, use el cortador de cápsulas, el cutter Foil. El Boomerang es un sacacorchos de sommelier mejorado con un cortador de cápsulas incorporado. Resulta extremadamente fácil y rápido de usar. Finalmente, también está el Pulltaps de

España, un sacacorchos práctico, ingenioso y muy elegante con una doble palanca para los corchos extralargos. Es ideal para su uso doméstico y en la industria hostelera.

El sacacorchos Laguiolé (pronunciado: "layolé") merece una mención especial. Este sacacorchos tiene su origen en el pueblo de Laguiole en el sur de Francia. Hoy en día, la producción de este instrumento famoso en todo el mundo se ha trasladado a la ciudad de Thiers. Sin embargo, existen aún algunas empresas que fabrican sacacorchos Laguilé como artesanía del pueblo. Para un particular que no quiera abrir una botella de vino muy cara con mucha frecuencia, recomiendo encarecidamente el bello "Château Laguiolé".

No obstante, si quiere usar su Laguiolé muy a menudo, es mejor escoger una versión más fuerte de Forges de

Château Laguiole.

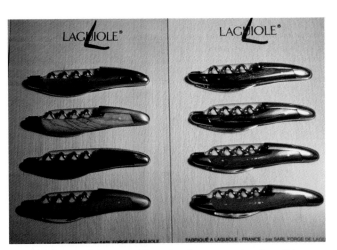

Existen modelos muy diferentes de sacacorchos Laguiole.

Laguiolé. Aunque los Laguiolé se hacían al principio con cuernos de vaca, existen todo tipo de modelos disponibles en nuestros días, desde los hechos con madera de olivo hasta los de caoba u otros tipos de madera.

TEMPERATURA

Cada tipo de vino tiene una temperatura ideal particular. El vino será capaz de contarle su historia sólo a su temperatura ideal. Los vinos que están demasiado calientes soñolientamente terminarán sus historias mucho antes de tiempo, mientras que los vinos demasiado fríos serán poco habladores. La temperatura ideal para servir el vino depende de varios factores: el tipo y la edad del vino, pero también –y este aspecto se olvida a menudo– la temperatura ambiente o la temperatura de la habitación. En invierno, generalmente querrá beber sus vinos menos fríos que en verano.

En una habitación calurosa o en una terraza al sol, la temperatura del vino aumentará en la copa con bastante rapidez. Por ello es preferible servir el vino un poco más fresco de lo normal que algo más caliente. Después de todo, el vino tinto no se puede servir como si fuera sopa caliente. Sin embargo, asegúrese de no servir el vino blanco demasiado frío en verano, porque con una temperatura muy alta un vino servido a 10°C puede parecer helado. Además, no le hará ningún bien al esmalte de sus dientes. En este caso, sirva el vino blanco (seco) a una temperatura de 12°C o incluso 14°C para los mejores vinos blancos.

Los vinos que se van a servir antes de una comida como aperitivo se sirven normalmente más frescos que con la propia comida. Los vinos tintos se sirven a la temperatura de la habitación (NB: de 16 a 18°C) y nunca por encima de los 20°C. En las regiones del sur a menudo pido una cubitera con hielos para enfriar mi vino tinto.

Los vinos jóvenes tienen mejor sabor a una temperatura inferior a 12°C (53,6°F), particularmente cuando son muy afrutados. Por otro lado, los vinos más añejos prefieren las temperaturas que rondan los 17 o los 18°C (62,6 o 64,4°F).

Las temperaturas indicadas aquí son meras guías. Como las personas sentimos el frío y el calor de forma diferente, la temperatura ideal puede ser uno o dos grados por encima o por debajo para cada uno.

El champagne, preferiblemente en una cubitera con hielos para mantener una temperatura fresca.

EL VINO Y LA COMIDA

Para algunos entendidos y amantes del vino existen "matrimonios ideales" entre los vinos y determinadas comidas, aunque estos mismos entendidos no están completamente de acuerdo sobre las mejores combinaciones. El gusto es algo muy personal. Demasiado a menudo, se ignora que la persona es el catalizador de una combinación determinada. Para mí, la combinación perfecta es también la combinación en la que el vino puede contar su historia con fluidez; la comida también tiene algo que decir y el que disfruta de ambos debe estar preparado para unirse como un atento oyente. Si no tiene tiempo o no le apetece una armonía entre un delicado y elegante vino de Alsacia y una comida consistente en una lubina preparada de forma sofisticada, no siga adelante, es simplemente una pérdida de tiempo. Por ejemplo, en ese momento, puede que le apetezca más unos huevos revueltos con una copa de *vins de pays rosé*. En invierno, cuando acaba de volver de una jornada de patinaje por la tarde, un plato de asado invernal humeante con una copa de cálido tinto de Navarra será probablemente más atractivo que una docena de ostras con un vaso de Chablis grand cru. El gusto es, y siempre será, una cuestión personal, pero también está determinado por el momento en particular. No se le ocurrirá a nadie pedir una copa del poderoso Châteauneuf du Pape tinto a mediados de verano, sentado en una terraza expuesto al calor del día. El fresco Muscadet será mucho más apropiado para esa situación.

No obstante, existe un número de reglas que no pueden ser desatendidas. Éstas no sólo se basan en experiencias positivas, sino también, y particularmente, en experiencias negativas. Por ejemplo, sabemos que es mejor no beber un Pi-

TEMPERATURAS IDEALES PARA SERVIR EL VINO	
– Grandes tintos de Burdeos, los mejores Cabernet Sauvignon:	16-18°C
– Grandes tintos de Borgoña, Pinot Noir de América y Sudáfrica:	15-16°C
– Otros vinos tintos:	14-16°C
– Grandes vinos blancos y secos (Borgoña, Loira):	12-14°C
– Vinos tintos jóvenes y afrutados (Beaujolais):	12°C
– Vinos tintos de consumo diario (vino de la tierra):	10-12°C
– Vinos rosados:	10-12°C
– Vinos blancos de uso diario (vino de la tierra):	8-10°C
– Champagne, vinos espumosos:	8°C
– Vinos dulces:	6°C

not Noir francés o un Gamay con un queso de Brie o de Camembert porque normalmente aparece un sabor metálico desagradable. De hecho, lo mismo ocurre con el jamón y la mayoría de los vinos, y el salmón ahumado y las anguilas con muchos vinos blancos. Por otro lado, existen reglas que han empezado una vida por su cuenta. Es el caso del mito de que el vino tinto no combina con el pescado. ¡En absoluto! Sin embargo, debe encontrar las combinaciones correctas. Un pescado delicado con un sabor muy ligero no debería ser acompañado por un vino tinto muy corpulento. Por supuesto, puede beberlo si odia el pescado y quiere disfrazar su sabor lo más posible, pero esta combinación no está realmente equilibrada. Un pescado recién cogido que acaba de salir del mar y se va a hacer a la parrilla con sus escamas y se sirve sólo con sal y pimienta recién molida, estará muy agradecido de contar con un vino tinto ligeramente fresco de Roussillon, sobre todo de Collioure. Existen otras combinaciones innumerables de pescado y vinos tintos. Con respecto a las carnes rojas también es posible desviarse de la regla (tinto con el color rojo). A algunas personas no les gustan los vinos tintos y les da vergüenza beber vino blanco con la carne roja. Sin embargo, si escoje un vino blanco con cuerpo, rico en extracto y no lo bebe demasiado frío, puede disfrutar mucho de su combinación. Por ejemplo, escoja un Pinot Gris de Alsacia de un buen año o un Châteauneuf du Pape, y el éxito estará garantizado.

EL ARTE DE COMBINAR

Es posible realizar todo tipo de combinaciones, según los presentes. Una comida puede ser tan fuerte y tener un sabor tan pronunciado que no exista vino que pueda igualarla. En este caso, opte por un vino agradable que sacie la sed sin demasiadas pretensiones. Algunos ejemplos podrían ser una comida tailandesa con un rosado francés, comida indonesia con Pinot Blanc y comida china con un simple Riesling o Sauvignon. Los vinos acompañan la comida.

Un vino que tenga tanto cuerpo y sea tan potente de sabor que no combine con ninguna comida es mejor beberlo por la noche con los amigos y queso curado cortado en daditos, o en la mesa con algún tipo de gratinado. En este caso, la comida acompaña al vino.

Para una comida bastante neutra puede elegir un vino bastante neutro (como espárragos con un Pinot Blanc de Alsacia). El vino y la comida se respetan el uno al otro, pero no son imprescindibles entre sí.

Una comida delicada requiere un vino fresco, elegante y delicado. Éstos están hechos el uno para el otro y vivirán juntos felices y para siempre. Su vida será armoniosa e interesante, pero no habrá pasión real.

Una comida fuerte con un carácter marcado combinará con un vino denso y con cuerpo. Tenga por seguro que disfrutará de esta unión a última hora del día. Se podría llamar a esto pasión, pero no quedaría demasiado correcto teniendo en cuenta las buenas maneras en la mesa.

Finalmente, una comida con un vino, ambos de sabores muy pronunciados, puede presentar fuertes contrastes debido a características completamente diferentes como, por ejemplo, un Roquefort salado, cremoso y ligeramente amargo con un Sauternes con cuerpo, dulce y casi irresis-

tible. ¡Es la cumbre de la pasión culinaria y puede resultar extremadamente sensual! Es un verdadero enfrentamiento de titanes, y ambos lados se hacen sentir y escuchar. Pronto será evidente que no habrá vencedor y que ambas partes bien valen lo que cuestan. Darán todo de sí mismos y finalmente harán las paces. El invitado es el que gana.

COMBINACIONES DE VINO Y COMIDA

A continuación verá los vinos que deberán acompañar los diferentes platos de una comida.

Aperitivos
Champagne o vinos espumosos
Manzanilla o jerez fino seco
Vinos blancos secos
Vinos tintos jóvenes y afrutados

Mariscos y crustáceos
Vinos blancos secos
Rosados secos

Salmón ahumado
Vinos blancos aromáticos y secos (Sancerre, Pouilly-Fumé, Quincy)
Jerez seco (manzanilla, fino seco)

Pescado frito
Vinos blancos y secos
Rosados secos
Tintos ligeros (ligeramente frescos)

REGLAS BÁSICAS

– La mejor combinación es siempre la combinación que más le guste.
– Una combinación ideal de vino y comida es una combinación en la que las dos partes resaltan o se complementan entre sí.
– Beba siempre vinos jóvenes o ligeros antes de los más fuertes y añejos.
– Beba los vinos blancos secos antes de los vinos blancos dulces. Si esto no es posible (por ejemplo, después de Sauternes y foie gras), es mejor neutralizar el sabor dulce, por ejemplo con un caldo sabroso y sencillo, antes de seguir con los otros vinos.
– Es mejor servir los vinos en orden de calidad inferior a superior. Después de un buen vino, los vinos de inferior calidad le defraudarán. En el caso de los vinos de igual nivel de calidad, empiece siempre por los jóvenes y después continúe con los más viejos.
– Si es posible, sirva el vino a la temperatura correcta para evitar decepciones.
– No sirva un buen vino con comidas que puedan anular el sabor de éste, como algunas comidas con un alto nivel de acidez (limón, naranja o vinagre), comidas con chocolate o muy picantes (comidas asiáticas).
– Algunas combinaciones no son necesariamente las mejores, pero pueden añadir un carácter festivo a una ocasión señalada (un cumpleaños, una boda o un aniversario); (por ejemplo, champagne con toda la comida).

Champagne, el aperitivo ideal.

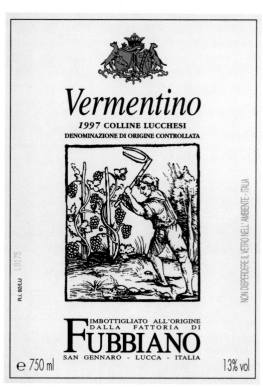

Delicioso con marisco.

Pescados hervidos con salsas
Vinos blancos y secos
Rosados secos
Vinos tintos ligeros (ligeramente frescos)

Patés, jamón y comidas frías
Vinos blancos y secos
Rosados secos
Vinos tintos ligeros

Hígado de pato o de ganso
Vinos blancos dulces
Champagne envejecido con mucho cuerpo

Carne blanca o aves
Vinos blancos secos

Rosados secos
Vinos tintos ligeros
Champagne
Vinos espumosos

Carne roja a la parrilla
Vinos tintos ligeros
Vinos tintos con cuerpo

Aves de corral
Vinos tintos ligeros
Vinos tintos con cuerpo

Caza
Vinos tintos ligeros
Vinos tintos con cuerpo

Pescado en salsa con un buen vino blanco.

Deliciosos fiambres españoles con un rosado o un tinto ligero
no envejecido en madera.

Cardo con jamón y queso al horno, plato que debería ser acompañado por un vino blanco con cuerpo.

Cocina exótica
China: vinos blancos secos, afrutados y secos con carácter (Muscat d'Alsace, Gewürztraminer) con platos que no son demasiado picantes

Platos indonesios y tailandeses: rosado afrutado y seco con carácter

Quesos suaves
Vinos blancos y secos
Rosados secos

Cremoso risotto con zanahorias y ternera con salsa de nata y champiñones, servido con un vino blanco con cuerpo o un tinto no demasiado poderoso.

Sorprendentemente refrescante: Saumur rosé brut con fresas y... ¡pimienta!

Rosados semisecos
Vinos tintos ligeros

Quesos fuertes
Vinos tintos con cuerpo

Postres de frutas
Rosado Saumur brut
Vinos blancos dulces
Rosados semisecos
Vinos de postre dulces (incluyendo los vinos Muscat, Banyuls, Maury, Rasteau)

Bollería
Champagne brut o semiseco, según el gusto

Chocolate
Banyuls, Pedro Ximénez

Helados
¡Mejor sin vino!

Europa

FRANCIA

Durante siglos, Francia fue el país de los vinos de calidad. Parecía haber sólo dos cosas que decir sobre el comercio del vino: "Todos los vinos franceses son buenos" y "Todos los buenos vinos provienen de Francia". Obviamente, estas opiniones nunca estuvieron justificadas porque países como Italia, España, Alemania, Hungría y Grecia también han producido vinos de calidad superior durante mucho tiempo. Sin embargo, los franceses se las arreglaron para convencer al mundo de la sublime calidad de sus vinos mediante un marketing inteligente y mediante el establecimiento de una relación entre el vino y otros aspectos de la rica cultura francesa.

La historia de Francia parece estar inexpricablemente unida a la de la viticultura. Los franceses siempre se han apegado a su tradición de beber diariamente el glorioso zumo de la uva, desde el común "gros rouge" (un vino de mesa simple) hasta los mejores vinos. Compartir una copa de vino era siempre sinónimo de satisfacción, socialización y compartir las cosas buenas de la vida, particularmente en el círculo familiar, pero también con los amigos, e incluso en el trabajo. El vino fue el alma de la nación francesa, un alma por la que los franceses siempre han demostrado un gran cariño, a pesar de las muchas invasiones a las que tuvieron que hacer frente.

Desgraciadamente, parece que se están produciendo cambios. Debido a las muchas campañas antialcohólicas

Histórica bodega de vinos de Borgoña.

Siempre existirá un mercado para los vinos de lujo.

llevadas a cabo por el gobierno, y también, y sobre todo, por la nivelación de la calidad y la globalización de la cocina francesa, ahora se bebe cada vez menos vino. Aumenta el consumo de agua, refrescos o cerveza con las comidas. Para un aperitivo cada vez más se prefiere un vaso de whisky antes que un buen vaso de vino blanco seco, ya sea espumoso o no. A este respecto, la situación está rodando por una cuesta abajo. Debido a la creciente popularidad de las cadenas de comida rápida que han llegado de Estados Unidos, así como sus homólogas francesas, y debido a la creciente cantidad de comida basura disponible en los hipermercados locales, el francés medio –y esto se refiere sobre todo a los más jóvenes– no dedica nada de tiempo ni de interés en abrir una buena botella de vino. El consumo de vino francés está cayendo de forma dramática. Cada vez más empresas vinícolas francesas se sienten forzadas a sobrevivir exportando la mayoría de sus productos. Sin embargo, esto requiere conocimiento, tiempo, energía y dinero extra, lo que muchos no pueden encontrar.

LA HISTORIA DE LA VITICULTURA FRANCESA

Los druidas celtas conocían los secretos del "lambrusque" (*Vitis labrusca*), la vid silvestre que trepaba por los robles. La predilección francesa por el vino se remonta a esa época. El vino se hacía en barriles de roble con propósitos mágicos y medicinales. Incluso entonces, los druidas sabían que el vino había que criarlo en cubas de roble. Pero no hay menciones de esta costumbre en la mayoría de los libros de historia. El vino se producía en la Galia incluso antes de que los primeros invasores llegaran por el mar y se establecieran en suelo celta.

En el siglo XIII a.C., los fenicios fueron los primeros pueblos en explorar la Galia. Ahora sabemos que ellos mismos tenían viñedos y que seguramente trajeron con ellos alguna de las variedades "cultivadas" del Oriente Medio. Poco después les siguieron los fenicios que procedían de la actual Turquía. Los fenicios practicaron la viticultura en las orillas de los ríos y del mar del sur de la Galia. Cuando su propia nación, Fenicia, cayó en manos griegas, la Galia fue gobernada por mercaderes, marineros y viticultores griegos. Buscando una tierra apropiada para la viticultura, cada vez más griegos viajaron hacia el norte a través del Ródano. Así es como los griegos y los celtas que habían plantado los primeros viñedos en Borgoña llevaron su comercio. El comercio floreció a lo largo de la costa en los puertos griegos de Massalia (Marsella), Nikaïa (Niza), Antipolis (Antibes) y Monoïkos (Mónaco). Mientras los griegos extendían la viticultura por el sur de la Galia (así como en Italia, por ejemplo) a lo largo de la costa, otros pueblos entraron en Europa procedentes de las montañas caucásicas. Introdujeron la viticultura en el centro y el norte de Europa, particularmente por la vía del Danubio y sus afluentes. La viticultura también penetró en Alsacia y el Jura por la vía del Rin, y los viñedos también se extendieron de esta forma por toda Borgoña. Cuando los romanos invadieron la Galia atravesaron extensos viñedos. Los libros de historia son demasiado generosos con los romanos cuando dicen que ellos fueron los responsables de los comienzos de la viticultura francesa. Durante los cuatrocientos años de ocupación, los romanos sólo trabajaron los viñedos que ya estaban presentes y cuidaron de lo que ya había sido plantado por sus predecesores. Obviamente, también se plantaron algunos nuevos viñedos a medida que se movían las tropas. Durante la sangrienta campaña de las Galias, Julio César disponía de enormes áreas deforestadas a lo largo de las orillas de los ríos alrededor del 50 a. C. y las replantó con vides de forma que pudiesen saciar la sed de sus legiones.

La Iglesia desempeñó un papel muy importante en la viticultura francesa (Kirchberg, Alsacia).

Los franceses suelen estar muy orgullosos de sus vinos (¡y con razón!).

Durante un tiempo, parecía como si las cosas se estuvieran poniendo emocionantes para la vinicultura en la Galia cuando los romanos, que tenían un enorme stock de vinos italianos, ordenaron en tiempos del emperador Domiciano destruir todos los viñedos de Galia por motivos proteccionistas. Afortunadamente, estas órdenes no pasaron más allá de la Provenza. En el 210 a.C., se volvió a permitir a los galos cosechar las vides. Tras la caída del Imperio Romano (313 a.C.), se extendió la influencia del cristianismo. La viticultura francesa tiene una gran deuda con los monjes y los creyentes de esa época, que consideraban el vino una bebida sagrada. ¡Después de todo, el vino era la

sangre de Cristo! Por este motivo se necesitaba el vino para la liturgia y se plantaron nuevos viñedos en todo el país.

Durante siglos, este evangelio líquido se extendió desde Francia. En el siglo XVIII, durante la Revolución Francesa, los viñedos cambiaron de propietarios. Las iglesias retenían algunos viñedos aquí y allá para su propio uso, pero la mayoría fue a parar a las ricas familias de la nueva burguesía francesa. Durante la Revolución Industrial del siglo XIX muchos viñedos fueron adquiridos por empresas.

Supuso el florecimiento de la viticultura en Francia. Sin embargo, el destino también tenía algo que decir y se comportó cruelmente en forma de un pequeño y voraz insecto, la famosa *Phylloxera vastatrix*. A finales del siglo XIX, los viñedos franceses (y posteriormente todos los europeos) fueron completamente destruidos en nada de tiempo por esta plaga procedente de América. Incluso las medidas más drásticas no sirvieron de nada. Como el desastroso insecto había llegado de América, y las vides allí demostraron ser inmunes a esta plaga, se decidió replantar todos los viñedos con pies de especies americanas. Las existentes variedades europeas fueron injertadas en éstas y la viticultura francesa pudo ser salvada.

UN PAÍS IDEAL PARA EL VINO

Para comprender por qué Francia sigue siendo el país vinícola más famoso del mundo resulta adecuado considerar las condiciones para la viticultura.

El clima francés es ideal para la viticultura de calidad: los inviernos no son demasiado severos, los veranos no son demasiado secos y hay mucho sol y lluvia. La enorme diversidad de diferentes tipos de suelos también

Heladas y nieve en Alsacia.

Un buen suelo es vitalmente importante para la viticultura (Alsacia).

Algunos espléndidos vinos dulces no cumplen las regulaciones y tienen que ser vendidos como "mosto parcialmente fermentado".

ayuda a explicar el éxito de la viticultura francesa a lo largo de los siglos: gruesas capas calcáreas en Champagne; estratos sedimentarios con muchas conchas en Auxerrois (Chablis); arcilla, gravilla y guijarros en Médoc; pizarra gris y azul en Muscadet; tufa en Anjou Saumur; laderas inclinadas en Collioure y Banyuls, y cálidas rocas en el sur del Ródano. Lo que es más: existe agua suficiente en toda Francia, bien indirectamente por el mar o incluso directamente de los numerosos ríos y reservas subterráneas de agua.

LA LEGISLACIÓN FRANCESA

Debido a la existencia de muchos tipos de vino producidos en Francia, se han redactado unas leyes estrictas que tienen gran importancia. Obviamente, es imposible que Hacienda y otras autoridades controlen cada cuba de vino, pero en general estas normas se cumplen respetuosamente. No obstante, ningún sistema es absolutamente seguro. Siempre habrá sinvergüenzas que se aprovechen de los más ingenuos de nosotros... y siempre habrá personas que quieran tener un sitio en primera fila por algo de dinero y hacerle el juego a los mercaderes de vino malévolos. Es triste pero inevitable. Sin embargo, los muchos controles sobre la calidad y la autenticidad son un gran incentivo para las bodegas de buena fe, que afortunadamente aún siguen siendo la mayoría dentro de la producción vinícola.

Aunque la legislación europea sólo reconoce dos categorías de vinos (es decir, vinos de mesa, *vin de table*), y vinos de calidad producidos en una región definida –V.Q.P.R.D.: Vins de Qualité Produits dans une Région Determinée–, Francia adopta un sistema más detallado. El sistema francés se basa en la denominación de origen y producción o en los requisitos para producir el vino. En teoría, la calidad de los vinos debería coincidir con los requisitos más estrictos, pero éste no siempre es el caso. La indicación de un origen da mucha información sobre la región en la que se produjo el vino, sobre los métodos de vinificación empleados y el rendimiento por hectárea, pero nada en absoluto sobre la calidad de los vinos. Por tanto, es posible que algunas casas vinícolas excelentes rompan deliberadamente con las prácticas locales a menudo anticuadas y exigentes y comiencen a experimentar. Los vinos producidos en este caso no siguen la norma, no pueden ser vendidos como vinos con denominación de origen (A.O.C.) y por tanto son considerados vinos de mesa simples. Sin embargo, algunos de estos vinos son a menudo de gran calidad y mucho más caros que los "vinos reales de la región".

CATEGORÍAS DE VINOS

VINS DE TABLE

En principio, los "vins de table" son vinos para el consumo diario bastante sencillos, con un sabor constante, que normalmente se consigue mediante mezclas. Esta categoría también abarca varios vinos muy específicos que no cumplen los severos requisitos de las nomenclaturas locales con respecto al lugar de origen, pero que son de excelente calidad. En este caso el precio puede ser muy superior al de los conocidos vinos A.O.C. de la región.

VINS DE PAYS

En la actualidad, los "vins de pays" experimentan un enorme aumento en su popularidad. No resulta en absoluto sorprendente, debido a que la calidad de

Vino de mesa (*vin de table*, en francés).

estos vinos de mesa superiores y fiables ha mejorado mucho en los últimos años.

Los "vins de pays" proceden de una región vinícola estrictamente definida y representan el alma de un terruño particular, unido a las características específicas de una o más variedades de uvas. Cada vez más, los consumidores reconocen estos vinos y el lenguaje claro de las etiquetas y las botellas. Algunos "vins de pays" son tan buenos y reflejan tanto amor por parte de sus cosecheros que trascienden completamente en calidad y en precio los vinos A.O.C. de muchos comerciantes anónimos. Los consumidores de vino modernos demandan calidad por su dinero, y por tanto optan cada vez más por "vins de pays" antes que por los vinos pretenciosos y sin carácter que se esconden sin vergüenza detrás de una etiqueta sin significado con un nombre bien conocido.

Vin de pays.

APPELLATION D'ORIGINE - VINS DÉLIMITÉS DE QUALITÉ SUPÉRIEURE

La calidad de esta categoría de vinos no es en absoluto inferior a la de los vinos A.O.C. De hecho, los criterios de selección son a menudo más estrictos que los de la mayoría de los vinos A.O.C. Los vinos V.D.Q.S son los únicos vinos que tienen que ser catados cada año si pretenden merecer este título. El vino V.D.Q.S siempre ha sido aprobado por un comité de expertos antes de darse a conocer al público. Puede apostar ciegamente por ellos.

APPELLATION D'ORIGINE CONTRÔLÉE

Los vinos A.O.C. tienen su origen en regiones claramente definidas, y el suelo, el clima, las variedades de uva y las varias obligaciones impuestas legalmente (contenido mínimo de alcohol, rendimiento máximo por hectárea, métodos de crianza, producción y condiciones de vinificación, etcétera) son una garantía del origen y la autenticidad. Sin embargo, ésta no es una garantía

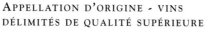

Vin de pays monovarietal (obtenido con una sola variedad de uva).

de calidad, debido a que los vinos no han sido catados todos los años y algunos vinos no merecen esta descripción. Sin embargo, los vinos A.O.C. se encuentran en lo más alto de la clasificación de los vinos franceses.

A.O.V.D.Q.S.

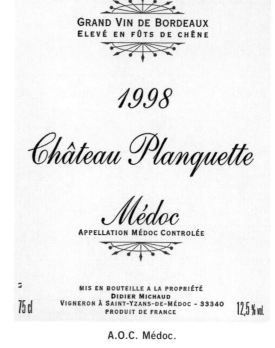

GRAND VIN DE BORDEAUX
ELEVÉ EN FÛTS DE CHÊNE

1998

Château Planquette

Médoc
APPELLATION MÉDOC CONTROLÉE

MIS EN BOUTEILLE A LA PROPRIÉTÉ
DIDIER MICHAUD
VIGNERON À SAINT-YZANS-DE-MÉDOC - 33340
PRODUIT DE FRANCE

75 cl   12,5 % vol.

A.O.C. Médoc.

INFORMACIÓN ADICIONAL EN LA ETIQUETA

Ésta no pretende ser una referencia a las expresiones sin significado del tipo "vin supérieur de la cave du patron" o "cuvée réservée du sommelier", y otros comentarios similares, sino que se refiere a menciones del tipo "cru classé" o "grand cru classé" para los vinos de Burdeos. En 1855, se redactó una clasificación de los mejores vinos de Burdeos en una feria mundial basándose en los criterios de calidad empleados en la época (familiaridad, anotaciones del precio de venta, y así sucesivamente). Esto sólo afecta a los vinos de Médoc y Sauternes, así como a un vino de Graves. En 1959, esta última región también recibió su propia clasificación. Otras regiones con una clasificación similar de grand cru son Saint-Émilion (desde 1955) y Côtes de Provence (desde 1955).

La indicación "cru bourgeois" también se ha usado en el Médoc desde 1932. En Borgoña, las expresiones del

El esplendor de una casa de Champagne (Taittinger).

tipo "premier cru" o "grand cru" son parte de la referencia oficial al origen. Estas indicaciones se describirán con mayor detalle cuando analicemos las regiones vinícolas en cuestión.

Emprenderemos un viaje a través de los viñedos franceses en el sentido de las agujas del reloj, comenzando por la región de Champagne. Comenzaremos visitando los viñedos del nordeste y seguiremos por el sudeste, el sudoeste y el noroeste de Francia.

EL NOROESTE DE FRANCIA

Champagne

El champagne, el símbolo por excelencia de la alegría y las celebraciones, sólo puede ser producido en una región del mundo, la región de Champagne en Francia. Ningún otro vino, no importa de dónde provenga, dentro o fuera de Francia, y se obtenga de la manera que se obtenga, puede usar el prestigioso nombre de "Champagne". El champagne es indiscutiblemente un vino sin parangón.

¡Champagne! ¡Un vino sin igual!

LA REGIÓN

El corazón histórico de la región, Reims, se encuentra a 150 km al nordeste de París, mientras que Epernay, ligeramente algo más al sur, es el corazón geográfico de la región. Champagne se subdivide en cuatro grandes regiones: la montaña de Reims (laderas al sur de Reims),

Besserat de Bellefon.

Perrier-Jouet.

el Vallée de la Marne (el valle del Marne de Château-Thierry a Châlon-sur-Marne), la Côte des Blancs (ladera sur de Épernay) y finalmente la Côte de Bar en el departamento del Aube, entre Bar-sur-Seine y Bar-sur-Aube. Cada una de estas regiones tiene su propia identidad geográfica. Esto es debido a las diferencias en situación, horas de luz, relieve y suelo, y finalmente por las diferentes uvas que se plantan. Según esto, cada pieza del puzzle gigante es única, con su propio carácter y potencial. En Champagne existen más de trescientos "terroirs" diferentes, conocidos como "crus", y todos ellos son igualmente únicos y reflejan el alma de los innumerables pueblos.

LAS CASA DEL CHAMPAGNE

La mayoría de las casas de Champagne se localizan en las grandes ciudades, sobre todo en Reims y Épernay. Todas ellas tienen una historia que contar y se han convertido en una parte importante de la historia de la región. Durante siglos, estas casas fueron embajadoras de la región de Champagne y de Francia. Por eso ahora están tan orgullosas de darle la bienvenida a sus propias bodegas. Cuando uno entra en estas bodegas descubre un mundo de pasión y magia. Es un mundo de prestigio con una cierta clase y experiencia vital, pero sobre todo un mundo de la "joie de vivre", la alegría de vivir.

LOS VINOS DE CHAMPAGNE

Siglos antes de Cristo ya se cultivaban vides silvestres en la región de Champagne, como revelan los muchos restos fosilizados que se encontraron en las capas profundas del suelo calcáreo. La larga historia y la vinificación perfeccionada hasta los detalles más pequeños, combinadas con una enorme pasión por el producto final y regulaciones extremadamente estrictas para proteger la calidad, garantizan conjuntamente la alta cali-

Bodegas en roca caliza.

Cata de vinos tranquilos (vins clairs).

dad de los champagnes que conocemos. El suelo calcáreo de las colinas suavemente onduladas de esta región está cubierto con una fina capa de marga. Las vides penetran muy profundamente en las rocas calcáreas (algunas veces hasta cinco metros) buscando los nutrientes y el agua necesarios. Además de regular el agua, las rocas también regulan la temperatura.

En Champagne sólo se permiten tres variedades de uva. Las tres otorgan al champagne su propio carácter (en combinación con el suelo): el pinot noir proporciona el esqueleto y la corpulencia; el chardonnay es responsable de la fresca y elegante acidez y complejidad; el pinot meunier dota a los vinos de un carácter fresco y alegre.

En la región de Champagne los viñedos siempre son cuidados con esmero. El incierto clima del norte, los caprichos de la naturaleza y las regulaciones extremadamente estrictas implican que hay mucho trabajo extra que hacer. Los viñedos son atendidos con mucha atención y cuidado. A menudo se hace a mano (ya sea o no estipulado en la ley). La poda y la selección se ven sujetas a incontables regulaciones, todas ellas con el objetivo de controlar los rendimientos y por tanto el control de la calidad.

Las uvas son prensadas en seguida –cada variedad y *cru* por separado– en las casas de prensado cercanas. Unos 4.000 kilos de uvas pueden producir solamente 2.666 litros de mosto. Sin embargo, para los mejores *cuvées*, sólo se usa el primer prensado, unos 2.050 litros. Los últimos 616 litros, conocidos como "tailles", se emplean en vinos inferiores. El mosto remanente y la "marc" (los orujos, las pieles y pepitas) se emplean para hacer "marc de champagne", un aguardiente.

El mosto de las uvas prensadas se trasiega a grandes tinos y se deja reposar. De esta forma la mayoría de las impurezas, como partículas de piel, hojas y tierra que estaban ya presentes en los mostos, caen al fondo. Después de este periodo de descanso de aproximadamente doce horas, el mosto se lleva a los tanques o cubas de fermentación, donde tiene lugar la primera fermentación (alcohólica) que dura varias semanas. Entonces se saca el vino. Este vino joven será cuidadosamente catado por el jefe de bodega durante todo el invierno.

HACIENDO CHAMPAGNE

En primer lugar, los vinos tranquilos (*vins clairs*) se emplean para obtener el champagne espumoso. Éstos son siempre vinos de una única variedad de uva y, para los mejores *cuvées*, de un solo viñedo. Después de numerosas catas, se mezclan los vinos más apropiados. Esto da lugar al *cuvée*. Las características de cada *cuvée* varían para cada tipo de vino, pero también para cada casa. Algunas casas producen un champagne poderoso con mucho pinot, mientras otras obtienen champagnes muy elegantes con mucha delicadeza, basados en el chardonnay. La mayoría de los *cuvées* se hacen usando uvas blancas y negras.

Además de los *cuvées* de lujo (que muestran el año), existen también *cuvées* corrientes (que no muestran el año). Éstas pueden contener vinos de varios años diferentes. Estos vinos, de calidad siempre regular y estilo constante y equilibrados, a menudo son las "tarjetas de visita" de la casa. Para un rosé, se mezcla vino blanco y tinto no espumosos de Champagne, normalmente de Bouzy o Cumières.

Cuando se ha preparado el *cuvée* final, el vinicultor añade un "liqueur de tirage". Consiste en una combinación de levadura autóctona y una pequeña cantidad de azúcar de caña. De esta forma tiene lugar una segunda fermentación en la botella. Las botellas que tienen un tapón provisional son apiladas en rimas en las bodegas frescas. Durante la segunda fermentación, los azúcares que aún estaban presentes en el vino son convertidos en alcohol y dióxido de carbono gracias a la levadura. Esto produce las finas burbujas que dan su encanto al champagne.

El vino envejece una media de tres años más en las oscuras bodegas después de esta segunda fermentación. Debido a que se forma poso ("lias") durante la segunda fermentación, las botellas se colocan boca abajo en "pupitres" o

Uno de los mejores
cuvées de champagne.

Listo para el toque final.

Quitando el corcho para el *dégorgement*.

en grandes pallets giratorios ("giropallettes"). Si se colocan en pupitres, un "remueur" gira las botellas 90° a mano a intervalos regulares. De esta forma el poso baja poco a poco hacia el cuello. Con el método de las "giropallettes", las carretillas elevadoras se encargan regularmente de mover las botellas. Obviamente, este último método es mucho más rápido que hacerlo a mano; pero, no cabe duda, un "remueur" profesional puede girar fácilmente 4.000 botellas al día. Al final del periodo del "remuage", todo el sedimento se encuentra en el fondo del tapón y tiene que ser eliminado del cuello. Este "dégorgement" se logra sumergiendo las botellas boca abajo en un baño helado de salmuera. El sedimento bajo el corcho se congela y la botella se voltea y se abre rápidamente. El bloque de hielo sale despedido con un sonoro "¡pop!", y el vino queda limpio completamente. El último paso para preparar el vino consiste en añadir el "liqueur de dosage". Para compensar la pérdida de champagne en la botella, el contenido se mezcla con un champagne más viejo y azúcar de caña. Se pone el tapón a las botellas con un corcho de verdad y también un "muselet" de alambre (como un bozal), una cápsula, una etiqueta en el cuello y otra etiqueta. El champagne está finalmente listo para una nueva ocasión festiva.

ABRIR Y BEBER EL CHAMPAGNE

En cualquier sitio se puede siempre beber champagne. Como aperitivo, acompañando una comida delicada consistente en aves o pescado, o simplemente para brindar. El champagne debería beberse preferiblemente a una temperatura de 6 a 8°C (42,8 – 46,4°F). Sin duda lo más correcto no es usar una copa abierta. Esto permite que las burbujas traviesas y elegantes se escapen. La copa más apropiada es la esbelta copa de flauta. Cuando abra la botella, nunca deje que el corcho salga disparado por la habitación. Es muy peligroso: a una presión de seis atmósferas el corcho saldrá despedido a más de 90 km por hora. Esto puede causar daños irreparables. Lo que es más, es una gran pérdida de champagne, porque gran parte del líquido valioso se pierde cuando se descorcha de esta forma.

Entonces, ¿cómo se debería hacer? Después de quitar el alambre, la botella debería sostenerse en una posición inclinada con un ligero ángulo. Para agarrarla con mayor firmeza puede usar una servilleta. Intente no quitar el corcho de la botella forcejeando, sino sujetándola con firmeza y girando la botella suavemente. De esta forma usted estará desatornillando más o menos la botella del corcho.

Si se descorcha adecuadamente, el final es un sonido similar a un silbido. Deje que la presión de la botella haga el trabajo. Si el corcho está encajado puede usar tenacillas especiales para champagne que sujetan el corcho con más fuerza.

GUARDAR EL CHAMPAGNE

En principio, los vinos que salen de las bodegas están en perfectas condiciones para ser consumidos. Los *cuvées* corrientes (sin añada) no mejorarán más su calidad. Por lo tanto deberán ser consumidas en el año en que las compró o en el que se lo regalaron. Sin embargo, los mejores *cuvées* pueden guardarse durante un largo periodo. Pregunte a su establecimiento de compra de vinos sobre ello.

TIPOS DE CHAMPAGNE

Algunas etiquetas contienen la indicación "grand cru" o "premier cru". Sin embargo, estas indicaciones no son garantía cierta de la calidad del champagne. Sólo se refieren a la calidad de la materia prima, es decir, a las uvas. El mejor "terroir" de Champagne, donde tienen su origen teóricamente las mejores uvas, llega a un 100 por 100 en la escala de calidad. Esto significa que los viticultores que cultivaron las uvas en esos viñedos pueden pedir el precio completo que se establece para la uva, cada vendimia. Estos "terroirs" pueden usar la indicación "grand cru". Para calidades ligeramente inferiores, los "terroirs premiers crus", el viticultor sólo pide del 90 al 99 por 100 del precio establecido. Para los demás "terroirs", sólo se pide un máximo del 89 por 100 del precio.Incluso con excelentes materias primas, el productor mediocre sólo obtendrá champagne mediocre.

CHAMPAGNE EXTRA BRUT/BRUT SAUVAGE

Estos vinos son extremadamente secos. Después del *dégorgement*, estas variedades "extra brut" se rellenan sólo con el mismo vino y por tanto no contienen azúcares residuales (máx. 0,6% vol.). Muy pocas personas escogen este tipo de champagne tan seco y en determinados países son difíciles de encontrar.

CHAMPAGNE BRUT (SIN AÑADA)

En realidad se trata del tipo de champagne más consumido por regla general. Es seco pero no demasiado: estas cartas de presentación de las casas de Champagne contienen un máximo de 1,5% vol. de azúcares residuales. Los vinos brut consisten en una mezcla de las tres variedades de uva clásicas, el chardonnay, pinot noir y el pinot meunier. Generalmente proceden de diferentes partes de la región de Champagne y son de años diferentes. Un brut joven, fresco y excitante soltará la mayoría de las lenguas. Tiene un color amarillo pálido, a veces con sombras rosáceas. Según su composición, un brut joven puede tener aromas a frutos blancos (almendras, manzanas verdes) o frutos rojos (uvas, frambuesas) con un toque de pan blanco caliente. Como aperitivo es extremadamente apropiado, pero también puede acompañar a la mayoría de los entrantes ligeros, sobre todo las aves o el marisco.

Un brut maduro (con más de tres años) es ligeramente menos fresco, con un sabor más especiado y con más cuerpo. El color es amarillo profundo con matices topacio y el aroma recuerda a manzanas maduras, frutos secos, especias o a veces cerezas y grosellas negras (gran cantidad de pinot noir). El sabor y el aroma no tienen matices de pan blanco sino más bien a bollería o brioches franceses. El vino es excelente en combinación con un plato principal de pescado o carnes blancas (¡delicioso con ternera!).

Los bruts viejos (más de cinco años) tienen un exuberante dióxido de carbono, pero también un sabor complejo y con cuerpo, poderoso, casi cremoso. El color es amarillo oscuro con toques caoba. El aroma recuerda a frutos secos tostados y desecados, con aromas terciarios ocasionales a café y a veces incluso a cuero viejo... La bollería ahora es tostada y untada con una gruesa capa de cremosa mantequilla fresca. Es mejor beber estos vinos en solitario, rodeado de buenos amigos, con un buen libro o con su pareja, cuando se sientan románticos.

Brut dentro del año.

CHAMPAGNE BRUT MILLÉSIMÉ (CON AÑADA)

Este brut, con añada especificada, tiene las mismas características que el brut normal, pero sólo se produce en los mejores años.

CHAMPAGNE BRUT BLANC DE BLANCS

Los champagnes "blanc de blancs" están hechos exclusivamente con uvas chardonnay. Por tanto son vinos blancos obtenidos a partir de uvas blancas. Pueden ser co-

Brut de un año millésimé.

mercializados especificando añada o no. Normalmente son vinos afrutados y frescos con acidez muy delicados. Tienen un color amarillo pálido con un toque verdoso cuando son jóvenes, tornándose al amarillo y al amarillo dorado a medida que envejecen.

Un brut blanc de blancs tiene aromas seductores a frutos cítricos, menta fresca, flores primaverales y una frescura casi descarada.

Un brut blanc de blancs maduro tiende más hacia los aromas de un bouquet de flores veraniegas de la pradera recién cortadas y un toque de la flor del tilo. Aunque sigue siendo muy fresco, este vino tiene más redondez y vejez que en su juventud. El sabor es mucho más amplio y equilibrado. Un brut blanc de blancs maduro es un plato lleno de frutos exóticos con matices de pimienta recién molida y especias.

CHAMPAGNE BRUT BLANC DE NOIR

Poco frecuente blanc de blancs-cuvée con añada.

Se trata de un ejemplar extremadamente raro en Champagne. Es un vino blanco estructurado, con mucho sabor, amplio, obtenido a partir de uvas tintas de pinot noir y pinot meunier.

CHAMPAGNE EXTRA DRY/EXTRA SEC

Estos vinos se destinan principalmente a los mercados ingleses y norteamericanos. Con el lema "llámelos secos, hágalos dulces", estos champagnes "extra secos" contienen aún de un 1,2 a 2% de azúcares residuales.

CHAMPAGNE SEC

El nombre puede llegar a confundir. A este vino se puede aplicar el mismo comentario que al anterior: no son realmente secos e incluso contienen entre un 1,7 y un 3,5% de azúcares residuales.

CHAMPAGNE SEMISECO

Se trata de un vino suave, ligeramente dulce con un 3,3 a un 5% de azúcares residuales.

CHAMPAGNE DOUX

El más dulce de todos, con un mínimo de 5% de azúcares residuales. Algunas personas, normalmente los más mayores, se vuelven locos por él. Las generaciones más jóvenes prefieren otros menos dulces.

CHAMPAGNE ROSÉ

El champagne rosé o champagne rosado se obtiene añadiendo vinos tintos no espumosos de la región de Champagne (Cumières, Bouzy) al *cuvée*. El champagne rosé se comercializa como brut, brut millésimé y brut semiseco. El color varía del rosa pálido o salmón al frambuesa

o incluso a un rojo cereza claro. Los champagnes rosés son verdaderamente seductores, excelentes aperitivos, pero también, y sobre todo, el acompañamiento perfecto para las ocasiones románticas.

Como acompañamiento de comidas este rosé es apropiado para los fiambres y las aves, pero sobre todo no olvide probarlo con un delicioso cochinillo.

OTROS VINOS DE CHAMPAGNE

Además de los vinos espumosos, la región de Champagne también tiene otros vinos.

COTEAUX CHAMPENOIS

Vino blanco, rosado y tinto (A.O.C. desde 1974). Todos ellos son vinos escasos, vestigios de un pasado lejano. Los vinos tintos más conocidos llevan el nombre de su origen: Bouzy, Cumières y Ambonnay. Los Coteaux Champenois se beben preferiblemente jóvenes. Los vinos tintos se sirven frescos (aproximadamente a 10°C).

Rosé brut.

ROSÉ DES RICEYS

También es escaso, y sin duda uno de los mejores vinos rosados franceses. Un Rosé des Riceys simple deberá beberse joven y fresco. Los vinos que envejecen en madera pueden dejarse mucho más tiempo (diez años o más). Sirva este vino algo menos fresco (10-12°C/ 50-53,6°F) con la carne.

EL NOROESTE

Hubo un tiempo en el que la viticultura floreció en Lotharingen. A finales del siglo XIX, los viñedos cubrían un área de no menos de 30.000 hectáreas y los vinos franceses de Moselle gozaban de gran fama tanto en Francia como fuera de sus fronteras. La invasión de la filoxera, seguida de una etapa de inestabilidad económica, y la desastrosa Primera Guerra Mundial pusieron fin a las aspiraciones de los viticultores locales. Fue tras la Segunda Guerra Mundial cuando una nueva generación de viticultores comenzó a replantar los viñedos. Sus intentos fueron finalmente recompensados en 1951 cuando el gobierno reconoció definitivamente la región vinícola alrededor de Toul y la Mosela francesa.

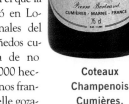

Coteaux Champenois Cumières.

Rosé des Riceys.

VINS DE MOSELLE

Los pequeños viñedos situados a lo largo de las suaves laderas onduladas del valle de la Mosela francesa (madre del Mosel luxemburgués y alemán) crecen sobre un terreno que consta de estratos de sedimentos. Son diecinueve los pueblos que pueden producir estos Vins de Moselle, pero la mayoría de la producción tiene lugar en la vecindad de Metz. Se produce poco en esta zona, en parte porque los viñedos quedan demasiado alejados unos de otros. Los vinos que se producen aquí son principalmente vinos blancos frescos con mucha fruta y gran delicadeza, obtenidos con pinot blanc o auxerrois. Los escasos de la variedad de uva pinot gris son de una calidad excelente a un precio muy razonable. Los vinos tintos, hechos con pinot noir y gamay, son agradables y afrutados, pero no poseen la delicadeza de los vinos blancos.

CÔTES DE TOUL

Los viñedos de Côtes de Toul quedan algo más al sur que los de los Vins de Moselle, al oeste de la ciudad de Toul, en las orillas de una característica curva del río Mosela. Los viñedos se extienden por ocho municipios sobre un suelo de sedimentos, arcilla y rocas calcáreas. El buen drenaje, la posición perfecta con respecto al sol y el clima hacen de esta región vinícola una de las más interesantes de Francia. En realidad, toda la producción de esta zona es aún bastante desconocida, ya que es demasiado pequeña para exportaciones a gran escala, y se consume localmente en los hogares o en los numerosos restaurantes de Lotharingen.

La especialidad de Toul es sin duda el rosado de color pálido, elegante, fresco y amable Gris de Toul, obtenido a partir de uvas gamay. Este vino supone un acompañamiento excelente para las especialidades lo-

Côtes de Toul.

cales que consisten en cerdo y sobre todo los famosos cochinillos de Lotharingen (Thionville). También queda sorprendentemente bien con una auténtica "quiche lorraine". Además de este rosado especial, se obtienen vinos blancos de la uva auxerrois que resultan frescos, agradables y elegantes, así como vinos tintos de la pinot noir deliciosos y de confianza. Finalmente hay algunos vinos espumosos fantásticos producidos aquí –aunque a menor escala– que cuentan con un excelente "méthode traditionnelle". Los vinos de Côtes de Toul están infravalorados y merecen ser readmitidos entre los mejores.

Alsacia

Existen muchos cuvées champagne artísticos y de calidad para los coleccionistas.

Aunque en épocas remotas los hombres eran conscientes de los encantos del mosto fermentado de las vides silvestres, fueron los romanos los responsables del inicio del cultivo de vides en Alsacia. En el siglo XVI, los vinos del Rin (incluyendo los de la Alsacia moderna) alcanzaron gran fama. En aquellos tiempos, traminer, muscat y riesling eran las variedades de uva más conocidas. Después de la Guerra de los Treinta Años, Alsacia experimentó una época muy turbulenta. Los intereses económicos hicieron que se plantaran variedades de uva cada vez de menor calidad para obtener mayores rendimientos. A pesar de los intentos del gobierno por finalizar con esta práctica, el empobrecimiento de la viticultura en Alsacia continuó su curso. Por un lado la pobre calidad de los vinos que se producían y por otro las influencias de Alemania, hicieron que la población bebiera cada vez más cerveza. A finales del siglo XIX, el insecto de la filoxe-

ra destruyó prácticamente todos los viñedos. La situación se deterioró posteriormente como resultado del conflicto franco-prusiano de 1870 hasta incluso la Segunda Guerra Mundial (Alsacia comenzó un ir y venir de Francia a Alemania). Después de la Primera Guerra Mundial, se produjo un renacimiento de la viticultura en Alsacia. Los pobres viñedos de los valles fueron arrancados y la viticultura se concentró en las laderas, donde se replantaron uvas de calidad. Desgraciadamente, hoy en día aún existen algunas grandes asociaciones que inflexiblemente continúan trabajando la parte inferior del mercado (en el sentido de "beber mucho y disfrutar poco"). Sin embargo, el buen nombre y la calidad de los vinos de Alsacia han sido asegurados para bien por los esfuerzos y la pasión de las nuevas generaciones de viticultores.

CONDICIONES IDEALES PARA LA VITICULTURA

Aunque la región queda muy al norte, Alsacia se caracteriza por un clima excepcionalmente favorable. El macizo montañoso de los Vosgos actúa como una enorme protección natural contra los vientos del oeste y la lluvia. Como resultado, Colmar tiene los índices de lluvia tan bajos como Perpiñán en el extremo sur. Los veranos son cálidos, y los inviernos no son demasiado fríos. La primavera es templada y húmeda, mientras que el otoño suele ser cálido y seco. Como la mayoría de los viñedos dan al sur o al sudeste, esto garantiza excelentes condiciones para el crecimiento de la variedad de vid de alta calidad.

Cualquiera que observe los viñedos de Alsacia desde el aire puede sentir que está volando por encima de pequeños huertos sin fin. La mayoría de los viñedos son de un tamaño medio, en parte por la división de las tierras fruto de las herencias, pero sobre todo por la naturaleza del suelo en Alsacia. Hubo un tiempo en el que los Vosgos y la Selva Negra (Schwarzwald) formaron una cordillera, parte de la gran zona montañosa que cubría dos tercios del territorio francés. La montaña se dividió en dos hace aproximadamente cincuenta millones de años. La ruptura y la erosión fueron las responsables de la formación del valle del Rin. Existen diferentes tipos de

Viñedo en Kirchberg, Riveauvillé.

Primavera en un viñedo de Alsacia.

Alsacia, un mosaico de cultivos.

LAS SIETE VARIEDADES DE UVA DE ALSACIA

En la mayoría de los vinos franceses, la zona de origen es la información más importante que se muestra en la etiqueta. En Alsacia, todos los vinos poseen la "Appellation Alsace Contrôlée", pero se identifican sobre todo por la variedad de uva. Por ejemplo, en cualquier lugar de Francia se puede pedir un Riesling, un Silvaner, un Gewürztraminer, un Pinot Blanc, un Pinot Noir o un Pinot gris y todo el mundo da por hecho que se trata de un vino de Alsacia. Sólo en el caso del Muscat también se menciona el nombre de la región, debido a que existen muchos tipos diferentes de Muscat en Francia (incluyendo los vinos dulces del sur). Esto no se aplica a ninguna otra región francesa.

SYLVANER

Los vinos obtenidos a partir de la variedad sylvaner son agradables, ligeros, frescos, sacian la sed y hacen amigos con facilidad. Como aperitivo resulta ideal y va bien con entrantes ligeros, fiambres, marisco, terrinas de pescado, platos japoneses de pescado crudo (sushi) y pasteles salados (quiches).

PINOT BLANC

Es una de las uvas más frecuentes en los cultivos de Alsacia. Los vinos son frescos y suaves, en general sin un sabor particularmente pronunciado. Esto supone que se pueden beber con casi todo. Otro miembro de la familia del pinot blanc, el auxerrois, se vende a menudo con su propio nombre. El pinot blanc suele también encontrarse con la antigua denominación local, clevner o klevner. (De hecho, existe también un "Klevener de Heiligenstein", que no tiene nada que ver con el pinot blanc. Véase "Otras variedades de uva".) El vino procedente de pinot blanc combina con la mayoría de los entrantes ligeros, fiambres, mariscos, pasteles salados (quiches), verduras blandas (como espárragos), carnes blancas y aves, pescados suaves y queso fresco (con un sabor ligero).

Pinot Blanc.

suelo aquí, desigualmente repartidos por todo el valle y las laderas: arcilla, marga, tiza, granito, gneiss (depósitos de roca formados por mica, cuarzo y feldespato), e incluso roca volcánica. Cada una de las siete variedades de uva empleadas en Alsacia crece mejor en un suelo diferente. Esto explica por qué existen tantos viñedos pequeños.

MUSCAT D'ALSACE

Los vinos muscat pueden ser reconocidos a primera vista por sus cualidades sensuales, extremadamente aromáticas, con reminiscencias a las uvas de moscatel maduras. En Alsacia, el Muscat siempre se elabora seco, en contraste con la mayoría de los moscateles del sur. Ningún otro vino consigue retener la esencia del aroma y el sabor de las uvas frescas con tanto éxito como los Muscat. Resulta delicioso como aperitivo, excelente con los espárragos, pero también puede consumirse solo, cuando se quiere compartir una copa de vino con los amigos.

Riesling con un buen origen (Kirchberg grand cru).

RIESLING

El riesling es reconocido como una variedad de uva noble en todo el mundo. En Alsacia el riesling ha logrado una excelente calidad. Los vinos son elegantes, frescos y delicados. Dependiendo del suelo, pueden encontrarse matices de frutas, flores o incluso minerales. Los mejores Riesling tienen mucho carácter y son al mismo tiempo bastante complejos. Son vinos excelentes para acompañar las comidas. Combinan muy bien con marisco, terrinas de pescado, pescado crudo (sushi), platos de pescado, aves, queso de cabra y quesos jóvenes suaves.

GEWURZTRAMINER

Cualquiera que piense en Alsacia piensa en gewürztraminer (en alemán, el nombre de esta uva se escribe con diéresis sobre la "u"; en Alsacia sin ésta). El gewürztraminer es capaz de tender un puente en la frontera franco-alemana más que ninguna otra uva. Los vinos obtenidos a partir de esta variedad tienen mucho carácter, un color subido, un aroma intenso y casi exótico a frutas tropicales (pomelo) y autóctonas (membrillo), flores (acacia, rosas) y especias (canela, pimienta, clavo) así como una estructura amplia y voluptuosa. Los vinos de Gewürztraminer más ligeros tienen un gran encanto y son muy apreciados como aperitivo. Los tipos más robustos son perfectos para las largas noches de invierno, pero también pueden acompañar platos de sabor pronunciado de cocina exótica (especialmente con combinaciones agridulces o dulces y saladas), foie gras (¡pruebe uno de los vendange tardives!), un queso Munster no demasiado curado o postres y pastas ligeramente dulces (Kugelhopf, tarta de queso o tarta de ciruelas damascenas, por ejemplo).

PINOT GRIS

En ocasiones el pinot gris se llama por error tokay-pinot gris, pero el término "tokay" es confuso. La variedad pinot gris, conocida en Alemania con el nombre "Borgoña gris", tiene su origen presuntamente en Hungría. Allí es conocida como "monje gris" o "szürkebarát". Cuando los austríacos conquistaron a los turcos, los húngaros marcharon con cientos de barriles de vino Tokaj a Alsacia, entre otros lugares de Europa. Posteriormente, los mismos húngaros enviaron vinos de Tokaj a Alsacia. En la antigua Yugos-

Pinot Gris, un aperitivo particularmente sensual.

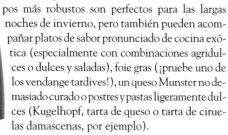

Riesling grand cru, Kanzlerberg, Bergheim.

Gewurztraminer grand cru Altenberg de Bergheim.

lavia y en el norte de Italia el pinot gris es también llamado por error "tocai". (En Friuli también existe un "tocai Friulano", pero ésta es una variedad de uva diferente, el sauvignonasse o sauvignon vert.)

Obviamente, los viticultores alsacianos niegan radicalmente estas historias. La actual generación de viticultores en Alsacia haría bien en omitir esta indicación incorrecta.

En cualquier caso, los vinos pinot gris de Alsacia merecen nuestros elogios. Los vinos son de color intenso y tienen un aroma muy expresivo, dominado sobre todo por las especias, y tanto el aroma como el gusto son poderosos, amplios e intensamente complejos. Debido a estas marcadas cualidades, este es uno de los pocos vinos blancos que combinan muy bien con el foie gras, pescado con hierbas, asados de cerdo o ternera y aves y otros animales de caza. Para los entendidos, una copa de Pinot Gris de Alsacia es un aperitivo extremadamente sensual.

PINOT NOIR

Además de las seis variedades blancas, existe una tinta en Alsacia. De hecho, hay tres tipos de vinos Pinot Noir. En primer lugar tenemos los vinos rosados suaves, frescos y amables. (NB: Algunos son muy seductores, pero pueden resultar extremadamente engañosos, sobre todo en verano... Disfrute, pero ¡beba con moderación!) Los vinos de Pinot Noir tintos y ligeros están un paso más arriba en la escala de los vinos. Son parecidos a un Borgoña simple, con un aroma típico y un sabor a frutos rojos (cerezas). Finalmente, están los mejores Pinot Noir, elaborados con remontados periódicos durante el proceso de vinificación. Esto refuerza su color y sabor de forma que los vinos tienen más estructura. Estos Pinot Noir "vinificados en rojo" envejecen normalmente en grandes barriles de roble. Las mejores selecciones proceden de las viñas más antiguas y en la etiqueta se describen como "cuvée vielles vignes". Este vino se usa a menudo como aperitivo, como un rosado, sin servirlo demasiado fresco. También es un excelente acompañamiento para todos los platos de carne. Este pinot noir se elabora como tinto y acompaña muy bien todo tipo de carne, aves y caza menor. También resulta delicioso con quesos semicurados.

OTRAS VARIEDADES DE VINOS

Además de las variedades mencionadas anteriormente, existen otras dos que deberían ser mencionadas. La primera, la chardonnay, se cultiva en Alsacia, pero sólo se usa para los vinos espumosos. La segunda, el klevener de Heiligenstein, es una variedad muy antigua en Alsacia, más conocida como traminer o savagnin en la vecina región del Jura. Hubo un tiempo en el que era una variedad de uva muy usada pero poco a poco fue reemplazada por su hermana

Pinot Gris.

Pinot Noir.

gewürztraminer, mucho más aromática. Sin embargo, el klevener es extremadamente apropiado para beber con una buena comida y se tiene en gran estima.

DENOMINACIONES DE ORIGEN

Existen tres denominaciones en Alsacia:

APPELLATION D'ORIGINE CONTRÔLÉE ALSACE

El nombre de la variedad de uva que se emplea se añade a la denominación de origen, por ejemplo, Riesling appellation Alsace controllée. Si el nombre de la variedad de uva se muestra en la etiqueta, el vino está hecho al 100 por 100 con esta uva. Existe una única excepción: el Edelzwicker. En la etiqueta de un Edelzwicker no aparece ninguna indicación de variedad de uva. De hecho, este vino se obtiene con una mezcla de variedades nobles. La mayoría de los vinos Edelzwicker son vinos para el consumo diario sin mayores pretensiones, particularmente populares en las tiendas de vino locales (*wistub*). Sin embargo, algunas casas bien conocidas consideran sus Edelzwickers como una tarjeta de visita y les dedican atención extra. Debido a la diferencia en el precio, el consumidor es capaz de adivinar normalmente que no son vinos corrientes para el uso diario. Todos los vinos de Alsacia no espumosos, incluyendo el Edelzwicker y los grands crus, deben ser embotellados en Alsacia en las características botellas verdes y esbeltas (flautas).

Edelzwicker.

APPELLATION ALSACE GRAND CRU

Se trata de un término relativamente nuevo en Alsacia (empleado desde 1975). Para poder llevar esta denominación los vinos deben proceder de una de las cincuenta zonas autorizadas y estrictamente definidas que fueron elegidas por sus especiales cualidades geológicas y microclimatológicas. El nombre de estos crus seleccionados debe aparecer en la etiqueta. Además, estos vinos deben estar hechos exclusivamente de las siguientes variedades nobles: riesling, gewürztraminer, pinot gris o muscat. Un

Grand cru Kirchberg, Ribeauvillé.

detalle importante para el consumidor es que estos vinos deben ser siempre aprobados en una cata profesional. De esta forma se hace un gran esfuerzo para garantizar la calidad y la autenticidad de estos vinos. Todos ellos son vinos únicos de calidad excepcional. Sin embargo, el precio es también alto, aunque, comparado con los mejores vinos de Borgoña, estos precios están completamente justificados con respecto a la calidad que ofrecen.

Los cincuenta *grands crus* d'Alsace (el municipio del que proceden y el tipo de suelo se muestran entre paréntesis):

- Altenberg (Bergbieten, marga + tiza + caliza)
- Altenberg (Bergbieten, marga + caliza)
- Altenberg (Wolxheim, marga + caliza)
- Brand (Turckheim, granito)
- Bruderthal (Molsheim, marga + caliza)
- Eichberg (Eguisheim, marga + caliza)
- Engelberg (Dahlenheim/Scharrachbergheim, marga + caliza)
- Florimont (Ingersheim/Katzenthal, marga + caliza)
- Frankstein (Dambach-la-Ville, granito)
- Froehn (Zellenberg, arcilla y marga)
- Furstentum (Kietzheim/Sigolsheim, caliza)
- Geisberg (Ribeauvillé, marga + caliza + arenisca)
- Gloeckelberg (Rodern/Saint-Hippolyte, granito + arcilla)
- Goldert (Gueberschwihr, marga + caliza)
- Hatschbourg (Hattstat/Voegtlinshoffen, marga + caliza + loess)
- Hengst (Wintzenheim, marga + caliza + arenisca)
- Kanzlerberg (Bergheim, arcilla + marga + tiza)
- Kastelberg (Andlau, pizarra)
- Kessler (Guebwiller, arena + arcilla)
- Kirchberg (Barr, marga + caliza)
- Kirchberg (Ribeauvillé, marga + caliza + arenisca)
- Kittlerlé (Guebwiller, arenisca + roca volcánica)
- Mambourg (Sigolsheim, marga + caliza)
- Mandelberg (Mittelwihr/Beblenheim, marga + caliza)
- Marckrain (Bennwiht/ Sigolsheim, marga + caliza)
- Moenchberg (Andlau/ Einchhoffen, marga + caliza + roca erosionada de las colinas)
- Muenchberg (Nothalten, arenisca + roca volcánica + piedra)
- Ollwiller (Wuenheim, arena + arcilla)
- Osterberg (Ribeauvillé, marga)
- Pfersigberg (Eguisheim/Wettolsheim, caliza + arenisca)
- Pfingstberg (Orschwihr, marga + caliza + arenisca)
- Praelatenberg (Kintzheim, granito + gneiss)
- Rangen (Thann/Vieux-Thann, roca volcánica)
- Rosacker (Humawihr, caliza dolomita)
- Saering (Guebwiller, marga + caliza + arenisca)
- Schlossberg (Kientzheim, granito)
- Schoenenbourg (Riquewihr/Zellenberg, marga + arenisca + tiza)
- Sommerberg (Niedermoschwihr/ Katzenthal, granito)
- Sonnenglanz (Beblenheim, marga + caliza)
- Spiegel (Bergholtz/ Guebwiller, marga + arenisca)
- Sporen (Riquewihr, arcilla + marga + piedra)
- Steinert (Pfaffenheim/Westhalten, caliza)

Crémant d'Alsace.

- Steingrubler (Wettolsheim, marga + caliza + arenisca)
- Steinklotz (Marlenheim, caliza)
- Vorbourg (Rouffach/Westhalten, caliza + arenisca)
- Wiebelsberg (Andlau, arena + arenisca)
- Wineck-Schlossberg (Katzenthal/ Ammerschwihr, granito)
- Winzenberg (Blienschwiller, granito)
- Zinnkoepflé (Soulzmatt/ Westhalten, caliza + arenisca)
- Zotzenberg (Mittelbergheim, marga + caliza).

APPELLATION CRÉMANT D'ALSACE

Estos vinos espumosos se obtienen mediante el método tradicional que se usa en la Champagne. La variedad de uva base que se emplea es principalmente el pinot blanc, pero el riesling, el pinot gris y, en ocasiones, el chardonnay también permiten excelentes resultados. También existe un escaso vino blanco, "blanc de noirs", obtenido con uvas tintas de pinot noir. Obviamente un crémant de Alsacia es excelente como aperitivo y para todo tipo de celebraciones (cumpleaños, aniversarios, bodas, exámenes...), pero también es un refrescante acompañamiento para pastas no demasiado dulces (Kugelhopf).

VENDANGES TARDIVES

En algunas ocasiones la etiqueta incluye la indicación "vendanges tardives". Este añadido puede aplicarse bien a los vinos "corrientes" de Alsacia o a los grands crus y

se refiere al momento de su vendimia. Los vinos de "vendanges tardives" se obtienen con uvas sobremaduras que han sido cosechadas más tarde, como su nombre sugiere (comparable al alemán Spätlese). Sin embargo, aquí los vinos sólo pueden obtenerse a partir de las variedades de uva nobles, gewürztraminer, pinot gris, riesling y muscat de Alsacia. Los vinos hechos con las dos primeras variedades de uva tienen un porcentaje alto de alcohol, a veces por encima del 14 por 100. Son vinos muy concentrados con mucha fuerza y carácter y una amplia gama de aromas.

"SÉLECTION DE GRAINS NOBLES"

Este nombre es el homólogo del alemán Trockenbeerenauslese. Como el nombre sugiere, las uvas suelen seleccionarse de forma individual y sólo las uvas sobremaduras afectadas por la podredumbre noble (*Botrytris cinerea*) son aptas para estos vinos. Las uvas afectadas por este hongo benigno pierden su contenido en agua en pocas semanas, dando como resultado una enorme concentración de aromas y sabores. Los vinos obtenidos de esta forma tienen mucho cuerpo, son extremadamente poderosos e intensamente aromáticos. Son obras de arte de la madre naturaleza, todas y cada una de ellas. Debido a que el rendimiento de las viñas es muy bajo, el precio de estos vinos es muy elevado. Por tanto el vino también se vende en medias botellas. No resulta un problema, porque un único sorbo es suficiente para llevarle al séptimo cielo.

Bodegas de vino en Bergheim.

VIN DE GLACE

Siguiendo el éxito del alemán Eiswein, existen unos pocos vinos similares y experimentales en Alsacia obtenidos a partir de uvas sobremaduras que permanecen en las cepas hasta la primera noche de heladas. Estos vinos son muy concentrados, extremadamente dulces, pero carecen de la finura y la fuerza aromática de un buen "selection de grains nobles".

Los grandes vinos de Alsacia pueden madurar muy bien.

EL JURA FRANCÉS

Con su rica historia, muchos castillos y museos, gastronomía sublime, quesos "compté en vacherin" y vinos excepcionales, el Jura pronto consigue encantar a todos. Una vez que usted descubre los vinos locales, nunca olvidará estos vinos extremadamente especiales e individuales. Existen numerosas joyas creciendo en esta idílica región que produce vinos blancos, rosados o tintos, los más conocidos de ellos son "vin jaune" y "vin de paille".

Los mejores vinos del Jura envejecen en estas bodegas.

LA REGIÓN

El departamento del Jura se localiza en el este de Francia, en Franche-Comté, entre la Côte d'Or de Borgoña y Suiza. Esta estrecha franja de viñedos en el Jura Bon Pays (Buena Tierra) o Revermont (la parte de atrás de la colina) se estrecha en una curva gradual de aproximadamente 100 km a lo largo del un eje de norte a sur. Los viñedos se sitúan en las laderas suaves y ondulantes (Revermont) de la plataforma de caliza del Jura, a una altura de 250 a 480 metros, con un suelo formado por marga y ocasionalmente algunas rocas calizas quebradas. El clima es semicontinental, con inviernos típicamente severos y veranos muy calurosos, una primavera templada y un otoño cálido: condiciones ideales para el cultivo de las viñas.

HISTORIA

La región vinícola del Jura es una de las más antiguas de Francia: se remonta al menos a cinco mil años atrás según los arqueólogos. Incluso se han encontrado claros restos de comercio con vinos locales que datan del siglo VI a.C. Los griegos que viajaron por el Jura hasta Massilia y Nikeia (actualmente Marsella y Niza), vía Ródano, siempre llevaron vino con ellos en su viaje de vuelta. Los romanos también eran muy aficionados a los vinos de Séquanie (nombre con el que se conocía al Jura en aquellos tiempos). Los grandes vinos de Arbois, L'Étoile y Château Chalon han sido elogiados por escritores y poetas, así como políticos y reyes, durante cientos de años. De todos los nombres unidos al cultivo de la vid en el Jura, existe uno que no se puede dejar de mencionar en esta historia de éxito: el nombre del genio es Louis Pasteur, nacido Franc-Comtois, quien inventó entre otras cosas la enología moderna y en sus días poseyó un viñedo que aún existe en la actualidad. Louis Pasteur tuvo un papel clave en el desarrollo de la enología moderna. Entre otras cosas, fue el primero en revelar el secreto de cómo trabaja la levadura durante el proceso de la fermentación alcohólica.

La viticultura alcanzó su nivel más alto en el Jura durante la época de Pasteur. La plaga de la filoxera, que destruyó los viñedos, dos guerras y una crisis económica tras otra, fueron muy perjudiciales para el cultivo de la vid en el Jura. De las 20.000 hectáreas de viñedos que existían a finales del siglo XIX, sólo sobrevivieron 2.050 hectáreas, incluyendo 1.650 con clasificación AOC. Sin embargo, ahora más que nunca, es el entusiasmo y el amor por la viticultura lo que se experimenta en los profesionales que quedan.

LAS CINCO VARIEDADES DE VINOS

Sólo se permiten cinco variedades de uva para la producción de los vinos AOC (con denominación de origen).

CHARDONNAY

La chardonnay, importada de la vecina Borgoña alrededor del siglo XIV, representa un 45 por 100 de todas las viñas que se plantan. Es una variedad de uva sencilla que normalmente madura sin problemas a mediados de septiembre. Contiene un alto nivel de azúcares (por tanto, potencialmente mucho alcohol) y produce vinos muy florales, afrutados y carnosos.

SAVAGNIN

La savagnin (15 por 100 de las vides plantadas) también es muy común aquí. Esta variedad autóctona, que ha existido desde tiempos inmemoriales, es una variación local del traminer y produce los mejores vinos del Jura (los famosos *vins jaunes*). Esta variedad madura tarde y a menudo es la última en ser vendimiada a finales de octubre.

PINOT NOIR

La pinot noir también procede de Borgoña y fue traída al Jura hace mucho tiempo, alrededor del siglo XV. Madura pronto y tiene amplia gama de registros de sabor. Esta

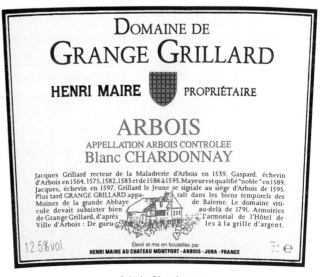
Arbois Chardonnay.

variedad de uva apenas se usa en solitario, pero se mezcla con la variedad de uva poulsard, proporcionando color y carácter adicionales.

TROUSSEAU

La trousseau (5%) es también una variedad de uva autóctona que crece en los suelos arenosos y cálidos del norte de la región vinícola. Madura bastante tarde y produce mostos muy concentrados y subidos de color. El vino de trousseau alcanza el nivel más alto y sin igual después de reposar unos diez años en una buena bodega. Desgraciadamente, este vino es bastante escaso y aún no es muy conocido. Si tiene la ocasión de probarlo, no debe desperdiciarla; la poulsard (20%) es una variedad autóctona con un bello color rojo pálido que otorga al vino todo tipo de aromas silvestres. La poulsard se emplea en vinos tintos ligeros, pero también en los rosados, como el famoso Pupillin rosé.

DENOMINACIÓN DE ORIGEN

El Jura tiene cuatro denominaciones de origen: Château-Chalon, L'Étoile, Arbois y Côtes du Jura.

CHÂTEAU-CHALON

La localidad de Château-Chalon domina la región en un sentido literal y figurado. Se sitúa a 450 metros de altura, en el medio de la región del Jura, y es la cuna del rey de todos los vinos de la zona, el *vin jaune*, hecho exclusivamente con uvas savagnin. Los *vins jaunes* pueden hacerse en todo el Jura. Sin embargo, los mejores proceden de la localidad de Château-Chalon. Los vinos obtenidos aquí son de una calidad extremadamente alta y no se producen todos los años. El proceso de preparar este vino es el mismo que el de otros *vins jaunes*, con la diferencia de que hay un control extra de su calidad. Este gigante de los vinos franceses debe consumirse con un plato tradicional: *coq au vin jaune* (pollo al vino) o mejor aún chuletas de ternera con setas y salsa de vino en amarillo... ¡Una delicia culinaria garantizada!

Los *vins jaunes*, incluyendo los de Château-Chalon, envasan en una botella especial que tiene una base gruesa y un contenido diferente de 62 cl, conocida como clavelin. ¿Por qué sólo 62 cl? Porque 62 cl es lo que queda de un litro de vino joven después de envejecer en roble durante seis años y tres meses. El clavelin de Château-Chalon es la única botella que tiene un sello decorativo alrededor del cuello.

L'ÉTOILE

Nadie puede asegurar de dónde viene el nombre de esta localidad (étoile significa estrella, en francés). Quizá se debe a las cinco colinas circundantes, que juntas forman una estrella o se debe a los cinco espléndidos castillos de las inmediatas proximidades. O quizá el nombre esté relacionado con los numerosos descubrimientos de conchas y estrellas de mar encontrados en el suelo calcáreo de los viñedos. Se producen vinos blancos y espu-

Arbois Pupillin en tinto y rosado.

Château Chalon.

Arbois Savagnin y Chardonnay.

mosos de muy alta calidad en aproximadamente 80 hectáreas. Todos tienen el sabor característico del "terroir" de L'Étoile: pedernal y... ¡avellana!

Pruebe un étoile con un estofado de pollo con avellanas o con una ternera con champiñones de la tierra.

ARBOIS

Los viñedos que rodean la atractiva ciudad de Arbois producen la mayor cantidad de vinos del Jura. No cabe ninguna duda de que vinos de una calidad especial con un carácter muy individual se producen en estas 800 hectáreas, ya que los vinos de Arbois fueron los primeros en Francia en recibir una denominación de origen. La mayoría de los vinos blancos y tintos se elaboran aquí, así como una pequeña cantidad de rosados (Pupillin).

Los vinos tintos son firmes y con cuerpo. Son un complemento ideal para todo tipo de aves de corral, así como liebre.

Los vinos rosados tienen cuerpo, elegancia y gran delicadeza. Combinan bien con las aves y los platos de carne de cerdo. También son deliciosos con fiambres.

Los vinos blancos de Arbois tienen mucha estructura y un gusto muy complejo. Resultan ideales con cualquier tipo de pescado, en particular con truchas y lucios.

CÔTES DU JURA

Este nombre abarca una pintoresca colección de vinos blancos, tintos, espumosos y rosados, *vins jaunes* y *vins de paille*, que no están incluidos en los tres primeros vinos con indicación de origen. Es casi increíble que tantos y tantos vinos de diferente calidad puedan producirse en un área tan pequeña.

Los vinos blancos varietales de chardonnay tienen un color amarillo pálido y recuerdan a uvas frescas en su juventud. Después de dos o tres años de envejecer en roble, adquieren su característico aroma de pedernal. Los vinos hechos con chardonnay y savagnin tienen un sabor y un aroma de "terroir" incluso más marcados. Los varietales de savagnin son particularmente delicados y aromáticos. Los blancos Côtes du Jura son secos y carnosos, excelentes con platos de pescado, de queso (por ejemplo, con comté o emmental francés) o con caza menor.

Los vinos rosados obtenidos a partir de variedad de poulsard son elegantes y sutiles. A menudo tienen el color del coral y son extremadamente carnosos y con cuerpo. Combinan con fiambres, platos de pescado y aves de corral.

Los vinos tintos también son muy típicos. Se obtienen de la variedad de uva poulsard y a menudo son similares a los rosados, aunque éstos son vinos tintos. El sabor y el aroma recuerdan a matorral y a frutos silvestres del bosque. Por otro lado, los vinos hechos con variedad de trousseau son cálidos, ricos en tanino, espumosos y con cuerpo, con aromas a frutos rojos. A menudo tienen mucho alcohol y envejecen bien.

Ambos tipos de vino son excelentes con platos delicados de caza, particularmente con venado, aunque también pueden combinar muy bien con carne roja y asado de cerdo o ternera.

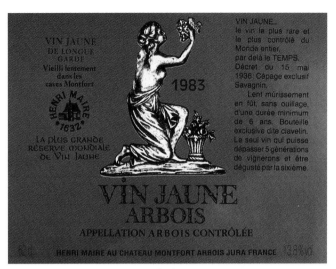

Vin jaune.

DENOMINACIÓN DE ORIGEN SIN INDICACIÓN GEOGRÁFICA

Además de estos cuatro con denominación de origen, existen algunos nombres no geográficos que tienen su origen en la región del Jura.

VIN JAUNE

Según los habitantes del Jura, estos "vinos amarillos" sólo se encuentran en su región. Sin embargo, tiene sentido comparar estos vinos con los finos y las manzanillas de Jerez. En el Jura también se desarrolla una capa de levadura en los vinos de forma espontánea, un tipo de velo ("voile") como se conoce en francés. Esta capa protege el vino de la oxidación prematura, porque la levadura se alimenta de oxígeno. Estos vinos amarillos ("vins jaunes") envejecen en roble durante seis años y tres meses. Esto les da el característico sabor y aroma a nueces, avellanas y almendras verdes, que los franceses llaman "goût de jaune". Estos *vins jaunes* se pueden guardar bien durante cien años o más. Ciertamente no son vinos ligeros, en parte por su sabor característico, pero también, y en particular, por su contenido en alcohol: al menos un 13 por 100, pero algunos vinos incluso alcanzan el 15.

Cuando pensamos en *vins jaunes*, pensamos en colmenillas –además de cabrillas, las setas más deliciosas del mundo–. Aves de corral (pollo, pintada, faisán) o pescado (lucio) al vino, con setas y un toque final de crema fresca, son platos excelentes para combinar con estos vinos amarillos tan personales. Finalmente, un trozo de comté se llevará muy bien con cualquier *vin jaune*.

VIN DE PAILLE

Estos "vinos de paja" se hacen con racimos sanos de uvas cuidadosamente vendimiados a mano. Los racimos se ponen sobre paja en pequeñas cajas o son suspendidos uno a uno de las grandes vigas del ático en un área seca y, sobre todo, muy bien ventilada. Las uvas son prensadas alrededor de la época de Navidad. En ese tiempo ya se han pasificado totalmente y están arrugadas con un alto con-

Vin de paille.

Clos des Mouches, uno de los viñedos más famosos de Borgoña.

tenido en azúcar y gran cantidad de aroma y sabor. Durante la fermentación, la conversión de azúcares en alcohol no excede de 15 o 16% de alcohol. Por tanto, siempre quedarán azúcares residuales en el vino. Después de envejecer en roble durante al menos dos años –pero a menudo tres o cuatro–, se obtiene un vino blanco licoroso, de cualidades poco frecuentes. Este valioso vino se embotella en botellas especiales de 37,5 cl.

Muchos libros de recetas le aconsejan que los vinos de postre deberían acompañar postres extremadamente dulces. Al igual que muchos otros gastrónomos, no estoy de acuerdo en absoluto. Dulce con dulce es demasiado de algo bueno: paraliza las papilas gustativas y todo lo que saborea son los diferentes tipos de azúcares. Por tanto, no es particularmente interesante. Con este regalo de Baco debería probar un trozo de tarta francesa de manzanas o pastas y bollos sofisticados, y no demasiado dulces, de almendras. Por supuesto, también es posible disfrutar en solitario de este vino dulce y con cuerpo; por ejemplo, a mediados del invierno cerca de la chimenea. El tiempo se detendrá para usted.

LOS VINOS ESPUMOSOS DEL JURA

El mousseux y el crémant proceden principalmente de los viñedos de l'Étoile y de Vernois. Se producen brut,

secos o semisecos, blancos o rosados, y se elaboran según el "méthode traditionnelle" con una segunda fermentación en la botella. Todos ellos son vinos alegres, adecuados para cualquier ocasión: perfectos para un aperitivo espontáneo, atrevidos con entrantes ligeros, excitantes con un postre de frutas, sensuales con pastas, joviales en compañía de un grupo de amigos, románticos y en ocasiones ligeramente traviesos en las bodas... Siempre hay una ocasión adecuada para una copa de un mousseux del Jura.

BORGOÑA

Los druidas celtas estaban familiarizados con el secreto de las vides silvestres mucho tiempo antes de Cristo. También en Borgoña se producía una bebida usando el mosto fermentado de las uvas. Los primeros restos de viticultura organizada se remontan seis siglos antes de Cristo, cuando los celtas regresaron de sus conquistas en Italia, cargados con los retorcidos arbustos de *vitis* para cultivarlos. Estos antiguos ancestros de los actuales viticultores fueron responsables de los primeros viñedos en Borgoña. Los griegos fueron los primeros en conocer estos vinos. Sin embargo, fueron los ocupantes romanos quienes comerciaron con ellos por primera vez. A continuación de un periodo negro después de la caída de Roma y las numerosas invasio-

Vino espumoso del Jura.

Existen muchos vinos A.O.C. en Borgoña.

nes bárbaras, el evangelio del borgoña se propagó por todo el mundo conocido, gracias a los monjes de Cluny y Citeaux. Durante siglos, los vinos de Borgoña fueron los más grandes "de toda la cristiandad". Cuando el poderoso duque de Borgoña incluso llegó a extenderse por los Países Bajos, el exuberante estilo de vida de los varios duques alcanzó gran fama más allá de las fronteras de Borgoña. Tras la Revolución Francesa, los viñedos volvieron a las manos de los agricultores, lo que dio lugar a una gran fragmentación del terreno.

LA REGIÓN

Borgoña es un "terroir" con un suelo formado por caliza y marga, arcilla y gravilla, con depósitos ocasionales de hierro. Los severos inviernos y cálidos veranos, junto con los suelos, dan lugar a un carácter y una personalidad muy especial. Las variedades pinot noir, chardonnay, aligoté y gamay crecen aquí. También la variedad sauvignon crece cerca de Saint-Bris en Auxerrois. Borgoña es un mosaico de viñedos (conocidos aquí como "climats"), pueblos, clos y crus, subdivididos en

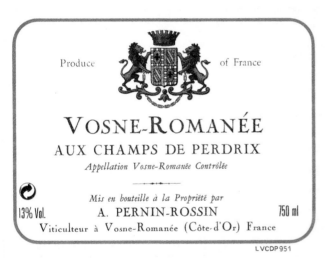

Vosne-Romanée, denominación municipal.

Algunos premiers crus y grands crus famosos.

Chambertin y Clos Vougeot grand cru.

cuatro grandes categorías con denominación de origen.

DENOMINACIÓN DE ORIGEN REGIONAL (22)

El borgoña corriente, Bourgogne Grand Ordinaire y Bourgogne passe-tout-grais, procede de toda la región. Los mejores borgoñas proceden de una zona más rigurosamente delimitada (por ejemplo, Côtes de Nuits y Côtes de Beaune).

DENOMINACIÓN DE ORIGEN

Estos vinos tienen nombres de municipios como Chablis, Nuits-Saint-Georges, Vosne-Romanée o Vougeot.

DENOMINACIÓN DE ORIGEN PREMIER CRU

Estos vinos pueden añadir el nombre de una parcela (climat) a la indicación obligatoria del municipio de origen. En términos de organización, estos vinos premier cru se incluyen en la categoría denominación de origen regional. Los climats deben ser de una calidad excepcional si van a ser incluidos en la elite de los premier cru. Algunos ejemplos incluyen: Chablis premier cru Montmains, Chambolle-Musigny Amoureuses, Puligny-Montrachet Folatières, Beaune Clos des Mouches y Beaune Grèves.

GRANDS CRUS (33)

Debido a su calidad constante, estos climats se han hecho muy famosos a lo largo de los siglos. La etiqueta de estos vinos puede mostrar sólo el nombre del climat. Algunos ejemplos incluyen Chablis grand cru Vaudésir, Echezeaux, Charmes-Chambertin, Clos de vougeot, Bonnes Mares, Romanée Saint-Vivant, Corton y Montrachet.

LAS DIFERENTES REGIONES VINÍCOLAS

Borgoña se subdivide en nueve áreas geográficas: Chablis, Auxerrois, Côte de Nuits, Côte de Beaune, Côte Châlonaise, Mâconnais, Beaujolais y Beaujolais de Coteaux du Lyonnais. En la práctica, las tres últimas están incluidas en Beaujolais, mientras que Auxerrois se incluye en Chablis. El Beaujolais será analizado por separado.

Chablis.

Chablis

PETIT CHABLIS

Pruebe estos vinos jóvenes, ligeros, afrutados y frescos con un buen paté, preferiblemente. También resulta delicioso con marisco.

CHABLIS

Los verdaderos Chablis envejecen muy bien, pero ya desde el primer año es deliciosamente afrutado. Sólo se desarrollan por completo a los tres años. El vino tiene un ligero color dorado con un toque verde. Un Chablis tiene un sabor pronunciado a frutas y aromas vegetales de pomelo, cilantro, helecho, alheña, espárrago (verde) e incluso alcachofas. El sabor es literal y metafóricamente a hueso seco, pero también es afrutado con un matiz ocasionalmente mineral y a veces un toque de yodo.

Los Chablis jóvenes con ostras son una combinación clásica. De hecho, Chablis se describe a menudo como el "vino de las ostras", porque hay muchos restos de conchas de ostras en el suelo calcáreo de Chablis, como testigos silenciosos de un remoto pasado. Sin embargo, los viticultores locales prefieren un simple panecillo con queso (gougère) con su Chablis, o una pequeña andouille o andouillette (salchicha hecha con intestinos, una especialidad francesa), o un queso de cabra fresco.

CHABLIS PREMIER CRU

El Chablis premier cru logra su punto de calidad máximo después de tres a cinco años. No son tan profundos como los grands crus, pero están listos para ser consumidos más pronto, lo que resulta útil para aquel que sea impaciente. Un Chablis premier cru tiene un color dorado con obvios toques a césped. El aroma es afrutado, sobre todo con reminiscencias vegetales: bálsamo de limón, helechos y un toque de cilantro. El sabor es seco y recuerda a la tiza, ocasionalmente con un matiz a yodo.

Estos Chablis resultan excelentes con marisco (ostras), peces de río (lucios) o aves de corral (pollo, pintada). También son excelentes con queso de cabra, sobre todo cuando antes se ha calentado un poco.

Chablis grand cru Vaudésir, Chablis premier cru Montmains y Chablis.

CHABLIS PREMIER CRU

Las zonas subsidiarias de cada climat principal aparecen entre paréntesis. También pueden aparecer en la etiqueta, junto con el nombre del climat principal.

- Les Beauregards (Côte de Cuissy)
- Beauroy (Côte de Savant)
- Berdiot
- Chaume de Talvat
- Côte de Jouan
- Côte de Lechet
- Côte de Vaubarousse
- Fourchaume (Vaupulent, Côte de Fontenay, l'Homme Mort, Vaulorent)
- Les Fourneaux (Morein, Côte des Près Girots)
- Mont de Milieu
- Montée de Tonnerre (Chapelot, Pied d'Aloup, Cote de Brechain)
- Montmains (Foret, Butteaux)
- Vaillons (Chatains, Secher, Beugnons, Les Lys, Melinots, Roncieres, Les Epinottes)
- Vaucoupin
- Vau de Vey (Vaux Ragons)
- Vau Ligneau
- Vosgros (Vaugiraut)

CHABLIS GRAND CRU

Estos vinos deben reposar al menos cinco años antes de ser embotellados, y pueden envejecer durante veinte años. Son vinos escasos, muy secos, con un buen equilibrio entre la fuerza y la delicadeza. El color es muy puro, amarillo pálido con un leve toque verde. El aroma recuerda incluso más que el Chablis premier cru a helechos y cilantros, con algunos frutos cítricos confitados ocasionalmente. El sabor refleja particularmente el suelo calcáreo con un matiz incluso más pronunciado a yodo que el premier cru. Los frutos cítricos confitados aparecen de nuevo en el posgusto.

Un Chablis gran cru resulta excelente en combinación con marisco (langosta, langostinos) y con crustáceos (vieiras), pero también con un plato de ternera con una salsa cremosa o con queso de cabra.

CHABLIS GRAND CRU

Oficialmente hay siete Chablis grand cru:
- Blanchots
- Bougros
- Les Clos
- Les Grenouilles
- Les Preuses
- Valmur
- Vaudésir

Sin embargo, existe un octavo Chablis grand cru que no está reconocido oficialmente como A.O.C., aunque universalmente se considera equivalente: se trata de La Moutonne.

Chablis grand cru Les Clos.

Crémant de Bourgogne.

Auxerrois

SAUVIGNON DE SAINT-BRIS (V.D.Q.S.)

Son vinos blancos muy frescos y afrutados, ideales como aperitivo, pero también excelentes con espárragos verdes.

IRANCY

Desde 1999, Irancy se vende con su propio nombre A.O.C., mientras que antes se vendía como Borgoña Irancy o Bourgogne Irancy. La variedad básica de uva que se emplea es la pinot noir, en ocasiones sustituida por una variedad autóctona muy antigua, la césar. Los vinos tintos de Irancy son generalmente muy afrutados, pero en ocasiones también son poderosos y tánicos. Son excelentes en combinación con pollo u otras aves, o incluso con ternera en salsa con vino tinto. Existe también una versión rosé que combina muy bien con los platos rurales.

CRÉMANT DE BOURGOGNE

La mayoría de los crémants de Borgoña están hechos con uvas de variedad de Auxerrois. Son vinos muy frescos, amables y joviales, que se pueden usar en cualquier momento del día y del año.

Côte de Nuits

Côte de Nuits es famosa en el mundo por sus vinos tintos y abarca una amplia gama de "terroirs" y estilos. Comienza en Marsannay y finaliza en Corgoloin. El suelo es calcáreo con una capa inferior de marga y arcilla.

MARSANNAY

Los vinos tintos son bastante firmes y ásperos en su juventud. Después de algunos años de maduración, los taninos se suavizan y el vino queda ligeramente más redondo y carnoso con aromas a frutas rojas, sobre todo cerezas, grosellas rojas y grosellas negras, o a veces con un matiz a ciruelas pasas, regaliz, cacao o café. Son vinos perfectos para platos de ave o buey guisados con vino tinto. El rosado de Borgoña es el más conocido de los vinos de Marsannay. El vino tiene un color rosa pálido con visos salmón. El aroma es muy fresco y agradable y el sabor recuerda a frutas rojas. Es un rosado excelente que combina bien con fiambres, carnes blancas y aves, entrantes y platos principales, pero también, por ejemplo, con conejo.

Los vinos blancos son muy frescos, llenos e interesantes. Después de reposar un periodo, se hacen más redondos y suaves. Son intensos de color con un aroma típico a chardonnay, a frutas exóticas como pomelo y piña, y tiene un paladar con cuerpo.

FIXIN

Es conocido principalmente por sus vinos tintos. Son normalmente vinos poderosos y carnosos con mucho tanino en su juventud, lo que implica que se guarda extremadamente bien. Tienen color rojo rubí con aroma a frutas rojas (cerezas, fresas, frambuesas) cuando son jóvenes, y a ciruelas o incluso a cuero cuando envejecen.

El vino de Fixin es muy apropiado para acompañar cualquier tipo de carne, sobre todo buey de Borgoña.

GEVREY-CHAMBERTIN

Estos vinos poseen un bello color rojo rubí extremadamente puro y limpio. Tienen el aroma característico de las cerezas oscuras, las moras y otros frutos pequeños, en ocasiones con un toque de regaliz. Debido a que se crían en roble, el vino adquiere un aroma de hierbas y especias (nuez moscada), así como cuero. Cuando llega a una edad respetable, este aroma cambia hacia tonos más terrosos como maleza, hojas húmedas y setas. Los taninos son poderosos pero nunca molestos, en parte por la untuosidad natural del vino. El paladar es muy afrutado y con cuerpo. Este vino es delicioso con cualquier carne roja, caza, aves (preferiblemente cocinadas al vino tinto), setas y quesos suaves y maduros. Puede guardarse de diez a veinte años después de la cosecha. Recomendamos especialmente Gevrey-Chambertin premier cru Les Cazetiers.

Gevrey-Chambertin.

CHAMBERTIN GRAND CRU

Éste es uno de los mejores vinos de Borgoña, pero también uno de los más difíciles de elaborar debido al microclima impredecible. El color es limpio, puro y de un rojo rubí profundo –extremadamente intenso–. Un Chambertin joven tiene un aroma a cerezas oscuras y a veces a chocolate negro. Después de algunos años en la botella, se desarrollan matices de regaliz, trufas y madera; en una época posterior el aroma tiende hacia el cuero y otros olores animales, así como aromas a frutas escarchadas. Los taninos son vigorosos y armonizan bien con el sabor redondo, lleno, casi graso, del vino y su acidez elegante y delicada. En el sabor encontrará frutos maduros, como mermelada de cerezas con un toque de regaliz.

Este vino es demasiado complejo para acompañar un plato sencillo. Es preferible servirlo con liebre en salsa muy elaborada o con buey en salsa de vino tinto reducida. Si se siente atrevido también puede servirlo con un queso fuerte y rico en bacterias como l'Ami du Chambertin, una delicia para todo aquel que disfrute de las experiencias sensuales.

CHAMBERTIN CLOS DE BÈZE GRAND CRU

Este vino, que se remonta al siglo VII, tiene un color rojo cubierto y profundo, aromas a frutas (frambuesas) y matices de madera y hierbas, a veces almendras tostadas. Tiene mucho cuerpo, es poderoso, graso y con una buena estructura. Ciertamente es un vino que se puede guardar. Resulta muy apropiado para acompañar estofa-

Gevrey-Chambertin Combottes.

Charmes-Chambertin grand cru.

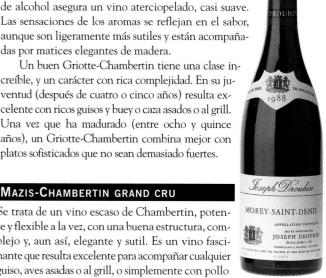

dos fuertes y ricos y también con caza.

LATRICIÈRES-CHAMBERTIN GRAND

Este vino posee una estructura ligeramente inferior y es más lleno que un Chambertin Clos de Bèze. Este vino tiene a veces un leve aroma a pastel de especias con un toque ocasional de piel de naranja confitada. No cabe duda de que se trata de un vino extremadamente elegante que combina bien con platos a base de aves y conejo.

CHAPEL-CHAMBERTIN GRAND CRU

Estos vinos son poderosos, complejos y tienen buena estructura. De nuevo, existen matices a pastel de especias y naranjas. Son excelentes vinos que siguen siendo suaves y aterciopelados, a pesar de su fuerza intrínseca. Pruebe un Chapelle-Chambertin grand cru con pechugas de pichones en salsa de vino tinto.

CHARMES-CHAMBERTIN GRAND CRU

Este vino posee un bello color con un seductor aroma a fresas, cerezas oscuras o frambuesas y un matiz ocasional a hueso de albaricoque, flores de tilo o regaliz. A veces, sobre todo cuando es joven, la madera es aún muy dominante, especialmente en el aroma. Cuando se rota el vino en la copa por un momento, la fruta regresa. El posgusto es una experiencia inolvidable: frutas escarchadas (guindas), madera exótica, hierbas y especias. Es un vino muy clásico, poderoso y complejo, que tiene suficiente fruta y elegancia para resultar encantador.

Resulta un acompañamiento excelente para una pierna de cordero asada, buey a la Borgoña y liebre. Queda delicioso con platos que contienen colmenillas y/o trufas. Este vino debería beberse no demasiado caliente (máximo 18°C/64,4°F).

GRIOTTE-CHAMBERTIN GRAND CRU

Los aromas de un Griotte-Chambertin son complejos y extremadamente sutiles. Identificará toques de licor de cerezas y guindas, restos de cuero y nuez moscada. En los vinos más viejos, existen toques adicionales de trufas y aromas animales (los franceses describen esto como olor a caza, porque recuerda al olor de las piezas que han sido colgadas después de una jornada de caza). Los taninos son suaves pero claramente presentes, y el alto grado

Griotte-Chambertin grand cru.

de alcohol asegura un vino aterciopelado, casi suave. Las sensaciones de los aromas se reflejan en el sabor, aunque son ligeramente más sutiles y están acompañadas por matices elegantes de madera.

Un buen Griotte-Chambertin tiene una clase increíble, y un carácter con rica complejidad. En su juventud (después de cuatro o cinco años) resulta excelente con ricos guisos y buey o caza asados o al grill. Una vez que ha madurado (entre ocho y quince años), un Griotte-Chambertin combina mejor con platos sofisticados que no sean demasiado fuertes.

MAZIS-CHAMBERTIN GRAND CRU

Se trata de un vino escaso de Chambertin, potente y flexible a la vez, con una buena estructura, complejo y, aun así, elegante y sutil. Es un vino fascinante que resulta excelente para acompañar cualquier guiso, aves asadas o al grill, o simplemente con pollo en salsa de vino tinto.

MAZOYÈRES-CHAMBERTIN

Es un vino tinto elegante y encantador con una estructura media. No es particularmente complejo o potente, pero sí muy afrutado.

No lo consuma cuando sea demasiado viejo, pero pruébelo acompañando un plato a base de ave.

MOREY-SAINT-DENIS

Los vinos de Morey-Saint-Denis merecen un mayor reconocimiento. Han sido bastante olvidados entre los poderosos vinos de Chambertin con su fuerte carácter, así como los delicados tentadores de Chambolle-Musigny. Poseen un color rojo brillante con un aroma lleno de fruta (colmenillas/cerezas) y matices de madera, hierbas, especias, maleza y cuero, con un paladar aterciopelado, con cuerpo y muy equilibrado. Lo que es más, estos vinos son excelentes para ser guardados durante un largo periodo. En breve, Morey-Saint-Denis es un vino para el entendido de verdad que prefiere pagar un precio razonable por un borgoña excelente, aunque bastante desconocido, que un precio absurdo y muy elevado por uno de sus famosos hermanos (que no tienen por qué ser necesariamente mejores).

Pida este vino para acompañar conejo, faisanes u otras carnes.

(También recomendamos: el premier cru Les Ruchots.)

CLOS DE LA ROCHE GRAND CRU

Este vino posee un color rojo rubí muy profundo. El aroma de nuevo contiene cerezas oscuras, a veces con un toque animal (almizcle) y casi siempre ecos de madera de cedro (cajas de puros). Es un vino muy armonioso con tanino poderoso, pero también posee una estructura aterciopelada. Persiste largamente en la boca.

Resulta un vino excepcional que pide carnes fuertes, como asados de caza o buey con setas. Tam-

Morey-Saint-Denis.

Morey-Saint-Denis Clos Sorbet.

bién combina sorprendentemente bien con quesos rojos y fermentados no demasiado maduros.

CLOS SAINT-DENIS GRAND CRU

Este vino tiene un color rojo rubí muy atractivo, con toques granate. Posee un aroma sorprendente y complejo que consta de grosellas negras, moras, ciruelas, en ocasiones un toque de almizcle, hierbas, especias, café y a veces pensamientos u otras flores. Pruebe este vino con un panecillo dulce a la manera tradicional, deliciosamente caliente.

CLOS DE TART GRAND CRU

Este vino tiene un color rojo rubí oscuro, un tentador aroma a pastel de especias y matices a café o a cacao. Resulta poderoso y sofisticado al mismo tiempo.

Este vino con cuerpo, ligeramente graso, envejece muy bien y resulta excelente con carnes fuertes que no sean demasiado magras, como el ganso, preferiblemente en salsa de vino tinto.

Chambolle-Musigny.

Chambolle-Musigny Les Amoureuses.

CLOS DES LAMBRAYS GRAND CRU

Se trata de un vino bastante tímido, que a menudo pasa desapercibido. Es un borgoña clásico con mucha fruta (cerezas negras) y toques florales y animales (cuero, almizcle). Es un vino con cuerpo y redondez, con gran elegancia. Combina con comidas sencillas, pero no pone objeciones a algunas trufas...

CHAMBOLLE-MUSIGNY

Son vinos tintos femeninos, casi tiernos, con un color rojo rubí muy neto, un aroma lleno de fruta (frambuesas y cerezas) cuando son jóvenes, y posteriormente tienden hacia las setas, maleza o incluso matices animales (caza). Son elegantes y refinados, aromáticos y suaves. Los mejores vinos proceden de los climats premier cru, sobre todo de Les Amoureuses, un nombre y un vino para enamorarse, sin duda alguna. El color a veces se inclina más hacia un rojo cereza y los aromas varían de la frambuesa al licor de cerezas, con matices a trufa, setas y maleza. En algunos años, el vino adopta más aromas animales, como el almizcle. Son vinos muy tentadores que hacen perder la cabeza y roban el corazón de muchos entendidos. Están llenos de encantos femeninos.

Resultan excelentes como acompañamiento de platos refinados en los que la caza puede desempeñar un papel muy importante. También están deliciosos combinados con quesos cremosos y deli-

Bonnes Mares grand cru.

cados. No tome este vino demasiado tibio, preferiblemente a 17°C (62,6°F).

BONNES MARES GRAND CRU

Se trata de un clásico borgoña con pedigrí, con un bello color rojo rubí, extremadamente intenso y limpio. Resulta enormemente aromático: con un aroma a cerezas negras, frambuesas, tabaco, madera de cerezo e incluso trufas y almizcle cuando envejece. Es un vino suave y agradable, con cuerpo, con una estructura poderosa pero elegante. El final de boca permanece durante mucho tiempo.

Este vino pide un asado de buey o caza, pero también se ve favorecido por un buen queso curado.

Musigny grand cru en Chambolle Musigny les Baudes.

MUSIGNY GRAND CRU

Este vino es una de las perlas de Borgoña. Tiene un color rojo rubí neto y muy profundo. En su juventud muestra aromas de pensamientos y huesos de cerezas. Después de algunos años de madurar en la botella el bouquet se hace extremadamente complejo y rico: humus, maleza, hojas de otoño, musgo y algunos olores animales, como cuero o incluso caza noble. Como contrapartida de estos poderosos aromas, el vino es extremadamente suave y redondo en su estructura a una edad posterior, aterciopelado, fresco y elegante. El final de boca permanece durante mucho tiempo. Finalmente, usted volverá a descubrir los huesos de cereza combinados con maderas exóticas.

Este vino extremadamente fascinante requiere algo igualmente excitante, aunque ciertamente no un plato demasiado pesado. Podría acompañar carnes rojas o caza menor (liebres/aves acuáticas). Este sutil borgoña también resulta excelente para acompañar quesos cremosos, suaves y maduros.

VOUGEOT

Algunos grandes vinos proceden de esta diminuta localidad. Aunque son casi siempre vinos tintos, también merece la pena nombrar el escasísimo Clos Blanc de Vougeot.

Los Vougeot premier cru son elegantes, afrutados (grosellas negras), con toques ocasionales de pensamientos y regaliz. Es un vino típico para acompañar platos de caza, como, por ejemplo, el venado.

CLOS DE VOUGEOT GRAND CRU

No menos de setenta propietarios comparten este viñedo, que abarca un área de cincuenta hectáreas. Los vinos son famosos en todo el mundo y el precio es relativamente atractivo. Que sea justifica-

Clos de Vougeot.

do ya es otra cuestión. Sin embargo, como comprador, encontrará que cada copa de este excelente vino tiene una historia fascinante que contarle, sobre los monjes de Borgoña que en cierta ocasión rodearon los viñedos con un muro simbólico. ¿Acaso sabían el éxito que tendría su vino? Lo dudo. El bello castillo de Vougeot también es importante en la reputación de este vino. Sigue siendo el cuartel general de la famosa hermandad del vino de Borgoña, Les Chevaliers du Tastevin.

No cabe ninguna duda de que la mayoría de los Clos de Vougeot grand cru son de una excelente calidad. Cuando son jóvenes, los vinos tienen un magnífico color rojo rubí, que posteriormente tiende hacia un color rojizo y teja cálido. Los aromas también evolucionan con la edad. Al principio, identificará frambuesas y cerezas silvestres, después el aroma se inclina más a maleza, trufas y frutas confitadas. El vino tiene una estructura firme, y sobre todo resulta muy elegante.

El sabor es ligeramente graso, redondo y fresco a la vez: muy bien conseguido su equilibrio.

El final de boca es extemadamente largo y delicioso. En realidad, el nombre "Clos Vougeot" en la etiqueta es el mismo que el de "Clos de Vougeot".

Este vino merece los mejores platos que pueda preparar, por ejemplo un turnedó en salsa de vino tinto, caza (venado o jabalí) o incluso aves de corral. Si queda algo de vino, disfrútelo con sus mejores quesos.

Echezeaux.

ECHEZEAUX GRAND CRU

Este vino tiene un color rojo brillante e intenso, con aromas a frutas (moras, grosellas negras, cerezas, frambuesas), los huesos de los frutos, cacao y madera de cedro (caja de puros). Son vinos muy jugosos, frescos y con una buena estructura, aterciopelados con un recuerdo final a chocolate negro. El gusto permanece en la boca durante mucho tiempo.

El vino resulta excelente con combinaciones más atrevidas, como pintadas o pato con melocotón, pero también con los tradicionales asados de aves de corral o incluso de cordero. También combina a la perfección con quesos cremosos que no tienen un sabor demasiado pronunciado.

GRANDS-ECHEZEAUX GRAND CRU

Estos vinos poseen un color granate limpio extremadamente profundo y neto. Cuando el vino es joven, dominan los aromas afrutados (cerezas), con toques tostados de cacao o chocolate negro. Después de envejecer en botella durante algún tiempo, el bouquet cambia y es posible identificar maleza, trufas y cuero, con un toque de madera de cedro y tabaco. Se trata de un borgoña muy elegante y clásico, con delicados taninos y una estructura aterciopelada, que resulta fresco y extremadamente armonioso. El posgusto es muy largo. Un Grands-Echezeaux debería acompañar carnes que no tienen un sabor particularmente pronunciado, caza

Grand Echezeaux
grand cru.

menor o quesos suaves, pero también combinan a la perfección con cordero ligeramente cocinado con verduras de primavera y una salsa de cebolla agridulce (sauce soubise).

VOSNE-ROMANÉE

Estos vinos tienen un bello color limpio, con reflejos fascinantes y un aroma intrigante a cerezas silvestres, grosellas, frambuesas, cacao, nuez moscada, cuero y varios matices vegetales. Cuando envejece a menudo desarrolla un aroma neto a trufas negras. Son vinos extremadamente opulentos, complejos y sofisticados, con una estructura aterciopelada y un largo posgusto.

Combinan bien con platos de caza, preferiblemente sobre un lecho de hongos, pero también se combinan fácilmente con un delicioso trozo de queso.

No beba un Vosne-Romanée hasta que tenga siete u ocho años. Los premiers crus de Vosne-Romanée son incluso más refinados y opulentos que los Vosne-Romanée corrientes, pero los grands crus de esta localidad son los vinos que realmente acaparan la atención de todos. Encontrará los vinos más caros de Borgoña en Vosne-Romanée, pero todos y cada uno de ellos son de excelente calidad.

Vosne-Romanée
Beaumonts.

RICHEBOURG GRAND CRU

Son vinos tintos fascinantes, de color rojo rubí oscuro, con intensos aromas a ciruelas o ciruelas pasas, cerezas oscuras, fruta roja (grosellas) y un toque a cacao, vainilla tostada, hierbas aromáticas

Vosne-Romanée.

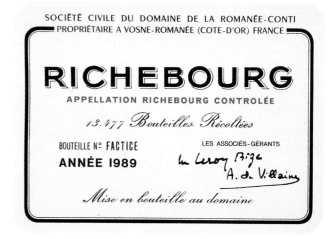
Richebourg.

y notas animales. El vino tiene un sabor extremadamente poderoso, muy concentrado, con gran potencial para envejecer. Éstos son vinos que merece la pena guardar.

Los platos suculentos acompañan a este vino muy bien: carne con salsas ricas y cremosas, por ejemplo, o combinar el vino con un Époisses cremoso y maduro: esto hará salir el lado animal de usted y del vino...

LA ROMANÉE GRAND CRU

Éste es uno de los viñedos más pequeños de Francia, pero ¡qué viñedo! Los vinos tienen un color rojo rubí bien cubierto, con brillo como de fuego. El aroma recuerda a fruta roja, licor de cerezas y frutas confitadas. Son vinos muy concentrados, aterciopelados y voluptuosos.

Se trata de una elección excelente con asado de ternera, que puede estar rellena de carne picada y champiñones.

LA ROMANÉE-CONTI GRAND CRU

Lo indicado anteriormente se aplica también aquí para los vinos de La Romanée, excepto que estos vinos son incluso más finos y más elegantes, con una clara expresión del "terroir". Se trata de un vino sublime para los pocos afortunados, una de las experiencias más impresionantes en la vida de un amante de los vinos.

Esta joya requiere otra joya de la cocina francesa: un guisado típico de caza con salsa de vino tinto y setas.

ROMANÉE-SAINT-VIVANT GRAND CRU

Al igual que los otros grands crus de Romanée, este vino tiene un color rojo rubí intenso y profundo. Los aromas de juventud a fruta roja, moras, frambuesas, cereza negra, fruta escarchada y licor de frutas son reemplazados por un aroma más vegetal con matices a musgo, maleza, trufas y caza noble. La estructura es robusta y con cuerpo, el sabor fresco, elegante y jugoso. Volverá a descubrir en el final de boca la fruta madura, esta vez con un toque a especias exóticas.

Con este vino, sirva platos de caza o rosbif con salsas sofisticadas. O podría enfrentar el vino con un queso curado: un final fuerte pero fascinante para una comida festiva. Guarde estos vinos durante al menos diez o quince años.

LA GRANDE RUE GRAND CRU

Este vino es menos conocido y menos complejo que sus "abuelos" de Vosne-Romanée. Se le otorgó la denominación de origen hace relativamente poco (1992) y aún debe demostrar que es una buena adquisición para su región.

LOS VINOS MENOS CONOCIDOS

Además de los grandes vinos descritos anteriormente, exiten numerosos vinos mucho menos conocidos, aunque ciertamente no carecen de interés. Nos centraremos en algunos de ellos.

CÔTES DE NUITS

Estos vinos no pueden esperar a ser descubiertos y acompañar un buen entrecot con salsa de vino tinto.

CÔTES DE NUITS VILLAGES

Este vino es posiblemente más característico que el Côtes de Nuits sencillo, con algo menos de carácter de "terroir". Posee un color rojo rubí, limpio y neto, con aromas tentadores a cerezas y otros pequeños frutos del bosque rojos y negros, con un toque a hierbas arómaticas y especias en el aroma y el gusto. Después de madurar en la botella durante algunos años, también desarrolla un bouquet de setas y maleza. Estos vinos son aún algo ásperos e inquietos en su juventud, pero evolucionan hacia la suavidad y la flexibilidad tras algunos años.

Beba estos vinos maravillosos y relativamente baratos a una temperatura de 16 a 18°C (60,8-64,4) con carne asada o al grill, liebre u otra carne de caza, y después bébalos con su queso.

NUITS-SAINT-GEORGES

Estos vinos poseen un color rojo granate y aromas intensos, pero muy sofisticados, a cerezas, maderas y hierbas aromáticas, que evolucionan a medida que madura el vino hacia el característico olor de la caza noble. Este paladar es marcado, sabroso, carnoso y aterciopelado a la vez. En el final de boca descubrirá una gran concentración de fruta madura con especias ocasionales. No consuma estos vinos demasiado jóvenes, y tampoco antes de que cumplan diez años, y asegúrese de que no están demasiado calientes (16-17°C).

Un Nuit-Saint-Georges combina a la perfección con caza, buey a la Borgoña con guarnición de deliciosas patatas, castañas y setas, pero también resulta excelente con un queso de Borgoña curado.

Côte de Nuits Villages.

Nuits-Saint-Georges.

Romanée-Saint-Vivant.

Côte de Beaune

La Côte de Beaune, entre Ladoix-Serrigny y Maranges, es particularmente conocida por sus vinos blancos.

LADOIX

El Ladoix (pronunciado "laduá") es otro ejemplo de un vino aún demasiado desconocido. Aun así, aquí estamos, al lado de los viñedos Corton, famosos en todo el mundo. Los vinos de Ladoix tienen un color rojo rubí con tintes ámbar. Un aroma seductor, en el que predominan las especias, el cuero y la maleza. El sabor es suave y afrutado, con un posgusto largo. Beba estos vinos de Ladoix a una temperatura de alrededor de 16°C (61°F). Ábralos un poco antes para dejarles respirar.

Resultan excelentes con todo tipo de carnes, aves o caza. Pruébelos alguna vez con un plato tradicional de pato con salsa de cerezas o conejo con salsa de mostaza.

También se producen algunos Ladoix blancos; son secos, y el aroma tiene una connotación vegetal con un toque de avellanas y frutos secos. Son vinos concentrados y encantadores.

Aloxe-Corton.

ALOXE-CORTON

Vinos robustos y concentrados que se pueden transportar sin problemas. El color es en ocasiones peculiar, cubierto y profundo, con gamas que pueden variar del ocre al color óxido. Se debe a la presencia de hierro en el suelo. En la nariz percibirá todo tipo de frutas rojas y maduras: desde las cerezas y las ciruelas a las frambuesas, moras y grosellas negras. Son vinos espléndidos, redondos y poderosos, con restos de especias y maderas en el largo posgusto.

Un Aloxe-Corton clásico "clama" por un plato de caza, un rosbif... o un queso de Borgoña curado.

PERNAND-VERGELESSES

Los Pernand-Vergelesses blancos son más escasos y menos conocidos que los tintos. Tienen un color dorado admirable, típico del chardonnay, con un ligero toque verde. En los mejores años, el aroma recuerda a miel, madreselva, frutos cítricos y una explosión de frutas tropicales. Al principio, la madera puede aún ser un poco dominante, pero evoluciona bien después de un año envejeciendo en la botella. El sabor es amplio y lleno, con gran suavidad y encanto.

Resulta un acompañamiento ideal para pescado de agua dulce (lucio) en vino blanco. O sea travieso y sirva una gran langosta o un cangrejo con él. Hay varios tipos de carne blanca y de conejo que también combinan con un Pernand-Vergelesses, como las pechugas de pintada ligeramente asadas con una salsa cremosa de cangrejos de río.

Pernand-Vergelesses.

Los vinos tintos tienen un color rojo rubí y un aroma notable, en el que las endrinas silvestres acompañan al cuero de Rusia, avellanas, grosellas negras, especias y chocolate. Un sabor fabuloso, lleno y graso, poderoso y aterciopelado, con un final de boca muy largo.

En Borgoña prefieren beber Pernand-Vergelesses tinto con riñones de venado fritos y servidos con salsa de mostaza, pero un buen asado de ternera o cerdo con la misma salsa irá igual de bien con él.

CORTON GRAND CRU

Otro vino muy bien conocido, no porque sea mejor que otros borgoñas, sino principalmente porque gracias a su estructura puede ser trasladado a cualquier lugar de Europa e incluso de África y América sin perder sus cualidades.

El vino tiene un color rojo muy cubierto, aromas poderosos a frutas escarchadas, ciruelas, almizcle y maleza a medida que enveje ce, con una pizca de pimienta y especias. Estos vinos, poderosos, llenos, grasos y ricos en tanino deben envejecer en botella un tiempo extra, lo que logrará realzar el sabor en gran medida. El vino tiene un posgusto muy largo y amplio.

Este vino es muy apropiado para beber en una mesa con buenos amigos o en invierno, al lado de una chimenea. Sírvalo con suculentos platos de carne, asados de caza o quesos de Borgoña maduros.

CORTON-CHARLEMAGNE GRAND CRU

Se cuenta que los viñedos de estos magníficos vinos blancos fueron plantados por orden del gran emperador Carlomagno, famoso por su vanidad. Era aficionado al vino tinto, pero derramaba tanta cantidad en su espléndida barba blanca que tuvo que cambiar –muy a su pesar– al vino blanco. ¡Pero al menos a uno bueno!

Estos vinos blancos son muy netos y limpios, con un típico aroma a chardonnay, en el que se reconocen los olores a mantequilla derretida, pan tostado, almendras

Una muestra de vinos blancos, incluyendo el Corton-Charlemagne, el Montrachet y el Chevalier-Montrachet.

Corton-Bressandes grand cru.

fritas y avellanas, con una pizca aquí y allá de miel y minerales. Son vinos muy llenos, casi densos, capaces de presentarse a sí mismos como perfectos embajadores de la buena vida de Borgoña.

Preste atención para no tomarlos demasiado fríos (12-14°C/ 54-57°F) y sírvalos con un plato de pollo ligeramente condimentado con, por ejemplo, una cremosa salsa de estragón.

SAVIGNY-LÈS-BEAUNE

Magníficos vinos blancos con una amplia variedad de aromas afrutados, florales e incluso minerales. Llenos y elegantes, en ocasiones con un final de boca a ciruelas. Extremadamente amplios con algunas sugerencias a frutas blancas (manzanas, peras o melocotones) y un toque de pan tostado con mantequilla derretida.

Pensando en las ciruelas, el pan tostado y la mantequilla derretida se puede llegar a asociar el vino con el foie gras. Sin embargo, en un día de diario estos vinos resultan apropiados con un estofado o carnes blancas o aves.

Quizá más conocidos son los vinos tintos de Savigny. Tienen un bello color rojo rubí y aromas a frutos silvestres con un toque de pimienta, muy característico de la región.

Deliciosos, delicados y flexibles, estos vinos podrían embellecer cualquier escena de caza. Los mejores premier-cru demandan las mejores piezas de carne, cordero asado o un filete de solomillo, por ejemplo.

Savigny-lès-Beaune premier cru.

CHOREY-LÈS-BEAUNE

Un vino espléndido para contemplar por su color rojo cereza puro, limpio y bello. El vino tiene aromas muy intensos, predominantemente afrutados (frambuesas, pomelos, moras y cerezas), que posteriormente evolucionan a sabores clásicos como frutas escarchadas, maleza y caza. No es un vino realmente complicado, tiene buena estructura y un sabor lleno, suave y aterciopelado.

Chorey-lés-Beaune.

Chorey-lès-Beaune combina con cualquier plato de carne o aves. También queda perfecto con quesos no demasiado curados.

Beaune (du Château) premier cru.

BEAUNE

Los antiquísimos viñedos de los alrededores de Beaune producen numerosos y excelentes vinos tintos. La fuerza de este área vinícola se debe a los terrenos de los premier cru, de los cuales el de Les Grèves es el más conocido y probablemente el mejor.

Los vinos son muy ricos en color, profundos y limpios. Los aromas de juventud recuerdan a los frutos rojos y las especias, con una pizca aquí y allá a grosellas negras. Cuando envejecen se desarrollan aromas más intensos, a menudo humo y tabaco. Se trata de vinos muy concentrados, robustos y complejos, que se suavizan un poco después de algunos años envejeciendo en la botella.

Demuestran su excelencia con buey al grill en su jugo con vino tinto.

Beaune-Grèves.

Otro premier cru bien conocido es el de Clos des Mouches, disponible en blanco o en tinto. Los vinos blancos son de un color ligeramente dorado, muy limpio. Los aromas recuerdan a mantequilla, almendras, miel y bálsamo de limón; posteriormente a avellanas y frutos secos tostados.

Sirva estos vinos no demasiado fríos (13-14°C/ 55-57°F) con pescados de agua dulce, crustáceos (langosta, cangrejo) o conchas (vieiras) o con carnes blancas o de ave en ricas salsas. También se trata de una buena alternativa para aquellos que no se inclinen por un vino dulce con el foie gras.

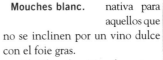

Beaune Clos des Mouches blanc.

El Clos des Mouches tinto tiene un color rojo rubí pálido, y aromas a cerezas maduras, especias y algo de aromas ahumados. Llenos, elegantes aunque poderosos, combinan bien con carnes rojas y quesos finos. No los sirva demasiado tibios (16-18°C/ 61-64°F).

Beaune Clos des Mouches tinto.

CÔTES DE BEAUNE

Vinos tintos poco usuales. En general son bastante ricos en taninos. Un sustancioso guiso de Borgoña resulta ideal con estos vinos.

CÔTES DE BEAUNE VILLAGES

Tintos de primera clase procedentes de los viñedos de unas dieciséis localidades, cuyos habitantes prefieren consumir jóvenes, de tres a cinco años después de la cosecha.

Beba estos vinos a una temperatura de unos 17°C (63°F) con guisos locales y quesos no demasiado curados.

POMMARD

Sin ninguna duda, Pommard es la nominación de Borgoña más conocida del mundo. El sonido del nombre es como el sabor del vino: un trueno en una cálida tarde de otoño.

Este vino posee un color rojo cautivador, unos aromas muy poderosos (cerezas oscuras, especias, cuero) y sabor. Lleno, graso, poderoso a la vez que armonioso: no es fácil encontrar un borgoña más tradicional.

Resulta excelente con carnes rojas, caza y aves al grill, sustanciosos guisos locales y quesos de sabor marcado.

El Pommard tiene varios premiers crus, de los cuales los más famosos y mejores son Rugiens y Epenots.

Côtes de Beaune Villages.

Pommard Rugiens.   Pommard.   Pommard Epenots.

Volnay Chevrêt.   Volnay Santenots.   Volnay.

VOLNAY

Estos vinos tintos parecen, por extraño que parezca, ser más conocidos entre los pintores, escultores y escritores que entre los gourmets. Puede que se deba a su lado femenino tierno y casi artístico: ¡no cabe duda de que el Volnay no es un vino de machos!

Los vinos tienen un color rojo limpio, muy puro. Cuando son jóvenes, tienen aromas a violetas y grosellas negras o endrinas, más tarde adquieren un aroma más complejo con una variedad de frutas, flores, especias y setas.

Estos vinos redondos y aterciopelados –llenos de sensualidad– son compañeros excelentes para platos de carne tierna (blanca), conejo o ave.

Aquí, también, los mejores vinos proceden de los viñedos premier cru. Estos vinos merecen platos incluso más sofisticados. Sírvalos, por ejemplo, con cordero o carnes rojas con salsas elegantes.

MONTHÉLIE

Por alguna razón desconocida, los vinos de Monthélie aún no han sido descubiertos. Sin embargo, se producen localmente algunos vinos blancos y tintos muy agradables, que pueden hacer frente a los vecinos Volnay. Éstos son vinos para los consumidores astutos que quieren calidad a un bajo precio. La pregunta es cuánto tiempo durará esta situación. Un día el mundo se avergonzará de no haber descubierto los Monthélie antes, debido a su relación (aún) demasiado favorable entre precio y calidad.

Los vinos blancos son los más débiles de los dos hermanos. Son clásicos chardonnays de Borgoña, llenos de aromas a mantequilla y (a veces demasiada) madera, y un sabor suave y lleno. Los mejores blancos de Monthélie también tienen la nota específica a pan tostado, flores blancas y miel, con algo de tabaco rubio aquí y allá.

Un Monthélie blanco acompaña sin ninguna dificultad a los entrantes más sabrosos.

Los tintos de Monthélie tienen un color rojo atractivo, limpio y agradable. El aroma es muy afrutado cuando son jóvenes (moras, arándanos, grosellas negras) con algunos toques a flores (violetas). Cuando envejecen, los vinos adquieren los olores clásicos a maleza y setas, mientras que la fruta recuerda más a la mermelada casera tradicional. Son opulentos, suaves y amables, que sólo dan todo lo que tienen después de algunos años envejeciendo en la botella.

Bébalos con platos de carne sofisticados. Pruebe algunas salsas agridulces en las que se haya usado fruta (grosellas negras, cerezas, moras) y una gota de licor de la misma fruta.

Auxey-Duresses.

Auxey-Duresses

Los dos lados de la colina son muy diferentes. Por un lado se produce el vino tinto, por el otro se produce el vino blanco.

El Auxey-Duresses blanco es de color amarillo pálido, muy aromático (afrutado y mineral), a veces con un toque de frutas exóticas (mango). El sabor es cálido, amplio y generoso. Un vino que no presume de nada y entre otras cosas combina sorprendentemente bien con platos de verduras cremosos. Éste es el vino para los que se sienten inclinados hacia la gastronomía vegetariana. ¡Y todavía se mantiene a un buen precio!

Los Auxey-Duresses tintos acaparan toda la atención. Pero asegúrese de no beberlos demasiado jóvenes, porque pueden ser bastante ásperos. El color tiende a menudo hacia el rojo granate y los aromas recuerdan a la fruta madura. Son vinos cálidos y llenos con mucha estructura.

Bébalos con los suculentos estofados locales. Los mejores premier cru, una vez que alcanzan una edad respetable, son un buen acompañamiento para las trufas.

Saint-Romain

Aunque también se producen tintos muy aceptables, son los vinos blancos los más gratificantes en este caso. Son chardonnays típicos, de color dorado claro, a veces con un toque verdoso y con aromas sofisticados a flores y frutas blancas (peras, melocotones). En su aroma y sabor distinguirá mantequilla, avellanas, almendras y en ocasiones frutos secos tostados.

Estos vinos opulentos y complejos combinan bien con asados de ternera y cerdo.

Meursault Charmes.

Meursault

Los vinos de Meursault son famosos en todo el mundo por su admirado color amarillo dorado y sus intensos aromas a mantequilla, miel, avellanas y lima, a veces con toques sorprendentes a flores silvestres (espino) y a pan de jengibre. Son suaves como la seda, llenos y amables, con un final de boca persistente.

Disfrute de un Meursault joven como aperitivo o con entrantes ligeros. Emplee los Meursaults de más edad para acompañar los pescados de agua dulce, estofados de ternera o platos de aves cremosos; por ejemplo, con guarnición de espárragos blancos o verduras tiernas. No consuma un Meursault a menos de 12°C (54°F).

Los mucho mejores premier cru de Meursault pueden acompañar fácilmente a un cremoso foie gras, pero se sienten mejor en compañía de una langosta grande o un plato de mollejas fritas. Un queso fresco o semicurado de cabra para terminar hará que todo sea recordado con placer.

Meursault Les Criots.

También hay un Meursault tinto, afrutado y agradable, pero este vino no siempre resulta demasiado convincente.

Blagny

Tintos elegantes, con gran encanto femenino. Con pocas ambiciones. Beba estos vinos con guisos tradicionales o con una comida improvisada.

Puligny-Montrachet.   Puligny-Montrachet Les Folatières.

PULIGNY-MONTRACHET

El Puligny-Montrachet "corriente" es el ejemplo por excelencia de la sofisticación y la complejidad. De color dorado claro, con aromas de flores blancas y frutas, a veces con miel, frutos secos tostados, almendras y membrillo. En los mejores años también desarrolla aromas a frutas tropicales. Son vinos muy finos, frescos y suaves como la seda, con una enorme gama de aromas de flores y frutas en boca, y persistentes en el posgusto.

Beba los Puligny-Montrachet jóvenes como aperitivo antes de una comida especial o cuando son algo más viejos con pescados de agua dulce (trucha, salmón, lubina) o vieiras. También acompañan a la perfección al queso de cabra fresco.

Los vinos premier cru (como Folatières y Clos de la Garenne) son más complejos en sus aromas: heno recién cortado, miel, almendras frescas, frutos secos, especias...

Estos vinos deberían guardarse durante algunos años (al menos cinco) antes de que pueda disfrutar todas sus cualidades con, por ejemplo, la ayuda de foie gras, pescado (rodaballo) en una salsa sabrosa, langosta, vieiras, o simplemente un plato de pescado blanco a la crema. No los consuma demasiado fríos, alrededor de los 13°C (55°F).

Le Montrachet: uno de los viñedos más importantes del mundo.

Hay poca elección en los platos que pueden acompañar los vinos Montrachet: su mejor foie gras o una langosta con una cremosa salsa de queso (salsa Mornay), por ejemplo, o quizá vieiras o un rodaballo fresco le agradecerán tal honor.

Montrachet grand cru Marquis de Laguiche.

MONTRACHET GRAND CRU

Este Montrachet es uno de los pilares en los que se sostiene el buen nombre de los vinos de Borgoña dentro y fuera de Francia.

Posee un fabuloso color dorado claro. Este vino necesita un considerable número de años para dejar que el aroma encerrado en el vino se desarrolle por completo. Todo aquel que beba este vino demasiado joven puede quedar desilusionado, porque los aromas aún están bastante cerrados. Por tanto, sea paciente. Después de unos cinco años se desarrolla un casi inimaginable aroma en el que los frutos exóticos jóvenes combinan con los matices a madera exótica, frutos cítricos, especias, flores (como lilas del valle), frutas blancas (melocotones) y almendras... Algunos terruños y viñas añaden además un ligero matiz mineral. Los vinos son frescos y redondos, llenos y elegantes, sofisticados y tentadores. El posgusto es persistente. Beba este raro y costoso vino a una temperatura de 13° o incluso 14°C (55-57°F).

CHEVALIER-MONTRACHET

De tonos dorados, con aromas muy seductores a mantequilla, pan tostado y matices vegetales, aquí y allí con toques minerales. Son llenos, cálidos, amables y suculentos, muy aromáticos. Estos vinos, bien equilibrados y elegantes, combinan bien con todo tipo de pescados de agua dulce.

BÂTARD-MONTRACHET

Otro miembro de la familia Montrachet que no debería ser molestado durante los primeros años para poder disfrutarlo plenamente. El color es entonces de un amarillo dorado limpio y puro, y los aromas salen de la copa para extenderse por el exterior: frutas exóticas, panecillos

Bienvenues-Bâtard-Montrachet grand cru.

con mantequilla derretida, maderas exóticas, almendras, miel... En la boca son frescos y suaves como la seda, con un toque de tanino y un posgusto persistente.

Beba estos vinos a una temperatura de unos 13°C (55°F) con hígado de pato frito, mariscos finos, cangrejos de río o, decididamente, con mollejas de ternera fritas.

BIENVENUES-BÂTARD-MONTRACHET

Amarillo dorado con toques verdosos. Aromas muy afrutados con algo de pan tostado, mantequilla, frutos cítricos y en ocasiones un matiz típico de pedernal.

Este vino lleno, fresco y afrutado pide crustáceos o mariscos.

CRIOTS-BÂTARD-MONTRACHET GRAND CRU

Se trata de vinos blancos muy escasos. Similares de muchas formas al de Bienvenues-Bâtard-Montrachet, sobre todo con respecto al típico aroma y sabor a pedernal.

Este elegante vino afrutado es feliz con algunos cangrejos de río.

CHASSAGNE-MONTRACHET

Hubo un tiempo en el que sólo se hacían aquí vinos tintos. Ahora se equilibran los blancos con los tintos.

El Chassagne-Montrachet blanco es de color dorado claro y tiene una nariz muy intensa en la que puede reconocer panecillos o croissants con mantequilla, así como flores, frutos cítricos y, posteriormente, almendras tostadas y especias. En algunos vinos también se detecta un aroma y sabor mineral. En general, los vinos blancos Chassagne-Montrachet son frescos, llenos de carácter, suculentos y muy sofisticados.

Bébalos para acompañar foie gras, pescados de agua dulce, crustáceos o marisco y todo tipo de carne blanca.

Los Chassagne-Montrachet tintos tienen un color rojo cubierto, aromas a cerezas maduras, grosellas negras y otras frutas del bosque, con un toque a regaliz. La mayoría de los vinos están bien estructurados, son grasos y llenos.

Sírvalos con una pierna de cordero asada al horno (sobre todo, ¡no olvide el ajo!) o con carne de pato y verduras tiernas.

SAINT-AUBIN

Aunque también se hacen aquí vinos tintos, son sobre todo los blancos los que sostienen el famoso nombre de Saint-Aubin.

El color de este vino es un amarillo dorado pálido y la nariz es reminiscente de flores (como la acacia), ciruelas amarillas y almendras. Posteriormente, el aroma evoluciona a frutos secos y miel. Son vinos finos, frescos y cordiales, a veces con un toque mineral. Paladar y posgusto, muy aromáticos.

Aprenda a descubrir estos vinos de Borgoña menos conocidos con un entrante ligero de marisco, o simplemente como aperitivo.

Chassagne-Montrachet blanco.

Chassagne-Montrachet tinto.

Santenay.

Santenay premier cru Beaurepaire.

SANTENAY

Vinos de color rojo rubí con aromas a fruta roja y del bosque (moras, arándanos). Cuando son jóvenes los taninos aún pueden ser bastante ásperos. El cambio se produce después de algunos años envejeciendo en la botella. Una vez maduros, un buen Santenay desarrolla aromas silvestres fascinantes a maleza y trufas.

Estos vinos aún demasiado infravalorados aprecian una compañía con carácter. Sírvalos con aves de caza o con robustos guisos de Borgoña.

Los vinos blancos en general no tienen demasiadas pretensiones. Escoja uno de un viñedo premier cru, ya que realmente merecen la pena. Son vinos afrutados y amplios con carácter chardonnay claramente reconocible: mantequilla, panecillos, tostadas, avellanas, frutos cítricos y flores blancas.

De nuevo resulta un vino excelente para nuestros lectores vegetarianos. Combina extremadamente bien con un plato de setas, pero un Santenay blanco nunca rechazará un pescado de agua dulce o un plato de pollo.

Maranges
premier cru.

MARANGES

Región vinícola menos conocida en la que se producen vinos blancos y tintos.

Los vinos blancos (preferiblemente escoja uno de un viñedo premier cru) son afrutados (albaricoque, almendras) y frescos, con un paladar levemente graso, llenos de ternura y elegancia.

Excelentes como aperitivo para los domingos o con entrantes ligeros.

Blanco borgoña.   Tinto borgoña.

Los Maranges tintos (y ciertamente los premier cru) son de una calidad excepcional. Los mejores tienen una alta concentración de color, aroma y sabor.

Estos vinos muy aromáticos, con toques de frutas rojas maduras y cerezas negras, regaliz y especias, requieren oponentes fuertes, como aves de caza o incluso venado (corzo).

Borgoñas genéricos

Antes de desplazarnos hacia el sur, revisemos algunos vinos.

BORGOÑA

Los borgoñas blancos AC (variedad chardonnay) son vinos blancos aromáticos y frescos que van bien como aperitivos o con entrantes de pescado o carne blanca. Bébalos a casi 11°C (52°F), preferiblemente en los dos años posteriores a la cosecha.

Los borgoña tintos AC (variedad pinot noir) son de color rojo rubí y tienen aroma a frutas rojas y frutas del bosque (frambuesas, grosellas negras, moras y grosellas rojas).

Beba estos vinos a una temperatura de alrededor de 16°C (61°F) en los cinco años posteriores a la cosecha.

Estos vinos suaves y convivales deberían combinar particularmente bien con fiambres, carne blanca, aves o quesos, pero también con platos de verdura con salsas de queso y pasta gratinada.

También en esta categoría se incluyen los borgoña villages o borgoña AC, con el añadido de un lugar de origen más definido. Algunos ejemplos son: Borgoña con la adición de Chitry, Coulanges-La-Vineuse, Epineuil, Côtes-Saint-Jacques, Montrecul, Le Chapitre, Chapelle Notre Dame, Côtes D'Auxerre, Vezelay, Côtes du Couchois y Borgoña-Côte Châlonnaise.

BORGOÑA PASSE-TOUT-GRAIN

Los vinos tintos se obtienen al menos con un tercio de uvas de variedad pinot noir, a las que se añade gamay. Sin embargo, los mejores vinos se obtienen con una mayor proporción de pinot noir. Son vinos ligeros, alegres y amables, que deberían beberse jóvenes.

En Borgoña se sirven a menudo con el plato local *jambon persillé* (jamón especiado en gelatina), pero también combina con jamón servido caliente con el hueso o entrantes ligeros y con la mayoría de los tipos de queso que no son demasiado fuertes.

Para que quede constancia: también existe un tipo rosado muy poco común.

BORGOÑA GRAND ORDINAIRE

En el futuro no encontrará esta denominación demasiado a menudo. Suena demasiado "ordinaria" para un borgoña. Aun así, en esta categoría encontrará vinos muy aceptables, blancos, tintos o rosados, a un precio muy razonable.

Históricas bodegas de Bouchard
(siglo xv).

como vino para el almuerzo, quizá con queso fresco de cabra.

Cuando son jóvenes, los Rully tinto son de color rojo rubí y su aroma evoca frutos rojos (grosellas negras, moras, grosellas rojas) y posteriormente evolucionan a frutas más maduras, hojas de tabaco y hojarasca en otoño. El sabor es típico de Borgoña, graso y fresco, con taninos elegantes y mucha fruta, particularmente en el posgusto.

Tales vinos combinan a la perfección con aves y conejo cocinados con setas. O atrévase con una elección bastante más arriesgada: asado de cerdo con salsa de grosellas negras. Un Rully tinto servido fresco combina muy bien con pescado de agua dulce en salsa de vino tinto.

MERCUREY

La mayoría de los Mercurey (pronunciado: mercuray) blancos son ligeros, amables y, sobre todo, vinos de aperitivo sin complicaciones.

Mercurey.

Givry premier cru.

BORGOÑA ALIGOTÉ

Muy populares en Borgoña y más allá. Estos vinos muy frescos con una acidez a menudo marcada, poseen abundantes aromas a manzana verde, limón y flores blancas (espino) con un toque ocasional a pedernal.

Bébalos solos, como aperitivo, con o sin algunos trocitos de queso (*gougères*). Sin embargo, también puede mezclarlos con un poco de licor de grosella negra (Crème de Cassis), como Canon Kir, quien tenía esta práctica por costumbre y se hizo famoso por ello. Su nombre se asocia ahora en todo el mundo con esta refrescante bebida: el kir.

Côte Châlonnaise

Entre Chagny, Montagny y Couches, Côte Châlonnaise seguro sorprenderá a muchos visitantes.

RULLY

El suelo de caliza y piedras otorga a estos vinos blancos y tintos una gran sutileza aromática.

Los blancos de Rully tienen un color dorado blanquecino muy limpio y neto, aromas muy seductores (matorral, almendras, frutos cítricos) y un sabor fresco y elegante con toques de frutas y flores.

Este vino combina muy bien con pescado y marisco, pero también se puede servir como aperitivo, con algunos trocitos de queso, o

Rully blanc.

Los Mercurey tintos tienen un precioso color rojo rubí y aromas afrutados (grosellas negras y rojas y cerezas), a menudo con un toque a especias.

Esto y su sabor afrutado (¡cerezas!) les hacen buenos compañeros para los filetes de pechuga de pato con una salsa agridulce de cerezas, pero también se adaptan pronto a todo tipo de carne roja o a una tabla de quesos.

GIVRY

Al igual que sus vecinos de Montagny, los vinos blancos de Givry son vinos completamente subestimados de la variedad chardonnay, y por tanto también son muy interesantes desde el punto de vista económico por la calidad que ofrecen. Hay algunos vinos Givry

Givry.

blancos muy buenos con deliciosos aromas a acacia, espino, manzana, almendras y a veces también a lima y lila. Estos vinos llenos y grasos se pueden encontrar en la *Guía Hachette*, extremadamente fiable. Deléitese con un Givry blanco con pescados de agua dulce.

Los Givry tintos son muy ricos en color e intensamente aromáticos (grosellas rojas y negras) con un tono de especias a medida que van envejeciendo. Son vinos carnosos con gran sutileza y un sabor afrutado muy placentero. Combinan bien con casi todo: carnes blancas o rojas, aves, asados, caza menor o queso.

MONTAGNY

Los mejores Montagny tienen un color ligero de difícil descripción, pero una variedad muy rica de aromas: manzana, frutos cítricos, almendras frescas, helecho, avellanas y mantequilla. El sabor es suave, elegante, fresco y redondo.

Beba un Montagny como aperitivo o en una comida a base de pescado de agua dulce, marisco o con un entrante ligero. Un Montagny es también una excelente elección si pretende acudir a un pequeño picnic o a un almuerzo.

BORGOÑA ALIGOTÉ DE BOUZERON

Éste es un paso más del Aligoté AC ordinario. Vinos extremadamente agradables y frescos, con un aroma seductor a flores (rosas, peonías) y fruta blanca, aquí y allá acompañados por algunas especias (canela).

Este vino es muy apropiado como aperitivo, pero no mezcle este borgoña aligoté con Crème de Cassis: sería un desperdicio.

Mâconnais

Mâconnais, entre Senecy-le-grand y Saint-Vérand, es preminentemente el dominio de los "rápidos" seductores.

MÂCON, MÂCON SUPÉRIEUR, MÂCON VILLAGES

Con algunas pocas excepciones, los Mâcon blancos corrientes son vinos poco complicados y excelentes, en los que no tendrá que pensar demasiado.

Beba estos chardonnays amables y afrutados jóvenes como aperitivo, en el almuerzo o con un entrante ligero.

Sus oponentes tintos son de bastante mejor calidad. Se obtienen con pinot noir y gamay. Cuanto más gamay se incluya más amables y afrutados serán los vinos. Sin embargo, algunos Mâcon con mucho pinot noir pueden resultar poderosos y tánicos, con gran estructura, especialmente si ha sido envejecido en roble.

Mâcon Villages.

Sirva los Mâcon tintos con guisos de buey o simplemente beba el que usted cree que queda mejor.

Los mejores vinos de Mâconnais —y hay algunos— están etiquetados con sus propias denominaciones.

Pouilly Fuissé.

POUILLY-FUISSÉ

La variedad chardonnay siempre se adapta bien al suelo calizo, y se puede apreciar claramente en los vinos. Los Pouilly-Fuissé tienen un color amarillo dorado pálido, aromas a uva fresca y almendras, y un sabor suculento y fresco con mucha elegancia. Los vinos que pasan por roble, también desarrollan los aromas característicos a vainilla, tostadas, avellanas y almendras tostadas.

Los vinos resultan excelentes compañeros de todos los platos de aves, pescado, marisco o fiambres.

POUILLY-VINZELLES, POUILLY-LOCHÉ, VIRÉ-CLESSÉ

Menos conocidos y en general bastante más ligeros que los vinos de Pouilly-Fuissé. A menudo resultan elegantes y muy aromáticos (mantequilla, limón, flores, pomelo) que siempre quedan bien como aperitivo o con pescado de agua dulce con una salsa cremosa.

SAINT-VÉRAN

El nombre de estos vinos excepcionales de la región fronteriza con Beaujolais se escribe sin la "d" final; el nombre del pueblo de Saint-Vérand sí que la tiene.

Saint-Véran.

Bodegas de borgoña en Beaune.

Los vinos Saint-Véran son ligeros, elegantes y afrutados, eminentemente apropiados como aperitivo, pero también combinan bien con cerdo o fiambres. Pruebe un Saint-Véran con quesos suaves.

BEAUJOLAIS

Aunque la región de Beaujolais forma parte oficial de Borgoña, generalmente se trata como una unidad independiente. Se hace porque los vinos de Beaujolais tienen una identidad propia, hasta cierto punto reforzada por las campañas publicitarias muy activas que promociona este precoz hermano pequeño de Borgoña. Obviamente, el beaujolais más conocido es el Beaujolais Primeur, quizá más conocido como Beaujolais Nouveau, comercializado año tras año con gran fanfarria. Existe, sin embargo, mucho aún por conocer en la región de Beaujolais. Hay al menos doce denominaciones locales diferentes.

HISTORIA

El nombre de esta región deriva de los señores de Beaujeu, que fueron dueños y señores de ella en los siglos IX, X y XI. No fue hasta el siglo XIV cuando las tierras de los Beaujeu pasaron a la corona francesa, después de un matrimonio bien calculado. En 1514 la ciudad de Villefranche, fundada por Humberto III en 1140 se convirtió en la capital de la región de Beaujolais. Desde el siglo XVII en adelante, Villefranche se fue convirtiendo en un centro industrial, basado principalmente en el cuero y los textiles. Estas actividades fueron sustancialmente ampliadas en el siglo XIX. Hoy en día la región tiene tres actividades principales, comercio e industria, el comercio del vino y la agricultura y silvicultura.

LA REGIÓN

La región de Beaujolais comienza a 10 km (6,5 millas) por debajo de Mâcon, en el departamento del Ródano. Es relativamente una región pequeña: 60 km (40 millas) de largo por 12 km (7,5 millas) de ancho. Se extiende por las montañosas cumbres que bordean el valle del río Saona.

La región se divide en dos subregiones. Los mejores vinos, los diez crus y el Beaujolais Villages se hacen en el norte (Alto Beaujolais). El suelo aquí consiste principalmente en granito y fragmentos de cuarzo en una cama de pizarra.

La región sur (Bajo Beaujolais) cuenta con un suelo formado por una mezcla de arcilla y caliza. Es aquí donde se producen la mayoría de los vinos Beaujolais comunes: blancos, rosados y tintos.

LOS VIÑEDOS

Sólo un 2 por 100 de los viñedos han sido plantados con uvas chardonnay. De ellos se obtiene un vino blanco muy escaso. El resto de los viñedos se planta con gamay. Se emplea para obtener los rosados, pero principalmente los vinos tintos.

El rey del Beaujolais, Georges Duboeuf, y su hijo Franck.

El 'hameau du vin' en Beaujolais, museo y templo.

LA ELABORACIÓN DE BEAUJOLAIS

En décadas recientes los viticultores de la región de Beaujolais se han dado cuenta de que una mayor protección de sus viñedos y sobre todo mayor respeto por el medio ambiente, junto con algunas mejorías en su material vegetal y más higiene en las bodegas, beneficiarían enormemente la calidad de sus vinos. Desgraciadamente, también hay algunos productores de vino en Beaujolais que sólo parecen interesados en obtener un beneficio rápido. Esta actitud es injusta con los duros trabajadores que ponen la calidad por delante de la calidad y hacen todo lo posible por mejorar la calidad de sus vinos. Tampoco los consumidores son inocentes. Todo aquel que compre un Beaujolais Nouveau por menos de tres euros está contribuyendo a la usurpación del buen nombre de Beaujolais.

MACERACIÓN CARBÓNICA

Cuando hablamos de Beaujolais, hablamos de maceración carbónica. Esta técnica de vinificación, empleada en toda la región, consiste en lo siguiente: las uvas de la variedad gamay se introducen lo más rápido que sea posible después de la cosecha en grandes cubas (de madera, cemento o acero inoxidable). Los racimos de uvas se dejan intactos con sus escobajos. Las uvas del fondo se rompen suavemente por el peso de todos los racimos. En el mosto esto hace que la fermentación arranque lentamente (de un 10 a un 30 por 100 del volumen total de la cuba). Los azúcares del mosto se transforman por medio de la fermentación en alcohol y dióxido de carbono. El dióxido de carbono sube y cubre la parte superior de los racimos. Durante esta maceración en dióxido de carbono el alcohol disuelve color y taninos, que por su parte pasan al líquido en fermentación. La concentración de dióxido de carbono es mayor en la parte superior de la cuba. Bajo la gran presión las mismas uvas son metabolizadas. Fermentan fuera de dentro hacia fuera. Se crea el alcohol y el contenido de ácido málico se reduce de manera drástica. Un aspecto importante y característico de este método de vinificación es que la ausencia de oxígeno garantiza la conservación de una frutosidad abundante en sabor y aroma.

Después de esta maceración en dióxido de carbono, que dura de cuatro a diez días, dependiendo del tipo de vino que se quiera obtener, se saca el *vin de goutte* (vino de yema). La masa de uvas restante se prensa y se produce de esta forma el *vin de presse* (vino de prensa) que se añade al anterior. En algunos *cuvées* sólo se emplea el vino de yema. Estos vinos se suelen reconocer por el nombre celestial en la etiqueta: "Paradis". Así es como llaman en Francia a este vino de lágrima, dulce, muy afrutado y aromático.

Cuando finaliza la fermentación alcohólica, comienza la segunda fermentación (fermentación maloláctica), en la que el duro ácido málico es transformados en suave ácido láctico. Los vinos jóvenes están listos para un consumo inmediato (Beaujolais Primeur o Nouveau) o para procesos posteriores (Beaujolais, Beaujolais Villages, Crus de Beaujolais).

Fiel a la tradición, estos vinos jóvenes, extremadamente afrutados, se venden a partir del tercer jueves de noviembre en adelante. Los catadores de vinos del año consideran estos vinos jóvenes meramente una previsión de los resultados de la cosecha de ese año y no los explotan al máximo. Desde su punto de vista la llegada del Beaujolais Primeur (o Nouveau) es más una tradición que una moda, y para ellos el folclore exagerado es innecesario. En cualquier caso, depende de usted si elige comprar o no, pero evite los ejemplares más baratos, que realmente no tienen nada que ofrecer sino dolor de estómago y resaca. Consuma siempre los mejores Beaujolais Primeur (si es posible un Beaujolais Villages Primeur) frescos, a unos 10°C (50°F).

Los términos Beaujolais Primeur y Beaujolais Nouveau se usan a menudo como alternativos, incluso por los mismos franceses. Originalmente, "Beaujolais Nouveau" no significa otra cosa que "el vino joven del año", pero en estos días los productores ya no diferencian entre los dos términos.

Un Beaujolais Primeur ha experimentado un proceso de vinificación especial (con maceración de cuatro días), de forma que puede ser consumido en los seis meses posteriores a la cosecha. El vino se encuentra así en su mejor momento en cuanto a las características afrutadas. Después de esos seis meses, no cambia nada en el vino, y ciertamente no pasa nada de repente, como muchos se temen. El vino pierde poco a poco sus características afrutadas y entonces se transforma en un vino de mesa corriente y bastante simple. Resulta aún apropiado para cocinar, pero no agradable para beber. Sin embargo, los mejores Beaujolais Villages Primeur pueden consumirse hasta un año después de la cosecha sin problemas.

El tradicional 'pot', una botella de medio litro Beaujolais.

Este Beaujolais corriente puede ser blanco, rosado o tinto. En más de 10.000 hectáreas (25.000 acres) de suelo principalmente calizo, se producen estos vinos ligeramente afrutados que combinan particularmente bien con la charcutería local, pero también con varios quesos sin un sabor demasiado pronunciado y todo tipo de platos locales. Beba estos vinos a una temperatura de alrededor de los 11°C (52°F) cuando le apetezca. Un Beaujolais se adapta a lo que usted quiera.

Beaujolais blanco.   Beaujolais.

Desde la existencia de una denominación para la mayoría de los borgoñas blancos del sur, Saint-Véran, la producción de Beaujolais blanco ha descendido bruscamente. El Beaujolais blanco se obtiene con chardonnay (a veces con un poco de aligoté). El vino tiene un aroma y un sabor afrutados y frescos. Aquí, también, el catador experimentado puede detectar un toque a avellanas, menta, mantequilla y a veces incluso algunos vegetales, como el pimentón dulce.

Los vinos son preminentemente apropiados como aperitivos, pero pueden acompañar cualquier pescado o pollo.

Elegante botella para los Beaujolais Villages.

Beaujolais villages.

BEAUJOLAIS VILLAGES

Existen treinta y nueve localidades que pueden llevar la etiqueta AC Beaujolais Villages. Son vinos suaves y amables con un espléndido color rojo cereza y mucha fruta en el aroma y el gusto (grosellas negras, fresas). Beba un Beaujolais Villages a una temperatura de 11-12°C (52-54°F).

LOS DIEZ CRUS

La "sabiduría vinícola" local nos dice que la Semana Santa debe terminar antes de que estos vinos lleguen a su mejor momento: "Les Crus du Beaujolais doivent faire leurs Pâques" (Los Crus de Beaujolais tienen que pasar su Pascua). Por tanto generalmente no los encontrará en las tiendas en fechas anteriores. Sólo después de unos meses de reposo los diez crus evolucionan completamente hacia vinos maduros.

Côte de Brouilly.

CÔTE DE BROUILLY

A unos 485 m (1.600 pies) colina arriba en Brouilly, sobre un suelo de granito y pizarra, se producen dos de los diez crus Beaujolais. Encontrará las 300 hectáreas (750 acres) del viñedo de Côte de Brouilly en la ladera soleada de la colina volcánica.

El vino posee un color rojo púrpura y un aroma muy sofisticado y elegante a uvas frescas y lirios. Deje reposar un Côte de Brouilly durante algún tiempo antes de abrirlo. Beba el vino a unos 13°C (55°F) con fiambres, o quiza con un conejo o un filete a la parrilla.

BROUILLY

Aquí los viñedos son bastante más extensos, unas 1.200 hectáreas (3.000 acres). El suelo consta principalmente de granito y arena. Los vinos tienen un color rojo rubí y un aroma afrutado en el que las frutas rojas, ciruelas, y a veces melocotones, son claramente detectables. En los mejores Brouilly también puede diferenciar un toque mineral. Son vinos cubiertos y llenos, con un paladar robusto. Bébalos a unos 12°C (54°F) con caza, carnes rojas o estofados. La armonía local de este vino con un guiso de pescado de agua dulce en vino tinto resulta asombrosa.

RÉGNIÉ

Estas 520 hectáreas (1.300 acres) de viñedos sólo fueron reconocidas como Cru en 1988. El suelo es suavemente ondulado y moderadamente alto (una media de 350 metros). Aquí se producen vinos bastante suaves, seductores y elegantes. El color es un rojo cereza neto y los aromas recuerdan a frutas rojas (frambuesas, grosellas rojas y negras) con un toque aquí y allá a flores. La fruta de este vino es mejor cuando se bebe joven, en los dos años posteriores a la cosecha.

Sirva el vino a una temperatura de unos 12°C (54°F) con fiambres, patés y terrinas, con carnes blancas, aves o entrantes ligeros con una salsa cremosa.

CHIROUBLES

Los viñedos se sitúan en la villa de Chiroubles sobre un suelo de granito a una altura de unos 400 metros). En ese subsuelo ácido y pobre sólo crecerán vides, otras cosechas no se desarrollarán aquí. Los vinos sutiles, sofisticados y de color pálido son muy seductores y casi pueden ser llamados femeninos. Los aromas recuerdan a un complejo bouquet de flores silvestres, en el que predominan las violetas, las peonías y los lirios del valle.

Brouilly.

Régnié.

Chiroubles.

Sirva el Chiroubles a 12°C (54°F) con fiambres, aves, carnes blancas o entrantes, particularmente con ensaladas que contienen verduras ligeramente amargas, como corazones de alcachofa o espárragos verdes.

MORGON

Morgon.

Morgon aparece mencionado en el registro de vinos locales desde el siglo X. Los viñedos Morgon, de 1.100 hectáreas (2.700 acres), se encuentran sobre un suelo de granito y pizarra esquistosa. Los vinos de Morgon son poderosos, corpulentos y carnosos, y pueden envejecer bien. Poseen una amplia gama aromática que recuerda principalmente a frutas de hueso, como cerezas, melocotones, albaricoques y ciruelas. Un Morgon que haya alcanzado una edad respetable también puede adquirir un matiz a licor de guindas o kirch, y comenzar cada vez más a parecerse a un borgoña.

Beba el Morgon a 13°C (55°F). Bueno con guisos, carnes rojas en su jugo, o incluso caza.

FLEURIE

En un viñedo de 800 hectáreas (2.000 acres), a los pies de la Virgen Negra, se produce uno de los más afrutados, pero también –como el nombre ya indica– el cru más floral de los beaujolais. Las rocas ígneas y el granito otorgan a los vinos de Fleurie algo especial, una rara sofisticación y un encanto femenino, además de poderosos aromas a, por ejemplo, lirios, violetas y rosas. El

Fleurie.

color es un rojo rubí neto con brillos maravillosos, el paladar es suave y aterciopelado y al mismo tiempo carnoso. Un buen fleurie de un año bueno puede madurar diez años o más.

Beba un fleurie a una temperatura de unos 13°C (55°F) con una pierna de cordero asada, pollo u otras aves, o con carnes blancas.

MOULIN-À-VENT

Este famoso cru debe su nombre al molino de viento bellamente restaurado de Romanèche-Thorins. El suelo de las 650 hectáreas (1.600 acres) de viñedos está constituido por granito rosa y manganesio. Esto da al vino su color rojo rubí, muy concentrado, cuando el vino aún es joven, con notas rojo oscuro púrpura. En la nariz recuerda a flores nobles, como las rosas, con un toque de frambuesas. El paladar es poderoso y bastante tánico. Debido a su estructura robusta, Moulin-á-Vent puede envejecer muy bien (a veces hasta quince años). A medida que va enve-

Moulin-à-Vent con y sin maduración en el tonel.

jeciendo este poderoso vino se asemeja a un borgoña.

Deje un Moulin-á-Vent madurar tranquilamente durante algunos años y entonces sírvalo a unos 14°C (57°F) con carnes rojas, ganso, aves de caza o los quesos más fuertes.

CHÉNAS

Este vino es, inmerecidamente, casi desconocido fuera de su propia región. Se trata de un vino muy elegante, con aromas sofisticados a peonías y rosas con un toque aquí y allá a madera o especias. El sabor es suave y amable. Los viñedos se asientan sobre un suelo de granito en una superficie de 260 hectáreas (650 acres).

Sirva estos vinos a unos 14°C (57°F) con carne en su salsa con vino tinto o quesos fuertes. El Chénas también pueden envejecer bien.

Chénas.

JULIÉNAS

Éste es el cru de Beaujolais situado más al norte, en la frontera con Mâconnais. Este vino de color rojo rubí y tonos profundos, con un paladar poderoso y lleno, se elabora en 580 hectáreas (1.400 acres) de piedra y estratos de arcilla, cubiertos con sedimentos. Los aromas son principalmente afrutados (fresas silvestres, grosellas rojas, frambuesas) con matices florales (peonías y rosas). Un buen Juliénas puede envejecer durante varios años.

Sirva este vino a unos 13°C (55°F) con el famoso *coq au vin*, cordero, aves de caza o aves de corral con ricas salsas.

Juliénas.

SAINT-AMOUR

El último de estos crus del norte. Los viñedos ocupan una superficie de 280 hectáreas (700 acres) y se sitúan en la frontera entre la caliza Mâconnais (chardonnay) y las colinas de granito de Beaujolais (gamay). El suelo es una mezcla de arcilla, cantos rodados, granito y arenisca. Los vinos tienen un espléndido color rojo rubí y una nariz muy aromática a peonías, frambuesas, grosellas rojas, albaricoques y a veces un toque de licor de guindas o kirsch. El sabor es muy seductor, suave, aterciopelado y amplio, con toques de especias.

Sirva estos encantadores vinos a unos 13°C con aves de corral o de caza o mollejas de ternera fritas.

Aunque la mayoría de los crus de Beaujolais van muy bien con todo tipo de carnes, particularmente con vacuno de Charolais, recomendamos insistentemente la combinación algo menos obvia de un cru joven con queso de cabra fresco de los valles occidentales de Beaujolais.

Saint-Amour.

LOS SATÉLITES DE BEAUJOLAIS

Aunque no pertenecen exactamente a Beaujolais, nombramos aquí tres vinos en los que el carácter y el gusto se aproximan a los vinos de Beaujolais. Todos ellos se obtienen a partir de la uva gamay.

COTEAUX DE LYONNAIS

Estos viñedos muy viejos se han convertido en víctimas de la expansión de la ciudad de Lyon. Los vinos producidos aquí son amables y ligeros con pronunciados aromas afrutados.

Beba estos vinos bien frescos, a unos 12°C (54°F). Combinan muy bien con todo tipo de fiambres, o simplemente con queso de cabra fresco. También existe una versión en blanco, obtenido con las variedades chardonnay y aligoté.

CÔTE ROANNAISE

Vino rojo rubí muy limpio con gran cantidad de fruta y un sabor ligero muy agradable.

Coteaux du Lyonnais.

Côte Roannaise.

Consuma un Côte Roannaise preferentemente frío, a unos 12°C (54°F) con fiambres o una terrina de hígado de ave.

CÔTES DU FOREZ

Vinos ligeros y amables con mucha fruta. Los rosados son perfectos acompañantes de almuerzos o picnics informales, pero otra combinación afortunada es una copa de Forez Rosé y un pescado de agua dulce al grill. Los Côtes de Forez tintos son una elección obvia para las cálidas tardes de verano; por ejemplo, con un buffet frío. Beba ambos vinos a unos 12°C (54°F).

Côtes du Forez.

AUVERGNE

Auvergne es una región vinícola aparte, situada entre el Loira (Sancerre, Quincy, Reuilly y demás) y Borgoña. La región se divide en dos subregiones: Saint-Pourçain y Côtes d'Auvergne.

SAINT-POURÇAIN

Al sudeste de la ciudad de Moulins se encuentra la pequeña ciudad de Saint-Pourçain, a orillas del río Sioule. La región vinícola de Saint-Pourçain abarca diecinueve municipios con una superficie total de unas 500 hectáreas (1.200 acres). Los viñedos se sitúan sobre colinas y extensiones llanas de caliza y/o suelos de gravilla. Hubo un tiempo en el que los vinos blancos de la variedad tressallier local gozaron de una gran reputación. Ahora la mayoría es gamay y pinot-noir, pero existen algunos intentos por parte de las cooperativas locales para replantar las tradicionales uvas blancas que tanto éxito tuvieron.

Los viticultores de Saint-Pourçain ofrecen ahora una variada gama de vinos blancos, rosados y tintos de excelente calidad. Es cierto que en el pasado hubo algunas dudas sobre la calidad de los vinos, pero la generación más joven compuesta por entusiastas y duros trabajadores merece toda su confianza.

Los vinos blancos de Saint-Pourçain se obtienen a partir de una combinación de tressalier, chardonnay y sauvignon. La combinación de arcilla calcárea y suelos arenosos, la generosidad del sol y estas tres variedades de uva producen vinos con características especiales.

Saint-Pourçain blanco.

Dependiendo del porcentaje de tressallier, sauvignon y chardonnay, los vinos pueden adoptar características totalmente diferentes. Los vinos en los que combinan uvas tressallier y chardonnay son buenos para dejar envejecer, mientras que los vinos del tipo tressallier-sauvignon son frescos y afrutados, apropiados para un consumo temprano. En los vinos en los que dominan chardonnay y sauvignon, se combinan la frescura, la riqueza y la sutileza. Finalmente, existen vinos aromáticos y grasos de chardonnay, tressallier, sauvignon y aligoté. Como puede ver, hay algo para cada gusto.

Beba estos vinos blancos con platos de la cocina regional local, como platos con pescado de agua dulce o los aún más sabrosos guisos. La temperatura ideal son unos 8°C (47°F) (sauvignon-tressallier) o 12°C (54°F) (chardonnay).

El rosado y el *vin gris* de Saint-Pourçain están hechos con 100 por 100 de variedad gamay. Son vinos frescos, elegantes y afrutados que combinan muy bien con los excelentes fiambres de Auvergne, pero también con verduras tiernas, como zanahorias y puerros. Temperatura ideal para beber: 10-12°C (50-54°F).

Finalmente, el Saint-Pourçain tinto se hace con gamay y pinot noir. Dependiendo de los porcentajes de cada una y el estilo de vinificación, los vinos son

Saint-Pourçain.

Saint-Pourçain tinto.

frescos, afrutados y fáciles de beber (100 por 100 gamay), estructurados y llenos (80 por 100 gamay, 20 por 100 pinot noir) o armoniosos, complejos, opulentos y delicados (50 por 100 de cada uno). El tipo de "terroir" también determina la riqueza eventual y la complejidad de los vinos. Los vinos tintos de los suelos calcáreos son en general más elegantes y más complejos que los de los suelos arenosos y con gravilla. Sin embargo, estos últimos son más amplios y ricos en sabor.

Beba estos vinos con platos de pollo en los que haya vertido una buena cantidad de Saint-Pourçain tinto, o con especialidades locales de pato, caza menor, aves de caza o cordero. Un Saint-Pourçain tinto combina excelentemente con lentejas pero también, por ejemplo, con nabos, remolachas o colinabos. Temperatura para consumir: 12-14°C (54-57°F).

CÔTES D'AUVERGNE A.O.V.D.Q.S.

Durante más de dos milenios las vides han crecido en las laderas de los volcanes extinguidos de Auvergne. Después de una larga "edad oscura" derivada de la invasión de la filoxera, la Primera Guerra Mundial, la crisis económica de 1929 y la Segunda Guerra Mundial a continuación, la producción vinícola comenzó a florecer de nuevo en Auvergne.

Después de una generación de viticultores que anteponían la cantidad a la calidad, ha tomado el relevo una nueva generación de productores de vino conscientes de la calidad. Estos jóvenes bodegueros no sólo están más instruidos y son más profesionales, sino que, además, están orgullosos de su trabajo, su "terroir" y sus vinos. ¡Y eso se puede probar!

El suelo de la región vinícola de Côtes d'Auvergne es muy variado. Alrededor de la ciudad de Clermont Ferrand encontrará dos clases de suelo: el sustrato volcánico y la capa calcificada de marga, ambos resultados de las grandes erupciones volcánicas de la era cuaternaria. El paisaje aquí es muy accidentado y hace que la visita a la zona sea más interesante.

La extensión de los viñedos abarca una superficie de unas 500 hectáreas (1.200 acres), del norte de Riom al sur de Issoire. Los viñedos tienen una altura de 300 a 500 metros (900-1.500 pies), entre los volcanes extinguidos de Chaines de Puys y el río Allier. Las precipitaciones son comparables a las de Sancerrois.

Un 90 por 100 de las variedades de uva cultivadas son gamay; pinot noir y chardonnay completan el 10 por 100 restante.

La denominación Côtes d'Auvergne contiene en su mayoría vinos genéricos, pero desde 1977 la región también tiene cinco crus, cada uno con su propio carácter. Los vinos genéricos pueden ser blancos, rosados o tintos. Pueden proceder de cualquier lugar de la región.

Los Côtes d'Auvergnes blancos se obtienen a partir de la variedad chardonnay y son muy afrutados, elegantes y frescos. Los vinos que han sido criados en barrica pueden envejecer muy bien, los mejores durante más de diez años.

Beba estos vinos blancos como aperitivos o en comidas con pescado o aves con uno de los espléndidos platos al horno (de patatas, pudín y/o verduras) a los que se haya añadido quesos de Auvergne (como Cantal o Salers). La temperatura ideal para el consumo: 9-11°C (48-52°F).

Los rosados de Côtes d'Auvergne se obtienen de variedad gamay y resultan frescos, muy afrutados, amables y fáciles de beber. Son excelentes para saciar la sed en verano, pero están lo suficientemente maduros para acompañar fiambres y entrantes ligeros durante todo el año. En invierno también son excelentes con las sabrosas especialidades locales, como repollo relleno o callos. Temperatura ideal para el consumo: 10-12°C (54-57°C).

Côtes d'Auvergne.

CRUS

Los crus de norte a sur son:
- Madargue (encima de Riom) produce vinos tintos y rosados. Ambos se caracterizan por su color muy subido, por la fruta seductora (frambuesas y grosellas rojas) y el sabor lleno y redondo con taninos suaves. Temperatura ideal para el consumo: 14-16°C (57-61°F).
- Chateaugay (entre Riom y Clermont-Ferrand) produce vinos blancos, tintos y rosados. Los tintos son los más interesantes, con su color rojo rubí oscuro y sus típicos aromas a especias como canela y nuez moscada. El sabor es elegante y bien equilibrado. Temperatura ideal para su consumo: 14-15°C (57-59°F).

Viñedos en Châteaugay (Rougeyron).

– Chanturgue (sobre Clermont-Ferrand) produce únicamente vinos tintos. Poseen un color rojo rubí oscuro y son muy aromáticos: frutas rojas, frambuesas y cerezas. El sabor es fresco y afrutado. Temperatura ideal para su consumo: 13-15°C (55-59°F).

– Corent (entre Clermont-Ferrand e Issoire) es el dominio de los vinos rosados. Con sus maravillosos aromas a frutos cítricos, avellanas, cerezas, albaricoques, peonías y mantequilla fresca, estos vinos excelentes deberían convencer inmediatamente a todos los escépticos. La estructura de los vinos es amplia, llena y casi grasa, y el posgusto es persistente. Escoja el mejor de ellos, como los de Jean Pierre y Marc Pradier. Procure no escatimar en el precio. Temperatura ideal para el consumo: 10-12°C (50-54°F). Por supuesto, también se producen buenos blancos y tintos en Corent, pero no son tan excepcionales como el rosado.

Côtes d'Auvergne rosé Corent.

– Boudes (por debajo de Issoire) produce vinos blancos, tintos y rosados. En la parte inferior de la escala los vinos resultan interesantes y están bien hechos, pero no se puede decir que sean exactamente fascinantes. Los mejores vinos de Boudes, por otro lado, son verdaderos tesoros. Considere los vinos blancos y tintos de Claude y Annie Sauvat, que han logrado milagros en esta pequeña región vinícola. Los vinos blancos de chardonnay pueden competir sin dificultad con los de sus lejanos primos de Borgoña. Los vinos tintos de gamay son de color oscuro y cubierto, con aromas maravillosos a frambuesas, grosellas rojas, fresas, especias, vainilla y pimienta. Los vinos de pinot noir evocan a ciruelas, cerezas, cuero, regaliz, madera, café y tostado. No espere vinos elegantes y femeninos aquí: estos boudes tintos poseen taninos robustos pero volátiles y un paladar amplio, graso y complejo. Temperatura ideal para su consumo: 14-16°C (57-61°F).

Viñedos en Boudes (Sauvat).

EL SUDESTE DE FRANCIA

El valle del Ródano

Entre Vienne y Aviñón, en el valle del Ródano, se ha elaborado vino desde hace más de dos milenios. Los galos, griegos y romanos pusieron las bases de una de las regiones vinícolas más conocidas de Francia, Côtes de Rhone. Como fruto del matrimonio entre el río y los viñedos, el bebé recién nacido pronto obtuvo la bendición de los siete papas que se establecieron en Aviñón. La región vinícola, muy extensa, con sus diferentes "terroirs" y microclimas, evolucionó hacia una unidad.

EL VIENTO FRÍO

Hace ya mucho tiempo, en el siglo XVII, los vinos alrededor de Uzès en el departamento del Gard gozaron de tal reputación que pronto fueron copiados. Para conservar su origen y calidad fueron oficialmente reconocidos en 1650 y se definió claramente su territorio. Las duras y largas luchas por su reconocimiento fueron finalmente recompensadas en 1937 cuando se convirtió en oficial la AC Côtes du Rhone.

En 1956 el temido mistral sopló durante tres semanas a velocidades de más de 100 km (60 millas) por hora por todo el valle del Ródano y el termómetro quedó congelado a unos 15°C (59°F).

Para rematar el desastre, todos los olivos se congelaron hasta morir. Debido a que las vides sobrevivieron a este invierno helado, los arruinados agricultores deci-

Côte Rôtie, una de las regiones vitícolas más famosas del mundo.

dieron dedicarse por completo a la vinicultura. Esto marcó el inicio del gigantesco crecimiento de Côtes du Rhone.

VARIEDADES DE UVA

En toda la región existen al menos veintitrés castas diferentes de uva (además del Muscat à petit grain, para el vino naturalmente dulce de Beaumes de Venise). En la parte norte, sólo se usa syrah para los vinos tintos y viognier, roussanne y marsanne para los blancos; en la parte sur garnacha, mourvèdre, cinsault y cariñena se usan para los tintos, además de syrah y garnacha blanc, clairette y bourboulenc para los blancos.

APPELLATIONS (DENOMINACIONES DE ORIGEN)

Los vinos del Ródano se dividen en cuatro categorías: los vinos genéricos con la denominación Côtes du Rhone Régionale, los mejores Côtes du Rhone Villages, los crus y los satélites, que forman parte de la región geográficamente pero llevan sus propias vidas (Clairette de Die, Crémant de Die, Vins du Diois, Coteaux du Tricastin, Côtes du Ventoux y Costières de Nimes).

Côtes du Rhône tinto.   Côtes du Rhône blanco.

CÔTES DU RHÔNE

Los Côtes du Rhone genéricos abarcan un 80 por 100 de la producción. Debido a que representan a tantos "terroirs", microclimas y viticultores, estos vinos tienen una enorme variedad de aromas y son en general vinos cálidos y amables.

Los vinos tintos están bien estructurados, amplios de aroma y paladar y redondos. Pueden beberse jóvenes, pero también se pueden guardar durante algún tiempo.

Los vinos rosados proceden de la parte sur de la región. Estos vinos, con colores que van del frambuesa al salmón, son siempre afrutados y suaves.

Los vinos blancos son secos, equilibrados, bien estructurados, muy aromáticos y sacian fácilmente la sed.

CÔTES DU RHÔNE VILLAGES A.O.C.

Al sur del Ródano existen treinta y siete municipios que pueden llevar la denominación Côtes du Rhone Villages. Dieciséis de estos pueden poner su propio nombre en la etiqueta. Para los vinos blancos, tintos y rosados se aplican reglas estrictas referentes a la plantación, el cultivo, la producción y la vinificación.

Côtes du Rhône Villages Cairanne.

Algunos de los Côtes du Rhone Villages más conocidos son:
- Beaumes-de-Venise (tinto y rosado)
- Cairanne (tinto rosado y blanco)
- Chusclan (tinto y rosado)
- Laudun (tinto, rosado y blanco)
- Rasteau (tinto, rosado y blanco)
- Rochegude (tinto, rosado y blanco)
- Séguret (tinto, rosado y blanco)
- Valréas (tinto, rosado y blanco)
- Vinsobres (tinto, rosado y blanco)
- Visan (tinto, rosado y blanco)

Côtes du Rhône Villages Valréas.   Côtes du Rhône Villages Rasteau.

Todos estos vinos son excelentes acompañamientos para la cocina provenzal. Algunas combinaciones especiales son:

- Laudun tinto con caza
  - Laudun blanco con marisco
  - Rochegude blanco y pescado al grill con hierbas frescas
  - Séguret blanco y queso de cabra fresco
  - Visan blanco, rosado y tinto con la especialidad local: trufas frescas.

Consuma los vinos tintos a una temperatura de unos 16°C (61°F), los rosados a unos 14°C (57°F) y los blancos a unos 12°C (54°F).

CRUS DE CÔTES DU RHÔNE

Estos trece grandes vinos tienen cada uno un carácter muy individual. A menudo son vinos legendarios: ofrecen al catador una introducción al distrito, al suelo y las variedades de uva, e invitan a una cita personal con el vinicultor. En las colinas escarpadas y rugosas que rodean Tain-l'Hermitage el sustrato está formado por granito y el clima es continental suave. En la parte sur del Ródano el suelo es calcáreo, con algunas zonas cubiertas por arcillas. El clima es más cálido y más seco porque está más próximo al Mediterráneo.

Côtes du Rhône
Villages Vinsobres.

CÔTE RÔTIE

El exclusivamente tinto Côte Rôtie procede de dos laderas de granito muy abruptas Côte Blonde y Côte Brune. Según la leyenda, el territorio de lord Mangiron se dividió en la Edad Media entre sus dos hijas: una de ellas rubia, la otra castaña. Se dice que éste es el origen del nombre de las dos colinas.

Los vinos de Côte Rôtie poseen un color rojo profundo y aromas a frambuesas y especias, con un toque de violetas. Con más edad, aparece la vainilla y un bouquet típico de albaricoque y otras frutas de hueso. Los vinos tienen mucho cuerpo, taninos poderosos pero redondos, una enorme riqueza de sabor y un posgusto muy persistente.

Suponen el complemento ideal para todo tipo de carnes delicadas, y también para aves de caza. Ponga algunas trufas en la salsa y el vino satisfará todos sus sentidos. Abra la botella con anterioridad y decántela.

CONDRIEU

Estos vinos blancos también proceden de laderas de granito abruptas, que hacen imposible la mecanización. Se elaboran a partir de la variedad viognier y tienen un color dorado claro, un aroma poderoso de flores de la pradera, lirios, violetas y albaricoques, y mucho vigor y redondez. Desde 1990 se han producido de nuevo varios Condrieu vendages tardives poco comunes de, entre otros, Yves Cuilleron.

Los vinos de Condrieu son perfectos acompañamientos de platos a base de pescado, pero le sorprenderán gratamente con foie gras.

Côte Rôtie.

CHÂTEAU-GRILLET

Esta región vinícola de sólo 3,3 hectáreas (unos ocho acres) y 10.000 botellas al año es una de las denominaciones más pequeñas, y produce uno de los mejores vinos blancos de Francia. Debería probar estos vinos localmente, si tiene la oportunidad.

El color es amarillo brillante y tiende hacia un color más pajizo a medida que envejece. La nariz es a menudo bastante cerrada y sólo "se revela" después de un tiempo. De nuevo predominan los albaricoques y melocotones. El sabor es lleno, graso, muy rico y complejo.

Condrieu.

Beba este vino escaso con pescados de agua dulce en salsas sofisticadas. No olvide abrir la botella unas pocas horas antes.

SAINT-JOSEPH

Los vinos tintos bien cubiertos, con un toque sutil de grosellas negras y frambuesas, evolucionan posteriormente hacia toques de cuero y regaliz y resultan muy finos, armoniosos y elegantes.

Beba un Saint-Joseph ligeramente fresco, a unos 15°C (59°F). Es muy agradable con una buena porción de carne roja o pollo. Sin duda, procure no servirlo con salsas demasiado fuertes.

Los vinos blancos poseen un color amarillo brillante con fondos verdosos y un aroma de flores de la pradera, acacias y miel. Son vinos frescos, con mucha profundidad.

Bébalos bien frescos a unos 12°C (54°F) con platos sofisticados de la cocina moderna.

CROZES-HERMITAGE

En volumen éste es el mayor de los crus del norte. Aunque a menudo son de calidad inferior a la de sus vecinos,

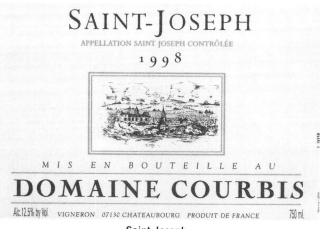

Saint-Joseph.

en su aroma característico y sabor, los Crozes-Hermitage se acercan a los Hermitage.

Los blancos tienen un color amarillo limpio, un aroma muy floral y un paladar amplio y graso. Son buenos compañeros de los pescados de agua dulce y pollos de corral. Bébalos a unos 12°C (54°F).

Yves Cuilleron y asociados Crozes-Hermitage.

Los vinos tintos son de color rojo intenso, muy subido. El aroma recuerda a las frutas rojas, cuero y especias. El sabor es elegante a pesar de la presencia de taninos discretos.

Sirva estos vinos tintos ligeramente frescos, a unos 15°C (59°F) con sus mejores platos de pollo u otras aves.

HERMITAGE

Los Hermitage tintos son bastante poderosos cuando son jóvenes y requieren varios años de reposo: cinco, diez o incluso veinte años, según la calidad. Si tiene paciencia, será recompensado con un gran vino, con un aroma sensual en el que dominan el cuero, los frutos rojos y blancos y las flores silvestres. El sabor es a fruta escarchada de principio a fin. Los Hermitage son excelentes compañeros para carnes rojas y caza. Sírvalos a una temperatura de 16-18°C (61-64°F).

Los vinos blancos están listos para ser consumidos bastante antes, pero también pueden envejecer muy bien. El aroma recuerda a una alfombra de flores, con toques aquí y allá a vainilla y almendras tostadas. Se trata de vinos poderosos y muy redondos con una gran potencia aromática.

Tinto
Hermitage.

Conocido vino tinto
Hermitage de
Chapoutier.

Hermitage-Crozes
blanco.

Hermitage-Crozes
tinto.

Famoso Hermitage
blanco de
Chapoutier.

Hermitage vin de
paille, original
pero excelente.

Blanco Hermitage.

Beba estos vinos a una temperatura de unos 12°C (54°F) con pescado de agua dulce o carne blanca.

Cerca de Tain-l'Hermitage, también se produce un vino muy escaso –desgraciadamente cada vez en menores cantidades–: (H)Ermitage vin de paille. Este vino se produce de la misma forma que su tocayo del Jura. Las uvas más sanas son seleccionadas cuidadosamente a mano, se colocan en cajas sobre una capa de paja y se dejan así durante algunos meses. Las uvas comienzan a encoger, pues su agua se evapora, y los mostos quedan muy concentrados y muy dulces. Después de la fermentación aún quedan algunos azúcares residuales en el vino a pesar del alto contenido en alcohol del 15 por 100.

CORNAS

Estos vinos tintos tienen un color intenso y un aroma fascinante con, entre otras, frutas rojas, pimienta recién molida, regaliz, frutas escarchadas e incluso trufas.

Cornas.

El Cornas tiene un matiz casi animal y combina muy bien con los platos de caza y con los de carnes rojas.

SAINT-PERAY

Ésta es la única denominación que también produce vinos espumosos. Estos vinos no siempre resultan tan interesantes.

Bébalos jóvenes en compañía de amigos y con bocados no demasiado suculentos.

GIGONDAS

El Gigondas se obtiene con uvas de variedad garnacha, complementadas principalmente por syrah y mourvèdre.

Los vinos tintos tienen un color espléndido y un aroma lleno de frutos rojos cuando son jóvenes, evolucionando a matices animales y maleza a medida que envejecen. Son vinos estructurados, poderosos y bien equilibrados, bastante ásperos en su juven-

Saint-Péray.

tud. Necesitan varios años de reposo. El Gigondas tinto resulta excelente con cordero, carnes rojas y también con caza.

Los vinos rosados son frescos y alegres con mucha concentración. Bébalos jóvenes.

Gigondas.

VACQUEYRAS

Beba los vinos blancos y rosados jóvenes, cuando y donde le apetezca.

El tinto, con un aroma reconocible a fruta roja madura, cerezas y un toque de regaliz, tiene más vigor. Sin embargo, son vinos sin pretensiones que se encuentran a gusto en cualquier parte. Bébalos a unos 17°C (63°F).

CHÂTEAUNEUF-DU-PAPE

Aunque se permiten trece variedades de uva, los vinos tintos se obtienen principalmente de las variedades garnacha, cinsault, mourvèdre, syrah, muscardin y counoise, y los blancos de clairette y bourboulenc.

Los vinos tintos son muy complejos en aroma (frutas rojas, cuero, anís, regaliz, especias) y en paladar (redondo, balsámico, poderoso con un posgusto muy persistente). Beba los tintos sólo a partir del quinto año después de la cosecha y los blancos cuando aún son jóvenes. Estos vinos combinan muy bien con todo tipo de carnes rojas, particularmente cuando incluyen ajo y tomates secados al sol.

Châteauneuf-du-Pape, de fama mundial.

Châteauneuf-du-Pape tinto.

Châteauneuf-du-Pape blanco.

Los blancos son muy aromáticos y redondos, con un aroma de matices florales, como a madreselva y narcisos. Ideal como un aperitivo sensual, con todo tipo de pescado al grill y también sorprendentemente bueno con tapenade.

Las botellas del genuino Châteauneuf-du-Pape muestran las armas de la ciudad de Aviñón en la propia etiqueta: la corona papal y las dos llaves cruzadas de San Pedro. ¿Las llaves del Paraíso?

LIRAC

Los vinos de Lirac también están ganando terreno. Botella a botella, se trata de un buen vino por relativamente poco dinero.

El rosado es un acompañamiento muy bueno de la cocina mediterránea, mientras que el blanco anima todo tipo de pescados de mar, y los vinos tintos, corpulentos y estructurados, añaden placer a las carnes rojas y la caza.

Rode Lirac.

TAVEL

El Tavel es uno de los vinos rosados más maravillosos de Francia. El color rosado a menudo tiende hacia un rojo teja o incluso anaranjado. En la nariz encontrará matices de albaricoques, melocotones y almendras tostadas.

Tavel rosé.

El Tavel es el acompañamiento perfecto para la cocina mediterránea, pero también va extremadamente bien con cocina china o tailandesa. Beba el vino a una temperatura de unos 13°C (55°F).

LOS SATÉLITES DEL RÓDANO

Estos "satélites" son zonas vinícolas que geográficamente se encuentran en la región del Ródano, pero que llevan sus propias vidas aparte (Clairette de Die, Crémant de Die, vins du Diois, Coteaux de Tricastin, Côtes de Ventoux y Costières de Nimes).

CLAIRETTE DE DIE

El Clairette de Die es un vino muy antiguo que ya se conocía en la época de los romanos (Plinio el Viejo, 77 a.C.). Entonces fue llamado Aigleucos y lo elaboraban los galos locales. Solían lanzar los barriles en los que el vino acababa de empezar a fermentar en los arroyos helados de la montaña. De esta forma se detenía prematuramente la fermentación y el vino retenía su burbuja.

Hasta la Segunda Guerra Mundial este Clairette de Die sólo se consumía como vino joven, incluso en fermentación. No había suficiente para los amigos y las fiestas. Sólo en 1950, cuando se estableció la Cave Coopérative de Clairette de Die, la situación cambió radicalmente. Los viñedos aumentaron y las técnicas mejoraron enormemente. Aunque mantuvieron el respeto por la tradición, se dio un nuevo giro a esta bebida popular casi perdida.

El Clairette de Die se obtiene de las variedades muscat y clairette. Antes de que el vino haya completado

Crémant de Die (seco).

la fermentación, se embotella sin ningún añadido. El dióxido de carbono producido durante la fermentación permanece atrapado en la botella como burbujas naturales. Este método antiguo recibe el nombre oficial de "méthode Dioise ancestrale". El sabor de estos Clairette de Die tradicionales es especialmente afrutado (muscat), suave y delicioso.

Debido al bajo contenido en alcohol (7 por 100) se puede tomar como aperitivo sensual, pero también puede ser servido en las comidas, con guisos de pollo o conejo, en los que se haya añadido una buena ración de este vino. ¡Sorprendentemente delicioso!

CRÉMANT DE DIE

Desde 1993 esta versión seca (brut), obtenida únicamente a partir de uvas variedad clairette por el método tradicional, ha recibido el nombre de Crémant de Die. El aroma trae reminiscencias de manzanas y otras frutas verdes y blancas, con toques, a medida que envejece, de frutos secos y almendras.

Con su delicada espuma este crémant resulta un vino muy elegante y festivo, ideal para los aperitivos.

Châtillon-en-Diois rosado y tinto.

El Châtillon Aligoté es un vino blanco elegante, fresco y seco con aroma a hierbas silvestres. Bébalo joven, por ejemplo como aperitivo, con queso de cabra, entrantes o pescado.

Clairette de Die, método ancestral (dulce).

CHÂTILLON-EN-DIOIS

Esta denominación se encuentra bajo las primeras estribaciones de los Alpes. El Châtillon Gamay tinto y rosado son vinos afrutados y suaves con un gran aroma. Bébalos jóvenes. La única excepción es el *cuvée* especial envejecido en madera, que puede guardarse bien durante algún tiempo. Deliciosos con fiambres, carne al grill o incluso queso (de cabra).

Desconocido pero delicioso Chardonnay.

El Châtillon Chardonnay es un vino blanco más lleno y más serio, que mejora después de un año en la botella. Sírvalo con platos de pescado o pollo.

Además de estos vinos genéricos, existen también varios de "domaine" de calidad excelente. Pero sea rápico, porque la demanda excede los suministros.

COTEAUX DU TRICASTIN

Estos vinos difieren muy poco de los vinos de Côtes du Rhone. Por razones algo oscuras, sin embargo, no pertenecen a la elite del grupo del Ródano. Se obtienen de las mismas variedades de vid y en tipos casi idénticos de suelo. Se producen vinos tintos, rosados y blancos.

Estos vinos asertivos y muy característicos combinan de forma excelente con todos los platos de la cocina provenzal.

Coteaux du Tricastin.

CÔTES DU VENTOUX

El clima aquí es bastante más fresco que el que impera a lo largo del Ródano, por lo que los vinos tienen menos alcohol que la media de los vinos del Ródano. Estos vinos, principalmente tintos, son frescos y elegantes y deberían consumirse cuando aún son jóvenes.

Durante algunos años los AC Côtes du Ventoux lo han ido haciendo bien. La calidad está mejorando a un ritmo constante y los vinos encuentran un mercado más ávido. Aquí, también, los viticultores se han dado cuenta de que anteponer la calidad a la cantidad es la única solución para una política a largo plazo. Para aumentar el nivel aún más, los viticultores y las instituciones locales y regionales están explorando la posible creación de una denominación superior AC Côtes du Ventoux Villages.

Val Joanis, un Lubéron de gran calidad.

Ródano, excepto quizá que el Lubéron puede resultar un poco menos carnoso y estructurado.

Los vinos de Côtes du Lubéron resultan excelentes acompañantes para todos los suculentos platos de la cocina provenzal.

Blanco o rosado, la calidad de este Lubéron sorprende a cualquiera.

CÔTES DU LUBÉRON

Esta denominación de vinos blancos, rosados y tintos ha existido sólo desde 1988. Aquí también, el clima es bastante más fresco, lo que explica el porcentaje relativamente alto de vinos blancos. En general son vinos bastante baratos y de buena calidad que están ganando cada vez más popularidad. Sospechamos que esta región se desarrollará aún más en el futuro. ¡No pierda de vista estos vinos! En el sabor existe poca diferencia con los otros vinos del

CÔTES DU VIVARAIS

En este suelo calcáreo se producen principalmente vinos tintos, obtenidos a partir de variedad de uva garnacha y syrah, a veces con cinsault o cariñena. Los vinos deberían tener un máximo de 90 por 100 garnacha (mínimo un 40 por 100) y syrah (mínimo 30 por 100).

El rosado local fresco también resulta extremadamente agradable. Se elabora de al menos dos de las tres variedades de uva, garnacha, syrah y cinsault, sin que ninguna variedad de uva constituya el 80 por 100 y el vino contenga al menos un 25 por 100 de Syrah.

Los vinos blancos deben elaborarse de dos de las tres variedades de uva clairette, garnacha blanc y marsanne, sin que ninguna de las variedades represente más del 75 por 100.

Un vino ideal para las comidas informales con los amigos o para fiestas con barbacoas o buffets fríos en verano. El vino es siempre de primera calidad y ofrece al amante del vino "mucho placer por poco dinero". Beba los vinos tintos ligeramente frescos entre 14-16°C (57-61°F) y los vinos rosados y blancos a 10-12°C (50-54°F).

Muscat de Beaumes de Venise fresco y muy aromático.

VINOS NATURALES DULCES

Dos municipios de la región del Ródano producen vinos dulces de alta calidad a partir de la variedad de uva Muscat: Beaumes de Venise y Rasteau. En Beaumes de Venise se elabora de forma completamente natural un vino blanco poderoso con un enorme potencial aromático. Este vino blanco tiene aroma y sabor a uvas de moscatel frescas, melocotones, albaricoques y toques aquí y allá de flores de la pradera recién cortadas. Beba estos vinos muy frescos a unos 5-8°C (41-47°F), por ejemplo, con postres de frutas frescas o quizá después de una comida, con un trozo de queso.

En Rasteau, por otro lado, se produce un vino tinto generoso. La fermentación se detiene añadiendo alcohol al mosto en fermentación. Los vinos producidos de esta manera son aún muy dulces, muy afrutados y recuerdan algo al oporto. En Francia, estos vinos se sirven como aperitivos o por la noche después de cenar con algunos buenos amigos. Sirva el vino a una temperatura algo inferior a la de la habitación.

SABOYA Y BUGEY

Los viñedos de Saboya no son tan extensos, unas 2.000 hectáreas (5.000 acres), pero se extienden por una región mucho mayor. Comenzando en el lago de Ginebra al norte, la región vinícola se estrecha a los pies de los Alpes en el este y llega hasta el valle de Isère, pasado Chambery, a unos 100 km (60 millas) al sur del lago de Ginebra.

Es una verdadera lástima que los vinos de Saboya sean tan poco conocidos. Los vinos, principalmente blancos, son muy frescos y llenos de sabor. Debido a que los viñedos están muy esparcidos y la naturaleza montañosa del terreno dificulta el trabajo, el precio de un buen vino de Saboya no se encuentra entre los más bajos.

Los vinos de Saboya son sutiles, elegantes y característicos, y cuentan la historia de su "terroir" mejor que ningún otro. Esto no siempre se puede decir de las innumerables de Chardonnay, pretenciosos, demasiado comerciales y sin carácter, que llenan las estanterías de nuestros supermercados. Cualquiera que se tome su tiempo en explorar los vinos de Saboya seguro que no quedará defraudado.

Vinos de Saboya.

HISTORIA

Aquí también fueron los galos (alóbroges) quienes plantaron los primeros viñedos. Saboya se situaba en un cruce de caminos estratégico para las legiones romanas, que fueron capaces de mantener y mejorar la vinicultura. Los vinos de Saboya pronto recibieron el nombre de los pueblos de los que procedían, con Crépy a la cabeza a la hora de establecer el patrón oficialmente, seguido de cerca por Apremont. Sólo en 1957 los vinos de Saboya recibieron sus certificados de "vin delimité de qualité supérieur", y en septiembre de 1973, el reconocimiento a su esfuerzo: la "appellation d'origine controlée"

LA REGIÓN

Los viñedos de Saboya se asemejan a una larga cuerda de pequeñas regiones, con forma de media luna. Los distritos se sitúan en el este y en el sudeste. Se puede establecer la siguiente subdivisión (de norte a sur):

- Viñedos del lago de Ginebra (Ripaille, Marignan, Marin, Crépy).
- Viñedos del valle del Arve (Ayze) y valle del Usses (Frangy).
- Viñedos del valle del Ródano (Chauytagne, Marestel, Monthoux, Jongieux) y el lago Bourget (Charpignat y Brison) y el valle de Isère (Abymes, Apremont).

El clima es esencialmente continental, pero se ve suavizado por la presencia de los grandes lagos y ríos. En el oeste, las montañas del Jura ayudan a proteger los viñedos de los vientos occidentales que traen la lluvia. Otro aspecto extremadamente importante es el gran número de horas de sol (una media de 1.600 al año).

Los viñedos se sitúan a una altura de 300 a 450 metros (1.000-1.500 pies). El suelo está formado por una mezcla de cal, marga y gravilla de los antiguos glaciares alpinos.

VITICULTURA

La denominación más importante es Vin de Savoie (vinos tranquilos, ligeramente espumosos y espumosos). Existen dieciocho crus que pueden mencionar su nombre en la etiqueta. La denominación Roussette de Savoie (obtenida sólo a partir de la variedad de uva local altesse) también tiene cuatro crus.

Como región vinícola, Saboya merece por descontado una visita especial, aunque sólo sea para descubrir sus cuatro variedades autóctonas y únicas

Savoie: principalmente vinos blancos.

de uvas: las blancas jacquère, altesse (también llamada roussette) y gringet, y la tinta mondeuse.

Además de estas variedades de uvas locales, también se emplean otros tipos de uva: aligoté, chasselas, chardonnay y molette para los vinos blancos, y gamay, persan, joubertin y pinot noir para los vinos rosados y tintos.

LOS VINOS DE SABOYA

VINS DE SAVOIE BLANC

Todos estos vinos blancos están hechos con la variedad de uva jacquère. Son frescos y muy aromáticos.

Dependiendo de su "terroir", la fuerza del color, los aromas y el paladar podrán ir del amarillo pálido, ligero y amable con matices florales (madreselva), a menudo ligeramente chipeante en la lengua, al amarillo neto, lleno y afrutado. Beba estos vinos bien frescos a 8°C (47°F) y jóvenes, por ejemplo; como aperitivos, o como vinos de mesa con mariscos, pescado, carne o platos de queso (como fondue de Saboya y raclette).

Estos vinos blancos deben sus características a la variedad de uva chasselas (bien conocida gracias a los mejores vinos suizos).

Apremont.

Ripaille.

Crépy.

El color es amarillo pálido y el aroma recuerda a fruta madura, a veces incluso seca. El sabor es fresco y amplio. Algunos vinos, particularmente Crépy, tienen carácter ligeramente chipeante de carbónico. Se dice que un buen Crépy tiene que "chisporrotear" o, en francés: le Crépy crépite.

Resultan vinos excelentes como aperitivo, pero también son compañeros adecuados para el pescado o el marisco. También se muestra como un vino de primera clase para una tabla de quesos.

CHIGNIN-BERGERON

Estos destacados vinos blancos obtenidos a partir de la variedad de uvas roussanne merecen una mención especial. Son vinos muy complejos con toques de frutos secos y un toque aquí y allá de anís o hinojo. Sorprendentemente elegantes y frescos, con un paladar lleno que persiste un largo tiempo.

Chignin.

St.-Jeoire-Prieuré.

Jongieux.

Montmélian.

Chautagne.

St.-Jeoire-Prieuré.

Chignin-Bergeron.

Roussette de Savoie (genérico).

Seyssel (no espumoso o ligeramente espumoso).

El Chignin-Bergeron es un vino para las ocasiones especiales, como aperitivo chic o en las comidas con pescado de agua dulce en salsas sofisticadas. No beba estos vinos demasiado fríos. Una temperatura adecuada es la de 12°C (54°F).

ROUSSETTE DE SAVOIE Y SEYSSEL

Los vinos Roussette de Savoie se subdividen en:
- Frangy
- Marestel
- Monthoux
- Monterminod

Estos vinos blancos (todos vinos Roussette de Savoie y Seyssel) están hechos con la variedad de uva altesse (roussette). Esta noble variedad de uva parece que llegó a esta región procedente de la distante Chipre, gracias a una princesa local durante una cruzada.

El color de estos vinos es amarillo pálido con leves y finas burbujas cuando son jóvenes. Éstas desaparecen con el paso del tiempo. El aroma es como un inmenso bouquet de flores del bosque y el campo, como violetas y lirios, con algo de almendras. Su paladar es amplio y redondo. Estos vinos a veces tienen un poco de azúcar residual, lo que les hace incluso más agradables.

Delicioso como aperitivo, particularmente para las tardes melancólicas del otoño.

VINS DE SAVOIE ROUGE

Esta denominación abarca tres tipos diferentes de vino: variedades de gamay, de mondeuse y de pinot noir.

Los Gamay son muy típicos y característicos de su "terroir". Su color es vivo y fresco, lo que también se aplica a su aromático sabor. Beba estos vinos frescos, a unos 12°C (54°F). Acompáñelos con fiambre, carnes blancas o platos de verduras.

Los Mondeuse son mucho más cubiertos de color, con destellos púrpuras. Los aromas

Roussette de Savoie
Monterminod.

Arbin, rode Savoiewijn.

Saint-Jean-de-la-Porte.

Roussette de Savoie Frangy.

Roussette de Savoie
Monthoux.

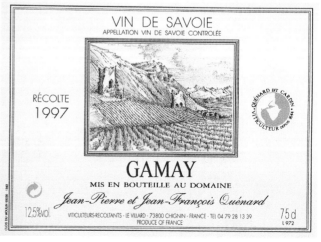

Savoie Gamay.

Savoie Mondeuse.

CONSEJO

Se hacen excelentes quesos en Saboya que combinan muy bien con los vinos locales. Aunque los Abondance, Beaufort, Reblochon, Cyhevrotin des Aravis, Tamié y Tomme de Savoie también combinan muy bien con vinos tintos, no cabe duda de que también merece la pena probarlos con los vinos blancos y frescos de Saboya. De esta forma, usted llegará a conocer la esencia de la región.

Ayze, vino blanco ligeramente espumoso.

y el sabor son más complejos que los de los vinos Gamay. Puede descubrir en ellos una mezcla de fruta roja, pimienta y especias. El tanino puede en ocasiones ser bastante áspero en los vinos jóvenes, pero posteriormente se suaviza bastante. Los buenos vinos de Mondeuse pueden guardarse durante mucho tiempo.

Son excelentes acompañamientos para la carne roja y la caza. Sírvalos a 14°C (57°F).

Los Pinot Noir son bastante escasos. Poseen un delicioso color rojo rubí y aromas y sabor complejos.

Sirva este tipo de vino ligeramente fresco a unos 14°C (57°F). De primera clase con fiambres, carnes blancas, aves o conejo.

BUGEY

Los viñedos de Bugey se encuentran al oeste de Saboya, en el departamento de Ain (O1). Los vinos VDQS producidos aquí son relativamente desconocidos y desgraciadamente también a menudo no muy apreciados, por su acidez muy fresca.

La región vinícola de Bugey fue en su día muy grande. Hoy los pequeños viñedos se extienden por un gran terreno, principalmente sobre un suelo de caliza fragmentada. Gracias a los entusiastas esfuerzos de una nueva generación de viticultores, la región parece tener nueva vida.

Las variedades de uva empleadas son en mucho las mismas que las de la vecina Saboya (mondeuse, pinot noir, gamay, jacquère, altesse, molette, chardonnay y aligoté). Para los vinos espumosos también se usa un poco de poulsard (ver las variedades de uva mencionadas en la sección del "Jura francés"). Una peculiaridad de los Bugey es que siempre son "monocépage"; en otras palabras, vinos varietales.

Savoie Pinot noir.

VINOS DE SABOYA ESPUMOSOS

El Ayze se obtiene de la variedad de uva gringet, mientras que el Seyssel debe su encanto a las variedades de uva molette y altesse. Ambos son destacados vinos blancos espumosos (ligeros) con gran elegancia.

Se trata esencialmente de vinos festivos, pero también apropiados para ocasiones "corrientes". Bébalos a unos 10°C (50°F).

BUGEY BLANC

El Bugey blanco es siempre un vino tranquilo, en contraste con el Roussette du Bugey o el Bugey Brut. Los vinos pueden obtenerse a partir de la variedad de uva jacquère o chardonnay. El Bugey Blanc Chardonnay es el más famoso. Según la vinificación seleccionada, los vinos mostrarán un aspecto y otro. Cuando la fermentación maloláctica no se produce o se produce en parte, los vinos conservan mucha frescura, en ocasiones con bastante acidez. Estos Bugey Blancs duros son suavemente afrutados y combinan bien con ensaladas verdes, entrantes e incluso marisco. Cuando se les permite pasar por una segunda fermentación o fermentación maloláctica su dura acidez se suaviza mucho más. Esto otorga a los vinos una estructura más grasa y una mayor potencia aromática. El Bugey Blanc Chardonnay obtiene entonces aromas cálidos de frutas maduras, panecillos, avellanas, hierba y limas. Estos vinos combinan muy bien con los quesos duros locales y también con los del vecino condado del Jura.

BUGEY MANICLE BLANC

Este cru está producido en las tierras del municipio de Cheigniu la Balme. Aquí la chardonnay crece muy bien, hasta el punto que es la única variedad de uva con la que se obtiene el Manicle Blanc. Son vinos estructurados y poderosos con una estructura untuosa y aromas complejos, que a menudo no tienen nada que envidiar a sus vecinos de Mâconnais.

Resultan deliciosos para servir con pescado de agua dulce (lucio, perca) con salsas cremosas. No los beba demasiado frescos, entre 10-12°C (50-54°F) es suficiente.

ROUSSETTE DU BUGEY

Ésta es la versión tranquila del Roussette, hecho con variedad de altesse (también llamada roussette). El Roussette du Bugey es normalmente amplio de paladar y elegante, sobre todo el de los crus locales de Montagnieu y Visicu-le-Grand. En contraste con muchos vinos blancos se puede guardar un Roussette du Bugey en excelentes condiciones de cinco a diez años. El aroma de un Roussette du Bugey evoluciona con la edad. Cuando el vino aún es joven, los aromas a frutas maduras (melocotón, albaricoque) son dominantes. A los cinco u ocho años aparecen los sensuales aromas a miel y cera de abejas. La fuerza y la esencia de un Roussette du Bugey sólo se desarrolla después de los años necesarios de envejecimiento.

Los vinos jóvenes resultan adecuados para beber, por ejemplo, como aperitivo, pero no pierda de vista la combinación de un Roussette du Bugey maduro con platos de pescado de agua dulce en salsas cremosas. También resulta delicioso con platos de queso y con el queso local Reblochon. Puede beber el vino joven un poco más fresco, alrededor de los 10°C (50°F), el vino más viejo debería ser servido a unos 12°C (54°F).

BUGEY ROUGE

El Bugey Rouge puede obtenerse de las variedades de gamay o pinot noir. Ambos serán amables, frescos, afrutados y con poco tanino. Son vinos fáciles destinados principalmente al consumo diario. Debido a su gran versatilidad, son muy populares en el comercio de restaurantes locales. Beba los vinos corrientes en un plazo de tres años,

los mejores (particularmente los de las viñas más antiguas, *vieilles vignes*) pueden envejecer algo más.

BUGEY ROUGE MONDEUSE

La Mondeuse da a este Bugey Rouge un carácter muy personal, bastante reconocible por su color más cubierto con espléndidos destellos púrpuras y azulados. El aroma y el paladar son intensos, dominados por las grosellas negras y pimienta. Aunque también puede beber un Bugey Rouge joven, se recomienda guardar el vino al menos cinco años. Los mejores vinos pueden envejecer hasta diez años.

Sirva un Bugey Rouge Mondeuse con guisos de vacuno especiados o con caza al grill o asada.

BUGEY MANICLE ROUGE

Al igual que su tocayo, el Manicle tinto se obtiene de las uvas cosechadas en el municipio de Cheignieu la Balme. El Manicle Rouge se obtiene siempre de la variedad pinot, que crece muy bien en esta zona. Algo llamativo en el Manicle Rouge es su potencia de aroma y paladar (acentos a fruta madura y especias).

Resultan vinos ideales para los asados de carnes rojas o de caza menor.

BUGEY BRUT Y MONTAGNIEU BRUT

Ambos son vinos espumosos producidos por el método tradicional, familiar de otros vinos, incluido el champagne. Se seleccionan varios vinos base apropiados que pueden proceder de diferentes viñedos y pueden obtenerse de distintas variedades de uva. La segunda fermentación tiene lugar en la botella, con las botellas tumbadas en rimas durante un periodo de al menos

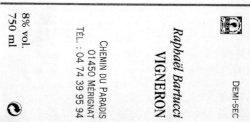

Cerdon, muy bueno y especial.

nueve meses. Posteriormente, se remueven las botellas para llevar el sedimento al cuello. Mediante la congelación del cuello el sedimento queda atrapado en un trozo de hielo. Volteando y abriendo la botella con rapidez, el tapón de hielo se saca de la botella. Antes de que a las botellas se les ponga el último corcho, se completan con el mismo vino y una pequeña cantidad de azúcar hasta que se logra el sabor deseado, ya sea brut (seco) o demi-sec (semiseco).

CERDON

Se trata de un vino excepcional, obtenido a partir de un método muy antiguo, que también se emplea en vinos como el Blanquette de Limoux Ancestrale y Clairette de Die Ancestrale. A diferencia del champagne y otros vinos espumosos en los que la segunda fermentación tiene lugar en la botella con el objeto de retener los aromas de su crianza, los vinos obtenidos por el "méthode ancestrale" se distinguen por la sublimación de los aromas primarios (uva) y secundarios (fermentación alcohólica). En otras palabras, en estos vinos usted saborea la propia esencia de las uvas. No todas las variedades de uva son apropiadas para este "método tradicional", sólo las variedades muy aromáticas.

Una vez que se han llenado las botellas con el mosto aún en fermentación, se enfrían en el agua del río local. El proceso en la actualidad se ha modernizado un poco, pero el principio sigue siendo el mismo. Las uvas para la elaboración de estos Cerdon se siguen recogiendo a mano en las abruptas laderas y sólo cuando están completamente maduras. Esto otorga al vino un color del rosa subido al rojo y una gran riqueza aromática. Durante el transporte, las uvas se estrujan y maceran ligeramente para obtener más color y aromas de las pieles. Después de un cuidadoso prensado, el mosto se enfría a unos 5-10°C (41-50°F) en los años buenos para estabilizar los mostos, lo que asegura una mayor fuerza aromática. La primera fermentación (alcohólica) tiene lugar muy despacio a temperaturas muy bajas (1-9°C/34-48°F) y se inicia de forma espontánea por las propias levaduras propias de la uva (*Saccharomyces uvarum*). Tras alcanzar la densidad deseada el mosto aún en fermentación se enfría a −2°C (28°F) de 48 a 72 horas. Después de filtrar el vino se embotella sin ningún azúcar o levadura añadidos. La segunda fermentación sucede en la propia botella, según la acción de los azúcares residuales supervivientes y el pequeño número de levaduras que han superado el filtrado. Después de ocho días el dióxido de carbono comienza a formarse por conversión de los azúcares residuales por las levaduras, produciendo dióxido de carbono y alcohol. Después de esta segunda fermentación se vuelve a filtrar y a las botellas se les pone el corcho final. El resultado es bastante sorprendente: vinos extremadamente afrutados (fresas, moras, frambuesas), llenos de sabor, pero de estructura ligera (poco alcohol), algo dulces, pero lo suficientemente frescos para ser bien equilibrados. No es un vino para filosofar, pero sí que es válido para sentarse y disfrutarlo. Sírvalo frío, entre 6 y 8°C (43-47°F).

PROVENZA

Históricamente, Provenza es la región vinícola más antigua de Francia. Por supuesto, los galos ya habían disfrutado de la uva noble, pero fueron los griegos los que plantaron los primeros viñedos organizados en la inmediata vecindad de sus colonias en el sur de Francia (Niza, Marsella, Antibes). Después de los griegos, los romanos hicieron que la región se conociera aún más. Los monjes locales mejoraron los viñedos y las técnicas de vinificación. Después de la Revolución Francesa, los vinos de Provenza perdieron el favor que tenían hasta entonces. Sólo en la segunda mitad del siglo XX estos vinos recuperaron su fama, en particular por los vinos rosados alegres, amables y jugosos que todos asociaban con las vacaciones y el mar Mediterráneo. En parte gracias a la preferencia de estrellas y directores de cine por la pintoresca costa de la Riviera y sus múltiples y pequeños puertos pesqueros (Saint-Tropez, Antibes, Saint-Raphael), la popularidad de la cocina provenzal y los vinos creció enormemente. Toda una generación fue criada con los rosados y los pastis de Provenza.

LA IMAGEN DEL ROSADO

En los años 90, los consumidores comenzaron a incrementar su interés por el vino y la gastronomía. También se hicieron cada vez más entendidos y exigentes. Los consumidores recibieron más y mejor información sobre el vino. Lo que es más, aumentaron los estilos y tipos disponibles. Pero aún el rosado quedaba rezagado de este desarrollo. Solamente desde 1998 se han dado señales de una vuelta real del rosado.

Es decir, que el rosado está "de moda" otra vez. Aún queda por ver si esta vuelta a los primeros puestos se extenderá más allá de los meses de verano. Se sigue asociando el rosado con el sol, sentarse en la terraza exterior de un café, almuerzos y vacaciones. En el soleado sur de Francia los turistas beben cada año galones de rosado en los campings, pero de vuelta al hogar en un clima bastante más frío, nadie está interesado en estos vinos. Una pena, porque el rosado merece algo mejor.

Incluso un rosado sencillo puede ser ideal.

CONSEJO

Al escoger un Rosé de Provence, preste atención al color. En general los vinos rosados de tonos pálidos son apropiados para aperitivos o con entrantes ligeros. Los vinos más cubiertos combinan mejor con platos principales.

Por ejemplo, el rosado se puede beber todo el año con comida india, indonesia, china y en particular tailandesa. Pero también con crustáceos y mariscos (con algunas chalotas cortadas, ajo y perejil) resulta agradable tomar una copa de Rosé de Provence, incluso en un frío día de invierno. ¿Sabía usted que un buen rosado de Provenza, sobre todo los mejores crus, combina muy bien con salmón à la minute? Y también otras clases de pescado, preferiblemente al grill, con una guarnición de tomates, albahaca, tomillo, ajo y aceite de oliva, piden un Rosé de Provence.

LA REGIÓN

La región vinícola de Provenza se extiende por un área enorme que abarca de Niza a Arlés. No es extraño, pues, que los vinos difieran tanto en color, aroma y gusto. Los viñedos a menudo están a mucha distancia entre sí, lo que implica trabajo extra. La mayoría de los viticultores son por tanto miembros de una cooperativa para abaratar los costes y economizar el trabajo. Sin embargo, los mejores vinos proceden sobre todo de las pequeñas propiedades independientes que embotellan su producción propia. Obviamente, el precio de estos vinos siempre será más alto que el de los vinos de las cooperativas, pero la diferencia en calidad justifica estos precios elevados.

Los mejores vinos se encuentran en pequeñas villas
(Château Revelette, Peter Fischer).

LAS VARIEDADES DE UVA

Como en cualquier otro sitio del sur de Francia, en Provenza se emplean un gran número de variedades de uva, unas veinte en total. La mayoría de los vinos se obtienen a partir de mezclas de las distintas variedades.

Para los vinos tintos y rosados se escoge entre carignan, cinsault, grenache, mourvèdre, cabernet sauvignon, syrah y las menos conocidas tibouren, calitor, braquet, folle noire (fuella) y barberoux.

Para los vinos blancos las variedades que se usan son ugni blanc, clairette, rolle y sémillon, con añadidos aquí y allá de chardonnay, grenache blanc, picpoul, sauvignon blanc y muscat.

LOS VINOS

Provenza tiene nueve regiones vinícolas A.O.C. Empezaremos con la región más al norte y después nos desplazaremos a lo largo de la costa de Niza a Arlés.

COTEAUX DE PIERREVERT

Esta región se sitúa a ambos lados del río Durance, alrededor y hacia el norte de la ciudad de Manosque. Los vinos blancos, tintos y rosados son frescos, llenos de carácter y relativamente bajos en alcohol.

Los vinos blancos se obtienen a partir de las siguientes variedades de uvas: grenache blanc, vermentino, ugni blanc, clairette, roussanne, marsanne y piquepoul (picpoul), con un 25 por 100 hasta la cosecha del 2006 de grenache blanc y vermentino, y después de esa fecha al menos un 50 por 100. No más del 70 por 100 de las uvas mezcladas en el vino puede pertenecer a una sola variedad.

Los vinos tintos pueden obtenerse con al menos dos variedades de uva, grenache noir y syrah, que juntas alcanzan al menos el 70 por 100 de las mezclas y que pueden ser complementadas si se desea con carignan, cinsault o mourvèdre, siempre que las variedades de uva en cuestión hayan sido plantadas antes de 1998. Los vinos rosados constan de al menos dos de las siguientes variedades: grenache noir, syrah, carignan y cinsault, con al menos un 50 por 100 de grenache noir y un 20 por 100 de syrah. El vino también puede contener un 20 por 100 de las variedades de uvas blancas mencionadas en el párrafo anterior.

Los Coteaux de Pierrevert son vinos excelentes para los almuerzos, picnics o fiestas en la playa, y generalmente ofrecen gran satisfacción a un precio relativamente bajo.

BELLET

En 1995 el nuevo propietario del local Château de Crémat declaró que el Bellet sería "no el más extenso, pero sí el mejor". No iba demasiado descaminado. La región es efectivamente pequeña, unas 32 hectáreas (80 acres). Se obtienen excelentes vinos en los abruptos terrenos que rodean la ciudad de Niza, pero desgraciadamente la mayoría de la producción se vende a nivel local.

BELLET TINTO

Son vinos muy característicos de variedad folle noire, grenache, cinsault y a veces braquet. Poseen un color rojo púrpura limpio, aromas muy afrutados a grosellas negras y frambuesas con un toque a madera. El paladar es suave y aterciopelado, lleno y redondo. Estos vinos pueden envejecer durante algunos años.

Beba un Bellet Rouge ligeramente fresco con guisos típicos de la comida provenzal como *pot-au-feu, daube à la Provençale* o *estouffade*.

Bellet, pequeño, pero
con un estupendo château.

BELLET-ROSÉ

Hecho con variedad braquet, grenache y cinsault, este vino rosado es fresco y suave como la seda. El color tiende hacia el rosa pastel, el aroma es fresco y seductor, con gratas notas florales. El paladar es suave y amable.

Beba el vino fresco a unos 10-12°C (50-54°F) con la pizza local rematada con mucho tomate, cebolla y anchoas (*pissaladière*) o platos de huevo con pimientos y tomates.

BELLET BLANC

Aquí es la variedad rolle y cada vez más a menudo la chardonnay quienes determinan el sabor de este vino. El vino posee un color limpio y neto, un aroma elegante a almendras tostadas con un toque a flores blancas y un sabor fresco y elegante, muy bien equilibrado, con una estructura firme pero no demasiado rígida.

CÔTES DE PROVENCE

En volumen ésta es la A.O.C. más importante en Proveza. La región se subdivide en cinco "terroirs":
- Las colinas del Haut Pays: alrededores de Draguignon, en el norte de la región –colinas calizas.
- La Vallée Intérieure: más al sur, en el interior entre Fréjus y Tolón, al norte del macizo de Maures. El suelo consiste en arcilla y arena ferruginosas.
- La línea costera, de Cannes a Tolón, a los pies del

Côtes de Provence de la región costera de Beausset.

macizo de Maures. Suelo de rocas ígneas, esquisto y granito.
- La cuenca del Beauset: entre los A.C. Cassis y Bandol. Suelo calizo.
- La Sainte-Victoire: en los alrededores de la imponente cadena montañosa de Sainte-Victoire, bajo Aix-en-Provence. Suelo de arcilla y esquisto.

El siempre sonriente Guy Négrel y sus viñedos
en la ladera del Mont Ste-Victoire.

CÔTES DE PROVENCE ROSÉ

El color de este rosado depende de la técnica de vinificación escogida y del periodo de tiempo en el que el mosto esté en contacto con las pieles. Cuanto más largo el tiempo de maceración, más intenso de color el vino. Este rosado de la Provenza es seco, afrutado y elegante. El color es siempre limpio y brillante.

Beba este vino a unos 10°C (50°F) con pescado, crustáceos y marisco, verduras o incluso carnes blancas, pollo o cordero, cocinados con cebolla, ajo, tomates, pimientos, albahaca, tomillo, romero, orégano, aceitunas y aceite de oliva: cuantos más ingredientes más sabrosa la combinación.

Côtes de Provence rosado y tinto.

CÔTES PROVENCE ROUGE

Se trata de vinos notables, obtenidos de forma tradicional con la ayuda de la tecnología más moderna. En estos vinos tintos existe una amplia gama de tonalidades, aroma y sabor, debido a las diferencias de "terroir", las variedades empleadas y métodos de vinificación. Algunos vinos son ligeros y afrutados, con toques a flores. Otros –la mayor parte de los vinos criados en roble–

son bastante más robustos y estructurados y necesitan guardarse durante algunos años. Sea como sea, afrutado o de guarda, un Côtes de Provence Rouge es capaz de agradar a todos.

Sirva los afrutados, que son más ligeros en color, frescos (alrededor de 14°C/57°F) en el almuerzo o en un picnic. También resultan agradables con platos de carne ligeros. Los más poderosos deben servirse algo menos frescos (alrededor de los 16°C/61°F) con carnes rojas, aves de caza o incluso una buena tabla de quesos.

CÔTES DE PROVENCE BLANC

Vinos bastante escasos de alta calidad, siempre hechos con variedades blancas (blanc de blancs). Aquí también, la variedad de uva empleada y el "terroir" determinan qué tipo de vino se obtiene: fresco y flexible o amplio y estructurado. Se trata de un vino que realmente tiene que descubrir y que le contará interesantes historias sobre la región de Provenza.

Beba un Côtes de Provence Blanc frío, a 10-12°C (50-54°F), con todo lo bueno que el mar tiene que ofrecer. También resulta agradable con queso fresco de cabra.

COTEAUX VAROIS

Al norte de Bandol, situados entre los "terroirs" de La Sainte-Victoire y La Vallée Intérieure, se encuentran los viñedos de una región vinícola relativamente reciente. Sólo desde 1993 el Coteaux du Varois ha sido oficialmente reconocido como miembro de la familia A.O.C. En el centro del departamento de Var, en los alrededores de la

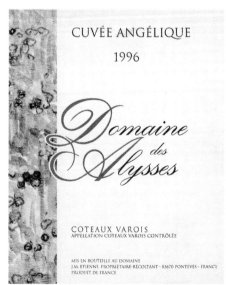

Mas de Cadenet Rouge, impresionante y todavía muy asequible.

Coteaux Varois.

pintoresca ciudad provenzal de Brignòles, se hacen vinos agradables, afrutados y de paladar lleno (60 por 100 rosados, 35 por 100 tintos y 5 por 100 blancos). Son muy similares a los vinos de Còtes de Provence (consulte esa sección para ver los platos recomendados).

BANDOL

Los viñedos de Bandol se plantan en terrazas (restanques) de suelos pobres, calizos y con gravilla, protegidos por un anfiteatro de montañas boscosas (macizo de Sainte-Beaume, 1.147 m/3.500 pies). Aquí el sol brilla unas 3.000 horas al año. Afortunadamente, las brisas del este y sudeste aportan las precipitaciones necesarias y los vientos del sur del Mediterráneo suavizan el clima extremadamente caluroso.

Varias generaciones de viticultores han construido y mantenido estas terrazas a mano. En el suelo árido de las abruptas laderas se ha llevado a cabo durante siglos una lucha perpetua contra la erosión destructiva. Nunca se puede estar tranquilo en esos viñedos. Aún hay que trabajar mucho a mano, porque la plantación en terrazas no permite la mecanización. Obviamente, esto tiene una influencia en el precio de un buen Bandol.

Un buen Bandol está entre la elite de los vinos franceses.

También es importante para el precio el rendimiento. El rendimiento máximo establecido por la ley de 40 hectolitros por hectáreas (45,5 *bushels* estadounidenses por acre) apenas se alcanza aquí. La media es de unos 35 hectolitros por hectárea (39,75 *bushels* estadounidenses por acre). El área total de los viñedos abarca unas 1.000 hectáreas (algo menos de 2.500 acres).

Los viticultores locales son perfeccionistas, constantemente buscan los mejores emplazamientos, las mejores uvas, las mejores maderas... El resultado habla por sí solo. Los vinos de Bandol pertenecen a la elite de los grandes vinos franceses.

BANDOL TINTO

El Bandol tinto tiene que hacerse con al menos un 50 por 100 de variedad mourvèdre, complementada hasta un 90 por 100 con grenache y/o cinsault. El 10 por 100 restante puede obtenerse de syrah y carignan, luego la mourvèdre determina el carácter del Bandol tinto. Allí donde otras variedades de uva pueden producir aromas requemados debido a la gran cantidad de luz solar, la

mourvèdre retiene sus aromas afrutados que hacen a la uva particularmente apropiada para los cálidos viñedos de Bandol.

Un Bandol tinto es muy tánico cuando es joven, después de al menos dieciocho meses en roble. Muchas personas piensan que un Bandol tinto es demasiado costoso y los vinos demasiado duros. Estas personas no han tenido la paciencia de guardar estos vinos durante al menos seis, pero preferiblemente diez años. Sólo entonces un Bandol tinto se encuentra en su mejor momento... El aroma es una sublime combinación de frutos rojos y negros (cerezas silvestres), peonías, maleza y heliotropo (una planta mediterránea con olorosas flores azul púrpura, algo similares a la borraja). Cuando el vino es algo mayor (más de diez años) los aromas clásicos evolucionan a trufas, pimienta, vainilla, regaliz, canela y almizcle. Un Bandol tinto de un buen año puede, sin lugar a dudas, guardarse durante veinte años. Si entonces considera lo que pagó por el vino hace diez o veinte años, estará de acuerdo conmigo en que fue más que razonable a juzgar por la calidad que ofrece.

Siempre obtendrá la relación calidad-precio con un buen Bandol.

Por eso no beba su Bandol Rouge demasiado joven, sino a una edad madura. Resulta apropiado para platos de carne y todo tipo de caza. Sirva el vino a 16-18°C (61-64°F).

BANDOL ROSÉ

Aquí, también, se aplican las mismas proporciones estrictas para las variedades de uvas. Un Bandol Rosé combina los elementos aromáticos de Mourvèdre (cerezas silvestres, frutas rojas y negras, peonías, heliotropos, pimienta) con un encanto, fuerza, frescura y profundidad propias.

Sirva el Bandol rosé a 10-12°C (50-54°F), como aperitivo, o con platos en los que estén muy presentes ingredientes como aceite de oliva, aceitunas, ajo y hierbas de la Provenza. También resultan excelentes con pescado de agua salada al grill.

Bandol rosé.

BANDOL BLANC

Estos vinos blancos son extremadamente frescos, vivos y descarados. Se obtienen a partir de las variedades de clairette, ugni blanc y bourboulenc. En la nariz gene-ralmente reconocerá frutos cítricos (pomelo, limón) y flores. Tienen un paladar lleno, carnoso y juguetón al mismo tiempo.

Un Bandol blanc es un excelente acompañamiento para el pescado de mar, crustáceos y marisco, y todo tipo de platos al grill condimentados con pimienta, ajo y aceite de oliva. No sirva un Bandol blanc demasiado frío (10-12°C/50-54°F).

CASSIS

Cassis es el nombre de un idílico pequeño puerto del Mediterráneo. El puerto está rodeado de imponentes rocas que ofrecen protección a los viñedos de uno de los vinos blancos más finos de Francia. De un total de 175 hectáreas (440 acres), 123 hectáreas (300 acres) están destinadas a la producción de estos vinos blancos.

También en Cassis se elaboran rosados y tintos, ambos sorprendentemente afrutados, flexibles y agradables. Deliciosos con platos que contengan aceitunas y anchoas.

CASSIS BLANC

No encontrará un buen Cassis blanc fuera de la región en la que es producido. La demanda local casi excede la producción. El vino evoca en su aroma cera de abejas, miel, frutas maduras, madera de cedro, flores (espino, lilas), almendras y avellanas. El sabor es muy fresco y con cuerpo. Su evidente frescura ácida asegura una buena estructura.

Beba estos vinos con la sopa de pescado local (bouillabaisse). Sobre todo, no olvide el alioli (mayonesa con ajo) y la rouille (salsa con pimientos picantes y azafrán). Pruébelo alguna vez con berenjenas o calabacines aromatizados con mantequilla de anchoa, o un tapenade (una pasta de aceitunas y anchoas). Beba este Cassis blanco a 10-12°C (50-54°F).

Cassis blanc, estupendo con marisco.

Château Simone (Palette),
el sueño de muchos sommeliers.

PALETTE

Palette es una diminuta región vinícola cerca de Aix-en-Provence. Los viñedos se sitúan en un terreno de caliza fragmentado, protegido del sol abrasador y de los duros vientos por un círculo de bosques. Los vinos de Palette (tintos, rosados y blancos) son apreciados por los entendidos de todo el mundo. Debido a su elevado precio sólo son, desgraciadamente, para unos "pocos afortunados".

PALETTE ROUGE

Vinos muy elegantes y sofisticados, de color rojo rubí, con sutiles aromas a frutos rojos y violetas y un bouquet penetrante de almizcle, vainilla y pinos. Su paladar es complejo, redondo, pleno y completo, con mucha estructura. Este vino poderoso y bien equilibrado merece ser guardado durante varios años.

Beba el vino a unos 16°C (61°F) con aves de caza, conejo u otros tipos de carne, con una salsa que contenga aceitunas.

PALETTE ROSÉ

De color rojo rubí pálido con toques ámbar. En la nariz es muy afrutado y el paladar es fresco y lleno, con mucha elegancia y delicadeza.

Beba un Palette rosé a 10-12°C (50-54°F) con, por ejemplo, pescado de mar al grill, crustáceos, marisco o pimientos a la parrilla. Las anchoas también combinan con este vino.

Original, caro, pero realmente sublime.

Coteaux d'Aix en Provence rosado.

PALETTE BLANC

Según los entendidos, con diferencia el mejor de los tres vinos de Palette. Un Palette blanco no se entrega a la primera. Dele tiempo para respirar, si es necesario decántelo primero. Después de unos momentos irá revelando sus secretos: aromas a flores, maleza, madera nueva combinado con dulce de membrillo, frutas maduras y, sobre todo, mucho poder y elegancia en su lujurioso paladar. Estos vinos pueden envejecer muy bien, y adoptan un espléndido tono de oro viejo. El aroma de un Palette blanco maduro es sobrecogedor, casi sofocante. Los entendidos en vinos que han tenido la oportunidad de probar este excelente vino, se entusiasman –o se quedan sin habla– años después, cuando vuelven a oír el nombre de Château Simone. Sin lugar a dudas, uno de los mejores vinos blancos de Francia y del mundo.

Beba el Palette Blanc a unos 12°C (54°F) con pescado de mar al grill, como rubios o besugos, o con verduras a la provenzal con buen aceite de oliva, ajo y hierbas frescas. Una experiencia inolvidable.

COTEAUX D'AIX-EN-PROVENCE

Esta región extensa se sitúa al sur del río Durance y se estrecha hacia el mar Mediterráneo en el sur y hacia el Ródano en el este. El suelo es calizo y el paisaje se caracteriza por la alternancia de pequeñas colinas y valles aluviales. Las colinas corren paralelas a la costa y están cubiertas de arbustos bajos, hierbas salvajes (*garrigue*) y bosques de conífe-

feras. Los valles están formados por un subsuelo rocoso y tierra silícea con arenisca calcárea y esquisto, y está cubierta por una mezcla de arena, gravilla y depósitos aluviales. La región es bastante extensa, unas 3.500 hectáreas (8.500 acres).

Hasta los años 70 se producían principalmente vinos tintos, pero la demanda de rosados se ha disparado explosivamente desde entonces. En la actualidad un 70 por 100 de la producción es de vinos rosados. Las variedades de uva más empleadas para los rosados y los tintos son grenache y cinsault, con el complemento de uvas syrah y cabernet sauvignon.

COTEAUX D'AIX-EN-PROVENCE ROSÉ

Estos vinos son ligeros, afrutados y muy agradables. Los mejores rosados de Coteaux d'Aix-en-Provence son amplios y poderosos con un predominio floral. Beba estos vinos jóvenes, a una temperatura de 10-12°C (50-54°F).

Combina con platos de la Provenza como el alioli (verduras, pescado y patatas con mayonesa con ajo), ratatouille, pescado al grill o verduras asadas (berenjenas, calabacines, pimientos, tomates, alcachofas, hinojo).

COTEAUX D'AIX-EN-PROVENCE ROUGE

Vinos fascinantes que en ocasiones pueden ser ligeramente rústicos. Así, no encontrará demasiada elegancia o sutileza, sino "terroir", fruta, poder y notas sensuales a cuero, pimienta, especias y hierbas. Los taninos son suaves, de forma que los vinos se pueden beber aún jóvenes. Sin embargo, los mejores vinos se encuentran en su mejor momento sólo después de dos o tres años.

Coteaux d'Aix en Provence tinto.

Beba estos vinos a 14-16°C (57-61°) con carne asada (una pierna de cordero), verduras de Provenza (tomates, berenjenas, calabacines) rellenas con carne picada de cordero bien especiada. Los vinos maduros también combinan a la perfección con platos de caza no demasiado fuertes.

Coteaux d'Aix en Provence blanco.

COTEAUX D'AIX-EN-PROVENCE BLANC

Estos vinos bastante escasos de variedad grenache blanc, bourboulenc, clairette, grolle, sauvignon y ugni blanc son a menudo sabrosos, encantadores y elegantes a la vez. Su aroma recuerda a flores (espino) y/o arbustos (alheña, boj), y el sabor es fresco, amplio, muy aromático y lleno de carácter.

Servidos a 10-12°C (50-54°F), estos vinos son perfectos compañeros para los mariscos, pero también combinan excelentemente con platos (de pescado) a base de azafrán, aceite de oliva, tomate y ajo.

LES BAUX-DE-PROVENCE

Esta región es realmente parte de Coteaux d'Aix-en-Provence, pero desde 1955 ha tenido su propio AC. El paisaje aquí está dominado por los Alpes, salvajes y pintorescos, con viñedos alternando con cultivos de olivos. La región adquirió su propia denominación gracias al microclima local y a las regulaciones bastante estrictas de sus productos. Sólo los vinos tintos y rosados, producidos en un área de 300 a (750 acres) en los alrededores de la ciudad de Les Baux de Provence pueden llevar esta A.O.C.

LES BAUX-DE-PROVENCE ROSÉ

El color le impactará al principio: un rosa salmón espléndido. El aroma recuerda a grosellas rojas, fresas y otras frutas rojas. El sabor es fresco, afrutado (pomelo, cerezas) y muy agradable. Este rosado es capaz de gustar a todo el mundo.

Beba un Les Baux-de-Provence rosé frío (10-12°C/ 50-54°F) como aperitivo o con platos de Provenza.

LES BAUX-DE-PROVENCE ROUGE

El color de estos vinos tintos es rojo de capa alta de tono rubí profundo. El aroma es complejo y poderoso, con toques de madera, vainilla, regaliz, mermelada de ciruela, caramelo, café, cacao, maleza y, a veces, licor de guindas. Debido a los taninos robustos y jóvenes, el paladar los primeros años es bastante áspero, pero después de algunos años en la botella se vuelve más redondo y poderoso. Ciertamente, no resulta encantador a primera vista, más bien es un peso pesado; eso sí, civilizado.

Beba este tinto a 16-18°C (61-64°F) con carnes asadas, caza o quesos curados o semicurados.

Clos Mireille, de los legendarios Domaines d'Oto (Provenza), produce uno de los más finos vinos blancos franceses.

CÓRCEGA

HISTORIA

Durante mucho tiempo, Córcega fue conocida como la isla del tesoro en todos los pueblos marineros. Los fenicios, griegos, romanos y árabes fueron sus frecuentes visitantes. Fueron con toda probabilidad los griegos los que primero cultivaron vides en la isla, mucho antes de nuestra era. Pero ya existieron vides silvestres creciendo allí desde el 6000 antes de Cristo.

Cuando los griegos establecieron su colonia de Massalia (Marsella) alrededor del 600 a.C., Córcega era una montaña salvaje en el Mediterráneo. La isla estaba habitada únicamente por pastores de ovejas y de cerdos. Los griegos rápidamente se dieron cuenta de la importancia estratégica de la isla y construyeron una base naval en Alalia, rodeada de viñedos cultivados. Durante la ocupación romana, la isla adquirió una existencia algo más civilizada y mejor organizada. Los pequeños puertos se convirtieron en ciudades, los viñedos y los campos a pequeña escala se transformaron en proyectos agrícolas bastante más grandes.

Después de la caída del Imperio Romano, la isla fue brutalmente asaltada por una serie de pueblos. La agricultura cayó en picado. A pesar de la ocupación sarracena y las invasiones de los piratas bárbaros, los valientes monjes de los pequeños asentamientos cristianos consiguieron mantener los viñedos.

Desde el siglo XI hasta 1285, Córcega estuvo bajo el poder de Pisa. Tras la derrota de Pisa a manos de Génova, Córcega cambió de propietario. Se mantuvo italiana hasta 1755.

En 1755 los franceses compraron la isla. Hasta la Segunda Guerra Mundial fueron principalmente los vinos de licor dulces de Córcega los que se vendían bien. No fue hasta 1857 cuando el mundo del vino giró su mirada a la isla. La legislación vinícola fue reforzada y las autoridades favorecieron el cultivo de vides en los suelos más apropiados.

Después de la guerra de la independencia de Argelia, cuando los franceses tuvieron que abandonar apresuradamente su antigua colonia, los viticultores franceses refugiados encontraron su segundo hogar en Languedoc-Roussillon, el valle del Ródano y Córcega. Al menos 17.000 de ellos se establecieron en Córcega, lo que impulsó y estimuló el cultivo de la vid en esta isla. Esta inyección fue, no obstante, de naturaleza más cuantitativa que cualitativa. Acostumbrados como estaban en Argelia a la producción de vino a granel para mezclar, los recién llegados siguieron trabajando del mismo modo en Córcega durante años. Debido a que el precio del vino se basaba a menudo en su contenido en alcohol, se añadían toneladas de azúcar (*chaptalization*) a estos "hermanos adoptivos", destinados a fortalecer a sus hermanos más débiles de Languedoc-Roussillon.

Desde 1976 estos vinos procedentes de mezclas han perdido su popularidad. La tecnología francesa ha mejorado hasta el punto de que casi todas las regiones vinícolas pueden abastecerse a sí mismas, sin que sea necesario ningún añadido de vinos importados. Desde ese momento, Córcega ha dado un giro por completo. La generación más joven de viticultores ha cambiado radicalmente el curso. Allí donde se produjeron en su día grandes cantidades de vino mediocre, ahora se han reemplazado por la obtención de vinos de variedades tradicionales, como niellucciu, sciaccarello y vermentinu (vermentino). La calidad es ahora la prioridad.

DOS PUNTOS DE VISTA

En Córcega, existen en realidad dos zonas de cultivo del vino: las costas norte, este y sur, que son las regiones tradicionales orientadas al vino que incluyen todos los A.O.C. a pequeña escala, y la costa este, en donde existe más interés en producir vinos genéricos de Córcega, *vins de pays* y *vins de cépage* (varietales). Para las ocho primeras A.O.C. se emplean las variedades tradicionales de uva (niellucciu, sciaccarello y vermentinu), mientras que los vinos corsos genéricos se basan en vermentinu, niellucciu, sciaccarello y grenache. En los *vins de pays* y *vins de cépage* dominan cabernet, merlot y chardonnay.

Córcega también se divide en dos partes con respecto al "terroir". El norte (Bastia, Calvi, Corte, Aléria) cuenta con un suelo complejo de arcilla y cal alrededor de Bastia (Patrimonio A.O.C.) y esquisto azul en la costa este, mientras que el sur (Porto, Ajaccio, Sartene, Bonifacio y Porto-Vecchio) consiste en roca ígnea y granito. Esta línea divisoria es, por supuesto, en gran parte teórica, ya que en toda la isla podemos encontrar innumerables pequeños "terroirs" y microclimas.

VARIEDADES DE UVA

Las tres variedades de uva "propias" de Córcega no pueden ser consideradas autóctonas. Los nombres suenan algo diferentes de cualquier otro lugar, aunque dos de los tres son familiares.

VERMENTINU
La vermentinu blanca también recibe el nombre de "malvoise corsa" y es una típica uva mediterránea. Esta uva, también cultivada en Italia, España y Portugal, da lugar a vinos blancos de alta calidad, muy florales, algo subidos de grado, de paladar opulento y amplio, y con un regusto reconocible a almendras amargas y manzanas. Como ocurre con mayor frecuencia en los vinos italianos, la vermentinu se añade a veces a las uvas tintas para obtener espléndidos vinos rosados. El sabor de los vinos tintos también se ve enriquecido por esta variedad de uva.

NIELLUCCIU
Ésta es una uva famosa en el mundo que conocemos mejor por el nombre de "sangre de Júpiter" o sangiovese (Toscana). Los vinos obtenidos a partir de esta uva se reconocen por sus aromas a frutas rojas, violetas, especias y, en ocasiones, albaricoques. A medida que envejecen, se desarrollan matices característicos a piel de animal, caza y regaliz. Su paladar es suave, untuoso y lujurioso. La niellucciu se emplea principalmente para los vinos de Patrimonio.

SCIACCARELLO

También llamada "sciaccarellu" en Córcega, que significa algo así como crujiente. Esta variedad de uva se da particularmente bien en suelos de granito, por ejemplo, en Ajaccio. Los vinos de Sciaccarello son muy sofisticados y pueden reconocerse particularmente por su típico aroma a pimienta y por el sabor.

LAS NUEVE ACS (DENOMINACIONES DE ORIGEN)

COTEAUX DU CAP CORSE

Con sólo treinta hectáreas (75 acres) de viñedos A.O.C., esta diminuta región se sitúa en las montañosas laderas al norte de la ciudad de Bastia. Aquí se elaboran vinos tintos y rosados, pero principalmente blancos. Los vinos blancos tienen a la vermentinu como base, son excelentes y muy sofisticados.

MUSCAT DE CAP CORSE

Estos vinos se elaboran en la misma región montañosa que el Coteaux du Cap Corse y también en la región de Patrimonio. Esta denominación se reconoció oficialmente en 1993, pero los vinos locales de variedad muscat habían disfrutado de fama internacional durante siglos. Son delicados y muy aromáticos. Los mejores vinos Muscat se obtienen de uvas vendimiadas tardíamente, que, en pequeñas cajas, continúan madurando y concentrándose bajo el caluroso sol. De esta forma se obtienen vinos muy llenos, muy aromáticos, untuosos y vigorosos, que envejecen bien. Bébalos bien fríos, a unos 8°C (47°F).

Cuando son jóvenes y afrutados, estos vinos combinan bien con ensaladas o pasteles de frutas. Algo más añejos y sabios, pueden combinar con un foie gras o incluso quesos azules fuertes (roquefort o gorgonzola).

PATRIMONIO

Uno de los vinos más conocidos y también de los mejores vinos de Córcega. Los vinos tintos y rosados se obtienen a partir de uvas de variedad niellucciu. La vermentinu también garantiza espléndidos vinos en esta isla.

–   Patrimonio blanc: vinos amarillo pálido con un toque verdoso. Aromas florales (espino y flores blancas), sabor fresco y afrutado, amplio y lleno, con ocasionalmente una ligera "chispa" de carbónico. Beba estos elegantes vinos a unos 10°C (50°F) como aperitivo o con platos de pescado, crustáceos y marisco, pollo y carnes blancas. Excelente con el queso fresco local de cabra, pero también con cualquier otro queso de cabra.
–   Patrimonio rosé: color rosa pálido. Aromas a frutas rojas (cerezas, grosellas) y, a veces, frutos exóticos. Beba este rosado fresco y afrutado a unos 10°C (50°F) con carnes frías, platos de pescado, ensaladas con pescado, carne o verduras y queso sin un sabor demasiado pronunciado.
–   Patrimonio tinto: estos vinos se producen en dos versiones: una más ligera y otra tradicional, más robusta. Los vinos de Patrimonio tintos más lige-

Muscat du Cap Corse.

Patrimonio.

Calvi.

ros son normalmente de color rojo rubí, muy afrutados (grosellas negras, moras), suaves y aterciopelados –a pesar de cierta carga de tanino–, y muy bien equilibrados. A medida que el vino envejece, los aromas frutales se transforman en matices terrosos, como maleza. Beba este tipo de vino a unos 16°C (61°F) con carnes rojas, caza, guisos y quesos fuertes.

El Patrimonio tinto tradicional y más robusto es más cubierto de color oscuro y tiene más tanino que sus primos. A medida que envejece, su aroma afrutado y su sabor evolucionan hacia aromas más complejos a frutos sobremaduros o escarchados, cuero y regaliz.

Sirva estos pesos pesados a 16-18°C (61-64°F) con platos de carne roja fuertes, caza, guisos y queso de oveja. Ambos tipos de Patrimonio se beneficiarán de ser decantados unas horas antes de la comida.

VIN DE CORSE CALVI

En un suelo muy irregular de piedras desiguales, cantos rodados y gravilla, se producen vinos tintos muy afrutados, vinos rosados fascinantes, sofisticados y aromáticos y blancos muy pálidos, amables y fáciles de beber, a partir de las variedades de uva niellucciu, grenache, cinsault, sciaccarello y vermentinu.

Ligeramente frescos, todos ellos combinan a la perfección con platos de la cocina mediterránea.

AJACCIO

Esta región vinícola, situada en unas accidentadas colinas rocosas, está orgullosa de su "huésped permanente", la uva sciaccarello, que produce aquí grandes vinos con aromas reconocibles a almendras tostadas y frutos rojos (frambuesas). Estos vinos tradicionales pueden

Ajaccio tinto.

envejecer bien. También muy gratificantes son los vinos blancos obtenidos a partir de la malvoise (vermentinu)

VIN DE CORSE SARTÈNE

Las uvas de variedad sciaccarello, grenache y cinsault, que producen vinos tintos con estructura y rosados frescos, se cultivan aquí en pendientes abruptas. Estos vinos son consumidos principalmente por la población local. Raramente los encontrará fuera de la isla.

VIN DE CORSE FIGARI

Ésta es la región vinícola más al sur de Francia, al norte de la ciudad de Bonifacio. Aquí se producen vinos tintos robustos y también rosados y blancos.

VIN DE CORSE PORTO VECCHIO

En el sudeste de la isla se producen vinos tintos elegantes, carnosos y redondos, y vinos rosados frescos, sofisticados y muy aromáticos a partir de las variedades de uva niellucciu y sciaccarello, junto con la grenache. Los blancos, muy secos e intensamente afrutados, se obtienen de la variedad vermentinu.

Vin de Corse blanco, Vermentino en Ajaccio rosado.

VIN DE CORSE

En la inmensa –según los patrones corsos– región vinícola alrededor de Aleria y debajo de Bastia (1.550 hectáreas/3.800 acres) se producen vinos genéricos. Ésta es una denominación relativamente reciente, pero los primeros resultados son muy prometedores. Después de siglos de abandono, los viñedos han sido replantados en lugares donde una vez los griegos y los romanos hicieron sus mejores vinos, al pie de una pared rocosa de 1.200 metros (3.600 pies). Aquí se obtienen todos los tipos de vino, incluyendo excelentes *vins de pays*. Además de empresas vinícolas muy tradicionales, existen también cooperativas muy modernas, que se están dando a conocer cada vez más dentro y fuera de Francia con sus vinos menos tradicionales, pero muy correctos. En cuanto a los *vins de pays*, también la tendencia parece inclinarse hacia la calidad. El mercado para los vinos de denominación (A.O.C.) está creciendo, como el de los mejores *vins de pays* y varietales. Por esta razón, en Córcega también se producen menos vinos mediocres y la calidad se está haciendo cada vez más importante.

LANGUEDOC-ROUSSILLON

Un tercio de todos los vinos franceses procede de Languedoc-Roussillon. Sin embargo, la mayoría de estos vinos se incluyen en la categoría de *vins de pays* o incluso *vins de table*. Languedoc-Roussillon produce al menos un 75 por 100 de los *vins de pays* franceses. Estos vinos

son de una calidad superior que los vinos de mesa corrientes, pero no alcanzan en general el nivel de un vino A.O.C. bien hecho. Por supuesto, existen muchas excepciones a esta regla. Muchos *vins de pays* se venden con el nombre de la variedad de la uva, como *vins de cépage*.

La historia de Languedoc-Roussillon siempre ha estado unida al vino y al cultivo de la uva. Las ruinas griegas y romanas, los castillos, abadías e iglesias son los testigos silenciosos de un pasado turbulento. En Languedoc-Roussillon tuvieron lugar sangrientas batallas, particularmente para silenciar a los cátaros albigenses. La región siempre ha tenido una gran importancia estratégica para los reyes de Francia y sus archirrivales de la corona de Aragón y el sur. En aquella época los cátaros controlaban los importantes pasos de sus castillos construidos como verdaderos nidos de águilas. Debido a que los cátaros eran el anatema de la Iglesia católica, se estableció una monstruosa alianza entre el rey de Francia y la Iglesia para erradicar a los miembros de esta secta herética. Bajo la bandera de la temible Inquisición, los habitantes de la región fueron completamente "limpiados". Las fortalezas cátaras fueron vencidas con grandes muestras de fuerza y se provocaron graves incendios. Cientos de cátaros fueron cruelmente asesinados sin ningún tipo de juicio.

Este pasaje extremadamente trágico de la historia de Languedoc-Roussillon sigue aún vivo en la población nativa. El carácter orgulloso y puro de los cátaros atrae a los habitantes de la región, que se sienten muy apegados a su "terroir" y a sus ancestros.

Muchos de los *vins de pays* franceses provienen de Languedoc-Roussillon.

Excelentes *vins de pays* blancos vienen de la vecina Ardêche.

Las más famosas bodegas se encuentran en Languedoc-Roussillon. (Baronesse Philippine de Rothschild y Pierre Mirc de Aimery, socios en la creación de los *vins de pays*.)

Este respeto por la tradición, que desde luego se encuentra en la generación más joven, también lo descubrirá en los vinos. Un milagro ha ocurrido en Languedoc-Roussillon: la sangre pura de los cátaros ha vuelto a los vinos, y eso es lo que hace que el vino esté lleno de carácter.

ENTRE EL RÓDANO Y LANGUEDOC

COSTIÈRES DE NÎMES

La región se sitúa geográficamente entre el valle del Ródano y Languedoc-Roussillon, pero de hecho ninguna de las dos regiones la reconoce como legítima descendiente. A menudo irá a parar Costières de Nîmes como disidente de los vinos del Languedoc. No es erróneo incluirlo aquí, simplemente se trata de la elección del autor.

Los vinos de Costières de Nîmes se producen en blanco, rosado y tinto, en una región muy pintoresca entre la ciudad de Nîmes y Camargue. La superficie total de viñedo con D.O. (A.O.C.) ha crecido enormemente en las décadas recientes (ahora 12.000 hectáreas/ 30.000 acres), y se espera una expansión mayor. El suelo de Costières de Nîmes es accidentado y contiene mucha gravilla y cantos rodados.

Los vinos blancos se producen en ocasiones con la tecnología más moderna. Son frescos, muy aromáticos (flores, frutos exóticos, melocotones) y extremadamente agradables. Bébalos como aperitivos o con crustáceos, marisco y pescado de mar, a unos 10°C (50°F).

Los vinos rosados son secos y con cuerpo, con gran cantidad de fruta (frutas rojas, melocotones). El sabor es fresco y redondo con un buen equilibrio entre acidez y carnosidad. Un vino rosado como éste supone un compañamiento de primera clase para las carnes frías. Sirva el vino a 10-12°C (50-54°F).

Los vinos tintos son afrutados, amplios y con cuerpo. La nariz recuerda a moras recién cogidas, grosellas rojas y negras, a veces con toque a vainilla (la vaina) y tabaco.

Costières de Nîmes.

Costières de Nîmes tinto.

Consuma estos vinos a 14-16°C (57-61°F) con carnes rojas, preferiblemente a la brasa.

CLAIRETTE DE BELLEGARDE

Para terminar, también mencionamos esta pequeña región dentro de las fronteras de las Costiéres de Nîmes, donde sólo se fabrican vinos blancos. Estos vinos son fascinantes, en parte debido a sus característicos intensos aromas a cítricos y flores blancas. Deliciosos para el aperitivo, o como acompañantes de comidas consistentes en todo tipo de mariscos. Temperatura de consumo de 10-12°C (50-54°F).

LANGUEDOC

HISTORIA

El vino se ha cultivado en esta región desde tiempo inmemorial, pero fue durante el siglo XVII cuando comenzó a jugar un papel importante para la economía de la zona.

Por aquel entonces, los holandeses estaban buscando vinos amargos para sus brandies. Los mercados más importantes eran Burdeos y Borgoña. Tras la finalización de la unión marítima entre el Mediterráneo y el Atlántico a través del canal Du Midi, fue posible que los viticultores de Languedoc transportaran sus vinos a Burdeos. En el siglo XIX la Revolución Industrial llegó al continente europeo. Las grandes ciudades, principalmente París, demandaron mucha mano de obra, y hubo un éxodo masivo desde las zonas rurales de Francia. El trabajo era duro y estaba mal pagado. Había poco tiempo para el entretenimiento, y muchos buscaban refugio en cafés y bares. Esto significó que el consumo de vino aumentó enormemente. Los fabricantes de vino de Languedoc se encontraron con un mercado inesperado. Cargamentos enteros de vinos baratos se transportaron a París en tren. Languedoc disfrutó de una edad dorada. Pero pronto surgieron competidores fuertes en Argelia, Italia y España. Las revueltas de los campesinos tampoco ayudaron y la lucha fue desde un principio, desigual y estaba perdida desde que comenzó.

Era necesaria una reestructuración completa para dar una nueva vida a la región. Durante décadas, trabajaron con tesón y fuerza para conseguir una vuelta atrás, en la que la calidad y la variedad fueron palabras clave. En menos de veinte años, Languedoc se convirtió en una de las regiones viticultoras más extensas, y hoy es la tercera de Francia con más de 30.000 hectáreas (75.000 acres) de viñedos. Una pro-

Actualmente se producen excelentes vinos en Languedoc-Roussillon.

ducción a pequeña escala ha dado paso a una en la que priman la calidad y autenticidad, respetando la tradición, pero con la ayuda de la más moderna tecnología.

LA REGIÓN

El éxito de este retorno es, por supuesto, en gran parte debido al trabajo de los viticultores y de las autoridades locales, que tuvieron el valor de comenzar de nuevo desde cero. Pero la Madre Naturaleza también echó una mano. Languedoc es una región muy extensa con muchas zonas diferentes: las playas arenosas y anchas del Mediterráneo, numerosos lagos pequeños en el interior, las abruptas laderas de Cévennes, suelos de cal, esquisto, gravilla y guijarros, un auténtico mosaico de terruños y viñedos.

En los últimos veinte años los viñedos de Languedoc han sido completamente renovados, con el énfasis puesto en las variedades de uva mediterráneas grenache, mourvèdre y syrah. Además, se han llevado a cabo investigaciones sobre las posibilidades de restaurar la reputación de las variedades de uva locales y mejorarlas. Como norma general, los vinos de Languedoc son vinificados por separado según la variedad de uva y mezclados después de la fermentación.

DENOMINACIONES DE ESTE A OESTE:

COTEAUX DU LANGUEDOC

En una superficie de 8.255 Ha (20.000 acres) entre Nîmes y Narbona se elaboran diversos vinos blancos, tintos y rosados. Algunos de estos vinos (Saint-Chinian y Faugères entre los tintos, y Clairette du Languedoc entre los blancos) pueden llevar su propia denominación A.C. Los otros llevan la A.C. Coteaux du Languedoc, junto al nombre del "terroir", o sólo Coteaux du Languedoc. Todos los "terroirs" aportan valores únicos, pero las características de todos los Coteaux du Languedoc son su frescura, su flexibilidad y su paladar agradable y atractivo.

LOS "TERROIRS"

Sobre Lunel y Montpellier:

Coteaux de Saint-Christol
Coteaux de Vérargues
Saint-Drezery
Pic Saint-Loup
Coteaux de la Méjanelle
Saint-Georges-d'Orques

Sobre Clermont-l'Hérault:

Vino sin filtrar.

Saint-Saturnin
Montpeyroux

Sobre Sète:

Cabrières
Picpoul de Pinet (blanc)

Por debajo de Narbona:

La Clape (tinto y blanco)
Quatourze

Pruébelos todos, cada uno tiene algo nuevo que decir sobre el mar, las hierbas y las matas, el suelo, la sal, el sol... La variedad syrah domina en los vinos tintos, acompañada alternadamente por grenache, cinsault, carignan y (cada vez más) mourvèdre. Para los vinos blancos se usan marsanne, roussanne, grenache blanc, rolle, bourboulenc, clairette y picpoul. El famoso Picpoul de Pinet debe su nombre a esta última variedad de uva. Cada uno de ellos es un vino con el que podrá encontrar la relajación y el disfrute en un entorno soleado. No son vinos para filosofar durante horas, sino para disfrutar, por ejemplo, en el almuerzo, en un picnic, en una comida al fresco, una barbacoa (con pescado y carne al grill) o para una velada íntima con sus mejores amigos. Hay un Coteaux du Languedoc para cada ocasión. Los vinos blancos de La Clape y Picpoul también son excelentes compañeros para el pescado y los mariscos. Temperaturas para el consumo: los vinos blancos a 10°C (50°F), rosados a 12°C (54°F) y tintos a 14-16°C (57-61°F).

La Clape.

Picpoul de Pinet.

Pruebe los vinos orgánicos de Languedoc en alguna ocasión.

MUSCAT DE LUNEL

Una denominación muy pequeña (307 hectáreas/750 acres) de vinos de variedad muscat extremadamente afrutados, que se engloban en la categoría de *vin doux naturels* (vinos dulces naturales). El suelo consiste en cantos rodados sobre un subsuelo de arcilla roja. Los viñedos se sitúan en las crestas montañosas que rodean las pequeñas ciudades de Lunel, entre Nîmes y Montpellier. Aquí la única variedad de uva empleada es la muscat *à petits grains* (moscatel de grano pequeño), muy perfumada. Lo que caracteriza un Muscat de Lunel son los aromas a frutos cítricos y flores, completados con toques a miel, frutas escarchadas y pasas. Los mejores Muscat de Lunel a veces también tienen un regusto agradable amargoso con ecos de pimienta.

Consúmalos solos o con quesos azules (roquefort, bleu d'Auvergne). Para un amante del vino una ensalada de frutas frescas suaviza la dulzura del vino (por ejemplo, ensalada de manzanas, naranjas, pomelos, papayas, mangos, piñas y fruta de la pasión). También combinan bien con las delicias locales de mazapán guarnecidas con piñones. Consúmalo a una temperatura de 6°C (43°F).

CLAIRETTE DU LANGUEDOC

La variedad blanca clairette es una de las variedades de uva más antiguas, y clairette du Languedoc, una de las denominaciones más antiguas (y pequeñas) de Languedoc. Los viñedos se sitúan en las colinas del valle Hérault, al sur de la pequeña ciudad de Lodève, a unos 30 km (20 millas) del mar.

Este vino fresco, sabroso y redondo combina especialmente bien con platos de pescado, particularmente con los cocinados al horno, pero un Clairette du Languedoc también es un vino de primera clase en los almuerzos, acompañando platos de huevo, como tortillas. Consúmalo a una temperatura de 10-12°C (50-54°F).

MUSCAT DE MIREVAL

Vino dulce natural de Mireval, entre Montpellier y Sète. Los viñedos se sitúan en los flancos meridionales del Gardiole, una montaña que domina el lago interior de Vic. El suelo es calizo con algunos depósitos aluviales y rocas aquí y allá. Aquí, también, sólo se emplea variedad muscat de grano pequeño. Los vinos son redondos, afrutados y licorosos. El encanto de un Muscat de Mireval se encuentra en sus sutiles aromas, tanto florales (jazmín, flor del limero, rosas) como afrutados (cítricos, pasas).

Consúmalos solos por la noche después de una cena o con buñuelos franceses, en los que se haya usado un poco de agua de flores de naranjo y licor anisado. También muy agradables con buñuelos de flores de saúco. Temperatura de consumo: 6°C (43°F).

MUSCAT DE FRONTIGNAN

Los viñedos de Frontignan se sitúan más al sur que los de Mireval, justo por encima de Sète. Los vinos de variedad muscat que producen son más robustos y licorosos que los dos anteriores. En la nariz son algo menos aromáticos que los otros Muscat y algo ásperos (aunque existen excepciones). Se encuentran aromas reconocibles a frutos cítricos y uvas de moscatel sobremaduras, incluyendo el aroma a pasas. Los mejores vinos de variedad muscat de Frontignan desarrollan aromas notables a frutas exóticas (¡fruta de la pasión!) y melocotones, y resultan muy elegantes.

Es agradable beberlos sin otra compañía que unas galletitas saladas o con una ensalada de frutas frescas (fruta de la pasión, melocotones, naranjas). Temperatura de consumo: 6°C (43°F).

Muscat de Frontignan.

FAUGÈRES

Un poco al norte de Béziers se encuentran los viñedos de Faugères en suaves laderas de esquisto. La región es salvaje, irregular, pero al mismo tiempo acogedora e íntima. En las pequeñas aldeas se producen vinos tintos flexibles y suaves como la seda con aroma y sabor a fruta madura y regaliz. Después de unos años de envejecimiento, tienden hacia los aromas especiados y notas de cuero.

Un vino ideal para pequeñas aves de caza, pero también para carnes rojas, blancas y aves. Temperatura de consumo: 14-16°C (57-61°F).

Faugères también produce un sencillo rosado, que conserva el carácter afrutado y aterciopelado de los vinos tintos, si bien añade una frescura suave.

Apropiado para el pescado al grill, fiambres y pollo u otra clase de ave. Temperatura de consumo: 12°C (54°F).

SAINT CHINIAN

Al pie de la montaña Noire, al nordeste de Béziers, se producen los vinos tintos y rosados de Saint-Chinian. Hay dos tipos de Saint-Chinian: uno ligero y travieso que resulta suave y amable, con mucha fruta, y otro más potente, lleno de carácter y vigor, con aromas a fruta madura, laurel y pedernal.

Beba el primer tipo mientras aún es joven, preferiblemente fresco (12-14°C/54-57°F), con platos ligeros de carne y pollo u otras aves.

El segundo estilo es mejor dejarlo envejecer durante algunos años y

Trate de encontrar los mejores *cuvées*.

después servirlo, a una temperatura de 14-16°C (57-61°F), con guisos, verduras rellenas, carnes al grill o incluso caza. Excelente con pato.

Beba un Saint-Chinian Rosé en el almuerzo, con pescado, crustáceos o marisco, o con pollo. Temperatura de consumo: 12°C (54°F).

MUSCAT DE SAINT-JEAN DE MINERVOIS

A una altura de 200 metros (600 pies) entre la maleza silvestre y las hierbas de la Provenza se encuentran los viñedos de Saint-Jean de Minervois. El suelo es una mezcla de cal y esquisto sobre un subsuelo de arcilla roja. Aquí, también, sólo se usa muscat de grano menudo.

Saint-Chinian.

Muscat de Saint-Jean-de-Minervois.

En esta diminuta región de 159 Ha (390 acres) se producen vinos muy aromáticos y extraordinarios. Las características de un Muscat de Saint-Jean de Minervois son los intensos aromas a frutos cítricos, uvas de moscatel frescas, frutos exóticos y... ¡mentol!

A pesar de su carácter licoroso, estos Muscat resultan extremadamente frescos. Pruébelos con una ensalada de frutas frescas con naranjas, agua de naranjo, miel y... hojas de menta. Si se atreve, también puede añadir un chorrito de aceite de oliva al plato. Temperatura de consumo: 6°C (43°F).

MINERVOIS

Los viñedos de Minervois se encuentran en el triángulo entre Carcasona, Narbona, Béziers, y se caracterizan por sus muchas terrazas. Principalmente se produce aquí vino tinto, pero si busca detenidamente encontrará en ocasiones un rosado, o incluso, aún más extraordinario, un Minervois blanco. Los vinos tintos son afrutados, sofisti-

Minervois.

cados, elegantes y bien equilibrados. Existen tantos tipos de Minervois como tipos de "terroir". Aquí en Minervois recibirá una lección de geología gratis con su vino... Gneiss, caliza, esquisto, lignito y depósitos aluviales se mezclan en el suelo y dan lugar a un vino con un carácter único.

Beba los vinos rosados fríos (12°C/54°F) con fiambres, y los vinos tintos con el cassoulet local (un plato de judías estofadas con manteca de ganso), o con platos de caza ligeros (liebre). Temperatura de consumo: 14-16°C (57-61°F).

MINERVOIS LA LIVINIÈRE

Incluso en el mismo Languedoc, no cabe duda de que todos reconocen a esta nueva y diminuta A.O.C. Se debe a que durante mucho tiempo ha estado ocurriendo aquí algo especial. Comenzó en los años 60, cuando Jacques Tallavignes plantó las primeras cepas de syrah en la tierra de su Château de Paulignan. En una época en la que la región producía principalmente vinos insignificantes y pobres, él vio un futuro de oro para la languedoc. Pronto logró persuadir a sus vecinos para que también plantaran cepas de syrah. Esto marcó el comienzo de una especie de revolución cultural en Minervois.

En los años 70 dos hombres asistieron al nacimiento del éxito actual de La Livinière: Roger Piquet, un comerciante de vinos, convencido de la buena calidad de los viñedos locales, y Maurice Piccinini, presidente de la Cave Coopérative local (bodega cooperativa). Trabajaron como dos fanáticos para obtener un grand cru de Languedoc. Fueron apoyados por otros varios viticultores, entre ellos Daniel Domergue (Clos Centeilles), Michel Escande (Borie de Maurel) y Robert Eden (Château Maris), un simpático inglés.

En 1989 se estableció el Sindicato de Cru La Livinière. Su lucha por el reconocimiento de su calidad fue recompensada justo antes de la llegada del nuevo milenio y recibió el premio de su propio A.C.

De la cosecha de 1998 en adelante, los vinos producidos aquí muestran en la etiqueta Minervois La Livinière A.C.

Verdaderas joyas se encuentran detrás de etiquetas sencillas.

Minervois-La Livinière, un nuevo A.C.

LA LIVINIÈRE

La Livinière es el nombre de un pintoresco pueblo ya conocido por sus vinos en la época romana, como atestigua su antiguo nombre latino de Cela Vinaria. El terruño de La Livinière recuerda a una versión en miniatura de Minervois, con rocas calizas y marga como tipos dominantes de suelo. Los mejores viñedos se sitúan en las soleadas laderas de las colinas. Pero más importante aún que el tipo de suelo es el microclima de La Livinière. Embutida entre las montañas Oupia y las colinas de Laure-Minervois, hablamos de una región muy seca, particularmente en verano. La temperatura diurna en verano puede llegar a ser muy alta. Esto, sin embargo, se compensa con el aire frío de las montañas que corre por la noche, lo que asegura una mayor complejidad y fuerza aromática en el vino.

SYRAH

Además del suelo y el clima, el carácter propio de los vinos locales queda determinado principalmente por la elección de la variedad syrah. En muchas partes de Languedoc hoy en día se prefieren las variedades atlánticas, como cabernet sauvignon, merlot y demás. Sólo en Cabardès y Malepère es donde la variedad syrah desempeña un papel modesto. Sin embargo, en La Livinière, la syrah es la variedad dominante en la producción de vinos de calidad. Según Jean-Christophe Piccinini, La Livinière establece el límite occidental definitivo para esta variedad de uva mediterránea. Además de syrah, también se usan mourvèdre y grenache: en total al menos un 60 por 100 del vino debe obtenerse a partir de estas tres uvas.

Otras variedades permitidas son carignan, cinsault, terret, piquepoul y aspiran. Para poder llevar el A.O.C., los vinos deben ser criados en barriles o cubas durante al menos quince meses.

Los mejores vinos son muy complejos y característicos: poseen aromas a grosellas negras, hierbas provenzales, flores, aceitunas negras y cuero. Son amplios, redondos y robustos, que se guardan felizmente cinco o incluso diez años. Su relación precio/calidad/placer es realmente excepcional.

Resultan muy apropiados para carnes rojas asadas o a la parrilla, caza menor o incluso jabalí al espetón. Temperatura de consumo: 16-17°C (61-63°F).

Syrah da su calidad al Minervois La Livinière.

CABARDÈS

El viñedo de Cabardès se caracteriza principalmente por su forma de anfiteatro con laderas suaves al pie de la montaña Noire, colgando sobre la histórica ciudad de Carcasona. La situación del anfiteatro es perfecta: todos los viñedos se orientan hacia el sur y disfrutan de pleno sol. El suelo de roca caliza con algo de granito, esquisto y gneiss, se calienta con el sol y devuelve ese calor acumulado por la noche. Los flancos del anfiteatro están provistos de agua suficiente, ya que cuentan con hasta seis arroyos. El viento también es de extrema importancia aquí, ya que los vientos occidentales suaves, fríos y húmedos se alternan con los cálidos orientales del Mediterráneo. Los viñedos se sitúan a una altura media de 100 a 350 m (300-1.000 pies).

Al igual que el clima, las variedades de uva plantadas localmente son una mezcla de influencias atlánticas y mediterráneas. Al menos un 40 por 100 de los cultivos son de variedades de uva atlántica (merlot, cabernet sauvignon, cabernet franc), al menos un 40 por 100 de uvas mediterráneas (syrah, grenache) y sólo el restante máximo posible del 20 por 100 son otras como cot/malbec/auxerrois, fer servadou y cinsault. Las variedades de uva son vinificadas por separado con un largo proceso de fermentación a una temperatura baja, y sólo se mezclan en primavera.

El carácter casi único de estos vinos tintos consiste en el equilibrio entre la frescura, la fruta y la elegancia de las variedades de uvas atlánticas y la sensualidad, calidez y riqueza de las mediterráneas. Aunque los vinos rosados también resultan excelentes, la fuerza de la región se haya en los tintos. La estructura y el paladar de los vinos varía, dependiendo de su composición y el dominio de las uvas atlánticas o mediterráneas.

Sirva los mejores vinos con una pierna de cordero o de buey asada al horno. Temperatura de consumo: 14-16°C (57-61°F).

MALEPÈRE

Ésta es la denominación más occidental de Languedoc, situada en el triángulo que forman Carcasona, Limoux y Castelnaudary.

Cabardès ha sido promovido recientemente para ser considerado un A.C.

Los vinos tintos y rosados resultan muy ligeros y afrutados, y combinan bien con la cocina diaria mediterránea, sobre todo con el *cassoulet* local (un guiso de judías al horno preparado con grasa de ganso). Temperatura de consumo: el rosado a 12°C (54°F) y el tinto a 14-16°C (57-61°F).

LIMOUX

En los cuarenta y un municipios que rodean Limoux, se producen vinos blancos espumosos y tranquilos. El clima de esta área se ve claramente influenciado por el Mediterráneo, pero algo atenuado por las influencias del Atlántico. El paisaje es mucho más verde aquí que en

Limoux produce espléndidos vinos blancos espumosos.

ninguna otra parte de Languedoc, pero a pesar de la aparente frialdad los vinos locales están llenos de temperamento.

Varios escritores romanos resaltaron la calidad de los vinos de Limoux hace unos 2.000 años. No fue hasta el siglo XVI, en 1531, cuando un monje benedictino descubrió la conversión natural del vino normal en espumoso. El primer brut del mundo vio la luz en Saint-Hilarie, cerca de Limoux.

BLANQUETTE DE LIMOUX

Este vino fresco y espumoso consiste en al menos un 90 por 100 de Manzac. Solo el Chardonnay y el Chenin Blanc pueden añadirse a este vino. Tras una primera fermentación y producción del vino base, el tiraje de liqueur se añade a la mezcla. Esto provoca una segunda fermentación en la botella, de la cual se obtiene el carácter espumoso del vino. Después de, como mínimo, nueve meses de almacenaje en botellas, se extrae el sedimento por medio del *dègorgement*. Dependiendo del sabor deseado (brut o demi-sec), se añade un poco o nada de un licor fortale-

Blanquette de Limoux.

cedor antes de que el vino sea embotellado. Los vinos Blanquette de Limoux son de un color amarillento tenue, con un ligero matiz verdoso, y tienen una espumosidad fina y duradera, delicados aromas a manzanas verdes y flores primaverales, con un fresco sabor afrutado y floral.

Estos vinos son ideales para el aperitivo con panecillos tostados salados, y también pueden enriquecer cualquier banquete. Temperatura de consumo 6-8°C (43-47°F).

CRÉMANT DE LIMOUX

Se trata en realidad del hermano pequeño del Blanquette de Limoux. La única diferencia es la proporción de variedades de uva –para el Crémant al menos un 60 por 100 de mauzac (en lugar del 90 por 100) y como máximo 20 por 100 de chardonnay y 20 por 100 de chenin– y un tiempo de crianza obligatorio de doce meses en lugar de nueve. El color es dorado brillante, la nariz muy aromática, con matices a flores blancas y a pan tostado, y el gusto es complejo, afrutado, ligero y fresco. Un Crémant siempre tiene una burbuja más discreta y fina, lo que hace de él un vino muy delicado y elegante.

Cuvée de lujo de crémant de Limoux.

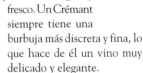

Crémant de Limoux.

Extremadamente adecuado para un aperitivo chic. Temperatura de consumo: 6-8°C (43-47°F).

Existen numerosos *cuvées* de lujo tanto de Blanquette como de Crémant. Puede que no tengan la finura de un champagne superior, pero tienen la generosidad y el calor del Mediterráneo y del sur de Francia... Además, el precio es excepcionalmente favorable.

BLANQUETTE DE LIMOUX MÉTHODE ANCESTRALE

Estos Braquettes se hacen por un método ancestral por el que los vinos 100 por 100 de uvas maulac fermentan naturalmente hasta que sólo quedan 100 gramos de azúcar por litro. La fermentación se interrumpe entonces, extrayendo el mosto y filtrándolo.

El mosto a medio fermentar se embotella y el calor provoca una segunda fermentación en la botella. Cuando se logra un equilibrio perfecto entre el alcohol (del 5 al 7 por 100), azúcares (unos 70 gramos por litro) y densidad (cuerpo), se detiene bruscamente la fermentación enfriando las botellas. El color de estos vinos es amarillo paja y no siempre se presenta igual de limpio. Debido a que se trata de un proceso tradicional y natural con la tecnología moderna restringida a un mínimo, los vinos aún pueden contener algún sedimento (azúcares no fermentados y levaduras muertas). En la nariz recuerda a manzana reineta madura y el sabor es fresco, gracias a los 4,5 gramos por litro de acidez y al dióxido de carbono, pero también afrutado y suave, en parte por los azúcares residuales. Debido a que estos vinos son bajos en alcohol (máximo del 7 por 100), pueden usarse para disfrutar de un refresco a cualquier hora del día.

En el caluroso sur, estos vinos obtenidos mediante el método ancestral se sirven sobre todo como aperitivo o como compañero de postres. Temperatura de consumo: 6°C (43°F).

LIMOUX

Además de los conocidos vinos espumosos, también se producen aquí vinos no espumosos. Deben contener al menos un 15 por 100 de mauzac, que puede ser acompañada por chardonnay y chenin. La Cave des Sieurs d'Arques local sabe cómo hacer que estos vinos de Limoux alcancen cimas sin precedentes. Producen cuatro vinos distintos, cada uno procedente de un "terroir" específico:

– Terroir mediterráneo: vinos redondos, armoniosos y suaves con gran cantidad de fruta. Armonía de vino

Blanquette de Limoux méthode ancestrale.

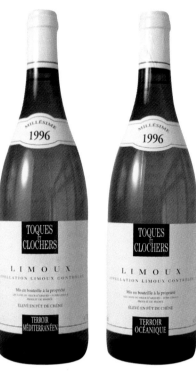

Limoux terruño mediterráneo.

Limoux terruño oceánico.

Limoux terruño de Autan.

con comida: aperitivo. Temperatura de consumo: 12°C (54°F).

– Terroir oceánico: bastante más ligero de color que los otros tres; aromas espléndidos a frutos cítricos, fino y elegante. El sabor es afrutado, con un toque a yodo.

Vinos Limoux, ideales para gourmets.

Vin de pays d'Oc blanco.

Limoux terruño de Haute-Vallée.

Vin de pays d'Oc tinto.

Muy fresco y distinguido. Armonía: aperitivo, marisco y pescados. Temperatura de consumo: 12-14°C (54-57°F).

– Terroir d'Autan: color amarillo con destellos dorados, aromas intensos que evocan fruta escarchada; sabor redondo y afrutado. Armonía con comida: foie gras, pescado, carnes blancas. Temperatura de consumo: 12-14°C (54-57°F).

– Terroir Haute Vallée: color amarillo con destellos dorados, aromas delicados a flores blancas. Sabor muy armonioso: redondo y fresco, a la vez sutil y complejo. Combinación con comida: pescado, carnes blancas, aves, queso fresco de cabra. Temperatura de consumo: 12-14°C (54-57°F).

La Cave Coopérative des Sieurs d'Arques también produce buenos *vins de pays* y *vins de cépage*.

CORBIÈRES

El distrito de Corbières es tan accidentado y en ocasiones tan inhóspito que no podría imaginarse otra forma de agricultura que el cultivo de la vid. Los viñedos se extienden sobre unas 23.000 hectáreas (57.000 acres) entre numerosos testigos silenciosos del pasado turbulento de la región. Las ruinas de las antiguas fortalezas cátaras parecen encantadas y sus cimientos se sacuden como si temblaran ante la severidad de los vientos...

En el alto Corbières el suelo consta de caliza y piza-rra; pocos árboles crecen aquí a excepción de algunos pocos cipreses orgullosos que inclinan sus cabezas ante los vientos salvajes. La franja costera de Sigean, bastante más suave, consta de colinas calcáreas, mientras que la Corbières central consiste principalmente en gravilla y guijarros. El distrito de Corbières es un auténtico mosaico de suelos diferentes y microclimas, subdivididos en once "terroirs": Sigean, Durban, Quéribus, Termenès, Saint-Victor, Fontfroide, Lagrasse, Serviès, Montagne d'Alaric, Lézignan y Boutenac; por tanto resulta casi imposible dar una idea general de las propiedades características de un vino de Corbières.

Los vinos blancos son finos y frescos, con aromas florales. La acidez y la redondez se encuentran en un perfecto equilibrio. Los vinos de Lagrasse evocan a frutos exóticos, madera y en ocasiones a humo; los de Quéribus a peras y piñas, con un toque final a flores blancas.

Corbières, un pasado sombrío, ¿un futuro dorado?

Los vinos de Lézignan traen a la mente maleza y anís.

Resultan excelentes acompañamientos para el pescado, mariscos, carnes blancas, aves y, preferiblemente, un Pélardon fresco (queso de cabra). Temperatura de consumo: 10-12°C (50-54°F).

Los vinos rosados son frescos y muy agradables, a veces ligeros y afrutados (Durban), a veces llenos y aterciopelados (Alaric), pero en general muy aromáticos (frutas, flores, especias) y sofisticados. Excelentes con pescado (en particular atún al grill) o carnes. Temperatura de consumo: 12°C (54°F).

Los vinos tintos son intensos, potentes y carnosos, con aromas típicos a frutas rojas, especias y un poco de pimienta en su final. Poseen taninos buenos y suaves y pueden envejecer durante varios años.

Corbières tinto.

En Sigean la mourvèdre aporta algo de elegancia extra a los vinos, en Serviès es la syrah. Los aterciopelados, carnosos y complejos vinos de Quéribus a menudo desarrollan aromas a cacao, café u otros sabores tostados. Los de Alaric son muy afrutados (bayas silvestres) con un toque vegetal o de especias. Los vinos de Termenès evolucionan a medida que envejecen hacia aromas clásicos a maleza y trufas. Los de Lézignan son muy afrutados (fruta sobremadura o incluso escarchada), con matices que recuerdan a la garriga provenzal, el típico paisaje de arbustos bajos y hierbas de penetrantes perfumes. En ocasiones puede distinguir el sabor a clavo en ellos. Los vinos de Boutenac traen a la mente las hierbas provenzales: tomillo, romero y laurel, con algunos toques a regaliz y vainilla. ¡La variedad en Corbières no tiene fin!

Dependiendo del tipo de vino, puede servir un Corbières tinto con carne roja, aves y todo tipo de caza al grill o estofados y guisos. Temperatura de consumo: 14-16°C (57-61°F).

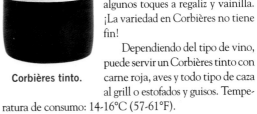

Corbières blanco y rosado.

FITOU

Ésta es la región vinícola A.O.C. más antigua de Languedoc en cuanto a vinos tintos. Existe una clara diferencia entre los vinos de Fitou producidos a lo largo de la franja costera y los del interior. En una región de 2.500 hectáreas (6.000 acres), situada a medio camino entre Narbona y Perpignan, se producen espléndidos y poderosos tintos. En el aroma y el gusto los mejores vinos de Fitou recuerdan a las hierbas provenzales (laurel, tomillo, romero), a veces con un toque a clavo y pedernal. Los mejores vinos de Fitou mejoran largamente en madera y pueden envejecer extremadamente bien. En Inglaterra y Francia, los consumidores son muy aficionados a estos vinos; en el resto de los países estos pesos pesados aún esperan a ser descubiertos y ciertamente merece la pena probarlos, aunque sólo sea por su relación favorable entre precio y calidad.

Beba un Fitou, por ejemplo, con guisos de carne roja o blanca (ternera) que contengan hierbas de la Provenza, ajo y aceite de oliva. Temperatura de consumo: 16°C (6°F).

Desde el año 2000 también hay un Fitou blanco con A.O.C. El Fitou Blanc es una mezcla de variedad grenache blanc, macabeu y una pequeña cantidad de muscat de Frontignan y muscat d'Alexandrie(moscatel de Alejandría). La fermentación del Fitou blanco es en madera; el vino joven se cría en barrica durante varios meses antes de ser vendido.

El Fitou es muy a menudo poco valorado.

Son vinos de primera clase que combinan bien con pescado frito. Temperatura de consumo: 12°C (54°F).

ROUSSILLON

Al sur de Corbières, a los pies de los Pirineos, se sitúan los viñedos del Roussillon, en una parte de Cataluña que ha sido francesa desde 1642. Los viñedos se extienden desde el mar hacia el interior, sobre varios tipos de suelo y paisajes y bajo el calor seco del sol mediterráneo. La franja costera de Fitou a Argelès-sur-Mer es un oasis de paz para los amantes de la naturaleza y los adoradores del sol. Bajo Argelès y hacia arriba hasta la frontera con España, los contornos se hacen más accidentados y desiguales, con el único descanso pacífico que ofrece la pintoresca bahía de Collioure. Los fértiles valles del interior facilitan muchas actividades agrícolas además del cultivo de la vid, lo que dota a la región de mayor fuerza económica. Los mejores melocotones y albaricoques en Francia se cultivan aquí, aprovechándose por completo del calor del sol y los inviernos suaves. Otros frutos (¡kiwis!) y verduras crecen también a la perfección en estas tierras.

MAURY

Uno de los vinos más apreciados de Francia se produce en las cercanías a la ciudad de Maury: el vino dulce natural tinto de Maury. Sobre un suelo rocoso, las cepas de grenache tinta podadas en podas cortas crecen sin problemas bajo el caluroso sol, produciendo muy pocas uvas pero muy ricas en zumo. Los vinos jóvenes de Maury son de color rojo granate, los más antiguos tienden hacia un color caoba. Un buen Maury es muy aromático. Un Maury joven desarrolla principalmente aromas frutales (frutas rojas); a una edad posterior dominan principalmente matices a cacao, café y frutas escarchadas. Aunque los vinos Maury más baratos pueden resultar muy agradables, siempre hará mejor en elegir los más caros, porque obtendrá más calidad por su dinero. Una propiedad merece una recomendación especial por sus vinos suaves y aterciopelados con aromas fascinantes y sin precedentes a jengibre

Maury Vintage.   Maury Cuvée Spéciale.

especiado, regaliz, ciruelas y cacao: el Domaine du Mas Amiel.

Puede beber su Maury como aperitivo o como postre, pero se disfruta mejor por sí mismo, después de una buena comida. Temperatura de consumo: 16-18°C (61-64°F).

RIVESALTES

Ésta es la denominación más grande de vinos dulces naturales (10.821 hectáreas/27.000 acres). Hubo un tiempo en el que se obtenían vinos dulces mediocres a partir de grenache blanca y tinta. Desde 1996, no obstante, todo esto ha cambiado.

La superficie plantada se ha reducido, el rendimiento por hectárea ha caído y los viticultores parecen haberse hecho más conscientes de la calidad potencial de sus vinos. Distintas variedades de uva se emplean para estos vinos dulces naturales: grenache blanca y tinta, macabeu, malvoisie y muscat.

Existen dos tipos de Rivesaltes: los vinos de color ámbar procedentes de las uvas blancas y los vinos tintos de color rojo teja obtenidos a partir de al menos un 50 por 100 de grenache noir. Los mejores cuvées (Rivesaltes hors d'âge) son envejecidos durante al menos cinco años.

Beba los Rivesaltes jóvenes y sencillos como aperitivos, a unos 12°C (54°F). Los Rivesaltes más viejos y mejores saben magnífiamente con un postre (no demasiado dulce) o despúes de una comida. Temperatura de consumo: 14-16°C (57-61°F).

MUSCAT DE RIVESALTES

Las denominaciones Maury, Rivesaltes y Banyuls, que ocupan todas ellas 4.540 hectáreas (11.200 acres), han sido plantadas con muscat de Alejandría y de grano menudo. La muscat de Alejandría da "amplitud" al Muscat de Rivesaltes, así como aromas a frutos maduros, pasas y rosas, mientras que el segundo es responsable de los sensuales aromas a frutos exóticos y cítricos,

Muscat de Rivesaltes en sus conocidísimas botellas.

Muscat de Rivesaltes de cuvee superior.

con un toque a mentol. Estos Muscat de Rivesaltes tienen su mejor fruta cuando aún son jóvenes.

Sírvalos con postres de frutas frescas (como tartas de limón o fresa y ensaladas de frutas) o pasteles hechos con pasta de nueces o almendras. Sorprendente con roquefort. Temperatura de consumo: 8-10°C (47-50°F).

CÔTES DU ROUSSILLON

En el departamento de los Pirineos orientales, 118 municipios (4.791 hectáreas/11.800 acres) producen Côtes du Roussillon tintos (80 por 100), rosados (15 por 100) y blancos (5 por 100).

Además de las variedades de uva tradicionales (grenache noir, carignan, cinsault, lladoner pelut, grenache blanc, maccabeo y malvoisie du Roussillon), cada vez se usan más variedades mediterráneas (syrah, mourvèdre,

roussanne, marsanne y vermentino). La syrah en particular parece estar ganando mucho terreno, mientras que la mourvèdre no parece adaptarse al clima local. El suelo de los viñedos es muy complejo y variado (cal, arcilla, esquisto, gneiss, granito y depósitos aluviales), lo que explica la gran diversidad de estilo y paladar de los vinos Roussillon.

Existen cuatro zonas principales de producción en Roussillon: los valles de Agly en el norte, Têt en el medio, Tech en el sur y Salanques en el este, cerca del mar. El clima es extremadamente caluroso en verano y suave en invierno, pero la lluvia es irregular a lo largo de todo el año. Esto puede hacer que todo un viñedo sea completamente destruido por un aguacero. En décadas recientes la industria vinícola de Roussillon ha sufrido enormes cambios, en particular se ha mejorado drásticamente el control de la temperatura antes y durante la fermentación.

Los Côtes du Roussillon blancos son ligeros, frescos y afrutados.

Sobresaliente *vin de pays* de Roussillon.

Sírvalos como aperitivos o con platos de pescado, como rodajas de atún o rubio al grill. También son excelentes con mejillones. Temperatura de consumo: 10-12°C (50-54°F).

Côtes du Roussillon blanco.

Côtes du Roussillon blanc Taïchat.

Côtes du Roussillon rosado.

Los vinos rosados son vinificados con el método de sangrado, que consiste en macerar los mostos con la piel brevemente y vinificarlos después como si se tratase de vinos blancos. Debido a que se extraen tan pronto, las pieles apenas han tenido tiempo suficiente de dar color, por lo que los vinos presentan un espléndido color rosa, y tampoco han llegado a hacer el vino tánico.

Estos vinos rosados son muy afrutados y combinan con la mayoría de fiambres, crustáceos, mariscos, pescados, aves o carnes blancas con aceitunas y hierbas de la Provenza. También tienen una pasión secreta por las anchoas... Temperatura de consumo: 12°C (54°F).

Hay dos tipos de vino tinto disponibles. Los vinos tintos ligeros, a menudo elaborados por maceración carbónica, son afrutados, especiados y realmente muy agradables.

Sirva estos Côtes du Roussillon tintos jóvenes en fiestas, barbacoas o comidas al aire libre, o con kebabs o queso. Temperatura de consumo: 12-14°C (54-57°F).

Los vinos tintos elaborados tradicionalmente son bastante más robustos y carnosos. Los aromas tienden más hacia las cerezas rojas, ciruelas, frutas escarchadas y especias. Al ser criados en roble pueden envejecer varios años y después acompañar felizmente carnes rojas, aves a la parrilla y quesos. ¡Deliciosos en combinación con ajo! Temperatura de consumo: 14-16°C (57-61°F).

Côtes du Roussillon tinto de botella envejecida.

Côtes du Roussillon tinto.

Côtes du Roussillon villages.

Vino tradicional de uvas todavía en sus tallos.

CÔTES DU ROUSSILLON VILLAGES

Éstos vinos tintos se distinguen de sus primos por sus "terroirs" característicos, normalmente emplazados en las laderas de las colinas o en terrazas de esquisto, caliza y granito. Las variedades de uva empleadas son las mismas que se utilizan en los Côtes du Roussillon típicos, pero la producción por hectárea es mucho más baja. De un total de 2.000 hectáreas (5.000 acres) al norte del departamento, treinta y dos regiones llevan la denominación de Côtes du Roussillon Villages. Los vinos son más robustos, más fuertes y completos que los típicos Côtes du Roussillon, y pueden envejecer más tiempo. Son ideales para las carnes rojas, todo tipo de caza, guisos y las ricas especialidades de la cocina catalana. Temperatura de consumo: 16°C (61°F).

De las treinta y dos regiones que pueden llevar la denominación de Côtes du Roussillon Villages, hay cuatro que pueden incluir su nombre en la etiqueta, como reconocimiento de su calidad superior.

CÔTES DU ROUSSILLON VILLAGES LATOUR DE FRANCE

En las 176 hectáreas (430 acres) que rodean la villa de Latour de France, y en unas pocas parcelas de tierra de los vecinos municipios de Cassagnes, Estagel, Montner y Planèzes, se producen vinos muy característicos de su suelo de esquisto marrón. Los viñedos de Latour de France fueron los primeros a los que se les permitió poner su nombre en la etiqueta.

CÔTES DU ROUSSILLON VILLAGES CARAMANY

Aquí está el suelo de gneiss que marca la diferencia. Este vino puede producirse en el municipio de Caramany (valle del Agly) y en algunas parcelas de tierra en Belesta y Cassagnes.

Latour de France.

Caramany.

CÔTES DU ROUSSILLON LESQUERDE

Este vino se produce en un área de 19 hectáreas (47 acres) en el municipio de Lesquerde Latour de France. Una diminuta denominación sobre un suelo de granito, en el que las variedades syrah y mourvèdre están mejor representadas que en otras partes del distrito de Roussillon Villages.

CÔTES DU ROUSSILLON VILLA TAUTAVEL

Obtuvo la denominación de origen en 1970. Los vinos producidos en este caso no siguen la norma, no pueden ser vendidos como vinos regionales reconocidos (A.O.C.) y por tanto son considerados vinos de mesa simples. Sin embargo, alguno de estos vinos son a menudo de gran calidad y mucho más caros que los "vinos reales de la región".

VINS DE TABLE

En principio, los "vins de table" son vinos para el consumo diario bastante sencillos, con un estilo constante que normalmente se produce mediante mezclas. Esta categoría tiene vinos armoniosos, cálidos, estructurados y carnosos, con aromas a frutos maduros, minerales y toques exóticos (pimienta, vainilla y especias orientales).

También existen cuvées especiales producidos a partir de viñas en los que el suelo consta de rocas ígneas y desiguales. Estos *cuvées vignes rocheuses* son muy concentrados.

Los Collioure tintos se pueden beber de dos formas: jóvenes y frescos (12°C/54°F) con pescado al grill, tomates rellenos de anchoas y aceitunas o albóndigas preparadas con pequeños trozos de anchoas y aceitunas; o los envejecidos a una temperatura más alta (16°C/61°F) con especialidades del Mediterráneo, carnes y pimientos a la parrilla, o con pollo a la catalana y platos de arroz. Los vinos tintos de Collioure se encuentran entre los mejores vinos de Francia.

Tautavel.

Los rosados, bastante más difíciles de encontrar, son frescos, con cuerpo y extremadamente sabrosos. Bébalos a unos 12°C (54°F) con cualquiera de las delicias del Mediterráneo.

BANYULS

Los viñedos de este V.D.N. se emplazan sobre terrazas de esquisto a lo largo de la franja costera. En 1.460 hectáreas (3.600 acres) se cultiva principalmente variedad grenache noir, acompañada de carignan, cinsault, syrah y mourvèdre. El carácter sabroso, cálido y poderoso de Banyuls se debe al porcentaje del 50 al 75 por 100 de grenache noir. El suelo aquí es extremadamente pobre y rocoso con una capa delgada superficial que resbala con cada tormenta fuerte. Hay mucho trabajo duro en estos viñedos y la mayoría de éste aún se hace a mano. El fuerte sol hace madurar las uvas muy bien y en la época de la vendimia contienen una enorme cantidad de azúcares.

El alcohol se suele añadir al mosto (*mutage*) en una de las etapas iniciales, cuando las uvas aún no han sido prensadas. Al igual que ocurre en Maury, la oxidación de los vinos es el secreto de Banyuls. Sólo rellenando las cubas de madera en parte o permitiendo a los vinos que se aireen en grandes garrafas de cristal dentro de cestas de mimbre bajo el sol, se refuerza el contacto con el oxígeno.

El jefe de bodega elabora varios cuvées diferentes dependiendo del tipo de vino deseado. Algunos Banyuls (*rimages*) no se ven expuestos a los procesos de oxida-

Banyuls.

Collioure.

Collioure lleno, robusto y fuerte.

Collioure Vignes Rocheuses.

Banyuls tradition.

Banyuls hors-d'âge.

Banyuls hors-d'âge especial cuvée.

ción forzada, se vinifican para guardar sus aromas afrutados. Los *rimages* son bastante parecidos al estilo de los oportos "vintage"; los Banyuls tradicionales a los *tawnys* y los *colheitas*.

Dependiendo del tipo, los vinos de Banyuls pueden ser muy afrutados (frutas rojas, cerezas) o tener aromas tostados (cacao, café) y aromas de fruta escarchada (pasas) y frutos secos (almendras, nueces, ciruelas pasas, higos).

Beba los Banyuls jóvenes y afrutados (*rimages*) como aperitivo a unos 12°C (54°F). Los maduros y los muy viejos (hors d'âge) es preferible beberlos menos frescos, a 14-18°C (57-64°F). Estos Banyuls más viejos son tan buenos que son los únicos vinos capaces de acompañar postres de chocolate, pero también combinan a la perfección con pastas de almendras, higos y quesos semifuertes. Algunos gourmets famosos son muy aficionados a combinaciones decadentes, como cangrejo de río con salsa de Banyuls y un Banyuls para beber como acompañamiento. Por qué no, si es que le gusta; pero para la mayoría de la gente un dueto con chocolate es más que suficiente para su paladar.

BANYULS GRAND CRU

Estos maravillosos tesoros sólo se producen en los mejores años. Sintetizan y subliman todas las cualidades positivas de los Banyuls. Aunque estos vinos pueden conceder la gracia a una galleta dulce o una pasta de almendras, con quizá algunos chocolates, el disfrute de una copa de Banyuls Grand Cru es cuestión de un gran momento que no puede ser interrumpido por nada ni por nadie. Un sorbo de estos vinos opulentos e intensos es un anticipo del paraíso en la tierra.

ENTRE LANGUEDOC-ROUSILLON Y AUVERGNE

CÔTES DE MILLAU V.D.Q.S.

Aunque los vinos de Millau se clasifican oficialmente como vinos del sudoeste francés, es más lógico, siguiendo la situación geográfica entre Languedoc y Auvergne, incluir esta región en el sudeste. Sólo desde 1994 los vinos blancos, tintos y rosados de Millau y sus alrededores tienen el derecho a un reconocimiento V.D.Q.S. En el marco idílico de las cercanías del Tarn, se extienden los viñedos de Côtes de Millau en una longitud de 80 km (50 millas) con una superficie total de sólo 50 hectáreas (125 acres).

Los vinos blancos se obtienen a partir de las variedades chenin y mauzac. La fuerza aromática y el cuerpo del Mauzac compensa la viva acidez del Chenin y aporta al vino un carácter fresco y agradable que combina bien con los mariscos. Temperatura de consumo: 10-12°C (50-54°F).

Los vinos tintos y rosados son de mejor calidad. La variedad syrah y gamay noir son complementadas por cabernet sauvignon y fer servadou. Los vinos rosados son frescos y afrutados (fresas) y piden acompañar un plato con una salchicha sabrosa sin salsa. Temperatura de consumo: 12°C (54°F).

Los vinos tintos son más maduros, con aromas a frutas escarchadas y especias, y un buen equilibrio entre frutas, alcohol, acidez y tanino. Resultan vinos de primera clase para todos los platos de la cocina local, pero también para un solomillo a la parrilla seguido de un plato de queso de oveja curado o semicurado. Temperatura de consumo: 14-16°C (57-61°F).

EL SUDOESTE FRANCÉS

SUDOESTE

El sudoeste francés (el área entre Burdeos y Languedoc-Roussillon) es una gran región que cubre alrededor de un cuarto de Francia. Como zona vinícola, sus límites no son tan fáciles de definir. Grandes intereses sociales y económicos han persuadido a algunas regiones vinícolas del sudoeste geográfico de asociarse con sus primos más antiguos de Burdeos.

Geográficamente, las regiones como Bergerac y Côtes de Duras deberían formar parte del sudoeste, pero socialmente se encuentran más próximas a la capital de Aquitania (Burdeos) que a la del sudoeste (Toulouse). Debido a que estas regiones también usan las mismas variedades de uva que en Burdeos, el enlace es fácil de entender. En el contexto de este libro, sin embargo, hemos mantenido por conveniencia las divisiones geográficas, contando Duras y Bergerac como parte de Aquitania.

DE AVEYRON (ROUERGUE)

ENTRAYGUES EN LE FEL V.D.Q.S.

Esta diminuta región en el corazón del valle del Lot, entre Rouergue y Auvergne, es una de las más pintorescas regiones vinícolas de Francia. Los viñedos se sitúan sobre las colinas abruptas que rodean a la ciudad de Entraygues y el pueblo de Le Fel, en un área total de unas 20 hectáreas (50 acres). En Entraygues el suelo consiste en granito fragmentado y en Le Fel se trata de esquisto marrón. En esta fría región vinícola ambos tipos de suelo aseguran un buen drenaje y control del calor gracias a su subsuelo pedregoso. Los vinos de Entraygues, Le Fel y la vecina Marcillac fueron en su día muy conocidos y famosos en toda Francia. Después de la invasión de la filoxera y el éxodo del campo francés, la región no volvió a recuperarse hasta los años 60.

Los vinos blancos se obtienen a partir de la vieja variedad de uva chenin, que produce vinos frescos con aromas a flores, frutos cítricos y boj. Son vinos con cuerpo que combinan bien con fiambres, pescados y *fruits de mer*, pero también extremadamente bien con el queso de

Entraygues & du Fel tinto.

cabra fresco de Le Fel. Temperatura de consumo: 10°C (50°F).

Los vinos rosados son frescos y con buen cuerpo en un conjunto fresco. Resultan de primera clase con fiambres o en comidas al aire libre. Temperatura de consumo: 12°C (54°F).

Los vinos tintos son, como los rosados, aromáticos y frescos, pero su paladar es bastante más amplio y redondo. Estos vinos, obtenidos a partir de variedad fer servadou (Mansoi) y cabernet franc, parecen haber sido inventados para la rica cocina rural de Auvergne y Rouergue. También excelentes con queso de Laguiole. Temperatura de consumo: 16°C (61°F).

ESTAING V.D.Q.S.

Los antiguos viñedos de Estaing se sitúan cerca de la ciudad de Rodez sobre colinas de esquisto y arcilla caliza.

Los vinos blancos se hacen con viejas cepas de Chenin, a veces con alguna ayuda de Mauzac y Rousselou. Estas variedades de uvas crecen bien en el suelo pedregoso de Estaing y dan lugar a vinos frescos y afrutados con un toque de pedernal en el gusto. Excelentes vinos para el pescado y los mariscos, y también para las carnes blancas y las aves. Temperatura de consumo: 10°C (50°F).

Los vinos rosados son sofisticados y fáciles de beber, lo que les hace muy populares entre los muchos turistas que visitan la zona en verano. Deliciosos con almuerzos o comidas frías. Temperatura de consumo: 12°C (54°F).

MARCILLAC

Esta región vinícola cerca de Rodez produce uno de los vinos clásicos de Francia anteriores a la plaga de la filoxera. Las 135 hectáreas (330 acres) de viñedos se

Marcillac, a los pies de la meseta de caliza.

sitúan sobre un suelo típico de arcilla roja cerca de las mesetas de caliza.

Mansoi (el nombre local de la variedad Fer Servadou) es la variedad de uva dominante de este A.O.C.,

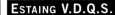

Entraygues & Le Fel tinto.

que fue regulada en 1990. Esta uva y el suelo característico aseguran el carácter original del Marcillac rosado y tinto, entre la rusticidad y la modernidad. Los mejores Marcillacs son auténticas joyas para los amantes del vino con carácter en los que aún se puede degustar el "terroir". Los aromas a frutas (frambuesas, grosellas negras, arándanos, moras), vegetales (pimientos verdes), especias (pimienta verde) y a menudo también toques a cacao, aseguran un conjunto muy complejo. Los taninos especiados y redondos refuerzan el carácter personal de estos vinos.

Un Marcillac pronto hace amigos con todos los platos de la cocina local, pero también, por ejemplo, con una pierna de cordero asada. Una combinación particular que se puede recomendar totalmente: un Marcillac tinto de una buena añada, de cuatro a cinco años, con un queso laguiole bien curado de Rouergue. Temperatura de consumo: 16°C (61°F).

CAHORS

Vinos Marcillac, una vez famosos en todo el mundo.

Los viñedos de Cahors se encuentran entre los más antiguos de Francia. Estos vinos eran ya famosos en el siglo V. Debido a que los vinos eran robustos, complejos y muy concentrados, podían ser transportados por barco sin dificultad a cualquier lugar del mundo, sin que el viaje afectara a su calidad. Los vinos de Cahors tenían, por tanto, una gran demanda, no sólo en América, sino, y particularmente, en la Rusia zarista. Después de la invasión de la filoxera todo se detuvo durante décadas alrededor de Cahors. Los viñedos se deterioraron, los vinos apenas llegaban a algo más que vinos de consumo diario para beber a tragos. Después de la Segunda Guerra Mundial esta caída llegó a su fin. Los esfuerzos de una generación de duros trabajadores fueron recompensados cuando en 1951 los vinos de Cahors fueron admitidos en la familia de los V.D.Q.S. y en 1971 pudieron ser recompensados con el reconocimiento A.O.C. tan codiciado.

CONDICIONES IDEALES

Los viñedos se sitúan entre los paralelos 44 y 45, lo que en el hemisferio norte significa una garantía de vinos espléndidos y carnosos. La ubicación de los viñedos, a medio camino entre el Atlántico y el Mediterráneo, también es muy favorable. Esto implica que no sufren de la influencia húmeda de los vientos del oeste y de los otoños a menudo lluviosos del clima mediterráneo. Por ello, las condiciones ideales, encabezadas por un otoño seco y cálido, aseguran que las uvas tienen todas las posibilidades para poder crecer en paz.

Cahors cuenta con dos tipos de suelo: el valle del Lot, con un subsuelo de caliza y una capa superior de depósitos aluviales con guijarros y residuos de erosión, y los niveles calcáreos más altos (aquí llamados *causses*) con una capa bastante superficial de piedras y marga.

LAS VARIEDADES

En Cahors sólo se producen vinos tintos. Se obtienen de la variedad de uva auxerrois (en otras zonas también llamada "Cot Noir"). Por su reglamento como denominación, los Cahors A.O.C., ésta debe suponer al menos un 70 por 100 de la superficie de viñedo total. La auxerrois da a los vinos carácter, taninos robustos, color y potencial para envejecer. Para los vinos de Cahors tradicionales, se usa auxerrois pura o auxerrois con tannat (familiar de madiran e irouléguy), una variedad de uva estrechamente relacionada por sus características con la auxerrois. Los vinos de estilo más moderno a menudo contienen una buena dosis de merlot, lo que les hace más carnosos y aromáticos.

Tradicional Cahors.

LOS VINOS

Es preferible beber los mejores Cahors jóvenes. Sus taninos los hacen el acompañamiento perfecto para los platos locales de ganso o pato, normalmente cocinados en su propia grasa. También pueden acompañar cualquier tipo de carne roja o incluso aves de caza. Temperatura de consumo: 14°C (57°F).

Los Cahors tradicionales son mucho más rotundos y complejos. Si los bebe demasiado jóvenes, los taninos son demasiado dominantes. Espere preferiblemente cinco o incluso diez años en el caso de los mejores Cahors. El vino entonces se hace más carnoso, suave y aterciopelado, redondo y poderoso, y los aromas serán más sofisticados.

Sirva un Cahors maduro con platos de la cocina francesa del sur, y no olvide las carnes rojas, trufas y setas del campo. La caza es otra posibilidad. Si le gustan las armonías poderosas, fascinantes y llenas de contrastes, pruebe un rico roquefort o un bleu des Causses con un poco de Cahors. ¡Seguro que llegará a oír balar a las ovejas! Temperatura de consumo: 16°C (61°F).

Cuvèe prestigio.

GAILLAC

Los vinos de Gaillac se conocen ya desde el siglo V, sobre todo en círculos eclesiásticos. Con la llegada de los monjes benedictinos en el siglo X, Gaillac se convirtió en una de las mejores regiones vinícolas de Francia. En el siglo XIII se establecieron normas de calidad oficiales para los vinos de Gaillac. En 1938 los vinos Gaillac blancos adquirieron su reconocimiento A.O.C.; los tintos y rosados tuvieron que esperar hasta 1970.

Las viñas se cultivan en 2.500 hectáreas (6.000 acres) a ambas orillas del río Tarn, desde la ciudad de Albi hasta por encima de Toulouse. La orilla izquierda del Tarn tiene un suelo pobre de rocas y gravilla, ideal para el vino tinto. La orilla derecha es bastante más compleja y variada: granito, cal y arenisca forman la mayor parte del suelo. Aquí se producen vinos blancos, pero también tintos y rosados. Hoy en día, el 60 por 100 de la producción de Gaillac se dedica al vino tinto.

El Gaillac blanco se obtiene de la variedad de uva mauzac, que también se emplea en Languedoc (Limoix) y en varias pequeñas regiones vinícolas del sudoeste. Aquí el Mauzac es complementado por uvas len de l'el, que aportan sutileza y fuerza aromática. La len de l'el también se usa en la Cataluña francesa y española. Los vinos de la orilla derecha están bien equilibrados, tienen aromas ricos afrutados y florales y son muy frescos. Los vinos blancos obtenidos mediante técnicas modernas son bastante menos amplios, suaves, y no tienen un posgusto tan duradero como los vinos tradicionales de mauzac y len de l'el. En la orilla izquierda se obtienen vinos blancos afrutados, jugosos y cálidos.

Beba un Gaillac blanco y seco con platos de pescado o marisco, como aperitivo o con quesos frescos, como el Cabecou de Rocamadour. Temperatura de consumo: 10°C (50°F).

El Gaillac blanco y dulce es un buen acompañamiento para el hígado de pato o de ganso, pero también combina muy bien con quesos azules, como bleu des Causses, roquefort y bleu d'Auvergne. Temperatura de consumo: 8°C (47°F).

También existe un Gaillac blanco espumoso, disponible en dos versiones. El *méthode artisanale* se produce sin la adición de licor de tiraje. Su burbuja procede de la fermentación en la botella de los propios azúcares del vino. Estos Gaillac *méthode artisanale* son muy afrutados y llenos de carácter. Los Gaillac *méthode traditionnelle* se obtienen mediante una segunda fermentación en la botella, después de aña-

Nombre original para un Gaillac blanco de uvas mauzac.

dir una dosis de licor. Estos vinos espumosos son quizá algo más frescos, pero menos complejos y, sobre todo, menos afrutados. Bébalos como aperitivo a unos 8°C (47°F).

Los Gaillac rosados se obtienen principalmente de forma moderna por sangrado, con breve maceración (unas horas) de los hollejos en el mosto y continuando el proceso como si se tratara de un vino blanco. Estos vinos rosados son amables, fáciles de beber y muy ligeros. Muy buenos con un almuerzo ligero, un picnic, fiambres o una tabla de quesos frescos. Temperatura de consumo: 10-12°C (50-54°F).

Los Gaillac tintos se obtienen de la duras, una antigua variedad de uva redescubierta hace unos veinte años, acompañada de la local braucol (o brocol, el nombre que se da en la zona a la variedad fer servadou o mansoi). Aporta al vino color, carácter y sofisticación. La variedad braucol le da color, carnosidad y un encanto rústico, con excelente aroma a fruta roja (grosellas negras, frambuesas). Los vinos tintos procedentes de suelos calizos, obtenidos de forma moderna, son ligeros, aromáticos y fáciles de beber. Son lo más parecido a sus primos rosados. En los suelos de granito de las colinas se obtienen vinos tintos cálidos, robustos, pero suaves con intenso aroma a fruta (escarchadas, rojas y grosellas negras). Estos vinos pueden envejecer bien. Los vinos tintos de la orilla izquierda tienen un color bastante más profundo y son más ricos en sabor, con aromas a frutas escarchadas, especias y grosellas negras. Estos vinos robustos y tánicos demandan varios años de guarda en la botella.

Beba estos Gaillac tintos modernos con un almuerzo con algo de sustancia, una cena ligera, o después de una comida con queso. Temperatura de consumo: 14-16°C (57-61°F). Sirva el Gaillac tinto tradicional y robusto con carnes rojas asadas, aves a la parrilla o quesos curados o semi curados. Temperatura de consumo: 16°C (61°F).

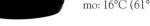

Gaillac tinto.

CÔTES DU FRONTONNAIS

El Frontonnais, famoso desde el siglo IV, disfrutó de una edad de oro en los siglos XVIII y XIX. No obstante, la voracidad de la filoxera llevó esta historia de renombre a un brusco término. Después de la Segunda Guerra Mundial, se hicieron todos los esfuerzos posibles para limpiar de nuevo el blasón de Frontonnais. Tras generaciones de duro trabajo y lucha contra los intereses económicos de Burdeos, tuvieron resultados exitosos. En 1975 los vinos de Cotes de Frontonnais vieron reconocida su denominación (A.O.C.). Hoy la región del Frontonnais incluye dos zonas vinícolas más antiguas en el entorno de Toulouse: Fronton y Villaudric.

La región vinícola de Cotes du Frontonnais, entre Toulouse y Montauban, abarca unas 2.000 Ha. Los suelos son rocosos y pobres, ricos en gravas, lo que da aromas intensos, frutales y florales a los vinos. En un futuro no demasiado distante, el área total de los viñedos aumentará en un tercio.

Una característica muy excepcional de Côtes de Frontonnais es el uso (sólo en los rosados y los tintos) de la antigua variedad de uva autóctona négrette, que supone entre el 50 y el 70 por 100 de la superficie de viñedo. Esta uva aporta al vino una finura característica y mucha fruta. Cabernet franc, cabernet sauvignon, syrah, fer servadou, cot (aquí llamada merille) y, en menor grado, gamay y cinsault, se emplean además de négrette.

La négrette.

Los vinos rosados de Frontonnais tienen un color muy pálido y son muy aromáticos. En el paladar son muy secos y finos. Beba un Frontonnais rosado joven, con platos de pescado o fiambres, o como vino único en un picnic o un almuerzo veraniego. Temperatura de consumo: 10°C (50°F).

El Frontonnais tinto puede ser de dos tipos. Los vinos modernos son ligeros, elegantes, flexibles y afrutados, a menudo con aromas a grosellas negras y ciruelas.

Sirva estos vinos jóvenes con carnes rojas asadas o a la parrilla, o con queso de oveja de los cercanos Pirineos. Temperatura de consumo: 14°C (57°F).

Los Frontonnais tintos tradicionales son más complejos, más robustos y carnosos. Los aromas son algo menos exuberan-

Côtes du Frontonnais rosado.

Côtes du Frontonnais tinto.

tes y tienen un sabor más duradero. Beba estos vinos después de dejarlos madurar unos años en la botella con platos de la cocina rural del sudoeste, como judías con ganso (*cassoulet*) o pato o ganso cocinados en su propia grasa. Estos vinos también quedan muy bien en casa con carnes rojas asadas o a la parrilla o con caza menor. Temperatura de consumo: 16°C (61°F).

Côtes du Frontonnais tradicional.

LAVILLEDIEU V.D.Q.S.

Los viñedos de Lavilledieu se encuentran al norte de los de Frontonnais, al oeste de la ciudad de Montauban. La región vinícola, dividida en trece municipios, adquirió su certificado V.D.Q.S ya en 1947. El nombre "Lavilledieu" recuerda las antiguas guerras religiosas que hicieron el distrito tan inseguro. Hubo un tiempo en el que la ciudad fue llamada La Ville Dieu du Temple, y la población era protestante (hugonotes; muchos de ellos emigraron).

El suelo de Lavilledieu consiste principalmente en una mezcla de guijarros y depósitos aluviales sobre un subsuelo de piedra y arenisca marrón, ferruginosa y dura. Las variedades de uva empleadas exclusivamente para estos vinos tintos varían: négrette, cabernet franc y tannat podrían ser llamadas locales; las foráneas syrah y gamay, bastante menos. La mezcla está cuidadosamente calculada y no cabe duda de que produce vinos agradables y muy afrutados: redondos, suaves, aterciopelados y bien equilibrados.

Sirva estos vinos con pollo y otras aves, con guisos o con queso suave. Temperatura de consumo: 12-14°C (54-57°F).

CÔTES DU BRULHOIS V.D.Q.S.

Otro viejo conocido, ya en tiempos de los romanos. La fama de estos vinos creció hasta finales del siglo XIX. Después de la plaga de la filoxera los viñedos de Brulhois siguieron produciendo vinos de segunda clase hasta mucho después de la Segunda Guerra Mundial. La generación de viticultores nacida después de la guerra ha tomado el relevo de nuevo, y ¡de qué manera! En 1984 los viticultores fueron recompensados por sus esfuerzos, los vinos recibieron la denominación V.D.Q.S.

En colinas abruptas de piedra y gravilla se producen estos vinos cubiertos de color, sabrosos y carnosos que pueden envejecer bien. Tienen una amplia gama de aromas poderosos y sutiles. Las uvas empleadas aquí son las variedades típicas del sudoeste: tannat, cot y fer servadou, junto con cabernet franc, cabernet sauvignon y merlot.

La verdad es que los Côtes du Brulhois no son vinos elegantes, sofisticados ni femeninos; se puede decir que son de estilo bastante macho y muy fieles a su "terroir". Sírvalos preferentemente con platos locales, guisos, carnes rojas a la parrilla o quesos frescos. Temperatura de consumo: 14-16°C (57-61°F).

BUZET

Los viñedos de esta región vinícola de 1.700 hectáreas (4.200 acres) se sitúan en el corazón de Gascuña, al sur de la pequeña ciudad de Buzet, a la orilla izquierda del río Garona. Casi toda la producción de Buzet está controlada por la cooperativa local de los Vignerons du Buzet. Los viñedos de Buzet son muy antiguos y fueron conocidos antes de la era cristiana. Durante siglos, los vinos de Buzet fueron exportados a los Países Bajos, Inglaterra, Prusia, las Indias Occidentales y los Estados Unidos (Louisiana, Mississipi). Buzet tenía una posición excepcional en el sudoeste: a diferencia de todas las otras regiones vinícolas no fue desplazada del negocio durante mucho tiempo cuando llegó la plaga de la filoxera. Incluso en esos tiempos difíciles su extensión de viñedos creció. En 1953, Buzet obtuvo el V.D.Q.S. y gracias a los esfuerzos obstinados y unidos de la asociación de viticultores se obtuvo el reconocimiento A.O.C. definitivo.

La región tiene dos tipos de suelo que producen diferentes tipos de vino. Los vinos producidos en el subsuelo pedregoso y arenoso de las terrazas son elegantes y delicados; los del subsuelo de arcilla y depósitos aluviales con arenisca saliente, más rico, dan lugar a vinos más poderosos, carnosos y aromáticos.

Buzet: bueno y asequible.

Los vinos tintos representan la mayoría de los Buzet. Se obtienen a partir de una combinación de merlot, cabernet franc y cabernet sauvignon. El color es rojo rubí y los aromas recuerdan a frutas rojas, vainilla y frutas escarchadas. Los mejores vinos de Buzet pueden envejecer durante varios años. Los Buzet tintos más jóvenes y baratos son acompañamientos agradables en una comida y no son demasiado exigentes. Temperatura de consumo: 12-14°C (54-57°F).

Tradicional Buzet tinto.

Los mejores Buzet tintos (Château o Domaine) tienen más cuerpo y tanino. Pueden guardarse de diez a quince años. Los aromas son más complejos y a menudo tienden hacia la maleza, mermelada de fresa, tabaco, madera de cedro y ocasionalmente un matiz a caza. Estos vinos pueden acompañar todos los platos de carne y caza de la cocina tradicional, así como de la moderna. Temperatura de consumo: 14-17°C (57-63°F).

CÔTES DU MARMANDAIS

La región A.O.C. de Côtes du Marmandais (1.800 hectáreas/4.500 acres) se sitúa en la orilla derecha del río Garona, sobre unas colinas suavemente escarpadas con un suelo de gravilla y guijarros, alternados con arenisca y arcilla calcáreas. Los Marmande ya eran conocidos por los antiguos romanos, y posteriormente los ingleses fueron importantes consumidores de estos vinos del alto Garona. Después de la invasión de la filoxera en el siglo XIX, la viniculture en Marmandais habría desaparecido completamente si un grupo de agricultores con su duro trabajo no hubiese unido fuerzas y establecido la cooperativa local. Hacia 1955 Côtes du Marmandais

recibió el status V.D.Q.S. y en 1990 alcanzó la cima con el reconocimiento A.O.C. En Marmandais, también, la

Viñedos soleados en Marmandais.

calidad y el "terroir" se están haciendo más importantes que la cantidad.

Los Côtes du Marmandais blancos, obtenidos a partir de variedad sémillon, sauvignon, muscadelle y ugni blanc, son bastante secos, frescos y afrutados, con aromas a flores blancas y a veces almendras.

Beba estos vinos tan correctos con pescado y mariscos en comidas al aire libre, almuerzos rápidos o como aperitivo. Temperatura de consumo: 10-12°C (50-54°F).

Los vinos rosados son frescos, afrutados y bastante más ligeros. Son vinos agradables que deberían alegrar cualquier almuerzo o picnic. También apropiados con pescado y mariscos. Temperatura de consumo: 12°C (54°F).

Los Côtes du Marmandais tintos se obtienen de las variedades de Burdeos cabernet sauvignon, cabernet franc, merlot y malbec, complementadas por la local abouriou y fer servadou, y en caso necesario, un poco de gamay o syrah.

Beba estos tintos aromáticos, suaves y redondos con carnes rojas, cordero o caza menor al grill. Debido a la escasa diferencia en precio, debería comprar los mejores cuvées, que amortizan mejor el dinero (por ejemplo, Richard 1er, Tap de Perbos o La Vieille Eglise). Temperatura de consumo: 14-16°C (57-61°F).

CÔTES DE SAINT-MONT VDQS

Esta región vinícola de Gascuña ya era conocida en tiempos de los antiguos romanos. Los monjes benedictinos estu-

Elija los mejores vinos tintos Marmandais.

vieron detrás de su éxito, que duró hasta la plaga de la filoxera. A comienzos del siglo XX, los viñedos locales comenzaron su declive. No fue hasta los años 50 cuando se produjo el cambio, en parte debido a los enormes esfuerzos de la cooperativa local: los viticultores lograron hacer revivir la región. En 1981 Côtes de Saint-Mont recibió el V.D.Q.S. Para los vinos tintos y rosados se emplea variedad tannat y fer servadou, complementadas en caso necesario por cabernet sauvignon y cabernet franc para aportar mayor redondez y sutileza. Los vinos blancos se obtienen a menudo con una mezcla de las variedades de uvas locales típicas: gros manseng, arrufiac, petit manseng y petit courbu, con algo de clairette.

Las colinas orientales y meridionales son el dominio de los tintos y tienen dos tipos de suelo. El suelo con guijarros produce vinos tintos ligeros, que son vinificados de forma moderna. Son vinos agradables y amables, sin pretensiones. Bébalos jóvenes y bien frescos, a unos 12°C (54°F). El suelo de arcilla produce vinos más amplios, redondos y carnosos que pueden envejecer bien. Cuando son jóvenes, pueden ser servidos con carnes rojas o aves al grill o asadas a unos 12-14°C (54-57°F); los vinos más viejos combinan bien con los platos más sustanciosos de la cocina local, guisos o incluso quesos fuertes. Temperatura de consumo 16°C (61°F).

Los vinos rosados son suaves, muy agradables y aromáticos. Su sabor es afrutado y fresco. Son acompañantes ideales para los fiambres, entrantes, buffets al aire libre, picnics y almuerzos. Temperatura de consumo: 12°C (54°F).

Las colinas occidentales con un suelo de cal y arcilla producen vinos blancos muy sutiles y elegantes. La fuerza aromática de su juventud pronto cambia a un aroma más complejo. Sirva estos vinos frescos con pescado y *fruits de mer*. Temperatura de consumo: 10-12°C (50-54°F).

Côtes de Saint-Mont tinto.

TURSAN VDQS

Los vinos de Tursan también tienen una historia interesante. Se afirma que fueron servidos en la época de los últimos emperadores romanos. Su fama en Francia, y fuera de ésta, fue enorme. En los siglos XII y XIII, los vinos de Tursan eran bien venidos en muchas cortes europeas desde España hasta los Países Bajos e Inglaterra. Desgraciadamente, los viñedos fueron completamente destruidos por la plaga de la filoxera. Sólo a comienzos de los años 50 entró aire fresco en los viñedos. Una nueva generación de viticultores continuó con la antigua tradición de producir vino. En 1958 los vinos de Tursan (blancos, rosados y tintos) fueron recibidos con los brazos abiertos en la familia V.D.Q.S.

Los viñedos de Tursan se sitúan al borde de las Landas, un extenso terreno de tierra ahora plantado con pinos, pero en su día un lugar de dunas de arena y ciénagas. Sus otros vecinos son Gascoña y Béarn. El suelo de 500 hectáreas (1.250 acres) de la región consiste en una mezcla de arcilla y arena con algo de cal y arenisca aquí y allá. Los mejores viñedos se encuentran en las colinas de bloques calizos fragmentados. Alrededor de la mitad de la producción se dedica a los

Modernos vinos Tursan.

blancos, la otra mitad se reparte entre los rosados y los tintos.

El Tursan blanco se obtiene a partir de la variedad de uva baroque y puede ser complementada por no más de un 10 por 100 de gros manseng y sauvignon. Los vinos son frescos, afrutados, muy aromáticos y tienen un gusto agradable.

Sirva un Tursan blanco con pescado o marisco. También bueno con entrantes ligeros. En su región autóctona estos vinos blancos se sirven con foie gras. No tengo nada en contra de esta costumbre, pero personalmente prefiero un Jurançon o un Pacherenc du Vic-Bilh Moelleux con hígado de pato o ganso. Temperatura de consumo: 8-10°C (47-50°F).

Los vinos rosados son ligeros, frescos, secos y bastante deliciosos. Se obtienen de variedad cabernet sauvignon y cabernet franc.

Estos vinos rosados son ideales para almuerzos, picnics, fiambres, carnes blancas, aves, ensaladas, entrantes y queso. En pocas palabras, un vino para casi cualquier ocasión. Temperatura de consumo: 10-12°C (50-54°F).

Finalmente, los vinos tintos, obtenidos a partir de cabernet sauvignon y cabernet franc (al menos un 60 por 100), se complementan con no más del 40 por 100 de Tannat. Estos vinos son amables y carnosos, con mucha sutileza, encanto y gran fuerza aromática.

Un vino de Tursan tinto combina extremadamente bien como compañero de la cocina rural del sudoeste, y

Tradicional Tursan tinto.

Domaine Capmartin: excelente
para su precio.

con palomas torcaces a la cazuela y otras aves de caza, gansos o patos. Si no tiene ningún pato o ganso a mano, no se preocupe: un buen solomillo al grill también resultará excelente. Los quesos meridionales de los Pirineos también hacen buena pareja con un Tursan tinto. Temperatura de consumo: 16°C (61°F).

MADIRAN

Los vinos de Madiran eran conocidos al menos un siglo antes de la era cristiana. Aquí también los monjes benedictinos contribuyeron al éxito de la viticultura local.

EL RENACIMIENTO DE MADIRAN

Tras un sombrío periodo en el que parecía que Madiran había sido eliminado del mapa, se produjo el rescate en la persona de Alain Brumont, el modesto, obstinado, ambicioso pero encantador y amigable hijo de un viticultor de la zona. En ese momento se aplicaba en la vinicultura el mismo principio que en el resto de las ramas de la agricultura: cuanto más se produce, más dinero entra. Altos rendimientos y toneladas de fertilizantes aseguraron el resultado deseado. Cuando Alain Brumont comenzó a difundir sus ideas revolucionarias por primera vez en 1979, la mayoría de los viticultores se burlaba de él. ¡Su propio padre casi le echa de casa! Sin embargo, Alain siguió adelante con sus planes. Compró una finca abandonada, "Montas", y replantó los viñedos con la variedad tradicional tannat, que una vez había sido la responsable del encanto de los vinos de Madiran. La calidad de los viñedos y las cepas era vigilada cuidadosamente, se impusieron normas de calidad muy altas y el rendimiento se mantuvo a un nivel extremadamente bajo. En concreto, este último factor era considerado un error por parte de los viticultores más mayores. Sin embargo, cuando se probaron los resultados, todos ellos le ofrecieron sus disculpas, algunos con lágrimas en los ojos... Los esfuerzos de Alain Brumont habían traído el renacimiento del auténtico Madiran. Este "luchador" había logra-

do en menos de cinco años uno de los vinos tintos más conocidos de Francia, un tremendo logro. Con su éxito Alain Brumont atrajo a una nueva generación de viticultores franceses a lo más alto: Patrick Ducournau (Chapelle Lenclos), Jean Marc Laffitte (Laffitte-Teston), François Laplace (Château d'Aydie), Didier Barré (Domaine Berthoumieu) y recientemente, entre otros, Guy Capmartin (Domaine Capmartin) y la única dama de esta célebre sociedad, Christine Dupuy (Domaine Labranche-Laffont).

LA VITICULTURA EN MADIRAN

Los viñedos de Madiran abarcan un total de 1.100 hectáreas (2.700 acres) y se sitúan sobre un suelo de arcilla calcárea con algunas zonas más pobres y con guijarros de vez en cuando. Para los vinos de Madiran se emplean las uvas de la variedad tannat y en caso necesario, para suavizar los aspectos más duros del Tannat, se complementan con fer servadou, cabernet sauvignon y cabernet franc.

El Madiran es un vino muy tánico que necesita varios años de guarda en la botella (al menos de dos a cua-

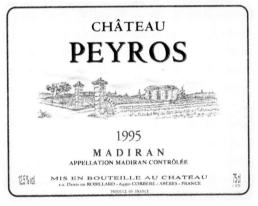

Madiran, vinos masculinos.

tro años, diez para los mejores vinos) para desarrollar todos sus encantos. Un Madiran superior puede durar sin duda alguna de veinte a treinta años. Un Madiran

El vino joven es todavía bastante tosco.

es el estereotipo de un vino masculino: poderoso, amplio, robusto, sensual y carnoso.

Si bebe un Madiran joven (después de al menos dos años) le resultará muy afrutado, pero los taninos pueden en ocasiones llegar a ser dominantes. Para neutralizar esto la mejor opción consiste en escoger platos suculentos, como ganso o pato cocinados en su propia grasa. Una pechuga de pato al grill (aún rosada) combina a la perfección. Temperatura de consumo: 14°C (57°F).

Un Madiran bastante más viejo tiene un aroma a pan tostado, café, cacao, especias, vainilla, frutos escarchados, regaliz y muchos más. Descubra estos vinos con caza menor y aves de corral, carnes rojas a la parrilla o queso curado de oveja de los Pirineos. Temperatura de consumo: 16-17°C (61-63°F).

Château Montus: el más famoso Madiran.

PACHERENC DU VIC-BILH

La región vinícola de Vic-Bilh es la misma que la de Madiran. En el mismo terreno se producen vinos tintos (Madiran) y vinos dulces, semisecos y secos (Pacherenc du Vic-Bilh). Se dice que el nombre "Pacherenc" deriva del término vasco para "baya" o "uva", pero otras fuentes sostienen que la palabra es de origen gascón y se refiere a los muchos postes que se colocaban en filas en los viñedos.

El suelo ideal para estos vinos blancos es una mezcla de arcilla y arenisca. Las variedades de uva empleadas son las autóctonas arrufiac, petit manseng, gros manseng, courbu, y para los vinos más modernos también un poco de sauvignon y sémillon.

Pacherenc-du-Vic-Bilh seco.

El Pacherenc du Vic-Bilh seco es muy aromático, con toques de flores y frutos cítricos y un paladar lleno de fruta madura y sobremadura. Sirva estos vinos como aperitivo o con pollo, pescado o marisco. Temperatura de consumo: 10-12°C (50-54°F).

El Pacherenc du Vic-Bilh semidulce o dulce tiene la misma fuerza aromática que los vinos secos (frutos cítricos, escarchados, secos y flores) también con un poco de miel, tostadas y frutos exóticos. La estructura y el sabor son más llenos, carnosos, y poseen mayor sustancia y savia.

Sirva estos vinos impresionantes con hígado de pato o ganso, o simplemente después de una comida, por puro placer. Los vinos menos dulces pueden servirse en las comidas acompañando a platos de pescado en salsa. Por último, la mayoría de las damas y muchos hombres golosos también apreciarán una copa de Pacherenc dulce o semidulce como un aperitivo (ligeramente decadente). Temperatura de consumo: 8-10°C (47-50°F).

Aquí, también debemos resaltar la excelente calidad del *vin de pays* local de Côtes de Gascogne, y los muchos *vins de cépage* (varietales). Mención obligada y bien merecida es la del *vin de pays* de Côtes de Gascogne de variedad colombard, gros manseng y sauvignon (blanco), y los Jurançon tinto, de variedad egiodola, tannat y cabernet sauvignon.

Pacherenc dulce de la cosecha tardía de uvas muy maduras.

JURANÇON

Esta región vinícola, al sur de la ciudad de Pau y cercana a los Pirineos franceses, es bastante menos antigua que las regiones que acabamos de describir. Los primeros vestigios de vinicultura aquí datan de finales del siglo X. Pero los vinos de Jurançon pronto obtuvieron una gran reputación gracias al rey francés Enrique IV, quien procedía de la Navarra francesa, la provincia que incluía Pau. Para ser coronado rey de Francia tuvo que abandonar la fe protestante en 1593 y bautizarse como católico. Para ayudarle a pasar el trago el rey hizo que el agua de la pila bautismal fuese reemplazada por... ¡vino de Jurançon! No hace falta decir que la ceremonia del bautizo se celebró sin ningún problema.

En 1936 Jurançon se convirtió en una de las primeras A.O.C. de Francia, y en 1975 los vinos secos de Jurançon recibieron su propio reconocimiento.

La región abarca algo más de 600 hectáreas (1.500 acres) y los viñedos están muy esparcidos en toda la zona. Sobre una distancia de 40 km (25 millas) se sitúan como pequeñas islas entre el resto de la vegetación. Los mejores vinos se producen en las colinas, a unos 300 metros (1.000 pies) de altura, en un suelo con mezcla de arcilla, arenisca y guijarros. El clima combina las precipitaciones elevadas pero regulares del Atlántico con los inviernos severos de los Pirineos. Sin embargo, el área parece estar bendecida con los veranos muy cálidos, y los vientos cálidos secos del sur producen uvas sobremaduras, necesarias para obtener vinos dulces de calidad. En el Jurançon se emplean las variedades de uva locales: gros manseng, petit manseng, courbu, camaralet y lauzet.

El Jurançon Sec es bastante seco, ácido y fresco con aromas vegetales (matorral, acacias) y frutales (fruta de la pasión, melocotones blancos y cítricos). A medida que envejecen, desarrollan aromas más complejos a almendras, nueces, frutos secos y, ocasionalmente, ¡trufas!

El Jurançon Sec es excelente como aperitivo, pero se sirve principalmente con crustáceos y mariscos, pescados (pruebe el famoso salmón del río Adour, y la trucha de montaña cocinada *à la minute* con pequeños pimientos Espelette y beicon). También puede servir este vino con fiambres o quesos jóvenes. Temperatura de consumo: 8-10°C (47-50°F).

Los Jurançon Doux y Moelleux son pequeñas joyas. El color oscila entre el dorado y el ámbar; los aromas son variados, intensos y complejos, varían desde la miel,

Jurançon seco.

vainilla, tostadas y frutas sobremaduras a los aromas más sutiles de las flores blancas, flor del limero, camomila, piña y frutos cítricos. Su paladar es carnoso y redondo y el alto contenido en azúcar se mantiene en perfecto equilibrio con la acidez fresca. Estos vinos dulces pueden envejecer bien.

Sirva estos deliciosos vinos con todas las variedades de hígado de pato y de ganso, con queso azul (roquefort, bleu des Causses) o con queso de oveja curado de Ossau-Iraty o Laruns. Sorprendente también es la combinación bastante poco frecuente con la delicada cocina oriental de China, Tailandia y Japón. Para los amantes de disfrutar los líquidos puros se recomienda los vendanges tardives de Manseng. Temperatura de consumo: 10-12°C (50-54°F).

BÉARN-BELLOCQ

Los antiguos romanos ya conocían los buenos vinos que se podían hacer en Béarn. Durante las guerras religiosas en Francia se estima que cientos de miles de personas del centro y el sudoeste francés se desplazaron a Holanda, Inglaterra y América del Norte y del Sur. Esta gran cantidad de hugonotes emigrantes (y su sed) hizo que floreciera el comercio de los vinos del sudoeste. Eso es lo que ocurrió en Béarn. Los vinos de Béarn fueron clasificados como V.D.Q.S. ya en 1951; el reconocimiento de la A.O.C. no llegó hasta el año 1975. En 1990 los mejores vinos obtuvieron su propia A.O.C. de Béarn-Bellocq.

El suelo de Béarn es muy montañoso y se sitúa a los pies de los Pirineos. Béarn se beneficia de un microclima ideal, que combina la humedad del Atlántico con un clima severo de montaña.

El Béarn blanco es bastante escaso y se elabora en los alrededores de Bellocq. Estos vinos blancos de variedades de uva raffiat y manseng son frescos y afrutados con un matiz de aroma floral (hiniesta, acacia). Al igual que el Jurançon Sec, un Béarn blanco es el acompañamiento perfecto para una trucha de montaña recién pescada y cocinada y de un buen salmón del río Adour. También excelente con queso fresco de cabra. Temperatura de consumo: 10-12°C (50-54°F).

Los rosados de Béarn, bastante más sencillos, deben su encanto a la combinación de tannat con cabernet sauvignon y cabernet franc (aquí mejor conocidos como Bouchy). Estos vinos rosados son suaves y aterciopelados, amplios, redondos y muy afrutados.

Jurançon semidulce.

Witte Béarn.

Un excelente Béarn tinto y rosado.

Puede servir este rosado en cualquier ocasión veraniega, pero también en invierno con, por ejemplo, tortillas rellenas u otros platos con huevo, o incluso con un plato tradicional de col con patatas y carne picada. Temperatura de consumo: 10-12°C (50-54°F).

Los Béarn tintos de gama media son vivaces, amables y fáciles de beber. En su aroma y sabor puede reconocer el Cabernet Franc bastante más que el Tannat. Sírvalos cuando le apetezca: se adaptan fácilmente. Temperatura de consumo: 12°C (54°F).

Los mejores Béarn-Bellocq tintos son más robustos, amplios, con más cuerpo y carnosidad. Aquí es principalmente la tannat quien lleva la delantera. Estos vinos requieren un guiso o una parrillada suculenta. También los puede servir con caza. Temperatura de consumo: 14-16°C (57-61°F).

IROULÉGUY

Esta región vinícola en el corazón del país vasco francés ya era bien conocida en los tiempos de Carlomagno. La pequeña ciudad de Irouléguy era ya entonces un centro para la venta de estos vinos vascos. Después de la invasión de la filoxera, el cultivo de la uva cayó por completo en el olvido. Sólo a principios de los años 50 un pequeño grupo de viticultores decidió emprender el reto de nuevo. Se estableció una cooperativa a cuya cabeza se encontraba Alexandre Bergouignan. Los viñedos una vez famosos de Irouléguy fueron restaurados y replantados.

Irouléguy, unos viñedos que han vuelto a cultivarse.

Se llevaron a cabo enormes inversiones para mejorar la calidad de los vinos. Tanto esfuerzo y buena voluntad fue recompensado en 1953 con el reconocimiento V.D.Q.S., y en 1970 los vinos Irouléguy obtuvieron al fin su A.O.C. En los años 80 siguieron con más trabajo duro para

Brana, el estado más importante de Irouléguy.

aumentar el nivel aún más. Se plantaron nuevos viñedos, principalmente en terrazas. Además de los esfuerzos de la cooperativa local, se desarrollaron varias iniciativas privadas, como la de Etienne Brana, cuyo negocio hoy en día es famoso en el mundo entero. Mientras tanto, el cultivo de la uva en Irouléguy había mejorado tanto que se podía decir sin lugar a dudas que la zona se había convertido en una de las regiones vinícolas mejores de Francia. Por supuesto, los viticultores aún tienen que trabajar para hacer sus productos más conocidos: las cantidades limitadas de vino que producen no ayudan, la mayor parte de su producción se exporta a los Estados Unidos, para saciar la sed de cientos de miles de emigrantes vascos que demandan el vino de su tierra natal. La calidad de estos vinos es reconocida unánimemente por todos los entendidos del vino, y en especial los vinos de la familia Brana, que son miembros del club de la elite de los mejores viticultores del mundo. Sus brandies, también, se encuentran entre los mejores de Francia.

VITICULTURA

Los viñedos de Irouléguy se encuentran cerca de Saint-Jean Pied de Port y Saint-Etienne de Baigorry, principalmente sobre terrazas en un suelo de arenisca roja, arcilla y esquisto, con algo de caliza aquí y allá. Esto da lugar a contrastes espléndidos y pintorescos, con el verde de los viñedos contra el rojo de la arenisca que contiene óxido de hierro. El clima es un compromiso entre la suavidad del clima oceánico y la severidad de los climas continentales y montañosos. Los inviernos son bastante suaves, con nieves y lluvias. La primavera es húmeda, en ocasiones con peligrosas heladas. El verano es caluroso y seco, el mayor peligro para los viñedos procede de las fuertes tormentas a veces acompañadas por el granizo, con todas sus consecuencias. Finalmente, los otoños son a menudo muy calurosos y secos, lo que resulta ideal para cosechar uvas sanas y maduras. Debido a su difícil entorno y a menudo mala accesibilidad a los viñedos, el rendimiento aquí es muy bajo.

Terreno de viñas en Irouléguy.

Los vinos

Alrededor de dos tercios de la producción de Irouléguy se destina al vino tinto. El carácter del Irouléguy tinto procede de la variedad tannat (máximo un 50 por 100), cabernet franc (axeria) y cabernet sauvignon. Existen tres categorías de estos vinos tintos: en orden ascendente de calidad encontramos al Irouléguy corriente, el *cuvée*, y el embotellado en la propiedad (*domaine*). Los Irouléguys más simples son robustos, ricos en taninos, afrutados (moras) y especiados. Los mejores *cuvées* poseen algo más de cuerpo, han disfrutado de un periodo mayor de crianza en roble y tienen la ventaja de envejecer varios años en la botella. Los *domaines* superiores (Brana, Ilarria, Iturritxe y Mignaberry) son vinos notables, con aromas poderosos a especias y frutos negros (grosellas, ciruelas) y un toque a vainilla. El sabor es complejo, poderoso, carnoso y redondo, con un equilibrio perfecto entre la frescura, la fruta, el alcohol, el cuerpo y los taninos robustos pero redondos.

Al igual que los Collioures, los tintos sencillos de Irouléguy, siempre que se sirvan jóvenes y frescos, pueden combinarse con todo tipo de platos de pescado a la parrilla, particularmente cuando se sirven con una guarnición de pimientos. Temperatura de consumo: 14-16°C (57-61°F).

Los cuvées y los domaines merecen platos más importantes: palomas torcaces, aves de corral, caza menor, carnes rojas asadas o al grill, o cordero. Todos los platos en los que se incluyan algunos pimientos Espelette harán que el vino Irouléguy termine cantando. Una combi-

DOMAINE DE MIGNABERRY

1997

MIS EN BOUTEILLE A LA PROPRIÉTÉ

IROULEGUY

APPELLATION IROULEGUY CONTROLEE

S.C.A. LES VIGNERONS DU PAYS-BASQUE
A ST-ETIENNE-DE-BAÏGORRY 64430

750 ml   PRODUIT DE FRANCE   12,5% vol.

Clásico vino tinto Irouléguy.

Un Irouléguy tinto y joven combina muy bien con marisco a la brasa, entre otras cosas.

nación excepcional y seductora es la de queso maduro o incluso curado de oveja de Ossau-Iraty o Laruns, servido con mermelada de ciruela o de guinda agridulce y una copa de su mejor Irouléguy tinto. Temperatura de consumo: 16-18°C (61-64°F).

Los vinos rosados son frescos y bastante secos. Fue en ellos en los que se basó al principio el buen nombre de los vinos Irouléguy. Aquí, también, tenemos una combinación de variedad de tannat, cabernet franc y cabernet sauvignon. El color es rojo grosella, el aroma es delicado y afrutado (cerezas, grosellas rojas) y el sabor es fresco y afrutado.

Hay un plato que combina con este vino mejor que ningún otro: la piperada vasca, un plato simple pero delicioso a base de pimientos a la parrilla, a veces acompañados de una loncha de jamón de Bayona frita y huevos revueltos. También los fiambres y el pescado al grill serán felices con un Irouléguy rosado. Resulta muy interesante acompañando jamones serranos o ibéricos. Temperatura de consumo: 10-12°C (50-54°F).

El Irouléguy blanco, bastante escaso, se obtiene a partir de las variedades de uva xuri ixiriota (manseng) y xuri cerrabia (petit courbu), y son más amplios y sabrosos que sus primos de Béarn. Estos vinos blancos con mucho estilo poseen aromas característicos a flores blancas, melocotones, frutos cítricos, mantequilla, avellanas y almendras, complementadas por un toque a vainilla y matices minerales.

Los Irouléguy blancos pueden acompañar cualquier pescado, ya sea de agua dulce o salada, y también crustá-

El Irouléguy blanco es todavía poco común.

ceos, mariscos y otros productos del mar (pulpo). Temperatura de consumo: 9-10°C (48-50°F).

AQUITANIA: DORDOÑA Y EL GARONA

Como mencionamos anteriormente, los vinos de Duras y Bergerac ocupan un lugar especial entre los de Burdeos y los del auténtico sudoeste. Social y económicamente ambas regiones se ven más atraídas hacia la capital de Aquitania (Burdeos) que hacia la capital del sudoeste (Toulouse). La gran implicación comercial de Burdeos y los intereses económicos de Duras y Bergerac desempeñan un papel muy importante en esta situación.

CÔTES DE DURAS

La región vinícola de Duras parece estar comprimida por los viñedos de Burdeos en el oeste, los de Bergerac en el norte y en el este, y los de Marmandais en el sudoeste. La región vinícola no es demasiado grande, unas 2.000 hectáreas (5.000 acres). Siglos de experiencia han hecho especial a esta región de vinos destacados.

Aunque la población aquí está orgullosa de sus vinos, no los terminan de promover de forma más activa. La población autóctona de Duras prefiere trabajar

Viñedos Duras.

de forma tranquila y concentrarse en sus productos. Los vinos de Duras (A.O.C. desde 1937) están destinados a los verdaderos amantes del vino, no para los "amantes de las etiquetas". Sólo aquellos que se tomen las molestias de ir, buscar calidad y disfrutar del vino sin adornos, obtendrán placer de estos vinos espléndidos. A pesar de los antiguos lazos con muchos hugonotes de Duras que tuvieron que emigrar al extranjero, los vinos de esta localidad son aún bastante infravalorados fuera de Francia. Una lástima, porque su notable relación precio calidad podría mostrarse muy atractiva. ¿O es que sólo existen "bebedores de etiquetas" fuera de Francia?

Los viñedos de Duras se sitúan en la parte superior (vinos blancos) y en el flanco meridional (tintos) de unas colinas suavemente escarpadas. El subsuelo es muy variado: en la parte superior del terreno encontramos un suelo de arenisca caliza y en los flancos una mezcla de arcilla compacta y caliza llena de conchas fósiles. El clima aquí es comparable al de Burdeos, con la diferencia de que en Duras es generalmente algo más cálido y hay menos lluvia. Para los vinos blancos se emplean principalmente las variedades de sauvignon, sémillon y muscadelle (con toques ocasionales de ugni blanc, mauzac, ondenc y chenin blanc) y para los vinos tintos y rosados, merlot, cabernet sauvignon, cabernet franc y una cantidad muy pequeña de cot (malbec). La mayoría de la producción (el 54 por 100) consiste en vino tinto y vino blanco seco (42 por 100) con un 2,5 por 100 de vino blanco dulce y un 1,5 por 100 de rosado.

Los Côtes de Duras Sec son vinos blancos secos ligeros, frescos, elegantes y afrutados con un espléndido color amarillo pálido con notas verdosas. Estos vinos, en los que domina la sauvignon, se encuentran sin lugar a dudas entre los mejores Sauvignon de Aquitania.

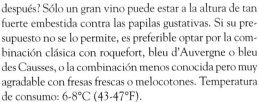

Los Côtes de Duras Sec son notables acompañamientos para cualquier pescado de agua dulce o salada, pero también con mariscos y crustáceos. También resultan aperitivos de primera clase. Temperatura de consumo: 8-10°C (47-50°F).

Los Côtes de Duras Moelleux son unos escasos blancos dulces poco frecuentes, en los que domina la sémillon. Son vinos plenamente dulces y armoniosos con aromas a miel, vainilla, tostado, albaricoques, melocotones, frutas sobremaduras, almendras, nueces, avellanas e higos. Su estructura es grasa, casi balsámica, y el sabor perdura largo rato.

A los franceses les gusta tomar estos vinos como aperitivo con algunas rodajas de paté de hígado de ganso o de pato. No tengo nada en contra de ello, puede resultar incluso delicioso. Pero, ¿qué puede beber después? Sólo un gran vino puede estar a la altura de tan fuerte embestida contra las papilas gustativas. Si su presupuesto no se lo permite, es preferible optar por la combinación clásica con roquefort, bleu d'Auvergne o bleu des Causses, o la combinación menos conocida pero muy agradable con fresas frescas o melocotones. Temperatura de consumo: 6-8°C (43-47°F).

Côtes de Duras seco.

Los vinos rosados de Côtes de Duras elaborados por el método de sangrado son frescos, afrutados y muy aromáticos (grosellas negras, chicle de frutas). Compañeros ideales para todo tipo de platos veraniegos, o durante todo el año, para fiambres, paté o ensaladas con carne. Temperatura de consumo: 10-12°C (50-54°F).

Los Côtes de Duras tintos pueden resultar muy agradables, flexibles, elegantes y afrutados, cuando se elaboran mediante maceración carbónica. Hoy en día,

Côtes de Duras tinto.

sin embargo, la mayoría de los vinos se elaboran por el método de vinificación tradicional, que los hace más estructurados y carnosos sin quitarles frutosidad. Sirva la primera categoría fresca a unos 12°C (54°F). La segunda –los vinos tradicionales– se puede guardar de cinco a siete años. Sirva los Côtes de Duras maduros tintos con carnes rojas, asadas o al grill, o con estofados y guisos de la cocina local, y quesos de pasta semiblanda o dura, a unos 14-16°C.

BERGERAC

VITICULTURA

Bergerac está llena de sorpresas y ofrece a cada visitante el placer de un ambiente espléndido, el compromiso y la pasión de sus viticultores, especialidades universalmente apreciadas, como trufas, setas, hígado de ganso y verraco de Périgord, y las emociones liberadas irreversiblemente por cada trago de vino. El suelo de esta región vinícola consta principalmente de una mezcla de piedra caliza y marga, además de granito y arena en las mesetas, arena de granito Périgord y sedimentos erosionados y guijarros. En la orilla derecha del Dordoña encontrará terrazas con un subsuelo pobre y una capa superior de sedimentos.

Viñedos van Bergerac.

Las laderas meridionales están cubiertas con guijarros. En la orilla izquierda el terreno es calcáreo, sobre todo en las laderas de las colinas, con algo de marga aquí y allá.

Al igual que en la vecina región de Burdeos, todos los factores que garantizan una alta calidad en el vino están presentes aquí: mucho sol, lluvias suficientes, inviernos no demasiado severos (con las excepciones de 1956, 1985 y 1987). La humedad atmosférica es bastante alta debido a la proximidad del Atlántico y las provisiones de agua del Dordoña y sus muchos afluentes.

Sin embargo, por muy bueno que sea el "terroir", ¡no hace el vino! En Bergerac la profesión de viticultor ha existido durante dos milenios. El entusiasmo y la experiencia de generaciones de viticultores ha elevado su actividad a la altura de un arte. En la actualidad, la mayoría de los viticultores jóvenes llegan a un compromiso entre las antiguas tradiciones vinícolas y las más modernas técnicas de vinificación. Con las combinaciones interactivas de los diferentes "terroirs" y la variedad de uva plantada en ellos, se obtiene una enorme diversidad de tipos y sabores de vino, incluyendo trece A.O.C. entre ellas, en una superficie de sólo 11.000 hectáreas (27.000 acres).

Las variedades empleadas para los vinos tintos son cabernet sauvignon (robustez, tanino, color, aroma de grosellas negras y madera de cedro), cabernet franc (un gran aroma –fresas y pimienta recién molida– y rápidez en madurar) y merlot (un aroma de cerezas, bayas rojas y ciruelas, y un cuerpo aterciopelado y suave).

Los vinos blancos se obtienen a partir de sémillon (susceptible de podredumbre noble; un aroma de miel, albaricoque, melocotón o mango; buen equilibrio entre el dulzor y la acidez), sauvignon (sutileza, aromas a manzana verde, grosella, hierba recién cortada) y muscadelle (aroma intenso a madreselva y acacia). Un viticultor bien conocido del distrito ha estado experimentando durante varios años con chardonnay, que también obtiene excelentes resultados aquí. Sin embargo, estos vinos tienen que ser vendidos como *vin de pays*, ya que el uso de chardonnay es completamente tabú en Bergerac.

LOS VINOS

BERGERAC ROUGE

Los vinos tintos proceden en su gran mayoría de las laderas y las mesetas montañosas. Principalmente son vinos delicados y afrutados, con un aroma a fresas, grosellas negras y otros frutos rojos pequeños. Estos vinos se encuentran en su mejor momento cuando se beben jóvenes; por ejemplo, con carnes blancas asadas, patés y terrinas, tortillas de champiñones y todo tipo de platos de cazuela. Temperatura de consumo: 12-14°C (54-57°F).

Bergerac tinto.

Estos vinos son una buena combinación para un buen Bordeaux.

CÔTES DE BERGERAC ROUGE

Las mejores selecciones de Bergerac tinto se incluyen en esta categoría. Son vinos con un color intenso y mucha estructura. Son extremadamente complejos, con aromas a frutas escarchadas (ciruelas y ciruelas pasas). Estos vinos son a menudo ricos en alcohol y en tanino, por lo que pueden envejecer muy bien.

Sirva un Côtes de Bergerac tinto con los platos locales de ganso, pato, aves de corral, etc. Temperatura de consumo: 14-16°C (57-61°F).

Tres vinos óptimos de Côtes de Bergerac.

Bergerac es una buena opción de calidad a buen precio.

PÉCHARMANT

Los viñedos para los mejores vinos tintos de Pécharmant tienen una situación muy favorable sobre un anfiteatro de colinas. El suelo es un factor decisivo en la calidad de estos vinos. La arena y la gravilla procedentes de la erosión de las rocas de granito han sido "lavadas" con el curso de los siglos por el mar y los ríos. Es esta capa superior dura e impenetrable por el agua, la que otorga a los vinos ese gusto típico de su "terroir". Los vinos de Pécharmant están bien cubiertos de color y muy concentrados. Contienen una gran cantidad de tanino y por tanto son a menudo muy amargosos y difíciles de beber en su primera juventud. Resultan vinos excelentes para la guarda. Una vez que son viejos, tienen una amplia paleta de aromas y sabores y se hacen más redondos con el tiempo.

Estos vinos resultan compañeros ideales para la caza, las carnes asadas y los quesos semicurados. La armonía con un guiso de anguilas frescas o de pollo es magnífica, pero ¡reemplace el agua por un Bergerac tinto! Temperatura de consumo: 16-17°C (61-63°F).

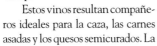

Pécharmant.

MONTRAVEL ROUGE

Desde la cosecha del año 2000, los vinos tintos de Montravel también pueden venderse con su propia A.O.C. Previamente eran invisibles bajo el nombre genérico de Côtes de Bergerac Rouge. Los vinos tintos de Montravel deben obtenerse de al menos un 50 por 100 de merlot con posibles adiciones de cabernet y cot (malbec). Antes de llegar al mercado, los vinos deben haber sido envejecidos durante al menos dieciocho meses. Dependiendo del método elegido (sólo en botella, parte del tiempo en madera o completamente en barrica), los vinos varían de

Jean Rebeyrolle (La Ressaudie) es una de las figuras de mayor poder detrás del nuevo Montravel rouge A.O.C.

los más elegantes, ligeros y afrutados a los maduros, carnosos y vigorosos.

Sirva un Montravel tinto con carnes rojas fritas, asadas o al grill. Temperatura de consumo: 16°C (61°F) para los vinos más ligeros, 17-18°C (63-64°F) para los más corpulentos.

BERGERAC ROSÉ

Los vinos rosados de Bergerac son en su gran mayoría muy buenos, pero no particularmente complejos. Ya estén vinificados mediante el método de sangrado o mediante una corta maceración, siempre son frescos, "amistosos", con color salmón y una gran cantidad de aromas frutales.

Ideales como aperitivo veraniego, con un almuerzo informal o en una comida al fresco, y también con barbacoas o picnics. Temperatura de consumo: 12°C (54°F).

BERGERAC BLANC SEC

Los viñedos del Bergerac Blanc Sec se distribuyen en ambas orillas del Dordoña, principalmente en las colinas y las mesetas. Los modernos métodos de vinificación (incluyendo la maceración pelicular) se em-

Bergerac rosé.

Viñedos Montravel (La Ressaudie).

plean cada vez con mayor frecuencia y otorgan a estos vinos, que no son realmente espectaculares por naturaleza, bastante más acento y sabor.

Un Bergerac Blanc Sec es un buen acompañamiento de crustáceos y mariscos, y de todo tipo de pescados. Debido a su viva acidez este vino combina bien con las salsas frescas que se sirven a menudo con el pescado (salsas de limón, acedera y otras). También resulta delicioso como aperitivo. Temperatura de consumo: 10-12°C (50-54°F).

Haut-Montravel.

MONTRAVEL

Los espléndidos Montravel blancos y secos se producen en el extremo oeste del departamento del Dordoña. Aquí, también, la vinificación moderna produce vinos muy aromáticos y suaves como terciopelo en la boca. El Montravel corriente se puede beber bien ya joven con toda su fruta, pero también se puede guardar durante algunos años. Los mejores Montravel, que han sido envejecidos en barrica al 100 por 100, deberían reservarse algo más de tiempo.

Los vinos de Montravel resultan muy buenos como aperitivo, o con las comidas a base de delicados pescados de agua dulce, carnes blancas y aves (pavo). Temperatura de consumo: 10-12°C (50-54°F).

Bergerac blanco seco.

Montravel A.O.C., siempre seco.

CÔTES DE MONTRAVEL

Los blancos semidulces de Côtes de Montravel componen una transición suave entre los Montravels blancos secos y los Haut-Montravel blancos más dulces.

Aunque este vino se sirve a menudo en la localidad como aperitivo con hígado de oca en tostadas, sería preferible con pescados de agua dulce o carnes blancas. Una combinación perfecta es la de un Côtes de Montravel con carnes blancas (filetes de cerdo o de ternera) rellenas con hígado de oca o pato y trufas. Temperatura de consumo: 10-12°C (50-54°F).

HAUT-MONTRAVEL

Estos vinos proceden principalmente de las orillas del río. Son bastante consistentes, con un alto contenido en azúcar y alcohol, pero tienen suficiente acidez como para conservar un buen equilibrio y pueden envejecer bien.

Estos vinos blancos finos y espléndidamente dulces van bien junto al melón, pescado en salsa o... ¡queso azul! Muy sorprendente también resulta la combinación con una tarta de ciruelas agridulce o mousse de ciruelas. Temperatura de consumo: 8-10°C (47-50°F).

CÔTES DE BERGERAC

Los vinos Côtes de Bergerac Moelleux, principalmente a base de la variedad de sémillon, pueden proceder de cualquier lugar del distrito.

Son de color más intenso que sus homólogos secos, y a menudo tienen más aroma, sutileza y cuerpo. La calidad del producto final depende en parte del suelo, la variedad de uva empleada y el método de vinificación. Estos vinos pueden consumirse después de cuatro o cinco años, pero también pueden madurar más tiempo.

Excelentes como acompañamiento de hígado de pato y oca, pero también con filetes de pavo o de pintada con vino blanco y una salsa agridulce de vino. Temperatura de consumo: 8-10°C (47-50°C).

Côtes de Bergerac Moëlleux.

ROSETTE

No es frecuente que uno se encuentre con un Rossette Moelleux de las soleadas laderas del norte de la ciudad de Bergerac, fuera del propio distrito. Es una lástima, porque un buen Rossette es una verdadera obra de arte. El vino posee un color amarillo pajapálido con un potentísimo aroma y paladar a flores y frutas. Existe un equilibrio perfecto entre su suavidad elegante y su acidez delicada.

Obtendrá un mayor placer de su copa de Rossette si opta por una combinación con setas ligeramente cocinadas (chanterelle, pieds de mouton, trompettes de la mort) y una deliciosa

Rosette Moëlleux.

salsa que contenga Rossette y trufas. ¡Una combinación verdaderamente magnífica! Temperatura de consumo: 9-10°C (48-50°F).

SAUSSIGNAC

Saussignac es un diminuto distrito compuesto por un pequeño valle situado entre los viñedos de Monbazillac y los primeros viñedos de Burdeos. La mayoría de los vinos de este distrito proceden de antiguos viñedos.

El Saussignac Moelleux (meloso) está bien equilibrado, es sutil y posee un aroma elegante a miel, flores del limero y pomelo. Resulta excelente como aperitivo decadente, pero también con patés y terrinas de hígado de pollo o con tortillas y huevos revueltos con setas del campo fritas (cantarelas). Temperatura de consumo: 10-12°C (50-54°F).

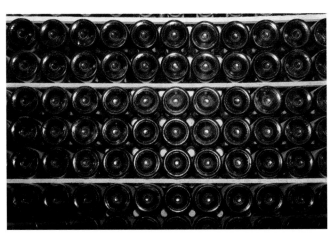

Vinos dorados de Bergerac, en la región de Monbazillac.

Los Saussignac licorosos son generosos, redondos, amplios y grasos, con aromas a acacias y melocotones. A igual que el Moelleux, estos vinos deberían reservarse durante al menos cinco a diez años antes de consumirlos. Son auténticas joyas.

Bébalos tal como vengan, con sus mejores amigos o con su pareja, relajados. Temperatura de consumo: 9-10°C (48-50°F).

MONBAZILLAC

El Monbazillac licoroso, muy dulce, procede de la orilla sur del Dordoña. Los viñedos se sitúan a una altura de 50-180 metros (150-550 pies) en las laderas que dan al norte, de frente a la ciudad de Bergerac. Gracias a su emplazamiento favorable y a su microclima, los viñedos tienen mucha humedad y calor en otoño, de forma que el hongo de la *Botrytis cinerea*, esencial para la producción de grandes vinos licorosos, se pueda desarrollar bien. No cabe duda de que un Monbazillac no debería beberse demasiado frío: 6-8°C (43-47°F) para los tipos más ligeros; 10-12°C (50-54°F) para los más opulentos. Esto hará que el lujurioso aroma de acacias y miel se aprecie de forma adecuada. Su amplio registro de sensaciones en el paladar se desarrolla mejor de esta forma.

Algunos de los gastrónomos regionales apuestan por una combinación de Monbazillac y el foie gras local; otros preferirían carnes blancas o pollo con él. Otra combinación que seguramente irá bien es servir el vino con melón, fresas frescas o ensalada de frutas, quizá acompañadas de unos bollos suaves de almendras, si es posible rellenos con masa de frutos secos. En una fría noche de invierno también puede servir una copa de Monbazillac con una tabla de quesos exclusivamente azules (roquefort, bleu des Causses, bleu d'Auvergne) con algunas almendras y nueces.

Monbazillac.

BURDEOS

No hay ningún otro vino tan famoso en todo el mundo, y ninguna otra región vinícola que produzca tantos vinos superiores como Burdeos. En todo el mundo los nombres de Mouton-Rothschild, Lafite-Rothschild, Pétrus e Yquem suenan a sueños inalcanzables de juventud. Los mejores vinos de Burdeos disfrutan de una posición diferente, alejada del resto, pero cada vez más a menudo muy por encima de la realidad. Por este motivo sigue siendo discutible lo justificado que esto resulta en todos los casos.

Desde 1855 apenas se han producido cambios en la clasificación de los grand crus de Médoc (y Sauternes). Muchos de los grand crus están por debajo de su nivel, otros muy por encima de él. Muchos de los crus que no estaban en la lista de 1855 merecen seguramente la etiqueta "grand cru". Y aun así la clasificación no ha cambiado nunca. ¿Cómo puede ser? La razón tiene que ver con intereses económicos muy fuertes (y políticos). Una evaluación puramente cualitativa basada en el suelo y en el microclima causaría una auténtica revolución en el Médoc y sacudiría todo el mundo del marketing. Burdeos se ha convertido en una de las marcas con más éxito del mundo, un sinónimo de calidad y lujo. Por supuesto, se producen vinos magníficos, pero la especulación con los mejores vinos los pone fuera del alcance del consumidor normal y así los convierten en un objeto de deseo, reflejo de la riqueza de este mundo. El comercio de los vinos de Burdeos está en pleno auge, pero, ¿cuánto tiempo durará esta situación?

HISTORIA

Se ha hecho vino en Burdeos desde al menos dos mil años. Ausonio, famoso poeta romano del siglo IV, un gran amante del vino, se hizo construir una lujosa villa en Libournais, en parte para poder disfrutar de los vinos locales (los precursores del Saint-Emilion). Pero fueron sobre todo los ingleses quienes dieron la fama a Burdeos y extendieron su reputación. Mediante el matrimonio de Eleonor de Aquitania con Enrique Plantagenet, Burdeos y toda Aquitania cayeron bajo el dominio inglés durante tres siglos (1154-1453). La gran preferencia de

¿Se fabricarán estos estupendos
vinos dentro de cien años?

los ingleses por los vinos de Burdeos procede de esa época. Debido a que el color de estos vinos tintos era más ligero que los procedentes de España o Portugal, los ingleses los llamaron *clairet* (clair significa "claro" en francés); y aún usan el nombre "claret" para los vinos tintos de Burdeos, al igual que hacen los americanos.

Fueron los holandeses, en los siglos XVII y XVIII, los autores de un avance importante. Varios equipos de ingenieros holandeses ayudaron a los franceses a drenar y recuperar la gran región pantanosa del Médoc. De un plumazo, la zona vinícola se expandió hasta alcanzar unas dimensiones sin precedentes. Muchos aristócratas adinerados de la ciudad de Burdeos, y algunos de mucho más lejos, se hicieron construir grandes casas de campo allí, cada una más excéntrica y grande que la anterior. Debido a que algunos de estos edificios tenían una apariencia espléndida, desde mansiones del gobierno hasta palacios imponentes, fueron apodados "castillos" (*châteaux*), un término que pronto se extendió por todo el país y sus vinos. Gracias a la influyente aristocracia de Burdeos y el creciente número de nuevos ricos de los mundos de la industria y la banca, la fama de los vinos de Burdeos se extendió por todo el globo. La demanda era tan grande que los viticultores de Burdeos tuvieron que conseguir la ayuda de las regiones vinícolas de los alrededores (Bergerac, Duras, Cahors) para producir vino suficiente. La navegabilidad fácil del Garona, el Dordoña y el Lot, junto con el hecho de que Gironda y el puerto de Burdeos eran fácilmente accesibles, aseguraron la amplia distribución de los nuevos *clarets* franceses. La puerta a Inglaterra y, posteriormente, al otro lado del Atlántico permaneció permanentemente abierta.

Sin embargo, el éxito de la región de Burdeos nunca hubiese sido tan grande sin la enorme especulación sobre los vinos. El vino de Burdeos se ha convertido en un objeto de prestigio; un Château Pétrus es más un negocio que una bebida. Excéntricos de Inglaterra, Estados Unidos y todo el mundo mantienen esta artificialidad en su lugar: nunca cambies un equipo ganador. Durante algunos años, sin embargo, un creciente número de protestas se han oído contra los precios elevados y ridículos de los vinos. Cada vez más compradores están buscando alternativas, buscando vinos que aún conserven un lazo con su terroir, viticultores que aún tengan callos en sus manos y suciedad bajo las uñas, y no lleven guantes blancos... Aquel que busque encontrará vinos superiores, incluso fuera de la región de Burdeos. Son vinos que sobrepasan la calidad de muchos costosos grands crus, pero que aún se pueden permitir económicamente. Parece como si todo el sudoeste de Francia se hubiese despertado de repente y se hubiese dado cuenta de la injustificada hegemonía de los señores de Burdeos. Además, se trata de desarrollos muy interesantes para los consumidores.

VITICULTURA

Los viñedos de Burdeos se sitúan en el departamento francés de Gironda, que debe su nombre al estuario que forman los ríos Garona y Dordoña. No obstante, el área vinícola no abarca todo el departamento, aunque oficialmente esto podría ser posible. Después de todo, no todos los terrenos son apropiados para cultivar uvas (bosques, zonas urbanizadas, campos de maíz y tabaco). El clima de Burdeos es bastante suave, gracias al volumen del agua en los ríos, incluyendo el estuario de Gironda, y la proximidad del Atlántico. En general, Burdeos cuenta con inviernos suaves, una primavera temprana y húmeda, un verano caluroso y casi seco y un otoño suave, a menudo soleado, de forma que las cepas de vid tienen perfectas cantidades de sol y de agua. Que los fenómenos meteorológicos no siempre siguen los planes fue lo que demostró el invierno excepcionalmente frío de 1956 (casi todas las vides se congelaron) y las múltiples inundaciones del Garona y el Dordoña.

LAS DENOMINACIONES DE BURDEOS

La región de Burdeos tiene una gran variedad de denominaciones. El sistema es muy simple. Comienza en la parte más baja con los llamados "vinos de marca", vinos estándar elaborados combinando la producción de calidad constante año tras año. Éstas son en realidad las tarjetas de visita de un comerciante de vinos. Cuanto mejor es el comerciante, mejor es su vino.

Un escalón por encima se encuentran los vinos de uno o más "terroirs" de toda la región. Mientras que los vinos de marca sólo pueden llevar el nombre del comerciante (Cordier, Ginestet, Yvon Mau, Dourthe y muchos otros) y la denominación Burdeos, las cuatro categorías Burdeos, Burdeos Superior, Burdeos Clairet y Burdeos Rosé se venden con los nombres de sus respectivos *châteaux*.

En el escalón superior encontrará los vinos de una zona particular definida dentro del área vinícola de Burdeos. Se puede tratar de todo un distrito (Entre-Deux-

Mers, Graves, Médoc, Haut-Médoc, Côte de Bourg) o un solo municipio (Saint-Emilion, Pomerol, Sauternes).

En la parte superior de la escalera se encuentran las denominaciones que se refieren a un municipio de Haut-Médoc. Éstos llevan el nombre de su pueblo: Saint-Estèphe, Pauillac, Saint-Julien, Listrac, Moulis y Margaux. Estos municipios excepcionales del Haut-Médoc producen los famosos grand crus del Medoc.

Por norma podemos aceptar que cuanto más restringida sea la denominación, más alta es la calidad del vino. Pero existen muchas excepciones a esta regla.

LOS CRUS DE BURDEOS

Además de las denominaciones conocidas, la región de Burdeos también tiene varias clasificaciones propias. Los mejores vinos reciben el nombre de "grand crus" (literalmente "grandes cosechas"). Pero también existen numerosos crus inferiores.

GRANDS CRUS CLASSÉS
Existen tres clasificaciones grand cru oficiales en la región de Burdeos:
- La clasificación de 1855 de los vinos de Médoc (incluyendo un tinto de Graves). Los mejores vinos de Sauternes y Barsac también se incluyen en la misma clasificación.
- La clasificación de los vinos de Graves (1953-1959).
- La clasificación de los vinos de Saint-Emilion (1955).

Las dos primeras clasificaciones no son realmente fiables, porque no han sido sometidas a una revisión regular.

Un Grand Cru Class de Médoc.

En este sentido, la tercera es más fidedigna: se revisa cada diez años. Una clasificación sin ascensos o descensos no es tanto una clasificación como una instantánea de un momento en el tiempo. El hecho de que los vinos de Saint-Emilion y Pomerol no fueran incluidos en la clasificación de 1855 es puramente el resultado de la administración del gobierno local. Saint-Emilion y Pomerol eran gobernadas por Libourne, mientras que Médoc y Graves eran gobernadas por Burdeos. La lista de los grand cru de 1855 fue elaborada con ocasión de la exposición internacional de Burdeos por los *courtiers* (comerciales del vino) de Burdeos. Los vinos del Libournais quedaban fuera de su responsabilidad, luego no los tuvieron en cuenta. Sorprendentemente, la lista de 1855 no incluía una clasificación. Todos los crus parecían simplemente enumerados. Sólo en 1862 los vinos se subdividieron en las cinco categorías conocidas. Desde entonces no se ha cambiado nada en la lista excepto en 1973, cuando el Château Mouton-Rothschild

fue promovido de la segunda a la primera categoría de *grand cru classés*. Igualmente sesenta *châteaux* de Médoc y uno de Graves fueron incluidos en las listas: cinco primeros crus, catorce segundos crus, catorce terceros crus, diez cuartos crus y dieciocho quintos crus.

CRUS BOURGEOIS
La "burguesía" de Burdeos data del siglo XII. Cuando Aquitania se encontraba en manos del gobierno inglés, varios comerciantes prósperos lograron obtener los mismos privilegios para sí mismos que los que poseía la aristocracia dominante, como el permiso a llevar armas en público. Más importante para nuestros propósitos es que también se les permitió tener terrenos en propiedad, concesión que hasta entonces había sido restringida a la nobleza. Estas familias burguesas de Burdeos desempeñaron un papel muy estimulante en el desarrollo del comercio de los vinos de Burdeos. El concepto de "cru bourgeois" había estado esperando entre los bastidores del teatro del vino, pero no se hizo oficial hasta 1932. La familia de estos "crus bourgeois" tenía entonces 444 "retoños". Las consecuencias de la crisis económica de 1929 y la destructiva Segunda Guerra Mundial fueron fatales para muchos de ellos. En los años 60 se estableció una asociación comercial de Crus Bourgeois. En 1976 (aunque no era obligatorio) la descripción "Cru Bourgeois" en la etiqueta fue autorizada por la Comisión Europea. En la actualidad existen unos 420 Crus Bourgeois en el Médoc, que suponen la mitad de la producción total de esta región. Muchos negocios de la lista original de 1932 han desaparecido y han sido sustituidos por otros sucesores más meritorios.

Los criterios para el reconocimiento de un Cru Bourgeois son: al menos siete hectáreas (17 acres) de viñedos; el vino debe proceder de una de las ocho denominaciones comunales del Médoc y el propietario debe vinificar y criar el vino por sí mismo. La calidad de los vinos se controla cuidadosamente y de vez en cuando existe una competición entre todos los Crus Bourgeois. Desde 1985 existe una Coupe des Cru Bourgeois de Médoc, una gran competición en la que participan 300 profesionales de la cata (sommeliers, jefes de cocina, comerciantes, enólogos, periodistas) para elegir el mejor Cru Bourgeois del año.

En enero de 2001, después de una larga preparación, se publicaron nuevas pautas para la clasificación de los Crus Bourgeois, que comenzarán a ser efectivas a partir del 2002, reemplazando a las de 1972. Al igual que los vinos de Saint-Emilion, los Cru Bourgeois del Médoc serán sometidos a una investigación en profundidad cada diez años. Por tanto, se obtendrá una nueva clasificación basada en los resultados. La lista de criterios importantes para decidir esta clasificación está formada por la calidad y el estado de mantenimiento de los viñedos y los *domaines*, la calidad de las instalaciones de las bodegas, la imagen del negocio, los precios en el mercado y, por supuesto, una comprobación detallada (cata, análisis sensorial de su aroma y sabor) de la integridad y las calidades de los vinos (fidelidad al tipo); todos estos vinos se embotellan en la misma propiedad. Los Crus Bourgeois se subdividen de nuevo en tres categorías de calidad: Cru Bourgeois, Cru Bourgeois Exceptionnel y Cru Bourgeois Supérieur. Sin embargo, la discusión sigue siendo si estos términos

Cru Bourgeois: ¿serán pronto todos tan buenos como estos dos?

deberían aparecer en la etiqueta. Eso es lo que pretenden las instituciones francesas, pero la Unión Europea ha rechazado con anterioridad un plan similar. En este libro no se incluye ninguna lista de Crus Bourgeois debido a que la lista actual no es representativa y la nueva no ha aparecido aún.

CRUS ARTISANS

Desde 1994 la Comisión Europea ha permitido la descripción "Cru Artisan" en las etiquetas de los vinos de Médoc. El término Cru Artisan ha existido desde hace más de 150 años. Aunque más de 330 *domaines* (un 11 por 100 de la producción total del Médoc) tienen el derecho a llevar esta inscripción, sólo hay unos cien negocios que lo usan en la actualidad.

Un Cru Artisan es un vino hecho por un cosechero independiente, que tiene todo bajo su control. Hace el trabajo por sí mismo, con su familia o con algunos empleados. Los negocios son a pequeña escala, aproximadamente de 1 a 5 hectáreas (2,5 a 12 acres) cada uno. Como el viticultor es responsable del producto final, la etiqueta Cru Artisan ofrece al consumidor una garantía de calidad, autenticidad y fidelidad al tipo. Esta garantía está respaldada por un jurado de enólogos, viticultores, comerciantes y productores que catan los vinos cada año y deciden si justifican la descripción Cru Artisan.

LAS DENOMINACIONES

Comenzamos nuestro viaje por el área de Burdeos en el sur de la región. Pero antes de analizar las denominacio-

nes provinciales o municipales, hagamos primero un viaje por las genéricas. Estos vinos se pueden elaborar en cualquier lugar que se encuentre dentro de la región de Burdeos.

BORDEAUX BLANC SEC

Puede sorprender a muchos lectores que hace dos siglos en la región de Burdeos se produjeran diez veces más vinos blancos que tintos, pero la historia no menciona que gran parte de este vino estaba destinado a los brandies holandeses. Desde entonces la calidad del Burdeos blanco y seco ha mejorado en gran medida. Esto es en parte gracias a la completa renovación de la mayoría de las cepas, y también de las cooperativas que producen la mayor parte de este volumen. Los Burdeos blancos y secos se obtienen a partir de variedad sauvignon, sémillon y muscadelle. Los mejores vinos atraviesan una fase de crianza en barricas de roble, lo que les hace más plenos y elegantes. En general este Bordeaux Blanc Sec es muy perfumado: hierba, boj, acacia, limón, melocotones y pomelo se distinguen en el aroma. El paladar es fresco y delicado.

Estos vinos resultan muy elegantes como aperitivos. Si le gustan, sírvalos con sabrosos canapés. Un Bordeaux Blanc Sec es un acompañamiento de primera clase para las ostras, crustáceos y mariscos, pescados, aves y carnes blancas con salsas cremosas. También buenos con quesos de cabra frescos y suaves. Temperatura de consumo: 9-10°C (48-50°F).

BORDEAUX ROSÉ/BORDEAUX CLAIRET

La diferencia entre un Bordeaux Rosé y un Bordeaux Clairet es simple: las pieles en el Bordeaux Clairet se maceran

Bordeaux blanco seco.

en el mosto mucho más tiempo que para hacer vinos rosados (24-36 horas en lugar de 12-18 horas). Esto otorga a los vinos rosados un color pálido y a los *clairets* un rosa profundo. Ambos se obtienen a partir de variedades de cabernet sauvignon, cabernet franc y merlot; son ligeros y muy afrutados (frambuesas, grosellas rojas, cerezas, fresas) con un toque floral (iris, violeta).

Es preferible beber joven un rosado o un *clairet*, por ejemplo, con fiambres, terrinas, patés, ensaladas frías o calientes con carne o pollo, y entrantes, pasteles sabrosos que contengan pollo, pavo o carnes blancas, almuerzos ligeros, comidas veraniegas y las mejores barbacoas (¡excelente con todo tipo de kebab!). También apropiado con pescado. Pruebe una rodaja de salmón fresco cocinado algún tiempo *à la minute*, con una copa de Bordeaux Rosé. Temperatura de consumo: 10°C (50°F).

Bordeaux rosado.

BORDEAUX ROUGE/ BORDEAUX SUPÉRIEUR

Bien venido al mayor viñedo de Francia (unas 60.000 hectáreas/150.000 acres). Los Bordeaux y Bordeaux Supérieur juntos suponen más de la mitad de la producción total de Burdeos. Beneficiándose de la buena reputación de sus hermanos mayores del Médoc, Saint-Emilion, Pomerol y Sauternes, tanto el Bordeaux como el Bordeaux Supérieur han conquistado rápidamente los corazones de los consumidores franceses y extranjeros. Una importante razón para su éxito –aparte del nombre reconocible– es la correcta relación entre calidad, precio y placer.

Desgraciadamente, los supermercados de Europa están llenos de malos burdeos que no hacen honor a sus orígenes. Tan pronto como un producto comienza a lograr el éxito, surgen las falsificaciones. Por suerte no hay ninguna duda sobre la calidad de la mayoría de los Bordeaux y Bordeaux Supérieur, pero todo aquel que compre un burdeos por el precio de un vino de la casa será seguramente la víctima de su propia tacañería (¡sobre todo a la mañana siguiente!).

Resulta difícil aportar una descripción detallada de estos vinos, que han sido producidos por gente muy diferente (cosecheros independientes, cooperativas y casas comerciales) en tipos de suelo totalmente diferentes. Añada la influencia de los numerosos microclimas y los diferentes porcentajes de las variedades de uvas empleados en cada vino y comprenderá que nos enfrentamos a una enorme variedad de tipos de vino y de sabores.

BORDEAUX ROUGE

Estos vinos se obtienen a partir de las variedades de uva cabernet sauvignon, cabernet franc y merlot. La extensión de la superficie de cultivo apta para estos burdeos tintos es de unas 38.000 hectáreas (94.000 acres). Los vinos son de un bello color rojo y poseen una atractiva gama de aromas (madera, vainilla, violetas, grosellas negras, cerezas, menta). La estructura es carnosa y suave, con amplitud de paladar. Los vinos variarán en fuerza según el año.

Los vinos de las añadas más ligeras se consumen preferiblemente jóvenes, con gran variedad de platos, como tortillas, pastas, fiambres y quesos suaves. Temperatura de consumo: 14-15°C (57-59°F).

Los vinos de los mejores años pueden servirse con todos los platos de la cocina moderna, en especial con tablas de fiambres, patés o terrinas, tortillas (con setas a la plancha), platos de pasta gratinados o quesos curados. Temperatura de consumo: 16°C (61°F).

BORDEAUX SUPÉRIEUR ROUGE

La extensión del cultivo para el Bordeaux Supérieur tinto es mucho menor que la del Bordeaux: unas 8.000 hectáreas (20.000 acres). Un Bordeaux Supérieur tiene más grado de alcohol, un rendimiento inferior por hectárea de viñedo, y sólo se puede vender después de haber sido envejecido durante veinte meses. La mayoría de estos vinos son muy típicos de su distrito y envejecen muy bien.

Un Bordeaux Supérieur puede ser servido en casi cualquier ocasión formal o informal. El éxito está garantizado cuando lo sirva con ternera asada, pollo y cerdo, carnes rojas con salsa de vino tinto y/o setas a la plancha, aves de caza y queso. Temperatura de consumo: 16°C (61°F).

Bordeaux Supérieur.

BORDEAUX BLANC SUPÉRIEUR/BORDEAUX

Estos vinos son siempre dulces o melosos (doux o moelleux). Su producción es modesta (sólo un dos por ciento de ventas), pero resulta sorprendente cómo muchos de estos escasos vinos se encuentran en los supermercados. Los Bordeaux Blanc Moelleux "reales" son vinos espléndidos, casi balsámicos, con aromas a flores, melocotones, albaricoques y piñas.

Puede servir estos vinos obtenidos a partir de variedades de uva sauvignon, sémillon y muscadelle como aperi-

Bordeaux blanco
meloso.

tivos, pero resultan mejores como compañeros de ensaladas o entrantes de carne o pollo, o simplemente con una tostada de queso azul, aguacate o melocotones. Temperatura de consumo: 8°C (47°F).

CRÉMANT DE BORDEAUX

Esta denominación para los vinos espumosos de Burdeos es bastante reciente (1990), pero su historia se remonta al siglo XIX. Los excelentes Crémants de Bordeaux se obtenían con el método tradicional. La combinación de las típicas variedades de Burdeos con la vinificación tipo champagne dio lugar a notables resultados. Los Crémants de Burdeos blancos y rosados son conocidos principalmente por su frescura, elegancia, espuma y su fruta agradable.

Tome estos vinos como un aperitivo elegante o en comidas a base de pescado, crustáceos, mariscos o quesos frescos. También agradables con postres dulces. Pruebe a beber un vino seco (espumoso) con un postre dulce, verá cómo le sorprende por lo refrescante y lo agradable. Temperatura de consumo: 6-8°C (43-47°F).

GRAVES

La región de Graves se extiende al sudoeste de Burdeos justo debajo de la villa de Saint-Pierre de Mons a Blanquefort. Se subdivide en tres grandes zonas vinícolas: Graves (Graves tinto, Graves blanco seco, Graves supé-

rieures melosos y licorosos), Pessac-Léognan (tintos y blancos secos) y el enclave de las zonas productoras de vinos dulces, Sauternes, Barsac y Cérons. Toda la zona se extiende a lo largo de 50 km (30 millas) y contiene cuarenta y tres municipios.

Graves es la única denominación en Francia que lleva en la etiqueta el nombre específico del suelo. Graves es el término francés que se emplea para los suelos con gravilla, donde mejor florecieron las vides en los días del gobierno inglés (la Médoc fue por aquel entonces una zona pantanosa, posteriormente drenada y rescatada por los ingenieros holandeses). Por respeto a la generosidad del suelo, el nombre de Graves quedó indisolublemente unido al de sus vinos. En realidad fueron estos vinos los que contribuyeron a crear la gran reputación de Burdeos y no los vinos del Médoc. Éstos llegaron mucho más tarde, a mediados del siglo XVIII, y se beneficiaron de la reputación de los vinos de Graves.

VITICULTURA

También en Graves, la gran diversidad de "terroirs" es sorprendente. En general, el suelo está compuesto de terrazas de gravilla, arcilla y arena, con muchos guijarros. Aquí la calidad del suelo determina la calidad final de los vinos. La superficie de viñedo en Graves ha sufrido grandes presiones en el siglo XX. Unas 7.000 hectáreas (17.000 acres) han desaparecido por la expansión de la ciudad de Burdeos. Este proceso se ha visto acelerado aún más por la crisis económica anterior a la Segunda Guerra Mundial, la propia guerra y el invierno extremadamente frío de 1956. En particular, los viñedos de los suburbios de Burdeos sufrieron mucho. Para la gente de fuera a menudo parece extraordinario que los mejores *châteaux*, como Haut-Brion y La Mission Haut-Brion, se encontrasen permanentemente bajo la cortina de humo de Burdeos, tanto de forma literal como figurativa.

En las 3.000 hectáreas (7.500 acres) de Graves, un 53 por 100 de los vinos producidos son tintos y un 47 por 100 blancos. Los mejores vinos (incluidos todos los Graves grand cru classés) han tenido una denominación propia, Pessac-Léognan, desde 1987. Las variedades merlot, cabernet franc y cabernet sauvignon se emplean en los vinos tintos, posiblemente complementadas con malbec y petit verdot. Los vinos blancos se obtienen a partir de sémillon, sauvignon y muscadelle.

GRAVES ROUGE

Desde un punto de vista histórico, los vinos tintos de Graves son los grandes vinos de Burdeos. Los viñedos fueron plantados por los romanos y los vinos ya alcanzaron gran celebridad en los banquetes imperiales de Roma. Gracias a los ingleses, se hicieron famosos en todo el mundo, y los reyes de Francia también se aficionaron a ellos. El reconocimiento de la denominación llegó muy pronto, en el año 1937.

Según su "terroir" los Graves tintos puede ser ligeros y elegantes o muy amplios, poderosos, con materia, carnosos, grasos y llenos de tanino. En particular, son estos últimos los que envejecen bien. Muy característico de

PRODUCE OF FRANCE
CHÂTEAU D'ARRICAUD
1999

GRAVES
APPELLATION GRAVES CONTROLEE
12,5% vol   SEC   750 ml
MIS EN BOUTEILLE AU CHATEAU

Graves, una calidad buena y asequible.

Graves tinto.

estos Graves tintos es el matiz ligeramente ahumado en el aroma y en el gusto, que procede del suelo. Otros aromas reconocibles son vainilla, fruta madura, fresas, grosellas negras, piel de naranja, tostado, pimiento verde y algo de canela, café, cacao y maleza a medida que envejecen.

Un Graves tinto resalta más con carnes rojas, o hígado de ternera roja con salsa *bordelaise* (vino tinto, hierbas, chalotes y tuétano de vacuno). Setas fritas (no olvide el ajo y las chalotas), pollos asados, aves de caza son buenas alternativas. Temperatura de consumo: 16-17°C (61-63°F).

GRAVES BLANC SEC

Estos Graves blancos y secos son siempre frescos, afrutados y aromáticos (cítricos, menta, vainilla, almendras, melocotones, albaricoques, laurel, boj).

Bebido joven, el Graves Blanc Sec tiene todo cuerpo y acidez, lo que le convierte en un excelente aperitivo, pero también pueden ser las acompañantes principales para las ostras y los mejillones. Puede servir un Graves Blanc Sec envejecido con el pescado (si no tiene esturión, sirva lucio con salsa holandesa o crema) o con carne blanca. Temperatura de consumo de 10-12°C (50-52°F).

GRAVES SUPÉRIEURES

No haremos ninguna mención aquí de los vinos horrorosos, sin carácter y almibarados que se encuentran en los supermercados a precios de saldo; estos vinos son lo más parecido a limonadas con alcohol y apenas merecen que se les llame vinos. Estos Graves baratos, que están muy lejos de una categoría superior, no tienen nada que ofrecer más que líquido, alcohol y una gran cantidad de azúcar. Los auténticos Graves Supérieures son excelentes, pero no baratos. Estos vinos que varían del estilo dulce (*moelleux*) hasta el licoroso (*liquoreux*) son aromáticos (avellanas, vainilla, pan tostado, miel, melocotones, albaricoques) y aterciopelados. La presencia de acidez fresca hace que conserven un buen equilibrio.

Un buen Graves Supérieur puede aguantar el envite de un hígado de oca y pato sin problemas, al igual que el queso azul. El vino meloso combina bien con sabrosos platos de pescado, langosta o recetas exóticas. Temperatura de consumo: 6-8°C (43-47°F).

PESSAC-LÉOGNAN

Desde 1987 los municipios de Cadaujac, Canéjan, Gradignan, Léognan, Martillac, Mérignac, Pessac, Saint-Médard d'Eyrans, Talence y Villenave d'Ornon pueden llevar la A.O.C. Pessac-Léognan. Todos los grands crus classés de Graves (1959) se engloban dentro de esta denominación, incluido Château Haut-Brion. En total, cincuenta y cinco *domaines* y *châteaux* llevan la A.O.C.

Pessac-Léognan. Los vinos producidos aquí son de mayor calidad que los de Graves. Esto es en parte debido al suelo de Pessac-Léognan, muy pobre y montañoso, y una situación perfecta, con buen drenaje y agua suficiente en el subsuelo.

La extensión total de Pessac-Léognan abarca 950 hectáreas (3.500 acres). Casi la mitad de ellas han sido replantadas desde 1970. El cultivo de la vid en Pessac-Léognan amenazó entonces con desaparecer bajo el manto de la ciudad de Burdeos, en continua expansión. Los instintos de supervivencia de los viticultores que quedaban (casi todos ellos dedicados a los grand crus classés) culminaron con el reconocimiento de la denominación en 1987. Desde entonces, el cultivo de la vid ha sido escrupulosamente protegido contra una mayor expansión de la ciudad. Como los vinos de Pessac-Léognan funcionan muy bien en los mercados de exportación (se exporta un 75 por 100 de la producción total) y la región tiene mucha necesidad de dinero, hay motivos para ser optimistas sobre el futuro de los vinos de Pessac-Léognan, en particular teniendo en cuenta la excelente relación precio–calidad. Son de una calidad superior y aun así su precio es razonable.

Pessac-Léognan blanco.

El pessac-Léognan Blanco es siempre seco. La sauvignon domina en estos vinos, ayudada a veces por la sémillon. El color varía del amarillo pálido a los tonos paja. El aroma es extremadamente seductor: puede distinguir vainilla, tostado, flores del limero, hiniesta, frutos cítricos (pomelo), albaricoques, melocotones, membrillos, frutos exóticos (mango, liches), mantequilla y almendras. El gusto es fresco, afrutado y redondo.

Sirva estos espléndidos vinos con sus mejores platos de pescado, como lamprea, rape o rodaballo, o con filetes de pechuga de ave (pintada) con una suave salsa *mousseline* u holandesa. Temperatura de consumo: 12°C (54°F).

El Pessac-Léognan tinto es de una calidad excepcional. El color varía del púrpura oscuro al rojo carmín –profundo y fascinante–. En su juventud, estos vinos

Pessac-Léognan tinto.

desarrollan aromas a frutos maduros (grosellas negras, ciruelas), vainilla, tostado, almendras y su típico aroma a humo. Estos aromas se transforman posteriormente en tonos de envejecimiento, como maleza, ciruelas pasas, caza y trufas. La mayoría de los vinos se elaboran con las variedades mayoritarias de cabernet sauvignon, con merlot y cabernet franc, así que se guardan bien.

Sirva un Pessac-Léognan tinto con carnes rojas o cordero al grill o asado, o con aves de caza y caza menor. Temperatura de consumo: 16-17°C (61-63°F).

CLASIFICACIÓN DE 1953 (1959): GRAVES CRUS CLASÉSS

- Château Bouscaut (tinto y blanco)
- Château Carbonnieux (tinto y blanco)
- Domaine de Chevalier (tinto y blanco)
- Château Couhins (sólo blanco)
- Château Couhins-Lurton (sólo blanco)
- Château de fieuzal (sólo tinto)
- Château Haut-Bailly (sólo tinto)
- Château Haut-Brion (sólo tinto)
- Château Laville-Haut-Brion (sólo blanco)
- Château Malartic-Lagravière (tinto y blanco)
- Château La Mission-Haut-Brion (sólo tinto)
- Château Olivier (tinto y blanco)
- Château Pape-Clément (sólo tinto)
- Château Smith-Haut-Lafitte (sólo tinto)
- Château Latour-Haut-Brion (sólo tinto)
- Château La Tour-Martillac (tinto y blanco)

SAUTERNES, BARSAC Y CÉRONS

Como en cualquier otro sitio en el que se elaboren vinos dulces o licorosos con uvas vendimiadas tardíamente, estén o no afectadas por la podredumbre noble, en esta región de vinos dulces oirá extrañas historias sobre el origen histórico de esta manera de producir vino. Puede parecer una curiosa coincidencia que algunos propietarios de tierras tan alejados como en los casos de Hungría, Austria, Alsacia, Sauternes y Bergerac, fueran todos casi al mismo tiempo "accidentalmente" aconsejados para no vendimiar sus uvas, y sólo hicieran recoger su cosecha varias semanas más tarde. Igual de accidentalmente todas estas uvas fueron afectadas por el mismo hongo, la *Botrytis cinerea*, y después de vinificarlas todos estos lugares consiguieron vinos excepcionales...

La vendimia tardía es un fenómeno común en toda Europa, incluidos todos los países que rodean el Mediterráneo. Este proceso era conocido por los griegos y los romanos mucho antes de que una gota de vino cayera sobre los suelos de Sauternes. Después de todo, es un proceso natural que sólo puede suceder en lugares en los que el clima sea cálido y húmedo. La *Botrytis* es, no obstante, un hongo torpe, poco fiable, que no se deja ver en el mismo sitio ni de la misma forma todos los años. A veces ni siquiera aparece. Elaborar vino dulce bueno es una labor

muy difícil y extremadamente minuciosa, y sobre todo requiere mucha suerte. El viticultor se considera afortunado cuando la *Botrytis* toma a las uvas sobremaduras bajo su protección. En las uvas concentradas por él la concentración de aromas y azúcares aumenta. Los vinos resultantes son muy aromáticos, estructurados, firmes, poderosos y su grado alcohólico es alto.

SAUTERNES

La extensión del viñedo de Sauternes abarca unas 1.600 hectáreas (4.000 acres). Existen muchos tipos de suelo, la mayoría de ellos de caliza, arcilla calcárea y arcilla con grava. Para elaborar este divino néctar se emplean las variedades de uva sémillon (70-80 por 100) y Sauvignon (20-30 por 100), a veces con un poco de Muscadelle. La sémillon aporta al vino encanto, exuberancia, redondez y espléndidos aromas a miel, albaricoque, melocotón, membrillo, naranja, mandarina, piña y otros. El Sauvignon concede su frescura y equilibrio. Un buen Sauternes es carnoso, untuoso y aterciopelado, pero también fresco, sofisticado y elegante.

Un Sauternes algo menos costoso puede beberse joven. Bien frío (6-8°C /43-47°F), es un original y sofisticado aperitivo que combina con algunas tostadas con hígado de pato o de oca. Un Sauternes joven también resulta una pareja sorprendente con salmón, rodaballo, rape, aves o medallones de ternera con una suave salsa *mousseline* de Sauternes.

No beba un gran Sauternes (Yquem, Rieussec, Sigalas-Rabaud, Clos-Haut-Peyraguey, Doisy-Daene, Doisy-Védrines, Fargues, Guiraud, Lafaurie-Peyraguey, Lagnet La Carrière, Les Justices, Malle, Rayne-Vigneau, Roumieu, Suduiraut) como aperitivo, y por supuesto, ¡no lo beba joven! Deje que este matrimonio de rocío y miel madure durante algunos años. Un Sauternes de alta gama puede guardarse al menos de 20 a 30 años. Después de algunos años de envejecimiento en la botella desarrolla un lujurioso y fascinante bouquet en el que los aromas dominantes son miel, membrillo, frutas escarchadas, mermelada de naranja y avellanas. Beba estos vinos con sus mejores amigos. Sirva foie gras o un buen roquefort (Papillon Carte Noire) a temperatura ambiente con ellos. En la batalla entre estos dos gigantes del mundo del dulce y el salado ambos darán lo mejor de sí, y al final llegarán a una cumbre culinaria en un cariñoso abrazo. Temperatura de consumo: 8-9°C (47-48°F).

Sauternes, vinos clásicos.

CLASIFICACIÓN DE 1855. DE CRUS CLASSÉS SAUTERNES

PREMIER CRU SUPERIEUR
– Château d'Yquem

PREMIERS CRUS
– Château Climens
– Château Coutet
– Château Guiraud
– Château Lafaurie-Peyraguey
– Château Haut-Peyraguey
– Château Rayne-Vigneau
– Château Rabaud-Promis
– Château Sigalas-Rabaud
– Château Rieussec
– Château Suduiraut
– Château La Tour Blanche

SECONDS CRUS
– Château d'Arche
– Château Broustet
– Château Nairac
– Château Caillou
– Château Doisy-Daene
– Château Doisy-Dubroca
– Château Doisy-Védrines
– Château Filhot
– Château Lamothe (Despujols)
– Château Lamothe (Guignard)
– Château de Malle
– Château Myrat
– Château Romer
– Château Romer-Du-Hayot
– Château Suau

BARSAC

Los vinos elaborados en el municipio de Barsac tienen un curioso problema de identidad: se pueden vender con su denominación propia de Barsac, pero también con la de Sauternes. La diferencia consiste en que los vinos de Barsac pueden ser algo más ligeros y menos licorosos que sus compañeros de Sauternes. Si no fuera por esto, estos vinos se parecerían a los de Sauternes como dos gotas de agua. Su relación calidad-precio es, sin embargo, a menudo más favorable.

Al igual que con los Sauternes, puede servir estos vinos afrutados y lujuriosos con foie gras o queso azul. Temperatura de consumo: 8-9°C (47-48°F).

CÉRONS

Los vinos de Cérons son quizá un poco más ligeros que los de Barsac y Sauternes. Están a medio camino entre los mejores vinos licorosos y los mejores vinos dulces de Graves Supérieures. Los vinos de Cérons son, sin embargo, muy sofisticados, con aromas a flores, miel y frutas (melocotones, albaricoques). Su paladar es pleno, redondo, armonioso y jugoso. Los Cérons se caracterizan por su notable relación precio-calidad y... placer.

Pruebe estos vinos en alguna ocasión con cangrejos de río o langostas con una salsa cremosa de vino dulce. Temperatura de consumo: 9-10°C (48-50°F).

ENTRE-DEUX-MERS: ENTRE GARONA Y DORDOÑA

Dejamos la orilla izquierda del Garona y continuamos nuestra jornada por el triángulo de terreno que se encuentra entre los dos "mares", el Garona y el Dordoña. Cualquiera que haya experimentado la riada de estos dos ríos sabrá lo que la gente de aquí quiere decir con "Entre-Deux-Mers". El distrito de Entre-Deux-Mers es una meseta elevada y amplia, entrecruzada por numerosos valles pequeños y arroyos que serpentean por las colinas suavemente onduladas. Se trata de una región extensa, principalmente cubierta por la A.O.C. Entre-Deux-Mars blanco y seco. Otras denominaciones son Côtes de Bordeaux Saint-Macaire, Sainte-Croix-du-Mont, Loupiac y Cadillac (todos ellos vinos blancos dulces licorosos), Graves de Vayres (vinos tintos y blancos secos y dulces), Premières Côtes de Bordeaux y Sainte-Foy Bordeaux (ambos vinos tintos y blancos dulces o licorosos). Además de los vinos mencionados, muchos de los Bordeaux y Bordeaux Supérieures (tintos, rosados y blancos secos o dulces) se elaboran en toda la región de Entre-Deux-Mers.

EL DORADO DE LOS VINOS DULCES

Además de Sauternes, Barsac y Cérons (analizados anteriormente), existe una segunda mina de oro de vinos dulces licorosos.

CÔTES DE BORDEAUX SAINT-MACAIRE

La zona de producción de estos Côtes de Bordeaux Saint-Macaire, parte oficial de las Premières Côtes de Bordeaux, fue una vez conocida por sus excepcionales vinos blancos dulces, pero debido a los patrones cambiantes del consu-

Cérons, excelente calidad para su precio.

mo de vino (se empezó a beber mucho menos vino dulce) y la competencia feroz de sus vecinos, cada vez se producen aquí más vinos tintos que pueden llevar la denominación Bordeaux o Bordeaux Superieur. Sin embargo, los vinos blancos dulces que tienen derecho a la denominación A.O.C. Côtes de Bordeaux Saint-Macaire aún se elaboran en una zona de apenas 60 hectáreas (150 acres).

Estos vinos sabrosos, amplios y muy aromáticos (miel, tostado, frutas escarchadas) pueden, por supuesto, servirse con foie gras o queso azul, pero también sin más compañía después de una comida, simplemente por placer. Temperatura de consumo: 8-9°C (47-48°F).

SAINTE-CROIX-DU-MONT

Por desgracia, los magníficos vinos de Sainte-Croix no disfrutan de la misma reputación que merece su excepcional calidad. Los viñedos de Sainte-Croix-du-Mont se sitúan justo enfrente de los de Sauternes sobre un suelo excelente de caliza y tierra con gravilla. En Sainte-Croix-du-Mont, también, las condiciones microclimáticas favorecen la llegada del hongo de la *Botrytis*. En pocas palabras, las mismas variedades de uva, un suelo excelente, el mismo microclima favorable, los mismos métodos de vinificación, casi la misma calidad... ¡pero un precio mucho más bajo! Es increíble que los que viven fuera de Francia aún no lo hayan descubierto.

Sainte-Croix-du-Mont.

Estos vinos opulentos, carnosos y grasos, con sus aromas a miel, frutos cítricos, melocotones, membrillos, peras, frutas escarchadas, especias, jengibre, flores blancas y otros, se pueden servir de la misma forma que en el caso de los Sauternes, pero un Sainte-Croix-du-Mont combina igualmente bien con patés sabrosos y terrinas de ave, y resulta delicioso con pescados de agua dulce o hígado de ternera en una cremosa salsa de vino. Temperatura de consumo: 8-9°C (47-48°F).

LOUPIAC

Los vinos de Sainte-Croix-du-Mont tienden en general a ser más licorosos que estos. Los vinos de Loupiac,

al noroeste, están más entrados en carnes. Loupiac es una antigua región vinícola, ya conocida en el siglo XIII. Comparados con los vinos de Sainte-Croix-du-Mont, los de Loupiac tienen sin duda más frescura en sus aromas a frutos cítricos (¡naranjas!), melocotones, acacias, retalla y membrillo, además de miel, frutas escarchadas y almendras. Los vinos son jugosos, grasos, opulentos y poderosos, con un buen equilibrio entre la plena dulzura y la acidez fresca.

Los vinos de Loupiac son buenos compañeros para las aves y las carnes blancas en salsas cremosas, pero también para postres no demasiado dulces, como un millas Girondin (natillas de huevo con almendras). Temperatura de consumo: 8-9°C (47-48°F).

Loupiac: una gran relación calidad/precio.

CADILLAC

Se dice que el nombre del famoso automóvil de Detroit procede del pequeño pueblo de Cadillac en Gironda. Lo que no queda tan claro es que este coche americano de lujo recibiera el nombre de la villa como muestra de respeto por el marqués de Cadillac o por los vinos locales de Cadillac.

Los vinos dulces de Cadillac, que recibieron su reconocimiento A.O.C. sólo en 1980, son de una calidad excepcional. Los mejores vinos de Cadillac son amplios, grasos y bien equilibrados. También tienden a ser bastante más carnosos que siruposos. El aroma es lujurioso, con aromas a frutos cítricos confitados, tostado, almendras, melocotones, miel y un toque a cera de abejas aquí y allá. Su

Cadillac.

paladar es opulento y pleno con un buen equilibrio entre el dulzor y acidez.

Disfrute de estos vinos magníficos con platos de pescado de agua dulce (lucio) o con postres no demasiado dulces. Temperatura de consumo: 8-9°C (47-48°F).

PREMIÈRES CÔTES DE BORDEAUX

Esta región vinícola en la orilla derecha del Garona tiene unos 60 km de largo (40 millas), desde las afueras de Burdeos hasta la frontera con Côtes de Bordeaux Saint-Macaire. El paisaje es montañoso y ofrece espléndidas vistas del río y de los viñedos de Graves. El suelo es muy variado, principalmente con caliza y gravilla en las colinas y sedimentos del Garona. Aquí se elaboran sobre todo vinos tintos y unos pocos blancos que pueden ir de los más siruposos a los gruesos (en la esquina del sudeste, cerca de Cadillac, Loupiac y Sainte-Croix-du-Mont). Sin embargo, muchos vinos blancos desaparecen, más o menos anónimamente, entre el gran número vinos dulces de Burdeos.

Los escasos blancos dulces de las Premières Côtes de Bordeaux son en general de una calidad excelente. Son bastante complejos, grasos, amplios y suaves pero también poseen cierta finura y elegancia. Los intensos aromas a miel, pan tostado, naranja, frutas escarchadas, pan de jengibre y uvas pasas (con o sin un toque de *Botrytis*) tentarán a más de uno.

Beba estos encantadores vinos con huevos revueltos, tortillas sabrosas o pescado. Temperatura de consumo: 8-10°C (47-50°F).

Los vinos tintos se encuentran en mayoría. Estos Premières Côtes de Bordeaux Rouge resultan siempre una sorpresa agradable y son muy gratos de beber. Son de color subido, bastante sabrosos y frescos, con cuerpo y aromas a frutas rojas maduras, ciruelas, tostado, vainilla y especias con un toque a café tostado y cuero. En los vinos jóvenes la presencia de tanino es clara, pero después de algunos años de envejecimiento se hacen más redondos y suaves.

Beba estos excelentes vinos tintos con carnes rojas, aves a la parrilla, aves de corral o caza. Temperatura de consumo: 16°C (61°F).

Premières Côtes de Bordeaux.

ENTRE-DEUX-MERS

La A.O.C. Entre-Deux-Mers no abarca toda la región de Entre-Deux-Mers. Aunque hubo un tiempo en el que Entre-Deux-Mers fue conocido por sus vinos blancos dulces, la A.O.C. actual está reservada exclusivamente para los vinos secos. Los vinos se hacen principalmente a partir de la variedad de Sauvignon y son frescos (especialmente en su juventud) y muy aromáticos: frutos cítricos, almendras y frutos exóticos se distinguen claramente. Los mejores vinos, sin embargo, se obtienen con una mezcla de sémillon, sauvignon y muscadelle, y son algo más amplios y carnosos. Los aromas que acabamos de enumerar son complementados por espléndidos perfumes florales y el aroma de los frutos blancos (melocotones).

Beba los vinos jóvenes de tipo Sauvignon como aperitivo o quizá con mariscos o pescados de agua salada. Los vinos más carnosos de las variedades sauvignon, sémillon y muscadelle son excelentes acompañamientos para pescados de agua dulce, aves de corral, carnes blancas (¡ternera!) o menudillos suaves, como mollejas. Sin embargo, también combinan bien con platos de huevo y verduras. Temperatura de consumo: 10-12°C (50-54°F).

Entre-Deux-Mers.

ENTRE-DEUX-MERS HAUT-BENAUGE

Los vinos de esta pequeña A.O.C. sólo proceden de nueve municipios específicos del extremo sudeste de Entre-Deux-Mers. Nadie entiende por qué es así, o qué es lo que esta A.O.C. tiene que ofrecer que un Entre-Deux-Mers "corriente" no tenga. Los vinos de Haut-Benauge son tan parecidos a sus vecinos de la tierra entre los ríos como dos gotas de agua. ¿Quién podría diferenciarlos? Ni siquiera los cosecheros de estos nueve municipios podrían distinguirlos. En cualquier caso, esta denominación existe y por este motivo tiene que ser mencionada. Para su descripción lea el encabezamiento "Entre-Deux-Mers".

GRAVES DE VAYRES

Un poco al sur del Dordoña y la ciudad de Libourne se encuentra la pequeña región vinícola de Graves de Vayres (alrededor de 525 hectáreas/1.300 acres). Aquí se elaboran principalmente vinos tintos y algunos blancos secos. La mayoría de los Graves de Vayres expuestos en las tiendas serán blancos, ya que éste era al principio el producto dominante de la región. Aquí también, los cambios en las costumbres han provocado que se planten cada vez más variedades tintas. Muchos de los vinos tintos producidos terminarán como burdeos corrientes o como Bordeaux Supérieur; sólo los mejores llevarán la A.O.C. Graves de Vayres.

Los vinos blancos secos son frescos y afrutados, con aromas a frutos cítricos y a veces con un aroma reconocible del terruño a pedernal.

Excelentes como aperitivo refrescante, pero también buenos como acompañamiento de pescados (anguilas), mariscos y platos a base de huevos. Temperatura de consumo: 10-12°C (50-54°F).

Los vinos tintos son en ocasiones ricos en taninos y algo ásperos cuando son jóvenes, pero siempre resultan agradablemente afrutados (moras, frambuesas, grosellas negras, cerezas, ciruelas). El sabor es suave, amplio, redondo y afrutado, con un final especiado.

Estos vinos tintos también combinan con platos a base de huevos, en particular con tortillas de setas. Aun así, su armonía ideal son las aves, las carnes blancas, rojas o la caza menor. Temperatura de consumo: 16°C (61°F).

SAINTE-FOY-BORDEAUX

Esta región vinícola se sitúa al sur de Bergerac. La pequeña ciudad de Sainte-Foy parece tener dos partes: en la orilla derecha del Dordoña, y por tanto en Bergerac, se encuentra Port Sainte-Foy y en la orilla izquierda, y por tanto en Burdeos, Sainte-Foy-la-Grande.

El suelo de Sainte-Foy varía de los depósitos de marga roja a los suelos blancos calcáreos. El subsuelo es pedregoso, arenoso o de arcilla calcárea. Esto explica la diversidad en tipos y sabores de los vinos Sainte-Foy.

La mayoría de los vinos son tintos y de variedades merlot, cabernet sauvignon y cabernet franc. La mayoría de los vinos son de color bastante subido, muy afrutados, con aromas a frutos rojos y a vainilla, que a medida que envejecen evolucionan a aromas más complejos, como cuero, maleza, café y especias.

Estos vinos armonizan muy bien con todo tipo de carnes, pero especialmente con aves de caza. Temperatura de consumo: 16°C (61°F).

Los vinos blancos secos de Sainte-Foy son frescos y tienen bastante cuerpo. Se hacen principalmente con sauvignon, en ocasiones complementada con sémillon y muscadelle, y son bastante aromáticos: frutos exóticos, flores, frutas blancas, amarillas y vainilla (cuando fermenta en roble).

De primera clase como aperitivo, excelente como acompañamiento de los mariscos y pescados de mar. Temperatura de consumo: 10-12°C (50-54°F).

Los blancos dulces de Sainte-Foy-Bordeaux son vinos clásicos de buena calidad. Sólo se producen en los mejores años. Son ligeros, frescos, afrutados, con los típicos aromas de la sémillon a miel, uvas sobremaduras (moscatel), flor del limero, cera de abejas y albaricoques. Cuando las uvas de sémillon sobremaduras son honradas con una visita del hongo *Botrytis*, los vinos son sabrosos, opulentos y muy poderosos.

Beba estos lujuriosos vinos como aperitivo o simplemente por placer. También puede emparejarlos con una terrina de ave o algunas tostadas untadas generosamente con foie gras. Temperatura de consumo: 9°C (47-48°F).

LIBOURNAIS, EL PAÍS DEL MERLOT

En los alrededores de la ciudad de Libourne, en la orilla derecha del río Dordoña, encontrará los viñedos del Libournais. Aquí encontrará nombres famosos: Saint-Emilion, Pomerol, Canon Fronsac y Fronsac. Aunque estas regiones vinícolas no quedan demasiado lejos de Burdeos, se trata de un paisaje bastante diferente. No verá *domaines* enormes, ordenados, desolados como en el Médoc, sino fincas y casas de campo mucho más pequeñas y amigables. Así como en el Médoc la cabernet es el ama y señora, aquí la merlot es quien domina. Los vinos del Libournais, por tanto, no se guardan tanto tiempo como sus lejanos parientes del Médoc, pero son mucho más accesibles. Debido a que su carácter es menos "duro", estos vinos se adaptarán más fácilmente a sus gustos culinarios.

CÔTES DE CASTILLON

La pequeña ciudad de Castillon-la-Bataille ocupa un lugar extremadamente importante en la historia de toda la región de Burdeos. En 1453, durante la Guerra de los Cien Años, hubo una batalla decisiva entre las tropas inglesas de John Talbot, conde de Shrewbury, y las del rey de Francia. Talbot murió, perdiendo los ingleses la batalla y, con ella, su dominio sobre Aquitania. En Castillon se recuerda este acontecimiento todos los años de manera impresionante, para el gran regocijo de los innumerables y agradecidos turistas, pero sobre todo de la población local.

Desde 1989 los vinos de Côtes de Castillon pueden mencionar la A.O.C. en sus etiquetas. Antes de que formaran parte de la anónima familia de la Bordeaux y Bordeaux Supérieurs. En los tests organolépticos estos Côtes de Castillon no difieren tanto de los comunes burdeos; la diferencia se encuentra principalmente en los rendimientos más moderados, y de ahí el mayor nivel de complejidad y concentración. Los aromas son bastante representativos de toda la región de Burdeos: cerezas, grosellas negras, ciruelas, pan tostado, vainilla, pimienta, mentol, especias y, en una edad más avanzada, caza, cacao, café, canela, frutos secos y así sucesivamente. Dependiendo del estilo del productor, estos vinos serán elegantes y casi femeninos o, por el contrario, bastante masculinos, llenos, poderosos y carnosos. El vino merece una recomendación especial por su relación normalmente muy favorable entre calidad, precio y placer.

Estos tintos Côtes de Castillon se encuentran a gusto con todos los tipos de cocina, pero en particular con carne o caza menor al grill. Temperatura de consumo: 16-17°C (61-63°F).

BORDEAUX CÔTES DE FRANC

Se trata de vinos blancos y tintos muy aceptables que se producen en unas 490 hectáreas (1.200 acres) entre Saint-Emilion y Bergerac. Las "Côtes" aquí son principalmente altas colinas de marga y arcilla caliza.

Los vinos blancos secos, obtenidos a partir de variedades de sauvignon, sémillon y muscadelle, son sofisticados, sensuales y muy aromáticos: flores, vainilla, frutos secos (almendras) y frutas maduras blancas y amarillas (melocotón). Esta exuberancia de aromas y la untuosidad propia de la sémillon se mantienen en buen equilibrio con la frescura de la sauvignon.

Estos Côtes de Franc no sólo van bien como aperitivos, sino también como acompañamiento de patés de carnes o aves, terrinas o ensaladas. Temperatura de consumo: 10-12°C (50-54°F).

Los Côtes de Franc tintos son de color intenso y tienen intensos aromas a frutas rojas (frambuesas, cerezas, grosellas negras), vainilla y otros bastante más terrosos, como pieles, cuero de Rusia y madera. Su paladar es lleno, amplio, graso y poderoso. Debido a que envejecen en madera, la mayoría de los vinos son bastante ásperos en sus primeros años, pero esto cambia después de dos o tres años en botella.

Resultan acompañamientos ideales para las carnes rojas y la caza menor. Sorprendente, pero sin duda muy agradable, es la costumbre local de tomar estos vinos tintos con postres agridulces que contienen vino tinto. Temperatura de consumo: 16°C (61°F).

SAINT-EMILION

Los viñedos de Saint-Emilion se ubican en los alrededores del pintoresco pueblo del mismo nombre. Ya en época de los romanos se conocía la calidad de los viñedos locales, como confirma el famoso poeta y cónsul Ausonio. Los viñedos que rodean Saint Emilion se encuentran sobre una llanura de suelo calizo y sobre colinas de marga o arcilla calcárea. Al oeste de Saint-Emillon, sin embargo, el suelo contiene gravilla. Ésta es la zona de los grandes vinos. La mayoría de los vinos de Saint-Emilion proceden de los depósitos arenosos y de la arenisca ferruginosa que se estrecha en el Dordoña. La variedad de uva dominante aquí es la merlot, complementada por cabernet franc (también llamada bouchet localmente), cabernet sauvignon y malbec o cot.

Un factor atractivo, serio y original es la clasificación bastante reciente que no sólo se revisa de forma estricta, sino que además se revisa cada diez años, lo que actúa como un estímulo extra de la calidad. No se trata de que se comprueben los tipos de suelo o los propietarios de los viñedos sino los vinos, y esto en un periodo de diez años. Un sistema de ascensos y descensos mantiene a todos con los pies en la tierra y entonces el consumidor se beneficia, consecuentemente.

Podemos ser bastante breves sobre la calidad de los vinos de Saint-Emilion –la mayoría de

St-Emilion genérico.

ellos son excepcionales–. Los tintos bien cubiertos son amables, redondos y fácilmente accesibles. Su paleta aromática contiene principalmente frutas maduras (moras, cerezas, fresas), frutos secos (albaricoques), hierbas y especias (laurel, canela), toques vegetales (hiedra), cuero y aromas a tierra (madera, maleza, trufas). Los mejores vinos poseen los taninos necesarios y requieren varios años de guarda en botella. Su estructura es amplia y flexible a pesar de la presencia de tanino. Un buen Saint-Emilion otorga al catador una impresión cálida, sensual y jugosa que permanece un buen rato en la boca y en la memoria.

Cuando aún es joven, un Saint-Emilion se encuentra a gusto con carne de vacuno (un entrecot á la Bordelaise, por ejemplo), pero también con lamprea, rape u otros pescados sabrosos en salsa de vino tinto. Los vinos más añejos prefieren tipos de carne más suaves y jugosas, como una pata de cordero poco hecha. Pero no objetarán nada a un asado de ave de caza. De hecho con un Saint-Emilion tinto puede comer casi todo, excepto un queso azul punzante que no combina con los vinos. Temperatura de consumo: 16°C (61°F).

SAINT-EMILION (1ER) CLASSÉ

Los vinos clasificados de Saint-Emilion son quizá algo mejores y proceden de suelos de mayor calidad. La mayoría de los

Dos famosos St-Emilión grand cru.

Hay a menudo agradables sorpresas entre los menos conocidos grands crus.

crus classés se concentran en las cercanías del pueblo de Saint-Emilion. El nivel de calidad, el rendimiento y el precio mínimo se controla de forma estricta. En general, esto resulta en una mayor potencia, estructura, tanino y, por tanto, poten-

CLASIFICACIÓN DE 1955, REVISADA EN 1996: LOS GRANDS CRUS DE SAINT-EMILION

PREMIERS GRANDS CRUS CLASSÉS

A

- Château Ausone
- Château Cheval Blanc

B

- Château Angelus
- Château Beau-Séjour (Bécot)
- Château Beauséjour (Duffau-Lagarosse)
- Château Belair
- Château Canon
- Château Clos Fourtet
- Château Figeac
- Château La Gaffelière
- Château Magdelaine
- Château Pavie
- Château Trottevieille

GRANDS CRUS CLASSÉS
- Château Balestard La Tonnelle
- Château Bellevue
- Château Bergat
- Château Berliquet
- Château Cadet-Bon
- Château Cadet-Piolat

- Château Canon-La-Gaffelière
- Château Cap de Mourlin
- Château Chauvin
- Clos des Jacobins
- Clos de L'Oratoire
- Clos Saint-Martin
- Château Corbin
- Château Corbin-Michotte
- Château Couvent des Jacobins
- Château Curé Bon La Madeleine
- Château Dassault
- Château Faurie de Souchard
- Château Fonplégade
- Château Fonroque
- Château Franc-Mayne
- Château Grandes Murailles
- Château Grand Mayne
- Château Grand Pontet
- Château Guadet Saint-Julien
- Château Haut-Corbin
- Château Haut Sarpe
- Château La Clotte
- Château La Clusiâre
- Château La Couspaude
- Château La Dominique
- Château La Marzelle
- Château Laniote
- Château Larcis-Ducasse
- Château Larmande

- Château Laroque
- Château Laroze
- Château L'Arrosée
- Château La Serre
- Château La Tour du Pin-Figeac (Giraud-Belivier)
- Château La Tour du Pin Figeac (Moueix)
- Château La Tour Figeac
- Château Le Prieuré
- Château Matras
- Château Moulin du Cadet
- Château Pavie-Decesse
- Château Pavie-Macquin
- Château Petit-Faurie-de-Soutard
- Château Ripeau
- Château Saint-Georges Côte Pavie
- Château Soutard
- Château Tertre Daugay
- Château Troplong-Mondot
- Château Villemaurine
- Château Yon-Figeac

cial para envejecer y claramente mayor complejidad.

Los mejores vinos se encuentran a gusto con cualquier plato, pero, si puede, escoja asados de ave de caza para acompañarlos. Temperatura de consumo: 16-17°C (61-63°F).

LOS SATÉLITES DE SAINT-EMILION

Al norte de la región vinícola de Saint-Emilion se sitúan otros cuatro municipios que pueden añadir su nombre a la denominación Saint-Emilion. ¿O se puede decir que es al revés? Sea cual sea la respuesta, los vinos de estos cuatro municipios son en general más rústicos y menos refinados en estructura y paladar que sus hermanos de Saint-Emilion, pero sin duda merece la pena probarlos, sobre todo por su relación más que favorable entre calidad y precio.

SAINT-GEORGES SAINT-EMILION
Un vino robusto que combina con aves de corral o de caza asadas o al grill.

Saint-Georges Saint-Emilion.

MONTAGNE SAINT-EMILION
Un vino amplio, carnoso y robusto que queda bien en compañía de aves de corral o de caza a la cazuela con una salsa de vino tinto.

PUISSEGUIN SAINT-EMILION
Estos vinos son quizá un poco más elegantes que sus vecinos. Apetitosos con aves de corral o de caza asadas, mejor rellenas de hígado, uvas, trufas y Armagnac o Fine de Bordeaux...

LUSSAC SAINT-EMILION
Éste es el más suave de los cuatro, quizá incluso el más femenino. Pero las apariencias son engañosas... Sirva este vino con cordero poco hecho y habas.

Montagne Saint-Emilion.

POMEROL

Un gran nombre para una región vinícola muy pequeña, de tan sólo 800 hectáreas (2.000 acres). Las vides se cultivan aquí sobre una pequeña llanura con un tipo especial de suelo, muy rico en hierro. El contraste con las aristocráticas fincas de Médoc es chocante. Aquí todo parece tener proporciones más "normales", como si supieran mucho mejor cómo se disfruta de la vida, incluso en los detalles más pequeños de la vida diaria. Sin ruido injustificado, pero con una cálida bienvenida.

Y aun así, también se hacen aquí grandes vinos, como los famosos Pétrus, Trotanoy, Vieux Château Certan y Le Bon Pasteur, conocidos en todo el mundo, por mencionar algunos. Pero parece como si los Pomerol, grandes o pequeños, pertenecieran a la misma familia cercana y unida.

El suelo es muy variado, los tipos principales son los suelos arenosos cercanos a Libourne, arena con gravilla y suelos de arcilla en el oeste, arcilla y gravilla en el centro, y arena y gravilla en el norte. A pesar de esta diversidad en tipos de suelos, se nota que los Pomerol son claramente vástagos de la misma familia.

Los Pomerol son estructurados, poderosos y flexibles. Son muy afrutados (moras, cerezas, frambuesas y ciruelas) y en las mejores cosechas a veces tienden a dominar las frutas secas. Otros aromas reconocibles de los Pomerol superiores son violetas, iris, vainilla, especias, tostado, caza, cuero, tabaco, cacao o café, regaliz, a veces también canela (¡Pétrus!) y trufas. Los Pomerol son excepcionalmente sensuales, grasos y cremosos, carnosos y redondos, con un frecuente toque mineral en el final de boca. Nunca los beba demasiado jóvenes, en cualquier caso nunca antes de que lleguen a los cuatro o cinco años, Pomerol normal y seis o siete años, los mejores Pomerol.

Es fácil hacer encajar a un Pomerol en un menú porque estos vinos, como sus productores, no presumen de nada, a pesar de su calidad y de su precio. Dan tanto placer con un entrecot a la brasa de sarmientos como con platos más delicados de una cocina de tres estrellas. Si le gustan las combinaciones sensuales, ¿por qué no probar un asado en salsa de vino tinto con su mejor Pomerol? Otros platos de aves de caza también combinarán a la perfección con cualquier Pomerol. Temperatura de consumo: 16-17°C (61-63°F).

Genérico Pomerol.

Un famoso Pomerol, ahora conocido como Château Hosanna.

Pomerol.

LALANDE DE POMEROL

Al norte de Pomerol se encuentra la región vinícola de Lalande de Pomerol. Se trata de una región mucho más grande que la de Pomerol. Los vinos tintos de aquí son el único tipo de vino producido, al igual que sus hermanos mayores de Pomerol, muy ricos en color y aromas, amplios, carnosos, poderosos y grasos. En la nariz reconocerá ciruelas, regaliz, frutos maduros, vainilla, especias (nuez moscada, por ejemplo), cacao y café, y en ocasiones un toque de mentol. Los mejores *domaines* de Lalande de Pomerol pueden igualar a los de Pomerol o Saint-Emilion sin ningún problema.

Una especialidad del Libournais es la lamprea, aquí preparada con una sabrosa salsa de vino tinto. Tradicionalmente debería acompañar este plato con un Saint-Emilion o un Lalande de Pomerol.

Puede reemplazar la lamprea, que no siempre es fácil de conseguir, por rape, lubina o merluza. Si no le agrada tomar pescado con el vino tinto, opte por aves, preferiblemente de caza (pichón), con o sin salsa de vino tinto. Temperatura de consumo: 16-17°C (61-63°F).

Lalande-de-Pomerol.

FRONSAC Y CANON-FRONSAC

Este distrito de Libournais se caracteriza por sus laderas bastante abruptas, que alcanzan la altura astronómica de 75 metros (200 pies), garantizando así una magnífica vista de sus alrededores. El suelo de esta región vinícola de tan sólo 1.100 hectáreas (2.500 acres) consiste en arcilla calcárea. Las montañas contienen caliza y sólo el vino que procede de ellas puede llevar la A.O.C. Canon-Fronsac.

Ambos vinos son tintos, elegantes y refinados, y al mismo tiempo, sabrosos y vivaces. Existen aromas claramente reconocibles en la nariz a frutos rojos maduros (cerezas), vainilla, tostada, cuero, frutos tostados (almendras, avellanas), maleza y aquí y allí un toque de especias, mentol, café o cacao. Los vinos de Fronsac también pueden desarrollar aromas a iris y violetas, así como notas de humo.

Un Canon-Fronsac demanda un tipo de carne de las más sabrosas, como oca o pato. Un Fronsac,

Canon-Fronsac.

por otro lado, combina con caza menor (liebres o conejos de campo). Temperatura de consumo: 16-17°C (61-63°F).

BLAYAIS Y BOURGEAIS

Al sur de la Charente Maritime (el hogar de los famosos cognacs destilados) existen dos regiones más que perte-

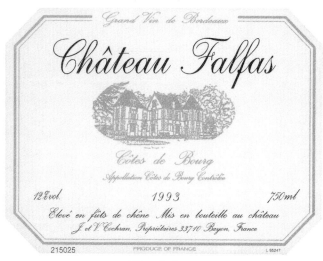

Côtes de Bourg.

necen a Burdeos: la Côtes de Blaye que es bastante extensa e incluye las Premières Côtes de Blaye y Côtes de Bourg, más pequeña, ambas en la orilla derecha del estuario de Gironda.

La zona produce vinos tintos (en el sur) y vinos blancos secos (en el norte).

CÔTES DE BOURG

Esta comarca vinícola de 3.600 hectáreas (9.000 acres) se suele llamar "la Suiza de Burdeos", debido a sus muchas colinas verdes y empinadas. Aquí se producen vinos tintos y blancos. Estos últimos son muy escasos y, para ser sinceros, con escasas excepciones no son de la mejor calidad.

Los blancos de variedad sauvignon son simplemente frescos y agradables y se encuentran a sus anchas como aperitivo. Puede también tomarlo para acompañar un pescado de diario. Temperatura de consumo: 9-10°C (48-50°F).

Los vinos tintos son de un bello color rojo profundo y bastante aromáticos. En su juventud a veces son bastante ásperos, pero tras algunos años envejeciendo en la botella se suavizan sus duros tani-

Côtes de Bourg, a menudo sorprendentemente bueno.

nos. El paladar se hace entonces redondo, carnoso y a veces incluso seductor. Los mejores vinos tienen gran clase, sofisticación y elegancia.

Bébalos con platos a base de huevos (por ejemplo, escalfados con salsa de vino tinto), asado de ternera, cerdo, buey o caza menor. Temperatura de consumo: 16°C (61°F).

CÔTES DE BLAYE

Estos vinos blancos fueron en su día destinados a la producción del cognac. En la actualidad, gran parte de los vinos blancos acidulos y mediocres de este distrito se siguen usando como materia prima para el Fine de Burdeos, el brandy destilado en la localidad, que resulta realmente bueno. Los mejores vinos llevan la denominación Côtes de Blaye y son todos bastante secos. Son razonablemente aromáticos (frutas cítricas, piñas), frescos y amplios.

Sirva estos vinos como aperitivos refrescantes o como acompañantes de los mariscos, si no tiene nada mejor a mano. Temperatura de consumo: 10-12°C (50-54°F).

PREMIÈRES CÔTES DE BLAYE

La mayoría de estos vinos son tintos, pero también existe una pequeña cantidad de blancos secos. Estos resultan frescos, elegantes y tipicamente Sauvignon, con sus aromas a frutas cítricas (principalmente pomelo) y matices vegetales (boj y retama).

Son vinos excelentes como aperitivo o con un plato de ostras frescas. Temperatura de consumo: 10-12°C (50-54°F).

Los Premières Côtes de Blaye tintos son generalmente bastante ligeros en estructura, pero los mejores resultan más complejos y potentes. En su mayor parte, los Côtes de Blaye tintos son vinos poco delicados con algunos aromas vegetales. Escoja un *domaine* superior si puede –los precios relativamente bajos hacen que esto sea posible–. Dé por hecho que su dinero estará bien amortizado. Estos vinos de calidad superior son a menudo sorprendentemente poderosos con aromas casi atípicos a caza y cuero, sin que esto les haga demasiado "rústicos".

Beba los vinos sencillos jóvenes y ligeramente frescos (14°C/ 57°F) con platos de huevos, setas a la plancha, patés o terrinas. Los vinos mejores y más corpulentos demandan más atención: carnes rojas, caza menor (conejo o liebre, quizá) o incluso un queso bastante curado. Temperatura de consumo: 16-17°C (61-63°F).

Desde 1990 la asociación de los viticultores locales ha creado una indicación de calidad adicional siguiendo el modelo del Médoc: los

Premières Côtes de Blaye.

Crus Bourgeois des Premières Côtes de Blaye. Estos vinos procedentes de doce *domaines* deben satisfacer estrictos criterios en relación a su origen y calidad, y cada año pasan rigurosos análisis y catas antes de poder incluir esta mención en su etiqueta. Una garantía extra de calidad y autenticidad.

EL MÉDOC

Abandonamos la orilla derecha y finalizamos nuestro viaje a través de la región de Burdeos en el Médoc, la orilla izquierda del Gironda. El Médoc es una especie de península de viñedos, bordeada por las aguas del Gironda al norte, el Atlántico al noroeste, la ciudad de Burdeos en el sudeste y los extensos bosques de las Landas en el sudoeste.

HISTORIA

El nombre del distrito procede del latín, pero los etimologistas no están completamente seguros de su origen exacto. Podría tratarse de In Media Aqua (en mitad de las aguas) o Pagus Medulorum (el país de Meduli). Los antiguos romanos de la vecina Burdigala (Burdeos) vinieron a cazar y pescar en esta región pantanosa, habitada por los Meduli, una tribu de galos. En el siglo XVII la región fue drenada y recuperada por un equipo de ingenieros holandeses. Las ciénagas fueron pronto reemplazadas por campos de trigo y anchas praderas. A finales del siglo XVII se establecieron en esta zona muchos magistrados y nuevos ricos burgueses de Burdeos. Pronto se dieron cuenta de que el suelo pedregoso del Médoc se mostraba muy apropiado para la viticultura. Después de muchos años de experimentación, el avance definitivo de estos nuevos vinos de Burdeos llegó en el siglo XVIII. Se mejoraron las técnicas de vinificación y los mejores vinos eran cuidadosamente seleccionados y sometidos al proceso de crianza en grandes bodegas para que envejecieran aún más. También en el mismo siglo los términos *grand cru* y *château* adquirieron su significado actual.

A finales del siglo XIX la plaga de la filoxera destruyó todos los viñedos del Médoc. Todas las vides tuvieron que ser replantadas empleando pies de cepa americanos. Además, la crisis económica que siguió a la célebre caída de la Bolsa en 1929 fue definitiva para muchas empresas vinícolas. Después de la Segunda Guerra Mundial, la viti-

Pequeños estados independientes ofrecen a menudo calidad por poco dinero.

cultura en Burdeos fue de nuevo sacudida por un desastre: en el invierno de 1956 la mayor parte de las vides se helaron y tuvieron que ser replantadas. Sin embargo, en los años 60 se invirtió mucho dinero y fertilizantes para hacer del Médoc de nuevo una gran región vinícola. Las bodegas y los procesos de vinificación fueron completamente puestos al día, para lo que fue necesaria una gran cantidad de capital. Muchos *domaines* cambiaron de manos. Los bancos, compañías de seguros y muchas multinacionales se hicieron cargo de antiguos negocios familiares. La imagen del Médoc cambió radicalmente. Por suerte, algunos de los pequeños productores fueron capaces de conservar no sólo su propiedad familiar, sino también sus propios niveles de calidad y sus valores; siguieron produciendo sus vinos sin inclinar la cabeza ante nadie.

EL SUELO Y EL CLIMA

La franja de arena y gravilla de unos 5 a 10 kilómetros (3-7 millas) de ancha ofrece gran variedad de "terroirs" y microclimas. Lo que aquí se llama gravilla es una compleja mezcla de arcilla, guijarros y arena. Los guijarros fueron arrastrados por los ríos, algunos de ellos proceden originalmente de los Pirineos (cuarzo y materiales de erosión de los glaciares) y han sido transportados por el Garona. Otros proceden de las colinas volcánicas del Macizo Central (cuarzo, pedernal, arenisca, material volcánico erosionado, arena y arcilla) y han sido transportados primero por el Cère y después por el Dordoña. Ocasionalmente, se encuentran capas de arcilla calcárea con estos guijarros. Lo que es más, la llanura del Médoc es entrecruzada por numerosos valles pequeños que no sólo suponen un agradable cambio en el paisaje sino que también, y lo más importante, proporcionan un drenaje excelente. Todo junto hace que se trate de un suelo excelente para el cultivo de las vides. El suelo es tan pobre que las vides tienen que dar lo mejor de sí para obtener los nutrientes y el agua necesarios. Esto mejora la calidad de las uvas que producen. No es ninguna maravilla que los vinos más famosos de Francia procedan de este suelo.

El clima es bastante suave, influenciado por su situación favorable en el paralelo 45, la presencia del Atlántico y la acumulación de aguas del Gironda, el Garona y el Dordoña, de forma que los viñedos no sólo obtienen el calor y la luz del sol suficiente sino que también logran la humedad necesaria. Las vides están bastante protegidas de los vientos del oeste, típicos de las heladas nocturnas primaverales y de las infecciones criptogámicas (provocadas por hongos). Aunque en principio esta situación es muy favorable para la viticultura, no garantiza una cantidad y una calidad constantes para la vendimia. No se obtienen grandes vinos en los años en los que el verano es frío y húmedo. La volubilidad del clima hace del Médoc un lugar mucho más fascinante para los amantes del vino.

LAS VARIEDADES DE UVA

Según los especialistas bien informados del Consejo de Vinos del Médoc, sólo se considera una variedad de uva aquí, la original biturica (biture, vidure) de la familia Vitis, que trajeron por primera vez los romanos. Todas las variedades de uva modernas del Médoc tienen su origen en ella. Nombres como cabernet, malbec y verdot aparecieron por primera vez en el siglo XVIII, y la merlot apareció después de más de un siglo. Lo que sorprende es la desaparición casi completa de una variedad de uva extremadamente interesante que en aquellos días ayudó a establecer los fundamentos del éxito y la calidad de los vinos del Médoc: la carmenère. Sólo después de una prolongada búsqueda podrá encontrar esta variedad en el Médoc, y entonces sólo en cantidades mínimas. Los vinos de esta variedad son de calidad superior. Sin embargo, el rendimiento comparado con otras variedades del Médoc es tan bajo que los cultivadores se han decantado mayoritariamente por la cabernet franc, una variedad que no tiene su origen en Médoc, sino en el Loira occidental, donde ha adquirido el apodo "bretón".

La cabernet sauvignon es en realidad un descubrimiento del Médoc. Ninguna otra variedad en el mundo ha sido tan bien exportada. La podrá encontrar en Sudamérica, California, Australia, los Balcanes, España, Italia y Grecia. La gente estaba tan convencida de la calidad de los vinos de Burdeos (seguramente el precio tuviera algo que ver en ello), que en todo el mundo se plantaban cabernet sauvignon y merlot con la esperanza de ser capaces de producir una imitación del Burdeos tan rápido como fuera posible, a precios más bajos. Sin embargo, no tienen éxito porque no sólo la uva es importante, sino que también hay otros factores, como el suelo. Y eso es mucho más difícil de importar o copiar.

Además de la cabernet sauvignon, que da a los vinos carácter y aromas afrutados, también se usa la merlot (que madura antes y es más accesible) para suavizar la cabernet sauvignon, cabernet franc (aromas espléndidos), petit verdot (color, fuerza y cuerpo) y malbec (tanino, color, finura y aromas).

MÉDOC A.O.C.

Aunque todo el distrito geográfico del Médoc (incluido por supuesto el Haut-Médoc y los seis municipios con denominación A.O.C.) tiene el derecho de llevar la denominación Médoc, la mayoría de los Médoc A.O.C. procede del norte de la península, de entre las poblaciones de Saint-Vivien de Médoc y Saint-Germain d'Esteuil. Los viñedos del norte del Médoc son

Médoc.

generalmente bastante más recientes que los del Haut-Médoc. Sin embargo, en ambos lados existen algunos *domaines* vinícolas antiguos.

Los *domaines* de la A.O.C. Médoc son en su mayor parte de pequeña extensión. Muchos de ellos se han agrupado en cooperativas para trabajar de forma más eficiente o simplemente para sobrevivir. El terreno es el tradicional del Médoc, con distintos tipos de grava y algunas capas esporádicas de arcilla calcárea.

Debido a la variedad de "terroirs" y al gran número de pequeños estados, los Médoc A.O.C. se distinguen por su estilo y sabor. De ellos, se pueden destacar los siguientes:

–   Vinos ligeros, elegantes, refinados, sutiles y de seductores aromas que se deben beber jóvenes. Puede servirlos con toda confianza con todo tipo de patés, terrinas, carnes frías y platos de carne curada. Temperatura de consumo: 16°C (61°F).
–   Vinos fuertes, robustos y ricos en tanino, a los que les beneficia el permanecer varios años madurándose en la botella. Sírvalos con carne asada o al grill, aves o caza, si es posible con un acompañamiento de champiñones fritos y salsa de vino tinto.

Temperatura de consumo: 16-17°C (61-63°F).

HAUT-MÉDOC A.O.C.

El Médoc del sur o Haut-Médoc ("Haut" aquí se refiere a su localización en la zona superior del río y no tiene nada que ver con alturas montañosas) abarca unos 60 km (40 millas desde la región de Saint-Seurin de Cadourne hasta Blanquefor). La división del Médoc del norte y del sur data oficialmente del 1935, pero lleva en uso desde principios del siglo XIX. En la zona sur del Haut Médoc muchos viticultores tuvieron que hacer frente a la expansión del pueblo de Burdeos, y muchos viñedos y algunos *domaines* desaparecieron para siempre. Se intentó parar esto, pero fue una lucha tremenda.

Aquí también, la gran variedad de "terroirs" depende de los distintos tipos de sabor y clase de vinos. Sin embargo, los parecidos entre los tipos de vino de esta familia son claros; el Haut-Médoc produce vinos de un color intenso, frescos y elegantes, ricos pero no demasiado fuertes, con excelentes aromas de fruta madura (ciruelas, cerezas, frambuesas, grosellas negras), vainilla, madera de cedro (cajas de puros) y, a veces, mentol,

Haut-Médoc cru bourgeois.

especias, tabaco, café o cacao. Estos vinos pueden acompañar a todo tipo de carnes rojas y animales de caza de pequeño tamaño, pero también sorprenden con carnes de cerdo o ternera, y con aves de granja. Los Hau-Médoc jóvenes servidos fríos son excelentes con pescados de agua salada con salsa de vino tinto.

Temperatura de consumo: 16-17°C (61-63°F).

CRUS DEL MÉDOC

Cinco de los sesenta y un grand crus classé del Médoc llevan la denominación Haut-Médoc: Château La Lagune (3° grand cru classé), La Tour-Carnet (4° grand cru classé), Belgrave, Camensac y Cantemerle (5° grand cru classé). Los otros crus de Médoc pueden de hecho elaborarse en el área geográfica de Haut-Médoc, pero llevan oficialmente una de las cuatro denominaciones municipales más pequeñas de Saint-Estèphe, Pauillac, Saint-Julien y Margaux. Haut-Médoc también tiene dos denominaciones municipales independientes más pequeñas que, sin embargo, no producen grandes crus, pero sí producen vinos excelentes: Moulis y Listrac.

SAINT-ESTÈPHE

Éste es el municipio que se encuentra más al norte de las seis denominaciones. Los viñedos de Saint-Estèphe se sitúan alrededor del municipio del mismo nombre y abarcan unas 1.245 hectáreas (3.000 acres). Debido a su situación norteña, la altura relativa de las colinas (a 40 vertiginosos metros/120 pies), el suelo de arena y arcilla pedregosa bastante dura y los típicos subsuelos calizos, estos vinos son diferentes del resto del Haut-Médoc. Son de color más subido, estructura más robusta; el aroma y el paladar son claramente más típicos del "terroir" y los taninos son muy poderosos. Esto hace de los Saint-Estèphe excelentes vinos de guarda. También implica que mantienen su frescura y la juventud de su fruta durante un tiempo sorprendentemente largo. Los aromas característicos del Saint-Estèphe son fruta roja, vainilla, madera, pan tostado, humo, especias, cacao, maleza y regaliz.

Beba estos vinos robustos quizá con caza (liebre, jabalí salvaje), asada o estofada en vino tinto. Temperatura de consumo: 17-18°C (63-64°F).

Meney, un St-Estèphe Cru Bourgeois conocido y siempre bueno.

Saint-Estèphe grand cru classé.

PAUILLAC

La pequeña ciudad de Pauillac (el centro administrativo del Médoc) es un lugar agradable para

- Château Calon-Ségur (3e grand cru classé)
- Château Chambert-Marbuzet cru bourgeois
- Château Cos-d'Estournel (2e grand cru classé)
- Château Haut-Marbuzet cru bourgeois
- Château Meyney cru bourgeois
- Château Montrose (2e grand cru classé)
- Château La Peyre cru artisan
- Château Phélan-Ségur cru bourgeois

- Tradition du Marquis (de la excelente cooperativa Saint-Estèphe)

detenerse en la ruta del vino una vez pasadas las grandes fincas de (Haut)-Médoc. En su día Pauillac fue un puerto importante, ahora se ha convertido en un pintoresco puerto pesquero y de embarcaciones de vela, con un buen centro comercial y muchos restaurantes en el muelle al lado de los amarraderos. En los restaurantes locales puede disfrutar de gambas recién cogidas y pescados de la Gironda, junto con numerosas especialidades locales: lamprea, alosa o rape *à la Bordelaise*, o si lo prefiere carne o aves: pollo, pintadas, pato, ternera, cordero o buey en salsa de vino tinto con setas. También puede tener todo tipo de platos de caza. Obviamente, beberá un rosado (Château Clarke o Rosé Saint-Martin) o tinto como acompañamiento.

Sin embargo, Pauillac es algo más que una ciudad de atractivo turístico. Algunos de los vinos más finos de Francia se producen en sus inmediaciones: Lafite-Rothschild, Mouton-Rothschild y Latour, por mencionar sólo algunos.

Los viñedos de Pauillac se sitúan al oeste de la ciudad, en paralelo al Gironda. Los viñedos del norte se encuentran en un tramo más elevado y montañoso que los del sur. Ambos cuentan con un suelo pobre, muy desmenuzado: en el sur las piedras son algo más grandes que en el norte (guijarros). Toda la zona tiene un subsuelo con buen drenaje.

Los vinos de Pauillac poseen su propio carácter individual, que debe a su suelo. Son muy cubiertos de color (rojo púrpura/granate), robustos, poderosos, con mucho carácter y tanino, pero al mismo tiempo jugosos, muy sofisticados y elegantes. Se recomienda guardarlos al menos cinco y preferiblemente diez años antes de abrirlos. Algunos de sus aromas característicos son: grosellas negras, cerezas, ciruelas, fresas, frambuesas, violetas, rosas, iris, madera de cedro (cajas de

Pauillac grand cru classé.

VINOS DE PAUILLAC RECOMENDADOS
– Château Cordeillan-Bages cru Bourgois
– Château Haut-Batailley (5° grand cru classé)
– Château Lafite-Rothschild (1er grand cru classé)

VINOS DE PAUILLAC RECOMENDADOS
– Château Cordeillan-Bages cru Bourgois
– Château Haut-Batailley (5° grand cru classé)
– Château Lafite-Rothschild (1er grand cru classé)
– Château Latour (1er grand cru classé)
– Château Lynch-Bages (5° grand cru classé)
– Château Mouton-Rothschild (1er grand cru classé)
– Château Pichon-Longueveille-Baron (2° grand cru classé)
– Château Pichon-Longueveille-Comtesse de Lalande (2° grand cru classé)
– Les Forts de Latour (el segundo vino de Château Latour)

VINOS DE SAINT-JULIEN RECOMENDADOS
– Château Beychevelle (4° grand cru classé)
– Château Branaire-Duluc-Ducru (4° grand cru classé)
– Château Ducru-Beaucaillou (2° grand cru classé)
– Château Gruaud-Larose (2° grand cru classé)
– Château Lagrange (3° grand cru classé)
– Château Léoville Poyférré (2° grand cru classé)
– Château Léoville Barton (2° grand cru classé)

puros), vainilla, mentol, especias, cacao, café, regaliz y pan tostado.

Estos vinos robustos, con gran finura y elegancia, no parecen asustarse ante nada. Se encuentran tan a gusto con una simple, pero ¡cielos, qué buena!, pierna de cordero al horno (con setas) como con un turnedó Rossini (con auténtico hígado de oca y trufas). Considerando el precio de la mayoría de los vinos, puede que prefiera combinaciones más exquisitas, pero incluso los grands crus más convencionales han sido, y a veces necesitan ser, bebidos sin adornos, con la comida local y tradicional que la Madre Naturaleza tiene que ofrecer. Temperatura de consumo: 17-18°C (63-64°F).

Mouton-Rothschild, problablemente el más famoso de los vinos de gran calidad.

SAINT-JULIEN

A cierta distancia al sur de Pauillac se encuentran los viñedos de Saint-Julien, concentrados alrededor de los dos centros de Saint-Julien y Beychevelle. Aquí encontrará algunos pequeños *domaines*, casi todos los *chateux* pertenecen a grandes empresas. El área de Saint-Julien es más o menos el centro de Haut-Médoc y se subdivide en dos más pequeñas: la de Saint-Julien Beychevelle en el norte y la de Beychevelle en el sur. El suelo de ambas es duro y pedregoso, con grandes guijarros por todas partes. Las mayores diferencias entre los "terroirs" de Saint-Julien se refieren a su distancia del río. Cuanto más cercano al río, más suave el microclima. La gran cantidad de crestas pequeñas y montañosas protegen los viñedos de Saint-Julien de cualquier posible inundación del Gironda.

Los vinos de Saint-Julien son algo menos robustos y poderosos que sus vecinos norteños de Saint-Estèphe. Poseen un bello color (rojo rubí) y son muy aromáticos, jugosos, con gran equilibrio, amplios, redondos, carnosos y elegantes. En pocas palabras, son auténticos seductores, muy famosos en todo el mundo. Desgraciadamente esto tiene gran influencia en su precio, que parece estar subiendo constantemente. Algunos aromas característicos de estos vinos son las cerezas, grosellas negras, pimienta, pimientos recién cogidos, especias, aromas animales, cuero, vainilla, tostado, avellanas y mentol.

Sirva estos encantadores vinos con los tipos de carne más suaves y delicados, como hígado de ternera o riñones de ternera, preferentemente en salsa de vino tinto. Temperatura de consumo: 17-18°C (63-64°F).

MARGAUX

Por supuesto, todo el mundo conoce Château Margaux, el buque insignia de esta denominación. La A.O.C. Margaux abarca los municipios de Margaux, Arsac, Cantenac, Labarde y Soussans.

El suelo, muy pobre, del área de Margaux consiste en gravilla con guijarros bastante grandes. El microclima hace a esta región diferente a las otras. En primer lugar, Margaux se sitúa más al sur que las otras zonas de grand crus, lo que significa que hace más calor y que las uvas maduran antes. Igualmente importante, no obstante, es el papel de las islas y los bancos de arena del Gironda enfrente de Margaux. Éstos protegen esta pequeña región contra los fríos vientos del norte. Por tanto hablamos de condiciones ideales para la elaboración de grandes vinos.

Obviamente, los vinos de Margaux son también excelentes para guarda, pero su encanto tiene más que ver con su sutileza y elegancia que con el poder de sus taninos. Los Margaux son quizá los vinos más femeninos del Médoc: suaves, delicados, sutiles, sensuales y seductores. Algunos

Gruaud-Larose, muy bueno, incluso con más años.

VINOS MARGAUX RECOMENDADOS

- Château La Berlande
- Château Brane-Cantenac (2° grand cru classé)
- Château Cantenac-Brown (3° grand cru classé)
- Château Ferrière (3° grand cru classé)
- Château Malescot-Saint-Exupéry (3° grand cru classé)
- Château Margaux (1° grand cru classé)
- Château Marquis du Terme (4° grand cru classé)
- Château Palmer (3° grand cru classé)
- Château Rauzan-Ségla (2° grand cru classé)
- Château Vincent cru bourgeois

- Pavillon Rouge (segundo vino de Chateux Margaux)

Margaux grand cru.

aromas característicos de estos vinos son las frutas rojas maduras: cerezas, ciruelas, especias, resina, vainilla, pan tostado, pan de jengibre, café y panecillos recién horneados. Beba estos jugosos vinos con platos de carne clásicos, como tournedós, chateaubriand o solomillo, o con aves de caza tiernas o pato. Temperatura de consumo: 17-18°C (63-64°F).

CLASIFICACIÓN DE 1855 (REVISADA EN 1973*): GRANDS CRUS DU MÉDOC

PREMIERS CRUS
- Château Lafite-Rothschild (Pauillac)
- Château Latour (Pauillac)
- Château Margaux (Margaux)
- Château Mouton-Rothschild (Pauillac)*
- Château Haut-Brion (Graves)

SECOND CRUS
- Château Brane-Cantenac (Margaux)
- Château Cos-D'Estournel (Saint-Estèphe)
- Château Ducru-Beaucaillou (Saint-Julien)
- Château Dufort-Vivens (Margaux)
- Château Gruaud-Larose (Saint-Julien)
- Château Lascombes.(Margaux)
- Château Léoville-Las-Cases (Saint-Julien)
- Château Léoville-Poyferré (Saint-Julien)
- Château Montrose (Saint-Estèphe)
- Château Pichon-Longueville-Baron (Pauillac)
- Château Pichon-Longueville-Comtesse-de Lalande (Pauillac)
- Château Rauzan-Ségla (Margaux)
- Château Rauzan-Gassies (Margaux)

TROISIÈME CRUS
- Château Boyd-Cantenac (Margaux)
- Château Cantenac-Brown (Margaux)
- Château Calon-Ségur (Saint-Estèphe)
- Château Desmirail (Margaux)
- Château Ferrière (Margaux)
- Château Giscours (Margaux)
- Château d'Issan (Margaux)
- Château Kirwan (Margaux)
- Château Lagrange (Saint-Julien)
- Château La Lagune (Haut-Médoc)
- Château Langoa (Saint-Julien)
- Château Malescot-Saint-Exupèry (Margaux)

- Château Marquis d'Alesmes-Becker (Margaux)
- Château Palmer (Margaux)

QUATRIÈME CRUS
- Château Beychevelle (Saint-Julien)
- Château Branaire-Ducru (Saint-Julien)
- Château Duhart-Milon-Rothschild (Pauillac)
- Château Lafon-Rochet (Saint-Estèphe)
- Château Marquis-de-Terme (Margaux)
- Château Pouget (Margaux)
- Château Prieuré-Lichine (Margaux)
- Château Saint-Pierre (Saint-Julien)
- Château Talbot (Saint-Julien)
- Château La Tour-Carnet (Haut-Médoc)

CINQUIÈME CRUS
- Château d'Armailhac (Pauillac)
- Château Batailley (Pauillac)
- Château Belgrave (Haut-Médoc)
- Château Camensac (Haut-Médoc)
- Château Cantemerle (Haut-Médoc)
- Château Clerc-Milon (Pauillac)
- Château Cos-Labory (Saint-Estèphe)
- Château Croizet-Bages (Pauillac)
- Château Dauzac (Margaux)
- Château Grand-Puy-Ducasse (Pauillac)
- Château Grand-Puy-Lacoste (Pauillac)
- Château Haut-Bages-Libéral (Pauillac)
- Château Haut-Batailley (Pauillac)
- Château Lynch-Bages (Pauillac)
- Château Lynch-Moussas (Pauillac)
- Château Pédesclaux (Pauillac)
- Château Pontet-Canet (Pauillac)
- Château du Tertre (Margaux)

NB: Las marcas mencionadas son los actuales (1998). Algunos de estos vinos han cambiado de nombre con el paso del tiempo.

LISTRAC-MÉDOC

Esta pequeña denominación no tiene ningún grand cru classé, pero se distingue por la calidad de sus vinos. Con sus altas colinas de 43 metros de altura (130 pies), Listrac es el "techo" del Médoc. El suelo aquí consiste en una combinación de gravilla y tierra calcárea que procura un buen drenaje natural. Mediante la presencia de numerosos bosques y bajo la influencia de los frescos vientos del norte, las uvas maduran bastante más lentamente que en las denominaciones que antes llamamos municipales. Los vinos son sabrosos, redondos y carnosos, suavemente aterciopelados y amplios. Sus taninos les hacen envejecer bien.

Sirva un Listrac-Médoc con aves de corral o de caza al grill. Temperatura de consumo: 17-18°C (63-64°F).

Listrac, calidad a buen precio.

MOULIS

A medio camino entre Margaux y Saint-Julien, en el interior del Haut-Médoc, se sitúan los viñedos de Moulis en un terreno mixto de suelos con gravilla y caliza.

Cualquiera que haya degustado un Moulis de gama alta inmediatamente se sentirá inclinado a suplicar una revisión de la clasificación grand cru de 1855. El color del vino es rojo rubí profundo. Los vinos tienen una enorme gama de aromas y su paladar es pleno, complejo y poderoso. La moulis tiene mucho tanino, lo que le permite envejecer bien. Una relación excepcional entre calidad, precio y disfrute.

Los Moulis pueden ser recomendados para acompañar cordero, setas a la plancha o platos fuertes de vacuno, aves de corral o de caza. Temperatura de consumo: 17-18°C (63-64°F).

NB: Mientras se preparaba esta enciclopedia, las organizaciones de cosecheros de Moulis y Listrac estaban realizando intentos para que las dos denominaciones aparecieran juntas en una única A.O.C. Moulis-Listrac.

EL NOROESTE DE FRANCIA

Moulis, sorprendentemente bueno sin ser caro.

EL VALLE DEL LOIRA

El río más largo de Francia, el Loira, de unos 1.012 kilómetros (630 millas) de longitud, nace en el departamento de Ardèche. La turbulenta corriente baja por la montaña primero en dirección norte, hasta Orleáns, desde donde, con una amplia curva hacia la izquierda, continúa, como un río majestuoso, su curso pacíficamente hacia el mar.

El valle del Loira muestra un paisaje muy variado: viñedos, bosques y todas las formas de agricultura se extienden por sus orillas planas y por las colinas suavemente inclinadas. Esta área, gracias a su riqueza agraria y a sus prados de flores, se ha ganado el apodo de Le Jardin de la France (el jardín de Francia).

ALGUNAS RECOMENDACIONES:

- Château Clarke Cru Bourgeois (¡aquí también hacen un rosado excelente!)
- Château Fourcas-Dumont
- Château Fourcas-Dupré Cru Bourgeois
- Château Fourcas-Hosten Cru Bourgeois
- Château Fourcas-Loubaney Cru Bourgeois
- Château L'Ermitage Cru Bourgeois

ALGUNOS VINOS SUPERIORES DE MOULIS

- Château Chasse-Spleen Cru Bourgeois exceptionnel
- Château Poujeaux Cru Bourgeois exceptionnel (ambos tienen realmente el nivel de un grand cru)
- Château Brillette Cru Bourgeois
- Château Maucaillou Cru Bourgeois

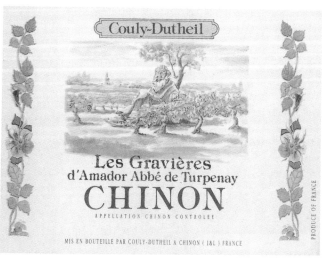

Los viñedos Loire son un buen lugar para quedarse.

HISTORIA

Los reyes franceses escogieron la tranquilidad y la riqueza de la región del Loira durante siglos para establecer sus cortes. El río en aquellos años era una arteria viva de Francia. Los reyes y otros nobles poseían innumerables *châteaux* construidos junto a jardines monumentales. Carlos VIII declaró en 1492 que deseaba hacer de Amboise, donde nació, un lugar de residencia idílico. Con este fin invitó a veintidós famosos artistas y artesanos de Italia, quienes influenciaron el arte francés más de lo que Carlos hubiese podido imaginar. Fueron los responsables de traer un auténtico renacimiento para la arquitectura. Los extraordinarios diseños de Leonardo da Vinci y sus compatriotas aún se pueden admirar hoy. Tal concentración de obras maestras arquitectónicas a lo largo del Loira no se puede encontrar en ningún otro sitio de Europa. La exuberancia y la extravagancia de alguno de estos *châteux* hacen que un viaje por el Loira, a través del corazón de Francia, sea especial e inolvidable.

VITICULTURA

Los viñedos del Loira se extienden por todo el valle en concentraciones diversas. Algunos de ellos que-dan a 80 kilómetros de distancia del río. En total más de cien vinos diferentes se producen en el valle del Loira.

PAYS NANTAIS

El área que rodea la ciudad de Nantes es conocida principalmente por sus Muscadets, que pueden llegar a ser de gran calidad. Dependiendo de su situación geográfica, estos vinos se dividen en cuatro A.O.C.: Muscadet, Muscadet Coteaux de la Loire, Muscadet Côtes de Grand.Lieu y Muscadet de Sèvre et Maine.

El suelo de la región del Muscadet está formado en su mayor parte por esquisto (azul o gris), gneiss y depósitos aluviales antiquísimos, algunos de origen volcánico. El subsuelo de roca ígnea y granito está entrecruzado por innumerables valles pequeños que aseguran un buen drenaje. Éste es un hecho muy necesario, dada la proximidad del Atlántico. El clima aquí es oceánico templado, con inviernos suaves y veranos cálidos, a menudo húmedos.

MUSCADET

Estos vinos también pueden hacerse fuera de las tres regiones especificadas a continuación.

MUSCADET COTEAUX DE LA LOIRE

Se hacen en los alrededores de la pequeña ciudad de Ancenis, a las orillas del Loira.

MUSCADET CÔTES DE GRAND LIEU

Vinos de gran calidad que proceden de las colinas que rodean el lago del Grand Lieu al sur de la ciudad de Nantes. Sólo desde 1994 estos Muscadet adquirieron el derecho a ser vendidos bajo su propia denominación.

MUSCADET DE SÈVRE ET MAINE

Supone el 80-85 por 100 de la producción. Aquí es de donde proceden los mejores Muscadet. Los viñedos abarcan veintitrés municipios cercanos a las orillas de dos pequeños ríos, el Sèvre Nantaise y el Petite Maine. El paisaje es bastante más montañoso que el resto de la región. Esta A.O.C. fue concedida en 1936.

Superieure Muscadet de Sèvre et Maine sur Lie van de un viticultor independiente.

Excelentes vinos para una bienvenida agradable (François Chidaine, Montlouis).

Los Vieilles vignes son más concentrados.

Todos los Muscadet se obtienen a partir de la única variedad de uva muscadet o melon de Bourgogne, una variedad completamente olvidada en su Borgoña autóctona, pero adorada aquí. Los mejores Muscadet son vinificados y embotellados con sus lias (en francés, sur lie). Este método garantiza una gran frescura y realza el sabor y el aroma delicado de los vinos. Desgraciadamente, también con frecuencia contribuye a subir el precio... Los Muscadet son secos y tienen una nariz agradablemente fresca.

Su frescura y sabor delicado hacen de los Muscadet aperitivos y compañeros ideales de pescado, marisco y crustáceos. También hace amigos con salchichas francesas. Temperatura de consumo: 8-10°C (47-50°F).

GROS PLANT DU PAYS

Gros plant es el nombre local de la folle blanche, una variedad de uva de la Charente. Los vinos de folle blanche son finos y bastante ácidos y se emplean en Charentes como la materia prima para la destilación del cognac. En la vecindad de Nantes esta uva produce vinos bastante vivos con un alto contenido ácido y un carácter típico y ligeramente rústico.

Un Gros Plant du Pays Nantais siempre resulta muy seco y duro, y por tanto no gusta a todo el mundo. Aun así, un buen Gros Plant es un acompañamiento perfecto para las ostras frescas. Su armonía es algo más acusada, pero mucho más genuina que con una copa de Chablis. Otros moluscos, también, como los mejillones, berberechos o almejas, se benefician de este matrimonio entre el mar y la tierra. Si no le agradan los mariscos, puede recurrir a los fiambres, terrinas y patés. Temperatura de consumo: 8-9°C (47-48°F).

FIEFS VENDÉENS V.D.Q.S.

Esta pequeña región de unas 380 hectáreas (950 acres) no recibió su A.O.C. hasta el año 1984. Dentro de un amplio triángulo entre Les Sables-d'Olonne, La Roche-sur-Yon y Fontenay-le-Comte, se elaboran vinos tintos y rosados excepcionalmente afrutados, frescos y atractivos, a partir de las variedades gamay, cabernet franc y pinot noir. Los Fiefs Vendéens blancos se obtienen de chenin y otras variedades de uva, como grolleau gris, colombard, melon de Bourgogne y sauvignon. Estos vinos son ligeros, afrutados y muy refrescantes. Los mejores vinos proceden de los municipios de Brem, Mareuil, Pissote y Vix.

Beba los vinos blancos con mariscos o pescado, los rosados con pollo o aves de corral, y los vinos tintos con carnes rojas o caza. Temperatura de consumo: blanco 8-10°C (47-50°F); rosado 9-10°C (48-50°F) y tinto 14-16°C (57-61°F).

COTEAUX D'ANCENIS V.D.Q.S.

Como si se tratase de una región de paso, las 300 hectáreas (750 acres) de los viñedos Coteaux d'Ancenis se sitúan entre los de Nantes y Anjou-Saumur. Se producen cuatro tipos de vino en los alrededores de la pequeña ciudad de Ancenis: dos tintos de gamay y cabernet franc, y dos blancos, de chenin y malvoisie (el nombre local de la pinot gris). La variedad gamay supone un 80 por 100 de la producción.

Beba los frescos, afrutados y secos vinos rosados o tintos de uvas gamay (y de cabernet) con entrantes ligeros, ensaladas de carne y platos de carne ligeros. Temperatura de consumo: 12-16°C (54-61°F).

Los vinos blancos son ligeros y refrescantes. Consúmalos como aperitivo o con pescado, marisco o aves de corral. Temperatura de consumo: 8-10°C (47-50°F).

ANJOU-SAUMUR

Durante más de quince siglos se han hecho aquí grandes vinos. Con sus veintisiete denominaciones, el área de Anjou-Saumur ofrece algo para todos. Es una región muy recomendable para emprender un viaje de descubrimientos, en el que tanto novatos como grandes entendidos disfrutarán de grandes placeres. Desgraciadamente, el nombre de esta bella región sigue unido a los enormes lagos de rosado d'Anjou dulce y casi imbebible que solía exportarse a otros países europeos. Debido a que se hacían demasiadas concesiones en el precio, la calidad de estos vinos no era fiable: causaron innumerables resacas, sobre todo en círculos académicos. Incluso los vinos que normalmente habrían sido enviados a las empresas vinagreras, eran aceptables para algunos comerciantes, a condición de que fueran endulzados. La ignorancia y la avaricia hicieron que grandes cantidades de graneles fueran transportadas en camiones y de este modo llegaran a descargarse en muchos supermercados. Una desgracia, ya que un buen rosado, incluso de Anjou, supone un gran placer. Sin embargo, el alto precio no guarda relación con la imagen que tiene un rosado del Loira en algunos países, aunque por suerte esto está empezando a cambiar.

El suelo de Anjou es muy variado. Sin embargo, hay que realizar una amplia distinción entre los dos principales tipos de suelo: "Anjou azul" con un suelo de esquisto azul y rocas volcánicas fragmentadas procedentes del Macizo Central y "Anjou blanco" (Saumur, Vouvray, Montlouis) con un suelo de caliza y toba.

Las variedades empleadas con mayor asiduidad son chenin blanc (pineau de la Loire) en el caso de los vinos blancos, y ambas cabernets para los tintos. Aquí y allá también es posible ver plantaciones de chardonnay y sauvignon para los blancos y gamay para los tintos.

ANJOU BLANC

En general seco, en ocasiones semidulce. Este vino hecho a partir de la variedad Chenin, a veces con la adición de algo de chardonnay o sauvignon. Algunos aromas característicos son manzana, pera, uva, piña y frutos exóticos.

Un Anjou Blanc combina bien con pescado de agua dulce y marisco. Una armonía que resulta sorprendentemente buena y atrevida es con kebabs de cordero al grill. Temperatura de consumo: 9-10°C (48-50°F)

ANJOU GAMAY

Un tinto bastante sencillo, fresco y ligero. Si bebe un Anjou Gamay joven, apreciará su bello color púrpura y la suavidad en nariz y boca (con un toque de grosellas y otras frutas rojas).

Servido fresco, este vino combinará con casi todo, desde aves de corral a pescado e incluso platos agridulces de la cocina china (pero no se haga demasiadas esperanzas). Temperatura de consumo: 12-14°C (54-57°F).

Anjou blanco.

ANJOU ROUGE Y ANJOU VILLAGES

Estos vinos de color rojo rubí se obtienen a partir de las dos variedades de cabernet. Poseen un lujurioso aroma a, por ejemplo, frambuesas y grosellas rojas. En ocasiones puede detectar también un toque a pimienta recién cogida o un aroma a humo. En general son vinos bastante ligeros que deberían beberse jóvenes.

Bien frescos, son buenos acompañamientos para la carne a la parrilla, fiambres y quesos ligeros. El Anjou Villages también puede envejecer un poco y en ese caso debería consumirse algo menos fresco. Temperatura de consumo: 14-15°C (57-59°F).

Anjou tinto villages.

ROSÉ D'ANJOU Y CABERNET D'ANJOU

Ambos vinos son rosados y semidulces. Un Rosé d'Anjou, obtenido a partir de las variedades de grolleau, cabernet franc y gamay, suele ser ligero y vivo. Es preferible consumirlos cuando aún son jóvenes, porque todavía conservan mucha fruta. El Cabernet d'Anjou, por otro lado, tiene

Rosé d'Anjou.

bastante más carácter y en los mejores años muestra un potencial para envejecer sorprendentemente bueno. Generalmente es bastante más elegante y sabroso que el Rosé d'Anjou común.

Sirva estos vinos frescos con entrantes, pasteles sabrosos y platos orientales (cocina tailandesa). También apropiados con queso fresco de cabra y fresas y/o frambuesas, espolvoreadas con una pizca de pimienta molida.

Pero recuerde: un buen Rosé d'Anjou o un Cabernet d'Anjou nunca es barato. Ignore los vinos baratos que parecen gaseosas con colorante y que saben a trapos viejos y sucios, y escoja los vinos auténticos (como un Domaine de Bablut). Temperatura de consumo: 10-12°C (50-54°F).

ROSÉ DE LOIRE

Este rosado también se obtiene a partir de las variedades de cabernet, gamay y grolleau, pero es un rosado seco, fresco, amable y muy agradable.

Es preferible beber este vino joven y bastante fresco, con entrantes, aves de corral y crustáceos. También actúa como un extintor de primera clase con la comida oriental picante y es un vino notable para picnics y almuerzos. Temperatura de consumo: 10-12°C (50-54°F).

COTEAUX DE L'AUBANCE

Vinos blancos, semidulces o dulces. Son buenos vinos de guarda hechos con la variedad de uva chenin. Los vinos resultan extremadamente aromáticos con toques minerales.

Estos vinos muy armoniosos son apropiados como aperitivos, con platos de carnes nobles y terrinas de aves de corral, foie gras, ternera o los mejores platos de pescado. Temperatura de consumo: 9-10°C (48-50°F).

ANJOU COTEAUX DE LA LOIRE

Los vinos de variedad pinot de la Loire, de color dorado, revelan espléndidos aromas a frutas sobremaduras y un carácter vivo. Se caracterizan por su gran sofisticación, frescura y elegancia.

Sirva un Anjou Coteaux de la Loire con entrantes, pescados de agua dulce al grill o cocinados al horno, o sólo como aperitivo. Temperatura de consumo: 9-10°C (48-50°F).

Coteaux de l'Aubance.

SAVENNIÈRES

Estos blancos especialmente secos y robustos se encuentran entre los mejores vinos de Francia. Aquí el Chenin se encuentra en el contexto más adecuado, debido al típico "terroir" de colinas empinadas y rocosas, salpicadas aquí y allá de esquisto y arena. La ubicación, orientada hacia el sur/sudeste, también es ideal.

Dos regiones vinícolas especialmente buenas pueden llevar sus propios nombres en las etiquetas: los crus Savennières Coulée de Serrant y Savennières Roche aux Moines. La primera es una región vinícola excepcional que pertenece a un único productor, Nicolas Joly, el gurú de la vinicultura dinámico-biológica francesa.

Los vinos de Savennières son compañeros fantásticos para los crustáceos y los mariscos, pescados de agua dulce (salmón, lucio y perca), sushi y sashimi. Temperatura de consumo: 10-12°C (50-54°F).

Una pequeña minoría de los Savennières especiales son vinos semidulces o dulces. Sírvalos como aperitivos o para acompañar sus mejores platos de pescado y aves de corral, si es posible con salsa suave, cremosa y afrutada.

Savennières de medio dulces a dulces.

Savennières.

Vinos muy refinados y orgánicos de Nicolas Joly.

COTEAUX DU LAYON

Este blanco plenamente dulce es un buen vino de guarda y también muy afrutado y delicado. Con algunos años de crianza desarrolla un carácter aromático muy complejo y sutil.

Un Coteaux du Layon es un compañero perfecto para el foie gras, pescado o aves en salsa, quesos azules, postres no demasiado dulces y ensaladas frescas de frutas (exóticas). Temperatura de consumo: 8-10°C (47-50°F).

Coteaux du Layon.

CHAUME

Desde el año 2001 los vinos que anteriormente se elaboraban con el nombre de Coteaux de Layon Chaume se venden con la A.O.C. Chaume. A cambio de este privilegio, ninguno de los vinos del Loira puede emplear descripciones imaginativas como grand cru en las etiquetas.

Coteaux du Layon villages Beaulieu.

BONNEZEAUX

Este blanco dulce o incluso meloso es ya todo un clásico. La uva chenin se recoge sobremadura, por lo que otorga al vino un paladar extremadamente opulento y aromas a grosellas rojas, albaricoques, mangos, limones, piña y fruta de la pasión, así como aromas a espino y acacias. Toda una experiencia.

Puede servir este oro líquido con foie gras, pescado en salsa, quesos azules, postres a base de peras o almendras, o ensaladas de frutas frescas. Temperatura de consumo: 9-11°C (48-52°F).

QUARTS DE CHAUME

Se trata de un Coteaux du Layon superior, hecho con uvas sobremaduras. Este vino de color dorado tiene un aroma irresistible a miel, especias y fruta madura. Ideal con foie gras y quesos azules, pero también con pescado o carnes blancas en una salsa cremosa, con buena compañía o en una velada romántica... Temperatura de consumo: 8-10°C (47-50°F).

Bonnezeaux de las famosas Château de Fesles.

CRÉMANT DE LOIRE

Blanco o rosado, los Crémant de Loire son vinos espumosos agradables, frescos y muy aromáticos.

Resultan ideales como aperitivo o con un postre no demasiado dulce. Temperatura de consumo: 8-10°C (47-50°F).

SAUMUR BRUT

Después de Champagne, la región de Saumur es la segunda productora de vinos espumosos en Francia. Los Saumur Brut blancos o rosados son espumosos muy delicados y elegantes, elaborados mediante el método tradicional. Pueden ser brut o semiseco.

Estos vinos también resultan ideales como aperitivos o como final festivo para una comida. Temperatura de consumo: 8-10°C (47-50°F).

SAUMUR BLANC

Vinos blancos y secos, obtenidos de la variedad chenin Blanc, a veces con chardonnay y sauvignon. Servidos bien frescos, estos vinos sutiles y afrutados combinan muy bien con crustáceos y pescados de agua dulce. Temperatura de consumo: 8-10°C (47-50°F).

Si no desea perder el tiempo buscando y sólo quiere probar un Saumur blanco –y que sea el mejor– debería acudir a Souzay-Champigny. Allí es donde se produce el muy tradicional Château de Villeneuve Saumur Blanc Sec. No es fácil encontrar tanto poder y grandeza en un

Un Saumur Blanc de gran calidad.

vino blanco en cualquier otro lugar de la región del Loira (en realidad, en toda Francia).

SAUMUR TINTO

Son tintos muy aromáticos y amables, hechos con la variedad de uva cabernet franc y/o cabernet sauvignon. Un Saumur Rouge joven es aún muy rico en tanino, luego necesita beberse refrescado con, por ejemplo, carnes rojas y quesos. Un Saumur Rouge también puede acompañar sin ningún problema pescado de agua dulce estofado en vino tinto. Temperatura de consumo: 12-14°C (54-57°F).

Tras algunos años de envejecimiento, los Saumur tintos son bastante más llenos en su paladar y más carnosos, y pueden servirse algo menos frescos. Sírvalos con carnes rojas, pollo, pavo y asados de aves de caza o caza menor. Temperatura de consumo: 15°C (59°F).

CABERNET DE SAUMUR

Una diminuta denominación para los vinos rosados y secos hechos con cabernet franc plantada sobre suelos cal-

Cabernet de Saumur.

cáreo. Se obtienen espléndidos vinos rosados de color salmón con mucha frescura y fruta (grosellas, frambuesas).

Tome estos vinos con terrinas de carne o aves de corral, o con guisos de ave. Temperatura de consumo: 10-12°C (50-54°F).

COTEAUX DE SAUMUR

Magníficos vinos dulces y opulentos de chenin blanc cultivada sobre un suelo de tuba. Poseen un paladar estructurado y pleno, abundante de aromas florales y afrutados (peras, frutos cítricos) con un toque a pan tostado y deliciosos panecillos calientes.

Un Coteaux de Saumur resulta muy bueno si se consume sin más acompañamiento sólido, simplemente por placer. Sin embargo, en las comidas hacen buena compañía al pescado y a las aves en ricas salsas. Temperatura de consumo: 8-10°C (47-50°F).

Un Saumur-Champigny combina muy bien con aves de caza, pato, caza menor, cerdo, carne a la parrilla y queso. Temperatura de consumo: en el caso de los jóvenes, 12°C (54°F), algo más añejos 15°C (59°F).

Un ejemplo clásico de un Saumur-Champigny tradicional, chapado a la antigua, delicioso y poderoso se puede encontrar en el Château de Villeneuve (Souzay-Champigny), de la familia Chevalier.

Otro Saumur-Champigny algo menos clásico, pero excelente y muy seductor, es el grandioso Château de Hureau (Dampierre-sur-Loire), de la familia Vatan.

TOURAINE

Existen nueve denominaciones alrededor de la pintoresca ciudad de Tours. Los vinos se elaboran a partir de las mismas variedades de uva que los de Anjou-Saumur. El clima es bastante suave y templado. El suelo consiste principalmente en tuba, pero en algunos valles podrá encontrar arcilla y arena calcáreas con restos de pedernal.

Saumur-Champigny de una zona alta.

SAUMUR CHAMPIGNY

Es sobre todo el subsuelo calcáreo el que distingue a estos vinos. Aquí ambas variedades de cabernet desarrollan aromas a frutas rojas y especias. Los vinos están en su mejor momento después de varios años de envejecimiento.

TOURAINE

En mi opinión, el Touraine blanco y seco es el más interesante. Es fresco, afrutado, con mucho aroma y mucho carácter. A diferencia de la mayoría de los vinos blancos de la región, los Touraine están elaborados con la variedad sauvignon. Excelentes como aperitivos, con pescados de agua dulce (fritos) o con queso de cabra fresco. Temperatura de consumo: 9-10°C (48-50°F).

Los vinos tintos de la variedad gamay (Pineau d'Aunis) son ligeros, flexibles y frescos. Estos vinos pueden acompañar cualquier plato que desee, pero tienen quizá una ligera preferencia por las aves o los fiambres. Al igual que sus homólogos de Beaujolais, los Touraine de variedad gamay no se asustan ante unos pepinillos en vinagre. Temperatura de consumo: 12-14°C (54-57°F).

También existe un rosado seco y fresco que combina muy bien con fiambres y pescado al grill, pero también con tortillas y otros platos de huevo. Temperatura de consumo: 10-12°C (50-54°F).

Touraine blanco de sauvignon.

Finalmente, para no ser exhaustivos, también debemos mencionar el Touraine espumoso, que se puede vinificar hasta lograr un espumoso completo o con aguja: pétillant o mousseux. Se obtienen mediante el método tradicional a partir de vinos blancos y rosados, y resultan elegantes, frescos, florales y afrutados. Excelentes como aperitivos. Temperatura de consumo: 8-10°C (47-50°F).

Cata de vino en las bodegas Château de Villeneuve.

TOURAINE AMBOISE

Estos vinos blancos, tintos y rosados alcanzan una mejor calidad. Los mejores vinos pueden envejecer bien.

Beba un Touraine Amboise preferiblemente con guisados y estofados de pescado, anguilas o aves. Temperatura de consumo: 8-10°C (47-50°F).

Un Touraine Amboise rosado sabe mejor con platos más fuertes y ricos de la cocina local. Temperatura de consumo de 10-12°C (54-57°F).

Un Touraine Amboise tinto es un buen acompañamiento para el cochinillo asado, en especial cuando éste se sirve con verduras de temporada o ciruelas. Temperatura de consumo de 12-14°C (54-57°F).

TOURAINE AZAY-LE-RIDEAU

Excelente vino blanco, con una acidez refrescante, acompañante ideal para platos de pescado y de verduras que incluyan patatas, cebollas, puerros y judías blancas.

Temperatura de consumo de 8-10°C (47-50°F).

Existe también un rosado para beber en las comidas, platos fríos, patés y terrinas, pero también con menudillos como mollejas, riñones o hígados de pollo. Temperatura de consumo de 10-12°C (50-54°F).

TOURAINE MESLAND

Son vinos blancos, rosados y tintos, frescos y afrutados, que deberían consumirse jóvenes.

El Touraine Mesland tinto combina con gran éxito con todo tipo de platos de carne, sobre todo si el vino está incluido en la salsa. Temperatura de consumo: 12-14°C (54-57°F).

El Touraine Mesland blanco combina bien con pescado de agua dulce o marina, o guisados de pollo, anguilas cocidas en salsa de cerafolios. Temperatura de consumo: 8-10°C (47-50°F).

El Touraine Mesland rosé no es tan difícil de armonizar. Bébalo con fiambres, salchichas (calientes o frías) o platos de hígado. Temperatura de consumo: 10-12°C (50-54°F).

TOURAINE NOBLE JOUÉ

Desde la primavera de 2001 algunos pueblos de Touraine (Chambray-le Tours, Esres, Joué-les-Tours, Larçay y St Avertin) han podido comercializar sus vinos con la A.O.C. Touraine Noble Joué, en ocasiones con el añadido "Val de Loire". Esto es sólo en el caso de los rosados y *vins gris* de variedad pinot meunier, pinot gris y pinot noir.

BOURGUEIL

Existen dos tipos de Bourgueil. En primer lugar los vinos de los suelos más leves. Son de estructura más ligera y se consumen preferentemente cuando aún son jóvenes y conservan su fruta. Los vinos de los suelos más pesados tienen un potencial de envejecimiento mayor, cuerpo mayor y redondez; algunos aromas típicos son: pimienta verde recien molida, fresa silvestre, frambuesa y grosella. Los más ligeros armonizan con pescados de agua dulce, liebre o aves en salsas de vino tinto, guisos o conejo. Pruébelos alguna vez en combinación con un queso fresco de

Bourgueil tinto.

cabra o fresas recién cogidas. Temperatura de consumo: 12-14°C (54-57°F).

Puede servir los Bourgueil tintos más corpulentos con pato, aves de caza, liebre o incluso venado. Un Bourgueil maduro de un buen año puede incluso acompañar a un filete de jabalí. Temperatura de consumo: 14-16°C (57-61°F).

También existe un Bourgueil rosado ligero, fresco y afrutado. Bébalo con fiambres, patés, terrinas, pollo asado o ternera o –por qué no– con queso fresco de cabra y fresas. Temperatura de consumo: 10-12°C (50-54°F).

SAINT-NICOLAS-DE BOURGUEIL

Estos vinos tintos ligeros son muy similares a sus hermanos mayores de Bourgueil. Sírvalos con guisos de conejo, ternera o aves. No se olvide de los champiñones y el beicon. Temperatura de consumo: 12-14°C (54-57°F).

CHINON

La variedad Cabernet Franc produce aquí vinos sabrosos con aromas a frutas rojas (grosellas rojas, fresas silvestres y frambuesas), pimienta verde recién molida y violetas. Los tintos de Chinon pueden consumirse muy jóvenes (con menos de un año) o hasta que sean considerablemente viejos (después de tres a cinco años). En el periodo intermedio de dos a tres años los vinos se cierran y poseen menos sabor.

Un Chinon tinto joven combina muy bien con huevos y carne o platos de pollo, pero también resulta un acompañamiento excelente para los postres que contengan fresas o melocotones y vino tinto del Loira. Con el queso de cabra local (especialmente los curados en ceniza) este Chinon combina muy bien también. Temperatura de consumo: 12-14°C (54-57°F).

El Chinon rosado es muy fresco y afrutado y combina bien con fiambres, patés, terrinas y cerdo asado o ternera, pero también con pescado (frito) y verduras tiernas (por ejem-

Chinon.

plo, espárragos) con una salsa bien sazonada. También excelente con queso de cabra fresco y fresas o melocotones en vino tinto. Temperatura de consumo: 10-12°C (50-54°F).

El Chinon blanco es bastente raro. Se trata de un vino fresco y agradable que combina bien con queso fresco de cabra, pero también con pescados de agua dulce. Temperatura de consumo: 10-12°C (50-54°F).

MONTLOUIS

Este vino se elabora a menudo como semidulce. A veces, en las mejores añadas, se hace un Montlouis completamente dulce. También existen Montlouis secos. Los mejores vinos pueden envejecer muy bien. Los Montlouis son elegantes, sofisticados y afrutados.

Beba el Montlouis seco (sec) con pescado (salmón, lucio) con una cremosa salsa de mantequilla. Temperatura de consumo: 8-10°C (47-50°F).

Los Montlouis semidulces o melosos (*moelleux*) suelen servirse con postres ligeros, como ensaladas de frutas (melón, peras, fresas) o pastel de ciruelas. Temperatura de consumo: 8-10°C (47-50°F).

Existe también un par de Montlouis espumosos (mousseux y pétillant). Ambos resultarán excelentes aperitivos. El pétillant tiene un menor contenido de dióxido de carbono. Temperatura de consumo: 8-10°C (47-50°F).

Montlouis: también vinos blancos espumosos.

VOUVRAY

Los vinos de Vouvray también se vinifican como semidulces. En un buen Vouvray reconocerá una gama de frutos maduros (ciruelas, membrillos) y miel. Los Vouvrays melosos y secos también son corrientes. Un buen Vouvray puede guardarse durante mucho tiempo.

Un Vouvray seco (sec) tiene preferencia por los platos sustanciosos. En el propio Vouvray este vino se sirve con pudín o callos con salsa de Vouvray. Si esto no le agrada, puede optar por un pescado de agua dulce en salsa de mantequilla y vino blanco. El Vouvray Sec es, por supuesto, también muy apropiado como aperitivo. Temperatura de consumo: 8-10°C (47-50°F).

Los dulces y semidulces resultan excelentes con guisos de aves. Use un vino de Vouvray para la salsa. También puede probarlos con queso de cabra fresco, o bastante más atrevido, con un queso azul de la alta Auvernia: Foume d'Ambert. Un Vouvray Moelleux suave también combina con postres, preferiblemente postres ligeros o pastas de almendras o tarta de crema. Temperatura de consumo: 8-10°C (47-50°F).

El Vouvray Mousseux Brut seco y espumoso es un aperitivo excepcional. Su hermano Vouvray Mousseux Demi-Sec también se puede servir como aperitivo, pero es más apropiado como vino para después de cenar y disfrutar con un buen libro, una buena conversación o un juego excitante. Temperatura de consumo: 7-9°C (45-48°F).

Montlouis, de seco a dulce.

Vouvray, seco y dulce.

Coteaux du Loir

No, no se trata de un error de mecanografía o de ortografía: el Loir es un río que se encuentra debajo de Angers y une el Loira con el Maine, el Authion y el Sarthe. Las laderas de ambas orillas del Loir producen vinos blancos, tintos y rosados.

Los vinos blancos se obtienen a partir de la variedad chenin blanc (pineau blanc de la Loire) y son muy afrutados (albaricoques, bananas, melocotones, frutos exóticos), en ocasiones con algunos aromas a humo.

Son vinos bien equilibrados, de sabor muy agradable como aperitivo o en comidas con fiambres, terrinas de aves, carnes blancas, aves y pescado. Temperatura de consumo: 8-10°C (47-50°F).

Los escasos vinos rosados son frescos y afrutados con aromas típicos a especias. Beba estos sofisticados vinos con platos a base de pollo u otras aves o quizá con jamón caliente con su hueso. Temperatura de consumo: 10-12°C (50-54°F).

Los Coteaux du Loir tintos se obtienen de las variedades pineau d'Aunis, gamay o cabernet franc. Son ligeros, afrutados, con un toque a especias, y combinan bien con casi todo, ya sea aves, ternera o cerdo. La elección es suya. Temperatura de consumo: 12-14°C (54-57°F).

Jasnières

Esta región vinícola, de tan sólo cuatro kilómetros de largo (dos millas y media) y algunos cientos de metros de ancho, se sitúa en las colinas cercanas al río Loina. Aquí, sobre un suelo de tuba, se produce una cantidad muy pequeña de vinos blancos que se encuentran entre los mejores de Francia. Obtenidos a partir de la variedad pineau de la Loire Blanc (chenin blanc), estos vinos poseen una gran sutileza. Los aromas característicos son frutos cítricos, almendras, membrillos, melocotones y en ocasiones algunos toques de flores (rosas) o hierbas (tomillo, menta). Dependiendo del estilo y el año, estos vinos pueden ser secos o semisecos.

Los vinos de Jasnières combinan muy bien con carnes blancas, aves o pescados. Temperatura de consumo: 10-12°C (50-54°F).

Coteaux du Vendômeis

Pequeña denominación entre Montoire y Vendôme, en las orillas del Loira. Se elaboran vinos blancos, tintos y rosados sobre colinas de tuba.

Los Chenin Blanc son muy similares a los de Jasnières y Coteaux de Loir. Son frescos, afrutados y agradables. Ideales como aperitivo, pero también en comidas; por ejemplo, con carnes blancas y pescado. Temperatura de consumo: 8-10°C (47-50°F).

Los vinos tintos se obtienen a partir de una mezcla de variedades: pineau d'Aunis, gamay, pinot noir y cabernet franc, en varias proporciones dependiendo del estilo. El Coteaux du Vendômes tinto es rico y afrutado y puede revelarse sorprendentemente rico en tanino en su juventud.

Es un vino de primera clase con carnes rojas, aves asadas o aves de caza. Temperatura de consumo: 12-14°C (54-57°F).

Vins de l'Orléanais V.D.Q.S.

En su día estos vinos tuvieron una reputación muy alta, sobre todo en la Edad Media, cuando aparecían frecuentemente en la mesa de los monarcas franceses. Aunque han sido olvidados durante mucho tiempo, los viñedos de Orleáns aún se mantienen gracias a un pequeño grupo de viticultores que se desviven por recuperar esa vieja fama. Sobre las suaves inclinaciones de las orillas del Loira, cerca de la ciudad de Orleáns, se producen vinos tintos y rosados, junto a una cantidad muy pequeña de blancos.

Los escasos vinos blancos se obtienen a partir de auvernat blanc (chardonnay). Son frescos y afrutados (frutos cítricos, almendras).

Bébalos como aperitivos o en comidas a base de carnes blancas o aves. Temperatura de consumo: 10-12°C (50-54°F).

Los vinos tintos se obtienen de la variedad de uvas auvernat rouge (pinot noir), pinot meunier y breton (cabernet franc). Son flexibles, aromáticos y frescos. Sin embargo, algunos vinos presentan taninos bastante fuertes en su juventud, pero pronto se suavizan.

Beba estos vinos con carnes rojas, aves de caza o asados de ave. Temperatura de consumo: 12-14°C (54-57°F).

Los vinos rosados son quizá los mejores vinos de Orleáns, gracias a sus rasgos claros de la variedad pinot meunier (gris meunier). Los vinos presentan un color intenso, son frescos y muy afrutados (incluyendo grosellas negras y rojas).

Son acompañamientos de primera clase para los platos de aves de caza, y también para terrinas de carne y aves y quesos de cabra frescos. Temperatura de consumo: 10-12°C (50-54°F).

Cheverny

El Cheverny blanco se obtiene de la variedad sauvignon, a veces con chardonnay. Los vinos son frescos y elegantes y poseen espléndidos aromas florales. En la boca dominan principalmente los ecos afrutados de las grosellas espinosas y los frutos exóticos.

Beba estos Cheverny blancos como aperitivo o con platos de pescados de agua dulce (como anguilas). Temperatura de consumo: 10-12°C (50-54°F).

Los rosados bastante escasos de Cheverny se elaboran con gamay y son frescos y afrutados. Estos vinos rosados y secos deberían beberse preferentemente con fiambres (conejo en conserva). Temperatura de consumo: 10-12°C (50-54°F).

Cheverny.

Los Cheverny tintos se elaboran principalmente con gamay y pinot noir y en su juventud son bastante frescos y afrutados. Después de algunos años de madurar en la botella, la pinot noir evoluciona y los vinos adquieren un aroma bastante animal (gamay).

Beba un Cheverny con carnes rojas o quizá con caza menor (liebre) o aves de caza. Temperatura de consumo: 14°C (57°F).

COUR-CHEVERNY

Un vino blanco extremadamente raro producido en las inmediaciones de Chambord, exclusivamente de la antigua variedad de uva autóctona romorantin; esta uva se caracteriza por sus poderosos aromas a miel y acacia. Desde el año 1993, los vinos Cour-Cheverny pueden emplear la A.O.C. en sus etiquetas.

Beba estos Cour-Cheverny con cremosos pescados, aves o platos de carnes blancas. Temperatura de consumo: 10-12°C (50-54°F).

VALENÇAY V.D.Q.S.

Los viñedos de esta región vinícola se encuentran a medio camino entre Châteauroux y Romorantin. Se ubican sobre un suelo de arcilla calcárea con algunos restos de depósitos aluviales. La región es más conocida por sus notables quesos de cabra frescos con forma de pirámide que por sus vinos. Y aun así merece la pena explorar lo que tienen que ofrecer los Valençay.

El Valençay blanco se obtiene de la variedad de uva sauvignon, a veces con la adición de algo de chardonnay. Son frescos, amables y muy agradables.

Buenos como aperitivos o con un queso de cabra de Valençay. Temperatura de consumo: 10-12°C (50-54°F).

Los Valençay rosados, de pinot d'Aunis y gamay, son ligeros y afrutados.

Ideales con fiambres, patés y terrinas. Temperatura de consumo: 10-12°C (50-54°F).

El Valençay tinto, de variedad gamay, malbec (cot), cabernet franc (breton) o pinot noir, es muy afrutado (cerezas). En su juventud pueden ser algo ásperos por los taninos, pero pronto se suavizan.

Aunque se revelan sorprendentemente buenos con los quesos de cabra locales, estos tintos de Valençay combinan muy bien con carnes rojas, aves, caza menor y aves de caza. Temperatura de consumo: 12-14°C (54-57°F).

HAUT-POITOU V.D.Q.S.

No hay duda de que esta región es parte del área del Loira, pero como no parece encontrarse en su casa, se incluye en una lista aparte. Éste es un honor para una región que hace unos años estaba al borde de la bancarrota. La adquisición de la cooperativa local por el siempre emprendedor Georges Duboeuf, significó no sólo su rescate de una muerte segura, sino una segunda oportunidad, más dinámica de lo que nunca antes se había visto.

La cooperativa Neuville-de-Poitou garantiza alrededor del 85 por 100 de la producción de Haut-Poitou. El suelo de caliza y marga es extremadamente adecuado, sobre todo para los vinos blancos obtenidos de sauvignon y chardonnay.

Los Chardonnay blancos son elegantes y sutiles, con aromas típicos a frutas blancas y cítricos. El sabor es fresco y armonioso. De primera clase como aperitivos, pero también para acompañar pescados, crustáceos o carnes blancas. Los mejores *cuvées*, como La Surprenante, son más complejos y ofrecen aromas seductores a alheña, acacia, vainilla, pan tostado y avellanas.

Beba estos vinos sabrosos con pescado o mariscos, si es posible servidos con una salsa de mantequilla muy cremosa. Excelentes, por ejemplo, con vieiras en salsa

Blanco Haut-Poitou.

Chardonnay sorprendentemente bueno de Haut-Poitou (la Suprenante significa el "sorprendente").

Haut-Poitou tinto.

espumosa. Temperatura de consumo: 10-12°C (50-54°F).

Los Sauvignon blancos son frescos y elegantes, con un típico aroma a pedernal. Bébalos como aperitivos o en las comidas, con mariscos o pescado en una salsa fresca de limón o acedera. Temperatura de consumo: 8-10°C (47-50°F).

Los vinos tintos pueden elaborarse a partir de distintas variedades de uva. Las mejores proceden de cabernet franc y cabernet sauvignon sobre suelos de arcilla caliza y pedernal. Poseen aromas característicos a frutas rojas y violetas, con un toque a tuba.

Beba un Haut-Poitou tinto con pollo al grill o asado, aves de caza, cordero de pascual o quesos frescos, no demasiado marcados. Temperatura de consumo: 12-14°C (54-57°F).

EL CENTRO

Las regiones vinícolas del "Centro" de Francia son dos islas de cultivo de la uva: Sancerrois (Gien, Sancerre, Bourges y Vierzon) y Châteaumeillant (sobre Montluçon).

Sancerrois cuenta con las A.O.C. Pouilly-sur-Loire, Pouilly Fumé, Sancerre, Menetou-Salon, Quincy y Reuilly, y la denominación V.D.Q.S. Coteaux du Giennois.

No hay escasez del buen Sancerrois (Sylvain Bailly).

COTEAUX DU GIENNOIS V.D.Q.S.

A ambas orillas del Loira, de Gien hasta justo encima de Pouilly-sur-Loire, se encuentran los viñedos de Coteaux du Giennois en las mejores colinas calcáreas y pedregosas. Tres variedades de uva tradicionales se cultivan aquí: sauvignon para los vinos blancos y gamay y pinot noir para los tintos y rosados. Aunque en el momento en el que este libro se está escribiendo los vinos elaborados aquí aún siguen clasificados como V.D.Q.S., se espera que Coteaux de Giennois sea promovido a la elite de los A.O.C.

Los Coteaux du Giennois blancos son frescos, fáciles de beber con aromas intensos a frutos cítricos, frutas blancas, grosellas espinosas y negras, membrillos, piñas, flores blancas y ligeros aromas vegetales.

Beba estos vinos escasos como aperitivos o con pescados de agua dulce (alosas, lucios); crustáceos y marisco son también muy recomendables. Temperatura de consumo: 8-10°C (47-50°F).

Los Coteaux du Giennois rosados son ligeros y frescos, afrutados y flexibles. Bébalos con estofados y guisos de pescado, ternera o aves. Temperatura de consumo: 10-12°C (54-57°F).

Los Coteaux du Giennois tintos combinan la sofisticación aromática de la pinot noir con la generosidad juguetona de gamay. La nariz es seductora, con aromas a frutas frescas, como cerezas, moras, fresas, grosellas negras y arándanos. El sabor es muy suave.

Generalmente no encontrará vinos robustos y tánicos, sino vinos bastante frescos y elegantes que combinan con las comidas a base de carnes rojas o cordero, pero también con conejo, aves o ternera con una ligera salsa de mostaza. Pruébelos en alguna ocasión con verduras tiernas (calabacines, berenjenas, patatas) rellenas con carne picada ligeramente sazonada, y gratinadas al horno. Temperatura de consumo: 12-14°C (54-57°F).

POUILLY SUR LOIRE

Pouilly sur Loire es una pequeña ciudad de la región del Loira, al este de los famosos viñedos de Sancerre. Se hacen aquí dos vinos: el famoso Pouilly Fumé (véase a continuación) y Pouilly sur Loire. Ambos son blancos y proceden del mismo tipo de suelo calcáreo. La diferencia se encuentra en las variedades empleadas. Mientras el Pouilly Fumé sólo puede hacerse con sauvignon, Pouilly sur Loire se hace con chasselas. Aquel que piense que la chasselas es una uva inferior (y hay muchos que lo piensan) debería hacer un viaje a Pouilly sur Loire para probar estos magníficos vinos.

Los vinos de Pouilly sur Loire son muy frescos y aromáticos, con aromas característicos a avellanas, frutos secos, flores blancas, frutos cítricos, frutos exóticos y en ocasiones un toque a mentol o anís. En la boca el vino deja una primera impresión agradable y fresca que recuerda a las naranjas españolas o marroquíes maduras.

Se trata de vinos excelentes como aperitivo, pero también con comidas a base de crustáceos y mariscos (vieiras con una ligera salsa de azafrán y naranja). Temperatura de consumo: 8-9°C (47-48°F) como aperitivos; 10°C

(50°F) como acompañamiento de las comidas.

POUILLY FUMÉ

El término fumé (ahumado) no se refiere, como mucha gente cree, a un aroma a humo en el vino, sino a una película gris y pálida visible en las uvas, que les hace parecer como si estuviesen cubiertas de cenizas. Estos vinos blancos de sauvignon son muy frescos y aromáticos. En aroma y sabor reconocerá toques a espárragos verdes, boj (pis de gato), grosellas negras, retama, flores blancas (rosas), acacia, melocotones y anís. En pocas palabras, vinos espléndidos con un paladar sabroso y poderoso.

Ideales como aperitivos, pero también en comidas con mariscos, pescado y aves. Una recomendación especial: pollo con salsa de estragón. Temperatura de consumo: 8-10°C (47-50°F).

Pouilly fumé.

SANCERRE

Sancerre es una de las regiones vinícolas del Loira más conocidas, y probablemente incluso de Francia. Desde los inicios de la denominación A.O.C., en 1936, los vinos blancos de Sancerre han sido miembros de la elite de la vinicultura francesa. Los Sancerre tintos y rosados no obtuvieron su reconocimiento A.O.C. hasta el año 1959.

Los viñedos de los Sancerre blancos, rosados y tintos (de unas 2.400 hectáreas/5.000 acres) se sitúan en los terrenos de once municipios de los que Sancerre, Chavignol y Bué son los más conocidos. La región se caracteriza por sus colinas suavemente inclinadas con suelos calcáreos o de gravilla. Las variedades de uva que se emplean aquí son sauvignon en los vinos blancos y pinot noir en los tintos y rosados.

Los Sancerre blancos son frescos, vivos y muy aromáticos. Algunos aromas característicos son frutos cítricos, melocotones, hiniesta, acacia, jazmín, frutos exóticos, flores blancas, helechos, espárragos (verdes) y madera recién cortada. Su paladar es fresco, sabroso y pleno. El acompañamiento tradicional para estos vinos es el igualmente famoso queso de cabra local, Crottin de Chavignol, pero un buen Sancerre sabe igual de bien con pescado o crustáceos –quizá con una salsa suave de limón– o con carne blanca, conejo o aves. Temperatura de consumo: 10-12°C (50-54°F).

Los Sancerre rosados son agradables, generosos y sutiles, con aromas afrutados a albaricoques, grosellas rojas o incluso pomelo, y toques a menta.

Aunque se suele recomendar el Sancerre rosado para acompañar los platos orientales –sobre todo con curry–, es preferible consumirlos con la cocina local

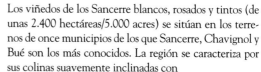

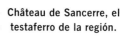

Château de Sancerre, el testaferro de la región.

bastante más tradicional. Piense en beberlos con entrantes ligeros, carnes tiernas, ensaladas de aves o pescado, delicados patés y terrinas (conejo), guisos de carnes blancas y aves... Temperatura de consumo: 10-12°C (50-54°F).

El Sancerre tinto es claramente un típico Pinot Noir. En sus mejores añadas es de calidad superior. En

Chavignol, región famosa por el vino y el queso.

Tres vinos importantes de Sancerre.

El Castillo de Sancerre existe realmente.

los años más flojos es mejor ignorarlo, porque la relación entre precio y calidad está totalmente desequilibrada. Un buen Sancerre tinto (por ejemplo, de Paul Prieur & Fils, Sylvain Bailly) resulta ligero, delicado y muy aromático (cerezas, guindas, moras, regaliz). En los años excepcionales puede resultar algo más sabroso y redorado.

En muchos restaurantes el sumiller le recomendará la combinación de un Sancerre tinto con guisos de aves: clásico, pero no demasiado interesante. Pruebe un Sancerre tinto bien fresco con una carpa sustanciosa, o bastante menos fresco con aves de caza. Temperatura de consumo: con pescado 12°C (54°F) (escoja un Sancerre joven con este propósito) y 15-16°C (59-61°F) en el resto de los casos.

MENETOU SALON

Otro vino completamente menospreciado, blanco, pero también rosado y tinto. Menetou Salon se encuentra cerca de la ciudad de Bourges sobre un suelo de caliza y depósitos aluviales. En total esta denominación abarca más de 330 hectáreas (800 acres).

Los vinos blancos, de variedad sauvignon, son frescos y afrutados, con aromas reconocibles a frutos cítricos, boj, menta y flores blancas, con suaves toques a especias y almizcle. Su paladar es sabroso y redondo, amable y suave.

Agradable como aperitivo, pero también excelente en comidas a base de pescado, carnes blancas y aves. Temperatura de consumo: 9-10°C (48-50°F).

Los Menetou Salon rosados se obtienen de variedad pinot noir. Estos vinos son sobre todo frescos y afrutados, con aromas delicados a frutas blancas y rojas.

Beba un Menetou Salon rosado con carne, ensaladas de aves o pescado, en almuerzos, con entrantes ligeros o con tortillas u otros platos a base de huevo. Temperatura de consumo: 10-12°C (50-54°F).

Los Menetou Salon tintos sorprenden al catador por su espléndido color rojo rubí y su fruta: ciruelas, cerezas y guindas.

Beba estos vinos sofisticados y armoniosos con patés o terrinas del campo, caza menor (conejos de campo) o aves de caza, y, si se atreve, pescado de agua dulce algo frío. Temperatura de consumo: 12°C (54°F) con pescado, con el resto 14°C (57°F).

Menetou-Salon.

QUINCY

Al otro lado de Bourges, en dirección a Vierzon, se encuentra la pequeña región vinícola de Quincy. Los vinos de Quincy recibieron el reconocimiento con denominación (A.O.C.) ya en 1936. Los vinos de Quincy han formado parte de la elite francesa durante más de sesenta años, pero desgraciadamente no se suelen encontrar fuera de su propia área. Esta región vinícola del centro de Francia, al oeste del Loira y en la orilla izquierda del Cher, ya era famosa en la Edad Media. La extensión de los viñedos implica sólo a dos ciudades, Brinay y Quincy, y abarca un total de unas 180 hectáreas (445 acres). Las llanuras en las que crecen los vinos están cubiertas de una mezcla de arena y guijarros antiguos. El subsuelo consiste en arcilla calcárea. La única variedad de uva, sauvignon, crece particularmente bien en este suelo tan pobre.

Un Quincy es muy parecido a los mejores Sancerre Blanc. Los vinos de Quincy son frescos y sorprendentemente aromáticos: flores blancas, frutos cítricos (lima, naranja) y toques vegetales a boj, retama o espárragos (verdes). El sabor es fresco, elegante, untuoso y agradable.

Puede servir estos vinos blancos como un excelente aperitivo y de forma igualmente fácil con comidas a base de carnes blancas y aves. Un buen Quincy permite otras armonías: espárragos, preferiblemente verdes. Pruebe una ensalada caliente de espárragos frescos con queso joven de cabra, cangrejos al dente y algunos piñones. Temperatura de consumo: 9–10°C (48-50°F).

REUILLY

Demasiado a menudo se tiende a confundir Reuilly con Rully. Rully también es un vino blanco, pero procede de Borgoña. Un error de este tipo también se comete con el Pouilly Fumé (Loira) y Pouilly Fuissé (Bourgogne Mâconnais). Las 130 hectáreas (320 acres) de la denominación de origen Reuilly se sitúan ligeramente al oeste de Quincy. Las vides crecen sobre colinas suavemente onduladas de suelo de marga calcárea y sobre llanuras de suelos arenosos y silíceos. En contraste con sus vecinos de Quincy, esta zona no sólo produce vinos blancos, sino también rosados y tintos.

Reuilly.

Los Reuilly blancos, de variedad Sauvignon Blanc, son ejemplos notables de Sauvignon del Loira. El aroma es capaz de volverle lírico y bucólico: prados de espárragos, aún medio dormidos bajo una delgada capa de rocío matinal, despertados suavemente por los primeros rayos del sol... También puede oler las flores blancas de la pradera, hierba, clavo y frutas blancas, con toques a mentol y limón o lima.

Beba estos vinos sutiles, elegantes y refinados con platos suaves (entrantes) a base de mariscos o crustáceos, o con aves o pescado. Temperatura de consumo: 10-12°C (50-54°F).

El Reuilly rosado siempre se presenta particularmente afrutado y fresco. En los mejores años (con mucho sol) los mejores vinos suelen ser ligeramente más estructurados y con más cuerpo. La mayoría de los vinos rosados se obtienen a partir de pinot noir, pero además de éstos existen también algunos rosados tradicionales y sutiles que se hacen con pinot gris. Algunos aromas característicos del Pinot Noir rosado son fresas, frambuesas, melocotones blancos y menta.

Beba estos rosados cordiales con platos campesinos de conejo, cerdo o ternera, con terrinas y patés, o con una tortilla de setas del campo a la plancha. Temperatura de consumo: 10-12°C (50-54°F).

El Reuilly tinto se hace con la variedad pinot noir y es intenso de color, pero bastante ligero en textura y sabor. Estos vinos tienen una verdadera explosión de aromas afrutados: cerezas, ciruelas, moras, fresas silvestres, grosellas rojas, blancas y negras... Todo esto a menudo es complementado por los típicos aromas de la pinot noir a cuero y caza,

Quincy.

Châteaumeillant gris.

con un toque de pimienta como toque final.

Beba estos vinos tintos con guisos rústicos de vacuno, ternera, liebre o aves de caza. Temperatura de consumo: 14°C (57°F).

CHÂTEAUMEILLANT V.D.Q.S.

Los vinos de esta región vinícola de 80 hectáreas (200 acres) recibieron la denominación V.D.Q.S. en 1965. Aun así, en un breve periodo de tiempo, estos vinos se han dado a conocer mucho, principalmente en los mejores círculos y en la industria hostelera local. El secreto de la zona es su especialidad de rosado (*vin gris*) hecho con variedad gamay y su buena relación precio calidad. El suelo de Châteaumeillant es una combinación de arena y arcilla silíceas. Las variedades de uvas empleadas son pinot noir, pinot gris y gamay.

El *vin gris* de Châteaumeillant es fresco, vivo y muy seductor. Posee intensos aromas a frutos blancos (melo-cotones) con un toque herbal y a veces algunos matices florales. El sabor es fresco, pero también flexible y amable.

Beba este *vin gris* con carnes a la barbacoa de buena calidad, con almuerzos o –durante todo el año– con entrantes de fiambre, patés y terrinas. Temperatura de consumo: 10-12°C (50-54°F).

El menos conocido Châteaumeillant tinto también puede resultar sorprendentemente bueno. Los vinos son muy afrutados, con aromas a frutas rojas maduras, principalmente grosellas negras y matices de mentol y regaliz. Son el acompañamiento ideal para guisos de pollo u otras aves en salsa de vino tinto, pero se encuentran igual de cómodos con platos rústicos de coles o puerros con patatas y salchichas de carne de vacuno. Temperatura de consumo: 12-14°C (54-57°F).

N.B.: Para los vinos de Auvernia ver Borgoña/Beaujolais.

Châteaumeillant tinto.

ESPAÑA

España es un país de gran extensión con una amplia variedad de paisajes, climas y culturas. La península Ibérica, formada por España y Portugal, queda separada de Francia y Andorra en el norte por los Pirineos y rodeada de agua por todos los demás sitios. Las cordilleras montañosas del interior dividen el país en grandes regiones naturales que determinan el clima. Unos tres cuartos de España pertenecen a la meseta, una enorme llanura. Los diferentes microclimas hacen de España un país extremadamente excitante.

La meseta tiene un clima semicontinental con inviernos duros y veranos cálidos. En la franja costera del noroeste el clima se ve influenciado por el golfo de Vizcaya (océano Atlántico). El clima aquí es moderadamente oceánico y, en proporción, bastante húmedo. Los inviernos son suaves y los veranos agradables y cálidos. La costa este goza de un clima típicamente mediterráneo. Los veranos son bastante cálidos y secos y los inviernos suaves y húmedos. Finalmente, en Andalucía, al sur, el clima es medio continental y medio mediterráneo, con veranos muy calurosos y secos e inviernos particularmente suaves.

EL CULTIVO DE LA UVA

El área total de viñedos de España está en torno a 1,2 millones de hectáreas (tres millones de acres). Se trata una extensión muy grande, unas 300.000 hectáreas más que la extensión de los viñedos de Francia o Italia. Aun así, se produce menos vino que en estos dos países. La diferencia en las cifras de producción con respecto a los dos otros líderes europeos en la producción de vino se puede explicar en parte por la preponderancia de los vinos con Denominación de Origen. En España, en términos generales, existe menos vino de mesa, vino comarcal y vino de la tierra que en Francia o en Italia. La mayor parte de la producción española procede de Cataluña, Valencia y La Mancha. Zonas como La Rioja, Aragón, Levante y Andalucía producen vinos de calidad, pero el rendimiento total es menor. Esto también se debe en gran medida al clima, particularmente cálido y seco, entre otros lugares, del sur de España. Debido a que las condiciones climáticas son tan extremas, las vides tienen muy poco alimento, lo que significa que la cosecha no llega a mucho más de unos pocos racimos por cepa.

Hubo un tiempo en el que España era un área bastante inhóspita de enormes llanuras secas (mesetas) y cordilleras montañosas repletas de bosques espesos. Los habitantes más antiguos que se conocen en la Península Ibérica probablemente procedían del norte de África y vivían como nómadas. Los restos de estos íberos se remontan al 3000 a.C. Deben su nombre al área en la que se establecieron, alrededor del río Ebro.

La meseta española, una extensa llanura.

Los íberos pronto tomaron posesión del sur y el este de España. Unos tres siglos antes de Cristo entraron en contacto con los pueblos celtas del norte. Ahora sabemos que los druidas celtas ya habían dominado el arte de la producción del vino. Al mismo tiempo que estos druidas del norte bebían alegremente los frutos de la *Vitis labrusca*, los fenicios se establecieron en el sur, cerca del puerto comercial de Gadir (ahora conocido por Cádiz). Alrededor del 1000 a.C. comenzaron a reconocer el interior del sur de España y fundaron la pequeña localidad de Xera (Jerez). También fueron responsables de

Vinos españoles: regalos populares para las relaciones.

Escaso rendimiento por vid (Valdepeñas).

cultivar los primeros viñedos de España en las colinas circundantes. El cálido clima les permitió obtener vinos dulces magníficos que pronto fueron conocidos en todo el Mediterráneo. Éste fue el comienzo de una serie de intentos de colonización.

Después de los fenicios llegaron los griegos, los celtas y los cartagineses. También buscaron los lugares más agradables para afincarse y establecer sus cultivos. Los romanos fueron los siguientes huéspedes no invitados. Conquistaron a todas las demás minorías étnicas y dieron a la Península Ibérica el nombre de Hispania, la última provincia de Roma. El cultivo de la vid ya estaba floreciendo en la época de los romanos y fue extendida posteriormente por los cristianos góticos occidentales, quienes desempeñaron un papel importante al extender el Evangelio. En el año 711 el reino de los godos fue derrotado y completamente desmantelado por los árabes, quienes habían llegado procedentes del norte de África. Incluso en la época de la dominación árabe (que duró, créanselo o no, hasta el año 1492) el cultivo de la uva prosiguió y extendió, aunque la intención no era elaborar vino con las uvas, sino buenos zumos.

Incluso aunque la dominación árabe supuso una bendición para España en un sentido cultural, social y económico, la industria vinícola fue olvidada. Sólo después de la Reconquista de España por los cristianos, el comercio del vino comenzó a prosperar de nuevo. En el siglo XVI, los ingleses también descubrieron los encantos de los vinos españoles, incluso si era tras haber ganado una sangrienta batalla contra la flota española. En tiempos de paz, cientos de barricas de vino fueron enviadas a los Países Bajos e Inglaterra. La producción vinícola española gozó de una época gloriosa. Cuando los viñedos franceses fueron destruidos a finales del siglo XIX por la invasión de la *Phylloxera vastatrix*, muchos franceses emigraron, entre otros lugares, a La Rioja y Navarra y trajeron sus variedades de uva consigo, como cabernet sauvignon o merlot. La producción de vinos

española floreció como nunca antes se había visto. Desgraciadamente, un brusco final puso término a esta situación cuando la ávida plaga se extendió por las cepas españolas. Una vez que todos los viñedos fueron injertados sobre pies de vides americanas inmunes a la filoxera, el comercio de vinos españoles fue restaurado de forma rápida. Pero, desgraciadamente, aunque España se mantuvo aparte en la Primera Guerra Mundial, la guerra civil llegó golpeando duramente al cultivo de la vid y a continuación se declaró la Segunda Guerra Mundial. No fue hasta el principio de los años 50 cuando la industria vinícola española comenzó a estabilizarse de nuevo, aunque en su mayoría con vinos baratos. Desde los 90, España ha recuperado su propio perfil gracias a la calidad y a la autenticidad de los vinos españoles y a pesar de sus precios relativamente bajos.

Este vino ha sido elegido tras una cuidadosa cata entre la clientela de esta casa

Selección de Bodegas Victorianas

El vino español suele ser delicioso y no demasiado caro.

No hace mucho tiempo que la producción de vinos en España era aún desesperadamente chapada a la antigua. Aún se pueden ver en muchos lugares cubas de hormigón, de resina artificial o incluso de cerámica (tinajas) nada higiénicas que hacían imposible la producción vinos frescos y afrutados, porque no existía un control adecuado de la temperatura. Los vinos también con mucha frecuencia –e inintencionadamente– entraban en contacto con el oxígeno y envejecían antes de abandonar la bodega. Estos vinos fuertes y pesados aún se pueden encontrar esporádicamente en España, pero la mayoría de las bodegas desde entonces han tendido a usar depósitos de acero inoxidable, más fáciles de manejar (y más baratos). Las técnicas de vinificación también han mejorado. Por ejemplo, se presta más atención al transporte de las uvas. Las mejores bodegas toman diferentes medidas para mantener las uvas vendimiadas tan frescas como sea posible, reduciendo la adición de azufre a un mínimo. Las bodegas se están automatizando cada vez más, lle-

Antiguas tinajas subterráneas en Valdepeñas.

Vendimiando a primera hora, las uvas se mantienen frescas.

gando un gran perfeccionamiento, especialmente en el proceso de fermentación. Debido a que se controla constantemente la temperatura y se puede modificar con precisión, es posible obtener cualquier tipo de vino que se desee.

En las mejores bodegas también podrá apreciar que se ha dedicado una mayor atención a la crianza en roble. Hubo un tiempo en el que las barricas viejas usadas no siempre tenían un olor tan fresco como sería deseable, por lo que se producían vinos que olían a humedad y completamente dominados por la madera. Incluso los considerados mejores vinos tuvieron que enfrentarse a este problema. Durante varios años la madera ha sido tratada con una mayor atención. Se comprobó que muchos vinos no se beneficiaban en absoluto de la crianza en barricas y tenían un mejor sabor si se embotellaban directamente de los tanques de acero inoxidable. Especialmente los vinos blancos y rosados han mejorado mucho, y ahora son más frescos y afrutados. Pero el cambio es claramente apreciable en los vinos tintos. Anteriormente se empleaba todo tipo de madera de forma indiscriminada. Ahora se distingue entre roble americano (de Tennessee), francés (Limouisin, Allier, Tronçais, Nivernais) y eslovaco. El último se emplea sobre todo en los vinos más simples, porque resulta más barato. El roble americano y francés se emplea principalmente para los mejores vinos.

El roble americano produce una oxidación más rápida, porque los poros de la madera son ligeramente más

grandes. También aporta a los vinos un sabor a vainilla fuerte y bastante dulce a corto plazo. El uso de este tipo de madera con tintos ligeros y delicados tendría consecuencias fatales, porque los vinos quedarían completamente dominados por la madera y la vainilla. Por eso, estas barricas americanos se emplean para los tintos robustos y completos, listos para ser consumidos en un breve periodo de tiempo.

El roble francés de Limousin tiene poros más pequeños y aporta menos sabor y aroma a vainilla. El proceso de maduración es bastante más lento y los vinos desarrollan aromas más delicados y refinados. Las barricas de Limousin se emplean a menudo para refinar los mejores vinos antes del embotellamiento. Este tipo de madera tiene una gran influencia sobre la calidad y la finura

Muchas bodegas emplean barricas americanas y francesas.

del vino, pero nunca llega a dominarlo. El roble francés de Allier tiene poros incluso más pequeños y es aún más neutral en aroma y sabor. Estas barricas se usan principalmente para los mejores vinos, que son criados en madera. El uso de la madera americana estropearía tanto estos vinos que serían casi imbebibles. Ambos tipos de roble francés son muy caros, no sólo a la hora de adquirirlos sino porque los vinos envejecen bastante más despacio debido al tamaño pequeño de los poros y por tanto no pueden venderse tan pronto. Además, el almacenamiento no es en absoluto barato.

La calidad de las barricas es decisiva para el resultado final.

Confuso para el consumidor: este tinto cosecha 1996 no es un crianza, pero fue envejecido en barricas de madera americana.

Sin embargo, el tinto cosecha 1995 es un crianza.

La legislación española referente a los periodos oficiales de crianza de los vinos es bastante parecida a la de los italianos. Hay dos aspectos que pueden ser confusos. Se emplean términos como crianza, reserva o gran reserva, ya sean relevantes o no, y el criterio varía enormemente de una región a otra. Este aspecto se está regularizando en los últimos años.

VINO JOVEN

Estos vinos jóvenes son también conocidos como "vinos del año". Hubo un tiempo en el que podía ver el eslogan negativo sin crianza (no madurado en madera) en las botellas, pero esto es ahora algo del pasado. Esta expresión era demasiado confusa, porque algunos vinos no eran criados en barricas pero permanecían seis años o más en las bodegas antes de que

Vino joven que no ha madurado en madera.

salieran a la venta. Los vinos jóvenes suelen ser frescos y afrutados y no se benefician de la crianza, ya que pueden perder el encanto de su fruta. Este tipo de vino es con mucho el favorito entre los propios españoles, mientras que los vinos que han sido criados en barricas son alabados por los entendidos en vino de todo el mundo. Pero con los españoles no sólo se trata de una cuestión de gusto: la diferencia de precio también tiene su importancia.

VINO DE CRIANZA

Este vino criado en barricas de roble debe tener un mínimo de dos años y haber envejecido en madera durante al menos seis meses. Sin embargo, en la práctica, se asume un mínimo de doce meses en La Rioja, Ribera del Duero y Navarra. Los crianzas rosados y blancos deben haber envejecido en madera durante un mínimo de seis meses.

RESERVA

Requiere un mínimo de tres años de maduración en la bodega, incluyendo al menos un año en roble. Los reserva blancos y rosados deben envejecer en madera un mínimo de seis meses.

Crianza. **Reserva.**

GRAN RESERVA

Estos grandes vinos sólo se producen en los mejores años y no pueden ser vendidos hasta el sexto año, con un mínimo de dos años en madera y un mínimo de tres en botella. No encontrará muchos gran reserva blancos o rosados. Estas pequeñas joyas no pueden venderse de igual forma hasta el sexto año, después de un mínimo de seis meses en madera y un mínimo de cuatro años en botella.

Gran reserva.

Como consumidor sólo tiene que recordar una cosa. El propietario de una bodega en España trabaja de forma diferente al de una bodega en Francia. En España algunos vinos también se venden rápidamente, por ejemplo, gracias al uso de roble americano o sencillamente sin crianza en madera. Pero en general el propietario de la bodega en España mantiene los vinos en su bodega tanto tiempo como sea posible, de forma que sólo vende aquellos vinos que están listos para beber. Esto aumenta proporcionalmente los ingresos, pero existe un gran riesgo. Los propietarios de las bodegas en Francia venden con mayor rapidez los vinos que aún no están preparados para beber y tienen que madurar durante más años en las bodegas de los consumidores finales. De esta forma están seguros de recuperar el dinero y no necesitan tanto espacio para guardar el vino. Las bodegas españolas suelen ser enormes y ocultan grandes cantidades de vino. En pocas palabras, como consumidor, tendrá suerte si tiene una botella de vino español, ya que no tiene que esperar años para abrirla. Sin embargo, esto no significa que tenga que beber las botellas en el año. Recuerde: cuanto menor es el tiempo de crianza en barrica, menos tiempo pueden guardarse los vinos. Es preferible beber un vino joven en un plazo de dos años, un crianza en cinco años, un reserva en un plazo de seis a siete años y un gran reserva en diez a quince años. Si espera demasiado, estos vinos quedarán débiles y vacíos. Algunos vinos de gran calidad de La Rioja, Ribera del Duero, Penedès o Navarra pueden guardarse hasta envejecer mucho más tiempo.

Puede guardar los mejores vinos un poco más de tiempo sin preocupaciones.

DENOMINACIÓN DE ORIGEN

España, al igual que el resto de los otros países europeos, tiene un sistema de clasificación en denominaciones de origen, subdividido en dos categorías principales: vino de mesa y vino de calidad (V.Q.P.R.D.).

VINO DE MESA

A esta categoría pertenecen los *vins de table* y *los vins de pays/vins de cépage* franceses, los vinos *da tavola* italianos *e indicazione* geográfica típica y los *Tafelwein* y *Landwein* alemanes.

Los españoles tienen el vino de mesa, vino comarcal y vino de la tierra. Hay poca demanda de los vinos de mesa. Pueden proceder de cualquier parte de España, tener su origen en diferentes regiones y no llevar indicación geográfica o de añada.

Los vinos comarcales son vinos de mesa de una zona determinada. Esta categoría resulta completamente superflua y sólo se emplea para dar a los vinos un poco más de clase. Dentro del ámbito de la legislación europea referente al vino, esta categoría supuestamente desaparecerá pronto, pero de momento es posible que siga encontrando esta etiqueta en las tiendas.

Los vinos de la tierra tienen su origen en regiones demarcadas, reconocidas por su calidad y sus características propias. Muchos de estos vinos pueden en principio ser ascendidos en un futuro próximo a denominaciones de origen.

Como anticipo a una posible promoción los candidatos serios a una Denominación de Origen pueden gozar de una clasificación temporal en la etiqueta: la Denominación Específica (Provisional) de origen. Si, en lugar de el distrito entero se trata sólo de algunas bodegas que solicitan la promoción, los españoles emplean la Denominación Especial de Origen Provisional.

Vino de la tierra.

Todo esto es revisado meticulosamente por una organización que abarca a todos los vinos españoles, el INDO (Instituto Nacional de Denominaciones de Origen), que delega poderes locales en los Consejos Reguladores (consejos administrativos). Todo muy democrático y descentralizado, pero siempre queda la duda de si un cuerpo tan fragmentado no resulta bastante anticuado en un contexto europeo, al menos si España quiere continuar con una tendencia innovadora.

Denominacion
de Origen (D.O.).

VINO DE CALIDAD

La producción vinícola española tiene dos designaciones de origen para los vinos de calidad: la Denominación de Origen (D.O.) y la Denominación de Origen Calificada (D.O.C.). La D.O. se aplica a la mayoría de los vinos de calidad y corresponde a la francesa V.D.Q.S. y A.O.C., mientras que la D.O.C. se aplica sólo a los vinos superiores y es comparable con la italiana D.O.C.G. Desde la introducción de la D.O.C. en 1988, sólo una región española, La Rioja, puede llevar esta distinción. Para convertirse en una D.O.C. hay que llevar a cabo toda una serie de acuerdos sobre temas como el precio de las uvas,

el embotellado en las bodegas y medidas estrictas de producción y control, incluyendo catas regulares y comprobaciones de las muestras.

DIVISIÓN REGIONAL

En este libro emplearemos las distinciones regionales clásicas empleadas por las autoridades vinícolas oficiales españolas. Distinguimos las regiones siguientes con las D.O.(C)s locales entre paréntesis:

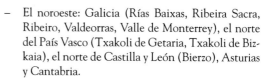

Denominacion de Origen
Calificada (D.O.Ca.).

– El noroeste: Galicia (Rías Baixas, Ribeira Sacra, Ribeiro, Valdeorras, Valle de Monterrey), el norte del País Vasco (Txakoli de Getaria, Txakoli de Bizkaia), el norte de Castilla y León (Bierzo), Asturias y Cantabria.
– El valle del alto Ebro: el sur del País Vasco (Rioja), La Rioja (Rioja), Navarra (Navarra, Rioja) y Aragón (Cariñena, Campo de Borja, Calatayud, Somontano.)
– El valle del Duero: el sur de Castilla y León (Cigales, Ribera del Duero, Rueda y Toro).
– Cataluña y las Baleares: Cataluña (Alella, Ampurdán-Costa Brava, Cataluña, Conca de Barberà, Costers del Segre, Penedés, Priorato, Tarragona, Terra Alta) y las Baleares (Binissalem).
– El Levante: el este de Castilla-La Mancha (Almansa), Valencia (Alicante, Utiel-Requena, Valencia) y Murcia (Bullas, Jumilla y Yecla).
– La Meseta: Madrid (Vinos de Madrid), el centro y el oeste de Castilla-La-Mancha (La Mancha, Méntrida y Valdepeñas) y Extremadura (Ribera del Guadiana).
– Andalucía y las islas Canarias: Andalucía (Condado de Huelva, Málaga, Montilla-Moriles, Jerez, Manzanilla de Sanlúcar de Barrameda) y Canarias (Abona, El Hierro, Lanzarote, La Palma, Tacaronte-Acentejo, Valle de Güimar, Valle de la Orotava e Ycoden-Daute-Isora).

Esto hace un total de cincuenta y dos denominaciones regionales de origen, pero también existe un número cincuenta y tres de las D.O., el Cava. Estos vinos espumosos, elaborados según el método tradicional, se pueden producir en zonas del sur del País Vasco, La Rioja, Navarra, Aragón, Cataluña, Extremadura y Valencia.

CHAMPAGNE Y CAVA

Es una lástima que a casi todo lo que contiene burbujas se le llame champagne. Después de todo hay cavas de gran calidad elaborados según el método tradicional, que tienen un nivel muy superior al de los tipos inferiores de Champagne. Por esto, llamar champagne a estos vinos no les haría justicia. Tampoco resultaría correcto, porque —como con el resto de los otros grandes vinos espumosos— los cavas españoles tienen su propia historia que contar: variedades de uva empleadas, un suelo y unas condiciones climatológicas que son muy distintas a las de Champagne.

Esta versión española del método tradicional se ha producido desde finales del siglo XIX. El cava nació en 1872 en la provincia de Barcelona, simplemente porque los dirigentes de la industria hostelera local no podían satisfacer la demanda creciente de buenos vinos espumosos. En lugar de importar por sistema champagnes caros o Blanquettes de Limoux baratos, los catalanes decidieron comenzar a producir vinos espumosos por sí mismos. Estos vinos se elaboran exactamente de la misma forma que los otros vinos de método tradicional, pero tienen su propio sabor y carácter, determinado por el uso de diferentes variedades de uva y una idea distinta de cómo debería saber un buen espumoso.

Las uvas destinadas a la producción del cava son recogidas y seleccionadas con el mayor de los cuidados. Las mejores uvas para obtener cava proceden de suelos altamente calcáreos, a una altura de 200-450 metros (650-1.470 pies). En el interior los viñedos tienen una altura inferior a los de la provincia de Barcelona. El cálido clima mediterráneo de Barcelona es compensado por la altitud de los viñedos, ya que la altura favorece la acción del viento y así, se da un efecto de enfriamiento. Los mejores viñedos para la producción de cava se encuentran en los alrededores de San Sadurni de Noya, en la provincia de Barcelona.

Un buen cava es tan bueno como un champagne medio.

Las siguientes uvas se emplean en los vinos base: macabeo (afrutado y fresco), parellada (aromas florales) y xarello (acidez y alcohol). Ahora se ha añadido chardonnay a la lista. En el cava rosado se emplean garnacha, cariñena, tempranillo y monastrell. Los cavas del interior suelen hacerse con viura (macabeo). Como puede hacer bastante calor en España, las uvas para cava se suelen recoger a primera hora de la mañana. Tan pronto como son transportadas, se prensan suavemente. El mosto es bombeado a tanques de acero inoxidable, donde tiene lugar la fermentación a una temperatura baja controlada constantemente. Tras la fermentación, el vino reposa durante un periodo en el que el enólogo de la bodega lo analiza continuamente. Los mejores *cuvées* son seleccionadas y se llevan a cabo las mezclas guardando el mayor de los secretos. Después de esta mezcla se embotella el vino y se cría en enormes bodegas durante un mínimo de nueve meses (a menudo más tiempo). Durante este periodo tiene lugar en la botella la segunda fermentación. Al igual que en el Champagne, Saumur o Limoux, se desarrollan finas burbujas. Las botellas, en pupitres o en giropalets son removidas a mano o mecánicamente para que las partículas flotantes de los azúcares no fer-

mentables y las levaduras muertas se concentren en el cuello de la botella. El cuello de la botella se sumerge en un baño de solución salina para congelar el sedimento. Entoces se abren las botellas para retirar este sedimento por la presión creada. Los vinos, que ahora están claros, se rellenan con el mismo vino o con licor de expedición (véase vinos espumosos) y se les pone un corcho y una cápsula de alambre. El vino está listo para ser distribuido y satisfacer a sus consumidores.

Más del 90 por 100 de la producción de cava procede de Cataluña, principalmente de la región del Penedés. Dos empresas gigantescas se reparten el 90 por 100 del mercado. Freixenet (también propietarios de Segura Viudas y Castellblanch) es el indiscutible líder en el mercado de la exportación. En la propia España el líder es Codorníu.

Los cavas suelen ser ligeramente menos secos que los vinos espumosos franceses y tienen un poco del temperamento español como extra. El precio de los mejores cavas es particularmente bajo con respecto a su calidad. Però tenga cuidado: puede haber trampa, sobre todo con el tiempo obligatorio de maduración mínimo de nueve meses. Durante años se han dado casos llevados a los juzgados contra marcas que no respetaban esos nueve meses y por tanto no merecían la denominación cava. Oficialmente existen sólo dos variedades de cava: el blanco y el rosado. El cava se subdivide en varias categorías de sabor, según su dulzor.

CAVA ROSADO BRUT

Cava particularmente elegante de color brillante. Espléndidos aromas florales y frutales. Completo, seco, fresco y afrutado. Magnífico como aperitivo, especialmente con deliciosos snacks de pescado (¡salmón!), pero también con comida en ocasiones especiales o celebraciones.

Cava rosado brut.

CAVA EXTRA BRUT

Éste es el más seco (menos dulce) de todos los cavas. El contenido en azúcar de este vino es inferior a seis gramos por litro (1/8 de onza por pinta). Resultan excelentes aperitivos, pero también acompañan a la perfección a las ostras u otros mariscos.

CAVA BRUT

Este vino es ligeramente menos seco que el anterior, pero aún es muy seco. El cava brut es con mucho el favorito entre los consumidores españoles. Contenido en azúcar: 6-15 gramos por litro (1/8-1/4 de onza por pinta).

Cava extra brut.

Cava brut.

CAVA EXTRA SECO

Contenido en azúcar 12-20 gramos por litro (1/4-3/8 de onza por pinta).

CAVA SECO

Aunque este cava se denomina "seco", está ligeramente endulzado, pero sigue siendo razonablemente fresco y muy agradable. Contenido en azúcar: 17-35 gramos por litro (1/4-3/4 de onza por pinta).

CAVA SEMISECO

Este cava comienza con un sabor realmente dulce, pero no demasiado. Los españoles siguen escogiendo este vino espumoso más dulce por delante del extra seco o el brut. Contenido en azúcar: 35-50 gramos por litro (3/4-7/8 de onza por pinta).

CAVA DULCE

Para los amantes de los placeres dulces. Contenido en azúcar: unos 50 gramos por litro (7/8 de onza por pinta).

ESPUMOSOS

Al igual que los cavas, en España se producen varios otros vinos espumosos que no pueden llevar la D.O. cava.

MÉTODO TRADICIONAL

Estos vinos espumosos se elaboran de la misma forma que los cavas, pero en zonas que no pertenecen a la D.O. cava. Su calidad nunca es realmente sorprendente, aunque algunos pueden resultar bastante agradables. A menudo no los encontrará fuera de su distrito de producción.

GRANVÁS

Granvás es el nombre español para el "méthode charmat" o "méthode cuve close". El principio es simple. En lugar de tener lugar en la botella, la segunda fermentación se produce en grandes depósitos (grandes envases), que están herméticamente cerrados. Después de la fermentación el vino es clarificado y embotellado. Aquí también el sabor queda determinado por el contenido en azúcar. De secos a dulces distinguimos:

- Extra brut (menos de 6 gramos por litro, 1/8 de onza por pinta).
- Brut (de 0 a 15 gramos por litro/ de 0 a 1/4 de onza por pinta).
- Extra seco (de 12 a 20 gramos por litro, de 1/4 a 3/8 de onza por pinta).
- Seco (de 17 a 35 gramos por litro, de 1/4 a 3/4 de onza por pinta).

- Semiseco (de 35 a 50 gramos por litro, de 1/4 a 7/8 de onza por pinta).
- Dulce (por encima de 50 gramos por litro, 7/8 de onza por pinta).

NOROESTE

En el noroeste de España se encuentran las siguientes autonomías: Galicia, el norte del País Vasco y el norte de Castilla y León, Asturias y Cantabria. Las dos últimas autonomías producen sólo vinos de mesa. Dividiremos las otras dos regiones en regiones vinícolas con D.O.

El clima en el noroeste de España se ve directamente influenciado por el golfo de Vizcaya y el océano Atlántico. Las condiciones climatológicas son más frías, húmedas y con más viento que el resto del país. La vida diaria se ve muy marcada por el mar y la pesca. Culturalmente hablando, el distrito no da la impresión de ser verdaderamente español: sus características son más celtas y vascas que castellanas, y los árabes dejaron poca huella en estas tierras. La cocina local se basa en los productos del mar: pescado, crustáceos y marisco. Los vinos locales son casi siempre blancos, secos, frescos y ligeros, a excepción de algunos vinos tintos ligeros y frescos.

GALICIA

Galicia parece por fin haber encontrado su lugar en el mapa vinícola de España. Hace tan sólo una década sus excelentes vinos eran reservados sólo para los establecimientos y restaurantes locales. En esa época había pocos turistas en la verde Galicia, la olvidada esquina situada encima de la frontera con Portugal, aunque cada año cientos de píos peregrinos pasaban por sus tierras de camino a la famosa ciudad de Santiago de Compostela. La viticultura local posee una enorme riqueza en variedades de uva antiguas, que aportan a los vinos gallegos todo su encanto. ¿Alguien oyó hablar del Albariño, Godello o Treixadura hace quince años? Desgraciadamente, los compradores de vino dieron preferencia durante años a los vinos de moda de La Rioja, Navarra, Penedés, La Mancha y Valdepeñas, ignorando este distrito. Los vinos gallegos eran considerados demasiado ligeros, demasiado finos, ácidos y ásperos, y se oxidaban demasiado deprisa. En Francia ocurrió lo mismo con vinos como el Gros Plant du Pays Nantais y en Portugal con el Vinho Verde. Muchos viticultores estaban tan perjudicados por la crítica que comenzaron a plantar variedades de uva no autóctonas más fáciles de vender. Los vinos obtenidos a partir de estas cepas tenían poca calidad, de forma que la nueva generación de viticultores reinstaló las uvas tradicionales. La producción era menor, pero de mayor calidad. Se buscaron las mejores combinaciones de uva, microclima y suelo. Los resultados hablan por sí mismos. Los vinos gallegos se hayan por fin en un puesto destacado, la calidad es excelente y la fama de estas pequeñas joyas gana cada vez más fama internacional.

Galicia, como se puede deducir de su nombre, tiene orígenes distintivamente celtas, pero su cultura actual está muy influida por Portugal. Ambas influencias pueden trazarse claramente en el nombre de los distritos y los vinos. Por ejemplo, el galego (el idioma local; en español, gallego) emplea diferentes artículos del español: "o" y "a" en lugar de "el" y "la", respectivamente. La "x" se pronuncia como "sh" y no como "ks". Sin embargo, con vistas a la exportación, la mayoría de las etiquetas aparecen en castellano.

RÍAS BAIXAS

Rías Baixas (pronunciado "rías baishas") es con mucho la D.O. más famosa de Galicia, pero en lo que refiere a calidad no es la única. Son principalmente los vinos obtenidos a partir de albariño los que disfrutan de ese justificado reconocimiento. Galicia se caracteriza por una bella costa salpicada de grandes bahías (las "rías bajas"), similares a los fiordos escandinavos. El resto del país consiste en valles verdes con los viñedos más fríos y húmedos de España. Existen tres tipos de suelo en las Rías Baixas: depósitos aluviales, un subsuelo de granito con un estrato superior de depósitos aluviales y un subsuelo de granito con un sustrato superior de arena. La altura media de los viñedos es de unos 450 metros (1.479 pies).

Los vinos son principalmente blancos y se obtienen en un 90 por 100 de las uvas albariño. Se cree que el Albariño es un hermano gemelo del Riesling y que en su día fue traído a Santiago de Compostela por unos monjes germanos como presente. Otros pocos vinos se obtienen de treixadura y loureira blanca, y hay algunos vinos tintos de brancellao y caiño.

Los vinos blancos de albariño tienen que obtenerse en un 100 por 100 de esa uva. Son frescos y atrevidos, con gran clase y un sabor delicado, siendo el aroma dominante el de las flores y las frutas.

Beba estos vinos con "vieiras al albariño" que hayan sido marinadas en vino de Albariño y gratinadas al horno, centollos gratinados ("changurro relleno"), rape con queso gratinado ("rape al queso"), merluza al hinojo o "lamprea a la gallega" en salsa de vino y chalotas. También puede escoger combinarlo con un queso fresco y agrio de Galicia, como tetilla o ulloa. Temperatura de consumo: 8-10°C (46-50°F).

Rías Baixas Albariño.

RIBEIRO

El distrito de Ribeiro se encuentra en el interior y supone la continuación de las Rías Baixas en la provincia de Orense. Ribeiro solía ser un famoso centro de exportación de los vinos gallegos. Sin embargo, mientras que el resto de Europa estaba mejorando sus técnicas de vinificación, Ribeiro permaneció estancado y hasta ciertto punto cayó en el olvido. La calidad de los vinos producidos aquí dejaba mucho que desear. Sin embargo, se han producido cambios desde

que los inversores locales y extranjeros comenzaron a interesarse en este distrito. El equipamiento de bodega ha mejorado en gran manera y se han construido grandes bodegas, siguiendo la costumbre española, para satisfacer las grandes esperanzas puestas en estos productos locales. El Ribeiro ascendió a un lugar destacado y los vinos pronto se venderán en otros países. Los vinos blancos y tintos de Ribeiro son grandes vinos para el consumo diario y aquí y allá podrá descubrir sus magníficas características. Los vinos blancos se obtienen de treixadura, posiblemente complementada con, entre otras, palomino, torrontés, albariño, loureira y godello. Beba estos vinos frescos y afrutados con crustáceos o mariscos o empanadas de pescado (xouba). Temperatura de consumo: 8-10°C (46-50°F).

Ribeiro blanco.

La mayoría de los vinos tintos, obtenidos de Caiño, se complementan con, entre otros, garnacha y mencía. Resultan vinos ligeros pero bastante ricos en taninos.

Beba estos vinos con los platos gallegos, como callos a la gallega, empanada de carne de cerdo o pato al estilo de Ribadeo. Temperatura de consumo: 12-15°C (54-59°F), según la calidad. A mayor calidad, menos frío.

Los vinos rosados son frescos, afrutados y ligeros. Bébalos con los mariscos locales o con la caldeirada gallega. Temperatura de consumo: 10-12°C (50-54°F).

RIBEIRA SACRA

Los viñedos de esta región se sitúan en terrazas en el pintoresco paisaje de las provincias de Lugo y Orense. Los vinos blancos hechos aquí de, entre otras, albariño, treixadura, godello, loureira, torrontés y palomino son muy similares a los de Ribeiro, pero con frecuencia parecen menos frescos. Los tintos se obtienen de, entre otras, mencía, alicante, caiño, sousón y garnacha y son de calidad aceptable. Como aquí queda mucho por investigar para replantar o mejorar los viñedos, el equipo de vinificación y las bodegas de crianza, la calidad potencial puede subir muy deprisa. Los vinos blancos combinan excelentemente con los quesos gallegos frescos y ácidos, como San Simón y Cebreiro. Temperatura de consumo: 8-10°C (46-50°F) para los blancos y 12-14°C (54-57°F) para los tintos.

MONTERREY

Esta D.O. aún tiene que mejorar. La calidad obtenida hasta estos momentos es de moderada a aceptable, y aun así este distrito cuenta con su D.O. Las variedades de uva empleadas son palomino, godello (aquí también llamado verdelho) y dona branca y las uvas tintas Alicante y mencía. Los mejores vinos blancos y tintos son frescos y afrutados y tienen un grado alcóholico relativamente bajo.

VALDEORRAS

Esta región vinícola es la más interior, en el límite con Castilla y León. La mayoría de los viñedos se encuentran en el valle del Sil. No hace mucho tiempo se producían aquí vinos oscuros y fuertes, que han desaparecido en el anonimato de los bares locales. Las variedades de uva godello (blanca) y mencía (tinta), en su momento consideradas simplemente típicas, han sido recuperadas poco a poco y cada vez se obtienen vinos de mejor calidad. El equipamiento de bodega ha mejorado mucho y la elaboración del vino es ahora mucho más limpia. El resultado era inevitable. Los vinos blancos son típicos de Galicia: ligeros, frescos y secos. Puede beberlos con mariscos y con la mayoría de los platos de pescado. Seguramente combinan a la perfección en un día caluroso de verano como aperitivo e igualmente con los quesos gallegos de tetilla, cebreiro, San Simón y ulloa. Temperatura de consumo: 10-12°C (50-54°F).

CASTILLA Y LEÓN

Castilla y León es un área muy extensa en la que se producen muchos vinos de mesa y regionales de calidad notable (incluyendo Cebreros, Valdevimbre-Los Oteros y Tierra del Vino de Zamora) y en los denominados Bierzo, Cigales, Ribera del Duero, Toro y Rueda también se producen vinos con D.O. de primera clase. Las cuatro últimas regiones vinícolas se sitúan cerca de la ciudad de Valladolid y el río Duero, y las trataremos en otro apartado. La D.O. Bierzo se localiza en el extremo noroeste de Castilla y León Con respecto al clima, el Bierzo (León) es más parecido a las otras regiones vinícolas de Galicia que a sus vecinos de Castilla.

Valdeorras.

BIERZO

Esta denominación de origen ha existido oficialmente desde 1989, pero desde 1991 las uvas para vinos del Bierzo sólo pueden proceder de su propio territorio. Esta última medida ha sido la razón principal para la mejora de la calidad. La actual área vinícola se extiende unas 5.500 hectáreas (13.600 acres). Como D.O. excepcional en Castilla y León, el Bierzo no se haya en las inmediaciones del Duero, sino en el límite con Galicia. El Bierzo es considerado un área de transición entre la viticultura gallega, especialmente la de Valdeorras, y la región del valle del Duero. El Bierzo se encuentra en un valle bien protegido contra los efectos extremos del clima por las montañas circundantes de la Cordillera Cantábrica y los Montes de León. El clima se ve muy influenciado por el océano Atlántico (humedad, viento), pero tiene más horas de luz solar que Galicia. Los viñedos se sitúan en las laderas de las colinas de granito y arcilla y producen buenos vinos blancos de Doña Blanca y godello, y también vinos tintos y rosados de mencía, y de vez en cuando un poco de garnacha. Desgraciadamente, se encontrará con vinos blancos obtenidos con la variedad de uva palomino, bastante más pobre en calidad. Los vinos blancos son ligeramente menos sabrosos que los gallegos, pero resultan deliciosos, ligeros y muy secos. Son muy buenos aperitivos y combinan bien con la mayoría de los platos de pescado locales de León, principalmente trucha, bacalao o merluza. Temperatura de consumo: 8-10°C (46-50°F).

Los vinos rosados de garnacha son de gran calidad, sobre todo si han envejecido en barrica durante un tiempo. Son completos, aromáticos y poderosos. Combinan a la perfección con las muchas especialidades leonesas de carne. Pruebe estos rosados por ejemplo con chorizo picante, morcilla con cebolla, cecina o incluso con el famoso botillo. Este excelente botillo solía ser comida de la clase más humilde, pero ahora este plato a base de tripas cocinadas con cerdo, hierbas, guarnición de patatas y verduras, está muy de moda. Temperatura de consumo: 10-12°C (50-54°F).

Los vinos tintos del Bierzo son, en mi opinión, los mejores de la zona. La mayoría de ellos tienen que beberse cuando aún son jóvenes y resultan ligeros, frescos y afrutados con ligeros toques florales. Los mejores vinos, sin embargo, envejecen en roble y llegan al mercado como reserva. Son más completos, rigurosos y maduros. Finalmente encontramos los grandes reservas, que están llenos de promesas para un futuro no demasiado lejano. La mayoría de los vinos

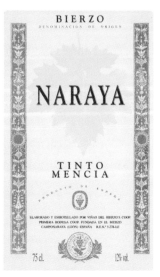

Bierzo.

tintos del Bierzo tienen aromas reconocibles a frutas rojas, ciruelas, dátiles o pasas, a veces con un toque a regaliz y apio o hinojo. No pierda de vista estos vinos, ¡seguro que volveremos a oír hablar de ellos!

Consuma los mejores tintos del Bierzo (para lo que cuestan seguro que se lo puede permitir) con guisos de vacuno con judías (preferiblemente de La Bañeza) y salsa de tomate, con platos de lentejas con morcilla o cordero asado. Pruebe alguna vez estos tintos del Bierzo con un asado de costillas de vacuno. Es preferible reservar los grandes reservas para la carne de buey, cerdo o cordero asada, o para la caza (liebre). Definitivamente sirva una copa de su mejor Bierzo con un trozo de queso zamorano o ibérico. Temperatura de consumo: 12-16°C (54-61°F) (16°C/61°F para los grandes reservas).

PAÍS VASCO

El País Vasco tiene tres aspectos distintivos: la pintoresca franja costera con innumerables playas y puertos de pescadores, las grandes ciudades industriales y los bellos paisajes verdes del interior. El País Vasco tiene su propia cultura, su propio lenguaje –probablemente se trate de una de las lenguas europeas más misteriosas– y, sobre todo, su propio carácter.

La parte española del País Vasco aún tiene estrechos lazos con la parte francesa (Pays Basque, Gascoña) y a ambos lados de la frontera el País Vasco significa mucho para los corazones de los nativos. En este apartado nos restringiremos al norte del País Vasco, en particular a los distritos de Vizcaya (Bizkaya) y Guetaria (Getaria). Incluiremos los nombres vascos entre paréntesis a continuación de los castellanos.

CHACOLÍ DE GUETARÍA (GETARIAKO TXAKOLINA)

No encontrará a menudo Txakolí (pronunciado "chakolí") fuera del País Vasco. Una lástima, porque se trata de un vino particularmente delicioso para beber con crustáceos frescos y marisco, y también resulta un aperitivo fresco y suave. En algo más de 40 hectáreas (99 acres) cercanas a las ciudades de Zarauz, Guetaria y Aia se producen principalmente vinos blancos y algunos tintos. Debido al suelo bastante duro de arcilla y sedimentos aluviales y el clima frío, húmedo y ventoso, uno no esperaría demasiada finura de estos vinos. Bajo estas circunstancias las variedades nativas Hondarrabi Zuri (blanca) o Hondarrabi Beltza (negra) nunca terminan de madurar. Y aun así, los Txakolí blancos, rosados y tintos son agradablemente frescos, a menudo con un cosquilleo de dióxido de carbono en la punta de la lengua.

La calidad generalmente no es muy alta, pero son grandes vinos para disfrutarlos con algunos amigos vascos –bebidos rápidamente en los bares locales– con algunos pinchos, con tapas o un poco de queso de Idiazábal. Temperatura de consumo: 8-10°C (46-50°F) (blanco), 10-12°C (50-54°F) (rosado) y 12-13°C (54-55°F) (tinto).

CHACOLÍ DE VIZCAYA (BIZKAIAKO TXAKOLINA)

Éste es el miembro más joven de la familia Txakolí. Los viñedos de este chacolí de Vizcaya se sitúan en las proximidades de la ciudad de Bilbao en unas 60 hectáreas aproximadamente (148 acres) de suelo arcilloso con sedimentos aluviales. Aquí también el clima es ventoso, frío y húmedo, no obstante ideal para el cultivo de las uvas. Las variedades empleadas para este Txakolí son las mismas que las del chacolí de Guetaria: Hondarrabi Zuri para los vinos blancos y Hondarrabi Beltza para los tintos y rosados. Beba estos vinos frescos, muy secos en los bares locales y restaurantes de los puertos como aperitivo o como acompañamiento de mariscos y pescados o algunos quesos cántabros de nata. Temperatura de consumo: 8-10°C (46-50°F) (blanco), 10-12°C (50-54°F) (rosado) y 12-13°C (54-55°F) (tinto).

EL VALLE ALTO DEL EBRO

Este valle se sitúa al sur del País Vasco, Navarra, La Rioja y Aragón. Todas estas zonas producen vinos con denominación de origen, a excepción de La Rioja, que produce la única D.O.C. de España, Rioja. Los vinos de Rioja también se pueden producir en parte de Navarra y en el sur del País Vasco.

El clima en este valle es mucho más cálido que en el noroeste de España, donde las influencias del océano Atlántico y el golfo de Vizcaya se hacen notar. El clima es principalmente continental, aunque el sur del País Vasco aún recibe influencias hasta cierto punto del aire frío y húmedo del océano Atlántico. En el valle alto del Ebro los inviernos son fríos y los veranos cálidos, mientras que los otoños y primaveras son suaves y ligeramente húmedos. Navarra y La Rioja han puesto durante años sus ojos en el mercado francés, incluyendo el distrito de Burdeos. Un típico ejemplo de esto se encuentra en La Rioja en la bodega de Enrique Forner (Marqués de Cáceres), que ha gozado de gran renombre en Francia con el nombre de Henri Forner. De esta forma no supone ninguna sorpresa que el estilo de estos vinos se vea influenciado por su vecino del norte. Muchos de estos vinos son similares a los vinos franceses o europeos, lo que no disminuye en absoluto su calidad. Los vinos blancos tradicionales del valle del Ebro eran a menudo fuertes y robustos y combinaban con la cocina vasca (especialidades del mar y de los ríos). Los vinos tintos tradicionales también eran fuertes y combinabam bien, por ejemplo con cordero y vacuno a la barbacoa o asados. En la actualidad los vinos blancos se están haciendo cada vez más frescos y ligeros, y los tintos más aromáticos, afrutados y finos en sabor. Para aclarar un poco las cosas, estamos tratando de los vinos de La Rioja bajo un único título y no por regiones.

RIOJA D.O.C.

Los vinos de Rioja se producen en tres regiones: el sur del País Vasco, Navarra y La Rioja (todo el distrito es Rioja, pero no todos los vinos). La Rioja y los vinos de La Rioja deben su nombre al pequeño río Oja, que se une al Ebro cerca de Haro. El distrito de La Rioja se subdivide en tres regiones: las tierras altas al noroeste de La Rioja Alta, los viñedos al norte de la Rioja alavesa, en la provincia de Álava y las tierras bajas de La Rioja Baja en Navarra y La Rioja. Toda la región está protegida de los fríos vientos del norte por la Cordillera Cantábrica. El río Ebro, que nace en esta cordillera, desemboca en el Mediterráneo.

El distrito de La Rioja ha producido vino desde hace más de 2.000 años, pero el avance más impor-

Bodegas de La Rioja.

tante de los vinos actuales no tuvo lugar hasta finales del siglo XIX. Previamente las uvas de la variedad tempranillo empezaron a cultivarse en el distrito de La Rioja. Sólo algunos pocos aristócratas acomodados eran propietarios de viñedos de cabernet y merlot, porque en ese momento estaba de moda plantar uvas francesas en todas partes. Cuando primero el oídio (hongo) y después la filoxera destruyeron los viñedos franceses, los viticultores de este país se vieron forzados a trasladarse a España para comprar vinos jóvenes de cabernet sauvignon y merlot. Descubrieron los encantos de los vinos de tempranillo y ayudaron a los españoles a mejorar sus métodos de vinificación. Esto no siempre resultó bien, ya que los viticultores locales no apreciaron realmente la actitud sabelotodo de sus vecinos del norte. Además, la mayoría de los españoles no podía ver el sentido de invertir en equipamiento caro y condiciones higiénicas. Por suerte, hubo algunos propietarios que se adelantaron previsoramente, como el famoso Marqués de Riscal. Gracias a estas

personas, la denominación Rioja ha llegado a ser una de las regiones vinícolas más famosas del mundo. Los primeros vinos de Rioja en recibir alguna clase de reconocimiento estaban hechos al 100 por 100 de cabernet sauvignon. Aunque los vinos de Rioja recibieron el reconocimiento oficial D.O. en 1926, pasó aún mucho tiempo antes de que entraran en el mercado europeo con su propio nombre. Los ingleses siguen llamando a estos vinos españoles claret o borgoña español, mientras que los franceses importaban grandes cantidades de vino de Rioja a Francia para dar vigor a los vinos de Burdeos. Por tanto, los vinos de Burdeos deben su buen nombre en mucho a España, aunque los señores de la capital del vino de Francia prefieran no recordar esto. Rioja se asocia ahora en todo el mundo con calidad, a la misma altura que los vinos de Burdeos y de Borgoña.

El suelo de la D.O. Rioja consiste pricipalmente en una mezcla de arcilla calcárea rica en hierro. En las orillas del Ebro también hay un suelo con depósitos aluviales, mientras que el suelo de La Rioja Baja tiene parte de contenido arenoso. Los mejores viñedos se sitúan a una altura de 300-600 metros (980-1.640 pies), preferiblemente en la parte noroeste de La Rioja Alavesa (País Vasco) y Rioja Alta (La Rioja más un pequeño enclave situado en la provincia de Burgos). Debido a la dureza del suelo y a la altura algo inferior (máximo 300 metros/980 pies), lo que implica un menor enfriamiento, los vinos de La Rioja Baja son menos refinados y delicados que los de las otras dos regiones de Rioja. Por otro lado, son más completos y se pueden beber antes y por tanto son más fáciles de comprar, especialmente considerando su precio relativamente bajo.

Hasta las tierras altas (Rioja alta y alavesa) llega el viento del nordeste procedente del océano Atlántico para enfriar los viñedos sometidos a temperaturas cálidas. En el norte los vientos fuertes de los Pirineos se filtran a través de la cordillera Cantábrica, lo que implica un invierno frío, una primavera suave y soleada, un verano caluroso y un otoño suave con vientos fríos por la noche. Mientras que las tierras altas gozan de un clima típicamente continental, en La Rioja Baja el clima es más mediterráneo con veranos cálidos y secos y muchas más horas de luz solar.

Los vinos de La Rioja son blancos, rosados y tintos. Para los vinos blancos la uva que se emplea principalmente es la viura (en otros sitios conocida como macabeo o macabeu), que aporta a los vinos su acidez fina. La malvasía se usa como variedad complementaria. Ésta es responsable del aroma fresco y de una elegante acidez. También se añade cierta cantidad de garnacha

Rioja, un clásico entre los grandes vinos del mundo.

blanca para dar a los vinos mayor redondez y alcohol. Los vinos rosados se hacen a menudo con garnacha, a veces con la adición de tempranillo e incluso viura blanca. Sin embargo, se están haciendo cada vez más rosados con tempranillo. Los vinos tintos, finalmente, se obtienen principalmente de tempranillo, a menudo combinado con garnacha, mazuelo y/o graciano. La cabernet sauvignon, tan popular en su día, no se ha vuelto a plantar y está desapareciendo de los cuvées actuales.

Los vinos de Rioja se clasifican según el año de la cosecha y el periodo de crianza. La clasificación aparece en la etiqueta frontal, en la posterior o en ocasiones en la banda selladora. "Rioja" –sin más– indica que el vino fue embotellado en su primer año (vino joven) y que debería beberse pronto. "Crianza" significa que el vino maduró en barricas durante al menos un año para los tintos o seis meses para los blancos y rosados y el resto del tiempo maduró en la botella. Estos vinos no pueden abandonar la bodega hasta su segundo año (blancos y rosados,) o incluso el tercer año (vinos tintos). "Reserva" se emplea para los tintos envejecidos en barricas de roble durante al menos un año y no pueden salir de bodega antes de su tercer año. "Grandes reservas" son vinos especiales que sólo se producen en los mejores años. Tienen que madurar al menos dos años en barricas y al menos tres años en la botella. Estos vinos, normalmente tintos, no pueden salir de la bodega antes del sexto año.

Los Rioja blancos (jóvenes) son excelentes, frescos y afrutados. Resultan buenos como aperitivos, pero también con comidas, por ejemplo con espárragos, menestra (variedad de verduras), merluza, rodaballo o incluso platos ricos y especiados, como chorizo a la brasa. Temperatura de consumo: 8-10°C (46-50°F).

Los Rioja crianza/reserva/gran reserva blancos son a menudo vinos redondos, completos y suculentos, con aromas que varían de los frutos cítricos a los frutos blancos, flores y hierbas silvestres. Dependiendo del estilo de la casa, pueden resultar muy frescos o muy pesados. Los vinos de Rioja chapados a la antigua suelen estar dominados por la madera, mientras que los vinos modernos ponen más énfasis en el carácter frutal de, entre otros, la variedad de uva viura.

Beba estos vinos en las comidas con platos de pescado. Como regla básica, recuerde que los vinos modernos de La Rioja combinan con platos ligeros y actuales, como menestras –escoja, por ejemplo, el cardo, un vegetal que se asemeja al apio blanco, pero que sabe a alcachofas–, y con platos de pescado como rape, merluza o rodaballo con salsas ligeras. También puede combinarlos con crustáceos como cigalas o langostas. Los vinos de La Rioja más chapados a la antigua, fuertes y robustos, combinan mejor con platos de pescado más pesados o más especiados como, por ejemplo, con mucho ajo, pero también con verduras o sopas con ajo como ingrediente principal. Las combinaciones de un rioja blanco tradicional con revueltos de ajos (huevo, ajos) o bacalao a la riojana (aceite de oliva, ajo y pimientos) son excelentes. Temperatura de consumo: 10-12°C (50-54°F).

El rosado que no ha madurado en barricas es fresco y afrutado. Resulta un gran compañero de los

Rioja joven.

mariscos, menestras (verduras preferiblemente con chorizo) y tortillas (sobre todo la de patatas). El rosado de crianza o reserva necesita platos sabrosos de pescado, por ejemplo salmón o trucha. Temperatura de consumo: 10-12°C (50-54°F).

Los rioja tintos que no se han criado en barricas (jóvenes) se obtienen principalmente de tempranillo. Se recomienda

Rioja blanco.

Rioja blanco criado en roble.

Rioja rosado.

Rioja tinto criado en roble.

beber estos vinos jóvenes, mientras aún son frescos y mantienen su encanto frutal. Grandes combinaciones de un tinto joven de Rioja son, por ejemplo con callos, morcilla, chorizo, menestra y alubias con chorizo. Temperatura de consumo: 12-14°C (54-57°F).

Los mejores reservas y grandes reservas tintos de La Rioja merecen platos mejores. Los vinos son completos, elegantes y sofisticados, con un toque distintivo a madera que recuerda a la vainilla. Los vinos de Rioja tradicionales contienen a menudo un toque de frutos cítricos en el aroma y en el sabor, acidez fina. Aún encontrará vinos de Rioja chapados a la antigua y fuertes, pero cada vez se producen en menor cantidad. Algunos de estos vinos estaban dominados por enorme cantidad de madera y a menudo estaban un poco oxidados y con olor a humedad. Los mejores vinos de Rioja modernos pueden competir con los mejores vinos franceses o italianos, y también en lo que se refiere al precio.

Beba su mejor reserva o gran reserva tinto de Rioja con carne a la parrilla o a la plancha, como las chuletas de cordero, cordero lechal asado, cabrito asado, asado de buey o cochinillo asado. Reserve algo de vino para un trozo de idiazábal o queso zamorano. Temperatura de consumo: 16-18°C (61-64°F).

NAVARRA

La comunidad autónoma Navarra es el hogar de dos denominaciones de origen: la D.O. Navarra y la D.O.C. Rioja (para Rioja, véase la sección anterior). El paisaje de Navarra es bastante montañoso. Los Pirineos forman la frontera natural con Francia al norte. Al sur el río Ebro divide Navarra de La Rioja. Los vecinos al oeste y al este son los vascos y los aragoneses, respectivamente. Del año 1234 a 1512 Navarra formó parte de Francia y se establecieron lazos particularmente estrechos con los condes de Champagne, como atestiguan los muchos monumentos históricos que se encuentran en Navarra (incluyendo Monjardín). Fueron los condes de Champagne (Thibault I y II) quienes trajeron los vinos a Navarra. Según las investigacio-

Bodega Guelbenzu, al estilo colonial.

nes, se cree que la uva tempranillo (de pronta maduración) tiene su origen en la antigua pinot noir traída de Champagne. En el año 1512, el rey español Fernando el Católico se anexionó la parte sur de Navarra. La parte norte por encima de los Pirineos permaneció siendo francesa. La Navarra española floreció como nunca antes gracias a sus actividades agrícolas, entre ellas la viticultura. Navarra sigue siendo de gran importancia en la agricultura española. Cuando los viñedos de Burdeos fueron destruidos por la filoxera, los desesperados franceses vinieron a comprar sus vinos a Navarra y La Rioja. Pero esta edad de oro no duró demasiado tiempo, porque los viñedos de Navarra fueron alcanzados y devastados por la glotona plaga. A comienzos del siglo XX más del 98 por 100 de los viñedos tuvieron que ser replantados, esta vez sobre pies de vides americanas.

Durante años los productores de Navarra estuvieron más preocupados por hacer vinos que fueran fáciles de vender que por establecer su propia identidad y carácter. Cuando los vinos rosados se pusieron de moda, las bodegas de Navarra hicieron un intento por obtener un completo, redondo y, sobre todo, delicioso rosado a partir de la variedad local garnacho (garnacha). Debido a que en esa época había pocos rosados en España, el rosado de Navarra pronto llegó a ser muy famoso. Desgraciadamente, esta fama tenía su cruz. Cuando Navarra intentó ganarse una reputación de región productora de buenos vinos tintos, no fue tomada en serio. Navarra sigue siendo injustamente con-

Bodega Castillo de Monjardín.

Navarra: ¡más que rosados!

siderada por muchos españoles (e incluso entendidos en vinos españoles y propietarios de restaurantes respetados) como el país del rosado. Navarra merece algo mejor.

También era difícil para Navarra encontrar su propio camino desprendiéndose de la sombra de La Rioja. Gracias a los enormes esfuerzos de la organización local Evena (Estación de Viticultura y Enología de Navarra) y a los sustanciosos subsidios del Gobierno y de la UE, en los años 90, Navarra logró convertirse en una región vinícola de renombre. Además de las autoridades previamente mencionadas, hay que destacar los esfuerzos de un buen número de apasionados, entre ellos el último Julián Chivite y el Señorío de Sarria.

Navarra está más interesada en la actualidad en su propia identidad y en su propio terreno, incluso las múltiples cooperativas. Algunas de estas cooperativas (como en Cascante) aún se encuentran rezagadas porque los subsidios europeos llegan poco a poco y la modernización sólo se puede realizar gradualmente.

El futuro de Navarra en cualquier caso se presenta muy rosa. En diez años Navarra igualará, según sus propias estimaciones, el nivel de La Rioja y Ribera del Duero. Las principales empresas, como Chivite, Güelbenzu, Ochoa, Magaña y Virgen Blanca, ya han alcanzado ese nivel, ahora queda que el resto siga sus pasos. Navarra puede crecer sólo apostando por la calidad y la autenticidad. Quizá esto traiga con el tiempo la tan deseada D.O.C.

El suelo de Navarra consta de suelos bien drenados de caliza y guijarros, con un estrato superior de marga marrón en el norte (Valdizarbe, Tierra Estella, Baja Montaña y Ribera Alta), y un suelo seco y arenoso en el lejano sur (Ribera Baja). En general la altura de los viñedos varía de 240 a 540 metros (de 790 a 1.770 pies).

En el norte (Valdizarbe, Baja Montaña y Tierra Estella) existe un clima (semi) continental. Cuanto más al sur vamos, más cálido y seco se hace el clima. En Ribera Baja se encontrará con escenarios casi comparables al desierto. En el oeste (Estella) se pueden sentir los últimos coletazos del clima oceánico (ligeramente más precipitaciones y vientos occidentales fríos del Ebro) y en Ribera Alta y Ribera Baja las influencias son más mediterráneas.

En Chivite están trabajando con esfuerzo para el futuro.

LOS VINOS

Al igual que las otras regiones vinícolas españolas, Navarra emplea una clasificación por edades para los vinos.

Los navarra corrientes (vino joven) no han sido criados en barrica y están destinados a su consumo cuando aún son jóvenes. Los vinos de crianza han madurado al menos seis meses en barricas y el resto del tiempo en la botella. No pueden salir de la bodega antes de su tercer año. Los vinos de reserva deben haber madurado al menos un año en barricas y un año en la botella. No pueden venderse antes de su cuarto año. Los grandes reservas, finalmente, tienen que haber madurado al menos dos años en barricas y al menos tres años en la botella. No pueden salir de la bodega hasta su sexto año.

Magnífico vino de los antiguos viñedos de Julián Chivite.

Probablemente el rosado más famoso de Navarra.

Navarra también produce un sencillo vino blanco hecho de viura, a veces complementado al 30 por 100 con chardonnay. Los vinos 100 por 100 viura son muy austeros en su acidez y no tienen la misma redondez que los vinos combinados de viura y chardonnay. Ambos –puros o combinados– poseen un sabor muy fresco y ligeramente especiado, y son agradables como vinos de aperitivo o como acompañamientos para el pescado y el marisco. También puede beberlos con menestras de verdura del tiempo (con las verduras de la temporada), caracoles a la corellana (caracoles con ajo y hierbas), caracolillas de Navarra (caracoles pequeños con una salsa de tomate especiada) o habas de Tudela (judías frescas con, entre otras cosas, huevos y alcachofas). Sólo algunos vinos 100 por 100 viura alcanzan un nivel más que razonable. El Gran Feudo blanco de Chivite es un ejemplo perfecto. Beba este vino superior con, por ejemplo, cardo a la Navarra (cardo con salsa de bechamel y jamón) o tortilla de Tudela con espárragos. Temperatura de consumo: 9-10°C (48-50°F).

Los mejores y escasos vinos blancos de chardonnay pueden ser de una calidad sin precedentes, como la colección 125, 100 por 100 chardonnay del mismo Chivite, de primera clase. El Chardonnay más

Un poco anticuado, pero aún delicioso.

¿El mejor rosado de Navarra?

común se puede servir con espárragos de Tudela (espárragos hervidos, generalmente acompañados con salsa mayonesa) o truchas a la navarra (truchas de montaña con lonchas de jamón frito). Los mejores Chardonnay se pueden combinar fácilmente con el excelente hígado de pato y oca de Navarra y también con todos los mejores tipos de pescado, por ejemplo lubina, rape o rodaballo y otras delicadezas del mar. 12°C (54°F).

Los vinos secos de moscatel son clase aparte y muy poco frecuentes. Éstos son vinos muy aromáticos y muy apropiados como aperitivos, pero también combinan particularmente bien con los espárragos locales. Temperatura de consumo: 10-12°C (50-54°F).

Los vinos rosados suelen obtenerse a partir de garnacha. Se encuentran entre los mejores rosados de España. Bébalos jóvenes, cuando se encuentran en su mejor momento. La mayoría de los rosados son completos de sabor, redondos, especiados, afrutados (grosellas rojas). En la misma Navarra el rosado se toma con entremeses variados, como pimientos del piquillo, tomates con mayonesa fresca y jamón serrano. También deliciosos con caracoles o tapas. Temperatura de consumo: 10-12°C (50-54°F).

El vino tinto joven corriente de Navarra se puede beber con cualquier cosa, incluso con la generosa cocina holandesa (kale con

Navarra tinto crianza.

Navarra produce algunos tintos de primera calidad.

salchichas y similares). Estos vinos frescos y afrutados también resultan ideales para un picnic, almuerzo o barbacoa. Temperatura de consumo: 12-14°C (54-57°F).

El tinto crianza requiere una pieza de carne. Como han sido madurados en barrica tienen más que ofrecer que sus hermanos más jóvenes. En aroma y sabor podrá descubrir un

Moscatel al estilo antiguo, fuerte y sensual.

Moscatel moderno, elegante, afrutado y sensual.

toque a vainilla, pero son principalmente las frutas rojas las que dominan. Beban estos vinos excelentes con fiambres (patés y terrinas de conejo, por ejemplo) pollo o pavo frito, salchichas gruesas o chuletas de cordero. Temperatura de consumo: 14°C (57°F).

Los tintos de reserva y gran reserva son pequeñas joyas. Bodegas independientes como Chivite, Magaña y Virgen Blanca producen vinos más tradicionales, que en su juventud contienen más taninos que los vinos más baratos de las bodegas cooperativas. También tienen más sabor y fuerza, más finura y amplitud. Estos vinos son reconocibles por su gran riqueza de aroma y sabor: vainilla (madera), grosellas negras, rojas, cerezas, hierbas (laurel), regaliz, etc. Sirva estos reserva y gran reserva con cordero asado o buey con una guarnición de setas a la plancha o trufas. Reserve un poco de vino para un queso idiazábal o roncal. Temperatura de consumo: 15-17°C (59-63°F) (17°C/63°F para los gran reserva).

Los vinos dulces de moscatel de Navarra son de primera clase y merecen una mención especial. Estos vinos producidos a la antigua, almibarados y de color marrón oscuro, se reservan sólo para los realmente entusiastas, pero los frescos, afrutados y enormemente seductores moscateles, obtenidos a partir de métodos modernos, como Capricho de Goya, de la bodega de Camilo Casilla, o el Vino Dulce de Moscatel, de Ochoa o Chivite, se encuentran entre los vinos de moscatel más espléndidos del mundo. Puede beber estos vinos divinos con un postre fresco, pero debido a su calidad intrínseca realmente no necesitan ningún acompañamiento. Temperatura de consumo: 8-10°C (46-50°F).

ARAGÓN

La comunidad autónoma de Aragón, entre Navarra y Cataluña, abarca un área bastante grande que va desde los pies de los Pirineos hasta la Sierra de Javalambre, a unos 50 kilómetros (30 millas) al noroeste de la ciudad de Valencia. Las ciudades más importantes en Aragón son Zaragoza, Huesca y Teruel. Tres de las cuatro regiones vinícolas de Aragón se encuentran cerca entre sí, al oeste (Campo de Borja) y sudoeste (Cariñena y Calatayud) de la ciudad de Zaragoza, en la provincia del mismo nombre. La cuarta región vinícola (Somontano) se sitúa a mayor altura hacia el este, al este de la ciudad de Huesca, casi en la frontera con Cataluña. Aquí también es casi increíble lo deprisa y lo bien que estas cuatro regiones (especialmente Somontano) se han adaptado a las demandas de los modernos métodos de vinificación. Aragón fue en su día famosa por sus vinos fuertes en alcohol, que aportaban a sus hermanos más débiles una mayor fuerza. En un pasado no demasiado distante se vendía todo casi por completo a granel. Hoy en día los vinos con D.O. ganan cada vez más terreno, debido a la modernización de las propias bodegas, pero también a la mejor supervisión y control en los viñedos. Lo más importante es que las cuatro regiones han sido capaces de mantener su propia identidad y autenticidad. Desgraciadamente, la calidad de estos vinos es aún muy desconocida, incluso en la propia España.

CAMPO DE BORJA

Campo de Borja.

El área vinícola de Campo de Borja se concentra alrededor de las tres localidades de Ainzón, Albeta y Borja. En la Edad Media los vinos de Aragón ya gozaban de una buena reputación. Después de la plaga de la filoxera, el hecho de obtener un gran número de vinos con un elevado nivel de alcohol era más importante que mejorar la calidad. Los vinos eran transportados a granel a destinos secretos o a los múltiples bares de la ciudad de Zaragoza. El reconocimiento de la D.O. no fue obtenido hasta 1980 y desde entonces los viticultores han trabajado de forma lenta pero segura para mejorar la calidad y la imagen de estos vinos.

El suelo de Campo de Borja consta principalmente de un subsuelo de caliza, con algunas rocas antiguas fragmentadas, que proporcionan un buen drenaje y un estrato superior de arena marrón (de origen aluvial). Los viñedos a los pies del Moncayo están situados en una posición ligeramente más alta (600 metros /1.950 pies) que el resto de la región (300 metros/980 pies). El clima es del tipo continental más puro. Los vinos blancos se obtienen de la variedad viura (macabeo); los tintos y rosados, de garnacha y tempranillo, a veces complementada con un poco de mazuela o cabernet sauvignon.

El Campo de Borja blanco es fresco, herbáceo y bastante simple. Bébalo como aperitivo o con migas (platos al horno de pan y un poco de todo: una forma eficiente y muy sabrosa de terminar con las sobras). Otras posibles combinaciones: sopa de ajo, bacalao al ajoarriero (para los amantes del ajo y el bacalao) o queso tronchón. Temperatura de consumo: 8-10°C (46-50°F).

Los Campo de Borja rosados están , sobre todo, destinados a ser consumidos jóvenes. Los rosados obtenidos a partir de garnacha en zonas cálidas son a menudo vinos amables con una cantidad de alcohol considerable. Los Campo de Borja son también sorprendentemente afrutados y frescos. Puede servir estos excelentes rosados todo el año con platos de pescado especiados o con platos de pollo que incluyan ajo, pimientos y pimienta. Temperatura de consumo: 12-14°C (54-57°F).

Los tintos crianza de Campo de Borja (envejecidos al menos seis meses en barricas y el resto del tiempo en la botella, mínimo de tres años) tienen mucha fruta, un cuerpo generoso y una cantidad considerable de alcohol (del 13 al 14 por 100). Sirva este vino con chuletas o con cualquier otra carne a la barbacoa, posiblemente con salsa chilindrón. Temperatura de consumo: 14°C (57°F).

Los tintos reserva y gran reserva de Campo de Borja (envejecidos al menos uno y dos años, respectivamente, en barricas y uno y tres años, respectivamente, en la botella) le resultarán incluso más rentables económicamente. La larga crianza en madera y en la botella les ofrece algo más de madurez y redondez y hasta cierto punto compensa el alto contenido en alcohol (del 13 al 14 por 100). Beba estos vinos con carne asada o frita, por ejemplo jabalí asado u otras clases de animales de caza. Temperatura de consumo: 16-17°C (61-63°F).

CARIÑENA

Ésta es la denominación de origen más antigua de Aragón (data de 1960). Los viñedos se sitúan alrededor de la ciudad de Cariñena, en la provincia de Zaragoza. Esta ciudad ha sido un centro importante para la viticultura y el comercio del vino desde tiempos inmemoriales. La famosa uva cariñena (en francés, carignan) debe su nombre a esta ciudad, de donde procede, y de ahí siguió su propio camino vía Cataluña hasta la Cataluña francesa y el valle del Ródano. El suelo en el distrito de Cariñena es muy parecido al del Campo de Borja: subsuelo de caliza y rocas con un estrato superior de arena marrón (de origen aluvial). No obstante, cerca del río el subsuelo está formado por pizarra y el estrato superior es bastante más aluvial. Aquí también el clima es continental. En las noches de primavera hay heladas frecuentes. Las uvas más importantes de Cariñena son garnacha y tempranillo, acompañadas de una cierta cantidad de mazuela y cabernet sauvignon (vinos tintos), y viura, posiblemente complementada con garnacha blanca o parellada (vinos blancos).

Hubo un tiempo en el que los vinos de Cariñena eran famosos por su alto contenido en alcohol. En la actualidad son evitados a menudo por la misma razón. Los consumidores actuales prefieren vinos ligeros y elegantes. Esto supone un gran problema para un área bien soleada. Aunque, a pesar de esto, la nueva generación de viticultores ha tenido bastante éxito al producir vinos muy aceptables. Debido al extremo calor del verano y el tipo de suelo, es imposible producir vinos ligeros en Cariñena. Es una bendición para los amantes de los vinos cálidos en su carácter. La mayoría de los vinos tintos actuales tiene un porcentaje en alcohol del 12,5 al 13 por 100, lo que supone considerablemente menos cantidad que el previo 15-18 por 100.

El cariñena blanco es fresco y razonablemente seco. Debido a la alta acidez de la viura (macabeo), los vinos son agradables. Bébalos como aperitivos, en las comidas con pescado, aves, migas o la especialidad local: ternasco asado (asado de cordero lechal marinado en vino blanco con limón y hierbas). Temperautra de consumo: 8-10°C (46-50°F).

Los cariñena rosados son como los de Campo de Borja, pero ligeramente más fuertes en sabor y a menudo con un mayor nivel de alcohol. Bébalos con cordero, migas con pescado o chorizo, pollo al chilindrón (pollo con tomates, cebollas, pimientos del piquillo y pimientos) o con un bacalao al ajoarriero (bacalao con especias y hierbas). Temperatura de consumo: 10-12°C (50-54°F).

Los vinos tintos tienen el mismo sistema de clasificación por años que los otros vinos de Aragón. El vino joven corriente de Cariñena no ha madurado en barricas y se consume joven. Los crianzas han madurado al menos seis meses en madera y el resto del tiempo en la botella; el reserva al menos un año en barricas y al menos un año en la botella, y el gran reserva al menos dos años en barricas y tres años en la botella. Una característica importante es que los vinos jóvenes se obtienen principalmente de garnacha, mientras que los vinos más antiguos contienen más tempranillo. Puede beber los vinos jóvenes frescos, para saciar la sed con todo tipo de platos de carne. Temperatura de consumo: 12-14°C (54-57°F).

Los crianza, reserva y gran reserva piden una pieza de carne o caza. Merecen la pena debido a su fuerza y a su porcentaje de alcohol relativamente alto. Su sabor completo y redondo les hace vinos excelentes para los fríos días de invierno. Temperatura de consumo: 14-16°C (54-61°F).

Cariñena también tiene una larga tradición en el terreno de los vinos dulces y rancios que intencionadamente y con frecuencia entran en contacto con el oxígeno al aire libre y posteriormente en grandes barricas. Sin embargo, estos vinos rancios no tienen la finura de sus primos franceses.

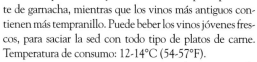

Cariñena.

CALATAYUD

Esta D.O. es definitivamente la menos conocida de las cuatro de Aragón. Injustamente, ya que mientras que los vinos de Campo de Borja y Cariñena son completos y poderosos, los de Calatayud muestran más finura y elegancia. Ya que la denominación está protegida por la cordillera Ibérica en el este y la Sierra de la Virgen en el norte, el clima es más moderado que en las dos regiones previamente mencionadas. Los vinos por tanto tienen un mejor equilibrio entre acidez y alcohol. El suelo de Calatayud consta de caliza sobre marga con un estrato superior de arena en el norte y de pizarra y yeso en el sur. Los viñedos situados a mayor altura a los pies de la Sierra de la Virgen alcanzan casi los 900 metros (2.950 pies), mientras que la altura media de los viñedos en el valle del río Jalón fluctúa alrededor de los 450 metros (1.470 pies). Toda la región goza de un clima continental. Sin embargo, el área viní-

cola es bastante más fresca que Campo de Borja y Cariñena, debido a la alta posición de los viñedos y los fríos vientos de la montaña. Varios jóvenes viticultores se han dado cuenta del enorme potencial de la zona y sus resultados iniciales son muy prometedores. Han aprendido a preservar los aromas característicos de Calatayud mejorando los equipos bastante anticuados y estableciendo mejores relaciones entre el clima, el terreno y la variedad de uva.

Los vinos blancos se obtienen a partir de viura (macabeo) y malvasia, de vez en cuando complementadas con garnacha blanca. Beba estos vinos frescos y amables como aperitivos, con pescado, pollo o carnes blancas. También deliciosos con un trozo de queso tronchón. Temperatura de consumo: 8-10°C (46-50°F).

Calatayud blanco.

Los rosados son bastante mejores en calidad, completos y frescos, pero también bastante más afrutados. Se obtienen principalmente a partir de garnacha tinta. Puede servir estos vinos con un buffet regional o con una selección de carnes, pescado, aves o incluso cordero. Mire la etiqueta para saber el grado alcóholico: algunos rosados de Calatayud contienen un 14 por 100 de alcohol. Temperatura de consumo: 10-12°C (54-57°F).

Los tintos son excelentes vinos jóvenes. Sirva estos vinos tintos agradables y honestos con una barbacoa, un picnic o simplemente con un trozo de queso español. Temperatura de consumo: 12-14°C (54-57°F).

Los raros crianzas y (grandes) reservas (poco frecuentes) de garnacha, mazuela, tempranillo y cabernet sauvignon tienen un sabor cálido y redondo combinado con cierta frescura y elegancia. Beba estos vinos con todo tipo de carnes rojas, con aves de caza, caza menor o asados de aves. Debido a su fuerza, estos vinos son un buen complemento a platos con salsas ricas y especiadas. Temperatura de consumo: 16-17°C (61-63°F).

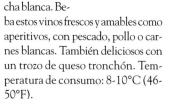

Calatayud tinto.

SOMONTANO

Somontano, en la provincia de Huesca, es la región más sorprendente de Aragón para los entendidos en vinos. Hace treinta años o así nadie había oído hablar nunca de los vinos de Somontano. En la actualidad los encontrará por todas partes, en cali-

Notable vino tinto de Somontano.

dades que van de "honesto y sabroso" a "sobresaliente". Somontano no ha sufrido el obstáculo de contar con una tradición antigua y sofocante en la elaboración de vinos. Se están realizando experimentos en todas las áreas y entre éstas se incluyen el terreno y el clima. Los mejores resultados se obtienen de una combinación de técnicas y castas de uva tradicionales, con modernos métodos de vinificación y variedades de uva mejor adaptadas. La calidad de los vinos, fruto de combinaciones atrevidas como tempranillo y cabernet sauvignon, moristel y cabernet sauvignon, macabeo (viura) y chardonnay, y macabeo y alcañón, resulta verdaderamente asombrosa. Las variedades mejorantes gewürztraminer y pinot noir también se cultivan extremadamente bien en Somontano.

Los viñedos se sitúan en las laderas, a una altura que varía de los 300 a los 600 metros (de 980 a 1.950 pies). El suelo consiste en una mezcla de arcilla y arenisca dura en los viñedos más altos, junto a cierta cantidad de depósitos aluviales en el valle del Ebro. Por todas partes el suelo contiene una gran cantidad de minerales y oligoelementos –una bendición para la viticultura–. El clima es continental, pero la proximidad de los Pirineos, que actúa como protección natural frente a los fríos vientos del norte, es bastante beneficiosa para la viticultura.

Las variedades de uvas autóctonas de Somontano, la blanca alcañón y la negra moristel (no confundir con monastrell) crecen felizmente junto a otras variedades de uva más típicamente españolas como viura (macabeo) y garnacha. Sin embargo, hay bastantes experimentos hechos con nuevas variedades de uva, como tempranillo, cabernet sauvignon, merlot y pinot noir (uvas tintas) y chenin blanc, chardonnay, riesling y gewürztraminer (uvas blancas). Los tradicionales vinos blancos de Somontano se obtienen a partir de viura y alcañón. Son vinos frescos, ligeros y secos que deberían consumirse jóvenes. Los

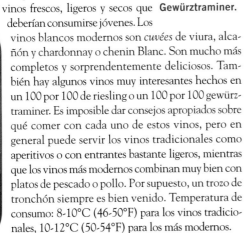

Somontano Gewürztraminer.

vinos blancos modernos son *cuvées* de viura, alcañón y chardonnay o chenin Blanc. Son mucho más completos y sorprendentemente deliciosos. También hay algunos vinos muy interesantes hechos en un 100 por 100 de riesling o un 100 por 100 gewürztraminer. Es imposible dar consejos apropiados sobre qué comer con cada uno de estos vinos, pero en general puede servir los vinos tradicionales como aperitivos o con entrantes bastante ligeros, mientras que los vinos más modernos combinan muy bien con platos de pescado o pollo. Por supuesto, un trozo de tronchón siempre es bien venido. Temperatura de consumo: 8-10°C (46-50°F) para los vinos tradicionales, 10-12°C (50-54°F) para los más modernos.

Los agradables rosados de Somontano tienen la finura y la elegancia de los mejores vinos y el calor y la fuerza del sol. Beba estos vinos distin-

Sobresaliente vino tinto Somontano.

guidos con carnes asadas o a la plancha, o con pescado a la parrilla o a la plancha con salsas especiadas. Temperatura de consumo: 10-12°C (50-54°F).

Los vinos jóvenes tintos corrientes de Somontano son vinos agradables y ligeros de uvas moristel o garnacha. Son grandes acompañantes para las tapas, comidas al aire libre y carnes en preparaciones ligeras. Temperatura de consumo: 12-14°C (54-57°F).

Los crianzas y (grandes) reservas contienen menos moristel y garnacha, pero más tempranillo y/o cabernet sauvignon. La maduración en barricas aporta a estos vinos con sustancia más redondez y un buen equilibrio entre alcohol y cuerpo. Estos vinos magníficos y particularmente interesantes merecen las mejores carnes, aves de caza o caza menor que se pueda permitir. Reserve un poco para un trozo de garrotxa catalán. Temperatura de consumo: 16-17°C (61-63°F).

CATALUÑA Y LAS BALEARES

El clima de la región de Cataluña se ve influenciado por el Mediterráneo, especialmente en la zona de la costa, donde la humedad del aire es más alta. Cuanto más se adentre en altura, más frío es el microclima.

Desde el Ampurdán-Costa Brava subiendo hacia el norte hasta Terra Alta al sur, la gente se vincula al mar y a la montaña. Esto se refleja en las hábitos culinarios de los catalanes, lo que incluye una gran cantidad de pescados y mariscos y de las montañas, una gran variedad de carnes.

Cataluña es famosa por su larga tradición en vinos tintos. Suelen ser pesados, dulces, envejecidos oxidados y del tipo rancio (Tarragona) o burdos, fuertes y, sobre todo, secos y con gran cantidad de alcohol, como los del tipo priorato. Los porcentajes del alcohol de 13,5-18 son bastante normales. Aunque todavía se podrán encontrar en estas regiones vinos tintos fuertes, hoy, debido a las mejoras en las técnicas y maquinaria vitícola, los mejores vinos tintos se producen en Cataluña.

Etiqueta catalana del productor de los famosos vinos orgánicos de calidad.

Igual que en el vecino Somontano, ha habido y todavía se llevan a cabo mucha experimentación en Cataluña, pero ahora los viticultores conocen las uvas que producen el mejor vino. Toda la zona de Cataluña (y gran parte de España) debe mucho a las innovaciones de Miguel Torres e hijo y a su magnífico trabajo en el Penedés. Dicho sea de paso, Cataluña suministra más del 90 por 100 de la producción de cava.

AMPURDÁN-COSTA BRAVA

Se trata de la denominación de origen más al norte de Cataluña, a los pies de los Pirineos y directamente en el límite con Francia. Empordá-Costa Brava hoy en día produce vinos notables, modernos, ligeros y, sobre todo, frescos que los visitantes de las playas de la Costa Brava compran ávidamente, pero que cada vez más están haciéndose un sitio en el mercado extranjero. Esta comarca ha obtenido denominación de origen en el año 1975.

Los suelos de Empordá-Costa Brava están en las estribaciones semicalizas de los Pirineos. Casi por todas partes el suelo está cubierto por un estrato delgado y fértil. Aunque la región vinícola se adentra hasta el mar, los mejores viñedos se sitúan hacia el interior, particularmente sobre las colinas en los valles protegidos y en las laderas de las pequeñas montañas occidentales (a una altura de unos 200 metros/650 pies). El clima es indiscutiblemente mediterráneo; sin embargo, aquí las temperaturas son frescas, debido a los Pirineos. Los vientos fríos regulan la temperautra y la humedad del aire. Uno de estos vientos, el famoso Tramontana (Tramontane al otro lado de los Pirineos), es muy temido por su gran fuerza, a menudo destructiva. Para proteger los viñedos de este viento las vides se atan firmemente a los postes. La variedad de uva más cultivada es la mazuelo (nombre local de la cariñena), principalmente empleada en los numerosos rosados, seguida de la garnatxa (garnacha) y las blancas xarello, macabeo y garnacha. Durante varios años han estado experimentando aquí con variedades de uvas "foráneas", cabernet sauvignon, ull de llebre (tempranillo) y la blanca parellada, por ejemplo, con resultados diversos.

Además de los rosados, blancos y tintos, se producen cavas muy importantes en Empordá-Costa Brava. El mayor productor del área, el grupo Perelada (Cavas del Ampurdán en Castillo de Perelada), se ha esforzado durante muchos años y liderado la D.O. Empordá-Costa Brava. Si visita usted la zona asegúrese de acercarse al castillo de Perelada, en el corazón de Perelada, que alberga bodegas de vino antiquísimas (de cientos de años) y un maravilloso museo de copas y vinos (visitas previa citación).

Los Cavas del Castillo de Perelada son excelentes y con un precio muy razonable. Beba cava extra brut, brut reserva o Chardonnay como aperitivo o con entrantes y platos de sofisticados pescados; brut rosado como aperitivo o con entrantes, platos de pescado especiales o incluso entrantes ligeros de carne y el sublime Gran Claustro en las celebraciones, grandes y pequeñas.

Los rosados, de garnatxa o de garnatxa y cariñena, posiblemente

Empordà-Costa Brava rosado.

Cabernet Sauvignon rosado.

con un toque de ull de llebre (tempranillo) resultan excelentes. Son secos, flexibles y afrutados, con un elegante color rojo cereza muy característico. Un vino sorprendentemente agradable es el ligeramente espumoso Cresta Rosa de Cavas del Ampurdán, un rosado suave y afrutado que ha obtenido sus refrescantes burbujas mediante fermentación natural (método *cuvée close*). Todos los rosados de Empordá acompañan a la perfección a las delicias del mar Mediterráneo, como langostinos o fiambres, como los famosos embutidos de Vich (productos de carne especiados producidos en la pequeña ciudad montañosa de Vich). Temperatura de consumo: 10-12°C (50-54°F).

Los poco frecuentes Cabernet Sauvignon rosados son de un calibre totalmente distinto al de los otros rosados: de color muy bello (rojo fresa claro), muy afrutado y fresco y con una estructura elegante y sofisticada, combinada con el toque cálido del mar Mediterráneo. Bébalo por ejemplo con entrantes de carne o aves, terrinas o patés. Temperatura de consumo: 10-12°C (50-54°F).

La mayoría de los vinos blancos de Empordá-Costa Brava se obtienen a partir de garnatxa blanca y macabeo, posiblemente complementados con garnatxa tinta, para darle más carácter, y xarello o incluso chardonnay, para obtener una mayor redondez. Todos estos vinos son sin excepción frescos, afrutados y modernos que deberían beberse pronto. Un vino muy especial es el ligeramente espumoso Blanc Pescador de Cavas del Ampurdán. Este vino se obtiene por fermentación natural (*couvée close*).

Beba todos estos vinos blancos como aperitivos o con crustáceos ligeros, mariscos o platos de pescado. También deliciosos con la garrotxa local. Temperatura de consumo: 10-12°C (50-54°F).

Los raros varietales vinos 100 por 100 Chardonnay, aún en fase experimental, pero igualmente deliciosos, retienen su atractivo color y sus aromas afrutados característicos mediante una fermentación en barricas de roble francés. Hay un toque de vainilla en ellos. La textura de estos vinos es ligera y elegante y recuerda a los buenos Chardonnays del Limoux franco-catalán.

Deliciosos con langosta, simplemente a la plancha o en un plato más elaborado como langosta a la catalana, que incluye cebollas, zanahorias, ajo, hierbas, brandy y un poco de... ¡chocolate! Por supuesto, también puede acompañarlo con un rico plato de pescado (por ejemplo, rape). Temperatura de consumo: 12°C (54°F).

Los vinos tintos se suelen obtener a partir de la mezcla de garnatxa y cariñena. Una gran parte de estos vinos son vinos jóvenes, destinados a un consumo rápido; por ejemplo, con una comida nutritiva catalana, como conejo con caracoles o sabrosas tortillas. Temperatura de consumo: 12-14°C (54-57°F).

Chardonnay blanco seco.

Durante varios años los mejores vinos Empordá-Costa Brava han salido a los mercados. Primeramente destinados a la exportación. Si busca atentamente, encontrará excelentes vinos de crianza y reserva (por ejemplo, en el Castillo de Perelada). Los vinos de crianza se suelen envejecer en barricas de roble americano, que les aportan un aroma y sabor decididamente dulzón y similar a la vainilla. El sabor es profundo, cálido y particularmente agradable.

Beba estos vinos con chuletas de cordero a la parrilla, costillas, a menudo servidas con salsa de ajo (alioli) o varias salsas picantes, como sofrito, picada o romesco. Pero puede, por supuesto, beberlos con cualquier otra carne, como aves de caza, conejo o aves de corral. Temperatura de consumo: 14-16°C (57-61°F).

Reserva tinto. Los magníficos tintos reserva (envejecidos doce meses en barricas de roble americano, luego en barricas de roble francés y dos años en la botella) son los más prometedores de esta zona. Las variedades de uva empleadas son las tradicionales garnatxa y cariñena, a las que se añade preferiblemente un 40 por 100 de cabernet sauvignon y un 20 por 100 de tempranillo. El resultado está asegurado: vinos tintos cubiertos con matices de color teja y un sabor completo, elegante y cálido, en el que la madera complementa las frutas, más que dominarlas. Excelente vino a un precio muy razonable. Beba este reserva (Castillo de Perelada) con las mejores clases de carne, preferiblemente asados o a la plancha, o con aves de caza y caza menor. Temperatura de consumo: 16-17°C (61-63°F).

También del Castillo de Perelada procede un peculiar Cabernet Sauvignon envejecido primero en barricas de roble americano y luego en barricas de roble francés durante dieciocho meses y después siete años en la botella. Este vino es completo, bastante rico en taninos, pero con un buen equilibrio entre alcohol, taninos y acidez. Beba este vino aromático y complejo con un corte **100 por 100 ca-** de carne de vacuno realmente especial. **bernet sauvignon.** Temperatura de consumo: 17°C (63°F).

Si desea probar un gran reserva muy inusual y tradicional de un 80 por 100 cariñena y un 20 por 100 garnatxa, debería visitar Cellers Santamaría. Este vino completo, cálido y magnífico se bebe mejor en compañía de diferentes asados. Temperatura de consumo: 16°C (61°F).

Finalmente, debemos mencionar el vino rancio a la antigua de Garnatxa d'Empordá. Estos vinos son muy dulces y almibarados y a menudo poseen aromas distintivos a café y cacao tostado. Aunque a menudo quedan muy bien como aperitivo dulce o para calentarse en invierno, le recomiendo la combinación menos habitual de una copa de buen Garnatxa con langosta a la catalana, un guiso de langosta que incorpora brandy, ajo, azafrán, verduras y chocolate. Es bastante fácil acostumbrarse a un buen vino rancio. Temperatura de consumo: dependiendo del uso, 8-16°C (46-61°F).

ALELLA

Los vinos de Alella recibieron su reconocimiento como D.O. ya en 1956. La historia de esta pequeña región vinícola se remonta a la época del Imperio Romano y probablemente algo antes. La zona original para la elaboración de vinos Alella se encuentra en las inmediaciones de la pequeña ciudad del mismo nombre, a una altura de 90 metros (295 pies). El suelo en estos viejos viñedos consta principalmente de un subsuelo de granito con un estrato superior de arena. Desde 1989 los viñedos más recientes del Vallès han pertenecido oficialmente a la denominación Alella. Estos viñedos están situados a una altura mucho mayor, a los pies de la cordillera catalana (hasta 255 metros/ 835 pies), sobre un suelo de caliza con un estrato superior arenoso. Estos viñedos más altos son de clima más fresco que los cercanos a Alella, a pesar del cálido clima mediterráneo. La mayoría de esos viñedos más bajos están bien protegidos. Alella produce vinos blancos, tintos y rosados.

Los vinos Alella blancos se obtienen principalmente de pansá blanca (el nombre local de xarello) y garnacha blanca, a veces complementada con macabeo o incluso reemplazada en parte con las foráneas chenin blanc y chardonnay. Los tradicionales vinos de Alella se caracterizan por ser sorprendentemente frescos y afrutados.

Beba estos vinos blancos ligeros y secos como aperitivos, con los famosos platos de pescado, crustáceos o marisco del Mediterráneo, o con queso de cabra fresco (garrotxa) del Vallès. Temperatura de consumo: 8-10°C (46-50°F).

Los vinos 100 por 100 Chardonnay –poco frecuentes y aun hasta cierto punto experimentales– son muy prometedores. Parece que la variedad chardonnay crece especialmente bien en el estrato superior rico en gravilla de los viñedos Alella. Estos Chardonnays son elegantes, completos, frescos, afrutados y redondos. Combinan de forma excelente con crustáceos como la langosta, muy consumida en la localidad. Temperatura de consumo: 12°C (54°F).

Los rosados y tintos de Alella se obtienen a partir de la autóctona pansá rosada, ull de llebre (tempranillo) y garnatxa (tinta y peluda). Aunque en general son de calidad muy aceptable, no se encontrará muy a menudo con estos vinos fuera de la región. Beba estos vinos durante su visita a la zona con una de las muchas especialidades locales, como embutidos y *escudellas i carn d'olla* (un famoso guiso con huevo, verduras y carne). Temperatura de consumo: rosado 10-12°C (50-54°F), tinto 12-14°C (54-57°F).

PENEDÈS

Gracias al trabajo innovador y meticuloso de la familia Torres, Penedès se ha hecho famoso en todo el mundo en un periodo de tiempo muy breve. Uno tiende a olvidar que no hace tanto tiempo nada de importancia crecía bajo el sol del Penedès. La mayoría de los vinos producidos eran vinos rancios de calidad moderada a razonable. Apenas en ningún otro lugar del mundo se ha dado una respuesta tan rápida a los cambios en el mercado del vino en tan breve plazo (alrededor de treinta años) como en el Penedès. El avance más importante en esta zona se debe también a la demanda repentinamente explosiva de cavas. Debido a que el distrito no tiene una larga historia vinícola, las mejores empresas pueden experimentar casi sin obstáculos con variedades de uvas y métodos de vinificación. Para empezar, se producen la mayoría de los vinos blancos usando las mismas uvas que en el cava. Los resultados iniciales con xarello, macabeo y parellada no pudieron, sin embargo, ser considerados nada mejor que aceptables. Entonces descubrieron que la variedad chardonnay no sólo crecía muy

Miguel Torres, el hombre que hizo del Penedès un lugar famoso.

bien en el clima local, sino que también se adaptaba sin problemas a las nuevas políticas de vinificación a gran escala, casi al estilo californiano, de la mayoría de las bodegas modernas catalanas. Los métodos de vinificación también cambiaron radicalmente: Miguel Torres fue el primer productor de vino en España que comenzó a producir vino en tanques de acero inoxidable, manteniendo un control constante de la temperatura. El método de vinificación en frío ayudó a transformar los poderosos vinos blancos en vinos frescos y afrutados que iban igualmente bien con los platos de pescado locales y con la cocina moderna. Este cambio atrevido volvió a ser un gran éxito. Sólo más tarde experimentaron con los vinos tintos, obteniendo diversos resultados. Naturalmente, estos vinos tintos también tenían que proceder de variedades de uva francesas, preferiblemente las más aristocráticas, como cabernet sauvignon, cabernet franc, merlot y pinot noir. Aquí también los resultados iniciales fueron desalentadores. Los mejores vinos procedían de cuvées de uvas nativas o foráneas, como garnacha, cariñena, ull de llebre (tempranillo) y cabernet sauvignon. Las uvas como samsó y monastrell también aparecen en estos cuvées de vez en cuando. Sólo unas pocas empresas han sido capaces de producir vinos tintos de primera clase a un nivel similar al de los blancos.

Penedès se sitúa justo debajo de Barcelona, y se extiende por dos provincias, Barcelona y Tarragona. Mientras que San Sadurní de Noya es el centro de la producción y comercio del cava, el mundo de los vinos no espumosos se concentra alrededor del pueblo de Villafranca del Penedès. Los viñedos se sitúan entre la franja costera del Mediterráneo y la llanura central o meseta. A lo largo de la costa se encuentran los viñedos del Baix Penedès (250 metros/ 820 pies de alto). Ésta es la zona más cálida y los vinos producidos aquí se destinan al uso diario. Los viñedos ligeramente más altos del Medio Penedès

(250-500 metros/820-1.650 pies) producen la mayor parte de los vinos de calidad. Los viñedos del Alto Penedès se localizan a una altura ligeramente superior (500-800 metros/1.650-2.625 pies) y por tanto son más fríos. Aquí, al borde de la meseta, se cultivan las mejores uvas para los vinos más selectos. Aunque por norma las regiones más bajas son las más cálidas y las altas las más frías, existen tantos microclimas en esta región de 5.000 hectáreas (12.350 acres) que existe una combinación apropiada de uvas, suelo y microclima para cada viticultor. El suelo varía considerablemente menos que el clima. La franja costera tiene un estrato superior arenoso, mientras que

Penedès blanco.

las tierras más altas contienen más arcilla. No obstante, el subsuelo es muy calcáreo en todas partes y contiene una gran cantidad de oligoelementos, que resultan muy beneficiosos para el crecimiento y la salud de las viñas.

Los vinos blancos del Penedès son muy variados. La mayoría de ellos son cuvées de variedades de uva locales e importadas. Los vinos base para los cavas (Parellada, Macabeo y Xa

Blanco 100 por 100 garnatxa.

Blanco 100 por 100 chardonnay.

rello) se mezclan a menudo con Chardonnay o Sauvignon Blanc, permitiendo numerosos tipos y variedades de sabor. En general, los vinos blancos corrientes del Penedès son secos, frescos y afrutados, principalmente destinados a ser consumidos jóvenes. Estos grandes vinos de aperitivo también pueden acompañar a los mariscos, langostinos o gambas, especialmente si se sirven con alioli. Temperatura de consumo: 8-10°C (46-50°F).

Los mejores vinos blancos se obtienen a menudo de una o, máximo, dos variedades de uva. Las versiones secas contienen 100 por 100 chardonnay, 100 por 100 parellada, 100 por 100 riesling, 85 por 100 sauvignon y 15 por 100 parellada o 85 por 100 chardonnay y 15 por 100 parellada. Cada uno de estos vinos merece su tiempo y su

Jean Leon topchardonnay.

Uno de los vinos blancos más agradables de España.

atención y descubrirá en todos ellos un carácter muy individual. Puede ofrecerlos como aperitivo, o con marisco o crustáceos, pescado, carnes blancas y aves. Temperatura de consumo: 10-12°C (50-54°F).

Los mejores vinos del Penedès son indudablemente los varietales criados en barricas de 100 por 100 chardonnay (Milmanda, de Miguel Torres, o Jean Leon Chardonnay, por ejemplo). Estos vinos son poderosos, ricos en aroma y sabor, frescos y sofisticados, con acidez muy agradable. El aroma y el sabor recuerdan a vainilla, avellanas tostadas, mantequilla, pan tostado y cacao (Jean Leon Chardonnay) o melón y frutas exóticas, mantequilla, pan tostado, vainilla y trufas (Torres Milmanda). Estos ricos vinos son acompañamientos ideales para los crustáceos (langosta) y los mejores tipos de pescado con fuertes salsas (rape). También deliciosos con pularda, pavo o faisán. Temperatura de consumo: 12°C (54°F).

Los vinos ligeramente amables del Penedès también son muy sorprendentes. En particular los vinos ligeramente dulces de muscat y gewürztraminer son especialmente interesantes, con variados aromas a especias, flores y frutas (lavanda, anís, rosa, flor del naranjo, melocotón y manzanas dulces). También encontrará los aromas más insólitos en los sorprendentes vinos hechos de Parellada, como membrillo, plátanos maduros, uvas dulces, miel y acacia. Beba los vinos Muscat/Gewürztraminer (por ejemplo, Viña Esmeralda de Torres) con entrantes ligeros como aguacate y cóctel de gambas, melón con jamón, serrano, espárragos y jamón, o con pollo o cerdo en salsas agridulces (orientales). Temperatura de consumo: 8-10°C (46-50°F).

Los rosados secos del Penedès se obtienen principalmente de garnatxa y cariñena y son frescos y afrutados (cerezas, ciruelas) con toques florales (iris, mimosa). Puede servirlos como aperitivos, con un poco de chorizo, aceitunas y quesos de garrotxa, con paella, gambas a la plancha o gambas al ajillo (a la plancha con o sin ajo), platos de pasta con azafrán y salsa de crema de tomate, o con cocina oriental (en particular la tailandesa). Temperatura de consumo: 10-12°C (50-54°F).

Entre los vinos tintos del Penedès encontrará vinos de estilo español, de uvas tempranillo y garnatxa, pero también vinos que parecen más europeos, de uvas cabernet sauvignon, pinot noir, merlot y cabernet franc, posiblemente mezcladas con tempranillo.

Algunas combinaciones de vino y comida probadas y aprobadas son: vino joven Tempranillo con paella de carne y platos ligeros de carne; Garnatxa/Cariñena con guisos, aves de caza y de corral. Pinot Noir/Tempranillo con asados, pollo, cordero y conejo y Cabernet Sauvignon/Tempranillo con carnes asadas, filete de vacuno y caza. Temperatura de consumo: 12-14°C (54-57°F).

Los mejores vinos tintos, obtenidos a partir de uvas de uno o dos de los mejores viñedos, merecen una atención culinaria mucho mayor. Algunas sugerencias son Pinot Noir con carne a la parrilla, caza y quesos cremosos, y Cabernet Sauvignon (reserva) con un filete de buey, costillas o caza. Temperatura de consumo: 16-17°C (61-63°F).

El Penedès también cuenta con algunos vinos dulces. Los vinos de moscatel se obtienen de muscat (grano menudo y/o alexandría) y son particularmente aromáticos (flor del naranjo, miel, piel de naranja y piel de limón confitadas, grosellas, rosas, geranios, lilas, tabaco, especias). Compre una marca conocida y, sobre todo, de fiar, como Torres Moscatel d'Oro o Vallformosa Moscatel. Beba estos vinos dulces solos, por puro placer. Temperatura de consumo: 6-8°C (43-46°F).

De vez en cuando se encontrará con algunos vinos rancios a la antigua de garnatxa. Mejores que éstos son los vinos de postre de garnatxa y cariñena, guardados en tanques de acero inoxidable y después envejecidos en barricas de roble americano. Resulta difícil decir todos los aromas y sabores que puede encontrar aquí. Probablemente distinguirá dátiles, ciruelas, mermeladas de frutas rojas, especias y vainilla. Aquí también le podemos ofrecer una combinación culinaria muy excitante: langosta a la sangre brava, un guiso de langosta con una salsa de vino Sangre Brava. Beba el vino tinto licoroso de Torres, Sangre Brava... ¡Sublime! Para los menos atrevidos resulta excelente combinado con crema catalana o crema quemada, el famoso postre a base de huevo con una capa superior crujiente y caramelizada. Temperatura de consumo: 8-12°C (46-54°F).

Vino ligeramente dulce de muscat y gewürztraminer.

Beba los grandes vinos con rosbif o caza.

Cabernet Sauvignon reserva.

Deliciosa rosado afrutado.

Tinto Tempranillo.

Delicioso con carne a la parrilla.

Cabernet Sauvignon reserva.

TARRAGONA

Tarragona es la región con denominación de origen más grande de Cataluña. El área vinícola es una continuación de la del Penedès, situada entre el Mediterráneo y los pies de las cordilleras costero-catalanas. La región está rodeada en el sudoeste por los viñedos de Terra Alta. En la parte sudoeste se encuentra el enclave del Priorato, también conocido por sus fuertes tintos. El comercio en Tarragona se concentra alrededor de la capital de provincia del mismo nombre y la pequeña ciudad de Reus. En la parte oeste la pequeña ciudad de Falset es el centro de la Tarragona Clásica.

Tarragona se subdivide en dos subdistritos. Los viñedos de El Camp de Tarragona (alrededor del 75 por 100 de la D.O.) se sitúan a una altura que varía de los 40 metros (130 pies) cerca de la costa a los 195 metros (640 pies) a los pies de las montañas. El suelo consiste principalmente en un estrato superior de caliza y marga sobre un tipo de subsuelo aluvial. La parte sudoeste, bajo el enclave del Priorato, desde la ciudad de Falset hasta los viñedos de Terra Alta, está situada a una mayor altura: alrededor de la ciudad de Falset los viñedos se encuentran a una altura de 450 metros (1.475 pies) y en la parte más occidental, el valle del Ebro, a unos 105 metros (345 pies). El suelo de esta comarca de Falset consiste en un subsuelo de granito con un estrato superior fino de marga y caliza alrededor de Falset y un suelo aluvial en el valle del Ebro. El clima es principalmente mediterráneo, pero los altos viñedos son algo más frescos en el verano. La tan necesitada lluvia aparece principalmente en primavera y otoño, mientras que los veranos son cálidos, secos y largos. En el valle los inviernos son suaves, algo por encima de los microclimas más áridos (semicontinentales). Las uvas más importantes en Tarragona son las blancas macabeo, xarello, parellada y garnacha blanca, y las negras garnacha, mazuelo (cariñena) y ull de llebre (tempranillo). Naturalmente Tarragona no ha escapado a la experimentación en los cultivos de, entre otras, cabernet sauvignon, merlot y chardonnay. Exclusivamente la cariñena y garnacha se pueden usar en los viñedos de la comarca de Falset. En total se producen seis tipos de vino diferente en Tarragona:

- El Camp blanco y rosado: vinos secos y afrutados para el consumo diario. Los tintos de El Camp, principalmente a base de garnacha, posiblemente complementada o incluso sustituida por una de las otras tintas permitidas, son grandes vinos para las fiestas o las comidas diarias. Temperatura de consumo: blanco 8-10°C (46-50°F), rosado 10-12°C (50-54°F) y vino tinto joven 12-14°C (54-57°F).
- Los mejores tintos de El Camp, que contienen una mayor proporción (a veces incluso el 100 por 100) de Tempranillo y son muy apropiados para envejecer en barricas. Tarragona tiene vinos de crianza, reserva e incluso gran reserva, pero rara vez se encontrará con ellos fuera de su zona. Deliciosos con carnes rojas, cordero o aves a la parrilla. Temperatura de consumo: 14-16°C (57-61°F).
- Los tintos Falset, que son especiados y vigorosos, con al menos un 13 por 100 de alcohol. Tampoco encontrará

a menudo estos tintos fuera de su zona. Bébalos con la típica caza española, carnes rojas a la plancha o al grill, cerdo con salsa picante o queso de oveja de las montañas. Temperatura de consumo: 14-16°C (57-61°F).
- El Tarragona Classico (también escrito Clásico): el antiguo vino licoroso de Tarragona, obtenido en un 100 por 100 de garnacha. El vino debe contener al menos un 13 por 100 de alcohol y haber madurado durante al menos doce años en barricas de roble. Cada uno de estos es una auténtica pieza de museo. Beba este tinto dulce de Tarragona en sus propias sobremesas. Temperatura de consumo: según el gusto 8°C (46°F) o a temperatura ambiente (para los que sean golosos).
- Finalmente encontramos los antiguos vinos rancios de Tarragona, que a menudo contienen más de un 17 por 100 de alcohol. Estos vinos han madurado al cálido sol en damajuanas de cristal. El sabor recuerda a un vino seco de Madeira, pero con bastante menos delicadeza. Temperatura de consumo: 8-10°C (46-50°F).

Es una verdadera lástima que tanto potencial para obtener buenos vinos sea negado simplemente para lograr beneficios rápidos. En el mercado de la exportación aún existe más vino de Tarragona de granel que vino de calidad embotellado. Desgraciadamente las cifras no muestran lo que ocurre con este vino a granel. Afortunadamente, los mismos españoles están dando un buen ejemplo comprando cada vez más vino de Tarragona embotellado, lo que debería –esperemos– dar a los viticultores y a los compradores extranjeros algo en lo que pensar.

PRIORAT/PRIORATO D.O.C.

Priorat –Priorato en castellano– es una de las regiones vinícolas más antiguas de Cataluña. El paisaje es interpretado a la perfección por los vinos: la fuerza de las montañas, el calor del sol, la gentileza y sinceridad de los valles, los aromas celestiales extendidos por los vientos de las montañas, el suelo duro de granito, los reflejos brillantes de las pequeñas piedras de mica al sol... pocos vinos en el mundo tienen una historia tan buena que contar como estos de Priorat. Se construyó un monasterio cartujo (Priorat) en el lugar donde, hace mil años, un pastor tuvo una visión en la que los ángeles entraban en el cielo mediante una escalera secreta. En la actualidad sólo quedan las ruinas de ese monasterio pero el pueblo construido en sus inmediaciones, Scala Dei (la escalera a Dios), aún existe y es un próspero centro vinícola.

Priorat se ha dado a conocer durante siglos por sus vinos tintos poderosos, cálidos y muy alcohólicos. Mientras la mayoría de las levaduras cesan de reaccionar cuando se alcanza un nivel de 14,5 o 15 por 100 de alcohol, la fermentación continúa en Priorat hasta el 18 por 100 de alcohol –algo único en el mundo–. Debido a su alto porcentaje

Priorato tinto de Scala Dei.

de alcohol y su enorme fuerza, estos vinos se mantienen muy bien y no tienen ningún problema a la hora de ser transportados. Aunque cada vez se produce más blanco y rosado en Priorat, existe un núcleo duro de aficionados por los raros tintos de Priorat. Éstos son vinos bastante insólitos, que, a pesar de su alto porcentaje en alcohol, aún tienen suficiente cuerpo, fuerza, finura y, sobre todo, acidez elegantes para ser de primera clase. Debería al menos una vez en la vida beber una copa de priorat clásico y genuino. Estos vinos son los más caros de España; por tanto, si es barato no se trata de un priorat auténtico.

El distrito de Priorat es muy montañoso: las montañas de Montsant alcanzan una altura de unos 1.200 metros (3.490 pies) y están atravesadas por profundos valles aluviales. Los viñedos se sitúan a una altura de 100-160 metros (330-1.970 pies) sobre un suelo especial que se asemeja a la piel rayada de un tigre, la licorella. Este tipo de suelo es tan genuino como los vinos que se producen aquí. El suelo subyacente de origen volcánico posee bandas alternadas de cuarzo rojizo y pizarra negra. El estrato superior fértil está formado por pizarra y mica fragmentadas. Los inclinados viñedos de las montañas de Montsant recuerdan a los del valle del Duero en Portugal. Debido a que las laderas de las montañas son tan inclinadas, las vides se suelen plantar en terrazas, para evitar que sean arrastradas. No hace falta decir que esta clase de cultivo no permite ningún tipo de mecanización. Incluso el clima de Priorat es diferente al de cualquier otro lado. El clima continental es suavizado hasta cierto punto por el cálido viento del sudeste (mistral), mientras que los fríos y a menudo húmedos vientos del norte soplan directamente hacia los valles. En general los inviernos aquí son bastante fríos, pero no extremos, mientras que los largos veranos son cálidos y secos.

La variedad de uva usada con mayor frecuencia en Priorat es la garnacha (tinta y peluda), a veces complementada con mazuelo (cariñena). Garnacha blanca, macabeo y una mínima cantidad de Pedro Ximénez se emplean para los vinos blancos bastante menos frecuentes y los vinos licorosos. Durante varios años se han realizado experimentos en Priorat con diferentes variedades de uva, inluyendo chenin blanc, pinot noir, syrah y cabernet sauvignon. La mayoría de los experimentos tienen lugar en un área más baja y plana cercana a Gratallops. Se intenta descubrir lo bien que esas uvas foráneas se pueden adaptar aquí y si pueden usarse en solitario o en combinación con otras uvas autóctonas. Los resultados iniciales son muy prometedores. La región que rodea Scala Dei, en una situación mucho más elevada, sigue produciendo sólo vinos tradicionales.

Los vinos blancos, rosados o tintos jóvenes, algunos de ellos experimentales, son en general vinos frescos y agradables para el consumo diario. Se pueden beber jóvenes con cocina europea local o moderna. Temperatura de consumo: blanco 8-10°C (46-50°F), rosado 10-12°C (50-54°F) y tinto joven 12-14°C (54-57°F).

También encontramos los famosos vinos tintos de Priorat, en las calidades de crianza (al menos un año en barrica y un mínimo de tres años en botella), reserva (al menos un año en barrica y dos años en botella) y gran reserva (al menos dos años en madera y cuatro años en botella). Dependiendo de su edad, los vinos poseen diferentes matices e intensidades de color, son intensamente aromáticos

(¡moras!) y tienen mucho cuerpo, con un contenido en alcohol del 13,5 al 18 por 100. Uno de los mejores y más espectaculares vinos de Priorat es el producido por el famoso enólogo español José Luis Pérez. Se trata del Martinet bru, un increíble monumento al vino, mientras que el ligeramente más moderno Clos Martinet podría ser una avanzadilla de lo que Priorat logrará en este siglo. Es menos alcohólico y mucho más afrutado.

Tradicionalmente un Priorat con cuerpo se bebe con comidas fuertes y nutritivas como *escudella i carn d'olla*, un guiso catalán de carne con huevo y verduras. También fascinante con guisos de caza (jabalí, venado, liebre) o costillas de vacuno al grill o carne con una salsa generosa. Temperatura de consumo: 14-18°C (57-61°F).

Priorat también produce excelentes vinos rancios que han envejecido al sol (en recipientes de cristal o barriles y expuestos al caluroso sol). Esto tiene lugar a pleno contacto con el aire libre, de forma que los vinos se oxidan. El priorat rancio tiene simultáneamente algo de madera en él, con la fuerza de un maury o un banyuls y el sabor terroso de un buen porto. Bébalos como un reconfortante aperitivo en invierno o después de las comidas con un trozo de queso curado y algunos frutos secos. Temperatura de consumo: como aperitivo sírvase frío (8-12°C /46-54°F), después de las comidas a 16-18°C (61-64°F).

Finalmente encontramos los vinos licorosos o generosos, hechos de garnacha y Pedro Ximénez. Los mejores son como un buen jerez oloroso. Grandes como aperitivo o con queso de oveja, frutos secos y algunas uvas frescas y dulces. También delicioso con *mel* y *mató*, una especialidad de crema de queso fresco y miel, y *menja blanca*, un excelente postre de almendras molidas, crema, brandy y limón. Temperatura de consumo: 8-12°C (46-54°F).

TERRA ALTA

El suelo de esta región montañosa bastante inaccesible consiste en un estrato inferior de caliza y arcilla con un estrato superior profundo y más pobre. Los viñedos se sitúan a una altura media de 400 metros (1.310 pies), sobre un suelo bien aireado y poroso. El clima es continental con ligeras influencias mediterráneas. Los vinos tradicionales de Terra Alta son los vinos rancios fuertemente oxidados, que cada vez encuentran menos compradores. Bastante más interesantes son los nuevos desarrollos que afectan a los vinos blancos, rosados y tintos más modernos, ligeros y frescos.

Encontrará los Terra Alta blancos en varias calidades, de los vinos jóvenes frescos, ligeros y secos a los reservas completos y redondos (seis meses en madera y un mínimo de tres años en botella), y también vinos de semidulces a licorosos (generosos).

Beba los vinos jóvenes (macabeo, garnacha blanca) como aperitivos o con el tradicional pan con tumaca, una rodaja de pan rústico catalán ligeramente untado con ajo fresco y cubierta con tomate, jamón serrano y con un chorrito de buen aceite de oliva (virgen extra). También delicioso con una parrillada mixta de pescado. Temperatura de consumo: 8-10°C (46-50°F). Los vinos de reserva deberían servirse con mejores tipos de pescado, como rape o rodaballo. Temperatura de consumo: 10-12°C (50-54°F). Los vinos semidulces y licorosos acompañan mejor a postres frescos, como *mel y mató* (crema de queso fresco y miel). Temperatura de consumo: 8-9°C (46-48°F).

Los Terra Alta rosados son principalmente vinos jóvenes, hechos de garnacha y destinados a consumirse cuando aún son jóvenes. Son rosados frescos, ligeros y muy agradables, que combinan bien con paellas de pescado, pollo, conejo o carne, embutidos, chorizo o morcilla, pescados a la parrilla o pollo y carne asadas o al grill. Temperatura de consumo: 10-12°C (50-54°F).

Los Terra Alta tintos pueden ser jóvenes, frescos y ligeros, del tipo de los vinos jóvenes, o maduros, completos y bien equilibrados, como los crianza (seis meses en madera, un mínimo de tres años en botella), reserva (mínimo de un año en madera y cuatro años en botella) y gran reserva (mínimo de dos años en madera y seis años en botella). Estos vinos con sustancia tienen un porcentaje medio de alcohol del 13 al 13,5 por 100. Sírvalos con carnes rojas, platos de caza o una pierna de cordero asada. Temperatura de consumo: 14°C (57°F) los crianza o 16°C (61°F) los reserva o gran reserva.

CONCA DE BARBERÁ

Esta región vinícola se encuentra entre las de Tarragona y Costers del Segre. La Conca de Barberá, incluyendo la capital Montblanc, está rodeada y protegida por cordilleras montañosas. El suelo es particularmente apropiado para producir las uvas base para el cava. En los últimos años, sin embargo, se ha invertido más dinero en la producción de tintos y rosados. Las bodegas más modernas han ampliado o han renovado completamente sus equipamientos. Se han introducido las variedades cabernet sauvignon y merlot, así como la autóctona trepat (¿una versión de la garnacha?), garnacha y ull de llebre (tempranillo). Los resultados iniciales son particularmente prometedores. Los viñedos tienen una altura relativamente baja en los valles de unos 200-400 metros (655-1.310 pies). El subsuelo consta de caliza y el estrato superior de suelo aluvial, con gran cantidad de cal. El clima es mediterráneo, pero moderado (y frío) hasta cierto punto.

Conca de Barberá blanco.

Existen cinco tipos de Conca de Barberá:

– Blancos de parellada y macabeo, frescos, afrutados y destinados a ser bebidos pronto, por ejemplo como aperitivo, con mariscos, pescados de mar al grill, queso joven de cabra o paella de pescado. Temperatura de consumo: 8-10°C (46-50°F).
– Los blancos experimentales de chardonnay. Beba estos vinos amables, completos, redondos y, sobre todo, alegres con los mejores tipos de pescado, como rape o rodaballo, o con langosta. Temperatura de consumo: 10-12°C (50-54°F).
– Los blancos 100 por 100 parellada, que son vinos frescos, ligeros, secos y aromáticos muy de moda en

este momento. Resultan muy buenos como aperitivos o como acompañantes de mariscos, por ejemplo, o *parellada de pescos* (parrillada de pescado variada). Temperatura de consumo: 8-10°C (46-50°F).
– Rosados, igualmente frescos y ligeros, con mucha fruta. Se obtienen principalmente de garnacha, a veces con trepat. Beba estos vinos con embutidos, pescado a la parrilla, paella de pescado, pollo o conejo, o con platos locales como chorizo o morcilla. Temperatura de consumo: 10-12°C (50-54°F).

Conca de Barberá tinto.

Vino tinto superior de Conca de Barberá.

– Tintos, cada vez más *cuvées* de garnacha y ull de llebre (tempranillo). Los vinos jóvenes son muy agradables y, consumidos pronto, pueden acompañar a casi todo. Temperatura de consumo: 12-14°C (54-57°F). Los primeros vinos crianza y reserva son muy prometedores. Hay algunos con un *cuvée* de garnacha y ull de llebre y otros de cabernet sauvignon y ull de llebre (poco frecuentes). Los últimos son de mejor calidad, pero los primeros dan la impresión de ser más españoles y menos europeos. En todo caso ambos se seguirán produciendo. Los crianzas y reservas deberán beberse con carne roja asada o al grill, cordero y aves de caza y acuáticas. Temperatura de consumo: 16-17°C (61-63°F).

COSTERS DEL SEGRE

El Segre es un afluente del Ebro, que nace en los Pirineos y atraviesa la provincia de Lleida. Las cuatro subdenominaciones de la D.O. Costers del Segre se sitúan a ambos lados del río: Artesa (nordeste de la ciudad de Lleida), Vall de Riu Corb y Les Garrigues (este de Lleida) y la menor Raïmat (cerca de la pequeña localidad del mismo nombre, al oeste de Lleida). El suelo de Costers del Segre consta casi en todas partes de un estrato superior arenoso sobre un subsuelo de caliza. El clima es continental.

Costers del Segre posee una larga historia como suministradora de vino de la ciudad de Lleida. El lema del distrito solía ser: "primero la cantidad, si sabe bien mucho mejor". Durante los últimos treinta años o más, un pequeño núcleo de bodegas innovadoras se han ocupado en experimentar con diferentes variedades de uva y estilos de vinificación.

Un nombre queda indisolublemente unido al de Costers del Segre, el de Raïmat. Esta gran propiedad de unas

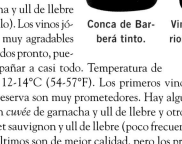

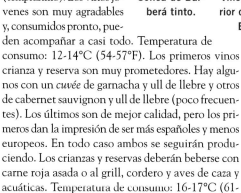

Fantástico Merlot.

CASTELL DEL REMEI

BLANC PLANELL
2000

COSTERS DEL SEGRE
DENOMINACIÓN DE ORIGEN
MACABEO, SAUVIGNON BLANC
Y CHARDONNAY. VINO JOVEN
FERMENTADO EN FRÍO A 16°C.
COLOR AMARILLO MARFIL PÁLIDO
CON AROMAS BALSÁMICOS
VEGETALES A BOJ Y FLORALES A VIOLETA
GLICÉRICO Y MELOSO EN BOCA
CON REMINISCENCIAS A MANZANA
ELABORADO EN LA PROPIEDAD CASTELL DEL REMEI

ESTATE BOTTLED

Costers del Segre blanco.

CASTELL DEL REMEI

GOTIM BRU
1998

COSTERS DEL SEGRE
DENOMINACIÓN DE ORIGEN
TEMPRANILLO, MERLOT Y
CABERNET SAUVIGNON. VINO
CRIADO DURANTE 10 MESES EN
BARRICA DE ROBLE AMERICANO.
COLOR CEREZA CUBIERTO. AMPLIO,
ESPECIADO, CON AROMAS A MADERAS,
CUEROS, BAYAS NEGRAS Y CASIS.
POTENTE ESTRUCTURADO, SABROSO EN BOCA
ELABORADO EN LA PROPIEDAD CASTELL DEL REMEI

ESTATE BOTTLED

Gotim bru, diez meses en madera.

3.000 hectáreas (7.400 acres) (en viñedos 1.000 hectáreas/2.470 acres) fue durante muchos años propiedad de la familia Raventós (de los Cava Codorníu) y albergó una de las bodegas con tecnología más moderna de España. Esta bodega fue la fuerza impulsora responsable de las grandes renovaciones en Costers del Segre. Cada vez más viticultores se han distanciado de los vinos mediocres que podía encontrar en los bares de Lleida. Los vinos al nuevo estilo, incluyendo Raïmat, son de un calibre completamente diferente. Mientras que los viticultores tradicionales no probaban otra cosa que macabeo, parellada y xarello para los vinos blancos (uvas base para los cavas) y garnacha con ull de llebre (tempranillo) para los tintos, los viticultores modernos probaron otras posibilidades. Por ejemplo, garnacha blanca y sobre todo chardonnay han sido añadidas a la lista de uvas blancas y cabernet sauvignon, merlot, pinot noir, monstrell, trepat y mazuela (cariñena) a la lista de las tintas. Los mejores resultados se obtienen en general con un *cuvée* de cabernet sauvignon, tempranillo y merlot o cabernet sauvignon y merlot.

Los vinos modernos blancos se obtienen principalmente de un 100 por 100 chardonnay o un *cuvée* de chardonnay, macabeo y xarello. Los mejores vinos de chardonnay experimentan una crianza en roble breve, lo que les aporta algo de peso y redondez extra. Beba estos vinos como aperitivo o con comidas a base de los mejores pescados, langostas, cangrejos o incluso ternera y pollo en salsas cremosas. Temperatura de consumo: 10-12°C (50-54°F).

Los rosados modernos van de lo bastante bebible a lo muy agradable, pero no alcanzan el nivel de los vinos blancos o tintos de Costers del Segre. Los resultados más satisfactorios se han obtenido con 100 por 100 de merlot (Castell del Remei). Cuando beba este vino verá cómo es difícil asegurar si procede del sur de Francia, Italia o España. Beba estos rosados con piezas de carne, en fiestas, almuerzos y picnics destinados a una jornada agradable y no para filosofar sobre el vino. Temperatura de consumo: 10-12°C (50-54°F).

Raimat Cabernet Sauvignon.

Los vinos tintos, de los crianzas a los reservas, son altamente rentables, sobre todo considerando el precio. El reserva Abadía de Raïmat y el reserva Raïmat Cabernet Sauvignon son típicos ejemplos de un acercamiento inteligente y cariñoso a los vinos de alta tecnología que respetan la tradición. Estos excelentes vinos tienen una calidad particularmente superior y un precio razonable. Bébalos con una carne realmente especial de vacuno o cordero, pollo, aves de caza o acuáticas, o caza menor. Temperatura de consumo: 16°C (61°F).

BINISSALEM

Binissalem es una región vinícola con D.O. relativamente pequeña (312 hectáreas/771 acres) situada en la isla de Mallorca, la única que cuenta con una D.O. en las Baleares y, lo que es más, la primera zona en recibirla fuera de la península.

Los viticultores de las Baleares han producido suficiente vino para el consumo local durante años. Cuando las Baleares fueron descubiertas por el Club Med y millones de turistas en los años 60, el comercio de vino local se quedó pequeño. La mayoría de las bodegas estaban contentas con esta situación, pero cada vez más viticultores pensaron que deberían actuar. Su lucha por la calidad y el reconocimiento fue recompensada en el año 1991 con la obtención de la tan deseada denominación de origen.

Los viñedos de Binissalem se localizan en la llanura principal de la isla, en una situación elevada y opuesta a Palma de Mallorca. El suelo consta de caliza y algo de arcilla y es muy poroso. El clima en las Baleares es típicamente mediterráneo. La selección de las uvas es particularmente interesante. Se emplean las uvas autóctonas manto negro, callet (tintas) y moll (blancas), y si se desea se mezclan con uvas "españolas" como ull de llebre (tempranillo) o monastrell (ambas tintas) y macabeo y perellada (ambas blancas).

Los vinos blancos y rosados son frescos, ligeros y requieren un consumo cuando aún son jóvenes. Algunas bodegas están experimentando con crianza en roble breve para los vinos blancos, obteniendo diversos resultados. Son grandes vinos como aperitivos, con pescado, paella y selecciones de carne y con especialidades locales como acelgas con pasas y piñones o la famosa sobrasada mallorquina, excelente por su textura suave pero sabor especiado y dulce. Deje un poco de vino para el queso de Mahón, fresco y agrio pero bastante ácido. Temperatura de consumo: 10-12°C (50-54°F).

Los tintos son decididamente más completos y ricos en alcohol que los blancos y rosados. Pruebe los típicos crianzas y los reservas de José L. Ferrer (Bodega Franja Roja) o los crianzas de Herederos de Hermanos Ribas. No cabe duda de que tendrá que viajar a Mallorca para probar estos vinos. Se produce tan poca cantidad que

CASTELL DEL REMEI

ODA 1998

COSTERS DEL SEGRE
DENOMINACIÓN DE ORIGEN
SELECCIÓN DE MERLOT,
CABERNET SAUVIGNON
Y TEMPRANILLO. CRIADO
DURANTE 12 MESES
EN BARRICA NUEVA
DE ROBLE AMERICANO.
COLOR CEREZA INTENSO
RICO Y PROFUNDO EN AROMAS
A VEGETALES, FRUTAS MADURAS, CACAO,
TORREFACTOS, PODEROSO Y RICO EN TANINOS.
VINO NO FILTRADO
ELABORADO EN LA PROPIEDAD CASTELL DEL REMEI

ESTATE BOTTLED

Oda, doce meses en madera.

no se exportan. Beba estos vinos con platos de carne, preferiblemente asados, pero cualquier buena pieza de carne con una suculenta salsa irá bien. Temperatura de consumo: 14-16°C (57-61°F).

EL VALLE DEL DUERO

Ya hemos analizado la región del Bierzo, que es una denominación de origen de Castilla y León. Oficialmente el Bierzo forma una entidad con las otras cuatro regiones vinícolas de Castilla y León. Por razones geográficas y, particularmente, climatológicas tratamos el Bierzo (León) a parte de las otras regiones, todas ellas en Castilla. Las cuatro regiones restantes se sitúan a lo largo de las orillas del río Duero (Douro, en Portugal). Las D.O. Toro y Rueda quedan al sur de Valladolid en un rectángulo formado por las ciudades de Zamora, Salamanca, Segovia y Valladolid. Las D.O. Cigales y Ribera del Duero se localizan al norte y al este de Valladolid, respectivamente.

El clima en el valle del Duero es continental pero ligeramente menos severo en las regiones más altas (algunos viñedos alcanzan una altura de 800 metros/2.625 pies). En las inmediaciones del Duero, del Pisuerga y en las regiones más altas existen microclimas variantes que resultan muy favorables para la viticultura.

Puede resultar sorprendente pero, en parte debido a la ciudad de Valladolid y a la famosa universidad de Salamanca, la demanda de buen vino en esta área es tan grande que la mayoría de las bodegas no necesitan exportar. El mercado local representa la mayoría de los clientes. Los amantes del vino que no sean españoles pueden considerarse afortunados con los vinos de exportación que son de un nivel muy alto, especialmente los de Ribera del Duero (tintos) y Rueda (blancos). Debido a que los castellanos siempre han sido grandes consumidores de carne, existe una necesidad constante de vinos tintos con cuerpo (Toro, Ribera del Duero). Los amantes del pescado de agua dulce pueden también encontrar la salvación en las aguas locales y en las bodegas de Rueda, que producen vinos blancos maravillosos. Rueda y Ribera del Duero (y también Bierzo) tienen ahora un nombre propio entre los entendidos del vino. Nombres como Toro y Cigales aún suenan extraños para mucha gente. Y aun así, los vinos de estas regiones, particularmente de Toro, ofrecen una calidad excelente a un precio más que razonable.

TORO

Desde la obtención de su D.O. en 1987, Toro se ha convertido en un elemento clave de la clasificación de los principales vinos españoles. La región abarca tan sólo 2.500 hectáreas (6.200 acres) y en la actualidad cuenta sólo con siete bodegas embotelladoras. El área es muy seca y posee un clima continental con precipitaciones más bien escasas. Las localidades de Toro y Morales de Toro son los centros de comercio más importantes de esta denominación de origen. Debido al clima extremadamente caluroso y en particular por la gran sequía, durante muchos años los vinos aquí eran tintos fuertes,

casi almibarados, y muy alcohólicos. Gracias a la modernización radical de los equipamientos y una visión completamente diferente de la producción vinícola, las bodegas locales han sido capaces de elevar los vinos de Toro (sobre todo el tinto) a la categoría de los mejores vinos españoles. En el norte de la denominación Toro el suelo consta de un estrato superior de arena y un subsuelo duro de caliza. En las inmediaciones de los ríos Duero y Guareña el suelo es de tipo aluvial y tiene un estrato superior más fértil. La mayoría de los viñedos se sitúan a una altura de 600-750 metros (1.790-2.460 pies). El clima es genuinamente continental. Debido a la altura de los viñedos, las temperaturas refrescan ligeramente en verano cuando cae la noche y cuando soplan los suaves vientos del oeste. Las uvas más importantes para los vinos de Toro son tinta de Toro (una hermana de la tempranillo) para los tintos y malvasía para los vinos blancos. Como suplementos se emplean garnacha (negra) y verdejo (blanca).

Toro blanco.

Los vinos blancos de Toro hechos con malvasía (a veces complementada con verdejo) son frescos, suaves, elegantes y, sobre todo, muy florales en aroma y sabor, con un toque de frutas.

Beba estos vinos jóvenes como aperitivo o con las truchas de montaña locales (hervidas en vino blanco o fritas) o salmón del Esla, Aliste o Tera. Una copa de Toro blanco también se revela fantástica con el queso zamorano local. Temperatura de consumo: 8-10°C (46-50°F).

Los toro rosados son frescos, completos y redondos, y recuerdan ligeramente a los vinos de Navarra. Ofrecen tanto fruta como calidez (hasta un 14 por 100 de alcohol), lo que les hace apropiados para platos de pescado, pollo, conejo, cerdo o incluso cordero a la parrilla. Las combinaciones más recomendables son: arroz con cordero, cochinillo asado, gambas al ajillo y platos de pescado que incluyan ajo, aceite de oliva, pimientos españoles y otros extras picantes. Temperatura de consumo: 10-12°C (50-54°F).

Los tintos jóvenes de Toro son frescos, afrutados y muy agradables. Todos los tintos de Toro deben, por

Toro tinto.

cierto, tener un contenido de al menos un 75 por 100 de la variedad tinta de Toro. El clima y el suelo ayudan a producir vinos cálidos con mucho cuerpo. Los porcentajes de alcohol entre el 14 y el 15 por 100 no son una excepción. Resulta chocante que a pesar del alto contenido en alcohol estos vinos posean un mayor equilibrio que otros vinos de regiones más cálidas. Principalmente se debe a su fina y encantadora acidez. Incluso los Toro tintos más simples siempre sorprenden.

Beba un tinto joven corriente en su etapa aún afrutada con, por ejemplo, pollo, cordero, cerdo o buey asado o a la parrilla. El área cercana a Zamora es famosa por su ganado Aliste y Sayago y sus corderos... Temperatura de consumo: 12-14°C (54-57°F).

Los Toro crianza y (gran) reserva son excepcionales. Tienen mucho cuerpo, redondez, fuerza y calidez, pero también la famosa frescura de los vinos de Toro. Muy recomendables con platos de carne al horno o a la barbacoa, como cordero/ lechazo asado o cochinillo asado. También puede servir estos vinos con caza o aves acuáticas. Temperatura de consumo: 16-17°C (61-63°F).

Reserva de Rueda fermentado en madera.

RUEDA

Rueda es la denominación por excelencia de los vinos blancos. Esta región vinícola de casi 5.700 hectáreas (14.000 acres) ha sido reconocida desde 1980 por sus magníficos vinos blancos. El clima es bastante severo, continental, con heladas traicioneras que causan un descenso natural en el rendimiento. El suelo consta de un subsuelo muy pobre y calcáreo y los viñedos se encuentran a una altura de 700-800 metros (2.300-2.625 pies). Durante siglos se han producido aquí vinos excelentes, pero el avance más importante de Rueda ha llegado con la aparición de los famosos comerciantes de vino de Rioja (Marqués de Riscal).

Rueda produce cinco tipos de vino: el Rueda simple (mínimo 50 por 100 de Verdejo, complementada con palomino o viura), el Rueda superior (mínimo 85 por 100 verdejo, generalmente complementada con viura), el Rueda espumoso (mínimo 85 por 100 de verdejo) y los vinos licorosos poco usuales Pálido Rueda y Dorado Rueda.

Los vinos de Rueda se embotellan jóvenes, pero algunos pueden previamente madurar en madera durante un breve periodo. Sobre todo con los últimos, el uso de sau-

Rueda Sauvignon, Rueda Superior y vinos de mesa de Castilla y León.

vignon, una uva nueva en la zona, está poniéndose de moda. Resulta un vino ideal como aperitivo, pero también excelente con espárragos, mariscos o incluso truchas. Temperatura de consumo: 8-10°C (46-50°F).

El Rueda superior tiene bastante más carácter que el Rueda simple. Aunque se puede embotellar joven, los mejores vinos se crían durante seis meses o más. Estos vinos huelen a hierba, heno, hierbas y anís, o a hinojo. Son excelentes acompañando a los platos de pescado de agua dulce locales, ranas al ajillo, pescado de mar con ricas salsas (por ejemplo, el besugo), crustáceos (cigala o langosta), carnes blancas (ternera) o un trozo de queso zamorano no demasiado curado. Temperatura de consumo: 12°C (54°F).

El espumoso de Rueda se hace según el método tradicional y se deja reposar en la botella con sus levaduras durante al menos nueve meses (es decir, igual que el cava). Pueden parecer que algunos Rueda espumosos tienen bastante cuerpo con su 13 por 100 de alcohol, pero la mayoría fluctúa en torno al 12 por 100. Beba estos espumosos como aperitivos o como contraste refrescante con un plato dulce. Temperatura de consumo: 6-8°C (43-46°F).

El vino licoroso a la antigua parecido al jerez, Pálido Rueda, es un vino de flor, al igual que sus distantes primos de Jerez de la Frontera. En otras palabras, durante la fermentación se forma en el vino una película de levadura que lo protege de la oxidación. El vino tiene que madurar durante al menos tres años en barricas de roble antes de que pueda venderse. Puede beber este vino con un mínimo de 15 por 100 de alcohol como aperitivo o después de las comidas, por ejemplo con un puñado de frutos secos y queso zamorano. Temperatura de consumo: 10-12°C (50-54°F) o si lo desea a temperatura ambiente.

El Dorado Rueda es un vino incluso más licoroso, anticuado y más parecido al vino rancio: el vino ha estado en contacto frecuente con el oxígeno y ha envejecido más deprisa, normalmente expuesto a pleno sol. Estos vinos con un mínimo de 15 por 100 de alcohol se pueden vender únicamente pasados al menos tres años de crianza en botas de roble. Puede usarlos como aperitivos fuertes y anticuados, si le gustan los vinos dulces, o después de las comidas en solitario o acompañados por algunos rebozos zamoranos (refrescantes pasteles de limón) o pantorrilla de Reinosa (galletas de anís y hojaldre). Temperatura de consumo: 6-8°C (43-46°F) o sírvalos a temperatura ambiente.

CIGALES

Sólo hay quince bodegas que embotellan vino Cigales. Esta región, a ambos lados del río Pisuerga, abarca apenas 2.700 hectáreas (6.700 acres). Cigales (D.O. desde 1991) tiene una larga historia como suministradora de magníficos rosados. Ya en el siglo XIII, estos vinos eran

Rueda Viura + Sauvignon.

invitados de honor en la corte castellana. En la actualidad, también se producen tintos de primera clase.

El clima de Cigales es continental. Debido a los vientos oceánicos hay una mayor presencia de las precipitaciones aquí que en el resto de las áreas vinícolas de Castilla. Los viñedos se sitúan en el valle o en las laderas a una altura de 700-800 metros (2.300-2.625 pies). En verano hace mucho calor durante el día, pero de noche refresca en los viñedos hasta tal punto que aquí se concentran todas las circunstancias apropiadas para producir vinos magníficos. Durante los últimos diez años se han realizado grandes esfuerzos por renovar completamente las bodegas. Cuando este proceso termine por completo todo el mundo oirá hablar de Cigales. El suelo en Cigales consta principalmente de caliza con un estrato superior fértil, cubierto de grandes rocas aquí y allá, que proporcionan un buen drenaje.

La mayor parte de los vinos de Cigales son rosados (75 por 100) y se consideran los mejores de España. Los

rosados deberían contener al menos un 50 por 100 de tempranillo (aquí llamado Tinto del País), si quieren merecer el derecho a D.O., posiblemente con un complemento extra de uvas tintas como garnacha o incluso uvas blancas (verdejo, albillo o viura). Es costumbre aquí producir rosados mediante la vinificación de una mezcla de uvas blancas y tintas juntas. Esto aporta a los vinos la fuerza de las uvas tintas y la frescura y aromas de las uvas blancas. La denominación bastante reciente de Cigales Nuevo es un vino joven con un mínimo del 60 por 100 de Tinto del País y un mínimo del 20 por 100 de uvas blancas. Su gran frescura y caracter frutal, junto a un contenido algo inferior en alcohol, hacen a este vino apropiado para aquellos nuevos consumidores en el arte de beber vino o entre la población estudiantil. Beba este vino joven en las fiestas, picnics o barbacoas y, sobre todo, no piense demasiado en él. Temperatura de consumo: 10-11°C (50-52°F).

Cigales rosado.

Los auténticos cigales rosados (por lo tanto sin el término "nuevo" en la etiqueta) se obtienen con el mismo porcentaje de uvas, pero normalmente tienen más cuerpo, carnosidad y alcohol. Los aromas son muy finos y elegantes, principalmente afrutados y frescos. Estos vinos tienen un carácter propio y saben cómo seducir incluso a los menos partidarios de los vinos rosados. Beba estos rosados con cuerpo, por ejemplo, con pescado de mar, pollo frito o asado, riñones de cordero u otras

Cigales tinto.

exquisiteces acompañadas de ajo, aceite de oliva, pimientos, chorizo y pimienta. Temperatura de consumo: 10-12°C (50-54°F).

Los mejores rosados se han criado en roble y se venden como crianzas. Estos vinos normalmente se obtienen de uvas tintas con un mínimo del 60 por 100 de Tinto del País y un mínimo del 20 por 100 de garnacha o viura, por ejemplo. Estos rosados, que se han criado en roble durante al menos seis meses, merecen los mejores pescados al horno (por ejemplo, dorada o lubina) o asados de aves de corral, aves de caza o cordero. Temperatura de consumo: 12°C (54°F).

Finalmente, los Cigales tintos, hechos con un mínimo del 85 por 100 de Tinto del País, complementado con garnacha y/o cabernet sauvignon, están al alza. Los primeros tintos crianza e incluso reserva acaban de llegar y resultan simplemente excelentes. Lo sorprendente en estos vinos tintos es la combinación de fruta seductora y fuerza y cuerpo, muy masculinos. Beba estos tintos con cuerpo con asado de buey o cordero asado o a la parrilla. Temperatura de consumo: 12°C (54°F) para el tinto, 14°C (57°F) para el crianza y 16°C (61°F) para el reserva.

RIBERA DEL DUERO

En esta región vinícola de 11.500 hectáreas (28.400 acres), situada en el corazón del terreno con forma de diamante que componen Burgos, Madrid, Valladolid y Soria, se producen los mejores vinos y seguramente los más caros de España. Presumimos que todos han oído hablar de Vega Sicilia, pero existen otras numerosas bodegas fantásticas por descubrir en esta región. Por suerte, no todas cobran los mismos precios astronómicos por sus vinos. Incluso así, el precio de un buen Ribera del Duero (como Vega Sicilia, pero existen más vinos de gran calidad) sigue siendo considerablemente inferior a otros vinos franceses de calidad similar. Definitivamente merece la pena aventurarse en el área y buscar los vinos de segundo nivel que ofrecen casi la misma calidad por mucho menos dinero.

El mejor vino por excelencia de Ribera del Duero y España.

Es difícil imaginarse que un vino como el famoso Vega Sicilia sólo haya podido obtener su denominación de origen en 1982. Antes de eso los vinos de las orillas del Duero eran simples vinos de mesa. Ya se daba un estricto control de los viñedos y de los vinos de la pequeña ciudad de Roa en el siglo XII. Mientras la aristocracia de la zona de La Rioja estaba ocupada experimentando con cepas de uvas de Burdeos, al igual que con la autóctona tempranillo, la aristocracia de Ribera del Duero hacía exactamente lo mismo, con —eso parece— bastante más éxito.

Los mejores viñedos se encuentran a una altura de 750-900 metros (1.850-2.200 pies) lo que supone una posición muy elevada en términos europeos. El resto del área vinícola se extiende por los valles y por los pies de las montañas. El suelo consta de elementos calcáreos con un estrato superior de tipo aluvial en la zona cercana al río, arcilla calcárea al pie de las montañas y yeso y caliza con muchos oligoelementos en los viñedos más altos. El clima es una combinación de influencias continentales severas y oceánicas moderadas. Para la viticultura lo más importante es que existe una gran diferencia entre los días calurosos y las noches frescas, lo que proporciona un crecimiento óptimo. Esto tiene gran importancia porque, considerando la altura de los mejores viñedos, los veranos no duran demasiado. Las heladas nocturnas pueden sucederse a lo largo del otoño. Un retraso en el crecimiento de las uvas podría tener consecuencias fatales.

Ribera del Duero crianza.

Las variedades empleadas aquí son, además de la clásica tinta del país (tempranillo, también llamado tinto fino), cabernet sauvignon, malbec, merlot y garnacha. Aunque la gran mayoría de los vinos de Ribera de Duero son tintos, también se producen aquí excelentes rosados.

Los rosados de Ribera de Duero están principalmente hechos de garnacha (también en ocasiones llamada tinta aragonesa), posiblemente suavizada con un poco de albillo (uva blanca). Los vinos jóvenes corrientes son rosados muy agradables que puede beber jóvenes. Los rosados crianza han sido criados en roble y resultan ligeramente más completos y adultos. Puede beber ambos tipos de vino como aperitivos, con tapas españolas. Los vinos de crianza también pueden acompañar las nutritivas especialidades locales de Burgos y la zona circundante, como morcillas, salchichas de Villarcayo y jamón de cerdo blanco, junto con la deliciosa hogaza (pan rústico). Sirva los mejores rosados con caracoles o callos. Temperatura de consumo: 10-12°C (50-54°F).

Los vinos jóvenes tintos y sencillos son destinados a un consumo rápido, cuando aún son jóvenes. Son vinos frescos, afrutados (moras), que pueden acompañar las especia-

Ribera del Duero reserva.

lidades locales sin que le cueste una fortuna. Temperatura de consumo: 12-14°C (54-57°F).

Los vinos de crianza se han criado, al menos, doce meses en barricas de roble y tienen un sabor más fuerte. No deben ser vendidos antes de su tercer año. Estos vinos siguen manteniendo su carácter afrutado, amplio y elegante. Puede servir estos crianzas con cualquier tipo de carnes rojas o, por ejemplo, con perdiz, codornices o conejo. Temperatura de consumo: 14°C (57°F).

Ribera del Duero gran reserva.

Los reservas con mucho cuerpo maduran al menos un año en barricas de roble y un año en la botella. Estos vinos piden carne frita o asada, como cordero asado, asado de buey o liebre. Temperatura de consumo: 14-16°C (57-61°F).

Los mejores vinos, los grandes reservas, son apenas unos cuantos. No sólo debido al elevado precio, sino sobre todo porque se produce poca cantidad y la mayoría de las botellas van destinadas a mesas reales o ministeriales o a los mejores restaurantes. Si tiene la oportunidad de comprar un Ribera de Duero gran reserva, no dude... Beba estos magníficos vinos con las mejores carnes, por ejemplo buey con hongos y trufas o con ciervo, corzo o jabalí (escoja una pieza tierna). Temperatura de consumo: 17°C (63°F).

No sólo los grandiosos vinos de Vega Sicilia (¡único gran reserva!) merecen la pena: algunas bodegas producen vinos excelentes a un precio considerablemente inferior. Las bodegas recomendadas por su buena proporción entre precio y calidad son:

Hnos. Pérez Pascuas (Pedrosa de Duero):
Viña Pedrosa gran reserva

Ismael Arroyo (Sotillo de la Ribera):
Valsotillo reserva
Valsotillo gran reserva

Peñalba López (Aranda de Duero):
Torremilanos (gran) reserva

Protos (Peñafiel):
Protos reserva

Rodero (Pedrosa del Duero):
Ribeño crianza
Ribeño reserva
Ribeño gran reserva

Señorío de Nava (Nava de Roa)
Señorío de Nava reserva

Vega Sicilia (Valbuena del Duero)
Valbuena quinto año reserva

Torrmilanos reserva.

Señorío de Nava reserva.

BODEGAS Y VIÑEDOS VEGA SICILIA

TINTO «VALBUENA» 5.º
Ribera del Duero
Denominación de Origen
COSECHA 1993

Esta cosecha consta de 99.792 botellas.

75CL   Esta botella es el   13%Vol.
EMBOTELLADO EN LA PROPIEDAD
BODEGAS VEGA SICILIA, S.A.   VALBUENA DE DUERO (Valladolid) España
Nº emblitor 2342

Vega Sicilia Valbuena 5º.
año reserva.

La Meseta

La región de la meseta abarca grandes extensiones y el terreno es casi plano. El área vinícola abarca las regiones de denominación de origen de Vinos de Madrid y Méntrida (al sur de Madrid), La Mancha y Valdepeñas (entre Madrid, Ciudad Real y Albacete) y la recién otorgada D.O. de Ribera del Guadiana en Extremadura, cerca de la frontera con Portugal. La meseta tiene una altura media de 600 metros (1.790 pies). El clima es continental. Cualquiera que desee hacer vino aquí necesita unos nervios de acero, grandes cantidades de entusiasmo y, sobre todo, buenas materias primas. No todas las uvas pueden crecer en condiciones tan extremas. El área es principalmente reconocida por sus graneles. Pero también se producen algunos notables tintos que combinan muy bien con otras especialidades gastronómicas de la zona: carne de cordero y queso de oveja. Las denominaciones La Mancha, Valdepeñas y Ribera del Guadiana merecen unas cariñosas palmaditas en la espalda por su increíble carrera por ponerse al día y el igualmente espectacular cambio radical en las últimas décadas. Están dirigiendo sus negocios a producir vinos de calidad serios y adultos a un precio aún razonable. Sin embargo, resulta lamentable ver cómo el comercio europeo sólo parece estar interesado en la parte más baja de la producción vinícola. Estos compradores extranjeros se encuentran décadas por detrás de los viticultores locales.

Vinos de Madrid

Madrid, la capital de España, disfrutó durante muchos siglos de mayor renombre como gran consumidora de vino que como productora. Los Vinos de Madrid han salido al mercado sólo desde 1990. Estos vinos se producen en las inmediaciones de la ciudad. En vista de las grandes posibilidades de venta en su propia zona, en la actualidad no están haciendo ningún intento por promover los Vinos de Madrid fuera de ella. Por ello difícilmente encontrará estos vinos fuera de la Meseta.

De hecho, ya se producía vino en esta región antes de que la capital española existiera, en 1561, aunque sólo para el uso personal de los cosecheros locales. La concesión de la D.O. debe considerarse principalmente como una especie de elección "política", para dar a los viticultores locales un incentivo para buscar una mayor calidad. Y parece que está funcionando, a pesar de que se sigue produciendo vino aquí y allá que apenas merece llevar ese nombre.

Hay tres subdenominaciones en el área vinícola de Madrid que hacen un total de casi 5.000 hectáreas (12.350 acres): Arganda, Navalcarnero y San Martín de Valdeiglesias. El suelo de estos tres distritos aporta a los vinos su carácter individual: en San Martín de Valdeiglesias el suelo consta de un estrato superior marrón sobre un subsuelo de granito; en Navalcarnero consta de un estrato superior arenoso y ligero sobre un subsuelo de arena y arcilla, y en Arganda, de un estrato superior de marga y arcilla sobre un subsuelo de granito con algo de caliza aquí y allá. Todos estos tipos de suelo son bastante pobres y por tanto muy apropiados para la viticultura, aunque deberíamos mencionar que el suelo de Navalcarnero es posiblemente algo menos poroso y permanece ligeramente más húmedo que el de Arganda y San Martín. El clima es típicamente continental, con veranos cálidos e inviernos muy fríos. Si hay precipitaciones es (con cuentagotas) en primavera y otoño, normalmente traídas por los vientos del sudoeste. Los vinos tintos se obtienen a partir de garnacha y tinto tempranillo; los blancos, de malvar, albillo y airén. Merece la pena resaltar que las tres subdenominaciones tienen una preferencia diferente por las variedades de uva. Arganda emplea tinta fina para los tintos y malvar o airén para los blancos; Navalcarnero emplea garnacha para los tintos y malvar para los blancos, y San Martín, garnacha para los tintos y albillo para los blancos.

Los vinos jóvenes de Madrid, blancos, rosados o tintos, son en general agradables, ligeros y frescos en el caso de los dos primeros y ligeramente más fuertes y especiados en el caso de los tintos. Beba estos vinos con comidas diarias, en fiestas, barbacoas o simplemente por las tardes con un trozo de queso manchego o ibérico. Temperatura de consumo: blanco 8-10°C (46-50°F), rosado 10-12°C (50-54°F) y tinto 12-14°C (54-57°F).

Los escasos crianzas con 100 por 100 tinta fina tempranillo o, por ejemplo, un 85 por 100 tinta fina y un 15 por 100 garnacha merecen definitivamente la pena, especialmente considerando el económico precio. Sin embargo, no espere milagros aún. La fuerza y el carácter rústico de los vinos jóvenes queda hasta cierto punto domada y armonizada por la breve crianza en barricas. Beba estos vinos algo mejores con algo más suculento –con platos de cordero, por ejemplo, posiblemente a la barbacoa o con un trozo de manchego o ibérico–. Temperatura de consumo: 14-16°C (57-61°F).

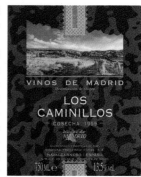

VINOS DE MADRID
Denominación de Origen
LOS CAMINILLOS
COSECHA 1989
MADRID
ELABORADO Y EMBOTELLADO POR
BODEGA FRANCISCO CHACÓN, S.A.
NAVALCARNERO-ESPAÑA
750 ML e   13.5% vol.

Vinos de Madrid.

Méntrida

Esta denominación al sudoeste de Madrid (cerca de las ciudades de Méntrida y Torrijos) también era conocida por su vino común barato y rico en alcohol, que podía venderse sin dificultades en la industria hostelera madrileña. Incluso cuando las autoridades desconcertaron a la antigua región vinícola otorgándola una D.O. en 1960, no se produjeron muchos cambios en la apatía de las bodegas locales. No fue hasta que la vecina región de Madrid recibió su propia D.O. y el mercado de ventas de Méntrida se vio amenazado cuando reaccionaron en esta zona; no por miedo, más bien por un sentido del honor. Desde 1991 comenzaron rápidamente a reemplazar, o al menos a mejorar, sus propios equipos. El estilo de sus vinos fue hasta cierto punto adaptado a los deseos del consumidor moderno: más ligero en alcohol y textura, pero de sabor bastante más sofisticado.

Los viñedos de Méntrida están situados a una altura de 200-500 metros (655-1.640 pies), sobre un subsuelo de arcilla ligera que contiene caliza, con un estrato superior de arena. El clima es continental. La mayoría de la lluvia se da en otoño e invierno. Méntrida sólo produce vinos tintos y rosados. Las uvas más cultivadas son la tinto aragonesa (garnacha), seguida de tinta de Madrid o tinta basta y cencibel (tempranillo). El gobierno ha establecido que al replantar tinta de Madrid y parte de garnacha tienen que ser sustituidas por cencibel, que se adapta mejor al suelo y al clima de Méntrida.

Los vinos jóvenes rosados y tintos son frescos, ligeros, agradables y afrutados. Los crianzas son ligeramente más completos de sabor y están llenos de promesas referentes al futuro de este distrito. Beba los vinos jóvenes con el almuerzo, con cordero frito o a la parrilla, o con los quesos de oveja locales. Los crianzas merecen una hermosa pierna de cordero o un asado de cochinillo o buey. Temperatura de consumo: 10-12°C (50-54°F) para los rosados, 12-14°C (54-57°F) para los vinos tintos jóvenes y 14-16°C (57-61°F) para los crianzas.

La Mancha

En extensión es con mucho la D.O. más grande de España con 194.864 hectáreas (482.000 acres). En esta enorme región vinícola de La Mancha, en la que Don Quijote una vez luchó contra los molinos, los viticultores luchan contra lo que ellos llaman "las medidas arbitrarias de la UE". Incluso ahora no todos en La Mancha son completamente conscientes del enorme excedente de vino en Europa. Cuando se comenzaron a hacer inventarios a sangre fría en Bruselas y se llegó a la conclusión de que un 50 por 100 del área vinícola europea estaba constituida por Extremadura, Aragón, Valencia y La Mancha, pareció obvio que estas áreas serían profundamente remodeladas. Mientras el mensaje fue captado en Aragón y Extremadura, la mayoría de los viticultores de Valencia y sobre todo los de La Mancha no podían ver el motivo de la drástica reducción en la extensión de los viñedos, como atestiguaron las violentas escenas de furiosos viticultores españoles en la frontera con Francia. Aun así es de gran importancia para todos, incluso para los propios viticultores de La Mancha, que se produzca mejor vino y, sobre todo, menos. Por suerte hay cada vez más bodegas orientadas al mercado que se han unido en la batalla contra el nombre mediocre de los vinos de La Mancha. Estas bodegas han modernizado su equipo y se están centrando en la elaboración de vinos de calidad. Gracias a los esfuerzos de bodegas innovadoras como éstas, La Mancha está ganando una imagen sinónimo de calidad, fiabilidad y precio razonable. Cada vez más vino embotellado en La Mancha se está comprando tanto dentro como fuera de España. La compra de vino a granel para la exportación ha sido reducida drásticamente. En estos últimos años el crecimiento constante de la demanda local de los vinos de La Mancha ha sido mayor que la cantidad de los vinos exportados.

Los viñedos de La Mancha se sitúan a una altura de 490-645 metros (1.600-2.115 pies). En general el suelo consiste en un subsuelo de arcilla y un estrato superior de arena oscura. Los mejores viñedos se sitúan sobre un subsuelo de arcilla y caliza, con un estrato superior de arena rojiza y marrón que contiene marga y cal. El clima es típicamente continental, muy frío en el invierno y muy caluroso en verano. Gracias a las montañas que rodean el área de los viñedos, éstos se ven protegidos de los húmedos vientos del mar y el océano. Aquí se producen vinos blancos, tintos y rosados. Los vinos pueden ser secos, semisecos, abocados (ligeramente dulces) o dulces. Airén, macabeo y pardilla se emplean para los vinos blancos y cencibel (una hermana pequeña de la tempranillo), garnacha, moravia, cabernet sauvignon y merlot para los tintos. Debido a que La Mancha es la D.O. vinícola más grande de España –y una de las más grandes del mundo– y la uva más cultivada es airén, esta uva es también la más cultivada del mundo. Sin embargo, el Gobierno está haciendo fuerza para que los viticultores reemplacen poco a poco las viejas vides de airén por la variedad cencibel (tempranillo).

Gracias a las últimas tecnologías (incluyendo la vinificación en frío) los vinos blancos de airén son muy frescos y afrutados, con sorprendentes aromas a apio y a hierba recién cortada. Como existe un excedente de esta uva, el precio de los vinos se encuentra en el lado más barato.

Aparte de servirlos como aperitivo, puede beber estos vinos con pescados de agua dulce o salada y con la ensalada manchega local (ensalada que incluye merluza, atún y huevos duros), perdices estofadas (guiso de perdices en vino blanco) o con las numerosas versiones de la tortilla (tortilla campera). Temperatura de consumo: 8-10°C (46-50°F).

Los rosados se obtienen de un 100 por 100 Moravia o un *cuvée* de varias uvas tintas (casi siempre incluyendo garnacha) y a veces también con uvas blancas. Beba estos rosados frescos y jóvenes con ensaladas, tortillas, queso manchego en aceite, mojete (una especie de pisto de verduras) o moreruelo (el famoso paté de hígado fuerte y especiado). Temperatura de consumo: 10-12°C (50-54°F).

Los vinos tintos jóvenes de La Mancha son ligeros y afrutados y pueden combinar con casi todo, desde los cordiales *hotpots* holandeses (col con salchichas) hasta los tipos de carne más ligeros. También resultan vinos ideales para las fiestas de estudiantes debido a su bajo precio. Temperatura de consumo: 12-14°C (54-57°F).

Los mejores vinos tintos de La Mancha se crían en barricas de roble (en general, roble americano). En particular, los obtenidos con un 100 por 100 de cencibel (temprani-

Airén, la uva más cultivada en el mundo, produce sobre todo vinos mediocres y unos pocos razonables.

Cencibel (tempranillo) está reemplazando poco a poco a la variedad airén.

llo) son sorprendentemente buenos para el precio bastante bajo en comparación. También son de primera clase los *cuvées* de cencibel, cabernet sauvignon y po-

La Mancha reserva.

siblemente merlot. Algunas bodegas, finalmente, obtienen crianzas 100 por 100 Cabernet sauvignon muy correctas, pero digamos que poseen un menor sentimiento español.

Beba todos estos vinos con cordero asado o al grill, asados de buey o cerdo o, por ejemplo, con la caldereta de cordero local, un guiso excelente de cordero especiado, tomates y pimientos españoles. Temperatura de consumo: 14-16°C (57-61°F).

El vino más famoso de La Mancha.

VALDEPEÑAS

Un vistazo rápido al mapa vinícola de España revela que Valdepeñas es un enclave importante en el sur de La Mancha. El centro de comercio tradicional de Valdepeñas se encuentra en el corazón de la región vinícola del mismo nombre. Valdepeñas tiene una situación ligeramente inferior al resto de la Meseta, en un amplio valle rodeado de

Las tinajas se siguen usando para guarda temporal.

montañas bajas, en el límite de la meseta con Andalucía. Los vinos de Valdepeñas, como a menudo en la meseta, son densos, sensuales y fuertes en alcohol. Parece como si el tiempo se hubiese detenido y se produjeran los mismos vinos que en la época de los romanos. Los vinos se guardaban en enormes recipientes de barro, las famosas tinajas, que a menudo sólo se cubren con alguna tapa de paja.

Cuando el ferrocarril llegó a Valdepeñas, en 1861, decidieron centrarse en la calidad. Se produjo menos, pero de calidad superior y se vendía a los consumidores pudientes de Madrid, de la costa o incluso de América y de Filipinas.

Las tinajas se tapan con una cubierta de paja.

Cuando la plaga de la filoxera destruyó los viñedos de Valdepeñas, esta política de calidad demostró su eficiencia. Había suficiente guardado como para esperar hasta la siguiente cosecha (tres años después se plantaron las nuevas vides sobre cepas americanas). Ya en ese momento los viticultores pudieron apreciar el sentido de un estricto control

El característico suelo rojo amarillento de Valdepeñas durante la vendimia.

de la calidad y, sobre todo, la importancia de una política mutua vinícola. Esto hizo de Valdepeñas una región respetada y, sobre todo, progresista. Con la tecnología actual –en particular la regulación de la temperatura de vinificación controlada completamente por ordenador– en Valdepeñas son capaces de obtener vinos frescos y afrutados, así como tintos con cuerpo y delicados. El suelo de Valdepeñas es muy rocoso. El subsuelo consta de caliza, a menudo no más de 25 cm bajo la superficie del suelo. El estrato superior delgado y de color rojo amarillento es una mezcla de cal desmenuzada y arcilla aluvial.

La mayoría de los viñedos se sitúa a una altura de 600-700 metros (1.970-2.300 pies). El clima es puramente continental. Debido a la protección de las montañas circundantes, hay pocas lluvias y algunos lugares pueden casi ser considerados desiertos. Pero si hay precipitaciones, éstas

Cencibel (tempranillo).

llegan en abundancia. Aunque en Valdepeñas se cultivan demasiadas vides de variedad airén, el Gobierno está ordenando que se reemplacen poco a poco por cencibel (tempranillo).

Los blancos jóvenes hechos de airén son muy frescos y afrutados, con los célebres aromas vegetales a apio y hierba recién cortada. Estos vinos están destinados al consumo diario, como aperitivo o con varios entrantes ligeros, de las carnes blancas al pescado y los mariscos. También resultan apropiados para refrescarse mientras come los famosos platos locales a base de tripas muy especiadas, los callos, o, por ejemplo, con pisto manchego, una mezcla de verduras y huevos revueltos. Temperatura de consumo: 8-10°C (46-50°F).

Los rosados suelen ser vinos jóvenes que deberían consumirse en el año posterior a su cosecha. Son rosados frescos, ligeros y alegres, de cencibel (tempranillo), a menudo complementados con airén blanca.

Sacie su sed con estos amables rosados mientras degusta los platos nutritivos y a menudo bastante especiados de esta zona, como las lágrimas de aldea (guiso de cerdo, patatas, morcilla y chorizo). Temperatura de consumo: 10-12°C (50-54°F).

Los vinos tintos jóvenes de Valdepeñas obtenidos a partir de cencibel, al igual que los rosados, resultan muy agradables para saciar la sed acompañando guisos especiados. Bébalos jóvenes a 12-14°C (54-57°F).

Los crianzas y (grandes) reservas de Valdepeñas de 100 por 100 cencibel merecen definitivamente la pena. No sólo se trata de vinos muy agrada-

Valdepeñas tinto.

Valdepeñas gran reserva.

Pasado y presente en las bodegas de Valdepeñas (Corcovo).

bles que combinan la fruta de la cencibel con la dulzura y el sabor a vainilla del roble, a menudo americano, sino que el precio es también increíblemente bajo. Los grandes reservas son suaves como el terciopelo, redondos, completos y suelen contener menos taninos que los de Navarra, Rioja y Ribera del Duero.

Beba estos vinos con un delicioso trozo de cordero asado o a la barbacoa, o con atacaburra (guiso de conejo con ajo). Temperatura de consumo: 16°C (61°F) para los crianzas y 17°C (63°F) para los (grandes) reservas.

RIBERA DEL GUADIANA

La más joven de las denominaciones de origen de España se encuentra en Extremadura, el área que hace frontera con Portugal, en el extremo occidental de la zona media de España. Previamente, muchos de los vinos que procedían de este distrito llevaban el nombre de uno de los subdistritos actuales, Tierra de Barros.

Durante mucho tiempo Extremadura se volcó en la industria del corcho y los olivos. Desde la drástica modernización del vino, habían crecido esperanzas de un futuro económico incluso mejor. Desde un punto de vista gastronómico, una visita a Extremadura supone una sorpresa agradable, con el famoso jamón ibérico, chorizo, carne de cordero, oveja y cabra, aceite de oliva y los numerosos quesos locales, de los cuales los más conocidos son ibores y serena.

El clima de Ribera del Guadiana es continental, pero suavizado por la proximidad del océano Atlántico. Los dos ríos, Guadiana y Tajo, poporcionan un nivel adecuado de humedad en el aire y en el suelo. Los veranos son muy calurosos y los inviernos particularmente suaves. Algo de lo que los viticultores aquí no tienen que preocuparse es de las heladas nocturnas. El suelo consta principalmente de una mezcla de arcilla y tierra marrón rojiza, con la presencia salpicada de calizas.

Al mismo tiempo que se escribía este libro, Ribera del Guadiana obtenía una D.O. provisional, algo único en la historia de la vinicultura. De hecho, casi todo aquí se vuelca en torno a los mejores vinos tintos de Tierra de Barros, que suponen alrededor del 80 por 100 de la producción D.O. Sólo 3.433 hectáreas (8.483 acres) del total de 87.450 hectáreas (216.089 acres) de área cultivada puede llevar la designación D.O. En 1998 aún existían menos de treinta bodegas que cumplieran los estrictos requisitos de la D.O. Este número crecerá considerablemente en el futuro, tan pronto como más bodegas reemplacen las tinajas antiguas por más equipamiento moderno y su propia línea de embotellado. Se espera que en quince años la antigua cultura del vino de granel extremeño haya sido completamente desterrada. Además de Tierra de Barros, la actual D.O. Ribera del Guadiana, la número cincuenta y dos en España, está formada por los siguientes subdistritos: Cañamero y Montánchez en la provincia de Cáceres, y Matanegra, Ribera Alta del Guadiana y Ribera Baja del Guadiana en la provincia de Badajoz.

Ribera del Guadiana.

Tierra de Barros recibió su D.O. provisional en 1979. Esta región (55.000 hectáreas/135.900 acres) limita con Portugal y es atravesada por el río Guadiana. Los viñedos se sitúan a ambos lados del río, que fluye en dirección a Portugal a una altura media de 300-350 metros (980-1.150 pies). El distrito debe su nombre a los barros, el tipo de suelo arcilloso que cubre el terreno.

Matanegra se sitúa alrededor de la pequeña ciudad de Zafra, a unos 30 kilómetros (18,5 millas) al sur de Almendralejo. En esta área vinícola de 8.000 hectáreas (19.768 acres) la elaboración de vinos está sobre todo en las manos de empresas familiares. Ribera Baja del Guadiana (el curso bajo del Guadiana, de 7.000 hectáreas –17.297 acres– de extensión) se encuentra al oeste de Badajoz. Ribera Alta del Guadiana (curso superior del Guadiana, 8.500 hectáreas –21.000 acres– de extensión) se sitúa en los alrededores de las ciudades de Don Benito y Villanueva de la Serena, a unos 120 kilómetros (75 millas) corriente arriba de la ciudad de Badajoz. Montánchez es una pequeña región de 4.000 hectáreas (9.884 acres), situada en los alrededores de la pequeña localidad del mismo nombre, a unos 70 kilómetros (43,5 millas) al nordeste de Badajoz. Este distrito es famoso por sus vinos viejos y sus aceites de oliva. Cañamero, finalmente, es una región incluso más pequeña (alrededor de 1.200 hectáreas/2.965 acres) en la Sierra de Guadalupe, aproximadamente a medio camino entre las ciudades de Badajoz y Toledo. La pequeña ciudad de Cañamero es en todos los sentidos el centro de producción del distrito del mismo nombre. Los viñedos se sitúan en las laderas de las montañas, a una altura de 600-800 metros (1.970-2.625 pies). El suelo aquí está formado por pizarra. En los valles, los viñedos se encuentran a una altura mucho menor y sobre un tipo de suelo de origen aluvial. La producción de este pequeño distrito se encuentra principalmente en manos de pequeñas y antiguas bodegas familiares.

Mientras que Tierra de Barros puede llevar la denominación de origen en sus etiquetas, los otros distritos siguen siendo oficialmente vinos de la tierra. La denominación puede que no aparezca en la etiqueta hasta que la bodega haya recibido la aprobación según los criterios mencionados anteriormente.

El distrito es conocido principalmente por sus vinos jóvenes, frescos y vivos, que por el momento conservan un precio muy bajo. La mayoría de los viñedos se siguen plantando con variedades de uva blanca nativas, como pardina, cayetana blanca, montúa, eva, alarije y cigüentes. Pardina en particular obtiene excelentes resultados con la tecnología actual.

Puede beber estos vinos como aperitivo o, por ejemplo, con coliflor al estilo de Badajoz (trozos de coliflor empanados y fritos en aceite de oliva) o con la, muy apreciada a nivel local, ensalada de boquerones. Temperatura de consumo: 8-10°C (46-50°F).

Los vinos tintos y rosados se obtienen principalmente de cencibel (tempranillo) y garnacha. Beba los rosados y tintos jóvenes con el cochifrito local; por ejemplo, un maravilloso plato de cordero con cebollas y pimientos o con platos de huevo, como huevos serranos (tomates rellenos de jamón serrano cubiertos con huevo y queso) o huevos a la extremeña (patatas, chorizo, jamón y salsa de tomate, cubierto todo con huevo). Con un buen rosado puede también probar los excelentes riñones. Temperatura de consumo: 10-12°C (50-54°F) (rosados) o 12-14°C (54-57°F) (tintos jóvenes).

Los crianzas y (grandes) reservas tintos son muy prometedores y tienen mucho que ofrecer. Hay una combinación local que es casi obligatoria: solomillo de cordero marinado en vino tinto y al horno. Pero también apreciarán estos vinos con un frito típico extremeño, a base de carne de cabra frita y especiada. Temperatura de consumo: 14-16°C (57-61°F).

Tierra de Barros tinto.

Ribera del Guadiana rosado.

EL LEVANTE

En el capítulo de la Meseta viajamos a través del lado occidental de Castilla-La Mancha. Ahora llega el turno del este del distrito, Almansa. Almansa se sitúa en la elevada planicie de Levante, cerca de las autonomías de Valencia y Murcia. El clima en esta parte oriental de España varía del distintivamente mediterráneo en la costa a semicontinental con influencias mediterráneas en Almansa. El tiempo aquí es muy parecido al de Cataluña, aunque ligeramente más húmedo y mucho más caluroso. Todo el distrito está abierto a otros países, en parte debido a su situación como puerta del mar Mediterráneo. Las inversiones extranjeras y la exportación de vino a gran escala han formado parte de la economía levantina durante años. También estaban bien orientados hacia todo tipo de cultivos vinícolas y experimentos científicos desde el principio. Puede que obtuvieran este interés y este afán de los árabes, que se establecieron en estas tierras durante mucho tiempo. El Levante, como Cataluña, está muy centrado en el mar y sus productos y también es un gran productor de arroz. Esto explica por qué la cocina local tiene tantos platos con pescado o mariscos y arroz. El plato más conocido es sin lugar a dudas la famosa paella. Los vinos de Levante en general no causan excesivo revuelo.

Tierra de Barros blanco.

ALMANSA

Este distrito vinícola se sitúa en la parte más oriental de Castilla-La Mancha, en la provincia de Albacete. El clima aquí es lo único que se parece a la vecina Mancha, continental y muy seco; pero cuando llueve, principalmente en primavera y otoño, caen enormes cantidades de agua, a menudo acompañadas de devastadoras tormentas de granizo. El suelo en esta región, principalmente productora de vino tinto, consta de un subsuelo de caliza y un estrato superior fértil. Alrededor de las dos ciudades de Almansa en el este y Chinchilla de Monte-Aragón en el oeste, se cosechan las uvas tintas monastrell, garnacha y cencibel (tempranillo), así como una pequeña cantidad de la variedad blanca merseguera. El producto más importante de este distrito es el vino tinto de Monastrell, que –como en los distritos circundantes de Alicante, Jumilla y Yecla– puede llegar a obtener excelentes resultados aquí. No todas las bodegas están igual de bien equipadas, pero los resultados hasta ahora con esta uva resultan muy prometedores.

Los blancos de Almansa son ligeros, frescos y modernos, principalmente destinados a un consumo rápido. Puede servirlos como aperitivos o como acompañamientos para saciar la sed con todo lo que el mar tiene que ofrecerle. Temperatura de consumo: 8-10°C (46-50°F).

Los rosados de Almansa son vinos frescos, afrutados y agradables, sin demasiadas pretensiones. Bébalos con pescado, marisco o con una paella en un picnic (frío). Temperatura de consumo: 10-12°C (50-54°F).

Los tintos de Almansa pueden ser jóvenes o crianzas. Sirva los frecuentemente corpulentos y cálidos vinos jóvenes con platos de carne ligeros o guisos con marisco. Temperatura de consumo: 12-14°C (54-57°F).

Los mejores crianzas, reservas y grandes reservas tintos de Bodegas Piqueras (Almansa) merecen la pena y su precio es muy razonable. Beba estos vinos bien equilibrados y agradables de tempranillo y monastrell con un buen corte de carne. Temperatura de consumo: 14-16°C (57-61°F).

VALENCIA

Valencia es una de las ciudades más grandes de España y posee un puerto muy importante. Valencia es también el nombre de la provincia y la capital de la Comunidad Valenciana. Finalmente, Valencia es también el nombre de una región vinícola con denominación de origen. En la autonomía de Valencia existen otras dos zonas D.O.: Utiel-Requena en la provincia de Valencia y Alicante. En la región vinícola de Valencia se siguen produciendo enormes cantidades de vino común, para gran disgusto de la comisión agrícola europea, que desearía reducir los excedentes de vino en Europa. Por desgracia, la mayoría de los valencianos siguen creyendo que producir galones de vino común ofrece más seguridad que producir vinos de calidad.

UTIEL-REQUENA

Los viñedos de Utiel-Requena se sitúan en las cercanías de las ciudades de Utiel y Requena, a una altura de 600-900 metros (1.970-2.995 pies). En el sur el suelo consta de marga y arcilla sobre un subsuelo de arenisca, y en el valle del Magro, suelos aluviales. El clima es continental y a menudo la temperatura difiere hasta en 30°C (86°F) entre el día y la noche. La variedad de uva más

Utiel-Requena rosado y tinto.

cultivada es la variedad autóctona tinta bobal, pero tempranillo y garnacha están ganando cada vez más terreno. Entre las uvas blancas macabeo es la más importante, seguida de merseguera.

Los blancos de Utiel-Requena son buenos vinos, pero tienen poco carácter "individual". Son ligeros, frescos y afrutados, y principalmente están destinados a un consumo rápido en los supermercados. Estos vinos baratos pueden resultar útiles para diluir platos orientales especiados. Temperatura de consumo: 8-10°C (46-50°F).

Los Utiel-Requena rosados son dignos de tener en cuenta. A menudo se hacen con bobal y garnacha, y son completos, carnosos y poderosos. Son buenos para beber en las comidas, excelentes con la paella local y también con el igualmente sublime y simple arroz abanda (arroz con pescado, crustáceos, hierbas, azafrán y aceite de oliva) o arroz empedrat (arroz con judías verdes, tomate, ajo y hierbas). Compre, según el gusto, un rosado corriente (Garnacha + Bobal) o un rosado superior (100 por 100 bobal) ligeramente más completo y fuerte. Temperatura de consumo: 10-12°C (50-54°F).

Los tintos Utiel-Requena son vinos jóvenes y vinos de crianza. Los jóvenes son ligeros, frescos y afrutados, apropiados para las fiestas de estudiantes, para los que la cantidad y el precio (bajo) son más importantes que la calidad de los vinos (temperatura de consumo: 12-14°C/54-57°F). En otros casos es preferible que escoja un crianza, normalmente de garnacha y tempranillo. Debido al clima caprichoso y a la altura de los viñedos, la mayoría de las uvas maduran aquí mucho antes que en otros lugares de España. Ésta es la razón por la que encontrará pocos vinos de crianza en Utiel-Requena. No es tradición hacer reservas o grandes reservas, aunque algunas bodegas logran buenos resultados con un *cuvée* de tempranillo y cabernet sauvignon. Beba los crianzas con carnes rojas (ternera), cordero o con paellas de pollo o de conejo. Temperatura de consumo: 14-16°C (57-61°F).

VALENCIA

La denominación de origen de Valencia es muy dependiente de las exportaciones, especialmente a

Utiel-Requena reserva.

granel. El comercio está dominado por grandes empresas especializadas en exportación. Parece que las cosas están cambiando aquí, sobre todo porque cada vez se encuentran más botellas de vino de Valencia en los supermercados españoles, pero esto probablemente nunca cambiará la mentalidad orientada a la exportación de las grandes empresas vinícolas valencianas. Todo esto implica que en esta zona se produce demasiado vino mediocre.

El distrito se subdivide en cuatro subdistritos: Alto Turia (noroeste de la provincia de Valencia), Clariano (sur de la provincia de Valencia), Moscatel de Valencia (en el centro) y Valentino (también en el centro). Alto Turia es el más alto y montañoso de los cuatro. Aquí los viñedos se sitúan a una altura de 400-700 metros (1.310-2.300 pies). En Clariano los viñedos se plantan sobre terrazas a una altura de 160-650 metros (525-2.135 pies) y en Moscatel y Valentino a una altura de 100-400 metros (330-1.310 pies). En general el suelo consta de un subsuelo de caliza en un estrato superior de marga marrón rojiza, con algún suelo aluvial en los valles de los ríos. En Alto Turia el estrato superior es un poco más arenoso, en Valentino más suelto y grueso. El clima es distintivamente mediterráneo con influencias continentales en Alto Turia, donde los veranos son más calurosos y los inviernos más fríos y donde hay menos precipitaciones que en los otros subdistritos, que están más cerca de la costa. En todas partes hay diversos microclimas divergentes, que normalmente traen más calor. Las grandes diferencias en temperatura entre el día y la noche son sorprendentes en todo el Levante.

La denominación de origen de Valencia tiene permitido el empleo de doce variedades de uvas. Se recomiendan las blancas macabeo, malvasía, merseguera, moscatel de Alejandría, Pedro Ximénez y planta fina de Pedralba y las negras garnacha, monastrell, tempranillo y tintorera; se permiten las blancas planta nova y tortosí y la tinta forcayat. Valencia produce numerosos vinos diferentes, con denominaciones de origen regionales o subregionales, en versiones blanco, rosado, tinto, espumoso, licoroso, rancio, moscatel dulce y moscatel licoroso. La mayoría de los vinos son del tipo joven, pero también encontrará algunos crianzas. Es lamentable que Valencia cuente posiblemente con el equipamiento vinícola y los laboratorios para realizar análisis más avanzados, pero los consumidores prefieren comprar los vinos más baratos y simples, lo que pone en duda el desarrollo a favor de la calidad.

Los Alto Turia blancos son vinos frescos y ligeros 100 por 100 merseguera. Los Valencia y Valentino blancos se obtienen a partir de una mezcla de merseguera, planta fina, Pedro Ximénez y malvasía, y se presentan en seco, semiseco y dulce. El Clariano blanco seco se hace con merseguera, tortosí y malvasía.

Beba los vinos secos como aperitivo, con pescado o mariscos, o con paella de pescado. No espere de ellos que sobresalgan en su mesa, se trata

Valencia blanco.

más bien de un acompañamiento silencioso. Sirva los vinos semidulces como aperitivo o con pescado pequeño que haya interrumpido su camino al mar. Es preferible evitar la versión dulce. Temperatura de consumo: (semiseco) 8-10°C (46-50°F), dulce 6-8° C (43-46°F).

Los rosados de Valencia, Valentino y Clariano son frescos, ligeros y no tienen mucho que decir por sí solos. Estos rosados son también apropiados para las comidas diarias por su discreta presencia. De hecho, puede servir estos vinos con cualquier cosa que no se atrevería a servir con un auténtico vino... pero también con las numerosas versiones de la paella y otros platos a base de arroz, así como con dorada o lubina al grill. Temperatura de consumo: 10-12°C (50-54°F).

Los tintos de Valentino y Clariano son igual de discretos que sus homólogos en blanco y rosado. Puede servir estos vinos con casi todo, desde la paella y el pescado a todos los tipos de carnes ligeras. Temperatura de consumo: 12-14°C (54-57°F).

Valencia tinto.

Los tintos de crianza hechos de un 100 por 100 monastrell o un 100 por 100 garnacha son los vinos de mesa más interesantes del área (vinos de mesa en contraste con los varios vinos dulces o licorosos de Valencia). También existen experimentos con cabernet sauvignon, que –especialmente con tempranillo– están dando muy buenos resultados. Las combinaciones de monastrell y garnacha, posiblemente con un poco de tempranillo, son muy prometedoras. Con diferencia, los mejores resultados proceden de bodegas que han abandonado los antiguos métodos de vinificación (cubas de cemento sin control de la temperatura) y se han orientado hacia técnicas más modernas, produciendo vinos con más finura y fuerza aromática. Beba estos crianzas con cordero y ternera o cualquier otro tipo de asados. Temperatura de consumo: 14-16°C (57-61°F).

La denominación de origen de Valencia también produce numerosas mistelas a la antigua (mosto destilado junto con alcohol de vino), pero prefieren llamarlos vinos de licor. Algunos de ellos son de gran calidad, otros no tanto. Beba estos vinos por sí solos o con ensaladas de frutas dulces y ácidas o pasteles de almendras. Temperatura de consumo: 6-8°C (43-46°F).

Los Rancio Valencia o Rancio Valentino son vinos fuertes, dulces, alcohólicos y completamente oxidados que se sirven como aperitivos o con un entrante, por ejemplo, con melón dulce y fresco. También los puede servir después de las comidas, posiblemente con chocolates o una tarta de frutos secos. Temperatura de consumo: de 6-8°C (43-46°F) a 17°C (63°F).

El vino de moscatel dulce y el vino de licor moscatel son simplemente los mejores vinos de la zona. Sin embargo, no espere una explosión de aromas frescos, debido a que la mayoría de las bodegas siguen produciendo vinos de moscatel anticuados, almibarados, untuosos y que casi lograrán aturdirle.

ALICANTE

Alicante es la D.O. que se encuentra más al sur. La extensión en hectáreas abarca una gran zona, desde el Mediterráneo hasta los pies de las montañas de la meseta central. La región se subdivide en dos subdenominaciones: La Marina, en torno al cabo de la Nao sobre Benidorm, y Alicante, en torno (y al noroeste) de la ciudad del mismo nombre. Hoy en día se producen magníficos vinos tintos y blancos posiblemente los mejores moscateles de España. Una curiosidad es el poco frecuente Fondillón, un vino generoso hecho de un 100 por 100 monastrell y criado según el sistema de solera (véase la sección sobre el jerez).

En La Marina existe un clima indiscutiblemente mediterráneo, con un alto nivel de humedad, veranos cálidos e inviernos suaves. Los viñedos se sitúan al nivel del mar sobre un suelo aluvial. Cerca de Alicante los viñedos se encuentran en una posición ligeramente más elevada, a unos 400 metros (1.310 pies). El suelo consta de caliza y un estrato superior marrón y suelto y el clima –especialmente en el interior– tiene más características de tipo continental. También es algo más seco el clima aquí que el de La Marina. En toda la región se producen principalmente vinos tintos y rosados de monastrell, garnacha, tempranillo y bobal. Merseguera, macabeo y planta fina se emplean en los vinos blancos secos y en los moscatel romano dulces.

Los blancos de Alicante se suelen obtener de merseguera, macabeo, planta fina y (cada vez menos) moscatel romano. Pueden ser secos, semisecos o dulces. Estos vinos jóvenes son ligeros, frescos y, sobre todo, baratos. El futuro de Alicante puede bien depender de los vinos blancos no espumosos que se están experimentando con chardonnay y, sobre todo, con riesling. Los resultados iniciales –destacando entre ellos los riesling– son sorprendentes.

Beba estos vinos blancos de Alicante como aperitivos, con mariscos o, por ejemplo, con rodaballo con patatas fritas y aritos de cebolla. Reserve una copa para el queso valenciano tronchón. Temperatura de consumo: 8-10°C (46-50°F).

Los rosados de Alicante se obtienen de monastrell, bobal y tempranillo. La mayoría de ellos son secos, pero en ocasiones se encontrará con un rosado semiseco. Debido a su frescura, junto a su carácter afrutado y redondo, combinan esplendidamente con todo tipo de platos de pescado, en particular con bacalao a la valenciana (bacalao con, entre otros, arroz, tomates y huevos duros), pero cualquier paella será igualmente apropiada para esta compañía. Temperatura de consumo: 10-12°C (50-54°F).

Hay tintos de Alicante jóvenes y crianzas. Los primeros son ligeros, frescos y afrutados, apropiados para el uso diario. Los mejores tintos de Alicante son naturalmente los crianzas (al menos seis meses en roble y un mínimo de dos años en botella), mucho más ricos y completos que los vinos jóvenes. Por el momento se están realizando experimentos con cabernet sauvignon, en algunos casos mezclado con tempranillo. Aquí también los resultados son muy prometedores. Beba estos crianzas y los escasos reservas con carnes rojas, cordero y caza menor, por ejemplo. No olvide probar estos vinos con un conejo a la valenciana (conejo con pimientos, hierbas y ajo). Temperatura de consumo: 14-16°C (57-61°F).

El vino de licor moscatel de Alicante es un vino excelente, especialmente cuando ha sido vinificado de forma algo más moderna. El color se revela entonces amarillo dorado y claro, y el bouquet es sobrecogedor, con fuertes aromas afrutados, como el almizcle. El sabor es suave, untuoso, suculento y amplio, con un regusto a uva moscatel que perdura durante un tiempo. Beba estos acertados vinos licorosos por sí solos, como mucho con una tarta de limón ácido. Temperatura de consumo: 6-8°C (43-46°F).

El Fondillón de Alicante es también un vino de licor, pero se guarda en las bodegas según el sistema de solera, como en el distrito del jerez (véase esa sección). El principio es simple: cada año se embotellan varios vinos viejos. El espacio que dejan en las botas es rellenado con vinos un año más jóvenes y a su vez éstos son reemplazados por vinos aún más jóvenes. De esta forma, los vinos jóvenes atraviesan varios niveles de las botas (¡veinte o más!) y el vino final permanece constante en calidad. El resultado es un vino color ámbar o dorado con sombras caobas, con un toque a vainilla en el aroma, panecillos o bollos, pasteles, tabaco y a veces cacao o café. Los vinos son bien equilibrados, elegantes, ligeros, suculentos y realmente deliciosos.

Beba estos vinos poco habituales como aperitivo o después de las comidas en un día invernal, con un buen libro, una historia interesante o una partida de ajedrez o damas. Temperatura de consumo: según los gustos 10-12°C (50-54°F) o a temperatura ambiente (hasta 18°C/64°F).

MURCIA

Existen tres denominaciones de origen en Murcia: Jumilla, Yecla y Bullas.

JUMILLA

Jumilla era una región vinícola respetable mucho antes de que Rioja obtuviese un perfil de distrito dedicado a los vinos. Los vinos de Jumilla no se encuentran al mismo nivel que los mejores vinos de Rioja, pero se han hecho un sitio en los mercados españoles y extranjeros. Y no es de extrañar, porque la calidad de los vinos siempre ha sido fiable. El futuro de Jumilla se encuentra en la producción de los mejores vinos de mesa y no tanto en los vinos adulterados o rancios.

Los viñedos de Jumilla se sitúan en torno y al oeste de la localidad de Jumilla. Son viñedos nuevos hasta cierto punto, porque la extensión de Jumilla tuvo que ser replantada tras una invasión tardía de la filoxera a finales de los años 80... ¡Cien años más tarde que en el resto de España! De este modo los viticultores de Jumilla pudieron elegir las variedades de uva mejores y más apropiadas cuando volvieron a replantar: monastrell, cencibel (tempranillo) y garnacha (titas); merseguera, airén y Pedro Ximénez (blancas). Monastrell ocupa alrededor del 80 por 100 de los cultivos. En Jumilla los viñedos se sitúan a una altura considerable, en ocasiones a algo más de 700 metros (2.300 pies), lo que les protege hasta cierto punto del calor abrasador del sol. El suelo consta de un subsuelo de caliza y un estrato superior de tierra marrón rojiza bastante suelta y arenosa. El clima es estrictamente continental con veranos muy calurosos e inviernos fríos, con gran cantidad de heladas.

Los jumilla blancos se obtienen principalmente de merseguera, pero cada vez se emplea más airén, en parte porque agrada más a los compradores extranjeros. Estos blancos son en sus mejores momentos frescos, afrutados (manzana verde), suculentos y agradables. Bébalos en una terraza, como aperitivos o con platos de pescado. Temperatura de consumo: 8-10°C (46-50°F).

Los jumilla rosados, al igual que los tintos, deben contener al menos un 50 por 100 monastrell. Sin embargo, en la práctica suele ser más, incluso llegando al 100 por 100. El color de estos vinos varía del salmón al frambuesa. El aroma es intenso y afrutado (frambuesas, fresas) con toques florales. El sabor es fresco, suculento y afrutado. Beba estos rosados muy agradables con paella, mariscos, pescado, pollo o el chorizo local u otros productos cárnicos. Temperatura de consumo: 10-12°C (50-54°F).

Jumilla blanco.

Los jumilla tintos componen la gran mayoría de la producción vinícola de Jumilla. Muchos de estos tintos contienen un 100 por 100 monastrell, pero también existen *cuvées* de monastrell y cencibel (tempranillo). Los vinos jóvenes son frescos, afrutados (cerezas negras, dátiles, grosellas), suculentos y particularmente agradables. Los crianzas y (grandes) reservas están notablemente marcados por la madera, sin que ésta llegue a dominar. El equilibrio entre alcohol, ácidos, cuerpo y sabor es sorprendente. Sin duda alguna, el futuro de Jumilla se encuentra en vinos de este tipo.

Pruebe estos tintos de crianza de Jumilla con asados de carne, cordero asado o con paellas de carne, pollo o conejo. Temperatura de consumo: 14-16°C (57-61°F).

Finalmente, existe una especialidad local hecha con un 100 por 100 monastrell: un vino rancio dulce que a veces llega a madurar en madera hasta seis años y que resulta muy aromático. Bébalo preferiblemente como aperitivo o por las tardes, después de las comidas. Temperatura de consumo: según los gustos 10-12°C (50-54°F) o a temperatura ambiente (17-18°C/63-64°F).

Jumilla tinto.   Jumilla tinto crianza.

YECLA

Las grandes bodegas de Yecla aún no han llegado a darse cuenta de que los consumidores piden mayor calidad a un precio aceptable. Por suerte, en los últimos diez años o así, las bodegas más pequeñas han estado trabajando en una gran transformación y una modernización radical de equipamiento y... ¡política! La falta de éxito no se debe al suelo, que consta de un subsuelo de caliza y arcilla con un estrato superior profundo, o al clima, que es continental. Las variedades de uva tintas más empleadas son monastrell (80 por 100) y garnacha, pero también se está experimentando con tempranillo, cabernet sauvignon y merlot. Merseguera, verdil, airén y macabeo se usan en los vinos blancos. Los viñedos se sitúan sobre una llanura alta en los alrededores de la ciudad de Yecla, a una altura de 400-700 metros (1.310-2.300 pies), protegida por brillantes colinas y pequeñas montañas. La región vinícola se subdivide en Yecla y Yecla Campo Arriba, las tierras bajas donde sólo se cultiva monastrell y donde los vinos son algo más completos que en el resto de la D.O.

En la actualidad, Yecla produce varios vinos blancos aceptables, frescos, afrutados y ligeros sin demasiado carácter, quizá por la falta de acidez. Beba estos vinos como aperitivo, para saciar la sed o diluirlos en platos especiados o con hierbas donde no sea posible otro vino. Temperatura de consumo: 8-10°C (46-50°F).

Los mejores blancos de Yecla son los crianzas (Viña Las Gruesas crianza o Castaño Barrica de Bodega Castaño, Yecla). Estos vinos tienen aromas poderosos, toques a vainilla (madera), un aroma y sabor agradablemente afrutados y ligeramente algo más de cuerpo. Desgraciadamente la acidez es aún demasiado baja, pero en Yecla la tecnología no está detenida, aunque tampoco hay inversiones. Ofrezca estos vinos con pescado, pollo al vapor o con carnes blancas. Temperatura de consumo: 10-12°C (50-54°F).

Los rosados de Yecla, nada desagradables, son el resultado de una mezcla de monastrell y garnacha y resultan muy afrutados y suculentos. Bébalos con fiambres variados, pescado, pollo, aves de corral, cordero asado o con paella. Temperatura de consumo: 10-12°C (50-54°F).

Muchos de los tintos de Yecla corrientes llegan al mercado como vinos jóvenes. Se obtienen principalmente por maceración carbónica (sumergiendo los racimos en dióxido de carbono) y son frescos, ligeros y muy afrutados. Beba estos vinos de consumo diario con lo que desee. Estos vinos hacen amigos sin dificultad, pero también se olvidan pronto. Temperatura de consumo: 12-14°C (54-57°F).

También aquí, los mejores vinos son los crianzas y reservas (por ejemplo, Pozuelo crianza y reserva de Bodega Castaño, Yecla). Estos vinos se obtienen de un *cuvée* de monastrell, garnacha, cencibel (tempranillo), cabernet sauvignon y merlot para los crianzas, y monastrell y garnacha para los reserva. Ambos vinos son de color bastante oscuro y poseen aromas maravillosos a frutas con toques distinguibles a vainilla. El sabor es completo, suculento y carnoso, con taninos suaves y no demasiado alcohol. Beba estos vinos con carnes (asados), preferiblemente cordero, o con platos de caza ligeros; por ejemplo, liebre. Temperatura de consumo: 14-16°C (57-61°F).

BULLAS

La concesión definitiva de la D.O. no llegó a esta región hasta el año 1994. Bullas ha estado esperando unirse al cuerpo de elite de la viticultura española desde 1982. Los viñedos de Bullas se extienden por un área de tamaño considerable, la mayoría de ellos en los valles de los ríos, pero también sobre terrazas en las montañas circundantes. La altura de los viñedos varía de 500 a 700 metros (1.640-2.300 pies), sobre un suelo arenoso o aluvial. A pesar de la escasa distancia con respecto al mar Mediterráneo, el clima de Bullas es bastante más continental. Aquí se cultivan las variedades negras monastrell y tempranillo y las blancas airén y macabeo.

Bullas produce principalmente vinos blancos y rosados, pero son los vinos tintos los que más merecen su atención. La mayoría de estos tintos se venden jóvenes. En definitiva, no son vinos ligeros, pero resultan muy afrutados, completos, y poseen un buen equilibrio entre acidez, alcohol y fruta. Beba estos agradables vinos con platos de carne ligeros o aves de corral. Temperatura de consumo: 12-14°C (54-57°F). Los mejores vinos se crian en madera y los resultados iniciales son particularmente prometedores.

ANDALUCÍA Y LAS ISLAS CANARIAS

Ponemos fin a nuestro viaje por tierras españolas en el extremo sur de la Península Ibérica y en las islas Canarias, próximas a la costa de Marruecos. En estas islas afortunadas crece un poco de todo y encontraremos muchas carnes y pescados. En parte por el florecimiento de la industria turística, ha surgido una gran demanda de todo tipo de vinos blancos, rosados y tintos, de los secos a los dulces. Gracias al clima suave y al suelo volcánico las islas Canarias pueden satisfacer fácilmente esta demanda.

ANDALUCÍA

En muchos libros podrá leer que la viticultura íbera comenzó en Andalucía. Esto no es completamente cierto y no hace justicia a los antiguos celtas del norte de España, que ya producían vino antes de la llegada de los primeros viajeros marinos a la península. Pero Andalucía es el lugar donde se desarrolló intencionadamente la viticultura después de la llegada de los fenicios y de los griegos, quienes plantaron viñedos en cada puerto donde hacían escala. En contraste con los celtas, quienes comenzaron recogiendo bayas en los bosques y sólo mucho más tarde plantaron pequeños viñedos sin orden ni concierto alrededor de sus poblados, los fenicios (más tarde los cartagineses) y los griegos mantuvieron sus viñedos con mucho esmero. Lo mismo ocurrió con la fundación de la ciudad de Cádiz alrededor del 1100 a.C. Los fenicios pronto descubrieron las bondades del suelo local y las condiciones climatológicas para el cultivo de la vid y comenzaron a plantar cada vez más viñedos en el interior, en las actuales áreas de Montilla, Huelva y Málaga. Los viñedos que rodeaban la ciudad de Cádiz producían jerez, probablemente uno de los vinos de calidad más antiguos del mundo. Incluso durante la ocupación árabe los viticultores locales pudieron dedicarse a sus tareas casi sin ser molestados. Después de la Reconquista el puerto de Cádiz se convirtió en uno de los puertos comerciales más importantes de España y el comercio del vino floreció como en ningún otro país del mundo. En el siglo XX la industria turística reforzó la riqueza relativa de la zona. El vino se producía en Andalucía occidental, pero se consumía principalmente en la costa este por las masas de turistas.

Los nueve millones de hectáreas (22,25 millones de acres) de extensión hacen de la Comunidad Autónoma andaluza la segunda más grande de España (después de Castilla-La Mancha) y a ella pertenecen estas ocho provincias: Almería, Cádiz, Córdoba, Granada, Huelva, Jaén, Málaga y Sevilla. La producción vinícola consiste casi en exclusiva de vinos tipo jerez, de los secos a los dulces, pero cada vez se realizan más experimentos con vinos frescos, ligeros y no generosos, según los métodos de vinificación más modernos. Los resultados iniciales son muy prometedores, incluyendo el área de Contraviesa-Alpujarras (Granada). Andalucía es sinónimo de tapas; el sabroso tentempié que combina tan bien con una copa de jerez (u otro vino de aperitivo español).

Andalucía también es famosa, por supuesto, por una sopa fría refrescante y saludable (tome nota: tiene muchas vitaminas y... ajo), el gazpacho, a base de tomates, pepinos y pimientos verdes. Si le gusta el pescado y el marisco, se encontrará a sus anchas en esta tierra. Como Andalucía es una gran productora de naranjas y aceite de oliva, también encontrará muchos platos basados en estos productos. Naturalmente, existen también numerosos platos que incorporan un (buen) chorrito de jerez en la salsa: bistec al jerez y riñones al jerez, por ejemplo. Finalmente, encontramos los productos cárnicos famosos en todo el mundo (chorizo, jamón y morcilla) de la pequeña localidad de Jabugo y los numerosos postres dulces y las diferentes variedades de pasteles peligrosamente seductores.

Jerez en tapas.

CONDADO DE HUELVA

Se trata de la denominación de origen más occidental de Andalucía. Los vinos de este distrito se vendieron con el nombre de "jerez" durante mucho tiempo, sin que los confiados clientes de los supermercados sospecharan algo. No fue hasta el año 1996 cuando se decidió definitivamente que sólo los vinos de la D.O. Jerez de la Frontera & Manzanilla de Sanlúcar de Barrameda podían emplear la palabra jerez dentro y fuera de España. Desde entonces las bodegas de la D.O. Condado de Huelva se han visto obligadas a trabajar más por el nombre de su distrito. El condado de Huelva se encuentra en la provincia del mismo nombre, al este de Portugal. El área vinícola abarca la región entre la costa atlántica y la ciudad de Huelva. Los viñedos se ubican bastante bajos, a menos de 30 metros (98 pies) por encima del nivel del mar, sobre un suelo de caliza y sedimentos aluviales con un estrato superior de arena marrón rojiza. El clima es más mediterráneo que continental, a pesar de su posición geográfica. Los veranos son cálidos y largos, los inviernos suaves y húmedos. La uva más cultivada es la zalema, una variedad difícil en la viticultura tradicional, pero excelente para los vinos de tipo jerez, porque da lugar a vinos ligeros que se oxidan con facilidad. También se cultivan las variedades listán (el nombre local de palomino), Pedro Ximénez, garrido y moscatel.

Desde hace algunos años se elaboran vinos secos muy modernos, frescos y afrutados, los vinos jóvenes afrutados de Zalema. Beba estos vinos con aromas reconocibles a plantas (hierba) como aperitivos o en las comidas con, por ejemplo, pescado, marisco, vísceras (riñonada, riñones de cordero y molleja de timo) o platos de huevos (huevos serranos, tomates gratinados rellenos de huevo, jamón serrano y queso). También deliciosos con un trozo de rondeño (queso de cabra) de Andalucía. Temperatura de consumo: 8-10°C (46-50°F).

Además de estos vinos afrutados modernos existen los corrientes a la antigua. La distinción se hace antes de la cosecha. Las uvas destinadas a los afrutados se recogen antes y contienen proporcionalmente acidez alta y menos azúcares. Las uvas para los corrientes se recogen mucho más tarde y contienen muchos azúcares y pocos ácidos. Los vinos jóvenes se fortifican con alcohol de vino hasta alcanzar un 15,5-17 por 100 o un 23 por 100 de alcohol, dependiendo del estilo que se pretenda obtener. Los vinos que contienen menos alcohol (15,5-17 por 100) generalmente tienen un velo de levadura, la flor del vino. La película de levadura previene el contacto con el aire exterior y ayuda a que los vinos mantengan su color pálido original. También aportan muchos de los típicos aromas de las levaduras. Estos vinos son secos y en Huelva también se llaman finos debido a su aroma y sabor refinado y delicado. Este nombre se usa sólo localmente. Para el mercado de exportación estos vinos están obligados a llevar la denominación oficial de Condado Pálido. Estos Pálidos son envejecidos en botas de roble según el método de solera (véase en la D.O. Jerez de la Frontera & Sanlúcar de Barrameda). Los aromas y sabores característicos son levadura, un ligero amargor, sal y frutos secos. Resulta un típico vino de aperitivo (aunque ligeramente más fuerte que un Fino de Jerez o un Manzanilla de Sanlúcar de Barrameda), pero también queda delicioso con lonchas de jamón ibérico o serrano, gambas a la plancha, marisco, salmón ahumado, etc. Temperatura de consumo: 8-10°C (46-50°F).

Los vinos que se encabezan con mayor cantidad de alcohol (del 17 al 23 por 100) no desarrollan flor, porque las células de las levaduras del vino no pueden competir con tanto alcohol y mueren. Al no encontrar ninguna película de separación, el vino no tarda en oxidarse en contacto con el aire cálido y húmedo, provocando la aparición de un color oscuro y aromas intensos. Estos vinos son llamados olorosos, refiriéndose a los aromas

intensos, dulces y sensuales, aunque para la exportación sólo se emplea el nombre oficial, Condado Viejo. Estos vinos también se crían en botas de roble por el método de solera. Los aromas y sabores característicos son pastel fresco o panecillos, pan tostado, vainilla y alcohol. Para los devotos de estos vinos sírvalos como aperitivo de invierno, pero observe que se saborean mejor después de las comidas, por ejemplo, con un poco de queso y algunos frutos secos. Temperatura de consumo: al gusto entre 6-8°C (43-46°F) o a temperatura ambiente.

JEREZ-XÉRÈS-SHERRY

Los ingleses hicieron todo lo posible por ganar el control de las fuentes del jerez. Finalmente lograron invertir y comprar bodegas. Esto dio lugar a marcas famosas como Duff & Gordon, Osborne, Wisdom & Warter y Sandeman. Los franceses también se vieron envueltos en esta pacífica batalla, incluyendo un cierto Pedro Domecq Lembeye del sudoeste de Francia. No fue hasta más tarde cuando se establecieron bodegas genuinamente españolas, en gran mayoría propiedad de españoles y vascos adinerados que regresaban de los Estados Unidos.

El éxito sin igual de los vinos de Jerez se debe en gran parte a las condiciones ideales que reúne el triángulo formado por Sanlúcar de Barrameda, Jerez de la Frontera y El Puerto de Santa María, entre los ríos Guadalquivir y Guadalete. Los viñedos están bañados en luz solar alrededor de las dos terceras partes del año, desde primeras horas de la mañana hasta las últimas de la tarde (3.000 horas de luz solar o 290 días de sol al año). Sólo el rocío matinal y una suave brisa marina proporcionan algún refresco. El clima es indudablemente mediterráneo. El suelo es también perfecto para los vinos tipo jerez: las enormes albarizas (marga orgánica blanca, rica en cal, arcilla y óxido de silicio) almacenan el agua durante la breve estación de lluvias (invierno y primavera). En el caluroso verano y otoño forman una corteza blanca y dura sobre la superficie de la tierra, que refleja incluso más si cabe la luz del sol, mientras que el agua permanece prisionera en las profundidades de la tierra y protege a los viñedos evitando que se sequen. Estas albarizas se encuentran sólo en el triángulo previamente mencionado, la región del Jerez Superior. Pasado El Puerto de Santa María, en dirección este, comienza otra zona, un área con arcilla de poca calidad y suelos de arena, que produce vinos de calidad inferior. Las variedades de uva usadas para el jerez son las clásicas listán o palomino, Pedro Ximénez (sobre todo para los olorosos dulces) y moscatel de Alejandría.

La vendimia de las uvas comienza todos los años alrededor del 10 de septiembre. La vendimia se hace a mano, porque las vides se podan muy bajas y las uvas –considerando el extremo calor– tienen que ser manejadas con mucho cuidado. Para aumentar el contenido de azúcar de estas uvas dulces se extienden en esteras de esparto durante el día. Las uvas quedan expuestas a la luz del sol de esta forma durante al menos dos días (por la noche hay que cubrirlas debido a la humedad). En la comarca de Jerez las casas de prensado se suelen encontrar en los mismos viñedos o en las inmediaciones, fuera de las ciudades. Se retiran los hollejos de los ramos y las uvas se prensan neumáticamente. Se obtienen setenta litros (18,5 galones) de mosto por cada 100 kilos (220 libras) de uvas. Sólo este "primer mosto" se puede utilizar para obtener jerez. Justo después del prensado, el mosto se bombea al interior de depósitos de gran tamaño (de acero inoxidable) con capacidades de hasta 40.000 litros (10.500 galones). La fermentación, que comienzan las células espontáneas de la levadura (*Saccharomyces apiculatus*) y continúan las células de levadura genuinas del vino (*Saccharomyces ellipsoideus*), tiene lugar a una temperatura controlada completamente de forma automática.

La fermentación dura en total unos siete días. A continuación sigue un largo periodo en las botas, en el que los vinos jóvenes se asientan y pueden desarrollar sus características específicas. Los vinos jóvenes pasan análisis, clasificaciones, y son marcados bota a bota. El encargado de la bodega emplea el antiguo sistema de rayas para esto: una raya para los vinos más delicados con aromas puros (vinos base para el fino, manzanilla y amontillado), una raya seguida de un punto para los vinos con mucho carácter y cuerpo (vinos base para olorosos), dos rayas para los vinos que no tengan ni el carácter ni el cuerpo para olorosos ni aromas puros para los finos, y finalmente tres rayas para los vinos que sean rechazados y vayan a la destilería.

Los vinos marcados con una raya son fortificados con alcohol de vino hasta un 15-15,5 por 100 y enviados a las naves de crianza (criaderas) para los finos, manzanillas y amontillados. En contraste con la mayoría de los vinos, en los que el contacto con el oxígeno debería mantenerse a un mínimo, las botas en este caso se dejan abiertas. Estos sherries, sin embargo, no tienen la oportunidad de oxidarse. Se forma un velo de levadura espontánea en la superficie del vino, la flor, que sella el vino protegiéndolo del aire exterior. Durante el proceso de envejecimiento las levaduras son alimentadas por el alcohol, lo que da a los vinos un aroma típico. Las células de levadura son organismos vivientes más activos en verano y más débiles (incluso hasta llegar a la muerte) en invierno. Esto implica que la flor o la película es más delgada en invierno que en verano, cuando las levaduras antiguas son sustituidas por otras nuevas. Los vinos marcados con una raya seguida de un punto se fortifican hasta un mínimo del 17,5 por 100 de alcohol. Esto hace que las levaduras mueran y no se desarrolle flor en los vinos. Estos vinos jóvenes son enviados a la criadera para obtener olorosos, donde la crianza tendrá lugar en contacto directo con el aire exterior. Los vinos finos y delicados que no se oxidan debido al desarrollo de la flor, reciben el nombre de jerez fino. Estos vinos mantienen su color pálido. Los vinos fuertes, llenos de carácter, que no pasan por el desarrollo de la flor debido al alto porcentaje de alcohol, desarrollan aromas típicos de la oxidación. Estos vinos reciben el nombre de olorosos, un jerez aromático y de un olor dulce. Presentan un color más oscuro.

Los vinos continúan su crianza lentamente en las naves de envejecimiento. La crianza tiene lugar en botas de roble americano, cada una de ellas con una capacidad de 600 litros (158,5 galones). Las botas no están completamente llenas (sólo cinco sextos de la capacidad total), para permitir que se desarrolle la flor (fino, manzanilla,

amontillado) o para aumentar la superficie del vino que entra en contacto con el oxígeno (olorosos).

Hubo un tiempo en el que los vinos de Jerez siempre llevaban el año en las etiquetas. Debido a que la demanda de jerez creció de forma tan explosiva, la necesidad dio lugar a un sistema en el que la calidad de los vinos estuviese garantizada todos los años. No fue hasta el año 1830 cuando comenzaron a usar el sistema de solera y criaderas: se colocaban tres filas de botas unas encima de otras (criadera), entendiendo que el vino que está en el suelo (de ahí el nombre de solera) es el más viejo de los tres y el de encima el más joven. Cuando se necesita embotellar vino se coge de las filas inferiores. El espacio vacío se rellena con los vinos de las filas inmediatamente superiores; y el espacio creado a su vez en la segunda fila se rellena con los vinos de la fila superior. Este proceso paso a paso puede continuar sin cesar. Algunas soleras constan de numerosas filas, seguidas una tras otra por los años, con tres o más botas. De esta forma finos y manzanillas pueden pasar por catorce criaderas en sólo tres años.

Después de pasar por el método de solera los vinos vuelven a ser catados y marcados. Los vinos más puros continúan como finos, mientras que los finos que finalmente se han desarrollado como olorosos, sin tener el cuerpo de éstos, reciben el nombre de palo cortado. Cuando el proceso de crianza está completo, los vinos son clarificados y si es necesario se filtran suavemente.

VARIEDADES DE JEREZ

En los mejores comerciantes de vinos podrá encontrar vinos de Jerez de un año específico. Estos productos, generalmente caros pero de calidad indiscutible, suponen una minoría muy poco representativa y no los trataremos aquí de forma separada. Emplearemos el sistema de clasificación español:

VINOS SECOS:

– Fino: vino de color paja, siempre seco y fresco, con el aroma y el sabor característicos a frutos secos (almendras, nueces), madera y flor. Alcohol: 15,5 por 100. Excelente aperitivo pero también buen acompañamiento de quesos suaves (ibores de Extremadura, por ejemplo), pescado blanco y aperitivos. Combina a la perfección con salmón ahumado o jamón serrano. Temperatura de consumo: 10°C (50°F).

– Amontillado: el nombre deriva de la vecina Montilla. El estilo de estos vinos es parecido al de Montilla y de ahí el significado del nombre: "al estilo de Montilla". Estos vinos son de color más oscuro que los otros finos. Han madurado durante más tiempo que la mayoría de ellos (de diez a quince años en lugar de un mínimo de tres). El

Fino de Jerez.

sabor y el aroma son frescos y recuerdan a las avellanas. Alcohol: 17,5 por 100. Aperitivo para el invierno, pero también un excelente acompañamiento para entrantes con carnes blancas o pescado azul. Temperatura de consumo: 12-14°C (54-57°F).

– Oloroso: estos vinos de olor dulce que han pasado por una oxidación completa presentan un color mucho más oscuro que los finos, del ámbar al caoba. El sabor y la textura de estos vinos, que son secos por naturaleza, son completos y vigorosos, con matices distinguibles a nueces. Para evitar confusiones con el oloroso dulce, en la etiqueta suele aparecer; olorosos secos. Los vinos tienen un olor dulce, pero son secos con un toque final al alcohol que da una sensación leve de redondez. Alcohol: 18 por 100. Como acompañamiento resulta sorprendente con carnes rojas, patés de caza y queso (garrotxa catalana, por ejemplo). Temperatura de consumo: 12-14°C (54-57°F) para los olorosos jóvenes, 14-16°C (57-61°F) para los más antiguos.

– Palo cortado: el color de estos vinos se inclina hacia los tonos caoba y el sabor es seco, bien equilibrado y recuerda al de las avellanas. Son vinos particularmente escasos que combinan el sabor suave y redondo de los amontillados con el carácter completo de los olorosos. Alcohol: 18 por 100. Si tiene la oportunidad de probar este vino, hágalo con un trozo de queso idiazábal del País Vasco o Navarra. Temperatura de consumo: 14-16°C (57-61°F).

Oloroso.

Vinos dulces:

– Pale cream: estos vinos pálidos y suaves son muy similares a los finos en apariencia, pero ligeramente más dulces y con un sabor sofisticado y delicado. Alcohol: 17,5 por 100. Combinan sorprendentemente bien con patés y frutas frescas. También excelentes con el queso suave y cremoso de tetilla gallego. Temperatura de consumo: 8-10°C (46-50°F).

– Rich cream: también llamados cream dulces. Estos vinos se elaboran al igual que los olorosos y por tanto tienen gran cantidad de cuerpo y carácter. La base de los vinos se obtiene de Pedro Ximénez, en ocasiones complementada con moscatel, y tiene por media de cinco a quince años. El sabor es dulce, completo, fuerte y suave al mismo tiempo. Alcohol: 17,5 por 100. Este vino se suele servir como postre de estilo antiguo. Personalmente, prefiero combinarlo con un buen queso zamorano de Castilla y León o con ibérico. Temperatura de consumo: 12-14°C (54-57°F).

– Pedro Ximénez, también conocido como PX. Este vino oscu-

Jerez.

ro (caoba) es muy poco frecuente. Huele y sabe a pasas con matices a café o cacao tostados. El vino se obtiene de uvas PX secadas al sol. Alcohol: 17 por 100. Este vino se sirve a menudo con un pastel dulce y (¿por qué no?) con un pastel de moka o de chocolate. También resultan deliciosos los chocolates rellenos con crema de PX. Combínelo con un queso acre, roncal de Navarra o serena de Extremadura; puede que le suene raro, pero merece la pena. Para aquellos que busquen la cima de la sofisticación culinaria recomiendo una combinación con un cabrales asturiano. Temperatura de consumo: 16-18°C (61-64°F) (si se prefiere, se puede tomar mucho más frío).

MANZANILLA DE SANLÚCAR DE BARRAMEDA

Los manzanillas son vinos de tipo fino que sólo se pueden producir en la localidad portuaria de Sanlúcar de Barrameda. Estos vinos son algo más ligeros y a menudo bastante más elegantes que los otros finos. La posición cercana al mar y el soplo de la suave brisa marina pasando por las bodegas otorga a estos vinos un carácter propio. La manzanilla de Sanlúcar de Barrameda ha recibido recientemente la concesión de su D.O. y cada vez se distingue más de los vinos de Jerez de la Frontera o El Puerto de Santa María. Ésta es en parte una reacción comprensible, ya que los productores de manzanilla han tenido que hacer frente a situaciones muy insatisfactorias. Entre ellas destaca que casi todo el dinero destinado a promocionar los vinos de Jerez se invierte en los finos. Aunque las manzanillas no son en absoluto de calidad inferior a éstos, se presentan como tal. Esperemos que esto haya llegado a su término gracias al establecimiento de su propia oficina de promoción abierta por los productores de manzanilla, con la iniciativa de, entre otros, la famosa bodega Barbadillo.

El color de las manzanilla va del amarillo acerado al paja, el aroma es fresco y algo vegetal con toques distinguibles a "flor". El sabor es ligeramente más salado y, sobre todo, más seco que el de los finos. El toque final presenta a menudo un agradable amargor. Alcohol: 15,5 por 100. Un vino de aperitivo por excelencia, pero también maravilloso con mariscos y queso manchego. Temperatura de consumo: 10°C (50°F).

El vino manzanilla es más delicioso cuando está fresco. Fuera de

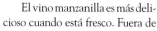

Pedro Ximénez (P.X.).

Manzanilla.

Manzanilla en rama,
embotellado de primavera.

Embotellado de verano.

España, las botellas de manzanilla se conservan durante demasiado tiempo. Para que las exportaciones de manzanilla duren más los vinos se filtran antes del embotellado. Desgraciadamente, esto implica que estos manzanillas pierden su carácter sofisticado. Un manzanilla genuino es un producto que sabe diferente en cada estación. Por tanto, si es posible, compre manzanilla en rama, que se embotella cuatro veces al año y se vende en medias botellas.

Embotellado de otoño.

Embotellado de invierno.

MÁLAGA

La D.O. de Málaga se sitúa en la provincia del mismo nombre y consta de dos subdenominaciones: las comarcas oeste en la costa alrededor de Estepona y las comarcas norte en torno a la ciudad de Málaga, hasta el límite con las provincias de Granada y Córdoba. Sólo el último subdistrito es de interés para nuestros propósi-

tos. Casi en todas partes el suelo consta de un subestrato de caliza con un estrato superior calcáreo. En la costa, sin embargo, el suelo contiene más arcilla ferruginosa con algo de cuarzo y mica salpicados. El clima es indiscutiblemente mediterráneo en la costa y más continental en el interior. Málaga sólo cultiva dos variedades de uva: moscatel en la franja costera y Pedro Ximénez en el interior.

Los vinos de Málaga dulces se obtienen de las uvas sobremaduras que se han secado al sol. Los zumos obtenidos de esta forma son muy concentrados y dulces. Durante la fermentación los vinos son encabezados con alcohol de vino hasta un 18 por 100. También se añade un sirope dulce y denso, el arrope. Para estos vinos sólo se emplean dos mostos: lágrima (jugos obtenidos sin prensar, simplemente por el propio peso de las uvas) y pisa (el primer prensado). El lágrima de Málaga dulce se hace únicamente con la primera tirada (la lágrima). Estos vinos son ligeramente más finos de sabor que los dulces corrientes. Todos los vinos dulces de málaga de cualquier calidad envejecen en soleras (véase jerez). Un buen málaga dulce es muy afrutado, dulce y suculento, con aromas intensos a madera, pasas, caramelo y cacao o café tostados.

Beba este vino después de las comidas con un poco de queso y algunos frutos secos. Temperatura de consumo: según el gusto, muy frío 8-10°C (46-50°F), algo frío 12-14°C (54-57°F) o a temperatura ambiente 16-17°C (61-63°F).

MONTILLA-MORILES

La región vinícola de Montilla-Moriles se sitúa en torno a las localidades del mismo nombre en la provincia de Córdoba. Los mejores suelos se hayan en la parte central de la D.O., la región vinícola superior. Al igual que las albarizas de Jerez (aquí también llamadas alberos), estos suelos son muy ricos en cal y buenos para almacenar el agua, de forma que los viñedos no sufren sequía durante los cálidos veranos. El resto del suelo consta de ruedos (en Jerez llamados arenas). Los viñedos se sitúan a una altura de 300-700 metros (980-2.300 pies). El clima es mediterráneo, casi subtropical en el sur (Moriles) y con influencias continentales en las alturas del interior (Montilla).

La uva más importante aquí es Pedro Ximénez (75 por 100), seguida de moscatel, y en los viñedos más recientes cierta cantidad de airén (aquí llamada layrén o lairén), torrontés y baladí empleadas en unos pocos vinos modernos, aún experimentales. Estos vinos experimentales, los vinos jóvenes afrutados, son blancos ligeros, afrutados y frescos. Un alivio para una zona de calor abrasador en la que casi exclusivamente se producen vinos dulces y fuertes. Son excelentes como aperitivos, o, por ejemplo, con pescado, mariscos o con especialidades locales, como callos y caracoles a la andaluza (caracoles con ajo, almendras, pimientos, tomates y limón). Temperatura de consumo: 8-10°C (46-50°F).

Los crianzas no son vinos generosos, contienen un mínimo de un 13 por 100 de alcohol natural y han envejecido en roble durante al menos un año. Son secos, semisecos y dulces. Para obtener un sabor dulce se añade a los vinos naturalmente secos un poco de sirope dulce o vinos de licor (mistela).

Los vinos generosos tienen un contenido natural de alcohol superior al 15 por 100. Estos vinos son sometidos al sistema de solera (véase jerez) para mantener la calidad homogénea. Están disponibles en las siguientes versiones:

– Fino seco: seco, ligeramente coloreado con un aroma y sabor finos y acres. A menudo recuerdan a las hierbas provenzales. Alcohol: 14-17,5 por 100.
– Amontillado: seco, de color dorado o ámbar, aroma y sabor fuertes a avellanas, suaves y completos. Alcohol: 16-18 por 100.
– Oloroso: oxidado (sin "flor"), de color caoba, muy aromático, suave y aterciopelado, seco o ligeramente dulce. Alcohol: vinos jóvenes 16-18 por 100, viejos 22 por 100.
– Palo cortado: oxidados, de color caoba, muy aromáticos, se sitúan entre los olorosos y los amontillados. Alcohol: 16-18 por 100.
– Pedro Ximénez: probablemente el mejor vino de Montilla-Moriles, obtenido en un 100 por 100 de uvas sobremaduras, pasificadas al sol después de la vendimia. Debido a la enorme concentración de azúcares en el mosto, estos vinos no pueden fermentar completamente de forma natural. Por este motivo se añade alcohol vino destilado. El resultado es un vino muy oscuro con un contenido en azúcar superior a los 272 gramos por litro (4,75 onzas por pinta).

Las temperaturas para servir estos vinos y la comida que les puede acompañar son iguales que las mencionadas en relación con los vinos de Jerez (véase esa sección).

LAS ISLAS CANARIAS

Las islas Canarias tienen un origen volcánico. En Tenerife, La Palma y Lanzarote, entre otros lugares, los volcanes aún siguen activos. El clima en las islas es muy variado, con las montañas recibiendo la mayor parte de las precipitaciones traídas por los vientos del nordeste. En Tenerife, Hierro, La Gomera y La Palma llueve de ocho a quince veces más al año que en Fuerteventura y Lanzarote. Las islas orientales a menudo tienen que lidiar con el viento cálido del Sáhara, el siroco. La temperatura media anual puede ciertamente ser considerada suave. Excepto en las montañas, las islas nunca o casi nunca corren peligro de sufrir heladas.

La cultura gastronómica de las islas es rica, variada y saludable. Hay mucho pescado (incluyendo arenques y rodaballos), animales marinos (calamares) y mariscos (mejillones, almejas y similares). Aunque parezca extraño, las islas no tienen ningún pescado de agua dulce, aparte de algunos peces tropicales. En los suelos volcánicos crecen numerosas frutas y verduras. También existe una amplia selección de carnes. No encontrará caza mayor en Canarias, pero sí conejos, liebres, perdices y codornices.

La viticultura de las islas Canarias tiene un rico pasado gracias al vino de Malvasía, en su momento muy famoso en Inglaterra, un vino completo y dulce a medio camino entre los vinos de Madeira y los olorosos españoles. Sin embargo, no volverá a encontrar muchos Malvasía buenos. La viticultura se ha desarrollado enormemente desde los años 80 y en particular en la dirección de los vinos de mesa (en contraste con los rancios, generosos y similares). Esto se debe en parte al crecimiento explosivo del turismo en las islas. Para poder satisfacer las demandas de los numerosos visitantes, los antiguos viñedos han sido replantados con uvas más apropiadas, como las nativas negramoll o listán negro. El equipamiento de bodega ha sido completamente modernizado y existe un comercio floreciente de vinos locales. La D.O. vinícola de Tacoronte-Acentejo fue la primera en recibir D.O. y La Palma, Hierro, Valle de la Orotava, Ycoden-Daute-Isora, Valle de Güimar, Abona y Lanzarote seguirán pronto. Los vinos canarios se venden sobre todo en restaurantes y tiendas de vinos y el resto se destina a las tiendas libres de impuestos. Apenas encontrará vino canario fuera de las islas. Debido a su posición excepcional, los viticultores y las bodegas cooperativas pueden pedir precios elevados, en comparación con la media española, por sus vinos. Los vinos más importantes son:

– La Palma Malvasía seco, semidulce y dulce.
– La Palma Negramoll tinto.
– La Palma Vino de Tea (tintos, blancos y rosados tipo retsina, envejecidos durante seis meses en cubas de pino).
– Hierro blanco, rosado y tinto.
– Valle de la Orotava blanco y tinto crianza.
– Ycoden-Daute-Isora rosado y tinto.
– Tacoronte-Acentejo tinto.
– Valle de Güimar blanco, rosado y tinto.
– Abona.
– Lanzarote Malvasía seco, semidulce y dulce.

LANZAROTE
DENOMINACIÓN DE ORIGEN

EL GRIFO
MALVASÍA SECO
2000

12,5% Vol.   PRODUCE OF SPAIN   75 cL
EMBOTELLADO POR EL GRIFO, S. A. · R.E.1776-GC · EL GRIFO · ESPAÑA

Lanzarote Malvasía seco.

PORTUGAL

Portugal tiene mucho que ofrecer, incluyendo una rica cultura e historia, verdes paisajes en el norte, pintorescas ciudades y localidades portuarias, playas magníficas, montañas en el interior y, sobre todo, opciones sorprendentes de vino y comida.

El clima en Portugal es bastante moderado en términos generales. El sur cuenta con el clima más cálido y seco, de tipo mediterráneo moderado. Portugal cuenta con un total de 400.000 hectáreas (989.000 acres) de viñedos, suficiente

Siempre será bien venido en Portugal (Quinta do Convento).

El verde norte.

para obtener alrededor de 10 millones de hectolitros (220 millones de galones) de vino al año. Casi un 25 por 100 de la población total aún vive directa o indirectamente de la viticultura. Portugal ha sido exportadora de vinos desde el siglo XIV y fue el primer país que garantizó oficialmente una denominación de origen (Porto-Douro). Casi en todas partes, los viticultores portu-

Antiguos postes de pizarra para asegurar las vides en el Douro (Duero).

gueses se han decidido a apostar por la tecnología en las últimas décadas. Las adegas o quintas independientes de alta tecnología se han modernizado y están completamente automatizadas. Al mismo tiempo, las mejores quintas (empresas vinícolas independientes) combinan el respeto por una antigua tradición con la garantía de higiene y comodidad que aportan las últimas tecnologías.

Según las condiciones de la Unión Europea, los vinos portugueses se dividen en diferentes categorías.

V.Q.P.R.D. (VINHO DE QUALIDADE PRODUZIDO EM REGIÃO DETERMINADA)

Vinos de buena calidad y cantidad limitada, que deben ser producidos en el área de origen y sólo a partir de uvas procedentes de la denominación de origen especificada. Entre ellos se incluyen D.O.C y I.P.R., y también los vinos licorosos de alta calidad V.L.Q.P.R.D. (Vinho Licoroso de Qualidade Produzido em Regiao Determinada) y los aún mejores vinos espumosos V.E.Q.P.R.D. (Vinho Espumante de Qualidade Produzido em Regiao Determinada).

D.O.C. (DENOMINAÇÃO DE ORIGEM CONTROLADA)

Vinos de calidad elaborados a partir de uvas de una región estrictamente acotada y producida en el área de

origen. La demarcación se realiza basándose en la uniformidad geográfica (posición, suelo, clima), características y estilo propios de los vinos y las tradiciones locales de elaboración del vino.

I.P.R. (INDICAÇÃO DE PROVENIÊNCIA REGULAMENTADA)

Los vinos I.P.R. están estrictamente unidos a un área geográfica y tienen un carácter muy individual. De hecho, están en situación de espera durante la cual tienen que demostrar que son candidatos meritorios de la denominación superior de D.O.C. durante un mínimo de cinco años.

VINHOS REGIONAIS

Los mejores vinos de mesa con una denominación de origen delimitada, comparable a la de varios otros vinos europeos regionales.

VINHOS DE MESA

Vinos para el consumo diario sin denominación de origen específica, comparables a los vinos de mesa europeos.

LOS VINOS

Las regiones vinícolas listadas a continuación aparecen según su situación geográfica de norte a sur. Oporto y Madeira serán tratados al final por separado. Los vinos portugueses que no analizaremos aquí, pero que sin lugar a dudas debería probar, son:

- Valpaços/Tras-OsMotes I.P.R.
- Chaves I.P.R.
- Planalto Mirandês I.P.R.
- Távora-Varosa D.O.C.
- Lafoes I.P.R.
- Beira Interior D.O.C.
- Obido D.O.C.
- Lourinha D.O.C.
- Alcobaça I.P.R.
- Arruda D.O.C.
- Alenquer D.O.C.
- Encostas d'Aire I.P.R.
- Rosado portugués.

Denominação de Origem Controlada Dão.

Uno de los muchos vihnos regionais de Portugal, que procede de Alentejo.

Tras-os-Montes también produce muchos vinos regionales.

Además de vinos D.O.C, Beira produce muchos vinos regionales.

VINHOS VERDES

Esta región vinícola se sitúa en el noroeste de Portugal. El punto fuerte del área del Vinho Verde se debe a la combinación de un microclima muy favorable, un suelo apropiado (granito con un estrato superior de arena y humus), los suaves relieves y las excelentes variedades de uvas tradicionales antiguas. Los viñedos del distrito del Vinho Verde abarcan alrededor del 10 por 100 del área total de viñedos en tierras portuguesas. Las regiones de mayor producción son Viana de Castelo, Porto y Braga, Las vides aquí, a diferencia de cualquier otro sitio, no se guían para crecer en porte bajo (podas cortas), sino, de hecho, muy alta (emparrados), para evitar que las uvas se pudran. Las vides se guían con espalderas, pérgolas o estructuras de hormigón entrecruzadas y generalmente se recogen desde abajo, a menudo desde una plataforma detrás de un tractor.

Vinho verde branco seco con un poco más de alcohol.

Los vinhos verdes deben su nombre al magnífico color del paisaje circundante, y no, como algunas lenguas maliciosas pretenden, a la acidez de los vinos. Los vinhos verdes se producen en blanco y tinto, de los secos a los ligeramente dulces.

Beba un vinho verde joven, hasta uno o dos años después de la vendimia. Los vinos de un 100 por 100 Alvarinho de la subdenominación de Monção, los vinhos verdes Alvarinho, pueden guardarse un poco más de tiempo.

El vinho verde branco suele tener una ligera dulzura.

Los vinhos verdes brancos son aperitivos perfectos, especialmente porque parecen contener dióxido de carbono en ellos. Esta efervescencia delicada se obtiene de una forma completamente natural, embotellando los vinos inmediatamente después de la segunda fermentación (fermentación maloláctica). La mayoría de los vinos contienen alrededor del 10 por 100 de alcohol.

Además de servirlos como aperitivos, también puede servir estos vinhos blancos frescos y afrutados con los almuerzos. En las comidas combinan a la perfección con marisco y crustáceos, pescado o fiambres. Pruébelos con gambas picantes (con ajo y salsa de chile). Temperatura de consumo: 8-10°C (46-50°F).

Los vinhos verdes Alvarinho son de mejor calidad y contienen algo más de alcohol. Bébalos con las mejores variedades de pescado o con pollo, ternera o cerdo. Pruébelos con *santola no carro* (centollo) o cangrejos rellenos de hierbas al horno. Temperatura de consumo: 10-12°C (50-54°F).

Los vinhos verdes tintos son igual de ligeros y refrescantes que los blancos, pero tienen un poco más de cuerpo. Poseen un sabor incluso más delicioso si se beben directamente de la cuba, sólo pasados a una frasca y de ahí a la mesa. El embotellado causa más mal que bien a muchos de estos vinos.

Bébalos con las comidas, con platos de pescado carnoso (lamprea, rape) o con todo tipo de aves de corral o platos de carne. Pruebe el arroz de pato de Braga, delicioso. Temperatura de consumo: 10-12°C (50-54°F).

Gran vino para las comidas.

DOURO D.O.C.

El río Duero, en portugués rio D'ouro (el río del oro) da su nombre a este distrito del noroeste de Portugal, que ha sido famoso por sus vinos durante más de doscientos años, sobre todo por el vinho do porto (oporto). Parece que cada vez más vinos de mesa se están producien-

En el valle del Douro también se produce mucho vino tinto.

do en el valle del Douro. En los últimos años se han comercializado más vinos de mesa que oporto.

Los viñedos del valle superior Douro comienzan a 100 km (62 millas) tierra adentro de la ciudad portuaria de Oporto. La mayoría de los viñedos se encuentran en laderas con un suelo de rocas y granito antiguos. El clima en el valle es relativamente seco y semicontinental. Aquí se producen vinos blancos y tintos de buena calidad. Malvasia fina, rabigato, viosinho, donzelinho o verdelho, por ejemplo, se emplean en los vinos blancos, y bastardo, mourisco tinto, tinta roriz, tinta francisca, touriga nacional o tinto cao, por ejemplo, para los tintos.

Los Douro brancos son frescos, vivos y muy aromáticos. El sabor es delicado y sofisticado, definitivamente no demasiado pesado o poderoso. Estos vinos, con un mínimo del 11 por 100 de alcohol, tienen que pasar al menos nueve meses de crianza en la botella antes de que puedan venderse. Beba estos vinos Douro blanco como aperitivo o con pescado o mariscos. Pruebe el pescadito frito, no se arrepentirá. Temperatura de consumo: 10-12°C (50-54°F).

Algunos Douro tintos son jóvenes, afrutados y casi juguetones, mientras que otros resultan bastante vigorosos y poderosos. Esto se debe en parte a la elección de las variedades de uva, la técnica de vinificación empleada y la duración del envejecimiento en roble. Todos los Douro tintos deben envejecer al menos dieciocho meses antes de poder ser vendidos y contienen un mínimo de 11 por 100 de alcohol. Los vinos modernos son muy ricos en color, fruta, suavidad, son sabrosos y están llenos de vigor. Los vinos tradicionales son de color bastante oscuro y muy aromáticos, a menudo casi rústicos (terreno de granito). Beba un Douro tinto con carnes rojas, caza o quesos maduros (tomar o rabaçal). Pruebe el cocido de grao, un cocido que incluye cerdo, chorizo y garbanzos. Temperatura de consumo: vinos modernos, 12-14°C (54-57°F); vinos tradicionales, 14-17°C (57-63°F).

Simple pero muy agradable tinto del Douro.

BAIRRADA D.O.C.

El clima del distrito de Bairrada se ve muy infuenciado por el océano Atlántico. El nombre "bairrada" se deriva de la palabra portuguesa bairro o barro, que se refiere al suelo local. Aquí se producen vinos de primera clase, con gran cantidad de extracto y mucho color. Los vinos de Bairrada son seductores, con gran encanto. Están disponibles en tinto, blanco y rosado. Las variedades empleadas para los escasos vinos blancos (alrededor del 10 por 100 de la producción) incluyen bical y rabo de ovelha (también conocido como rabigato), y para los rosados (10 por 100) y tintos (80 por 100) baga y rufete. También se elaboran vinos espumosos aceptables en Bairrada según el método tradicional. La mayoría de la producción se encuentra en manos de las adegas cooperativas y algunas pocas quintas independientes.

El Bairrada branco es muy poco habitual, pero definitivamente no debería perdérselo. En particular, los vinos con breves periodos de crianza en barricas son sorprendentemente deliciosos. Puede beber estos vinos frescos y sofisticados cuando son jóvenes o pueden guardarse durante algunos años extra.

Beba un Bairrada blanco con pescado, carnes blancas, pollo o incluso queso fresco. Pruebe el frango no churrasco, pollo al grill. Temperatura de consumo: 8-10°C (46-50°F).

El Bairrada rosado es ligeramente más especiado que el blanco, pero no es tan completo como los tintos del mismo nombre. Ideales con las comidas, con platos mixtos (pescado y cerdo) o con el famoso cochinillo local. Pruebe el frango piri-piri, pollo guisado con una salsa picante (piri-piri), verduras y un toque de canela. Temperatura de consumo: 10-12°C (50-54°F).

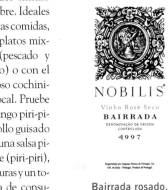

Bairrada branco.

Bairrada tinto reserva.

Bairrada rosado.

El Bairrada tinto tiene un aroma sorprendentemente intenso y un sabor amplio y completo. Se trata de un vino poderoso con mucha cantidad de carácter y un posgusto duradero que mejora después de algunos años de guarda en la botella.

Beba este vino con carnes rojas, caza y quesos curados. Pruebe caldereta de cabrito, guiso de carne de cabrito (o cordero) con pimientos rojos, vino tinto, cebollas, zanahorias, patatas, ajo y hojas de cilantro. Temperatura de consumo: 12-14°C (54-57°F) para los vinos jóvenes, 14-17°C (57-63°F) para los más viejos.

Además de vinos blancos, tintos y rosados, Bairrada también produce buenos vinos espumosos y excelentes vinos licorosos.

DÃO D.O.C.

El distrito de Dao se sitúa justo debajo de la región vinícola del Douro. La denominación se encuentra en la parte central de Portugal, entre la frontera con España y la zona vinícola de Bairrada, y está rodeada por cordilleras montañosas que protegen los viñedos de los vientos húmedos del océano Atlántico y el frío continental extremo. El norte y el centro de la región constan de un suelo de granito duro, mientras que el sur consta de pizarra o piedras fragmentadas. Los viñedos se sitúan sobre las terrazas en las inclinadas laderas de las montañas, como en el valle del Douro. El clima es bastante moderado, con veranos cálidos y secos y otoños frescos en general. Principalmente se cultivan variedades tintas en el suelo de granito, mientras que las variedades blancas crecen mejor sobre pizarra o piedra. Las uvas tradicionales del Dao incluyen alfrochero preto, tinta pinheiro y touriga nacional para los tintos, y las antiguas barcelo, bical, cercial y uva Cao para los blancos. Todos los vinos Dao deben contener al menos un 11 por 100 de alcohol. Debido a que los viñedos están tan fragmentados y son de tamaño tan pequeño, el papel de las grandes cooperativas (adegas coöperativas) tiene una enorme importancia. Aun así el número de quintas que envejecen y embotellan sus propios vinos está creciendo cada vez más. Esto en sí mismo es un buen signo para el futuro.

El Dao branco debe haber envejecido durante un mínimo de seis meses antes de ser vendido. Algunos vinos envejecen en madera durante un breve periodo. La modernización de las técnicas de vinificación supone que hoy se pueden hacer Dao blancos excelentes, secos, frescos y afrutados, que combinan muy bien con pescado, pollo y carnes blancas. Pruebe la *pescada à moda* de Beira Alta (merluza al vino blanco Dao con, entre otras cosas, patatas, champiñones, tomates y cebolla). Temperatura de consumo: 8-10°C (46-50°F).

El Dao tinto debe pasar por un periodo de crianza de dieciocho meses.

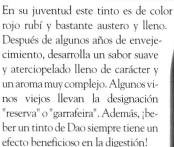
Dão branco.

En su juventud este tinto es de color rojo rubí y bastante austero y lleno. Después de algunos años de envejecimiento, desarrolla un sabor suave y aterciopelado lleno de carácter y un aroma muy complejo. Algunos vinos viejos llevan la designación "reserva" o "garrafeira". Además, ¡beber un tinto de Dao siempre tiene un efecto beneficioso en la digestión!

Beba este vino con cerdo, carne al grill, caza y queso. Pruebe el *coelho a Beira*, conejo estofado con vino tinto de Dao con, entre otras cosas, cebollas, ajo y beicon. Temperatura de consumo: joven, 12-14°C (54-57°F); viejos/reservas/garrafeiras, 14-17°C (57-63°F).

Dão tinto.

TORRES VEDRAS D.O.C.

Al igual que en los viñedos de las inmediaciones de Lisboa, el clima aquí es moderado con influencias subtropicales y mediterráneas. El suelo contiene cal, arcilla, guijarros y marga calcárea. Los vinos blancos son aromáticos y frescos, pero son principalmente los vinos tintos de Torres Vedras los que sobresalen del resto. Los tintos Torres Vedras V.Q.P.R.D. son de color rojo rubí, suaves y afrutados, con un toque a madera, llenos y redondos. Bébalos con carnes (rojas) o queso. Temperatura de consumo: 14°C (57°F).

Los reservas de Torres Vedras V.Q.P.R.D. son de color rojo teja y poseen un aroma muy complejo. Son ricos en aromas y matices de sabor, completos, redondos y suavemente aterciopelados. Beba estos vinos con carnes (rojas), posiblemente con salsas fuertes, o con aves de corral al grill o fritas y después cocidas a fuego lento. Pruebe la perdiz à Guincho, con cebolla, col y beicon. Temperatura de consumo: 16-17°C (61-63°F).

Torres Vedras está muy infravalorado y de ahí su precio económico.

La Coöperativa Adega de Torres Vedras también produce vinos regionales y de mesa excelentes.

BUCELAS D.O.C.

Esta región se encuentra en el valle del río Trançao, a unos 25 kilómetros (15,5 millas) de la ciudad de Lisboa. El área goza de un extraño microclima, muy frío en invierno y caluroso en verano. Estas variaciones de temperatura pueden llegar a ser muy grandes. El suelo aquí consta de una mezcla de arcilla y cal. Los vinos de Bucelas han disfrutado de una buena reputación durante más de un siglo. Desgraciadamente, la producción es escasa en comparación con los importantes avances producidos en el resto del mundo que estos vinos merecen encarecidamente, sobre todo considerando su calidad intrínseca. Los vinos son blancos, secos, aromáticos y están destinados a un consumo joven. Los vinos más viejos suavizan su acidez fresca un poco, pero ganan en intensidad aromática.

Beba estos vinos con crustáceos y marisco o con pescado. Pruebe los filetes a Portuguesa, filetes de pescado (pescadilla, lenguados) al estilo portugués, con salsa de tomate. Temperatura de consumo: 10-12°C (50-54°F).

CARCAVELOS D.O.C.

Los vinos de Carcavelos se encuentran entre los mejores y más famosos vinos de Portugal. Hasta hace poco estaban en peligro de desaparecer debido a la arrolladora urbanización. Esta pequeña región vinícola en la desembocadura del río Tagus tiene un clima agradable y moderadamente mediterráneo, directamente influenciado por el océano. El suelo consta de cal con fragmentos sueltos de basalto. Aquí se producen vinos dulces de licor muy especiales, con un magnífico color ámbar y un aroma muy rico. El vino es añejo, aterciopelado y muy sofisticado. Beba este vino con melón o higos frescos, por ejemplo, y un poco de queso, o sin ningún acompañamiento después de las comidas. Preste atención: este vino contiene de un 18 a un 20 por 100 de alcohol. Temperatura de consumo: 6-8°C (43-46°F).

COLARES D.O.C.

Ya en el siglo XIII se producía vino en esta pequeña región cerca de Sintra, en la costa atlántica. Los viñedos se ven sometidos con regularidad a fuertes vientos procedentes del océano. El clima es moderadamente oceánico y el suelo consta de arena, un poco de arcilla y algunos trozos de basalto.

Los vinos blancos obtenidos a partir de la variedad malvasía son ligeros y aromáticos y combinan extremadamente bien con todas las delicadezas del mar. No beba estos vinos demasiado jóvenes, a menudo mejoran después de algunos años en la botella. Pruebe *el pargo assada*, besugo cocido con tomates, cebolla, ajo y cilantro. Temperatura de consumo: 10-12°C (50-54°F).

Los vinos tintos son particularmente especiados y duros cuando son jóvenes. Por este motivo es preferible dejarlos reposar durante algunos años. Entonces se vuelven más suaves, aromáticos, y mejoran en sabor. Los Colares tintos son excelentes acompañamientos para asados de carnes o caza. Pruebe las *iscas*, hígado (de cordero) marinado y cocido con beicon y ajo, o *bifes de porco grelhado*, kebabs de cerdo con cebolla, pimientos, ajo, zumo de limón, aceite de oliva y menta fresca. Temperatura de consumo: 14-17°C (57-63°F).

RIBATEJO D.O.C.

La historia de esta región vinícola al nordeste de Lisboa comienza mucho antes del nacimiento de Portugal. La región vinícola se sitúa en los alrededores de la cuenca baja del Tajo. El clima es subtropical, con influencias atlánticas y mediterráneas. El suelo consta de arcilla, cal, arena y depósitos aluviales. Aquí se produce un poco de todo, vinos secos y dulces, tintos, algunos criados en madera y otros no, y vinos espumosos muy aceptables. Los vinos blancos son suaves, afrutados, a menudo con textura suave y aterciopelada y pueden acompañar a cualquier plato de pescado, sobre todo pescado hervido. Los vinos tintos suelen tener un color rojo granate, son francos y carnosos, con mucha fruta. Los mejores vinos tintos se pueden guardar durante al menos diez años. Bébalos con carnes rojas al grill o asadas. Pruebe el *bife de cebolada*, un filete con cebolla y salsa de vino tinto. Temperatura de consumo: 8-10°C (46-50°F) para los vinos blancos, 14-16°C (57-60°F) para los tintos.

Palmela.

PALMELA D.O.C.

En la península cerca de Setúbal el clima es subtropical y el suelo consta de cal, arenisca, arcilla y guijarros. Los vinos tintos producidos aquí (incluidos los de Periquita) son vigorosos y

especiados. Se hacen más suaves y mejores a medida que envejecen. Bébalos con carne asada o frita y después cocida a fuego lento. Pruebe el borrego estofado, paletilla de cordero con ajo, cebolla, zanahorias, apio blanco, puerros y tomates. Temperatura de consumo: 14-17°C (57-63°F).

Moscatel de Setúbal.

MOSCATEL DE SETÚBAL D.O.C.

El Moscatel de Setúbal es, en mi opinión, uno de los mejores vinos generosos del mundo. Se produce en la península de Setúbal, a orillas del Sado. El clima aquí es subtropical y los viñedos se sitúan sobre un suelo de arcilla y cal. Los vinos se obtienen de Moscatel, que se reconoce por su característico aroma y sabor. Beba estos vinos dulces, opulentos y melosos después de las comidas o con un postre no demasiado dulce. Pruebe la *salada de laranjas*, una ensalada fresca de naranjas e higos con miel. Temperatura de consumo: 6-10°C (43-50°F).

ALENTEJO D.O.C.

Alentejo queda al sudeste de Lisboa y abarca un área bastante grande donde se ha producido vino y aceite de oliva desde tiempos inmemoriales. La mayoría de la producción vinícola se encuentra en manos de enormes adegas coöperativas.

Los vinos tintos suponen la mayoría de la producción, pero hay una demanda creciente de vinos blancos buenos a precio razonable. La enorme región (más de 13.000 hectáreas/32.100 acres de viñedos) es llana y principalmente seca y rocosa. El clima es mediterráneo con influencias atlánticas. Los veranos aquí son muy calurosos y secos. En total se usan más de veinte variedades de uva. Varios subdistritos de Alentejo han recibido un reconocimiento provisional en forma de su propio I.P.R. (Portalegre, Borba, Redondo, Reguengos y Vidigueira). Se espera que estas regiones pronto sean ascendidas a D.O.C. El D.O.C. Alentejo comprende los subdistri-tos restantes de Granja/Amarleja, Evora y Moura, pero también sirve a un propósito genérico: los vinos de todas las regiones I.P.R. de Alentejo pueden mezclarse con D.O.C. Alentejo. Granja/Amarleja aún no tiene concedida una denominación independiente.

Alentejo aún tiene muchos vinos regionales relativamente buenos. Hasta la fecha los vinos de esta región de Alentejo llevan la genérica D.O.C. Évora fue en su día una famosa región vinícola y ahora está trabajando en su resurgimiento. A juzgar por la calidad de los nuevos vinos Évora no tardará mucho en obtener su propio I.P.R. y posteriormente su D.O.C.

Vinho regional de
Alentejo.

PORTIMÃO D.O.C./TAVIRA D.O.C./ LAGOS D.O.C./LAGOA D.O.C.

El clima en el Algarve es subtropical y el suelo consta principalmente de arena. Las tradiciones vinícolas del Algarve datan de antes de la llegada de los árabes. Los vinos producidos aquí son muy característicos de las regiones calurosas y secas.

Los vinos blancos son bastante suaves en acidez, finos y delicados, pero a menudo contienen una gran cantidad de alcohol (hasta el 13 por 100). Beba estos vinos con pescado, carnes blancas o crustáceos y mariscos. Pruebe una *salada de tum e batata*, una ensalada particularmente sabrosa de patatas, atún, huevo y tomate, o *ameîjoas na cataplana*, un guiso típico de berberechos, chorizo, jamón y hojas de cilantro en una salsa picante piri-piri. Temperatura de consumo: 8-10°C (46-50°F).

Los vinos tintos son suaves y aterciopelados, con mucho alcohol y poco cuerpo y acidez. Saben estupendamente con todo tipo de platos de carne. Pruebe *trouxa de vitela*, ternera marinada y al grill con cebolla roja, pimientos rojos y ajo. Temperatura de consumo: 14-16°C (46-50°F).

BISCOITOS IPR/GRACIOSA IPR/ PICO IPR

También se produce vino en las Azores, pero rara vez lo encontrará fuera de las islas. En la región vinícola de Biscoitos, en la isla de Terceira, se producen vinos licorosos muy interesantes, principalmente de Verdelho. El suelo volcánico aporta a estos vinos un carácter muy individual. Ya en el siglo XVI se producía vino en Graciosa y se exportaba. En Pico se elaboran excelentes vinos de Verdelho. Este "Verdelho do Pico", muy popular en el siglo XIX, es un "generoso" (vino licoroso) de calidad especialmente buena, comparable con los mejores madeiras. El vino debe su fuerza, carácter, encanto y aromas al suelo volcánico (basalto), las altas temperaturas y las precipitaciones regulares. Cada vid se planta en un agujero en el oscuro suelo de basalto y se protege con un muro bajo.

OPORTO D.O.C.

El vino de Porto u Oporto toma su nombre de la ciudad portuaria de Oporto, la segunda ciudad portuguesa en la actualidad. Oporto está cerca de Vila Nova de Gaia, donde se guarda, embotella y comercializa la mayoría de los vinos de Oporto.

En el siglo XVII los franceses y los ingleses estaban sumidos en violentos enfrentamientos por hacer prevalecer su supremacía en Europa. El ministro francés Colbert decidió establecer unos impuestos bastante elevados a la exportación de los vinos de Burdeos. Los británicos encontraron alternativas en España (Navarra) y Portugal (Douro). Sin embargo, los ingleses no eran los únicos interesados en los vinos españoles y portugueses. También los holandeses, que estaban buscando vinos como base para sus brandies, encontraron

El valle del Douro (Duero), una región vinícola impresionante.

un hueco para sí mismos en Portugal. Fueron los holandeses quienes dieron a los británicos la idea de añadir algo de alcohol de vino a los vinos de Douro para ayudarles a aguantar mejor el largo viaje a casa. Estos nuevos vinos fortificados pronto encontraron un mercado fácil en las tabernas inglesas. Los británicos pronto descubrieron que los vinos del valle del Douro de los monasterios entre Lamego y Pinhao eran mucho más llenos, robustos, placenteros y complejos que los otros. Fue en 1679 cuando los emprendedores comerciantes ingleses añadieron por primera vez un poco de aguardiente portugués (alcohol de vino) al mosto durante la vinificación. Habían aprendido esto de los monjes de Lamego, quienes ya habían descubierto el secreto del "beneficio" (vino reforzante). Producía resultados excelentes aunque inesperados: como la fermentación se detenía en una primera etapa, los vinos eran más dulces, completos, redondos, afrutados y, sobre todo, menos ásperos. En poco tiempo esta bebida se hizo muy popular tanto en Portugal como en Inglaterra. Los ex-

El viñedo nacional, aquí de mañana, es el único que tiene vides anteriores a la plaga de la filoxera.

perimentos que dejaban a los vinos envejecer durante más tiempo fueron también un rotundo éxito. Los primeros vinos de Oporto clásicos se desarrollaron debido a la llegada de la botella cilíndrica. Numerosos comerciantes británicos llegaban a Oporto para establecer sus negocios allí. El comercio se concentraba en la ciudad portuaria cercana, llamada por los portugueses O Porto (el puerto) y después acotada en Porto.

A finales del siglo XIX la filoxera y posteriormente el mildíu destruyeron casi por completo los cultivos vinícolas del valle del Douro. Todos los viñedos fueron replantados sobre pies de vides americanas inmunes.

Entonces comenzaron a dejar algunos vinos en las botas durante más tiempo. Ésta fue la primera vez que se hizo una distinción entre la "bebida de las masas" barata, joven y afrutada (el rubí), y el oporto, más caro, criado en madera, destinado a las clases altas. En 1906 el Gobierno decidió que en adelante los vinos de Oporto podrían ser exportados sólo desde el puerto de Oporto y que tenían que contener un mínimo de un 16,5 por 100 de alcohol. Desde 1921 es obligatorio que los vinos envejezcan en roble durante un número mínimo de años y desde 1926 sólo las casas comerciales con residencia en Villa Nova de Gaia tienen permitida la exportación. Desde 1933 la calidad y la autenticidad de estos vinos de Oporto han sido estrictamente controladas por el poderoso Instituto do Vinho do Porto. En 1985 la ley se relajó y desde entonces los vinos también pudieron envejecer en el valle del Douro y exportarse desde ahí (siempre mediante una oficina comercial con residencia en Oporto o Villa Nova de Gaia). En 1997 llegó el cambio más radical: la prohibición de transporte a granel y embotellado de vinos de Oporto fuera del área.

El oporto es un vino fortificado o "generoso". La denominación europea oficial para estos vinos es la siguiente: Vino de licor de calidad producido en una región delimitada (V.L.Q.P.R.D.). Como muestra de respeto por la calidad de sus vinos, las compañías portuguesas vinícolas tienen el permiso de seguir incluyendo la palabra "generoso" en la botella. Sin embargo, rara vez encontrará esta designación fuera de Portugal.

En el valle del alto Duero los viñedos están protegidos de las influencias extremas del clima oceánico por la sierra de Marao, de 1.400 metros de altura (4.590 pies). Las vides se ven forzadas a superarse a sí mismas para alcanzar el agua escasa. Debido a que las raíces necesitan profundizar mucho (a veces hasta 20 metros –65 pies– de profundidad), la planta toma muchos nutrientes de los estratos profundos, lo que es bueno para la fuerza del aroma. El sue-

Oporto, una bebida "genial" (generosa).

lo en las estribaciones occidentales de la alta meseta ibérica consta principalmente de fragmentos de piedra, con trozos de granito y sílex (pedernal). Las enormes variaciones en temperatura son extremadamente beneficiosas para el desarrollo de aromas y sabores. Los viñedos se sitúan en las laderas de las montañas a unos 500 metros de altura (1.640 pies) a ambos lados del Duero y sus afluentes, y se dividen en tres subdenominaciones muy diferentes:

Policultivo: vides, naranjos y olivos (Quinta das Heredias).

– Baixo Corgo, con los valles del Duero y el bajo Corgo. El relieve es mucho más suave y la región más accesible, por lo que ésta es la parte más productiva de la región vinícola del Douro. Se trata también de una tierra de cultivos, mezclados con olivos, almendros y naranjos creciendo cerca o entre las vides. En general hay un enorme número de viñedos aquí con altos rendimientos y, relativamente hablando, una calidad ligeramente inferior.

– Cima Corgo, la parte central del valle de Douro. Aquí la variedad en los cultivos casi ha desaparecido. Ésta es la tierra de muchas quintas aisladas, terrazas inconexas y picos de montaña boscosos. De aquí proceden los mejores vinos, mucho más completos y complejos que los de Baixo Corgo.

– Alto Douro, una región abrupta, casi desértica, con escasas precipitaciones y gran cantidad de luz solar. Gracias a las últimas tecnologías, este área

Nuevas terrazas en las laderas de las abruptas montañas.

está saliendo cada vez más de su aislamiento. El suelo es excepcionalmente apropiado para la viticultura. El problema reside en el transporte: se necesitará aún un tiempo antes de poder contar con la infraestructura necesaria.

Antiguas terrazas a orillas del Duero.

TERRAZAS, PATAMARES EN AO ALTO

Innumerables terrazas han sido construidas para evitar la erosión y facilitar el trabajo en las abruptas laderas.

Las terrazas originales eran estrechas y protegidas sólo por filas de piedra apiladas unas encima de otras.

Las antiguas terrazas producen calidad excepcional, pero son costosas (y peligrosas) de mantener y usan un sistema Ao Alto.

Ahora las terrazas son más anchas y sostenidas por muros de piedra. Las vides se plantan cerca entre sí, lo que obliga a las plantas a competir entre ellas y aumentar la potencia del aroma. Aun así, estas terrazas son caras de mantener y difíciles de trabajar. Las llamadas "patamares", terrazas más estrechas sin muros pero con bancos inclinados, son más modernas. Aquí las vides se suelen plantar en fila, lo que reduce el rendimiento y hasta cierto punto también la potencia del aroma, pero tiene la ventaja de que permite un mejor laboreo y mecanización.

Finalmente está el sistema Ao Alto, en el que las vides se plantan en cuadrados sobre las laderas. Este sistema,

Patamares.

cada vez más usado, puede, sin embargo, emplearse únicamente en inclinaciones suaves, normalmente de unos 32°.

A pesar de esto a veces se emplea el sistema Ao Alto en inclinaciones más abruptas, con canales o caminos regulares que detienen la erosión. Otra ventaja de este sistema es la posibilidad de lograr mayores rendimientos.

Ao alto-systeem.

CLASIFICACIÓN DE LOS VIÑEDOS

El complejo sistema de inspección portugués se basa en el terreno y en el clima antes que en las variedades de uva. Los viñedos reciben diferentes puntuaciones según parámetros geológicos, topográficos y climatológicos. De importancia, por ejemplo, es la altura de los viñedos con relación al río (de 40 a 450 metros –130-1.480 pies– es ideal), los microclimas locales (la cantidad de precipitaciones es especialmente significativa), las inclinaciones (las inclinaciones con buenos drenajes prevalecen sobre los terrenos llanos y bajos de los valles), la posición (con respecto al sol y al viento) y, por supuesto, el tipo de suelo (cantos fragmentados) tienen mejores puntuaciones que el granito y loess, por ejemplo; la cantidad de rocas en el estrato superior es también significativa. Finalmente, también se considera la forma en la que se cultivan los viñedos, el rendimiento, la densidad de los cultivos. A mayor puntuación de los viñedos, más alto se sitúa en una escala que va de la A a la F. Se paga

Viñedos A en Quinta do Noval.

dos veces más por uvas de los mejores viñedos (100 por 100 A) que por uvas de los peores (E y F). El Instituto do Vinho do Porto también decide, basándose en la calidad de los viñedos, cuánto vino de Oporto y cuánto de mesa se puede hacer. Los mejores viñedos tienen permiso para producir más oporto y los peores más vino de mesa.

LAS VARIEDADES DE UVA

Las ochenta y siete variedades de uva recomendadas aquí no son empleadas a la vez en ningún caso. Hay cinco variedades muy populares: touriga nacional (complejidad, fuerza, aromas finos y potencial para envejecer), roriz (elegancia, finura, acidez fresca), barroca (aromas profundos y sensualmente afrutados, textura suave y

aterciopelada), touriga francesca (fruta y cuerpo) y cao (elegancia, ligereza, complejidad, potencial para envejecer). Las uvas empleadas para los vinos de Oporto blancos y los vinos blancos de Douro incluyen malvasía fina, rabigato, codega, gouveio, viosinho y donzelinho.

LA VENDIMIA

En ningún otro lugar del mundo la vendimia puede resultar tan difícil como en el valle del Douro. Ahora, por supuesto, las terrazas son mucho más anchas y el acceso por carretera permite el paso de camiones. Hoy en día las uvas se recogen en pequeñas cestas, que dañan menos las uvas y por tanto ayudan a prevenir cualquier fermentación espontánea. Si los viñedos se encuentran cerca de las casas de prensado, las uvas se llevan a las quintas en grandes tinos. La vendimia normalmente tiene lugar de comienzos de septiembre hasta finales de octubre. Una vez que las uvas están dentro, se prensan neumáticamente y se procesan. Só-

lo algunas de las mejores quintas, como Quinta do Noval, siguen trabajando con los antiguos lagares de granito, en los que las uvas se siguen pisando a la famosa manera que dicta el floclore.

Los viticultores portugueses están buscando alternativas a este método tradicional. En la mayoría de las quin-

Colocando las uvas a medida que llegan a los tradicionales lagares.

El pisado continúa día y noche.

Comienza el cansancio, ya no hay vistosas filas.

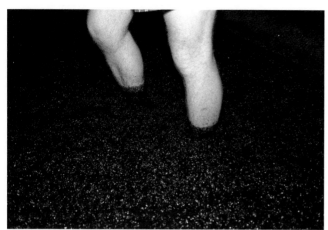

Cuanto mejor es el *cuvée*, mejores son los lagares (Quinta do Noval, lagar de la Quinta Nacional Única).

tas usan sistemas que prensan las uvas y mantienen el sombrero de pieles en movimiento constante. Este método se emplea sistemáticamente para oportos de calidad media. En el Quinta do Sol, del grupo Symington (incluyendo Dow's y Graham), se usan lagares automatizados, en los que unos tacos de silicona imitan las pisadas de los pies. Así se introduce constantemente oxígeno en el mosto en fermentación, activando incluso más este proceso. El resultado es sorprendentemente bueno.

LA VINIFICACIÓN

Una vez que las uvas han sido prensadas o pisadas completamente (también se usa aquí una segunda prensa suave), la pasta de prensa (los orujos) va a las compañías destiladoras y los divinos y aromáticos mostos son bombeados a las botas ("pipas"). De camino o

El LBV 95 está aquí almacenado para un cliente belga muy conocido.

a la llegada a los grandes tinos o a las botas (pipas), se añade poco a poco alcohol de vino de 77 por 100 al mosto-vino en fermentación. En general se permite añadir del 16 al 20 por 100 de alcohol por volumen de mosto en fermentación. Como se añade poco a poco, el alcohol puede mezclarse bien con el mosto sin destruir los aromas frutales. Después de esta operación, el vino joven fortificado tendrá un porcentaje de alcohol de alrededor del 18 por 100, lo que puede ser aumentado posteriormente. La calidad del aguardiente tiene gran importancia para el carácter final del oporto. Después de la vendimia, los vinos reforzados son transferidos en caso necesario mediante bombeo y se mezclan para que resulten más homogéneos. Aún es muy pronto para decidir qué tipo de vino resultará, pero se hará una primera selección basándose en la calidad.

Como es obvio, las variedades de uva plantadas en los viñedos tienen una influencia en la calidad y el carácter de los vinos, al igual que si han sido vendimiadas sin orden ni concierto o por separado, por parcelas. Los viticultores que cosechan todas las variedades de uva por separado, preferiblemente una parcela cada vez, y las vinifican por separado tienen todas las posibilidades abiertas. Naturalmente, las condiciones climaticas básicas difieren de año a año, pero la mayoría de las casas tienen su propio estilo y sus técnicas. Por tanto, dos vinos del mismo grupo pueden ser completamente diferentes: uno, por ejemplo, puede ser ligeramente más dulce y sensual, el otro más seco y rico en taninos. La primera selección seria tiene como propósito separar los mejores vinos (para los vintage y los colheita). El resto de la vendimia será evaluada de nuevo más tarde, con distinciones en categorías aún más específicas. Según una especie de sistema piramidal en el tiempo se observa el vino para ver cómo va a desarrollarse. El tope de la pirámide consiste en lo mejor, un especial *cuvée vintage*. Si la calidad no es adecuada para ello, el vino que normalmente produciría el *cuvée* superior es degradado, y se destina para elaborar otro *vintage*. Los vinos que no tienen la calidad y las características para *vintage* deseables son separados. Los mejores serán empleados para los "colheitas", entre otros. Los vinos de calidad inmediatamente inferior a éstos se reservan para los "tawny envejecidos", después los "tawny" especiales y finalmente lo que queda se convierte en rubí.

LOS VINOS

El oporto es una de las bebidas más imitadas en el mundo, pero la calidad de un buen oporto nunca llega a igualarse en ningún otro sitio. El oporto es el sol en una botella, pero también está indisolublemente unido a sus orígenes en la tierra, el suelo de cantos rodados y rocas antiguas. Esto es lo que le hace diferente de los vinos tipo oporto hechos en otros lugares.

El suelo.

Existe una expresión bastante común: "una copa de oporto", en la que "oporto", al igual que jerez, cognac, champagne, borgoña y burdeos, se ha convertido en sinónimo de una categoría de producto. Es una lástima, porque existen muchos tipos y sabores de oporto. A veces se realiza una distinción entre vinos envejecidos por oxidación y por reducción, que no es del todo correcta. La primera oxidación tiene lugar en los lagares, cuando el mosto joven en fermentación, al que se le añade el alcohol, ya ha sido ligeramente oxidado. En los dos o tres años que todos los vinos de Oporto pasan en madera también tiene lugar una oxidación extra a través de los poros de las barricas. Sólo después de esto se puede establecer una distinción entre los vinos que envejecerán aún más las "pipas" (por tanto pasan por otra oxidación) y los vinos que continuarán su crianza en la botella. Sería mejor referirse a

No todas las copas de oporto son iguales.

oxidativos (tawny) u óxido-reductivos (vintage). Sólo un vino vinificado y guardado en acero inoxidable y después directamente embotellado es un vino reductivo, lo que ciertamente no es el caso del oporto.

PORTO BRANCO/OPORTO BLANCO

Durante siglos el oporto ha sido siempre tinto. Desde 1935 también se ha producido oporto blanco, de la misma forma que el oporto tinto, a excepción del hecho de que se usan uvas blancas (incluyendo malvasía). El oporto blanco puede tener varios niveles de dulzura, desde lo empalagoso y almibarado, o incluso "como lágrimas" como dicen los portugueses, hasta lo semiseco suavemente dulce, y de lo completamente dulce al extraseco. Existe una tendencia relativamente nueva establecida por los reductivos frescos, secos y menos alcohólicos (16,5 por 100). Tome los vinos secos como aperitivos.

El oporto blanco frío (extraseco, seco o medio seco) resulta delicioso como aperitivo. Los tipos algo más baratos son también apropiados para cócteles elegantes, pero no se lo cuente a los puristas del oporto: para ellos beber oporto blanco es un "crimen" en sí mismo. Está muy de moda llenar una copa con un tercio de un oporto blanco no demasiado dulce, dos hielos, una rodaja de limón y rellenarlo con Schweppes Indian Tonic. ¡Sublime aperitivo para el verano con un puñado de almendras frescas tostadas en aceite de oliva!

Oporto blanco dulce.

Oporto blanco seco.

Oporto Ruby.

TINTO ALOIRADO/RUBY

Los oporto ruby deben su nombre al magnífico color rojo rubí de los oportos jóvenes. Un oporto ruby ha pasado un mínimo de tres años envejeciendo en roble y después de ello ha sido embotellado inmediatamente. Como el vino madura durante menos tiempo en las pipas, el oporto ruby es un producto relativamente barato y por tanto muy popular. El ruby corriente se compone de vinos de las cosechas más recientes mezclados juntos. En los mejores casos es un vino color rojo rubí, fresco y muy afrutado, pero algunos oportos ruby baratos tienen un sabor demasiado áspero y ácido, incluso cáustico, y también son planos y con poca estructura. Por suerte hay empresas, como Dow's, que demuestran que un ruby también puede merecer la pena, particularmente como aperitivo en una larga tarde de invierno.

ALOIRADO/LEONADO/TAWNY

Como el nombre indica, un Tawny es un vino de Oporto de un color anaranjado, que según su añada y el tiempo de crianza en barrica va del naranja atejado al ámbar dorado casi transparente. Este color procede del largo periodo de crianza, en contraste con los vinos ruby y vintage, que son embotellados inmediatamente. Los vinos de Oporto tawny son también *cuvées* de varias cosechas. Los tawny jóvenes son embotellados después de tres a cinco años, los reserva después de cinco años en la barrica. Los buenos tawny son elegantes y sofisticados en sabor, con un ligero toque oxidativo. La fruta de los vinos jóvenes se ha suavizado, con aromas a higos y otros frutos secos. El alcohol parece amalgamarse y el sabor a menudo es delicadamente más dulce. Un buen tawny no es barato: a menudo son una mezcla de ruby barato y oporto blanco.

Oporto Tawny.

ALOIRADO ENVEJECIDO/AGED TAWNY

Donde las etiquetas de estos vinos marcan diez, veinte, treinta o incluso cuarenta años, no se refiere a la edad del vino, sino a la edad media de los vinos que fueron mezclados para dar ese resultado. A menudo, de la mitad a las tres cuartas partes del vino pertenecen a la misma cosecha, complementada con vinos jóvenes o añejos. La intención consiste en ofrecer al consumidor calidad constante y carácter. Se pretende obtener elegancia, finura y cada vez más complejidad, con mucha frescura y tonos oxidativos suaves.

COLHEITA

Colheita (pronunciado "col-yay-ta") significa "vendimia" en portugués. El colheita es un vino tawny de una cosecha específica, que debe mostrarse en la botella. Un colheita debe madurar al menos siete años en barrica antes de que pueda ser vendido. El año del embotellado también se menciona en la botella. El color es mucho más ligero que el de un

Tawny de 10 años.

oporto vintage y el sabor es lleno, complejo y poderoso, con toques a hierbas, especias y frutos secos. Los auténticos aficionados beben este oporto tinto al final de las comidas, por ejemplo con tartas y postres no demasiado dulces.

VINTAGE

El oporto vintage procede de una única cosecha y normalmente es de gran calidad. Los buenos vinos de un año excepcional se separan en el momento o al año. Después de dos años de madurar en barricas se toma la decisión de declarar el vino oporto vintage, con lo cual aún tiene que ser aprobado por el Instituto do Vinho do Porto. Los vinos aprobados son inmediatamente embotellados y se crían más tiempo en la botella. Un buen oporto vintage debe envejecer al menos de diez a quince años antes de que pueda mostrar su verdadero carácter. En las mejores añadas se pueden guardar durante varias décadas. La larga crianza en la botella y la gran concentración de su extracto seco hace que se desarrolle una considerable cantidad de posos en la botella. Por tanto, es necesario decantar un oporto vintage antes de consumirlo. Deje las botellas de oporto más viejas en posición vertical al menos veinticuatro horas antes de decantarlas. Necesitará un queso de buena calidad para que combine con un buen oporto vintage. En Portugal se deciden por los deliciosos quesos locales, como el queijo de la serra, azeitao, queijo de la Ilha, pero también puede probar con otros quesos como los ingleses Cheddar y Stilton blanco y azul, o incluso los holandeses Gouda o Stolwijker. Por supuesto, puede consumir los vinos más añejos como compañeros de filosofías durante un juego de tipo mental o una conversación estimulante.

Oporto Colheita.

Oporto Vintage de Quinta "Nacional".

Crusted port.   Late Bottled Vintage
(LBV).

LATE BOTTLED VINTAGE/ VINTAGE EMBOTELLADO TARDÍO/CRUSTED PORT

El Crusted Port (principalmente una especialidad de Dow's) es un vintage de embotellado tardío sin una cosecha específica (se hace a partir de dos o tres cosechas diferentes), que no ha sido filtrado, formando una corteza de sedimentos en el interior de la botella. Son vinos oscuros, ricos y llenos, que definitivamente necesitan ser decantados antes de su consumo. Una alternativa barata y a menudo sorprendentemente deliciosa a los oportos más caros.

Estos vinos han permanecido en madera de cinco a seis años. Son más completos y complejos que la mayoría de los oportos ruby y tawnies, pero no llegan a la calidad de los oportos vintage. No obstante, poseen dos grandes bazas: en contraste con un oporto vintage pueden beberse inmediatamente después del embotellado y son más baratos.

VINTAGE CÁRACTER

Estos vinos tienen una edad media de tres a cuatro años y a menudo responden a la necesidad de vender excedentes al consumidor poco receloso.

Sólo algunos vinos, a veces incluso no aparece especificado "vintage cáracter" sino otros nombres imaginativos como oporto Nova LB, son de calidad aceptable. El argumento del precio parece ser el más decisivo en este caso.

Un buen Vintage
Character.

SINGLE QUINTA

Quinta es el término portugués que designa una propiedad vinícola. Algunas quintas, como la Quinta do sol de Dow's, ni siquiera se sitúan cerca de sus propios viñedos. En la quinta se vinifican las uvas y se convierten en vino y oporto, pero estas uvas no tienen por qué

Los buenos vinos a veces esconden nombres imaginativos.

proceder de sus propios viñedos. Muchas empresas vinícolas compran una parte de las uvas para sus productos en los

La pequeña y excelente Quinta das Heredias.

La gran, y de excelente calidad, Quinta do Noval.

segmentos de mercado medio y bajo. Algunas empresas conocidas ni siquiera poseen una quinta. Normalmente la palabra quinta no se menciona en la etiqueta, a excepción de algunos casos. Aparece en las botellas Quinta do Noval,

Quinta do Bomfim.

porque éste es el nombre registrado de la empresa. Se trata de un caso completamente diferente si aparece en la etiqueta "single quinta" o "Quinta (do Bomfim) vintage". Éstos son vinos vintage hechos con uvas de los viñedos pertenecientes a las propiedades vinícolas en cuestión.

Algunas quintas son famosas en el mundo, gracias a su calidad superior demostrada a lo largo de los siglos; Quinta da Roeda (Croft), Quinta do Bomfim (Dow's), Quinta do Noval (Axa Millésimes) y Quinta de Vargellas (Taylor), por ejemplo.

LA GUARDA DEL OPORTO

Un buen oporto, independientemente del tipo, sigue desarrollándose en la botella y debería ser guardado con cuidado. El oporto no tiene una vida infinita y no debería guardarse en posición vertical, como a menudo ocurre en las tiendas. Los mejores vinos, en particular, pero también los mejores rubí, pueden llegar a un final prematuro si se almacenan en posición vertical (e incluso, peor aún, si están expuestas a focos de luz que den calor), porque el corcho se reseca.

AÑADAS VINTAGE/COLHEITA

Incluso en los mejores años puede suceder que una marca particular tenga una cosecha mala y no declare ningún vintage. Por el contrario, más a menudo ocurre que no es un año bueno en ninguna parte, pero algunas marcas siguen declarando su mejor vino vintage. Las listas de los mejores años son sólo guías, porque en algunos años hay marcas que bien pueden haber producido un vino excelente, como Dow's en 1980 o Quinta do Noval Nacional en 1996. Según las estadísticas, los años que mencionamos a continuación son los mejores del último siglo: 1908, 1912, 1927, 1931, 1935, 1945 (según muchas personas el mejor año del siglo), 1955, 1963 (el mejor año después de la Segunda Guerra Mundial), 1966, 1970, 1977, 1985, 1991, 1994 y 1997.

MADEIRA D.O.C.

Madeira se sitúa en el océano Atlántico a unos 1.000 kilómetros (620 millas) al sudoeste de Portugal y sólo a 600 kilómetros (370 millas) al oeste de la costa norteafricana. La isla tiene un clima moderado y es bastante húmeda. El paisaje está dominado por verdes bosques, numerosas flores y una montaña volcánica de 2.000 metros (6.560 pies). Los viñedos se sitúan a los pies y en las laderas bajas del sur de esta montaña. Debido a los aires y a la humedad del suelo, las vides tienen que ser guiadas hacia arriba a lo largo de listones (*poios*). Esto, junto al montañoso terreno, hace que las condiciones de trabajo sean especialmente duras.

Los vinos de Madeira son vinos licorosos, como el oporto. El tipo de vino y el sabor quedan totalmente determinados por las variedades de uva empleadas, mencionadas en la etiqueta. El porcentaje de alcohol de los madeira es de una media de 18 a 20 por 100. La crianza tiene lugar en grandes barricas en unas salas

(estufas) calentadas (por el sol). Esto hace que el vino se oxide y desarrolle el típico aroma y sabor estilo oporto, un proceso llamado "maderización". Para los mejores vinos la crianza continúa en bodegas por encima del nivel del suelo, los canteiros, calentados por el sol. Los vinos de Madeira son a menudo mezclas de diferentes cosechas, a excepción de algunos casos.

SERCIAL
Vinos pálidos, secos y ligeros con acidez fina, un aroma muy agradable y un sabor muy característico, especiado, que hace que resulten excelentes como aperitivos. Temperatura de consumo: 10-12°C (50-54°F).

VERDELHO
Estos vinos son de color más oscuro que el Sercial, menos secos y menos sofisticados, pero poseen un aroma seductor y un sabor a uvas frescas, miel y algo de humo. Ideales como aperitivo invernal o después de las comidas con un trozo de queso (de oveja), algunos frutos secos e higos secos. Temperatura de consumo: 10-13°C (50-55°F).

BOAL (BUAL)
Vinos dulces llenos, ricos y suavemente aterciopelados que es preferible no tomar como aperitivos sino en una velada informal con los amigos, con una partida de ajedrez o con un buen libro. Temperatura de consumo: 10-14°C (50-57°F).

Madeira Boal (Bual).

MALVASÍA (MALMSEY)
Éste es el madeira más dulce, de color muy oscuro, corpulento, casi siroposo, con un aroma sorprendentemente elegante y un sabor particularmente lleno. Delicioso con pastel de chocolate. Temperatura de consumo: 8-14°C (46-57°F), dependiendo del momento en el que se consuma, la estación (en invierno se puede beber un poco más caliente) y la compañía (si es "romántica" mejor más caliente, pero nunca a temperatura ambiente).

Madeira Malvasía (Malmsey).

ITALIA

Desde la llegada de los griegos, Italia ha sido conocida como Oenotria, el país del vino. Los helenos, amantes del vino y de la belleza femenina, descubrieron los encantos de la península italiana muy pronto, alrededor del año 800 a.C. Introdujeron muchas variedades de uva griegas en el sur del país y cultivaron sus propios viñedos. Los habitantes del norte de Italia ya habían empezado a hacer vino antes de que los griegos (principalmente los cretenses) hubieran fundado sus colonias en el sur de la actual Italia. Estos etruscos, que guardaban estrechos lazos con las razas celtas circundantes, conquistaron a las razas del sur (los italianos autóctonos) y cayeron bajo la influencia de la civilización griega. De esta fusión cultural se desarrolló una civilización etrusca muy cultivada que entre el año 600 y 400 a.C desempeñó un papel muy importante en la historia de la actual Italia. Con el tiempo, el poder de los etruscos se vio amenazado y fueron atacados simultáneamente por las tribus celtas del norte y los colonos griegos del sur. Latium, con su capital Roma, tomó el control. La civilización romana estaba profundamente influenciada por el legado cultural etrusco. El impulso romano de expansión fue el responsable de la introducción de la viticultura en la península italiana ya en el III siglo a.C. Con el tiempo los romanos organizarían y extenderían el cultivo de la vid por toda Europa. Debido a que durante siglos Italia estuvo compuesta por numerosos estados de tamaños oscilantes y no fue hasta el año 1861 cuando se llegó a la unidad italiana, fue imposible establecer una industria vinícola a gran escala. Durante mucho tiempo Italia permaneció como un mosaico enorme y caótico de pequeñas regiones vinícolas y viñedos. Parecía que cada italiano tenía un viñedo en su

El remoto pasado inspira muchas etiquetas italianas.

patio. No fue hasta el año 1963 cuando se aplicó cierta estructura con una ley para proteger las denominaciones de origen D.O.C (Denominazione di Origine Controllata). En 1992 toda esta empresa fue aclarada y se adaptó a los requisitos europeos.

LA VITICULTURA EN ITALIA

Italia es una península larga y estrecha con forma de bota. En el pie de la bota se encuentra la isla de Sicilia, con forma de racimo de uvas, y encima de ella la otra gran isla italiana, Cerdeña. La viticultura en Italia no está claramente demarcada en regiones. Los viñedos abarcan la totalidad de la península a excepción de las montañas más altas. Estas montañas se encuentran en el norte del país y van de oeste a este (los Alpes) y también se encuentran en el centro y sur y van de norte a sur (los Apeninos). Pese a esto, estas regiones montañosas que forman la columna vertebral del país, abarcan un 40 por 100 del área total de viñedos. Los viñedos crecen en cada uno de los valles resguardados. Entre las dos regiones montañosas se encuentra el fértil valle del Po. Aunque la viticultura italiana se ve marcada por numerosos microclimas, es posible decir que el norte de Italia tiene un clima continental y el sur un clima mediterráneo. Las extremas temperaturas son mitigadas por el hecho de que los viñedos nunca están muy lejos del mar. En el norte de

Barbaresco, clásico, pero aún muy a la sombra de Barolo.

Italia el suelo consta en general de suelo calcáreo y en el sur y Sicilia de suelo volcánico.

En términos de producción total, Italia, alternándose regularmente con Francia, es la mayor productora de vino del mundo. En las últimas décadas el Gobierno ha hecho todo lo posible para reducir las cifras de producción total y a cambio mejorar la calidad de forma constante. A finales de los años 70, Italia seguía produciendo 77,5 millones de hectolitros (20.500.000 galones); a finales de los años 80 se había reducido a 57,4 (15 millones) y en el 2000 a 52 (13.700.000). Además de esta mejora a favor de la calidad del vino, la legislación italiana sometió la producción vinícola al microscopio y allí donde era necesario hizo mejoras drásticas. Ya no volverá a encontrar esas limonadas alcohólicas baratas que solían venderse como Lambrusco y el fiasco de las botellas en una cesta cursi con toda una gama de Chianti mediocre. Por suerte, la mayoría de los consumidores de vino saben ahora que Italia es un país con una viticultura maravillosa en la que grandes nombres como Barolo, Barbaresco, Brunello y Chianti, y nombres menos familiares como Taurasi, Salice Salentino, Greco di Tufo, Aglianico del Vulture, garantizan un viaje de descubrimientos inolvidable. Aunque muchos vinos italianos que no son tan maravillosos se siguen vendiendo a granel (normalmente para fortalecer vinos franceses más débiles pero más caros), la proporción de vinos de calidad ha aumentado enormemente dentro de la producción total. En el año 2000 casi la mitad de la producción italiana de vino estaba formada por vinos D.O.C./D.O.C.G. Añada a esto el grupo de vinos I.G.T. que crece constantemente (entre los que se incluyen muchos grandes vinos que no reúnen los requisitos de vinificación locales) y tendrá una idea de la calidad general de los vinos italianos.

LA LEGISLACIÓN ITALIANA REFERENTE AL VINO (1963/1992)

La ley de 1963 está inspirada en la ley de las A.O.C. francesas. En todas las regiones D.O.C. se establecen legalmente las variedades de uva empleadas, el rendimiento por hectárea, el contenido mínimo de alcohol y otros aspectos que se refieren a la viticultura. Esta ley también permite una denominación de origen más estricta, controlada y garantizada: la Denominazione de Origine Controllata e Garantita (D.O.C.G.). Debido a que en algunos casos esta ley era aplicada de forma demasiado estricta y en otras con demasiada indulgencia, el anterior ministro de agricultura, Giovanni Gloria, decidió cambiarla. La nueva ley Gloria determinó una clasificación más extensiva, se redactó de forma fácil para que cualquiera pudiese entenderla y, sobre todo, se mostró muy oportuna.

INDICAZIONI GEOGRAFICHE TIPICHE (I.G.T.)

Se trata de una nueva clasificación, comparable a los *vins de pays* franceses. Para estos vinos se deben indicar los siguientes aspectos en las etiquetas: zona demarcada de producción, variedad(es) de uva empleada(s) y técnicas de vinificación específicas, el porcentaje de alcohol, el color y el nombre del productor. Esta categoría intermedia era un intento para prevenir que vinos de gran calidad, como por ejemplo los de la Toscana, tuvieran que seguir siendo vendidos como vino da tavola.

DENOMINAZIONE DI ORIGINE CONTROLLATA (D.O.C.)

Para estos vinos se aplican los requisitos para las etiquetas previamente mencionados, además de una demarcación geográfica estricta de la zona vinícola y un riguroso control de las variedades de uva empleadas, rendimientos y el mínimo porcentaje de alcohol.

I.G.T.

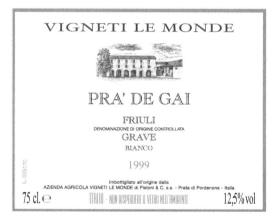

D.O.C.

Un sencillo vino da tavola puede resultar sorprendente.

VINO DA TAVOLA (VDT)

Es el rango más bajo de los vinos italianos. El origen y las variedades de uva empleadas no aparecen en la etiqueta, pero es obligatorio incluir el nombre del productor, el porcentaje de alcohol y el color (blanco, rosso, rosato). En general, es vino común producido en grandes cantidades.

D.O.C.G.

DENOMINAZIONE DI ORIGINE CONTROLLATA E GARANTITA (D.O.C.G.)

Los mismos requisitos se aplican en este caso, pero la conformidad con ellos se supervisa de manera mucho más rigurosa. Los vinos también deben ser catados varias veces si quieren que se les conceda la denominación D.O.C.G.

PALABRAS ITALIANAS EN LAS ETIQUETAS

abboccato/ amabile	vino ligeramente dulce (10-20 gr de azúcar por litro) (1/6-1/3 de onza por pinta)
annata	cosecha
asciutto	vino seco (igual que secco)
cantina	empresa vinícola/ bodega
cantina sociale	bodegas vinícolas cooperativas
chiaretto	otro nombre para rosato
classico	que procede del corazón del distrito vinícola
contenuto	contenido (de la botella)
consorzio	organización vinícola protectora oficial
cooperativa viticola	cooperativas de bodegas vinícolas
dolce	vino dulce
fattoria	finca, dominio agrícola (donde crecen las viñas)
grado alcolico	porcentaje de alcohol
imbottigliato	embotellado
... all'origine	en la propiedad
... nel'origine	
invecchiato	envejecido en barrica
metodoclassico/ tradizionale	método tradicional (vinos espumosos)
passito	vino de uvas pasificadas, vendimiadas tardíamente
profumato	muy aromático
riserva	vinos con una crianza más larga (en barrica o en botella)
secco	vino seco
superiore	con más alcohol que sus semejantes, a veces mejor
tenuta (viticola)	propiedad
uve	uvas de vino
vendemmia	vendimia
vino bianco	vino blanco
vino frizzante	vino ligeramente espumoso
vino liquoroso	vino licoroso, del 16 al 22 por 100 de alcohol, muy dulce
vino novello	vino joven, blanco o tinto (maceración carbónica)
vino rosato	rosado
vino rosso	vino tinto
vin(o) santo, vinsanto	vino de uvas pasificadas, prensadas meses después de la cosecha
vino espumante	vino espumoso con una segunda fermentación en la botella

VARIEDADES DE UVA Y TIPOS DE VINO

Italia es un verdadero laberinto de viñedos, donde los entusiastas interesados en el mundo del vino pueden encontrar más de 2.000 variedades diferentes de uva.

La mayoría se han cultivado en la península durante casi 3.000 años. Aún encontrará uvas autóctonas antiguas, y también variedades introducidas por los griegos y, finalmente, las variedades más modernas, en gran parte de Francia. En el año 2000 Italia contaba con 21 D.O.C.G., 301 D.O.Cs y 121 I.G.T. Se encontrará con todo tipo de vino imaginable en Italia,

Recioto Amarone.

"Riserva" se refiere a un tiempo mínimo de crianza en madera y/o en la botella.

incluyendo magníficos vinos espumosos secos (spumante), hechos según el método tradicional empleado en el área de Champagne o según el método "charmat/cuve close"; vinos espumosos, dulces y seductores de Moscato; vinos blancos secos, frescos, ligeros y afrutados; vinos blancos con cuerpo que han fermentado en pequeñas barricas francesas; vinos blancos semidulces (abboccato) o dulces (dolce); rosados ligeros y afrutados, o tintos con cuerpo y poderosos, y finalmente varios vinos específicos de uvas de vendimia tardía (passito), como el dulce Recioto y *vin santo* y el seco Recioto Amarone. Todo aquello que desee, Italia lo tiene.

Etiquetas italianas.

VALLE D'AOSTA

El pintoresco valle de Aosta se sitúa al norte del Piamonte, a los pies del imponente Mont Blanc y el Matterhorn. Desde un punto de vista lingüístico y cultural, el valle de Aosta tiene más en común con la Suiza francesa y los franceses de Saboya que con el resto de Italia. Esto se puede apreciar en los nombres de los lugares y también en el nombre de los vinos locales –excelentes–, que desgraciadamente no encontrará con demasiada frecuencia fuera de esta región. La producción es bastante limitada y los habitantes y los turistas de paso son bastante capaces de ocuparse de ellos. Además de los vinos mencionados aquí, merece la pena probar los vinos tintos (de color granate) de Arnad-Montjovet con su aroma característico y su sabor a almendras, y los vinos tintos de Torette con su aroma sorprendente (de rosas de pot-pourri a almendras).

BLANC DE MORGEX ET DE LA SALLE D.O.C.

Vino blanco seco particularmente delicioso, suave y delicado con un notable aroma a monte bajo, heno y un sabor fresco, en parte debido a los restos a menudo presentes de dióxido de carbono. Aunque este vino se toma aquí con la fondue de queso local de toma y fontina, prefiero una combinación con una trucha de río recién capturada, *filetti di trotta alla fontina* (con fontina y jamón). ¡Fantástico! Temperatura de consumo: 8-10°C (46-50°F).

CHAMBAVE D.O.C.

Esta D.O.C. se presenta en tinto (rosso) y blanco (Muscat/ Moscato y Muscat flétri/Moscato passito). El Chambave tinto, obtenido a partir de, entre otras, petit rouge, dolcetto, gamay y pinot noir, es vino suave, aromático (violetas) y armonioso que combina con cualquier tipo de carne. Temperatura de consumo: 12-14°C (54-57°F).

El Chambave Muscat (Moscato) es un vino blanco seco muy aromático que resulta muy bueno como aperitivo. Temperatura de consumo: 10-12°C (50-54°F).

El Chambave Muscat flétri (Moscato passito) contiene más alcohol (mínimo 16,5 por 100) y es bastante dulce. Aquí también el aroma y el sabor son puros Muscat. Deliciosos con postres no demasiado dulces. Temperatura de consumo: 8-10°C (46-50°F).

DONNAZ D.O.C.

Tinto seco muy elegante obtenido de nebbiolo, entre otras variedades. Hermoso color rojo, aroma y sabor delicados y aromáticos (frutos secos, almendras), con un amargor reconocible en el posgusto. Excelente con asados de carne. Pruebe una *costoletta alla Valdostana*, chuletas de ternera empanadas con queso fontina derretido y trufas (blancas). Temperatura de consumo: 13-15°C (57-59°F).

ENFER D'ARVIER D.O.C.

Bello color rojo granate, aroma y sabor suaves y delicados, textura suavemente aterciopelada y un ligero amargor como toque final. Gran acompañamiento para toda la comida. Temperatura de consumo: 12-14°C (54-57°F).

NUS D.O.C.

El Nus tinto (rosso) es un vino seco, suave y aterciopelado con aromas vegetales inusuales (heo recién cortado). Puede acompañar toda la comida. Temperatura de consumo: 12-14°C (54-57°F).

El Nus Malvoisie se obtiene de pinot gris y es un vino blanco seco, con cuerpo y muy aromático que puede acompañar toda la comida. Temperatura de consumo: 10-12°C (50-54°F).

El Nus Malvoisie flétri (passito) es dulce y muy aromático (resina, madera, frutos secos, castañas). Delicioso en las tardes frías de invierno junto a la chimenea o con un postre no demasiado dulce que contenga frutos secos. Temperatura de consumo: 10-12°C (50-54°F) (en verano se puede servir algo más frío).

VALLE D'AOSTA D.O.C.

El valle d'Aosta produce muchos vinos genéricos bajo la D.O.C. del mismo nombre, tanto blancos (bianco) como rosados (rosato) o tintos (rosso), pero también Müller-Thurgau, Pinot Gris, Pinor Noir vinificados y blancos, Chardonnay, Petite Arvine o Gamay, Pinot Noir, Premetta, Fumin y Petit Rouge como monovarietales. La mayoría de los vinos blancos son secos, afrutados y frescos, y los tintos ligeros, afrutados, secos y a menudo bastante ricos en taninos. Beba los vinos blancos a 10-12°C (50-54°F) como aperitivo, con entrantes o pescado, y los tintos a 12-14°C (54-57°F) con platos a base de carne.

PIAMONTE

Numerosos ríos, incluido el Po, descienden de los Alpes para formar bellos valles en las regiones más bajas. La capital del Piamonte, Turín, es conocida por su gran actividad industrial, pero el resto del área se ha mantenido fiel al sector agrícola tradicional. Los valles del Piamonte contrastan fuertemente con los imponentes picos montañosos de los Alpes. La parte más al sur de la zona recuerda a la Toscana con sus suaves ondulaciones. El Piamonte es rico en tradiciones, principalmente relativas a la vida campestre. La cocina local es conocida por sus platos contundentes que hacen buen uso del ajo y de otras hierbas. Por ello no sorprende que los vinos tintos del distrito tengan cuerpo y fuerza, destacando los vinos de la variedad nebbiolo. Se ha producido vino en Piamonte desde tiempos inmemoriales, como atestiguan las múltiples menciones de autores griegos y romanos. Piamonte hoy, junto con la Toscana, es el templo a la enología italiana.

Moscato d'Asti, un famoso embajador del Piamonte.

ASTI SPUMANTE D.O.C.G. EN MOSCATO D'ASTI D.O.C.G.

El Asti spumante (espumoso) se obtiene mediante fermentación natural en la botella (los mejores) o en tanques de fermentación cerrados. El color es palido, va de los tonos paja al amarillo dorado. El aroma recuerda a las seductoras uvas muscat, que forman la base de este vino. El sabor es suave, delicado, afrutado y dulce. Las damas a menudo prefieren este vino como aperitivo, bien frío, pero un buen Asti spumante puede también acompañar una ensalada de frutas fresca y ácida. También delicioso como vino festivo en una recepción informal. Temperatura de consumo: 6-8°C (43-46°F).

Moscato d'Asti.

El burbujeante Moscato d'Asti posee un color paja pálido y el aroma particularmente intenso de Muscat. El sabor es aromático y dulce, pero debido a su acidez deja una impresión de frescura en las papilas gustativas.

Beba este vino muy seductor con una ensalada de frutas frescas o por sí solo, por placer, después de una cena de verano. Los escalofríos que correrán por su espina dorsal están garantizados. Un verdadero Moscato

Moscato d'Asti.

d'Asti no es barato en absoluto, pero una imitación barata no le proporcionará los mismos escalofríos. Temperatura de consumo: 8-10°C (46-50°F).

BARBARESCO D.O.C.G.

Este vino tinto de nebbiolo, toma su nombre del distrito de Barbaresco en la provincia de Cuneo. Es un vino particularmente bueno, posee un color rojo profundo y cubierto con matices atejados. El aroma es muy intenso (incluyendo laurel) y el sabor lleno, amplio y suficientemente seco. El vino joven puede resultar algo áspero, pero un Barbaresco envejecido se vuelve suave y aterciopelado. Un Barbaresco corriente debe pasar un mínimo de dos años de crianza; un reserva, cuatro años.

Barolo y Barbaresco.

Beba este vino con rosbif o caza. Pruebe el *capretto arrosto*, asado de cabrito especiado. Temperatura de consumo: joven, 13-15°C (57-59°F), añejo 16-17°C (61-63°F).

Barbaresco.

BARBERA D.O.C.

Tres tipos de vino se obtienen de la uva barbera. Los tres son de color rojo rubí en su juventud y granate cuando envejecen. No beba estos vinos demasiado jóvenes, porque son muy ricos en taninos. Después de algunos años de crianza en la botella, se vuelven más redondos y suaves. Escoja la versión "superiore" con un poco más de alcohol que el Barbera corriente, que da al vino un mayor equilibrio. El Barbera d'Alba está hecho exclusivamente con la uva barbera. Barbera d'Asti y Barbera del Monferrato pueden también contener un máximo de un 15 por 100 de freisa, grignolino o dolcetto. Barbera del Monferrato –en contraste con sus dos hermanos– a veces presenta una ligera dulcedumbre de sabor y a veces un toque a dióxido de carbono que le

Barbera d'Alba.

Barbera d'Alba.

hará cosquillas en la punta de la lengua. Puede servir estos tres vinos con cualquier plato de carne roja, preferiblemente asados. Temperatura de consumo: 13-15°C (57-59°F).

BAROLO D.O.C.G.

Probablemente el vino tinto más conocido de Piamonte. Este Barolo también se obtiene de nebbiolo y, al igual que el Barbaresco, procede de la provincia de Cuneo. La cuna del Barolo se sitúa en Langhe, cerca de la pequeña ciudad de Barolo. Este gran vino italiano es de color rojo granate profundo, muy intenso y aromático en su aroma (incluyendo laurel, romero y alcohol), y lleno, poderoso y amplio, con un contenido considerable

Dos vinos extraordinarios de calidad superior.

en alcohol (mínimo de un 13 por 100). Un Barolo joven es casi imbebible, porque resulta particularmente áspero (muchos taninos). Déjelo reposar al menos diez años. El Barolo corriente tiene que pasar al menos tres años antes de poder salir a la venta (eso no significa necesariamente que esté listo para beber), mientras que los reserva deben pasar al menos cinco años. No compre Barolo barato: son vinos comerciales sin carácter alguno. Si no desea pagar el precio (media de 20 euros) por un buen Barolo, compre un buen Barbaresco o Gattinara. Beba estos vinos musculosos del noroeste de Italia con comida de sabor fuerte, preferiblemente buey o caza (jabalí) con salsas sabrosas. Pruebe el *manzo* al Barolo, un excelente plato de rosbif primero marinado en Barolo y luego frito y cocido a fuego lento en el adobo. Temperatura de consumo: 16-18°C (61-64°F).

BRACHETTO D'ACQUI D.O.C.G.

Tinto producido en las provincias de Asti y Alessandria de uvas brachetto, posiblemente complementadas con aleatico y moscato nero. De color intenso, del rojo rubí al granate, poseen aromas de muscat muy sutiles, sabor dulce y suave, y pueden variar de las versiones ligeramente espumosas a las auténticamente spumanti. El contenido mínimo en alcohol es del 11,5 por 100. En Italia, el Brachetto d'Acqui se sirve a menudo con postres. También excelente en invierno cerca de la chimenea. Temperatura de consumo: según la estación y la hora en la que se vaya a consumir, 6-10°C (43-50°F).

CAREMA D.O.C.

Este escaso vino tinto del norte de la provincia de Turín se hace con la variedad nebbiolo. La rareza de este vino consiste en que las uvas se maceran durante mucho tiempo antes del prensado. Esta técnica, ya usada en el siglo XVI, aporta al vino aromas extra (popurrí de rosas), un bello color granate, suavidad aterciopelada y un sabor muy amplio. Este Carema es más seductor que musculoso. Los vinos deben tener un mínimo de cuatro años antes de que salgan a la venta.

Beba este vino con ternera asada o caza. Pruebe el *camoscio alla Piemontese*, un guiso local hecho con carne de gamuza (o puede escoger íbice). Temperatura de consumo: 14-16°C (57-61°F).

DOLCETTO D.O.C.

De todos los vinos elaborados con la uva dolcetto, el Alba es el más conocido, aunque no necesariamente el mejor. Este Dolcetto d'Alba posee un color rojo púrpura, un aroma agradable y afrutado junto a un sabor lleno, con un ligero amargor que recuerda ligeramente al laurel. En general es preferible escoger las versiones "superiores", con algo más de alcohol. Beba estos vinos con cualquier plato principal que desee y que contenga carne roja, aves de corral o asado de cerdo. Temperatura de consumo: 12-16°C (54-61°F).

La lista de los vinos Dolcetto: Dolcetto d'Acqui, Dolcetto d'Alba, Dolcetto d'Asti, Dolcetto delle Langhe Monregalesi, Dolcetto di Diano d'Alba, Dolcetto di Dogliani y Dolcetto d'Ovada.

Dolcetto d'Alba.

Brich dij Nòr
DOLCETTO DI DOGLIANI
DENOMINAZIONE DI ORIGINE CONTROLLATA

1999

IMBOTTIGLIATO ALL'ORIGINE DAL VITICOLTORE
ROMANA CARLO
DOGLIANI (CN) - ITALIA
PRODOTTO IN ITALIA

0,75 ℓ. e   NON DISPERDERE IL VETRO NELL'AMBIENTE   13,5% vol

Dolcetto di Dogliani.

ERBALUCE DI CALUSO/CALUSO D.O.C.

Este vino blanco se encuentra disponible en versión no espumosa y en *spumante*, *passito* y *passito liquoroso*. Los vinos espumosos y no espumosos son secos y frescos, con sabor y aroma muy frutal. Beba el spumante como aperitivo (6-8°C/43-46°F) y los blancos no espumosos con platos a base de pescado (8-10°C/46-50°F). Sirva los excelentes, dulces, suaves y carnosos *passito* y *passito liquoroso* (un mínimo de cinco años de crianza y un mínimo del

13,5 por 100 y 17,5 por 100 de alcohol, respectivamente) con los postres o después de éstos (6-8°C/43-46°F).

FREISA D.O.C.

La freisa es una antigua variedad autóctona del Piamonte. El nombre es muy similar a la palabra fresa en francés y en español (en italiano es fragole) y sorprendentemente este peculiar vino tinto sabe a estas frutas, además de a frambuesas con un toque de rosas. Hay dos Freisa D.O.C.: Asti y Chieri. Ambos vinos se encuentran disponibles en versiones seco o dulce, no espumoso, de aguja (frizzante) o incluso espumoso (spumante naturale). Debe probar estos vinos casi olvidados durante una visita al Piamonte. Escoja los mejores vinos, no los más baratos, porque a menudo son bastante inestables y comienzan a fermentar otra vez en la botella.

Cuatro triunfos del Piamonte.

Beba un Freisa seco con el plato principal y los otros vinos con el postre. Temperatura de consumo: Freisa seco, 10-12°C (50-54°F); dulces y espumosos, 6-8°C (43-46°F).

GATTINARA D.O.C.G.

La nebbiolo es la uva base para el Gattinara. Este vino tinto procede de la zona cercana a Gattinara, en la provincia de Vercelli. El Gattinara ha gozado de gran fama durante siglos, a pesar de su escasa producción. El color del vino es rojo granate profundo con un matiz teja. El aroma es algo más sofisticado que el de Barolo o Barbaresco y se inclina hacia matices florales, como las violetas. El sabor es ligeramente más delicado que el de sus dos hermanos más robustos del Piamonte, pero no cabe duda de que se trata de un vino masculino: con cuerpo, bien equilibrado y sabroso. Sobre todo en el posgusto detectará un amargor característico de Gattinara, lo que hace a este vino extremadamente apropiado para platos de caza o rosbif. Un Gattinara corriente debe tener una crianza mínima de al menos tres años y contener un mínimo de 12,5 por 100 de alcohol; un reserva debe tener una crianza mínima de al menos cuatro años y contener un 13 por 100 de alcohol. ¡En los mejores años (con mucho sol) un Gattinara puede rivalizar con un Barolo! Pruebe un *lepre al sivé*, el estofado de liebre local. Temperatura de consumo: 14-16°C (57-61°F).

GHEMME D.O.C.G.

Éste es uno de los mejores vinos tintos del norte de Italia, teniendo en cuenta su relación precio-calidad. Lo cierto es que estos vinos nunca alcanzan el nivel de un buen vino de nebbiolo como Barolo, Barbaresco o Gattinara, pero un buen Ghemme cuesta considerablemente menos y es muy agradable de beber. El color es rojo granate, el aroma intenso, muy agradable, floral (violetas) y sofisticado. El sabor es lleno y redondo, con el típico amargor ligero como toque final. Un buen Ghemme normalmente se cría durante al menos cuatro años antes de salir a la venta. Este vino también combina a la perfección con asados de carnes rojas o caza. Temperatura de consumo: 14-16°C (57-61°F).

Gavi y Langhe Arneis.

GAVI/CORTESE DI GAVI D.O.C.

Uno de los pocos vinos blancos del Piamonte. La popularidad de este Gavi o Cortese di Gavi es completamente desproporcionada dadas sus cualidades reales, pero no obstante se trata de un buen vino: fresco, delicado y suficientemente seco. También existen versiones frizzanti y spumanti con el mismo nombre.

Estos vinos resultan excelentes con pescado; por ejemplo, con *trota lle erbette*, trucha flameada con hierbas frescas. Temperatura de consumo: 8-10°C (46-50°F).

GRIGNOLINO D.O.C.

Dos tintos obtenidos a partir de uvas de la variedad grignolino ostentan el derecho a llevar la denominación D.O.C.: Grignolino d'Asti y Grignolino del Monferrato Casalese. El segundo vino en particular está muy bien considerado por los entendidos. Ambos son tintos muy ligeros, con un hermoso color teja rojizo, un aroma y sabor delicados y un toque final ligeramente amargo. Puede servir estos vinos con cualquier plato de carne. Temperatura de consumo: 13-15°C (57-59°F).

MALVASÍA D.O.C.

En el Piamonte encontrará dos vinos hechos con uvas de la variedad malvasia: Malvasia di Casorzo d'Asti y Malvasia di Castelnuovo Don Bosco. Aunque se obtienen de diferentes variedades de malvasía, son muy similares.

Ambos tintos son dulces y muy afrutados en aroma y sabor y a veces causan un ligero cosquilleo en la boca debido al dióxido de carbono. Porcentaje de alcohol: 11-12 por 100. Bébalos con los postres menos dulces. Temperatura de consumo: 8-10°C (46-50°F).

NEBBIOLO D'ALBA D.O.C.

Este vino, fabricado con uvas nebbiolo, de la zona de Alba, tiene un sabor muy bueno. Es un vino lleno, redondo y suave, que le deja buen gusto tras probarlo. Lea la etiqueta con atención antes de abrir la botella: además de este vino tinto seco, existe también una versión amable que puede resultar realmente dulce. También hay una variedad espumosa. Los vinos tintos secos exigen un tiempo extra de maduración en la botella. Cómprelos con el máximo de años cuando casi alcanzan el estándar de buen Barbaresco o Gattinara.

Consuma un Nebbiolo d'Alba seco con carne roja o cerdo o ternera asados. Las variedades dulces y burbujeantes son deliciosas con un postre. Temperatura de consumo: seco, 13-15°C (57-59°F); dulce y burbujeante, 6-9°C (43-48°F).

Nebbiolo d'Alba.

SIZZANO D.O.C.

Otro vino tinto magnífico hecho de nebbiolo, esta vez del área alrededor de Sizzano en las colinas de Novarra. Este vino tiene menos cuerpo y fuerza que un Barolo o un Barbaresco, es más parecido a un Gattinara, delicado y suave, con un toque floral (violetas); no recuerda a las hierbas de cocina italiana que caracterizan al Barolo y al Barbaresco. Este vino debe tener una crianza mínima de tres años antes de que pueda salir a la venta. Bébalo con carnes rojas fritas o asadas. Pruebe el *stufato di manzo con cipolla*, buey estofado con cebollas. Temperatura de consumo: 14-16°C (57-61°F).

OTROS VINOS DOC DEL PIAMONTE

Hay algunos ejemplos muy interesantes de vinos genéricos por descubrir.

Menos conocidos, pero sin duda no inferiores en calidad, son los vinos tintos de la variedad de uva boca (violetas, granadas), bramaterra, colli tortonesi barbera, fara (violetas), gabiano y lessona. También interesantes son los Roero rosso, Rubino di Cantavenna, Ruché di Castagnole Monferrato y Verduno Pelaverga. Con los nombres de Piamonte, Langhe y Colline Novaresi también encontrará varios vinos obtenidos de variedades de uva diferentes. Algunos son de primera calidad.

De los vinos blancos puedo recomendar el fres-

Colli Tortonesi
Barbera.

Moscato.

co y seco Cortese dell'Alto Monferrato, que combina bien con entrantes ligeros (mejor si son de pescado).

También merecen la pena los vinos genéricos de Langhe (Favorita, Arneis, Monferrato (¡Casalese Cortese!), Piamonte (incluyendo Pinot Bianco, Pinot Grigio y Cortese) y Roero (Arneis) y los vinos dulces de Muscat de Loazzolo.

LIGURIA

Liguria es una de las regiones más pequeñas y también más adorables de Italia. La capital de Liguria, Génova, es un puerto. El mar Mediterráneo tiene una gran infuencia en las costumbres culinarias locales. Se come gran cantidad de pescado y hay una gran presencia de vinos blancos. Liguria está protegida al norte por las estribaciones de los Apeninos, lo que hace de la zona un paraíso en miniatura. La mayoría de los viñedos se encuentran en las laderas de las primeras montañas, orientadas hacia el sur y el Mediterráneo. Resulta difícil encontrar un vino de Liguria fuera de Italia, aunque algunos Cinqueterre salen de vez en cuando al extranjero.

Entre los vinos producidos en el Langhe hay algunos fantásticos Chardonnays.

CINQUETERRE/CINQUETERRE SCIACCHETRÀ D.O.C.

Éste es sin lugar a dudas el mejor vino de Liguria, de color paja, hecho con vermentino, bosco y albarola. El vino tiene un sutil aroma, un sabor agradable, seco y fresco, y combina muy bien con todas las especialidades locales de pescado. Pruebe el *cappon magro*, un plato festivo con todo tipo de variedades de mariscos y crustáceos. Temperatura de consumo: 10-12°C (50-54°F).

Cinqueterre Sciacchetrà es una versión dulce del Cinqueterre, hecho con uvas parcialmente pasificadas. El sabor es más lleno que el Cinqueterre corriente, pero puede variar del casi seco al bastante dulce. Porcentaje mínimo de alcohol: 17 por 100. Beba la versión casi seca como aperitivo y la más dulce con un postre o después de éste. Pruebe el *castagnaccio*, una tarta de castañas con cacahuetes y pasas, que no es demasiado dulce. Temperatura de consumo: vino casi seco, 10-12°C (50-54°F); los más dulces, 8-10°C (46-50°F) o menos.

OTROS VINOS DE LIGURIA

Liguria posee muchos vinos genéricos; en otras palabras, una D.O.C. pero diferentes variedades; cada uno hecho con una variedad diferente de uva.

De los vinos blancos, los que no puede dejar de probar son el Vermentino de Riviera Ligure di Ponente y el de Colli di Luni. Si prefiere comer otra cosa que no sea pescado, se encontrará a gusto con un Colli di Luni rosso (escoja un reserva), un Colli di Levanto rosso, un Pigato o Rossese de Riviera Ligure di Ponente o un Rossese di Dolceacqua' (también llamado Dolceacqua, este vino recuerda en su aroma y sabor a fresas frescas). Estos vinos tintos son muy agradables, no demasiado fuertes, redondos y suaves, con un típico toque amargo en el posgusto.

Pruebe *coniglio al rossese*, conejo con tomates, ajo y aceitunas, o *tagliatelle verdi* con salsa *alla Ligure*, tagliatelle verdes con una salsa de ajo y hierbas frescas. Temperatura de consumo: 12-14°C (54-57°F).

LOMBARDÍA

Lombardía se halla justo en el centro del norte de Italia, de los pies de los Alpes al valle del Po. Varios afluentes del Po nacen en los Alpes, el más conocido probablemente sea el Ticino. El agua es una de las características de este área, que tiene no menos de cuatro grandes lagos: lago Maggiore, lago di Como, lago d'Iseo y lago di Garda. Lombardía es una gran zona con varias ciudades famosas grandes y pequeñas, como Milán, Como, Bérgamo, Pavía, Cremona, Brescia y Mantua.

El cultivo de la uva en Lombardía se encuentra muy concentrado, teniendo lugar en Valtellina (noroeste de Milán), en los alrededores del lago Garda y en el Oltrepò Pavese (en los alrededores de Pavía en el sur). "Pequeña pero bonita" es el lema de Lombardía cuando se trata de vinos. Lo sorprendente es que los habitantes de las grandes ciudades escojan los vinos de otras denominaciones antes que sus "propios" vinos. A menudo buscará en vano botellas de vino de Lombardía en las tiendas de Milán. Sin embargo, esto no es un problema para los viticultores, ya que el consumo de vinos locales en el campo casi iguala la producción. Queda realmente poco vino para exportar.

La cocina de Lombardía es principalmente conocida por sus numerosas versiones cremosas del *risotto* y el *osso buco*, un maravilloso guiso de pierna de ternera en salsa de vino tinto.

FRANCIACORTA D.O.C.G.

La región vinícola de Franciacorta se encuentra entre Brescia y Bérgamo, en las orillas del lago d'Iseo. Se producen vinos muy buenos debido al clima suave y ventoso. Los espumosos gozan de una fama especial.

El Franciacorta crémant se obtiene de chardonnay y/o pinot bianco; el Franciacorta rosado de pinot nero (mínimo del 15 por 100) y chardonnay y/o pinot bianco. Los mejores Franciacorta spumante son los vinos blancos de chardonnay, pinot bianco y/o pinot nero (fermentando sin

Franciacorta brut.

la piel de las uvas como Blanc de Noirs). Los vinos presentan un magnífico color paja profundo con un matiz verdoso y en ocasiones reflejos dorados. El aroma es fresco y lleno, el sabor jugoso, fresco y distinguido. Puede servir

Franciacorta rosado.

estos vinos con cualquier comida, pero se encuentran más a gusto antes o después de éstas. El Franciacorta spumante es una necesidad con *vitello tonnato*, un plato sorpren-

Franciacorta bianco.

dente de filete de ternera con una delicada salsa de atún y crema. Temperatura de consumo: 6-9°C (43-48°F).

Franciacorta también produce algunos vinos blancos y tintos muy agradables. Los grandes vinos tintos se obtienen de cabernet sauvignon, cabernet franc, merlot, barbera y nebbiolo. Se venden con el nombre de Tierre di Franciacorta D.O.V. bianco o rosso.

VALTELLINA SUPERIORE D.O.C.G.

Para este vino se puede añadir un máximo del 5 por 100 de otras variedades de uva (ver Valtellina D.O.C.) a la

Franciacorta rosso.

Chiavennasca. El color va, entonces, del rojo rubí al granate; el aroma es intenso cuando el vino es joven y bastante más sutil cuando es maduro, y el sabor es bastante rico en taninos y amargo en los primeros años y después de unos años de guarda se hace más suave, amplio y redondo. Los vinos corrientes salen a la venta después de un mínimo de dos años y los escasos reservas después de cuatro años. El Valtellina superiore combina perfectamente con carne roja asada o caza. Temperatura de consumo: 12-14°C (54-57°F) (joven) a 14-16°C (57-61°F) (maduro).

VALTELLINA SUPERIORE SASSELLA/ VALTELLINA SUPERIORE INFERNO/ VALTELLINA SUPERIORE GRUMELLO/ VALTELLINA SUPERIORE VALGELLA

Estos cuatro vinos son crus de Valtellina superiore. Esto significa que proceden de regiones estrictamente demarcadas (Sassella, Inferno, Grumello y Valgella). Los vinos son ligeramente mejores y más sabrosos que el Valtellina superiore corriente. Especialmente los de Sassela son de calidad notable. Beba estos vinos con una cena festiva, con asados de caza (jabalí, liebre), por ejemplo. Temperatura de consumo: 14-16°C (57-61°F).

OLTREPÒ PAVESE D.O.C.

Una zona relativamente pequeña con una denominación de origen, pero veinte variedades/tipos diferentes de uva. Como el nombre sugiere, esta región vinícola (unos cuarenta municipios) está cerca de la ciudad de Pavía y el río Po. Las viñas crecen en las colinas al sur de la provincia. Oltrepò Pavese se presenta en blanco, rosado, espumoso (spumante) y de agua (frizzante):

- Oltrepò Pavese rosso (también en reserva).
- Oltrepò Pavese rosato (rosado con burbuja ligera).
- Oltrepò Pavese Buttafuoco (normalmente con una burbuja ligera, también en frizzante).
- Oltrepò Pavese Sangue di Giuda (tinto; ligeramente

Oltrepò Pavese rosso.

dulce con espuma de una fermentación posterior).
- Oltrepò Pavese Barbera (tinto; en versiones seco, semiseco y dulce con ligera burbuja, espumoso y de agua).
- Oltrepò Pavese Bonarda (véase Barbera).
- Oltrepò Pavese Riesling Italico (blanco, seco, a veces con unas ligera burbuja; también existe un spumante elegante y un frizzante fresco).
- Oltrepò Pavese Riesling Renano (blanco, algo más duro que el Riesling Italico; también en spumante).
- Oltrepò Pavese Cortese (blanco; también en frizzante y spumante).

Oltrepò Pavese Bonarda.

- Oltrepò Pavese Moscato (vino blanco dulce con acidez fresca, muy aromático, en versiones no espumosas, con de agua y espumosas).
- Oltrepò Pavese Moscato liquoroso (17,5-22 por 100 de alcohol; la versión seca vinificada es una rareza).

- Oltrepò Pavese Malvasia (blanco; seco, semiseco o dulce, no espumoso, espumoso o de agua).
- Oltrepò Pavese Pinot Nero (tinto, blanco y rosado, también en frizzante o spumante).
- Oltrepò Pavese Pinot Grigio (también en frizzante).
- Oltrepò Pavese Chardonnay (no tranquilo, frizzante y spumante).
- Oltrepò Pavese Sauvignon (vino moderno).
- Oltrepò Pavese Cabernet Sauvignon.
- Oltrepò Pavese spumante (blanco o rosado, elaborado según el método clásico).

Oltrepò Pavese Cortese se hace con la variedad Cortese.

SAN COLOMBANO D.O.C.

Al nordeste de Pavía se encuentra esta pequeña región vinícola. En el siglo VII, un monje irlandés logró convertir a la población local enseñándoles a fabricar vino. Los vinos de San Colombano se han hecho desde entonces muy populares por su escasez. Los vinos, hechos principalmente con las variantes croatina y barbera, crecen en las laderas cálidas y arenosas, ricas en minerales y oligoelementos. El suelo aporta vigor y carácter a los vinos. San Colombano rosso (tranquilo o vivaz, lentamente espumoso) es muy estructurado y redondo. Este vino tinto puede acompañar a cualquier comida. Temperatura de consumo: 12-14°C (54-57°F).

VALTELLINA D.O.C.

El valle de Valtellina es un auténtico paraíso del vino. Las vides aquí crecen sobre colinas abruptas y rocosas suspendidas sobre el río Adda. Los vinos locales tienen que ajustarse a requisitos estrictamente controlados como origen, vinificación y trato de las uvas. Todos los vinos deben ser vinificados y envejecidos en el distrito de producción. Con el nombre de estos D.O.C. se incluyen:

– Los vinos tintos de Valtellina hechos con chiavennasca (nombre local de la variedad nebbiolo), posiblemente complementada con pinot nero, merlot, rossola, pignola valtellinese o brugnola. El tipo de Valtellina depende del cuvée empleado, pero son casi todos reconocibles por su vivo color rojo, un aroma sutil y característico y un sabor seco, a veces especiado, rico en taninos. Puede continuar bebiendo estos vinos durante toda la comida, pero son mejores con las carnes rojas y caza. Pruebe *petti d'anitra all'uva*, pechuga de pato con salsa de uvas tintas. Temperatura de consumo: 14-16°C (57-61°F).

– Valtellina Sfursat: un vino muy peculiar hecho con uvas pasificadas parcialmente. Beba estos vinos dulces de color casi teja, cálidos (mínimo 14,5 por 100 de alcohol), con un postre adecuado, como un sciatt, unas pastas de trigo sarraceno y harina, queso y grappa. Temperatura de consumo: según el gusto 6-8°C (43-46°F) o 10-12°C (50-54°F).

VALCALEPIO D.O.C.

Esta región se haya en las riberas enfrentadas del lago d'Iseo, cerca de Bérgamo. Al este de Bérgamo, el suelo consta de una mezcla de arcilla y cal, y en el noroeste, de guijarros, fragmentos de piedras, pizarra y arcilla. Los vinos se elaboran con antiguas variedades autóctonas (moscato di Scanzo, merera, incrocio terzi) y variedades más recientes (pinot bianco, pinot grigio, chardonnay, merlot, cabernet sauvignon y cabernet franc). Los vinos se venden bajo el nombre Valcalepio rosso o Valcalepio bianco. Ambos tipos de vino son los frutos de un afortunado matrimonio entre la tradición y la modernidad.

El Valcalepio rosso se obtiene principalmente de cabernet sauvignon y merlot, con diferentes complementarias según el fabricante. El color suele ser rojo rubí con destellos de teja. El "bouquet" es agradable, intenso y aromático, y el sabor es seco y característico de ambas uvas (grosellas negras, pimienta, cerezas). Un reserva debe tener una crianza de al menos tres años y un 12,5 por 100 o más de alcohol. Sirva un Valcalepio rosso con un asado de carne. Temperatura de consumo: 14-16°C (57-61°F).

El Valcalepio bianco se suele hacer con pinot bianco, chardonnay y pinot grigio, en diferentes combinaciones. Cada vino es único, pero los mejores tienen un color paja intenso, un aroma sofisticado y un sabor seco y bien equilibrado que les distingue. Sirva estos vinos como aperitivo o con platos de pescado. Temperatura de consumo: 10-12°C (50-54°F).

Finalmente también hay un Moscato passito, elaborado mediante el método antiguo, que es de una calidad particularmente buena. Se trata de un vino tinto dulce, de color rojo rubí a cereza, con algo de teja aquí y allá. El aroma es muy típico de un Moscato tinto: intenso, lleno de carácter y sensual. El sabor es dulce, pero bien equilibrado, gracias a su fina acidez. Siempre se nota en el posgusto un toque de almendras amargas. Este vino debe tener una crianza de al menos dieciocho meses y tener un mínimo del 17 por 100 de alcohol. Maravilloso después de las comidas o para entrar en calor en invierno. Temperatura de consumo: dependiendo de la estación y de sus preferencias, 8-12°C (46-54°F).

BRESCIA

Brescia no es una D.O.C., pero sí una región vinícola cercana a la ciudad del mismo nombre y al lago Garda. El distrito abarca las denominaciones de origen Botticino, Capriano Del Colle, Cellatica, Garda, Garda Bresciano, Garda Classico, Lugana y San Martino Della Battaglia. El área produce muchos tipos y estilos de vino. Aquí le daré algunas pautas de cada denominación de origen para que no le cueste tanto decidirse. Como la mayoría de los Garda D.O.C. se elaboran en el Véneto (véase esa sección).

BOTTICINO D.O.C.

Región vinícola con el pueblo del mismo nombre como epicentro. Las vides crecen sobre las colinas montañosas que rodean Brescia. El suelo consta de arcilla, mármol y caliza. Los vinos se obtienen a partir de las variedades de uva barbera, marzemino, sangiovese y schiava. Los vinos de Botticino son en general de color rojo rubí teja, cálidos y complejos en su aroma extremadamente placentero. Grandes acompañantes durante toda la comida. Temperatura de consumo: 13-15°C (57-59°F).

CAPRIANO DEL COLLE D.O.C.

Blancos hechos con trebbiano y tintos de sangiovese, marzemino y barbera, posiblemente complementadas con merlot e incrocio. El vino tinto es de color rojo rubí, bastante ligero, jugoso y bien equilibrado. Este vino combina con todo. Temperatura de consumo: 12-14°C (54-57°F).

El vino blanco tiene más que ofrecer que el tinto. Es un vino seco, fresco y con mucho carácter. Puede ser algo duro, sobre todo en su juventud. Excelente compañía para el pescado de agua dulce. Temperatura de consumo: 8-10°C (46-50°F).

CELLATICA D.O.C.

Los viñedos se sitúan sobre un subsuelo de cal y arcilla. El Cellatica rosso se obtiene a partir de marzemino (mínimo un 30 por 100), barbera (mínimo un 30 por 100), schiava (mínimo un 10 por 100) e incrocio o cabernet franc (mínimo un 10 por 100). El vino resulta muy agradable, suavemente aterciopelado y bien equilibrado, con un ligero toque amargo en el final de boca. Los vinos con un grado mínimo del 12 por 100 de alcohol y un año de crianza pueden llevar la designación "superiore".

Excelentes acompañamientos durante toda la comida. Temperatura de consumo: 12-14°C (54-57°F) (rosso), 14-16°C (57-61°F) (superiore).

RIVIERA DEL GARDA BRESCIANO/GARDA BRESCIANO D.O.C.

Estos vinos se producen únicamente en la ribera bresciana del lago Garda. Esta D.O.C. ha existido desde hace treinta años. Los viñedos obtienen mucho sol y agua, de forma que siempre está todo verde aquí. El suelo es muy variado y no se aprecia ninguna uniformidad clara. En esta D.O.C. se producen vinos blancos, tintos,

tintos ligeros, rosados y espumosos. El Garda Bresciano bianco se obtiene a partir de riesling itálico y/o riesling renano con el añadido de un máximo del 20 por 100 de otras uvas. El vino es de color paja pálido con un matiz verdoso. El aroma es intenso, ligeramente herbáceo, y el sabor suave, casi aterciopelado, con un toque amargo característico y un golpe salino. Debido a su textura este vino combina igualmente bien con pescado, carnes blancas y aves de corral. Temperatura de consumo: 10-12°C (50-54°F).

El Garda Bresciano rosso se obtiene a partir de gentile, santo Stefano, mocasina, sangiovese, marzemino y barbera. Algunos vinos se elaboran como monovarietales, en otros se mezclan dos o más variedades de uvas. Por tanto es posible que existan cientos de tipos diferentes de este vino. Lo sin duda característico de este vino es el color rojo rubí y el toque de amargor en el posgusto. Grandes acompañamientos para los platos de carne. Temperatura de consumo: 12-16°C (54-61°F), según el tipo.

El Garda Bresciano Chiaretto (clarete) es un vino tinto ligero elaborado con las mismas uvas que el Garda Bresciano rosso. El color es normalmente rojo cereza y el sabor bastante suave y redondo, con un toque característico a almendras amargas en el fin de boca. Un excelente compañero en las comidas, que combina con todo. Temperatura de consumo: 10-14°C (50-57°F).

Los Garda Bresciano Groppello son vinos tintos color rubí obtenidos a partir de uvas gentile, groppellone y groppello, amplios, suaves y redondos, con un agradable toque amargo en el posgusto. Los mejores vinos llevan la designación "superiore". Particularmente apropiados como vinos para servir durante toda la comida. Temperatura de consumo: 12-14°C (54-57°F).

El spumante rosato (rosado) de Groppello es muy escaso. Deliciosamente amplio y fresco al mismo tiempo. Excelente como aperitivo invernal. Temperatura de consumo: 6-10°C (43-50°F).

LUGANA D.O.C.

Lugana superiore.

Los vinos de Lugano proceden del sur del lago Garda. Los vinos elaborados aquí con trebbiano pueden ser espumosos o tranquilos. Típico de este vino es el carácter ligeramente salino que le aporta el suelo mineral. El color varía del amarillo pálido al verdoso cuando es joven, y dorado después de algunos años. El aroma es fino y agradable; el sabor seco, fresco y suave, con un buen equilibrio entre acidez, cuerpo y alcohol. Beba la versión espumosa como un aperitivo y el vino tranquilo con pescado (de agua dulce). Temperatura de consumo: 8-10°C (46-50°F).

SAN MARTINO DELLA BATTAGLIA D.O.C.

Esta pequeña región posee el mismo clima y el mismo suelo mineral que Lugano. San Martino della Battaglia se elabora con tocai friulano. El color es amarillo limón, el aroma muy seductor e intenso, y el sabor seco e intenso, con un ligero amargor en el posgusto. Vinos excelentes con pescado. Temperatura de consumo: 10-12°C (50-54°F).

También existe un San Martino della Battaglia Liquoroso, de color más cubierto (tono paja), muy afrutado y seductor. El sabor es amplio, suave y agradablemente dulce. Este vino bien equilibrado contiene al menos un 16 por 100 de alcohol. Delicioso con pasteles no demasiado dulces y pastas o después de las comidas. Temperatura de consumo: 6-10°C (43-50°F).

VINI MANTOVANI

Los vinos de la D.O.C. Garda también se producen al sur del lago Garda, aunque administrativamente pertenecen a la provincia de Mantua. No se diferencian demasiado de los otros vinos de Garda. Entre los varietales más conocidos están el Pinot Bianco, Pinot Grigio y Merlot. También se hacen buenos frizzanti, principalmente de pinot bianco, chardonnay y riesling.

El Colli Morenici Mantovani del Garda D.O.C. merece una mención especial. Estos vinos proceden del sur del lago Garda, de hecho de las mejores laderas (colli) de Mantua. Los vinos tienen un poco más que ofrecer que los otros vinos de Garda. Se usa pinot bianco y garganega como variedades principales para el vino bianco, y rondinella, rossanella, negrara, sangiovese y merlot para el rosato y el rosso.

Al sur de la ciudad de Mantua se encuentran los viñedos del Lambrusco Mantovano D.O.C. Este vino contiene una cantidad considerable de dióxido de carbono, obtenido mediante fermentación natural. Hasta cuatro variedades diferentes de uvas lambrusco se pueden incorporar a ellos, posiblemente complementadas con ancellotta, fortana o uva d'oro. Este vino seco o dulce es de color rojo rubí y sabe fresco y jugoso. Los italianos beben el vino seco (y, desgraciadamente, también el dulce) durante toda la comida. Pruébelo si le gustan los platos de pollo frito (el seco) o con ensaladas de frutas rojas (el dulce). Temperatura de consumo: 10-12°C (50-54°F).

TRENTINO-ALTO ADIGE

Trentino-Alto Adige, también conocido como el Tirol del Sur, limita con Lombardía al oeste, con Véneto en el sur y con Suiza y Austria en el norte. La capital de Trentino (italo-parlante) es Trento y la de Alto Adige (germanohablante) es Bolzano. El área está dividida en dos por el Adige, el segundo río más largo de Italia. El norte tiene un clima casi continental, mientras que el clima en el sur es mucho más cálido y suave. Trentino-Alto Adige es una especie de región de transición entre Austria e Italia. Las influencias austríacas y suizas también pueden apreciarse en los nombres germanos de los vinos que suelen aparecer junto a los italianos. Encontrará juntos a Santa Maddalena y Magdalener, Caldaro y Karterersee y Alto Adige y Südtirol. Las uvas tienen dos nombres también. Como estos vinos se suelen exportar a Suiza, Austria y Alemania, a menudo encontrará el nombre alemán en las etiquetas.

Esta región está considerablemente influenciada por Suiza y Austria cultural y gastronómicamente, con muchas clases diferentes de salchichas, beicon, Sauerkraut, truchas de lago y de río, asados al horno, pudín relleno, pan de centeno, patatas y strudel de manzanas. Los habitantes italoparlantes por otra parte prefieren pasta, polenta, gnocchi y los absolutamente deliciosos pasteles venecianos. Algunos de los nombres alemanes, como "Sauerkraut" o "Knödel", se italianizan en "crauti" y "canederli".

Debido a la situación elevada de los viñedos, a los pies de las montañas o incluso en las mismas montañas, los vinos blancos son mayoría aquí. Lógicamente, los vinos blancos tienen la frescura necesaria para el tipo de comida frecuentemente grasienta. Las grandes diferencias de temperatura entre el día y la noche durante el período anterior a la vendimia aportan a los vinos un carácter aromático increíblemente fuerte, lo que les hace muy recomendables. Los vinos tintos también, sobre todo los de Trentino, situados más al sur, tienen un encanto propio. También son muy populares los rosados frescos, llenos de carácter, que se elaboran en la parte norte.

Los viñedos de la denominación de origen genérica Alto Adige D.O.C. se sitúan en las laderas de las montañas, sobre terrazas, dificultando en gran manera el trabajo y la vendimia en ellos. Los vinos del Alto Adige por tanto nunca serán baratos, pero resultan particularmente deliciosos. Existen innumerables vinos varietales diferentes (a veces complementados hasta un máximo del 15 por 100 con una variedad de uva diferente).

ALTO ADIGE

Bajo el nombre Alto Adige se incluyen innumerables vinos genéricos de diferentes calidades y caracteres. Se obtienen a partir de una única variedad de uva, siendo las

Alto Adige Pinot grigio.

destinadas a los vinos blancos chardonnay, moscato giallo o pinot bianco, y las de los tintos o rosados, cabernet, merlot o pinot noir.

Alto Adige Chardonnay.

Cuvée special del Alto Adige.

ALGUNOS VINOS DESTACABLES

MOSCATO ROSA (ROSENMUSKATELLER)

Inusuales vinos tintos Muscat de color rubí, muy típicos en aroma y sabor: suavemente aterciopelados, dulces y seductores. Se pueden conservar durante varios años. Es difícil combinar este vino. Puede probar con un Krapfen Tirolese, buñuelos de jamón fritos. Temperatura de consumo: 6-8°C (43-46°F).

LAGREIN SCURO (LAGREIN DUNKEL)

El hermano mayor del Lagrein rosato. Color rojo rubí intenso con algunos brillos teja, muy agradables en aroma (uvas frescas) y de sabor suavemente aterciopelado. También hay un reserva (mínimo de dos años de crianza). Se trata de un vino que puede beber y disfrutar durante toda la comida. Temperatura de consumo: 10-14°C (50-57°F), según su edad.

ALTO ADIGE MERLOT

Vinos completos y redondos con matices vegetales distinguibles en aroma y sabor. Los reserva son muy elegantes y con mucho cuerpo (mínimo dos años de crianza). Aunque combinan bien con casi todo, estos vinos tienen una ligera preferencia por la carne, especialmente la carne de vacuno. Pruebe el *gröstl*, un plato de buey al horno con cebollas y patatas. Temperatura de consumo: 12-16°C (54-61°F), según la edad.

TIEFENBRUNNER

1997
Merlot
Alto Adige-Südtirol
Denominazione di Origine Controllata

Alto Adige Merlot.

ALTO ADIGE CABERNET-CABERNET FRANC-CABERNET SAUVIGNON/ALTO ADIGE CABERNET-LAGREIN/ALTO ADIGE CABERNET-MERLOT

Normalmente grandes vinos que van del color rojo rubí al naranja. Son secos y aromáticos y poseen un cuerpo ligero y en ocasiones una considerable cantidad de tani-

TIEFENBRUNNER
1999
CHARDONNAY
Südtirol · Alto Adige
Denominazione di Origine Controllata

Alto Adige Cabernet (sauvignon + franc).

TIEFENBRUNNER
1997
CABERNET SAUVIGNON
Südtirol · Alto Adige
Denominazione di Origine Controllata

Alto Adige Cabernet Sauvignon.

nos. El sabor es amplio y característico (matices vegetales). Los vinos que han pasado dos años extra de envejecimiento llevan la designación reserva. En general, son bastante mejores que los Cabernet ordinarios. Son grandes vinos para las aves de corral, terrinas y platos de carne de vacuno. Temperatura de consumo: 14-16°C (57-61°F).

También hay vinos de primera clase elaborados con cabernet y lagrein o cabernet o merlot. También en este caso, los vinos que han pasado dos años extra de envejecimiento pueden llevar la palabra reserva en la etiqueta.

ALTO ADIGE PINOT NERO (BLAUBURGUNDER)

De color rojo rubí con matiz teja. Típico aroma de pinot noir y un sabor suave, amplio y redondo, ligeramente amargo en el final de boca. Delicioso con carne, especialmente buey, y carnes sabrosas. Un reserva tiene que pasar un mínimo de dos años de envejecimiento. Temperatura de consumo: 10-12°C (50-54°F), 12-14°C (54-57°F) para los reserva.

Existe también un excelente vino blanco espumoso y seco obtenido de la pinot nero: el Alto Adige Pinot Nero spumante. Delicioso como aperitivo invernal. Temperatura de consumo: 6-10°C (43-50°F).

ALTO ADIGE MALVASÍA (MALVASIER)

Sorprendentemente, este Malvasía no es blanco sino tinto. Beba este vino lleno, armonioso e impactante con carnes rojas. Temperatura de consumo: 12-14°C (54-57°F).

ALTO ADIGE SCHIAVA (VERNATSCH)

Si está pensando en el vino blanco Vernaccia, va a llevarse una desilusión. Este tinto ligero es de color, aroma y sabor ligero, bastante poco marcado y, a su propia manera, bastante delicioso. Hay un ligero toque distinguible a almendras amargas en el final de boca. Combina con todo. Temperatura de consumo: 10-12°C (50-54°F).

ALTO ADIGE SPUMANTE

Vino blanco espumoso de pinot bianco y/o chardonnay, posiblemente complementada con pinot nero y/o pinot grigio (máximo del 30 por 100), en versiones secas (extra brut) y menos secas (brut). Temperatura de consumo: 6-8°C (43-46°F).

LOS CRUS DEL ALTO ADIGE

Al igual que los vinos genéricos anteriormente mencionados, el Alto Adige produce vinos de zonas más estrictamente delimitadas. La calidad de la mayoría de estos vinos suele ser mayor que la de los Alto Adige corrientes. Todos los vinos mencionados aparecen con su propia D.O.C.

COLLI DI BOLZANO (BOZNER LEITEN)

Esta pequeña región vinícola en el distrito de Bolzano produce vinos tintos con un mínimo del 90 por 100 de schiava, posiblemente complementada con pinot nero o lagrein. El color presenta diferentes matices de rojo rubí, según la vinificación y la proporción de las variedad de uva. El aroma y el sabor son suaves y afrutados. Vino delicioso sin demasiadas pretensiones. Puede servirse durante toda la comida. Temperatura de consumo: 12-14°C (54-57°F).

MERANESE DI COLLINA/MERANESE (MERANER HÜGEL/MERANER)

Estos vinos tintos, elaborados principalmente a partir de schiava, se producen en las laderas que rodean la pequeña ciudad de Merano. Son de color rojo rubí, aroma suave y afrutado, y sabor jugoso y agradable. Son vinos sin grandes pretensiones que combinan con casi todo. Temperatura de consumo: 12-14°C (54-57°F).

SANTA MADDALENA (SINKT MAGDALENER)

Los viñedos de estos vinos excelentes se sitúan en las laderas que rodean Bolzano. Las uvas schiava, posiblemente complementadas con un máximo de 10 por 100 de pinot nero y/o lagrein, aportan todo su carácter a este vino. El color va de un rojo rubí a un teja subido, el aroma es sutil y seductor (con un toque a violetas del bosque) y el sabor suavemente aterciopelado, completo, redondo y jugoso, con un ligero toque a almendras amargas en el final de boca. Buen potencial de guarda. Vinos celestiales que puede beber felizmente durante toda la comida, especialmente con carnes rojas y caza. Pruebe el pollo *cacciatore*, pollo con cebollas, tomates y aceitunas frito y cocido a fuego lento en vermut. Temperatura de consumo: 14-16°C (57-61°F).

TERLANO (TERLANER)

Los viñedos de Terlano quedan paralelos al Adige en la provincia de Bolzano. Estos vinos blancos se obtienen a partir de pinot bianco (Weibburgunder), chardonnay, riesling italico (Wälschriesling), riesling renano (Rheinriesling), sylvaner (Silvaner), riesling x sylvaner (Müller-Thurgau) o sauvignon, con un mínimo del 90 por 100 de la uva mencionada o mezcla de ellas (bianco). Los vinos jóvenes poseen un color verdoso y los más antiguos algo más amarillento. Tienen frescura y un aroma y sabor muy marcados.

Beba un Terlano como aperitivo o durante toda la comida. A un Chardonnay le gusta acompañar platos de pescado de agua dulce en salsas cremosas, un Riesling Italico prefiere pescado frito, trucha con almendras... Temperatura de consumo: 8-10°C (46-50°F) (Chardonnay 10-12°C/50-54°F).

El spumante –seco (extra brut) o ligeramente menos seco (brut)– es fresco, afrutado, aromático y elegante. Excelente aperitivo. Temperatura de consumo: 6-8°C (43-46°F). Los vinos elaborados en la zona central de la región productiva de Terlano tienen permitido llevar la designación adicional de "classico".

VALLE ISARCO (SÜDTIROL-EISACKTALER)

Los viñedos de esta denominación de origen se sitúan a una altura bastante elevada (a veces por encima de los 600 metros/1.970 pies) y requieren gran cantidad de trabajo extra. La región se halla en las inmediaciones de Bolzano, en el valle del río Isarco. Principalmente se produ-

cen aquí vinos blancos, obtenidos a partir de pinot grigio (Ruländer), sylvaner (Silvaner), veltliner, riesling x sylvaner (Müller-Thurgau), kerner y traminer aromático (Gewürztraminer) y un vino tinto de schiava, el Klausner Leitacher. Todos los vinos blancos tienen un toque herbáceo y son frescos, sutiles, afrutados y jugosos. El Pinot Grigio y el Traminer Aromatico son en general ligeramente más amplios de sabor que los otros vinos.

Puede servir cualquiera de estos vinos como aperitivo o durante toda la comida. Los Sylvaner y Veltliner adoran el pescado frito; los Müller-Thurgau, el pollo y otras aves de corral fritas y cocidas a fuego lento. Temperatura de consumo: Sylvaner, Veltliner y Kerner, 8-10°C (46-50°F); los otros, 10-12°C (50-54°F).

El Klausner Leitacher es de color rojo rubí y tiene un aroma bastante suave y un sabor fresco y completo. Bébalo con carnes rojas. Temperatura de consumo: 12-14°C (54-57°F).

VALLE VENOSTA (VINSCHGAU)

Pequeña región vinícola de estilo tradicional que produce principalmente vinos blancos de chardonnay, kerner, riesling x sylvaner (Müller-Thurgau), pinot bianco (Weibburgunder), pinot grigio (Ruländer), riesling y traminer aromático (Gewürztraminer). Una pequeña cantidad de vino tinto también se elabora con schiava (Vernatsch) y pinot nero (Blauburgunder). Todos los vinos blancos afrutados y aromáticos tienen un toque herbáceo y un aroma y sabor frescos.

Sirva el Pinot Bianco y el Chardonnay como aperitivos, el Chardonnay también con pescado en salsas cremosas, el Pinot Grigio con cangrejos de río o tipos más sustanciosos de pescado, el Riesling con pescado frito o hervido y todos los otros vinos durante toda la comida. Temperatura de consumo: Pinot Bianco y Kerner, 8-10°C (46-50°F); Chardonnay, Pinot Grigio, Traminer Aromático y Müller-Thurgau, 10-12°C (50-54°F).

El Schiava es de color rojo rubí, muy agradable y afrutado en aroma y sabor, y puede acompañar toda la comida. Temperatura de consumo: 12-14°C (54-57°F). El Pinot Noir es también rojo rubí, pero con algunos toques teja. El aroma es bastante característico, entre vegetal y animal (humus), y el sabor es amplio, suave y bien equilibrado. Ligero amargor distinguible en el final de boca. Sirva este vino con carnes rojas o aves de corral. Temperatura de consumo: 12-14°C (54-57°F).

CALDARO/LAGO DI CALDARO (KALTERER/ KALTERERSEE)

Éste es otro vino famoso de calidad del Alto Adige. Los viñedos se encuentran en las inmediaciones del conocido lago Caldaro. Aquí se producen excelentes vinos tintos de las diferentes variedades de schiava, a veces complementadas con pinot nero o lagrein. El color varía del rubí al picota oscuro y el aroma y el sabor son suaves, afrutados y elegantes. Puede a menudo distinguir un toque característico a almendras amargas en el final de boca. Existe también un "classico" que procede de la región central y un "classico superiore" con un 1 por 100 más de alcohol que un Caldaro corriente. Se trata de vinos ideales que pueden acompañarle durante toda la comida. Temperatura de consumo: 12-14°C (54-57°F).

TRENTINO

La parte sur del área de Trentino-Alto Adige también produce buenos vinos blancos, por supuesto, pero más, y en general, mejores vinos tintos que en la parte norte (Alto Adige). La mayoría de los viñedos se encuentran en las laderas de Adige, Cembra, Lagarina o los valles del Meren sobre el lago Garda. Sólo en el valle Rotaliana los viñedos se encuentran en la parte baja de los valles. Son características de los Trentinos las inmensas pérgolas (llamadas localmente "tremis") sobre las que crecen las vides. Esta estructura asegura que las vides pueden crecer muy por encima del suelo, lo que implica que se desarrolla menos follaje y las uvas obtienen el máximo beneficio del sol. De esta forma, el aire circula entre las vides y las protege de las traicioneras heladas nocturnas. Este área se encuentra en pleno proceso de desarrollo, no sólo en términos de preparación, cultivo y técnicas de poda, sino también en términos de variedades experimentales de uva. Numerosos experimentos se están llevando a cabo con la uva rebo, un cruce de merlot y marzemino. En Trentino la mayoría de los vinos se obtienen de una única variedad de uva. La chardonnay es la más popular (50 por 100 de las uvas blancas, 15 por 100 de la producción total) de los vinos blancos. Tanto el Chardonnay Trentino D.O.C. como el excelente spumante Trento Classico se obtienen de la variedad chardonnay. Entre todas las otras uvas blancas que se cultivan aquí, hay una variedad autóctona especial, la nosiola. Esta uva muy aromática aporta un carácter delicado y afrutado al Nosiola Trentino, y en particular al delicioso vino santo Trentino D.O.C. La schiava ostenta el primer puesto de los vinos tintos, alcanzando, créalo o no, el 30 por 100 de la superficie total de los cultivos. Para aquellos que les guste, el Trentino hace probablemente las mejores *grappas* (aguardientes) ¡de toda Italia!

CASTELLER D.O.C.

Los vinos tintos o rosados se obtienen a partir de la variedad schiava, posiblemente complementada con lambrusco, merlot, lagrein o teroldego (máximo del 20 por 100). Estos vinos son de color rojo rubí o rosado, bastante ligeros en estructura y de sabor suavemente aterciopelado. Pueden presentarse en versiones secas (*asciutto*) o de ligeramente dulce a dulce (*amabile*). Estos vinos se guardan bien.

Sirva los vinos secos durante toda la comida bastante fríos (12-14°C/54-57°F). Puede servir los vinos más dulces después de la comida con una ensalada de frutas rojas o incluso durante la comida con aves de corral o cerdo en una salsa de frutas dulce. Temperatura de consumo: 8-10°C (46-50°F).

SORNI D.O.C.

Hay dos tipos de Sorni, un blanco elaborado con nosiola, posiblemente complementada con müller-thurgau, pinot bianco y sylvaner, y un tinto elaborado con schiava, teroldego y posiblemente lagrein.

El Sorni bianco es de color paja con un toque verdoso y con pocas sorpresas en aroma y en sabor. Simplemente sabroso y fresco. Este vino combina con cualquier cosa, especialmente con pescado y entrantes ligeros de carne. Temperatura de consumo: 8-10°C (46-50°F).

El Sorni rosso es mucho más expresivo en aroma y sabor. Es un vino elegante, aromático, que combina bien durante toda la comida. Escoja, por ejemplo, un Scelto (Auslese), que tiene bastante más alcohol y redondez. Temperatura de consumo: 12-14°C (54-57°F).

TEROLDEGO ROTALIANO D.O.C.

Un vino peculiar obtenido a partir de teroldego, variedad autóctona de Trentino, que crece particularmente bien en la llanura de Rotaliana, al norte de Trento. Éste es el único lugar donde parece capaz de desarrollar su finura completa. En cualquier otro sitio de Italia donde esta variedad de uva ha sido plantada los resultados han sido de mediocres a abominables.

El Teroldego Rotaliano rosso es de color muy intenso (rojo rubí con tenues brillos púrpuras cuando el vino es joven) y tiene un aroma típico de violetas y frambuesas. En el final de boca puede detectar un agradable amargor y toques a almendras tostadas. Como ocurre con alguno de los vinos tintos del Loira, es preferible beber este Teroldego rosso en su juventud o hasta que pasen de ocho a diez años después de la cosecha. En el periodo intermedio el vino a menudo se ve sometido a una reducción (el aroma se ha cerrado por completo y rechaza cualquier forma de diálogo). Beba este vino con carnes rojas o aves a la plancha. Temperatura de consumo: cuando es joven, 10-12°C (50-54°F); cuando es maduro, 14-16°C (57-61°F).

El Teroldego Rotaliano rosso superiore tiene bastante más alcohol y cuerpo. Esto ocurre sobre todo en los vinos de reserva, que tienen que envejecer durante al menos dos años extra. No deje de probar con estos vinos los asados de carne. Temperatura de consumo: 14-16°C (57-61°F).

Existe también un rosado (Kretzer) obtenido a partir de Teroldego, que presenta un color que va de un hermoso rosa a un rojo teja claro. El aroma es misterioso, floral y afrutado, y el sabor, ligero, jugoso y redondo. Aquí también podrá distinguir las almendras tostadas y un ligero amargor en el final de boca. Vino excelente para un buffet en el campo, en cualquier época del año. Temperatura de consumo: 10-12°C (50-54°F).

TRENTINO D.O.C.

Denominación de origen genérica para vinos blancos y tintos. Resulta muy difícil dar una visión completa de estos vinos porque cada viticultor posee su propio estilo y su técnica.

El Trentino bianco se obtiene de chardonnay y pinot bianco, es de color paja y agradable pero no precisamente extraordinario. Gran vino como aperitivo o con pescado. Temperatura de consumo: 8-10°C (46-50°F).

Los mejores vinos blancos se obtienen a partir de una única variedad de uva. En este caso los vinos llevan el nombre de esta uva además de Trentino D.O.C. Los mejores vinos suelen ser los Chardonnay Trentino, pero también se obtienen vinos excelentes de pinot bianco, pinot grigio, riesling italico, riesling renano, traminer aromatico y müller-thurgau. El Pinot Bianco y el Riesling Renano

Trentino Pinot grigio.

son más apropiados como aperitivos pero también combinan muy bien con todo tipo de pescados. Los otros vinos pueden ser servidos durante toda la comida. Temperatura de consumo: Pinot Grigio, Traminer, Müller-Thurgau y Chardonnay 10-12°C (50-54°F); el resto, 8-10°C (46-50°F).

No puede dejar pasar por alto los sutiles vinos obtenidos a partir de la variedad autóctona nosiola. No obstante, no se espere ningún milagro, sino un descubrimiento agradable de una variedad de uva especial, fina y delicada con fruta agradables en el aroma y sabor y un ligero amargor en el final de boca. Delicioso como aperitivo e incluso más delicioso en comidas con platos sofisticados de pescado o entrantes, o platos principales a base de carnes blancas. Temperatura de consumo: 8-10°C (46-50°F).

Tampoco puede dejar de conocer un vino blanco dulce de primera clase elaborado con moscato giallo. También existe una versión licorosa de este vino. Excelente por sí solo después de una comida, sírvase frío a 6-8°C (46-50°F).

También se producen vinos espumosos a partir de chardonnay y pinot bianco. Estos espumanti resultan particularmente buenos como aperitivos. Temperatura de consumo: 8-10°C (46-50°F).

El Trentino rosso D.O.C. se hace con cabernet y merlot y casi siempre ha sido envejecido en barricas de roble. Dependiendo del fabricante y el origen, los vinos pueden ser ligeros y amables o corpulentos y llenos. Los últimos envejecen bien. Beba los tipos más ligeros y amables, cuando aún conservan su fruta, con terrinas, patés o entrantes de carne, a unos 12°C (54°F). Los vinos más estructurados merecen ser guardados durante más tiempo y después combinan particularmente bien con asados de carne o caza. Reserve una copa para un sabroso trozo de queso maduro, como *asiago* o *grana padano*, por ejemplo. Temperatura de consumo: 14-16°C (57-61°F).

Los otros vinos tintos de Trentino se elaboran a partir de una única o dos variedades de uva y son muy típicos del terruño y la variedad. Hay vinos de cabernet sauvignon y/o cabernet franc, merlot, marzemino, pinot nero y lagrein. Todos ellos son vinos de primera clase, pero los mejores son definitivamente los vinos de reserva, que han tenido al menos dos años de crianza extra. Puede combinar estos vinos tintos de Trentino con todos los tipos de carne que usted quiera, aunque un reserva es mejor tomarlo con un asado de carne roja o caza, y un Marzemino, con cerdo o cordero frito. Pruebe todos estos vinos en alguna ocasión con un trozo de queso montasio. Temperatura de consumo: 14-16°C (57-61°F).

También se hace un spumante punzante con pinot nero que combina muy bien con entrantes de carne o aves. Temperatura de consumo: 10-12°C (50-54°F).

VALDADIGE D.O.C. (ETSCHTALER)

Estos vinos existen en versiones genéricas de vinos blancos, rosados y tintos y en versiones varietales hechas con una o más variedades de uva. La variedad de uva mostrada en la etiqueta debe suponer al menos el 85 por 100 del vino. Para el Valdadige bianco corriente hay un amplio abanico donde elegir: pinot bianco, pinot grigio, riesling italico, müller-thurgau, chardonnay, bianchetta trevigiana, trebbiano toscano, nosiola, vernaccia y garganega. No hay por tanto un ejemplo por excelencia de un Valdadige bianco. Lo que se puede decir de ellos es que en general presentan tonos paja, son agradables y frescos, poseen un buen aroma y no siempre resultan igualmente secos. De vez en cuando puede encontrarse con un vino con cierta cantidad de azúcar residual. Beba estos vinos como aperitivos o con la comida. Temperatura de consumo: 8-12°C (46-54°F), dependiendo del tipo de vino.

También existen numerosas posibles versiones del rosso Valdadige corriente. Para estos vinos se puede elegir entre las tres variedades de schiava, lambrusco, merlot, pinot nero, lagrein, teroldego o negrara. Dependiendo del estilo y el tipo, este Valdadige rosso puede tener tonos rojos claros u oscuros y profundos. El aroma es siempre agradable y recuerda a menudo a uvas frescas y a varias hierbas. No todos los vinos son igualmente secos y aquí también se encontrará con el curioso vino dulce y suave.

Beba un Valdadige rosso con las comidas, preferiblemente a base de cerdo o aves. Temperatura de consumo: 12-16°C (54-61°F), según el tipo.

Los vinos rosados se elaboran con las mismas uvas que el rosso. El color de estos vinos varía dependiendo de las variedades de uva empleadas. El aroma y el sabor son frescos y afrutados (bombón inglés) y a veces ligeramente dulces. Vinos sorprendentemente deliciosos sin demasiadas pretensiones. Un gran acompañamiento de las aves y carnes blancas fritas o asadas. Temperatura de consumo: 10-12°C (50-54°F).

Los otros vinos, hechos principalmente con una única variedad de uva, son bastante característicos (de su uva y de su terreno). En general los vinos blancos tienen un color paja, y son frescos, jugosos y a veces una pizca dulces (Pinot Grigio). Beba el Pinot Bianco y el Chardonnay como aperitivos o con pescado y Pinot Grigio con carnes blancas o pollo. Temperatura de consumo: Pinot Bianco, 8-10°C (46-50°F); Pinot Grigio y Chardonnay, 10-12°C (50-54°F).

Los vinos tintos se obtienen a partir de las tres variedades de schiava (gentile, rossa y grigia), posiblemente complementadas con otras uvas no aromáticas. Los vinos van del color rubí al teja y son ligeramente aromáticos, frescos, suaves y a veces ligeramente dulces. Pueden acompañar toda la comida, pero a menudo combinan muy bien con asado de cerdo con ciruelas o salsas pronunciadas. Temperatura de consumo: 14-16°C (57-61°F).

VENETO

La región de Véneto es un auténtico paraíso para los amantes de la naturaleza y la cultura, y también para los gastrónomos más exigentes. El área se ha aferrado a su carácter

ROSSO
LA FABRISERIA
1999
TEDESCHI

Véneto cuenta con fabulosos vinos.

agrícola de siglos de antigüedad. Desde los Dolomitas en el norte hasta el fértil valle del Po, y del lago Garda hasta la costa veneciana, existe cierto sentimiento de *joie de vivre*. El paisaje presenta un relieve suave, verde e invitador. El clima es particularmente favorable, de continental suave en el norte a mediterráneo en el sur. Los hospitalarios y alegres habitantes deben su nutrición diaria a la riqueza del campo. El sabor y el aroma de los ingredientes naturales queda retenido en los platos sencillos. Los vinos, entre los cuales Soave, Bardolino y Valpolicella sobre todo son famosos en todo el mundo, hacen eco de la misma alegría desmedida de vivir.

RECIOTO DI SOAVE D.O.C.G.

Al igual que ocurre con el Recioto della Valpolicella, para este vino se seleccionan uvas parcialmente pasificadas. El resultado es un vino blanco corpulento, muy aromático y de color dorado. El sabor es lleno y afrutado, de lo ligeramente dulce a lo muy dulce. Por muy seductores y excelentes que le parezcan estos vinos, no olvide que contienen un 14 por 100 de alcohol.

Beba estos vinos con postres no demasiado dulces. Debido al característico toque a almendras amargas, este vino combina bien con postres a base de galletas de Amaretto, avellanas y mascarpone. Temperatura de consumo: 10-12°C (50-54°F).

BARDOLINO D.O.C.

Los viñedos de esta famoza D.O.C. están sobre un suelo aluvial de la edad del hielo entre la orilla derecha del lago Garda y la ciudad de Verona. Aquí se ha producido vino durante mucho tiempo, desde antes de la época de los romanos. Los vinos de Bardolino pueden obtenerse de las variedades corvina veronese, rondinella, molinara y ne-

grara (total mínimo del 85 por 100), posiblemente complementadas con rossignola, barbera, sangiovese y garganega (máximo un 15 por 100 del total).

El Bardolino es un vino tinto rubí con toques ocasionales de color cereza. A medida que envejece, el color se inclina hacia el rojo granate oscuro. El vino huele fresco, afrutado (cerezas), a veces ligeramente herbáceo, y posee un sabor muy agradable, con un ligero toque amargoso distinguible en el final de boca. Los vinos jóvenes pueden presentar un carácter levemente chispeante, pero se reducen a medida que envejecen. Beba estos vinos jóvenes y jugosos con comidas diarias, con pasta o cerdo frito (escalopes). Temperatura de consumo: de 10-12°C (50-54°F) (jóvenes) a 12-14°C (54-57°F).

Los vinos Bardolino que proceden del corazón histórico de la región tienen en la etiqueta la mención "classico". Los vinos con un poco más de alcohol (un mínimo del 11,5 por 100) pueden denominarse "superiore". También se encontrará (principalmente en Italia) con vinos Bardolino más ligeros de color. Estos vinos se obtienen por breve maceración y se llaman "chiaretti". Son bastante más ligeros de cuerpo que un Bardolino corriente y, aun así, más llenos que un rosado medio.

También existe un Bardolino tinto spumante, posiblemente classico y/o superiore. Este vino del color rosa al rojo pálido tiene una fina espuma, un aroma bastante suave y un sabor agradable, completo, seco y jugoso. Aquí también encontrará el típico toque de amargor en el final de boca. Estos vinos son demasiado carnosos para ser bebidos como aperitivos y es preferible servirlos en una cena festiva, con aves de caza o de corral a la parrilla, por ejemplo. También deliciosos con fresas frescas después de las comidas. Temperatura de consumo: 10-12°C (50-54°F).

El recién estrenado vino, Bardolino Novello, bastante más ligero y afrutado, está muy de moda.

VALPOLICELLA D.O.C.

Los vinos de Valpolicella han gozado de gran renombre desde la época de los romanos. El famoso poeta Virgilio fue uno de sus mayores seguidores. Y la fama de Valpolicella no ha disminuido desde entonces, todo lo contrario. Los vinos se obtienen a partir de las variedades corvina

Bardolino también puede ser de primera clase.

Valpolicella classico.

veronese, rondinella y molinara (mínimo del 85 por 100 en total), posiblemente complementadas con rossignola, negrara, trentina, barbera o sangiovese (total máximo del 15 por 100).

Los vinos son de color rojo rubí poco cubierto, inclinándose hacia el rojo teja a medida que envejecen. El aroma es fresco, afrutado y en ocasiones ligeramente herbáceo. El sabor es seco, suavemente aterciopelado, afrutado y ligeramente herbáceo, con un toque de almendras amargas tostadas en el final de boca. Aquí también encontramos versiones "classico" y "superiore" (mínimo de 1 por 100 de alcohol y un año extra de crianza).

Este vino se sirve en muchas pizzerias y trattorias para acompañar platos simples. Por supuesto que no hay nada en contra de esto, pero los mejores Valpolicella classico

Valpolicella classico superiore.

superiore o los Valpolicella del área de Valpantena merecen algo mejor que una pizza o un plato de pasta.

Pruebe los *involtini di cavolo Borghese*, maravillosos redondos de col, rellenos de carne picada y especiada, todo cubierto con una salsa de queso y gratinado al horno. Temperatura de consumo: 12-14°C (54-57°F).

RECIOTO DELLA VALPOLICELLA D.O.C.

La palabra italiana para decir orejas es *orecchi*. Acortada en *recie*, se refiere a las "pequeñas orejas" de los racimos de uvas; en otras palabras, la parte más alta de los racimos que coge más sol. Los vinos de Recioto están elaborados con uvas especialmente seleccionadas. Los racimos se cortan en dos piezas: la parte inferior se usa para obtener valpolicella corriente, y la parte superior, por tanto las orejas, se aparta. Estas uvas sobremaduras se secan al calor del sol, lo que supone que el agua se evapora parcialmente de las uvas, incrementándose la concentración de azúcares y sustancias aromáticas y gustativas en ellas. Esto produce un vino tinto de color oscuro profundo con un aroma seductor, completo y afrutado (mermelada de frutas, ciruelas, higos, pasas, etc.); en conclusión, un vino rico en extractos. El sabor es amplio, sensual, muy cálido (mínimo del 14 por 100 de alcohol) y sobrecogedoramente dulce. Beba este vino después de las comidas o con un postre no demasiado dulce. Pruébelo con mita-

Recioto della Valpolicella.

des de pera o de melocotón con un *moussé* hecho con dos tercios de *gorgonzola piccante* y un tercio de *mascarpone*. Temperatura de consumo: 10-16°C (50-61°F).

RECIOTO DELLA VALPOLICELLA SPUMANTE D.O.C.

Tinto espumoso de color oscuro, intensamente aromático (véase apartado anterior) y muy rico en extracto. Mínimo de un 14 por 100 de alcohol. Definitivamente un vino para los amantes de las sensaciones fuertes o de las burbujas dulces y vivas, con un postre no demasiado dulce. Temperatura de consumo: 6-8°C (43-46°F).

RECIOTO DELLA VALPOLICELLA AMARONE D.O.C.

Este vino se obtiene de la misma forma que el Reciotto della Valpolicella dulce, pero ésta es una versión seca con un mínimo del 14 por 100 de alcohol y dos años de crianza extra. No todos los consumidores serán capaces de apreciar sus encantos, pero si puede arreglárselas para conseguir un jabalí cocinado a la antigua a fuego lento en el horno o en una barbacoa, pasará una velada inolvidable con este vino monumental. Trate también de emparentarlo con quesos curados y picantes, como el *grana padano*. Temperatura de consumo: 16-18°C (61-64°F).

Recioto della Valpolicella Amarone.

BIANCO DI CUSTOZA D.O.C.

Se trata de un vino blanco bastante bien conocido del sur del lago Garda. En parte porque muchos turistas han probado este vino y, obviamente, lo han encontrado bueno, el Bianco di Custoza ha gozado de un nivel algo superior a lo que merece. No todos los Bianco di Custoza logran el mismo nivel, porque pueden elaborarse a partir de una amplia gama de variedades de uva, con todas las diferencias asociadas en tipo y en sabor. Los viticultores pueden elegir entre trebbiano toscano, garganega, tocai friulano, cortese, malvasia, pinot bianco, chardonnay y riesling italico, puros o mezclados entre sí. Las mejores uvas proporcionan un vino completo y aromático con mucho vigor, cuerpo y frescura, y un agradable y ligero

Bianco di Custoza.

amargor en el final de boca. Las peores dan lugar a vinos mediocres. Si sirve un Bianco di Custoza como aperitivo o con pescado, seguro que acertará, independientemente de la calidad del vino. Temperatura de consumo: 8-12°C (46-54°F). También existe una versión spumante de este Bianco di Custoza, elaborado con las mismas uvas y con las mismas variaciones en calidad.

Soave classico.

SOAVE D.O.C.

Los viñedos de Soave, como los de Bardolino y Valpolicella, se encuentran entre la orilla oriental del lago Garda y la ciudad de Verona. Alrededor de la ciudad medieval de Soave crecen las vides de la variedad garganega que suponen la base principal del famoso vino blanco (mínimo del 85 por 100). Hay posibilidad de elegir las uvas complementarias, como pinot bianco, chardonnay, trebbiano di Soave o trebbiano di Toscana. Aunque demasiado a menudo hay menos vinos tipo Soave en el mercado europeo, un Soave genuino es sin duda bueno. El color suele ser claro, del amarillo verdoso al amarillo pálido; el aroma no es excesivamente chocante y el sabor es seco, suave y agradable, con un ligero toque a almendras amargas. Este Soave corriente tiene un cuerpo ligero. Es un gran aperitivo y también resulta agradable para saciar la sed en los buffets y otras reuniones informales.

El Soave classico procede del corazón histórico de la región; el superiore tiene bastante más alcohol y debe reposar durante al menos cinco meses antes de poder ser vendido. El mejor Soave es el excelente Soave classico superiore, que resulta particularmente bueno como aperitivo y combina bien con cualquier pescado de agua dulce.

Sírvalos en los almuerzos veraniegos con *ciabatta* fresca cubierta de *montasio* joven y delgadas rodajas de pera. Temperatura de consumo: Soave corriente, 8-10°C (46-50°F); los mejores Soave classico superiore, 10-12°C (50-54°F).

Soave classico superiore.

SOAVE SPUMANTE D.O.C./ RECIOTO DI SOAVE SPUMANTE D.O.C.

Se trata de vinos espumosos de color pálido, aromáticos, sin mucha estructura y carácter fresco y muy agradable. Lo característico de estos vinos es el matiz siempre presente a almendras amargas. En el Soave spumante hay una versión seca (extra brut) y una versión menos seca (brut); en el Recioto di Soave spumante sólo una versión poderosa, dulce y cálida (mínimo del 14 por 100 de alcohol).

Beba el spumante corriente como aperitivo o con entrantes festivos y Recioto di Soave spumante con los postres. Pruebe el Recioto di Soave spumante con *tortino di Montasio e pere*, una tarta caliente de peras con hojaldre y una salsa caliente de *montasio* derretido, nata y *amaretto*. Temperatura de consumo: 8-10°C (46-50°F).

GAMBELLARA D.O.C.

Gambellara es un vino blanco agradable de la variedad de uva garganega, posiblemente complementada con otras uvas blancas no aromáticas (máximo, un 20 por 100). Los viñedos de Gambellara se sitúan en las colinas que rodean la pequeña localidad del mismo nombre al sudoeste de Vicenza. Estos vinos blancos poseen en general un color que va del amarillo paja al dorado y un aroma muy agradable a uvas frescas. El sabor es normalmente seco, fresco, suave y no demasiado marcado, con un ligero toque de amargor en el final de boca. En el corazón del área está permitido el uso del término "classico" en la etiqueta. Gran aperitivo, pero también un gran vino para servir durante toda la comida. Temperatura de consumo: 10-12°C (50-54°F).

GAMBELLARA RECIOTO D.O.C.

Se emplean las mismas uvas que en el Gambellara corriente, pero primero se pasifican ligeramente al sol. Esto otorga a los vinos una mayor concentración de azúcares y sustancias aromáticas y gustativas. Los vinos son de color amarillo dorado y tienen un intenso aroma a uvas sobremaduras o pasas. El sabor varía del ligeramente dulce al muy dulce, mientras que algunos vinos pueden ser lentamente espumosos. Bébalos con postres no demasiado dulces a 6-10°C (43-50°F) (cuanto más dulce, más frío). También existe un Gambellara Recioto spumante y un classico.

GAMBELLARA VIN SANTO D.O.C.

Éste es sin duda el mejor Recioto: color dorado oscuro con un aroma impresionante de pasas dulces, lo que hace eco en el sabor dulce y suavemente aterciopelado. Máximo, 14 por 100 de alcohol.

Delicioso con postres, especialmente pastas y tartas de almendras o avellanas. Temperatura de consumo: 6-8°C (43-46°F) (para los entusiastas, 8-10°C/46-50°F).

COLLI EUGANEI D.O.C.

Estos vinos también poseen una larga historia, y aun así nunca han llegado a realizar un avance importante. Los viñedos de estos vinos blancos y tintos se sitúan en las colinas al sur de Padua. Los blancos Colli Euganei corrientes se obtienen de las variedades garganega, prosecco (también llamada serprina), tocai fruilano y sauvignon, con el posible complemento de pinella, pinot bianco, riesling italico y chardonnay. Sí, lo ha adivinado: no hay dos vinos que sepan igual. El sabor varía desde lo seco a lo ligeramente dulce. Beba los vinos secos como aperitivo o con entrantes ligeros (carnes blancas, aves) y los más dulces después de una comida o con un postre fresco y ácido. Temperatura de consumo: 8-12°C (46-54°F) (cuanto más dulce, más frío).

Los mejores vinos de Colli Euganei se venden con el nombre de la variedad de uva dominante. Son las chardonnay de primera clase (también en spumante), pinot bianco y tocai italico. Aún más originales son los vinos de Pinello, mayormente secos (también en versión frizzante); el Serprino, de seco a ligeramente dulce (también en frizzante), y los vinos de Moscato, de dulces a muy dulces. Un Moscato corriente tiene leve espuma, que le

aporta un mejor equilibrio. Los mejores Moscato se hacen con moscato giallo y se venden con el nombre de Fior d'Arancio (flor del naranjo). Son vinos muy sensuales, también disponibles en spumante. El passito Fior d'Arancio es de color más oscuro, incluso más dulce, lleno y fuerte en alcohol (mínimo 15,5 por 100). Todos ellos son vinos muy sensuales para todo aquel que pase una velada romántica al calor de la chimenea. Temperatura de consumo: Pinello/Serprino, 8-12°C (46-54°F) (cuanto más dulce, más frío); Moscato, 6-8°C (43-46°F); Fior d'Arancio/spumante, 6-10°C (43-50°F); Passito, 10-12°C (50-54°F).

Los tintos Colli Euganei corrientes se obtienen a partir de un cuvée de merlot, cabernet franc, cabernet sauvignon, barbera y raboso veronese. Esto aporta a los vinos una gran variabilidad en color, aroma y sabor, haciéndolos excitantes de descubrir. La mayoría de los vinos son secos (cuidado con las excepciones), robustos, redondos, suaves y llenos de carácter. Los vinos de reserva deben tener al menos dos años de crianza y un mínimo del 12,5 por 100 de alcohol. Resultan muy buenos con las carnes, por ejemplo; con cerdo o incluso cordero asado. Temperatura de consumo: 14-16°C (57-61°F).

Los mejores vinos son sin lugar a dudas los Merlot, Cabernet Franc y Cabernet Sauvignon. Busque los reservas más viejos, que le ofrecen comparativamente más por su dinero. Todos estos vinos están elaborados excelentemente, pero no son exactamente típicos de esta región. De hecho, podrían haberse producido en cualquier otra parte. No obstante, son vinos de primera clase para las comidas, sobre todo con carnes rojas o cordero. Temperatura de consumo: 14-16°C (57-61°F).

MONTELLO/COLLI ASOLANI D.O.C.

Pequeña denominación de origen sobre Padua. Gran Rosso/Rosso superiore, Merlot/Merlot superiore y Cabernet/Cabernet superiore. Pero sobre todo son los vinos blancos los que requieren toda su atención.

Se producen vinos espumosos y tranquilos de primera clase con uvas pinot bianco y chardonnay. Puede servir los vinos tranquilos con platos de pescado y los spumante como aperitivo.

Sólo los vinos tranquilos se hacen con pinot grigio y prosecco. El Pinot Grigio siempre es seco. El Prosecco de seco a ligeramente dulce. Ambos vinos son muy afrutados y de sabor suavemente aterciopelado. El Prosecco también es reconocible por un matiz a almendras amargas. Beba el Prosecco seco como aperitivo o con entrantes ligeros (carnes blancas, aves); el Pinot Grigio, en las comidas con carnes blancas o aves fritas o pescado en ricas salsas, y el Prosecco menos seco con aves en salsas cremosas y dulces. También existe un Prosecco frizzante naturale. Temperatura de consumo: 8-10°C (46-50°F) para los ligeramente dulces y/o Prosecco frizzante; 10-12°C (50-54°F) para los otros.

BREGANZE D.O.C.

Los vinos de Breganze son poco conocidos fuera de su región. Sin embargo, los vinos producidos aquí son de calidad excelente.

El blanco corriente (sobre todo el de variedad Tocai Friulano) adora cualquier tipo de pescado y el tinto (sobre todo de merlot) combina bien con cualquier comida de diario. Pero sobre todo son los vinos varietales los que merece la pena probar.

Los vinos blancos (Pinot Blanco, Pinot Grigio, Vespaiolo, Chardonnay y Sauvignon) son suficientemente secos, aromáticos, frescos y elegantes. La mayoría de estos vinos blancos han pasado por un breve periodo de crianza en barricas, lo que les hace más redondos. Los Sauvignon y Pinot Bianco son excelentes aperitivos veraniegos, los Chardonnay un aperitivo de invierno. Aunque todos estos vinos combinen bien con platos de pescado, prefiero el Chardonnay y el Vespaiolo con crustáceos y el Sauvignon con marisco.

Torcolato es un vino muy especial, una versión de dulce a muy dulce del Vespaiolo, que recuerda al aroma y sabor de las uvas frescas y extremadamente dulces, miel y pasas. Con su 14 por 100 (o más) de contenido en alcohol resulta un vino excelente para las largas tardes de invierno. Temperatura de consumo: 9-12°C (48-54°F). Los mejores vinos tintos de Breganza son de Cabernet franc y/o sauvignon, pinot nero y marzemino. Estos tres tipos son muy aromáticos (maleza, aromas vegetales, frutas) y particularmente deliciosos. Realmente no son vinos espectaculares, pero pueden convertir una comida de diario en una ocasión especial. Temperatura de consumo: 12-14°C (54-57°F).

PROSECCO DI CONEGLIANO-VALDOBBIADENE
PROSECCO DI CONEGLIANO
PROSECCO DI VALDOBBIADENE D.O.C.

Tres vinos de calidad similar de la región superior al triángulo formado por las ciudades de Padua, Vincenza y Treviso. Estos vinos se obtienen de la variedad de uva prosecco, posiblemente complementada con verdiso, pinot bianco, pinot grigio o chardonnay (máximo 15 por 100).

Hay dos tipos principales de Prosecco: el Prosecco frizzante es ligeramente espumoso, de color paja, muy afrutado, jugoso y particularmente agradable; el Prosecco spumante es sin lugar a dudas más apasionante, fresco, afrutado y amplio de sabor. Ambos vinos están disponibles en "secco" (seco, ligero, elegante, toque a almendras amargas), "amabile" (ligeramente dulce, muy afrutado) y "dulce" (muy dulce y afrutado). También puede encontrar un Prosecco superiore di Cartizze, un vino elaborado en una región estrictamente demarcada llamada Cartizze (cerca de San Pietro di Barbozza en Valdobbiadene). En lo relativo a su sabor no hay apenas diferencia con otros vinos de Prosecco. Beba estos vinos secos y elegantes como aperitivos o en las comidas con entrantes ligeros (carnes blancas, aves, pescado) o con

Prosecco di Conegliano Valdobbiadene.

postres dulces (tiene un efecto refrescante). Es preferible beber las versiones más dulces después de las comidas o con postres menos dulces (*panettone*, por ejemplo). Temperatura de consumo: 6-8°C (43-46°F) para los dulces, 8-10°C (46-50°F) para el Prosecco seco.

N.B.: También se producen en la zona varios vinos de corte moderno, incluidos algunos de Moscato.

Buen spumante de calidad y a la moda.

VINI DEL PIAVE D.O.C.

Seguro que los conoce, esos vinos embotellados en botellones de dos litros que se sirven por copas en la mayoría de los restaurantes italianos. ¿Qué se apuesta a que proceden del distrito de Piave? ¿A que son Tocai del Piave los blancos y Merlot del Piave los tintos? En general, estos vinos son muy fáciles de beber pero definitivamente no son representativos de toda la región. También se produce buen vino en Piave, el distrito situado a ambas orillas del río del mismo nombre.

Moscato spumante.

Encontrará grandes vinos de cabernet franc y/o sauvignon, con los suficientes toques vegetales y taninos para ser capaces de competir con un buen *vin de pays* francés (pero siendo bastante más baratos) y vinos Merlot y Pinot Nero algo más amables que en el resto de los sitios... a veces rozando la dulzura (de ahí su éxito con los inexpertos habituales de las pizzerias). Los mejores vinos han pasado más tiempo en la barrica y pueden llevar la designación "riserva".

Pero por una vez pruebe algo diferente, un vino típico italiano, el Raboso del Piave, de un color rojo que va del rubí al granate, con un aroma seductor a violetas del bosque y otros olores agradables del bosque y un sabor... seco, robusto, fuerte y masculino, fresco y acídulo, a veces con una considerable cantidad de taninos, pero siempre llenos de carácter y sabrosos. Excelentes con carnes asadas (y también fritas). Temperatura de con-

Merlot del Piave.

sumo: de 12-14°C (54-57°F) a 16°C (61°F) para los vinos de reserva.

La elección es más sencilla con los vinos blancos. Casi todo el mundo conoce el Tocai italiano de color amarillo dorado y carácter poco destacable. Es apropiado para una pizza con atún o anchoas o una reunión de escolares... Mientras se beba frío y con moderación tiene su encanto. Lo mismo ocurre más o menos con el Pinot Bianco y el Chardonnay, que ciertamente no son los mejores escaparates para estas variedades de uvas famosas en el mundo. Bastante más interesantes son los Pinot Grigio del Piave aromáticos y sensuales o los Verduzzo del Piave elegantes, característicos y particularmente agradables. Puede servir cualquier vino blanco de Piave como aperitivo o con la comida. El Verduzzo también tiene una relación secreta con los pescados de mar sustanciosos. Temperatura de consumo: 8-10°C (46-50°F), excepto los Verduzzo y Pinot Grigio, 10-12°C (50-54°F).

BAGNOLI DI SOPRA/BAGNOLI D.O.C.

Estos vinos proceden de la provincia de Padua, en las inmediaciones de la pequeña ciudad de Bagnoli di Sopra. Aquí las uvas crecen en un subsuelo bastante suelto de sedimentos, que contiene gran cantidad de cal. Se producen grandes vinos blancos (Chardonnay, Tocai Friulano, Sauvignon, Raboso), rosados (Raboso y Merlot) y tintos (Merlot, Cabernet Franc, Cabernet Sauvignon, Carmenère y Raboso).

Los vinos blancos pueden ser de secos a ligeramente dulces, según el fabricante, el estilo y la variedad de uva empleada. Todos son suaves, amables, sabrosos, y pueden hacer un buen servicio desde los aperitivos hasta los postres. Temperatura de consumo: 10-12°C (50-54°F), ligeramente más fríos para las versiones más dulces.

Los vinos rosados poseen un color tan pálido como su aroma y el sabor. Nada especial, pero bastante fáciles de beber. Los encontrará de los suavemente secos a los ligeramente dulces. Puede tomar rosados en toda la comida. Temperatura de consumo: 10-12°C (50-54°F).

Los vinos tintos son los mejores de los tres tipos. Poseen un color intenso, son bastante aromáticos y amplios de sabor, suaves y redondos. Los vinos de reserva han permavecido en barricas durante un poco más de tiempo. Puede beber un Bagnoli rosso con carnes rojas o aves, pero también acompañarán excelentemente a una pierna de cordero o un filete de cerdo al horno. Temperatura de consumo: 12-14°C (54-57°F).

LISON-PRAMAGGIORE D.O.C.

Dos áreas al nordeste de Venecia producen una amplia gama de vinos, todos vendidos como varietales, igual que en Alsacia.

Encontrará vinos notables hechos aquí de tocai italico (especialmente el de la zona del Lison Classico), pinot bianco, pinot grigio, riesling italico, verduzzo y –no le sorprenderá a estas alturas– las omnipresentes chardonnay y sauvignon. Todos estos vinos son secos, con un ligero toque de azúcar residual en el caso del Verduzzo, Chardonnay y Pinot Bianco.

El Riesling Italico resulta muy adecuado como aperitivo y todos los otros vinos tienen una marcada preferencia por el pescado. Pruebe el Tocai di Lison con *risi e bisi*, el famoso risotto con guisantes verdes de Venecia. Temperatura de consumo: 8-10°C (46-50°F), 10-12°C (50-54°F) para Chardonnay, Pinot Grigio, Tocai y Verduzzo.

Los vinos tintos se obtienen a partir de las renombradas castas merlot y cabernet. Estrictamente hablando no son autóctonas de esta región, pero están extremadamente bien hechos. Al igual que todos los vinos de su clase, combinan sobre todo con carnes rojas asadas o fritas. Pruebe a escoger un reserva, que tiene mucho más que ofrecerle. Temperatura de consumo: 12-14°C (54-57°F), 14-16°C (57-61°F) para los reserva.

Hay un vino adorable, y sobre todo original, que se hace con refosco dal pedonculo rosso. Esta uva extranjera también se utiliza en la Saboya francesa con el nombre de mondeuse y aquí da lugar a un vino con un color rojo bien cubierto, rico en taninos y amargo en el final de boca, pero de sabor redondo y completo. Gran acompañamiento para las carnes rojas, pero en particular para el cerdo asado o frito. Temperatura de consumo: 12-14°C (54-57°F).

OTROS VINOS DEL VÉNETO

Algunos vinos inusuales e interesantes, los Lesini Durello D.O.C., se producen en el área montañosa entre Verona y Vicenza. Son frescos, afrutados y con cuerpo, en versiones tranquilos, de aguja (frizzante) o espumosos (spumante). Grandes aperitivos. Temperatura de consumo: 10-12°C (50-54°F) para los vinos tranquilos, 6-8°C (43-46°F) para el resto.

Para completar la imagen, mencionaré aquí que también se producen vinos en el Véneto con las denominaciones de origen de Lugana D.O.C., San Martino della Battaglia D.O.C. y Valdadige D.O.C., que ya han sido comentados en la sección sobre Lombardía. También muy recomendables son los vinos de Colli Berici.

La denominación de origen Garda D.O.C. también se divide en ambas áreas, pero la mayoría de los vinos se producen en Véneto.

GARDA D.O.C.

Los vinos de Véneto llevan oficialmente la denominación Garda Orientale D.O.C. y los de Lombardía simplemente Garda D.O.C. Los vinos tienen al menos un 85 por 100 de la variedad de uva mencionada en la etiqueta.

Aquí también se encontrará con los familiares Pinot Bianco, Pinot Grigio, Chardonnay, Riesling Italico, Riesling Renano y Sauvignon. Todos son vinos de primera clase. El Riesling Italico y el Chardonnay resultan deliciosos como aperitivos y todos los vinos son buenos como acompañamientos del pescado. Beba el Sauvignon con marisco, el Chardonnay o el Riesling Italico con crustáceos y el Pinot Grigio con aves o carnes blancas. Temperatura de consumo: Sauvignon, Pinot Bianco y

Riesling; 8-10°C (46-50°F); Chardonnay y Pinot Grigio, 10-12°C (50-54°F). Mucho más interesantes de descubrir son los varietales blancos de Garganega, Trebbianello y Cortese. Los tres pueden ser secos o en ocasiones ligeramente dulces. Todos son bastante aromáticos y llenos en boca. El Cortese (seco) es un aperitivo excitante, por lo demás los tres vinos combinan bien con pescado en salsas sabrosas o con crustáceos. Temperatura de consumo: 10-12°C (50-54°F).

Entre los vinos tintos volverá a encontrar a los obligatorios Cabernet, Merlot y Pinot Negro, no mejores ni peores que en otros lugares del mundo, y los más originales Marzemino y Corvina. Los dos últimos vinos son frescos, alegres y aromáticos. Son vinos con un poco más de sabor... Sírvalos con carnes rojas. Temperatura de consumo: 12-14°C (54-57°F).

Finalmente, hay otro frizzante blanco, seco o ligeramente dulce y siempre afrutado. La versión seca es excelente como aperitivo y la más dulce para cualquier ocasión festiva fuera de las comidas. Temperatura de consumo: 6-8°C (43-46°F).

FRIULI-VENEZIA GIULIA

La viticultura ya se practicaba en Friuli mucho antes de que los celtas europeos descubrieran las virtudes del vino. Este distrito vinícola se encuentra en el extremo norte de Italia, por debajo de la frontera con Austria, cerca de Eslovenia. Una gran parte del paisaje es montañosa, pero la viticultura se concentra en los verdes valles de los ríos (Tagliamento, Isonzo) y en las soleadas colinas. El clima es una feliz coincidencia de mediterráneo suave (mar Adriático) y clima continental más severo (Alpes). El suelo consta principalmente de cantos rodados que se remontan a la Era Glacial. La capital, Trieste, aún muestra huellas de la larga ocupación austríaca. La segunda ciudad más importante en las cercanías es Udine. La cultura local es una mezcla de la antigua Roma, y también de influencias panitalianas, eslavas y germánicas, lo que hace que la zona sea más interesante. La población es hospitalaria y convierte cada visita en una celebración. Aunque el distrito sea muy conocido por sus excelentes salchichas, es el fantástico jamón de San Daniele y los vinos ligeros, afrutados y elegantes, los que han hecho de Friuli un nombre famoso en el mundo de la gastronomía. Al igual que en Alsacia y en otros países del norte de Italia, los vinos de Friuli se venden con un nombre de zona genérico, seguido del nombre de la variedad de uva dominante.

Friuli Osonzo Chardonnay y Pinot Nero.

CARSO D.O.C.

Vinos no muy conocidos de las inmediaciones de Gorizia y Trieste. Se presentan en muchas versiones, incluyendo el tinto corriente (70 por 100 de uva terrano), Terrano (85 por 100 terrano) y malvasia.

Los vinos tintos son leves, secos, con cuerpo y de sabor agradable. Pueden acompañar a la mayoría de los platos. Temperatura de consumo: 10-14°C (50-57°F).

El bello color paja de malvasia se obtiene de la variedad malvasia istriana, que resulta muy aromática y afrutada. Es un vino blanco seco y delicioso que combina bien con pescado de mar, pero también, por ejemplo, con quesos frescos (montasia joven) y frutas. Temperatura de consumo: 10-12°C (50-54°F).

FRIULI ANNIA D.O.C.

Otro distrito vinícola poco conocido en la provincia de Udine. Los vinos que tienen el derecho a esta denominación de origen (blancos, rosados y tintos) pueden ser vinos genéricos (tinto, blanco, rosado) o varietales. Los vinos genéricos son en general de calidad muy aceptable, pero en mi opinión son mejores los vinos más específicos. Como casi en todas partes en el norte de Italia, se obtienen grandes vinos de pinot bianco y pinot grigio y cierta cantidad de sauvignon y chardonnay. Puede servir todos estos vinos en las comidas con pescado; el Pinot Grigio también con carnes blancas y aves. El Chardonnay y Sauvignon son aperitivos de primera clase, al igual que los excelentes frizzanti y spumanti hechos de chardonnay y/o pinot blanco. Temperatura de consumo: Sauvignon y Pinot Bianco, 8-10°C (46-50°F); Chardonnay y Pinot Grigio, 10-12°C (50-54°F); frizzante y spumante, 6-8°C (43-46°F).

Entre los vinos tintos se encontrará con las variedades obligatorias Merlot, Cabernet Franc y Cabernet Sauvignon (grandes vinos con característicos toques vegetales y mucha fruta).

Los siguientes vinos son interesantes y típicos de esta región:

Malvasía Istriana: de color paja con un toque verdoso, aroma atractivo, sabor delicado y seco. Maravilloso con tipos suaves de carne blanca. Temperatura de consumo: 10-12°C (50-54°F).

Tocai Friulano: de color paja al amarillo limón, aromas seductores, sensual, sofisticado y elegante en el sabor. Prefiere un buen pescado con una salsa suave y cremosa. Temperatura de consumo: 10-12°C (50-54°F).

Verduzzo Friulano: amarillo dorado, aroma sensual y sabor a uvas frescas, a veces algo rico en taninos, seco, ligeramente dulce o incluso dulce. Beba la versión seca con entrantes o pescado, las versiones más dulces al final o después de la comida. Temperatura de consumo: secos, 10-12°C (50-54°F); más dulces, 6-10°C (43-50°F) (cuanto más dulces, más fríos).

Refosco dal Pedundolo rosso es un vino amplio, elegante y afrutado con un toque amargo distinguible y agradable. Compañero ideal de cenas informales. Temperatura de consumo: 12-14°C (54-57°F) (los reserva más añejos ligeramente menos fríos, unos 14-16°C/ 57-61°F).

COLLI ORIENTALI DEL FRIULI D.O.C.

Estos vinos blancos, tintos y rosados se producen en el distrito que queda encima de Udine. Los blancos obtenidos a partir de, entre otras, sauvignon, chardonnay y pinot grigio, no son excesivamente interesantes. Pruebe uno de los siguientes vinos blancos originales:

– Tocai Friulano: seco, cálido y amplio. Le gusta un pescado sabroso o, si no, carnes blancas y aves. Pruébelo con *vitello tonnato*, ternera en una salsa de atún cremosa. Temperatura de consumo: 10-12°C (50-54°F).
– Verduzzo Friulano: afrutado, en ocasiones seco y en ocasiones dulce, robusto y a menudo bastante rico en taninos. Beba el vino seco como aperitivo o con carne blanca (ternera) o aves (pularda), los ligeramente dulces con pescado o carnes blancas en una salsa sabrosa y los dulces con postres frescos o después de las comidas. Temperatura de consumo: 10-12°C (50-54°F).
– Ribolla Gialla: fresco y armonioso, siempre seco, sofisticado y elegante. Particularmente delicioso con pescado (salmón fresco) o carnes blancas en una salsa suave. Temperatura de consumo: 10-12°C (50-54°F).
– Malvasía Istriana: sensual, herbáceo, aromático y amplio. Bébalo con un pescado sabroso (rodaballo) con una salsa de hierbas, con risotto con verduras tiernas o con quesos jóvenes. Temperatura de consumo: 10-12°C (50-54°F).
– Ramandolo: este vino de la uva verduzzo es magnífico, de color amarillo dorado intenso, muy afrutado y amplio, con un toque ocasional de tanino y un cuerpo robusto. Siempre son vinos que varían de ligeramente dulces a muy dulces. Mínimo, 14 por 100 de alcohol. Los vinos del histórico centro del área tienen permiti-

Ramandolo, vino dulce fantástico.

Un vino dulce de calidad excepcional.

do el uso del término "classico". Sirva un Ramandolo al término de una buena comida en una reunión familiar o de amigos, con un postre fresco; por ejemplo, un pastel de frutos secos, o solo después de la comida. Pruebe el *strucolo*, la versión local del *Strudel* austríaco, aquí normalmente relleno de manzanas y queso ricotta. Temperatura de consumo: 8-10°C (46-50°F) (ligeramente dulces), 6-8°C (43-46°F) (para los muy dulces).
– Picolit: el vino blanco dulce más insólito de Italia y probablemente uno de los más originales del mundo. La uva picolit se caracteriza por su crecimiento muy curioso. En los racimos tiene lugar una selección natural de uvas. La mayoría de las uvas no llega a crecer por completo sino que caen prematuramente o permanecen quedándose pequeñas y duras. Las uvas que se desarrollan en su totalidad tienen una enorme cantidad de extracto y sustancias aromáticas y gustativas. Estas uvas también se vendimian tardíamente, de forma que el sol hace que las uvas se concentren hasta cierto punto. Esto aumenta su contenido y extracto, azúcares y sustancias aromáticas. Los vinos de picolit pueden compararse a un Trockenbeerenauslese alemán o austriaco. El color es muy intenso, amarillo dorado, el aroma seductor, sensual, sobrecogedor... El sabor es marcado, afrutado (frutas maduras), etéreo (mucho alcohol), suavemente aterciopelado (miel), lleno y persistente. Debido a su patrón de crecimiento tan extraño, la picolit produce una cantidad de vino pequeña. Comprensiblemente, el precio de este néctar divino no puede ser lo que se dice barato, pero pruébelo en alguna ocasión, en

algún momento muy especial. Es preferible no servirlo con las comidas, para que se luzca mejor en una tarde invernal romántica o artística. Sírvalo siempre con mucho respeto y cariño a una temperatura de 8-10°C (46-50°F).

En lo que respecta a los vinos tintos, además de los excelentes Cabernet Sauvignon, Merlot y otros similares, también se producen varios vinos interesantes y originales: el Schippettino y el Refosco dal Peduncolo rosso son vinos muy agradables con mucha fruta y carácter, completos, cálidos y suavemente aterciopelados. El Refosco también posee un toque amargo característico. Sirva estos vinos con platos típicos del norte de Italia, como *capriolo in salmi* (gamo en rica salsa de vino) o *coda alla vaccinara* (rabo de buey cocido). Temperatura de consumo: 14°C (54°F); para los reservas más añejos, 16°C (61°F).

GRAVE DEL FRIULI D.O.C.

Aquí también hay muchos vinos diferentes obtenidos a partir de una sola variedad de uva y algunos vinos genéricos. Estos vinos se producen en las orillas de Tagliamento, en la provincia de Udine. Se encontrará con vinos parecidos a los de Colli Orientali Friulani. Los vinos blancos se obtienen a partir de pinot grigio, tocai friulano, traminer aromático y verduzzo friulano. El spumante también resulta de gran calidad. El rosado es fresco, afrutado y relajante (también disponible en versión frizzante). Los vinos tintos se obtienen de las dos variedades de cabernet (posiblemente mezcladas), merlot, pinot nero y refosco dal peduncolo rosso.

FRIULI LATISANA D.O.C.

Aunque menos conocidos, estos vinos son de gran calidad. Son blancos frescos, amplios, hechos con pinot bianco, chardonnay, sauvignon, malvasia istriana, tocai friulano, verduzzo friulano, traminer aromatico y riesling renano. El spumante es también de primera clase.

Grave del Friuli Pinot Bianco.

Grave del Friuli Refosco.

Los vinos tintos también son rentables desde un punto de vista económico. Además de Cabernet, Merlot y Pinot Nero, encontrará un vino insólito, el Franconia. Se trata de un vino ligero y muy afrutado que se encuentra a medio camino entre un alegre Gamay y un portugués fresco y herbáceo. Maravilloso con diferentes carnes o platos ligeros de pasta. Temperatura de consumo: 12-14°C (54-57°F).

COLLIO GORIZIANO/COLLIO D.O.C.

Definitivamente se trata de una de las grandes zonas vinícolas de Italia en lo que respecta a los vinos blancos, pero también alcanza un nivel muy alto en los tintos. Los viñedos se sitúan en las colinas ("collio") del lado este del río Judrio, cerca de Gorizia. El blanco corriente se obtiene de ribolla gialla, malvasia istriana y tocai friulano, posiblemente complementadas hasta un máximo del 20 por 100 con otras uvas autóctonas. Es un vino de color paja, delicadamente aromático, seco, sofisticado, armonioso. Excelente como aperitivo o durante toda la comida. Temperatura de consumo: 8-10°C (46-50°F).

El Pinot Bianco es de color paja pálido, delicadamente aromático y suave en sabor, fresco con un toque a almendras dulces. Estupendo como aperitivo, pero también delicioso con platos de pasta y mariscos. Temperatura de consumo: 8-10°C (46-50°F).

El Pinot Grigio es a menudo de color amarillo dorado, con ocasionales brillos cobrizos; posee un aroma muy intenso y un sabor amplio y jugoso. Muy bueno con risotto de aves o carnes blancas, entre otras cosas. Temperatura de consumo: 10-12°C (50-54°F).

El Ribolla Gialla posee un color paja intenso con toques verdosos. Aroma muy interesante, afrutado y floral a la vez. Vino amplio, seco, redondo, alegre y fresco, que queda bien como aperitivo de invierno o combina por ejemplo con entrantes de carnes blancas o aves. Temperatura de consumo: 10-12°C (50-54°F).

El Sauvignon es de color pálido y aroma y sabor bastante intensos. El catador experimentado detectará un matiz vegetal (heno), y también una pizca de nuez moscada, miel de acacias, flores blancas y hierbas aromáticas. En contraste con muchos vinos mediocres del norte de Italia, los Sauvignon de Collio son de notable calidad, muy característicos de su variedad de uva y su terruño. Grandes aperitivos, pero también muy apropiados para risottos con champiñones, platos de pasta y de huevo. Temperatura de consumo: 8-10°C (46-50°F).

El Tocai Friulano varía de un color paja neto al amarillo dorado, con algunos matices amarillo limón aquí y allá. El aroma es muy característico, delicado y agradable; el sabor ligeramente herbáceo, con toques de almendras amargas y frutos secos. Ideal con aves o como aperitivo de invierno o con risotto. Delicioso con jamón San Daniele. Temperatura de consumo: 10-12°C (50-54°F).

Los vinos de Traminer Aromatico son de color amarillo dorado, muy aromáticos e intensos en sabor, y mejoran después de algunos años de guarda. Sirva estos vinos con cuerpo, sensuales y poderosos con pescado en aceite, con un risotto de hierbas o con cerdo frito. Temperatura de consumo: 10-12°C (50-54°F).

El Riesling Renano posee un tono pajizo, a veces amarillo dorado después de envejecer un tiempo, muy intenso en aroma y sabor, sofisticado y delicado. Grande como aperitivo, pero también con comidas; por ejemplo, con risotto con setas del bosque variadas, platos de pasta o incluso pescado a la parrilla. Temperatura de consumo: 10-12°C (50-54°F).

El Riesling Italico es de color paja pálido con un toque verdoso. Vino sutil y seco que combina bien con pescados. Temperatura de consumo: 10-12°C (50-54°F).

El Malvasía Istriana presenta un color pajizo, es muy fino y sutil en aroma, suave y redondo en sabor, con un ligero toque vegetal. Vino excelente con ensaladas de pescado o carnes blancas combinadas con verduras tiernas y frescas. Temperatura de consumo: 10-12°C (50-54°F).

El Chardonnay de Collio suele ser mejor que los demás del resto del norte de Italia. Tienen un color paja y son delicados, secos, con cuerpo, ligeramente florales, suaves y muy agradables. Sírvalos como aperitivo de invierno o con platos de pescado. Pruebe la *insalata di aragosta*, ¡ensalada de langosta! Temperatura de consumo: 10-12°C (50-54°F).

El Múller-Thurgau es también sorprendentemente bueno. El color es amarillo bastante intenso, con brillos verdes. El aroma es muy característico (manzanas verdes, flores) y el sabor seco, suave y amplio. Excelente como aperitivo de invierno y buen acompañamiento para carnes blancas o pescados. Una verdadera necesidad para aquellos a los que les guste este vino es combinarlo con caracoles. Pruebe empanadillas rellenas de ragú de marisco o un ragú de ternera y mollejas de ternera. Temperatura de consumo: 10-12°C (50-54°F).

Los vinos Picolit varían de los dulces a los muy dulces. Son vinos blancos sofisticados, cálidos, con cuerpo, que combinan bien con postres de frutas y tartas y pastas no demasiado dulces. Temperatura de consumo: 6-8°C (43-46°F).

El Collio rosso se suele obtener a partir de cabernet y merlot. Es un vino color rubí con un aroma, vegetal y un sabor suave y vivo. Estos vinos con cuerpo sírvalos con carnes rojas o cerdo frito. Temperatura de consumo: 12-14°C (54-57°F) (para los reserva, 14-16°C/57-61°F).

Los otros vinos tintos se obtienen a partir de cabernet franc, cabernet sauvignon, merlot y pinot nero. Los primeros tres vinos tienen un característico matiz vegetal que les distingue claramente de un vino tipo burdeos. El sabor es intenso y amplio, seco y armonioso. El Merlot también posee en ocasiones un pequeño amargor extra en el final de boca. El Pinot Nero es muy suave y completo en la boca. Sirva los tres primeros vinos con cerdo, cordero o carnes rojas. También puede beber los reserva más añejos con caza. El Merlot es también muy aficionado a las aves de corral. El Pinot Nero joven combina muy bien con risotto, platos de pasta con queso y carne blanca frita. Los vinos viejos y los reservas quedan bien con caza. Pruebe la *papardelle alla lepre*, un famoso plato italiano de lazos de pasta fresca y liebre estofada. Temperatura de consumo: 14-16°C (57-61°F).

ISONZO/ISONZO DEL FRIULI D.O.C.

Aquí también encontraremos vinos blancos de calidad y tintos excelentes. La región vinícola se localiza en las orillas del río Isonzo, en las inmediaciones de Gorizia. Los viñedos se extienden hasta la frontera con Eslovenia. La diferencia en sabor entre Collio e Isonzo no es demasiada. Aquí se produce un bianco genérico a partir de tocai friulano, malvasía istriana, pinot bianco y chardonnay. Puede variar del seco al dulce, pero siempre resulta particularmente fresco y a menudo bastante rico en taninos. Los otros vinos blancos se obtienen a partir

Isonzo bianco e Isonzo rosato frizzante.

de pinot bianco, pinot grigio, tocai friulano, verduzzo friulano, traminer aromático, riesling renano, riesling italico y por supuesto sauvignon y chardonnay. También se hace un delicioso spumante con pinot bianco, a veces complementada con pinot nero y chardonnay. El spumante hecho con verduzzo también resulta maravilloso.

Beba estos spumanti en ocasiones festivas o como aperitivo.

Otros vinos de aperitivo apropiados son los Sauvignon, Pinot Bianco, Riesling Renano, Riesling Italico y Chardonnay.

También puede servir los dos vinos Riesling con pescado frito; el

Vino espumoso de Pinot Bianco.

Verduzzo spumante.

Chardonnay, Tocai y Pinot Grigio, con pescado en salsas cremosas o carnes blancas; el Traminer, con un risotto de hierbas o platos de pasta con queso, y el Verduzzo durante toda la comida. Temperatura de consumo: 8-10°C (46-50°F). (Chardonnay, Traminer, Tocai, Verduzzo y Pinot Grigio, 10-12°C/50-54°F.)

El tinto corriente se hace con merlot, cabernet franc y cabernet sauvignon, posiblemente complementados con pinot nero o refosco. Encontrará este Isonzo rosso en innumerables tipos y variaciones de sabor. Déjese llevar y pruébelos; todos merecen la pena.

Aquí también los mejores vinos tintos se hacen con las omnipresentes y famosas uvas francesas cabernet, merlot y pinot nero. Estos vinos son de primera calidad, con un matiz vegetal distinguible en el primero y un considerable toque amargo pinot nero. Los tres, según el gusto, son buenos compañeros de los platos clásicos de carne o combinaciones imaginativas de la cocina moderna. Pruébelos con venado o con jabalí. Temperatura de consumo: 14-16°C (57-61°F).

Además del original y excelente passito local, los vinos más sorprendentes son los Franconia jóvenes, afrutados y mucho más aromáticos (excelentes con carne de cerdo), y los Refosco dal Peduncolo tintos, poderosos y con cuerpo. Temperatura de consumo: Franconia, 15-16°C (59-61°F); Refosco, 16-17°C (61-63°F).

Isonzo Pinot Grigio y Merlot.

FRIULI AQUILEIA D.O.C.

Ésta es la denominación más sureña de los vinos Friuli. Los viñedos se extienden de la costa adriática hasta el borde de Isonzo. Aquí también se producen vinos blancos muy personales de, entre otras, pinot bianco, tocai friulano y verduzzo friulano; rosados frescos y afrutados de merlot, cabernet y refosco y excelentes tintos de merlot, cabernet franc y cabernet sauvignon. Sin embargo, de nuevo es refosco dal peduncolo rosso la que da lugar a los vinos más originales e interesantes (véase también Collio e Isonzo).

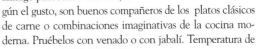

Tres vinos clásicos de Isonzo.

Friuli Aquileia rosso.

EMILIA-ROMAÑA

Emilia-Romaña se halla al sur de Lombardía y Véneto y se extiende de Liguria al mar Adriático. En el sur, Emilia-Romaña está separada de Toscana y las Marcas por los Apeninos. Para ser una región italiana, la zona es excepcionalmente llana. Esto aporta a los vinos locales su propia identidad y un carácter completamente diferente al de otros vinos italianos. Para la mayoría de los lectores, el nombre de Emilia-Romaña da pocas pistas sobre el origen de los vinos. Sin embargo, los viñedos son fáciles de encontrar: entre Piacenza y Parma, cerca de Reggio y Módena, cerca de Bolonia y en el triángulo entre Ravena, Forli y Rímini. La capital de Emilia-Romaña es Bolonia, de gran fama culinaria gracias a sus productos: salsa boloñesa, aceto balsámico (vinagre de gran calidad), jamón de Parma y parmigiano-reggiano (queso parmesano).

ALBANA DI ROMAÑA D.O.C.G.

Ésta es la única D.O.C.G. en Emilia-Romaña. Este vino, elaborado a partir de la variedad de uva albana, puede producirse en las provincias de Bolonia, Forli y Ravena (pequeño enclave en el Bosco Eliceo). Las versiones de esta D.O.C.G. pueden ser secas (secco), ligeramente dulces (amabile), dulces (dolce) o licorosas (passito).

El secco es de color paja, ligero pero sublime en aroma, fresco, cálido y armonioso, con un toque de leve aspereza. Beba este vino aún joven con pescado, marisco o caracoles (lumache), por ejemplo. Temperatura de consumo: 8-10°C (46-50°F).

El amabile y el dolce son de color ligeramente más intenso; los más añejos son de tonos amarillo dorados. Aquí también el aroma es sutil y elegante más que poderoso. El sabor es afrutado y rico en matices. Beba estos vinos al término de las comidas con tartas o pastas, preferiblemente con frutas frescas y ácidas. Pruébelo con *panettone*, un pastel de postre lujoso, por el que los italianos se vuelven locos. Temperatura de consumo: 6-8°C (43-46°F).

El passito es incluso más subido de color, pues va del amarillo dorado al ámbar. El aroma es bastante más intenso, intrigante y embriagador. El sabor es particularmente completo y suavemente aterciopelado y varía en dulzura dependiendo del productor, año y tipo. Este vino se vuelve loco por los petits-fours y otras pastas divinas, pero también le gustan los frutos secos. Pruebe los fromaggi erborinati (quesos con hierbas), como el famoso castelmagno del Piamonte –una combinación muy inusual pero fantástica–. Temperatura de consumo: 6-8°C (43-46°F).

COLLI PIACENTINI D.O.C.

Los vinos que tienen su origen en el área sur de Piacenza han gozado de gran fama desde hace mucho tiempo. Los vinos blancos y tintos que se producen aquí son de gran calidad. Todos los vinos tienen una personalidad característica, que les sitúa entre los más adorables de Italia. Los Sauvignon, Chardonnay y Pinot Grigio son vinos excelentes, pero los que menciono a continuación son mucho más interesantes.

TREBBIANINO VAL TREBBIA

Este vino se hace con ortrugo, complementado con trebiano y/o sauvignon (la combinación con trebbiano es aún mejor). Este vino de color pajizo posee un aroma agradable, aunque muy modesto, y se presenta en una gran variedad de tipos y sabores, de los secos a los dulces, de los tranquilos a los de aguja o espumosos. Beba los secos como aperitivos, con entrantes ligeros o con pescados de agua dulce, y los más dulces por sí solos después de la comida. Pruebe el *pesce al vino bianco*, pescado en salsa de vino blanco. Temperatura de consumo: 8-12°C (50-54°F) (de dulce a seco).

MONTEROSSO VAL D'ARDA

Vinos secos o ligeramente dulces hechos con malvasía di candia aromática, moscato bianco, trebbiano romagnolo, ortrugo y bervedino y/o sauvignon. El vino es de color paja, muy aromático, tranquilo, de aguja o spumante. Gran aperitivo o acompañamiento para entrantes y pescado. Sirva los vinos más dulces con frutas frescas o pastas ligeramente dulces después de las comidas. Temperatura de consumo: 8-10°C (46-50°F).

VAL NURE

Obtenido a partir de las variedades malvasia di candia aromatica, ortrugo y trebbiano romagnolo. De color amarillo muy pálido, intensamente aromático, seco o dulce, tranquilo, de aguja o spumante. La versión secco es un aperitivo de primera clase. Buen acompañamiento para platos de pasta con queso fresco, entrantes ligeros, pescado, carnes blancas y quesos como provolone, por ejemplo. Temperatura de consumo: 10°C (50°F).

MALVASÍA

Vino muy peculiar, intensamente aromático, seco, ligeramente dulce o muy dulce y de sabor fresco. Se presenta en versiones tranquilas, de aguja o espumosas. Beba los espumosos secos como aperitivos; los tranquilos secos con entrantes, pasta, carnes blancas y pescado, y los vinos menos secos con quesos cremosos (por ejemplo, gorgonzola dolce o gormas). Temperatura de consumo: secos 10°C (50°F); dulces, 6-8°C (43-46°F).

ORTRUGO

Elaborado con un mínimo del 85 por 100 de ortrugo. Este vino sorprendente posee un color pajizo con tonos verdosos. El aroma es sutil y bastante característico. El sabor es seco y jugoso, con un toque distinguible a almendras amargas en el final de boca. El vino se presenta en versiones tranquilas, de aguja o espumosas. Sirva la última variación como aperitivo, los vinos sin burbujas con entrantes, pescado, carnes blancas y quesos no demasiado criados. Temperatura de consumo: 10°C (50°F).

Se encontrará con algunos vinos genéricos excelentes entre los vinos tintos y también Cabernet Sauvignon y Pinot Nero de primera clase. Sin embargo, los siguientes vinos son más interesantes.

GUTTURNIO

Este vino rojo rubí de capa alta se hace con las variedades de uva barbera y croatina. También puede presentarse en versiones secas y dulces, y tranquilos y de aguja. Agradable, pero no exactamente sorprendente en lo que concierne al aroma o al sabor. Sírvalo con un risotto de carne o carne frita. La versión dulce tiene un agradable toque a almendras en el final de boca y combina extremadamente bien con ensaladas de frutas. Temperatura de consumo: secos, 14-16°C (57-61°F); los reserva más añejos (mínimo de dos años), 16-17°C (61-63°F), y los dulces, 8-10°C (46-50°F).

BARBERA

De color rojo rubí, personal y bastante intenso en aroma y sabor. Jugoso, seco, levemente áspero y bastante crujiente en su juventud (dióxido de carbono). Sirva estos Barbera con carnes asadas o quesos criados, llenos de carácter y secos (¡provolone viejo!). Temperatura de consumo: 14-16°C (57-61°F).

BONARDA

Tinto color rubí obtenido a partir de un mínimo del 85 por 100 de bonarda piamontese con un aroma muy aromático y un gusto bastante rico en taninos. Tradicionalmente este vino se bebe con platos de pasta con carne, pero puede acompañar muchos otros platos. La versión amable se toma con ensaladas de fruta o postres que combinen fruta y quesos cremosos (mascarpone y gorgonzola). Temperatura de consumo: 14-16°C (57-61°F) para la versión seca, 10-12°C (50-54°F) para la dulce.

COLLI DI PARMA D.O.C.

Los viñedos se sitúan cerca de la ciudad de Parma sobre laderas de hasta 400 metros (1.300 pies). Aunque ninguno de los vinos producidos aquí son muy destacados, disfrutan de una fama considerable. Hay cuatro vinos diferentes:

COLLI DI PARMA ROSSO

Mínimo de 60 por 100 de barbera, complementada con bonarda piamontese y/o croatina. El vino es rojo rubí, huele a fresco y frutal, y el sabor es seco, jugoso y armonioso, con un ligero toque ocasional de dióxido de carbono. Sírvalo con platos de pasta, verduras fritas o carne asada y quesos picantes (¡parmigiano reggiano!). Temperatura de consumo: en Italia beben el vino a 18°C (64°F), pero la mayoría de los catadores lo prefieren a 16°C (61°F).

COLLI DI PARMA SAUVIGNON

Sauvignon muy aceptable, delicado, sofisticado y aromático. El sabor es suficientemente seco, fresco y armonioso, con un ligero toque amargo y leves chispas de carbónico. Gran aperitivo que también resulta excelente en combinación con pescado a la parrilla, hervido o frito. Temperatura de consumo: 10°C (50°F).

COLLI DI PARMA MALVASÍA ASCIUTTO/ SECCO

Los mejores vinos de Malvasía se obtienen con un 100 por 100 de malvasía di candia aromatica. Sin embargo, hay algunas versiones menos sofisticadas en las que la malvasía se complementa con un máximo del 15 por 100 de moscato. Según el estilo, el vino puede tener un color paja de pálido a subido. El aroma es intenso y característico de Malvasía. El sabor es fresco, lleno de carácter y armonioso. Algunos de los vinos tienen un leve toque de dióxido de carbono y algunos se venden como frizzantes. También hay un spumante entre estos Malvasía. Beba los vinos secos y espumosos como aperitivos, con entrantes, con pescado o con carnes blancas. Temperatura de consumo: 10-12°C (50-54°F).

COLLI DI PARMA MALVASÍA AMABILE

Este vino presenta las mismas características que el Malvasía asciutto, pero es dulce. También existe en frizzante y spumante. Beba las versiones espumosas al final de las comidas o inmediatamente después de éstas, para darles un broche final festivo. El vino dulce tranquilo es increíblemente bueno en combinación con quesos cremosos como gorgonzola dolce y mascarpone + gorgonzola (por ejemplo, Gormas). Temperatura de consumo: espumosos, 6-8°C (43-46°F); vinos no espumosos, 8-10°C (46-50°F).

LAMBRUSCO REGGIANO D.O.C.

Este vino se obtiene a partir de las siguientes variedades de uva: lambrusco salamino, lambrusco montericco, lambrusco marani, lambrusco maestri y ancelotta (máximo 15 por 100). El color varía del rosado al rojo rubí y posee una espuma fina y persistente. El aroma es afrutado, con toques vegetales y está lleno de carácter. El sabor puede ser seco o dulce, fresco y bastante ligero. Los italianos sirven este vino, seco o dulce, con platos de pasta sabrosos o guisos, e incluso con asados de cerdo. Aún más sorprendente e incluso interesante son las combinaciones con queso (no demasiado curado). Lambrusco se encuentra en su mejor momento cuando es joven. Temperatura de consumo: aquí también los italianos beben este vino demasiado caliente (unos 15°C/59°F). Personalmente, lo encuentro más agradable a 13-14°C (55-57°F).

BIANCO DI SCANDIANO D.O.C.

Dentro de la región vinícola de Lambrusco Reggiano, cerca de la pequeña localidad del mismo nombre, se encuentra el enclave del vino blanco de Scandiano. Este vino blanco, de aguja o espumoso, se hace con... ¡sauvignon! Es un vino muy sorprendente, muy aromático, fresco y amplio. Se presenta en versiones seco (secco), semiseco (semi secco) y dulce (amabile). Beba el seco como aperitivo o con platos fríos de pescado, por ejemplo. El semiseco combina maravillosamente con pescado en salsas cremosas o con carnes blancas en salsas de frutas. Finalmente, el amabile es preferible tomarlo con postres de frutas. Temperatura de consumo: (semi-) seco, 9-10°C (48-50°F); amabile, 6-8°C (43-46°F).

LAMBRUSCO MODENESI D.O.C.

Esta región cercana a Módena produce tres vinos D.O.C. diferentes:

Lambrusco Salamino di Santa Croce, hecho con variedad de lambrusco salamino (90 por 100 mínimo) y los otros lambrusco en la zona norte de Módena. El vino posee un bello color rojo rubí y una espuma fina y apasionante. El aroma y el sabor son muy característicos y particularmente agradables. Ambas versiones secas y dulces son muy frescas y armoniosas. Beba el Lambrusco seco (secco/asciutto) con guisos, y el dulce (amabile) al final o después de una comida. Ambos vinos saben estupendamente bien con trozos de parmigiano reggiano fuerte. Temperatura de consumo: seco, 12-14°C (54-57°F); dulces, 10-12°C (50-54°F).

Lambrusco di Sorbara (V.C.R.).

Lambrusco di Sorbara: probablemente el más conocido, ¡pero no necesariamente el mejor! Algunos de estos vinos tienen más en común con las antiguas gaseosas de limón que con los auténticos Lambrusco. Los mejores vinos se obtienen de variedad de lambrusco di Sorbara (60 por 100) y lambrusco salamino (40 por 100). Son de color rojo rubí y tienen una espuma apasionante. El aroma es muy agradable y –sólo con los genuinos– recuerda a violetas del bosque. El sabor puede ser seco o dulce, pero siempre fresco y lleno. Pruebe este Lambrusco di Sorbara con platos de cerdo o con carnes asadas y fritas. Una combinación muy interesante es con un queso que se desmigaje fácilmente, como el parmigiano reggiano y el grana padano. Temperatura de consumo: según los italianos, 14-16°C (57-61°F); en mi opinión, 12-14°C (54-57°F), sobre todo los dulces.

Lambrusco Grasparossa di Castelvetro: al sur y este de Módena. El vino se hace con variedad de lambrusco grasparossa (85 por 100) y otras variedades complementarias de lambrusco. El color es rojo rubí con destellos púrpuras, la espuma fina y apasionante. El aroma es intenso y el sabor de seco a dulce, siempre fresco y amplio. Beba la versión seca con platos de pasta, carnes cocidas o hervidas y carnes blancas a la plancha. Es preferible tomar la versión dulce al final o después de una comida. Temperatura de consumo: seco, 14-16°C (57-61°F); dulce, 10-12°C (50-54°F).

MONTUNI DEL RENO D.O.C.

Este vino blanco se produce al nordeste de Bolonia y debe su nombre a la variedad de la uva dominante empleada, montuni (mínimo 85 por 100).

Posee un color pajizo con un aroma suave, agradable y característico, y con un sabor fresco y amplio, ya sea seco o dulce. Ambas versiones, secas y dulces, pueden servirse con casi todo, excepto quizá carnes rojas y caza. Temperatura de consumo: 10-12°C (50-54°F).

COLLI BOLOGNESI D.O.C.

El bianco corriente (variedad albana + trebbiano romagnola) es un buen acompañamiento para muchas carnes, pero realmente nunca llegará a entusiasmarle. Temperatura de consumo: 8-10°C (46-50°F). El Sauvignon, por otra parte, es un excelente aperitivo, fresco, seco, ligeramente aromático y lleno de sabor. También combina muy bien con el pescado y todo tipo de entrantes. Temperatura de consumo: 8-10°C (46-50°F).

El acertado Pinot Bianco es delicado y sofisticado, fresco, cálido y armonioso. Gran acompañamiento para platos de pasta ligeros con quesos suaves, pescado, marisco o quesos jóvenes. Temperatura de consumo: 10-12°C (50-54°F).

El Chardonnay es muy aceptable, pero en absoluto convincente. El sabor fino y afrutado de un Chardonnay joven muestra sus mejores cualidades con carnes blancas y pescado. Temperatura de consumo: 10-12°C (50-54°F).

El Riesling Italico es bastante más excitante que el Chardonnay, con un aroma mucho más fino y un sabor más fresco, amplio y cálido. Eminentemente apropiado como aperitivo elegante, pero también como acompañamiento de jamón, platos a base de huevos y pescado. Temperatura de consumo: 8-10°C (46-50°F).

El Pignoletto, obtenido a partir de la variedad de la uva del mismo nombre, es un vino muy excaso. Se trata de un vino de color pálido con un ocasional matiz verdoso, un

Colli Bolognesi
Pignoletto.

aroma muy característico, fino y delicado y un sabor armonioso, fresco y cálido, ya sea seco o dulce. El vino se presenta en versión tranquilo o ligeramente tranquilo. Beba el Pignoletto seco como aperitivo, el seco tranquilo con entrantes, pescado y carnes blancas, y el más dulce con quesos frescos o pasteles con frutas. Temperatura de consumo: dulce, 6-8°C (43-46°F); seco tranquilo y espumoso, 9-11°C (48-52°F).

Con los vinos tintos tiene la posibilidad de escoger un Merlot ligero (seco, jugoso y armonioso), un Barbera completo y robusto y un Cabernet Sauvignon. El Merlot combina muy bien con guisos de buey o caza menor, carnes rojas con setas del bosque y asados de caza. El Barbera queda bien con carnes con carácter, como caza, cordero, cabrito, pato, venado o jabalí. El Cabernet Sauvignon prefiere cerdo, ternera o buey asados al horno. También hay algunos reservas de muy alta calidad de barbera y cabernet sauvignon. Temperatura de consumo: Merlot, Barbera y Cabernet Sauvignon jóvenes, 14-16°C (57-61°F); reservas 16-17°C (61-63°F).

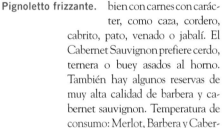

Colli Bolognesi
Pignoletto frizzante.

BOSCO ELICEO D.O.C.

Este área vinícola se localiza en la costa adriática, al norte de la ciudad de Ravena. Aquí se producen dos vinos blancos y dos tintos.

El blanco corriente se hace con variedad de trebbiano romagnolo (mínimo 70 por 100) y sauvignon o malvasía bianca di Candia. Este vino de color paja tiene un aroma ligero y suave y un sabor agradable y suave. El vino es seco o amable, tranquilo o ligeramente espumoso. Definitivamente no es un vino que se pueda guardar durante mucho tiempo. Este vino, que contribuye gratamente a saciar la sed, puede acompañar entrantes ligeros, pescados o carnes blancas. Temperatura de consumo: 8-10°C (46-50°F).

El Sauvignon (mínimo 85 por 100) se complementa con trebbiano romagnolo. El vino es bastante modesto en aroma y sabor, cálido, suavemente aterciopelado y armonioso. Se presenta en seco o amable. Excelente como aperitivo y con pescado y carnes blancas. Pruebe el *fritto misto* de pescado, un plato tradicional de pequeñísimos trozos de pescado con verduras muy fritos. Temperatura de consumo: 8-10°C (46-50°F).

La merlot produce un vino aceptable con un típico matiz vegetal. El vino es seco, jugoso, armonioso y fresco. Combina muy bien con los diferentes platos de car-

Colli Bolognesi
Merlot.

ne locales, y también con caza menor. Temperatura de consumo: 14-16°C (57-61°F).

La Fontana produce vinos bastante robustos, del mismo nombre, que también son bastante ricos en taninos, pero jugosos y frescos. Sin duda se trata de un vino para consumir cuando aún es joven, preferiblemente –como hacen los habitantes locales– con pescado a la plancha con una salsa picante. También combina muy bien con carnes más sustanciosas, como asado de cerdo o platos de pasta con salsa boloñesa. Pruebe los *spiedini alla Petroniana*, brochetas de cerdo, mortadela y queso empanadas y fritas. Temperatura de consumo: 10-12°C (50-54°F).

VINI DI ROMAGNA D.O.C.

Otra denominación de origen genérica que produce varios vinos muy difíciles de encontrar. El área se sitúa en el extremo sur de Emilia-Romaña y se extiende justo desde Bologna via Forli hasta la famosa playa turística de Rímini.

ALBANA DI ROMAGNA SPUMANTE

Versión espumosa de gran calidad del D.O.C.G. Albana di Romagna. A pesar de eso, este spumante lleva sólo la denominación D.O.C.

TREBBIANO DI ROMAGNA D.O.C.

La variedad de uva dominante en este vino, trebbiano, se cultiva en las inmediaciones de Bolonia, Ravena y Forli. El vino posee un color paja, que varía en intensidad, un aroma fresco y agradable y un sabor seco y armonioso. Hay versiones tranquilas, de aguja y espumosas. Sirva estos vinos deliciosos, pero no demasiado interesantes, con entrantes ligeros, pescado o carnes blancas. Temperatura de consumo: 8-10°C (46-50°F).

PAGADEBIT DI ROMAGNA D.O.C.

¡Éste sí que es un vino que le entusiasmará! Se hace con variedad de bombino bianco (mínimo 85 por 100), cultivada en los alrededores de Forli y Ravena. El color es un tono paja poco llamativo. El aroma, por otro lado, es muy peculiar y floral: suave, sutil y muy seductor. El vino puede ser seco o amable. En ambos casos alcanza un gran equilibrio gracias a su maravillosa frescura. El sabor es sofisticado y particularmente agradable, con un toque vegetal distinguido. Existe también una versión frizzante. Sirva el Pargadebit seco con pescado, crustáceos o marisco, jamón cocido y carnes blancas. El vino amable sabe estupendamente con langosta o cangrejos, calientes o en ensaladas. Temperatura de consumo: amable, 6-8°C (43-46°F); seco, 8-10°C (46-50°F).

SANGIOVESE DI ROMAGNA D.O.C.

Este tinto obtenido a partir de la variedad de uva sangiovese se produce en los alrededores de Forli, Bolonia y Ravena. El color es rojo rubí con destellos púrpuras y el aroma es muy sutil y recuerda

Sangiovese di
Romagna.

a violetas del bosque. El sabor es bastante seco y con mucho equilibrio, con un típico final de boca ligeramente amargo. Beba este vino a los cuatro años de la cosecha. También hay un superior (mínimo 12 por 100 de alcohol) y un reserva (mínimo dos años de maduración extra). Sirva este vino preferentemente con cordero al grill o cerdo asado. También delicioso acompañando platos de pasta con salsa boloñesa y otros tipos de salsas con carne. Temperatura de consumo: 14-16°C (57-61°F); 16-17°C (61-63°F) para los reserva.

CAGNINA DI ROMAGNA D.O.C.

Otro tinto interesante hecho con la variedad de refosco, aquí llamada terrano. Este vino se produce cerca de Forli y Ravena. El color es rojo púrpura; el aroma intenso y característico, y el sabor amplio, amable y fresco, suavemente aterciopelado, a veces con una cantidad considerable de tanino. Beba este vino después de las comidas, con pasteles sabrosos. Pruebe el *castagne arrosti*, un puñado de castañas asadas calientes con una copa de Cagnina di Romagna –un poco rústico pero excelente a la vez–. Temperatura de consumo: 6-8°C (43-46°F).

TOSCANA

La gloriosa Toscana tiene vinos excelentes y una cocina fantástica. La cocina toscana es completamente diferente de la de Emilia-Romaña, donde son particularmente generosos con todos los buenos productos que da la tierra. En la gastronomía toscana, la calidad es más importante que la cantidad. El aceite de oliva de Toscana, por ejemplo, es famoso en todo el mundo, pero el buey y las aves locales tienen también una gran calidad. Debido a que existe muy

CASTELLI MARTINOZZI

Brunello di Montalcino

Denominazione di Origine Controllata e Garantita

1995

Toscana produce vinos tintos extraordinarios.

buena carne de calidad disponible no es sorprendente que la Toscana produzca principalmente vinos tintos que resultan excelentes con suculentas carnes de buey y aves.

LA VITICULTURA DE LA TOSCANA

Los viñedos de la Toscana se encuentran esparcidos por el terreno desde Pisa a Florencia, desde Siena a Montalcino y Montepulciano, desde Livorno al límite con Lazio y Umbría y, finalmente, en la isla de Elba. Además de los vinos famosos (Chianti, Brunello y Vino Nobile), existen innumerables vinos menos conocidos aún por descubrir. Sobre todo ahora que los precios de algunos de los mejores vinos de Toscana se han incrementado demasiado, merece la pena considerar las zonas aún razonablemente desconocidas. Los vinos a continuación aparecen según su localización de norte a sur, primero los vinos D.O.C.G. y después los D.O.C.

CARMIGNANO D.O.C.G.

Este vino fue en su día uno de los mejores Chianti. Después de años de presiones y, sobre todo, producción de vinos de gran calidad, los habitantes de la pequeña localidad de Carmignano lograron al fin conseguir que su precioso retoño fuera aceptado en la familia D.O.C. (1975) y por último en la elite de los D.O.C.G. (1990). El encanto de este famoso vino se encuentra quizá en la combinación de variedades francesas nobles (ambos cabernet) con variedades característicamente italianas. El Carmignano se obtiene a partir de sangiovese (45-70 por 100), canaiolo nero (10-20 por 100), cabernet franc y cabernet sauvignon (ambas en total 6-15 por 100). Como con el Chianti, se permite un mínimo añadido de variedades blancas: trebbiano toscano, canaiolo bianco y malvasía (máximo de un 10 por 100). El rendimiento, bastante bajo –para los niveles de Italia–, también es importante en la calidad de este vino. Su color es rojo rubí, muy intenso y brillante. A medida que envejece desarrolla matices de rojo teja. El aroma es espléndido, intenso, sutil (violetas del bosque) y seductor. El sabor igualmente intenso es amplio, redondo, suave y muy elegante. El Carmignano corriente (annata) debe tener al menos dos años, el reserva un mínimo de tres. El porcentaje de alcohol debe ser un mínimo del 12,5 por 100. El Carmignano envejece muy bien. Debido a su finura, este vino pide algo un poco especial: un suculento asado de vacuno, jabalí, medallones de venado, etc. Reserve una copa para un trozo de queso sabroso y curado como el pecorino toscano. Pruebe el *filetto di manzo alla griglia*, turnedó de buey al grill con mantequilla de hierbas. Temperatura de consumo: annata, 14-16°C (57-61°F); riserva, 16-17°C (61-63°F).

CHIANTI D.O.C.G.

Se trata probablemente del vino más famoso de Italia y en todo el mundo uno de los más valorados. Chianti y Toscana han estado indiscutiblemente unidos durante siglos. En épocas remotas, innumerables poetas cantaron las alabanzas de estos vinos tintos de las colinas toscanas. En la Edad Media, el Chianti tuvo otro resurgir importante, pero su gran éxito se debe principalmente al barón Bettino Ricasoli, quien modernizó radicalmente el método de vinificación a comienzos del siglo XIX. Desde entonces las cosas mejoraron poco a poco para Chianti. Una y otra vez los viticultores intentaron trasladar el legado de las previas generaciones de viticultores a los vinos de la época. Las casas vinícolas de Toscana no pararon en su intento de avanzar y producir vinos cada vez mejores. Esto también tuvo repercusiones en la legislación. El área de Chianti solía ser muy extensa y las variaciones en calidad eran enormes. Esto llevó a una enorme crisis de identidad. Algunos comerciantes oportunistas intentaron sacar provecho del éxito de Chianti y llevaron al mercado vinos pobres y muy mediocres. Esto forzó a los gobernantes a tomar medidas drásticas. Chianti se ha convertido ahora en una D.O.C.G. (desde 1996) pero no todos los Chiantis "antiguos" están cualificados. Todos los vinos deben demostrarlo primero. Sólo los mejores vinos pueden llevar la denominación D.O.C.G.; los otros sólo tienen permitido mencionar las palabras Colli dell'Etruria Centrale D.O.C. en la etiqueta. Los Chianti D.O.C.G. proceden exclusivamente de las siete zonas siguientes: la zona central (donde se producen los vinos classico) y las seis colinas (colli) que la rodean: Arezzo, Florencia, Pisa, Siena, Montalbano y Rufina. Existe también una zona separada en las cercanías de Empolí, pero no menciona su nombre en la etiqueta, en contraste con las siete zonas mencionadas previamente. Los vinos del corazón de la D.O.C.G, además de la mención extra de "classico", tienen un símbolo en el cuello de la botella, el famoso gallo *nero*. Estos vinos sólo pueden producirse y cultivarse en el terreno de los siguientes municipios: Greve in Chianti, Radda in Chianti, Gaiole in Chianti, Castellina in Chianti y partes de Barberino Val d'Elsa, Castelnuovo Berardenga, Poggibonsi, San Casciano Val di Pesa y Tavarnelle Val di Pesa.

La materia prima básica para este famoso vino es la variedad de sangiovese (75-90 por 100) complementada con canaiolo (5-10 por 100) y las variedades blancas trebbiano toscano y malvasía (5-10 por 100). Para el classico se añade un máximo del 5 por 100 de uvas blancas. Estas uvas blancas se emplean para suavizar el Sangiovese, que a veces resulta, hasta cierto punto, muy rico en taninos. El color de

Excelentes vinos de la Toscana.

un buen Chianti es rojo rubí, muy intenso y brillante. Después de algunos años de crianza se inclina más hacia el rojo teja. El aroma es muy agradable, completo y delicioso. Los entendidos también pueden distinguir aquí, especialmente en el classico, un toque sutil a violetas del bosque. Otras características aromáticas incluyen cerezas, moras, frutas rojas, pimienta, hierbas, regaliz y vainilla. El sabor es verdaderamente seco, fresco y jugoso, a menudo bastante rico en taninos en los primeros años. Después de algunos años de maduración, el sabor se hace mucho más suave, completo y redondo. Los Chianti ligeros, alegres y sencillos deberían beberse pronto. Los Chianti más tradicionales son algo más carnosos y merecen un poco de reposo. Los maravillosos reservas se venden al menos con tres años de crianza cuando salen al mercado, pero aún pueden desarrollarse durante un largo periodo.

Beba un Chianti joven y moderno durante toda la comida, sin mayores problemas, a unos 14°C (57°F). Los Chianti tradicionales aprecian los asados de carnes blancas, platos de pasta, pollo u otras aves (preferentemente al grill) y quesos sabrosos no demasiado picantes; los reservas prefieren carnes rojas al grill o a la plancha, caza o quesos fuertes (pecorino toscano). Pruebe el *pollo alla* Toscana, con setas, o pollastre con prugne, pollastre con ciruelas. Temperatura de consumo: 16-17°C (61-63°F).

VERNACCIA DI SAN GIMIGNANO D.O.C.G.

Durante siglos se han producido vinos maravillosos en Tos-

Variedad de Ricasoli.

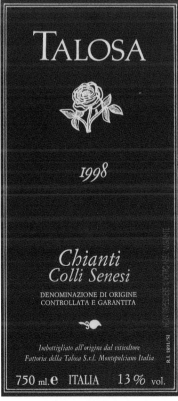
TALOSA

1998

Chianti Colli Senesi

DENOMINAZIONE DI ORIGINE
CONTROLLATA E GARANTITA

Imbottigliato all'origine dal viticoltore
Fattoria della Talosa S.r.l. Montepulciano Italia

750 ml.℮ ITALIA 13% vol.

Chianti Colli Senesi.

Chianti classico.

Vino Nobile di Montepulciano.

cana con las uvas de esta variedad. Desde que obtuvo el reconocimiento D.O.C.G. los autores de este Vernaccia no han parado un momento. Están constantemente trabajando en mejorar la calidad, no sólo en los viñedos, sino también en el equipo de vinificación. San Gimignano se encuentra justo fuera de la región del Chianti classico. El color del vino joven es bastante pálido y se inclina hacia el oro a medida que envejece. El aroma es penetrante, elegante, fresco y sutil. El sabor es suficientemente seco, fresco, bien equilibrado y particularmente encantador. Un ligero toque amargo se distingue en el final de boca. Existe también un reserva, que tiene que madurar durante al menos un año extra. Resulta particularmente bueno como aperitivo elegante, pero también con todo tipo de entrantes, carnes blancas, pescado, mariscos y también quesos frescos y cremosos. Temperatura de consumo: 10-12°C (50-54°F).

VINO NOBILE DI MONTEPULCIANO D.O.C.G.

Esta región vinícola se encuentra al sudoeste de Siena, cerca de la localidad de Montepulciano, a una altura de 250-600 metros (820-1.970 pies). El suelo de Montepulciano consta principalmente de capas de sedimentos. Este vino "noble" de Montepulciano, como los italianos lo llaman, tiene una historia larga y abundante. En el siglo XVII llegaron a llamarle el rey de los vinos toscanos. Sin embargo, esta denominación de origen amenazó con desaparecer hasta cierto punto cuando los vinos Chianti más populares experimentaron grandes avances. Ha sido sólo durante las últimas décadas recientes cuando se ha dedicado mucho esfuerzo por restaurar el Vino Nobile. Mucho tiempo y dinero se han invertido en los nuevos viñedos y en los nuevos equipamientos, con el resultado de que esta D.O.C.G. (1980) se encuentra ahora entre los vinos más grandes de Italia. La base para estos sublimes vinos tintos es la variedad de sangiovese (aquí llamada Prugnolo, 60-80 por 100) y canaiolo nero (10-20 por 100). A estas variedades se pueden añadir otras tintas o incluso blancas. La cantidad de uvas blancas (incluyendo trebbiano) nunca puede exceder del 10 por 100. La fuerza del Vino Nobile no se encuentra en la elección de las variedades y el suelo, sino en el bajo rendimiento, con respecto a los niveles italianos. Un Vino Nobile suele poseer un bello color rojo cereza, con varios grados de intensidad y destellos ocasionales teja a medida que envejece. El aroma es intenso, sublime y sutil: ramos enteros de violetas silvestres, cestos llenos de frutas rojas. El sabor es amplio y redondo y a veces rico en taninos cuando es joven. Éstos nunca son vinos ligeros, con un mínimo de 12,5 por 100 de alcohol (normalmente bastante más).

Este fantástico tinto clásico requiere sus mejores habilidades culinarias. Resulta ideal en combinación con asados de carnes rojas o caza, aves de caza al grill o los quesos más curados y fuertes, como el local pecorino toscano. En algunos libros también se recomienda abrir la botella algunas horas antes de consumirlo. Sin embargo, la superficie que entra en contacto con el oxígeno es tan pequeña que no es necesario en absoluto. Es preferible decantar el vino en una botella o frasca ancha (garrafa de oporto o la famosa garrafa "de pato") no más de media hora o una hora antes. El vino podrá respirar en uno de estos recipientes y desarrollará todos sus aromas. Pruebe arista, un maravilloso asado de solomillo de cerdo al horno con romero y ajo. Temperatura de consumo: joven (¡preferiblemente no!), 15-16°C (59-61°F); añejo, 16-18°C (61-64°F).

Vernaccia di San Gimignano.

Vino Nobile di Montepulciano riserva.

BRUNELLO DI MONTALCINO D.O.C.G.

Probablemente el mejor vino D.O.C.G. de Italia. La localidad de Montalcino se sitúa al sudoeste de Montepulciano. El suelo aquí consta principalmente de estratos sedimentarios. No fue hasta la segunda mitad del siglo XIX cuando unos pocos viticultores locales, fanáticos y muy competentes, lograron crear un vino que no sólo tenía una gran calidad, sino que también envejecía bien. Esto estuvo precedido de largos años de experimentación con varios clones de la variedad Sangiovese. Desde entonces, la fama de este Brunello no ha disminuido en ningún momento, todo lo contrario. El Brunello fue el primero en obtener el reconocimiento oficial D.O.C.G. en 1980. El alma del Brunello es por supuesto variedad de la sangiovese grosso, cuya cepa se poda muy baja aquí para reducir intencionadamente el rendimiento. Un Brunello no puede venderse antes de su quinto año y un reserva nunca antes del sexto. Todo esto garantiza una calidad impecable. El vino es de un bello color rojo rubí, muy intenso y brillante, que se inclina hacia el rojo cereza a medida que envejece. El aroma es muy intenso y aromático y recuerda a frutas rojas maduras, con un toque herbáceo y de madera (vainilla). Los reservas también huelen a veces a cacao o café tostados y a regaliz. El sabor es amplio, vigoroso, suave y cálido (mínimo 12,5 por 100 de alcohol, pero 13,5 por 100 en la mayoría de los vinos). El Brunello corriente es algo más afrutado y el reserva más herbáceo. Beba un Brunello corriente con carnes rojas asadas o fritas y en quesos fuertes. Guarde un poco de los reserva para la carne roja o caza. Este vino también se verá favorecido en quesos curados. Se recomienda decantar el vino en una frasca ancha cierto tiempo antes (al menos una hora). Temperatura de consumo: 17-18°C (63-64°F).

Brunello di
Montalcino.

COLLINE LUCCHESI D.O.C.

Los viñedos de esta región se sitúan en las colinas entre Lucca y Montecarlo. El área que rodea Lucca es famosa por su maravilloso aceite de oliva y los supremos vinos blancos y tintos. Si se toma la molestia de descubrir esta zona, se verá sorprendido por los numerosos vinos adorables que se producen aquí. Desgraciadamente, la disponibilidad de estos vinos es limitada y la demanda es muy alta.

El Bianco delle Colline Lucchesi (también llamado Colline Lucchesi Bianco) se obtiene de la variedad trebbiano toscano (50-70 por 100), greco o grechetto (5-15 por 100), vermentino bianco (5-15 por 100) y malvasía (máximo del 5 por 100). Este blanco presenta un color pajizo pálido, tiene un aroma elegante y suave, y el sabor es bastante seco, amplio, distinguido y armonioso. Las mejores casas vinícolas también producen unos pocos crus con sus nombres. Estos vinos superiores son muy escasos y de calidad sin precedentes. Sirva el blanco corriente como aperitivo, con crêpes (*bocconcini*) o con pasta fresca (*tortellini, tortelloni, capelleti o fagotini*) rellena de ricotta y espinacas (*alla Fiorentina*). Guarde los mejores crus para un buen plato de pescado. Pruebe el *bronzino al vino bianco*, lubina hervida en vino blanco.

También podrá encontrar algunos vinos muy típicos de la variedad vermentino: no con una etiqueta D.O.C.,

Colline Lucchesi bianco.

pero sí con I.G.T. (denominación de origen controlada). Pese a ello no son en absoluto de calidad inferior. Temperatura de consumo: 10-12°C (50-54°F).

El Colline Lucchesi rosso es un vino con cuerpo, de color rojo rubí a cereza. El aroma es bastante suave, pero muy agradable. El sabor es delicado, amplio, con gran equilibrio y redondo. La mayoría de los vinos contienen un 12,5-13 por 100 de alcohol. El vino tinto combina bien con guisos

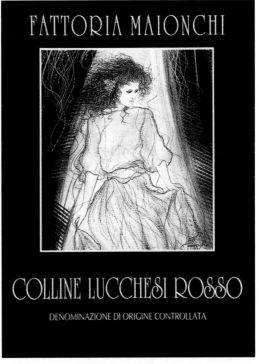

Colline Lucchesi rosso.

de carne blanca o roja, asados al horno o platos sabrosos de pasta. Pruebe el *fegato di vitello alla paesana*, hígado de ternero con beicon y hierbas frescas italianas, entre otras cosas.

Los mejores vinos se producen en pequeñas cantidades. Entre las cosas que les distinguen están los fantásticos aromas (como a iris) y el sabor lleno. Estos vinos excelentes se encuentran como en casa con platos sustanciosos, como carnes rojas o caza menor asadas o fritas. Pruebe *papardelle alla lepre*, lazos de pasta con liebre estofada, una especialidad de Lucca. Temperatura de consumo: 16-17°C (61-63°F) para los mejores vinos.

No hace falta decir que también se producen aquí algunos "super toscanos". Son vinos que sobresalen debido a su fantástica calidad, pero que, como no se ajustan a los porcentajes de variedades oficiales, han sido rebajados a I.G.T. Durante mucho tiempo estos vinos sólo podían llevar la designación poco halagadora de "vino da tavola". Desde 1992 han podido llevar en sus etiquetas la nueva clasificación I.G.T. Un ejemplo típico de estos Super Toscanos de Lucca es I Pampini de Fattoria Fubbiano. La misma casa produce también un blanco extremadamente escaso, Del Boschetto bianco. Apenas es necesario decir que el precio de estos vinos sublimes es bastante elevado.

BARCO REALE, ROSATO E VINSANTO DI CARMIGNANO D.O.C.

Ésta es también una de las más recientes D.O.C. (1994). Los viñedos se encuentran entre las pequeñas ciudades de Carmignano (bien conocida por su D.O.C.G.) y Poggio y Caiano, a una altura máxima de 400 metros (1.300 pies). El suelo aquí consta de cal desmenuzada, mármol, gravas y arenisca.

El Barco Reale se obtiene de variedad de sangiovese (45-70 por 100), canaiolo nero (10-20 por 100), cabernet franc y cabernet sauvignon (6-15 por 100). El color es rojo rubí muy brillante, el aroma es muy intenso y sofisticado y el sabor es amplio, redondo, fresco, bien equilibrado y suficientemente seco. Beba este vino con platos de pasta con salsas de carne, pollo o carnes blancas fritas. Temperatura de consumo: 14-16°C (57-61°F).

El Rosato di Carmignano se obtiene de las mismas variedades de uva que Barco Reale, posiblemente complementadas con un máximo del 10 por 100 de las uvas blancas trebbiano toscano, canaiolo bianco o malvasía. El vino es ligeramente más claro de color, rosa con destellos ocasionales de rojo rubí. El aroma es más agradable que excitante, pero el sabor es fresco, amplio, seco y recuerda un poco a los dulces ingleses (gotas de pera). Beba este alegre rosado como aperitivo de invierno o, por ejemplo, con el *fritto mito* de verduras. También bueno con carnes rojas y blancas. Temperatura de consumo: 10-12°C (50-54°F).

El Vinsanto di Carmignano se obtiene de variedad de trebbiano toscano y malvasía. El color de este vino varía del color pajizo al dorado o incluso al ámbar a medida que envejece. El aroma es intenso, afrutado, sensual y muy característico de un vinsanto. El sabor es amplio, redondo, suavemente aterciopelado, variando en dulzura dependiendo del tipo, año y productor. Beba este vinsanto con pastas o postres de frutas. Temperatura de consumo: seco, 10-12°C (50-54°F); dulce, 6-8°C (43-46°F).

Finalmente, encontramos también el escaso Vinsanto di Carmignano Occhio di Pernice. Este vino se obtiene de la variedad sangiovese (50-70 por 100) y malvasía nera. Es un rosado vinsanto (¡único!) con un bello color rosa de intensidad variable (el nombre Occhio di Pernice, ojo de perdiz, refleja el color sutil de este vino). El aroma es apabullante, cálido y sensual; el sabor, amplio, cálido (16 por 100 de alcohol mínimo), redondo, dulce, suave y sofisticado. Este vino ciertamente no se luce en la mesa: bébalo con su mejor amigo o con su pareja cuando realmente tenga algo que celebrar, pero quiera mantenerlo en la intimidad. Simplemente disfrútelo en secreto. Temperatura de consumo: 10-16°C (50-61°F), según la estación y sus preferencias.

BIANCO PISANO DI SAN TORPÈ D.O.C.

Esta región vinícola (D.O.C. desde 1980) se encuentra al sudeste de la ciudad de Pisa. Aquí se han producido excelentes vinos blancos durante siglos, de la variedad de uva trebbiano (75-100 por 100). El vinsanto local también ha gozado de gran fama en Italia.

El Bianco Pisano fresco es bastante sutil en sabor y pide comidas sutiles, como pescado cocido o anguilas y entrantes ligeros. Temperatura de consumo: 8-10°C (46-50°F).

El vinsanto es de color ámbar, aromático, completo, suave y dulce. Disfrútelo con pastas o postres de frutas. Temperatura de consumo: 6-8°C (43-46°F).

POMINO D.O.C.

Diminuta región al nordeste de Toscana entre las localidades de Rufina y Pomino. Excelentes vinos: blancos, tintos y vinsanto blanco y tinto. Los viñedos se sitúan en altas colinas, algo que resulta muy beneficioso para la concentración de extracto, sabor y sustancias aromáticas.

El Pomino bianco se obtiene de la variedad pinot bianco y chardonnay (60-80 por 100), complementadas con trebbiano toscano. Luego no hablamos de un vino "original", pero ciertamente muy bien hecho. El color es amarillo pálido con un toque verdoso; el aroma fino y agradable, y el sabor, fresco, seco y ligeramente amargo. Sin ser particularmente convincente, este vino puede acompañar cualquier entrante ligero, pescado o carnes blancas. Temperatura de consumo: 8-10°C (46-50°F).

El Pomino rosso se obtiene de las variedades sangiovese (60-75 por 100), canaiolo, cabernet sauvi-gnon, cabernet franc y merlot. Este vino combina la sutileza de un vino francés con la pasión de uno italiano. Este vino con sustancia es completo, redondo, suficientemente seco y muy bien equilibrado. Los vinos jóvenes a menudo tienen algún problema con la presencia de taninos inoportunos, pero esto desaparece después de algunos años de guarda. Vinos ideales con carne asada o platos al horno y también con aves a la parrilla. También realmente bueno con pecorino toscano. Temperatura de consumo: joven, 12-14°C (54-57°F); añejo, 14-17°C (57-63°F).

El Pomino vinsanto blanco y tinto (extremadamente escaso) se obtiene de las mismas variedades que el bianco y el rosso. Ambos se presentan en versiones seco y dulce y combinan a la perfección con galletas, petits-fours pastas o frutos secos. Temperatura de consumo: de 6-8°C (43-46°F) a 10-12°C (50-54°F); cuanto más dulces, más fríos.

VINSANTO DEL CHIANTI CLASSICO D.O.C.

Una rareza en Italia, una denominación de origen para un vino dulce sin más. Este vinsanto tiene una historia interesante. Vinsanto es sinónimo de amistad y hospitalidad, de respeto por la tradición y puro disfrute. Las mejores uvas se seleccionan para el vinsanto y se dejan pasificar durante un año en alfombras de paja o en pequeñas cajas, al aire libre o en áticos ventilados. Entonces se prensan y los vinos jóvenes envejecen pacientemente en pequeñas barricas (caratelli). Variedades de trebbiano toscano y malvasía se usan como base para el vinsanto blanco. La variedad sangiovese se usa sobre todo para el rosato, el Vinsanto del Chianti Classico Occhio di Pernice (ojo de perdiz). Ambos vinos pueden ser secos en varios grados o también dulces. Son vinos soberbios, suaves, amplios, aromáticos y muy característicos, buenos al final de una comida con galletas, pastas de almendra, pasteles de frutas, etc. Puede servir el vinsanto seco como un aperitivo o por sí solo con un buen libro o una discusión estimulante. Temperatura de consumo: seco, 10-12°C (50-54°F); dulce, 6-8°C (43-46°F).

COLLI DELL'ETRURIA CENTRALE D.O.C.

Muchos vinos que no alcanzan el nivel requerido para Chianti D.O.C.G. pueden ser degradados a Colli dell'Etruria Centrale D.O.C. Pese a esto, esta reciente denomina-

Sólo los vinos producidos dentro del distrito de Chianti pueden llevar D.O.C.

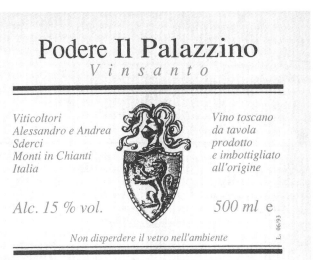

La mayoría del vinsanto se vende como vino da tavola.

ción de origen es más que un nido que aporta seguridad a los Chianti inferiores. Aquí se producen algunos vinos muy grandes, aunque presenten diferencias en el porcentaje de las variedades empleadas. Como en Colli Lucchesi, algunos viticultores rechazaron el uso de las cuatro variedades de uva obligatorias. Piensan que la combinación de sangiovese y cabernet sauvignon/ franc resulta más interesante. Hasta hace poco esto no se permitía y por eso estos vinos, los Super Toscanos, tuvieron que ser rebajados a vinos da tavola. Y esto resulta embarazoso para un vino que se encuentra en una posición superior a la media en calidad. Ahora, los viticultores que escogen este camino pueden usar la denominación de origen Colli dell'Etruria Centrale D.O.C, lo que hace que los precios más caros sean más fáciles de aceptar. No todos los vinos de esta denominación de origen son Super Toscanos, lo cual no resulta negativo en absoluto.

El bianco Colli dell'Etruria Centrale se obtiene de la variedad trebbiano toscano (mínimo del 50 por 100), complementada con chardonnay, pinot bianco, pinot grigio, vernaccia di San Gimignano, malvasía o sauvignon (máximo en total 50 por 100). Tantos sabores, tantos vinos. En general estos vinos blancos son frescos, afrutados, jugosos y bastante ligeros. Grandes como aperitivos o con entrantes ligeros. Temperatura de consumo: 8-10°C (46-50°F).

El rosato y rosso pueden obtenerse de sangiovese (mínimo 50 por 100), cabernet sauvignon, cabernet franc, merlot, pinot nero, ciliegiolo y canaiolo (en total un máximo del 50 por 100). Aquí también los viticultores producen de todo, desde vinos ligeros hasta los estructurados. Todos los vinos tienen mucha fruta y frescura. Los tintos combinan excelentemente con buey asado o a la plancha, los rosados con carnes variadas (¡salchichas toscanas!). Temperatura de consumo: rosato, 10-12°C (50-54°F); tinto, 12-14°C (54-57°F); para los Super Toscanos, 16-17°C (61-63°F).

En la misma zona se produce un vinsanto fantástico y muy aromático, igual de bueno que sus compañeros con pastas y petits-fours. Temperatura de consumo: según el gusto 6-12°C (43-54°F).

MONTESCUDAIO D.O.C.

Soberbios vinos blancos y tintos del área cercana a la localidad de Montescudaio, al sur de Livorno. Los vinos blancos, en particular, se benefician del suelo calcáreo de tufa. Se obtienen a partir de las variedades de trebbiano toscano, malvasía bianco, vermentino y chardonnay; los vinos tintos de sangiovese, trebbiano toscano y malvasía. También hay un vinsanto, hecho con las mismas uvas que el vino blanco.

Beba los frescos, secos y elegantes blancos con entrantes, pasta con queso, caracoles, anguilas o pescados. Temperatura de consumo: 8-10°C (46-50°F).

El vino tinto es discretamente afrutado, seco y razonablemente tánico.

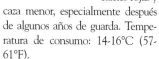

Montescudaio bianco.

Excelente con carnes rojas y caza menor, especialmente después de algunos años de guarda. Temperatura de consumo: 14-16°C (57-61°F).

Beba el vinsanto, como sus hermanos de Toscana, con petits-fours, pastas o pasteles de fruta. Temperatura de consumo: según sus preferencias y la estación, 6-12°C (43-54°F).

ROSSO DI MONTEPULCIANO D.O.C.

El Rosso di Montepulciano procede de los mismos viñedos que el Vino Nobile. Las variedades de uva empleadas aquí son también las mismas: sangiovese (prugnolo, 60-80 por 100) y otras uvas tintas y blancas. La diferencia reside en la edad de las viñas y el rendimiento por hectárea: las viñas más jóvenes y/o muy productivas son responsables del Rosso di Montepulciano, mientras que las viñas más viejas y/o menos productivas se reservan para el Vino Nobile. El Rosso di Montepulciano no tiene la misma concentración y fuerza que su hermano mayor. Puede apreciar esto en la diferente intensidad de su color rojo rubí. El aroma es casi tan seductor como el del Vino Nobile; aquí también puede distinguir el sutil aroma de las violetas silvestres. El sabor es seco, bien equilibrado y a menudo ligeramente tánico. Debido a que estos vinos están menos concentrados, a menudo contienen menos alcohol. Esto les hace apropiados para muchos platos, especialmente de pasta con salsas de carne y queso, además de asados de carne blanca o roja. Temperatura de consumo: 16-17°C (61-63°F).

Montescudaio rosso.

ROSSO DI MONTALCINO D.O.C.

Este hermano pequeño del Brunello obtuvo su reconocimiento D.O.C. en 1983. Desde entonces este tinto ha seguido escalando puestos. Los vinos proceden de los mismos viñedos que el Brunello y aquí también se usa un 100 por 100 de la variedad sangiovese. El rendimiento por hectárea es, sin embargo, un poco más alto con este vino y no hay periodo de cuatro o cinco años de crianza obligatoria. Podrá encontrar estos vinos jóvenes en los mercados. Los mejores vinos (los de la famosa casa Banfi, por ejemplo) deben pasar al menos un año en barricas de roble francés.

El Rosso di Montalcino no es en absoluto un vino ligero. Este vino rojo rubí con un sutil aroma a frutas rojas (y vainilla en los mejores) es vigoroso y amplio, redondo y cálido (a menudo con más del 13 por 100 de alcohol). Los mejores vinos también poseen un matiz herbáceo y a especias y son muy tánicos en su juventud. Donde Brunello pide sus mejores maneras en la mesa, este vino conjura todo lo festivo, sobre todo escenas de campo entre amigos: salchichas secas de Siena, pollo y otras aves, pasta con salsas de carne (la famosa *pinci de Siena*), cerdo o buey asado, guisos, liebre estofada, aves de caza y queso de oveja bien curado (pecorino toscano). Temperatura de consumo: 16-17°C (6163°F)

MOSCADELLO DI MONTALCINO

Otro vástago de la famosa familia Montalcino. Se trata de un vino dulce obtenido de la variedad de moscato bianco. Esta denominación de origen ha formado parte de la

Rosso di Montalcino.

gran familia D.O.C. desde 1984. Como ocurre tan a menudo en Italia, también aquí encontrará varios estilos:

- Beba los Moscadello frescos, dulces y tranquilos a 6-10°C (43-50°F) después de las comidas con sus pastas de frutas favoritas o con ensalada de frutas.
- Beba los Moscadello frescos, dulces y espumosos con su fina y viva espuma a 6-8°C (43-46°F), preferiblemente en una terraza después de la puesta de sol en verano.
- El carnoso y dorado vendemmia tardiva (vendimia tardía), con aromas florales reminiscentes de las uvas de moscatel, es increíblemente intenso en sabor: sol, miel, llena la boca de uvas muscat, frutas exóticas –una auténtica obra de arte–. Uno de los vinos Muscat más adorables del mundo. Por supuesto, lo puede servir al final de las comidas con una tarta muy buena o postre, o simplemente con fruta madura fresca y cuidadosamente seleccionada. La mejor forma de disfrutar este vino, sin embargo, es hacia la media noche, con la persona a quien ame, en una cálida velada veraniega bajo la luna llena. Temperatura de consumo: 6-8°C (43-46°F).

Sant'Antimo D.O.C.

Denominación de origen menos conocida situada al sudoeste de la localidad de Montalcino. Aquí se producen innumerables vinos distintos.

Para elaborar los blancos, está permitido mezclar varias variedades de uva juntas o usar una sola variedad dominante, como pinot grigio, sauvignon o chardonnay. El trebbiano toscano y la malvasía también están permitidas. La mayoría de los vinos son de calidad muy aceptable y pueden emplearse fácilmente como aperitivos o para acompañar pescado, carnes blancas y aves. Temperatura de consumo: 8-10°C (46-50°F); Chardonnay y Pinot Grigio 10-12°C (50-54°F).

Además del tinto corriente, se producen Cabernet Sauvignon, Merlot y Pinot Nero. No espere grandes sorpresas, aunque algunas de las firmas más importantes (Banfi, por ejemplo) hacen vinos particularmente deliciosos con un *cuvée* de sangiovese (60 por 100), cabernet sauvignon y merlot (20 por 100 cada uno). Beba estos vinos con platos de pasta cocinados al horno o carne frita o a la parrilla. Temperatura de consumo: 14-16°C (57-61°F).

Bolgheri D.O.C.

Esta región de la costa mediterránea se encuentra en la Toscana occidental, entre Montescudaio y Massa Maritima. Esta zona fue famosa durante mucho tiempo por su sublime rosado. Pero ahora hay otro vino que le ha desbancado completamente. Es el Super Toscano Sassicaia, uno de los mejores y más caros vinos de Italia. Hubo un momento en el que este vino fue rebajado a "vino da tavola" debido a las asfixiantes leyes italianas referentes a la viticultura. Ahora se puede vender como Bolgheri Sassicaio D.O.C., porque Sassicaio ha sido adoptado como subzona de Bolgheri en la ley de denominaciones de origen.

Para el Bolgheri bianco se emplean la variedad de trebbiano toscano (10-70 por 100), vermentino (10-70 por 100) o sauvignon. Por este motivo se pueden producir innumerables estilos diferentes. Los vinos que contienen más del 85 por 100 de una de estas tres variedades de uva pueden incluir el nombre de la variedad en cuestión en la etiqueta además del de Bolgheri. Todos estos vinos son frescos y secos, jugosos y elegantes. Resultan ideales como aperitivos, pero también pueden acompañar a los pescados o platos de verduras. El Sauvignon tiene una ligera preferencia por los platos de pescado con salsas algo más complejas o, por ejemplo, brochetas de los pescados más grasos (pez espada, atún) con limón y tomate. Temperatura de consumo: 8-10°C (46-50°F).

El Bolgheri rosato sigue siendo uno de los vinos rosados más deliciosos de toda la región mediterránea. En la actualidad se produce con cabernet sauvignon, merlot y sangiovese, logrando algunas cuvées realmente interesantes. Estos vinos secos, jugosos y elegantes piden un delicioso pescado al grill, *triglie* (salmonete) o colas de cigala rebozadas, por ejemplo. Temperatura de consumo: 10-12°C (50-54°F).

Hay también un vinsanto Occhio di Pernice (vinsanto rosado ojo de perdiz) de sangiovese y malvasía nera. Beba este vino lleno y sensual con una tarta especial.

El Bolgheri rosso, como el rosado, se obtiene de la variedad cabernet sauvignon (10-80 por 100), merlot (máximo 70 por 100) y sangiovese (máximo 70 por 100). Aquí también esta elección de variedades permite muchas posibilidades para cuvées, haciendo que estos vinos sean muy interesantes. Aparte de sus porcentajes, puede combinar fácilmente estos vinos secos y completos con carnes blancas o rojas asadas. Temperatura de consumo: 16°C (61°F).

Bolgheri Sassicaia

Este vino superior contiene al menos un 80 por 100 de cabernet sauvignon y puede complementarse con merlot y/o sangiovese. El rendimiento por hectárea es considerablemente inferior en Sassicaio que en el Bolgheri rosso corriente. Éste produce un vino poderoso y con cuerpo, con gran cantidad de extracto y potencial de guarda. Sassicaio permanece durante dos años en barricas de roble y debe criarse durante al menos cinco años en la botella antes de que pueda consumirse. Como es obvio, este vino –probablemente el mejor tinto italiano– tiene un precio alto, pero merece la pena gastar dinero en él. El vino combina el temperamento italiano de sangre caliente con la elegancia civilizada de un grand cru del Médoc. El color es de un rojo rubí intenso; el aroma, intenso y levemente herbáceo, y el sabor amplio, lleno, redondo, suavemente aterciopelado, cálido y enormemente sensual. Todos los amantes del vino deberán probar este al menos una vez en su vida. Y por muy alto que esté el precio, en comparación es mucho más bajo que un vino de calidad comparable de California, por no mencionar los precios excesivamente altos y absurdos de algunos grands crus del Médoc.

Reserve este vino extraordinario para ocasiones especiales y sírvalo, por ejemplo, con un plato clásico de caza o un filete de buey con trufas y setas a la plancha. Si quiere que resulte algo más barato, pero que siga siendo una comida agradable, pruebe los *filetti di agnello al formaggio*, un plato divino de filetes de cordero fritos con setas y ostras y una salsa de pecorino toscano. Decante el vino con anterioridad en una frasca ancha (de pato). Temperatura de consumo: 18°C (64°F).

MORELLINO DI SCANSANO D.O.C.

Esta región se halla al sur de Grosseto y tiene su epicentro en la localidad de Scansano. Desgraciadamente, este vino no es muy conocido fuera de Italia, aunque aquí es uno de los vinos toscanos más célebres. En el siglo XVII, un grupo de viticultores introdujo la famosa variedad de uva española Alicante. Hoy en día, esta uva, junto con sangiovese (aquí llamada morellino, mínimo 85 por 100), caniolo, ciliegiolo y malvasía nera (máximo 15 por 100, incluyendo la Alicante), es responsable del encanto y la originalidad de Morellino di Scansano. Encontrará varios niveles de calidad en esta región, de bueno a muy bueno. El nivel a menudo queda determinado en parte por el rendimiento por hectárea: cuanto más bajo el rendimiento, mejor, pero de nuevo no demasiado bajo, porque eso hace que los vinos sean demasiado pesados. Los mejores Morellino varían del color rojo rubí al teja cuando son más viejos y son amplios, cálidos, con taninos discretos y muy secos. Los vinos de reserva tienen un grado alcohólico algo más alto y haber permanecido durante al menos dos años en barricas de roble. Beba los vinos jóvenes o más ligeros con platos simples de pasta con salsa de carne y queso, los reserva más viejos con platos mejores de carnes rojas y caza. Temperatura de consumo: 14-16°C (57-61°F); reservas, 16-17°C (61-63°F).

PARRINA D.O.C.

Diminuta región vinícola en el extremo sur de Toscana, no lejos de la costa. La viticultura local data del tiempo de los etruscos, pero los españoles pusieron las bases de los viñedos actuales. Los vinos locales no son de ninguna calidad en particular, pero como Parrina atrae un gran número de turistas, este área disfruta de un nombre razonablemente conocido como región vinícola. La concesión de la D.O.C. animó a muchos viticultores a realizar más esfuerzos por mejorar la calidad.

El Parrina bianco se hace con trebbiano toscano (aquí llamada procanico, 30-50 por 100), complementada con ansonica y/o chardonnay. Esta combinación produce vinos frescos, elegantes y suaves con un ligero toque amargo, buena con ligeros entrantes, pescado y verduras. Temperatura de consumo: 8-10°C (46-50°F).

El Parrina rosato se hace con una base de sangiovese (70-100 por 100). Es un rosado ligero, fresco y elegante, que combina muy bien con carnes, pastas o platos de huevo y guisos con carnes blancas. Temperatura de consumo: 10-12°C (50-54°F).

El Parrina rosso también se hace con Sangiovese (70-100 por 100) y resulta algo más amplio y cubierto que el rosado. No obstante, es más un vino simple, elegante y suave que estructurado. Ideal con carnes rojas y también con los típicos platos toscanos de judías blancas en salsa de tomate. Temperatura de consumo: 14°C (57°F).

Finalmente, encontramos el Parrina rosso reserva que tiene mucho más que ofrecer que un rosso corriente. Los dos años de crianza extra en barricas y a menudo un año de crianza en la botella aportan a este vino mayor profundidad y fuerza. Sirva este reserva con carnes rojas, asados de carne, caza o quesos maduros (pecorino Toscano). Temperatura de consumo: 16-17°C (61-63°F).

ANSONICA COSTA DELL'ARGENTARIO D.O.C.

La zona de esta denominación de origen se encuentra también en el extremo sur de Toscana. Se extiende de la frontera entre Toscana y Lazio hasta la costa, incluyendo el enclave de Parrina. La isla Isola del Giglio también forma parte de esta región. Hay muchas razones por las que ésta es una de las zonas más turísticas de Italia: bellas playas, pueblos antiguos, muchas ruinas etruscas, romanas y medievales, etc. Los vinos también merecen que se desvíe un poco. La Costa dell'Argentario es el dominio de una única variedad de uva, la ansonica bianca (al menos un 85 por 100), que produce vinos blancos muy originales de color pajizo claro y un ocasional toque verdoso. El aroma es suave y afrutado e intrigante; el sabor, seco, suave y particularmente agradable. Beba este vino, que está lleno de *joie de vivre*, como aperitivo o con ligeros platos de pescado. Pruebe los *tagliatelle alle conchiglie*, pasta de lazos con un estofado cremoso de, entre otras cosas, vieiras, pimientos y vino blanco. Temperatura de consumo: 8-10°C (46-50°F).

ELBA D.O.C.

En Elba, la isla de la costa toscana, se producen excelentes vinos blancos, tintos y rosados. Lo sorprendente aquí es la originalidad de alguno de los vinos que aún se hacen con antiguas variedades autóctonas. Los franceses introdujeron alguna de sus viñas en la isla, y también los toscanos. En total, esto aporta una variedad muy interesante en tipos y sabores.

El fresco, ligero y elegante Elba bianco se obtiene de la variedad de uva trebbiano toscano (aquí llamada procanico, 80-100 por 100). Gran vino, siempre y cuando lo beba joven, con entrantes ligeros, pescado y marisco. Temperatura de consumo: 8-10°C (46-50°F).

Mucho más agradable, original, amplia y sabrosa es la Ansonica blanca (mínimo 85 por 100 ansonica). Este vino puede variar de lo seco a lo amable. Sirva el vino seco como aperitivo, con mariscos o con pescado cocido o a la plancha. Los vinos menos secos combinan extremadamente bien con platos de pasta cremosos e incluso con crustáceos. Pruebe los *calamari fritti con crema di pomodoro*, calamares fritos con una cremosa salsa de tomate. Temperatura de consumo: 10-12°C (50-54°F).

También se obtiene un passito maravilloso con variedad de ansonica, que combina extremadamente bien con *tiramisu con cioccolata*, una variación divina del famoso postre, en el que el café se reemplaza por chocolate. Temperatura de consumo: 6-10°C (43-50°F).

Hay un vinsanto excelente, voluminoso, redondo y suavemente aterciopelado, obtenido a partir de la variedad de trebbiano (procanico) y malvasía bianca, que combina con cualquier clase de tarta o pastas. Temperatura de consumo: 6-12°C (43-54°) (cuanto más dulce, más frío).

El rosado fresco de Elba se hace principalmente con uvas sangiovese (aquí llamadas sangioveto). Beba este rosado ligero, delicioso pero simple, con pescado al grill o crustáceos. Pruebe *triglie al carbone*, salmonetes marinados al grill o a la barbacoa. Temperatura de consumo: 10-12°C (50-54°F).

También se produce un original e interesante Occhio di Pernice a partir de uvas entre las que se incluyen sangiovese (50-70 por 100) y malvasía nera (10-50 por 100). Este vinsanto rosado es muy cálido, con cuerpo, de sabor intenso y suavemente aterciopelado. Beba este vino preferiblemente después de las comidas, durante una buena conversación con un buen amigo o con su pareja. Temperatura de consumo: 8-12°C (46-54°F) (cuanto más dulce, más frío).

El Elba rosso también contiene sangiovese (sangioveto, 75-100 por 100) y resulta muy afrutado, completo y redondo. Beba este vino tinto seco con carnes rojas o asados de cerdo o cordero, por ejemplo. Temperatura de consumo: 16°C (61°F).

Los vinos más deliciosos de Elba son sin lugar a dudas los Aleatico obtenidos a partir de la variedad del mismo nombre (100 por 100). Esta variedad de uva autóctona y antigua produce un vino extraordinario, de color rojo rubí intenso, muy aromático y lleno de carácter. El sabor es lleno, redondo, cálido y amable. Este vino envejece muy bien. Debido a esta ligera dulzura, pero definitivamente nunca empalagosa, a su sabor y a su alto porcentaje de alcohol (mínimo 16 por 100), resulta difícil encontrar comidas que combinen con él. Por tanto bébalo al final de una comida, por ejemplo con gorgonzola piccante o trozos de pecorino toscano maduro. Temperatura de consumo: 16-18°C (61-64°F).

OTROS VINOS D.O.C. INTERESANTES DE LA TOSCANA
Bianco della Valdinievole, Bianco dell'Empolese, Bianco Vergine della Valdichiana, Bianco di Pitigliano, Colli di

Encontrará vinos de mesa muy interesantes en cualquier buena tenuta.

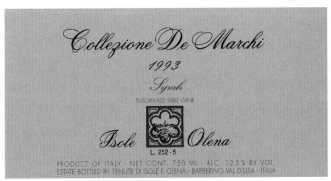

Vino toscano sorprendentemente bueno hecho con syrah.

Luni, Candia dei Colli Apuani, Montecarlo, Val d'Arbia, Val di Cornia y Monteregio di Massa Marittima.

UMBRÍA

Umbría limita al este con los Apeninos y con las Marchas, en el noroeste con Toscana y en el sudoeste con Lazio. Umbría es uno de los cinco distritos de Italia que no dan al mar. El principal foco de este distrito interior italiano, relativamente pequeño, se centra en la silvicultura, agricultura y viticultura. Umbría no es únicamente dominio de los olivareros y viticultores, también es conocida por sus santos, entre los que se incluye San Francisco de Asís.

Éste es el lugar para los entusiastas de la cocina del campo. Aquí no encontrará alta cocina, sino, sobre todo, platos de la época etrusca y romana que han sido adaptados a las demandas modernas. En Umbría puede disfrutar de un suculento asado de cerdo con salsas simples hechas de tomates, setas, aceite de oliva y las escasas trufas. Después de todo, Umbría es el mayor productor de trufas del mundo y el mercado de trufas de Nurcia atrae a miles de visitantes todos los años. Los platos de caza de Umbría también merecen que se detenga un tiempo, al igual que el famoso buey de Perugia, el cordero local, los quesos de oveja y las lentejas. Umbría tiene una antigua historia vinícola pero el nivel de sus vinos no siempre se ha mantenido constante. El clima es bastante difícil de sobrellevar (inviernos muy fríos y veranos muy calurosos). Aquí se requieren grandes dosis de paciencia y de saber qué se requiere para obtener buenos vinos. Sólo en las últimas décadas Umbría ha vuelto a producir algo que merezca la pena. El vino más conocido es, por supuesto, el Orvieto blanco. Pero desde que Giogio Lungarotti comenzó a interesarse por el antiguo negocio familiar los vinos tintos de Umbría son los que ahora recogen los premios. En parte gracias a Lungarotti, dos de estos vinos tintos han sido admitidos en el cuerpo de elite de los vinos D.O.C.G.

TORGIANO ROSSO RISERVA D.O.C.G.

Este vino se encuentra entre los más grandes de Italia. Su historia es bastante reciente, pero su calidad es eterna. Los viñedos del Torgiano rosso riserva se sitúan en las colinas situadas sobre la ciudad medieval de Torgiano, cerca de Perugia. El vino se obtiene de la variedad de uva sangiovese y canaiolo, posiblemente con el complemento de trebbiano toscano, ciliegiolo y montepulciano. Para ajustarse a los requisitos de la D.O.C.G. este vino debe pasar al menos tres años de crianza (en barrica y en botella) antes de poder venderse. El Torgiano rosso riserva es un vino de un bello color rojo rubí, con un suave y elegante aroma a frutas rojas y negras, hierbas, especias y un toque de tabaco, junto a un sabor completo y redondo. Beba este vino con asados de carne o pequeñas aves de caza. Pruebe las *palombacci all'umbria*, pichones en salsa de vino tinto con setas frescas. Guarde una copa para un poco de queso duro (pecorino). Temperatura de consumo: 16-17°C (61-63°F).

MONTEFALCO SAGRANTINO D.O.C.G.

Este vino procede de las soleadas colinas que rodean la localidad de Montefalco, un poco por debajo de Perugia. Su his-

Torgiano rosso D.O.C. y Torgiano D.O.C.G. de Lungarotti.

toria comienza con los romanos o probablemente incluso con los etruscos. Sólo hace relativamente poco este noble Montefalco Sagrantino ha podido llevar la denominación D.O.C.G. Hay dos versiones:

– El seco hecho con un 100 por 100 de sauvignon, que no puede venderse sin una crianza obligatoria de doce meses en barricas de roble y dieciocho en la botella. Posee un color rojo rubí bien cubierto con brillos púrpuras en su juventud. Una vez que ha madurado, se inclina hacia el rojo teja. El aroma es intenso y afrutado y recuerda a las moras maduras. El sabor es amplio, cálido (al menos 13 por 100 de alcohol), seco y tánico. Un vino típico para los suficientemente valientes como para disfrutar de algo anticuado: caza con salsa de vino tinto, asados al horno con una rica salsa o incluso quesos fuertes (con vetas azules). Temperatura de consumo: 16-18°C (61-64°F).

El passito hecho con un 100 por 100 de variedad de sagrantino, que primero tienen que pasificarse al aire libre. La fermentación tiene lugar muy despacio según una tradición centenaria. El resultado es un vino rojo rubí, con un aroma típico a moras y un sabor lleno, dulce y cálido, bastante tánico (mínimo 14,5 por 100 de alcohol). Siguiendo la tradición, este vino se sirve con pasteles y pastas, pero los entendidos prefieren combinarlo con carnes rojas asadas con una salsa ácida o incluso con platos de carne asiáticos con especias y sabores agridulces. Temperatura de consumo: 16-18°C (61-64°F) con platos de carne, 14-16°C (57-61°F) con pasteles y pastas. Pero si prefiere este vino un poco más frío también es correcto.

TORGIANO D.O.C.

Se obtienen varios vinos extraordinarios en el área que rodea Perugia. Los vinos blancos se venden con el nombre de bianco (normalmente variedad de trebbiano + grechetto y otras) o con el nombre de una variedad específica de uva, como chardonnay, pinot grigio o riesling italico (al menos un 85 por 100 de la variedad de uva mencionada en la etiqueta). Todos estos vinos son elegantes, frescos, afrutados y llenos de sabor. El Riesling y el Chardonnay tienen una ligera preferencia por el pescado, los otros combinan con casi todo. Temperatura de consumo: 10-12°C (50-54°F).

El Rosato di Torgiano se hace principalmente de las variedades de uva sangiovese y canaiolo, junto con trebbiano toscano blanca. Esto produce un vino de color intenso que resulta muy afrutado en aroma y presenta un sabor seco y particularmente agradable. Delicioso con carnes, quesos suaves y platos a base de huevos. Temperatura de consumo: 10-12°C (50-54°F).

El Rosso di torgiano se hace con sangiovese y canaiolo, posiblemente con un poco de trebbiano toscano. Beba este vino rojo rubí, elegante y sabroso con asados de carne. Pruebe el *perugina porchetta*, asado de cerdo. Temperatura de consumo: 15-16°C (59-61°F).

Los otros vinos tintos de Torgiano se hacen con pinot nero o cabernet sauvi-gnon. Ambos son excelentes y muy típicos de sus variedades de uva. Puede servirlos durante toda la comida. Algunos consejos: Pinot Nero con pichones asados o conejo cocido; Cabernet Sauvignon con risotto en salsa de carne o con quesos semiduros. Temperatura de consumo: Pinot Nero, 14-16°C (57-61°F); Cabernet Sauvignon, 16°C (61°F).

El Torgiano spumante –obtenido a partir de chardonnay y pinot nero– tiene una espuma fina, un bello color pajizo, un aroma muy afrutado (manzanas verdes y flores) y sabor elegante, fino, seco y bien equilibrado. Excelente aperitivo. Temperatura de consumo: 8-10°C (46-50°F).

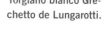
MONTEFALCO D.O.C.

Excepcionales vinos blancos y tintos se producen en los alrededores de la localidad del mismo nombre. El bianco se hace con un mínimo del 50 por 100 de variedad de grechetto y un 20-35 por 100 de trebbiano. El vino es de color pálido, aroma afrutado y sabor seco y bastante suave. Un vino típico para acompañar al risotto con pescado o con entrantes ligeros. Temperatura de consumo: 8-10°C (46-50°F).

Torgiano bianco Grechetto de Lungarotti.

El rosso se hace con un 60-70 por 100 de sangiovese, 10-15 por 100 de sagrantino y otro 15-30 por 100 de las otras variedades tintas recomendadas. Este vino tiene una crianza mínima de dieciocho meses. Hay también un reserva, que ha madurado durante al menos doce meses en roble y dieciocho meses en la botella y contiene un mínimo del 12,5 por 100 de alcohol. Este vino es de color rojo rubí, aroma sutil y sabor amplio, redondo y armonioso. Excelente en combinación con platos de pasta (¡con trufas!), asados de carne o pecorino. Pruebe *capretto*, cabrito asado. Temperatura de consumo: 16°C (61°F).

ORVIETO D.O.C.

La fama de este vino data de la época de los etruscos. Los romanos lo descubrieron y lo llevaron a las Galias con ellos. Los papas se volvían locos por él. Los restos del cuerpo de Gregorio XVI fueron incluso lavados en Orvieto antes de que el pontífice fuese enterrado. Poetas, pintores y aristócratas de todo el mundo se enamoraron locamente de este vino dulce y celestial de Orvieto. Sí, está bien: Orvieto fue primero un famoso vino dulce. La versión seca es bastante reciente. Si busca con atención aún podrá encontrar el maravilloso Orvieto antiguo y dulce (abboccato/amabile/dolce). Los vinos secos predominan, sin embargo, y se destinan especialmente a la exportación. Las variedades de uva trebbiano (aquí llamada procanico), verdello, canaiolo bianca (drupeggio) y malvasía se emplean para hacer el Orvieto. El secreto de este vino está en el suelo, la tufa, y en el especial microclima que permite el acceso de la deseada *Botrytis cinerea*. Las uvas bendecidas con la presencia de esta podredumbre noble se usan para los vinos dulces. El color amarillo de los vinos varía en intensidad dependiendo del grado de dulzura, pero todos ellos tienen un aroma sutil, elegante y complejo y un sabor suavemente aterciopelado. El secco es seco pero suave y tiene un ligero amargor discernible en el final de boca. Resulta excelente como aperitivo, pero también es un buen acompañamiento de verduras verdes, platos de pescado y platos de pasta ligeros con crema y queso, por ejemplo. También va extremadamente bien con carnes blancas, conejos de corral y pescado al vapor o cocido en vino blanco, posiblemente realzado con trufas blancas. Pruebe *asparagi*, espárragos con una delicada salsa de mantequilla. Temperatura de consumo: 10-12°C (50-54°F).

Los abbocato y amabile combinan sorprendentemente bien con platos delicados de hígado de ternera y con quesos de oveja suaves (pecorino di fossa, cenerino). También son buenos con una ensalada de frutas un poco ácidas. Temperatura de consumo: 8-10°C (46-50°F).

El sabroso y amplio dolce se obtiene sólo a partir de las últimas uvas vendimiadas que han sido afectadas por la *Botrytis*. Puede beber este vino placentero y particularmente sensual por sí mismo después de una comida, con sus amigos o con su pareja. Si quiere servirlo en la mesa, opte por combinaciones clásicas con foie gras (*fegato di anitra*, hígado de pato) o gorgonzola dolce. Los mejores vinos llamados Muffa Nobile (100 por 100 con *Botrytis*) son extraordinariamente escasos. Estos vinos con mucho cuerpo –puro líquido dorado– son untuosos, suaves, casi licorosos y tienen un final de boca que no termina nunca. Temperatura de consumo: 6-8°C (43-46°F).

OTROS VINOS D.O.C. INTERESANTES DE UMBRÍA
Colli Altoriberini, Colli del Trasimeno, Colli Perugini, Colli Martani y Colli Amerini.

MARCHE

Las Marcas limitan al oeste con los Apeninos, Umbría y un pequeño trozo de Toscana; al norte con Emilia-Romaña; al sur con Abruzzo, y al este con el mar Adriático. Los sitios más conocidos de la costa son Pesaro y Ancona; en el interior Macerata y Ascoli Piceno. Todo el área está atravesada por numerosos ríos que nacen en los Apeninos y van a desembocar al mar Adriático. La viticultura se desarrolla particularmente bien en los valles de estos ríos (Conca, Foglia, Metauro, Cesano y Tronto). Hay otros tres centros vinícolas en (Castelli di) Jesi, Ascoli Piceno y Ancona. La población de Las Marcas vive principalmente de la agricultura y el cultivo de la uva, el turismo y la pesca. No encontrará una rica tradición culinaria aquí, pero sí una tradición de comidas deliciosas y nutritivas.

VERDICCHIO DEI CASTELLI DI JESI D.O.C.

Durante siglos éste fue el único vino conocido de Las Marcas. Se hace entre Pesaro y Ancona, cerca de la pequeña localidad de Jesi. Este vino blanco clásico contiene un mínimo del 85 por 100 de la variedad de uva verdicchio. El color es bastante pálido, inclinándose hacia el color paja. El aroma es suave y sutil (manzana, avellanas, frutos secos, melocotones), y el sabor, fresco, seco y bien equilibrado, con un ligero toque amargo. El Verdicchio dei Castelli di Jesi, como el francés Muscadet de Sèvre et Maine, siempre es una buena elección para el pescado y los mariscos. Si busca calidad extra sin gastarse mucho más, compre un Verdicchio dei Castelli di Jesi riserva. Este vino ha tenido al menos dos años de crianza extra y del 12,5 por 100 de alcohol. Pruebe *aguglia alla marchigiana*, un plato divino de aguja cocida en vino blanco. Temperatura de consumo: 10-12°C (50-54°F).

VERDICCHIO DI MATELICA D.O.C.

Este hermano pequeño del Verdicchio dei Castelli di Jesi procede de las inmediaciones de la localidad de Matelica a los pies de los Apeninos. El Verdicchio di Matelica corriente es de color pajizo, aroma bastante delicado, suave y afrutado, y su sabor es fresco y elegante, con un ligero toque amargo. Aquí también es preferible comprar el reserva más viejo que ofrece más calidad y cuesta muy poco más. Este Verdicchio resulta un excelente acompañamiento para pescados (no mariscos). Temperatura de consumo: 10-12°C (50-54°F).

También se producen aquí un gran spumante y un divino passito con uvas verdicchio.

VERNACCIA DI SERRAPETRONA D.O.C.

Excelente vino hecho con vernaccia nera parcialmente pasificada (aquí se llama vernaccia di Serrapetrona), posiblemente complementada con la variedad de uva sangiovese, montepulciano y ciliegiolo. Este Vernaccia es un vino insólito, espumoso por naturaleza, de color rojo rubí, con una elegante espuma, un aroma intensamente aromático (uvas frescas) y un

Orvieto classico superiore.

Verdicchio dei Castelli di Jesi.

sabor de ligeramente dulce (amabile) a muy dulce (dolce) con un agradable amargor. Tradicionalmente se bebe al final de las comidas, con un poco de queso fuerte (amabile) o tarta. Temperatura de consumo: dolce, 6-8°C (43-46°F); amabile, 8-10°C (46-50°F).

LACRIMA DI MORRO D'ALBA D.O.C.

Insólito vino tinto hecho con Lacrima, posiblemente complementada con variedad de verdicchio o montepulciano. Este Lacrima se hace en las cercanías de Ancona, cerca de la costa. Aquí es también donde se bebe más cantidad, principalmente debido a los turistas que vienen aquí todos los años. El color es rojo rubí oscuro, el aroma suave y amable, el sabor agradable, seco y suave. Un vino polifacético que se vende en grandes cantidades en las trattorias locales. Temperatura de consumo: 14-16°C (57-61°F).

ROSSO CONERO D.O.C.

En mi opinión, en lo que respecta a la relación calidad-precio, este vino es uno de los mejores tintos de Italia. No es sólo uno de los grandes, también es particularmente delicioso a la vez. El vino se produce cerca de la costa, entre Ancona y Macerata. La variedad de Montepulciano, posiblemente complementada con sangiovese, produce aquí un vino rojo rubí pálido con un aroma afrutado muy agradable (moras, grosellas negras) y un sabor seco, amplio, suave, carnoso y redondo. Sirva este vino con su guiso favorito, asado al horno o pollo. Los escasos reservas son de calidad excepcional. Pruebe faraona, pintada cocida en vino tinto con cebollas, tomates y hierbas frescas italianas. Temperatura de consumo: 14-16°C (57-61°F); reserva, 16-17°C (61-63°F).

ROSSO PICENO D.O.C.

Los viñedos del Rosso Piceno se encuentran debajo de los del Rosso Conero, entre Macerata y Ascoli Piceno. Aquí también la región vinícola sigue la costa. Este vino tinto se hace con variedad de sangiovese y montepulciano, posiblemente complementadas con trebbiano o passerina. El color es rojo rubí, el aroma suave y afrutado (frutas negras) y el sabor seco, suave y bastante dulce. Los vinos superiores, en gran parte procedentes de la parte sur de la región vinícola, contienen un poco más de alcohol y parecen tener más cuerpo. Beba los vinos jóvenes

Rosso Conero y rosso Piceno.

con guisos o platos de pasta al horno, los más viejos con carnes asadas o fritas. Temperatura de consumo: jóvenes, 14-16°C (57-61°F); vinos más viejos 16-17°C (61-63°F).

Además de los vinos mencionados anteriormente, en Las Marcas se producen excelentes *vini da tavola*. Uno de los mejores productores es Colonnara, en Cupramontana, que hace de cada vino una joya.

OTROS INTERESANTES VINOS D.O.C. DE LAS MARCAS

Bianchello del Metauro, Colli Pesaresi, Esino, Colli Maceratesi y Falerio dei Colli Ascolani.

LAZIO

El distrito de Lazio se extiende de los Apeninos (Umbría, Abruzzo y Molise) hasta el mar Mediterráneo (Tirreno). Al norte, Lazio limita con Toscana y al sur con Campaña. El río Tíber desempeña un papel importante en la viticultura local, como

Rosso Piceno.

hace la capital, Roma, que constituye el mercado de ventas más grande para los viticultores locales. La mayoría de los viñedos del Lazio se sitúan en los alrededores de Roma. Las otras regiones vinícolas se encuentran cerca de Montefiascone en el norte de Lazio, entre Rieti y la frontera con Abruzzo y encima de Frosinone en el sur del área. Lazio es bien conocido por sus vinos blancos, pero algunos de los tintos también son destacables.

Excelente vino da tavola de Las Marcas.

Todo el área tiene suelo volcánico. Todos los lagos existentes (Bolsena, Vico, Bracciano, Albano y Nemi) son, de hecho, antiguos cráteres de volcanes. El clima es bastante suave, cálido y húmedo, lo que favorece la aparición de la *Botrytis cinerea* (podredumbre noble). Montañas, volcanes, el Tíber, los numerosos lagos, el clima, las suaves colinas que rodean Roma, todo en este área goza de un entorno ideal para la viticultura. Por eso no es de extrañar que los antiguos romanos fueran tan entusiastas del vino: tenían los mejores viñedos a sus espaldas, en las colinas que rodeaban la ciudad.

EST! EST!! EST!!! DI MONTEFASCIONE D.O.C.

Este vino tiene una historia más rica que lo que su calidad actual podría sugerir. Solía ser un vino excelente, como atestigua una célebre historia del siglo XIV sobre el obispo Giovanni Defuk. Durante uno de sus muchos viajes este obispo ordenó adelantarse a su sirviente Martino para que buscara los mejores vinos. El sirviente tenía que escribir la palabra Est! (¡aquí está!) en las puertas de las posadas que sirvieran los mejores vinos. En Montefiascone el sirviente quedó tan impresionado con el vino del local que escribió "Est! Est!! Est!!!" en la puerta de la posada. El nombre Est! Est!! Est!!! no ha cambiado desde entonces. La calidad, sin embargo, no es la que era.

El vino se obtiene a partir de la variedad de uva trebbiano toscano, variedad de trebbiano giallo (Rossetto) y malvasía bianca. Tiene un color paja pálido, el aroma es bastante afrutado y maduro, el sabor amplio, redondo, suave, armonioso y seco o amable. Resulta un acompañamiento excelente para los pescados de lago y río de este área y también para las carnes blancas. La versión dulce también combina con quesos suaves, cremosos y frescos. Temperatura de consumo: secco, 10-12°C (50-54°F); amabile, 6-10°C (43-40°F); cuanto más dulces, más fríos.

VIGNANELLO D.O.C.

Región vinícola de la provincia de Viterbo, debajo del lago di Bolseno. El bianco se hace con varios descendientes de las familias de la variedad de uva trebbiano y malvasía. Es un vino de color paja con un toque verdoso, normalmente bastante afrutado, seco o dulce y de sabor suave con un toque amargo. Las versiones superiores contienen un poco más de alcohol y posiblemente tienen un mayor equilibrio. Gran vino para un plato simple de pescado. Temperatura de consumo: 8-10°C (46-50°F).

El Greco di Vignanelo es mucho mejor en calidad y tiene más carácter y cuerpo. Excelente con platos de pescado y también con pollo o carnes blancas. También existe una versión amable que combina bien con salsas cremosas. Temperatura de consumo: 10-12°C (50-54°F); ligeramente dulce, 8-10°C (46-50°F).

Definitivamente, merece la pena probar un Greco spumante. La espuma es fina y elegante; el aroma seductoramente afrutado, y el sabor, suave y con un toque pícaro. Maravilloso como aperitivo o para beber en compañía en las largas tardes invernales. Temperatura de consumo: 7-9°C (45-48°F).

El rosato es un vino maravilloso que combina con casi todo y nunca desilusiona. Delicioso sin mayores complicaciones. Temperatura de consumo: 10-12°C (50-54°F).

Est! Est!! Est!!!; la historia del vino es mejor incluso que el vino.

El rosso se hace principalmente con sangiovese y ciliegiolo. Es un tinto de primera clase: cálido, con cuerpo y redondo. El reserva tiene incluso más que ofrecer a un precio ligeramente más alto. Excelente relación calidad-precio. Pruebe *abacchio alla Romana*, suculento cordero al horno con patatas, hierbas y ajo. Temperatura de consumo: 14-16°C (57-61°F), vinos más viejos, 16-17°C (61-63°F).

CERVETERI D.O.C.

Dos vinos se han producido desde tiempos inmemoriales:
- El excepcionalmente agradable blanco de la variedad de trebbiano y malvasía, posiblemente complementadas con verdicchio y otras blancas. Seco o amable, siempre con un agradable toque amargo, éste es el compañero ideal del pescado. Temperatura de consumo: 8-10°C (46-50°F); amabile, 6-8°C (43-46°F).
- El rosso se hace con variedad de uva sangiovese, montepulciano y cesanese, posiblemente complementadas con canaiolo nero, carignano o barbera. Este vino rojo rubí tiene aromas de uvas frescas, moras y otras frutas negras, y posee un sabor amplio, seco, jugoso y redondo, con un toque amargo en el final de boca. Gran acompañamiento para platos de pasta con carne y tomate. Temperatura de consumo: 14-16°C (57-61°F).

CESANESE DEL PIGLIO D.O.C./CESANESE DI AFFILE D.O.C./ CESANESE DI OLEVANO ROMANO D.O.C.

Estos tres vinos blancos también llamados Piglio D.O.C., Affile D.O.C. y Olevano Romano D.O.C. se obtienen de variedad de cesanese, posiblemente complementada con un máximo del 10 por 100 de sangiovese, montepulciano, barbera, trebbiano bianco o bombino bianco. Los viñedos se sitúan en el área entre la ciudad de Rieti y la frontera con Abruzzi, a los pies de los Apeninos.

Estos tres vinos tintos están en mi opinión completamente infravalorados. Están excelentemente vinificados y tienen colores que van del rojo rubí al cereza, aroma y sabor a uvas frescas. Son suaves, con cuerpo y redondos, con un ligero amargor en el final de boca. Estos vinos pueden ser secos (secco o asciutto), amable (amabile) o incluso dulces (dolce). La versión seca es buena con carnes rojas, caza menor y cordero. Reserve los dulces para una ensalada de frutas rojas y negras, por ejemplo, o quesos suaves y cremosos (con vetas azules). Temperatura de consumo: seco, 12-14°C (54-57°F); dulce, 8-10°C (46-50°F).

También existe un vino de aguja (frizzante naturale) y una versión espumosa (spumante), principalmente destinado al mercado local.

COLLI ALBANI D.O.C.

Los vinos blancos (secco, abboccato, amabile o dolce) hechos con variedades de uva malvasía y trebbiano, con el complemento de otras blancas. Son de color paja ligeramente intenso, el aroma es sofisticado y agradable y el sabor bastante afrutado. Beba la versión seca como aperitivo, con entrantes ligeros o con pescado, y las más dulces después de las comidas o, por ejemplo, con quesos suaves, cremosos o ensaladas de frutas frescas y ácidas. Temperatura de consumo: secco, abboccato, 8-10°C (46-50°F); amabile, dolce, 6-8°C (43-46°F).

También hay un spumante muy aceptable dei Colli Albani.

FRASCATI D.O.C.

Al igual que los vinos anteriores, los Frascati proceden del área del sur de Roma. Este vino blanco de los castillos romanos (Castelli Romani) es probablemente el más conocido en el Lazio. Se hace con las variedades de uva malvasía y trebbiano, a veces complementadas con greco. Es de color paja de capa variable, el aroma es afrutado y delicado y el sabor suavemente aterciopelado, jugoso, juguetón, seductor y amable. No es un vino difícil, ni un vino para filosofar durante horas, pero resulta realmente delicioso. Puede ser seco de calidad media (asciutto) y amabile, y también en una versión Canellino excelente e insólita (dulce, hecho con uvas afectadas por la podredumbre noble). Vinos excelentes, muy pocos de los cuales, desgraciadamente, se destinan a la exportación. Beba los secos (asciutto) como aperitivos y con pescado o carnes blancas, los amabiles con quesos suaves o postres frescos y ácidos y el Canellino cuando se relaje después de las comidas. Temperatura de consumo: secco y amabile 8-10°C (46-50°F); Canellino, 6-8°C (43-46°C), más caliente si se desea.

MARINO D.O.C.

Vino blanco suave y afrutado de las variedades de malvasía y trebbiano. Hay versiones secas (sec-co/asciutto), semisecas (abboccato), amables (amabile) y dulces (dolce). El Marino seco combina excelentemente con marisco y pescado de mar, pero es preferible servir los otros vinos al final de las comidas con un postre fresco y ácido, por ejemplo. Pruebe *cozze alla Marinara*, mejillones cocidos en vino blanco Marino con un Marino seco. Temperatura de consumo: 8-10°C (46-50°F); dulce, 6-8°C (43-46°F).

Un gran Marino spumante también se produce con las mismas variedades de uva.

Frascati.

VELLETRI D.O.C.

Agradable vino blanco de la variedad de uva trebbiano y malvasía, afrutado y suave, seco o amable. También se presentan en spumante, secco o amabile. Sirva estos vinos como aperitivos o para acompañar entrantes ligeros. Sirva los Velletri bianco amabile más dulces al final de una comida con postres frescos y ácidos. Temperatura de consumo: 8-10°C (46-50°F); dulces, 6-8°C (43-46°F).

Los Velletri rosso son menos frecuentes y se hacen con sangiovese, montepulciano y cesanese, posiblemente complementadas con

bombi-no, merlot y ciliegiolo. Es un vino de primera clase, de color rojo rubí al cereza, afrutado y rico en sensaciones, bastante rico en tanino y amplio de sabor. Los mejores vinos (riserva) se crían en barricas durante algún tiempo y contienen un poco más de alcohol. Grandes acompañamientos para platos de carne con salsas de tomate. Temperatura de consumo: 15-16°C (59-61°F).

APRILIA D.O.C.

Pequeña región vinícola bastante reciente entre Roma y Latina. Las cooperativas locales no escatiman dinero ni esfuerzos por obtener vinos modernos, aunque excepcionales, que se tienen en gran estima.

El Trebbiano tiene un aroma muy fino y delicado y el sabor es excelente con platos de pescado y mariscos ligeros. Temperatura de consumo: 8-10°C (46-50°C).

El Sangiovese es afrutado, fresco, con cuerpo y elegante. Combina extremadamente bien con platos de carne ligeros y pasta con salsa de tomate. Temperatura de consumo: 14-16°C (57-61°F).

El Merlot es fresco, afrutado, seductor y suave, no tiene mucha estructura. El vino perfecto para la industria hostelera. Temperatura de consumo: 13-15°C (55-59°F).

CORI D.O.C.

Esta pequeña región vinícola se sitúa entre Cisterna y Cori, sobre Latina. El bianco se hace con malvasía y trebbiano y resulta suave, afrutado y particularmente agradable. Beba la versión seca como aperitivo o con entrantes simples, las versiones semidulces con postres de frutas frescas o quesos cremosos. Además, el Cori secco bianco tiene una debilidad por los platos de verduras tiernas. Temperatura de consumo: 8-10°C (46-50°F).

El rosso se hace con montepulciano, nero buono di cori (nativo) y cesanese. Este vino rojo rubí tiene un carácter propio y es amplio, redondo y suave en sabor, con un toque fresco. Un vino versátil como éste no puede quedar mal y puede servirlo durante toda la comida. Un buen consejo es acompañarlo con *pasta alla matriciana*, pasta con una salsa de pimientos y tomates, beicon y mucho queso parmesano o pecorino gratinado. Temperatura de consumo: 14-16°C (57-61°F).

MONTECOMPATRI COLONNA/ MONTECOMPATRI/COLONNA D.O.C.

Estos grandes vinos blancos se producen a partir las variedades de uva malvasía y trebbiano en una pequeña región sobre Fronsinone, al sudeste de Lazio. Aquí también puede escoger las versiones de seco, semiseco, amable y dulce. En general estos vinos son ligeramente afrutados y muy agradables. Beba estos Montecompatri Colonna con platos sencillos de pasta o, por ejemplo, con *gnocchi alla romana*, gnocchi con mantequilla y queso gratinado. Temperatura de consumo: 8-10°C (46-50°F); dulces, 6-8°C (43-46°F).

ZAGAROLO D.O.C.

Este vino con una historia de más de cuatrocientos años es muy similar a otros vinos del Lazio hechos con variedades de uva trebbiano y, en particular, malvasía. Se presenta en versiones de secos, semisecos, amables y dulces. Los vinos mejores y con más cuerpo llevan la designación "superiore". Sirva los vinos secos con pasta con mantequilla y pecorino gratinado o con *saltimbocca alla romana*, escalopes de carne con *prosciutto* crudo (jamón serrano) y salvia. Temperatura de consumo: 10-12°C (50-54°F) superiore; 8-10°C (46-50°F) seco, 6-8°C (43-46°F) dolce.

OTROS VINOS D.O.C. INTERESANTES DEL LAZIO
Aleatico di Gradoli, Bianco Capena y Colli Lanuvini.

ABRUZOS

El distrito de Abruzos limita con Las Marcas al norte, con Lazio al oeste vía los Apeninos y con Molise al sur. El mar Adriático forma la frontera este. Aparte de una pequeña franja costera, este distrito consta por completo de colinas, montañas y valles. El clima varía del mediterráneo en la costa a continental en las montañas. Los lugares apropiados para la viticultura se seleccionan cuidadosamente, al norte y al sur de Pescara, la única ciudad auténtica en los Abruzos, y en el valle del río del mismo nombre, el Pescara. Los viñedos se sitúan al pie de las imponentes montañas Gran Sasso y della Maiella. Sólo se producen aquí dos vinos D.O.C.

MONTEPULCIANO D'ABRUZZO D.O.C.

La uva Montepulciano fue introducida en los Abruzos hace casi doscientos años y produce aquí un vino seco y suave, bastante tánico, jugoso y amable. Según la bodega, el vino es un excelente tinto para cada día o un vino algo más serio. Los reserva, con un mínimo de dos años, son siempre recomendables. Son grandes acompañamientos para platos de pasta con carne y salsa de tomate, pecorino y cordero a la parrilla. Pruebe *maccheroni alla chitarra*, macarrones con un ragú de buey, la gran especialidad de los Abruzos. El reserva es excelente combinado con rosticini, brochetas de cerdo y cordero al grill. Temperatura de consumo: para vinos más jóvenes, 12-14°C (54-57°F); vinos más viejos y reservas, 14-16°C (57-61°F).

El Montepulciano d'Abruzzo Cerasuolo es un bello rosado de color cereza hecho con Montepulciano que pronto gana adeptos por su agradable sabor afrutado. Pruebe el *agnello alla diavola*, cordero con una salsa especiada (cocido en una salsa picante) de chalotas, vino blanco reducido y pimientos rojos. Temperatura de consumo: 10-12°C (50-54°F).

Los mejores tintos de Abruzos proceden de las colinas de Teramane, Colli Teramane. Además de la variedad obligatoria montepulciano, se les permite añadir un máximo del 10 por 100 de sangiovese. Estos vinos son más llenos y robustos que un Montepulciano d'Abruzzo corriente, especialmente los maravillosos reservas, que deben estar al menos tres años madurando y contienen un 12,5 por 100 de alcohol. Vinos excelentes para asados de carne o platos al horno. Temperatura de consumo: 14-16°C (57-61°F); reserva, 16-17°C (61-63°F).

TREBBIANO D'ABRUZZO D.O.C.

Gran vino blanco hecho con variedad de uva trebbiano, con aroma suave y delicado, sabor seco, jugoso y amable.

Montepulciano d'Abruzzo.

La mayoría de estos vinos son correctos, pero hay algunos ejemplos destacables. Sírvalos con pescado y pollo. Temperatura de consumo: 8-10°C (46-50°F).

MOLISE

Durante años Molise estuvo unido a sus vecinos del norte junto a los Abruzos. En muchos libros sobre vinos encontrará el nombre "Abruzzo e Molise". Se debe en parte a que durante mucho tiempo la calidad de la viticultura local no era lo suficientemente buena para ser considerada una denominación D.O.C. Recientemente, sin embargo, la calidad de los dos vinos ha mejorado hasta tal punto que han podido unirse al grupo de los D.O.C. Molise es un área agrícola con una línea de costa relativamente pequeña. Los bañistas no se molestan en hacer turismo por el bello interior, zona afortunada para los "turistas verdes" que aún son capaces de disfrutar del ambiente rústico en paz.

PENTRO DI ISERNIA/PENTRO D.O.C.

Vino poco conocido de Molise, hecho con las variedades de uva trebbiano y bombino (bianco) o montepulciano y sangiovese (rosato/rosso). Los viñedos se sitúan en las soleadas colinas cerca de la pequeña ciudad de Isernia.

El bianco es fresco, elegante, seco, de sabor intenso y muy aromático. Vino excelente para el pescado de mar, preferiblemente al grill. Temperatura de consumo: 10-12°C (50-54°F).

El rosado es un vino claramente fresco, afrutado, seco y particularmente agradable en sabor. Combina muy bien con gambas a la plancha o pescado con una salsa de tomate y ajo. Temperatura de consumo: 10-12°C (50-54°F).

El rosso es bastante ligero, suave, seco, redondo y no demasiado tánico. Este buen vino cotidiano está delicioso con melanzane (berenjena) con un gratinado de mozzarella o provolone o zucchini servidos con una salsa de tomate suave. Temperatura de consumo: 14-16°C (57-61°F).

BIFERNO D.O.C.

Sólo el Biferno rosso goza de cierto renombre. Se hace con variedades de uva montepulciano, trebbiano y aglianico y procede del área cercana a Campobasso. El vino posee un color rojo rubí que se inclina hacia los tonos teja a medida que envejece. El aroma es suave y agradable (moras, grosellas negras) y el sabor bastante tánico, suave y seco. El reserva tiene más cuerpo, más madurez (al menos tres años) y contiene considerablemente más alcohol (mínimo 13 por 100). Beba el Biferno corriente con carnes rojas o cerdo frito, el reserva con carnes asadas o al grill. Pruebe el *abbaccio alla cacciatora*, cordero al grill sobre un fuego de leña con una salsa picante chasseur. Temperatura de consumo: 14-16°C (57-61°F); reserva, 16-17°C (61-63°F).

Además del rosso mencionado, existe un rosato fresco, jugoso, seco y afrutado, y un bianco fresco, elegante y aromático.

CAMPANIA

Campania es un distrito alargado del mar Tirreno (Mediterráneo) del sudoeste de Italia. La campiña, Campania Felix, era popular entre los romanos. No sólo por el paisaje extremadamente bello, particularmente la costa, sino también porque los habitantes siempre parecen felices y despreocupados. Nápoles, la capital de Campania, es una de las ciudades más sociables de Italia. En ningún sitio disfrutará de deliciosas pizzas y platos de pasta como en Nápoles. Las ensaladas sencillas de tomates crecidos al sol con mozzarella, albahaca fresca, sal, pimienta y un aliño de maravilloso aceite de oliva y vinagre son dignas de dioses. Tanta alegría de vivir y amor se debe no sólo a la belleza sin precedentes del área y a las gloriosas condiciones climáticas, sino indudablemente también a la dureza de estas mismas características naturales. Todos conocen la trágica historia de Pompeya y Herculano, dos gemas de la civilización romana, borradas del mapa por la dramática erupción del monte Vesubio. Nadie parece perder el sueño por ello aquí, pero la vida se ha visto drásticamente afectada por este volcán, aunque sólo se aprecie en que los términos vida y muerte se hayan más estrechamente unidos en Campania que en ningún otro lugar de Italia. Mientras el cruel Vesubio se llevó la vida de miles de personas, al mismo tiempo el volcán aportaba a la zona un suelo particularmente fértil que tuvo un efecto positivo en toda la región. La viticultura en Campania de nuevo confirma lo avanzadas que eran las técnicas de los griegos y romanos. A pesar de las modernas técnicas actuales, los mejores vinos de Campania se siguen produciendo en los mismos lugares de hace doscientos o cuatrocientos años. Las descendientes de las variedades de uva introducidas por los griegos también siguen creciendo aquí; entre ellas, aglianico y greco.

TAURASI D.O.C.G.

Éste es el mejor vino de Campania. Se produce cerca de Avellino, al sur de Benevento, de la misma forma que el Greco di Tufo blanco. El epicentro de esta denominación de origen está cerca de la localidad del mismo nombre, Taurasi. Este bello vino tinto se hace con aglianico. El color va del rojo rubí al teja, el aroma es intenso y sensual, y el sabor amplio, bien equilibrado, redondo y armonioso. Lo sorprendente es su larga persistencia. También existe una versión reserva sublime con un mínimo de alcohol del 12,5 por 100 y al menos cuatro años de crianza. Sirva este fabuloso tinto con un buen asado de carne de vacuno, una pierna de cordero al horno con hierbas o un filete de jabalí en salsa de vino tinto. Temperatura de consumo: 14-16°C (57-61°F); vinos más viejos y reservas, 16-18°C (61-64°F).

AGLIANICO DEL TABURNO/TABURNO D.O.C.

Estos vinos blancos, tintos y rosados se producen entre Benevento y Taburno en el norte de Campania. El Aglianico del Taburno rosado, básicamente hecho con variedad de aglianico, es fresco, afrutado, elegante y bastante suave. Todo un vino versátil. Temperatura de consumo: 10-12°C (50-54°F).

El Aglianico del Taburno rosso también contiene la variedad de uva aglianico, posiblemente complementada con un máximo del 15 por 100 con otras uvas tintas locales. Los vinos jóvenes rojo rubí tienen un aroma agradable y seductor, un sabor seco, poderoso, a menudo tánico. Sólo después de varios años de guarda los vinos se suavizan un poco. El color entonces se inclina hacia el rojo teja. Los mejores vinos (reserva) pasan un periodo de crianza mayor: tres años en lugar de dos. Estos vinos sabrosos, con carácter propio, se encuentran a gusto con carnes asadas. Pruebe el *capretto*, cabrito asado. Temperatura de consumo: 14-16°C (57-61°F), los vinos más viejos, y los reserva, 16-17°C (61-63°F).

El Taburno se produce en siete versiones; un spumante, tres blancos y tres tintos (incluyendo un vino novello mediocre). El Taburno rosso es un atractivo tinto color rubí, hecho principalmente con variedad de uva sangiovese y aglianico. Beba este vino agradable y con cuerpo con su plato de pasta favorito. Temperatura de consumo: 14-16°C (57-61°F). El Taburno Piedirosso es más original, más excitante y ligeramente de mejor calidad que el rosso corriente. Se hace principalmente con la variedad de uva autóctona piedirosso (mínimo 85 por 100) y es de color rojo rubí, aroma distinguido y amable, sabor seco, afrutado y amplio. Ideal con platos de pasta ligeros con salsa de tomate y carne. Temperatura de consumo: 14-16°C (57-61°F).

De los vinos blancos, el Taburno bianco corriente es particularmente agradable. Se hace con las variedades de uva trebbiano y falanghina, a veces complementadas hasta un máximo del 30 por 100 con otras uvas blancas. Este vino blan-

L.G 0707

CONTADO DI MOLISI

MOLI'

BIFERNO ROSSO
Denominazione Di Origine Controllata

Vendemmia 1995

IMBOTTIGLIATO DAL VITICOLTORE
DI MAJO NORANTE
CAMPOMARINO - ITALIA

750 ML. e

12,5% VOL.

NON DISPERDERE IL VETRO NEI L'AMBIENTE

Biferno rosso.

co es fresco, afrutado y elegante. Excelente acompañamiento para platos ligeros de pescado o carnes blancas. Temperatura de consumo: 8-10°C (46-50°F). El Taburno Falanghina, Taburno Greco y Taburno Coda di Volpe se obtienen de un mínimo del 85 por 100 de falanghina, greco y coda di volpe, respectivamente. Estos tres vinos son definitivamente más originales y excitantes que el bianco corriente: son secos, frescos y muy distinguidos. Sírvalos con las especialidades locales de pescado y carnes blancas o con platos de pasta con salsa de nata y (mucho) queso gratinado. También delicioso con pizza de pescado o mariscos. Temperatura de consumo: 10-12° (50-54°F).

TAVRASI

DENOMINAZIONE DI ORIGINE CONTROLLATA E GARANTITA

Taurasi, un fabuloso vino tinto.

SANT'AGATA DE'GOTI/ SANT'AGATA DEI GOTI D.O.C.

En la pequeña ciudad de Sant'Agata de'Goti, cercana a Benevento, se producen algunos vinos aceptables. Sorprendentemente, los vinos blancos, tintos y rosados se hacen todos con las mismas variedades de uvas. Para el bianco las pieles de las uvas negras empleadas no se incluyen en la fermentación, sino que se retiran y se reservan para el rosato y el rosso. Los vinos hechos con variedades de uva aglianico y piedirosso son todos frescos, aromáticos, con cuerpo y sofisticados. El bianco es un aperitivo sólido y tiene buen sabor con entrantes de carnes blancas o de pescado. El rosato es un típico vino de almuerzo, mientras que el rosso se siente más a gusto con casi todo. Temperatura de consumo: 10-12°C (50-54°F), bianco y rosato; 12-14°C (54-57°F), rosso.

Los otros vinos de esta región también son interesantes. De la variedad de uva Greco se obtiene un vino blanco fresco y afrutado con una ligera efervescencia. Resulta un gran acompañamiento para el pescado (cocido). De Falaghina se obtienen dos vinos blancos: el corriente es seco, fresco y afrutado y combina muy bien con pescado, y el passito (mínimo 15 por 100 de alcohol) es dulce, intensamente aromático y suavemente aterciopelado. Beba el passito con postres menos dulces. Temperatura de consumo: 8-10°C (46-50°F); passito, 6-12°C (43-54°F).

Los vinos tintos de variedad de aglianico o piedirosso tienen ambos carácter único, cuerpo y poder con una considerable cantidad de tanino. De éstos insisto en recomendar el reserva. Sirva estos vinos con carnes asadas o fritas. Temperatura de consumo: 14-16°C (57-61°F); reserva, 17°C (63°F).

GRECO DI TUFO D.O.C.

Famoso vino blanco, seco, elegante y con cuerpo, hecho con variedad de uvas greco. Este vino se produce cerca de Avellino, de donde también procede el tinto Taurasi. El Greci di Tufo corriente es un vino blanco genial, pero los mejores vinos son auténticas joyas de la finura. Acompañamiento ideal para sus mejores platos de pescado. Temperatura de consumo: 10-12°C (50-54°F).

Con este Greco también se produce un spumante notable.

FALERNO DEL MASSICO D.O.C.

Región vinícola bastante desconocida cercana a Caserta, donde se obtienen extraordinarios vinos tintos con aglianico y piedirosso, posiblemente complementadas con primitivo y barbera. Estos vinos tintos son poderosos, con cuerpo, redondos y bastante cálidos (mínimo 12'5 por 100 de alcohol). El sabor es suavemente aterciopelado, lo que hace que este vino sea especialmente popular entre los amantes del vino. Vino excelente para cordero asado o a la parrilla. Temperatura de consumo: 14-16°C (57-61°F); reserva, 16-17°C (61-63°F).

El inconfundible y original Primitivo se obtiene de la variedad de uva del mismo nombre, complementada con aglianico, piedirosso o barbera. El color es un rojo rubí muy intenso, mientras que el aroma y sabor recuerdan a uvas sobremaduras recién cogidas. El vino es amplio, estructurado y cálido (mínimo 13 por 100 de alcohol) y puede ser seco o amable. Los mejores vinos se dejan envejecer un poco más y obtienen la designación "riserva" o "vecchio". Aunque para algunas personas les pueda costar algo de tiempo acostumbrarse, estos vinos se sirven tradicionalmente con carnes asadas o fritas a la antigua. Una combinación bastante inteligente es con jabalí. Temperatura de consumo: 16-18°C (61-64°F).

ASPRINIO DI AVERSA D.O.C.

Los viñedos de esta región se encuentran entre Caserta y Nápoles. Toda la zona, lo que incluye los viñedos, es más una pieza de museo que un ejemplo representativo de la viticultura actual en Campania. Siguiendo la tradición, el porte y el crecimiento de las vides se sigue conduciendo por los árboles. Puede reconocer los vinos obtenidos de esas vides por las palabras "alberata" o "vigneti ad alberata" en la etiqueta. Estos vinos blancos son de un color bastante intenso, el aroma es particularmente afrutado y amable, y el sabor es seco, fresco y afrutado. Sírvalos con platos de pescado complejos. Temperatura de consumo: 10-12°C (50-54°F).

También se produce un spumante maravilloso con un 100 por 100 de variedad de asprinio. Son vinos espumosos

GRECO·DI TVFO

DENOMINAZIONE DI ORIGINE CONTROLLATA

Greco di Tufo, uno de los vinos blancos italiano más exquisito.

secos, frescos, afrutados y elegantes, igualmente buenos como aperitivos en fiestas al aire libre en el campo que como aperitivos en comidas formales. Temperatura de consumo: 8-10°C (46-50°F).

CAMPI FLEGREI D.O.C.

Atractivos vinos blancos y tintos del área de Pozzuoli, justo al norte de Nápoles. Los siguientes vinos poseen una calidad mucho mejor:

– Pér'e Palummo: vino con color del rojo rubí al cereza hecho con la variedad de uva piedirosso, con un aroma intenso. El sabor es bastante suave y seco. Sírvalo con platos de pasta al horno. Los reserva ligeramente más maduros saben muy bien con carnes asadas. Temperatura de consumo: 14-16°C (57-61°F);
– Pér'e Palummo passito: un extraordinario passito (mínimo 17 por 100 de alcohol) hecho con piedirosso, con un aroma intenso y un sabor suavemente aterciopelado, de secco a dolce. Temperatura de consumo: según el gusto y dependiendo del tipo, 6-12°C (43-54°F); cuanto más dulces, más fríos.

La variedad falanghina produce dos vinos blancos excepcionales aquí, uno spumante y el otro no. Ambos son frescos, afrutados y suaves. Sírvalos como aperitivos o con pescado. Temperatura de consumo: 8-10°C (46-50°F).

ISCHIA D.O.C.

La pequeña región vinícola de Ischia se encuentra en la isla del mismo nombre, situada frente a la costa de Nápoles. Los vinos de Ischia disfrutaron de gran fama en su día. En la actualidad son más vinos para el turismo. Todos son de buena calidad, pero sólo algunos alcanzan un nivel realmente alto.

Los biancos corrientes de las variedades de forastera y biancolella son secos, frescos y finos que –como cabría esperar de una isla– combinan muy bien con las especialidades locales de pescado. Pruebe cualquier versión de *cozze* (mejillones), que están muy de moda en la isla. Temperatura de consumo: 8-10°C (46-50°F). También se produce un spumante de gran éxito con forastera y biancolella.

El rosso y el Pér'e Palummo variedad de piedirosso son vinos tintos secos, de medio cuerpo, a menudo bastante tánico, que se venden en grandes cantidades en las trattorias locales. Grandes acompañamientos para carnes rojas y cordero. Temperatura de consumo: 14-16°C (57-61°F). Con Pér'e Palummo (Piedirosso) también se obtiene un excelente passito.

VESUVIO D.O.C.

Esta denominación de origen es quizá más conocida por el nombre que le dan los turistas, Lacryma Christi. Parece ser que la leyenda cuenta que Cristo lloró cuando vio la larga lista de pecados cometidos por las gentes de Nápoles y sus inmediaciones. Estas lágrimas cayeron en las laderas del famoso volcán y a partir de entonces las vides crecieron

como nunca antes y produjeron los mejores vinos. Masas de turistas se muestran deseosos de llevarse las "lágrimas de Cristo" con ellos. La mayoría de los vinos del Vesubio son de calidad mediocre y sólo se usan para atraer a los turistas. Sin embargo, si busca atentamente, encontrará algunos vinos excelentes. Los mejores vinos se venden con el nombre "Lacryma Christi del Vesuvio" (mínimo 12 por 100 de alcohol) en blanco, rosado y tinto.

El bianco es muy fresco, seco y particularmente agradable. Los mejores vinos son reconocibles por el aroma. Sólo algunos vinos tienen el aroma extremadamente sofisticado de los mejores Lacryma Christi. Sirva estos austeros vinos blancos con pescado. Temperatura de consumo: 8-10°C (46-50°F).

El rosato y el rosso son vinos muy versátiles que pueden beberse con casi todo, incluso con pescado cocido. Temperatura de consumo: 10-12°C (50-54°F) para el rosato y rosso con pescado al grill, 12-14°C (54-57°F) para el rosso con platos de carne. Para tentar a los turistas aún más hay también un spumante razonable y un vino licoroso con la misma denominación de origen.

CASTEL SAN LORENZO D.O.C.

Excelentes vinos blancos hechos con la variedad de uva trebbiano y malvasía, frescos, afrutados, levemente amargosos, suaves y completos. No se puede decir que sean exactamente típicos de este área cercana a Salerno. Grandes acompañantes de los pescados. Temperatura de consumo: 8-10°C (46-50°F).

También existen algunos Moscato y un Moscato spumante sensuales y de primera clase. Ambos resultan muy aromáticos, suavemente aterciopelados y dulces. Sirva estos vinos con postres fríos. Temperatura de consumo: spumante 6-8°C (43-46°F), Moscato 8-10°C (46-50°F).

CAPRI D.O.C.

El encanto inaudito de Capri no se debe sin duda a sus vinos. Los bianco y rosso locales son agradables, pero definitivamente no llegarán a entusiasmarle. Beba los blancos con pescado y *vongole* (marisco) y los tintos con carnes fritas o a la plancha y con pasta o platos de verdura gratinados. Temperatura de consumo: 8-10°C (46-50°F), bianco, 12-14°C (54-57°F).

PENISOLA SORRENTINA D.O.C.

Los viñedos de esta región se sitúan en las laderas de las colinas, a una altura de 600 metros (1.970 pies). El bianco de las variedades de falanghina, biancolella y greco es un aperitivo agradable, fresco, seco, jugoso y bien equilibrado. Temperatura de consumo: 8-10°C (46-50°F).

El rosso de las variedades de piedirosso, sciasinoso y aglianico tiene un cuerpo medio, de paso fácil con comidas de diario. Temperatura de consumo: 12-14°C (54-57°F).

La variación local tipo Lambrusco, el rosso frizzante naturale, se obtiene de las mismas variedades de uva que el rosso y resulta sorprendente y en ocasiones incluso agradable. Este vino tinto tranquilo puede ser seco o dulce, pero siempre es suavemente aterciopelado, jugoso, intensamente aromático y afrutado, con un toque amargo ocasional en el final de boca. Es bastante difícil armonizar este vino con algo. La versión seca puede servirse como aperitivo de invierno, pero es preferible en combinación con *provolone*. Este vino también es correcto con las muchas variedades de pizza con carne. La versión dulce combina sorprendentemente bien con ensaladas de frutas rojas o pasteles y pastas. Temperatura de consumo: seco 10-12° C (50-54°F) (aunque algunos italianos lo toman a temperatura ambiente, lleva algo de tiempo acostumbrarse a esto); dulces, 6-8°C (43-46°F).

OTROS VINOS D.O.C. INTERESANTES DE CAMPANIA
Solopaca (especialmente variedad de falanghina y aglianico), Guardia Sanframondi/Guardiolo, Costa d'Amalfi y Cilento.

PUGLIA

Apulia es uno de los distritos productores de vino más grandes de Italia. La región se encuentra en el extremo sudeste del país y forma el tacón de la bota italiana. Apulia tiene una larga línea costera en los mares Adriático y Jónico. Al oeste, la región limita con Campania y Basilicata; al norte, con Molise. En lo que respecta al paisaje, Apulia es muy diferente de los distritos circundantes. Ya no hay montañas, sólo algunas llanuras altas. El clima es indiscutiblemente mediterráneo. La gastronomía local se caracteriza por la gran cantidad de pescado, marisco y crustáceos, aceite de oliva y verduras frescas. En Apulia comen menos que en el norte y en el centro de Italia y si comen carne es principalmente cordero. Los griegos comenzaron a cultivar viñas aquí unos ochocientos años a.C. Los fenicios, y posteriormente los romanos, continuaron su tarea. Durante la ocupación de Italia por las tropas del rey de Francia (siglo XVI) y más tarde las tropas de Napoleón Bonaparte y Napoleón III, una gran cantidad de vino viajaba en dirección a Francia. En el siglo XX el comercio a granel floreció en Apulia, especialmente debido a la gran demanda en Francia de vinos con cuerpo y fuertes. Es increíble la cantidad de vino a granel que se envía anualmente del sur de Italia a Francia, y aun así apenas verá una botella de vino italiano en un supermercado francés. Es un secreto a voces que estas prácticas engañosas continúan en la actualidad. No culpen a los italianos, pero piense un poco más la próxima vez que vaya a comprar otro vino francés barato y anónimo. Por suerte la viticultura ha mejorado mucho en los últimos años en Apulia. Los cultivadores intentan cada vez más mantener su propia identidad y mejorar la calidad. Además de los vinos mencionados aquí, Gravina (también en spumante) es un interesante D.O.C. de Apulia.

SAN SEVERO D.O.C.

Cada vez más entendidos del vino están descubriendo estos vinos de la región de Foggia en el norte de Apulia. Estos vinos blancos, tintos y rosados ofrecen una buena calidad por poco dinero. El bianco es posiblemente el mejor de los tres. Se obtiene a partir de las variedades de uva bombino y trebbiano, a veces complementadas con malvasía y verdeca. Este vino es fresco, afrutado, seco y bien equilibrado, resultando un excelente acompañamiento para platos de pescado. El spumante local hecho con las mismas uvas también es de calidad sorprendentemente buena. Temperatura de consumo: 8-10°C (46-50°F).

El rosato y rosso de medio cuerpo (ambos hechos con las variedades de uva montepulciano y sangiovese) son muy agradables, secos, redondos y afrutados. Beba el rosato con pescado o marisco al grill y el rosso con cordero a la parrilla. Temperatura de consumo: rosato, 10-12°C (50-54°F); rosso, 14-16°C (57-61°F).

CACC'É MITTE DI LUCERA D.O.C.

Tinto maravilloso, redondo, con cuerpo y cálido, hecho de las variedades de la montepulciano, uva di Troia, sangiovese, malvasía nera, trebbiano, bombino y malvasía. Se produce en el norte de Apulia, en una zona amplia que rodea Foggia. Espléndido con las diferentes recetas locales de *agnello* (cordero). Temperatura de consumo: 15-16°C (59-61°F).

ORTA NOVA D.O.C.

También del norte, cerca de Foggia. El rosato y rosso hechos de la variedad de uva sangiovese, a veces complementada con uva di Troia, montepulciano, lambrusco y trebbiano, son frescos, afrutados y con cuerpo. Beba el rosato con pescado o marisco a la plancha, y el rosso, a menudo rico en tanino, con carne al grill o frita. Temperatura de consumo: rosato, 10-12°C (50-54°F); rosso, 14-16°C (57-61°F).

ROSSO BARLETTA D.O.C.

Este tinto con cuerpo, cálido y sensual se produce cerca de la costa entre Foggia y Bari, sobre todo en los alrededores de la localidad de Barletta. La variedad de uva di Troia es la base de este vino, posiblemente complementada con montepulciano, sangiovese y malbec. Los mejores vinos envejecen durante dos años y tienen el término "invecchiato" en la etiqueta. Vino excelente con carnes al grill y también con quesos de oveja fuertes (pecorino). Temperatura de consumo: 16-17°C (61-63°F).

ROSSO DI CERIGNOLA D.O.C.

Este tinto seco, con cuerpo, cálido y jugoso de la misma área que el rosso Barletta, pero algo más interior, se hace con las variedades de uva di Troia y negroamaro, posiblemente complementadas con sangiovese, montepulciano y malbec. Se trata de un vino muy original, interesante y absolutamente delicioso. Bébalo con quesos fuertes y cordero al grill con hierbas y ajo. Temperatura de consumo: 16°C (61°F); reserva, 16-17°C (61-63°F).

MOSCATO DI TRANI D.O.C.

Este Moscato dulce, sensual y suavemente aterciopelado es probablemente un legado de los antiguos griegos. Tanto el Moscato (mínimo 14,5 por 100 de alcohol) como el Moscato licoroso (mínimo 18 por 100 de alcohol) son muy aromáticos. Maravilloso por sí solo después de las comidas o con una ensalada de frutas fresca y ácida. Temperatura de consumo: 6-8°C (43-46°F).

CASTEL DEL MONTE D.O.C.

En esta región cercana a la costa en las inmediaciones de Bari se encuentra la prueba de que un poco de alta tecnología no hace daño a nadie. Aquí se producen vinos frescos gracias a los equipamientos modernos y a una situación ligeramente más alta de los viñedos:

- El bianco y el Pinot Bianco son ligeros, secos y elegantes. Grandes vinos para acompañar pescados. Temperatura de consumo: 6-8°C (43-46°F)
- El Sauvignon es bastante aromático y ciertamente está muy bien hecho, pero no llegará a entusiasmarle. El nombre se vende mejor que el propio vino. No obstante, se trata de un vino agradable como aperitivo o para saciar la sed con marisco y pescado cocido. Temperatura de consumo: 8-10°C (46-50°F).
- El Chardonnay está también hecho extremadamente bien y es un buen aperitivo, pero no es un vino para puristas. Temperatura de consumo: 10-12°C (50-54°F).
  - Quizá el más insólito, pero también el más delicioso, es el Bianco da Pinot Nero. Este vino seco y con cuerpo se produce con al menos un 85 por 100 de pinot nero, una uva negra que aquí se vinifica sin la piel para hacer vino blanco. El resultado habla por sí mismo. Por supuesto, puede servir este vino con marisco, pero también con crustáceos o incluso con carnes blancas. Temperatura de consumo: 10-12°C (50-54°F)
  - El rosato se hace con las variedades de bombino nero, aglianico y uva di Troia. Este vino también es un legado viviente de los antiguos griegos. Beba este rosado muy afrutado con pescado al grill o marisco, y también con los maravillosos platos de verduras de Apulia. Temperatura de consumo: 10-12°C (50-54°F).

Moscato di Trani. — El Aglianico rosato es ligeramente más completo en aroma y sabor y combina muy bien con platos rústicos al horno. Este rosato no se acobarda en absoluto frente al aceite de oliva, las hierbas y el ajo. Temperatura de consumo: 10-12°C (50-54°F)

- El rosso corriente (que incluye variedades de uva di troia, aglianico y montepulciano) es un tinto genial, con cuerpo y seco, que puede tener una tanicidad marcada en su juventud. Los mejores vinos son los reservas, de al menos dos años. Beba este rosso con carnes asadas o incluso con platos gratinados. Temperatura de consumo: 16-17°C (61-63°F)
- El Pinot Nero es un tinto agradable, seco y con cuerpo, que va bien con todo, especialmente con platos de verduras frescas. Temperatura de consumo: 14-16°C (57-61°F).
- El varietal de Aglianico es bastante más original e inconfundible. Aquí también busque los mejores reservas. Son vinos excelentes con carnes asadas o fritas. Temperatura de consumo: 16-17°C (61-63°F).

ALEATICO DI PUGLIA D.O.C.

Vino tinto dulce bastante anticuado hecho con la variedad de uva aleatico, a menudo complementada con negroamaro, malvasía nera y primitivo. Este "dolce naturale" rojo intenso se obtiene dejando pasificar parte de la cosecha. El aroma es intenso y complejo, el sabor cálido (mínimo 15 por 100 de alcohol), distinguido y suavemente aterciopelado. El grado de dulzura se equilibra bien. El "liquoroso" es mucho más completo, dulce y cálido (mínimo 18,5 por 100 de alcohol). Los mejores vinos envejecen durante tres años (reservas). Temperatura de consumo: 8-14°C (46-57°F); el vino licoroso según el gusto, 6-16°C (43-61°F).

ROSSO CANOSA (CANUSIUM) D.O.C.

Este vino tinto del área cercana a Bari se hace con la variedad de uva di Trocaia, a veces complementada con montepulciano y sangiovese. Es un vino punzante, seco, jugoso y con cuerpo, a menudo bastante cálido, que a veces puede ser bastante tánico y ligeramente amargoso. Los mejores vinos envejecen durante otros dos años y tienen un poco más de cuerpo, son más redondos y cálidos (mínimo 13 por 100 de alcohol). El rosso Canosa pide carnes asadas o fritas. Temperatura de consumo: 16°C (61°F); reservas, 16-17°C (61-63°F).

GIOIA DEL COLLE D.O.C.

Aquí, entre Bari y la frontera con Basilicata, se obtienen seis tipos de vino:

- El bianco, hecho con la variedad de uva trebbiano, es fresco, elegante y agradable. Combina razonablemente bien con marisco y extremadamente bien con pescado. Temperatura de consumo: 8-10°C (46-50°F).
- El rosato (variedades de uva primitivo, montepulciano, sangiovese, negroamaro y malvasía) es seco, afrutado y seductor. Combina bien con la mayoría de las delicias del mar. Temperatura de consumo: 10-12°C (50-54°F)
- El rosso (las mismas uvas que el rosato) es agradable y no presenta complicaciones. Un gran vino tinto para platos de pasta y platos al horno. Temperatura de consumo: 14-16°C (57-61°F).
- El Primitivo, hecho con la variedad de uva del mismo nombre, es un tinto con cuerpo, vigoroso y cálido (mínimo 13 por 100 de alcohol) con azúcar residual distinguible. El reserva es aún más cálido (mínimo 14 por 100 de alcohol) y tiene más cuerpo. Este vino definitivamente pertenece al final de las comidas, con quesos fuertes. Temperatura de consumo: según el gusto, 8-14°C (46-57°F).
- Dos vinos tintos dulces se obtienen de las variedades de uva aleatico: el Aleatico dolce y el Aleatico y liquoroso dolce. Ambos vinos tienen cuerpo, son punzantes, sensuales y suavemente aterciopelados. El dolce es considerablemente menos dulce que el liquoroso dolce y tiene menos alcohol (mínimo 15 por 100 y 18,5 por 100 de alcohol, respectivamente). Sirva estos al final de la comida con quesos fuertes, o después de la comida, por puro placer. Temperatura de consumo: dolce, 8-12°C (46-54°F), liquoroso dolce, 6-14°C (43-57°F).

LOCOROTONDO D.O.C.

Esta pequeña región vinícola se sitúa entre Bari y Brindisi, en el sur de Apulia. Aquí se hacen vinos blancos muy aceptables a partir de las variedades de uva verdeca y bianco d'Alessano, generalmente complementadas con fiano, bombino y malvasía. El Locorotondo es un vino blanco seco agradable, fresco y elegante, que combina excelentemente con los pescados sabrosos. Este vino resulta también un excelente aperitivo y un acompañamiento poco ortodoxo, pero sorprendentemente delicioso, para las ostras tibias, *ostriche au gratin*. También hay un spumante razonable hecho a partir de este Locorotondo. Temperatura de consumo: 8-10°C (46-50°F).

MARTINA FRANCA D.O.C.

Al norte de Taranto se hacen vinos blancos similares a los de Locorotondo. Este Martina Franca es de color paja pálido con un toque verdoso, seco, fresco y elegante. Como en Locorotondo, también se produce un razonable spumante. Gran aperitivo y buen acompañamiento para el pescado, crustáceos y mariscos. Temperatura de consumo: 8-10°C (46-50°F).

OSTUNI D.O.C.

Locorotondo.

Estos vinos del área cercana a Brindisi disfrutaron en su día de gran fama. El explosivo crecimiento del turismo ha puesto a la viticultura de Brindisi en un aprieto.

El bianco hecho principalmente de las variedades de uva impigno y francavilla es un vino blanco seco, puro, fresco y elegante, que acompaña bien al pescado o el marisco. Temperatura de consumo: 8-10°C (46-50°F).

Ottavianello, hecho con las uvas del mismo nombre, posiblemente complementadas con negroamaro, malvasía nera, notar domenico y sussumaniello, es un tinto ligero, aromático, seco y elegante. Sírvalo con platos bastante ligeros; por ejemplo, verduras gratinadas. Temperatura de consumo: 14-16°C (57-61°F).

BRINDISI D.O.C.

Rosato y rosso muy razonables hechos principalmente con negroamaro. El rosato es fresco y afrutado con un placentero toque amargo; el rosso es robusto, a veces muy rico en tanino, ligeramente amargo y muy acre. Los reservas (dos años de maduración, mínimo 12,5 por 100 de alcohol) son muy recomendables. Sírvalos con platos gratinados, carnes asadas, al grill o fritas y con quesos de oveja acres. Temperatura de consumo: 14-16°C (57-61°F); reserva, 16-17°C (61-63°F).

LIZZANO D.O.C.

Toda una gama de vinos se elaboran más arriba de Taranto:

– El bianco spumante, como el bianco no espumoso y el bianco frizzante, se hacen con las variedades de uva trebbiano, chardonnay y posiblemente malvasía. Los tres son secos, frescos, elegantes y bastante afrutados. Bébalos como aperitivos o con platos de pescado locales. Temperatura de consumo: 8-10°C (46-50°F)

– El rosato, rosato frizzante y rosato spumante se obtienen principalmente de las variedades de uva negroamaro, montepulciano, sangiovese, bombino nero y pinot nero. Son vinos secos, frescos y muy afrutados. Beba el vino (ligeramente) tranquilo como aperitivo invernal o acompañamiento elegante de los pescados o entrantes de carne, y el vino tranquilo con pescado, crustáceos o aves. Temperatura de consumo: 10-12°C (50-54°F).

– El Negroamaro rosato es un rosado con cuerpo, seco, fresco y elegante que combina con todo. Temperatura de consumo: 10-12°C (50-54°F);

– El rosso, rosso novello y rosso frizzante se obtienen de un 60-80 por 100 de las variedad de uva negroamaro, complementada con las mismas uvas que en el caso del rosato. Son vinos tintos originales, secos y placenteramente suaves. De hecho puede servirlos con cualquier cosa. Temperatura de consumo: 12-16°C (54-61°F).

– De mucha mejor calidad es el Negroamaro Rosso y Malvasía Nera. Ambos vinos ofrecen mucho carácter y cuerpo por un precio relativamente bajo. Escoja el superiore (mínimo 13 por 100 de alcohol). Estos vinos tintos secos, cálidos, con cuerpo y redondos piden carne o un delicioso plato gratinado al horno. Temperatura de consumo: 14-16°C (57-61°F).

PRIMITIVO DI MANDURIA D.O.C.

Con las variedades de uva primitivo se elaboran cuatro tipos de tintos vigorosos y sensuales, que parecen haber llegado directamente de la antigua Grecia. El Primitivo corriente contiene muy poco azúcar residual y un 14 por 100 de alcohol. En Apulia se sirve en la mesa con platos fuertes de carne o con pecorino fuerte.

El dolce naturale es considerablemente más dulce y contiene un mínimo del 16 por 100 de alcohol. Al igual que el liquoroso dolce naturale (incluso más dulce, mínimo del 17,5 por 100 de alcohol) y el liquoroso secco (un poco de azúcar residual, mínimo 18 por 100 de alcohol), el dolce naturale combina con tartas y pastas y los postres menos dulces. El liquoroso secco, por otra parte, se puede servir con platos más dulces y con quesos de oveja fuertes. Temperatura de consumo: 10-16°C (50-61°F) para el Primitivo secco y corriente; 6-12°C (43-54°F) para el dolce y el liquoroso dolce.

SQUINZANO D.O.C.

Este rosato y rosso se produce entre Brindisi y Lecce. Como variedades de uva base se emplean el malvasía nera y sangiovese.

El rosato es un vino delicioso, amplio y cálido (mínimo 12,5 por 100 de alcohol) con un sabor jugoso y muy civilizado. Excelente con pescado al grill o con crustáceos, pero también con una suculenta pata de cordero al horno.

Primitivo di
Manduria.

Primitivo di
Manduria dolce.

Temperatura de consumo: 10-12°C (50-54°F).

El rosso es también un vino robusto y con cuerpo con un mínimo de 12,5 por 100 de alcohol. Los mejores vinos (reservas) han pasado dos años de envejecimiento y contienen un mínimo del 13 por 100 de alcohol. Beba estos maravillosos tintos corpulentos con carnes asadas o al grill, o con queso de oveja acre. Temperatura de consumo: 14-17°C (57-63°F).

SALICE SALENTINO D.O.C.

Aunque sólo el rosso y el rosato Salice Salentino son bien conocidos fuera de Italia, también se hacen aquí varios vinos blancos muy agradables y tintos excelentes.

El bianco (de variedad de chardonnay) y Pinot Bianco (posiblemente complementada con Chardonnay y Sauvignon) son afrutados, frescos y vivos. Algunos de los vinos jóvenes tienen un apasionado toque de efervescencia en su juventud. El sabor es suave y amable. Sírvalos como aperitivos o con pescados y crustáceos. Temperatura de consumo: 10-12°C (50-54°F). También se produce un spumante de calidad razonable con la variedad de pinot bianco.

El rosato es afrutado y fresco, seco y suave, con una chispa de carbónico en su juventud. También hay una versión spumante. Beba este alegre rosato con crustáceos, platos de verduras y pierna de cordero al horno. Temperatura de consumo: 10-12°C (50-54°F).

El rosso es muy peculiar, robusto, suave, cálido, amplio y redondo. Los mejores vinos envejecen algún tiempo extra durante al menos dos años y contienen un poco más de alcohol. Beba estos sensuales tintos secos con platos al

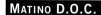

CASTEL DI SALVE

ARMÉCOLO
Rosso Salento

Rosso Salento.

horno, verduras gratinadas o cordero asado, frito o al grill. Temperatura de consumo: 15-17°C (59-63°F).

ALEZIO D.O.C.

Maravilloso rosso seco, cálido y con cuerpo hecho con las variedades de uva negroamaro, malvasía nera, sangiovese y montepulciano. Beba estos tintos suculentos, ligeramente amargosos y tánicos con carnes rojas a la parrilla. Temperatura de consumo: 14-16°C (57-61°F); para los excelentes reservas, 16-17°C (61-63°F).

El rosato suave y de color salmón hecho con las mismas variedades de uva que el rosso, es un gran rosado con una agradable frescura y medio cuerpo. Este vino tiene un toque amargoso característico. Bébalo con pescado del mar al grill, calamares o platos de verduras gratinadas. Temperatura de consumo: 10-12°C (50-54°F).

COPERTINO D.O.C.

Excelente rosato hecho con variedades de uva primitivo, montepulciano, sangiovese, negroamaro y malvasía. El vino es suave, con cuerpo y no demasiado seco. El aroma y el sabor son muy característicos, afrutados y algo vegetales a la vez, con un agradable final de boca amargo. Vino ideal para pescado al grill o crustáceos. Temperatura de consumo: 10-12°C (50-54°F).

El rosso es de color rojo rubí, seco, con un cuerpo lleno, redondo, jugoso y suavemente aterciopelado. El reserva tiene al menos dos años y contiene un mínimo del 12,5 por 100 de alcohol. Excelente vino con carnes rojas cocidas, cordero o quesos de oveja maduros. Temperatura de consumo: 15-16°C (59-61°F); reservas, 16-17°C (61-63°F).

MATINO D.O.C.

Rosato y rosso de primera clase hechos con la variedad de uva negroamaro, producidos en el punto más sudeste de la bota italiana (del tacón). Beba el rosato con crustáceos, pescado, aves, verduras tiernas o un suculento cordero. El rosso pide un guiso o un asado de carne. Temperatura de consumo: rosato, 10-12°C (50-54°F); rosso, 14-16°C (57-61°F).

NARDO D.O.C.

Esta región se halla cerca de la localidad de Nardo, en el tacón de la bota. Aquí se hacen vinos extraordinarios con la variedad de uva negroamaro, complementada con malvasía nera y montepulciano.

El rosato es de un color magnífico –a medio camino entre el rojo cereza pálido y el fresa– ligeramente afrutado, seco, suavemente aterciopelado y seductor, con un final de boca ligeramente amargo. Grandes vinos con los crustáceos, pescados, aves o platos de verduras. Temperatura de consumo: 10-12°C (50-54°F).

El rosso es de color rojo rubí, intensamente aromático (frutas maduras), redondo y de textura

Salice Salentino
rosso riserva.

Copertino.

corpulenta, ligeramente amargo y tánico. Los mejores vinos (reservas) tienen que envejecen durante dos años y contener un mínimo del 12,5 por 100 de alcohol. Son vinos de primera clase para platos de pasta con aceitunas y salsa de tomate, cordero o quesos de oveja no demasiado fuertes. Temperatura de consumo: 15-16°C (59-61°F), reservas 16-17°C (61-63°F).

BASILICATA

Cuando dejamos el tacón de la bota llegamos a Basilicata antes de alcanzar la punta (Calabria). Esta zona, previamente conocida como Lucania, hace muy poco que ha vuelto a llamarse Basilicata. Basilicata tiene un paisaje único y apasionante, salvaje y original, en parte determinado por el montañoso interior y la breve pero magnífica línea de costa. Basilicata está en el mar Tirreno (Mediterráneo) y el mar Jónico; al oeste limita con Campania y al este con Apulia. La comarca depende completamente de la agricultura, viticultura y el turismo verde. Si busca cuidadosamente encontrará restos de civilizaciones anteriores en la capital, Poteza, y en la segunda ciudad, Montera. Los antiguos griegos y romanos han dejado tras ellas un legado monumental, también incluida la viticultura. La única D.O.C. del área lleva el nombre de una variedad de uva de la antigua Grecia, hellenico, "italianizada" a aglianico. La gastronomía local es bastante rústica. A menudo encontrará en el menú combinaciones nutritivas de pasta y judías (en lugar de carne), por ejemplo. Los domingos y los días festivos a menudo se come cordero y se emplea todas y cada una de las partes del cordero. En comparación, los habitantes de Basilicata también comen muchas patatas, así como la siempre favorita pasta. Las verduras, especialmente pimientos, tomates y berenjenas, también tienen un papel muy destacado aquí.

AGLIANICO DEL VULTURE D.O.C.

Vulture es el nombre de un monte volcánico cerca de Poteza. El suelo sobre las laderas de este antiguo volcán es particularmente fértil para la viticultura. La situación de estos viñedos supone que las uvas gozan de una insolación completa. Si este vino se hiciese en cualquier otra parte que no fuese en la empobrecida Basilicata, se encontraría sin duda entre la elite de los vinos italianos: es un vino excelente.

El color varía del rojo rubí al cereza, con toques teja a medida que envejece. El aroma es bastante sutil y característico. El vino tiene un sabor amplio, fresco y poderoso cuando es joven, y más tarde algo más suave; es jugoso y varía del seco al amable. Los mejores vinos envejecen en barricas un poco más de tiempo y tienen más alcohol y cuerpo. El vecchio tiene que madurar al menos tres años, el riserva un mínimo de cinco. Sirva este vino con un plato muy especial de cordero al horno. Temperatura de consumo: 15-16°C (59-61°); riserva, 16-17°C (61-63°F).

CALABRIA

Calabria es la punta del pie de la bota italiana. Es una tierra salvaje pero bella, rodeada en tres de sus lados por un mar: el Tirreno (Mediterráneo), los estrechos de Mesina y

Aglianico del Vulture riserva.

Aglianico del Vulture.

el golfo de Esquilache (mar Jónico). Calabria fue en su día el Jardín del Edén para los griegos, que se vieron atraídos por la bella costa y las imponentes montañas (Sila). De nuevo fueron los griegos quienes comenzaron a cultivar la uva en Calabria. Aunque todos los vinos famosos han desaparecido y han sido olvidados ahora, aún encontramos un maduro Cirò, que conserva un toque de la antigua civilización griega. Como en Grecia, predominan el pescado, pimientos, berenjenas, tomates, aceite de oliva, aceitunas y ajo. No es de maravillar que se encuentre con maravillosos vinos blancos y rosados aquí. Sin embargo, son principalmente los tintos los más conocidos. Además de los vinos que describimos aquí, Sant'Anna di Isola Capo Rizzuto y San Vito di Luzzi son interesantes vinos D.O.C. de Calabria.

POLLINO D.O.C.

Esta pequeña región vinícola se encuentra al norte de Calabria. Aquí se produce un tinto de color rojo rubí muy destacado, que es seco, personal y redondo. La versión superior tiene ligeramente más alcohol y ha envejecido durante un tiempo mayor (mínimo dos años). Gran vino para los platos ligeros de carne, platos al horno y verduras. Temperatura de consumo: 16°C (61°F).

CIRÒ D.O.C

En las inmediaciones de la actual ciudad de Cirò se encuentra el famoso templo de Cremista, construido en la época de la antigua Grecia. El hecho de que este templo esté dedicado a Dionisos, el dios griego del vino, indica lo importante que fue este lugar para los antiguos. Los vinos de Cremista, los antecesores directos de los vinos de Cirò, eran famosos en el mundo de aquella época.

El Cirò bianco se hace con las variedades de uva greco bianco y trebbiano. Este vino siempre ha sido el hermano pequeño del rosato y del rosso, pero en los últimos años han logrado producir Cirò blanco muy aceptable, fresco y vivo, ideal con pescado. Pruebe *pesce spada*, pez espada, preferiblemente al grill, con pimientos, tomates y ajo, por ejemplo. Temperatura de consumo: 8-10°C (46-50°F).

El Cirò rosato se hace con la variedad de uva gaglioppo, posiblemente complementada con trebbiano y greco (máximo del 5 por 100). Este rosato es intenso de color, bastante suave en aroma y seco, amplio, cálido y de sabor seductor. Definitivamente, un rosato para las comidas (mínimo 12,5 por 100 de alcohol), preferiblemente con pizza de pescado o de marisco, gambas a la plancha o calamares. Temperatura de consumo: 10-12°C (50-54°F).

El Cirò rosso es indudablemente el mejor vino de los tres y quizá el mejor de Calabria. Se hace con las mismas variedades de uva que el rosato. El Cirò básico (mínimo 12,5 por 100 de alcohol) es seco, jugoso, complejo, amplio y cálido en sabor. Los vinos del corazón del área que rodean las pequeñas ciudades de Cirò y Cirò Marina llevan la designación "classico". Ya sea classico o no, un Cirò rosso que contiene al menos un 13,5 por 100 de alcohol recibe el nombre de superiore y los vinos que han envejecido un mínimo de dos años reciben el nombre de riserva.

Los mejores vinos son en principio los Cirò rosso classico superiore riserva. Sirva estos vinos tintos con mucho cuerpo, suavemente aterciopelado pero robusto con carne al grill o al horno. Pruebe el *abbaccio calabrese*, un guiso divino de cordero, patatas, cebollas, aceitunas y hierbas. Temperatura de consumo: vino básico, 16°C (61°F); los classico superiore y riserva mejores y más añejos 16-18°C (61-64°F).

LAMEZIA D.O.C.

Encontrará un bianco de calidad razonable hecho con variedades de uva greco, trebbiano y malvasía y un Greco Bianco extraordinario. Son secos, frescos, suaves y con mucho cuerpo. Grandes vinos para el pescado o para los numerosos tipos de pizza que puede probar aquí. Recomiendo la pizza Calabrese con tonno, una pizza maravillosa con atún y an-

Cirò rosato.

choas. Temperatura de consumo: 8-10°C (46-50°F), Greco, 10-12°C (50-54°F). También hay un rosato suave, seco, de fácil paso de boca que combina bien con cualquier cosa que venga del mar. Temperatura de consumo: 10-12°C (50-54°F).

El rosso es seco, con cuerpo, cálido, redondo y afrutado. Las variedades de uva usadas incluyen nerello mascalese, nerello cappucio y marigliana —en otras palabras no las uvas de siempre— que logran un vino muy aceptable. Busque el excelente riserva de calidad, con un mínimo de tres años de envejecimiento, incluyendo al menos seis meses en barricas de roble. Maravilloso con los guisos locales de patatas, cer-

Cirò bianco.

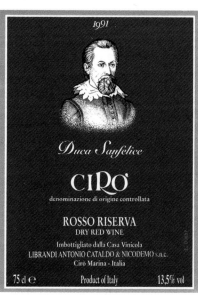

Cirò rosso.

do, pimientos y tomates. Temperatura de consumo: 16°C (61°F), riserva 17°C (63°F).

MELISSA D.O.C.

Blanco de calidad razonable hecho con las variedades de uva greco, trebbiano y malvasía. Grande como aperitivo o con platos ligeros de pescado. Temperatura de consumo: 8-10°C (46-50°F).

Excelente rosso hecho con gaglioppo, greco nero, greco bianco, trebbiano y malvasía. Tinto seco, con cuerpo, redondo y cálido, que pide carne asada. El "superiore" tiene que criarse al menos dos años y contener un mínimo de alcohol del 13 por 100. Pruebe el *abbaccio al forno*, pierna de cordero al horno. Temperatura de consumo: 16-17°C (61-63°F).

DONNICI D.O.C.

Otro excelente rosso del centro de Calabria. Se obtiene a partir de las variedades de uva gaglioppo, montonico nero y greco nero, a veces "suavizados" añadiendo las uvas blancas malvasía, montonico bianco y pecorello. También se hace un rosato con cuerpo a partir de las mismas variedades de uvas. Ambos vinos son frescos, amplios, redondos y suaves. Sirva este rosato con delicias del mar al grill y el rosso con guisos. Temperatura de consumo: rosato, 10-12°C (50-54°F); rosso, 16°C (61°F).

SAVUTO D.O.C.

Rosato y rosso característicos, secos, con cuerpo y con una larga historia. Las variedades de uva gaglioppo, greco nero, nerello, capuccio, magliocco, canino y sangiovese se emplean para los vinos actuales. Vinos muy interesantes y originales que combinan bien con la cocina local. Preferiblemente busque un superiore (mínimo dos años de envejecimiento y al menos 12 por 100 de alcohol). Vinos ideales para platos al horno, incluyendo pasta (lasaña), carne, tomates y cebollas. Temperatura de consumo: rosato, 10-12°C (50-54°F); rosso 16°C (61°F).

SCAVIGNA D.O.C.

Un bianco fresco, afrutado y seductor hecho con las variedades de trebbiano, greco y malvasía. El sabor es seco, lleno y suave. ¡Excelente aperitivo! Temperatura de consumo: 8-10°C (46-50°F).

El rosato es seco, fresco, vivo y elegante. Este vino no sólo agradece el pescado y otras delicias de mar, sino también pollo e incluso cordero. Temperatura de consumo: 10-12°C (50-54°F).

También producen un rosso seco, con cuerpo y bastante carnoso, con las variedades de uva gaglioppo y nerello cappucio. Beba este vino con platos de pasta fuertes al horno. Temperatura de consumo: 16-17°C (61-63°F).

VERBICARO D.O.C.

El bianco se hace con las variedades de uva greco, malvasía y guarnaccia bianca. Es un vino blanco seco, fresco, de paso facil, sin demasiadas pretensiones. Resulta bueno como ape-

ritivo o simplemente para saciar la sed durante una comida veraniega. Temperatura de consumo: 8-10°C (46-50°F).

El rosato es seco, elegante, fresco y armonioso. Este vino también prefiere no destacar demasiado por su genuina modestia. Grande con la mayoría de las pizzas. Temperatura de consumo: 10-12°C (50-54°F).

El rosso se hace con las variedades de uva gaglioppo (guarnaccia nera) y greco nero, posiblemente complementadas con algunas uvas blancas. Este vino rojo rubí es discretamente aromático, seco, suave y redondo. Los mejores vinos (riservas) envejecen durante al menos tres años y tienen un mínimo del 12,5 por 10 de alcohol. Vinos ideales para la mayoría de platos de pasta y verduras al horno. Temperatura de consumo: 15-16°C (59-61°F); reserva, 16-17°C (61-63°F).

GRECO DI BIANCO D.O.C.

Ésta es la región vinícola más al sur de la península italiana. Se sitúa cerca de Reggio Calabria, en la punta de la bota. Aquí se obtiene un vino blanco extraordinario del color amarillo paja al dorado, con un aroma marcado y personal y un sabor suave, cálido (mínimo del 17 por 100 de alcohol) y ligeramente amargoso. Tradicionalmente este vino se sirve con postres dulces. Temperatura de consumo: 10-12°C (50-54°F); ligeramente más frío sería correcto, pero preferiblemente nunca más caliente.

SICILIA

La isla con forma triangular de Sicilia es la provincia más grande de Italia y también la isla más grande del Mediterráneo. Casi todos los pueblos que alguna vez han tenido algo que ver con el Mediterráneo han dejado sus huellas en Sicilia: desde los fenicios a los cretenses, de los árabes a los vikingos. El relieve de Sicilia está completamente influido por el mar y los volcanes. Más del 80 por 100 de su superficie consta de montañas, normalmente de origen volcánico. Algunos de los volcanes siguen activos. Sicilia es también una tierra de contrastes: los turistas más mimados pueden esquiar en las montañas más altas por la mañana y por la tarde tumbarse felizmente en una de las numerosas playas, disfrutando del sol y del cálido mar. La vida en la isla le traerá en seguida a la mente el sur de Italia, el clima y el paisaje, aunque también, la costa del norte de África.

Sicilia es la mayor provincia productora de vino de Italia, pero sus propios habitantes beben menos vino que en otras partes del país. Por eso la viticultura siciliana depende en gran medida del mercado de exportación. No se han escatimado dinero ni esfuerzos para realizar grandes cambios en las últimas décadas. El Muscat y Marsala, dulces, sensuales, con cuerpo —que en su día fueron el orgullo de la isla— han mejorado si cabe aún más, a la vez que llegan a los mercados más vinos modernos y nuevos. Además de los famosos vinos D.O.C. también se produce una gran cantidad de Indicazione Geografiche Tipiche y *vini da tavola* excelentes.

Los sicilianos han heredado la cultura y la gastronomía de todos los pueblos que en su día visitaron la isla. Algunos, como los griegos y los árabes, permanecieron durante más

SANTA ANASTASIA
Sicilia
INDICAZIONE GEOGRAFICA TIPICA
Bianco

ABBAZIA SANTA ANASTASIA
PRODOTTO E IMBOTTIGLIATO
DALLA AZIENDA AGRICOLA L.E.N.A. S.R.L.
CASTELBUONO - ITALIA

750 ml ℮   ITALIA

Sicilia también produce excelentes vinos blancos.

tiempo, y han dejado restos más claros que otras civilizaciones. Desde un punto de vista culinario, Sicilia es un auténtico paraíso para aquellos a los que les guste la cocina rústica, original, natural y fresca: pasta, pizza, pescado, cordero, aceite de oliva, aceitunas, frutos cítricos, verduras mediterráneas y, no se olviden, ¡tartas, sorbetes y cassatas!

FARO D.O.C

Pequeña región vinícola cercana a Messina, en el nordeste de la isla, que produce buenos vinos tintos de variedades de uva nerello, nocera y a veces calabrese, gaglioppo y sangiovese. Sirva estos tintos secos, de medio cuerpo, acompañando platos de pasta o de verdura. Temperatura de consumo: 14-16°C (57-61°F).

MALVASÍA DELLE LIPARI D.O.C

Éste es uno de los muchos vinos hechos con la variedad de uva malvasía producidos en la isla principal o en las más pequeñas Eolias. Este Malvasía amarillo dorado de la isla de Le Lipari (que da a la costa de Mesina) resulta muy aromático. Puede hacerse de varias maneras: completamente con uvas frescas (malvasía), con una parte de uvas pasificadas (passito); completamente con uvas pasas (liquoroso) o incluso prensadas con una pequeña canti-

1998

ZURRICA
Sicilia
INDICAZIONE GEOGRAFICA TIPICA
Bianco

ABBAZIA SANTA ANASTASIA

750 ml ℮   PRODOTTO E IMBOTTIGLIATO
DALLA AZIENDA AGRICOLA L.E.N.A. S.R.L.
CASTELBUONO - ITALIA   12,5% vol. ITALIA

Vino blanco en el que puede saborear el suelo.

Vino IGT hecho con la variedad autóctona insolia.

Vino IGT hecho con la variedad autóctona nero d'Avola.

dad de bayas. El Malvasía corriente contiene un mínimo del 15 por 100 de alcohol, el passito un mínimo del 18 por 100 y el liquoroso un mínimo del 20 por 100. Todos los vinos deberían servirse después de las comidas con postres no demasiado dulces. Temperatura de consumo: según el gusto, 10-12°C (50-54°F) para los menos dulces, 16-18°C (61-64°F) o 6-8°C (43-46°F), según el gusto, para las versiones más dulces y fuertes.

ETNA D.O.C.

Vinos blancos, tintos y rosados razonables que se producen en las fértiles laderas del Etna, sobre de la ciudad de Catania.

El bianco y el bianco superiore se obtienen de las variedades de carricante y cataratto bianca, posiblemente complementadas con trebbiano y minella bianca. Sirva estos vinos secos, frescos, ligeros y suaves como aperitivos o con pescado. Temperatura de consumo: 8-10°C (46-50°F).

El rosato y rosso se hacen con las variedades de uva nerello (mascalese y mantellato/capuccio). Ambos vinos son secos, con mucho cuerpo, cálidos (mínimo 12,5 por 100 de alcohol), con materia y fuerza de sabor. Sirva el rosato con *peperoni imbottiti* (pimientos rellenos), por ejemplo, y el rosso con *palpettone*, las famosas albóndigas sicilianas a las hierbas. Temperatura de consumo: rosato, 12°C (54°F); rosso, 16°C (61°F).

CERASUOLO DI VITTORIA D.O.C.

Región vinícola bastante pequeña del interior de Catania. Este vino de color rojo rubí se hace con las variedades de uva frappato, calabrese y posiblemente grosso nero y nerello. El aroma es complejo, elegante y tiene un toque herbáceo. El sabor es amplio, redondo, cálido (mínimo 13 por 100 de alcohol) y seco. Vino excelente con cordero al grill (*abbaccio al forno*). Temperatura de consumo: 16-17°C (61-63°F).

ELORO D.O.C.

Esta región vinícola se encuentra al sudeste de la isla, cerca de Siracusa. Aquí se producen seis tipos de vino:

- Un rosato, cuyo color se inclina hacia el "ojo de perdiz" (anaranjado/teja/rosa) y el aroma es muy afrutado. El sabor es afrutado, fresco y suave. Gran vino con pizza de pescado y/o mariscos. Temperatura de consumo: 10-12°C (50-54°F).
- El rosso es bastante rústico, seco y fuerte y a menudo tánico. Sirva este personal vino con un toque amargoso con pescado frito o al grill. Temperatura de consumo: 16°C (61°F).
- El Nero d'Avola es un interesante vino tinto sin demasiadas pretensiones. Grande con platos de pasta con salsa de carne. Temperatura de consumo: 14-16°C (57-61°F).
- El Freppato tiene algo más que ofrecer, sin duda en lo que respecta al aroma. Vino agradable para la pasta diaria. Temperatura de consumo: 14-16°C (57-61°F)
- El Pignatello le seducirá al momento, pero le aportará poco placer culinario. Beba este vino de trago fácil con platos de verduras o con almuerzos en el campo. Temperatura de consumo: 14°C (57°F).
- El Pachino es sin duda el mejor de todos los vinos de Eloro. El color varía del cereza al rubí

Etna rosso.

con destellos teja y ocre. El aroma es complejo y muy interesante, afrutado con un ligero toque animal al mismo tiempo. El sabor es amplio, intenso, robusto, cálido y ligeramente evasivo. Busque los extraordinarios reserva (mínimo dos años de crianza, incluyendo seis meses en roble, mínimo 12 por 100 de alcohol). Definitivamente, un vino para las mejores piezas de cordero y buey. Temperatura de consumo: 16°C (61°F); reserva, 17°C (63°F).

MOSCATO DI NOTO D.O.C.

Este vino ya gozó de gran fama en la época romana, con el nombre de Pollio. Se produce en el área que rodea Siracusa, en el sudeste de la isla.

El Moscato naturale (mínmo 11,5 por 100 de alcohol) tiene un aroma intenso a uvas muscat recién cogidas y esto también se refleja en el sabor. Gran vino para postres no demasiado dulces ni complicados. Temperatura de consumo: 8-10°C (46-50°F). (Algunas personas lo prefieren a temperatura ambiente para poder disfrutar de un aroma y sabor plenos a muscat, pero en ese caso se pierde algo de la elegancia y la frescura del vino. Es su decisión.)

El Moscato spumante (mínimo 13 por 100 de alcohol) es un vino espumoso sensual y con cuerpo, con una fuerza aromática asombrosa. ¡Un vino así no le dejará indiferente! Bébalo después de las comidas, por puro placer. Temperatura de consumo: 8-10°C (46-50°F).

El Moscato liquoroso (mínimo 22 por 100 de alcohol) es un vino generoso. Combina la dulzura y la fuerza de las uvas muscat con la calidez y redondez del alcohol. Beba este vino aterciopelado por sí solo después de las comidas. Temperatura de consumo: 6-8°C (43-46°F).

MOSCATO DI SIRACUSA D.O.C.

Otro vástago de la familia Moscato: seductor, muy aromático, lleno y elegante; particularmente agradable, pero engañoso, ¡contiene un mínimo del 16,5 por 100 de alcohol! Este Moscato se bebe a menudo en combinación con postres dulces, a veces incluso con helados. Es un auténtico crimen, porque este vino tiene mejor sabor tomado a pequeños sorbos y sin acompañamiento. Temperatura de consumo: 6-8°C (43-46°F).

MENFI D.O.C.

Esta región vinícola de Menfi se encuentra cerca de Agrigento. Aquí se producen vinos excelentes.

El bianco de las variedades de uva insolia, ansonica, grecanico, chardonnay, cataratto, bianco, lucido, tiene un color paja pálido con un toque verdoso. El aroma y el sabor de este vino del sur poseen una frescura sorprendente que combina bien con platos de pescado. Temperatura de consumo: 8-10°C (46-50°F).

El Chardonnay es redondo, amplio y agradable, afrutado y suave. Más sabroso que interesante. Correcto con pescado de mar. Temperatura de consumo: 10-12°C (50-54°F).

El Grecanico es un vino original que le entusiasmará. Es de color amarillo pálido con un toque verdoso, fresco, afrutado, elegante y seductor. Típico vino para pescados sustanciosos, como pez espada, *pesce spada*. Temperatura de consumo: 10-12°C (50-54°F).

El Insolia y Ansonica son también vinos frescos y elegantes que combinan bien con pescado. Temperatura de consumo: 10-12°C (50-54°F).

El Feudo die Fiori (variedades de uva insolia, ansonica y chardonnay) es un vino blanco sutil, fresco y excelente que queda bien en combinación con platos de pescado no demasiado fuertes. Temperatura de consumo: 10-12°C (50-54°F).

El Bonera y Bonera riserva se obtienen a partir de las variedades de uva nero d'Avola, sangiovese, frappato di vittoria y cabernet sauvignon. Son vinos secos con cuerpo, tánicos, con mucho carácter. El Bonera es aún bastante afrutado, mientras que el reserva es bastante más completo y cálido (mínimo 13 por 100 de alcohol y al menos dos años de crianza, incluyendo un mínimo de un año en roble). Beba estos vinos robustos con *farsu magru*, redondos de ternera o buey rellenos de carne picada, queso, verduras y huevos duros cocidos, por ejemplo. Temperatura de consumo: 16-17°C (61-63°F).

SAMBUCA DI SICILIA D.O.C.

No se trata de la famosa bebida anisada Sambuca, sino de la región vinícola cercana a la localidad de Sambuca di Sicilia, cerca de Agrigento.

El bianco (variedades de uva ansonica/ insolia, catarratto bianco lucido y chardonnay) es un vino fresco y delicado que pronto se hace amigo de todo tipo de pescados. Temperatura de consumo: 8-10°C (46-50°F).

El Chardonnay está bien hecho, pero tiene poca personalidad que ofrecer. Bueno como aperitivo y gran acompañamiento para pescado y carnes blancas. Temperatura de consumo: 10-12°C (50-54°F).

El rosato, hecho con variedades de uva nero d'Avola/calabbrese, nerello, sangiovese y cabernet sauvignon, es fresco, afrutado y suave. Delicioso con platos a base de verduras como *caponata* (incluye berenjenas) y *peperonata* (incluye pimientos, tomates, cebolla y aceitunas). Temperatura de consumo: 10-12°C (50-54°F).

El rosso y rosso riserva son muy intensos en aroma, personales, redondos, con cuerpo y suaves. El rosso corriente tiene que envejecer al menos seis meses extra; el riserva durante al menos un año, incluyendo seis meses en roble. Acompañamientos de primera clase para platos de pasta con salsa de carne. Temperatura de consumo: 15-17°C (59-63°F).

El Cabernet Sauvignon es excelente y ligeramente menos autoritario que sus hermanos mayores de Burdeos. Sirva este vino seco, con cuerpo y redondo, con buey o cordero al grill. Temperatura de consumo: 16°C (61°F).

MOSCATO DI PANTELLERIA D.O.C.

Pantelleria es una de las numerosas islas que se encuentran enfrente de la costa de Sicilia cerca de Trapani. Aquí se producen dos vinos muy sorprendentes que parecen proceder directamente del tiempo de los antiguos griegos. Ambos vinos tienen como base la variedad zibibbo muscat.

El Moscato naturale (mínimo 12,5 por 100 de alcohol) es típicamente Moscato en aroma y sabor. Se emplea un porcentaje de uvas pasificadas para el Moscato naturalmente dolce, que incrementa su contenido de alcohol a un mínimo del 17,5 por 100. También hay un spumante y un liquoroso divinos. Sirva todos estos vinos Moscato con postres no demasiado dulces, o por sí solos, después de una comida. Temperatura de consumo: 6-12°C (43-54°F); cuanto más dulces, más fríos.

El passito se obtiene por completo de uvas pasificadas. Se trata de un Moscato muy sensual con gran cantidad de fuerza, fruta sensual y calidez (mínimo 14 por 100 de alcohol). También existe una versión liquoroso incluso más dulce con un 21,5 por 100 de alcohol. Los mejores vinos reciben la designación "extra". Entonces, además de poseer calidad y finura extraordinarias, deben tener al menos un 23,9 por 100 de alcohol. Beba el passito y el passito liquoroso, ya sea o no "extra", después de las comidas, sin acompañamiento. Temperatura de consumo: passito 8-10°C (46-50°F); liquoroso, 6-8°C (43-46°F). (Algunas personas los prefieren a temperatura ambiente. Esto les aporta un aroma y sabor incluso más complejo, pero los vinos pierden algo de frescura y se hacen más pesados.)

Moscato di Pantelleria.

Contessa Entellina D.O.C.

Región vinícola cercana a Palermo, en el noroeste de la isla. Aquí se obtienen vinos secos, frescos, elegantes y personales a partir de las variedades de uva ansonica, catarratto, bianco lucido, grecanico, chardonnay, sauvignon blanc y müller-thurgau. Los mejores vinos, sin embargo, son los varietales, especialmente los hechos con sauvignon blanc, chardonnay y grecanico. Estos tres vinos son buenos en combinación con platos tanto tradicionales como modernos. Temperatura de consumo: 8-12°C (46-54°F).

Alcamo/Bianco Alcamo D.O.C.

Sin lugar a dudas el vino blanco más conocido de la isla. Alcamo procede del área entre Trapani y Palermo en el noroeste de Sicilia. El vino se obtiene a partir de la variedad de uva catarratto bianco (commune/lucido), posiblemente complementada con damaschino, grecanico y trebbiano. El color es amarillo pálido con un toque verdoso y el aroma es bastante neutro. El sabor, por otro lado, es fresco, jugoso, extremadamente afrutado y suave. Éste es un vino muy bueno para los mejores pescados, pero también queda bien con platos de pasta más simples. Prueba *lumaconi con le sarde*, variedad de pasta con una salsa de sardinas frescas, hinojo, cacahuetes, pasas y anchoas. Temperatura de consumo: 10-12°C (50-54°F).

Marsala D.O.C.

Sin duda el vino generoso más antiguo y más conocido de Sicilia y, probablemente, el más inglés. El británico John Woodhouse, que fue el primero en transportar este vino a Inglaterra, es el hombre que se esconde tras la historia de éxito de este famoso vino. Otro inglés, Benjamin Ingham, fue el primero en aplicar el sistema de solera (conocido por los vinos de Jerez) a los vinos de Marsala. Para un marsala se necesita mosto de las variedades de uva grillo, catarratto, pignatello, calabrese, nerello, damaschino, insolia y nero d'Avola, cuya fermentación se corta prematuramente para retener el afrutado del mosto en el vino. Existen los siguientes tipos:

Bianco Alcamo.

- Marsala fine: mínimo de un año de solera, mínimo 17 por 100 de alcohol.
- Marsala superiore: mínimo de dos años de crianza, mínimo 18 por 100 de alcohol.
- Marsala superiore riserva: mínimo cuatro años de crianza, mínimo 18 por 100 de alcohol.
- Marsala vergine/solera: mínimo cinco años de crianza, mínimo18 por 100 de alcohol.
- Marsala vergine/solera stravecchio/solera riserva: mínimo de diez años de envejecimiento, mínimo de 18 por 100 de alcohol.
  El color del producto también aparece en la etiqueta:
- Oro: amarillo dorado.
- Ambra: del amarillo ámbar al dorado ámbar.
- Rubino: rojo rubí, obtenido a partir de uvas tintas.

El grado de dulzura se indica también meticulosamente con los términos conocidos de secco, semisecco y dolce.

Cada tipo de marsala posee su propio carácter, color, aroma y sabor, dependiendo de las variedades de uva originales, el contenido en azúcar del mosto, la cantidad de alcohol de vino añadido y la duración de la crianza. Puede servir un marsala seco como apetitoso aperitivo civilizado o con quesos curados; los ligeramente dulces, con pasteles, pastas y postres menos dulces (por ejemplo con ricotta); los muy dulces, con buñuelos y otros bocados similares, y los riserva por sí solos después de las comidas. Temperatura de consumo: depende del tipo y del acompañamiento, 8-18°C (46-64°F); también del gusto.

También puede comprar "Marsala speciale", que ciertamente no se encuentra entre los mejores vinos y que se presenta con sabores a huevo, crema, café, vainilla y así sucesivamente. Cómprelos de todas formas si es que le gustan, pero sepa que se encuentran muy lejos de las nobles bebidas de Woodhouse.

CERDEÑA

Cerdeña también es una isla de contrastes: una línea costera suave y montañas abruptas y escarpadas, zonas muy turísticas y naturaleza salvaje e indomable. Cerdeña, la segunda isla más grande del Mediterráneo después de Sicilia, también ha sido visitada por innumerables civilizaciones durante su larga historia: fenicios, cataginenses, griegos, romanos y españoles han dejado sus huellas en Cerdeña. Estos visitantes trajeron las viñas consigo. Después de muchos siglos, al menos se ha encontrado cierto equilibrio en Cerdeña entre los vinos dulces adorados por los griegos y romanos y los vinos más ligeros que están más acordes con los gustos de los consumidores de vino actuales. La viticultura se concentra al pie de las montañas, en los valles y en las áreas planas de la costa, donde vive la mayoría de la población. La cocina de Cerdeña es sencilla: pescado, crustáceos, mariscos, cerdo, cabrito y cordero al grill, pasta y, por supuesto, queso de oveja, como pecorino. ¡Simple, fresca y excepcionalmente deliciosa!

Marsala.

Vermentino di Gallura D.O.C.G.

Este Vermentino se produce en el norte de la isla. Es más sutil y fino que el Vermentino di Sardegna corriente y siempre resulta seco y fresco. Generalmente este Vermentino también tiene más alcohol, especialmente el "superiore", que tiene que tener un mínimo del 14 por 100. Ideal con platos de pescado al grill. Pruebe el *tonno/pesce spada alla griglia*, atún o pez espada a la barbacoa. Temperatura ideal: 10-12°C (50-54°F).

TURRIGA.

ISOLA DEI NURAGHI

Indicazione Geografica Tipica

IMBOTTIGLIATO DA ARGIOLAS & C s.p.a. - SERDIANA - ITALIA

750 ML ℮ - ITALIA - 12,5% VOL

La Grande Madre - museo archeologico di Cagliari

El pasado remoto sigue vivo y a gusto en Sicilia.

Canonau di Sardegna D.O.C.

Fueron los españoles los que trajeron a la isla la variedad de uva canonau (Alicante). El Canonau di Sardegna se produce en el sudeste de la isla. Puede encontrar los siguientes añadidos locales a la etiqueta: "Oliena", "Nepente di Oliena" (área cercana a Nuoro), "Capo Ferrato" (área cerca de Cagliari) y "Jerzu" (entre Nuoro y Cagliari). Este vino tinto color rubí es un rosato o rosso seco o amable con un sabor cálido (mínimo 12'5 por 100 de alcohol), jugoso y agradable. El riserva tiene un mínimo del 13 por 100 de alcohol y tiene al menos dos años de crianza. Existe también un liquoroso secco con un 18 por 100 de alcohol y un liquoroso dolce naturale con un 16 por 100 de alcohol. Beba el liquoroso secco como aperitivo o con pasteles, el rosato con pescado y marisco, el rosso con cordero al grill y el liquoroso dolce naturale con pos-tres o después de las comidas. Temperatura de consumo: liquoroso secco, 10-12°C (50-54°F); liquoroso dolce naturale, 6-8°C (43-46°F) o 14-18°C (57-64°F); rosato, 10-12°C (50-54°F); rosso, 16°C (61°F), y rosso riserva, 17°C (63°F).

Monica di Sardegna D.O.C.

Se trata de una serie de vinos elaborados a partir de la variedad de uva monica, a veces complementada con uvas blancas. La Monica di Sardegna se hace en toda la isla. Es un tinto color rubí muy vistoso, jugoso y seductor, seco o amable, que también se produce como frizzante naturale y como secco superiore (mínimo 12,5 por 100 de alcohol). Sirva la versión seca con verduras nutritivas y platos de judías, como favata (un plato de judías y cerdo) y el amable con postres. Temperatura de consumo: secco superiore, 14-17°C (57-63°F); amable, 10-14°C (50-57°F).

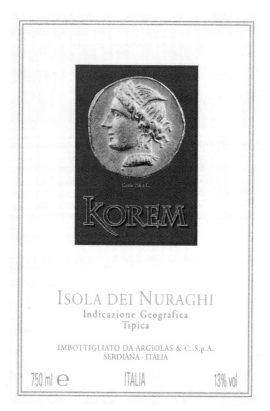

KOREM

ISOLA DEI NURAGHI
Indicazione Geografica
Tipica

IMBOTTIGLIATO DA ARGIOLAS & C. S.p.A.
SERDIANA - ITALIA

750 ml ℮   ITALIA   13% vol

Etiqueta de Cerdeña inspirada
en motivos antiguos.

Canonau (VCR).

Moscato di Sardegna D.O.C.

Este Moscato de color paja es muy aromático, sofisticado y sensual. El sabor es dulce, elegante y muy afrutado. Gran acompañamiento para postres de frutas frescas. En el norte del país también puede encontrar añadidos locales en las etiquetas: "Tempio Pausania", "Tempio" o "Gallura". Temperatura de consumo: 8-10°C (46-50°F).

Vermentino di Sardegna D.O.C.

Vino blanco de color paja con un toque verdoso. El aroma es suave y sutil, con más finura que cuerpo, y el sabor es fresco, jugoso, de seco a ligeramente dulce, con un toque amargo en el final de boca. También existe un espumoso elegante, que queda bien como aperitivo. Sirva el Vermentino corriente con pescado. Pruebe *casso-*

Monica di Sardegna.

la, un plato de sopa principal con varios tipos de pescado. Temperatura de consumo: 8-10°C (46-50°F).

Malvasía di Cagliari D.O.C.

Estos vinos de la variedad de uva de malvasía proceden del área cercana a Cagliari. El Malvasía seco y el Malvasía dolce naturale son vinos cálidos (mínimo 14 por 100 de alcohol) y con cuerpo, aromáticos y sofisticados, con un toque amargoso y un matiz de almendra tostada. Tradicionalmente, estos vinos se sirven al final de las comidas. Temperatura de consumo: seco, 10-12°C (50-54°F); dolce, 8-10°C (46-50°F).

El Malvasía liquoroso secco y el Malvasía liquoroso dolce naturale son vinos generosos de gran calidad,

Vermentino di Sardegna.

especialmente los vinos de reserva que han envejecido durante más de dos años. Estos vinos aromáticos tienen un mínimo de 17,5 por 100 de alcohol y deberían servirse con postres. Temperatura de consumo: 10-12°C (50-54°F); dolce, 8-10°C (46-50°F).

Monica di Cagliari D.O.C.

Este vino obtenido de la variedad de uva monica se presenta en las siguientes versiones:

- Monica secco y Monica dolce naturale son de color rojo rubí, aromáticos y sensuales, con un sabor seductor, amplio y suave. El secco tiene al menos un 14 por 100 de alcohol; el dolce, un 14,5 por 100. Sírvalos al final de la comida con quesos de oveja fuertes, por ejemplo. Temperatura de consumo: secco, 14-18°C (57-64°F); dolce, 10-12°C (50-54°F).
- Monica liquoroso secco y Monica liquoroso dolce naturale son incluso más poderosos y completos en sabor y tienen al menos un 17,5 por 100 de alcohol. Si es posible, compre el excelente riserva (envejecido durante al menos dos años). Sírvalos al final de la comida. Temperatura de consumo: secco, 14-18°C (57-64°F); dolce, 6-12°C (43-54°F).

Moscato di Cagliari D.O.C.

Extraordinario Moscato, muy aromático y poderoso. Disponible como dolce naturale y el más vigoroso liquoroso dolce naturale. Sírvalos con postres sofisticados a base de frutas. Temperatura de consumo: 6-12°C (43-54°F), según el gusto.

NASCO DI CAGLIARI D.O.C.

Vinos blancos secos (secco), dulces (dolce naturale), a veces generosos (liquoroso secco o liquoroso dolce naturale) obtenidos a partir de la variedad de uva nasco. De calidad extraordinaria, especialmente los reservas. Beba las versiones secas como aperitivos, los dulces con postres. Temperatura de consumo: secco, 10-12°C (50-54°F); dolce, 6-10°C (43-50°F).

NURAGUS DI CAGLIARI D.O.C.

La nuragus es una variedad de uva muy antigua en Cerdeña, probablemente traída por los fenicios a la isla. Hubo un tiempo en el que esta uva se encontraba por toda la isla. Los vinos actuales están hechos con nuragus sólo en el sur de la isla, entre Cagliari y Nuoro. Estos vinos son de color paja con toques verdosos. El aroma de estos vinos, fáciles de beber, secos o amables, es sutil y seductor, y el sabor, fresco y agradable. Sirva los vinos secos como aperitivos o con platos de pescado, los amable con postres frescos o quesos frescos cremosos. También existe un frizzante natural hecho con esta uva. Temperatura de consumo: seco, 10-12°C (50-54°F); ligeramente dulces, 8-10°C (46-50°F).

GIRO DI CAGLIARI D.O.C.

Estos robustos vinos tintos hechos con variedad de uva giro se presentan en versiones secco (mínimo 14 por 100 de alcohol) y dolce naturale (mínimo 14,5 por 100 de alcohol). Ambos vinos son sensuales, extremadamente aromáticos (uvas dulces recién cogidas), con cuerpo, suavemente aterciopelados y cálidos. Beba el secco con platos de carne más fuertes y quesos picantes, los dolce

ARGIOLAS.

S'elegas.

NURAGUS DI CAGLIARI

DENOMINAZIONE DI ORIGINE CONTROLLATA

IMBOTTIGLIATO DA ARGIOLAS & C. s.p.a. - SERDIANA - ITALIA
750 ML ITALIA 12,5% VOL

Nuragus di Cagliari.

naturale con postres. Temperatura de consumo: secco, 16°C (61°F); dolce naturale, 10-12°C (50-54°F).

También hay una versión licorosa con bastante más cuerpo que ambos: el secco y el dolce naturale. Sirva estos vinos (mínimo 17,5 por 100 de alcohol) con los mejores postres. Temperatura de consumo: secco 16-18°C (61-64°F); dolce, 10-12°C (50-54°F).

CARIGNANO DEL SULCIS D.O.C.

Los españoles también introdujeron la variedad de uva carignano en la isla. Hoy en día se emplean casi exclusivamente en el área de Cagliari. El rosato es seco, fresco y suave, y se puede servir con casi todo. También hay un frizzante. Temperatura de consumo: 10-12°C (50-54°F).

El rosso rojo rubí no es tan pronunciado en aroma, pero resulta delicioso, seco, jugoso y suave en sabor. Escoja un riserva (mínimo 12,5 por 100 de alcohol y tres años de envejecimiento). Vinos excelentes para platos de verduras con hierbas y cerdo al grill. El reserva resulta delicioso con manzo alla sarda, filete de buey especiado. Temperatura de consumo: 16-18°C (61-64°F).

MALVASÍA DI BOSA D.O.C.

Vinos blancos muy agradables, secos (secco), dulces (dolce naturale) o generosos (liquoroso secco/liquoroso dolce naturale), obtenidos a partir de la variedad de uva malvasía. Beba estos vinos con los mejores postres o con quesos fuertes. Temperatura de consumo: 10-12°C (50-54°F) (secco), 8-10°C (46-50°F) (dolce).

MANDROLISAI D.O.C

Este interesante vino se produce entre Nuoro y Oristano. Las variedades de uva bovale sardo, cannonau y monica se emplean como base. El rosato es seco y jugoso, con cuerpo y armonioso, fresco y suave, con un ligero amargor en el final de boca. Bueno con pescado al grill (atún o pez espada) o con calamares. Temperatura de consumo: 10-12°C (50-54°F).

El rosso es bastante discreto, fresco, suave, seco y jugoso, también con un ligero amargor en el final de boca. Los mejores vinos (superiore) envejecen durante dos años y tienen un mínimo de 12,5 por 100 de alcohol.

VERNACCIA DI ORISTANO D.O.C.

Este Vernaccia es un vino de color amarillo dorado con un aroma muy intenso (almendras, flores blancas) y un sabor cálido (mínimo 15 por 100 de alcohol), completo, sensual y seductor, con toques a almendras amargas. El superiore y riserva (15,5 por 100 de alcohol) son más corpulentos y han envejecido durante más tiempo (tres y cuatro años, respectivamente). Existe también un liquoroso dolce (16,5 por 100 de alcohol) y un liquoroso secco (18 por 100), ambos hechos con mosto cuya fermentación se corta con alcohol de vino. Beba el secco como aperitivo o, como todas las versiones dolces, con un buen postre o un trozo de pastel (seco). Temperatura de consumo: secco, 10-12°C (50-54°F); dolce, 8-12°C (46-54°F).

SARDEGNA SEMIDANO D.O.C.

Este vino blanco se encuentra casi en todas partes de la mitad oeste de la isla. La variedad de uva base es la semidano, que le da un color paja con destellos dorados, un aroma afrutado y elegante y un sabor fresco, suave y jugoso. Si tiene un mínimo del 13 por 100 de alcohol, este vino se puede llamar superiore. Vinos excelentes con pescado del mar. Temperatura de consumo: 10-12°C (50-54°F). De la misma uva también se obtiene un delicioso spumante y un excelente passito.

ARBOREA D.O.C.

En los alrededores de Oristano se producen tres tipos de vino:

- El Trebbiano, un vino de color amarillo verdoso con un aroma bastante modesto, pero con un sabor fresco, amplio y excelente. Este vino vinificado en secco combina muy bien con pescado y crustáceos. Pruebe la *aragosta arrosta*, langosta al grill. El abboccato amable combina mejor con ensaladas de frutas frescas o postres cremosos a base de quesos suaves (mascarpone). Temperatura de consumo: secco, 10-12°C (50-54°F); abboccato, 8-10°C (46-50°F). Existe también un Trebbiano frizzante naturale delicioso, disponible en secco y abboccato;
- El Sangiovese rosato posee un bello color rojo cereza, seductor pero bastante modesto en aroma y sabor seco, jugoso y fresco. Gran vino con calamares a la plancha o pescado y con pasta o platos de verduras. Temperatura de consumo: 10-12°C (50-54°F);
- El Sangiovese rosso es convivial, seco pero suave, redondo y fresco. Puede servir estos vinos muy versátiles con platos de pasta o con *zucchini*, *melanzane* (berenjenas) o *peperoni* (pimientos) rellenos con carne picada a las hierbas. Temperatura de consumo: 16-17°C (61-63°F)

ALGHERO D.O.C.

Innumerables vinos diferentes se producen en el noroeste de la isla. El frizzante bianco secco, spumante bianco secco, Torbato spumante secco, Chardonnay spumante secco y Vermentino frizzante son aperitivos de primera clase, pero también resultan compañeros frívolos para el marisco. Sirva el abboccato o dolce con todo tipo de postres diferentes. Temperatura de consumo: 8-10°C (46-50°F); abboccato/dolce, 6-8°C (43-46°F).

Los biancos tranquilos, Chardonnay, Sauvignon y Torbato, son grandes acompañamientos para el marisco, pescado e incluso carnes blancas. Temperatura de consumo: 10-12°C (50-54°F).

El rosato, con su cuerpo ligero, resulta un vino ideal para el almuerzo o para una comida rápida y sin complicaciones. Temperatura de consumo: 10-12°C (50-54°F).

El rosso novello, el rosso y el de la variedad de sangiovese son vinos tintos suaves a los que les gustan los platos menos fuertes: pasta, verduras o carne frita de cabrito o de cordero. Temperatura de consumo: 12-14°C (54-57°F).

Si quiere darle un toque chic a su comida, puede servir un rosso spumante secco con los platos que acabamos de

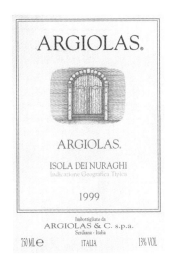

Insola dei Nuraghi IGT.　　Insola dei Nuraghi IGT.

mencionar. Temperatura de consumo: 10-14°C (50-57°F).

Reserve el Cagnulari o el Cabernet (Cabernet Franc + Cabernet Sauvignon) para clases de carne más fuertes. Ambos vinos son muy secos y tánicos. Temperatura de consumo: 16-17°C (61-63°F).

Con quesos fuertes o postres especiales sirva el maravilloso y meloso passito o el liquoroso con mucho cuerpo. Existe también un excelente reserva de este último vino, que al menos tiene cinco años.

OTROS VINOS INTERESANTES DE CERDEÑA

En las D.O.C. de Campidano di Terralba y Terralba y en la isla de Nuraghi se producen algunos vinos muy interesantes, de momento aún bajo la etiqueta I.G.T., incluyendo un fantástico "vendemmia tardiva" (vendimia tardía, Spätlese).

Fantástica vendemmia tardiva.

GRECIA

GESCHIEDENIS

Si creyésemos a los griegos, ellos inventaron el vino y la viticultura y cuentan con los viñedos, Dionisos –el dios del vino– y el sol... En pocas palabras, los griegos consideran su país como la cuna de toda la viticultura. Aquellos que estudien historia o hayan leído el capítulo 1 de este libro sabrán que los griegos definitivamente no inventaron el vino, pero siguiendo los pasos de los fenicios lo extendieron por todo el Mediterráneo. Los griegos también desempeñaron un papel importante en el establecimiento, mantenimiento y mejora de numerosos viñedos desde Tracia a España pasando por Italia, Sicilia y el sur de Francia. Cada lugar civilizado del Mediterráneo sobrevivió en su momento con olivos y viñedos. Que los antiguos griegos eran maestros en ambos campos no debería sorprender a nadie. Los griegos, y por tanto el pueblo de

Creta, siempre fueron grandes viajeros. Allá donde iban construían puertos con buenas defensas que protegieran los olivos y las vides que plantaban alrededor de cada uno de estos puertos. Después de los cretenses, la antorcha de la civilización griega pasó a manos de los espartanos y micénicos. En la época de la guerra de Troya (alrededor del 1200 a.C.) los vinos de Tracia y Lemnos ya gozaban de gran prestigio. Seguramente recordará la famosa historia de cómo Ulises y sus colegas fueron capturados por el temible Cíclope. Una vez que Ulises convenció al Cíclope para que bebiera grandes cantidades del fuerte vino de Tracia, éste se emborrachó y él y sus compañeros pudieron escapar. Los vinos griegos de aquellos tiempos eran almibarados, extremadamente fuertes, dulces como la miel y extremadamente alcohólicos.

Los helenos dieron su nombre a la moderna Grecia (Hellas). Fueron excelentes comerciantes y temían a los conquistadores. Las ciudades helénicas se extendieron por todo el Mediterráneo, en Sicilia, en las actuales islas griegas, en Italia y en Turquía. Una nueva ola de viajes comerciales partía de una de estas nuevas ciudades de la costa de la actual Turquía, llamada Focea. Una vez más los griegos crearon pequeños puertos comerciales, esta vez en la costa del sur de Francia. De esta forma llevaron su civilización, sus olivos y sus vinos a Massilia – actual Marsella–, Nikeia –actual Niza– y otras ciudades como Antibes. En el 600 a.C. los griegos penetraron en el interior de Galia por los ríos Ródano, Sena y Loira. Los cultivos de vid existentes de los galos celtas fueron enormemente mejorados. Lo mismo ocurrió en el este y en el sur de España, donde los griegos establecieron y mejoraron el cultivo de las vides. Los mejores vinos griegos de aquellos tiempos procedían de las islas y de Tracia en el extremo este de la actual Grecia. Nombres famosos en aquellos tiempos eran Arousio de Quíos y los vinos de Lesbos, Thasos, Calcídica, Skíathos, Thira y Tesalia. El poder griego en la región mediterránea menguó a continuación de la caída del inmenso imperio de Alejandro Magno y el honor de continuar con el desarrollo del vino recayó en los romanos. La historia griega posterior a esta época resulta muy tumultuosa. Después de la caída del imperio bizantino, Grecia se quedó bastante aislada y quedó atrás del desarrollo cultural que ocurría en la mayor parte de Europa. Grecia no disfrutó de un renacimiento, pero a cambio fue duramente oprimida por la ocupación otomana. Los vinos una vez famosos de Grecia cayeron en el olvido, con algunas excepciones. Sólo estos vinos con fuertes raíces locales sobrevivieron a la ocupación turca.

A finales del siglo XIX, un grupo de viticultores se estableció en Naoussa, Ática y Patrás. Estos productores siguieron una orientación dirigida a ganar mercados y pronto dominaron todo el comercio de vinos griego. Los griegos disfrutaron de un período de prosperidad cuando los vinos europeos fueron devastados por la filoxera. La demanda de vinos tintos saludables, como los de Macedonia, Nemea y Creta, se incrementó al momento. Una vez que la crisis europea comenzó a quedar bajo control con los franceses replantando sus vides sobre pies de vides americanas, el mercado de exportación de los griegos se colapsó por completo, con enormes consecuencias económicas para los viticultores griegos

que habían incrementado las áreas de cultivo de forma extensiva. Fue necesario destilar enormes cantidades de vino excedente bajo la supervisión del Gobierno griego. Las difíciles circunstancias económicas empujaron a la viticultura al estancamiento. Mientras casi todos los otros países europeos productores de vino mejoraban las técnicas tanto en los viñedos como en las bodegas, los griegos vegetaban en parte. Sólo los grandes productores, con sus fuertes marcas, encontraron una forma de sobrevivir. Los pequeños productores se vieron aplastados por una enorme presión. La inestabilidad política del siglo XX, especialmente el período de la dictadura militar, no logró mejorar la fama de los vinos griegos. Cuando Grecia se unió a la Comunidad Europea fueron tiempos difíciles para los agricultores y los productores de vino. Al mismo tiempo que una gran variedad de vinos nuevos de países vinícolas bien establecidos (Bulgaria y Rumania), y también los vinos del Nuevo Mundo (Chile, Argentina, California), ganaron un sitio para sí mismos en el mercado, la situación se hizo incluso más dura para el vino griego. La posición cercana al monopolio de las principales empresas, Achaia Clauss, Boutaris, Kourtakis y Tsantalis, fue cada vez más desbancada por cooperativas y productores jóvenes e independientes. Sólo Tsantalis fue capaz de sobrevivir a base de innovaciones en su estrategia de mercado y continúa escuchando a los clientes sin permitir que disminuya la calidad. La calidad de estos vinos de los pequeños productores independientes también aumentó notablemente en los años 90. Las cooperativas obtuvieron una considerable ayuda financiera del Gobierno griego y de la Comunidad Europea. Desgraciadamente, los vinos griegos aún no son demasiado conocidos y sus precios son relativamente altos, haciendo difícil para los griegos hacerse un hueco en el mercado del resto de Europa. Les puedo anticipar que el precio de los vinos griegos va a caer, en parte porque el mercado interno ha respondido bien a la mejora de calidad. También se están realizando esfuerzos por adaptar la imagen del vino griego (incluyendo las etiquetas a veces algo cargantes) a las normas occidentales. Finalmente, los esfuerzos se orientan a dos frentes: cada vez más variedades de uva de origen francés se están introduciendo como vinos de exportación griegos, a la vez que se recupera el orgullo por las mejores variedades de uvas autóctonas destinadas al mercado especializado. El pequeño agricultor independiente con algunos viñedos está desapareciendo para bien de la escena. Están siendo sustituidos por una generación de jóvenes viticultores que dan preferencia a la calidad y al respeto por las tradiciones antiguas de la viticultura griega. En breve, la época de la retsina pertenecerá al pasado y tendrá lugar una revolución.

LA VITICULTURA GRIEGA

Los vinos griegos se dividen en dos segmentos comerciales: los vinos mezclados y aquellos con el nombre de su zona de origen. Hay grandes cantidades de vino simplemente imbebibles que pertenecen al primer grupo, pero también encontramos vinos de calidad muy alta. Esto es muy confuso para el consumidor europeo, particular-

VINOS GRIEGOS

- E.O.K.: vino para la UE, a menudo destinado a mezclas.
- Epitrapezios, vino de mesa: incluye todos los vinos mezclados, algunos de ellos de excepcional calidad.
- Cava: el vino de mesa de mejor calidad, seleccionado con cuidado y envejecido durante al menos dos años (tres en el caso del tinto), de los que al menos un año es en barricas de roble. Los vinos que cumplen estos requisitos (normalmente vinos mezclados) pueden añadir "cava" a su etiqueta. En Grecia este término significa un cuvée especial del encargado de la bodega.
- Topikos oinos: vinos del país similares a los *vins de pays* franceses. Cada botella muestra tres números que representan el año en el que las uvas fueron vendimiadas. (En España, vinos de la tierra.–Nota del T.)
- Onomasia proelefsios anoteras poiotitos (O.P.A.P.): garantía de origen, también conocida como A.O.C., del francés appellation controlée. (En España, denominación de origen. –Nota del T.)
- Epilegmenos (reserva): empleado únicamente para vinos O.P.A.P. de calidad excepcional que hayan envejecido durante un mínimo de dos años (blanco) o tres años (tinto), de los que al menos un año debería ser en barricas de roble.
- Eidaka epilegmenos (gran reserva): control de calidad incluso más estrictamente controlado con un mínimo de crianza de al menos tres años (blanco) y cuatro años (tinto), con un mínimo de dos años en barricas de roble.

mente porque algunos vinos con denominación de origen también resultan de calidad pobre. Muchos vinos griegos ya están oxidados cuando llegan a los consumidores europeos, debido bien a una guarda incorrecta o a un transporte indebido. El consumidor por tanto necesita un conocimiento y una experiencia considerables y muchas buenas intenciones. Es preferible, por tanto, comprar sólo vinos griegos de importadores solventes que le garanticen buena calidad.

La viticultura griega está bendecida por un clima ideal para el cultivo de la uva y la producción del vino, especialmente en zonas cercanas al mar. Muchos microclimas diferentes, combinados con diversos tipos de suelo locales, como tiza y roca, y las diferentes variedades de uva aseguran la diversidad del carácter de los vinos. En la actualidad se cultivan en Grecia unas trescientas variedades de uva diferentes. Muchas de éstas tienen origen francés, como sauvignon blanc, chardonnay, cabernet sauvignon, pinot noir y merlot, pero la mayoría son autóctonas y a veces son variedades antiguas. Las más conocidas de éstas son assyrtiko (Santorini, Sithonia, Athos), vilana (Heraclión, Creta), robola (Cefalonia), savatiano (Attiki, Beocia, Euboea), giorgitiko (Nemea), xinomavro (Naoussa, Amynteon, Goumenissa, Rapsani), mavrodaphne (Achaia, Cefalonia), mandelaria (Paros, Rodas, Heraclión, Creta), moschofilero (Mantinia), muscat (Patrás, Samos) y rhoditis (Achaia, Anchialos, Macedonia, Tracia).

RETSINA

Retsina no es una denominación de origen sino una nomenclatura tradicional o vino con una historia antigua y un carácter único. La retsina se produce en muchas áreas vinícolas diferentes de Grecia, tanto en la península como en las islas. Sus orígenes se remontan a tiempos antiguos cuando el vino se transportaba en ánforas selladas con telas de yute empapadas en resina. La resina del pino, aún fluida, caía sobre el vino antes de endurecerse. Esto dio al vino su característico sabor resinoso, que algunos comparaban con trementina o gasolina... Además de sellar bien, la resina demostró poseer

propiedades antisépticas. Nadie se puso enfermo al beber de este Retsina, ¡lo que en aquellos días no se podía decir de todos los vinos! La tecnología moderna hace el uso de la resina completamente innecesario, pero los griegos en sus tabernas estaban tan acostumbrados al gusto que aún se añade resina de los pinos locales al mosto antes de la fermentación. La resina se retira durante la clarificación, pero el gusto y el aroma permanecen. La mayor parte del Retsina se hace en la Grecia central con uvas saviatiano y roditis.

El sabor resinoso del Retsina puede variar de ligero a fuerte. Sirva los estilos más sutiles como aperitivo, los más fuertes con mezedes, entrantes con mucho aceite de oliva. La Retsina puede tener un sabor delicioso bajo el sol griego, con mezedes rellenos generosamente y el sonido de un bouzouki tocando..., pero hay que acostumbrar el gusto. Bébalo a 8-10°C (46,4-50°F).

TRACIA, MACEDONIA

Tracia (Thraki) se encuentra en el extremo nordeste de Grecia, limitando con Bulgaria y Turquía. Tracia, que fue en su día una tierra de vinos asombrosamente dulces y magníficos, como los de Tasos, está en la actualidad algo estancada. Los viñedos actuales están principalmente plantados con las variedades de uva como las tintas mavroudi y pamidi y la blanca zoumiatiko, y se emplean principalmente para elaborar vino a granel y vinos de mesa indiferentes. La Macedonia griega se sitúa al oeste de Tracia y limita con Bulgaria y el estado recién independizado de Macedonia. Esta zona también tiene una larga tradi-

Retsina.

ción del cultivo y la producción de vinos. Ahora existen cuatro vinos con garantía de origen y al menos seis *oinos topikos* (*vins de pays* o vinos de la tierra) de calidad excelente. Los viñedos de Macedonia se sitúan sobre soleadas laderas en las colinas a lo largo de la costa y en la península Calcídica.

AMINDEO O.P.A.P.

Esta es la región vinícola más al norte de Grecia. El clima aquí es completamente continental y los viñedos se sitúan a unas alturas de unos 650 metros (2.132 pies). Las variedades de uvas tintas de Xinomavro y Negoska crecen bien en estas tierras. Temperatura de consumo: 14-16°C (57,2-60,8°F).

Ambas dan lugar a vinos rosados de Amindeo espumosos y tranquilos.

GOUMENISSA O.P.A.P.

Los viticultores en Goumenissa, a unos 80 kilómetros (50 millas) al noroeste de Tesalónica, también usan las variedades de uva xinomavro y negoska para sus vinos tintos locales. Los viñedos de goumenissa se sitúan a unos 250 metros (820 pies) sobre suelo calcáreo. Goumenissa es un vino tinto cubierto con destellos púrpuras. En nariz recuerda a las frutas maduras, como higos, cerezas y arándanos, y el sabor bien equilibrado es elegante y suave, casi acariciante en el final de boca. Sirva estos vinos tintos con carnes rojas con una ligera salsa de queso suave. Temperatura de consumo: 16°C (60,8°F).

NAOUSSA O.P.A.P.

El Naoussa es el vino más conocido de Macedonia. Los viñedos se sitúan sobre las laderas de las montañas Vermio, a una altura de 150 a 650 metros (492-2.132 pies). El Naoussa se hace al 100 por 100 con variedad de uva xynomavro. El vino joven envejece durante al menos doce meses en pequeñas barricas de roble francés. El color del vino tinto es oscuro y en nariz sugiere bayas, grosellas negras y un toque de especias, como canela y vainilla (del roble). El sabor es intenso, redondo, cálido y rico. Es preferible dejar reposar este vino al menos dos o tres años antes de consumirlo. Los taninos ásperos del vino joven se transforman en suave y aterciopelada exuberancia.

Sirva estos vinos con carnes rojas en salsa o queso bien maduro. Resulta ideal con un stifado, guiso de vacuno. Temperatura de consumo: 16°C (60,8°F).

También hay vinos de Naoussa reserva y gran reserva de calidad. Estos vinos generalmente envejecen en barricas de roble francés durante dos años. Son vinos tintos con un color profundo y un toque teja. En nariz a menudo se asocian con confituras y frutas sobremaduras o incluso frutos secos, como higos y ciruelas. El roble sólo desempeña un papel modesto en el aroma, gusto y final de boca o posgusto, muy sutil, sin llegar a dominar. Estos vinos robustos son muy tánicos y necesitan envejecer durante algunos años. Con el tiempo se verá re-

compensado con un vino excelente que alcanza el nivel de los mejores vinos franceses. El Naoussa de la casa de Tsantali resulta excelente.

Sirva un Naoussa con carnes rojas, caza y quesos fuertes. Temperatura de consumo: 17-18°C (62,6-64,4°F).

PLAYIES MELITONA/CÔTES DE MELITON O.P.A.P.

Este vino con denominación de origen procede de la península Calcídica, que se sitúa en el mar que se asemeja al tridente de Poseidón. Sólo dos de los tenedores de la península cultivan vino. Se trata de Sithonia en el centro y Athos al este. Los vinos griegos más finos proceden de aquí, de la empresa Carras, creada en los años 60 por un rico naviero griego. Bajo los atentos ojos de los expertos en vino franceses, incluidos los del profesor Emile Peynaud de Burdeos, algunas variedades de uva francesas y griegas fueron plantadas sobre los suelos de pizarra y esquisto, como la assyrtiko, athiri, rhoditis, y sauvignon blanc para los vinos blancos y limnio, cabernet sauvignon, cabernet franc, syrah y cinsault para los vinos tintos. Ahora se producen excelentes vinos blancos, tintos y rosados empleando una combinación equilibrada de variedades de uva griegas y francesas. Los mejores vinos se hacen con viñedos de rendimiento excepcionalmente bajo de unos cuarenta hectolitros por hectárea para los vinos blancos y tan sólo como treinta hectolitros por hectárea para los tintos. Desgraciadamente, el negocio original no siguió adelante, pero

Naoussa.

mientras tanto Gerovassiliou, un griego experto en vinos de gran talento y alumno del profesor Peynaud, ha comenzado su propio negocio. Queda por ver lo que ocurrirá con los viñedos de Carras. El futuro de los tintos parece estar asegurado, pero el de los blancos está por ver.

El Côtes de Meliton blanc de blancs (variedades de uva athiri, assyrtiko y rhoditis) es suave, ligero y seco con un sutil aroma floral. El Côtes de Meliton Melisanthi (athiri, assyrtiko y sauvignon blanc) es más afrutado (melón y albaricoque) que el blanc de blancs. El Côtes de Meliton Limnio (limnio, cabernet sauvignon y cabernet franc) disfruta de un envejecimiento de doce meses en barricas de roble. Éstos son tintos color rubí neto, elegantes, flexibles y algo especiados. El Côtes de Meliton Château Carras (cabernet franc, cabernet sauvignon y limnio) envejece durante más tiempo. Éstos son tintos elegantes y con cuerpo con un aroma fino y persistente. El Côtes de Meliton Domaines Carras grande réserve (cabernet franc, cabernet sauvignon y limnio) envejece al menos durante tres años en las bodegas. Éstos son vinos completos y excepcionalmente agradables de sabor elegante y suavemente aterciopelados, con muchas notas a fruta madura tanto en el aroma como en el sabor y con un final de boca muy largo. Los dos últimos vinos son vinos para guardar durante más de diez años sin el menor problema. Carras también produce un rosado superior y dos magníficos vinos modernos: un Malagousia blanco y un Porphyrogenito tinto. Lo que ocurrirá con estos vinos y con la denominación de origen de Côtes de Meliton estaba muy poco claro en el momento en el que se preparó este libro.

VINOS DE LA TIERRA
Tracia y Macedonia también tienen varios vinos de la tierra sorprendentemente buenos, entre los que se incluyen los de Makedonikos, Epanomitikos, los excelentes vinos de Gerovassiliou, Mesimvriotikos, Agioritikos y Dramas.

La compañía Lazaridi produce excelentes vinos del país en el límite entre Tracia y Macedonia. Su equipamiento se encuentra entre los más modernos de Grecia y los viñedos son un

Côtes de Meliton Blanc y un magnífico vino de mesa blanco Malagousia.

ejemplo de libro de texto sobre la viticultura moderna y responsable. Lazaridi produce cinco vinos secos con el nombre Amehystos (blanco, rosado, tinto y fumé) y un excelente blanco con el de Château Julia. Los vinos blancos se obtienen a partir de las variedades de uva sauvignon, semillon y assyrtiko; los rosados, de cabernet sauvignon y los tintos de cabernet franc, cabernet sauvignon, merlot y limnio. Considerando la alta calidad de estos vinos, las variedades de uva empleadas, la presentación exquisita, y en comparación con el precio medio de los vinos grie

Epanomitikos tinto.

gos, es más probable que los encuentre en el Reino Unido, Estados Unidos y Japón que en la propia Grecia. Lazaridi demuestra con estos vinos excepcionales que es posible utilizar variedades de uva francesas sin imitar los vinos franceses. Todos los vinos de Lazaridi tienen personalidad propia y son muy aromáticos.

IPIROS

Ipiros no es realmente una región dedicada al vino sino un área de bosques y praderas. Tiene dos excepcionales enclaves vinícolas, aunque sólo el primero goza del reconocimiento de una denominación de origen.

Vinos de Constantine Lazaridi Drama.

ZITSA O.P.A.P.

Los viñedos de Zitsa se encuentran al norte de Ipiros, frente a la frontera con Albania, a una altura de unos 600 metros (1.968 pies). Aquí se obtienen deliciosos vinos espumosos o tranquilos a partir de la variedad de uva Debina. Estos vinos se caracterizan por su elegancia, frescura y afrutado exuberante. El Zitsa espumoso se encuentra disponible en versión de aguja, imiafrodis krasi, y espumosa, o afrodis krasi.

Beba los vinos de aguja y espumosos como aperitivo y los otros Zitsa con pescado. Temperatura de consumo: 8-10°C (46,4-50°F).

METSOVO

Un político griego llamado Averoff soñaba con obtener el mejor vino de Grecia. Aunque él mismo nunca lo logró, su empresa llegó a cimas sin precedentes y bien puede decirse que hizo realidad los sueños de su fundador. Los viñedos se encuentran en las laderas de los montes Pindos orientadas al sudeste. Aquí se han producido buenos vinos tintos du-rante siglos, pero desgraciadamente las vides antiguas fueron completamente destruidas por la filoxera. Estas vides originales fueron sustituidas por cabernet sauvignon. De estas uvas se obtiene un excelente tinto, el Katogi Averoff. Este gran vino puede sin duda guardarse du-rante diez años por el tanino que tiene. Este tinto rojo rubí se caracteriza por su intenso poder aromático y el sabor amplio y lleno que se vuelve suavemente aterciopelado (con el envejecimiento). El Katogi Averoff está considerado hoy en día como uno de los mejores vinos de Grecia y es muy caro.

Beba este vino con el mejor filete al grill o con carne de cordero. Una delicia local es el *anaki furnu*, pierna de cordero tierna al horno. Temperatura de consumo: 17-18°C (62,6-64,4°F).

TESALIA

Tesalia se sitúa al sur de Macedonia y limita con Ipiros al oeste, con el mar Egeo al este y con Grecia central al sur. El área está dominada por el imponente monte Olimpo (2.917 metros/9.570 pies) y es atravesada por el río Pinios. Tesalia es una región claramente agrícola. Los mejores viñedos se sitúan en las laderas o cerca del mar. Las vides plantadas en el terreno llano están destinadas a producir uvas de mesa o para producir vinos pobres.

RAPSANI

Los viñedos de Rapsani están plantados en las laderas del monte Olimpo a alturas de 300-500 metros. El clima aquí es bastante húmedo y sobre todo frío en invierno. Aun así la situación de los viñedos garantiza plena insolación y excelentes vinos tintos. Las variedades de uva básicas empleadas para Rapsani son xinomavro, krassato y stavroto, que se combinan para producir un tinto fresco, rico y elegante.

Vino ideal para todo tipo de carnes asadas o al grill. Temperatura de consumo: 14-16°C (57,2-60,8°F).

NEA ANKIALOS O.P.A.P.

Los viñedos de Nea Ankialos se sitúan al lado del mar cerca de Volos. Las viñas de Rodas crecen a una altura de 100-200 metros (328-656 pies) y las uvas producen un vino blanco fresco y elegante. Sírvalo con mariscos. Temperatura de consumo: 8-10°C (46,4-50°F).

MESENIKOLA O.P.A.P.

Tintos secos de las variedades de uva mesenikola, carignan y syrah

Zitsa seco y semiseco espumoso.   Zitsa seco espumoso.

Rapsani.

que proceden del área inmediatamente pegada a la ciudad de Mesinikola.

VINOS DE LA TIERRA

Los vinos del país de razonables a buenos que se producen en esta región son Thessalikos, Kraniotikos y Tirnavou.

GRECIA CENTRAL

Este área es el centro de la península griega, limitando al norte con Ipiros y Tesalia, al oeste con el mar Jónico (Mediterráneo) y al este con el Egeo. Aquí se producen grandes cantidades de vino (un tercio de todo el vino griego), pero la región sólo tiene una fuente de vino con origen garantizado diferente a la denominación tradicional retsina. Los otros vinos son vinos de mesa o de la tierra. En los últimos años se han realizado grandes inversiones en esta región con variedades de uvas francesas y las mejores autóctonas. Los primeros resultados son extremadamente alentadores, sobre todo los vinos de Domaine Skouras y Hatzi Michaelis.

Buenos topikos oinos (vinos de la tierra) son Thevaikos, Ritsonas Avlidos, Peanitikos, Attikis, Vilitsas y Attikos, Pallinitikos, Playies Kitherona y Vorion Playion Pentelikou.

ISLAS JÓNICAS

Las islas Jónicas (Eptanesos, las siete islas) se sitúan al este de la península griega a la misma latitud que Ipiros, Grecia Central y partes del Peloponeso. La vid se cultiva en casi todas estas islas. La conquista por los turcos de esta parte de Grecia, también conocida como Eptanessos o las siete islas, fue de duración lo suficientemente corta para que los habitantes pudieran seguir cultivando la vid y produciendo sus vinos.

La industria vinícula en el norte de la isla de Corfú (Kerkyra) ha quedado algo paralizada por el auge del turismo y el cultivo de olivos. Aquí también se producen vinos blancos excelentes, como el de la casa Ktima Roppa. Este vino tradicional y algo anticuado tiene una vinificación con "flor" (la película de levaduras creada por la fermentación), de la misma forma que el jerez. Este vino se parece mucho al jerez seco. Las variedades de uva empleadas son robola y kakotrychi. Los nuevos negocios están desarrollando vinos blancos secos de estilo moderno y elegantes usando la variedad de uva autóctona kakotrychi. La producción de este nuevo vino es muy limitada. Muy poco vino del que merezca la pena hablar se produce hoy en día en las islas de Paxi, Lefkas e Ithaki (a excepción quizá del Santa Mavra, de Lefkas).

KEFALLINIAS ROBOLA O.P.A.P.

La robola, también conocida como rombola, es una de las variedades de uva blanca más finas de Grecia. Esta uva crece extremadamente bien en Cefalonia, la más grande de las siete islas Jónicas, gracias al clima y a la estructura del suelo. Los veranos son calurosos, pero hay una brisa

marina ligera que proporciona la humedad y el frescor necesarios. Los viñedos se sitúan a 600 metros (1.968 pies) y a veces a una altura de 900 metros (2.952 pies). El color de la robola es amarillo bastante pálido con un toque verdoso. El aroma, con toques de avellana y frutos cítricos, es seductor y el sabor es suave, elegante y extremadamente agradable. Este vino combina bien con todas las delicias del mar, pero también con queso y verduras tiernas. Pruebe un Robola con una combinación de espárragos blancos y verdes y una salsa de limón cremosa y suave... ¡Delicioso! Temperatura de consumo: 10-12°C (50-53,6°F).

KEFALLINIAS MAVRODAPHNE O.P.E.

Éste es un tinto dulce de primera clase hecho con uvas de la variedad de mavrodaphne. A primera vista recuerda a un oporto rubí. Temperatura de consumo: 8-12°C (46,6-53,6°F) o 14-16°C (57,2-60,8°F), según las preferencias.

KEFALLINIAS MUSCAT

Éste es un vino dulce de gran calidad y muy aromático. Temperatura de consumo: 6-10°C (42,8-50°F).

Otros vinos blancos frescos y afrutados se producen en la isla de Cefalonia; por ejemplo, Sideritis, Tsaoussi y Zakinthos y varios tintos razonables de las variedades de uva aghiorgitiko, mavrodaphne o tymiathiko, que resultan frescos, afrutados y muy aromáticos, pero no siempre secos.

VERDEA

En Zakinthos, al igual que en Corfú, se hace un vino blanco fresco y verdoso al estilo de los madeira, conocido por el nombre de Verdea. Es un excelente aperitivo pero también combina muy bien con mezedes griegas o con sardinas frescas y a la parrilla. Temperatura de consumo: 8-10°C (46,4-50°F).

ISLAS ORIENTALES DEL EGEO

El Egeo se extiende desde el este de la península griega hasta la costa de Turquía y está salpicado de innumerables islas. En esas islas se han cultivado vides durante al menos 6.000 años y los vinos dulces, y exuberantes de Lemnos, Lesbos, Quíos y Samos son legendarios. Cada isla tiene su propio microclima y estructura del suelo, lo que asegura que los vinos poseen personalidad individual.

LIMNOS O.P.A.P.

El vino con denominación de origen de Lemnos es un blanco seco obtenido a partir de la variedad de uva muscat de Alejandría. La isla de Lemnos es de origen volcánico y bastante árida. No hay demasiados árboles, pero hay colinas suavemente ondulantes que se elevan hasta los 450 metros (1.476 pies) y valles en los que se concentra la agricultura y el cultivo de las vides. Este Lemnos blanco es de color verde amarillento con una nariz muy afrutada a uvas muscat frescas. El sabor es exagerado y redondo.

Excelente aperitivo, ideal con espárragos y otras verduras tiernas, buen acompañamiento para los pescados suaves. Temperatura de consumo: 10-12°C (50-53,6°F).

También se obtienen varios vinos tintos aceptables con las viñas de la isla de Lemnos.

LIMNOS MUSCAT O.P.E.

Se trata de un vino muscat dulce, exuberante y magnífico, muy aromático, con aromas a rosas y miel. El sabor es intenso, redondo y suavemente aterciopelado. Sírvalo con postres frescos o después de una comida. Temperatura de consumo: 6-12°C (42,8-53,6°F).

SAMOS

La isla de Samos es mucho más montañosa que la de Lemnos, pero es ideal para el cultivo de las vides. Éstas se cultivan sobre terrazas en las laderas de las dos montañas de la isla a una altura de 800 metros (2.624 pies). Las uvas muscat crecen extraordinariamente bien aquí, pero el sabor extraordinario de los vinos de Samos se debe en parte al gran cuidado que tienen con las uvas en los cultivos y en las bodegas. Los viticultores organizados en cooperativas han renovado completamente sus equipamientos en los últimos tiempos con prensas neumáticas horizontales, control de la temperatura por ordenador, tanques de acero inoxidable y nuevas barricas de roble. La calidad de los vinos de Samos ya era excelente, pero no siempre uniforme. El gusto de los consumidores ha cambiado también, de forma que los vinos fuertes y pastosos sin frescura no tienen ningún éxito. Controlando la temperatura durante la fermentación, se produce ahora un vino mucho más fresco y equilibrado.

El Samos Vin Doux Naturel y Samos Vin Doux Naturel Grand Cru son vinos dulces naturales con su grado alcohólico en torno al 15 por 100. Son vinos de color amarillo dorado con un aroma floral (rosas en particular), y confituras y miel. El sabor es redondo y graso y, aunque dulce, permanece razonablemente fresco.

Asegúrese de servir un Samos vin doux naturel después de las comidas. Temperatura de consumo: 6-12°C (42,8-53,6°F), según el gusto.

El vin de liqueur Samos se modifica con alcohol de vino, haciéndolo más dulce y más alcohólico que el Samos vin doux naturel corriente. Es un vino para los momentos más bonitos de la vida. Temperatura de consumo: 6-8°C (42,8-46,4°F).

El Samos néctar es otro vino dulce natural con su grado alcohólico en torno al 14 por 100. Este vino se hace con parte de uva pasificada y envejece

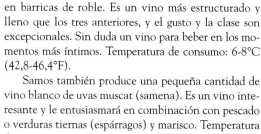

Zitsa blanco seco.

en barricas de roble. Es un vino más estructurado y lleno que los tres anteriores, y el gusto y la clase son excepcionales. Sin duda un vino para beber en los momentos más íntimos. Temperatura de consumo: 6-8°C (42,8-46,4°F).

Samos también produce una pequeña cantidad de vino blanco de uvas muscat (samena). Es un vino interesante y le entusiasmará en combinación con pescado o verduras tiernas (espárragos) y marisco. Temperatura de consumo: 10-12°C (50-53,6°F).

Vino licoroso de Samos.

PELOPONESO

Desde la región del Ática se llega al Peloponeso atravesando el estrecho de Corinto. El Peloponeso es una región predominantemente agrícola de Grecia, famosa por sus pasas de uva Sultanas y Corintias, más conocidas como pasas de Corinto. La región es bastante montañosa, dominada por el monte Taygete (2.407 metros/7.896 pies). La mayoría de los viñedos se encuentran en el norte, incluyendo los viñedos con denominación de origen de Patrás, Mantineia y Nemea. Además de estos tres vinos, el Peloponeso también produce una gran cantidad de vinos de mesa y vinos de la tierra de razonables a buenos.

Estos vinos cada vez más modernos y frecuentes se ha-cen con las famosas varieda-des de uva francesas char-donnay, sauvignon blanc, ugni blanc, cabernet sauvignon, cabernet franc, merlot, grenache rouge, carignan, etc. Son sorprendentes pero no específicamente interesantes. Estas uvas producen re-sultados notables, aunque sea en combinación con va-riedades griegas, como ma-vrodaphne o agiorgitiko.

PATRÁS O.P.A.P.

Patrás se encuentra en Ak-haia, en el noroeste del Pelo-poneso. Los viñedos locales se sitúan principalmente sobre los suelos de caliza de las laderas que circundan la ciudad de Patrai o Patrás, a alturas de entre 200 y 450 metros (656 y 1.476 pies). La variedad de uva básica empleada aquí es la rhoditis, que da lugar a vinos blancos magníficos, frescos, afrutados, muy elegantes y secos.

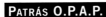

Vino blanco y seco de Samena, de uvas moscatel.

Vino ideal para pescados, mariscos y platos de verdura, pero también delicioso como aperitivo. Temperatura de consumo: 8-10°C (46,4-50°F).

MAVRODAPHNE PATRÓN/PATRÁS MAVRODAPHNE O.P.E.

El famoso vino tinto licoroso Patraiki Mavrodaphne (o Mavrodaphne Patron) tiene su origen en el área alrededor de Patrás. Este vino, hecho con las uvas del mismo nombre, es un vino con cuerpo y robusto, especiado y muy aromático. Envejece en barricas de roble durante algunos años. Es un buen y barato sustituto del oporto tinto, aunque tenga su propio carácter, que recuerda al del oporto o al del oloroso sherry.

Acompañamiento ideal para el melón y otras frutas frescas, que puede ser empleado como un aperitivo del tipo oporto. Es mucho mejor beberlo como acompañamiento para una buena conversación al final de la comida. Temperatura de consumo: 6-14°C (42,8-57,2°F).

PATRÁS MUSCAT/PATRÁS RIOU MUSCAT O.P.E.

Excepcionales vinos Muscat dulces pero frescos. Son de color oro, carnosos y melosos. Sírvalos después de cenar y en momentos íntimos. Temperatura de consumo: 6-10°C (42,8-50°F).

NEMEA O.P.A.P.

Nemea, o la sangre de Hércules, se hace con la variedad de uva agiogitiko recogida de los viñedos a alturas de 250-800 metros (656-2.624 pies) y cercanos al monte Kilini. Después de Naoussa, Nemea es el vino griego más famoso. Los vinos de Nemea envejecen durante al menos doce meses en barricas de roble francés. El color va del púrpura intenso al violáceo y el aroma intenso recuerda a ciruelas, melocotones, canela y otras especias. El sabor es marcado y complejo, redondo, robusto, cálido y bien equilibrado. Este vino queda bien con platos de carne no muy especiados o con queso curado. Temperatura de consumo: 16-17°C (60,8-62,6°F).

Patraiki Mavrodaphne.

Patrás Muscat (Moscatel).

MANTINIA O.P.A.P.

Mantinia es la denominación de origen más sureña de los vinos del Peloponeso. Aquí se producen vinos blancos secos, ligeros y frescos con la variedad de uva autóctona moschofilero. Los viñedos se sitúan sobre una llanura a unos 650 metros (2.132 pies) en las inmediaciones de las ruinas de la antigua ciudad de Mantinia. Es un vino blanco elegante que resulta un buen acompañamiento para pescados, aves y verduras pero también muy apropiado como aperitivo o con frutas frescas o incluso queso suave. Temperatura de consumo: 10-12°C (50-53,6°F).

TOPIKOI OENOI (VINOS DE LA TIERRA)

Los vinos de la tierra de esta región que ha de tener en cuenta son: Peleponnesiakos, Trifyllias, Playies Petrotou, Pyllias, Playies Orynis Korin-thias y Letrinon.

LAS CÍCLADAS

Las islas Cícladas se extienden por al mar Egeo hasta el sudeste del Peloponeso. La más conocida de las islas es la asombrosamente bella Santorín (Thira).

Nemea.

Nemea especial de viñedos de agricultura de cultivo ecológico.

Tinto Trifyllias.

SANTORÍN O.P.A.P.

Santorín (Thira) fue anteriormente conocida con el nombre de Calista, la más bella, y ciertamente el piropo le hace justicia a esta isla que es una de las más pintorescas de toda la región mediterránea. Muchos fotógrafos soñaron con hacer fotos de los escarpados acantilados que se precipitan a unos trescientos metros (984 pies) al mar. En la parte superior se encontraba la legendaria ciudad de Thira. La isla tiene orígenes volcánicos y se puede apreciar fácilmente en la geología. Hay varias capas de piedra pómez, tiza y pizarra. La disposición de los colores en el suelo es extraordinaria, con colores negros, grises, rojos y marrones o púrpuras. El encanto y el estilo único de los vinos de Santorín son fruto de una combinación de la geología volcánica y un clima húmedo y caliente. Santorín produce una gama de diferentes vinos, de los secos a los muy dulces.

El Santorín blanco seco, hecho con uvas de la variedad de assyrtiko, es elegante, afrutado (frutas cítricas), vivo, con un paladar marcado que incluye una chispa de carbónico. Resulta ideal con pescado, marisco, aves o ternera. Temperatura de consumo: 10-12°C (50-53,6°F).

Los vinos blancos secos de Santorín Fumé fermentan parcialmente en pequeñas barricas de roble y envejecen unos seis meses con sus lías. Este vino tiene matices claros de vainilla (de la madera) y toques de avellanas, tostado, humo y flores blancas en nariz y boca. Beba este vino muy aromático con pescado al grill o mariscos. Temperatura de consumo: 10-12°C (50-53,6°F).

El vino más interesante de la isla es probablemente el hecho con la variedad de uva assyrtiko, mezclada con aidani y athiri. El vino conocido como Nycteri es seco o dulce, pero siempre extremadamente afrutado y aromático, con un paladar lleno y estructurado. El Vin Santo hecho con uvas sobremaduras de las variedades de uva assyrtiko y aidani también merece su atención. El color es amarillo con destellos y todo. El aroma recuerda a frutas cítricas mientras el sabor es simultáneamente fresco y exuberante. Localmente, este vino se bebe como aperitivo pero podría tomarlo mejor después de una comida o con un postre fresco. Temperatura de consumo: 6-8°C (42,8-62,6°F).

PAROS O.P.A.P.

En los viñedos de la isla de Paros crecen dos tipos de variedad de uva: la monemvassia blanca y mandilaria roja. El vino de Paros se hace combinando estas dos variedades. Las vides crecen sobre terrazas y su manera de podarlas es poco común. Se conducen en porte bajo por costumbre, pero los sarmientos laterales pueden llegar a los cinco metros (16 pies), con lo que el aspecto es muy extraño. El vino de Paros es de color cereza, característico de la uva mandilaria. Su aroma está lleno de notas afrutadas y florales mientras que el sabor suave es opulento y rico con bastante tanino y cuerpo. Es definitivamente un vino para asados de carne, preferiblemente cordero. Temperatura de consumo: 16-17°C (60,8-62,6°F).

EL DODECANESO

Estas islas se encuentran desde el este del Egeo hasta el sudeste de las Cícladas. Dodecaneso en griego significa doce islas, pero sólo trataremos de las islas de Rodas y Kos. En el caso de Kos, casi exclusivamente produce vino de mesa de calidad pobre a razonable.

RHODES O.P.A.P.

Los vinos de la isla de Rodas son bastante conocidos en Europa debido tanto a su buena calidad como a la historia de la isla. Los Caballeros Templarios usaron Rodas como escala durante la época de las Cruzadas. Las ruinas de sus famosas fortalezas (Krach) aún pueden admirarse. Los viñedos de Rodas en el norte constan de un suelo de caliza o pizarra/esquisto, mientras que los del sur se sitúan sobre un suelo de arena. El clima es ideal para la viticultura, con veranos calurosos y pocas precipitaciones, pero con algo de frescor aportado por los vientos etesios del norte y de nuevo calor procedente de las brisas del sur de la isla.

Rodas produce dos buenos vinos tranquilos y uno espumoso:

– El Ilios (en griego, el sol) hecho con uvas de la variedad de athiri. Vino blanco elegante, ligeramente aromático, flexible y agradable, que queda bien como aperitivo o como acompañante de todo tipo de pescado y carnes blancas. Temperatura de consumo: 8-10°C (46,4-50°F).

– El Chevalier de Rhodes, hecho con la variedad de uva mandilaria; excelente vino tinto con un color del púrpura al violáceo, un aroma suave y marcado y un sabor amplio aunque elegante con el tanino necesario. Ideal para carnes asadas al horno. Temperatura de consumo: 16°C (60,8°F).

– El Rhodes brut es producido por la Compañía Agrícola Industrial de Rodas (C.A.I.R.) y, al igual que los otros dos, se hace con uvas de la variedad athiri. A pesar de su denominación como brut, este sensual vino espumoso natural, hecho con el método tradicional, no es absolutamente seco. Su fuerza se encuentra en la abundante fruta y en el sabor casi

Ilios y Chevalier de Rhodes.

acariciante y suave. Para aquellos que no encuentren este vino lo suficientemente alegre, existe también una versión semiseca. Sirva un Rhodes brut en cualquier ocasión festiva como aperitivo elegante o por sí solo. El semiseco es un vino más apropiado para después de la cena. Temperatura de consumo: 6-8°C (42,8-46,4°F).

RHODOS MUSCAT O.P.E.

Se trata de un vino seductor y robusto obtenido a partir de uva de la variedad muscat trani. El color es amarillo dorado y el aroma muy intenso, tiene notas florales y toques a miel. El sabor es dulce, pero elegante y fresco. Su grado alcohólico está en torno al 15 por 100. Sírvalo después de la cena o en momentos de placer íntimo. Temperatura de consumo: 6-8°C (42,8-46,4°F), pero se puede servir algo menos fresco según la ocasión y la estación del año.

CRETA (KRITI)

En cuestión de tamaño, Creta es la quinta isla más grande del Mediterráneo. Muchos recordarán su historia aprendida en los días del colegio: Cnosos y el palacio del rey Minos, donde el héroe griego Teseo acabó con el Minotauro y huyó con la bella Ariadna.

Creta es una isla pequeña y alargada al sur de Grecia. Los 260 kilómetros (162 millas) de largo de la isla están dominados por las montañas de Lefka Ori (2.453 metros/8.047 pies) e Idi (2.346 metros/8.353 pies). Los viñedos se extienden en

Rhodes brut de C.A.I.R.

las zonas central y oriental de la isla. Las montañas protegen las vides de los vientos secos y cálidos de África. Existen cuatro vinos con garantía de origen que han recibido su denominación en Creta y un único vino de la tierra, Kritikos. Se elaboran vinos blancos secos (Sylvaner, Sauvignon Blanc, Ugni Blanc y otras variedades), rosados (Kotsifali, Mandilaria, Romeiko y otras) y tintos (Kotsifali, Mandilaria y Liaitiko).

Aún se producen vinos rancios de corte antiguo en el oeste de la isla cerca de Ghamia, usando las variedades de uva autóctona romeiko y liatiko, que pueden ser combinados con garnacha. Creta es responsable del 20 por 100 de toda la producción vinícola griega. Otro aspecto inusual de Creta es que la filoxera nunca llegó a la isla y por tanto las vides autóctonas de la isla pertenecen a variedades muy antiguas.

ARCHANES O.P.A.P.

Los vinos de Archanes en su día hicieron furor en Europa. Estos vinos tintos, con cuerpo y especiados que se bebían fácilmente, fueron los primeros vinos griegos en llegar a las estanterías de los supermercados. Tienen su origen en el sur de la isla cerca de Heraklion. Aquí se han producido vinos durante al menos 4.000 años como prueba la antigua prensa de vino de Vathipetro, que data de la época minoica. Los vinos se hacen con las variedades de uva kotsifali y mandilaria. Normalmente suelen ser de color rojo rubí, flexibles, redondos y elegantes, con un sabor muy agradable pero la calidad en los últimos tiempos es muy variable. Acompañamiento ideal para platos sencillos, como guisos. Temperatura de consumo: 14-16°C (57,2-60,8°F).

DAFNES O.P.A.P.

Vino generoso tinto de buena calidad, hecho con uvas de la variedad liatiko, con cuerpo, agradable y muy aromático. Este vino es una reliquia de las antiguas civilizaciones cretenses y casi tan antiguo como los vinos de la uva Liatiko, que ya se cultivaba en la época minoica.

Beba este vino clásico con quesos curados o fruta fresca. Temperatura de consumo: depende del gusto, bien 6-8°C (42,8-46,4°F) o temperatura algo inferior a la de ambiente 12-14°C (53,6-57,2°F).

También existe una versión seca del Dafne tinto.

PEZA O.P.A.P.

Este antiguo vino tinto cretense se hace con uvas de las variedades de kotsifali y mandilari. Posee tonos violáceos intensos con un sabor algo inusual, vegetal y afrutado, pero resulta agradable y flexible. Ambos, el alcohol, de no menos del 12,55, y el cuerpo,

Peza blanco y tinto.

están normalmente en buen equilibrio, pero en los últimos años la calidad de este vino no ha sido consistente en todas las marcas. Sin embargo, siempre es una experiencia probar un buen Peza; por ejemplo, con cerdo o cordero. Temperatura de consumo: 16°C (60,8°F).

Peza también elabora un vino blanco hecho con uvas de la variedad vilana, antigua y autóctona. Este vino es amarillo verdoso y bastante aromático y afrutado, con frescura razonable y flexibilidad en el sabor. Excelente aperitivo pero también buen acompañamiento de todo tipo de mariscos. Temperatura de consumo: 10-12°C (50-53,6°F).

SITIA O.P.A.P.

Los viñedos de Sitia se sitúan en la punta oriental de la isla a una altura de unos 600 metros (1.968 pies). Las variedades de uva antiguas que crecen aquí son liatiko, empleada para los vinos tintos, y la vilana, para los blancos.

El Sitia blanco es muy verdoso de color con un sabor fresco, flexible y agradable más que fascinante. Bébalo con un pescado de sabor no demasiado fuerte. Temperatura de consumo: 8-10°C (46,4-50°F).

El Sitia tinto seco es de color bastante cubierto con aromas suaves y sabor intenso, flexible y reconfortante. Perfecto para platos sencillos con carne, preferiblemente al grill. Temperatura de consumo: 14-16°C (57,2-60,8°F).

También existe un antiguo tipo de versión dulce del vino tinto comparable con el Dafne.

PAÍSES BALCÁNICOS

LA ANTIGUA YUGOSLAVIA

La antigua Yugoslavia fue conocida por producir vinos excelentes y justo cuando la industria vinícola había comenzado un renacimiento estalló un infierno en este paraíso para los amantes de la vida. Después de la fragmentación del anterior país en trágicas circunstancias, la industria vinícola tiene que restablecer la calidad y su imagen. Las gentes tienen que aprender a enfrentarse a su nueva libertad y a renunciar a prácticas que databan de la era precomunista. No todos han logrado hacerlo. El contraste entre la industria vinícola controlada por el Estado y anticuada, que era manejada por altos cargos, y la industria privada más pequeña, individual, profesional y deseosa de trabajar es enorme. Las preocupaciones del antiguo Estado no se centraban en la renovación y las mejoras vinícolas. Las pequeñas compañías son mucho más interesantes para inversores potenciales. Se espera que la industria vinícola local se restaure en este milenio.

ESLOVENIA

Eslovenia fue el primer país en abandonar la federación de la poderosa Yugoslavia. Eslovenia siempre fue el miembro más europeo de la antigua Yugosla-via, porque limita con Austria e Italia por un lado y Hungría y Croacia por el otro, siendo así un lugar de tránsito entre el este y el oeste. El paisaje de Eslovenia es extremadamente variado. El norte del país es montañoso, el interior es llano o suavemente ondulado y el sudeste tiene una bella franja costera. El clima es generalmente centroeuropeo y continental con influencias de las montañas en el norte y del Mediterráneo en el sur.

LOS VINOS ESLOVACOS

Eslovenia tiene que agradecer sus viñedos a los celtas. Los romanos descubrieron rápidamente los vinos frescos y vivos de los antiguos eslovacos, que eran bastante diferentes de los fuertes y untuosos vinos de Italia, España y Grecia. Un ejército cruzado se detuvo en el paisaje montañoso cercano a Ormoz en la Edad Media y después de probar el vino local le dio el nombre de Jerusalén. Los vinos de Jeruzalem Ormoz ahora desempeñan un papel importante dentro de los vinos de Eslovenia. La Iglesia también estimuló la vinicultura y en los días del imperio austro-húngaro Austria y Hungría aseguraron una era dorada para el vino eslovaco. El fin a esta euforia lo puso la plaga de la filoxera. En el siglo XX, el vino eslovaco no logró lo que cabría esperar dada su capacidad potencial pero sobrevivió, incluso en los mercados internacionales. Uno de los concursos vinícolas internacionales más importantes tuvo lugar en Liubliana durante cuarenta y cinco años como homenaje a la persistencia de los eslovacos.

Las leyes eslovacas referentes al vino son muy complejas y estrictas, extendiéndose mucho más que la mayoría de las leyes europeas de control de la producción y venta del vino. Aquí no está permitido chapitalizar a los vinos de calidad (vino Vrhunsko), excepto en las estaciones desastrosas y sólo con vinos de poca calidad. La acidez no puede ser reducida químicamente ni aumentada (para hacer el vino más fresco), aunque se puede retocar la acidez de los vinos de mesa para preservarlo (por ejemplo, ácido cítrico). El vino eslovaco no puede ser embotellado fuera del país y la exportación de vino a granel está estrictamente prohibida. Cuestiones como el transporte, guarda y venta del vino fuera del país desgraciadamente aún están fuera de la ley.

Además de las clasificaciones de los vinos por su zona de origen (véase a continuación), Eslovenia también los clasifica por calidad, de forma similar a otros países europeos.

NAMIZNO VINO (VINO DE MESA)
Vino de mesa corriente que tenga su origen en cualquier parte de Eslovenia.

NAMIZNO VINO PGP
Los mejores vinos de mesa sólo pueden proceder de las tres áreas vinícolas principales: Podravje, Posavje o Primorje. Éstas producen dezelno vino (vino regional) y ostentan la fórmula más larga de nombre de origen: Pri-

zano Geografsko Pooelko (origen garantizado), abreviado a PGP.

KAKOVOSTNO VINO ZKGP

Los vinos que proceden de subzonas definidas (por ejemplo, Brda o Koper) se conocen con el nombre de Zasciteno in Kontrolirano Geografsko Porelko, abreviado a ZKGP. Todos estos vinos están en un nivel de calidad de medio a superior y deben ser analizados y catados anualmente, controlando el color, el aroma y el sabor.

VRHUNSKO VINO/VRHUNSKO VINO PTP

Éstos son la créme de la créme de los vinos eslovacos. Para lograr esta designación (alta calidad) un vino debe primero ser admitido como Kakovostno Vino ZKGP. Sólo los vinos que alcanzan mayores puntuaciones en las catas oficiales pueden pasar a ostentar este título.

Los mejores vinos que no sólo se elaboran en una subzona definida sino que también se producen según estrictos métodos de vinificación, pueden llevar la categoría Priznana Tradicionalno Poimenovanje, abreviado en PTP. Esto significa, literalmente, nombre tradicionalmente aceptado y se aplica sólo a vinos tan ilustres como Kraski Teran y Dolensjkai Cvicek.

Vrhunsko, vino de calidad.

ÁREAS VINÍCOLAS

El pequeño país eslovaco tiene no menos de catorce diferentes zonas vinícolas. En este libro las agruparemos en tres zonas principales: Primorje, Podravje y Posavje.

PRIMORJE (REGIÓN PRIMORSKI VINORODNI)

Aunque la mayoría de la región de Primorje (cercana al mar) queda algo retirada de la costa, la proximidad del mar influencia el clima local. Los climas continental y mediterráneo se encuentran en Primorje. Esto resulta en numerosos vinos tintos secos y bastante cálidos, especialmente en el área cercana a Koper. Primorje es la única región eslovaca que hace más vinos tintos que de los otros. Los vinos blancos y rosados son también poderosos, cálidos, con cuerpo y con baja acidez. La cocina local está fuertemente influenciada por la italiana, especialmente por la vecina Fruili. A cambio, la gastronomía eslovaca ha encontrado su camino en la cocina del norte de Italia y se caracteriza por el uso de aceitunas, aceite de oliva, jamón, pescado fresco, pasteles de verdura y carne y/o platos de verduras.

BRISKO (BRDA)

Los vinos tintos tienen cierta calidad media, pero a veces rústicos y desiguales. También se producen excelentes vinos espumosos aquí, a base de las variedades de uva chardonnay, beli pinot, rebula y prosecco. También hay vinos blancos frescos hechos con rebula, beli pinot, sauvignon blanc, sivi pinot, chardonnay, furlanski tokay y malvasía (malvasija), pero, con la excepción de algunos de los Rebulas, no son demasiado convincentes. Ideales para saciar la sed o como acompañamientos de platos de cerdo con grasa. Temperatura de consumo: 8-12°C (46,4-53,6°F).

VIPAVA

Se trata de unos vinos blancos secos excelentes y la mayoría de ellos suelen ser bastante modernos en estilo y gusto. Las variedades de uva empleadas son rebula, sauvignon blanc, beli pinot, chardonnay, furlanski tokay, laski riesling (welsch riesling), malvasía (malvazija), zelen y pinela, éstas dos últimas frecuentemente infravaloradas. Estas uvas representan la autenticidad y la fuerza de esta región más que otras variedades importadas. El Sauvignon y Chardonnay son aperitivos extraordinarios y refinados. Los vinos más autóctonos combinan muy bien con pescado, aves, otros platos de carne blanca y también con queso fresco. Temperatura de consumo: 8-12°C (46,4-53,6°F).

Hay un rosado sorprendente, fresco y suave hecho con las variedades de uva barbera y merlot que resulta excepcionalmente delicioso con una tabla de quesos en verano o durante todo el año con pescado y aves. Temperatura de consumo: 10-12°C (50-53,6°F).

Los vinos tintos corrientes (Modri Pinot, Prosecco, Refosc) son muy aceptables. Algunos vinos, como los Merlot Biljenski Grici, Barbera y Cabernet, tienen una calidad excelente, sobre todo considerando sus precios. Sírvalos con carnes asadas o caza. Temperatura de consumo: 12-14°C (53,6-57,2°F).

Los mejores vinos blancos y tintos envejecen en pequeñas barricas de roble, aunque a menudo se hacen con madera inferior eslovaca, la cual transmite un sabor fuerte y casi resinoso que disminuye drásticamente la finura de la mayoría de

Cabernet Sauvignon de Primorje.

Chardonnay de Brda.

Vipava Sauvignon.

Vipava Chardon-
nay barrique.

Vipava Merlot
barrique.

los vinos blancos. Es una lástima, ya que detrás del fuerte
sabor de la madera se encuentra un vino fresco y agradable
con gran potencial. Esto se
aplica al Chardonnay Barrique
y al Merlot Barrique de Vipava.

KRAŠKI/KARST

Este vino realmente antiguo y
famoso llamado Kraski Teran
tiene su origen en Karst. Se
hace con uvas refosc que guardan relación con la variedad
italiana refosco y se dice po-
pularmente que el vino actúa
como un tónico para la salud.
Este vino rojo rubí con brillos
púrpuras es muy afrutado (grosellas rojas) en aroma y en sabor,
con una textura suavemente
aterciopelada pero no excesivamente cálido. Tradicionalmente
el Teran se bebe con carnes rojas
y caza. Temperatura de consumo: 16°C (60,8°F).

Otros vinos hechos aquí incluyen vinos espumosos sin
demasiado interés, encantadores vinos blancos y excelentes tintos de las variedades de refosc, cabernet sauvignon,
merlot, modri pinot y prosecco.

Chardonnay de
Koper.

KOPER

Más del 70 por 100 de la producción aquí consiste en
vinos tintos que principalmente se obtienen a partir
de refosc. Ésta es un área vinícola con futuro, aunque
las instalaciones de las bodegas están lejos del ideal
debido a la escasez de dinero. La mayoría de los
vinos carecen de frescura suficiente para competir bien en los mercados extranjeros, aunque
existe un potencial considerable gracias al suelo y a las condiciones climatológicas ideales.
Todo está pendiente de la inversión de capital
extranjero.

Los vinos blancos secos de las variedades de
una sauvignon blanc, chardonnay y beli pinot no
son recomendables debido a su falta de frescura. Hay mucho vino basto y carente de carácter
y estilo. Sin embargo, si escogiese un vino blanco de estilo antiguo y almibarado, como Malvazija, Sivi Pinot, Sladki Muskat o Rumeni
Muskat, entonces vería que el precio es interesante. Estos vinos merecen compañeros de mesa
apropiados en forma de cerdo al grill, ganso o
pato. Temperatura de consumo: 10-12°C (50-
53,6°F).

El vino hecho con uvas sobremaduras seleccionadas a mano y vendimiadas tardíamente es
excelente, haya presencia o no de la *botrytis* (la

podredumbre noble). Vinos extremadamente interesantes,
entre los que se incluyen el Chardonnay Izbor (Auslese),
el Malvazija Pozna, el Trgatev (Spétlese), el Sladki Refosc
dulce y un passito extremadamente raro hecho con cabernet sauvi-gnon (Suseno Grozdje).

Los vinos tintos, al igual que la mayoría de los rosados locales, tienen una calidad razonable pero estos vinos
tintos podrían beneficiarse también de una metodología
de vinificación más moderna. Muchos de los vinos presentan un estilo poco refinado (demasiada madera y tanino, mucho alcohol, pero poca personalidad). Escoja los
mejores crus, posiblemente hechos con las variedades de
uva cabernet sauvignon, cabernet franc, refosc, malocrn,
merlot, modri pinot y prosecco. Beba estos tintos más
fuertes con carnes asadas o guisos fuertes. Temperatura de
consumo: 16°C (60,8°F).

PODRAVJE (REGIÓN PODRAVSKI VINORODNI)

El clima aquí, en el extremo nordeste de Eslovenia, es
continental de naturaleza centroeuropea. Esto ayuda
a la zona a producir vinos blancos finos, frescos, elegantes y aromáticos. Podravje también es conocida
por sus deliciosos vinos dulces (pozna trgatev e izbor).
Podravje limita con Hungría y Austria al norte y con
Croacia al este. Las especialidades culinarias de los
países vecinos han dejado su marca en las cocinas de
Podravje. Su comida local incluye numerosos tipos de
pan decorado, tartas sustanciosas y platos de ganso y
pato. La fresca acidez del vino local combina muy bien
con la naturaleza grasienta de la cocina local. Además de los vinos mencionados a continuación, merecen la pena los Rieslings y Chardonnays de Premurs-
ke Gorice y los vinos de Slovenske Gorice, situados
en el centro.

RADGONA-KAPELSKE GORICE

Área vinícola muy prometedora conocida por su Traminer con personalidad y el magnífico Zlata Radgons-
ka Penina. Éste es el primer vino espumoso esloveno
hecho por el método tradicional. Otros vinos excelentes incluyen el Pozne trgatve (Spétlese), el Arhivska
vina (riserva) y el Jagodnii izbor (Beerenauslese). Escoja los vinos más sensuales, como los de Rumeni Muskat
o Sivi Pinot, y los mejores crus, como Perko o Rozicki,
hechos con las mejores uvas Traminer.

También hay vinos blancos secos y frescos de primera clase hechos con laski riesling y zeleni silvanec.

LJUTOMER ORMOŠME GORICE

Los vinos blancos de este área se encuentran sin lugar
a dudas entre los mejores de Europa. Desgraciadamente, los medios no están a mano para obtener los mejores vinos conocidos hasta la fecha. Los vinos de la cooperativa local Jeruzalem Ormoz pueden tener un gran
mercado potencial en Europa, ya que un excelente
Pinot Blanc (Beli Pinot) domina el Ljutomer Ormoške
Gorice. El aroma recuerda a flores blancas, quizá con
un toque de matorral, e incluso de licor de frutas

(Slibowitz). El sabor es muy fresco con acidez elegante y refinada, la relación entre alcohol, cuerpo y fruta es perfecta y el precio es un regalo. Todo restaurante que se precie debería incluir este vino en su carta. Definitivamente, es un vino para aves suaves o platos de verduras. Temperatura de consumo: 10-12°C (50-53,6°F).

En toda Eslovenia se hacen vinos con sauvignon blanc y éstos se venden muy bien y jóvenes, pero sólo el Sauvignon de Ljutomersko-Ormoške – y, en particular, el de la cooperativa mencionada en el párrafo anterior– merece realmente la pena. Sirva este sublime Sauvignon como aperitivo o con el mejor plato de pescado. Temperatura de consumo: 8-10°C (46,4-50°F).

Aún mejores vinos blancos y secos se elaboran con variedades como el Renski Riesling, Laski Riesling y Sipon. Podría encontrar blancos de secos a semidulces como los de Sivi Pinot, Rulander y Chardonnay. La cata de un Chardonnay semiseco lleva algo de tiempo para acostumbrarse, pero su sabor soleado, muy aromático, vigoroso y cálido convencerá a los entusiastas del Chardonnay.

Los vinos obtenidos a partir de las uvas de vendimia tardía (Spétlese) de calidad excelente incluyen el Pozna Trgatev hecho con chardonnay, laski riesling, renski riesling y sauvignon blanc, el Jagodni Izbor (beerenauslese) hecho con sipon y el Ledeno vino (Eiswein) con laski riesling. A pesar de su naturaleza muy dulce, estos vinos son increíblemente frescos, debido a la fina acidez que caracteriza a este área.

Sauvignon de Ormoz

MARIBOR

Las viñas más antiguas del mundo según los eslovacos son las de Maribor. Unos treinta y cinco litros de vino se siguen haciendo cada año con las cepas de la variedad de uva kélner blauer o zametna crnina (terciopelo negro) de 450 años de antigüedad. Este vino especial se embotella en miniaturas que se venden con un certificado de autenticidad. Para los coleccionistas de vinos curiosos se trata de un artículo muy deseable. Además de esta rareza, también hay excelentes vinos blancos frescos y elegantes hechos con las variedades de uva laski riesling y rumeni muskat. La local sauvignon blanc es quizá menos pronunciada que la de Ljutomersko-Ormoške, pero ciertamente logra una gran calidad.

Maribor también produce excelentes vinos dulces: Izbor (Auslese), Jagodni Izbor (Beerenauslese), Suhi Jagodni Izbor (Trocken Beerenauslese) y vino Ledeno (Eiswein).

Finalmente, también se producen varios vinos tintos frescos y ligeros con variedades como portugalka y zametovka, que combinan bien con platos más grasos. Temperatura de consumo: 12-14°C (53,6-57,2°F).

HALOZE

En las colinas de Haloze, en la frontera con Croacia, se producen casi exclusivamente vinos blancos. Éstos son más ejemplos de vinos totalmente infravalorados por los consumidores europeos. Los precios son muy bajos considerando la calidad de los vinos, cuyo carácter es completamente europeo.

El mejor de los blancos se obtiene con laski riesling, sipon y traminer. Los dulces Pozne Trgatve, Izbori, Jagodni Izbori, Suhi Jagodni Izbori y vino Ledeno también son muy buenos.

POSAVJE (REGIÓN POSAVSKI VINORODNI)

Varios ríos aseguran el agua necesaria en esta región. Posavje se sitúa al sur de Podravje, cerca de la frontera con Croacia. El área tiene un clima continental centroeuropeo moderado por la influencia del Mediterráneo al sur, especialmente en Bela Krajina. Aquí se elaboran todos los tipos de vino, de los frescos a los dulces, de los ligeros a los que tienen mucho cuerpo, y blancos, rosados, tintos, espumosos y tranquilos. Posavje también es conocida por sus excelentes vinos dulces de vendimia tardía, del Spétlese (Pozna Trgatev) al Eiswein (vino Ledeno) y otros producidos con uvas cuidadosamente seleccionadas, como Ilzbort, Jagodni Ilzbot y Suhi Jagodni Izbor.

En Smarje-Virstanj producen excelentes Laski Riesling y Sivi Pinot; en Bizeljsko-Sremic todo tipo de vinos, desde los simplemente razonables a buenos, incluyendo escasos vinos tipo oporto; en Dolensjka los vinos incluyen a los famosos Cvicek; finalmente, de Bela Krajina procede el Metliska Crnina –probablemente el mejor vino tinto de Eslovenia– y los excelentes Pozne Trgatve, Jagodni Izbori y vino Ledeno.

CROACIA

Croacia, que en su día fue un idílico país para pasar unas vacaciones, conocido por su rica cultura, gastronomía y vinos extraordinarios, aún se está recuperando de las heridas dejadas por la guerra de la antigua Yugoslavia. Pero aún queda esperanza para un futuro próximo. La mayoría de los viñedos y las bodegas fueron completamente destruidos por la guerra. El Gobierno croata y la Unión Europea han asegurado que se planten nuevos viñedos en las mejores zonas y que se construyan nuevas bodegas con los últimos equipamientos –una mejora en las instalaciones irremediablemente caducas anteriores a la guerra–. También se ha logrado una mayor libertad desde la retirada de la presión procomunista de Belgrado. La economía ha mejorado y los innumerables viticultores con talento han sido capaces de privatizar sus negocios buscando independencia. Éstos, que trabajan para sí mismos, suelen estar más motivados que los que lo hacen para una compañía agrícola estatal o Agrokombinat. El tiempo lo dirá pero las primeras señales sugieren una recuperación rápida. La viticultura croata está en buen camino y logrará llegar más alto que antes.

Croacia no es un país muy grande y aun así cuenta con 650 kilómetros cuadrados de viñedos, que consisten principalmente en un número bastante grande de pequeñas zonas. Uno de los aspectos atractivos de los viticultores croatas es su preferencia por actualizar sus vinos de rápidas variedades de uva autóctonas hacia una imitación de los vinos europeos. Esto hace que les resulte más difícil vender sus vinos muy personales y con carácter local, pero eventualmente se ven recompensados cuando cada vez más consumidores descubren que las uvas nativas garantizan una mayor autenticidad del terreño.

Croacia se puede dividir a grandes trazos en dos grandes áreas vinícolas: el interior y la zona costera (incluyendo las islas).

EL INTERIOR

La mayoría de las zonas vinícolas están próximas a Zagreb. Hay siete comarcas en la zona interior: Plesivica, Zagrorje-Medjimurje, Prigorje-Bilogora, Moslavina, Pokuplje, Slavonija y Podunavje, que a su vez se subdividen en unos cuarenta distritos.

Las mejores zonas vinícolas son:
Sveta Jana-Slavetic (Plesivaca)
Moslavina (Moslavina)
Virocitica-Podravina-Slatina (Slavonija)
Kutjevo (Slavonija)
Erdut-Dalj-Aljmas (Podunavlje)

LOS MEJORES VINOS
Muchos de los viñedos de esta parte de Croacia fueron destruidos por lo que la crítica es temporal.

GRAŠEVINA

Graševina es el nombre local del Welsch Riesling, conocido en Eslovenia como Laski Rizling o Riesling. Aquí se producen algunos vinos blancos muy especiales a base de la variedad de uva grasevina, especialmente en el distrito de Kutjevo en Slavonija. Este vino blanco seco, fino, elegante y fresco merece ser servido con carnes blancas tiernas o aves. Temperatura de consumo: 10-12°C (50-53,6°F).

Otros vinos blancos buenos incluyen los elaborados con las variedades de uva riesling del Rin, gewürztraminer, chardonnay y sauvignon

Graševina

blanc. Ninguno de estos vinos tiene la misma finura que el Gra-ševina de Kutjevo. Ahora también se producen pequeñas cantidades de vino tinto en el interior de Croacia, principalmente de uvas frankovka.

LA COSTA

Ésta es la zona vinícola más importante de Croacia. La mayoría de los viñedos se sitúan a lo largo de la costa y en las numerosas islas cercanas a ésta. Su emplazamiento es ideal con rocas abruptas sobre el Adriático y un clima mediterráneo seco y caluroso. Desgraciadamente, las guerras de los Balcanes han tenido un tremendo efecto negativo en la industria vinícola, a través de destrucciones directas e indirectas (falta de mano de obra). Aunque la zona costera se vio más afectada que las islas, las consecuencias económicas son claramente aparentes en las islas de Krk (Vrbnicka Zlahtina), Hvar (Ivan Dolac), Korcula (Posip) y sobre todo Peljesac (Dingac, Postup).

La región costera consta oficialmente de cuatro zonas: Istria y la costa, el norte de Dalmacia, el interior de Dalmacia y el centro/sur de Dalmacia. Éstas se subdividen a su vez en unos cincuenta distritos.

Las mejores áreas vinícolas son:
Porec (Istria/franja costera)
Rovinj (Istria/franja costera)
Primosten (norte de Dalmacia)
Neretva-Opuzen (centro/sur de Dalmacia)
Ston (centro/sur de Dalmacia)
Cara-Smokvica (centro/sur de Dalmacia)
Dingac-Postup (centro/sur de Dalmacia)

LOS MEJORES VINOS
En Porec y Rovinj en la región de Istria (Istra) se producen excelentes vinos de la variedad de uva malvasía (malvazija). Estos vinos blancos secos, frescos y afrutados resultan deliciosos con pescado y mariscos, y son una elección magnífica para acompañar las langostas localmente populares. Temperatura de consumo: 10-12°C (50-53,6°F).

Istra también tiene varios vinos tintos interesantes de los cuales la primera elección debería hacerse con aquellos hechos con uvas de la variedad de Teran. El Merlot de Istria también es bueno, pero le falta identidad propia.

VRBNICKA ZLAHTINA

La isla de Krk (al sudeste de Rijeka) es el hogar del Vrbnicka Zlahtina, un delicioso vino blanco hecho con uvas blancas de la variedad de uva zlahtina (zlahtina bijela), una especialidad autóctona de Krk. Como la mayoría de los vinos blancos croatas, Vrbnicka Zlahtina es ágil y redondo, pero también muy afrutado tanto en aroma como en gusto. Por tanto combina bien no sólo con el marisco local sino también con la mayoría de los platos vegetarianos, pollo al grill o incluso ternera, aves a la parrilla y todos los guisos de carnes blancas o aves en salsa de vino blanco. Temperatura de consumo: 10-12°C (50-53,6°F).

KAŠTELET

Dos vinos muy aceptables tienen su origen en los calcáreos terrenos de Kastel, un poco al norte de Split. Son los vinos blancos y tintos de Kastelet. El blanco es un vino seco, fresco y accesible que resulta excelente con pescado (temperatura de consumo: 8-10°C/ 46,4-50°F). El tinto se hace con uvas de las variedades de plavac mali y vranac, y es un vino muy agradable, placentero y con cuerpo que agradece una comida al aire libre. Temperatura de consumo: 10-12°C (50-53,6°F).

PLAVAC

La isla de Brac está enfrente de la costa de Split. El Plavac, hecho aquí, es un tinto muy agradable. El mejor Plavac procede de la pequeña ciudad de Bol al sur de la isla. El Bolski Plavac es un vino tinto muy especial con mucho cuerpo, poderoso y carnoso, que resulta ideal para platos al horno y al grill. Temperatura de consumo: 14-16°C (57,2-60,8°F).

Kastelet tinto.

IVAN DOLAC

La isla de Hvar al sur de Split es conocida por su Ivan Dolac tinto. Este vino se hace únicamente con las uvas recogidas en un pequeño enclave de tan sólo ocho hectáreas donde las uvas de la variedad de plavac mali se recogen a mano. El Ivan Dolac es uno de los mejores tintos croatas y tiene mucho cuerpo, es poderoso, cálido y redondo. Sírvalo con las muchas especialidades al grill de esta área. Temperatura de consumo: 16°C (60,8°F).

FAROS

Otro buen tinto de la isla de Hvar hecho con variedad de uva plavac mali. Resulta delicioso con carne y platos al horno. Temperatura de consumo: 14-16°C (57,2-60,8°F).

POSIP

La isla de Korcula está al sur de Hvar y a una latitud similar a Peljesac. Aquí se produce el magnífico vino blanco Posip, probablemente el vino croata más conocido. El vino se hace con la variedad de uva autóctona del mismo nombre y se ha elaborado con estas uvas durante siglos. Las uvas se recogen por completo a mano. El Posip es un vino blanco delicioso, con cuerpo, redondo y poderoso, que sobresale de los otros por su magnífica fruta tanto en nariz como en boca. Acompañamiento ideal para pescado y marisco al grill, carnes blancas o aves. Temperatura de consumo: 10-12°C (50-53,6°F).

Ivan Dolac.

DINGAC EN POSTUP

La alargada isla de Peljesac se halla 50 kilómetros (31 millas) al norte de Dubrovnik. Es difícil llegar a los viñedos y anteriormente los cultivadores transportaban sus uvas en burros a lo largo de caminos estrechos y peligrosos. Desde hace veinticinco años se ha construido un largo túnel de 400 metros (1.312 pies) a través de las montañas que permite llevar las uvas vendimiadas rápidamente a las bodegas de Potomje. El cultivo de las vides en este terreno con pendientes de más del 70 por 100 requiere un esfuerzo considerable incluso con estas mejoras. Dos vinos con reputación mundial tienen su origen en este marco: Dingac y Postup, ambos hechos con uvas de la variedad de uva plavac mali. Estas cepas no crecen igual de bien en ningún otro sitio como lo hacen en estas islas dálmatas. Además de la importancia de la geografía y el clima, la posición de los viñedos también es favorable. Las uvas se benefician del sol de tres formas: directamente a través de las radiaciones, por reflejo del suelo pedregoso y por reflejo del mar. Son circunstancias ideales para esta variedad de uva nativa.

El Dingac se hace con las vides de las colinas más escarpadas del centro de la isla, donde la posición es más favorable con respecto al mar y al sol. Estos vinos tienen mucho cuerpo y son cálidos (13-15 por 100 de alcohol), poderosos, carnosos y excepcionalmente deliciosos. Las mejores cosechas de Dingac se pueden guardar durante cinco años y a veces hasta diez; las añadas realmente excelentes pueden guardarse du-rante quince o más años.

El Postup se hace más hacia el norte de la isla, donde las laderas son menos abruptas. Está claramente relacionado con el Dingac, posee una calidad similar pero con menos cuerpo, vigor y carnosidad. A pesar de esto, el Postup sigue siendo un vino excelente, con cuerpo y poderoso, que generalmente posee mayor finura y elegancia que un Dingac.

Dingac

Ambos vinos piden carnes asadas o al grill, preferiblemente buey, cabrito o cordero. El Postup también combina bien con los guisos locales de carne tan populares en los Balcanes. Temperatura de consumo: 14-16°C (57,2-60,8°F) para un Postup y 16-17°C (60,8-62,6°F) para un Dingac.

Postup.

PROŠEC

Este vino licoroso tiene un delicioso aroma y sabor a uvas maduras y se desliza muy fácilmente por la garganta, especialmente si se sirve frío en una terraza al sol. Con su contenido en alcohol del 15 por 100, este vino puede ser más traicionero de lo que la gente piensa. Bébalo con moderación. Temperatura de consumo: 10-12°C (50-53,6°F).

BULGARIA

Las estadísticas muestran que Bulgaria ha logrado un gran éxito mediante la modernización y la adaptación de su industria vinícola. Se han plantado nuevas variedades francesas de gran éxito, quizá con demasiada prisa, como cabernet sauvignon, merlot, sauvignon blanc y chardonnay, obteniendo vinos baratos que se beben fácilmente cuando son jóvenes y se producen en grandes cantidades para conquistar así el mercado europeo con un marketing considerablemente inteligente. El problema es que el vino búlgaro es aburrido y carente de carácter propio. Y esto a pesar de la rica historia vinícola de Bulgaria, que era conocida por producir buenos vinos con las uvas autóctonas pamid, mavrud, melnik, gamza (tintas) y rkatziteli, misket y dimiat (blancas). Estos vinos, sin embargo, no se venden tan bien como los Chardonnay y Sauvignon más baratos. Es una verdadera lástima, no sólo porque los búlgaros venderían gustosamente vinos de mejor calidad sino porque el público ha aceptado la imagen de este país como productor de vino barato y cuesta venderle vinos más caros. También existe más competencia y los búlgaros apenas se aprovechan de las oportunidades presentadas después de la caída del comunismo para empezar una industria vinícola independiente. La gente sigue fiel a las antiguas cooperativas gigantes a gran escala pero son estos grandes fósiles los que evitan que se invierta dinero. El clima en Bulgaria es una combinación de influencias marítimas (mar Negro), clima mediterráneo en el sur y centroeuropeo en el centro y norte del país. La geología permite la producción de vinos de alta calidad a gran escala. Nada parece obstaculizar el avance de Bulgaria para producir vinos de alta calidad. Las bodegas ultramodernas son extre-madamente eficientes y los métodos de vinificación están bien gestionados... Ahora todo espera a que se den los primeros pasos en la dirección correcta.

Bulgaria ha tenido una legislación vinícola de estilo europeo desde 1978 que regulaba la calidad y los orígenes de los vinos de áreas definidas. Los vinos de tipo medio son comparables a los vinos de mesa franceses y tienen poca demanda, pero estos vinos del país búlgaro poseen a menudo una calidad razonable que no siempre está presente en los vinos de mesa franceses. El Origine Géographique Déclaré se corresponde con el francés Vins Délimité de Qualité Supérieure (V.D.Q.D.S.). Estos vinos presentan una mayor calidad más un área definida de producción. La Región Controliran se corresponde con la A.O.C. francesa (y con la Denominación de Origen española) una garantía de zona de origen pero no necesariamente de mejor calidad.

La mención de reserva en la etiqueta es una garantía de mejor calidad. Esto indica que el vino ha sido seleccionado por calidad y envejecido en pequeñas barricas de madera (barriques).

ZONAS VINÍCOLAS

Bulgaria se divide en varias grandes regiones que a su vez se dividen en regiones más pequeñas.

REGIÓN DOLINATA NA STRUMA (REGIÓN SUROESTE)

Este área se distingue por su clima de tipo mediterráneo y la cal y la arena del suelo que son ideales para la producción de vino tinto.

Región de Controliran: vino de una región delimitada.

Los vinos de reserva envejecen en barricas.

En Melnik se produce Cabernet Sauvignon de primera clase, ligeramente especiado y suave. El Cabernet Sauvignon/ Melnik de Petrich es algo más poderoso y tiene un sabor más lleno. Los mejores vinos son indudablemente los reservas hechos con la uva nativa melnik. Son vinos poderosos y redondos, con cuerpo y agarre.

REGIÓN TRAKIISKA NIZINA (REGIÓN SUR)

Ésta es la tierra de los antiguos tracios que ya eran activos viticultores en el 700 a.C. También es la zona vinícola más grande de Bulgaria. Debido al clima favorable, la mayoría de los vinos son tintos. El magnífico vino con cuerpo y redondez característico del área, hecho con la variedad de uva autóctona mavrud, aún se produce en Assenovgrad. Los vinos, de mavrud, relativamente hablando, son escasos en comparación con otros vinos búlgaros, pero ofrecen una calidad excelente.

Los deliciosos y suaves Merlots tienen su origen en Haskovo, son redondos y envejecen en barricas durante algunos años. Son muy aceptables, pero tienen poco carácter búlgaro. El Merlot del vecino Stambolovo es mejor. Este vino pasa un largo periodo (en términos búlgaros) en barricas de madera y sabe estupendamente. Los mejores Cabernet Sauvignon y Merlot se originan en las cercanías del monte Sakar, en la región de Strandja, como Lyubimets.

Buen vino de Melnik.

Dominio Sakar
Merlot de Liubimetz.

Dominio Boyer Merlot
Reserva de Liubimetz.

REGIÓN ROZOVA DOLINA (BALCANES DEL SUR)

Éste es el dominio del Cabernet Sauvignon. De Oriachovitza (región Controliran) proceden los Cabernet Sauvignon y Merlot de alta calidad y estilo europeo. El Cabernet Sauvignon de Plovdiv es bastante poderoso y a primera vista parece un vino francés. Quizá el Chardonnay más fino de Bulgaria tiene su origen en Sliven, pero aquí también dominan los jugosos Merlots y Pinot Noirs.

REGIÓN DUNAVSKA RAVINA (REGIÓN NORTE)

Suhindol (región Controliran) hace buenos varietales de gamza, sola y también en combinación con variedades de uva francesas como merlot. Los auténticos vinos de Gamza son magníficos, especiados, aromáticos, con cuerpo, redondos y poderosos.

El Gamza joven suele ser muy tánico y esto es igual para el Melnik y otras variedades de uva autóctonas búlgaras. Las uvas de merlot hacen los vinos más suaves y permiten que se puedan beber antes. Además de este Gamza/Merlot hay también vinos de calidad razonable de cabernet sauvignon ligeros, frescos y elegantes. Estos vinos también tienen una textura unívolea cremosa y un aroma en el que se distinguen las grosellas negras.

Rousse se sitúa a lo largo de la frontera con Rumania. Muchos de los vinos blancos producidos en esta zona van de amables a dulces. La combinación por ejemplo, de variedad de welsch riesling y misket autóctona produce un resultado sorprendente. Estos vinos blancos dulces y sensuales consiguen mantenerse frescos con ligeros toques especiados gracias a la adición de la variedad de welsch riesling. También se producen excelentes Welsch Riesling generalmente con mucho azúcar residual. Este vino es fresco, afrutado y floral, con un sabor suave y agradable. Hay también vinos de corte francés aceptables hechos con las variedades de uva cabernet sauvignon, merlot y cinsault.

Svischtov (región de Controliran) es parte del área de Rousse (o Russe). Cerca de Svischtov se hacen vinos tintos poderosos, con cuer-

Cabernet Sauvignon
de Plovdiv.

Gamza genuino.

Gamza moderno con
Merlot.

po y aromáticos con variedad de uva como cabernet sauvignon. La región norte aquí hace estos vinos Cabernet menos fuertes que los similares de Melnik o Plovdiv. Son incluso más elegantes y frescos y ofrecen mucho más que copias de los vinos franceses sin identidad propia. Aquí han logrado hacer que las uvas francesas más chovinistas hablen con acento búlgaro. Son vinos excelentes con aromas característicos en el aroma a menta, especias, vainilla, grosellas rojas y grosellas negras. A pesar de su poderosa nariz y boca, este vino mantiene su textura suave de forma que gana amigos rápidamente.

REGIÓN CHERNOMORSKI (REGIÓN ORIENTAL)

Esta región en el mar Negro tiene un clima marítimo moderado apropiado para los vinos blancos. Burgas queda cercano a la costa del mar Negro y produce vinos blancos de calidad razonable. La variedad de uva ugni blanc proporciona la base de estos vinos y muscat la dulzura y las propiedades aromáticas. Muchos de estos vinos no son particularmente secos y muchos de ellos son bastante dulces.

Rousse produce vinos
de mesa tintos muy
aceptables.

Preslav se sitúa un poco hacia el interior, pero está claramente influenciada por la presencia del mar Negro. Aquí se producen Chardonnay secos y afrutados de primera clase, sobre un suelo calcáreo, y también vinos rosados sencillos pero sabrosos.

Novi Pazar (región Controliran) también forma parte de este área y produce un Chardonnay de primera clase que resulta amplio, afrutado, poderoso y elegante.

RUMANIA

Rumania produce unos ocho millones de hectolitros al año (aproximadamente el 10 por 100 de la que produce Francia) en sus 275.000 hectáreas de viñedos, lo que le coloca entre los diez mayores productores de los países europeos.

El clima y la geología en Rumania son muy beneficiosos para la viticultura. Los rumanos continúan con las tradiciones vinícolas locales y las variedades de uva autóctonas, y aunque se cultivan variedades de origen francés son las variedades autóctonas las que reciben un apoyo especial. Esto es completamente correcto, ya que los consumidores cada vez piden más calidad y originalidad a un precio aceptable. Rumania cubre su demanda a la perfección. El único obstáculo en el camino de un éxito bien merecido es quizá la falta de infraestructura y buenos medios de distribución. Aún queda mucho por hacer para mejorar la imagen del vino rumano. Los vinos rumanos se suelen asociar a los búlgaros en la mente de los consumidores, lo que supone una gran pérdida para Rumania, que tiene un potencial mayor que su vecina del sur.

EL SUR DE LOS CÁRPATOS

Este área vinícola se sitúa en las estribaciones de los Cárpatos, entre las montañas y la meseta del sur. Dealu Mare en particular es bastante conocido y obtiene res-

Vino blanco sencillo de Targovishte.

Rosado sencillo pero bueno.

Elegante Chardonnay de Khan Krum.

peto a regañadientes por parte de los entendidos. Aquí se obtienen excelentes vinos de las variedades de uva cabernet sauvignon, merlot y pinot noir, que crecen en un terreno ferruginoso. Los famosos distritos de Dealu Mare son Valea Calugareasca, Tohani, Urlati, Ceptura y Pietroasele. Los magníficos vinos de postre Tamaioasa Romaneasca y Grasa se obtienen a partir de variedades de uva autóctona que llevan los mismos nombres y que crecen en las colinas suavemente onduladas de Pietrosele. Con las variedades de uva autóctonas feteasca regal y tamaioasa romaneasca se producen vinos blancos secos pero ligeros en las terrazas de las colinas Arges, quizás con aña-didos de sauvignon blanc, welsch riesling y muscat ottonel. Los viñedos de Segarcea se sitúan al sur de la ciudad de Craiova, donde sobre todo se hacen Cabernet Sauvignon tintos.

CÁRPATOS ORIENTALES (RUMANIA MOLDAVA)

Este área que bordea Ucrania (Federación Rusa) posee un suelo que consta principalmente de una mezcla de humus y caliza. Aquí también se hacen vinos con las variedades autóctonas feteasca alba, feteasca regala, feteasca negra y galbena, posiblemente complementadas con o incluso suplantadas por variedades de uva de importación como riesling del Rin, welsch riesling, pinot gris, traminer o sauvignon blanc. Cotnary, que es uno de los viñedos más conocidos de Rumania, se encuentra en esta zona en la que se producen dos grandes vinos de postre. Uno usa variedad de grasa y el otro la tamaioasa romaneasca, con un

Este Riesling de treinta años está muy aceptable.

Rumania es aún muy pobre

aroma poco habitual a café tostado. Los vinos tintos del área de Nicoresti a base de la variedad de uva babeasca neagra son también de interés, al igual que los blancos secos y finos de Husi en la región de Dealurile Moldovei. En las cercanías de Tecuci Galati, cercana a la frontera con Ucrania, se producen cantidades considerables de vinos blancos y tintos baratos.

TRANSILVANIA/BANA

Transilvania, asociada a sangrientas historias de horror sobre el conde Drácula, se halla en un área con un magnífico paisaje natural con grandes extensiones de bosques, castillos y algunas áreas vinícolas famosas. Aquí se hacen vinos blancos dulces y finos y unos pocos blancos secos excelentes, en particular los de Tirnave. Las variedades de uvas básicas empleadas son la feteasca regala, feteasca alba, welsch riesling, muscat ottonel y sauvignon blanc. Recientemente también han empezado a hacer vinos secos y espumosos por el método tradicional. En Alba Iulia producen blancos secos o dulces con cuerpo llenos de aroma concentrado y el carácter de las uvas maduras de las variedades de feteasca alba, feteasca regala, welsch riesling y pinot gris. Algunos vinos blancos secos interesantes se hacen con las mismas variedades de uva autóctonas de Bistrita. Gran cantidad de vino rumano local de uso diario tiene su origen en Banat y se hace con uvas de la variedad de kadarka. Hay también algunos vinos razonables hechos con uvas cultivadas en los suelos ferruginosos cercanos a Minis (variedad de kadarka y cabernet sauvignon) y del área cercana a Recas por el río Bega (cabernet sauvignon).

DOBRUGEO

Este área es conocida sobre todo por los viñedos de Murfatlar. El clima es muy cálido y el suelo es parecido al de Champagne en Francia: ligero, quebradizo y calcáreo. Se elaboran vinos semisecos y dulces de gran clase en los viñedos Murfatlar a partir de las variedades de uva feteasca regala, chardonnay, welsch riesling y pinot gris.

También hay tintos y blancos excelentes secos o semisecos hechos con las variedades de uva babeasca neagra, cabernet sauvignon, merlot, pinot noir, muscat ottonel y tamaioasa romaneasca. El Chardonnay que ha sido visitado por *botrytis* (la podredumbre noble) goza de fama mundial.

Temperatura de consumo: para los vinos dulces, 6-10°C (42,8-50°F); semisecos 8-10°C (46,4-50°F); blancos secos 10-12°C (50-53,6°F) y vinos tintos 14-16°C (57,2-60,8°F).

LA ANTIGUA UNIÓN SOVIÉTICA

Ha pasado el tiempo desde que las políticas que regulaban la industria vinícola en la antigua Unión Soviética y en los países del Comecón se determinaban en Moscú. Los países que en su día estuvieron bajo el dominio soviético ahora son independientes. Hungría, la República Checa y la República Eslovaca han elegido sus propios destinos. Moldavia es ahora también independiente y anda por buen camino, pero necesita tiempo. Las enormes bodegas e instalaciones vinícolas requeridas para producir más cantidad que calidad han sido uniformemente desmanteladas en toda la antigua Unión Soviética. Cada vez se establecen más compañías pequeñas y cada una de ellas tiene que luchar contra actitudes arraigadas para lograr cualquier renovación y modernizacion. En las zonas vinícolas de estos países está teniendo lugar mucho movimiento o se han venido abajo por completo.

MOLDAVIA

A pesar de la severa opresión en la era soviética, la cultura eslava nunca llegó a estar sometida en Moldavia. En los tiempos de los zares, la industria vinícola de Moldavia floreció enormemente. Cuando la filoxera diezmó los viñedos de la Europa occidental, algunos viticultores franceses se establecieron en Moldavia para sobrevivir a la crisis que superaron llevando algunas variedades de uva francesas con ellos.

El clima de Moldavia es ideal para el cultivo de las viñas y para la producción de vino: fresco en invierno con calor en verano, lo que resulta particularmente beneficioso para el vino blanco. A pesar de esto, es difícil encontrar buenos vinos en Moldavia. El sabor del vino moldavo no es realmente muy occidental. Son vinos muy ácidos con poco aroma y fuertemente oxidados, lo que no anima demasiado. Para cambiar esta situación, el Reino Unido, Holanda y Francia están uniendo esfuerzos pero nada es sencillo y la competencia entre los diferentes inversores no facilita las cosas.

Las variedades de uva básica empleadas son las autóctonas feteasca alba, rkatsiteli y saperavi. La feteasca produce vinos muy afrutados con un aroma a melocotón y a albaricoque, aunque sin la frescura que cabría esperar. El Rkatsiteli sobresale por su aroma especiado y floral combinado con una agradable frescura. La saperavi es una uva tinta que aporta a los vinos tintos carácter y un gran potencial para envejecer. Además de las uvas autóctonas mencionadas, Moldavia también hace amplio uso de las variedades francesas, como sauvignon, riesling y aligoté. Aligoté es una uva de Borgoña que sólo se emplea ocasionalmente en vinos de calidad como Aligoté de Bouzeron. En Moldavia, no obstante, la aligoté desempeña un papel principal por su buena acidez. Los moldavos se vuelven locos por el vino Aligoté de diez años completamente oxidado. También hay vinos tipo jerez excelentes hechos con mezclas de las variedades de uva aligoté, sauvinon blanc, riesling y rkatsiteli. Un vino muy escaso que ciertamente no es inferior al sherry se vende en Moldavia con el nombre antiguo de Jerez de Xérès (lo que está estrictamente prohibido fuera de Moldavia). Los mejores blancos son los producidos por el británico Hugh Ryman, que trabaja para la cooperativa Hincesti. Éstos son Chardonnay excelentes, estructurados, poderosos, ricos y afrutados, y Rkatsiteli muy afrutados y excepcionalmente elegantes.

Hincesti-Ryman también produce un Merlot y un Cabernet muy aceptables. Los mejores tintos son varietales de cabernet sauvignon o con un añadido de la variedad de saperavi, como los vinos de Rochu & Negru, muy similares en estilo al excelente tinto de Burdeos. Finalmente, también se producen aquí varios vinos espumosos, aunque la mayoría están tan oxidados que poco placer se obtiene de ellos. Sin embargo, los vinos aún frescos y sin enranciamiento (bastante poco frecuentes) son de gran calidad. La producción vinícola moldava aún no ha completado su evolución superando la era comunista, pero la mayoría de los observadores consideran obvio que Moldavia tiene un gran futuro.

UCRANIA

Recientemente se ha invertido mucho esfuerzo en el área cercana a Odesa y Nikolajev, cerca del mar Negro y en las inmediaciones de Dnjeprpetrovsk en el Dnjepr, para reemplazar las antiguas pero muy productivas variedades de uva por otras nuevas de mejor calidad, como riesling y cabernet sauvignon. La incertidumbre económica ha supuesto una caída de la industria vinícola de Ucrania. En la actualidad no hay mucho que decir positivamente. Hubo una época en la que los vinos espu-

mosos de Crimea –muchos de ellos nacidos en Moldavia– eran famosos en el mundo. No parece que estos vinos tengan un futuro prometedor.

El zar Nicolás II poseía enormes bodegas construidas en la localidad de Massandra y toda la colección de vinos del palacio real fue trasladada aquí. Aún queda una enorme cantidad de vinos embotellados antiguos, cada uno más famoso que el siguiente, algunos datan de 1775. Estos vinos se venden en subastas por sumas de dinero asombrosas.

RUSIA

Durante la época de la Perestroika el gobierno ruso llevó a cabo una política para disuadir a los ciudadanos de su problema a gran escala con el consumo de vodka. La industria del vino fue subvencionada y se fomentó el consumo del vino (en lugar del vodka). Enormes plantas vinícolas o kombinats producían un flujo incesante de vinos tintos y blancos siruposos, con cuerpo y a menudo fuertemente oxidados, variando de las versiones secas a las extremadamente dulces. Estos vinos se producían en la región del mar Negro, alrededor del mar de Azov (Krasnodar), la cuenca del Don, Stavropol y Crimea, y también utilizaban vino de graneles de Bulgaria, Moldavia, Hungría y Argelia. Estos vinos extranjeros eran mezclados con vinos hechos con uvas locales y perdían así su identidad detrás de la etiqueta rusa. Dada la actual situación de

Vino tinto espumoso y dulce de Crimea.

incertidumbre económica en Rusia y la significativa falta de fondos, la industria vinícola se ha venido abajo. La calidad del vino ha caído en picado y es imposible obtener una imagen clara del estado actual del vino en Rusia. Los propios rusos no tienen idea de lo que les deparará el futuro y el consumo de vodka ha vuelto a dispararse.

GEORGIA

Georgia, a modo de sandwich entre Rusia y Turquía, produce un tremendo volumen de vinos blancos, rosados, tintos y espumosos, pero rara vez se ven fuera del país.

Es poco probable que los vinos de Georgia gusten a los consumidores occidentales debido a sus tonos terrosos y acidez algo punzante. Esto se debe a los métodos de vinificación a la antigua usanza que se siguen usando y por los que racimos enteros de uvas se dejan fermentar y más o menos se olvidan durante un tiempo en las tinas de barro. Los vinos de Georgia se pueden reconocer fácilmente por las etiquetas decorativas con al menos seis o siete medallas de oro en las botellas un poco desgarbadas. Los vinos blancos están dominados por dos variedades de uva autóc-

Vino Saperavi blanco de Georgia

Vino Saperavi tinto de Georgia

tona, rkatsiteli y mtsvane. Varios vinos secos algo escasos pero de alta calidad se obtienen con esos dos tipos de uva. Son el Tsnandali, Gurdzhaani y Vazisubani. El vino Napareuli, igualmente excelente, se hace únicamente con la rkatsiteli y el Manavi usa sólo la variedad de mtsvane. El Tsitska, Tsolikauri y Bkahtrioni se hacen todos con las variedades de uva autóctona del mismo nombre. Estos vinos y el Manavi y Vazisubani, previamente mencionados, son todos firmes, afrutados y armoniosos. El Tsinandali, Gurdzhaani, Napareuli y Manavi envejecen en barricas de roble durante al menos tres años. Estos vinos no son verdaderamente frescos pero tienen una fruta maravillosa y un aroma muy elegante con un sabor ligero, suave y afrutado (en términos de Georgia).

Aquellos que verdaderamente piensen probar el sabor muy local y autóctono de los antiguos vinos de Georgia (de tinos de barro) deberían probar los Rkatsiteli, Sameba o Tibaani. El color de estos vinos blancos –varietal de Rkatsiteli en el caso del primero y de Rkatsiteli y Mtsvani en el caso de los otros– es de un tono entre el amarillo oscuro y el ámbar. El aroma es levemente afrutado, sugiriendo quizá grosellas con claros tonos a cereza. Los tres vinos tienen un grado alcohólico en torno a 12-13 por 100, superior a los otros vinos blancos mencionados.

Los tintos con cuerpo se hacen aquí con la variedad de saperavi (Kvareli, Napareuli y Mukuzani) y cabernet sauvignon (Teliani). Todos estos vinos envejecen en barricas durante al menos tres años.

Vinos de Georgia.

No sólo se trata de vinos con cuerpo, también son tánicos, tienen un grado alcoholico moderado (12-12,5 por 100) y son bastante afrutados con reminiscencias a fruta madura y grosella.

Las temperaturas de consumo para el vino de Georgia son: 10-12°C (50-53,6°F) para los vinos blancos, 16-17°C (60,8-62,6°F) tintos secos, 10-12°C (50-53,6°F) tintos dulces, y entre 6 (42,8) y 8°C (46,4°F) vinos blancos dulces y espumosos.

ARMENIA

Armenia puede ser el lugar de nacimiento de la uva, ya que, según la historia del Arca de Noé, se cree que ésta se estableció en la región de Turquía, Irán, Azerbaiján y Georgia, entre el mar Negro y el mar Caspio. Armenia es famosa por sus brandies excelentes, producidos cerca del monte Ararat, pero el país también produce unos cuantos vinos tintos de calidad muy aceptable, como los del sudoeste, en el área de Yeghegnadzor. Son vinos fuertes muy tánicos y con bastante acidez. Deberían ser decantados algún tiempo antes de servirlos, preferiblemente con cordero o cabrito. Temperatura de consumo: 14-16°C

HUNGRÍA

Hungría es un estado centroeuropeo relativamente pequeño. El clima está determinado por frentes variables de tres sistemas climáticos diferentes: el clima continental ruso muy severo, el agradable clima mediterráneo y remanentes de un clima marítimo moderado. Los inviernos son moderadamente fríos y los veranos son calurosos.

La economía húngara tiene dos facetas. Por un lado hay enormes empresas antes estatales y por el otro compañías jóvenes, vigorosas e independientes con cierto talento, pero esta última categoría se ve obstaculizada por los anacronismos e inercia en el oficio.

La distancia entre los ricos y los pobres parece hacerse mayor, pero en contraste con el pasado inmediato también hay una nueva clase media que surge y que goza de un nivel de vida mejor.

LA VITICULTURA HÚNGARA

La viticultura húngara data de la época del emperador romano Probus, quien plantó viñedos en las laderas a lo largo del Danubio ya en el 276 d.C. Estos viñedos fueron significativamente extendidos durante el periodo en el que floreció el imperio austro-húngaro. Durante el periodo de la dominación soviética, Hungría debía producir grandes cantidades de acero de forma que la industria vinícola fue rechazada en gran parte. Los vinos húngaros de esa era desaparecieron casi por completo en dirección a la URSS. La pérdida de Rusia como mercado de exportación no fue inmediatamente reemplazada por nuevos mercados de la Europa occidental. Los

Prensa de vino del siglo XVII.

Hungría tiene una rica tradición vinícola.

niveles de calidad requeridos en Europa eran bastante más altos y la industria vinícola húngara necesitaba sin lugar a dudas una renovación.

Mientras las preocupaciones del gran estado anterior hacían extremadamente difícil la tarea de atraer capital (demasiado grande, estático y anticuado), algunos viticultores dinámicos encontraron su salvación en forma de la inversión extranjera. El terruño era bueno, los estudios previos y ensayos muy prometedores, y las inversiones no eran muy fuertes para los niveles occidentales. Se plantaron nuevos viñedos, se reemplazaron los viejos, se construyeron bodegas completamente nuevas y se adaptaron a las demandas modernas. Sólo las compañías que elaboran productos de calidad superior tuvieron alguna oportunidad en los mercados de Europa occidental. El poder, el dinero y los contactos aún desempeñan un papel muy importante en la industria húngara, pero esto está cambiando y las compañías más jóvenes están siendo consideradas más seriamente incluso en el mercado doméstico. Esto tiene mucho que ver con varios viticultores y hombres de negocios dinámicos, como István Szepsy, Tibor Kovács, János Arvay, Attila Gere y Tibor Gál.

La gran diversidad de los vinos de Hungría se debe a la curiosa influencia de los tres tipos de climas diferentes (marítimo, continental y mediterráneo). Lo que es más, Hungría también posee algunas variedades de uva únicas. Los húngaros generalmente tienen gran respeto por la tradición y el carácter, aunque la cuestión

sería ¿qué tradición? Para las antiguas industrias estatales la tradición parecía no ir más allá de los últimos cuarenta años, pero muchas de las compañías más nuevas están buscando el alma de los vinos húngaros en las tradiciones anteriores a la Segunda Guerra Mundial o antes de los rusos.

TERMINOLOGÍA VINÍCOLA HÚNGARA

La legislación húngara con respecto al vino es extremadamente estricta en lo que respecta a las denominaciones de origen y la elección de las uvas y el suelo. En común con las leyes francesas, en las que se basa, las normas no proporcionan garantía de la calidad de los vinos.

UVAS HÚNGARAS

Este país cultiva muchas variedades autóctonas además de los tipos europeos bien conocidos (uvas fran-

Tibor Kovács (Hétszölö, Tokaj).

CABERNET SAUVIGNON Y CABERNET FRANC

Muy populares en Villány. Muy vivos y tánicos cuando son jóvenes, pero más suaves posteriormente. Aroma característico a pimientos recién cortados, arándanos y cerezas.

CHARDONNAY

La chardonnay húngaro puede tener a menudo una acidez muy marcada, especialmente en las áreas del norte.

TÉRMINOS HÚNGAROS EN LAS ETIQUETAS	
bor	vino
száraz bor	vino seco
félszáraz bor	vino semiseco
félédes bor	vino semidulce
edes bor	vino dulce
asztali bor	vino de mesa
tájbor	vino del país
minösegi bor	vino de calidad
védett erdetü bor	vino de origen definido
eredervédelem bor	vino con nombre de origen definido

István Szepsy (Királyudvar, Tokaj).

cesas y austríacas). Las de cultivo más extendido son las variedades blancas de olasrizling (Riesling Italico, Welsch Ri-esling), furmint, rizlingsilváni (Müller-Thurgau o Rivaner), hárslevel, chardonnay y cserszegi füszeres (cuyas viñas fueron introducidas por Hilltop Neszmély en el Reino Unido con el nombre de "la uva impronunciable"), variedades para vinos tintos y rosados kékfrankos, zweigel, kékoporto, kadarka, merlot, cabernet sauvignon y cabernet franc. A continuación encontrará los más importantes y algunas de las características en los vinos húngaros.

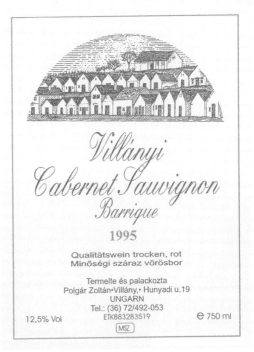

Villányi Cabernet Sauvignon Barrique
1995
Qualitätswein trocken, rot
Minőségi száraz vörösbor

Termelte és palackozta
Polgár Zoltán•Villány,• Hunyadi u.19
UNGARN
Tel.: (36) 72/492-053
12,5% Vol   ETK883283519   ℮ 750 ml
MSZ

Minösegi száraz vörös bor, vino tinto
seco de calidad de Villány.

Además del Chardonnay de, por ejemplo, Villány o Siklós, la mayoría del Chardonnay húngaro carece del carácter redondo, lleno y cremoso, con aromas típicos a mantequilla y avellanas. En Etyek y sus inmediaciones en particular poseen un aroma a manzana, melón o frutos cítricos.

János Arvay, anterior viticultor de Disnókö,
el rostro de Tokay para los extranjeros
durante mucho tiempo.

CIRFANDLI
A pesar de lo que se dice a menudo, esta uva no tiene nada que ver con la zinfandel californiana. Es originalmente una variedad del norte de Italia introducida vía Austria. El sabor de esta uva idiosincrática es especiado y suave.

EZERJ
El significado literal es "cien bondades" y se desean cien cosas buenas cuando se bebe vino Ezerj. La mayoría son muy acídicos y tienen un aroma característico a frutos cítricos, especialmente a pomelo.

FURMINT
La uva base de los vinos de Tokay (Tokaji). En el pasado se vinificaba las uvas de Furmint mediante el método de oxidación, dando lugar a vinos tipo jerez, frescos y con acidez viva, con un toque a manzanas Granny Smith en aroma y sabor. Hoy en día la vinificación por métodos reductivos hace que los vinos de la variedad de uva furmint sean mucho más frescos en aroma y sabor, con grandes propiedades aromáticas y mucha fruta.

El Cabernet Sauvignon produce varios grandes vinos húngaros.

HÁRSLEVELÜ
La traducción literal del nombre es hoja de tilo. Se trata de una variedad que se vendimia tardíamente y que es propensa a la *Botrytis cinerea*. Ésta es la segunda uva más importante para los vinos de Tokaji Asz (Tokay). Dependiendo de dónde se recoge y el método de vinificación, puede tener un aroma a pera (reductivo) o aromas parecidos al jerez y miel (oxidativo). La debröi hárslevel también desarrolla aromas a melocotón, leche y miel.

En Mór se producen vinos muy interesantes con uvas ezerjó.

IRSAI OLIVÉR
Esta pariente de la uva muscat es muy aromática y se usa principalmente en los vinos de mezcla de variedades.

JUHFARK
Literalmente "rabo de oveja": uva de estilo clásico con un alto nivel de acidez. Gracias a las técnicas modernas, esta uva produce ahora vinos muy aceptables con una acidez relativamente más suave y aromas insólitos a plátanos, judías cocidas, mantequilla, frutos secos, castañas...

KADARKA
Fue en su día la uva tinta más importante de Hungría, pero por ser demasiado sensible al clima húngaro ha sido reemplazada en muchos viñedos. Ya no forma parte, por ejemplo, de los vinos de calidad del Eger, porque la mayoría de los vinos de variedad de kadarka eran demasiado irregulares en calidad. Sin embargo, algunos viticultores –y no los más pobres– confían en la calidad de la kadarka. En Szeksard y Villány, por ejemplo, se producen buenos vinos Kadarka que se pueden distinguir por los aromas vegetales y especiados, ligeramente reminiscentes a piel de uvas tintas.

KÉKFRANKOS
Esta uva de uso ampliamente extendido también se conoce como blaufränkisch. Con algunas excepciones (Sopron, Villány) la mayoría de los vinos son sencillos, con frescura, fruta y de cuerpo ligero.

KÉKNYELÜ
Esta variedad tinta es una especialidad de Badacsony en el lago Balaton. Aromas extremadamente distinguible a hierba y flores se combinan con los toques minerales del suelo volcánico en el que crece esta uva.

La irsai olivér se usa a menudo en mezclas.

KÉKOPORTÓ
También conocida como portugueser. Da lugar a vinos opulentos y estructurados, suavemente aterciopelados y seductores cuando se hace bien, como en Villány.

LEÁNYKA
Esta variedad de uva produce vinos secos y dulces, especialmente en Matraalja y Eger. Tanto los vinos secos como los dulces se caracterizan por su acidez moderna.

MERLOT
El vino Merlot húngaro presenta aromas a pimientos

Con uvas kadarka se hacen rosados jugosos.

recién cortados y un toque a lo que se puede describir mejor como judías cocidas. La mayoría de ellos son ligeros y suaves. Los de Villány, por otro lado, son estructurados, tánicos y tobustos.

OLASZRIZLING

También conocida como welsch riesling o riesling italica. Muy extendida en Hungría. Esta variedad de uva produce vinos firmes con un cuerpo considerable y aroma a almendras tostadas.

ZÉTA

Cruce entre la furmint y la bouvier ampliamente usada en la región de Tokay (Tokaj). Madura pronto con buena acidez y fruta. Antes conocida como oremus.

OTTONEL MUSKOTÁLY

La muscat ottonel es famosa en el mundo por su acidez suave y su aroma floral.

PINOT BLANC

No demasiado extendida pero produce buenos resultados en Hungría. Vinos suaves y sutiles que resultan delicados y afrutados.

PINOT NOIR

En Villány la llaman pinot noir nagyburgundi. Aquí produce, con o sin cabernet sauvignon, vinos carnosos, estructurados y muy aromáticos. En Etyek, la pinot noir se destina a los vinos espumosos.

RAJNAIRIZLING

También conocida como riesling del Rin. Esta variedad de uva produce pocos vinos pero excepcionales

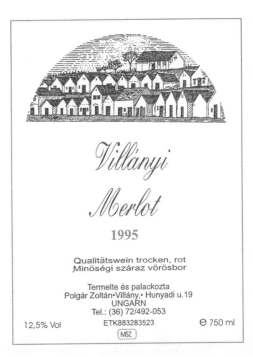

Merlot de Villány.

El Hajósi Kékfrankos suele ser más fuerte que otras versiones.

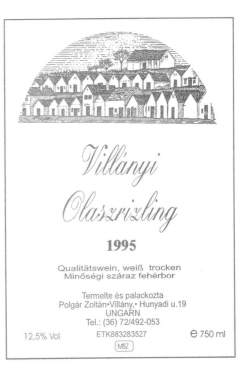

El Olaszrizling es muy popular en Hungría.

en Hungría. Los aromas característicos incluyen un aroma ligeramente ahumado y un gusto fresco y vegetal.

Rizling szilvány

Este nombre local es sinónimo del alemán/suizo müller-thurgau o rivaner de Luxemburgo. Durante la época rusa se llegaron a cultivar mucho, pero ahora se usa menos.

Sauvignon blanc

Uva famosa en el mundo, que está logrando un gran éxito en Hungría. La sauvignon blanc húngara es muy vegetal (hierba) con toques a frutos cítricos o frutas exóticas (kiwi, liches).

Sárga muskotály

La muscat amarilla o muscat de lunel es más fresca que su hermana ottonel muskotály. Muy aromática (uvas muscat frescas).

Szürkebarát

Nombre local, literalmente el monje gris, de la pinot gris que en Hungría da lugar a vinos sin mucho interés, crudos, pesados y dulzones, pero también por suerte algunos pocos ejemplos (secos y dulces) más modernos y ligeros. Sin lugar a dudas, se gana un puesto en el área cercana a Badacsony.

Tramini

No se trata de la traminer corriente, como el nombre podría sugerir, sino de la gewürztraminer. Algunos viticultores húngaros usan el nombre correcto en la etiqueta: Piros Tramini. Tiene aromas característicos a muscat y especias con tonos florales (rosas).

Zöld szilváni

Más conocida como sylvaner (verde) o silvaner. Produce vinos bastante neutros con sabrosos toques vegetales.

Zöld veltelini

Más conocida como grüner veltliner, originaria de Austria. Muy usada en Sopron, donde a menudo da lugar a vinos frescos poco inspirados con aromas vegetales.

Zweigelt

Otra uva de origen austríaco. Zweigelt produce principalmente tintos ricos en taninos y ligeros con aromas a pimienta negra recién molida.

Algunos Oslasrizling envejecen en barricas.

ÁREAS VINÍCOLAS DE HUNGRÍA

Es imposible describir brevemente todas las áreas vinícolas de Hungría, por lo que el énfasis lo pondremos en las mejores de ellas. En 2001 había al menos veintidós áreas vinícolas diferentes en Hungría, de las que las mejores eran Sopron, Aszár-Nesmzmély y Etyek (noroeste), Mátraalja, Eger y Tokajhegyalja (nordeste), Hajós-Baja (sudeste), Villány, Szekszárd y Tolna (sudoeste) y Badacsony (nordeste), Balatonfüred-Csopak, Balatonfelvidéki y Balatonboglári (nordeste y lago Balatón). Las áreas vinícolas que producen vinos de gamas baja y media no serán consideradas aquí, como Kunság y Csongrád.

Para la exportación las etiquetas marcan Pinot Gris en lugar de Szürkebarát.

SOPRON

El área de Sopron limita con Austria y se ve muy influenciada por aquel país. El logro más importante de Sopron es el vino tinto de Kékfrankos. Este vino masculino y poderoso tiene muchos taninos, cuerpo y frescura con un aroma distinguible a guindas, arándanos y pimientos. Vino perfecto para asados de carne y guisados (pörkölt de caza) y platos al horno. Temperatura de consumo: 14-16°C (57,2-60,8°F).

Deje los vinos más baratos del área a los turistas y escoja inmediatamente los mejores como el Hilltop Soproni Sauvignon Blanc Kamocsay Borok –uno de los Sauvignon Blanc más finos de Hungría– o el Weniger Soproni Kékfrankos de la famosa compañía austríaca que gestiona su propio viñedo en Sopron.

Vino robusto y de buena calidad de Zweigelt.

SOMLÓ

Este área diminuta entre Sopron y el lago Balatón rodea la ciudad del mismo nombre. Se producen vinos muy cálidos y oxidados sobre un suelo de arcilla, basalto y arenisca, que resultan muy acídicos y minerales. Las variedades de uva principales son la juhfark, furmint, olaszrizling y hárslevelü. El Somloi Jurfark no es un vino de estilo occidental, pero muchos húngaros, incluidos catadores profesionales, siguen encontrándolo magnífico. Esto es inexplicable para muchos, porque incluso los mejores vinos actúan como limas en la lengua. El aroma tiene notas a mantequilla caliente, frutos secos, incluyendo castañas o incluso judías, que logran disminuir ligeramente este efecto.

PANNONHALMA-SOKORÓALJA

Ésta es una de las áreas viníco-las más pequeñas de Hungría, al sur de Györ. El suelo consta principalmente de loess y hu-mus de antiguos bosques. Aquí se producen varios vinos blan-cos muy aceptables y sensua-les, con cuerpo y riqueza de sa-bor, a partir de variedad de uva como tramini y olaszrizling. Combinan bien con cerdo, ter-nera o aves a la plancha. Tem-peratura de consumo: 10-12°C (50-53,6°F).

El famoso Kékfran-kos de Weninger.

ASZÁR-NESMÉLY

Se trata de dos pequeñas áreas vinícolas al noroeste de Budapest, donde Hilltop Neszmély produce principal-mente vinos blancos a partir de las variedades de uva olaszrizling (Riesling Aromatica, Riesling Italica, Welsch Riesling), rajnai riesling (Riesling del Rin), rizlilngs-zilváni (Müller-Thurgau) y leányka (Mädschentraube). Muy frescos, intensamente afrutados y excepcionalmente agradables. Deliciosos con ganso, pato o pescado. Tem-peratura de consumo: 10-12°C (50-53,6°F).

MÓR

Ésta es un área alarga-da al norte de la ciudad del mismo nombre, don-de las uvas de la variedad de ezerjó producen vi-nos blancos muy frescos. Los vinos de este área tienen fuertes aromas a pomelo y combinan con comidas fuertes, preferi-blemente cerdo, ganso o conejo. Temperatura de consumo: 14-16°C (57,2-60,8°F).

ETYEK

Etyek, al oeste de Buda-pest, es el área vinícola más cercana a la capital. Aquí disfrutarán aquellos a los que les guste el vino

áspero. Los Chardonnays son más verdes que en ningún otro sitio y raramente convincentes. Algunos vinos inclu-so tienen fuertes aromas azufrados, pero éstos mejor igno-rarlos. Los Sauvignon Blanc de Etyek Vinum y Hungarovin (György Villa Selection) tienen una calidad más razo-nable. Los mejores vinos son quizá los menos comerciales, como el Etyeki Királyléanyka de Etyekvinum y el Olaszriz-ling György Villa de Hungarovin. Su acidez natural los hace apropiados para platos con grasa como el cerdo. Temperatura de consumo: 8-12°C (46,4-53,6°F).

Eyrek produce un vino espumoso excelente (pez-gö) por el método tradicional. Son vinos que pueden competir fácilmente con la mayoría de los champag-nes excepto los cuvées superiores. Dos que puedo reco-

Viñedos de Neszmély vistos desde Hilltop.

Hilltop en Neszmély: haga una pausa y aprenda entre los viñedos.

Pannonhalma.

Istuán Boziki, el rey del Móri
Ezerjó.

nos, como el Zweigelt y el Gyöngyöstarjáni Cabernet Sauvignon de Mátayá Szöke y el Nagyrédei Vinitor Kékfrankos de la Cooperativa Szölökert. Algunos de los rosados son dignos de tener en cuenta. Los vinos más sorprendentes son probablemente los magníficos Sauvignon Blancs y Chardonnays. No sólo tienen estos vinos más estilo y claridad (como el Mátra Hill Sauvignon Blanc y el Chardonnay de Szölöskert o el Mátraaljai Chardonnay de Mátyás Szöke), sino que cuestan mucho menos que la media de los Sauvignon o Chardonnay húngaros. En pocas palabras, si es usted inteligente comprará en la región de Mátra. Todos los vinos son muy aceptables en calidad y apropiados para acompañar aves o incluso cordero. Temperatura de consumo: 8-12°C (46,4-53,6°F).

Törley brut de alta
calidad.

mendar son el François Président y el Törley brut, ambos de Hungarovin, un proyecto conjunto con la casa de vinos espumosos alemana Henkell.

MÁTRAALJA (MONTAÑAS DE MÁTRA)

De camino entre Budapest y Eger pasará por Gyöngös y la bella cordillera de 50 kilómetros (31 millas) de las montañas Mátra. Toda el área está cubierta por bosques densos y resulta una zona ideal para la viticultura y para pasear. El suelo es de origen volcánico y por tanto ideal para el cultivo de las uvas destinadas a vino. Los vinos son principalmente blancos cuyo estilo abarca desde los secos a los dulces. Algunos recomendables son el Abasári Olaszrizling de Sándor Kisss, el Gyöngyöstarjáni Chardonnay y el Királyleányka de Mátyás Szöke. Los vinos tintos, mucho menos abundantes, son sorprendentemente bue-

EGER

La ciudad de Eger se sitúa en un área montañosa a unos 130 kilómetros (81 millas) al este de Budapest. El suelo volcánico parece aquí resultar muy beneficioso para la viticultura. El "Sangre de Toro" de Eger o Egri Bikavér es famoso en el mundo, pero de calidad variable. Algunos ni siquiera merecen ser llamados vinos, mientras que otros son estupendos.

Los vinos más finos proceden de Vilmos Thummerer y Tibor Gál. Aunque se obtienen vinos blancos excelentes con variedades de uva como leányka, királyleányka, pinot blanc, olasrizling y chardonnay, los mayores honores van destinados al soberbio Egri Cabernet Sauvignon y el Egri Bikavér. Éstos poseen gran vigor, aunque no dejan de ser elegantes y bien equilibrados. También pueden guardarse durante un tiempo considerable. Otros vinos muy recomendables son el Cabernet Franc y el Cabernet Sauvignon de Bela Vincze y el Egri Bikavér de PP-Tamás Pók.

Beba los mejores Egri Bikavér con caza, aves en salsas ligeramente especiadas, guisos de caza u otros platos al horno. Temperatura de consumo: 16-18°C (60,8-64,4°F), según la calidad. Es preferible más temperatura con los vinos de mejor calidad.

TOKAJ-HEGYALJA

Colinas suaves y ondulantes, valles serenos, ríos tortuosos con peces, pueblos rústicos en colores pastel y cigüeñas... Todos conspiran para hacer del área cercana a Tokaj una zona extremadamente pintoresca.

El área de Tokaj es más conocida como Tokay (Tokaji), que significa oro líquido. No es sorprendente que la inscripción

Eger produjo un cuvée especial
2000 para el Milenio.

Imagen del pequeño museo de vinos
de Istuán Bozoki.

de la entrada de las bodegas de la localidad sea el latín Oremus (Recemos). El Tokay no es un vino corriente sino un regalo de Baco.

LA LUCHA POR EL VINO

Probablemente no exista otra región vinícola en Hungría que desde el final de la dominación soviética haya experimentado tantos cambios como Tokajhegyalja. La llegada de los inversores extranjeros después de dar luz verde a la privatización apresuró el camino del proceso de renovación, pero esto también causó una enorme crisis de identidad en la zona.

Ya se ha producido una amarga lucha entre los antiguos guardianes y los renovadores dinámicos por los remanentes polvorientos del antiguo régimen. No sólo se trataba del estilo de lo que una vez fue considerado el vino más famoso del mundo, sino un tema complejo que afectaba aspectos económicos, sociológicos y, sobre todo, políticos. Los antagonistas

Interesante vino blanco de Eger.

El Egri Bikavér de Tamás Pók: uno de los mejores tintos de Hungría.

Zona alta de Disnókö (la colina del jabalí).

En Eger prefieren el vino tinto con la carne al grill.

¿TOKAJ, TOKAJI, TOKAY O TOCAI?

- Existen varios nombres similares a Tokaj que pueden causar confusión al consumidor.
- Tokaj es una ciudad del nordeste de Hungría, centro histórico de los vinos de Tokay o Tokaji.
- "Tokaji" es el nombre húngaro de los vinos de Tokaj. Se usa la forma genitiva y por eso un Cabernet Franc de Sopron se convierte en un Soproni Cabernet Franc, un vino Hajósi procede de Hajós, Villanyi de Villány, etc. De esta forma, el vino de Tokaj es Tokaji Asz o Tokaji Furmint.
- "Tokay" se sigue usando en gran medida para vinos de Tokaj en inglés, y para confundir algo más las cosas, en francés Tokay es también el nombre para sus vinos de variedad pinot gris (véase Pinot Gris/Alsacia).
- "Tocai" es el nombre italiano de dos variedades de uva diferentes: la welsch riesling en la mayoría de Italia y la sauvignon vert o sauvignonasse en Friuli. No está muy claro cómo se llegó a usar el nombre "tokai" aquí. Los italianos ya no permitirán el uso del término "tocai" en sus etiquetas a partir de marzo del 2007.

son, por un lado, un movimiento que defiende la renovación del Tokay y los intereses de los mejores productores independientes y, por otro, el gigante Tokaji Kerekedöház, herencia de los días del antiguo Estado y aún en manos del Gobierno húngaro. La mayoría de los miembros del movimiento de renovación trabajan con técnicas modernas, mientras que el anterior Borkombinat mantiene a los antiguos métodos oxidativos. La lucha depende sobre todo del futuro del consorcio estatal, que está en posesión de las enormes

bodegas llenas de vinos de Tokay sin vender y posiblemente ya invendibles.

El coste de mantenimiento de éstas se hizo cada vez más oneroso y la cantidad de personal tuvo que ser reducida significativamente. Los primeros enfrentamientos siguieron a la privatización en 1989. Las compañías extranjeras (especialmente las francesas Disnókö, Hétszölö y Magyar Pajos) dieron un giro de 180° e irritaron profundamente al ex Borkombinat, en quie-

Viñedos de Hétszölö al estilo de Borgoña,
revolucionario para Tokaj.

Disnókö fue en su día discutido, pero en la actualidad
es alabado por la alta calidad de sus vinos.

bra económica. Los extranjeros rompieron con la tradición de la oxidación y pasteurización. Al igual que en Francia, y en casi todo el resto del mundo, se añadía azufre para prevenir la refermentación del vino y retener los delicados aromas primarios. La calidad de las barricas fue significativamente mejorada y los vinos de estas empresas extranjeras son mucho más frescos, afrutados y puros que los del antiguo kombinat. István Szepsy ya había llegado a experimentar con métodos reductivos antes de la llegada de los extranjeros. La batalla llegó a lo más alto en 1995 cuando las autoridades vinícolas húngaras (OBB) amenazaron con desestimar el Aszú de Disnókö. Los franceses casi hacen de ello un incidente político internacional, pero después de muchas negociaciones las cosas se calmaron.

Que la bomba entre las autoridades húngaras y los inversores extranjeros podría explotar en cualquier momento se demostró en 1999, cuando la OBB no aceptó el vino de Hétszölö por no estar suficientemente oxidado. Algunos miembros del movimiento de renovación amenazaron con un boicot de la OBB o, si no, con abandonar la descripción Aszú de las etiquetas. Después de difíciles negociaciones, se revisó la ley referente a los vinos, se permitió el Tokay moderno y se redujo significativamente el periodo de envejecimiento en barrica. La paz parece estar de vuelta en Tokaji. Después de un punto bajo trágico e histórico, el vino de Tokay parece estar de nuevo renaciendo en casa y fuera de ella gracias a reformadores como István Szepsy, János Arvay, András Bacsó, Tibor Kovács y el último Gábor Tepliczki.

EL CLIMA

El secreto de los vinos de Tokay yace en su microclima, que en otoño asegura brumas matinales que desaparecen más tarde por el calor del sol. Éstas son condiciones ideales para la *Botrytis cinerea* que, en mayor o menor medida, quita agua de las uvas, produciendo a ellos una alta concentración de azúcares y sustancias aromáticas en las uvas.

Las uvas afectadas (llamadas localmente asz) se recogen a mano.

Hay un vino que nace naturalmente por la presión del propio peso de las uvas (eszencia) que tiene un intenso sabor. Esta eszencia se añade al vino blanco básico. Cuantos más contenedores o *puttonyos* se añadan, mayor será la calidad del vino siempre con un máximo de seis *puttonyos*. La cantidad de uvas asz requeridas se pesa hoy en día con un *puttonyo* equivalente a 20 kilos (44 libras) antes de ser añadido al mosto (en los años buenos) o a otros vinos blancos usados como base. El vino entonces envejece en barricas de roble. La duración de la crianza depende del método de vinificación (tradicional o moderno). El Tokaji Asz se embotella normalmente en botellas de medio litro y se deja durante algunos años en las impresionantes bodegas de Tokaj. En los años excepcionales se produce un

István Szepsy puede volver a reír después de haber
pasado tiempos difíciles.

escaso Tokaji Asz Eszencia equivalente a siete u ocho *puttonyos*, y después se guarda durante décadas antes de salir a la venta. No se confunda con el Eszencia corriente, que también se vende por separado y es puro néctar.

Además de los vinos Tokay superiores, Tokay también produce vinos blancos con uvas furmint. En los años en los que se pueden cosechar muy pocas uvas asz o no se pueden clasificar las uvas se hace Tokaji Edes Szamorodni. El nombre Szamorodni significa en polaco "como sea", lo que recuerda los tiempos en los que

Polonia forjaba nuevos lazos con Hungría. También existen versiones dulces (Edes) y secas (Száraz).

Recientemente se han realizado considerables inversiones extranjeras por mejorar el suelo, las plantaciones, el nuevo equipamiento y un mejor control higiénico de las viñas y los vinos. Esto ha dado lugar a una enorme mejora de la calidad. El método de vinificación varía totalmente del de la empresa del antiguo régimen. Estos negocios modernos intentan retener la frescura de

Las uvas asz se recogen a mano una a una.

la fruta y el vino evitando el contacto con el oxígeno (método reductivo), en contraste con el enfoque oxidativo empleado por los Tokaj Kereskedöhaz.

Los vinos obtenidos con el método reductivo no sólo tienen mejor aroma y sabor, ¡se pueden beber mucho antes! Esto significa que el consumidor no tiene que

El inicio de la infección por Botrytis.

El resultado de un trabajo intenso.

esperar tanto tiempo y que el precio es relativamente más barato.

El tope de la calidad entre las compañías extranjeras es Disnökó (Axa de Francia). Su Tokaji Aszú de cinco y seis *puttonyos* es excelente, con un color ámbar profundo

El resultado deseado: uvas asz.

Cata de la barrica: István Szepsy y Zoltán Demeter de Királyudvar.

Oro líquido.

Toda la gama de vinos Aszú de Hétsölö (GMP-Suntory, Francia/Japón) es impresionante pero el vino más interesante era el Hárslevelü Késöi Szüretélésü (vendages tardives/vendimia tardía). También recomiendo los vinos de gama alta de Pajzos (magnífico Muscat vendages tardives), Oremus (de Vega Sicilia, España) y los de la Compañía Vinícola Royal Tokaj (con Hugh Johnson como accionista y promotor). Las pequeñas empresas familiares húngaras también producen vinos buenos a pesar de sus escasos medios. De buenos a excelentes son los vinos de János Arvay (anterior productor de Disnókö), Zoltán Demeter (tam-

y un aroma muy elegante a albaricoques secos, membrillo, tabaco, cuero, almendras, café, tostado y miel de acacias (cinco puttonyos), albaricoques secos, trufas blancas, *Botrytis*, tabaco, madera de cedro (cajas de puros), miel, dátiles, ciruelas pasas y tostado (seis puttonyos). Tambien tienen vigor, fuerza, finura y una fina acidez que mantiene su untuosidad en equilibrio. Realicé algunas catas a ciegas con vinos de cinco y seis puttonyos del 95, 96, 97 y el eszencia del 99, que me dejaron una impresión muy grata. Para aquellos que no deseen esperar tanto y busquen un vino no demasiado caro, el Tokaji Szamorodni Edes 1993 es una buena adquisición con aromas magníficos a fruta sobremadura, incluyendo melocotones y albaricoques pero también, tonos de pasas, almendras, vainilla y flores (lilas del valle, flores de mayo).

Una joya de la propia producción de la familia Szepsy.

bién segundo de Királyudvar), Vince Gergeli (Uri Borok) y Himesudvar.

ISTVÁN SZEPSY EN KIRÁLYUDVAR

La estrella de István Szepsy no ha dejado de subir en la pasada década. Está considerado como el mejor viticultor de Tokay y el único sobreviviente que puede decir cómo se hacían los antiguos vinos de Tokay. Su familia ha trabajado en la producción de Tokay durante generaciones y el mismo István puede recordar cómo su abuelo hacía el vino. Aún puede recordar el aroma y sabor de éstos. Ninguna de las antiguas generaciones de viticultores sobrevive y de los actuales sólo István puede recordar esos tiempos. Hasta 1996, István logró hacer insólitas joyas del vino en el garaje de su casa y los envejeció en las bodegas subterráneas de la familia. En 1996 estableció la nueva com-

Para hacer un buen vino se empieza por el viñedo.

Zona de cata de vinos de Disnókö.

Atención a los mínimos detalles en Disnókö.

Soberbio Késöi Szüretélésü de Hárslevelü de vendimia tardía.

haya probado los vinos de István inmediatamente respaldará sus palabras. Algo bello está floreciendo de nuevo en Tokaj, que llevará a esta región a cimas sin precedentes.

VINOS DE TOKAY/TOKAJ

– Furmint: vino de corte antiguo con un tradicional gusto oxidado como los vinos del Jura y de Jerez. Temperatura de consumo: 8-12°C (46,4-53,6°F).
– Szamorodni Edes: a menudo servido en Hungría como aperitivo o con hígado de ganso. Esto no resulta inapropiado, dado que el resto de la comida se puede acompañar con vinos Aszú. También puede

La reserva privada de Szepsy.

pañía de Királyudvar con el mecenazgo americano de Anthony E. Hwang. Como base eligieron los antiguos edificios de la corte real de Királyudvar. Estos edificios fueron completamente restaurados y reabiertos con festejos en el 2000. El primer Királyudvar fue cosechado a finales de 1999 con uvas de sus propios viñedos. Los resultados son extremadamente prometedores, al igual que la magnifica cosecha del 2000, con un contenido de azúcar en el eszencia de más de 800 gramos por litro. István hace callar las críticas de los tradicionalistas convenciéndoles de la siguiente manera: es una tontería afirmar que los vinos modernos son reductivos y los tradicionales oxidativos. La oxidación siempre tiene lugar en las uvas asz y de ahí también en el eszencia. Los tonos elegantes de oxidación se derivan de aquí, no de languidecer en barricas mohosas que sólo se llenan tres cuartos. Los vinos modernos son mucho mejores y tienen una vida más larga por su mayor concentración en acidez, alcohol y azúcar. Los vinos hechos por el kombinat son pasteurizados y no dejan lugar a la mejora en la botella. El líquido está muerto. Con los métodos modernos esta oportunidad llega con un embotellado más temprano. Con su postura, pretende obtener más aceptación en Tokaj y mucho más allá. Cualquiera que

beber este vino dulce con postres frescos o después de cenar. Temperatura de consumo: 8-10°C (46,4-50°F).
– Szamorodni Száraz: este vino seco tiene mucho en común con un fino de Jerez y es un aperitivo de primera clase o con pescado ahumado, entrantes ligeros y carnes más grasientas (cerdo, cordero, ganso, etc.) Temperatura de consumo: 10-12°C (50-53,6°F).
– Aszú: sirva este vino sublime con postres frescos o pastas, con frutas (peras jugosas, melocotones, albaricoques), con quesos maduros, o simplemente por sí solo después de comer. No recomiendo combinarlo con hígado de oca por el bien de

La vendimia ha terminado, el futuro es brillante.

ambos. Temperatura de consumo: 6-10°C (42,8-50°F).

HAJÓS-BAJA

El sur de Hungría ha sido bendecido con un clima de tipo mediterráneo moderado por influencias marítimas. Esto hace del área un paraíso para los pájaros. Sólo merece la pena considerar los vinos del grupo Brilliant de Hajós, que produce rosados frescos y tintos magníficos bajo condiciones muy higiénicas usando las últimas tecnologías (sin chaptalización, con crianza en barricas de madera, uso de nitrógeno durante el embotellado y uso de corchos portugueses más largos).

Beba los vinos rosados con aves a la cazuela, platos de pescados robustos o con carne. Los tintos demandan carne o aves más sutiles. Temperatura de consumo: 10-12°C (50-53,6°F) para los rosados y 14-17°C (57,2-62,6°F) para los tintos.

SZEKSÁRD

Este área es una de las regiones vinícolas más antiguas de Hungría y tiene un microclima ideal más un suelo de sedimentos de loess. El Szeksárdi Bikavér, "sangre de toro", goza de una excelente reputación y una historia más antigua que la de Eger. Este vino es de color rojo oscuro y su aroma recuerda a grosellas rojas con toques tostados. El sabor es seco, fresco, muy tánico, estructurado y redondo. Perfecto con carne a la plancha o asada. Temperatura de consumo: 15-17°C (59-62,6°F).

El Szamorodny se suele omitir de la etiqueta.

Además de los extraordinarios vinos tintos (Merlot, Cabernet Sauvignon, Cabernet Franc, Kadarke y Kékfrankos), Szeksárd también produce excelentes rosados y blancos Kakarda (Chardonnay, Sauvignon Blanc y Olaszrizling). Muy recomendables son el Takler Ferenc, Besztergombi Ferenc y Vida Péter. Un vino que merece una mención especial es el estupendo Bátaszéky Sauvignon Blanc de Akos Kamocsay de Hilltop Neszmély.

Su Sauvignon Blanc es sin duda uno de los vinos húngaros más finos. Posee un aroma en el que se pueden distinguir aromas a heno recién cortado, hinojo salvaje, ortigas y flores.

Excelente vino de Hajós.

Magnífico como aperitivo, pero también como entrante (espárragos) o platos de pescado refinados. Temperatura de consumo: 9-10°C (48,2-50°F).

Furmint moderno, elegante y refinado.

TOLNA

Tolna es una nueva área vinícola que fue parte de Szekszárd hasta hace poco. Aunque el nombre de Tolna es poco conocido fuera de Hungría, aquí se producen vinos de calidad excepcional debidos a Eurobor (Zwack & Antinori). Aunque el nombre oficial es Mócsényi Kastélyborok, los vinos son más conocidos con el nombre de la localidad de Bátaapáti.

TOLNAI MÓCSÉNYI ZÖLD VELTELINI

Este vino es fresco y afrutado e incluso los peces delicados podrían nadar en él. Temperatura de consumo: 8-10°C (46,4-50°F).

TOLNAI MÓCSÉNYI TRAMINI

Un vino elegante, sutil y muy fino para combinar con platos fuertes de pescado y carnes blancas. Temperatura de consumo: 10-12°C (50-53,6°F).

TOLNAI MÓCSÉNYI SAUVIGNON

El nuevo miembro de la familia Sauvignon Blanc es delicioso con notas vegetales a pimientos verdes, espárragos y guisante (*Pisum sativum*). Excelente aperitivo o buen acompañamiento de carnes blancas, aves o pescado en salsas finas. Temperatura de consumo: 9-10°C (48,2-50°F).

Comercial pero muy aceptable Szeksárdi Bikavér.

TOLNAI MÖCSÉNYI CHARDONNAY

Este vino envejecido en roble es muy característico de la variedad de uva con un aroma intenso y complejo y un excelente equilibrio entre acidez fresca y carnosidad. Un aperitivo elegante y un acompañamiento excelente para aves, carnes blancas y pescado en ricas salsas. Temperatura de consumo: 10-12°C (50-53,6°F).

TOLNAI MÖCSÉNYI KÉKFRANKOS

Un rosado fresco, elegante y claro como el cristal y un tinto de color cubierto, clásico con una textura suave pero con mucho cuerpo.

TOLNAI MÖCSÉNYI SPECIAL RESERVE TALENTUM

El cuvée superior es una mezcla de Cabernet Sauvignon y Cabernet Franc. Este Special Reserve es muy sabroso y estructurado, llena la boca y posee un buen equilibrio entre especias y cuerpo. El final es prolongado y magnífico. Este vino necesita ser guardado durante al menos dos o tres años antes de ser consumido. Ideal para los mejores filetes. Temperatura de consumo: 17-18°C (62,6-64,4°F).

N.B.: Aunque sólo las uvas tienen su origen en la región Tolna y el vino se elabora en cualquier otro lugar, el Csersegi Füszeres de la exitosa Hilltop (Neszmély) merece una mención especial, aunque sólo sea por el humor autocrítico de su etiqueta.

Un pez podría nadar en tres medios: en agua, en aceite y en Zöldveltelini.

VILLÁNY

Éste es el área vinícola más al sur de Hungría y se divide en dos partes, ambas situadas a los pies de la montaña Villány. Siklos es predominantemente conocida por los vinos blancos y Villány por los tintos. Hay seis productores de vino de gran calidad en Villány que nos hacen pensar que algo realmente bueno se está haciendo aquí. Seguro que no es una coincidencia que los seis mejores viticultores de Hungría procedan de Villány. Son Attila y Tamas Gere, Zoltan Polgár, Ede Ti-ffan, Joszef Bock y Viylyans Tibor Kovacs. Se anticipa que los vinos tintos de Villány se encontrarán entre los mejores de Europa en unos pocos años.

Cada viticultor tiene un estilo individual pero el poder y la intensidad de los vinos tintos es evidente, fruto del gran cuidado con el que se seleccionan las uvas, el suelo volcánico y el clima muy beneficioso.

VILLÁNYI ROSÉ

Algunos viticultores producen un rosado ligero poco convincente. El

Talentum, el cuvée superior de Bátaapáti.

mejor rosado de aquí es el obtenido a partir de las variedades de uva kékfrankos y kékoport, posiblemente con un poco de pinot noir, zweigelt o kadarka. Éstos son vinos muy frescos y elegantes, afrutados y con cuerpo. Los rosados de Ede Tiffan y Gere Weninger son particularmente recomendables.

Perfectamente adecuados para comidas ligeras, platos de verduras suaves, pero también para salmón hervido en preparaciones ligeras u otros pescados sabrosos de mar.

En Hungría a menudo sirven los rosados con platos cremosos especiados con pimienta. Temperatura de consumo: 10-12°C (50-53,6°F).

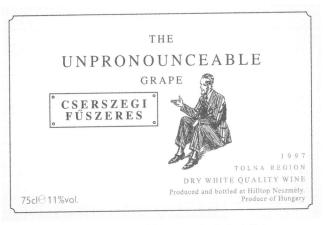

Puede que impronunciable pero sin duda delicioso.

VILLÁNYI KÉKOPORTÓ

Los mejores vinos Kékoport (Vylya, Tamas Gere) son subidos de color, frescos, concentrados, afrutados, suavemente aterciopelados, suaves y ligeramente tánicos. También hay excelentes Kékoport envejecidos en barrica. Beba este vino auténtico y festivo con platos de carne ligeros o aves asadas. Temperatura de consumo: 14-16°C (57,2-60,8°F) o 16-17°C (60,8-62,6°F) para los de barricas.

VILLÁNYI KÉKFRANKOS

Auténtico vino tinto con cuerpo, fresco y redondo, lleno de tanino y que combina bien con las carnes asadas pero también con la mayoría de guisos *pörkölt*. (Tamas y Attila Gere, Jösef Boch o Zoltán Polgar.) Temperatura de consumo: 14-16°C (57,2-60,8°F).

VILLÁNYI PINOT NOIR

La uva pinot noir crece aquí también sobre suelo volcánico. Vylyan es el especialista en Pinot Noir. Sirva este

Attila Gere durante el festival gastronómico anual de Budapest.

La dinámica bodega Vylyan en Villány.

vino con cuerpo, y con carácter animal y poderoso con delicada acidez y sabor distintivo del terruño con aves o caza menor. Temperatura de consumo: 14-16°C (57,2-60,8°F).

VILLÁNYI MERLOT

Son buenos vinos con un aroma definido a madera de cedro, grosellas negras y un toque a rosas. Tienen un sabor amplio y redondo y una textura suavemente aterciopelada. Estos vinos están vinificados de forma excelente,

pero nunca le entusiasmarán ni le parecerán típicos de Hungría. Combinan con la mayoría de los tipos de carne. Temperatura de consumo: 14-16°C (57,2-60,8°F).

Una excepción de fama mundial es el Merlot de Vylyan, que realmente resulta sublime y mejora a medida que envejece. Con su tendencia a los rendimientos bajos están apuntando a una mejora de calidad importante. Los vinos de Vylyan no son ligeros sino robustos, con una crianza en barrica justa. Después de varios años más en la botella se vuelven supremamente interesantes y muy complejos. Los Merlot de Vylvan merecen el mejor filete o solomillo asados. Temperatura de consumo: 17°C (62,6°F).

VILLÁNYI CABERNET FRANC/CABERNET SAUVIGNON/CABERNET CUVÉES

Ciertamente la cabernet franc no es una variedad de uva autóctona y en el resto de Hungría este vino no tendría mayores consecuencias, pero aquí, en Villány, sobre suelos volcánicos crece extremadamente bien y desarrolla un carácter propio. Es de color subido y la nariz recuerda a ciruelas maduras o incluso pasas y arándanos, mientras el sabor es intenso, firme y amplio, con los taninos necesarios. Un acompañamiento soberbio para carnes asadas. Temperatura de consumo: 16°C (60,8°F).

El Cabernet Sauvignon de Villány está lleno de color, es muy aromático con evocación de bayas y pimientos, con un sabor intenso y poderosamente animal, con taninos considerables. Estos vinos de calidad excelente tienen un gran potencial para envejecer bien, especialmente aquellos que han envejecido en barrica, y tienen un buen potencial de guarda. Temperatura de consumo: 16-17°C (60,8-62,6°F).

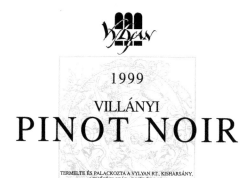

1999
VILLÁNYI
PINOT NOIR

TERMELTE ÉS PALACKOZTA A VYLYAN RT., KISHARSÁNY.
MINŐSÉGI SZÁRAZ VÖRÖS BOR

750 ml   PRODUCE OF HUNGARY   alc.13,5 % vol.

Villány Pinot Noir.

Altamente recomendables son Bock cuvée (1995), Attila Gere Kopár y Attila Gere & Weninger Cabernet Sauvignon Barrique.

CUVÉES ESPECIALES

Los mejores vinos de Villány suelen encontrarse en los cuvées especiales. Además de las combinaciones clásicas (Cabernet Sauvignon, Cabernet Franc y Merlot) están las mezclas franco-húngaras (Cabernet Sauvignon y Cabernet Franc con, por ejemplo, Kékfrankos o Kékopor) y cuvées puros húngaros (Kékfrankos y Kékopor).

1999
VILLÁNYI
MERLOT

TERMELTE ÉS PALACKOZTA / PRODUCED AND BOTTLED BY:
VYLYAN PINCÉSZET, H-7821 KISHARSÁNY, FEKETE-HEGY
MINŐSÉGI SZÁRAZ VÖRÖS BOR / QUALITY DRY RED WINE

75 cl e   PRODUCE OF HUNGARY   13,5 % vol.
(MSZ) EAN 599 5971 00012 6

El verdaderamente extraordinario Pinot Noir de Vylyan.

Una de estas mezclas produce resultados no conocidos en ningún otro sitio que garantiza su propia identidad: la imposible combinación en términos franceses de Cabernet Sauvignon y Pinot Noir. De estos cuvées especiales recomiendo particularmente los de Vylyan (Montenuovo) y Joszef Bock (Duennium cuvées).

VINOS BLANCOS DE WIJNEN

Aunque Villány es más conocida por sus tintos y Siklós por los blancos, hay algunos blancos en Villány. Pruebe los varietales 100 por 100 de Olaszrizling, Tramini y Chardonnay Barrique, que son excelentes, o el espléndido Hárslevelü y Muskotály.

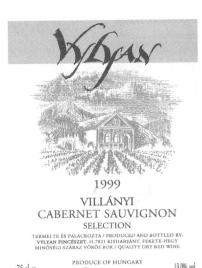

1999
VILLÁNYI
CABERNET SAUVIGNON
SELECTION

TERMELTE ÉS PALACKOZTA / PRODUCED AND BOTTLED BY:
VYLYAN PINCÉSZET, H-7821 KISHARSÁNY, FEKETE-HEGY
MINŐSÉGI SZÁRAZ VÖRÖS BOR / QUALITY DRY RED WINE

75 cl e   PRODUCE OF HUNGARY   13,0% vol.
(MSZ) EAN 599 5971 00092 8

Villányi Cabernet Sauvignon.

VINOS BLANCOS DE SIKLÓSI

Los vinos blancos de Siklósi son generalmente de media a buena calidad. Se obtienen a partir de variedad de uva como olasrizling, hárslevelü y chardonnay. Las dos primeras dan lugar a vinos secos y aromáticos con carácter, que resultan excelentes como aperitivos o con platos de pescado más ligeros. La chardonnay da lugar a vinos cálidos, llenos y redondos que combinan bien con pescado, carnes blancas o aves. Temperatura de consumo: 10-12°C (50-53,6°F).

De sublieme Bock cuvée 1995.

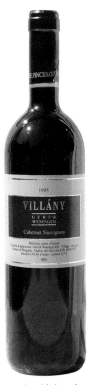

Cuvée clásico de Gere & Weninger.

EL BALATÓN

El área que rodea el lago Balatón es ideal para los adoradores del sol y los entusiastas de los deportes acuáticos. El clima es suave en invierno y cálido en verano (por encima de los 25°C). La temperatura del agua varía en verano entre los 20 y los 26°C (68-78,8°F).

Además de los vinos no tranquilos, el área del lago Balatón produce varios vinos espumosos muy aceptables.

BALATONBOGLÁR

El suelo de las tres zonas vinícolas que rodean el lago Balatón es una mezcla de arena y arcilla. Anteriomente era conocida como Del-Balaton. La mayoría de los viticultores no producen ya vinos pesados, fuertes y oxidados como se hizo en su día. Los vinos jóvenes son frescos, suaves, ligeros y afrutados y se obtienen principalmente de las variedades de uva irsai olivér, tramini, olaszrizling, chardonnay y muskotály (muscat). También hay algunos tintos hechos con mer-

Excepcional cuvée de Vylyan.

Contraetiqueta de Duennium.

Lago Balatón.

lot, cabernet sauvignon, cabernet franc y kékfrankos. Los tintos y blancos locales son generalmente sencillos, pero la excepción son los soberbios vinos de Chapel Hill en Balatonboglár, que están llenos de carácter. Estos vinos tienen su origen en pequeñas áreas de tierra sobre suelo volcánico. El Chapel Hill Sauvignon Blanc y otros de Ottó Légli son muy sorprendentes.

*El autor dice que Del-Balaton ha sido reemplazada por Balatonboglár. Balatonboglár es un pequeño enclave del área de Del-Balaton, según la eminente autoridad de Hugh Johnson y respaldado por la propia referencia del autor en el texto al vino de Chapel Hill y por cualquier otra fuente que he podido encontrar.

BALATONFELVIDÉK
Se trata de la más occidental de las tres áreas de la orilla norte del lago Balatón. Hasta hace poco era conocida como Balatonmelléke, pero este nombre se reserva ahora para una nueva área vinícola entre el término occidental del lago Balatón y la frontera austríaca, anteriormente conocida como Zalai, que aún tiene que producir un vino que merezca la pena. El suelo de Balatonfelvidék consta de caliza, marga y algo de tufa, entremezclada con restos volcánicos. Esto hace que el área sea ideal para los vinos blancos y de ahí que se cultive olaszrizling, rajnai rizling, riezling szilváni, szürkebarát, sauvignon blanc, chardonnay y algunas otras variedades de uvas blancas. El excelente viticultor Sander Tóth produce excelentes Chardonnay con cuerpo, aromáticos y de estilo clásico, pero también vinos excepcionalmente sensuales, como los Aldozói Zöldveltelini y Zenit.

BADACSONY
Esta pequeña zona vinícola se sitúa en los alrededores de la ciudad del mismo nombre en la orilla norte del lago Balatón. El suelo consta principalmente de basalto y otros materiales volcánicos. Esto otorga a los vinos loca-

les una viva acidez, un rico aroma y un sabor marcado pero fogoso. La especialidad del área es un vino excepcionalmente sensual, de amable a dulce, obtenido a partir de las vendimias tardías de las variedades de uva kéknyelü, szürkebarát, tramini, rajnai rizling y muskotály (muscat). Pero también hay muchos vinos blancos secos, frescos y aromáticos hechos con olaszrizling, zöld veltelini y sauvignon blanc, más chardonnays ricas y con cuerpo. Todos los vinos de Szent Orban Pince, la empresa vinícola del trotamundos Huba Szeremley, son recomendables.

BALATONFÜRED-CSOPAK
Ésta es la región más al noroeste de las zonas que rodean el lago Balatón, situada en los alrededores de la ciudad de Csopak. El suelo consta principalmente de estratos subyacentes de origen volcánico con pizarra, arenisca ferruginosa, rocas y tiza. Aquí se producen vinos blancos con las variedades olaszrizling, rajnai rizling y rizling szilvány y tintos con cabernet franc, merlot, pinot noir y zweigelt, además de rosados con merlot, zweigelt y kékfrankos. Los vinos de Balatonfüred son

Tres grandes vinos de Huba Szeremley (Badacsony): de izqda. a drcha. Kéknyelü, Szürkebarát (Pinot Gris) y el Zeus Spätlese.

poderosos, redondos y con cuerpo, mientras que los de Csopak poseen una mayor finura, acidez y elegancia. Los cuvées especiales de Figila Mihály son excelentes.

Bodegas subterráneas de Figula Mihály.

REPÚBLICAS CHECA Y ESLOVACA

Las Repúblicas Checa y Eslovaca ya llevan unos años separadas. Ambos países tenían una historia turbulenta y afortunadamente ahora se encuentran en un periodo de paz y de tranquilidad. La situación económica en estos países dista mucho de ser ideal. Con respecto al vino, la atención se centra principalmente en la República Eslovaca, mientras que la República Checa es más un lugar de peregrinaje para los amantes de la cerveza –todo el mundo conoce la Pilsner Urquell y la verdadera Budweiser–. De hecho, la República Checa fue tan importante para el desarrollo de la cerveza que una cerveza de Plzen (Pilsen) se convirtió en el prototipo de todas las cervezas Pilsener. Sin embargo, se cultivan viñedos en los dos países. La viticultura sufrió mucho por las guerras y los años de ocupación. Los romanos plantaron los primeros viñedos en el siglo III d.C. La viticultura prosiguió tranquilamente durante el Imperio Austro-Húngaro, sobre todo en la República Eslovaca. Desgraciadamente, los viñedos también fueron destruidos por la plaga de la filoxera a finales del siglo XIX. Después de la caída final del Imperio Austro-Húngaro (1918), la historia de Checoslovaquia experimentó un periodo muy negativo con desastrosas consecuencias para la viticultura. Durante cincuenta años, los enormes negocios gestionados por el Estado se enfocaron en la cantidad más que en la calidad, aunque la República Eslovaca en particular había sido famosa durante siglos por la calidad de sus vinos. Durante los años 50, el área de viñedo se extendió aún más en la República Eslovaca, pero fue a finales de los 60, sobre todo, cuando el país fue finalmente capaz de comenzar un periodo de lenta recuperación.

REPÚBLICA CHECA

La República Checa es la parte más occidental de la antigua Checoslovaquia y está más occidentalizada que la República Eslovaca. En contraste con la República Eslovaca, no hay tradición para datar el vino siglos atrás. Los checos son los mayores consumidores de cerveza del mundo, con un consumo anual de más de 160 litros por persona, por lo que el desarrollo del interés por el vino irá probablemente despacio de momento. Sin embargo, con el aumento del turismo hay un mercado para el vino de produción local. Los viñedos de la República Checa (34.000 hectáreas/84.014 acres, en 1996) se concentran en dos áreas: Bohemia en el noroeste del país y Moravia en el sudeste. En comparación con el consumo de cerveza, la sed de los checos por el vino es mínima: sólo doce litros por habiante al año. A pesar de esto, se importa más vino que se exporta, casi cinco veces más. La mayoría de los vinos chechos son blancos (dos tercios), seguidos de los tintos y los espumosos, a partes iguales. La elección de las variedades de uva es claramente moderna, aunque no siempre se centra en la calidad: para los vinos blancos incluyen müller-thurgau, vlassky rizling (Welsch Riesling), rynsky rizling (Riesling del Rin) y zluty muskat, y para los tintos frankovka (Blaufränkische, Kékfrankos), la autóctona vavrinec, la anticuada Saint Laurent, etc.

La República Checa no es particularmente apropiada para la viticultura: el país no tiene suficientes horas de luz solar, hay demasiadas precipitaciones y hace demasiado frío, de forma que los viñedos están expuestos a los ataques de las heladas y el mildíu, oídio y podredumbre gris, con todas las consecuencias negativas para la calidad final de los vinos. Tampoco el suelo es siempre adecuado para la viticultura. Quizá sería mejor que los checos no concentraran los viñedos en las laderas de las colinas y lo hiciesen en las llanuras. En la actualidad, sólo se producen unos pocos vinos en la República Checa. Con una política vinícola

Müller-Thurgau checo.

Frankova produce vinos tintos sencillos pero frescos y agradables.

mejor –particularmente en el asunto del emplazamiento de los viñedos– junto con una drástica reducción del ren-

No puede esperar vinos buenos de estos viñedos tan anticuados.

dimiento por hectárea, el país podría salir ganando y tener éxito en el mercado europeo. Los vinos que son particularmente populares para los checos no cumplen las normas de Europa occidental sobre calidad y estilo. Incluso el Rulandské biele de Stráznice –un vino de calidad desde el punto de vista checo– no pasa de ser un vino perfectamente aceptable, calidad de media para los ojos europeos. Sin embargo, para los checos, sus vinos más autóctonos son vinos de categoría mundial.

Buen vino de Rulandské Biele.

BOHEMIA

La pequeña región vinícola de Bohemia (650 hectáreas/1.606 acres) está muy cerca del Labe (Elba) y sus afluentes. La mayoría de los viñedos se sitúan entre la capital, Praga (Praha), y la frontera con Alemania. Bohemia produce vinos frescos y agradables, muy populares en los restaurantes locales. Sin embargo, tienen una estructura bastante ligera y se fatigan fácilmente en los largos viajes. Por tanto deberían consumirse localmente. Esto no se aplica necesariamente a los de Riesling, Traminer y Sylvaner de Litomerice, Melnik y Roudnice, que son más parecidos a sus homólogos alemanes. La mayoría de la producción vinícola bohemia consta de vinos sencillos, como el Ludmila, disponible en blanco o tinto en las conocidas botellas con forma de tarro de tinta. El Ludmila tinto se hace con variedad de modrýPortugal (Portugieser, Kékoporto) y el vino blanco con Müller-Thurgau. Sin embargo, según los niveles occidentales, estos vinos son de una calidad bastante inferior. El espumoso Chateau Melník brut, producido en Melník, es de bastante razonable calidad y peso. También hay algunos vinos de diario bastante interesantes producidos en el área de Roudnice, con la variedad de uva blanca sylván zelený (sylvaner verde) y la tinta svatovavrineck (Saint Laurent). En las laderas meridionales del Labe (Elba) se producen varios vinos blancos sencillos, por ejemplo, con müller-thurgau, ryzlink rýnský, rulandské biele y tramín cervený (traminer roja), así como vinos tintos bastante robustos con svatovrineck. Los viñedos se plantaron sobre antiguas acumulaciones de escoria en la región de Most y los resultados no pueden describirse como particularmente positivos. En Chrámce se produce un vino kosher muy valorado por la comunidad judía local, en el que

El Rýnský Rizling produce vinos sencillos pero muy aceptables.

cualquier organismo viviente es irrevocablemente eliminado del vino mediante la pasteurización.

MORAVIA

La región vinícola de Moravia se encuentra entre Brno y los límites con la República Eslovaca y Austria. El Danubio (Donau) desempeña aquí un papel muy importante. La influencia de los vecinos austriacos al sur es claramente evidente. El área vinícola de Moravia es significativamente más extensa que la de Bohemia, abarcando muchos miles de hectáreas. Moravia tiene una larga historia vinícola. Las legiones romanas del emperador Probo plantaron los primeros viñedos aquí en el siglo III d.C. Aquí se producen muchos vinos apenas correctos que sería mejor olvidar. Los mejores vinos se basan en ejemplos germanos.

Los vinos tintos obtenidos a partir de la variedad de uva frankovka y vavrinec tienen un color rojo púrpura y son aromáticos (frutos rojos), ligeros, fáciles de beber y bastante jugosos. Son bastante similares a un Beaujolais agradable. Suponiendo que encuentre uno, los vinos de Frankovka son bastante buenos con fiambres, guisos y platos sencillos de carne. Temperatura de consumo: 12-14°C (53,6-57,2°F).

Los vinos blancos, hechos con la variedad de, por ejemplo, vláský rizling, rýnský rizling y moravskýu muskat, son frescos, agradables y bastante aromáticos. Son excelentes con pescado, carnes blancas y aves. Temperatura de consumo: 10-12°C (50-53,6°F).

Los vinos blancos varietales suelen ser muy correctos, aunque tienen un contenido bastante bajo en alcohol. La mayoría de éstos son similares a los vinos baratos austríacos o incluso alsacianos hechos con pinot blanc. Son excelentes como aperitivo o para saciar la sed durante toda la comida. Temperatura de consumo: 8-10°C (46,4-50°F).

Vino anticuado hecho con Moravský Muskát, tal como muestra la etiqueta.

REPÚBLICA ESLOVACA

La República Eslovaca (Eslovaquia) es mucho más pequeña que la República Checa. El clima es el de una

El lado eslovaco de la montaña Tokaji.

La conocida botella checa, que recuerda a los botes de tinta, empleada para los vinos Ludmila.

región montañosa continental, con veranos secos y cálidos e inviernos muy fríos. Los viñedos se concentran en dos áreas: en el sudoeste cerca de Bratislava y en los límites con la República Checa, Austria y Hungría, y el este de Kosice, en la frontera con Hungría y Ucrania. Hay muchos ríos en ambas áreas: el Donau (Danubio) y sus afluentes, el Váh, el Nitra y el Hron en el oeste, y

Viñedos eslovacos en la frontera con Hungría.

el Hronád, el Topla y el Ondava en el este. Estas dos grandes áreas se subdividen en ocho regiones más pequeñas, de oeste a este: Skalika-Zahorie, los Cárpatos menores, Hlohovec-Trnava, Nitra, el valle del Danubio y Mody Kamen en la parte oeste; Eslovaquia oriental y Tokay en la parte este.

Los mejores viñedos se encuentran en los Cárpatos inferiores y cerca de las ciudades de Nitra, Hlohovec y Trnava. El suelo consta de una mezcla de arcilla y arena. Modra y Pezinok también producen vinos correctos. Sin embargo, el vino más conocido en la República Eslovaca es el Tokaji (ver Hungría). Cuando se determinaron las indicaciones geográficas para los vinos Tokaji en 1908, ambos países estaban aún bajo el mismo gobierno austro-húngaro. El área estrictamente definida para esta indicación geográfica incluía Sátoraljaújhely, Sárospatak, Szerencs y Tokaj (todas ellas en la actual Hungría), así como Kiss Tronja (Trna), Vinicky (Szolske) y Slovenské Nové Mesto (todas en la actual Eslovaquia). Esta situación comenzó a complicarse cuando Hungría y Checoslovaquia se independizaron en 1918. Se inició una larga batalla legal por el nombre de Tokaji. Los húngaros pedían el derecho exclusivo de este nombre, ya que la mayoría de los viñedos Tokaji se encuentran en Hungría, al igual que la ciudad de Tokaj. Como no se pudo llegar a ningún acuerdo amistoso, los húngaros compraron casi todos los vinos de la región Tokaj eslovaca antes de la gran reorganización (la caída del comunismo). Éstos fueron vendidos subsecuentemente como Tokaji húngaros. Después de la caída del comunismo en Hungría la enorme compañía de Tokaj propiedad del

Excelente Rýnský Rizling.

Estado fue gradualmente privatizada, poco a poco. El énfasis se centró en la calidad y en la originalidad, y los vinos eslovacos de Tokaj fueron ignorados. Cuando la República Eslovaca se separó de la República Checa (1989), los viticultores locales comenzaron una ofensiva y comercializaron su Tokaji eslovaco. El gobierno húngaro estaba furioso. La larga batalla legal aún no ha terminado. Los vinos Tokaj eslovacos se hacen con las mismas variedades de uva que sus homólogos húngaros, y en el mismo tipo de suelo, pero aún se usa el pesado método de oxidación que ahora se considera inferior. Por tanto existe una necesidad real de cambio en el enfoque y en los métodos de vinificación para asegurar la supervivencia de la región, porque si Hungría ya no es capaz de vender sus vinos anticuados e hiperoxidizados, sus homólogos eslovacos tampoco podrán sobrevivir así.

El Tokaji eslovaco.

Esta idílica escena no garantiza ciertamente buenos aromas florales en el vino.

AUSTRIA

Después del gran fiasco de 1985 (el escándalo del anticongelante), los vinos austríacos han vuelto de nuevo a convencer rotundamente al mundo de su gran clase, diversidad y carácter fascinante. A pesar de su noble pasado, los vinos austríacos no son vinos que pueda beber con guantes blancos y el dedo meñique levantado: son

De nuevo, los vinos austriacos están llenos de música (Langelois).

vinos alegres, informales, conviviales, que reflejan la cultura y el pintoresco paisaje.

HISTORIA

Austria posee una tradición vinícola bastante larga. Ya existieron viñedos en Burgenland hace casi 5.000 años. Viena, la capital de Austria, fue famosa por sus vinos en la época romana, como evidencian los muchos instrumentos de viticultura y vinificación descubiertos en los hallazgos arqueológicos. De nuevo fue el emperador Probo el que fomentó el cultivo de los viñedos en esta zona. La localidad de Zagersdorf (Burgenland) ya era conocida como área vinícola en el 700 a.C. Después de un periodo de estancamiento, Carlomagno revitalizó la viticultura austriaca. En el siglo XV los monjes continuaron con este desarrollo, especialmente a lo largo de las orillas del Danubio (Donau). El primer Trockebeerenauslese hizo su aparición en 1526. El agua potable en las ciudades de aquellos tiempos era de tan pobre calidad, y la mayoría de las cervezas eran igualmente tan poco higiénicas y potables, que el pueblo austriaco empezó a beber vino a gran escala. Cuando la calidad de la cerveza mejoró ligeramente y se podía beber sin efectos negativos, el consumo de vino disminuyó a niveles más normales. Debido a los impuestos extremadamente duros sobre el cultivo y la vinificación, la producción del vino dejó de ser rentable. Sin embargo, la emperatriz María Teresa y su hijo, el emperador José II, redujeron las tasas y ofrecieron a los viticultores la libertad para vender sus vinos directamente desde sus propias fincas, lo que llevó al desarrollo de las numerosas posadas Heuriger, donde se podían probar y beber nuevos vinos junto a deliciosos bocados. Los viñedos y las tabernas de Austria fueron probablemente los lugares más alegres de toda Europa. Sin embargo, esta euforia llegó a un brusco término después de las severas heladas de finales del siglo XIX. Las viñas no tuvieron tiempo de recuperarse, ya que poco después apareció la primera plaga fúngica (oídio) y la filoxera se extendió por Europa occidental. Los viñedos austriacos también fueron completamente destruidos por este *reblaus* o piojo de la

uva, como se conoce localmente a la filoxera. Las variedades de uva autóctonas austriacas fueron injertadas sobre pies resistentes y poco a poco la viticultura volvió a floreces después de un intervalo de muchos años. La viticultura austriaca se hizo independiente después de la Primera Guerra Mundial y no pudo contar más con el posible apoyo de los otros estados del anterior Imperio Austro-Húngaro. Esto llevó al inicio de una gran renovación de los viñedos y de la producción del vino, con mejoras importantes en temas de calidad. Después de la Segunda Guerra Mundial, se desarrollaron nuevos métodos para guiar las vides (usando espalderas altas), las uvas más antiguas e inferiores fueron reemplazadas por variedades más apropiadas, y todas las técnicas fueron completamente renovadas y desarrolladas. En 1985, el vino austriaco tuvo que enfrentarse de nuevo a un serio contratiempo: se descubrió anticongelante (dietilenglicol) en el vino de varios productores, que había sido añadido como chaptalización. Este fraude, que sólo tuvo lugar a escala muy modesta, derivó en un enorme escándalo, que dañó irrevocablemente la imagen del vino austriaco. Los vinos austriacos han vuelto a ganar terreno de nuevo mediante nuevas legislaciones vinícolas, han incrementado los controles y la pasión de los viticultores por su producto y por su país. Los auténticos entendidos en vino de todo el mundo conocen los vinos extraordinarios y fascinantes de Austria. Hay que confiar en que, para beneficio de las actuales generaciones de viticultores, el público general también redescubrirá el vino austriaco.

VITICULTURA

La composición del suelo en Austria es extremadamente variada, lo que explica la gran diversidad de vinos. En Weinviertel y el valle del Danubio, el suelo de loess produce vinos elegantes y afrutados. A lo largo del valle del Danubio, sobre todo cerca de Wachau, existen depósitos ocasionales de mineral de hierro. En la región termal de Thermal (cerca de Gumpoldskirchen) también hay algo de caliza. El suelo en Burgenland consta principalmente de pizarra, marga y arena, lo que da lugar a vinos carnosos y con cuerpo. Finalmente, los vinos del Steiermark deben su fuerza y su carácter ardiente al suelo volcánico. El clima es particularmente favorable para la viticultrura, ya que Austria tiene clima continental. Otro factor muy importante para la viticultura austriaca es el agua. El Danubio y sus afluentes, junto con el lago Neusiedler, no sólo aportan agua suficiente para las vides, sino que el agua también refleja el calor y la luz del sol. La evaporación resultante por el calor suaviza a su vez el calor del sol. Cerca del lago Nuesiedler se crea un microclima cálido y húmedo ideal para la *Botrytis cinerea*, responsable del excelente Trockenbeerenauslese. Finalmente, la altura de los cultivos también desempeña un papel importante: en la mayoría de las regiones vinícolas los viñedos se sitúan a una altura de 200-400 metros (656-1.312 pies), excepto en Steiermark, donde los podrá encontrar a una altura de 600 metros (1.968 pies).

La mayoría de los viñedos se encuentran a una altura de 200-400 metros.

LAS VARIEDADES DE LA UVA

Austria es claramente un país productor de vino blanco. Algo más de tres cuartos de los vinos son blancos. Estos vinos tienen acidez fresca y elegante y una gran cantidad de fruta. El grado alcohólico varía entre 10,5-14 por 100 de alcohol.

GRÜNER VELTLINER
Esta variedad de uva autóctona aún supone más de un tercio de las viñas que se plantan. Sus características son notas de pimienta, pomelo y una acidez fresca. Son vinos alegres, que se pueden beber cuando son jóvenes, pero también guardarse durante algún tiempo.

WÄLSCHRIESLING
Es una variedad de uva de buena calidad y extremadamente popular. Se caracteriza por los recuerdos de manzana verde, heno, flores, la frescura y la fina elegancia.

MÜLLER-THURGAU (RIESLING+SYLVANER)
Aunque se encuentra muy por detrás de la variedad grüner veltiliner, esta uva ocupa el tercer lugar después de la wälschriesling. Sus características son un ligero aroma amoscatelado y floral, y debería beberse cuando aún es joven.

WEIßBURGUNDER (PINOT BLANC)
El vino elaborado con esta uva se caracteriza por los aromas de almendra, frutos secos, una estructura poderosa, un carácter compacto y equilibrio.

El área calurosa y húmeda del lago Neusiedler en Rust.

Grüner Veltliner.

Weißburgunder Federspiel (Wachau).

NEUBURGER

Esta variedad autóctona produce vinos que envejecen bien. Se caracteriza por una acidez suave, un aroma a frutos secos y bastante cuerpo.

Riesling Federspiel (Wachau).

RIESLING

Esta riesling del Rin produce vinos excelentes para guardar. Sus aromas y sabor característicos: rosas, melocotones, albaricoques, fruta, elegancia, frescura.

MUSKAT OTTONEL

Caracterizada por ligeros aromas amoscatelados, una estructura ligera y fina.

TRAMINER (GEWÜRZTRAMINER, ROTER TRAMINER)

En Austria, la traminer suele producir vinos sensuales, flexibles y femeninos que son muy tentadores. Caracterizados por aromas florales (rosas), especias.

RULÄNDER (PINOT GRIS)

Los vinos que se obtienen de esta variedad son sensuales y con cuerpo y tienen un gran potencial para envejecer. Caracterizadas por notas melosas y dulces.

ZIERFANDLER

Variedad autóctona que produce vinos suavemente afrutados, ricos en extracto. A menudo se usa junto a la un poco menos elegante rotgipfler.

ROTGIPFLER

Otra variedad autóctona de uva para elaborar vinos suavemente afrutados y ricos en extracto, aunque son algo menos elegantes y sofisticados que los de zierfandler.

MORILLON (CHARDONNAY)

Esta uva ha sido descubierta hace poco en Austria. Los Chardonnays austriacos son frescos con los aromas característicos a manzanas verdes y mucha fruta.

MUSKAT-SYLVANER (SAUVIGNON)

Características: un carácter vegetal fuerte con toques herbáceos y frecuentemente un matiz a flor del saúco.

OTRAS VARIEDADES DE UVA BLANCAS

Roter veltliner, bouvier, gelber muskateller, goldburger y sylvaner.

ZWEIGELT

Ésta es una uva tinta autóctona obtenida de un cruce de saint laurent y blaufränkisch. Características: aromas de cerezas y guindas, con mucho carácter, rica en taninos y fresca.

BLAUER PORTUGIESER

Ésta es la homóloga austriaca de la húngara kékoportó. Características: aromas de pasas, heno, frutales, suavidad, poco alcohol y acidez moderada.

Blaufränkisch.

BLAUFRÄNKISCH

Ésta es la homóloga austriaca de la húngara kékfrankos. Características: aromas a frutas rojas, especias, canela, tiene impacto y es rica en taninos.

SAINT LAURENT

Variedad antigua, probablemente de Alsacia. Características: cerezas, guindas, vinos secos y equilibrados, textura aterciopelada cuando los taninos de la juventud se han suavizado.

Un insólito y excelente Saint Laurent.

BLAUER BURGUNDER (PINOT NOIR)

Una vieja favorita, que en Austria produce vinos completos, redondos y suaves con acidez justa.

BLAUER WILDBACHER

Otra variedad autóctona, especialmente usada en los vinos rosados. Características: frambuesas, grosellas negras, césped, a menudo mucha frescura, vinos secos que deberían consumirse jóvenes.

OTRAS UVAS TINTAS

Cada vez más viticultores importantes producen vinos excelentes con variedades de uva cabernet sauvignon, cabernet franc y merlot. En términos de porcentajes estas tres variedades de uva no son realmente representativas de los vinos austriacos. No obstante, la cabernet sauvignon produce resultados muy buenos: vinos ricos en taninos con aromas característicos a grosellas negras y fuertes matices a hierbas y césped.

CLASIFICACIÓN DE LOS VINOS

Leer una etiqueta austriaca es una tarea bastante complicada. Los vinos se clasifican según el origen geográfico de las uvas o vinos y según la variedad de uva, métodos de vinificación, requisitos de calidad, contenido en azúcar del mosto y sabor final del vino. Para los vinos de calidad, el origen de las uvas es el mismo que el origen de los vinos. Sin embargo, éste no el el caso de los vinos de mesa simples.

CALIDAD Y CLASIFICACIÓN POR EL CONTENIDO DE AZÚCAR EN EL VINO

Según la nueva ley vinícola de 1985, los vinos de calidad deben obtenerse a partir de una única variedad de uva. Existen tres categorías, cada una determinada por la cantidad de azúcar del mosto y expresada en una escala de KMW (1 KMW = Klosterneuburger Most Waage: corresponde a 1 por 100 de azúcar en el mosto).

VINOS DE MESA/TISCHWEIN

Estos vinos se pueden hacer con uvas de cualquier parte del país. La única indicación que debe mostrar la etiqueta es Wein aus Osterreich. Un vino de mesa debe contener al menos un 8 por 100 de alcohol y 10,6 KMW.

VINOS DE LA TIERRA

Estos vinos sólo pueden tener su origen en una región vinícola geográficamente determinada y el mosto se debe obtener de las variedades de uva legalmente permitidas. El rendimiento se limita a 6.750 litros por hectárea. Lo que es más, los vinos deben contener un mínimo del 8,5 por 100 y un máximo del 11,5 por 100 de alcohol, además de un mínimo de 14 KMW y máximo de seis gramos por litro de azúcar residual.

QUALITÄTSWEIN

Estos vinos deben proceder de una única región vinícola geográficamente determinada y sólo se pueden hacer con las variedades de uva legalmente permitidas. El mosto puede estar enriquecido (añadido de azúcar, chaptalización) hasta

Kabinett.

un máximo de 4,25 por 100 kilos por litro de mosto, hasta un máximo de 19 KMW para los vinos blancos y 20 KMW para los tintos. Sin embargo, tanto los blancos como los tintos deben contener al menos 15 KMW y respectivamente un 9 por 100 y un 8,5 por 100 de alcohol. Todos los vinos deben presentar una etiqueta con un número de control.

KABINETT

Estos vinos son auténticos Qualitätsweinen. Pueden ser considerados como una especie de reserva especial. La mayor diferencia con los Qualitätsweinen corrientes es la prohibición de enriquecer el mosto ya sea con azúcar o con mostro extremadamente dulce o concentrado (Alemania: Süssreserve). Esta prohibición también se aplica en las añadas flojas. Lo que es más, los vinos deben contener un máximo del 13 por 100 de alcohol, máximo de 9 gramos por litro de azúcar residual y mínimo 17 KMW.

PRÄDIKATSWEIN

Los Prädikatswein (Spätlese, Trockenbeerenauslese y Eiswein) deben indicar su añada y tener al menos un 5 por 100 de alcohol. El mosto no puede ser enriquecido. Existen siete tipos diferentes de Prädikatswein que se distinguen según el contenido de azúcar en el mosto y el método por el que se obtiene el vino:

– Spätlese, mín. 19 KMW, hecho exclusivamente con uvas muy maduras. (N.B.: Cada vez con

Spätlese trocken con la sencilla indicación Qualitätswein.

más frecuencia las etiquetas incluyen Qualitätswein en lugar de Spätlese. De hecho, los vinos austriacos Spätlese son casi siempre muy secos y contienen un mínimo de 13 por 100 de alcohol. Como las uvas se recogen en los mejores viñedos cuando ya están muy maduras, no hay necesidad de añadir azúcar extra para mantener un equilibrio con la alta acidez).

Beerenauslese.   Eiswein.   Steinfeder (Wachau).   Federspiel (Wachau).   Smaragd (Wachau).

– Auslese, mínimo 21 KMW, hecho exclusivamente con uvas cuidadosamente seleccionadas y completamente maduras.
– Eiswein, mínimo 25 KMW, hecho con uvas congeladas con una enorme concentración de aromas y sabor. Cuando las uvas congeladas son prensadas, el agua se queda en las pieles.
– Beerenauslese, a menudo abreviado a BA, mínimo 25 KMW, hecho con uvas sobre maduras, afectadas por la *Botrytis*.

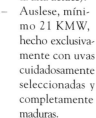

Trockenbeerenauslese.   El famoso Ruster Ausbruch.

En la región de Wachau, donde el enriquecimiento del mosto está estrictamente prohibido, se usa una clasificación diferente para los vinos blancos:

– Steinfeder, vinos ligeros y elegantes con un mínimo del 10,7 por 100 de alcohol.
– Federspiel, vinos elegantes y algo más poderosos, mínimo 17 KMW, máximo 11,9 por 100 de alcohol.
– Smaragd, vinos con bastante cuerpo, ricos en extracto y con mucho carácter, mínimo 18 KMW.

DESCRIPCIÓN DEL SABOR

La etiqueta en los vinos austriacos le informa acerca de lo seco o lo dulce que es el sabor del vino. Debería distinguir el concepto entre el contenido en azúcar residual y el contenido en azúcar original del mosto (KMW, peso del mosto). A menudo ocurre que un vino cuyo mosto contenía gran cantidad de azúcar es seco, pues no contiene azúcar residual. Sin embargo, este vino, elaborado bastante seco (Spätlese o Auslese), contiene relativamente más alcohol que las versiones dulces del mismo vino, pues los azúcares se convierten en alcohol durante el proceso de fermentación.

– Extra trocken: brut, muy seco, máx. 4 g/l.
– Trocken: seco, máx. 9 g/l y máx. 2 g menos de acidez que de azúcares (p. e., 7 g de azúcar, mín. 5 g de ácidos).
– Halbtroken: semiseco, máx. 12 g/l.
– Lieblich, halbsüb: semidulce, máx. 45 g/l.
– Süb: dulce, como los licores, mín. 45 g/l.

REGIONES VINÍCOLAS

La viticultura austriaca se concentra principalmente en el este y en el sudeste del país. Debido a la presencia de los Alpes en el oeste, el cultivo de la uva apenas es posible allí. Austria limita al oeste con Alemania y al sur con Italia, pero los viñedos están cerca de las fronteras

(Spätlese) trocken de Langelois (¡cuidado con el alto grado alcohólico!).

Puede probar vinos en todas las partes de Austria.

checa, húngara y eslovena. El área de viñedos de Austria (50.875 hectáreas/125.712 acres) se subdividió en julio de 1999 en cuatro áreas principales: la Weinbauregionen de Weinland, Viena, Steirmark y Bergland.

WEINLAND

El área vinícola de Weinbauregion Weinland abarca un área bastante grande de la frontera con la República Checa y Hungría cercana a Viena (46.543 hectáreas/

Niederösterreich es un área bastante verde.

115.007 acres). Se subdivide en dos regiones subsidiarias, conocidas como Weinbaugebiete: Nieder sterreich y Burgenland.

NIEDER OSTERREICH (AUSTRIA INFERIOR)

WEINVIERTEL (DISTRITO DEL VINO)
Ésta es la más grande de las dieciséis subregiones austríacas (15.981 hectáreas/39.489 acres). Aproximadamente un tercio de los vinos austriacos se producen aquí. Esta región es universalmente conocida por su característico Kellergassen; calles largas y estrechas en los pueblos de la localidad con filas de bodegas acogedoras donde es posible probar y comprar vinos. Los vinos de la variedad Grüner Veltliner que suponen no menos de un 50 por 100 de la producción, son muy conocidos. La región también produce vinos blancos con variedad de Wälschriesling, Rheinriesling, Weissburgunder y Chardonnay, así como Blauer Portugieser y Zweigelt (tinto). El suelo de Weinviertel consta principalmente de marga y arenisca duras.

Austria se encuentra a la cabeza de la viticultura respetuosa con el medio ambiente.

KAMPTAL
Kamptal es conocida sobre todo por su excelente Grüner Veltliner con un característico aroma a pimienta y acidez muy fresca. Otros vinos buenos y excelentes, generalmente de la localidad de Langenlois, incluyen los de las variedades de uva riesling y chardonnay (blancos) y las excelentes zwigelt, pinot noir y cabernet sauvignon (tintos). Kamptal lidera la viticultura de cultivo ecológico de

Vista de las inclinadas colinas de Wachau desde las orillas meridionales del Danubio.

toda Europa de la viticultura. El suelo de esta región, con una superficie de 3.878 hectáreas (9.582 acres), consta de arcilla y un poco de caliza. Los vinos blancos siguen siendo mayoría, pero los tintos ganan terreno constantemente.

KREMSTAL

Este área vinícola, con una extensión de aproximadamente 2.224 hectáreas (5.495 acres), cerca de la ciudad de Krems, produce excelentes varietales de Grüner Veltliner, Riesling y Chardonnay. El suelo consta de granito (en el oeste) o arcilla y loess (en el este y sur), lo que da lugar a vinos blancos elegantes que resultan afrutados y extremadamente aromáticos.

WACHAU

Este área vinícola de gran calidad (1.455 hectáreas/3.595 acres) en el pintoresco valle del Danubio produce excelentes Grüner Veltliner, Neuburger, Chardonnay y Weissbur-

Langeloiser Grauund Weisburgunder (Kamptal).

gunder. Los viñedos se sitúan sobre terrazas en las laderas inclinadas sobre el Danubio. El suelo consta principalmente de rocas ígneas. Esto da lugar a los mejores vinos blancos de Austria, aunque la competencia de Südsteiermark es cada vez más dura.

TRAISENTAL

Esta pequeña región (715 hectáreas/1.766 acres) se sitúa en las cercanías y sobre la ciudad de Sinkt Polten y sólo se estira hasta el Danubio en algunos sitios. El suelo consta de marga y arena, dando lugar a varietales de Güner Veltliner, Wälschriesling, Rheinriesling y Chardonnay extremadamente afrutados.

DONAULAND

Donauland (2.765 hectáreas/1.766 acres) es una región situada a cada lado del Danubio entre Krems y Viena. El suelo de marga con arcilla y algo de caliza produce uvas excelentes de Grüner Veltliner, Riesling y Weissburgunder.

CARNUNTUM

La gemischter Satz, viticultura mezclada, aún se practica en Carnuntum (1.022 hectáreas/2.525 acres). En el mismo viñedo se plantan variedades diferentes de uva. Las vides se benefician de la doble influencia del Danubio y del lago Neusiedler. El suelo consta principalmente de arcilla, arena, gravilla y tiza. Vinos característicos son los Grüner Veltliner, Wälschriesling, Weissburgunder, Chardonnay (todos blancos) y Zweigelt y Saint Laurent (tinto).

THERMENREGION (REGIÓN TERMAL)

Ésta es la región más al sur de la Austria inferior (Nieder Österreich), al sur de Viena y al oeste del lago Neusiedler. El nombre de esta región (2.554 hectáreas/6.310

Frontera entre Wachau y Krems.

acres) se debe al gran número de manantiales termales de origen volcánico que se pueden encontrar aquí. El suelo consta de un subsuelo duro y rocoso con una capa superior de arcilla y caliza. El epicentro histórico y comercial de la región es Gumpoldkirschen. Los vinos blancos producidos aquí son amplios y muy aromáticos, mientras que los tintos son poderosos y con cuerpo.

BURGENLAND

La gran región de Burgenland está formada realmente por dos zonas diferentes, ambas cerca de la frontera húngara. La región septentrional (lago Neusidler y lago Neusidler-Hüggelland) está directamente influida por el lago Neusiedler, mientras que el área meridional (Mitelburgenland y Südburgenland) está menos afectada por él. La extensión total de esta región vinícola es de 15.949 hectáreas (39.409 acres).

LAGO NEUSIEDLER

El clima centroeuropeo cálido y seco, en combinación con la presencia de la evaporación del lago Neusiedler, forma la base para el éxito de esta región. Es un clima ideal para la *Botrytis*, y este hongo logra resultados extremadamente buenos en los vinos Prädikat. La fuerza de esta región se encuentra en los vinos Edelfäule (de podredumbre noble), los vinos Stroh, Eis y otros vinos dulces hechos, por ejemplo, con la variedad de wälschriesling, weissburgunder, bouvier y muskat ottonel. Sin embargo, los vinos tintos también son excelentes: Saint Laurent, Blaufränkkisch, Cabernet Sauvignon y Pinot Noir (8.528 hectáreas/21.072 acres).

Magnífico cuvée de Burgenland.

LAGO NEUSIEDLER-HÜGELLAND

Esta región se encuentra al oeste del lago Neusiedler. La región relativamente extensa (5.116 hectáreas/12.641 acres) es conocida principalmente por sus tentadores vinos dulces, como el famoso Ruster Ausbruch. Los vinos blancos se hacen con uvas de las variedades wälschriesling, weissburgunder, neuburger, sauvignon y chardonnay. También se producen vinos tintos excelentes con blaufränkisch, zweigelt y cabernet sauvignon, en el área de la pintoresca ciudad de Rust. La mayoría de los viñedos tienen un suelo que consta de arcilla, arena, caliza y marga dura.

MITTELBURGENLAND

Aquí el suelo es algo más pesado (arcilla). La mayoría de los vinos son tintos: son secos, excelentes, estructurados, poderosos y tánicos,

La ciudad de Rust, con el lago Neusiedler de fondo.

Excelente vino tinto de la región del lago Neusiedler.

Lago Neusiedler: un oasis en Rust.

Excelente Wälschriesling hecho por la viticultora Heidi Schrök en Rust.

La región del lago Neusiedler es bien conocida por sus vinos blancos dulces y lujosos.

Con estas uvas, afectadas por la *Botrytis*...

... Willi Optiz de Rust produce algunos de los mejores vinos dulces de Europa.

hechos con las variedades de uva blaufränkisch y zweigelt. Los intentos por criar los vinos en pequeños barriles de madera (barricas) han tenido bastante éxito. Además de los vinos tintos, también se producen algunos Wälschriesling y Weissburgunder de calidad razonable (1.849 hectáreas/4.568 acres).

SÜDBURGENLAND

Hasta hace poco, Südburgenland era la región vinícola más pequeña de Austria (456 hectáreas/1.126 acres). Los vinos producidos aquí reflejan la belleza sin igual del idílico paisaje. Se producen vinos tintos extremadamente poderosos con uvas blaufränkisch y zweigelt en las colinas, donde el suelo consta de marga, arcilla y arena, así como algunos vinos blancos muy buenos hechos con uvas wälschriesling y muskat ottonel.

VIENA

Viena no sólo es una gran ciudad cultural e histórica con una rica historia vinícola, sino también una de las escasas grandes ciudades de Europa donde se produce vino. Los viñedos se sitúan en las inmediaciones de la ciudad, tan lejos como es posible de las zonas industriales. Estos vinos tienen una calidad media razonable y están destinados principalmente a los establecimientos hosteleros

Para saber más sobre Burgenland, debería visitar el museo del vino de Rust.

locales y a los habitantes de Viena. Proceden de viñedos con un suelo de pizarra mezclada con arcilla y caliza. Son principalmente vinos blancos hechos con las variedades de uva grüner veltliner, neuburger, chardonnay, traminer y riesling.

STEIERMARK

Superficie vinícola total: 3.584 hectáreas (8.856 acres).

SÜD-OSTSTEIERMARK

Ésta es una región bastante grande (1.202 hectáreas/ 2.970 acres), al este de la ciudad de Graz. El suelo consta de una mezcla de arcilla y roca volcánica y las condiciones climáticas son extremadamente favorables (cálidas y húmedas). Aquí se producen vinos muy aceptables con uvas de wälschriesling, weissburgunder, traminer, ruländer y chardonnay.

WESTSTEIERMARK

Esta región es mucho menor que Süd-oststeiermark (481 hectáreas/1.188 acres) y se encuentra al oeste de Graz. La especialidad exclusiva de la región es un rosado extremadamente fresco y afrutado (aromas y sabor a grosellas negras): el Schilcher, hecho con Blauer Wildbacher. Los mejores vinos proceden de viñedos con un suelo que consta de gneiss y pizarra.

SÜDSTEIERMARK

El paisaje verde, bello y suavemente ondulado del sur de Steiermark (1.901 hectáreas/4.697 acres) recuerda a las colinas toscanas en Italia. Los vinos (Wälchriesling, Sauvignon Blanc, Chardonnay –conocido aquí como Morillon– y Muskateller) son de calidad excelente y compiten cada vez más con los mejores vinos de Wachau. Debido a la pequeña escala de la viticultura local, los viticultores se centran exclusivamente en la calidad y en la originalidad. Muchos de estos jóvenes viticultores tienen grandes planes de futuro, y no queda mucho tiempo para que irrumpan en el mercado internacional.

BERGLAND

Esta nueva región vinícola es muy modesta con respecto al área vinícola total, ya que sólo abarca 17 hectáreas (42 acres). Bergland se compone de las diminutas

ARMONÍAS ENTRE LOS VINOS Y LOS PLATOS

- Entrantes fríos (salmón, jamón): vino blanco seco; por ejemplo, Grüner Veltliner, Riesling o Wälschriesling.
- Fiambres: rosado seco; por ejemplo, Zweigelt rosado, Blauer Portugieser rosado o Schilcher.
- Paté de caza: vinos rosados o tintos suaves de la uva blauer portugieser.
- Paté de ternera o aves: le entusiasmará con los vinos blancos como Grüner Veltliner trocken o Weissburgunder.
- Pescado ahumado: vinos blancos secos con mucho extracto; por ejemplo, Weissburgunder, Chardonnay o Grüner Veltliner.
- Langosta (fría; por ejemplo, en ensaladas): vino blanco seco y poderoso; por ejemplo, Riesling Spätlese trocken, Chardonnay o Ruländer trocken.
- Otros mariscos y crustáceos: vinos blancos vibrantes con ácidez fresca; por ejemplo, Grüner Veltliner, Riesling o Weissburgunder trocken.
- Huevos: vinos blancos de rasgos ligeramente herbáceos; por ejemplo, Neuburger, Sylvaner, Müller-Thurau, Rotgipfler.
- Entrantes calientes (por ejemplo, vol-au-vents, etcétera): vinos blancos o rosados aromáticos y poderosos; por ejemplo, Sauvignon Blanc, Muskateller trocken, Goldburger o Blauer Portugieser rosado.
- Langosta caliente o vieiras: vinos blancos redondos y ricos en extracto; por ejemplo, Chardonnay.
- Mariscos calientes: vinos blancos frescos y aromáticos; por ejemplo, Sauvignon Blanc, Muskateller o Müller-Thurgau tocken.
- Setas: vinos tintos no demasiado fuertes; por ejemplo, Zweigelt o Blauburger.
- Pasteles, arroz: vinos blancos secos y ligeros; por ejemplo, Grüner Veltliner, Riesling o Sauvignon Blanc.
- Pastas y queso: vinos blancos o rosados poderosos; por ejemplo, Zweigelt rosado, Schilcher o Chardonnay.
- Pastas al horno: vinos tintos de medio peso; por ejemplo, Blaufränkisch, Saint Laurent o Merlot.
- Pescado (frito): vinos blancos secos; por ejemplo, Riesling, Sylvaner o Sauvignon Blanc.
- Pescado (con salsas ligeras): vinos blancos secos o semi-secos; por ejemplo, Wälschriesling o Grüner Veltliner.
- Pescado (en salsas cremosas y ricas): vinos blancos ricos en extracto; por ejemplo, Weissburgunder o Ruländer.
- Pescado (en salsa de vino tinto): use el mismo tinto que el de la salsa, pero asegúrese de que no son vinos con demasiado tanino.
- Salmón fresco, caliente: su mejor rosado.
- Anguilas (guisadas en salsa de cerafolios): vinos blancos aromáticos, rosados poderosos o tintos ligeros que no hayan envejecido en roble; por ejemplo, Blauer Portugieser.
- Verduras tiernas (espárragos): vinos blancos suaves, por ejemplo, Sauvignon Blanc, Müller-Thurgau o Weissburgunder.
- Verduras con un sabor fuerte (col, judías): vinos tintos ligeros o de medio peso; por ejemplo, Zweigelt, Blauer Portugieser o Blaufränkisch.

- Setas (como plato principal): vinos tintos poderosos; por ejemplo, los mejores Zweigelt, Blaufränkisch o Saint Laurent.
- Pollo (cocido, al vapor): vinos blancos secos, estructurados; por ejemplo, Riesling.
- Pollo (asado, al grill): vinos blancos suaves o estructurados; por ejemplo, Sylvaner o Neuburger.
- Ganso, pato: vinos tintos; por ejemplo, Saint Laurent o Merlot.
- Ternera, cerdo y cordero (asado): vinos blancos secos ricos en extracto o vinos tintos ligeros; por ejemplo, Grüner Veltliner, Blauer Portugieser o Zweigelt (no madurados en madera).
- Carne de vacuno: tintos ligeros o poderosos, con o sin crianza en barrica; por ejemplo, Zweigelt, Blaufränkixh o Blauburger.
- Caza: vinos tintos poderosos y estructurados que han envejecido en roble; por ejemplo, Cabernet Sauvignon, Blauerburgunder o Merlot.
- Raclette, fondue: vinos blancos secos, frescos y afrutados; por ejemplo, Grüner Veltliner o Wälschriesling.
- Quesos semicurados (Tilsiter): blancos secos con cuerpo; por ejemplo, Weissburgunder, Chardonnay o Riesling.
- Quesos blancos: vinos tintos con cuerpo, maduros y afrutados; por ejemplo, Blaufränkisch o Merlot.
- Quesos con bacterias rojas (Limburgo): vinos blancos o tintos poderosos, como Grüner Veltliner, Blauburger o Zweigelt maduros.
- Quesos azules: buenos y dulces Auslese, Ausbruch o Trockenbeerenauslese (TBA), vinos blancos.
- Appelstrudel (tarta típica de manzana): Spätlese.
- Tortitas: Kabinett o Spätlese.
- Pastas/tortitas con nata montada: Auslese hecho con las variedades de uvas müller-thurgau, traminer, weissburgunder, ruländer o neuburger.
- Postres a base de fruta o frutos secos: Spätlese o Auslese de las variedades de muskat ottonel, traminer, rotgipfler o zierfandler.
- Después de cenar con (buenos) amigos: Eiswein, Strohwein o Ausbruch.
- En ambientes muy tranquilos: Beerenauslese (BA) o Trockenbeerenauslese (TBA).

FREIE WEINGÄRTNER WACHAU

Spitzer

Tausend Eimer Berg

RIESLING

SMARAGD 1995

Delicioso con los mejores pescados.

La viticultura austriaca está experimentando una tendencia al alza.

regiones de Voralberg, Tirol, Kärnten, Oberösterreich y Salzburgo.

SUIZA

Suiza es un país increíblemente hermoso con montañas impresionantes y valles profundos, muchos lagos, ciudades y pueblos pintorescos y mucho más. La cultura culinaria suiza también es universalmente admirada y alabada. El chocolate, los quesos, la carne Graubünder secada al aire (Grisones) y otras delicias suizas son famosas en todo el mundo. Sin embargo, hablar de los vinos suizos lleva a enfrentadas discusiones. Después de todo, no se puede hacer un buen vino con una variedad de uva inferior, como la chasselas. Por otro lado, los fans de los vinos suizos mencionan como argumento el terruño suizo original, así como la combinación de grandes resultados de suelo, situación y uvas. Rápidamente añaden que Suiza no sólo produce vinos blancos, y que los precios son la consecuencia lógica de las difíciles condiciones laborales. Para un catador objetivo, los vinos suizos son extremadamente fascinantes y tienen mucha clase. Lo cierto es que el vino que se sirve por dema-

siado dinero a los turistas en la mayoría de las estaciones de esquí no es mejor que un líquido ácido casi imbebible. Sin embargo, estos costosos vinos *après-ski* no representan la calidad de los vinos suizos. Existen muchos vinos blancos excelentes en Suiza, sobre todo los vinos hechos en las inmediaciones de los grandes lagos. Algunos Merlot de Ticino pueden competir sin ningún problema con los mejores vinos franceses. Pero también es cierto que los precios de algunos de los vinos, particularmente de la gama baja de mercado, se mantienen artificialmente altos por el enfoque proteccionista del gobierno suizo y porque el consumo suizo de vino blanco es casi tan grande como su producción. Sin embargo, una visita a las terrazas de Dezaley, Epesses o Sion nos muestra que el cultivo de una terraza cuesta casi tanto como todo el de todo un viñedo. Por suerte, el gobierno suizo parece estar preparado para ayudar con subsidios destinados a mantener las famosas terrazas suizas, posiblemente con la ayuda de la UNESCO. En 2002, las fronteras se abrirán a otros vinos blancos que no sean suizos. Los precios tendrán que ser revisados si la viticultura suiza pretende sobrevivir, pero el futuro de los viticultores que se centran en la calidad y la autenticidad está casi asegurado.

Wallis en septiembre, impresionantemente bello.

HISTORIA

Los romanos introdujeron sus viñas en Suiza alrededor del año 60 a.C. Las antiguas variedades de uvas autóctonas como amigne, arvine y rèze probablemente datan de la época romana. Los romanos plantaron viñedos en el sur de Suiza (Ticino, Valais), en los alrededores de todos los lagos y ríos (por ejemplo, en los valles del Ródano y del Rin) y en el norte de Suiza. Después de la caída del Imperio Romano y las siguientes invasiones bárbaras, fueron de nuevo los monjes los que restauraron y desarrollaron la viticultura en una época posterior. El vino era necesario para las celebraciones litúrgicas (la sangre de Cristo) y por tanto tenía que fluir en abundancia. Después de la Edad Media, cada vez más laicos se hicieron propietarios de los viñedos. Los vinos de aquellos tiempos tenían mucho en común con los vinos extremadamente humildes que se venden hoy en día en algunos restaurantes de carretera y estaciones de esquí: acídulos y verdes. Para hacer estos vinos más bebibles los suizos añaden casi todo aquello que tuviera un sabor fuerte, de miel a zumos de frutas y hierbas. En el siglo XVII se importaban tantos vinos italianos y franceses a Suiza que la superficie vinícola se vio significativamente reducida. La viticultura perdió terreno sobre todo en las áreas montañosas y se concentró en las colinas, en los valles y alrededor de los lagos. Como resultado de la plaga de la filoxera a finales del siglo XIX y la posterior expansión de las grandes ciudades hacia las orillas de los lagos, la superfície suiza se vio reducida a la mitad en poco tiempo. Durante casi todo el siglo XX, el énfasis en Suiza se centraba más en la cantidad que en la calidad, lo que no hacía demasiado bien a los vinos suizos. Debido al uso de grandes cantidades de estimulantes artificiales del crecimiento, las vides se vieron obligadas a "orinar" vino, el término usado para los rendimientos excesivos. En los años 60, y particularmente en los 70, se vio claramente que esto no podía seguir así. El suelo se estaba transformando en roca, había cada vez más erosión y las terrazas sufrían enormemente. Bajo presiones gubernamentales y por la llamada de atención y la honestidad de los mejores viticultores, estas prácticas no se volvieron a realizar. Los viticultores que habían sido ridiculizados hasta entonces como "fósiles vivientes" fueron de repente considerados como los salvadores en tiempos de necesidad. Su respeto por la naturaleza y el consumidor fue adoptado casi en todas partes. Rendimientos inferiores, menos fertilizantes artificiales (preferiblemente ninguno), sin más insecticidas ni pesticidas, un compromiso entre los intereses de la naturaleza y los del hombre en el que la naturaleza nunca debería salir perdiendo: ésta sería en adelante la nueva política. Afortunadamente, el mensaje fue recibido. En 2002, las fronteras de Suiza se abrirán competitivamente para todos los vinos extranjeros. Hasta ahora, sólo los vinos tintos podían ser importados libremente, porque la producción suiza no cubría la demanda de consumo. A partir de este año, los viticultores suizos con vinos de gran calidad darán de nuevo a Suiza una oportunidad en el mercado internacional del vino.

LA VITICULTURA

A pesar de las muchas montañas, la situación geográfica de la viticultura suiza es extremadamente positiva. La mayoría de los viñedos se concentran en los valles o alrededor de los lagos. En los valles, los viñedos son calentados por el *föhn*, viento cálido de las áreas montañosas (sobre todo en Valais y en Grisones –Graubünden– y el noroeste). La superficie del agua en los lagos refleja la luz y el calor del sol (Neuchâtel, Ginebra y Vaud). Además, como el suelo de muchos viñedos situados en los alrededores de los lagos consta de rocas ígneas y cantos rodados, las vides se calientan por tres vías diferentes. Muchos viñedos suizos tienen "tres soles", como los viticultores locales llaman poéticamente a este fenómeno: el sol directo, el sol de las rocas y el sol del agua. Las regiones más soleadas de Suiza son Ticino (que también goza del extremo último de un clima mediterráneo), Valais y Vaud; por tanto no es sorprendente que los mejores vinos suizos (tintos) procedan de estas zonas. Como el suelo de las regiones vinícolas suizas es bastante diverso, describiré cada región.

Suiza cuenta con al menos veinte variedades de uvas blancas y más de diez tintas. La mayoría pertenece a las llamadas especialidades de un área vinícola. Las regiones vinícolas suizas se subdividen en tres grandes

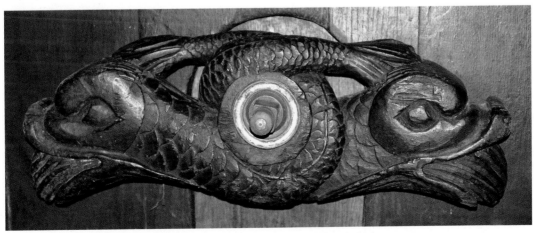

Decoración antigua en un barril de Neuchâtel (Montmollin).

regiones: Suisse Romande, Ticino y Ostschweiz. En la región francoparlante (Suisse Romande) la chasselas es la reina de las variedades de uva blancas (90 por 100) y pinot noir y gamay de las tintas (juntas, 99 por 100). En Ostschweiz, la riesling + sylvaner (alias müller-thurgau) es la uva blanca dominante (90 por 100), mientras que la pinot noir domina las uvas tintas (100 por 100). Finalmente, la merlot es particularmente importante en Ticino (88 por 100).

CHASSELAS (GUTEDEL)

Las uvas de la variedad chasselas producen un 40 por 100 de los vinos suizos; por tanto, esta variedad de uva es la más característica de Suiza. Desempeña un papel primordial en Valais, Vaud, Neuchâtel, Ginebra, Friburgo y Berna, pero también está presente en Ticino, Schwyz, Solothurn y Basilea. Las vides de chasselas crecen bien en el clima y las condiciones geológicas de Suiza. Fuera de este país, se puede encontrar algo de chasselas en Alsacia, en Alemania (donde se la conoce como gutedel) y en la región del Loira. Al igual que la pinot blanc, es una uva bastante neutra que debe toda sus cualidades al suelo. Chasselas se suele considerar a menudo una variedad débil, porque produce vinos regu-

lares en Alsacia. Sin embargo, es una opinión corta de miras, porque las condiciones especiales de Suiza producen resultados sorprendentemente buenos. Como las uvas chasselas deben toda su fuerza y diversidad al suelo, los vinos suizos de chasselas son fascinantes. Si prueba los vinos Dézaley, Epesses y Fendant de Valais uno detrás del otro, descubrirá tres vinos completamente diferentes.

SYLVANER (JOHANNISBERG)

Aunque originalmente procede de las orillas del Danubio, esta variedad de uva suele relacionarse con el Rin en Valais. En general, la sylvaner produce vinos más frescos, estructurados y aromáticos que la chasselas.

RIESLING

Una especialidad de Valais (Sión), Vaud y Neuchâtel.

RIESLING X SYLVANER (MÜLLER-THURGAU)

Ésta es la variedad de uva más importante de Ostschweiz. Domina en dieciséis de las veinticuatro áreas vinícolas y está presente como especialidad en otras siete. Ticino es la única región en la que los viticultores no consideran interesante esta creación suiza de Müller, un investigador de Thurgau. El aroma a muscat (moscatel) y el carácter fino y afrutado son las características de esta variedad.

PINOT GRIS (MALVOISIE, GRAUER BURGUNDER, RULÄNDER, TOKAYER)

Esta famosa variedad produce resultados excelentes particularmente en Valais (como malvoise): vinos elegantes, estructurados y maduros.

Riesling + Sylvaner o Müller-Thurgau (Coire/Chur).

Pinot gris/ Malvoisie (Coire/Chur).

PINOT BLANC (WEIßBURGUNDER)

Una especialidad en Vaud y Ostschweiz. La pinot blanc puede producir vinos extremadamente diversos, variando desde los ligeros, elegantes y bastante neutros a los poderosos, estructurados y con cuerpo.

CHARDONNAY

Una especialidad en Suisse Romande. Resultados excelentes en Valais, Vaud, Ginegra y Neuchâtel.

GEWÜRZTRAMINER

No demasiado cultivada, pero presente en doce regiones vinícolas como especialidad. En general, resultados muy buenos.

RÄUSCHLING

Fue en su día una de las variedades de uva más importantes del área cercana a Zurich. Fue lenta pero constantemente reemplazada por la variedad riesling + sylvaner, más productiva. Sin embargo, en las últimas décadas un número cada vez mayor de jóvenes viticultores parece querer salvar esta variedad del olvido. Se trata de una postura interesante, porque esta uva da lugar a vinos espléndidos y originales.

AMIGNE

Variedad de uva autóctona de Valais en las inmediaciones de Vétroz.

ARVINE (PETITE ARVINE)

Variedad autóctona de Valais que produce vinos extremadamente sorprendentes y muy fascinantes con gran fuerza y complejidad y un gusto muy característico del terruño: ligeramente salado. Se trata de una variedad de uva completamente infravalorada que también ha sido introducida recientemente en el valle del Rin a modo de experimento, gracias a Michel Chapoutier, un inspirado viticultor de Tain l'Hermitage.

ERMITAGE (MARSANNE BLANCHE)

Hablando de Hermitage, esta ermitage procede del valle del Ródano francés. Es una especialidad en Valais, donde a menudo produce vinos dulces y ricos llenos de carácter que envejecen muy bien.

HUMAGNE BLANC

La variedad de uva autóctona antigua, especialidad de Valais. Los vinos son muy aromáticos, estructurados y poderosos, y se dice que tienen un efecto vigorizante. A menudo se recomiendan como tónico.

MUSCAT (MUSCAT BLANC À PETITS GRAINS/ MUSCAT OTTONEL)

Ambos tipos de muscat se encuentran en Valais. Se usan para obtener principalmente vinos ligeros, aromáticos y afrutados, que deberían beberse jóvenes.

PAÏEN (HEIDA, SAVAGNIN BLANC)

Esta variedad de uva extremadamente local también se encuentra en el Jura francés (¡vin jaune!) y en Saboya. Es una especialidad de Viègedal en Valais.

RÈZE

En su día se usaba para el famoso vino del glaciar del área que rodea Anniviers. Desgraciadamente, esta variedad de uva ha desaparecido casi por completo en la actualidad.

OTRAS Y NUEVAS VARIEDADES DE UVA BLANCA

La viticultura suiza no ha parado un momento. Por el contrario, se han creado nuevas variedades a partir de cruces de otras ya existentes. Obviamente, el objetivo de estos cruces es mejorar la calidad de estos vinos aún más. Por ejemplo, el Freisamer fue el resultado de cruzar la sylvaner con la pinot gris, y la prometedora variedad charmont es el resultado de cruzar chardonnay y chasselas. Finalmente, también se usan ocasionalmente sauvignon y sémillon.

PINOT NOIR (BLAUBURGUNDER, SPÄTBURGUNDER, CLEVNER)

La pinot noir cuenta con una gran representación en Suiza (aproximadamente un 27 por 100 del total de las vides plantadas). Es la única variedad de uva empleada en Ostschweiz y Neuchâtel y también domina en muchas regiones más pequeñas de Suisse Romande. Donde no se encuentra en mayoría es en Ticino, Vaud, Ginebra y Friburgo, y no se encuentra tampoco en algunas áreas de Appenzell.

GAMAY

La gamay es la tercera en Suiza por detrás de chasselas y pinot noir, abarcando aproximadamente un 14 por 100 del total de las vides plantadas. Esta variedad de uva bastante productiva crece principalmente en Vaud, Valais y Ginebra.

MERLOT

La merlot se emplea principalmente en Ticino (apróximadamente un 75 por 100 del total de la producción de Merlot), pero también en la zona italohablante de Graubünden (valle de Mesoccodal), en Valais, Vaud y el área que rodea el lago de Ginebra. La merlot madura

Pinot noir (Coire/Chur).

TICINO
DENOMINAZIONE DI ORIGINE CONTROLLATA
MERLOT
L'ARIETE ®
Valsangiacomo
75 cl e   12,5% vol.

(V) F.LLI VALSANGIACOMO FU VITTORE SA - CHIASSO
VINO SVIZZERO

La merlot es la variedad de uva más popular de Ticino.

IL FORNO
TICINO
DENOMINAZIONE
DI ORIGINE
CONTROLLATA
CABERNET
FRANC
DI PEDRINATE
(V)
12,5% Vol.   S.A. F.LLI VALSANGIACOMO   75 cl e
CHIASSO

Los primeros vinos de Cabernet también se pueden
encontrar en Ticino.

tardíamente, por lo que requiere una gran cantidad de sol; por esta razón se encuentra principalmente en los viñedos que se encuentran más al sur.

BONDOLA
Una uva peculiar y autóctona de Ticino.

HUMAGNE ROUGE
Una especialidad de maduración tardía de Valais. Con suficiente sol puede producir un vino muy especial con aromas silvestres fascinantes.

CORNALIN
Otra especialidad autóctona de Valais. Esta variedad de uva tiene algunos seguidores apasionados, y como hay un suministro muy pequeño disponible, los vinos hechos con Cornalin son una rareza muy apreciada.

OTRAS Y NUEVAS VARIEDADES DE UVA NEGRA
Algunos viticultores, principalmente de Ticino, usan malbec. En Valais y Ticino a veces también se encuentra syrah, mientras que la cabernet sauvignon y cabernet franc se encuentran en Ticino y en Ginebra. Entre las nuevas variedades de uva basadas en cruces experimentales se encuentran gamaret y B28, ambas resultado del cruce de gamay con reichensteiner y diolinoir, resultado de cruzar diolly negra y pinot noir. El cruce de gamay con reichensteiner, B28, sólo se encuentra en el Jura, diolinoir sólo en Valais.

CLASIFICACIÓN DE LOS VINOS

Los vinos suizos se producen de forma comparable a los de Francia, Alemania, Austria e Italia. Sin embargo, hay una excepción, el Schiller. Este rosado, una especialidad de Ostschweiz, se elabora con uvas blancas y tintas que a menudo se plantan en el mismo viñedo y se vendimian a la vez. Las uvas se prensan juntas, produciendo un mosto rosado pálido y entonces se elabora como si se tratase de vino blanco. En Valais existe también otra especialidad, un Blanc de Noirs, es decir, un vino blanco hecho con uvas tintas de pinot noir, elaborado sin las pieles. Este vino escaso es conocido como

VALSANGIACOMO
Merlot del Ticino
SPUMANTE
METODO CLASSICO
FERMENTAZIONE IN BOTTIGLIA
(V)
F.LLI VALSANGIACOMO FU VITTORE SA CHIASSO

Suiza también produce excelentes
vinos espumosos, como este Blanc de
Noirs hecho con merlot de Ticino.

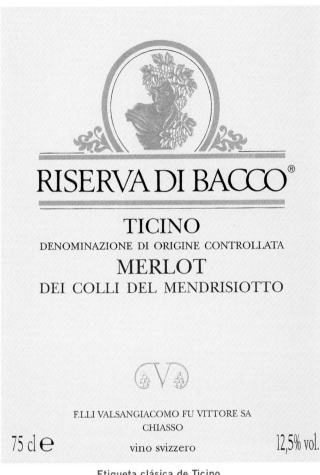

Etiqueta clásica de Ticino.

Ejemplo de una etiqueta de vino con una denominación de origen controlada.

Denominación controlada.

Dôle blanche. Un vino similar hecho con pinot noir se produce en Ostschweiz, Federweisser o Weissherbst.

Suiza también produce excelentes vinos espumosos, aunque éstos no son tan conocidos. Los mejores emplean el método tradicional y son mucho mejores por sólo un poco más de dinero.

Los suizos suelen estar sedientos y la producción de vinos blancos apenas puede saciar su enorme sed. Como la mayoría de los vinos blancos no son vinos para guardar, a menudo se cierran con un tapón de rosca que es muy apropiado para los vinos que están destinados a su consumo en joven. No se sorprenda por tanto si le traen una excelente botella de Fendant con tapón de rosca en un restaurante lujoso. Los suizos no tienen prejuicios en esto y el vino no sufre. Los vinos blancos suizos rara vez se ven perjudicados por el sabor del corcho. Algunos vinos de mesa también están sellados con tapones de botella corrientes y éstos deberían ser consumidos con rapidez.

Existen dos indicaciones obligatorias en las etiquetas suizas: el nombre o código del fabricante, embotellador o comerciante y la indicación de calidad del vino.

Al igual que otros países europeos, existen tres categorías de calidad en Suiza:

– Vinos sin una indicación geográfica y/o indicación de la variedad de uva (por ejemplo, *vin rouge*, *vin blanc*, *vin de table*). Son siempre vinos destinados a un consumo rápido y se venden igualmente en botellas de litro, con o sin tapón corriente.

– Vinos con una indicación geográfica y/o indicación de la variedad de uva. Estos vinos proceden de una zona vinícola grande; por ejemplo, Suisse Romande (*vin rouge Romande*). El nombre de la variedad de la uva puede preceder a la indicación geográfica; por ejemplo, Gamay de Romandie.

– Vinos con una denominación de origen controlada (*appellation d'origine controlée*). Estos vinos pueden indicar el lugar de origen de la forma habitual; por ejemplo, *Neuchâtel appellation d'origine controlée*, la indicación gegráfica con una indicación de la variedad de uva, como Gamay Vaudois AC, Merlot Ticino AC o incluso una nomenclatura tradicional reconocida para un vino específico de un área vinícola específica: Fendant AC, Dôle AC.

TICINO

Al igual que Ticino, parte de Graubünden (Mesolcina, Poschiavo) es italoparlante. Por razones prácticas, estas regiones serán analizadas juntas. Mesolcina y Poschiavo sólo producen vinos tintos hechos con la uva merlot y varias variedades híbridas tintas. Casi toda la cosecha se vende a empresas de Ticino.

Ticino es el cuarto cantón suizo en producción vinícola. Antes de la plaga de la filoxera, la superficie vinícola abarcaba aproximadamente 7.000 hectáreas (17.297 acres), hoy en día son sólo 1.200 hectáreas (2.965 acres). Ticino se subdivide en dos regiones: la meridional Sottoceneri y la septentrional Sopraceneri. El límite entre las dos regiones lo marca el monte Ceneri. El suelo de Sottoceneri consta principalmente de una mezcla de caliza, minerales, arcilla y arena. Los viñedos se sitúan a cada lado del pintoresco lago de Lugano. Sopraceneri cuenta con un suelo con menos caliza, pero más granito y arena. En ambas áreas, los lagos Lugano, Maggiore y, en menor alcance, el lago Como desempeñan un papel muy importante, entre otras cosas, porque suavizan hasta cierto punto el caluroso clima mediterráneo.

MERLOT DEL TICINO

Obviamente, el vino esencial de Ticino es el Merlot del Ticino *denominazione di origine*. La variedad de uva merlot fue introducida en Ticino después de que la filoxera destruyera los viñedos. En catas ciegas, algunos vinos de Merlot han obtenido puntuaciones asombrosamente altas. Dos vinos extraordinarios pueden incluso competir con el famoso Pétrus, como muestran los resultados de muchas catas. Por suerte, los compasivos viticultores están más preocupados de momento con la vinificación que con la comercialización.

Es evidente que no todos los vinos de Merlot del Ticino tienen el mismo calibre que los mejores. La mayoría son apetecibles, ligeros y flexibles, con poca acidez y taninos. Su color es generalmente granate y el aroma recuerda a cerezas negras silvestres con toques a frutas rojas. Sólo los mejores vinos envejecen en roble y tienen mucho tanino; se hacen aterciopelados a medida que envejecen. Estos vinos superiores son también más estructurados y más poderosos. Los mejores vinos tienen el codiciado sello de calidad VITI otorgado por

La dolce vita de Ticino.

El ahora famoso Valsangiacomo Rubro Merlot que ha sido completamente envejecido en madera.

Delicioso con pasta y *gnocchi*.

RACCOLTO 1997

RONCOBELLO®

TICINO

DENOMINAZIONE DI ORIGINE CONTROLLATA

MERLOT

PROPRIETA FAMIGLIA VALSANGIACOMO

VIGNETO RONCOBELLO DI MORBIO

La produzione del 1997 è stata di 133 magnums, 14000 bottiglie 75 cl, 800 bottiglie 37,5 cl

NON FILTRATO

FLLI VALSANGIACOMO FU VITTORE SA - CHIASSO
VINO SVIZZERO

75 cl e   12,5% vol.

Excelente Merlot para tomar con caza menor y polenta.

el Controlo Ufficiale di Qualita (control de calidad oficial).

Puede beber un Merlot simple con pasta, guisos, pollo asado, aves de caza y quesos no demasiado curados o fuertes. Truco: sírvalo con *gnocchi* al gorgonzola, *gnocchis* caseros de patata con una salsa fuerte de queso Gorgonzola. Temperatura de consumo: 12-14°C (53,6-57,2°F).

Sirva los mejores y más intensos Merlots criados en madera con carnes asadas; por ejemplo, con cordero, buey asado o con liebre u otro tipo de caza menor. Truco: sírvalo con *coniglio val bredetto* con polenta, un excelente estofado de conejo servido con polenta tradicional. Temperatura de consumo: 14-17°C (57,2-62,6°F).

También hay un Merlot blanco (delicioso con pasta con salsa de frutos secos o pescado) y un excelente Merlot rosado (ideal con pasta con una salsa de tomate suave o con cangrejos o con truchas). Temperatura de consumo: 8-10°C (46,4-50°F).

NOSTRANO

El Nostrano es ciertamente el vino más antiguo y con mayor tradición de Ticino. Se elabora con la variedad de uva autóctona bondola, con la posible adición de freisa, bonarda o malbec. Este vino a veces resulta algo rústico, pero completamente fascinante.

Combina perfectamente con la cocina de las tabernas locales (*grotto*) especialmente con las salchichas Luganiga y Ticinese. Temperatura de consumo: 14°C (57,2°F).

También hay una versión de este Nostrano en blanco, que resulta delicioso con cerdo y otras carnes. Temperatura de consumo: 8-10°C (46,4-50°F).

BONDOLA

Un vino rústico hecho con un 100 por 100 de esta variedad. Sírvase con guisos, como el ossobuco de Ticino, versión local del típico plato italiano, a una temperatura de 14°C.

OTROS VINOS DEL TICINO

Ocasionalmente encontrará Ticino spumante (aperitivo, platos de pescado 5-6°C/41-42,8°F). Ticino Pinot Nero (pato, conejo, 14°C/57,2°F) y varios vinos blancos hechos con variedad de chasselas (pescado, conejo, quesos suaves, 8-10°C/46,4-50°F), Chardonnay (risotto de pescado o marisco, 10-12°C/50-53,6°F), Sauvignon (aperitivo, entrantes de pasta en salsas de nata blancas 8-10°C/46,4-50°F),

GRAN SPUMANTE DI MERLOT DEL TICINO
PRODOTTO E IMBOTTIGLIATO DA FRATELLI VALSANGIACOMO FU VITTORE SA CHIASSO/TICINO

Insólito vino espumoso de Ticino.

Los viñedos de Dézaley y Epesses.

SUISSE ROMANDE

Situada en el sudeste del país, las regiones vinícolas francoparlantes son las más importantes de Suiza. Aunque Berna, Friburgo, Neuchâtel y Vaud no carecen de importancia, es Valais la localidad responsable de los vinos de mayor calidad y de un mayor volumen de producción. Cualquiera que piense en Suisse Romande recuerda inmediatamente los vinos blancos hechos con chasselas que no alcanzan la misma calidad o diversidad de gusto y tipos en ningún otro lugar del mundo. Estos vinos indican el nombre de la variedad de uva y el lugar de origen, una indicación geográfica sin una indicación de la variedad de uva (Neuchâtel) o incluso un nombre tradicional (Fendant, Perlan). chasselas también tiene varios crus famosos, a veces no más grandes que el área vinícola de un pequeño pueblo o incluso una aldea; por ejemplo, Dézaley, Epesses, Yvorne y Aigle.

La diversidad es posible porque la chasselas es por naturaleza bastante neutra y adopta las cualidades del terruño. Cuanto mejor es el terruño, mejor es el vino. Además de chasselas, los vinos tintos de pinot noir y gamay desempeñan un papel cada vez más importante. Mientras la superfície de viñedo blanco está creciendo muy despacio, la de tinto ha crecido de la noche a la mañana. Quizá se deba a la creciente demanda de vino tinto suizo y al comercio liberalizado de extranjeros. Se importa una gran cantidad de vino tinto francés de Côtes du Rhône, así como de Borgoña y Beaujolais.

VALAIS

Los viñedos de Valais suponen un 40 por 100 del total de la producción vinícola de Suiza. Aunque Valais es conocido en todo el mundo por su Fendant y Dôle, son sobre todo las especialidades autóctonas las que han atraído la atención de los entendidos en vino. Cualquiera que se moleste en descubrir los vinos únicos de Valais quedará entusiasmado para el resto de su vida con esta región agreste pero bella. Valais se encuentra al pie de los Alpes, a lo largo del valle del Ródano superior a ambos lados de

VINO SVIZZERO

Bianco del Ticino
Denominazione
di Origine
Controllata

1 9 9 8

12% vol   S.A. F.LLI VALSANGIACOMO   75 cl e
CHIASSO

Delicioso vino blanco.

Sémillon (verduras, conejo 10-11°C/50-51,8°F) y Riesling + Sylvaner (verduras tiernas, mariscos, pescados, 10-11°C/50-51,8°F). También hay varios vinos blancos de mezcla de variedad de uva Chasselas, Sauvignon y Sémillon, que resultan deliciosos con pescado (8-10°C/46,4-50°F).

Los viñedos de Sión (Wallis).

Especialidades como el Amigne y el Petit Arvine crecen en estos pequeños viñedos abruptos, que tienen un bajo rendimiento.

la ciudad de Sión. En el norte y en el sur, la región está protegida de las lluvias excesivas por los altos Alpes. La mayoría de los viñedos se sitúan en las terrazas de las abruptas laderas que cuelgan sobre el valle del Ródano. Los ingeniosos sistemas de irrigación del pasado han sido sustituidos en muchos casos por sistemas de agua pulverizada. El valle y, sobre todo, las laderas están muy expuestos al sol, lo que favorece el crecimiento de las viñas. El viento cálido de la montaña (*föhn*) mantiene la temperatura extremadamente agradable durante el otoño, de forma que las uvas tienen buenas oportunidades para madurar bien. El suelo consta principalmente de tierra suelta y pobre, que retiene el calor y el agua muy bien. Como en otros lugares de Suiza, el suelo de Valais es bastante diverso: de la arena a la tiza, gravilla y pizarra.

AMIGNE

Los vinos de Amigne son especiales, elegantes, opulentos y tentadoramente dulces con el carácter duro del suelo de pizarra y caliza de Vétroz. Si tiene la oportunidad de comprar un vino de Amigne, no pregunte el precio, ¡cómprelo! Acompáñelo con su mejor foie gras y reserve una copa para beber con un gratinado de frutas frescas con sabayon al grill. ¡Las puertas del cielo se abrirán para usted! Temperatura de consumo: 8-10°C (46,4-50°F).

ARVINE (PETITE ARVINE)

Mientras que los dos últimos vinos blancos deberían beberse de tres a cuatro años después de la cosecha, los vinos de (Petite) Arvine deberían reservarse. Estos vinos tienen una personalidad muy fuerte, con tentadores aromas afrutados y normalmente bastante alcohol (13 por 100 o más) y a veces algo de azúcar residual. Esta especialidad crece sobre un suelo rocoso muy abrupto. El rendimiento es bastante bajo, pero el precio de esta joya sigue siendo razonable.

Sirva el (Petite) Arvine seco, con su sabor salado característico y sus aromas a frutos cítricos, con pescado y marisco, con aves o mollejas o con quesos. El (Petite) Arvine flétrie (hecho con parte de uvas pasificadas) es un vino dulce excelente. Sírvalo con foie gras (hígado de pato),

quesos azules suaves o postres frescos. Temperatura de consumo: 8-10°C (46,4-50°F) para los vinos secos, 6-9°C (42,8-48,2°F) para los vinos dulces.

DÔLE BLANCHE

Se trata de un vino muy interesante obtenido a partir de las mismas uvas tintas que las empleadas para el Dôle: pinot noir (mínimo, 80 por 100) y gamay. Resulta excelente acompañando a las diferentes aves de corral, carnes blancas o quesos suaves. Temperatura de consumo: 8-12°C (46,4-53,6°F).

ERMITAGE

Ermitage o marsanne blanche es una uva del valle del Ródano francés que produce excelentes vinos blancos secos aquí: Ermitage sec, pero sobre todo un maravilloso Ermitage Flétri (dulce). El último procede de los viñedos de las abruptas colinas de Sión, Fully y Sierre. Pocos vinos desarrollan una gama de aromas tan impresionantes como un buen Ermitage Flétri.

Sirva un Ermitage seco con los mejores tipos de pescado, carnes blancas o aves de corral, y el Ermitage Flétri dulce con foie gras (hígado de pato), pescados delicados y postres frescos a base de frutas y miel de acacias o de flores del tilo. Temperatura de consumo: 8-12°C (46,4-53,6°F) para el vino seco, 6-9°C (42,8-48,2°F) para el vino dulce.

FENDANT

Fendant es sin lugar a dudas la tarjeta de visita de Valais y aporta una prueba tácita de que se puede lograr hacer vinos maravillosos incluso con una variedad de uva de poco carácter, como la chasselas, que crece en los suelos más áridos. Cualquiera que pruebe un buen Fendant se verá atrapado en un baile jubiloso, sin ninguna preocupación o reserva. No se puede decir que Fendant sea un vino para filosofar, pero es puro placer sin diluir. Cada Fendant es un embajador de Valais, pero también y, sobre todo, de su propio terruño. Por ejemplo, un Fendant de Sión sabe muy diferente a uno que proceda de Sierre. Sin embargo, en general, se

Fendant de Sión (Wallis).

puede decir que el mejor Fendant es un vino blanco fresco, seco, alegre con savia y un toque claramente distinguible a pedernal.

El Fendant es un aperitivo ideal, pero también resulta excelente acompañando una fondue de queso, raclettes y la mayoría de los platos de queso. También delicioso con fiambres, pescado, salmón (ahumado), marisco, aves de corral y quesos suaves (de montaña). Un Fendant ligero y afrutado debería beberse a una temperatura de 8-10°C (46,4-50°F), un Fendant con mucho carácter a 10-12°C (50-53,6°F).

HUMAGNE BLANCHE

Este mágico vino blanco de Valais tiene una fuerza vigorizante (tónico). Sea o no verdad, son vinos excelentes, aunque son difíciles de encontrar. También son muy buenos con platos que contengan trufas y con quesos suaves. Temperatura de consumo: 8-12°C (46,4-53,6°F).

JOHANNISBERG

Éste es el segundo vino blanco más conocido de Valais. Se hace con uvas de la variedad de sylvaner, que también se cultivan aquí. Estos vinos son suaves, redondos, a veces estructurados y siempre con el suave aroma característico y el gusto a muscat. Es precisamente debido a estos sorprendentes aromas a moscatel que este vino resulta un excelente aperitivo, pero al igual que los mejores vinos muscat también queda muy bien con espárragos. Además, el Johannesburg combina a la perfección con pescado (incluido el pescado crudo, como sushi y sashimi), entrantes calientes con setas, aves o carnes blancas en salsas de nata (pastas) y quesos cremosos suaves. Temperatura de consumo: 8-12°C (46,4-53,6°F) (cuanto mejor sea el vino, menos frío deberá estar).

MALVOISIE

Vinos secos y dulces hechos con una parte de uvas pasificadas de la variedad malvoisie (pinot gris). Un Malvoisie seco combina a la perfección con setas, pescados y platos orientales (¡curry!). El Malvoisie Flétrie es el compañero perfecto para el hígado de pato, queso azul suave y fresco o postres ácidos y con frutas. El Malvoise seco debería beberse a una temperatura de 8-12°C (46,4-53,6°F), el dulce a 6-9°F (42,8-48,2°F).

PAIEN

Los vinos hechos con Paien (heida: pagano) son también excepcionales. Esta antigua variedad autóctona crece a alturas superiores a los mil metros (3.280 pies) y se sigue encontrando en el Jura francés, en Saboya (Savagnin), en algunos viñedos de Alsacia y Alemania (Traminer) y ocasionalmente en Italia (Tramini). Los vinos son frescos y muy secos, con aromas frescos reconocibles a manzana verde. Resultan deliciosos con verduras suaves y platos de patatas. Temperatura de consumo: 8-10°C (46,4-50°F).

RÈZE

Estos vinos tan originales, que se hacen con uvas de piel dura, todavía se producen en pequeñas cantidades en Anniviers. Este vino es extremadamente ácido y verdoso cuando se consume muy joven. Sin embargo, si le deja envejecer, desarrolla aromas originales y fascinantes. Pruébelo con platos de quesos. Temperatura de consumo de 6-9°C (42,8-48,2°F).

OTROS VINOS DEL VALAIS

Valais también produce otros vinos blancos excelentes aunque sólo en cantidades muy pequeñas: Chardonnay (cada vez más popular y delicioso con pescado en salsa ligeramente agridulce), Gewürztraminer (foie gras, curry, platos orientales), Gouais (pescado), Himbertscha (pescado, queso), Lafnetscha (pasteles salados, quesos), Muscat (foie gras, entrantes calientes, postres de frutas frescas), Pinot Blanc (marisco, salmón, verduras), Riesling (pescados, platos orientales), Riesling + Sylvaner (entrantes, pescado) y Sauvignon (aperitivo, verduras, pescados).

GAMAY ROSÉ

Las uvas de la variedad gamay imparten un toque travieso a este rosado ligero que quedará bien en cualquier ocasión informal, preferiblemente al aire libre un día de sol radiante. Temperatura de consumo: 8-10°C (46,4-50°F).

OEIL-DE-PERDRIX

Este rosado ligero y alegre, hecho con un 100 por 100 de pinot noir, acompañará cualquier almuerzo o buffet veraniego sin complicaciones. Resulta delicioso con carnes suaves, como conejo, pollo o gallinas de Guinea. Temperatura de consumo: 8-10°C (46,4-50°F).

CORNALIN

Vino tinto afrutado y opulento hecho con la variedad de uva del mismo nombre. Es bastante tánico en su juventud, carnoso y amable después de envejecer algún tiempo. Resulta excelente acompañando fiambres, aves de caza y quesos. Temperatura de consumo: 12-14°C (53,6-57,2°F).

DÔLE

Este famoso vino tinto de Valais debe contener al menos un 80 por 100 de pinot noir, posiblemente complementada con gamay u otras variedades de uvas tintas de Valais, como humagne, syrah o cornalin. El Dôle es un típico Pinot Noir: goloso, afrutado, suavemente aterciopelado, redondo y armonioso.

Oeil-de-perdrix de Sión (Wallis).   **Dôle (Wallis).**

Beba este vino con buey, sobre todo con estofados. Truco: sírvalo con *viande des Grisons et asperges*, una excelente combinación de carne de vacuno secada al aire de grisones y espárragos; por ejemplo, con una salsa holandesa. Temperatura de consumo: 14°C (57,2°F).

GORON

El Goron es el hermano pequeño del Dôle, con algo menos de alcohol y una estructura más ligera. Este vino agradable, ligero, amable y afrutado se sirve a menudo con fiambres o con platos ligeros. Temperatura de consumo: 12-14°C (53,6-57,2°F).

HUMAGNE ROUGE

A pesar de su nombre, este Humagne tinto no tiene nada en común con el Humagne blanco. Un Humagne tinto es muy aromático y ligeramente rústico; es preferible dejarlo envejecer durante algunos años. Resulta excelente acompañando caza y quesos maduros. Temperatura de consumo: 14-16°C (57,2-60,8°F).

PINOT NOIR

Un Pinot Noir 100 por 100 es más estructurado que un Dôle, con aromas y matices en sabor más ricos, más cuerpo y más carácter. Se trata de un vino excelente con carnes rojas, caza y quesos curados. Temperatura de consumo: 14-16°C (57,2-60,8°F).

SYRAH

Aquí también, la uva syrah de estilo masculino produce vinos estructurados y poderosos con gran cantidad de extracto y complejidad de aroma. Es un vino excelente con asados de carne de vacuno o caza y con quesos maduros. Temperatura de consumo: 14-16°C (57,2-60,8°F).

VAUD (WAADTLAND)

Vaud es uno de los paisajes vinícolas más bellos de Suiza. La región se compone de dos partes, la orilla norte del lago Leman (lago Ginebra) y la parte sur del lago de Neuchâtel. Estas dos regiones se subdividen en seis distritos más pequeños: Chablais (Aigle), Lavaux (entre Montreux y Lausana) y La Côte (entre Lausana y Nyon) cerca del lago Leman y Côtes de L'Orbe, Bonvillars y Vully cerca del lago de Neuchâtel. Los dos lagos aportan frescor y humedad cuando el tiempo es muy caluroso, y aportan calor en otoño, cuando brilla el sol. Hay menos precipitaciones en el área occidental (La Côte) que en el este (Lavaux y Chablais), mientras que las últimas se benefician más de los vientos cálidos de montaña (*föhn*). Algunos viñedos se sitúan a más de 600 o incluso 700 metros (1.968 o 2.296 pies), la altura media es de 400-500 metros (1.312-1.640 pies). El suelo en Vaud consta de caliza, arena, arenisca, arcilla y roca. Los vinos de Vaud se caracterizan por su D.O. geográfica y no por las variedades de uva empleadas.

La torre de Dézaley-Marsens.

CHABLAIS

Esta región vinícola comprende cinco indicaciones geográficas: Bex, Ollon, Aigle, Yvorne y Villeneuve. Los vinos blancos hechos con la variedad de uva chasselas son frescos, vivos, elegantes y estructurados. Pueden ser identificados por su contenido relativamente alto en minerales (magnesio en Aigle y Villeneuve, minerales en Ollon, gran cantidad de pedernal en Bex, tiza en Ollon y Bex). Los Chablais también reflejan su terruño en el aroma: flores y anís (Bex), piedras mojadas, resina y rosas (Ollon), flores, frutas, pedernal y tierra ahumada o quemada con un toque a caramelo cuando envejece un tiempo (Aigle), avellanas, melocotones y albaricoques (Yvorne) y pizarra, pedernal y fruta (Villeneuve). Estos aperitivos perfectos son también ideales para acompañar pescado, marisco y crustáceos, aves de corral, carnes blan-

El vino de la torre, Dézaley-Marsens grand cru, hecho por la familia Dubois.

Sumamente delicioso y reconfortante
Braise d'Enfer (brasas del infierno) de Epesses.

Cata a la luz de las velas en una antigua barrica de
vino, a modo de aperitivo (familia Dubois, Cully).

cas y quesos suaves. Temperatura de consumo: 10-12°C
(50-53,6°F).

LAVAUX

Lavaux tiene seis indicaciones geográficas (Montreux-
Vevey, Chardonne, Saint-Saphorin, Epesses, Villette y
Lutry) y dos grands crus: Dézaley y Calamin. En ningún
otro sitio de Suiza el paisaje ha sido transformado de forma tan hermosa por el hombre como aquí, particularmente
en las áreas que rodean Dézaley y Calamin. Hay cientos de
filas de terrazas colgando sobre el lago Leman, formando
un magnífico escenario, sobre todo en otoño.

Las uvas de la variedad chasselas producen aquí vinos
estructurados, más amplios y robustos que en el oeste de
la región, con más sabor a su terruño. Descubra todos sus
matices: limón balsámico y menta (Montreux-Vevey), pera y grosellas negras (Chardonne), piña, trufas y pimienta
blanca (Epesses) y pomelo y rosas (Lutry). Algunos vinos
de gran calidad, como los de Dézaley, tienen aromas sorprendentes a almendras, tostado, té y miel que tienden hacia avellanas, cera de abejas y frutas escarchadas a medida que envejecen (Dézaley-Marsens, Dubois).

Sirva un Lavaux como aperitivo con entrantes. Los
mejores vinos de Dézaley se vuelven locos por las langostas y las vieiras. Temperatura de consumo: 8-10°C (46,4-
50°F) para Lavaux, 10-12°C (50-63,6°F) para Dézaley
y Calamin.

Los vinos tintos de Lavaux también merecen su atención, como los de Saint-Saphorin (aromas de cerezas,
kirsch; ligeramente amargosos, estructurados y redondos).
Sirva estos vinos con carnes tiernas en salsas que no sean
demasiado grasas o pesadas. Temperatura de consumo: 12-
14°C (53,6-57,2°F).

LA CÔTE

Aproximadamente la mitad de los vinos de Vaud proceden
de este área entre Ginebra y Lausana. Es una región suavemente ondulada con pueblos pintorescos, grandes casas de
campo y castillos. La característica más sorprendente de los
vinos locales es su carácter a menudo ligeramente chispeante y su elegancia. Son mucho más ligeros que los vinos de La-

Los vinos tintos de Lavaux también merecen
su atención.

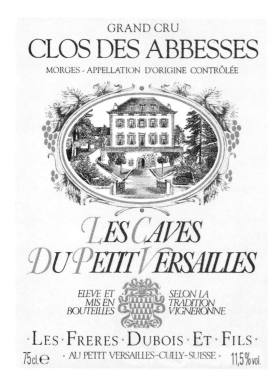

GRAND CRU
CLOS DES ABBESSES
MORGES · APPELLATION D'ORIGINE CONTRÔLÉE

LES CAVES DU PETIT VERSAILLES

ELEVE ET
MIS EN
BOUTEILLES

SELON LA
TRADITION
VIGNERONNE

· LES · FRERES · DUBOIS · ET · FILS ·

75cl.℮ · AU PETIT VERSAILLES·CULLY·SUISSE · 11,5%vol.

Clos des Abbesses, Morges.

vaux y Chablais, pero también tienen mucho que ofrecer, particularmente sus aromas florales y afrutados. La Côte no tiene un grand cru, sólo doce indicaciones geográficas: Morges, Aubonne, Perroy, Féchy, Mont-sur-Rolle, Tartegnin, Côteau de Vincy, Bursinel, Vinzel, Luins, Begnins y Nyon. Los vinos blancos de La Côte son muy buenos aperitivos y excelentes con entrantes, pescados, aves, carnes blancas y quesos. Truco: pruebe este vino en la temporada de los espárragos. ¡Magnífico! Temperatura de consumo: 8-10°C (46,4-50°F).

BONVILLARS, CÔTES DE L'ORBE, VULLY

Aunque estas tres áreas vinícolas se encuentran en las orillas del lago de Neuchâtel, pertenecen a Vaud. Por otro lado, los vinos son muy parecidos a los de Neuchâtel: frescos, ligeros, elegantes y a menudo tienen una leve chispa de carbónico. Estos vinos hechos con la variedad de uva chasselas combinan bien con variedad de fiambres, pescados, mariscos e incluso ostras. Sin embargo, resultan más convincentes como aperitivo. Temperatura de consumo: 8-10°C (46,4-50°F).

SALVAGNIN

Este vino tinto hecho con la variedad gamay y/o pinot noir de Vaud es fresco, afrutado y flexible. Cuando se bebe joven y fresco resulta excelente en combinación con las diferentes especialidades de pescado del lago Leman. Algo menos fresco y con más tiempo, es un buen acompañamiento para fiambres, entrantes, pollo y caza menor. Temperatura de consumo: 12°C (53,6°F) con pescado, 12-14°C (53,6-57,2°F) con carnes.

OEIL-DE-PERDRIX

Estos vinos rosados ligeros, amables y encantadores proce-

den principalmente de Vully y Bonvillars. El nombre del vino describe su color (ojo de perdiz) entre el rosa claro y el teja. Este rosado obtenido a partir de la variedad de uva de pinot noir y/o gamay combina bien con fiambres, pero también se puede servir con una comida veraniega o un almuerzo de invierno. Temperatura de consumo: 10-12°C (50-53,6°F).

GINEBRA

Después de Valais y Vaud, Ginebra ocupa el tercer puesto en la lista de los mayores cantones suizos en cuanto a producción de vino. El paisaje que rodea Ginebra varía mucho menos en altura que las otras dos zonas vinícolas. Esto significa que los viñedos son algo más grandes y que la mecanización es posible, lo que no quita valor a la calidad de los vinos de ninguna forma, aunque sí tiene un efecto en el precio. En Ginebra, se han hecho intentos de racionalizar la viticultura en las últimas décadas, y buscar las mejores variedades de uva para los vinos de calidad. La región está rodeada de montañas que protegen los viñedos de la lluvia. El lago Ginebra (lago Leman) protege los viñedos de las heladas nocturnas durante el período de crecimiento y floración. En esta región los tipos de suelo son también diversos. Casi en todas partes el suelo consta de un máximo de un tercio de arcilla, excepto en la región del Jura, donde puede que haya un poco más. Hay más piedra caliza en Lully y Peney y en los viñedos más altos de Dardagny, mientras que el área circundante tiene más piedras calizas, arenisca y loess, y hay más gravilla en los viñedos pegados al lago. La omnipresente variedad de uva de chasselas ha sido sustituida hasta cierto punto por variedades aromáticas de uva como chardonnay, gewürztraminer y aligoté (una especialidad de Lully). Gamay es la uva tinta dominante, seguida de la pinot noir y la merlot. Recientemente algunas variedades nuevas han sido introducidas: gamaret y gamay + reichensteiner B28, cabernet franc y cabernet sauvignon. Ginebra aún sigue desarrollándose a gran velocidad y puede que tengamos muchas sorpresas en las próximas décadas.

La región vinícola de Ginebra se subdivide en tres regiones más pequeñas: Entre Arve et Lac, Entre Arve y el Ródano y Mandement. Ésta es la mayor de las tres (apróximadamente dos tercios de la producción). Sin embargo, los vinos más fascinantes proceden indiscutiblemente del área entre Arve y el Ródano (principalmente de las colinas de Bernex, Confignon, Lully y Sévenoze), donde el suelo consta de gravilla y caliza y deja una gran huella en los vinos (incluyendo aromas a pedernal).

CHASSELAS DE GENÈVE/PERLAN

A menudo encontrará este vino con su indicación geográfica (cantón o municipalidad): Jussy, Choulex, Lully, Dardagny, Russin, Peissy, Satigny y Chouilly. Debido a las estrictas reglas que pretenden restringir el rendimiento, la calidad de esta chasselas de Ginebra ha mejorado enormemente en décadas recientes. Posee un aroma fresco y floral con un sabor vivo, fresco y seco, a menudo chispeante de carbónico. Excelente como aperitivo o para acompañar salmón ahumado, platos orientales o especialidades de queso. Temperatura de consumo: 8-10°C (46,4-50°F).

Otros vinos blancos de Ginebra

Los Chardonnay (aperitivo, crustáceos, cangrejos de río, pescados delicados, queso fresco), el Pinot Blanc (pescados delicados) y Pinot Gris (paté, foie gras) son excelentes. Los Muscat (quesos azules suaves, frutas ligeramente confitadas) y Gewürztraminer (platos orientales, aperitivos) son muy aromáticos y de buena calidad. El Sauvignon (aperitivo) es agradable, pero no llegará a entusiasmarle particularmente. Por último, los Aligoté de Lully son unos aperitivos extremadamente buenos, pero también excelentes con entrantes de pescado.

Gamay de Genève

De nuevo este vino se puede encontrar con el nombre genérico (Gamay de Genève) o con el nombre de la municipalidad donde se produce. Es fresco, afrutado, estructurado, carnoso, amable y jugoso, como son los Gamay. Excelente con fiambres, caza menor, verduras gratinadas y postres de frutas rojas (¡fresas!). Truco: sírvalo con *gratin de cardons*, cardos gratinados con crema, una verdura al viejo estilo. Temperatura de consumo: 10-12°C (50-53,6°F).

Pinot Noir de Genève

Se trata de un vino tinto muy fino, afrutado y carnoso. Excelente para acompañar aves, patés y terrinas, caza menor, pato y quesos. Temperatura de consumo: 14°C (57,2°F).

El Pinot Noir está a gusto en todos los lugares de Suiza.

Otros vinos tintos de Ginebra

Los primeros resultados obtenidos con la variedad de uva cabernet franc y cabernet sauvignon son muy prometedores. La merlot (que es bastante escasa) ha vegetado muy bien durante algún tiempo en los viñedos más altos. El vino es muy bueno con pescado en salsa de vino tinto, liebre y otras carnes de caza menor e incluso con una jugosa pierna de cordero. Temperatura de consumo: 14°C (57,2°F).

Oeil-de-Perdrix/Gamay rosé

Estos dos vinos rosados diferentes son poco complejos, frescos, afrutados y amables para acompañar cualquier comida veraniega. Temperatura de consumo: 8-10°C (46,4-50°F).

Neuchâtel

El área vinícola de Neuchâtel se sitúa en la orilla izquierda del lago del mismo nombre y se separa de Francia por las montañas del Jura. El clima es bastante suave, soleado y seco. Debido a la presencia del agua en el lago, el invierno es suave, pero el otoño suele ser neblinoso y puede poner en peligro la cosecha. El suelo de esta región a los pies del Jura consta principalmente de piedras calizas de montaña con las ocasionales rocas, marga o loess. El suelo contiene muchos minerales que a menudo pueden ser claramente identificados en el gusto de los vinos. La característica más chocante del área que rodea Neuchâtel es el mosaico de pequeños viñedos. Sólo algunas fincas tienen viñedos de mayor tamaño.

Los vinos blancos son mayoría aquí, y debemos decir que casi todo es suelo calcáreo. La chasselas supone un 75 por 100 de las uvas; además encontrará pinot gris, riesling + sylvaner y chardonnay, así como, ocasionalmente, sylvaner, riesling y gewürztraminer. La misma pinot noir

Viñedos ininterrumpidos de gran extensión
(Montmollin, Neuchâtel).

Escena rústica en el viñedo.

Bruma matinal en Neuchâtel.

de los vinos tintos también se usa para un Oeil-de-Perdrix rosado muy atractivo.

NEUCHÂTEL

Se refiere a los vinos de la variedad de uva chasselas. Los mejores proceden de los pueblos de Cressier, Auvernier, Cortaillod, Boudry y La Béroche. Las características sorprendentes de este Chasselas (no tan completo como sus primos de Valais y Vaud) son el elegante gas carbónico y el matiz salado. En los bares locales, este vino se sirve desde bastante arriba con respecto al vaso, de tal manera que forma al caer una corona de burbujas de dióxido de carbono. No se pierda la cara de los adultos transformándose en niños felices cuando el vino forma la estrella ("Le vin fait l'etoile").

Es preferible servir estos vinos interesantes y frescos como aperitivo, con pescado crudo (sushi, sashimi), marisco y quesos. La inusual combinación de Chasselas con una tarta de manzana dulce o incluso galletas de mantequilla es muy sorprendente. Temperatura de consumo: 8-12°C (46,4-53,6°F) (cuanto más bueno y estructurado sea el vino, menos frío deberá servirlo).

NEUCHÂTEL PINOT NOIR

El Pinot Noir de Neuchâtel suele ser más áspero y tánico cuando es joven, pero se hace más suave y amable

Atractivo surtido de vinos blancos, rosados y tintos de Neuchâtel (Montmollin).

cuando envejece. El sabor es fresco, elegante, complejo y de estilo bastante tradicional. Sirva este vino con entrantes, fiambres, salchichas, guisos y quesos maduros. Temperatura de consumo: 14°C (57,2°F).

NEUCHÂTEL OEIL-DE-PERDRIX

El color de estos rosados recordará inmediatamente a cualquier cazador el color de los ojos de una perdiz. El color marrón desaparece lentamente para transformarse en un matiz rosado-teja, característico de este tipo de rosados. Son vinos elegantes y frescos, hechos con la variedad de uva pinot noir; excelentes con pescado, fiambres y quesos frescos. Sin embargo, no necesitará ninguna excusa para disfrutar de una copa de Oeil-de-Perdrix. Temperatura de consumo: 8-10°C (46,4-50°F).

OTROS VINOS DE NEUCHÂTEL

El Chardonnay de Neuchâtel es extremadamente bueno y bastante similar a un buen borgoña. Resulta excelente como aperitivo, pero también bueno con pescado, aves de corral, carnes blancas o verduras. Las otras especialidades son bastante escasas: el Gewürztraminer es aromático, pero no realmente poderoso (aperitivo, entrantes con frutas, pescado en salsas cremosas de frutas); el Pinot Blanc es ligero y elegante (fiambres, pescado) y el Pinot Gris es muy bueno (pescado, carnes blancas, aves de corral). El Riesling + Sylvaner y el Sylvaner no siempre son convincentes. El último debería tomarse como aperitivo y los mejores Riesling + Sylvaner pueden servirse con mollejas, pescado o pollo en salsas suaves de nata. También hay algunos vinos espumosos de calidad media razonable.

FRIBURGO

Los vinos de Friburgo se producen al este del lago de Neuchâtel. Los viñedos de Vully se encuentran entre el lago de Neuchâtel y el lago de Morat. El suelo consta de arcilla, arena y arenisca calcárea, y el clima es notablemente más suave por la presencia de los lagos. De nuevo reina el Chasselas, pero también hay algunas especialidades interesantes como el Freisammer, un cruce entre Sylvanner y Pinot Gris. Además, hay un excelente Oeil-de-Perdrix y un maravilloso Pinot Noir.

CHASSELAS FRIBOURGEOIS

Los vinos de Vully, Faverges y Cheyres son frescos, elegantes, afrutados y bastante ligeros. Reflejan claramente su terruño. Son excelentes como aperitivo, pero también deliciosos con pescado, platos de verduras y los quesos locales, incluyendo gruyére y vacherin. Temperatura de consumo: 8-12°C (46,4-53,6°F) (cuanto mejor sea el vino, menos frío debería servirse).

PINOT NOIR FRIBOURGEOIS

Vino extremadamente afrutado (frambuesas) con mucho cuerpo y savia. Excelente con caza menor, aves, quesos maduros. Temperatura de consumo: 14°C (57,2°F).

OTROS VINOS DE FRIBURGO

De todos los otros –escasos– vinos de Friburgo, destacan los frescos y elegantes Oeil-de-Perdrix (pescados, buffet frío), el estructurado Chardonnay (pescado, conejo, carnes blancas), el sensual Pinot Gris (pescado, aves, quesos maduros) y el Gewürztraminer (platos orientales, foie gras, quesos fuertes).

JURA

Se trata de una zona vinícola muy reciente. Los primeros viñedos fueron plantados en 1986 y la primera cosecha fue en 1990. Es curioso porque la situación y el microclima suave son extremadamente favorables al igual que el suelo rocoso. Hasta ahora, los vinos tintos hechos con la variedad de la uva pinot noir (cerezas, frutas rojas) han sido más convincentes que los vinos blancos hechos con riesling + sylvaner. Dentro de algunos años, los vinos Pinot Noir alcanzarán su punto álgido y satisfarán las expectativas. También se han obtenido excelentes resultados con la pinot gris (miel, frutas escarchadas, frutas exóticas).

BERNA

El cantón de Berna forma la verdadera frontera entre la Suisse Romande y Ostschweiz. La mayoría de los viñedos se sitúan alrededor del lago de Bienne (Bielersee), al norte del lago de Neuchâtel. El resto de los viñedos se localiza cerca de los lagos de Thoune y Brienz, en las inmediaciones de Interlaken. Los viñedos del lago de Bienne tienen un suelo que consta de arenisca (orilla izquierda) o arenisca calcárea (orilla derecha). El suelo del lago de Thoune consta de un subsuelo de roca cubierto por una fina capa de tierra. Además, estos viñedos se benefician de los efectos positivos de los *föhn*.

CHASSELAS

De nuevo la variedad de uva de chasselas es dominante y produce vinos frescos, elegantes y ligeramente chispeantes sobre el suelo calcáreo. En la orilla derecha, los vinos son ligeramente más estructurados y carnosos, pero menos elegantes. Sirva los Chasselas de Berna como aperitivo, con pescado o con platos de queso. Temperatura de consumo: 8-10°C (46,4-50°F).

PINOT NOIR

Vinos estructurados, afrutados, redondos y opulentos que nunca resultan demasiado pesados. Sirva los vinos del lago de Bienne con cualquier plato de carne, desde el cerdo hasta el cordero, con pollo o –siempre y cuando esté fresco– con pescado de carne firme. Truco: *gigot d'agneu en gibier*, pierna de cordero asada y marinada como la caza. Temperatura de consumo: 12°C (53,6°F) con pescado, 14°C (57,2°F) con carne.

OSTSCHWEIZ

Los suizos germanoparlantes llaman a esta región Suiza del Este, pero del Nordeste sería más adecuado para este área enorme, que abarca más de un tercio de Suiza desde el este de la línea que une Thun, Berna, Solothurn y Basilea hasta el norte de la línea que une Thun y Chur. Esta región germanoparlante abarca no menos de dieciséis cantones. A pesar del enorme tamaño de Ostschweiz, la superficie vinícola es bastante pequeña (sólo 2.300 hectáreas/5.683 acres) y los diminutos viñedos están muy repartidos. Los mayores cantones vinícolas en el nordeste son los de Zurich, Schaffhausen, Aargau, Graubünden (sin Misox/Mesolcina, ver Ticino), Thurgau, St. Gallen y Basilea. Los cantones de Schwyz, Berna (Thunersee), Lucerna, Appenzell, Solothurn, Glarus, Zug y Unterwalden juntos suponen sólo un 2,5 por 100 de la producción total de Ostschweiz. La superficie vinícola de Ostschweiz se vio dramáticamente diezmada por la plaga de la filoxera y los requisitos de calidad más estrictos. La disminución más importante se dio en la zona cercana a Basilea (también como resultado del crecimiento de la ciudad), en Thurgau y en Solothurn.

El clima de Ostschweiz no es realmente muy favorable para la viticultura. Es demasiado frío y demasiado húmedo. Sin embargo, las condiciones son excelentes en las inmediaciones de los numerosos lagos (Thunersee, Brienzersee, Zurichsee, Zuger See, Vierwaldstätter See, Walensee, Bodensee), los ríos (Rin, Aar, Reuss, Thur) y en los valles influenciados por los vientos *föhn* (St. Gallen, Graubünden). Los viñedos más bajos se encuentran a una altura de 300 metros (984 pies) cerca de Basilea, los más altos a 600 metros (1.968 pies) en el ducado de Graubünden. Las principales amenazas a la viticultura en Ostschweiz son las largas heladas invernales o las fatales heladas de primavera durante el periodo de floración. A lo largo de los siglos, los creativos viticultores suizos han desarrollado innumerables métodos para proteger las vides del frío. Además de la conocida técnica de pulverizar agua y las estufillas, los viticultores locales emplean un método muy original: a las vides se les pone una faldilla de paja o incluso se tapan con un abrigo cálido.

El suelo de Ostschweiz varía de oeste a este. En el oeste, cerca del Jura, el suelo contiene más caliza, en el medio hay más arenisca calcárea y en el este más pizarra y gravilla. Como el otoño es bastante húmedo y frío en Ostschweiz, sólo crecen bien las variedades que maduran pronto. En el caso de las uvas blancas es la variedad ries-

Viñedos de Pinot Noir en Chur/Coire (Ostschweiz).

ling + sylvaner (müller-thurgau); en el caso de las negras, pinot noir. Las variedades de uva tinta representan no menos del 70 por 100 del total de las vides plantadas. Ocasionalmente encontrará otras variedades de uva en pequeñas cantidades: la räuschling es una especialidad blanca de Zurich y la limmatdal está atrayendo cada vez más la atención de todo el mundo. Además, ocasionalmente se encontrará con gewürztraminer, pinot blanc, pinot gris (a menudo llamada aquí tokayer), freisamer, ebling, chardonnay, chasselas y la más completa graubünden. La elección es más limitada en lo que concierne a las variedades tintas. Ocasionalmente se encontrará con las nuevas gamaret y B28 (ambas gamay + reichensteiner).

Por cuestiones prácticas Ostichweiz se subdivide en tres regiones subsidiarias principales: el este (Berna–Thunersee–, Unterwalden, Uri, Lucerna, Zug, Aargau, Solothurn y Basilea), la región central (Schwyz, Glarus, Zurich, Thurgau y Schaffhausen) y el este (Graubünden, St. Gallen y Appenzell).

RIESLING + SYLVANER

El nombre del cantón o municipio de origen se indica en la etiqueta. En general, son vinos frescos, afrutados y elegantes, con un toque a Muscat. Sírvalos como aperitivos con verduras tiernas (espárragos), entrantes calientes y cremosos (*vol-au-vents*), pescado, carnes blancas, cerdo, pollo y quesos suaves. Truco: buñuelos de queso y jamón de St. Gallen con coulis de tomate y albahaca suave. Temperatura de consumo: 8-12°C (46,4-53,6°F) (cuanto más ligero el vino, más frío deberá estar).

BLAUBURGUNDER/CLEVNER

Este vino se hace con la variedad de uva pinot noir en toda Ostschweiz. Los vinos varían mucho desde los ligeramente afrutados a los vinos ásperos ricos en taninos. En general, el mejor Pinot Noir procede del valle del Rin en Graubünden y St. Gallen donde a menudo envejece en barrica. Sirva un Blauburgunder/Clevner corriente con carne seca de Graubünden, fiambres, aves, cabrito o cordero y todo tipo de quesos. Temperatura de consumo: 12-14°C (53,6-57,2°F).

Escena pintoresca en Herrschaft, Mainfeld.

Sirva el Blauburgunder/ Clevner de barrica de St. Gallen y Graubünden con comida campesina más dura, guisados, caza menor, pato y cualquier tipo de queso curado. Truco: estofado de cordero con col blanca y patatas. Temperatura de consumo: 14-16°C (57,2-60,8°F).

FEDERWEISSER/SCHILLER/SÜSSDRUCK

En Ostschweiz estos nombres poéticos se refieren a los distintos vinos rosados hechos con pinot noir (Blauburgunder, Clevner). Estos vinos vivos son a menudo extremadamente afrutados, suaves, elegantes, amables y carnosos. Sirva estos vinos con pescado o con platos hechos con caza menor o aves tiernas, platos orientales, salchichas, etc. Truco: el *Churer fleischtorte*, pastel de carne sabroso de Chur, o *Churer fleischköpfli*, buñuelos de carne de Chur. Temperatura de consumo: 8-12°C (46,4-53,6°F) (cuanto más estructura tenga el vino, menos frío deberá estar).

ALEMANIA

Alemania es uno de los diez principales países productores de vino del mundo. Gran parte de la producción está destinada a la exportación, a la vez que Alemania también importa una gran cantidad de vino. Esto ilustra la complejidad de la situación de Alemania. Parece que tanto los mejores vinos alemanes como, desgraciadamente, los peores desaparecen en el extranjero, y que los alemanes están más inclinados a beber una cerveza o un vino extranjero que un vino alemán. En comparación con países como Francia, Italia y España, el consumo de vino alemán es bastante bajo.

Bernkasteler Doctor (Mosel-Saar-Ruwer), uno de los mejores vinos de Alemania.

Aunque el Gobierno siempre ha mantenido que el sistema de control alemán es irrebatible e incuestionablemente el mejor de Europa, la experiencia nos demuestra que hay muchos aspectos que pueden dejar que desear en los vinos baratos alemanes. De nuevo un grupo de comerciantes (no necesariamente de origen alemán) estaba más interesados, en hacer dinero rápido que en ser los embajadores del vino de Alemania. Se trata de una situación desafortunada y la imagen de los vinos alemanes aún sufre como resultado en algunos países. Los productores de gaseosa de limón que venden sus creaciones a mala fe, con nombres imaginativos como Alte Wein Tradition o Kellergeister, también son responsables de dañar la imagen de los vinos alemanes. Hasta hace poco, los sublimes vinos de Alemania parecían haberse reducido a sólo un pequeño grupo para los auténticos entendidos. Sin embargo, debido a los precios absurdos de los vinos de Burdeos (en especial Sauternes), cada vez más gente está buscando buenas alternativas en vinos buenos y aun económicos. Para esta gente, y de hecho para cualquier amante verdadero del vino, Alemania tiene mucho que ofrecer.

Durante mucho tiempo no había nada entre los vinos de alta calidad y las bebidas desagradables que no merecían llamarse vino. Sin embargo, en las últimas décadas, la demanda de vinos alemanes buenos y económicos ha aumentado. También ha habido un crecimiento explosivo de la demanda de vinos secos. Esto significa enormes esfuerzos por parte de los viticultores alemanes, ya que no eran precisamente conocidos por su habilidad para adaptarse rápidamente. Sin embargo, la mayoría de los viticultores ha logrado adaptarse a los cambios en el mercado muy bien en un tiempo relativamente corto. Hoy se pueden encontrar garantías de calidad de los vinos por un precio que todos se pueden permitir. Ha sido un gran reto y los alemanes han estado a la altura de la ocasión.

HISTORIA

Desde la unificación, Alemania se ha convertido en uno de los países de mayor tamaño de Europa. No obstante, sólo una pequeña parte del país es adecuada para el cultivo de la uva. La mayoría de las zonas vinícolas de Alemania se sitúan en el sur y en el sudoeste, con dos pequeñas excepciones en la antigua Alemania del Este, a lo largo de las orillas del Elba y Saale. En las otras regiones, el Rin y sus afluentes (Neckar, Kocher, Jagst, Tauber, Main, Nahe, Saar y Mosel) desempeñan un papel fundamental. De hecho, Alemania no es claramente un país vinícola, debido a la situación de las áreas vinícolas bastante al norte del mágico grado 15 de latitud. Sin embargo, la perfecta

Vino moderno y seco, de calidad.

situación de los viñedos con respecto al sol, el paisaje a menudo ondulado y, sobre todo, el reflejo del calor y la luz del sol en los ríos son factores decisivos para el éxito del vino alemán. Estos ríos también protegen los viñedos contra las desastrosas heladas nocturnas de la primavera. El duro trabajo de siglos y numerosas investigaciones sobre las variedades de uva más adecuadas han convertido a Alemania en una espléndida área contra todas las expectativas. La viticultura alemana es extremadamente compleja, y subdividida en cientos de pequeños viñedos (*einzellage*), cada uno con su propio microclima. Esto es precisamente lo que hace tan fascinantes a los vinos germanos.

De nuevo fueron los romanos quienes introdujeron las vides en las orillas del Rin y en Rheinpfalz. Mucho más tarde fue Carlomagno el que dio un fresco estímulo a la viticultura. Por todas partes se extendieron las bodegas, en las que se podían probar y vender los vinos, con o sin comidas nutritivas. Posteriormente, fue el turno de los monjes; cuidar de los viñedos y, allí donde era posible, expandirlos. Estos monjes desempeñaron un papel clave en la selección de las variedades más adecuadas para los tipos de suelo específicos. Los viñedos monásticos vieron su fin cuando Napoleón conquistó Alemania. Estos viñedos fueron divididos y vendidos a propietarios privados y autoridades locales. Los siglos XIX y XX fueron la edad de oro de la viticultura germana. Nombres como Schoss Johannisberg (Rheingau) eran música para los oídos de la mayoría de los soberanos europeos y cabezas de estado. Después de perder dos guerras mundiales, los alemanes necesitaban probablemente comprensión, calor y consuelo, y esto se vio claramente reflejado en la repentina y enorme popularidad de sus vinos dulces. Sin embargo, el sabor cambia con rapidez y hoy en día los vinos secos alemanes ganan terreno todo el tiempo, aunque sin ningún efecto negativo en los mejores vinos dulces que siempre seguirán siendo populares.

VITICULTURA

Aunque algunos viticultores tuvieron gran éxito al producir varios vinos tintos excelentes, Alemania es sobre todo un país de vinos blancos, principalmente por el clima. Lo cierto es que la calidad de los vinos tintos ha mejorado enormemente, pero el precio de estos vinos muy aceptables aún es demasiado elevado para la calidad que se ofrece. Algo más del 85 por 100 de los cultivos del área vinícola de Alemania están plantados con variedad de uvas blancas. Antes de la reunificación alemana, había habido un aumento considerable en la proporción de las uvas tintas plantadas, de un 13 por 100 en 1984 a casi el 19 por 100 de 1994. Como las áreas vinícolas de la antigua Alemania del Este cultivaban principalmente uvas blancas, esta proporción volvió a caer. También ha habido cambios en la elección de las variedades de uva, hacia la calidad a expensas de la cantidad. Por ejemplo, la extremadamente productiva müller-thurgau está perdiendo cada vez más terreno con respecto a la uva riesling de mayor calidad. Además de estas dos importantes variedades de uva, también encontrará kerner, sylvaner, scheurebe, bacchus y muchas otras variedades. La reina de las uvas tintas spätburgunder (pinot noir), seguida de la blauer portugieser, blauer trollinger, etc. La fruta sofisticada y el grado relativamente bajo alcohólico es característico de todos los vinos alemanes, incluyendo los secos.

VARIEDADES DE UVA ALEMANA

MÜLLER-THURGAU
Esta uva aún supone un cuarto del total de las vides plantadas. Es un cruce entre riesling y sylvaner, introducida por primera vez por el profesor suizo H. Müller de Thurgay, quien fue su creador. Estas uvas maduran pronto y por tanto son muy apropiadas para Alemania, donde a veces hace frío y lluvias en otoño. Características: aromas florales, bajo nivel de acidez y un ligero matiz a muscat (moscatel). Beba este vino joven.

RIESLING
Sin duda se trata de la mejor variedad de uva para Alemania. En términos de porcentajes está justo por debajo de la müller-thurgau, pero cada vez gana más terreno. Esta uva madura tarde y bajo las mejores condiciones puede producir vinos extremadamente buenos, muy aromáticos y armoniosos. Características: sutil, elegante, aromas afrutados, acidez delicada que aporta el carácter al vino y un sabor lleno de estilo. Debido a la viva acidez, los mejores vinos envejecen muy bien.

SILVANER (SYLVANER)
En Franconia (Franken), sobre todo, se cultiva esta variedad tradicional de uva que se encuentra a medio camino entre la maduración temprana de la müller-thurgay y la tardía de riesling. Características: aromas suaves, frescos y de media potencia y a menudo sabor sencillo, goloso y amplio. Beba el vino joven.

KERNER
La kerner es un cruce entre la variedad tinta trollinger y la blanca riesling. Parece estar haciéndose cada vez más popular, en parte porque esta uva madura pronto. Características: vinos vivos con un tono ligero a muscat y una fresca acidez (generalmente se bebe joven). Es más parecida a la riesling que a la trollinger.

SCHEUREBE
Al igual que la müller-thurgau, esta scheurebe es un cruce entre sylvaner y riesling. Características: viva, muy afrutada, con aromas distinguibles y matices de uva sobremadura o incluso grosellas. Beba el vino joven.

RULÄNDER/GRAUBURGUNDER
La omnipresente pinot gris es extremadamente popular en Alemania. No obstante, es una variedad de uva difícil para estas condiciones climáticas. Cuando se encuentra una botella hecha con grauburgunder suele tratarse de un vino seco y cuando se indica ruländer suele tratarse de vinos más dulces. Las uvas maduran más o menos a la vez que sylvaner y dan lugar a vinos estructurados y robustos que son muy redondos y tienen un sabor suave y sensual. Características: aromas suavemente frutales, frutos secos y almendras. Deberá guardarse durante algunos años.

OTRAS VARIEDADES DE UVAS BLANCAS DE ALEMANIA
Hay muchas variedades de uvas blancas alemanas, cada una con su propio carácter:

- Bacchus: vinos florales y afrutados con sorprendentes matices a granos y especias.
- Elbling: sutiles, elegantes y vivos con toques a manzana (verde).
- Faberrebe: ligero tono a uvas muscat recién cogidas, un sabor muy tentador.
- Roter traminer (Gewürztraminer): vino sorprendentemente frutal con un toque casi femenino a rosas. Por otra parte, el sabor es lleno e intenso.
- Gutedel o chasselas: vinos ligeros con aromas identificables a frutos secos y un sabor amable. Fácil y rápido de beber.
- Huxelrebe: a menudo con acidez viva y sabor herbáceo con un toque a muscat.
- Morio-Muscat: bastante especiado con curiosos toques a lavanda fresca y muscat.
- Weissburgunder: suave, fresco y elegante con aromas afrutados que recuerdan a manzana (verde).

SPÄTBURGUNDER
En Alemania, la pinot noir da lugar a vinos tintos aterciopelados, estructurados y elegantes con aromas a frutos del bosque y un matiz a almendras. Sólo los mejores vinos pueden guardarse durante algún tiempo.

PORTUGIESER
Esta variedad de uva blauer portugieser produce vinos ligeros, amables, aromáticos y opulentos que son flexibles y fáciles de beber.

TROLLINGER
La blauer trollinger madura tarde y es una especialidad de Württemberg. Los vinos son frescos, con bastante acidez, afrutados y vivos. Beba estos vinos jóvenes.

OTRAS VARIEDADES DE UVA TINTA DE ALEMANIA
- Dornfelder: una variedad de uva extremadamente fascinante, de color muy intenso y muy aromática (frutas del bosque rojas, bayas del saúco).
- Lemberger: muy afrutada, desde las cerezas a las grosellas negras.
- Müllerebe (Schwarzriesling): la homólogo alemán de el pinot meunier, bien conocida en Champagne. Vinos delicados y extremadamente afrutados con aromas característicos a colmenillas y almendras amargas.

LA CLASIFICACIÓN DE VINOS EN ALEMANIA

La clasificación de vinos en Alemania sigue de cerca las directivas europeas de los vinos de mesa y vinos de la tierra, así como las de los vinos de calidad. Además de las indicaciones obligatorias que se mencionan a continuación, todas las botellas de vino deben tener un número AP (número oficial de cata), un código numérico con el que el consumidor puede trazar la historia del vino desde su origen. Además, el nombre de la variedad de uva que se emplea sólo puede aparecer en la etiqueta si supone al menos un 85 por 100 de la base del vino.

VINOS DE MESA ALEMANES

Son vinos simples, fáciles de beber. Si la falta la indicación Deutscher, el vino no es originario (totalmente) de Alemania.

VINS DE PAYS ALEMANES

Estos vinos se pueden comparar con los *vins de pays* franceses y de los vinos de la tierra españoles. Son frescos, vivos y sencillos, pero a menudo reflejan el carácter de su propia región de forma asombrosa y precisa. Están hechos *trocken* o *halbtrocken*.

QUALITÄTSWEIN BESTIMMTER ANBAUGEBIETE (QBA)

Éstos son vinos de calidad de un área delimitada de producción. La indicación geográfica del lugar general de origen debe aparecer en la etiqueta aunque la variedad de uva o el lugar preciso de origen no es obligatorio (viñedo o municipalidad).

QUALITÄTSWEIN MIT PRÄDIKAT (QMP)

Este grupo está formado por seis categorías basadas en la cantidad total de azúcar en el mosto y en la técnica de la vendimia. Esta indicación sólo afecta al porcentaje de azúcar en el mosto, no en el vino. Es posible hacer un vino seco (con algo más de alcohol que la media) con mosto originalmente muy dulce de uvas vendimiadas tardíamente (Spätlese). Estos vinos QmP no pueden tener azúcar añadido en ningún caso.

KABINETT

Las uvas se recogen cuando están maduras para estos vinos.

SPÄTLESE

Se vendimian para estos vinos, uvas sobremaduras. La diferencia entre Kabinett y Spätlese es al menos una semana extra de maduración.

AUSLESE

Para estos vinos se vendimian los mejores racimos de uvas sobremaduras.

BEERENAUSLESE

Para los Beerenauslese, sólo las mejores uvas, que han sido afectadas por la *Botrytis*, son recogidas a mano.

TROCKENBEERENAUSLESE

Las uvas para estos vinos deben pasificarse parcialmente al sol y estar afectadas por la *Botrytis*. Obviamente también están cuidadosamente seleccionadas.

Spätlese
(Rheinpfalz).

EISWEIN

Se trata de una categoría separada que no necesariamente tiene que estar afectada por la *Botrytis*, aunque requiere uvas sobremaduras, probablemente pasificadas, que sólo pueden ser recogidas después de una noche de heladas de al menos –7°C (-44,6°F). Esto lleva a una enorme concentración. El agua congelada se pierde cuando se prensan las uvas; el contenido extremadamente dulce y aromático se recoge gota a gota.

Beerenauslese.

QUALITÄTSWEIN GARANTIERTEN URSPRUNGS (QGU)

Ésta es la categoría más reciente de la clasificación de los vinos alemanes (1994), que aporta a las áreas vinícolas la libertad de someter los vinos locales apartados a un control de calidad obligatorio. Por ejemplo, de esta forma un área vinícola puede determinar que todo el Sylvaner producido en ese área sea seco.

SELLOS DE CALIDAD

Si no quiere perderse en las clasificaciones de calidad alemanas, hay otra forma infalible de comprar un buen vino alemán. Cada año se establece una competición voluntaria bajo los auspicios del ministro alemán de Agricultura (DLG). Los vinos que se presentan ya deben haber obtenido una marca en el test AP superior al mínimo número de puntos requeridos para obtener un número AP. Los vinos vuelven a ser probados por catadores profesionales y garantizan un Gütezeichen. Este sello garantiza la calidad del vino y a la vez indica el nivel de dulzura: un sello amarillo significa *trocken* (vino seco), un sello verde significa *halbtrocken* (medio seco) y un sello rojo indica un vino más dulce que tiene un buen equilibrio entre dulzura, fruta y acidez. Puede comprar estos vinos sin lugar a dudas, pero eso no significa que los vinos sin sello no sean buenos. Sin embargo, si no desea correr riesgos, los vinos con sello son una buena elección. Un sello con una banda alrededor del cuello de la botella ofrece una garantía incluso mejor. Sólo los mejores vinos de cada región pueden presentarse y recibir este tipo de banda. Los ganadores de la competición regional reciben un premio de oro, plata o bronce, mientras que los de la competición nacional obtienen un *grosser*, *silberner* o *bronzener Preis*. Estos vinos generalmente tienen una calidad excelente para su precio.

TIPOS DE VINO

- El vino blanco alemán (*weiss*) se hace con uvas blancas, el vino tinto (*rot*) con uvas tintas y el rosado (*weissherbst*) con una sola variedad de uva tinta y debe ser un QbA o QmP.
- Rotling es también un vino rosado, pero se hace prensando juntas uvas blancas o tintas.
- El Schiller, una especialidad del Württemberg, es también un rosado y se hace como un Rotling corriente, pero debe ser un QbA o QmP.
- El Badisch Rotgold es un rosado de Baden que sólo se hace con uvas de la variedad ruländer (pinot gris) y säptburgunder (pinot noir) prensadas juntas. El vino debe ser un QbA o QmP.
- El perlwein es un vino blanco o tinto con dióxido de carbono (CO_2) natural o añadido. Estos vinos son tranquilos.
- El Deutscher Sekt es un vino espumoso de buena o excelente calidad que se hace según el método tradicional, con una segunda fermentación en la botella. Algunos vinos también reciben una indicación geográfica (Sekt b.A.). Los mejores vinos pueden ser identificados por la indicación Qualitätsschaumweine b. A., vinos espumosos de calidad con una indicación geográfica controlada.

INDICACIONES GEOGRÁFICAS

Además de los requisitos de calidad y las diferentes descripciones, hay varias reglas en cuanto a la forma en la que deben aparecer las indicaciones geográficas en la etiqueta con el sistema de control de calidad. Por ejemplo, hay algunos nombres que deberían ser ordenados de las denominaciones o indicaciones mayores a las más específicas. Podría asumir que cuanto más específico el nombre, mejor la calidad, pero en la práctica hay algunas excepciones a esto.

ANBAUGEBIETE
Ésta es la indicación más general (genérica) y comprende toda una región. Por ejemplo: Mosel-Saar-Ruwer.

BEREICH
Bereich es una región subsidiaria definida del Anbaugebiete. Para continuar el ejemplo anterior: Mosel-Saar Ruwer, Bereich Zell/Mosel.

GROßLAGE
Ésta es una pequeña zona con un área vinícola específica e identificable como un término municipal. Por ejemplo: Mosel-Saar-Ruwer, Bereich Zell/Mosel, Grosslage Scwarze Katz.

Sekt alemán.

EINZELLAGE
Ésta es la última indicación: suele referirse a una única aldea o pueblo. Un Einzellage debe abarcar al menos 2,2 hectáreas/5,43 acres). Por ejemplo: Mosel-Saar-Ruwer, Bereich Zell/Mosel, Grosslage Schwarze Katz, Einzellage Zeller Domherrenberg.

CONTENIDO EN AZÚCAR

Como en el resto de Europa, la dulzura de los vinos se muestra en la etiqueta. Sin embargo, los alemanes no quieren decir exactamente lo mismo que los franceses con el término *tocken* (seco). Un vino seco francés (*sec*) puede tener un máximo de dos gramos (en casos excepcionales 1,4 g) de azúcar por litro. Sin embargo, un *tocken* alemán puede tener hasta 9 gramos de azúcar por litro (*halbtroken*, menos de 19 gramos por litro). Esto significa que la mayoría de los vinos secos alemanes son más fáciles de beber.

NUEVOS NOMBRES PARA LOS VINOS SECOS ALEMANES

Desde 2001, las dos palabras mágicas Clásico y Selección han simplificado la elección de vinos para los fans de los vinos alemanes. Empezando con la cosecha del año 2000, la etiqueta podía usar estos dos nuevos términos. El término Clásico muestra al consumidor que un vino es característico de una región vinícola delimitada. Este vino es de una calidad alta y es seco, amplio, poderoso y aromático, lo que le hace muy apropiado para acompañar una comida. El término Selección indica un vino de la nueva gama alta de los vinos alemanes secos. Para usar estos términos, los vinos deben proceder de zonas vinícolas estrictamente delimitadas que dediquen atención extra a los bajos rendimientos y vendimien las uvas a mano. Estos vinos no pueden ser embotellados antes del 1 de septiembre del año posterior a la cosecha. En otras palabras, los vinos hechos con las uvas cosechadas en el 2001 no pueden ser embotellados ni salir a la venta en los mercados antes del 1 de septiembre de 2002.

LAS REGIONES VINÍCOLAS

La viticultura en Alemania se extiende, por un lado, hacia el norte de Bodensee hasta el río Ahr, al norte de Coblenza, y por otro lado hacia las dos zonas cercanas a Dresde y al sur de Halle. Incluyendo todas, hay trece regiones vinícolas, once en el sudoeste y dos al este del país. Cada área vinícola tiene varios vinos diferentes: su sabor y el tipo están determinados por el suelo, las condiciones climáticas (microclimas), las técnicas y los estilos de los viticultores y, por supuesto, el gusto de los consumidores. Los vinos del norte suelen ser blancos, suavemente afrutados, sutiles en sabor y aroma con acidez viva; los del sur suelen ser más estructurados y poderosos en sabor y aroma, pero más suaves en acidez. Los rasgos más destacados de cada zona vinícola se describen a continuación, moviéndonos del sur al norte.

BADEN

Baden se sitúa al sudeste de Alemania y forma una franja bastante larga desde las orillas norte del Bodensee, pasando por la famosa Schwarzwald (Selva Negra) (Friburgo, Baden-Baden) hasta Karlsruhe y Heidelberg, algo al sur de la confluencia del Neckar y el Rin. Baden es la segunda área vinícola de Alemania y produce una gran variedad de vinos. El suelo de Baden consta principalmente de loess, marga, gravilla, algo de caliza y roca volcánica. Las variedades de uva son müller-thurgau, ruländer, gutedel, gewürztraminer y riesling para los vinos blancos redondos y sabrosos, a menudo con aromas herbáceos o especiados; Spätburgunder para los vinos tintos suavemente aterciopelados, redondos y vivos y para los deliciosos y refrescantes Weissherbst (rosados). Las especialidades locales incluyen *Felchen* (excelente trucha del lago de Bodensee) y *Kalbsbries* (mollejas de ternera).

WÜRTTEMBERG

Los viñedos de Württemberg se encuentran en las colinas que rodean el Neckar y sus afluentes. La región comienza en Tübinga y se extiende a través de la capital, Stuttgart, a Heilbronn y Bad Mergentheim. Württemberg es la zona vinícola más grande de Alemania para los vinos tintos. Aproximadamente la mitad de los viñedos se plantan con variedades tintas. El suelo en esta región consta de sedimentos, caliza con muchas conchas fósiles, marga y loess. Desgraciadamente, los espléndidos vinos de esta región apenas se pueden encontrar fuera del área de producción. La población local no puede pensar en otra forma mejor de mostrar su aprecio a sus propios viticultores que beberse todo el vino ellos mismos. Variedades de uva: trollinger, müllerebe, spätburgunder, portugieser y lemberger para los vinos tintos afrutados y riesling, muller-thurgau, kerner y sylvaner para los vinos blancos robustos, poderosos y a menudo ligeramente rústicos. Especialidades locales: *Spätzle* y *Maultaschen* (pasteles).

HESSISCHE BERGSTRASSE

Este área es una diminuta franja de terreno entre Heidelberg y Bensheim. Está bordeada por el Rin en el oeste y por el bello Odenwald al este. El suelo consta casi por completo de loess, que resulta excelente para los vinos blancos. De nuevo, rara vez encontrará estos vinos fuera del área donde se producen. Variedades de uva: la reina aquí es la riesling, seguida de la aromática müller-thurgau y la sutil sylvaner. La mayoría de los vinos son elegantes y afrutados con acidez fina. Extremadamente refrescante. Especialidad local: *Bratkartoffeln mit Sülze* (patatas fritas con salsa de hierbas y queso agrio).

FRANKEN

Los viñedos de Franconia se encuentran en las colinas sobre las orillas del Main cerca de Würzburg y Aschaffenburg. El suelo consta principalmente de loess, arenisca y caliza. Franconia ha sido famosa durante siglos por el Steinwein de Würzburg. Se hizo tan popular que dio

Vino blanco moderno de Badisch con cierto acento italiano.

su nombre a todos los vinos de esta región (Stein), y a las sorprendentes pero poco prácticas botellas verdes Bocksbeutel, que son muy difíciles de colocar en filas destinadas a botellas redondas. Variedades de uva: principalmente müller-thurgau y sylvaner. Vinos bastante secos y robustos con acidez viva y estructura poderosa. Especialidades locales: *Spargel* (espárragos) y *blaue Zipfel* (salchichas).

RHEINPFALZ

Rheinpfalz es el área vinícola más franco-alemana. Se sitúa a tan sólo una pequeña distancia de la frontera francesa y los viticultores más mayores de Rheinpfalz recuerdan los tiempos en los que muchos franceses venían a comprar vinos a Rheinpfalz. En ciertos lugares algunas personas aún hablan un francés fluido, principalmente al sur de la ciudad de Landau, en su día una ciudad de guarnición francesa. Los viñedos más al sur de Rheinpfalz, Schweignener Sonnenberg, se encuentran de hecho en Francia, pero, a modo de excepción histórica, los viticultores germanos tienen permitido recoger la cosecha para producir vino alemán. El suelo de Rheinpfalz consta principalmente de marga, arcilla y caliza erosionada. En términos de su superficie, ésta es la segunda región vinícola de Alemania y también la más productiva. Los mejores viñedos se encuentran al norte de la región, principalmente alrededor de Wachenheim, Forst, Deidesheim y Ruppertsberg. Son muy conocidos por sus excelentes vinos de variedad riesling.

Variedades de uva: además de la poderosa, completa, aromática y elegante riesling hay varios vinos blancos buenos en esta región, hechos con, por ejemplo, müller-thurgau, kerner, sylvaner y morio-muskat. Los vinos tintos son más raros y se hacen con, por ejemplo, portugieser, que da lugar a vinos suaves, sutiles y afrutados. La dornfelder también produce excelentes resultados. Las especialidades locales son: *Saumagen* (el plato favorito del ex canciller Kohl: estómago de cerdo relleno de carne, patatas y hierbas), *Leberknödel* (suaves bolitas de hígado) y *Zwiebelkuchen* (pastel de cebolla).

RHEINHESSEN

Esta región vinícola, entre Worms al sur y Mainz al norte, se sitúa en un lazo que forma el Rin con su afluente el Nahe. Ésta es con diferencia la región

El tradicional Frankische Bocksbeutel.

Excelente Riesling de Rheinpfalz.

vinícola más grande de Alemania en términos de superficie, pero ocupa el segundo lugar (por detrás de Rheinpfalz) en términos de producción. Los vinos de Rheinhessen fueron en su día muy famosos, sobre todo durante la época de Carlomagno. Esta región se hizo famosa de la noche a la mañana por la excelente calidad de los vinos de los viñedos que rodeaban la catedral de Worms, la Liebfraukirche. Este Liebfraumilch, que en su día alcanzó una calidad extremadamente alta, puede ahora producirse en cuatro regiones: Rheinhessen, Rheinpfalz, Rheingau y Nahe. No obstante, los vinos actuales, que tienen una calidad entre los correctos y los horriblemente dulces y planos, no tienen nada en común con los legendarios vinos clásicos.

El suelo de Rheinhessen consta de loess, caliza y arenisca y proporciona numerosas posibilidades a los inventivos viticultores. Los mejores vinos de Rheinhessen sin duda proceden del área de Nierstein, donde la uva riesling produce resultados excelentes en las soleadas terrazas situadas sobre el Rin.

Variedades de uva: riesling (vinos suaves y afrutados con un sabor amplio y redondo), müller-thurgau y sylvaner para los vinos blancos; portugieser y spätburgunder para los vinos tintos. Uno de los mejores vinos tintos de Alemania es el Spätburgunder clásico, afrutado y completo de la ciudad de Ingelheim, en el Grosslage Kaiserpfalz. Especialidades locales: *Spargel* (espárragos) y *Süsswasserfisch* (pescado de agua dulce).

Auténtico Niersteiner que no puede negar su origen.

NAHE

Nahe se sitúa al este de Rheinhessen a cada lado del río del mismo nombre. El suelo al norte de esta región (cerca de Bad Kreuznach) consta de mucha marga y arena; más al sur encontramos cuarzo y porfirio. Con respecto a sus vinos, Nahe es un enlace entre los vinos aromáticos de Mosel, los vinos elegantes de Rheingau y los suaves de Rheinhessen. Variedades de uva: müller-thurgau, riesling y silvaner, que producen vinos elegantes, sutiles y aromáticos. Las especialidades locales: *Soonwälder Frischlingsrücken* (lomo de jabalí con setas y una típica guarnición germana de peras rellenas con arándanos, cocido en

Riesling delicioso, moderno y seco (Rheinhessen).

vino tinto con canela) y una serie de excelentes pasteles y postres, incluyendo *Trauben Torte* (tarta de uvas).

RHEINGAU

Rheingau es el centro geográfico de la viticultura alemana. Esta región relativamente pequeña se sitúa en la orilla norte del Rin, entre Hocheim y Lorch. Además del pequeño Grosslaggen de Daubhaus (al norte de Hocheim), Steil (cerca de Assmannshausen) y Burgweg (cerca de Lorch), Rheingau consta de una única región ininterrumpida en las laderas del Taunus. Los picos boscosos de esta montaña, a gran altura sobre los viñedos, que gradualmente descienden al Rin, forman un espectáculo inolvidable. Rheingau es famosa por sus vinos maravillosos y el papel principal que desempeñó en la historia del vino en Alemania. Los principios básicos de las actuales leyes vinícolas alemanas fueron trazados aquí y los primeros vinos de vendimia tardía se produjeron aquí, al igual que el primer Trockenbeerenauslese. La riesling crece mejor en este área que en ningún otro sitio, sobre un suelo de loess, marga y pizarra erosionada.

Trocken Grauburgunder (Nahe).

Variedades de uva: los celebrados vinos de Riesling de Rheingau son elegantes, afrutados, frescos y tienen gran clase. Los mejores vinos a menudo tienen un carácter marcado, casi herbáceo, y son suficientemente frescos para ser giardados durante algunos años. También es famoso el excelente Spätburgunder de Assmannshausen. Las especialidades locales incluyen *Blutwurst, Hausmacherwurst* y *Lauchkuchen* (tarta de puerros).

MITTELRHEIN

En la confluencia del Nahe con el Rin, coinciden cuatro zonas vinícolas: Nahe, Rheinhessen, Rheingau y Mittelrhein. *Ésta* es una región vinícola que se extiende desde Bingen a través de Bacharach y Koblenz hasta pasada la desembocadura del Ahr. Los viñedos se sitúan sobre terrazas en laderas empinadas a cada lado del Rin. El paisaje es verdaderamente magnífico, como lo son los numerosos castillos y las pintorescas aldeas. De Mittelrhein también merecen la pena sus vinos, que apenas

Típica etiqueta alemana para un vino de otra forma excelente de Rheingau.

se pueden encontrar fuera de esta región. Se caracterizan por el terruño: pizarra en las laderas y ligeramente más arcilla cerca del río. Variedades de uva: la riesling también produce aquí los mejores vinos: elegantes, afrutados y con una buena estructura y a veces un alto nivel de acidez. Los vinos hechos con müller-thurgau y kerner son ligeramente más suaves pero, aun así, vivos. Especialidad local: *Sauerbraten* (guiso agridulce de vacuno con col).

MOSEL-SAAR-RUWER

Este área vinícola bien conocida se extiende desde el valle del Saar, el Ruwer y Mosel, desde Saarburg a través de Trier hasta Koblenz. De nuevo el paisaje es impresionante. Los viñedos se encuentran en colinas empinadas sobre las orillas del serpenteante Mosel. Las laderas constan principalmente de pizarra y contienen muchos minerales que aportan a los vinos una finura extra. Los auténticos vinos Mosel son deliciosos, pero no todos los vinos de esta región merecen estos superlativos. Por no decir algo peor, aún hay demasiados vinos sólo correctos e incluso casi imbebibles que hacen alarde de ser Mosel. Los comerciantes que actúan de mala fe y los compradores imprudentes que sólo quieren aprovecharse han dado al nombre de estos vinos de Mosel-Saar-Ruwel una mala reputación. Variedades de uva: los auténticos vinos de Mosel deben su reputación a sus aromas complejos, su elegante carácter y su gran clase. Hay muchos estilos de Mosel, desde los vinos suaves, afrutados y amables a los especiados, amplios y extremadamente aromáticos. Los mejores vinos son definitivamente los hechos con riesling, especialmente cerca de las famosas aldeas de Bernkastel, Piesport, Wehlen, Brauneberg, Graach, Zeltingen y Erden. Además de la riesling, müller-thurgau y la pasada de moda elbling también se cultivan aquí. Especialidades locales: *Süsswasserfisch* (pescado de agua dulce) y todo tipo de caza.

AHR

Ahr es una de las áreas vinícolas más pequeñas de Alemania. Se sitúa al sur de Bonn, cerca de Bad Neuenahr Ahrweiler. El impresionante valle escarpado del Ahr es un auténtico paraíso para los amantes de la naturaleza y los excursionistas. Una vez que llega a la llanura de Eifel, no hay nada que sepa mejor que una copa fresca de vino tinto Portugieser. Ahr produce vinos tintos, aunque el suelo volcánico con mucha pizarra es también extremadamente apropiado para buenos vinos blancos.

Excelente Riesling de Mosel-Saar-Ruwer.

Pero como ya se producen muchos vinos blancos en Alemania y el área del Ahr es algo limitada, se consideró más rentable plantar uvas tintas. Variedades de uva: dos variedades tintas, spätburgunder y portugieser, producen vinos tintos suavemente aterciopelados, elegantes y afrutados. Riesling y müller-thurgau producen vinos elegantes, frescos, vivos y muy aromáticos. Las especialidades locales incluyen trucha del Ahr, *Pilzen* (setas) y *Schinken* (jamón de Eifel, ¡delicioso!)

SACHSEN

Ésta es una de las dos nuevas áreas vinícolas de Alemania (anteriormente de la Alemania del Este). Junto a la otra nueva área, Saale/Unstrut, ésta es el área vinícola más septentrional de Alemania. La pequeña área de Sachsen se localiza más al este, a orillas del Elba, a cada lado de la ciudad de Dresde. El suelo de los viñedos es muy variado, incluyendo arena, porfirio y marga. Variedades de uva: müller-thurgau, weissburgunder y traminer producen vinos secos y afrutados, con una acidez refrescante. Los escasos vinos locales son ligeros y suaves y el Elbtal Sekt es muy aceptable. Especialidades locales: ganso, carpa y asado de oveja.

SAALE/UNSTRUT

Esta pequeña área al sur de Halle es la zona vinícola más al norte de Alemania y, junto a las inglesas, de toda Europa. El severo clima continental fuerza a los viticultores a cosechar las uvas muy temprano. Por tanto, encontrará pocos vinos dulces y ciertamente ninguna vendimia tardía. La mayoría de los vinos son secos y a menudo muy vivos. Las variedades de uva blancas crecen particularmente bien en un suelo de arenisca con muchas conchas fósiles, pero los escasos tintos prueban que también son posibles. Variedades de uva: müller-thurgau es productiva y poco exigente (vinos frescos con un aroma agradable a uva). Sin embargo, los vinos hechos con sylvaner son mejores (suaves y frescos, con acidez más suave y un aroma a frutos cítricos). Las mejores exposiciones al sol se reservan para la riesling, que produce excelentes resultados, especialmente sobre caliza (vinos frescos, poderosos y estructurados con un aroma característico a peras). Además tenemos la weissburgunder (manzana verde) y la traminer (suave y redonda), así como la portugieser (aroma seductor a frambuesa, aunque el vino es a menudo ligeramente áspero). Las especialidades locales incluyen: *Klösse* (budín de patata), ganso, caza, y *Thüringer* wursten (salchichas con hierbas y ajo).

VINOS ALEMANES Y GASTRONOMÍA

Los vinos alemanes son fascinantes con las comidas no sólo porque son absolutamente deliciosos sino también porque a menudo contienen poco grado alcohólico (y por tanto no le cansarán tanto), y tienen una acidez fresca que equilibra los menús con bastante grasa. Sin embargo, los vinos alemanes resultan excelentes como aperitivo o para beber después de las comidas, precisamente por su elegancia fresca y ligera. Ni siquiera tiene que pensar en la comida para abrir una botella de vino alemán: la mayoría puede disfrutarlos muy bien sin tener que acompañar ninguna comida. Aunque la mayoría de nosotros optaría probablemente por una botella de Châteneuf du Pape o un Barolo para beber con un plato de caza, merece la pena probar un poderoso Spätburgunder Spätlese trocken. De hecho, los vinos alemanes pueden acompañar casi todo. En Alemania incluso le dirán que existe un vino alemán para los platos más especiados y para los más dulces, aunque prefiero dejar los extremos para otros. Prefiero no beber vino con una comida oriental extremadamente especiada, y preferiría no beber un vino caro con postres de chocolate muy dulces, excepto quizá un Banyuls, Maury o Pedro Ximénez. Las mejores armonías son las combinaciones en las que la comida y el vino se complementan directamente entre sí (por ejemplo, espárragos suaves, cremosos y ligeramente terrosos con un vino similar, como un Müller-Thurgay de Rheinhessen o Franconia), o por el contrario, se complementan entre sí con sus diferencias de carácter (por ejemplo, un vino fresco y vivo puede suavizar y aligerar un plato de cerdo bastante grasiento sin perjudicar el sabor, como un Riesling o Kerner joven del área vinícola del norte). Sin embargo, tenga cuidado con algunas combinaciones lógicas como postres dulces y vinos dulces, a menudo llamados incorrectamente vinos de postre. Demasiada dulzura es contraproducente y, a pesar del carácter fresco de los vinos dulces alemanes, no es una buena idea servir un Trockenbeerenauslese con un pastel de crema muy dulce. Algunas combinaciones comprobadas y probadas son las sugeridas a continuación: usted decide.

- Aperitivo: Deutsche Sekt, Qualitätsschaumwein, QbA, Kabinett.
- Marisco y crustáceos: (halb)trocken Riesling, Ruländer, Müller-Thurgau, Sylvaner o Kerner QbA y Kabinnett.
- Pescado frito sin salsa o con una salsa ligera: Riesling, Kerner, Sylvaner, Grauburgunder, Weissburgunder o Müller-Thurgau QbA, Kabinett, Auslese trocken, Spätlese trocken.
- Pescado en salsas fuertes: Riesling, Grauburgunder, Weissburgunder, Sylvaner, Müller-Thurgau, Kerner, Auslese trocken, Spätlese trocken.
- Pasteles, risotto con salsas ligeras: Kerner, Sylvaner, Riesling, Müller-Thurgau trocken/halbtrocken QbA o Kabinett.
- Pasteles, risotto con salsas fuertes: Scheurebe, Ruländer halbtrocken, Spätlese, Auslese o Grauburgunder, Riesling, Weisburgunder, Auslese trocken y Spätlese trocken.
- Asaduras, menudillos: Riesling, Weissburgunder, Kerner, Müller-Thurgau, Sylvaner Auslese trocken, Spätlese trocken o Scheurebe, Gewürztraminer, Ruländer Auslese y Spätlese.

- Aves de caza o de corral: Riesling Auslese trocken, Riesling Spätlese trocken, Grauburgunder, Kerner, Weissburgunder Spätlese trocken, Auslese trocken, Spätburgunder Wissherbst Spätlese/Auslese trocken, Lemberger Spätlese trocken, Trollinger Soätlese trocken, Spätburgunder Auslese trocken.
- Carnes blancas: Weissburgunder, Sylvaner, Müller-Thurgau, Riesling Auslese trocken, Spätlese trocken.
- Cerdo: Riesling Auslese trocken, Riesling Spätlese trocken, Trollinger Spätlese trocken, Lemberger Spätlese trocken.
- Salchichas, jamón, etc. (calientes): Sylvaner Auslese trocken, Sylvaner Spätlese trocken, Späturgunder Weissherbst Auslese/Spaätlese trocken, Trollinger Spätlese trocken, Lemberger Spätlese trocken.
- Vacuno: Spätburgunder Auslese/Spätlese trocken.
- Quesos suaves: QbA y Kabinett (halb) trocken Kerner, Sylvaner, Müller-Thurgau.
- Quesos semicurados: Riesling (halb)trocken, QbA o Kabinett, Kerner, Sylvaner, Müller-Thurgau Kabinett.
- Quesos azules: Beerenauslese, Trockenbeerenauslese, Eiswein.
- Quesos fuertes: Spätburgunder Auslese trocken, Lemberger, Trollinger Auslese trocken, Gewürztraminer Spätlese/Auslese trocken.
- Postres ligeros: Auslese, Beerenauslese, Trockenbeerenauslese, Eiswein.
- Postres extremadamente dulces: Deutscher Sekt o un vino blanco seco refrescante o ningún vino.

Magníficos Riesling Spätlese trocken para los mejores platos de carnes blancas y aves.

TIPOS DE VINO

Extremadamente dulces (Trockenbeerenauslese Eiswein)	6-8°C (42,8-46,4°F)
Vinos blancos ligeros y jóvenes (hasta un máx. Kabinett)	8-10°C (46,4-50°F)
Vinos blancos estructurados y amplios (Halbtrocken Spätlese, Auslese, etc.)	10-12°C (50-53,6°F)
Rosados, Weissherbst, Schiller	8-10°C (46,4-50°F)
Rotling, Badisch Rotgold	
Vinos tintos jóvenes y ligeros (p.e., Portugieser, Trollinger)	11-13°C (51,8-55,4°F)
Vinos tintos con cuerpo (p.e., Spätburgunder, Spätlese)	13-14°C (55,4-57,2°F)
Vinos tintos con cuerpo envejecidos en roble (cuvées en barrica)	14-16°C (57,2-60,8°F)

BENELUX

LUXEMBURGO

VITICULTURA

En Luxemburgo se han encontrado restos del cultivo de vides que datan de la época anterior a los romanos. Muy probablemente los habitantes locales ya cultivaban las vides a orillas del río Mosela (Moselle), seis siglos antes de Cristo. Sin embargo, fueron los romanos quienes introdujeron prácticas correctas y plantaron y cuidaron los primeros viñedos de forma ordenada. Los monjes retomaron su labor y expandieron los viñedos allí donde era posible. En 1709 la superficie vinícola fue casi destruida por completo debido a unas severas heladas y tuvo que ser replantada de nuevo. Bajo el dominio austriaco, fue prohibido el cultivo mixto de las viñas con otras plantas. Los granjeros tenían que elegir entre agricultura o viticultura. Después de la Revolución Francesa, las iglesias y la aristocracia tuvieron que dejar sus viñedos en manos de los verdaderos viticultores. Tras la caída de Napoleón, el gran ducado de Luxemburgo perdió sus tierras en la orilla derecha del Mosela, que pasaron a formar parte del reino de Holanda. Los holandeses cumplieron con su reputación e impusieron enormes impuestos a los vinos de estos viticultores luxemburgueses, que no eran particularmente ricos (no menos de la mitad del precio de venta). Como resultado, los disgustados viticultores no se tomaron las molestias de cosechar las uvas los años en los que la calidad y/o cantidad de la uva era decepcionante. Muchos viñedos no se cuidaron bien, y la calidad declinó. A finales del siglo XIX, la viticultura revivió durante algún tiempo en Luxemburgo, cuando los alemanes comenzaron a comprar los vinos locales a gran escala. En aquella época, la mayoría de las vides plantadas en Luxemburgo eran de variedad elbing y los alemanes estaban interesados en ella para cubrir sus propia escasez. Por tanto este resurgimiento era de naturaleza más económica que cualitativa, y no era demasiado bueno para la imagen de la viticultura de Luxemburgo. Sin embargo, la plaga de la filoxera fue la responsable de una replantación radical de los viñedos a comienzos del siglo XX. Después de la Primera Guerra Mundial, cada vez más viticultores de Luxemburgo optaron por mejorar la calidad, a pesar de la situación económica extremadamente pobre después de la guerra. En parte como resultado de una intervención gubernamental, los viticultores fueron capaces de continuar su política centrándose en la calidad, culminando con la creación de un reconocimiento (*marque nationale*) para los mejores vinos en 1935. El siguiente paso se dio en 1959, cuando los mejores vinos fueron subdivididos en *vins clasée*, *premier cru* y *grand cru*. En 1985, los mejores vinos de Luxemburgo pudieron ostentar la indicación geográfica europea reconocida *Moselle Luxembourgeoise-appellation contrôlée*. En 1988, el término *marque nationale* fue empleado también para los mejores espumosos, y en 1991 se introdujo la indicación geográfica hasta ahora extremadamente exitosa: *crémant de Luxembourg*.

Los viñedos de Luxemburgo se encuentran todos en la orilla izquierda del Mosela. El área vinícola comienza en la frontera con Francia, en Schengen, y termina en la frontera con Alemania, en Wasserbillig. El valle del Mosela tiene aproximadamente de 300 a 400 metros de ancho (984-1.312 pies) y está flanqueado por colinas suavemente onduladas. Los viñedos se encuentran a una altura media de 150 a 250 metros (492-820 pies) sobre el nivel del mar. El suelo varía entre la marga del cantón de Reumich (sur) hasta la roca caliza del cantón de Grevenmacher (norte). El paisaje también varía de las suaves ondulaciones de Reumich (bien conocido por sus vinos suaves y casi redondos) a los escarpados de Grevenmacher (conocido por sus vinos elegantes y vivos, con un toque de terruño característico). Debido a que nunca hace demasiado frío o calor (el río suaviza las temperaturas extremas) las uvas pueden crecer y madurar en paz.

VARIEDADES DE UVA

Luxemburgo produce principalmente vinos blancos y una pequeña cantidad de tintos. Los vinos de calidad se elaboran con variedad de uva de calidad. Puede reconocer los vinos de Luxemburgo inmediatamente por el nombre de la variedad de uva en la etiqueta.

RIESLING
La uva más noble de Luxemburgo, que madura tarde y produce excelentes vinos en los años buenos: afrutados, elegantes, delicados y con mucha clase.

PINOT GRIS
Esta pequeña hermana de la pinot noir produce vinos estructurados, robustos, aromáticos, ricos en extracto y con un carácter muy personal.

PINOT BLANC
Otro miembro de la familia Pinot que produce principalmente vinos frescos, elegantes, flexibles y muy agradables.

AUXERROIS
Es prima de la pinot blanc, que produce vinos completos, aromáticos, afrutados y elegantes. Los mejores tienen un carácter marcado y envejecen bien.

Riesling de Wormeldange.

GEWÜRZTRAMINER

Bien conocida en Alsacia, pero también en Austria y Alemania. Esta variedad madura tarde y produce excelentes vinos, seductores, sensuales y con aromas sorprendentes a rosas y especias.

RIVANER

La rivaner no es otra que la uva suiza riesling + sylvaner, es decir, müller-thurgau. La uva madura pronto y produce vinos suaves, a menudo redondos y con un sabor amable.

ELBLING

Hubo un tiempo en que ésta era la uva de Luxemburgo (a finales del siglo XIX), pero ahora se usa exclusivamente para vinos ligeros, que resultan agradablemente frescos y sacian la sed.

PINOT NOIR

La única uva negra de la lista. En los años en los que hay pocas horas de luz solar, pinot noir produce vinos tintos y rosados frescos, ligeros, elegantes y afrutados. En los años más soleados los vinos son más fuertes y redondos.

CLASIFICACIÓN DE LOS VINOS

Sólo los vinos buenos de Luxemburgo tienen una etiqueta fácilmente identificable en el cuello de la botella, indicando: *Moselle Luxembourgeoise, appellation contrôlée marque nationale*. Algunos vinos indican esto en una etiqueta posterior por razones estéticas (a menudo tienen su propia etiqueta alrededor del cuello). *Marque nationale* significa que el vino ha sido controlado por el Gobierno, está hecho con uvas de Luxemburgo en un 100 por 100 y cumple los requisitos de calidad impuestos por la UE. Obviamente, estos vinos también deben ser embotellados en el área de producción. Para obtener el reconocimiento, los vinos deben ser aprobados por un panel profesional y recibir un número de inspección. Para evitar cualquier posibilidad de fraude, existe otro control, esta vez en las bodegas del productor en cuestión.

MARQUE NATIONALE

Durante esta inspección, los vinos son puntuados del 0 al 20. Todos los vinos que reciben al menos 12 puntos reciben la indicación *marque nationale, appellation contrôlée*. Para la variedad elbing éste es el máximo reconocimiento que puede recibir. Todos los otros vinos pueden competir por una clasificación más alta.

VIN CLASSÉ

Todos los vinos que obtienen al menos 14 puntos pueden llamarse *vins classées*, lo que significa que estos vinos han tenido una puntuación ligeramente superior a la media. Para la variedad rivaner ésta es la clasificación máxima posible. El resto de los vinos puede optar a una puntuación más alta.

PREMIER CRU

Todos los vinos que obtienen al menos 16 puntos reciben la denominación *premier cru* (literalmente, cultivo

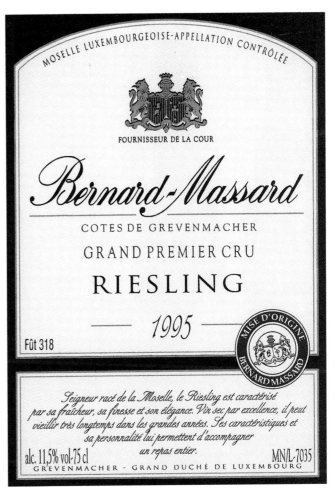

Grand premier cru.

de primera clase). Sólo las variedades riesling, pinot gris, pinot blanc, auxerrois, gewürztraminer y pinot noir pueden obtener esta puntuación.

GRAND PREMIER CRU

Todos los vinos premier cru pueden participar en el siguiente control de calidad, extremadamente estricto. Los vinos que puntúen más de 18 puntos pueden usar este prestigioso término, *grand premier cru*. Ocurre muy rara vez y sólo lo logran los mejores vinos de Luxemburgo.

CRÉMANT DE LUXEMBOURG
APPELLATION CONTRÔLÉE

Sólo los vinos producidos usando el *méthode traditionnelle* o el *méthode de cuvée close* (Granvás) pueden competir por el *marque nationale* y sólo los mejores espumosos hechos por el método tradicional pueden usar la clasificación *crémant de Luxembourg*. Para esto, deben cumplir los estrictos requisitos del *marque nationale*, así como los siguientes: cada vino documentará claramente el proceso completo de vinificación hasta lograr el producto final; el rendimiento cuando es prensado no puede ser superior a 100 litros de mosto por 150 kilos de uva; todos los vinos deben envejecer durante al menos nueve meses en bodegas locales después de la segunda fermentación en la botella (obligatoria); la presión en las botellas debe ser al menos de cuatro bares (atmósferas); la cantidad total de

Excelente Riesling de Grevenmacher.

Crémant de Luxemburgo.

SO₂ (dióxido de azufre) no puede superar los 150 mg/litro, los corchos y las etiquetas deben indicar crémant de Luxembourg. No es sorprendente que el *crémant de Luxembourg* sea considerado por los entendidos como el mejor crémant de Europa. En las catas, el crémant de Luxembourg siempre vence a los famosos crémants franceses.

LOS VINOS

Los vinos de variedad elbing y algunos vinos de rivaner pueden beberse jóvenes, pero los mejores vinos de Luxemburgo merecen ciertamente ser guardados durante algún tiempo. Debido a la localización septentrional de los viñedos, estos vinos a menudo presentan una acidez viva. El envejecimiento durante algún tiempo les hace mejorar y les aporta un mejor equilibrio. Esto sin duda se aplica a los grandes vinos elaborados con variedad riesling, gewürztraminer y pinot gris.

MOUSSEUX DU LUXEMBOURG

Los vinos espumosos comunes de Luxemburgo son agradables y frescos. Son típicos vinos veraniegos o de terrazas, que se pueden beber en cualquier ocasión informal. Temperatura de consumo: 6-8°C (42,8-46,4°F).

CRÉMANT DE LUXEMBOURG

Debido a su carácter espumoso, elegante y sus sutiles aromas, un crémant de Luxembourg puede añadir un cierto caché a cualquier hora del día. Resulta un aperitivo fantástico, particularmente con tentempiés ligeros, con salmón, aves, gambas o quesos cremosos. Puede continuar sirviendo el crémant con entrantes ligeros, pescado (preferiblemente hervido o en una salsa ligera), marisco, carnes blancas y aves. Finalmente, un crémant de Luxemburgo cierra cualquier menú a la perfección, mejor que muchos otros vinos (espumosos). Temperatura de consumo: 6-8°C (42,8-46,4°F).

ELBLING

Este vino seco a menudo tiene acidez viva. Esto supone que es muy apropiado para un almuerzo o un picnic informal en el verano. Asegúrese de que tiene suficientes fiambres (con grasa), pan y mantequilla. También resulta delicioso con pescado de agua dulce frito. Temperatura de consumo: 8-10°C (46,4-50°F).

RIVANER

Vino muy afrutado, sutil y a veces redondo que combina con casi todo. Resulta un vino amistoso y cálido como aperitivo y sacia la sed y suelta las lenguas durante la comida. Temperatura de consumo: 8-10°C (46,4-50°F).

PINOT BLANC

Vino fresco y delicado apropiado para cualquier comida. Las mejores combinaciones de todas son con platos más suaves y sutiles, por ejemplo pescado hervido (salmón, trucha) o con ternera en una salsa cremosa de vino blanco. Truco: sírvalo con un medallón de *veau aux asperges* (ternera con espárragos en salsa suave). Temperatura de consumo: 8-10°C (46,4-50°F).

AUXERROIS

Este vino blanco es a menudo más estructurado y redondo que el Pinot Blanc. Saque partido a esta característica y sírvalo con platos ligeros que tengan algo más de bocado, como ancas de rana, mollejas en salsas cremosas con setas, jamón de cochinillo, paté de hígado de pollo o un delicioso queso de cabra fresco. Truco: sírvalo con *noix de Saint Jacques au colis d'écrevisses* (vieiras sin la concha en salsa de cangrejo). Temperatura de consumo: 10-12°C (50-53,6°F).

PINOT GRIS

La mayoría de los Pinot Gris son redondos y estructurados, con un matiz ligero y redondo y toques herbáceos. Éstos son vinos muy seductores que combinan bien con aves de corral y de caza, pero también con pescados de carne firme en salsas cremosas. Truco: sírvalo con *pintadeau aux truffes et pommes fondantes* (un delicioso plato a base de pintada rellena de hígados de pollo, manzanas, pasas, hierbas aromáticas y trufas, servida con un puré de manzanas agridulce y una salsa de trufas ligera). Temperatura de consumo: 10-12°C (50-53,6°F).

RIESLING

Es el rey de los vinos de Luxemburgo, afrutado, elegante, robusto y complejo. Algunos de los platos que debería probar con este vino incluyen las locales *truites au Riesling* (trucha hervida en Riesling) y *poularde au Riesling* (pularda hervida en Riesling). Cualquier pescado se sentirá honrado de acompañar a este rey Riesling en una comida. Seguro que la localmente popular perca (*sandre*) no rechazará esta invitación. Sírvalo con tagliatelle frescos y puerros a la juliana. Riesling también es excelente acompañando platos menos formales, como el plato local *sauerkraut* y *choucruote á la luxembourgeoise*, con excelente jamón caliente. Truco: *crevisses* (cangrejos de río). Temperatura de consumo: 10-12°C (50-53,6°F).

Uno de los mejores vinos Riesling de Luxemburgo.

GEWÜRZTRAMINER

Los vinos de Gewürztraminer se caracterizan por su fuerza y su sensualidad, a la vez que tienen una elegancia civilizada. Localmente se suelen servir con foie gras, pero mi preferencia es para la exquisita combinación con el queso Munster, que se elabora en Alsacia, Alemania y Luxemburgo. Este queso de bacterias rojas sacará la bestia de usted cuando lo sirva caliente en tostadas o después del plato principal (a temperatura ambiente). Temperatura de consumo: 10-12°C (50-53,6°F).

PINOT NOIR

El Pinot Noir de Luxemburgo no es tan estructurado como los vinos de Borgoña y Alsacia. Sus puntos fuertes son su fruta agradable, frescura y carácter seductor. Por supuesto, este Pinot Noir combina razonablemente bien con todo tipo de carnes rojas (en esta localidad seguro, porque no encontrará nada con más cuerpo para beber). Sin embargo, si está buscando las mejores armonías pronto se encontrará con algunas asaduras suaves y fritas, como *ris de veau* (mollejas de ternera). Truco: sírvalo con *gigot d'agneau aux flageolets* (jugoso cordero asado con judías). Temperatura de consumo: 12-14°C (53,6-57,2°F) para los tipos más ligeros y 14-16°C (57,2-60,8°F) para los más completos hechos en los años de más horas de luz solar.

BÉLGICA

El cultivo de las viñas en Bélgica data del siglo XII. Hace cien años los viñedos belgas experimentaron una decadencia, en parte como resultado de la plaga de la filoxera. Las cosas se arreglaron a finales del siglo XX. La viticultura sigue siendo un hobby en la mayoría de los sitios, pero un reducido grupo de viñedos se las han arreglado para situar a Bélgica en el mapa de los países productores de vino. La mayoría de los viticultores usan las variedades de uva más apropiadas para las regiones del norte, como müller-thurgau, kerner y riesling (blancas) y pinot noir, gamay y dornfelder (tintas). Los belgas son conocidos en toda Europa por su cultura del vino y su aprecio de las cosas buenas de la vida. Por tanto, producir su propio vino es parte de esta fi-

Un auténtico castillo del vino en Bélgica: Genoels-Elderen.

Viñedos de Chardonnay en el castillo de Genoels-Elderen.

losofía. El hecho de que sea tomado en serio es obvio dado el reconocimiento oficial europeo a la viticultura belga en forma de dos indicaciones geográficas.

HAGELAND APPELLATION CONTRÔLÉE

La *appellation d'origine contrôlée Hageland* se sitúa en el triángulo entre Lovaina-Diest-Tienen en la Brabante belga. Las viñas ya eran cultivadas aquí en el siglo XII y posiblemente incluso antes. La región experimentó su auge en los siglos XIV y XV, e incluso en el siglo XVI hubo un comercio floreciente con las vecinas Flandes y Holanda. El éxito de los viticultores en Hageland, que es una región bastante al norte, se debe a la situación elevada de los viñedos, en laderas donde el suelo consta principalmente de arena y un subsuelo ferruginoso fuerte, y al deseo y la perseverancia de un puñado de entusiastas del vino que se las han arreglado para hacer revivir la viticultura en esta región. Sin embargo, la AC Hageland probablemente nunca será más que un hobby llevado a la exageración. La mayoría de los viñedos son tan pequeños que no pueden ni responder a la demanda creciente de los establecimientos de hostelería locales y los compradores privados. Todos los viñedos son bastante recientes, como mucho tienen veinte años y algunos no llegan a los diez.

HASPENGOUW APELACIÓN DE ORIGEN

Sólo una región vinícola belga sobresale del resto, tanto por su calidad como en dimensiones y profesionalismo: el vino Châteu Genoels-Elderen, el único en Bélgica fuera de Riemst. Esta propiedad pertenece a una familia holandesa que ha hecho revivir la cultura del vino de Haspengouw y Bélgica a lo largo de los siglos. La familia Rennes ha plantado vides de alta calidad en viñedos separados alrededor de este romántico castillo desde 1990. En total han plantado 18 hectáreas (180 acres), principalmente de chardonnay, pero tambien de pinot noir y algunos viñedos experimentales de pinot blanc, auxerrois y pinot gris.

Los dos vinos de Chardonnay de Genoels-Elderen que a menudo ganan premios internacionales son estructurados, elegantes, complejos y muy aromáticos. Deben su fuerza del suelo de calcáreo de Haspengouw, que tiene una fina capa superior de marga. En contraste con otros

Chardonnay etiqueta
negra.

Chardonnay etiqueta
dorada.

Pinot Noir.

tamaño, más de una hectárea. El gremio de viñedos holandés supervisa la viticultura holandesa, aunque tiene facultades de asesoramiento más que de control. Los viñedos de las bellas colinas de Limburgo cerca de Maastricht son famosos (Apostelhoeve, Hoeve Neku, Châteu Neercanne) al igual que los de Brabante (De Linie). Sin embargo, el vino se elabora en casi todas partes en Holanda, excepto en las provincias más al norte de Friesland y Groningen. Los viñedos más serios se encuentran en las provincias de Limburgo, Brabante norte y Gelderland. Como hace demasiado frío en Holanda para la mayoría de las variedades de uva clásicas, a menudo es necesario optar por variedades que maduren pronto y que sean resistentes a los inviernos fríos, heladas nocturnas tempranas e infecciones de hongos causadas por la humedad de la primavera. Sólo en las colinas orientadas al sur o al sudoeste de Limburgo, es posible madurar las variedades de uva clásicas sin ningún problema (pinot blanc, auxerrois, riesling, pinot noir). En cualquier otro sitio, los viticultores tienen que seleccionar variedades más apropiadas para las condiciones metereológicas inciertas de Holanda. Las cepas más resistentes, desarrolladas en estaciones experimentales, por ejemplo en Alemania, se están haciendo cada vez más populares. Algunas variedades muy apropiadas incluyen triomphe d'Alsace, regent, léon millot, seyval blanc y phoenix. Estas variedades son bien conocidas por su productividad bajo las circunstancias más difíciles. La regent en particular produce vinos de aceptable calidad. Sin embargo, los mejores vinos se siguen haciendo con las uvas clásicas y sensibles que mencionamos antes, así como de las de menos calidad, aunque demandadas, müller-thureau y kerner. Los resultados de las variedades de uvas tintas menos conocidas que pinot noir y spätburgunder, pero más apropiadas para la viticultura holandesa, son también muy prometedoras: estas incluyen dornfelder, zweigelt, trollinger y portugieser.

Una de las bodegas más antiguas de Holanda es Apostelhoeve en el valle de Jeker, cerca de Maastricht. El anterior propietario, Hugo Hulst, fue la primera persona en Holanda que se dedicó profesionalmente a la viticultura. Sus vinos, basados en los vinos de Alsacia, son muy apreciados a nivel internacional. Plantó vides riesling y müller-thurgau en las laderas abruptas de Louwerberg. Debido al subsuelo calcáreo de marga cubierto con una fina capa de loess, la buena situación con respecto al sol y la protección contra los fríos vientos del oeste, las uvas tienen todas las oportunidades para madurar por completo. Hace poco la bodega fue totalmente renovada y la calidad de los vinos es mejor que nunca. Mathieu Hulst se ha hecho cargo de la bodega después de algunos años de experiencia laboral en

Apostelhoeve Riesling y
Müller-Thurgau de Maastricht.

viñedos de Bélgica el vino Châteu Genoels-Elderen tiene unos sistemas de prensado, fermentación y crianza muy profesionales, así como excelentes bodegas. El rendimiento por hectárea es muy bajo, inferior a 30 Hl/Ha. El encargado de la bodega, Joyce Kékkö-van Rennes, opta deliberadamente por la calidad antes que la cantidad. El vino Châteu Genoels-Elderen produce aproximadamente 60.000 botellas al año (95 por 100 Chardonnay, Pinot Noir y un poco de Pinot Blanc). Se producen cuatro varietales: Pinot blanco, Chardonnay etiqueta negra (de los viñedos más nuevos), Chardonnay etiqueta dorada (de los mejores y más antiguos viñedos) y Pinot Noir. Este último es de calidad excepcional.

Además de los viñedos extraordinarios de Genoels-Elderen, algunos otros pequeños viticultores pueden usar la indicación geográfica de Haspengouw. Por ejemplo, la calidad de los vinos producidos en Borgloon es correcta, aunque es significativamente inferior que la de Genoels-Elderen.

HOLANDA

Al igual que en Bélgica, muchos pequeños granjeros holandeses elaboran su propio vino. Sin embargo, muchos de estos vinos se hacen con mostos concentrados o uvas de invernadero y por tanto se escapan del ámbito de este libro. Los vinos que nos interesan se obtienen de las uvas cosechadas en la región de producción de auténticos viñedos al aire libre. Hay más de cien viñedos pequeños en Holanda, así como diez viñedos profesionales de mayor

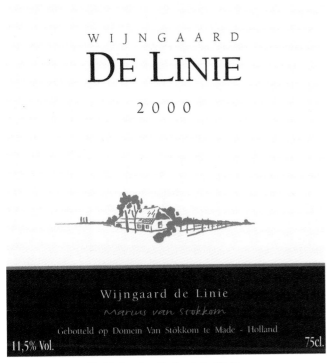

De Linie, vino Brabant de Made.

Vino Limburg de
Hoeve-Nekum.

Alsacia. En la actualidad, Apostelhoeve está al frente de la viticultura holandesa.

Dos talentos prometedores son los de la familia Bollen, también del valle Jecker cercano a Maastricht (Hoeve Nekum), y Marius van Stokkum, de Made in Brabant (De Linie). Otros vinos interesantes son el Pinot Noir de Peter Harkema (Château Neercanne, Maastricht), los vinos tintos de Dassen y Dullart (Domaine des Blaireaux, Maastricht) y los vinos tintos de viticultura de cultivo ecológico de Jan Oude Voshaar (Wageningse Berg, Wageningen).

REINO UNIDO

Hasta hace poco, la viticultura del Reino Unido se tomaba a broma, pero ahora los fanáticos viticultores ingleses y galeses se la toman muy en serio.

HISTORIA

Las vides de *Vitis labrusca* y *Vitis vinifera* ya habían sido cultivadas en las islas británicas antes de la llegada de las legiones romanas. Los celtas también sabían cómo obtener vino y cerveza y, sobre todo, cómo beberlo. Durante la ocupación romana, se cultivaron viñas en las colinas ondulantes del sur de Inglaterra. Los viñedos se solían situar cerca de las impresionantes villas de los importantes oficiales y representantes romanos. Curiosamente, las numerosas invasiones (incluyendo las invasiones sajonas y normandas) no tuvieron apenas efecto en la viticultura inglesa. A finales del primer milenio, el cultivo de la uva era general-

mente tarea de los monjes (mayoritariamente franceses), que cultivaban las vides para elaborar su propio vino para la misa, pero también para obtener tónicos medicinales con ellos. Cuando Eleonor de Aquitania fue coronada reina de Inglaterra en 1152 al casarse con Enrique II, todo el área sur de Burdeos, hasta la frontera con España, cayó bajo el dominio inglés. Los vinos de Burdeos, que ya eran famosos (por ejemplo, de Saint-Emilion, Pomerol y Graves), eran transportados por barcos, a granel, a Inglaterra. En aquellos días, consumir vino era un símbolo de clase. Muchos propietarios de tierra ingleses intentaron plantar variedades de uva francesas en las islas británicas, con diferentes grados de éxito. Como los vinos franceses eran más populares que los autóctonos y el precio era bastante razonable (ciertamente mucho más baratos que mantener un viñedo), la viticultura inglesa perdió una gran parte de sus propios clientes locales. Muchos de los viticultores ingleses se pasaron a los cereales y a las ovejas (por la lana). El siguiente ataque a la viticultura inglesa llegó dos siglos más tarde, en 1348, cuando la peste (la Muerte Negra) dejó sus terribles huellas entre los más pobres. Al verse diezmada la mano de obra, muchos viñedos no pudieron cuidarse y comenzaron a decaer. El polémico divorcio de Enrique VIII llevó a una ruptura definitiva entre la Iglesia anglicana y la de Roma, con un resultado irrevocable: muchos de los monjes y sacerdotes tuvieron que marcharse. Todas las abadías y monasterios fueron abandonados, lo que fue desastroso para los últimos y pocos viñedos ingleses que se mantenían adecuadamente, aunque no fue fatal, porque, a pesar de todo, un número de zonas vinícolas diminutas sobrevivieron a este desastre. Sin embargo, fue el fin de la viticultura comercial para Inglaterra.

Desde principios del siglo XVIII hasta finales del siglo XIX, el cultivo de la uva y la producción de vino sobrevivieron en Inglaterra gracias al entusiasmo de varios fanáticos, entre ellos Charles Hamilton (Painshill, Cobham, Surrey) y el marqués de Bute (Castle Coch, Cardiff, Gales). Los intentos de los propietarios particulares por establecer una finca con huerto y un viñedo fueron definitivamente truncados con la llegada de la plaga de la filoxera a finales del siglo XIX. Al igual que en el resto de Europa, la producción vinícola simplemente no existió hasta el término de la Segunda Guerra Mundial. Sólo entonces la idea de hacer de Inglaterra y Gales dos países productores de vino volvió a resurgir. Tanto en Inglaterra como fuera de ella, los pioneros sólo encontraron obstáculos y burlas. Nadie creía que los gloriosos días del pasado pudieran ser revividos en Inglaterra. Uno de estos pioneros fue el general de división Sir Guy Salisbury-Jones, un héroe popular, quien, al igual que muchos otros anteriores soldados, deseaba llevar una vida tranquila después de la guerra y consideró que la viticultura era una ocupación espléndida para un caballero. Otros pioneros importantes incluyen al teniente coronel Robert & Margaret Gore-Browne (Beaulieu Estate) y Malcolm MacKinnon (Hendred). A finales de los años 60 ya existían veinticinco viñedos serios en Inglaterra, y en los 70 la cifra creció enormemente y se creó la asociación de viñedos ingleses, ahora Asociación de Viñedos del Reino Unido. Mientras muchos entusiastas seguían haciendo una bebida parecida al vino en sus propios hogares con mostos concentrados (los notorios vinos británicos), el número de viñedos comerciales al aire libre aumentó exponencialmente. Quizá la mejora regular de la calidad ha sido más importante que el aumento del área ocupada por las vides. Algunas bodegas invierten grandes cantidades en investigación y en mejorar las variedades y las condiciones de cultivo. Las primeras bodegas se abrieron al público con un área de recepción, una sala de cata y una tienda. Estaban bien surtidas y el trato era muy profesional. En muchas de ellas se hace una visita guiada, explicando todo lo necesario sobre la viticultura y el vino.

CONDICIONES DEL CULTIVO DE LA UVA

Por el momento, existen aproximadamente 450 viñedos auténticos en las islas británicas: en Inglaterra, Cornualles, la isla de Wright y Gales. Siempre resulta muy difícil para un viticultor potencial encontrar la situación correcta porque la posición de los viñedos (altura, suelo, sol, viento, etc.) es vitalmente importante en un clima tan frío y húmedo. Sólo cuando todas estas circunstancias son ideales es posible producir vino. La situación en una colina, en las laderas orientadas al sur con un máximo de luz solar y calor, es importante para el éxito de un viñedo inglés o galés. En segundo lugar, el suelo debe estar bien drenado, porque las vides no pueden tener sus raíces en agua. En la ladera no debería hacer demasiado frío. El viento debería soplar libremente pero no demasiado fuerte. La colina no debería ser demasiado húmeda, porque la humedad y la falta de sol atraen los temibles hongos. Un entorno ligeramente más seco no hará ningún daño, pero un ambiente húmedo sí que lo hará. Finalmente, el viñedo no deberá estar demasiado cerca del mar, ya que los vientos podrían llevar demasiada sal marina a las vides. Cuanto más cumplan los viñedos estos requisitos, mayor será la oportunidad de producir buenos vinos.

Viñedos ingleses en Lamberhurst.

El suelo es también extremadamente importante. En las islas británicas existe una enorme diversidad de suelos. En East Anglia, los suelos de arcilla son los más frecuentes, casi siempre salpicados con pedernal o gravilla gruesa. Encontrará marga y arena en las orillas del Támesis, ocasionalmente también con algo de gravilla. Caliza, arenisca y arcilla son comunes en Kent, pero también encontrará roca calcárea (en Canterbury: Elham Valley, Nicholas at Ash), marga y arena (en Tenterden y Biddenden), marga y arena, arcilla y arenisca (en Lamberhurst). Los famosos viñedos de Carr Taylor (Sussex) tienen un suelo de arena y un subsuelo de pizarra suave que contiene hierro y otros metales. Otras partes de Sussex están dominadas por la arcilla y/o la arena. En Hampshire encontrará más caliza (Winchester), pero también marga con gravilla (Wellow). Un poco más hacia el sudoeste, verá que predominan la arena y la roca. En la isla de Wright, algunos de los viñedos del norte tienen un suelo de arcilla duro (Barton Manor), mientras que los viñedos del sur de Adgestone tienen un suelo calcáreo duro. El suelo de Wiltshire consta principalmente de arena verde y caliza, mientras que el de Dorset es principalmente calizo. Encontrará marga suave en los viñedos del sudoeste de Cornualles con granito ocasional. Devon es bien conocido por su maravillosa arenisca y pizarra, lo que proporciona un excelente drenaje. Gales y las zonas fronterizas principalmente cuentan con suelos que constan de arena y arcilla con ocasional arenisca roja (Three Choirs).

LAS ZONAS VINÍCOLAS

En Inglaterra y Gales aún no existe ninguna indicación geográfica impuesta por el Gobierno oficial y reconocida por Europa. De los aproximadamente 450 viñedos (1.035 hectáreas/2.557 acres), alrededor del 95 por 100 se encuentran en Inglaterra, el resto en Gales. Los viñedos son controlados por 115 bodegas, principalmente situadas en el sudeste, sudoeste, Wessex y Anglia. Más del 90 por 100 de los vinos ingleses y galeses son blancos. La frontera norte para los viñedos al aire libre se encuentra en Whitworth Hall, no demasiado lejos de la frontera con Escocia. Las bodegas más al norte emplean uvas de sus colegas más al sur. El triángulo Whitworth, Wroxeter y Windmill se encuentra en el norte y en las Midlands (Mercia). La mayoría de los viñedos no tienen intenciones comerciales. Sólo en los lugares más resguardados y cálidos es posible producir vinos serios. Gales no tiene tantas bodegas ni viñedos, pero la calidad de alguno de sus vinos es realmente excelente. Las fronteras de Gales (entre Wroxeter y Tinter) aportan las mejores uvas a las bodegas galesas, en particular Three Choirs, en Newent. Los vinos locales elaborados a partir de las variedades de la uva bacchus, reichensteiner y schönburger son realmente buenos. En el este de Gales encontrará el área vinícola del Támesis y la región de Chiltern. La mayoría de los viñedos se encuentran entre Oxford y Wantage, cerca de Reading y Slough, y entre Aylesbury y Hemel-Hempstead. Inclu-

Biddenden Schönburger (Kent).

Hidden-Spring (East-Sussex).

so algo más al este, en East Anglia, hay viñedos entre Norwich, Cambridge, Chelmsford e Ipswich. Más al sur, se encuentran los ahora famosos viñedos de Kent y The Weald (East Sussex). Se trata de una región extremadamente productiva y cada día aparecen nuevos viñedos. También se producen excelentes vinos en Biddenden, Elham, Tenterden y Lamberhurst.

Los viñedos de Surrey y West Sussex se encuentran al oeste de Kent y de East Sussex. Incluso más hacia el oeste, se encuentran los viñedos de Hampshire, la isla de Wright, Wiltshire y Dorset. Finalmente, los viñedos de Devon y Cornualles se sitúan en el área vinícola británica más meridional.

Las principales regiones productoras de vino son el sudeste (incluyendo East Sussex, Hampshire, la isla de Wright, Kent, Oxfordshire y West Sussex), Anglia (incluyendo Essex y Suffolk), Wessex (incluyendo So-

merset), el sudoeste (incluyendo Devon) y South Mercia (incluyendo Gloucestershire).

VARIEDADES DE UVA

Para hacer un buen vino, sobre todo en las regiones vinícolas del norte, la elección de una variedad de uva apro-

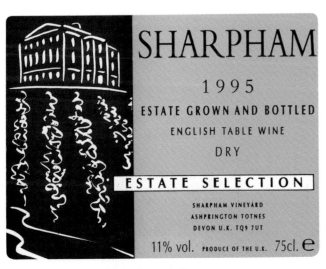

Vino blanco de Devon.

Buen Huxelrebe (Kent).

Müller-Thurgau, popular y recomendable en Inglaterra.

Algunos vinos aceptables también se hacen con Ortega.

piada es muy importante. Las variedades que se usan en las islas británicas se subdividen en tres categorías: variedades recomendadas, autorizadas y experimentales.

VARIEDADES DE UVA RECOMENDADAS
Éstas son las variedades de uva que garantizan los mejores resultados para las condiciones locales. Son huxelrebe, madeleine angevine, müller-thurgau, reichensteiner, schönburger y seyval blanc.

De todas estas variedades destacan la müller-thurgau, seyval blanc y reichensteiner, aunque la müller-thurgau no parece crecer tan bien en Inglaterra. Sólo en los años buenos las uvas maduran por completo. La seyval blanc, una variedad híbrida bien conocida en Francia y también popular en Canadá, produce vinos de calidad razonable incluso en las añadas menores y a menudo se mezcla con müller-thurgau. La reichensteiner, un cruce con müller-thurgau, produce muchos vinos buenos, incluso en las peores añadas. Los vinos son más afrutados que los elaborados a partir de müller-thurgau. La schönburger, que procede de Alemania, es también un producto de laboratorio relativamente reciente. Esta variedad de uva produce resultados excelentes, particularmente en Kent y Somerset. Sobre todo, esta variedad parece crecer bien en Inglaterra y es resistente a los ataques de la podredumbre gris y otros hongos. La madeleine angevine da lugar a vinos bastante suaves con aromas seductores amoscatelados, y se suele mezclar con tipos de vino más duros y verdes para darles un mejor equilibrio. La huxelrebe crece muy bien en los mejores emplazamientos, pero en la mayoría de los sitios no da buenos resultados, sobre todo en suelos calcáreos. Sin embargo, siempre y cuando esté plantado en la situación correcta y se mantenga el bajo rendimiento deliberadamente, puede producir vinos excelentes con aromas sensuales.

VARIEDADES DE UVA AUTORIZADAS
Se trata de variedades de uva excelentes que podrían desempeñar un papel más importante en la viticultura inglesa y galesa. La lista abarca más de treinta y cinco nombres, incluyendo los siguientes, que son los más conocidos: bacchus, chardonnay, dornfelder, kerner, kernling, ortega, pinot noir, regner, siegerrebe, triomphe d'Alsace, wrotham pinot y wurzer.

De este grupo, la bacchus es la variedad más extendida. Es un cruce de sylvaner, riesling y müller-thurgau y produce mejores vinos que los müller-thurgau corrientes. Los mejores vinos de bacchus destacan por su aroma a moscatel.

La pinot noir apenas madura completamente. Se usa principalmente para elaborar vinos rosados muy ligeros.

VARIEDADES DE UVA EXPERIMENTALES
Éstas son variedades de uva que sólo pueden ser probadas bajo la supervisión de las autoridades vinícolas locales. La phoenix es un típico ejemplo.

LOS VINOS DE CALIDAD INGLESES Y GALESES

De nuevo quisiera resaltar la distinción entre los vinos británicos que son casi imbebibles, hechos con mosto

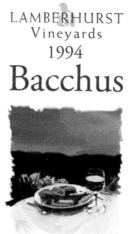

La Bacchus produce excelentes resultados.

de uva importado y los vinos regulados de Inglaterra y Gales. Las uvas que se cosechan, a menudo tienen pocos azúcares y demasiada acidez para producir vinos equilibrados. En las islas británicas, al igual que otros viñedos del norte, se permite la chaptalización. Se puede obtener no menos de un 3,5-4 por 100 de alcohol añadiendo azúcar bajo las regulaciones del Gobierno (normativas de la UE). Este proceso recibe el nombre de mejoramiento. También se permite añadir un poco de mosto concentrado de uva (conocido en Alemania como Sussreserve) al mosto en fermentación para darle algo más de redondez y un sabor más amplio. Esta práctica se adopta a veces con vinos que por naturaleza son demasiado ácidos. Los vinos ingleses y galeses son generalmente blancos frescos, aromáticos, y sus versiones van de las secas a las muy ligeramente dulces (off-dry) o semisecas. El aroma a menudo tiene matices sutiles y florales. El fuerte de estos vinos es su carácter fresco y cómo sacian la sed. Además de los vinos blancos, se producen algunos rosados, tintos y espumosos. Los últimos se están haciendo muy populares. Tampoco debería sorprendernos considerando que un buen champagne, por ejemplo, se hace con vinos blancos frescos, casi ácidos con aromas sutiles.

CONTROLES DE CALIDAD

Los británicos no serían británicos si no estuvieran en desacuerdo con las leyes vinícolas europeas hasta cierto punto. Los ingleses y galeses tienen su propia clasificación y están bastante satisfechos con ella. Incluso consideran que sus requisitos son más estrictos que los de la UE. ¿Por qué deberían ellos adaptarse a la clasificación de calidad europea aceptada por todos los demás estados? El hecho de que esto facilitaría las cosas para el resto de Europa no parece convencer a los dogmáticos británicos en absoluto, ya que la mayoría de los vinos británicos de todas formas nunca llegarían a Europa. Desde 1991, los vinos ingleses y galeses han sido admitidos en la categoría europea de vinos de calidad. Estos vinos se subdividen en dos: vino de mesa inglés/galés para los vinos más sencillos y vino de viñedos de calidad inglés/galés. Hay una tercera categoría en perspectiva: vino del país inglés-galés. El principal problema para el reconocimiento del vino inglés y galés es que muchos vinos se elaboran a partir de híbridos y, a pesar de los resultados, en ocasio-

nes sorprendentemente buenos, éstos no pueden optar a una clasificación de alta calidad. Por ejemplo, puede suceder que un vino inglés hecho con seyval blanc obtenga toda una serie de medallas de oro en Burdeos (Feria Vinícola Vinexpo), pero no sea reconocido como vino de calidad en Bruselas. De hecho, sólo un insignificante porcentaje de toda la producción inglesa-galesa está reconocida como vino de calidad.

VARIAS BODEGAS RECOMENDADAS

Viñedos Biddenden, Biddenden (Kent)
Viñedos Lamberhurst, Lamberhurst (Kent)
Viñedos Carr Taylor, Westfield, Hastings (Sussex)
Viñedos Three Choirs, Newent (Welsh Borders)
Viñedos Sharpham, Totnes (Devon)
Valle de Chiltern, Old Luxters, Hambleden, Henley on Thames (Oxfordshire)

Excelentes vinos y bellas etiquetas de Hidden Spring.

Beenleigh: excelentes viñedos de Sharpham.

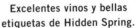

Vino de mesa inglés.

Sharpham, también buen vino tinto.

Oriente Medio

El mar Mediterráneo fue enormemente importante para la viticultura europea (y por tanto, posteriomente, la intercontinental). En el pasado, todas las naciones civilizadas –y a veces menos civilizadas– se trasladaban por mar, pero los viñedos de la mayoría de los nuevos asentamientos también estaban originalmente en las inmediaciones del mar. Por ejemplo, los griegos y los romanos fueron muy importantes para el desarrollo de la viticultura en estos países, pero incluso mucho antes de los griegos y los romanos, los fenicios (Líbano en la actualidad), egipcios, persas (Irán) y los pueblos de los alrededores del monte Ararat practicaban formas organizadas de viticultura. Desgraciadamente, la mayoría de los países islámicos han suprimido la viticultura en gran medida, con su interpretación fundamentalista del libro sagrado del islam, el Corán.

TURQUÍA

Al igual que a los griegos, a los turcos también les gusta presumir de que su país es la cuna de la viticultura. Todos los estilizados mapas de la viticultura en Turquía muestran el barco desvencijado de madera en el pico demasiado pequeño de una montaña en la frontera entre Turquía, Azerbaiján e Irán. Representa el encuentro de los restos del arca de Noé en la cima del monte Ararat, a más de 5.000 metros de altitud (16.404 pies). No sólo tenía a todos los animales, ¡además tenía varias vides! Hace mucho tiempo no cabe duda de que un barco llegó a esta montaña, pero si se trata del arca de Noé o no aún tiene que ser probado. Sin embargo, todos los historiadores confirman que las vides fueron cultivadas en el área inmediatamente cercana a esta montaña (y en los países circundantes) durante mucho tiempo. Desde el año 4000 al 1500 a.C. los hititas y sus predecesores cultivaron sus viñas en Anatolia central. Alejandro Magno añadió más tarde este país al gran Imperio Griego. Hasta la época de las invasiones de los árabes y los turcos, Anatolia se encontraba al frente de todos los países produc-

tores de vino europeos. Esto llegó a un final definitivo con la caída de Constantinopla en 1453. Después de un largo periodo cuando las uvas se empleaban sólo para su consumo directo o para propósitos industriales (azúcar de la uva, vinagre), la viticultura turca revivió brevemente a comienzos del siglo XIX. Hasta 1914, se podían encontrar regularmente vinos turcos en toda Europa. El estallido de la Primera Guerra Mundial y las desastrosas consecuencias para el Imperio otomano, así como los contantes conflictos entre Grecia y Turquía, pusieron fin al éxito de la industria vinícola turca. El fundamentalismo forzó a la mayoría de los viticultores a cambiarse a la producción de uvas para el consumo directo. Sin embargo, en 1928 el gobierno turco anunció que el islam no sería más la religión oficial, y la viticultura turca fue revitalizada. Hasta hoy, esta viticultura turca depende, por

Kavaklidere es la bodega más dinámica de Turquía.

un lado, de cultivos oficiales bajo un régimen de monopolio (Tekel) y, por otro lado, de bodegas privadas.

REGIONES VINÍCOLAS

La viticultura turca se concentra principalmente en el centro del país y en las costas oeste y sur. También se produce vino en la parte continental de Turquía, cercana a Grecia. El enorme área de viñedos aún no se usa completamente para la viticultura. A pesar de la apariencia a menudo perfecta de alguno de estos viñedos, muchas uvas se siguen cultivando para el consumo diario de uvas (son extremadamente dulces y deliciosas). Muchos viñedos también se usan para producir sultanas (pasas).

La región más productiva queda a lo largo del mar Egeo (aproximadamente un 41 por 100 del volumen), seguida de la franja costera del mar Mediterráneo (aproximadamente un 20 por 100), la parte meridional de Turquía central (aproximadamente un 11 por 100), el sudeste (aproximadamente un 8,6 por 100), Mármara (aproximadamente un 8,5 por 100), la parte este de Turquía central (5,3 por 100) y finalmente la parte norte de Turquía central (4,8 por 100). Los mejores vinos sin duda proceden de Turquía central (vinos Kavaklidere, Ankara), pero si les dedica algo de tiempo también encontrará vinos muy aceptables y buenos a lo largo de la costa, incluyendo Doluca y Estambul. El área vinícola más antigua de Europa bien podría ser Capadocia, cerca de Nevsehir, en Turquía central, con pequeños arbustos por encima de un suelo que recuerda a un paisaje lunar. Sería la localización perfecta para una película maravillosa de ciencia ficción.

No hay menos de 1.253 variedades diferentes de uva en Turquía; algunas de ellas sólo se usan para el consumo o para convertirlas en pasas. Las variedades de uva más populares son las oküzgögü, bogazkere, papazkarasi, kalecik karasi, cal karasi, gamay, cinsault y carignan (para los vinos tintos y rosados), y las emir, sultanine, narince, sémillon y misket (para los vinos blancos).

LOS VINOS MÁS FAMOSOS

No todos los vinos turcos están disponibles en Europa, aunque los mejores sí lo están. Los siguientes vinos de la compañía estatal Tekel merecen su atención:

BUZBAG

Este vino tinto elaborado con las variedades de oküzgögü y bogazkere procede de Anatolia oriental (Elazig). Posee un color rojo bien cubierto con un ligero brillo purpúreo cuando es joven. Sin lugar a dudas no se trata de un vino muy agradable cuando se consume demasiado joven, porque resulta demasiado tánico. Por tanto se recomienda dejar reposar este vino durante al menos dos o tres años, y se hará redondo y suave, con un aroma agradable, aunque de ninguna forma seductor.

Un Buzbag combina bien con la mayoría de los platos de carne turcos y con pizze o pita (pizza turca). Temperatura de consumo: 14-16°C (57,2-60,8°F).

Buzbag.

HOSBAG

El Hosbag se elabora con la variedad gamay y principalmente se encuentra disponible en Alemania. Es un vino ligero, que sacia la sed, ligeramente áspero y bueno con las comidas turcas, que no son demasiado sofisticadas. Temperatura de consumo: 12-14°C (53,6-57,2°F).

TRAKYA

Trakya, el nombre turco de Tracia, la parte europea de Turquía, produce las uvas para estos vinos tintos y blancos. El vino Trakya blanco se hace con sémillon, que produce vinos afrutados y ligeros, extremadamente aceptables en Tekirdag y sus alrededores. Sirva estos vinos para saciar su sed con una comida turca. Temperatura de consumo: 8-10°C (46,4-50°F).

El vino Trakya tinto se hace con uvas de la variedad papazkarasi y procede de la pequeña isla de Avsa, en Mármara. Es un vino bien cubierto de color con un buen equilibrio y bastante estructura. Bébalo con platos de carne a una temperatura de 14-16°C (57,2-60,8°F).

Los siguientes vinos de la Villa Doluca de Estambul también pueden ser recomendados:

VILLA DOLUCA

Este vino está disponible en blanco, tinto o rosado. El vino blanco hecho con sémillon es afrutado y redondo, el rosado se hace con cinsault y cal karasi y resulta afrutado y ligeramente fresco, y el tinto elegante, agradable y con cuerpo también se hace con cinsault y cal karasi. Estos tres vinos son un excelente acompañamiento para platos de pescado, ensaladas, pizzas y platos de carne. Temperatura de consumo: 8-10°C (46,4-50°F) para los blancos, 10-12°C (50-53,6°F) para los rosados y 14-16°C (57,2-60,8°F) para los tintos.

Villa Doluca, excelente y de precio razonable.

ANTIK

Estos vinos de Antik son de una calidad ligeramente superior a la

Villa Doluca, tinto.

de los tres vinos anteriores de Villa Doluca. Los vinos blancos (sémillon) son carnosos y redondos, con un carácter muy personal. Los vinos tintos (Cinsault, Cal Karasi, etc.) son suavemente aterciopelados, redondos y cálidos. Ambos merecen buenos platos de pescado (blanco) y carne (tintos). Temperatura de consumo: 10-12°C (50-53,6°F) para los blancos, 14-16°C (57,2-60,8°F) para los tintos.

La mejor bodega de Turquía, Caves Kavakliedere, en Akyrt cerca de Ankara, produce toda una serie de vinos entre los simplemente agradables hasta los extremadamente buenos. Una selección de los vinos más interesantes incluye:

ALTIN KÖPÜK

Éste es el único vino espumoso de Turquía hecho de acuerdo con el método tradicional. Las uvas (emir) proceden de la región de Capadocia (Turquía central). El color es amarillo pálido con toques dorados, el aroma recuerda a membrillo, manzana, plátano y granada. El sabor es fresco, afrutado y bien equilibrado. Resulta excelente como aperitivo o para terminar una comida, y muy refrescante con platos dulces. Temperatura de consumo: 6°C (42,8°F).

Excelente aperitivo festivo.

CANKAYA

Las variedades que se emplean para este vino son: emir, narince, sémillon y sultanina, cultivadas en Tracia, Anatolia y la franja costera del mar Egeo. Su color es pálido con brillos verdosos. Tiene aroma cítrico fresco con matices vegetales. Su posgusto manifiesta notas florales y herbáceas. Es un vino fresco, carnoso y frutal con buena estructura.

Es excelente con platos de pollo, pero también de pescado y carnes blancas. Temperatura de servicio: 8-10°C.

Vino fresco, lleno y afrutado.

EFSANE

El Monoc Page, hecho de la variedad de uva sultamine procedente de la franja costera del Egeo. Vino muy aromático (melón, pera, piña, frutos cítricos). Este vino fresco y afrutado es bueno como aperitivo, pero también con pescado, marisco y entrantes ligeros. Temperatura de consumo: 8-10°C (46,4-50°F).

MUSCAT

Este sorprendente vino blanco hecho con uvas misket (moscatel) de la franja costera del Egeo es muy aromático: frutas blancas, cítricos, menta fresca. Tiene un sabor muy fresco y afrutado, con claros matices a uvas muscat recién cogidas.

Muy agradable como aperitivo y excelente acompañando frutas frescas y postres. Temperatura de consumo: 8-10°C (46,4-50°F).

OZEL BEYAZ SPECIAL

Las variedades de uva empleadas para este vino son: emir, narince, sémillon y sultanine, proceden de Tracia, Anatolia y la franja costera del Egeo. Tiene un intenso color amarillo con aromas a frutas blancas, piña, melón y frutas escarchadas, y un sabor y aroma extremadamente complejos. El vino es fresco, afrutado y con buen equilibrio. Debería sin duda envejecer durante tres o cuatro años después de la cosecha.

Un Ozel Beyaz Special resulta excelente con pescado del mar. Sin embargo, también puede acompañar comidas especiadas. Temperatura de consumo: 8-10°C (46,4-50°F).

SELECCIÓN BEYAZ

Este vino blanco de gran calidad de Kavaklidere también se elabora a partir de las variedades de uva emir, narince, sémillon y sultanine de Anatolia, Tracia y la franja costera del Egeo. El color es amarillo dorado y el aroma es extremadamente seductor: desde manzana verde a hojas de laurel, hierbas y frutos secos. El sabor es fresco, complejo y equilibrado, lleno y redondo, y permanece durante bastante tiempo. Las frutas secas dominan al final. Este vino puede envejecer de siete a diez años.

Sirva un Selección Beyaz con su mejor pescado de mar, preferiblemente al grill, pero también, por ejemplo, con carne blanca o aves al grill. Temperatura de consumo: 10-12°C (50-53,6°F).

Vino blanco muy aceptable, bueno para almacenar.

Lal, un rosado excelente.

LAL

Se trata de un rosado sorprendentemente delicioso hecho con

la variedad cal karasi de la franja costera del Egeo. Tiene un color granate ligero con aromas a uvas recién cogidas y frutas rojas (incluyendo fresas). Este rosado tiene un sabor fresco, redondo y afrutado.

Sirva este rosado extremadamente agradable con su almuerzo, con entrantes exóticos, ensaladas, *pitzas* (pizzas turcas) y pescado al grill o kebab de pescado. Truco: sírvalo con *köfte* (kebab de carne al grill) o asaduras suaves (mollejas) con una ligera salsa de tomate y hierbas. Temperatura de consumo: 10-12°C (50-53,6°F).

YAKUT RUBIS

Se elabora a partir de las variedades de uva bogazkere, oküzgögü y carignan del sudeste de Anatolia y la franja costera del Egeo. Tiene un color rojo rubí con toques púrpura, un aroma cálido y afrutado que recuerda inmediatamente a frutas rojas y un sabor amplio y redondo con los taninos necesarios cuando es joven. Es un vino excelente con cordero al grill, kebabs y queso de oveja. Temperatura de consumo: 14-16°C (57,2-60,8°F).

Yakut rubis, de color rojo rubí y un sabor delicioso.

KALECIK KARASI

Éste es un vino tinto excelente hecho con la variedad de uva del mismo nombre de Anatolia. Tiene un bello color rojo rubí, un aroma maravilloso con toques animales y matices a cacao, ciruelas y pimientos verdes. Es un vino amplio, complejo y robusto con mucho carácter. Sin duda puede envejecer de seis a ocho años. Requiere una buena pieza de vacuno. Temperatura de consumo: 16-17°C (60,8-62,6°F).

Vino complejo con mucho carácter.

OZEL KIRMIZI ESPECIAL

Elaborado con las variedades de Alicante bouchet y carignan de la franja costera del Egeo. Es un vino muy agradable con seductores aromas a ciruelas, cerezas e higos, y un sabor amplio, afrutado, flexible y cálido con un final ligeramente herbáceo. Combina bien con carnes rojas o ternera con salsa y varios tipos de queso de oveja. Temperatura de consumo: 16-17°C (60,8-62,6°F).

SELECCIÓN KIRMIZI

Las mejores uvas de las variedades de bogazkere y oküzgögü del sudeste de Anatolia producen este vino excelente con un bello color rojo brillante. Tiene un aroma sorprendentemente afrutado (fresas, almendras) y exótico (ciruelas, higos, frutos secos, avellanas), con un matiz animal. El sabor complementa estos aromas y es amplio, cálido y redondo, con los taninos necesarios. Es un buen vino para guardar durante al menos siete a diez años. Sirva este vino con caza o guisos de vacuno con hierbas. Temperatura de consumo: 17-18°C (62,6-64,4°F).

Kavaklidere también elabora vinos blancos dulces extremadamente aceptables y vinos tipo oporto. Todo aquel que viaje a Turquía y esté interesado en los mejores vinos puede probar algunas botellas de los antiguos vinos Kirmizi de Kavaklidere. Estos vinos blancos y tintos de gran calidad se venden con un sello de cera en lugar de la cápsula habitual.

CHIPRE

Chipre es una isla bastante grande que se encuentra al sur de Turquía, cerca de la costa de Siria y el Líbano. La isla tiene un pasado histórico y cultural turbulento y ha quedado dividida en los últimos treinta años en una parte griega (80 por 100 de la población) y una parte turca. Con respecto a la viticultura, Chipre también tiene un pasado importante e impresionante. Durante siglos, los vinos dulces chipriotas (como el jerez y el oporto) fueron muy valorados por las bodegas de Londres. Chipre se encuentra inextricablemente unida a un vino: Commandaria. Este vino de postre dulce, lleno, cálido y suave, similar al madeira, se hace en veinte pueblos a los pies del monte Troodos, al norte de Limassol. La calidad y el sabor del vino depende de la proporción entre las variedades de uva mavron y xynisteri. Cada pueblo y cada bodega tienen su propia receta para elaborar este vino. Chipre también obtiene excelentes vinos tintos con la variedad de uva mavron (80 por 100 de las vides plantadas). Son vinos secos, amplios, poderosos y tánicos. Se venden con los nombres de Othello y Afamès y, al igual que el rosado Kokkinelli, parecen algo pesados por la falta de frescura. Los vinos secos se producen con la variedad de uva blanca xynisteri (como Aphrodite y Arsino) y también carecen de la frescura necesaria de forma que pronto cansan. Además, estos vinos se oxidan con mucha rapidez. Finalmente, un vino espumoso ligero, Bellapais, se hace con la variedad de uva sultana.

LÍBANO

Líbano y Siria son descendientes de la famosa civilización fenicia. El vino se producía en estos dos países en la época clásica. Estos vinos eran famosos en todo el mundo habitado. La viticultura libanesa –que ha sido olvidada durante mucho tiempo debido a los conflictos entre cristianos, judíos y musulmanes– ha hecho una reaparición espectacular a partir de los años 80. Aunque Gaston Hochar dejó las bases para lo que más tarde se convertiría

Vino sorprendentemente afrutado.

en el famoso Châteu Musar ya en 1930, ha sido gracias a su hijo Serge que la viticultura libanesa haya sido revitalizada.

Líbano es una franja de tierra larga y estrecha con altas montañas (Qurnat es-Swada, 3.083 metros/10.114 pies) y pobres carreteras. Debido a la situación política de inestabilidad, el negocio de la viticultura es bastante precario. Sólo la población cristiana tiene permitido producir vino. Los viñedos se encuentran en el valle de Beka, una plataforma a una altura de 500-1.000 metros (1.640-3.280 pies), situada entre dos cordilleras montañosas. No falta el calor ni la luz del sol, pero hay cierta escasez de agua. El clima de este valle es comparable al del valle del Ródano. El suelo es muy apropiado para la viticultura: los vinos blancos proceden del suelo calcáreo, los vinos tintos del suelo con gravas. Se emplean las variedades de uva francesas (cabernet sauvignon, cinsault, mourvédre, carignan y grenache) para los vinos tintos y las uvas indígenas autóctonas para los blancos. Existe algo de confusión sobre estas variedades de uva, debido a que los viticultores libaneses están totalmente convencidos de que las uvas obaideh y merwah que usan son simplemente (ancestros de) las actuales chardonnay y sémillon.

El Château Musar de Serge (el viticultor) y Roland Hochard es con diferencia el mejor vino de Líbano, pero también merecen su atención los vinos de Kefraya y Château Ksara.

Buen vino de Château Ksara.

Los vinos blancos de Château Musar tienen una finura mayor que los de Kefraya y Ksara. Sin embargo, estos tres vinos tienen un sabor amplio y estructura. No obstante, todos tienen un buen equilibrio por su acidez sorprendentemente fina y elegante. Estos vinos a menudo son un poco pesados para servir como aperitivo, excepto quizá el bastante comercial, aunque delicioso, Blanc de Blancs de Ksara. Beba los otros vinos con marisco o pescado del mar a una temperatura de 10-12°C (50-53,6°F).

Los mejores vinos rosados del Líbano son carnosos, afrutados, con buen equilibrio y muy jugosos. Son vinos agradables que

Château Musar blanc.

Excelentes vinos del mejor viñedo, Musar.

resultan deliciosos durante todo el año, por ejemplo, con un buen pescado de mar o platos de aves con hierbas. Temperatura de consumo: 10-12°C (50-53,6°F).

Los vinos tintos sencillos como Clos St. Alphonse o Réserve du Couvent de Ksara son sorprendentemente afrutados (frambuesas, grosellas negras) y frescos, con un característico sabor a pimienta. Estos vinos combinan muy bien con carnes rojas, preferiblemente al grill, guisos mediterráneos e incluso caza menor. Temperatura de consumo: 14-16°C (57,2-60,8°F).

Los mejores vinos del Líbano son extremadamente complejos, corpulentos, redondos y con una estructura vigorosa y taninos poderosos. Aromas característicos: madera de cedro, frutas maduras (frambuesas, fresas, grosellas negras), hierbas y especies (pimienta). A pesar de su fuerza,

Ksara vin gris.

Deliciosos vinos blancos, tintos y rosados de Líbano.

estos vinos no dejan de ser frescos y tienen mucho alcohol (13-14 por 100), lo que significa que siguen teniendo un buen equilibrio. Vinos como el Châteu Musar y, en menor grado, Châteu Ksara son apropiados para envejecer durante un buen periodo de tiempo.

Sirva estos vinos poderosos, similares a los mejores vinos del Ródano, con carnes rojas o caza en recetas elaboradas. Debido a su fuerza, estos vinos del Líbano son buenos con comida especiada, pero sería una lástima beberlos con platos demasiado picantes o condimentados. Temperatura de consumo: 16-17°C (60,8-62,6°F).

ISRAEL

Según los judíos ortodoxos, el mundo sólo ha existido durante unos 5.000 años. La tierra no existía antes de la Biblia, el Libro de los Muertos, y por tanto tampoco existían los viñedos. Le contarán que es obvio que todas las palabras que se refieren al vino (de *vin* y *vinho* al latín *vinum* y al griego *oinos*) se relacionan con la palabra hebrea *yayin*, que significa vino. Ya sea verdad o mentira, es un hecho que la viticultura ya se practicaba en Anatolia (Turquía, Armenia, Kazajistán, Uzbekistán, Tajikistán, Persia, Mesopotamia, Egipto y Palestina) hace 4.000 o 5.000 años.

Entre el 2000 y el 1500 a.C. la viticultura estaba bien avanzada en Palestina. Los gobernadores egipcios y romanos casi logran erradicar la viticultura aquí pero fueron los sarracenos los que finalmente lo consiguieron.

Los vinos tintos libaneses pueden envejecer bien.

Bajo el dominio musulmán los viñedos fueron prohibidos oficialmente. No obstante, los cruzados encontraron posteriormente viñedos cultivados de forma muy cuidadosa cerca de Belén, Nazaret y el monte Carmelo. Sin embargo, hasta finales del siglo XIX, la viticultura en Israel era cosa de un pasado remoto. En 1870, se fundó en Palestina la primera escuela de agricultura. Los viñedos de los monasterios locales (incluyendo los de los templarios alemanes) recibieron de nuevo mucha atención. Con la llegada de los primeros sionistas a Israel en 1882, los nuevos viñedos se plantaron con vides traídas de Burdeos y el sudoeste de Francia. El barón Edmond de Rothschild financió este proyecto. Con su ayuda, se establecieron viñedos de calidad en Rishon Le Zion, al sur de Tel Aviv, y Zichron Ya'acov, al sur de Haifa. La viticultura moderna había nacido en Israel.

Durante muchos años la viticultura en Israel se basó en el ejemplo francés. La Société Coopérative Vigneronne des Grandes Caves (Camel) que aún seguía unida a la familia Rothschild, representaba más de tres cuartos de la viticultura israelita. Sin embargo, desde los años 80, cada vez más productores nuevos han adoptado las técnicas del nuevo mundo (especialmente de California y Sudáfrica) para hacer el vino más fresco, lleno y delicioso. La tecnología por ordenador también ha sido introducida en Israel. Muchos vinos israelitas son aún *kosher*. Esto no tiene ninguna influencia en la tecnología empleada, pero implica que desde el momento en el que las uvas entran en las bodegas, todo –desde la uva a los tanques de fermentación y líneas de embotellado– únicamente puede ser tocado por judíos practicantes. Por tanto, los vinos *kosher* israelitas no son mejores o peores que otros vinos, sólo son más "judíos". Sin embargo, no todos los vinos israelitas son *kosher*

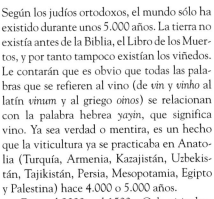

Château Musar, el mejor vino tinto libanés y uno de los mejores tintos de la región mediterránea.

REGIONES VINÍCOLAS

Israel cuenta con cinco grandes regiones vinícolas:

- Galilea: una región montañosa, en la que los Altos del Golán (suelo volcánico) suaviza el calor del sol. Las regiones vinícolas de la Alta y Baja Galilea y el área que rodea el monte Tabor pertenecen a Galilea.
- Sansón: una región con colinas bajas en la franja costera meridional y el área baja de Judea.
- Shromron: el área que rodea el monte Carmelo y la franja costera septentrional. La región vinícola, que solía llamarse Zikhron-Ya'acov, es la más grande y la más importante del país (vinos blancos, tintos y rosados).
- Los montes de Judea: alrededor de Jerusalén y Hebrón.
- Las montañas Negev: una zona vinícola bastante reciente cerca de Ramat Arad, al sur del país .

Los viticultores israelitas siguen usando muchas variedades de uva francesas. Las más importantes son: cabernet sauvignon, merlot, pinot noir, carignan, grenache, Alicante bouchet, para los vinos tintos; sauvignon, sémillon, chardonnay, clairette y moscatel de Alejandría para los vinos blancos.

LOS VINOS

Carmel Mizrachi de la Société Coopérative Vigneronne des Grandes Caves sigue siendo el líder absoluto en el mercado doméstico y de exportación. Fuera de Israel, el nombre Rothschild se ve rara vez en las botellas. En el mismo Israel, los mejores vinos se encuentran con el nombre Rothschild y Rothschild Private Collection. Cuando son exportados, los vinos se suelen llamar Carmel Selected. Todos los vinos Carmel son *kosher*. En el pasado, las botellas tenían etiquetas al viejo estilo. Hoy en día, éstas reflejan los nuevos aires de cambio en Galilea, Sansón, etc. Carmel produce excelentes vinos blancos, rosados y tintos, caracterizados por su modernidad, frescura y un sabor puro, flexible y amable. Por ejemplo, el Sauvignon Blanc es muy apropiado como aperitivo. Temperatura de consumo: 8-10°C (46,4-50°F).

Los Sémillon, Chardonnay y Chenin Blanc requieren platos más complejos, como pescado de río (¡carpa!) o de mar (preferiblemente al grill o en una rica salsa). Temperatura de consumo: 10-12°C (50-53,6°F).

El Cabernet Sauvignon es con diferencia el mejor de todos los vinos tintos. Sin lugar a dudas es bastante comercial, pero extremadamente afrutado e intensamente aromático. Por ejemplo, es excelente con chuletas de cordero al grill. Temperatura de consumo: 16°C (60,8°F).

Carmel también es conocido en todo el mundo por sus vinos tradicionales para ceremonias, Muscat (blancos) y Sacramental (tintos). Ambos son muy dulces y rara vez se usan fuera de los círculos judíos.

Sauvignon Blanc israelí kosher.

Sauvignon seco de Galilea.

OTROS VINOS RECOMENDADOS

La bodega de los Altos del Golán, en Ramat Ha Golan, tiene viñedos a una altura de 400-1.200 metros (1.312-3.937 pies). El suelo de los viñedos consta de basalto volcánico que forma una excelente capa de drenaje y produce vinos maravillosos con los nombres Yarden, Golan y Gamla. Los vinos de chardonnay y sauvignon blanc son particularmente buenos. Van perfectamente con pescado al grill y aves. Temperatura de consumo: 8-12°C (46,4-53,6°F). El Cabernet Sauvignon es uno de los vinos tintos realmente buenos, bastante clásico y aun así moderno, con aromas exuberantes a ciruelas y grosellas negras, bastante madera (vainilla) y un toque a pimienta en el regusto. Son ideales para acompañar asados y filetes de vacuno y quesos semiblandos. Temperatura de consumo: 16°C (60,8°F).

Domaine de Lautroun, que ha estado en manos de los trapenses desde 1890, produce algunos vinos interesantes con carácter francés entre Jerusalén y Tel Aviv. El mejor es sin duda el rústico y aromático Pinot Noir con matices animales, que resulta excelente con asado de ave o pato. Temperatura de consumo: 14-16°C (57,2-60,8°F).

La bodega Margalit produce excelentes Cabernet Sauvignon de Galilea: suaves aromas a roble (vainilla) y mantequilla, mucha fruta y un sabor redondo y amplio. Delicioso con cordero asado o buey, pero también sorprendentemente bueno con queso de cabra de pasta dura. Temperatura de consumo: 16-17°C (60,8-62,6°F).

Desde 1994 la bodega Soreq ha elaborado vinos muy interesantes en Tal Sachar Mochav (Sansón). Los vinos de Soreq no son *kosher*. Son Chardonnay excelentes, amplios, maduros pero también frescos, con seductores aromas a melo-

Cabernet Sauvignon de Galilea.

Traditionele Muscat.

Tinto dulce Sacramental para fiestas rituales.

cotones y a frutos secos, que resultan apropiados para acompañar cualquier plato de pescado de mar al grill. Como este vino no es *kosher* también se puede disfrutar con una sabrosa langosta. Temperatura de consumo: 10-12°C (50-53,6°F).

Soreq también produce un Caberrnet Sauvignon rústico y bastante robusto con mucha fruta y notas de madera. Delicioso con buey al grill y queso (de cabra) tierno. Temperatura de consumo: 16°C (60,8°F).

La bodega Baron elabora vinos muy elegantes, correctos y untuosos, usando el método tradicional. Son espumosos con aromas suaves y afrutados y un sabor puro y elegante. Resultan excelentes como aperitivo o en ocasiones festivas. Temperatura de consumo: 8°C (46,4°F).

MALTA

Malta es una isla de tamaño medio situada en el mar Mediterráneo, al sur de Sicilia. Aquí se producen algunos vinos moderadamente verdes y se están haciendo intentos para producir vinos de moscatel de calidad razonable.

Uvas de Malta.

África

Cuando se piensa en África, probablemente piense primero en Sudáfrica, lo que resulta bastante comprensible, ya que la mayoría de los vinos de calidad se producen allí. Sin embargo, también se hace vino en otros países africanos, incluyendo Zimbabwe y Egipto, y sobre todo en los países nortafricanos de Túnez, Argelia y Marruecos. La viticultura en el norte de África es sólo posible en regiones justo detrás de la costa o, como en Egipto, a lo largo de los grandes ríos. El mar Mediterráneo es capaz de suavizar el calor y, sobre todo, las condiciones de sequía hasta cierto punto. Sin embargo, no espere que los vinos de Egipto, Túnez, Argelia o Marruecos sean maravillosos: en los últimos años la viticultura norteafricana ha declinado significativamente. En estos países grandes productores de vino se obtuvieron durante años vinos redondos y completos, con un carácter rústico pero agradablemente cálidos. Sin embargo, por motivos económicos y por la falta de interés en el producto (en parte como resultado de la influencia del fundamentalismo islámico), los vinos producidos en la actualidad en grandes cantidades son planos y carecen de carácter. El colapso del mercado ruso también ha afectado negativamente a Argelia. Los gobiernos de estos países intentan restaurar la delicadeza de los vinos, pero simplemente no es posible producir un vino de estilo Burdeos bajo condiciones duras y calurosas, propias de Côtes du Rhône. Con un mejor entendimiento de la viticultura y un amor por el producto, se podrían producir buenos vinos siempre y cuando se respete el terruño.

EGIPTO

Los egipcios ya producían vino en los viñedos situados a orillas del Nilo hace unos 5.000 años. Poseer un viñedo era algo de gran prestigio, pero eran sobre todo los esclavos quienes bebían las enormes cantidades de vino. En aquellos días no era posible guardar el vino demasiado tiempo, por lo que tenían que consumirlo rápidamente. Los mejores y más escasos néctares estaban reservados para los faraones y los altos sacerdotes. El vino también era muy po-

pular como ofrenda ritual para los dioses, y los faraones se llevarían jarras llenas de vino y lujosas copas con ellos a la otra vida. En la vida diaria, la elite prefería beber cerveza, que era mucho más refrescante y saciaba la sed mejor en aquellos días que los vinos pesados y extremadamente dulces. Una gran cantidad del vino se hacía con la idea de que aquel que cuidase bien de sus esclavos y les diese buen vino tendría esclavos que trabajarían de buena gana para él. Los griegos y los romanos también descubrieron estos vinos. Como resultado hubo un gran resurgir de la viticultura egipcia. Desgraciadamente, las estrictas leyes del islam finalizaron bruscamente con esta práctica. Durante mucho tiempo la viticultura egipcia sólo existió en los antiguos

También existen vinos dulces para la liturgia en Egipto.

dibujos y en los textos de los escritores griegos y romanos. A comienzo del siglo XX, Nestor Gianaclis, entre otros, hizo un intento por revivir la viticultura egipcia en las orillas calcáreas del Nilo. Los vinos modernos egipcios son un cruce entre el Nuevo Mundo y el Antiguo: las técnicas empleadas son similares a las de California, pero la calidad de los vinos aún deja mucho que desear.

TÚNEZ

Hace unos 3.000 años los fenicios introdujeron la viticultura en Túnez. Para la población local fue el inicio de 3.000 años de ocupación extranjera. Los fenicios (Útica, Cártago) fueron seguidos por los romanos. También se vieron envueltos en la viticultura local. Con la introducción del Islam, la viticultura norteafricana se vio sometida a una fuerte presión. Fue en 1881 cuando los franceses sacaron provecho de la debilidad del Imperio Turco y ocuparon Túnez en su lugar. En 1920, legiones de agricultores franceses marcharon a Túnez donde aprendieron a revitalizar la viticultura local junto con la población autóctona. Los franceses usaban los vinos, sobre todo los tintos robustos y llenos, para ayudar sus propios vinos más débiles. Cuando Túnez obtuvo su independencia en marzo de 1956, se consideró como una señal para mejorar la calidad de los vinos tunecinos. Desafortunadamente, todo parece haber ido mal en los últimos años. Los vinos secos de Muscat (Moscatel) y los sensuales vinos tintos, en su día famosos, han perdido gran parte de su carácter. La crianza y el transporte de los vinos también deja mucho que desear. Algunos vinos es preferible consumirlos in situ, porque una vez que viajan fuera de su propia área de producción, no siempre son bien tratados. Esto significa que a veces llegan a Europa muy cansados.

LOS VINOS TUNECINOS

Las áreas vinícolas de Túnez son Cap Bon (10.000 hectáreas/24.710 acres), subdivididas en las regiones de Khanguet, al sur de Túnez, Grombalia-Takelsa en la costa norte y Kelibia, también en la costa; Túnez (2.000 hectáreas/4.94 acres) con Sidi Thabet-Mornag, y Tébourba; Bizerte (2.000 hectáreas/4.942 acres) y Beja-Jendouba (1.000 hectáreas/2.471 acres). Algunos vinos tintos y rosados aceptables con el nombre de Sidi Salem, que combinan bien con la cocina local, se producen en Khanguet en la región de Cap Bon (sedimentos aluviales y gravilla). El tinto Vieille Cave es un vino suave, carnoso y flexible, que merece su atención (Temperatura de consumo sobre 16°C/60'8°F). La región de Grombalia Takelsa, también en Cap Bon produce algunos vinos blancos, rosados y tintos bastante agradables. La mayoría de los vinos tintos y rosados buenos proceden de la región cercana a Túnez.

MUSCAT SEC DE KELIBIA

Los famosos vinos Muscat elaborados con la variedad Moscatel de Alejandría proceden de Kelibia. El antiguo Muscat sec de Kelibia era sensual y extremadamente aromático y esta explosión de fruta era seguida de un sabor seductor y excelente y un regusto prolongado y puro. El

Moscatel seco de Kelibia.

Muscat moderno sec de Kelibia es menos convincente. Temperatura de consumo: 10-12°C (50-53'6°F).

MUSCAT (MOSCATEL)

Vinos de Muscat dulces (moscatel), carnosos, poderosos y aromáticos con un porcentaje en alcohol bastante alto que también proceden de Kelibia, así como de Rads y Thibar. Temperatura de consumo: 6-8°C (42,8-46,4°F).

TEBOURBA

Los vinos tintos y rosados de Tebourba son extremadamente interesantes. El rosado se elabora con las variedades de uva noble como grenache (garnacha), syrah y mouvédre (monastral). Son frescos pero poderosos y razonablemente complejos, excelentes para acompañar el cuscús local, tagines de pescado y pescado o carne al grill. Temperatura de consumo: 10-12°C (50-53,6°F).

El vino tinto es carnoso, cálido y redondo y puede también acompañar el cuscús o el tradicional *méchoui* (un cordero entero asado en el espetón). Temperatura de consumo: 16°C (60,8°F).

COTEAUX DE TEBOURBA

Excelentes vinos rosados elaborados por el método de sangrado elaborados con grenache y cinsault, etc. Son vinos flexibles, elegantes y jugosos, bastante frescos. Resultan deliciosos con pescado al grill o tagines de pescado. Temperatura de consumo: 10-12°C (50-53,6°F).

KSAR DJERBA

Son excelentes vinos rosados elaborados con las variedades de uva syrah, cabernet sauvignon y mourvédre. Son frescos, poderosos, estructurados y bien equilibrados. Excelentes con cuscús, tagines de pescado, pescado al grill e incluso cordero a la parrilla. Temperatura de consumo: 10-12°C (50-53,6°F).

KOUDIAT

Una de las pocas constantes en la viticultura tunecina. Un vino tinto excelente con un gusto profundo. Este vino pide platos de carne elegantes (buey). Temperatura de consumo: 16°C (60,8°F).

Koudiat, siempre fiable.

El rosado es también excelente y fiable. Es razonablemente completo, fresco, afrutado y redondo, y combina bien con pescado al grill o pescado al horno, así como tagines de pescado o platos de verduras. Temperatura de consumo: 10-12°C (50-53,6°F).

Magon, una gloria del pasado.

MAGON

Este vino tinto, hecho con variedad de uva cinsault y Alicante, que lleva el nombre de un escritor de la antigua Cartago, fue en su día un vino redondo y delicioso, lleno de calidez y con un carácter muy sensual. En nuestros días este vino se ha hecho más ligero. Sigue siendo un vino elegante y suavemente aterciopelado, que combina bien con platos de carne que no sean demasiado fuertes. Temperatura de consumo: 16°C (60,8°F).

COTEAUX DE MORNAG

Vino tinto afrutado, fresco y equilibrado con un sabor opulento y flexible. Excelente con platos de carne o con aves de caza. Temperatura de consumo: 14-16°C (57,2-60,8°F).

MORNAG

El Châteaux Mornag grand cru rosé es un vino fresco, soleado y con estructura elaborado con las variedades de uva cinsault, mourvédre y carignan, entre otras. Resulta ideal con pescado al grill o con tagines de pescado. Temperatura de consumo: 10-12°C (50-53,6°F).

El Châteaux Mornag grand cru rouge fue en su día un vino con estructura y redondo, con un carácter cálido. Sin embargo, la pasión y el fuego han desaparecido de este grand cru, que se ha hecho más ligero como resultado de añadir uvas de la variedad merlot. No obstante, los Mourvédre y Grenache aún aportan a este vino suficiente carácter para combinarlo con carne de vacuno al grill o asada. Temperatura de consumo: 16°C (60,8°F).

El Sidi Saad es un excelente vino tinto que se vende en un ánfora bastante kitsch, que merece la pena resaltar. Son cuvées especialmente seleccionados del grand cru Mornag. Este vino envejece bien y debería guardarlo al menos tres años si realmente quiere disfrutarlo. Temperatura de consumo: 17°C (62,6°F).

Château Mornag grand cru rouge.

COTEAUX DE CARTHAGE

Se trata de un rosado fresco, suave, elegante y ligeramente untuoso elaborado con uvas de las variedades de cinsault y mourvédre, entre otras. Es bueno con platos de pescado o un jugoso cordero. Temperatura de consumo: 10-12°C (50-53,6°F).

El Coteaux de Carthage tinto es flexible pero *completo* y redondo, con una estructura *oleaginosa*. Resultan excelentes con cordero al grill o asado. Temperatura de consumo: 16°C (60,8°F)

Rode Coteaux de Carthage.

ARGELIA

Todos los países tienen su propia forma de expresar el chovinismo. En Argelia, las organizaciones protectoras de la viticultura estarán encantadas de contarle cómo los árabes propagaron las viñas por España y extendieron la viticultura por toda Europa. Ahora sabemos más cosas. La viticultura fue introducida en Argelia probablemente por los medas y los persas hace unos 4.000 años. Una de las áreas vinícolas argelinas más conocidas aún conserva el nombre de uno de estos pueblos, Medea. Los persas y los medas fueron relevados consecutivamente por los fenicios, griegos y romanos, quienes expandieron la viticultura en Argelia. En 1200, el norte de África se vio asaltado por las invasiones árabes. Hasta 1830 y la llegada de los primeros colonos franceses, los viñedos se empleaban principalmente para uvas de consumo. En 1938, el área vinícola total de Argelia no era inferior a 400.000 hectáreas (988.400 acres), suficiente para producir 2,2 billones de litros de vino. Los franceses usaban los vinos robustos y cálidos para fortalecer sus propios vinos de consumo diario del sur. A continuación de la independencia de Argelia en 1962, la viticultura sufrió un retroceso. Los argelinos tuvieron que hacer dinero rápido y produjeron cantidades incluso mayores, exportando a la Unión Soviética, entre otros países, donde los vinos recibían una llamativa etiqueta en ruso. Desde el colapso del mercado ruso, Argelia se ha visto forzada a adaptar la calidad de sus productos a los requisitos estrictos de los países occidentales. Si Argelia va a romper definitivamente en el mercado mundial, tendrá que optar claramente por la calidad y la falta de ambigüedad. Las autoridades actuales en el país parecen estar promoviendo algo de flexibilidad en la política vinícola. Por ejemplo, hasta el 2005, no menos de cuatro millones de hectáreas (9,9 millones de acres) de tierra arable (cereales) serán usados para olivos, frutos y viñedos. Se espera que 750.000 hectáreas (1.853.250 acres) extra de viñedos se añadan en el espacio de cuatro años, lo que podría resultar un desastre para los productores de vino de mesa del sur de Francia, España e Italia, que ya están acosados por muchas dificultades. Justo cuando las áreas vinícolas europeas tradicionales han decidido reducir sus viñedos para concentrarse en la calidad más que el volumen, las autoridades argelinas optan por una expansión a gran escala.

LOS VINOS ARGELINOS

Las siete grandes áreas de Argelia se sitúan detrás de la ancha franja costera del norte del país. Tres de estas áreas se encuentran en el distrito de Algiers, las otras cuatro en el de Orán. Los mejores vinos tienen el título Vin d'Appellation d'Origine Garantie (A.O.G.). El distrito de Algiers comprende de este a oeste: la A.O.G. Aén Bessem-Bouira, Coteaux du Zaccar y Médéa; el distrito de Orán comprende Dahra, Coteaux de Mascara, Monts du Tessala y Coteaux de Tlemcen.

Es fácil abreviar con los vinos argelinos: la mayoría son imbebibles. Debido al calor y a la falta de controles de temperatura durante el transporte de las uvas, los vinos se oxidan antes de su embotellado. Los vinos rosados son mucho mejores, pero los mejores vinos son sin lugar a dudas los tintos.

AËN BESSEM-BOUIRA

Estos vinos no son muy conocidos, pero son rosados y tintos muy aceptables elaborados con las variedades de uva de carignan, cinsault y grenache noir (mínimo 60 por 100 en total), posiblemente complementadas con, por ejemplo, cabernet sauvigon y pinot noir. Contenido mínimo en alcohol: 11,5 por 100.

COTEAUX DE ZACCAR

Vinos ligeramente mejores que los anteriores, carnosos y estructurados, elaborados con uvas de cinsault, carignan, grenache, pinot noir y syrah. Contenido mínimo en alcohol: 12 por 100.

MÉDÉA

Vinos espléndidos de los viñedos a mayores alturas (hasta más de 1.200 metros) en la meseta de Nador. Estos vinos con bastante cuerpo, cálidos y robustos se elaboran con una mezcla de Carignan, Cinsault, Morastel, etc. Contenido mínimo en alcohol: 12 por 100.

Medea.

DAHRA

En general, un vino excelente, cálido y con bastante cuerpo hecho con Carignan, Cinsault, Pinot Noir, Syrah, Grenache y Morastel. Contenido mínimo en alcohol: 12,5 por 100. Es un buen vino para dejar envejecer.

COTEAUX DE MASCARA

Según los entendidos, éste es el mejor vino de Argelia. Estructurado, cálido, robusto, refleja el terruño de arena y arenisca, y el clima soleado. Se hace con las variedades de uva cinsault, carignan, grenache, mourvédre, syrah, cabernet sauvigon y morastel. Contenido mínimo en alcohol: 12,5 por 100. Es un buen vino para guardar.

MONTS DU TESSALA

Estos vinos se elaboran con las mismas variedades de uva que el Coteaux de Mascara, pero tienen algo menos de estructura y carecen de la redondez de éste. Contenido mínimo en alcohol: 12 por 100. Es un buen vino para guardar.

COTEAUX DE TLEMCEN

Estos vinos, también producidos al sudoeste de Orán, se hacen con las mismas variedades de uva que el Coteaux de Mascara y el Monts du Tessala. Sin embargo, tienen más estructura que el Tessala, aunque no tan redondos y amplios en sabor como el Mascara. Contenido mínimo en alcohol: 12,5 por 100.

CUVÉE DU PRÉSIDENT

Aunque no se trata de un A.O.G., este vino es probablemente uno de los mejores de Argelia. Tiene un buen equilibrio, aproximadamente una media del 13 por 100 de alcohol, estructurado pero elegante y con un carácter ligeramente más clásico que los otros vinos que tienden a ser más rústicos

Cuvée du président.

TRUCOS PARA SERVIRLOS

Todos los vinos argelinos tintos y rosados son más o menos redondos, estructurados y cálidos, pero siempre con una acidez fresca y afrutada. Poseen los taninos necesarios, aunque no a menudo los más sofisticados. Todos los vinos rosados combinan muy bien con pescado frito o al grill, y los de Orán son también buenos con cuscús de pescado, tagines de pescado y mariscos, aunque también resultan muy buenos con *merguez* (salchichas especiadas), tagines de pollo, kebabs de cordero (brochetas) o incluso cordero asado o chuletas de cordero al grill. Temperatura de consumo: 10-12°C (50-53,6°F). Los vinos tintos combinan con casi todas las clases de carne, sobre todo estofados o con cuscús de pollo, vaca o cordero, o con cualquier tipo de tagine de carne o ave. Temperatura de consumo: 14-16°C (57,2-60,8°F).

MARRUECOS

Marruecos es un país bendecido con dos costas: una en el mar Mediterráneo y otra en el océano Atlántico. Aquí también los fenicios descubrieron desde épocas muy tempranas que era una tierra particularmente apropiada para la viticultura. Los fenicios fueron relevados por los romanos después de la derrota de Cartago. Durante siglos se produjeron en Marruecos vinos extraordinarios.

Coteaux de Mascara.

Esto llegó al final cuando los árabes conquistaron el país. Durante más de cien años los viñedos sólo sirvieron para suministrar uvas de postre. Cuando Marruecos fue ocupado por los franceses a comienzos del siglo XX, la situación cambió y la viticultura volvió a la vida.

LA VITICULTURA MARROQUÍ

Marruecos tiene tres climas diferentes: un clima mediterráneo en el este, un clima oceánico en el oeste y un clima semicontinental en el interior del país. Junto con los diferentes tipos de suelo (loess en el este, caliza en Meknes y arena en la costa oeste), estas diferencias explican la variación en los métodos de producción y tipos de vino. El área vinícola más importante es la de Meknes-Fes, en el interior de Rabat y Casablanca, a los pies de la cordillera del Atlas. Este área produce casi la mitad de los vinos marroquíes. Además, se producen vinos en la costa atlántica, en la costa mediterránea y en Gharb, Doukkala y Moulouya. Los vinos marroquíes tienen un carácter bastante rústico, un contenido en alcohol razonable (12-12,8 por 100) y un nivel de acidez moderado. Los vinos son agradables sin grandes complicaciones, no muy sofisticados. Los escasos vinos blancos secos se obtienen principalmente de las variedades clairette, ugni blanc y macabeo; el vino más moderno (Beni M'Tir), con chardonnay, chenin blanc, sauvignon y vermentino. La muscat se usa en los vinos blancos dulces, la grenache y cinsault para los rosados, y grenache, cinsault, carignan, syrah y mourvédre para los tintos. La variedad inferior Alicante bouchet se usa cada vez menos, mientras que por, otro lado, la tempranillo, cabernet sauvigon, cabernet franc y merlot se usan cada vez más. Las bodegas marroquíes, sobre todo la progresista Celliers de Meknes, son una garantía de buenos vinos. De los cuatro países norteafricanos productores de vino, Marruecos ha sido el más consistente en las últimas décadas.

Marruecos produce numerosos vinos que van desde los regulares a los razonables, de consumo diario y local. Aún hay muchos franceses, españoles y portugueses viviendo en Marruecos. El resto del mercado lo forman los numerosos turistas que visitan el país cada año. Sólo menciono a continuación los mejores vinos.

CAP BLANC, BLANC DE BLANCS

Es un vino blanco muy seco elaborado con clairette y ugni blanc. Resulta ligeramente aromático y tiene un sabor muy fresco con matices afrutados. Delicioso como aperitivo, al sol, pero también para acompañar mariscos o pescados al grill. Temperatura de consumo: 8-10°C (46,4-50°F).

KSAR VIN BLANC

Un vino blanco seco y muy aromático con aromas a flores secas, frutos cítricos, frutos secos (higos), hierbas y especias (menta fresca, canela, nuez moscada). El sabor es suavemente aterciopelado. Es un vino excelente para un país cálido que combina bien, por ejemplo, con mollejas de ternera en salsa de aceite de oliva, lengua, salmón, lubina y mújol. Truco: *pastilla* (un delgado rollo de hojaldre crujiente relleno de pechuga de pichón con almendras y nueces). Temperatura de consumo: 10-12°C (50-53,6°F)..

GUERROUANE GRIS

Es el más ligero de los dos Guerrouane rosados, con tendencia hacia el color salmón. Aromas afrutados (principalmente fresas con un toque de almendras frescas), matices vegetales sutiles (hinojo, anís estrellado) y un ligero toque a pimienta. Es un vino con dos caras: tentador y elegante al principio, robusto y poderoso en el regusto final. Excelente con platos de pollo, por ejemplo con capón con almendras o con tomates y cebollas. También fantástico con platos de pescado de mar (lubina o pez espada). Temperatura de consumo: 10-12°C (50-53,6°F).

Guerrouane tinto, Domaine Menara.

GUERROUANE ROSÉ

Este vino es de color bastante más oscuro que el anterior rosado: el color tiende hacia un rojo cereza claro pero sigue siendo pálido. El aroma recuerda a frutas frescas (fresas, melón, frutos cítricos) con toques a los aromas más maduros de café y almendras tostadas. El vino es jugoso, redondo, civilizado, amable y tiene un regusto ligeramente suave. Delicioso con pescado de mar al grill. Truco: *hellema*, pescado con aceitunas, ajo y tomate. Temperatura de consumo: 10-12°C (50-53,6°F).

Guerrouane Gris.

GUERROUANE ROUGE

Este vino tiene un color rojo rubí y resulta fresco, aromático y afrutado (fresas, frambuesas, un toque a higos frescos y algunas frutas más maduras) con un sabor amplio y suave, una estructura sensual, generosa y jugosa. Es un gran seductor que combina muy bien con carnes buenas como avestruz (una especialidad de los tuareg), carne de camello (filetes) o de vaca. Temperatura de consumo: 16°C (60,8°F).

Guerrouane tinto Toulal.

BENI M'TIR

Estos vinos tintos, cuya calidad va de buena a muy buena, pueden ser identificados por los aromas a frutas maduras (higos, moras, melocotones, frutos cítricos escarchados) y los matices especiados de la menta, pimienta y canela. También se pueden distinguir almendras en el regusto. Alguno de los vinos, particularmente los más jóvenes, tienen un aroma a pimientos recién cortados. En general, estos vinos Beni M'tir son vinos tentadores con gran clase, cálidos, intensos y complejos. Claramente un vino para platos complicados; por ejemplo, un filete de vaca con ciruelas. Temperatura de consumo: 16-17°C (60,8-62,6°F).

GRIS DE BOULAOUANE

Este Gris de Boulaouane aparece en muchos guisos. Alguno de los vinos se embotella en Francia y no siempre son igualmente fiables. Debido a que el vino es conocido en Francia, desgraciadamente se vende gran cantidad de Boulaouane inferior. Éste es áspero y ligeramente oxidado. Los vinos Gris de Boulaouane son difíciles de encontrar, pero es mejor optar por el embotellado original. Este vino fresco, ligero y aromático resulta excelente con cuscús y tagines de pollo y pescado de mar al grill. Temperatura de consumo: 10-12°C (50-53,6°F). De hecho, también hay un Boulaouane tinto, con mucho cuerpo, cálido y redondo, que resulta excelente con cuscús de pollo y de carne. Temperatura de consumo: 16°C (60,8°F)

Beni M'Tir.

RABBI JACOB

No existe ningún otro sitio en el mundo donde judíos y musulmanes vivan juntos tan pacíficamente como en Marruecos. Los vinos de Rabbi Jacob no tienen una indicación geográfica, pero son tintos con cuerpo, deliciosos, fiables y kosher. Temperatura de consumo: 16°C (60,8°F).

Boulaouane gris & rouge.

SUDÁFRICA

A lo largo de la última década, Sudáfrica ha experimentado radicales cambios políticos, sociales y étnicos. En la Sudáfrica de nuestros días, donde la economía está tratando de recuperarse, la viticultura debería dar a este país un fuerte empuje financiero. Parece que los vinos sudafricanos están listos para conquistar Europa y el resto del mundo, sobre todo en el Reino Unido y Holanda. Los viticultores de Sudáfrica mantienen orgullosamente que su país es el más viejo de los productores de vino del nuevo mundo. Sin embargo, no es correcto, ya que las vides no se introdujeron en Sudáfrica hasta 1655, mientras que los primeros viñedos que se plantaron en México y Japón datan del 1530, seguidos de los de Argentina y Perú en 1560. Sin duda es cierto que Sudáfrica plantó viñedos antes que California (1697) y Nueva Zelanda (1813). Cuando Jan van Riebeek fue enviado a Sudáfrica por la Compañía de las Indias Orientales Unidas, apenas tenía idea de lo maravillosos que podrían resultar posteriormente los vinos locales. Sus instrucciones eran disponer las raciones y las bebidas para los viajes de la Compañía. Muchas cosas han cambiado desde la fundación de la Ciudad del Cabo en 1655 y la primera cosecha oficial de vinos de El Cabo en 1659. La primera persona que dio un paso importante hacia la expansión y la mejora de la industria vinícola de El Cabo fue el sucesor de Jan van Riebeek: Simon van der Stel. A diferencia de su predecesor, entendió la producción vinícola y supo cómo encontrar los mejores sitios para las plantaciones. El siguiente paso fue la llegada de los franceses, quienes compensaron la falta de conocimiento sobre el vino de los holandeses. Los hugonotes eran refugiados religiosos pobres que elaboraban el vino mientras los holandeses se encargaban de las ventas. Sin embargo, en el siglo XVIII se produjo un avance importante en el mercado europeo. Se creó un nuevo mercado para los vinos sudafricanos, cuando el país quedó bajo el dominio inglés. Al término de las hostilidades entre la república francesa y el resto de Europa, los vinos franceses dejaron de ser tabú, y la puerta se volvió a cerrar para los vinos sudafricanos. Fueron tiempos difíciles para la producción vinícola sudafricana. En 1918 se hizo un esfuerzo por introducir orden y estímulo en la industria vinícola con la fundación de la Asociación de Cooperativas de Viticultores de Sudáfrica (CWA). Fue el comienzo de una segunda infancia para la industria vinícola sudafricana.

Después del final del apartheid, junto con el aislamiento económico asociado, los viticultores sudafricanos comenzaron un programa intensivo de plantaciones, cultivos, irrigación y desarrollo de métodos de poda. El énfasis se desplaza ahora hacia el viñedo, pues antes muchos vinos se hacían en la bodega, un desarrollo muy positivo. También hay mucho esfuerzo puesto en la mejora y el uso de las variedades de cepas y clones. Otros puntos extra que ayudan a la industria

Rabbi Jacob, vino kosher de Marruecos.

Antiguo vino sudafricano del periodo del apartheid.

vinícola sudafricana incluyen nuevas políticas humanitarias y conscientes del medio ambiente, junto con subsidios gubernamentales y de los Fondos de la Industria Vinícola que permiten la compra de tierras para cultivar las vides. El reclutamiento de un nuevo ejército de viticultores es esencial para el futuro del vino sudafricano, y sin ayuda financiera nuchas pequeñas compañías étnicas nunca tendrían una oportunidad. Las autoridades también han aumentado los niveles sanitarios, educativos y de vivienda para los trabajadores en las bodegas estatales existentes (de gran tamaño). Finalmente, bajo una iniciativa de la CWA, se ha introducido un nuevo sistema respetuoso con el medio ambiente, el IPW (Integrated Product of Wine o Producto Vinícola Integrado), donde se tratan varios aspectos como el reciclado de material de empaquetado y la purificación del agua. Ésta es una parte de Visión 2002, un ambicioso plan que pretende hacer de Sudáfrica uno de los principales países productores de vino del mundo.

LAS CONDICIONES PARA LA VITICULTURA

Sudáfrica se sitúa en el hemisferio sur, exactamente en la zona estrecha más favorable para el cultivo de las uvas. Puede que suene extraño, pero el clima sudafricano puede describirse como similar al mediterráneo. Las mejores áreas para la viticultura se encuentran a los pies de las montañas en los valles, donde las viñas reciben mucha luz. En invierno, la temperatura llega a un máximo de 0 a 10°C (32-50°F), mientras que la fría brisa marina aporta a los viñedos la humedad necesaria. Las precipitaciones más abundantes se producen entre mayo y agosto. La composición del suelo varía del granito al pie de las montañas, a la arenisca en la montaña Table y a la pizarra suave en Malmesbury, con pizarra y marga en los ríos. Sin embargo, se pueden apreciar diferencias considerables entre viñedo y viñedo, lo que hace que los "estate wines" (vinos de pequeñas fincas) sean particularmente interesantes. La producción vinícola se encuentra sobre todo en manos de las cooperativas vinícolas (85 por 100 de la producción), siendo la más importante la CWA. A fecha de 2001, existen ochenta y dos bodegas de fincas, setenta cooperativas y setenta y tres independientes, junto a varias mayoristas. Las "estate wineries" (bodegas de finca o de pago) producen vinos de sus propios viñedos; todas las cooperativas usan los de sus propios miembros. Las mayoristas también producen vino usando sus propias uvas, pero también compran uvas y vinos para vender con su propia etiqueta.

Situación excepcional entre dos océanos.

ÁREAS VINÍCOLAS

Desde 1973, Sudáfrica ha usado un sistema de identificación claro para el origen de sus vinos, basado en parte en zonas geográficas y climáticas. Sudáfrica consta de cinco grandes regiones vinícolas, subdivididas en catorce distritos, haciendo un total de más de 100.000 hectáreas (aproximadamente 250.000 acres) de viñedos. Los distritos se pueden dividir aún más en comarcas formadas por varios dominios diferentes, normalmente dentro de los límites de un distrito. Franschoiek es de hecho una comarca del distrito de Paarl, en la región costera. Algunas comarcas no forman parte de un distrito específico, pero quedan directamente dentro de una región vinícola como Durbanville y la región costera. Finalmente, existen comarcas independientes como Oranjerivier, y distritos como Piketverg, Overberg (que incluyen las famosas comarcas de Walker Bay y Elgin) y Douglas.

Los vinos de calidad de las regiones vinícolas reconocidas llevan un sello especial en la botella que garantiza su autenticidad, origen y el año de cosecha de las uvas empleadas.

Casi todas las regiones vinícolas de Sudáfrica se localizan en el sudoeste, entre Ciudad del Cabo y la costa. Aun así también se produce vino en el norte y en el este: Olifants River, Orange River y Klein Karoo. Las siguientes regiones son las más conocidas por su producción de vinos.

El sello de esta botella garantiza que este vino está hecho de cabernet sauvignon en el distrito de Paarl.

ORANGE RIVER

Demarcación independiente bastante desconocida de la frontera con Namibia. Vinos aceptables por un precio razonable. Escasa exportación.

OLIFANTS RIVER

La región vinícola de Olifants River se encuentra al sur de Orange River y casi paralela a la costa. El clima entre Koekenaap y Citrusdal es algo más seco (menos lluvias y temperaturas más altas) que en las inmediaciones de Ciudad del Cabo. Los vinos son extremadamente agradables con precios muy aceptables, pero tristemente, más bien para los consumidores locales.

PIKETBERG

Los veranos en la región de Piketberg son particularmente calurosos. La irrigación es aquí esencial porque la lluvia es muy escasa durante todo el año. Vinos de primera clase por precios aceptables.

SWARTLAND

El distrito de Swartland (región costera) se sitúa entre Piketberg, Darling, Malmesbury y Tulbagh. Aquí es donde los vinos comenzaron a mejorar, y donde se producen extraordinarios vinos dulces al estilo del oporto. Aquí se obtienen dos tipos de vino: ligeros, sabrosos y alegres no demasiado caros (por ejemplo, Swartland), y vinos clásicos de calidad superior hechos con variedad de uva nobles (por ejemplo, Alles Verloren).

TULBAGH

Tulbagh es un diminuto distrito de la región costera, al sudeste de Swartland. Dependiendo del microclima y del tipo de suelo, se producen vinos que van de los razonables a los buenos, junto con excelentes vinos clásicos (en Europa son especialmente conocidos Drostdy Hof y Twee Jonge Gezellen).

WELLINGTON (PAARL)

Wellington es una comarca del distrito de Paarl en la región costera, a unos 50 kilómetros de Ciudad del Cabo. Es la sede de la CWA y sin duda la región vinícola más conocida (también por las subastas anuales de vinos y las sesiones de cata de Nederburg). Son por supuesto vinos sencillos y baratos, pero Wellington también tiene algunos vinos excepcionales de primera calidad (incluyendo los conocidos en Europa; KWV, Laborie, Landskroon, Nederburg y Simonsvlei). El clima aquí es como el del Mediterráneo, con largos veranos y lluvias suficientes para evitar la dependencia de la irrigación. Los vinos más conocidos de esta región son los blancos de las variedades de uva sauvignon blanc, chenin blanc (steen) y chardonnay, junto con los tintos de pinotage y cabernet sauvignon.

Tinta Barocca.

FRANSCHOEK (PAARL)

Franschoek es otra comarca del distrito de Paarl en la región costera. Los descendientes de los hugonotes han hecho de su región un verdadero lugar de peregrinaje: Franschoek, también por la producción de vinos. Además de las variedades de uva habituales, estos hugonotes franceses prefieren la sémillon. Algunos de las mejores fincas vinícolas sudafricanas se sitúan en Franschoek: Bellingham, Chamonix, Agusta, L'Ormarins, La Motte y Plasir de Merle. Los actuales vinos (blancos) de Franschoek son a menudo más franceses que los vinos franceses.

DURBANVILLE

Este área vinícola tiene algunos problemas con las afueras de la Ciudad del Cabo que cada vez ocupan más terreno, pero se las arregla para sobrevivir. Durbanville es más conocida por sus vinos tintos de buena calidad, pero también produce blancos excelentes. La vecina Paarl goza de mucha más fama, lo que no es justo por completo, pero Durbanville está trabajando duro para competir con su rival. Nombres conocidos en Europa son los de Altijdgedacht, Diemersdal, Meerendal y Theuniskraal.

Delicioso cuvée de Franschoek.

CONSTANTIA

Este área vinícola se encuentra al sur de Ciudad del Cabo y, con diferencia, es la más húmeda de todas las áreas sudafricanas. Aquí es también donde los primeros colonos holandeses plantaron los viñedos. Constantia fue famosa durante mucho tiempo por sus magníficos vinos dulces de moscatel, pero ahora produce vinos de todo tipo, de lo bueno a lo extraordinario. Las marcas más conocidas de Constantia son Buitenverwachting, Groot Constantia y Klein Constantia.

STELLENBOSCH

Stellenbosch, un distrito de la región costera, no sólo se encuentra en el área que produce los vinos de mejor calidad, además es el centro de investigación y estudio de la industria vinícola. Nombres famosos como Alto, Bergkelder, Jacobsdal, Kanankop, Le Bonheur, Meerlust, Middelvlei, Neil Ellis, Rust en Vre-

Dos excelentes vinos tintos de Franschoek.

El vino tinto más famoso de Stellenbosch.

de, Simonsig, Thelema y Uitkijk tienen su origen en esta zona cercana a la Ciudad del Cabo.

Stellenbosch también es famoso por la calidad de sus vinos tintos de mezcla de variedades y también por sus excelentes blancos y varietales. Kanonkop probablemente produce el mejor Pinotage de Sudáfrica.

WORCESTER

Worcester es un distrito de la región Breede River Valley. Es un área vinícola bastante grande responsable de un cuarto de la producción sudafricana. Los diferentes tipos de suelo y los variados microclimas entre el Breede River Valley y sus afluentes hacen que existan vinos que varían de los razonables a los buenos. También se destila aquí mucho vino para elaborar un brandy local, entre otros el de KWV.

OVERBERG (WALKER BAY, HERMANUS, ELGIN)

Este área diminuta y virtualmente desconocida queda en la costa sur a medio camino entre Ciudad del Cabo y Bredasdorp. Es un recién llegado que promete mucho en el futuro. El suelo es pizarra fragmentada y el clima húmedo y frío garantiza el mejor Chardonnay del país, pero también un excelente Pinot Noir. Dos vinos absolutamente extraordinarios son los de Hamilton-Russel y Wildekrans.

ROBERTSON

Es una región vinícola bastante grande entre Worcester y Klein Karoo. En su día fue famosa por su vino dulce generoso. En la actualidad produce blancos y tintos excelentes de los que sobresalen los elaborados con chardonnay y shiraz. También puede encontrar varios sublimes varietales puros de shiraz, en contraste con otras áreas en las que casi sistemáticamente se mezcla con otras variedades, como cabernet sauvignon. Hay muchos vinos buenos de casas como Rietvallei, Robertson, Rooiberg, Van Loveren, Weltevrede y Zandvliet.

KLEIN KAROO

La mayor región vinícola de Sudáfrica es Klein Karoo, y también la más oriental. Hace mucho calor aquí en verano y la irrigación es esencial. Klein Karoo es famosa por su vino dulce generoso, pero también por el sorprendentemente fresco y afrutado Chenin Blanc (Steen).

Calidad superior de Stellenbosch.

Delicado Chardonnay de Robertson.

VINOS Y TRUCOS PARA SERVIRLOS

Los vinos baratos y comerciales de todas las regiones (blancos, rosados y tintos, a veces en pequeñas bolsas dentro de cajas de cinco litros o más) son adecuados para cualquier ocasión, desde fiestas estudiantiles hasta fiestas en la calle, desde barbacoas (los sudafricanos prefieren decir *braii*) hasta buffetes de platos nacionales. El vino blanco debe servirse a unos 8-10°C (46-50°F); rosados, 10-12°C (50-53,6°F), y los tintos, 14°C (57,2°F).

CAPE RIESLING/KAAPSE RIESLING

A pesar del nombre, no es Riesling como lo conocemos en Europa, sino una variedad de uva diferente, la crouchen blanc, cuyos orígenes no son demasiado claros. A menudo se usa para producir vinos de mesa muy aceptables, pero también para producir algunos vinos buenos con interesantes aromas vegetales de paja y heno. Un vino elegante como aperitivo y delicioso con un entrante ligero. Pruébelo con un paté de hígado de pollo casero. Temperatura de consumo: 8-10°C (46,4-50°F).

COLOMBARD

Esta variedad de uva (a veces llamada colombar) procede originalmente del sudoeste de Francia, el origen de la mayoría de los hugonotes. Produce vinos frescos y afrutados que resultan excelentes como aperitivo o servidos con pescado al grill. Combina con pescado gratinado. Temperatura de consumo: 8-10°C (46,4-50°F).

STEEN (CHENIN BLANC)

Estas uvas tienen su origen en el Loira. La variedad se emplea particularmente por su fina acidez, en Sudáfrica, aunque da lugar a vinos sorprendentemente suaves, que son tanto secos como amables, son frescos y afrutados. Un vino de Steen es apropiado como aperitivo o con un entrante ligero. Un plato sudafricano local para combinar con este vino son pequeñas pastas rellenas de lucio, huevos, queso cheddar y hierbas. Temperatura de consumo: 8-10°C (46,4-50°F).

STEIN

El vino Stein es siempre semidulce o dulce y se hace con uvas steen o chenin blanc.

SAUVIGNON BLANC

A veces conocido como Fumé Blanc, como en Estados Unidos. Los vinos sudafricanos de sauvignon blanc son muy herbáceos con notas definidas a heno y matices a pimienta. El sabor es fresco, seco, aromático y muy redondo. Bébalo con frutas, pescados o incluso platos de pollo. Combina bien con mejillones a la plancha con ajo y vino blanco. Temperatura de consumo: 8-10°C (46,4-50°F).

Sauvignon Blanc.

Bello Chardonnay de Franschoek.

Muchos creeen que es el mejor Chardonnay de Sudáfrica.

Pinotage de Stellenbosch.

(conocida localmente como Hermitage) del que se sabe poco. El profesor Abraham Perold creó esta variedad en 1925 y combina la fiabilidad de la cinsault en términos de volumen y calidad, incluso en los peores años, con la finura de la pinot noir. La mayoría de los vinos se consumen aún demasiado jóvenes, pero existen algunos vinos Pinotage de calidad superior, como el Kanonskop, que envejecen bien (de cinco a diez años). El Pinotage huele y sabe a fruta negra madura con toques a especias (sin embargo, algunas variedades baratas y pobres tienen un desagradable olor a acetona y a neumáticos viejos). Algunos de los mejores vinos el Pinotage tiene bastante tanino cuando son jóvenes, pero se suavizan después de haber envejecido durante algunos años. No olvide probar un buen Pinotage con *Beesvleis Pinotage*, guiso de buey cocido en vino Pinotage. Temperatura de consumo: 16°C (60,8°F).

CHARDONNAY

Los cuvées especiales, que envejecen en barricas de roble, son extremadamente interesantes. Los vinos de Chardonnay son afrutados, cálidos, redondos y robustos. Son más apropiados para los mejores platos de pescado de agua salada o marisco, pero también se pueden tomar con un risotto. Temperatura de consumo: 10-12°C (50-53,6°F).

GRAND CRU/PREMIER GRAND CRU

Esta mención honorífica aparece en la etiqueta de muchos vinos blancos sudafricanos. Sin embargo, no espere un vino excepcional o de calidad superior: es únicamente un aviso en sudafricano de que los vinos son secos.

LAATOESWYN/VENDIMIA TARDÍA

Estos vinos de vendimia tardía, aunque no estén afectados por completo por la *Botrytis* siempre son dulces y particularmente agradables. Los vinos Edellaatoes/Vendimia Tardía Noble tienen los aromas y gustos característicos, así como los vinos tintos nobles. Contenidos en azúcar: Laatoes/Cosecha Tardía, 20-30 gramos de azúcar por litro; Spesiale Laatoes/Cosecha Tardía Especial, 20-50 gramos de azúcar por litro; Edeltoes/Cosecha Tardía Noble, más de 50 gramos de azúcar por litro.

PINOTAGE

Esta uva es la auténtica especialidad de Sudáfrica. Está formada por un cruce antiguo de pinot noir y cinsault

CABERNET SAUVIGNON

En Sudáfrica, la cabernet sauvignon produce vinos con mucho tanino y aromas herbáceos con matices a frutas rojas y grosellas negras. Hay un buen equilibrio entre la fruta y los tonos amaderados. Excelente con carnes rojas y quesos curados. Combina bien con rosbif. Temperatura de consumo: 16-17°C (60,8-62,6°F).

MERLOT

Esta variedad de uva de Burdeos parece estar ganando terreno en Sudáfrica, especialmente en Stellenbosch y Paarl. El Merlot es un vino con cuerpo y suavemente aterciopelado con toques cálidos que incluyen cerezas. Sirva este vino con platos de carne no demasiado pesados. Ideal con cordero cubierto de una mezcla de jerez, miel y tomillo. Temperatura de consumo: 16°C (60,8°F).

PINOT NOIR

La pinot noir es una variedad de uva bastante temperamental que sólo produce resultados excelentes en buenas manos y en buenos años. Un buen Pinot Noir tiene un color característicamente poco cubierto y es bastante aromático, con notas herbáceas y aromas a frutas rojas. Sírvalo con pollo asado con un relleno de champiñones. Temperatura de consumo: 14-16°C (57,2-60,8°F).

Cabernet Sauvignon de la región costera.

Pinot Noir del famoso estado Meerlust.

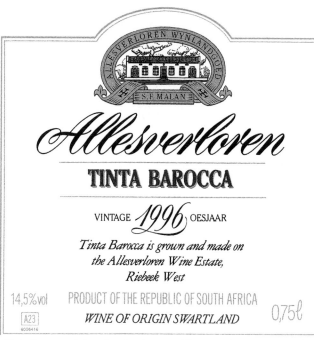

Tinta Barocca, infravalorado, desconocido, pero ciertamente amado.

SHIRAZ

El Shiraz aquí es un vino tratable, aunque algo exótico, con un aroma y sabor sensuales. Este vino a menudo resulta excelente con muchos tonos especiados y cálidos y resulta ideal con cordero o caza al grill. Se combina localmente con un asado de caza. Temperatura de consumo: 16°C (60,8°F).

TINTA BAROCCA

El Tinta Barocca (la ortografía es diferente a la portuguesa, de donde procede esta variedad de uva) es un vino sorprendente con cuerpo completo, cálido, interesante, pero también afrutado, elegante y refinado. Muy delicioso con las mejores barbacoas y con todos los platos de carne frita y cocida a fuego lento. Los sudafricanos lo combinan con avestruz. Temperatura de consumo: 16°C (60,8°F).

RUBY CABERNET

Esta variedad de uva se desarrolló hace muy poco en California y es un híbrido de Cabernet Sauvignon y Carignan. Aunque la calidad de estos vinos no es particularmente alta, merece una mención,

ya que es un vino tinto muy popular, ligero y fácil de beber.

MEZCLAS

Las mezclas de tipo Burdeos de Cabernet Sauvignon con Cabernet Franc y Merlot (Meerlust Rubicon) son

Swatland Shiraz, delicioso pero poco burdo.

Stellenbosch Shiraz elegante y con mucho cuerpo.

La mezcla más famosa de Sudáfrica.

El vino Rust y el
Vrede Estate es uno
de los vinos
sudafricanos más
importantes.

a menudo excelentes, especialmente cuando el proceso de crianza en roble se hace bien. Son vinos extraordinarios, con cuerpo, opulentos y complejos, con aroma de grosellas negras y arándanos, mezclados con especias y vainilla.

El Cabernet-Shiraz es un vino muy interesantes que a menudo envejece muy bien. Sirva este vino, con cuerpo, cálido, poderoso y estructurado, con carne asada o al grill o con queso de pasta dura. Los bastante nuevos Pinotage-Merlots son muy prometedores. Es un vino lleno de sabor que combina especias y frutas. Todos los vinos de combinación de variedades se pueden servir con carnes rojas, cordero, cabra o avestruz. Temperatura de consumo: 16-17°C (60,8-62,6°F).

VINOS ESPUMOSOS

Sudáfrica produce varios vinos espumosos muy buenos. Los mejores se hacen con el método tradicional conocido aquí como *méthode cap classique*. Sólo algunos de estos vinos, como el Pongrácz, pueden competir con los vinos de alta calidad de Champagne.

Los otros vinos espumosos, que no se hacen con el tradicional *méthode cap classique* sino con método transfer, tienen el nombre frívolo de vino espumoso condicionado a la botella, pero también pueden resultar muy agradables al paladar. Temperatura de consumo: 6-8°C (42,8-46,4°F). Sudáfrica también tiene varios vinos espumosos que se producen en grandes depósitos usando el método *charmat*. Éstos también pueden ser interesantes. Finalmente, varios vinos espumosos se obtienen añadiendo dióxido de carbono. Un tipo con menos CO_2 es conocido como perlé. En general, no son vinos de una gran calidad.

Pongrácz: Calidad Superior.

Krone Borealis es un clásico méthode cap.

VINOS GENEROSOS

Los vinos dulces surafricanos como Muscadel (Moscatel de Frontignan) y Hanenpoot (Moscatel de Alejandría) se pueden recomendar con garantía. Los vinos antes pesados y fuertes se han hecho un poco más frescos y más interesantes. Los vinos de tipo oporto y jerez de Sudáfrica pueden competir con los mejores europeos originales. Les falta algo de la delicada frescura de los verdaderos oportos y sherries, pero compensan esto con su carácter alegre. El sherry o sjerrie sudafricano está disponible en las versiones fino, amontillado, oloroso y old brown, de los secos a los dulces. El vino similar al oporto se encuentra en ruby, tawny, late bottled vintage y blanco.

Los mejores vinos espumosos sudafricanos se cierran y etiquetan siguiendo el método tradicional.

Muscatel de Robertson.

Un vino estilo oporto extremadamente meritorio de Swartland.

Las Américas

El continente americano cuenta con un número relativamente pequeño de países productores de vino. Los españoles introdujeron las viñas en Perú (considerado como un auténtico país productor de vino), Argentina, Chile, Méjico y California; los portugueses en Brasil, los británicos en Estados Unidos y Canadá, los franceses en Quebec, Uruguay (vascos) y algunas partes de Estados Unidos.

CANADÁ

La primera aparición del vino canadiense se realiza en la primera mitad del siglo XVII, cuando los jesuitas franceses intentaron obtener vino de los viñedos nativos y salvajes de la *Vitis labrusca*. El vino era de una calidad terrible e incluso parecía entrañar un riesgo para la salud. Se hicieron intentos en todos los rincones de Canadá para hacer vino de esta *Vitis labrusca* extremadamente rural, dando lugar a todo tipo de resultados excepto vinos elegantes. No fue hasta el año 1860 cuando el vino se empezó a elaborar en serio. Más o menos al mismo tiempo, las primeras viñas de la vid europea se plantaban en Ontario (la isla de Pelee) y la Columbia británica (Kelowna, valle de Okanagan), usando, de lejos, el mejor miembro de la familia de uvas *Vitis vinifera*. Aunque la primera bodega se abrió en Ontario en 1873, la Columbia Británica tuvo que esperar hasta 1930. Ontario también encabezó el camino con la legislación sobre el vino. Desde que fue fundada en 1989, la Alianza de Calidad de los Vinateros (VQA) ha estado asesorando e informando a los viticultores de Ontario. Esta organización también controla la estricta política de identificación de origen empleada por Canadá. La Columbia Británica también ha trabajado desde comienzos del siglo XX en la mejora de los vinos, el equipo, y ultimamente la calidad del vino. El mayor problema para la industria canadiense parece ser –aparte de las condiciones meteorológicas casi imposibles– el complejo de inferioridad innato o la extrema modestia de sus viticultores. En la actualidad, los vinos canadienses están recibiendo premios y ganando seguidores en todo el mundo, pero ha sido hace muy poco cuando los canadienses han empezado a creer en su éxito. Se espera un avance importante en los próximos años cuando se ponga en práctica la decisión de la Unión Europea de permitir la importación de Ice-wine canadiense.

ÁREAS DE CULTIVO DE LA UVA

Canadá tiene tres áreas de cultivo de la uva reconocidas: Québec (la más antigua pero no la mejor) y las regiones de Ontario (cerca de las cataratas del Niágara) y la Columbia Británica, de gran calidad.

QUEBEC

Quebec es la provincia francoparlante de Canadá. El clima es de todo menos ideal para el cultivo de las vides y la elaboración del vino. Las temperaturas pueden caer hasta -40°C o incluso menos en invierno, lo que resulta desastroso para las vides. Un puñado de entusiastas probó una forma sorprendente de proteger las vides contra el frío invernal. Las vides se cultivan en podas muy bajas y antes de las primeras heladas se cubren con una capa de tierra que se retira en primavera. Aparte de esta interesante técnica de cultivo y la dureza trabajadora de los viticultores locales, hay poco más positivo que añadir sobre esta región vinícola. Los vinos que hemos probado son extremadamente dudosos y sus precios demasiado elevados.

ONTARIO

Ontario es la región vinícola canadiense con la actividad continuada más larga. Los viñedos se encuentran en tres distritos: la península del Niágara, la orilla norte del lago Erie y la isla de Pelee. Estos tres distritos se sitúan cerca del lago Niágara. El epicentro de la industria vinícola es la ciudad de Niagara-on-Lake, donde la actual generación de viticultores y productores tienen sus orígenes en Alemania, Francia, Italia e incluso en los Países Bajos. Aunque Ontario comparte la misma latitud que Côtes du Rhône, su clima es mucho más duro. Los veranos son calurosos y los inviernos extremadamente fríos. La viticultura sólo es posible cerca del más meridional de los cinco Grandes Lagos, el Erie. El suelo aquí consta de una mezcla de arcilla, gravilla y marga, rico en minerales y oligoelementos. El subsuelo consta de roca dura, que aporta complejidad adicional a los vinos.

Aquí se cultivan diferentes variedades de uvas híbridas, como seyval blanc y vidal, para los vinos blancos, y maréchal foch y Baco noir, para los tintos. Aunque seyval, vidal y Baco noir logran resultados que van de buenos a excelentes, los viticultores de Ontario están dando prioridad a la plantación de más variedades de *Vinifera*, como pinot auxerrois, chardonnay, gewürztraminer, pinot blanc y riesling por un lado, y pinot noir, gamay, cabernet sauvignon, cabernet franc y merlot por otro.

BRITISH COLUMBIA

Aunque durante mucho tiempo aquí se ha producido un vino que dejaba mucho que desear, la última década ha

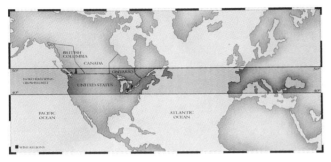

Los viñedos de Ontario se sitúan en el mismo meridiano que el Ródano, pero el clima es muy diferente.

visto a esta región esforzándose por conseguir la mejor calidad. Las vides antiguas híbridas o incluso las peores nativas americanas de *Vitis labrusca* han sido reemplazadas progresivamente por variedades de *Vitis vinifera*. El vino se elabora en dos distritos: el valle occidental de Fraser y la isla de Vancouver, y el este de los valles Okanagan y Similkameen.

Las dos primeras zonas y el valle de Similkameen son añadidos recientes que se encuentran ocupadas en el proceso de desarrollo. El corazón histórico de la Columbia Británica se encuentra en el valle de Okanagan donde

El Pinot Noir gana cada vez más terreno.

las condiciones climatológicas son más adecuadas para el cultivo de las uvas y la producción de vinos. Los veranos son cálidos y secos, con pocas lluvias. El suelo consta de roca, arena fina, arcilla y depósitos aluviales en el sur. Los viñedos más septentrionales que son más frescos y húmedos están plantados principalmente con las variedades de uvas francesas y alemanas auxerrois, bacchus, chardonnay, erenfelser, gewürztraminer, pinot blanc, pinot grois y riesling, mientras que los más meridionales cuentan con las variedades tintas tradicionales pinot noir y merlot. Columbia Británica tiene tres tipos de bodegas: las bodegas de mayor tamaño (*mayors*) son las grandes industrias vinícolas que obtienen sus uvas de todas partes, las bodegas que etiquetan como "estate" usan sólo las uvas cultivadas en Columbia Británica, de las que al menos un 50 por 100 es de sus propios viñedos. Se requiere que lleven a cabo toda la viticultura y actividades de vinificación dentro de sus propias bodegas. Las bodegas agrícolas llamadas granjas (*Farms*) son de un tamaño inferior y deben cumplir los mismos requisitos que las "estate" excepto las uvas que deben proceder de sus viñedos, que en este caso son un 75 por 100.

LOS VINOS

Es preferible adquirir sólo vinos que tengan en el cuello de la botella un sello VQA (Vinter's Quality Alliance o Alianza de Calidad de los Vinateros). Estos vinos no sólo están estrictamente controlados con respecto a su origen garantizado sino que también pasan análisis de sabor, color, aroma, etc. Esto aporta una seguridad de que usted ha comprado uno de los mejores vinos canadienses.

Compre sólo vino con la etiqueta VQA en el cuello.

Canadá también tiene dos niveles de garantía de origen: la amplia categoría de vinos con denominación provincial, por ejemplo, Columbia Británica u Ontario, y las más precisas zonas vinícolas que tienen su origen en uno de los distritos vinícolas reconocidos como los valles de Okanagan, de Similkameen, de Fraser o la isla de Vancouver en Columbia Británica y península del Niágara, orilla norte del lago Erie o isla de Pelee en Ontario.

La fuerza de los vinos canadienses se encuentra en sus vinos blancos frescos y firmes y en los vinos dulces sensuales y sobremaduros. Algunos vinateros y viticultores, sobre todo en Ontario, también pueden realizar excelentes tintos redondos y con cuerpo. La mayoría de los vinos tintos, sin embargo, son muy ligeros de estructura y un poco planos. Lo mismo ocurre con los vinos canadienses que con los del resto de los países: no escoja los vinos más baratos, ya que por un poco más obtendrá más calidad. Los siguientes varietales blancos son generalmente recomendables.

VIDAL SECO

Se trata de un vino seco fresco y firme con un aroma a manzana verde y en ocasiones, en el caso de los mejores, toques a frutos cítricos. Delicioso con pescado y aves de corral.

Vidal seco.

SEYVAL SECO

Vino menos seco que el severo Vidal y posee un aroma que contiene pomelo y un toque a flores y especias. Bueno con pescado, marisco, aves y platos de pasta con nata.

RIESLING SECO

Éste es un vino muy elegante, que va de seco a ligeramente dulce (con algo de azúcar residual), con un aroma complejo (pera, melocotón, manzana y flores de pri-

Seyval seco.

mavera). Combina bien con platos de empanadillas cremosas, pescado, carnes blancas y ensaladas frescas.

CHARDONNAY SECO

La mayoría de los Chardonnays canadienses son frescos y tienen un toque a fruta verde (manzana), son casi corpulentos y cremosos, con un aroma sutil a mantequilla, madera y frutos cítricos.

Los mejores Chardonnays (embotellados con las lías, reservas, y fermentados en barril) son más complejos, con más cuerpo y cremosos, con los típicos aromas a mantequilla o toffee, tostadas y croissants. Delicioso con marisco, vieiras, pescado de mar de sabor fuerte o incluso ternera. Temperatura de consumo: 10-12°C (50-53,6°F) para los vinos más sencillos y 12-14°C (53,6-57,2°F) para los mejores ejemplares.

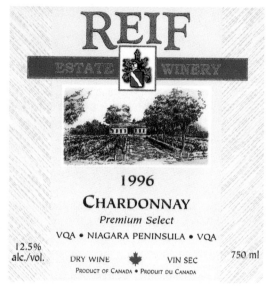

Chardonnay.

GEWÜRZTRAMINER

Este vino que generalmente se elabora amable con azúcar residual, tiene cuerpo y es ligeramente especiado.

Gewürztraminer ligeramente seco (con un toque dulce).

Tiene un aroma seductor en el que se pueden detectar liches, melón, melocotón y especias. Esto debería dar pistas sobre su mejor acompañante: la comida asiática, siempre que no sea demasiado picante

GEWÜRZTRAMINER SEMISECO/VENDIMIA TARDÍA

Éste es más lleno y seductor que la versión amable. Tiene un buen equilibrio entre dulzura, alcohol, fruta y acidez. Ideal con quesos azules y semiblandos pero también con platos asiáticos, terrinas de ave, patés o como bebida para después de la cena.

Gewürztraminer vendimia tardía.

VIDAL MEDIO SECO/VENDIMIA TARDÍA

Un vino dulce con un aroma a frutos cítricos y tropicales y una acidez relativamente viva. Puede disfrutarse por sí solo o con un postre no demasiado dulce.

RIESLING MEDIO SECO/VENDIMIA TARDÍA

Vinos buenos que van de semisecos a dulces. Estos vinos tienen un buen equilibrio gracias a la acidez fina de la uva riesling. Poseen aromas florales muy atractivos y también a manzana, melocotón y miel en los vendimia tardía más dulces. Se recomiendan con salsas de frutas y nata, cerdo, aves o incluso pescado, postres de frutas frescas, alimentos recién horneados, queso de cabra fresco o simplemente como bebida con unos amigos.

ICEWINE

En principio, este Ice-wine se puede elaborar con cualquier tipo de uva, incluyendo las variedades tintas como cabernet sauvignon o franc, pero con algunas excepciones las versiones más interesantes se producen con las variedades vidal y riesling. El método de elaboración de los *ice-wines* es el mismo que el del Eiswein alemán o austriaco y el Vins de Glace del sudoeste de Francia. Las uvas se dejan en las viñas hasta que se congelan por las heladas. Entonces se prensan rápidamente y el líquido congelado se queda con las pieles y las semillas y sólo los zumos más dulces salen de la prensa. Estos zumos son tan concentrados que las levaduras, que normalmente pueden vivir con un nivel de alcohol de hasta el 15 por 100, mueren con un 8 ó 9 por 100. Los *ice-wines* son muy complejos, poderosos, extremadamente aromáticos con notas como albaricoque, melocotón, melón dulce y miel en los de variedad vidal, y albaricoques, frutas tropicales, frutos cítricos, tofee y matices vegetales en los de riesling. Después de una buena comida disfrute del resto de la tarde bebiendo este vino sin otro acompañamiento, junto a sus viejos amigos o a su pareja. Temperatura de consumo: el ice-wine debería servirse frío, 8-10°C (46,4-50°F), pero después debe dejarse entibiar despacio.

ROSADO

La mayoría de los rosados canadienses tienen una estructura muy ligera y no son demasiado interesantes. Sin embargo, su carácter afrutado y buena acidez aseguran que combinan bien con buffets fríos y almuerzos rurales.

Riesling cosecha tardía.

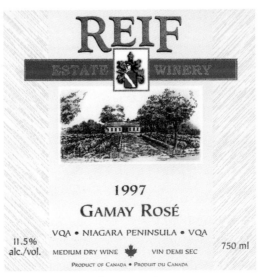

Gamay rosado.

BACO NOIR

Se trata de un híbrido francocanadiense sorprendente que produce resultados bastante interesantes en Canadá: unos vinos con cuerpo, savia y sabor y muy aromáticos, con sugestiones a grosellas negras, arándanos, tabaco y matices animales. Algunos buenos varrietales de Baco Noir recuerdan ligeramente a los mejores vinos Syrah del Ródano. Sírvalos con cordero asado. Temperatura de consumo: 16-17°C (60,8-62,6°F).

PINOT NOIR

El Pinot Noir canadiense recuerda vagamente a sus primos de Borgoña, sólo que son algo más frescos y afrutados. Un vino adorable con caza menor, aves o quesos maduros. Temperatura de consumo: 14-16°C (57,2-60,8°F).

Baco noir.

CABERNET

Muchos vinos Cabernet canadienses se hacen mezclando cabernet sauvignon y cabernet franc, y a veces pueden incluso contener merlot. Escoja los mejores vinos, que son realmente excelentes: sorprendentemente poderosos, con una fruta seductora y taninos suaves. Son vinos para platos de carne delicados, preferiblemente de vacuno. Temperatura de consumo: 16-17°C (60,8-62,6°F).

OTROS VINOS

Las mejores bodegas de vino también producen excelentes varietales: Sauvignon, Aligoté, Viognier, Gamay Blanc y Gamay Rouge. No obstante, estos vinos no son muy abundantes.

LOS MEJORES VINOS CANADIENSES

Merece la pena que pruebe los siguientes vinos de las mejores bodegas canadienses:

– Ontario: Château des Charmes, Hildebrand Estates Winery, Inniskillin, Marijnissen Estates, Reif Estate Winery (todos de Niagara-on-Lake); D'Angelo (Amherstburg); Henry of Pelham (St. Catharines); Stoney Ridge Cellars (Winona); Lakewiew Cellars (Vineland); Cave Spring Cellars (Jordan); Colio Estate (Harrow), y Pelee Island Winery (Kingsville).
– Columbia Británica: Calona Vineyards, Quails Gate, Summerhill, Mission Hill, Cedar Creek, St. Humber-

Sauvignon blanc.

Viognier.

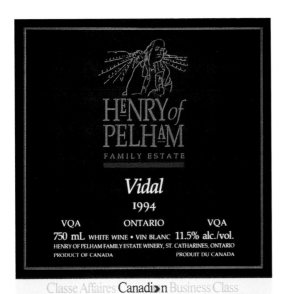

Henry de Pelham, muy fiable.

Sobresaliente vino de Château des Charmes.

tus (todos de Kelowna); Hawthorne Mountains, Inniskillin Okanoga, Jackson Triggs, Peller Estate (Okanoga); Domaine Combret, Tinhorn Creek (Oliver) y Langley's Estate Winery (Langley).

ESTADOS UNIDOS

California es el mayor productor de vinos norteamericanos. Sin embargo, existen otras cuatro regiones vinícolas en Estados Unidos: el Nordeste (Nueva York: lago Finger y Erie, río Hudson y Long Island), el Sur y el Medio Este (Tejas, Carolina, Nuevo Méjico, Georgia, Missouri, Arkansas e Iowa); California (Napa, Sonoma y Carneros) y el Noroeste (estado de Washington, Oregón e Idaho). La industria vinícola ha crecido en las pasadas décadas y cada vez más americanos han llegado a envidiar el éxito de los viticultores californianos. Muchas compañías vinícolas europeas que se han sentido constreñidas en el mercado europeo han

Viñedos californianos, Bernardus, Carmel Valley.

decidido también tomar parte activa en la industria estadounidense. La industria vinícola es aún un gran negocio en Estados Unidos, pero ha surgido una nueva generación de viticultores que además de amar sanamente al dólar también tienen una tremenda pasión por hacer buen vino. Cada vez hay más viti-

Tintos y blancos de California, la identificación de origen más amplia de California.

cultores de pequeña escala que se atreven a competir con los gigantescos productores californianos. La industria vinícola americana es ahora más interesante que nunca.

IDENTIFICACIÓN DE ORIGEN

El sistema de clasificación de Estados Unidos es muy simple. La principal identificación de origen es la región; por ejemplo, California. Para tener derecho a entrar en esta clasificación, todos los vinos tienen que estar hechos con uvas de esa región específica en un 100 por 100.

A continuación el condado; por ejemplo, condado de Sonoma. Todos los vinos que lleven esta identificación deben tener su origen en California y tener al menos un 75 por 100 de uvas del condado declarado.

El siguiente es el Área Viticultora Americana (AVA), que incluye características muy específicas, como clima, suelo y/o situación. Hay otro requisito: que al menos un 85 por 100 del vino contenido en la botella debe tener su origen en la región declarada. El tamaño de estos AVAs puede

Chardonnay de Mendocino County.

Pinot Noir de A. V. A.
Oregón.

variar de los muy pequeños a los bastante grandes. Debería recordar que la identificación reconocida de origen sólo se refiere al origen del vino y no a su calidad. Es más importante que el consumidor esté más atento al buen nombre de la casa vinícola y no al origen de los vinos. Especialmente cuando considera que lo que está en la etiqueta no es siempre lo que parece ser. Si, por ejemplo, se menciona Chardonnay en la etiqueta, esto significa que el vino debe contener al menos un 75 por 100 Chardonnay. Lo mismo se aplica al año: un vinatero puede añadir vino de otro año hasta un máximo del 5 por 100.

Según las leyes estadounidenses, este vino contiene un mínimo del 75 por 100 Chardonnay y un mínimo del 95 por 100 del vino del año de cosecha indicado.

NORDESTE

El Nordeste cuenta con las siguientes identificaciones de origen reconocidas: (AVAs): Nueva York (incluyendo los lagos Finger, Erie, el río Hudson The Hamptons (Long Island), Nueva Inglaterra (Western Connecticut Highlands, South Eastern New England), Ohío, Michigan y Virginia (incluyendo el valle de Shenandoah). El clima de Nueva York está en el límite para el cultivo de las vides y la producción de vinos. Los veranos son generalmente muy cálidos y secos, pero los inviernos son a menudo excepcionalmente crudos. La viticultura es sólo posible donde el clima está suavizado por los grandes ríos, los lagos o por el océano Atlántico. Es muy importante plantar las vides en un subsuelo con buen drenaje. A pesar de las campañas gubernamentales promoviendo la plantación de variedades de la *Vitis vinifera*, algunos aún siguen con las inferiores y anticuadas variedades concord, catawba, delaware y niágara. Los mejores vinos se hacen con chardonnay, riesling, cabernet sauvignon, cabernet franc (río Hudson), merlot y pinot noir. Los vinos de variedades como la concord no son nada especiales. A menudo se añaden cantidades considerables de azúcar al mosto para enmascarar la alta acidez y el sabor marcado, lo que ciertamente no ayuda a la finura del vino. Los vinos de *Vitis vinifera* están en la cuerda floja, lo que es comprensible dado el clima, pero también son extremadamente aromáticos y particularmente afrutados. No son vinos de altos vuelos, pero la calidad está mejorando progresivamente.

SUR Y MEDIO ESTE

La región del Sur y Medio Este es enorme y los viñedos se extienden sobre una gran superficie. Se encuentran entre Denver en el centro, Columbia en la costa este, al sur de una línea formada por Austin, Nueva Orleáns y Orlando, y finalmente Florida. Los primeros pioneros, pero en particular los monjes, plantaron los primeros viñedos en Nuevo México. El territorio ahora conocido como Nuevo México y Tejas era entonces parte del Imperio español. Los inmigrantes alemanes introdujeron la viticultura en Missouri, Georgia y Carolina en el siglo XIX. Otros inmigrantes hicieron lo mismo en Arkansas. Estos viñedos, que combinaban la *Vitis vinifera* europea con muchas variedades autóctonas e híbridas, nunca han sido tan conocidos y sus vinos estaban destinados al consumo local. Cuando la viticultura y la producción de vinos comenzó a hacer mella en América en los años 60 y 70, los viticultores de Tejas, Nuevo México, Georgia y Carolina del Sur y del Norte vieron su oportunidad. El área de vides en cultivo en Missouri, Arkansas, Iowa, Arizona, Colorado, Tennessee, Mississipi, Louisiana y Florida también ha sido sustancialmente extendido, y el cultivo y las variedades mejoradas durante la última década.

El clima no es realmente favorable, ya que los veranos son extremadamente calurosos y los inviernos severos. El norte de la región es demasiado seco, pero la irrigación puede llegar a hacer milagros. En el sur, por otro lado, hay demasiada humedad, pero aquí los viticultores buscan sitios a niveles más altos, donde hay más viento y más sequedad. El área es extensa y cuenta con varios lugares oficiales de origen o AVAs, entre los que se incluyen Texas Hill Country, Bell Mountain, Fredericksburg, Escondido, Nuevo Méjico, Missouri y Virginia.

Aunque existen aún muchas variedades nativas e híbridas en estas áreas, las empresas que se dedican seriamente al vino se están cambiando cada vez más a variedades de la *Vitis vinifera*. Hay una variedad de uva autóctona que supone la excepción: la scuppernong, que da lugar a vinos agradables y muy aromáticos, de estilo moscatel, en alguno de los estados del sur. Todas las otras variedades autóctonas e híbridas se destinan únicamente al consumo local.

Las variedades de uva más empleadas ahora son chardonnay, sauvignon blanc, riesling, trebbiano, chenin blanc y colombard para los vinos blancos, y cabernet sauvignon, cabernet franc, merlot y zinfandel para los tintos. Aunque estos vinos se encuentran rara vez fuera de Estados Unidos, los vinos de Tejas merecen una mayor acogida.

NOROESTE

La región del Noroeste se conoce con el nombre de Estado de Washington y Oregón. Los ríos Columbia y Snake son de vital importancia para el cultivo de la uva en esta zona, que tiene lugar en la zona del sudeste de Seattle, a ambos lados de Portland. El cultivo y la producción de esta zona es un fenómeno relativamente moderno. Se dio el caso de varios intentos con variedades oriundas de uva en el siglo XIX, pero no fue hasta la introducción de los distintos proyectos de riego del siglo XX cuando el cultivo de la uva a gran escala fue un hecho factible. El auténtico progreso en Oregón se produjo en los años 70 cuando los agricultores más emprendedores plantaron variedades europeas. El Pinot Noir de Oregón es en la actualidad un vino mundialmente famoso gracias a las inversiones que han realizado diversas compañías francesas, como Drouhin de Beaune.

El clima en el noroeste de los Estados Unidos es princimalmente templado pero casi árido y desértico en el Estado de Washington, donde se depende totalmente del sistema de riego. Los inviernos en el Estado de Washington son incluso más fríos que en Oregón. El suelo varía de arcilloso, en Oregón, a tener una capa de subsuelo volcánico como en el Estado de Washington. Por tanto, la selección de los tipos de uva es algo vital. Distintas variedades se cultivan en las dos áreas principales del Estado (Puget Sound, Columbia Valley, Red Mountain, Yakima Valley y Walla Valley) y la zona oeste del Pacífico (incluye Oregón, Willamette Valley y Umpqua Valley). En Oregón predomina el Pinot Noir con el Chardonnay, mientras que las variedades más importantes del Estado de Washington son la cabernet suavignon y la merlot. La imagen se completa con la chenin blanc, la sémillon y la suavignon blanc del Estado de Washington, y la pinot gris de Oregón, de bastante buena calidad. Por supuesto, los resultados pueden variar entre vinateros, y en Oregón se da el caso de que, dependiendo del clima durante ese año, se producen cultivos de distinta calidad. A pesar de esto, los mejores vinos de la zona son realmente vinos excelentes.

Pinot Noir de Oregón de Drouhin, la famosa casa vinícola francesa.

OREGON PINOT NOIR

Algunos vinos de Pinot Noir de Oregón pueden competir con los mejores vinos franceses. Poseen un color extraordinario, aromas seductores a frutos rojos y negros, como grosellas negras, moras, grosellas rojas y cerezas con

Este espléndido Pinot Noir podría fácilmente proceder de Borgoña.

toques herbáceos y a especies, incluyendo madera, y una textura compleja y armoniosa. También resultan elegantes y con un sabor refinado. También puede distinguir sugestiones a trufas, maderas exóticas y un buen equilibrio entre acidez, alcohol, fruta y tanino, con un regusto prolongado. Estos vinos se pueden guardar durante al menos cinco a diez años cuando desarrollan un aroma a ciruelas, setas, humus, cuero y hierbas. Sirva este vino sensual, mientras aún es joven, con vacuno o pollo en salsa de vino tinto con setas; el vino más viejo debería servirse con platos de caza suaves y quesos semimaduros. Temperatura de consumo: 12-14°C (53,6-57,2°F) cuando es joven y 14-16°C (57,2-60,8°F) cuando es más viejo.

CALIFORNIA

California se subdivide en seis zonas principales. De norte a sur tenemos la costa norte (vinos del norte de San Francisco, hogar del valle Napa, Sonoma y Carneros), Humboldt (en las orillas del río Sacramento), Sierra Foothills (a los pies de las montañas al este de Sacramento), la costa central (sur de San Francisco hasta un poco norte de Los Ángeles), valle Central (un área enorme en las orillas del río San Joaquín), y la costa sur (entre Los Ángeles y San Diego).

Los monjes franciscanos prodecentes de España fueron los primeros en arriesgarse a plantar vides aquí en el siglo XVIII. El vino que producían era para su propio uso. Un francés de Burdeos con el nombre, bastante apropiado, de Jean Louis Vignes, vio las posibilidades aquí en 1830 e importó numerosas variedades europeas de uvas. Las cosas realmente despegaron después de la Fiebre del Oro. Los viticultores abandonaron el sur y dedicaron sus esfuerzos a las áreas central y norte, donde ya tenían un mercado disponible con la gran ciudad de San Francisco. La calidad de estos vinos iba de modesta a pobre. En aquellos días, California elaboraba vinos siruposos y pesados, con poco carácter y frescura. Éste fue el comienzo de la enorme industria vinícola americana de vinos a granel. La Ley Seca de 1919 a 1933, que prohibía la producción de bebidas alcohólicas a escala comercial, supuso un fuerte golpe para el comercio de vinos californianos. Durante mucho tiempo pareció que los viticultores no sobrevirían a esta crisis. No fue hasta los años 70 cuando los cambios comenzaron a tener lugar. La producción de vino se hizo una profesión reconocida y la población de California marchaba a Europa a estudiar con los mejores profesionales del vino. El resultado ha sido espectacular.

Aún hay muchos graneles (vinos inferiores) en California, pero la calidad se está haciendo más importante que la cantidad, tanto en los grandes negocios como en las pequeñas bodegas. Aun así muchos aún consideran California como una región vinícola masivamente industrializada con sus enormes viñedos, bodegas como palacios, interminables baterías de tanques de almacenaje de acero inoxidable, etc. Esta imagen ha permanecido con alguno de los dominios vinícolas del valle Napa, más similares a Disney Wine World que a una producción seria de vinos. A pesar de esto, el número de productores pequeños está creciendo en lugares como el valle de

Domaine Taittinger en Carneros.

Sonoma y Carneros. Estos viticultores y vinateros no sólo saben de qué están hablando, también aportan mucho empuje y pasión a su trabajao.

De aquí que las enormes cantidades de chardonnay y cabernet sauvignon fácilmente vendibles se reduzcan y algunos incluso se atrevan a reemplazarlas con variedades como viogner para los vinos blancos y barbera, sangiovese, syrah y grenache para los tintos.

California tiene varios vinos de agricultura de cultivo ecológico excelentes.

ÁREAS VINÍCOLAS

El clima en California varía enormemente. El clima costero podría ser comparado con el del Mediterráneo, los veranos en el valle central son particularmente secos y cálidos, mientras que las regiones inmediatamente detrás de la costa son mucho más húmedas y con más neblinas. Los viñedos de la costa norte experimentan una mayor presencia de precipitaciones. El suelo también varía mucho, debido en parte a los numerosos terremotos que han asolado esta región: desde cieno y sedimentos a subcapas volcánicas. Sin embargo, los californianos tienden a prestar poca atención al terruño, generalmente seleccionando una uva basándose en sus preferencias climáticas, más que en la idoneidad del suelo. En el pasado, se plantaban las vides en la tierra más fértil, al igual que otras cosechas, para lograr el

Ken Brown del viñedo y bodegas Byron (Mondavil) es uno de los viticultores más jóvenes de California.

Vinos mediterráneos, como este Io (Bodegas Byron), son muy prometedores.

máximo rendimiento. Esto, junto a la alta producción explica por qué estos vinos eran tan poco finos y por qué carecían de carácter. Por suerte, la mayoría de los productores de vino han abandonado esta política.

Los siguientes lugares de origen garantizados son los más conocidos en California: Mendocino County, Lake County, Sonoma County (incluye el famoso Russian River Valley y Sonoma Valley), Napa Valley, Los Carneros, Central Valley, Sierra Foothills, Livermore Valley, Santa Cruz Mountains, Monterey County, San Joaquín Valley, San Luis Obispo Valley y Santa Barbara County. El riego está permitido en toda California, pero no siempre es necesario en todos los sitios. Las variedades de uva más populares son chardonnay, colombard, chenin blanc, sauvignon blanc, riesling, gewürztraminer, pinot blanc y viognier para los vinos blancos, y cabernet

Vinos excelentes del Napa Valley.

RED WINE   PRODUCT OF USA
VIN ROUGE   PRODUIT DES É.U.

750 mL 14.5% alc./vol.

1998

WOODBRIDGE
Twin Oaks

LODI   *Old Vine Zinfandel*

El Zinfandel se está convirtiendo en la imagen del vino californiano.

sauvignon, pinot noir, merlot, barbera, sangiovese, syrah y grenache para los tintos. La variedad de uva clásica de California, zinfandel, está empezando a desempeñar un papel cada vez más importante.

LOS VINOS

Puede encontrar cientos de estilos diferentes en los vinos californianos por las grandes diferencias en clima, suelo, método de vinificación, rendimiento y segmento del mercado al que está destinado. Los vinos inferiores (graneles), destinados durante mucho tiempo a la población local y a los turistas poco perspicaces, deberían ser ignorados en favor de los verdaderos vinos.

CHAMPAGNE CALIFORNIANO (CHAMPAIGN)

Las poderosas casas de Champagne prohíben a todos usar su nombre fuera del área designada de Champagne en Francia, pero aun así encontrará el término Champagne empleado en vinos estadounidenses. Para evitar largos y costosos juicios en los tribunales norteamericanos, las casas de Champagne han tenido que aceptar que nombres como Champagne de California sean legalmente permitidos aquí. Sin embargo, quedan restringidos a los mercados domésticos, de forma que el llamado Champagne de California debe venderse en Europa simplemente como vino espumoso. Los vinos espumosos norteamericanos se presentan en rosado y blanco y pueden ir desde bastante seco al dulce. El más seco es el brut, seguido del Extra Dry, Dry/Sec y Semi Sec, que es el más dulce. Sólo los espumosos de mayor calidad se hacen en Estados Unidos por el método tradicional de segunda fermentación en la botella. La mayoría son producidos por el método de *cuvée close*. Esto muestra que algunas personas aún piensan en el vino como un producto para hacer por un precio. Un tercer método es el *método transfer*, que combina aspectos de los otros dos. Los resultados son de mejor calidad que con el método de *cuvée close* corriente, pero los costes son más bajos que con el método tradicional.

Ya sean rosados o blancos, algunos de estos vinos merecen su atención. Dos de las casas líderes de Champagne hacen buenos vinos estilo Champagne en Estados Unidos. Los de Mumm son buenos y los de Taittinger son excelentes. Los vinos Mumm del valle de Napa son más vivos y menos clásicos que los de Taittinger, que proceden de Carneros, y son más maduros y opulentos. Los

Maravilloso Domaine Carneros Brut de Taittinger.

vinos espumosos ligeros son excelentes como aperitivos, los tipos más sabrosos son apropiados para acompañar una comida. Temperatura de consumo: 6-8°C (42,8-46,4°F).

CHARDONNAY

La chardonnay es considerada la mejor variedad de uva blanca del mundo para hacer vino. Muchos afirman que el mejor Chardonnay procede del valle de Sonoma. Ciertamente aquí podrá encontrar Chardonnays notablemente buenos hechos en California, especialmente en el condado de Sonoma. El de California tiene mucho cuerpo, es amplio, sabroso y muy aromático, con toques a higos, piñas, manzana madura, melón, frutos cítricos y miel. El vino cuando envejece en roble desarrolla notas a tostado, frutos secos, vainilla, mantequilla, toffee, etc. Estos Chardonnays no son baratos, pero si escoge uno bueno lo encontrará suntuoso. Acompañamiento ideal para mariscos al grill, ternera y aves (pavo), así

Beringer Chardonnay.

UNFILTERED   NON-FILTRÉ

1999

ROBERT MONDAVI WINERY

NAPA VALLEY

CHARDONNAY

WHITE WINE
PRODUCT OF USA   750 mL 14.0% alc./vol.   VIN BLANC
PRODUIT DES É.-U.

Chardonnay sin filtrar del Napa Valley.

como quesos de pasta blanda. Temperatura de consumo: 10-12°C (50-53,6°F).

SAUVIGNON BLANC

Los vinos Sauvignon Blanc a menudo poseen un ligero aroma ahumado y también pueden ser notablemente vegetales con toques a aceitunas verdes, césped recién cortado, eneldo e hinojo, pero generalmente también son muy afrutados con matices a higos frescos, melón, frutos cítricos, etc. a descubrir. El vino es fresco pero no tan firme como un Burdeos blanco. Aunque la mayoría de los Sauvignon Blancs son secos, también puede encontrar otros ejemplos más dulces. Sirva este vino con mariscos, ternera (con aceitunas verdes, por ejem-

UNFILTERED   NON-FILTRÉ

1999

ROBERT MONDAVI WINERY

NAPA VALLEY

FUMÉ BLANC

WHITE WINE
PRODUCT OF USA   750 mL 13.5% alc./vol.   VIN BLANC
PRODUIT DES É.-U.

Fumé Blanc o más bien Sauvignon Blanc.

plo), pasta con pesto o con ensaladas servidas con queso de cabra batido. Temperatura de consumo: 8-10°C (46,4-50°F).

CHENIN BLANC

Esta uva es muy popular en California, sobre todo en Central Valley, donde se emplea para producir vinos frescos, afrutados y baratos. Esta versión ligera y afrutada se hace en Sonoma y resulta ideal para compartir con los amigos o con almuerzos ligeros e informales. Temperatura de consumo: 8-10°C (46,4-50°F).

GEWÜRZTRAMINER

La mayoría de la uva local gewürztraminer se destina a vinos dulces con notas florales, sugerencias amoscateladas y un toque a especias, pero el Gewürztraminer seco cada vez se está haciendo más popular. Muchos americanos beben el dulce o amable Gewürztraminer como aperitivo. Personalmente prefiero este vino como acompañamiento de pavo asado o jamón cocido y glaseado. El Gewürztraminer seco es excelente con pollo y platos orientales. Temperatura de consumo: 10-12°C (50-53,6°F) seco, 8-10°C (46,4-50°F) semiseco y 6-8°C (42,8-46,4°F) dulce.

ZINFANDEL BLANCO/VINOS SONROJADOS/GRENACHE BLANCO

Zinfandel y grenache son dos famosas uvas tintas pero con ellas también se hacen vinos blancos. El vino, por supuesto, no es verdaderamente blanco, sino rosa pálido. Son creaciones bastante recientes que principalmente están destinadas a un mercado juvenil. La mayoría de los vinos no son

completamente secos y algunos de ellos son incluso amables. Tienen un aroma en el que se puede encontrar helado de vainilla con fresas en el Zinfandel blanco o frutas rojas en el Grenache. Son típicos vinos para disfrutar al aire libre en un picnic o en un patio. Asombroso con platos de pasta fríos o ensaladas de arroz. Temperatura de consumo: 10-12°C (50-53,6°F).

CABERNET SAUVIGNON

El nombre se suele acortar informalmente a Cab. El clásico es uno de los mejores vinos de California. Es cubierto de color y muy aromático con toques vegetales y a césped, más sugerencias a té verde y hojas. El vino tiene bastante cuerpo. El vino puede ser imbebible cuando es joven debido a una sobreexposición a la madera nueva. Después de algunos años desarrolla toda su belleza en un aroma en el que se pueden distinguir cerezas, bayas, hierbas, grosellas, madera de cedro, tabaco, vainilla, menta, pimienta y chocolate.

Famoso Cabernet Sauvignon de Beringer (Napa Valley).

Es un vino para servir con platos de la alta cocina. Asado de cordero o vacuno, aves de caza o incluso con el tradicional pavo asado del Día de Acción de Gracias. Temperatura de consumo: 16-17°C (60,8-62,6°F).

MERLOT

Algo similar al Cabernet Sauvignon, pero mucho más suave y más redondo. El Merlot es accesible mucho antes que el Cabernet Sauvignon. Es realmente apetecible con un aroma a cerezas negras, ciruelas, toffee, chocolate, naranja, menta, madera de cedro, té verde y violetas. La estructura es marcada, con cuerpo y potencia, mientras

RED WINE   PRODUCT OF USA   750 mL 13.0% alc./vol.
VIN ROUGE   PRODUIT DES É.-U.

1998

WOODBRIDGE
Twin Oaks

CALIFORNIA   Merlot

Woodbridge Merlot de California.

que el sabor es suavemente aterciopelado. Un vino excelente con platos delicados de carnes rojas, pero también se puede beber con carnes blancas y aves. Temperatura de consumo: 14-16°C (57,2-60,8°F).

PINOT NOIR

La pinot noir es capaz de combinar complejidad y elegancia como ninguna otra uva. Requiere valentía plantar pinot noir en California, pero no quizá en Los Carneros. Los resultados deseados no se pueden lograr cada año pero cuando el clima lo permita éstos serán sobrecogedores. Los Pinot Noirs californianos son rápidamente encantadores y resultan frescos y afrutados (cerezas) con un toque a hierbas aromáticas y a setas, pero también un aroma sensual a café y a madera de cedro. Su tacto es elegante, lleno, con cuerpo y suave-

Excelente Carneros Pinot Noir de Taittinger.

mente aterciopelado. Vinos ideales con platos de pollo, especialmente cuando se preparan en una salsa de vino tinto, setas y todo tipo de comida al grill, desde carne de cerdo hasta atún fresco. Temperatura de consumo: 14-16°C (57,2-60,8°F), 16-17°C (60,8-62,6°F) para los tipos más robustos.

ZINFANDEL

Ésta es la variedad de uva californiana por excelencia, descendiente de la variedad italiana primitivo. El Zinfandel resulta reconocible por las sugerencias a helado de vainilla con fresas o frambuesas en su aroma, ya sea elaborado en blanco, rosado o tinto. El vino tiene mucho cuerpo, es amplio y tánico, con un matiz a pimienta. Toda América adora este Zin y Europa también está empezando a disfrutarlo. Vino ideal para una típica barbacoa americana con carnes (costillas, entrecot, etc.) o con platos italianos o pizzas americanas. La enorme variedad y gustos del Zin-

Zinfandel maduro y estructurado del Napa Valley.

fandel significan que existe algún plato para cada uno. Temperatura de consumo: 14-16°C (57,2-60,8°F).

PETITE SYRAH/SYRAH

Se trata de dos variedades de uvas diferentes que tienen su origen en el Ródano francés. Ambas producen vinos firmes, con color intenso y son muy aromáticos, con toques a arándanos, frambuesas, mermelada de frutas,

Fascinante Petite Syrah de una pequeña bodega.

pimienta y hierbas aromáticas. Este vino robusto y tánico debería tomarse con platos de carne potentes y bien sazonados o con cordero, buey o caza al grill. Temperatura de consumo: 16-17°C (60,8-62,6°F).

MÉXICO

México es probablemente el país productor de vino más antiguo del Nuevo Mundo. Los conquistadores españoles introdujeron las vides de mano del famoso Hernán Cortés en el siglo XVI. Sin embargo, los resultados fueron muy desalentadores debido a las condiciones tremendamente calurosas y áridas. Los españoles buscaron lugares mejores para plantar las vides al norte de California, pero los resultados fueron también poco satisfactorios. No fue hasta el siglo XVIII cuando los monjes franciscanos mejoraron los viñedos españoles y los llevaron a la extensa California. Después de la separación de California y México, la viticultura en la Baja California (la parte mejicana de California) cayó en una negligencia total. Varias grandes compañías de bebidas y de vino, tanto americanas como europeas, vieron una oportunidad en el siglo XX para establecer una industria vinícola en México en los mejores emplazamientos. De estas compañías, la española Domecq logró un éxito a corto plazo con el vino mejicano. Debido a las condiciones muy calurosas y secas, es esencial para la viticultura encontrar los emplazamientos más frescos, por lo que se escogieron las mesetas más altas. De ahí que algunos viñedos se sitúen de 1.000 a 1.500 metros. Aunque hay otras compañías implicadas en la industria, sólo hay tres bien conocidas a nivel internacional. Se trata de L. A. Cetto, Mission Santo Thomas y Domecq, en menor grado en términos de vino, no de nombre.

Fumé Blanc (Sauvignon Blanc de México).

L. A. Cetto y Domecq tienen viñedos en la Baja California, a unos 80 kilómetros (50 millas) al sur de la frontera con Estados Unidos, en el valle de Guadalupe, y Mission Santo Thomas los tiene en el valle de Santo Thomas. También hay viñedos en la baja California a escala más pequeña, pero del productor vinícola de alta calidad Monte Xanic. Monte Xanic ofrece una pequeña gama de vinos, con un Chardonnay sensual e inolvidable y un Cabernet Sauvignon excelente. Ambos vinos son muy caros y difíciles de encontrar. Domecq vendió sus mejores viñedos a L. A. Cetto y parece no estar tan interesado en el vino. Mission Santo Thomas ha entrado en un proyecto compartido con la famosa compañía californiana Wente y está muy ocupada. Su Sauvignon Blanc, Che-

L.A. Cetto Cabernet Sauvignon.

Particularmente delicioso Petite Syrah por un precio muy razonable.

nin Blanc y Cabernet Sauvignon son auténticas joyas. L. A. Cetto produce una amplia gama de vinos que puede ir desde los muy aceptables y baratos para el consumo local hasta los excelentes Cabernet Sauvignon, Nebbiolo, Zinfandel y Petite Syrah, que principalmente se destinan a la exportación.

Los vinos mejicanos, como el consumidor pronto descubrirá, son largos en sensualidad y cortos en finura. El éxito del vino mejicano se debe a la suave acidez y al sabor potente, redondo y cálido. Además, los vinos de productores como L. A. Cetto son bastante baratos para la calidad que ofrecen. Sirva estos vinos tintos de sangre caliente (Nebbiolo, Zinfandel y Petite Syrah) con recetas sabrosas de carnes rojas, buey o aves al grill. El excelente Cabernet Sauvignon se puede beber joven con carnes blancas o rojas al grill. Temperatura de consumo: 14-16°C (57,2-60,8°F) para el Cabernet Sauvignon y 16-17°C (60,8-62,6°F) para los otros vinos tintos.

SUDAMÉRICA

Poco después de que los conquistadores españoles de Hernán Cortés hubieran introducido las vides en México en el siglo XVI, la viticultura fue introducida en otras partes de Sudamérica. Además de los españoles en Bolivia, Perú, Argentina y Chile y Uruguay, los portugueses en Brasil también desempeñaron un papel destacado en la historia de la viticultura de Sudamérica.

BOLIVIA

Al igual que en el caso de México, fueron los misioneros católicos españoles los que introdujeron las primeras vides en Bolivia entre 1550 y 1570. En 1600 se plantaron los viñedos de Tarija, hoy en día responsables de los mejores vinos de Bolivia. Los primeros viñedos estaban menos orientados hacia la calidad que en la actualidad, produciendo muchos vinos dulces para la comunión de los misioneros y sus seguidores. Las viñas de criolla tinta fueron traídas de California (la Baja California, actual México, y California, actual Estados Unidos) por los misioneros mejicanos. Las vides procedían de Panamá y Perú a Bolivia, donde se cultivaban en huertos. Las vides se guiaban usando árboles, una forma anticuada de viticultura (originalmente las vides se apoyaban en lianas) y un método muy empleado por los misionarios españoles en Sudamérica. La mayoría de estos viñedos primitivos han desaparecido hoy, pero no en Bolivia. En la región de Capinota, entre Oruro y Cochamba, al pie de los Andes, aún hay 88 hectáreas (217 acres) de viñedos plantados a la antigua. Una característica especial de Bolivia es el gran contraste entre la meseta cálida y húmeda del este del país (los llanos) y las regiones frías y montañosas del sudoeste. Las extremidades más altas de los Andes (hasta 3.500 metros/11.482 pies) son demasiado frías para la viticultura (media anual: 5-10°C/41-50°F). Las mesetas con su clima tropical son demasiado cálidas y, lo que es más importante, demasiado húmedas para la viticultura. Los mejores viñedos se

Sorprendentemente agradable Cabernet Sauvignon.
Reserva de Bolivia.

sitúan en los valles de las montañas a unos 1.700-3.500
metros (5.577-11.482 pies) de altura, y donde la temperatura media anual es de las más favorables: 15-25°C
(59-77°F). A lo largo del día los viñedos se calientan
bastante bajo el sol tropical y se refrescan por la noche
con los vientos de la montaña.

Cabernet Sauvignon boliviano.

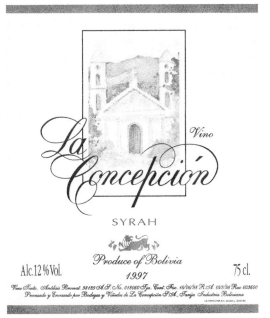

Syrah boliviano.

La cantidad de vinos de calidad producidos en Bolivia es muy reducida y la mayoría de éstos son de calidad
moderada, contando sólo un grupo de compañías que
producen vinos de calidad. Los mejores vinos proceden
de una antigua misión jesuita, La Concepción de Jesús
en Tarija. Los primeros viñedos fueron plantados en
estas tierras hace tanto como 400 años, pero su calidad
intrínseca potencial no fue descubierta hasta 1980. Ser-
gio Prudencio, un enólogo experimentado, decidió plantar vides nobles europeas en las alturas del Tarijadal.
Estos viñedos modernos (90 hectáreas/222 acres) con-
trastaban enormemente con los de las zonas más bajas
donde las vides se seguían guiando con árboles, como
pimenteros, o espalderas. La Bodega de la Concepción
produce vinos de una calidad sorprendentemente alta
con uvas de los viñedos más altos del mundo (hay viñedos más altos en Nepal, pero las uvas no se usan para
obtener vino ¡afortunadamente!). Los vinos blancos de
la Bodega de la Concepción son agradables, pero los tintos son los que atraen más la atención. Entre estos vinos
tintos redondos, cálidos y con cuerpo se encuentran los
Cabernet Sauvignon, Merlot y Syrah, combinando el
fiero temperamento español con los indomables Andes
y la exuberancia de los vinos de California. Desgraciadamente, estos vinos son difíciles de encontrar fuera del
continente americano. El bajo rendimiento de las viñas
resulta en una productividad total baja que ha llevado
a que la demanda sea mucho más grande que los suministros.

BRASIL

La viticultura brasileña data del siglo XVI cuando don
Martín Afonso de Souza, enviado del rey portugués,
don Juan III, plantó las primeras vides en Santos.
Estas vides habían sido traídas de la isla de Madeira.
Los portugueses también llevaron las vides al nordes-

te de Brasil y vendieron el vino a los holandeses, que controlaban el territorio por aquella época. La llegada de los viticultores portugueses de las Azores en el siglo XVIII creó en poco tiempo un nuevo empuje en la industria vinícola de Brasil. Debido a que las variedades europeas eran demasiado susceptibles de enfermar, los brasileños escogieron variedades de uva norteamericanas, como la alexander, isabella, catawba, concord y delaware, todas ellas variedades de la especie *Vitis Labrusca*. Los resultados de estos experimentos no lograron un éxito uniforme y la llegada de inmigrantes alemanes, italianos y franceses a Brasil trajo nuevos conocimientos y viñas.

Brasil cuenta con tres grandes regiones vinícolas: Río Grande del Sur, Nordeste y Vale de Sao Francisco. Muchas de las uvas aún se cultivan como uvas de postre y pueden vendimiarse tres veces al año debido al favorable clima. Algo menos de la mitad de las uvas están destinadas a la producción de vino. Sólo un 20 por 100 de las viñas de Brasil son de las mejores variedades de *Vitis vinifera*, mientras que las otras son variedades híbridas y norteamericanas, usadas para producir vinos a granel. Con las variedades de *Vitis vinifera* se producen vinos que van de aceptables a muy buenos (el Merlot, Cabernet Franc, Sauvignon Blanc). El potencial de Brasil como país productor de vino puede ilustrarse con la cantidad de compañías extranjeras que invierten en la industria como Moët et Chandon, Mumm, Remy Martin, Martini & Rosso, Domecq y Seagram. Cada vez más empresas japonesas están entrando en liza. Parece claro que Brasil pronto se convertirá en uno de los principales productores de vino de Sudamérica.

El vino de calidad está mejorando de año en año. El control de la sanidad y la calidad de la uva ha sido incrementado, las plantas de elaboración han sido renovadas... Todo ello da como resultado los vinos actuales, que son particularmente agradables. Está comenzando una nueva era para el vino brasileño. A los que deseen probar vino brasileño les recomiendo la Vinícola Miolo de Vale dos Vinhedos de Porto Alegre, probablemente el mejor vino de Brasil.

Buen Cabernet Sauvignon brasileño de Miolo.

Surtido de vinos brasileños de Miolo.

URUGUAY

Mientras que Chile y Argentina han sido conocidos como países productores de vino durante bastante tiempo, Uruguay ha estado ocupado en los últimos años en un esfuerzo espectacular por alcanzarles. Uruguay es un país relativamente pequeño en comparación con sus gigantescos vecinos Brasil y Argentina. A pesar de esto, el país tiene una rica historia de producción vinícola. Los conquistadores españoles introdujeron las vides en el siglo XVI y la producción de vinos estuvo en manos de los monjes durante un periodo de tiempo considerable. La producción vinícola de Uruguay obtuvo un empuje importante cuando cientos de inmigrantes procedentes de Francia, Argelia, Alemania, Italia y Suiza se establecieron aquí. Ellos trajeron la noble *Vitis vinifera* consigo. El vasco-francés Pascal Harriague desempeñó un papel muy importante al introducir las variedades de tannat y folle noir en 1870. La tannat es una variedad bien conocida en el sudoeste de Francia, especialmente en Madirán, donde da lugar a vinos extraordinarios de guarda, como los de Alain Brumon. Es por ello que la tannat se ha convertido en el buque insignia de la industria vinícola uruguaya.

A finales del siglo XIX y a principios del XX se plantaron otras variedades nobles de uvas como cabernet sauvignon, merlot, malbec y gamay, las variedades españolas bobal, garnacha y monastrel, y las italianas barbera y nebbiolo. Ninguna de estas uvas ha logrado alcanzar la popularidad o la calidad de la tannat.

Existen nueve regiones productoras en Uruguay: Norte, Litoral Norte, Nordeste, Literal Sur, Centro, Centro Oriental, Sudoeste, Sur y Sudeste, pero la mayoría del vino se produce en el sur del país, cerca de la capital, Montevideo. El clima es moderado con suficiente lluvia como para que el riego sea innecesario. La diferencia entre las temperaturas diurnas y nocturnas es considerable en el norte del país. El suelo es muy varia-

Excelente Chardonnay.

Gewürztraminer uruguayo.

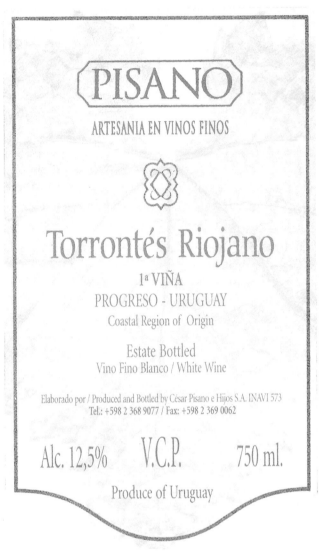

Torrontés especial.

Un Pinot Noir muy fascinante.

do: arcilla suelta en el sur, sedimentos sueltos y fértiles en el sudeste, arena y gravilla en el centro, arcilla firme en el nordeste y gravilla en el norte.

Cabernet Sauvignon.

Merlot.

En Uruguay predominan los vinos blancos pero no son de la mejor calidad. Los mejores son de sauvignon blanc, chardonnay, pinot blanc, riesling, gewürztraminer, torrontés y viognier, y resultan frescos, poderosos y muy aromáticos.

Los vinos tintos se obtienen a partir de cabernet sauvignon, cabernet franc, merlot, pinot noir, nebbiolo y barbera, y están vinificados cuidadosamente con aromas concentrados de fruta madura.

A pesar de esto, el Tannat es el vino más convincente. Tiene un cuerpo lleno y profundo, muy concentrado, con taninos firmes pero no ásperos y posee aromas dominantes de fruta madura y especias con un sabor anplio, poderoso, redondo y masculino. Ciertamente se trata de un vino de guarda y

Un buen Tannat de gama media.

Castel Pujol de Carrau, buen Tannat al viejo estilo.

Sublime y contundente Tannat de Pisano.

El príncipe Carlos también ha descubierto el encanto de los mejores vinos uruguayos.

Los inmigrantes alemanes, italianos, españoles y franceses establecieron las primeras empresas vinícolas independientes. Los viñedos argentinos se encuentran al pie de los Andes, alejados de la polución de las ciudades industriales. El clima es continental, muy seco y muy caluroso, y tiende a la aridez. El riesgo con agua pura de los arroyos de las montañas ha creado las condiciones ideales para la viticultura.

La industria vinícola argentina está influenciada por los Andes.

ÁREAS VINÍCOLAS

La viticultura es posible a lo largo de casi la mitad de la longitud de los Andes (entre los paralelos 25 y 40). Los viñedos se elevan como oasis frescos en un terreno de otro modo desértico.

Es posible cultivar una amplia gama de variedades de uva aquí debido a la gran diferencia entre las temperaturas diurnas y nocturnas. Argentina tiene cinco grandes áreas vinícolas. De norte a sur son:

– Salta/Cafayate queda justo por debajo de la latitud 25° al sur, a lo largo de las orillas del río Sali, entre las ciudades de estos nombres. Los vinos como Cafayate y los de la famosa bodega Etchart proceden de aquí.
– La Rioja/Chilecito, que queda justo por debajo

Trapiche Chardonnay de Mendoza.

Trapiche Malbec de Mendoza.

resulta ideal con carne asada y al grill, a la parrilla o a la plancha. Temperatura de consumo: 16-18°C (60-64°F).

No olvide que un buen vino uruguayo no es barato y evite los ejemplares baratos y dudosos de los supermercados, buscando en lugar de esto vinos mejores como el Tannat RPF, de Bodega Pisano; Castel Pujol Tannat, de Juan Carrau; Tannat Viejo, de Bodega Stagnari o Don Pascual Tannat Barrels.

ARGENTINA

Los conquistadores también introdujeron viñas en Argentina en el siglo XVI. Los vinos resultantes fueron empleados por los jesuitas españoles con propósitos religiosos y medicinales. La industria sólo adquirió su forma presente en el siglo XIX como resultado de una oleada de inmigrantes europeos que trajeron consigo sus mejores variedades cabernet, barbera y sangiovese en el caso de los tintos, y chenin, riesling y torrontés en el caso de los blancos.

de los 30° sur. Esta región es conocida por sus vinos de Bodega La Riojana.
- Mendoza es sin duda la zona vinícola más conocida de Argentina. Queda por encima de la latitud 35° sur, en las orillas de los ríos Mendoza y Tunuyan y es conocida por numerosas buenas bodegas, como Etchart, Nieto y Senetiner, Trapiche, Norton y Flichman.

Hay un área dentro de Mendoza considerada por los entendidos como el área con el mayor potencial para el siglo XXI. Se trata de Luján de Cuyo, al suroeste de la ciudad de Mendoza, que produce vinos de Malbec extraordinarios con su propia denominación de Luján de Cuyo; sin duda esta zona puede asegurar un futuro espectacular.

- San Rafael, queda a una latitud de 35° sur, entre los ríos Diamante y Atuel. Sólo los vinos de Bodega Goyenechea son conocidos hasta cierto punto fuera de Argentina.
- Río Negro, el área más meridional, queda justo al norte de los 40° sur en las orillas del río Negro. Estos vinos son apenas conocidos fuera de Argentina.

LOS VINOS

Argentina ha alcanzado a un ritmo constante un puesto entre los cinco primeros países productores de vino y en términos de producción total ha desafiado la tercera posición de España. Ha sido sólo en la última década más o menos cuando se ha descubierto en Europa el vino argentino y no podemos dejar de mencionar que muchos de estos vinos no merecen ciertamente la descripción de vino de calidad y como mucho pueden calificarse como vinos baratos y agradables. Pero la calidad de la Bodega Trapiche (famosa por su Fond de Cave Chardonnay y

Etchart Tempranillo-Malbec. Delicioso Syrah de la Finca Flinchman.

Cabernet Sauvignon) ha mostrado el camino a otros vinos argentinos de gama alta. Ahora vinos como el Torrontés y el Cafayate Cabernet Sauvignon de la Bodega Etchart se han dado a conocer junto a un número de vinos blancos y especialmente tintos de Norton, como los varietales de Torrontés, Syrah, Cabernet Sauvignon, Barbera y Malbec, junto con la extraordinaria Colección Privada.

La Finca Flinchman produce los sabrosos varietales de Syrah y Cabernet Sauvignon, junto a sus muy buenos Aberdeen Angus Malbec y Cabernet Sauvignon.

Nieto y Senetiner es menos conocida en Europa, pero ciertamente es una de las mejores casas en Argentina, con sus destacados Malbec, Torrontés y Chardonnay.

Etchart Cabernet Sauvignon. Etchart Malbec.

Magnífico Malbec de Nieto y Senetiner.

SAUVIGNON BLANC

El Sauvignon Blanc argentino (excepto las versiones más baratas, que resultan torpes y aburridas) posee un agradable aroma a frutos cítricos, melocotón, albaricoque, kiwi y pomelo con tonos ligeramente vegetales. Es fresco y bastante seco, resultando así un aperitivo perfecto o también, por supuesto, se puede servir con entrantes ligeros, marisco o pescado frito. Es preferible servirlos a 9-10°C (48-50°F).

TORRONTÉS

El Torrontés es una especialidad del vino blanco argentino. Los mejores son de color amarillo verdoso con un toque dorado. El aroma nunca es verdaderamente exuberante, tiende hacia aromas florales sutiles y un toque a frutos exóticos con un claro matiz a moscatel. El sabor es fresco pero no agudo y posee un buen equilibrio y armonía. Agradable aperitivo o acompañante para pescado (guisos) o aves. Consúmalo a 8-10°C (46-50°F).

Típica botella argentina de Torrontés de Pascual Toso.

El Torrontés de Toso se vende en Europa en esta botella.

CHARDONNAY

El Chardonnay argentino suele tener un color dorado pálido con un toque verde. El aroma es encantador y recuerda a manzana madura y mantequilla caliente con un toque de madera y vainilla.

Su cuerpo es lleno y redondo, complejo y amplio.

Destacado Chardonnay de Nieto y Senetiner.

Un buen vino con ternera, aves o pescados con sabores fuertes. Temperatura de consumo: 10-12°C (50-53°F).

Los Chardonnays argentinos más finos, como el Trapiche Fond de Cave, mantienen su elegancia a pesar de su primer plano de cremosidad lujuriosa. El aroma consiste en manzana madura, miel, mantequilla y especia como la canela. Estos vinos impacientes sólo merecen los mejores platos y por tanto se recomiendan con langosta, lubina o dorada. Permita también que este vino alegre su corazón con un guiso de pintada o faisán, especialmente si están acompañados por trufas. Temperatura de consumo: 12-14°C (53,6-57,2°F).

BARBERA

Se trata de un vino de color intenso con maravillosos aromas a frutos jóvenes, como cerezas y frambuesas. El sabor es suave, aterciopelado, armonioso y elegante. Este vino seduce fácilmente por su combinación de acidez fresca y su grado alcochólico relativamente alto. Sírvalo con platos de pasta con salsa de carne, lasaña, asado de cerdo, platos cocidos a fuego lento o con una buena barbacoa. Temperatura de consumo: 13-14°C (55,4-57,2°F).

Sensual Barbera de Nieto y Senetiner.

MERLOT

Este vino es particularmente afrutado, sugiere sobre todo ciruelas y arándanos con un toque a moras. Su sabor armonioso y los taninos suaves le hacen muy placentero. Ideal con platos de carne roja no dema-

Merlot muy fascinante de Nieto y Senetiner.

siado especiados, platos a fuego lento, conejo, pintada, pavo, pollo y otras aves. Temperatura de consumo: 14-15°C (57,2-59°F).

Syrah

Vino de color muy profundo con un poder aromático intenso (especias, pimienta, vainilla, tostado y frutos rojos). Tiene mucho cuerpo, posee gran fuerza, pero no tiene tanino duro en boca, aunque sí tiene un final de boca suave y redondo. Sirva este vino superior con cordero asado o a la parrilla. Temperatura de consumo: 16-17°C (60,8-62,6°F).

Cabernet Sauvignon

Éste es un vino clásico obtenido a partir de la maravillosa variedad de uva de Burdeos, pero posee menos tanino que sus homólogos franceses. El aroma recuerda a frutos del bosque rojos y negros con toques a madera y frutos secos. El sabor es suave, estructurado y redondo con un final de boca largo y agradable. Este vino es excelente con todo tipo de carnes rojas, pequeñas aves de caza o de corral. Temperatura de consumo: 16°C (60,8°F).

Los mejores vinos de Cabernet Sauvignon envejecen en roble durante tanto tiempo como en Francia. Estos vinos de alta gama, como Fond de Cave Cabernet Sauvignon de Trapiche, poseen un poder aromático más grande que el de sus homólogos más jóvenes. Poseen un aroma a madera de cedro, tabaco, vainilla, chocolate y mucha fruta

Delicado Syrah de Mendoza.

Excelente Cabernet Sauvignon de Norton.

madura (como grosellas negras). Este vino es recomendado como acompañamiento de carne de buey o cordero al grill. Temperatura de consumo: 16-17°C (60,8-62,6°F).

Malbec

Junto a la variedad de Torrontés, Malbec es el buque insignia de los vinos argentinos. Estas uvas procedentes del sudoeste francés crecen bien aquí, especialmente en Luján de Cuyo. El color es rojo bien cubierto teñido de púrpura y el aroma recuerda a grosellas negras, frambuesas, cerezas y ciruelas. La estructura y los taninos son fuertes pero con la edad se suavizan para formar un vino soberbio, con cuerpo, redondo y de gran complejidad. Es el vino ideal para platos de carne de buey y cordero al grill. Temperatura de consumo: 16-17°C (60,8-62,6°F).

Malbec especialmente agradable de Norton.

La malbec a veces se mezcla con otros tipos de uvas.

Malbec Luján de Cuyo, Denominacion de Origen Controlada

Ésta es la apoteosis de los vinos argentinos. Sólo los mejores pueden llevar esta denominación de origen tan buscada y deben contener al menos un 80 por 100 de uvas de variedad malbec, todas ellas procedentes del área de Luján de Cuyo. El mejor de estos vinos es probablemente el Viña de Santa Isabel Malbec Luján de Cuyo, D.O.C. de la Casa Vinícola Nieto y Senetiner. Posee un rojo rubí intenso coloreado con tintes púrpuras y un aroma muy fresco y afrutado a frutos rojos, miel, vainilla e impresiones de chocolate y maderas. Es un vino extremadamente complejo que resulta tanto refinado como poderoso, con cuerpo y redondo, con gran potencial para envejecer. Si este vino es un anticipo de lo que se puede esperar de Luján de Cuyo en este nuevo siglo, entonces este área dará mucho que hablar. Este vino debería disfrutarse con nada más que la mejor carne, como un suculento y tierno entrecot argen-

Luján de Cuyo tiene los mejores vinos que Argentina puede ofrecer.

tino con guarnición de setas del bosque y trufas. Temperatura de consumo: 17-18°C (62,2-64,4°F).

CHILE

Chile es un país muy alargado pero relativamente estrecho de 5.000 kilómetros de largo y de 90 a 400 kilómetros de ancho (3.125 millas de largo y de 56 a 250 millas de ancho), que se encuentra al pie de la cordillera de los Andes. Las vides crecen aquí sobre unos 1.400 kilómetros (875 millas) entre los paralelos 27 y 39. La variedad de tipos de suelo y microclimas asegura bastante diversidad en los tipos de vino. El clima de Chile es similar al mediterráneo, siendo húmedo en invierno y en primavera con veranos secos. Chile está bendecido con condiciones perfectas para los vinos de calidad, con una diferencia bastante marcada entre las temperaturas diurnas y nocturnas, con muchas horas de luz solar y bastante humedad del océano cercano.

Desde la llegada de los conquistadores españoles en el siglo XVI y a pesar del aumento en la calidad experimentado en el siglo XIX como resultado de la llegada de inmigrantes europeos, el vino chileno había quedado en un estado de letargo casi medieval hasta hace algunos años. Los mismos métodos antiguos para elaborar y criar el vino habían sido usados durante siglos y éstos estaban muy lejos de ser higiénicos. Esto cambió radicalmente a finales de los años 70, cuando la empresa española Torres fue la primera en establecerse en Chile. Los antiguos viñedos fueron arrancados y se plantaron nuevas vides, mientras que las instalaciones vinícolas eran extensivamente renovadas o completamente sustituidas por equipamientos ultramodernos. Los antiguos barriles a menudo sucios fueron reemplazados por pequeñas barricas nuevas de madera. A pesar de estas medidas pasó mucho tiempo antes de que los vinos chilenos modernos llegaran a Europa en grandes cantidades. Nombres como Villard, Santa Rita, Torres, Errazuriz y Santa

Casa Lapostolle (Marnier Lapostolle).

Los Vascos (Lafite Rothschild).

Almaviv es el resultado de un proyecto conjunto entre los franceses de Mouton Rothschild y los chilenos de Concha y Toro.

Carolina fueron los primeros en hacerlo. La exportación de vino chileno comenzó a despegar a lo grande a comienzos de los 90, siguiendo un cambio hacia la democracia en Chile. Grandes compañías como Torres y Concha y Toro (España), Lafite Rothschild, Marnier Lapostelle, Pernod Ricard, Larose Trintaudon, Bruno Prat de Cos d'Estournel y Mouton Rothschild (Francia) y Mondavi de California siguen invirtiendo en la industria vinícola chilena.

ZONAS VINÍCOLAS

Chile cuenta con cuatro grandes regiones vinícolas de las que destacan Aconcagua, el Valle Central y la Región Sur o Meridional. Estas cuatro se dividen en subregiones y, donde es necesario, también en zonas. Las

Los viñedos de Las Vertientes (Errazuriz) a los pies de los Andes.

Los mejores Chardon-
nays proceden del
valle de Casablanca.

Cabernet Sauvignon
clásico de valle del
Aconcagua.

TERRA ANDINA
CABERNET SAUVIGNON
VALLE CENTRAL
1998

PRODUCT OF CHILE
PRODUCED AND BOTTLED BY
VINOS TERRA ANDINA, CURICO, CHILE

13.0% VOL.75CL.

Cabernet Sauvignon del valle Central.

áreas más productivas son Maule, Curicó, Rapel y Maipo, todas situadas dentro del valle Central entre Santiago y Cauquenes.

ACONCAGUA

La región del Aconcagua es el área vinícola más al norte de Chile y comprende dos subregiones: Valle del Aconcagua y Valle de Casablanca. El Valle del Aconcagua es bastante plano y se extiende desde los Andes hasta el mar. Este largo valle mide cuatro kilómetros de ancho (dos millas) en su punto más amplio y está encerrado por montañas de 1.500 a 1.800 metros (4.921-5.905 pies) de alto. El clima es de tipo mediterráneo: moderadamente cálido. El valle de Casablanca es más pequeño, pero está plantado más densamente que el valle del Aconcagua. Se sitúa más cerca del mar, por lo que se beneficia de las brisas marinas características que refrescan y suavizan. Las colinas se elevan hasta una altura no superior a 400 metros (1.300 pies).

VALLE CENTRAL

De norte a sur primero encontrará el valle Maipo, luego el valle Rapel seguido del valle Curicó y finalmente el valle de Maule.

El valle de Maipo, llamado Maipo para abreviar, corre a cada lado del río del mismo nombre. Este valle se estrecha desde los pies de los Andes hasta el mar y

varía en altura de 1.000 metros (3.280 pies) en el este a 500 metros (1.640 pies) en el oeste. Esta diferencia en altitud y, lo que es más importante, las influencias oceánicas en el oeste dan como resultado una gran diferencia en las plantaciones de este a oeste. El valle de Rapel, o simplemente Rapel, es mucho más grande que el valle de Maipo y aquí es el agua de los ríos Cachapoal y Tinguirriga la que se une al río Rapel. La altura media es bas-

TERRA ANDINA®
MERLOT
VALLE CENTRAL
2000

PRODUCT OF CHILE
PRODUCED AND BOTTLED BY
VINOS TERRA ANDINA, CURICO, CHILE

13.8% ALC./VOL. 750 ML.

Merlot del valle Central.

Chardonnay superior
del valle Rapel.

Cabernet Sauvignon del
valle Rapel.

tante baja, menos de 500 metros (1.640 pies), pero algunos viñedos están situados a 1.000 metros (3.280 pies) a los pies de las montañas. Hay aquí dos veces más humedad que en el valle de Maipo, porque los vientos marinos entran fácilmente en el valle.

El valle de Curicó, o simplemente Curicó, es mucho más pequeño que el valle de Rapel, pero está plantado tan eficiente y densamente que la superficie útil de viñedo es

Torres Sauvignon de Curicó.

Torres Cabernet Sauvignon de Curicó.

Vino tinto clásico y fabuloso de Torres en Curicó.

ligeramente más grande que la de Rapel. Este valle no recibe su nombre del río del mismo nombre sino de la ciudad de Curicó. Los viñedos se sitúan principalmente en la llanura central, pero algunos se sitúan en un suelo más inclinado al pie de las montañas. El clima aquí es bastante húmedo como resultado de la proximidad del océano.

El valle del Maul o Maule es el valle más meridional de esta parte central de la industria vinícola chilena. Es un área enorme, pero no necesariamente cultivada de forma eficiente en todas partes. La irrigación procede del Maule y sus afluentes. Este valle alargado está rodeado por los Andes al este y las colinas situadas detrás de la costa al oeste. A pesar de esto, es una zona bastante húmeda, particularmente en invierno.

OTRAS REGIONES VINÍCOLAS

Hay otras dos áreas vinícolas situadas en el extremo norte y sur de Chile. La región de Coquimbo al norte está formada por las subzonas de los valles de Elqui, Limari y Choapa y en el sur están los valles Iata y Bio. Éstas produ-

cen gran cantidad de vino base para la destilería vinícola Pisco. En los últimos años se han producido aquí grandes cambios como la introducción de mejores variedades de uva.

LOS VINOS

Chile produce una gran cantidad de cabernet sauvignon (alrededor del 47 por 100 del total de la producción) seguido de sauvignon blanc, moscatel de Alejandría, chardonnay y merlot (incluida carmenére), sémillon y torrontés. También se producen pequeñas cantidades de carignan, mazuelo malbec, riesling, pinot noir, syrah, chenin blanc, gewürztraminer, cinsault, zinfandel, mourvédre monastrell y sangiovese. La chardonnay al principio no estaba tan extendida, pero ha visto un crecimiento explosivo, con un aumento del 22 por 100 entre 1985 y 1997. Por otro lado, las variedades de uva del país, usadas durante siglos para fabricar vinos inferiores, no se plantan en la actualidad y han perdido una considerable cantidad de terreno. En el periodo correspondiente, la producción de

Vinos Caliterra, un proyecto conjunto entre Errazuriz y Mondavi.

Sauvignon blanc.

uvas del país se había casi reducido a la mitad, de 30.000 hectáreas a un poco más de 15.000 hectáreas (74.130 hasta 37.065 acres). La sémillon también está perdiendo terreno, a expensas de la cabernet sauvignon, merlot, sarmenére y sauvignon blanc. La sauvignon blanc chilena varía en potencia y calidad de zona en zona y también de elaborador a elaborador. El color de un Sauvignon Blanc medio es principalmente amarillo pálido con algún matiz verde. El aroma es muy seductor con aromas frescos a frutas tropicales y césped recién cortado. Algunos vinos tienen un toque a frutos cítricos, grosella (Santa Carolina) o flores (Santa Digna, Torres). El sabor es siempre fresco sin dureza. Resulta un vino ideal con mariscos o entrantes crudos. Temperatura de consumo: 8-10°C (46-50°F).

SAUVIGNON BLANC RESERVA ESPECIAL

Este vino envejece en barrica durante algún tiempo y posee un aroma característico a madera y vainilla sin perder enteramente su fruta. Menos apropiado como aperitivo, pero perfecto con pescado de mar frito o muy frito, o pollo a la parrilla. Temperatura de consumo: 10°C (50°F).

SAUVIGNON BLANC (VENDIMIA TARDÍA)

Se trata de un escaso vino de Concha y Toro que posee aromas dominantes de fruta blanca (como melocotón y albaricoque), melón y miel. Es un vino blanco exuberante y dulce, aunque fresco, con un sabor amplio y un final de boca largo, que debería disfrutarse simplemente cuando le apetezca. Temperatura de consumo: 8-10°C (46,4-50°F).

CHARDONNAY

El sabor del Chardonnay chileno es sobre todo cuestión de la madera en la que ha envejecido y la duración de esta etapa. La humedad de su lugar de origen también desempeña un papel importante. El Chardonnay aquí es de color generalmente amarillo paja pálido con un toque verdoso. La mayoría de los vinos tienen un aroma fresco y afrutado con aromas a manzana, frutos cítricos, pomelo, piña y fruta de la pasión. Estos Chardonnays hechos con las uvas más maduras desprenden aromas intensos y reconocibles a miel, mantequilla, mango, canela, albaricoque, melocotón y una nota ocasional a flores tropicales. Estos vinos criados en roble de buena calidad también adquieren un aroma fresco a roble, avellanas, tostado y vainilla. Estos vinos se distinguen como en España, con el nombre Reserva y Gran Reserva. Todos los Chardonnays son frescos y suaves, cremosos, secos pero no ásperos, redondos y amplios de sabor. El sabor (y el precio) varía de lo sencillo a los vinos buenos, complejos y extraordinarios. Sirva un Chardonnay joven como aperitivo o con pescado o pollo, los poderosos y estructurados con marisco (langosta, cangrejos), vieiras, ternera o aves servidas en una salsa de nata. Temperatura de consumo: 10-12°C (50-53,6°F) para los vinos jóvenes y 12-14°C (53,6-57,2°F) para los Reserva y Gran Reserva.

SÉMILLON (VENDIMIA TARDÍA)

El vino más común de esta noble variedad de uva de Burdeos es fresco e intensamente aromático (frutos cítricos, incluyendo pomelo, y toques ocasionales a vainilla). Este vino seco es equilibrado, rico, con cuerpo y bastante cálido (13-14 por 100). Su fuerza lo hace difícil de combinar con comida, excepto quizá con un pescado de sabor fuerte, carnes blancas o platos de aves, donde la salsa sea algo cremosa sin perder su sabor fresco (por ejemplo, pintada hervida con una salsa suprema de nata preparada con el mismo vino). Temperatura de consumo: 10-12°C (50-53,6°F).

SÉMILLON COSECHA TARDÍA

El color de estos vinos escasos, incluyendo el Viña Carmen, tiende a un tono amarillo dorado y posee un aroma reminiscente a miel y frutas sobremaduras (melocotón y albaricoque). El sabor es suave, aterciopelado, exuberante, dulce y estructurado, con alto grado y un final de boca prolongado. Comparte este Sémillon Cosecha Tardía con los amigos. Temperatura de consumo: 8-9°C (46,4-48,2°F).

VINOS ESPUMOSOS

Chile produce un número de vinos espumosos que van desde los correctos a los excelentes.

Escoja uno de los mejores, como Viña Miguel Torres Brut Nature, que posee un aroma fresco y primaveral a flores de la pradera combinado con frutos tropicales blancos y exuberantes, y un sabor fresco pero delicado a chardonnay con el sabor amplio, opulento y redondo de la pinot noir. Es un vino excelente para beber como aperitivo o como acompañamiento festivo en cualquier ocasión. Temperatura de consumo: 6-8°C (42,8-46,4°F).

CABERNET SAUVIGNON

Estos vinos son clásicos, elegantes y complejos. El Cabernet Sauvignon usual es fresco y afrutado, pero merece la pena comprar los mejores vinos como La Reserva y Gran Reserva. Éstos ofrecen aromas mucho más intensos y una mayor complejidad. El color es rojo rubí bien cubierto con un matiz granate. El aroma recuerda a ciruelas, grosellas negras, fresa, menta y pimienta con toques a vainilla, chocolate, frutos secos, madera de cedro, tabaco y tostado. Cuando es joven este vino es muy tánico, pero los taninos son más suaves cuando pasan dos o tres años. Es un vino increíble con carnes rojas (buey) asadas, al grill o a la plancha. Temperatura de consumo: 16-17°C (60,8-62,6°F).

Cabernet Sauvignon.

CARMENÈRE

La carmenère fue considerada durante mucho tiempo una especie de clon de la uva merlot, y se vinificaba en consecuencia. Durante una visita de Robert Mondavi a los viñedos de Errazuriz en 1990, el viticultor Pedro Izquierdo de Errazuriz descubrió variaciones en la forma y tamaño de las uvas merlot de sus viñedos. Ofreció a Robert Mondavi y Eduardo Chadwick, el propietario de Errazuriz, las uvas para que las probaran. Las extrañas uvas merlot tenían un sabor mejor y más intenso. Después de someter los supuestos clones a prolongados estudios, el especialista francés en uvas Jean Michel Boursiquot finalmente descubrió la verdadera identidad de estos viñedos desviados: eran los restos de una variedad de uva francesa olvidada de la región de Burdeos, carmenère o grande vidure. Esta antigua cepa del sudoeste de Francia, junto con la malbec, fue responsable, en su día, del éxito inicial de todos los vinos tintos de Burdeos antes de la llegada de la filoxera. La cabernet sauvignon y merlot desempeñaron un papel mucho menos importante que ahora. Después de que los viejos viñedos fueran arrancados, las vides de Carmenère no fueron seleccionadas para replantar a pesar de su tremendo historial de calidad. Se creyó que esta variedad de uva era demasiado sensible a las heladas, las lluvias y a una variedad de enfermedades relacionadas con parásitos y hongos, que últimamente daban lugar a rendimientos bajos. Se otorgó preferencia a la cabernet franc. La malbec también tuvo que competir duramente con cabernet sauvignon y merlot. Justo antes de la invasión de la filoxera, los inmigrantes franceses llegaron a Chile llevando viñas jóvenes entre sus pertenencias, que habían traído del sudoeste de Francia. Estas vides incluían cabernet sauvignon, merlot y carmenère. Algunos especialistas en uvas creen que estas variedades eran descendientes de la antigua familia Bitúrica, de la que la cabernet sauvignon es también miembro. Se dice que la biturica se originó en el noroeste de España y que fue introducida en la región de Burdeos por los romanos o los celtas. Por casualidad, las legiones romanas llevaron esta antigua variedad de uva de vuelta a Italia, donde aún se puede encontrar esporádicamente con el nombre de Predicato di Biturica en algunas regiones, entre ellas Toscana.

La carmenère crece bien en Chile donde no está sometida a demasiada humedad o a temperaturas frías. A diferencia de Europa, los parásitos de las hojas y de las uvas son muy raros en Chile, debido en parte a la composición del suelo y al clima. La carmenère es capaz de desplegar totalmente su calidad suprema y su tremenda

La carmenère fue descubierta en los viñedos de Merlot chileno de Eduardo Chadwick (Errazuriz).

fuerza aromática en estas tierras, especialmente cuando disfruta de un periodo de maduración de dos a tres veces más que una merlot. El aroma de la carmenère es predominantemente vegetal (pimientos verdes recién cortados) con mucha fruta (pieles de moras). Si es vendimiada completamente madura en un año muy soleado, los vinos resultantes a menudo desarrollan matices a café o cacao tostado, especialmente después de reposar durante algún tiempo. Debido a su estructura robusta y a su sabor maduro, los vinos de carmenère son excelentes con buey asado o frito o incluso con caza, preferiblemente servida con una salsa de frutas rojas o negras. Este vino también queda bien con pechuga de pato al grill con cerezas, frambuesas o moras. Temperatura de consumo: 15-17°C (59-62,6°F).

MERLOT

Otra uva clásica de Burdeos que crece muy bien aquí. El vino es rojo intenso con algunos toques púrpuras aquí

Merlot Chileno.

y allá. Ciruelas, grosellas negras, arándanos, cerezas negras, guindas y fresas se pueden distinguir en el aroma con matices a pimienta, menta, hierba verde, madera y vainilla.

Los taninos son básicamente suaves y el sabor amplio y redondo. Estos Merlots chilenos son realmente encantadores y resultan apropiados para acompañar platos de carne ligeros. Temperatura de consumo: 14-16°C (57,2-60,8°F).

MEZCLAS (DE VARIEDADES)

En esta categoría se incluyen algunos de los mejores vinos de Chile, incluyendo dos absolutamente imprescindibles, Don Maximiano (Errazuriz) y Seña (Errazuriz & Mondavi). La mayoría de estos vinos se obtienen a partir de combinaciones clásicas de variedades de uvas (generalmente) francesas. Estos grandes vinos deberían ser recompensados con un buen corte de carne, preferiblemente asado o al espetón. Temperatura de consumo: 17-18°C (62,6-64,4°F).

Los mejores vinos tintos chileno son a menudo mezclas de variedades de uvas clásicas francesas

Seña, el vino bandera de Errazuriz y Mondavi.

11 Australia y Nueva Zelanda

Aunque ambos países han producido vino durante muchos años, los avances más importantes para Australia y Nueva Zelanda han tenido lugar en los últimos veinte años más o menos. Los vinos australianos entre tanto se han dado a conocer en todo el mundo, aunque los de Nueva Zelanda siguen por desgracia quedando limitados a un círculo de entendidos, pero esperemos que pronto esto cambie.

AUSTRALIA

No hay ningún país productor de vino del Nuevo Mundo que haya tenido una influencia tan grande en toda la filo-

sofía del vino como Australia, cuya industria vinícola también fue establecida por inmigrantes europeos. Australia estableció un cambio radical en las técnicas de vinificación de forma que se podían elaborar buenos vinos por unos pocos dólares australianos. La industria europea intentó durante años protegerse contra estos vinos australianos, pero el público demostró en masa preferir los sabrosos vinos australianos que estaban listos para beber y son disfrutables, reconfortantes, redondos, con cuerpo y cálidos. Lo que es más, son mucho más baratos. Numerosos enólogos australianos viajan de una empresa europea a otra ansiosos por enseñarles cómo lograr el mismo tipo de resultados. Hace sólo veinte años los aspirantes a productores de vino australianos viajaban a Francia para aprender el negocio

La industria vinícola australiana a menudo es prejuzgada por los europeos.
No todo aquí puede ser considerado grande (bodega Brown Brothers, Milawa, Victoria).

en las empresas francesas. ¡Hoy en día son los aspirantes a productores de vino franceses los que viajan a Australia!

HISTORIA

No cabe duda de que la historia vinícola de Australia no es tan antigua como la propia tierra. El holandés Abel Tasman descubrió por primera vez el sur de Australia y mucho más tarde el británico James Cook descubrió el norte de Australia. Estas regiones fueron originalmente habitadas por los aborígenes, quienes con toda seguridad no bebían vino. Desgraciadamente, aún hay demasiados australianos blancos que creen que la historia de su país sólo comenzó a finales del siglo XVIII cuando Australia se convirtió en una colonia británica. Fue entonces cuando llegaron las primeras vides, destinadas a propósitos experimentales en un jardín botánico. Los primeros viticultores oficiales llegaron a principios del siglo XIX. El escocés James Busby, con alguna experiencia en cultivo de la viña y producción del vino, adquirida en Francia, plantó con éxito los primeros viñedos en el valle Hunter. Pronto las vides crecieron por toda Australia. Aparte del valle Hunter en la costa este, se plantaron en el sur, en las cercanías de Adelaida, Southern Vale y Barossa. Los primeros vinos sabían algo parecido a los actuales vinos del Ródano debido al exceso de sol y la escasez de agua, aunque fueron vendidos con algo de descaro en Londres como borgoña australiano o incluso borgoña. La industria vinícola recibió un impulso repentino e inesperado después de la Primera Guerra Mundial cuando cientos de soldados fueron licenciados y quedaron sin empleo. El Gobierno alentó a los soldados a empezar una nueva vida dedicándose al cultivo y a la producción del vino. Esto demostró ser todo un éxito, incluso demasiado, dado el gran excedente de producción de vino de aquella época. Los viticultores dirigieron sus esfuerzos cada vez más hacia la producción de vinos generosos tipo oporto y jerez. Esto les daba dos formas de librarse de su excedente. La demanda de vinos generosos era enorme y se necesitaba vino para elaborarlos. Hasta los años 60, la mayoría de los australianos preferían beber cerveza o ginebra antes que vino. Los vinos australianos estaban destinados a los inmigrantes locales griegos e italianos y a la exportación. Cuando el Gobierno australiano tomó medidas para reducir el consumo de alcohol en las carreteras, el patrón del consumo de alcohol comenzó a cambiar. El consumo de vino se incrementó a un ritmo constante en Australia, tanto en los hogares como en restaurantes, bares y otros lugares. Aunque existía un cambio hacia los vinos de calidad, el mercado de los vinos a granel permanecía muy activo. Aún está muy extendido aquí el vino en latas, bolsas o cajas. Con un consumo de 19 litros de vino por cabeza al año, la población de Australia queda por detrás de la mayoría de los países europeos, pero un nuevo estilo de vida se hace claramente evidente. Los hábitos de los consumidores de bebidas del mundo cambiaron en los años 70. Se bebe mucho menos vino dulce, haciéndose cada vez más populares los vinos secos. Los productores australianos reaccionaron bien buscando sitios más frescos para variedades como sauvignon blanc, colombard, riesling, chenin blanc

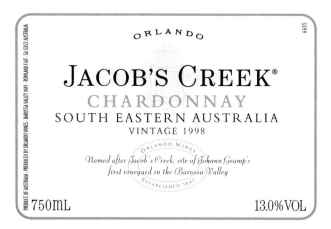

Chardonnay es aún un clásico australiano.

y chardonnay. Un cambio similar también sucedió con el vino tinto. Los vinos australianos habían sido descubiertos en todo el mundo y se tienen en gran estima. El explosivo crecimiento de la industria vinícola australiana seguirá en marcha aún durante un largo periodo de tiempo.

CONDICIONES PARA LA VITICULTURA

La viticultura australiana es bastante típica del panorama del Nuevo Mundo, con enormes viñedos extendidos sobre grandes terrirorios entre Australia del Sur (Barossa y Coonawarra), Victoria (Yarra) y Nueva Gales del Sur (Hunter), más equipamientos de alta tecnología y metodología y rendimientos asombrosos. A pesar de todo esto, Australia no está cerca de la producción de los países vinícolas como Italia, Francia y España. Una gran proporción de la cosecha potencial se pierde por enemigos naturales como granizo, lluvia, calor extremo, fuego, canguros, zorros, cuervos y otros.

El gobierno ha invertido una serie de subvenciones considerables en el desarrollo y la extensión de la industria vinícola local. Hasta los años 70, los vinos más populares eran principalmente los Rieslings dulces. Las plantaciones de riesling se han visto diezmadas desde la llegada de las uvas variedad chardonnay, porque los vinos de ésta tienen más éxito en el mercado de exportación. La chardonnay es ahora la variedad de uva más plantada pero la shiraz también está ganando terreno. Además de éstas hay también otras variedades que son nuevas en Australia y que están ganando popularidad. Así, además de las nuevas plantaciones de shiraz, cabernet sauvignon, cabernet franc, malbec, merlot, pinot noir y ruby cabernet (cabernet y cinsault), cada vez más viñas de sangiovese y barbera se están plantando. La uva blanca que sorprende a todos y que gana popularidad a expensas de chardonnay, sèmillon, riesling, sauvignon blanc, chenin blanc, colombard, muscadelle y traminer, es el verdelho.

Los viticultores australianos son a menudo acusados de poner más énfasis en la variedad de uva que en los aspectos relacionados con el terruño. La crítica no está totalmente justificada porque cada vino es una combinación de factores: la variedad de uva, el suelo, el clima y, por supuesto, el agua subterránea. Los viticultores australianos pueden garantizar a sus clientes calidad constante mezclando vinos de diferentes áreas. Esto puede compensar año a año la variabilidad del clima australiano. El resultado es un vino excelente con un carácter distinguido. Los vinos australianos son casi siempre producto de varios. Es posible que se hagan vinos en un único viñedo en Australia, pero, dado el enorme tamaño de muchos de ellos, esto carecería de credibilidad además de añadir costes e incertidumbre innecesarios. Esto también sería contrario a la política "sabor por dólar" que ha hecho tan famosos a los vinos australianos en el mundo. Un mismo viñedo varía en calidad de año en año y esto no es lo que el consumidor actual quiere.

A menudo es esencial en Australia regar los viñedos. Esto está estrictamente prohibido en la mayoría de los países europeos, incluso durante los periodos más extremos de sequía. Los países vinícolas del Nuevo Mundo consideran la irrigación como algo completamente natural. Sus sistemas están tan bien diseñados que las vides pueden recibir el agua a la altura que sea necesario. También se coloca equipamiento en spray a ambos lados de las vides pero también es posible rociar sólo por un lado. Esto da a las viñas una señal contrastada de forma que las hojas absorben más agua que las uvas y así se mantiene el equilibrio entre el sol y la humedad.

La popular técnica europea por la que se dejan las pieles en contacto para extraer el máximo posible de sustancias aromáticas y gustativas en el mosto (maceración peculiar), sólo se emplea en Australia en los peores años. Las uvas normalmente tienen más que suficientes sustancias aromáticas y gustativas en ellas como resultado de un buen equilibrio entre sol y humedad. La fermentación maloláctica que se usa en Europa se usa aquí sólo de manera parcial. Los vinos australianos no tienen por naturaleza altos niveles de acidez, luego no tiene sentido, ni es deseable, que tenga lugar una fermentación maloláctica completa. El sol también tiene un efecto beneficioso en el crecimiento de las vides. Los viticultores australianos rara vez necesitan añadir fertilizantes al suelo. Los que están a favor de la viticultura orgánica no necesitan dar ninguna voz de alerta como tendrían que hacer en Europa.

Las ideas de los viticultores australianos sobre crianza en barrica también son diferentes. Para dar más sabor a

buen precio han usado virutas de roble para que los vinos más baratos tengan un característico sabor a roble. Es una práctica del pasado, ya que hoy en día las mejores empresas australianas usan enormes tinos en los que una especie de rueda gigante agita constantemente el vino joven. Esto aporta al vino un contacto regular con enormes placas de roble que pueden ser empujadas en el tanque a través de aperturas especiales. El tiempo que el vino pasa en este tanque queda determinado por la fuerza deseada del sabor a roble requerido. El resultado eventual tiene una mayor finura que el uso de astillas de roble. Por tanto la alta tecnología también tiene su lado bueno. De esta forma los mejores vinos aún se siguen envejeciendo en barricas de roble, mientras que los más baratos adquieren su sabor a roble de forma más rápida y eficiente. Este sistema también es respetuoso con el medio ambiente y reduce considerablemente el número de robles que tienen que talarse.

REGIONES VINÍCOLAS

Las vides crecen casi en todas las regiones de Australia pero los vinos sólo se producen en las zonas del sur más frescas. Australia puede dividirse a grandes rasgos en siete grandes regiones. De oeste a este son Australia Occidental, Territorio Norte, Australia del Sur, Queensland, Nueva Gales del Sur, Victoria y la isla de Tasmania. La regiones de mayor importancia son Australia Occidental, Australia del Sur, Victoria y Nueva Gales del Sur.

AUSTRALIA OCCIDENTAL
La única zona de vinos buenos de Australia Occidental queda bastante al sur de Perth, en el interior de la franja costera sudoeste.

MARGAREST RIVER
Margaret River es un área extremadamente fascinante que es menos conocida fuera de Australia, pero esto llegará a cambiar. El clima está fuertemente influenciado por el océano. El suelo es principalmente una mezcla de gravilla, marga con gravilla y arena en un subsuelo de granito. Margaret River es conocida principalmente por su buena cabernet sauvignon, pero otras variedades de uva crecen igual de bien aquí.

AUSTRALIA DEL SUR
Australia del Sur es conocida por las siguientes regiones vinícolas.

CLARE VALLEY
Es una de las áreas productoras de vino más antiguas de Australia, ya que ha existido desde la segunda mitad del siglo XIX. De Clare Valley proceden vinos de alta calidad, en particular tintos muy aromáticos y Rieslings florales extraordinarios. El clima es predominantemente continental, moderado con grandes diferencias entre las temperaturas diurnas y nocturnas, especialmente en verano. Hay suficientes lluvias, principalmente en primavera, que hacen que la irrigación sea innecesaria. El suelo está principalmente sobre arcilla calcífera rojiza o marrón.

Viñedo de variedad riesling para vinos de calidad.

Viñedos en Australia del Sur.

ADELAIDE HILLS

Los viñedos de esta zona se encuentran a una altura de 400-500 metros (1.312-1.640 pies) y son conocidos gracias a la producción de vinos espumosos de calidad. La altura a la que están los viñedos en ocasiones mitiga el calor y conduce a un aumento en las precipitaciones. Dado que la mayor parte de las precipitaciones tienen lugar en invierno, el riego es todavía necesario. El terreno alrededor de Adelaide Hills es un suelo bastante estéril, mezcla de arena y arcilla.

MCLAREN VALE

El McLaren Vale es una de las mejores áreas productoras de vino en Australia y sin duda la mejor en términos de variedades de uva y tipos de vino. La zona es más conocida por los tintos potentes, cubiertos y muy aromáticos y los blancos poderosos. A pesar del efecto de enfriamiento del océano, hay pocas precipitaciones y es necesario el riego. McLaren Vale tiene muchos tipos de suelo diferentes, lo que explica la diversidad del vino. Principalmente hay arena y marga sobre una capa subyacente de arcilla y tiza, o arena, o marga roja o negra erosionada.

BAROSSA VALLEY

Barossa Valley es probablemente la zona vinícola más conocida de Australia, tanto por sus vinos como por su rica historia. El valle fue el primer territorio que los primeros colonos alemanes escogieron para iniciar la industria vinícola. Aquí se habla alemán. El clima es cálido, soleado y con poca humedad. A pesar de esto, el riego es poco frecuente. Las vides se podan en formas bajas, casi como las plantas rastreras, y el rendimiento es intencionalmente bajo. Esto da lugar a vinos excelentes, incluyendo vinos generosos muy concentrados, llenos de color y de estructura. El suelo consta principalmente de arena marrón o arcilla y también de arena oscura.

PADTHAWAY

Ésta es una región vinícola menos conocida en un terreno al mismo nivel, que consta principalmente de marga o *terra rossa* con un buen drenaje. La escasez de lluvias aquí hace que la irrigación sea necesaria durante el verano. Esta zona produce principalmente vino comercial, pero se está produciendo un cambio hacia vinos de calidad, como los de Hardy.

COONAWARRA

Se trata de una región muy bien conocida dentro de Australia del Sur donde la viticultura comenzó a finales del siglo XIX. Los mejores Cabernet Sauvignon australianos proceden de esta región. La zona se sitúa inmediatamente detrás de la franja costera y se ve influenciada favorablemente por el océano. El clima aquí es marítimo moderado, con veranos bastante frescos (según los estándares australianos). El suelo de *terra rossa* roja suelta se ha convertido en un arquetipo en todo el mundo. Si hay un lugar en Australia donde es posible hablar del carácter del terruño ése es Coonawarra.

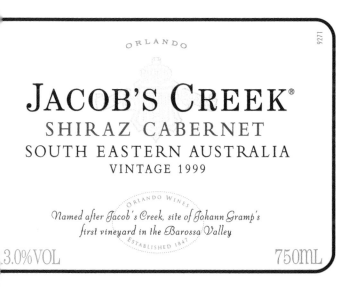

Jacob's Creek, el mayor exponente de Barossa.

Wolf Blass produce vinos delicados
en Australia del sur.

VICTORIA

A excepción de Yarra Valley, las áreas vinícolas del estado de Victoria son poco conocidas fuera de Australia. Se divide en tres subregiones.

GRAN OESTE

Esta zona es conocida por sus vinos espumosos, que fueron los primeros en Australia. Gran Oeste recuerda a la Toscana en versión desierto australiano, con muchas colinas suavemente onduladas. El clima es seco pero bastante fresco para ser australiano. La diferencia entre las temperaturas diurnas y nocturnas puede llegar a ser marcada en verano. Hay pocas precipitaciones y por tanto la irrigación es necesaria. El suelo consta principalmente de capas de suelo muy ácido y pobre con toques salinos, lo que no simplifica la producción de vinos.

DRUMBORG

Ésta es una zona bastante desconocida en el interior de Portland. Las tres variedades de uva bien conocidas pinot noir, chardonnay y pinot meunier forman la base para los vinos espumosos. La zona tiene condiciones idóneas para la elaboración de vinos espumosos, porque tiene relativamente menos horas de sol que el resto de Australia del Sur.

YARRA VALLEY

El Yarra Valley se sitúa en las afueras de Melbourne. El suelo es una mezcla de marga, arcilla y arena extremadamente ácida. Algunas de las mejores tierras también tienen gravilla y cantos rodados. Aquí también hay lluvias escasas, haciendo esencial el riego. El clima es bastante fresco, de forma que el Yarra Valley

Los tranquilos viñedos de Brown Brothers (Victoria).

puede producir vinos auténticamente elegantes.

NUEVA GALES DEL SUR

Nueva Gales del Sur es una gran región vinícola de la que la única zona más conocida es Hunter Valley.

TUMBARUMBA

Tumbarumba es más conocida por sus vinos espumosos de calidad. La zona es bastante difícil para la viticultura por los inviernos severos, excesivas lluvias y veranos fríos. A pesar de esto, los locales se las arreglan para producir vinos blancos y tintos de razonables a buenos con Sauvignon Blanc, Chardonnay y Pinot Noir en un suelo bastante ácido.

GRIFFITH/RIVERINA

Esta zona queda más al interior que la que acabamos de mencionar. El clima cálido y húmedo en verano hace que aquí sea ideal producir vinos de vendimia tardía y vinos con uvas afectadas por la *Botrytis*, que se hacen sobre todo con sémillon. El suelo consta de capas de arena y marga, con algo de arcilla dispersa.

Victoria produce
vinos tintos sorprendentemente frescos
y elegantes.

YOUNG

El área de Young queda en el interior y al noroeste de Camberra. Los viñedos se sitúan a bastante altura en las laderas de las colinas. Aunque hay bastantes precipitaciones durante el verano, que por otra parte es moderadamente cálido, el riego resulta necesario. A pesar de esto el área de Young produce vinos que pueden ir de razonables a buenos.

COWRA

Cowra se sitúa en el interior de Sydney. Los viñedos se sitúan sobre laderas a lo largo del río local. El suelo es una mezcla de arcilla, marga y arena que tiene una acidez bastante alta. El clima tiende hacia continental con veranos calurosos y secos. A pesar de esto hay precipitaciones bastante considerables durante el periodo de crecimiento, de forma que la irrigación no siempre es necesaria. Los vinos de Cowra son sobre todo blancos y se caracterizan por ofrecer plenitud de sabor por poco dinero.

LOWER HUNTER VALLEY

Ésta es una de las zonas vinícolas más antiguas de Australia, y se conoce sobre todo por sus espléndidos Sèmillon y Syrah. El clima es cálido pero hay suficiente agua. El suelo en las laderas donde se sitúan los viñedos es principalmente arena, lo que resulta ideal para los vinos blancos.

UPPER HUNTER VALLEY

Ésta también es zona de vinos blancos, sobre todo de Chardonnay y Semillon. Es algo más cálida y seca que

el Lower Hunter Valley. El suelo consta principalmente de una mezcla de margas ácidas y arena salobre. El Upper Hunter Valley es quizá el área vinícola más pintoresca de Australia.

LOS VINOS AUSTRALIANOS

Australia produce y vende muchos tipos diferentes de vino. Aquellos que proceden de un área determinada se caracterizan por la combinación de terruño y variedad de uva. Las mezclas, por otra parte, se derivan de más de un área o región y su estilo debe mucho más al elaborador particular. El tipo de roble (francés, americano o alemán) usado para las barricas

Los vinos del valle Hunter se mezclan a menudo con vinos de Australia del sur.

también es muy importante. Finalmente, el precio del vino también tiene una gran trascendencia en la complejidad eventual del vino, pero en general cada botella de vino australiano ofrece una buena relación calidad-precio o incluso algo mejor.

Las siguientes descripciones pretenden estimularle a hacer sus propias investigaciones.

Los australianos son famosos por sus vinos mezclados.

VINOS ESPUMOSOS

Considerando los precios bajos, es mejor elegir un verdadero método tradicional que haya experimentado una segunda fermentación en la botella. Los vinos espumosos blancos brut son generalmente frescos y afrutados con toques vegetales ocasionales. Delicados y elegantes, se recomiendan como aperitivo o como refrescante compañía con frutas de verano. Temperatura de consumo: 8°C (46,4°F).

Los vinos espumosos rosados brut son generalmente algo menos secos que los blancos. La nariz es muy afrutada con un ligero toque a caramelos ácidos, fresas, cerezas y frambuesas. Sirva estos seductores civilizados como aperitivo. Temperatura de consumo: 6-8°C (42,8-46,4°F).

Excepcional Chardonnay de Jacob's Creek.

CHARDONNAY

Ésta es la historia del éxito de la industria vinícola australiana. El Chardonnay sencillo y joven que no envejece en barrica es un vino agradable que puede ser delicioso, pero los mejores son los que envejecen en madera. El vino es plenamente maduro y tiene un color intenso, estructura muy compleja y nariz maravillosa, conteniendo frutos exóticos y cítricos con toques terrosos y sugerencias a tostado y frutos secos. Ideales con marisco (langosta, cangrejo, ostras y vieiras) porque a menudo tienen un gusto con matices ligeramente salinos. Temperatura de consumo: 10-12°C (50-53,6°F) (sin madurar) o 12-14°C (53,6-57,2°F) (selección de barriles).

SÉMILLON

Por extraño que pueda parecer, esta variedad de uva típica de Burdeos empleada en, por ejemplo, el Sauternes, produce un vino sorprendente en Australia, que recuerda mucho a un borgoña blanco. Por este motivo se suele mezclar con Chardonnay. Sémillon es un término algo extraño en Australia, ya que algunas áreas como Hunter Valley lo llaman Chenin Blanc, Crouchen o incluso Riesling. El aroma recuerda a frutas maduras y confituras con matices a frutos cítricos y flores. Sirva estos vinos carnosos, con buen equilibrio y vivos, con cualquier tesoro que el mar tenga que ofrecer. Temperatura de consumo: 10-12°C (50-53,6°F).

SÉMILLON/CHARDONNAY

Son mezclas populares en Australia. Este vino aromático recuerda a frutos cítricos, melocotón, albaricoque y frutas tropicales. El Chardonnay aporta un carácter simi-

Sémillon/Chardonnay.

lar a la mantequilla y la complejidad mientras que el Sémillon y la madera de roble proporcionan suavidad y sabor redondo. También se añade un poco de Colombard a esta mezcla para hacer el vino ligeramente más fresco. Ideal con marisco, ternera o pollo. Temperatura de consumo: 10-12°C (50-53,6°F).

SAUVIGNON BLANC

El Suvignon Blanc australiano se asemeja al buen sarraceno más que al burdeos blanco. Estas dos zonas francesas producen sauvignon como su variedad básica. Los vinos son muy aromáticos con toques vegetales característicos, como la pimienta verde fresca (páprika). El sabor es refrescante y vivo y menos tenso que el de Burdeos blanco. Este vino se bebe en Australia como aperitivo o con mariscos o pescados de agua salada, sin salsa, y sin más de un pedacito de mantequilla. Temperatura de consumo: 8-10°C (46,4-50°F).

Sémillon/Chardonnay/Colombard.

CHENIN BLANC

Esta variedad de uva es originaria del valle del Loira francés. Aquí, en Australia, da lugar a un vino completamente diferente que el de Vouvray o Montlouis. Éstos son vinos opulentos, con cuerpo y sensuales, con un buen equilibrio entre dulce y ácido. Estos vinos combinan bien con tostadas cremosas o con pasteles de verdura, aves de corral y especialmente con combinaciones cremosas de marisco y aguacate. También es una elección excelente para acompañar platos orientales, como gambas fritas. Temperatura de consumo: 10-12°C (50-53,6°F).

RHINE RIESLING

Ésta es la verdadera variedad riesling, originaria de Alemania (véase el comentario en Sémillon). Se producen varios tipos de vino con riesling, que pueden ser secos, ligeramente secos (amable) o dulces, afectados o no por la *Botrytis*. El último tipo de vino recibe el nombre de Noble, debido a la podredumbre noble. La riesling da lugar a vinos frescos con un recuerdo a limones en la nariz. El Riesling más seco, cuando es joven, es apropiado no sólo con marisco y pescado, sino también con platos de verduras y ensaladas. El Riesling con cuerpo, seco o ligeramente seco, es excelente con aves de corral o de caza. El Riesling Noble se sirve a menudo con postres dulces, pero combina mucho mejor con hígado de ganso o de pato, patés y terrinas, o con frutas tropicales frescas o quizá albaricoques rellenos en crema de queso. Temperatura de consumo: 8-10°C (46,4-50°F) (jóvenes), 10-12°C (50-53,6°F) (maduros), 6-10°C (42,8-50°F) (Riesling Noble).

GEWÜRZTRAMINER

Se trata de una variedad de uva y un vino muy populares entre los australianos, aunque tengan grandes problemas con el nombre. Los Gewürztraminers australianos son vinos interesantes y exóticos, con aromas afrutados y especiados, un sabor amplio y persistente y un final largo. Aunque los australianos adoran llevar este vino a sus picnics (con salchichas o queso) es mucho más apropiado para platos orientales, como platos chinos con hierbas o curris indios suaves. Temperatura de consumo: 10-12°C (50-53,6°F).

RIESLING/GEWÜRZTRAMINER

Interesante combinación entre la frescura y el aroma a frutos cítricos del Riesling con la redondez y las frescas especias del Gewürztraminer. La mayoría de los vinos son ligeramente secos o incluso semisecos. Este vino es fácil de beber y se puede recomendar con platos orientales, carne blanca o aves en salsa de frutas. Temperatura de consumo: 8-10°C (46,4-50°F).

VERDELHO

Uva sorprendente que tiene su origen en Portugal y produce vinos frescos buenos con aromas sensuales y poderosos a frutas tropicales. El Verdelho es estupendo con marisco, aves o cerdo. Temperatura de consumo: 10-12°C (50-53,6°F).

ORANGE MUSCAT

Éste es el nombre poético para la uva moscatel de Alejandría, muy conocida en el área mediterránea. Esta uva produce aquí vinos extremadamente aromáticos y sabrosos de vendimia tardía.

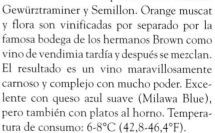

Orange Muscat.

FLORA

Esta variedad de uva se emplea para producir vinos de postre de vendimia tardía, con aromas característicos a fruta madura y un sabor amplio y poderoso. El Flora es un híbrido que resulta de cruzar el Gewürztraminer y Semillon. Orange muscat y flora son vinificadas por separado por la famosa bodega de los hermanos Brown como vino de vendimia tardía y después se mezclan. El resultado es un vino maravillosamente carnoso y complejo con mucho poder. Excelente con queso azul suave (Milawa Blue), pero también con platos al horno. Temperatura de consumo: 6-8°C (42,8-46,4°F).

Delicioso vino de orange muscat y flora.

GRENACHE (GARNACHA)/SHIRAZ

Los vinos rosados no son comunes en absoluto en Australia. Esta mezcla normalmente da lugar a vinos muy afrutados con un aroma a fresas salvajes. Ideales para picnics y barbacoas, pero también como vino de mesa con pollo o pescado de agua salada. Temperatura de consumo: 10-12°C (50-53,6°F).

CABERNET SAUVIGNON

Australia también produce varietales de Cabernet Sauvignon, pero la mayoría de los vinos son mezclas de cabernet sauvignon y shiraz, o cabernet sauvignon, merlot y shiraz. El Cabernet Sauvignon puro es un vino con cuerpo, estructura, poderoso y complejo. Estos vinos necesitan envejecer durante al menos cinco años para suavizarse, porque tienen mucho tanino. Son vinos excelentes con un aroma a ciruela, grosellas negras, arándanos y toques ocasionales a chocolate, vainilla, tabaco o madera de cedro. Sirva este Cabernet Sauvignon con los mejores platos de carne, como filete de vacuno o caza menor. Este vino incluso sabrá mejor si los platos tienen una guarnición de setas a la plancha o castañas. Temperatura de consumo: 16-17°C (60,8-62,6°F).

CABERNET FRANC

Las viñas de cabernet franc crecen principalmente en el nordeste de Victoria y se mezclan con uvas de variedades como merlot. Desgraciadamente, este tinto bastante esca-

El Merlot se suele mezclar con Cabernet Franc.

so es algo menospreciado en Australia. Sabe delicioso con, por ejemplo, cordero al estilo australiano, con una salsa de vino tinto, guisantes y menta fresca. Temperatura de consumo: 14-16°C (57,2-60,8°F).

MERLOT/CABERNET FRANC

La merlot también se usa poco por sí sola y generalmente se vinifica o se mezcla con cabernet o incluso con shiraz. La combinación de un 65 por 100 de merlot y un 35 por 100 de cabernet franc envejecido doce meses en barricas es común en Australia. Da lugar a un vino afrutado con acidez fresca y sabor suave que combina bien con pata de cordero con hierbas. Temperatura de consumo: 14-16°C (57,2-60,8°F).

Sobresaliente Cabernet Sauvignon.

Un Merlot bastante codiciado.

PINOT NOIR

Esta variedad de uva de Borgoña se encuentra en estas tierras en menor cantidad que en Burdeos o en el Ródano. A pesar de ello, el Pinot Noir australiano es una prueba de la habilidad de los viticultores australianos. Cualquiera puede hacer vino del idiosincrático Pinot Noir, pero hacer un buen vino requiere gran conocimiento y mucha pasión. En Australia se encuentran varios estilos de Pinot Noir, de los ligeros, afrutados y opulentos a los estructurados, cálidos, con cuerpo, algunos toques animales y en ocasiones algo pesados. Lo mejor de ellos está entre estos dos extremos y en una nariz seductora que contiene ciruela y cereza, un carácter elegante y con cuerpo y un sabor acariciante. Los tipos más ligeros combinan bien con entrantes ligeros, ensaladas de carne fría y fiambres. Los tipos mejores resultan excelentes con aves de caza. Temperatura de consumo: 14-16°C (57,2-60,8°F).

SHIRAZ

Los australianos usan el nombre original de esta uva y no el nombre afrancesado de Syrah. El Shiraz australiano es un vino sensual con mucho color, tanino y acidez, pero también un aroma maravilloso que tiene fruta negra y madura, como ciruelas, y especia (por ejemplo, pimienta blanca). Un vino maduro de Shiraz desarrolla matices animales con un aroma a cuero y pieles, y ocasionalmente de café moka recién tostado. Compañero ideal de carne asada o al grill y todo tipo de aves de caza. Temperatura de consumo: 16-17°C (60,8-62,6°F).

SHIRAZ/CABERNET

Es una mezcla muy común que produce un vino de color subido con mucha fruta y un sabor suave y redondo pero intenso. El aroma dominante evoca imágenes de cerezas y grosellas negras con un toque a pimienta. Delicioso con todo tipo de platos

La combinación Shiraz y Cabernet Sauvignon es muy clásica en Australia.

principales que contengan carne, caza o aves de corral. Temperatura de consumo: 16-17°C (60,8-62,6°F).

TARRANGO

Interesante híbrido que resulta del cruce entre la variedad portuguesa touriga y la extremadamente productiva sultana, más conocida por sus pasas. Este invento australiano bastante reciente está causando toda una revolución. Aquellos que no están acostumbrados a beber vino enloquecen por el encanto afrutado del Tarrango, que se puede servir en cualquier momento siempre y cuando esté fresco. Los vinos de Tarrango han sido introducidos deliberadamente en catas internacionales de vino a

Tarrango, el Beaujolais australiano.

ciegas para causar confusiones, porque se parece mucho a un Beaujolais francés. Sirva este vino con pescado, fiambres, ensaladas de pasta, carne y lonchas de embutido, queso fresco de cabra, o como bebida con unos amigos. Temperatura de consumo: 12-14°C (53,6-57,2°F).

El Shiraz (Syrah) es la imagen del vino australiano.

NUEVA ZELANDA

Muchos han conocido por primera vez los vinos neozelandeses durante la última década. Estos vinos excepcionales, con su elegancia natural y sus considerables propiedades aromáticas, han conseguido ganarse a todos. Los viticultores de Nueva Zelanda han permanecido discretos y modestos a pesar de todos los elogios de los medios de comunicación y los profesionales. Achacan su éxito a la riqueza de su bello país verde, que felizmente llaman "la mismísima tierra de Dios". La unión entre hombre y naturaleza en Nueva Zelanda es bastante notable y es como si el hombre se sintiera uno con la naturaleza. Esta pasión por la tierra también se encuentra en los vinos de Nueva Zelanda, donde la esencia de la tierra y la fruta se encuentran unidas de forma irresistible.

Nueva Zelanda se encuentra al sudoeste del océano Pacífico y consta de dos islas principales y numerosas islas más pequeñas. La isla del Norte y la isla del Sur forman

Syrah especial del famoso viticultor francés del Ródano, Michel Chapoutier.

Chapoutier también produce este interesante rosado con Syrah.

Syrah australiano producido por Chapoutiers, estructurado y poderoso.

Chardonnay de Nueva Zelanda.

la mayor parte del país y tienen entre 1.500 km (937 millas) de largo y 200 km (125 millas) de ancho en su punto más amplio. La mayoría de los 3.500.000 habitantes viven en la isla del Norte, en ciudades como Auckland, Hamilton y Wellington. Las ciudades de tamaño medio de la isla del Sur son Christchurch y Dunedin.

La isla del Norte tiene tempestuosos orígenes volcánicos y aún permanecen activos algunos de los volcanes, sobre todo alrededor del lago Taupo, donde existen muchos géiseres y manantiales de agua caliente. Gran parte de la isla es montañosa, con varias cimas superiores a los 2.500 metros (8.202 pies). El extremo norte de la isla tiene colinas suavemente onduladas. La isla del Sur está dominada por los Alpes del Sur, dominados por el monte Cook, de 3.764 metros de altura. El centro de estos Alpes está cubierto de enormes glaciares y campos de hielo. La costa sudoeste se caracteriza por sus innumerables islas parecidas a los fiordos y formadas por glaciares. El sur y este de la isla son algo más planos y cubiertos con gruesas capas de fértil suelo aluvial.

El clima es bastante suave y húmedo con precipitaciones distribuidas durante todo el año de forma bastante regular. La diferencia en temperaturas entre el día y la noche y entre estaciones es insignificante, sobre todo en la isla del Norte. Ambas islas sufren vientos húmedos del oeste, pero la alineación norte-sur de las islas y las cordilleras centrales hacen que éstos sólo afecten al oeste. De ahí que caiga veinte veces más lluvia en el oeste de la isla del Sur que en el este. Afortunadamente, la media de horas de sol aquí supera las 2.000 por año, lo que resulta ideal para la viticultura.

HISTORIA

Los misioneros de la Iglesia anglicana fueron los primeros en encargarse del cultivo y la producción del vino. Opinaban que los maoríes debían adaptarse a los aspectos buenos de la civilización antes de convertirse al cristianismo. Se

les puso a trabajar en los viñedos pero pasaron más de veinte años antes de que se pudiera beber el primer vaso de vino neozelandés. Los misioneros franceses mejoraron el cultivo de las vides y lo extendieron. Su labor fue retomada por los inmigrantes ingleses y españoles entre 1860 y 1870. Las condiciones en aquella época, con hongos, plagas de insectos y terremotos, eran tan severas que el mercado del vino estaba muy limitado. La mayoría de los inmigrantes ingleses ignoró el vino a favor del oporto y el jerez de importación. La industria vinícola sufrió una enorme tensión alrededor del 1900 por los movimientos sociales y eclesiásticos que intentaban lograr la prohibición del alcohol. El movimiento a favor de la prohibición fue desapareciendo después de la Segunda Guerra Mundial y la industria del vino cobró un nuevo ímpetu de los inmigrantes dálmatas entre otros. La demanda de vino local creció debido al gran influjo de los inmigrantes consumidores de vino, como los griegos, italianos y yugoslavos. Los inmigrantes ingleses comenzaron entonces a valorar los vinos neozelandeses. Empresas vinícolas australianas como Penfolds inyectaron las inversiones necesarias para crear un avance importante. Los vinos ligeros, suaves y afrutados de Müller-Thurgau eran notablemente populares en los años 70 y durante los 80 estos vinos de variedades de uva de origen alemán fueron sustituidos por variedades francesas. Los resultados resultaron ser asombrosos. Los Chardonnay, Sauvignon Blanc, Gewürztraminer, Pinot Noir, Cabernet Sauvignon y Merlot son de excelente calidad y la demanda se ha incrementado a un ritmo récord, especialmente en el Reino Unido. En quince años, Nueva Zelanda ha logrado convertirse en uno de los grandes países vinícolas y en la actualidad sus vinos son valorados en todo el mundo.

REGIONES VINÍCOLAS

Existen nueve regiones vinícolas importantes (de norte a sur): Northland/Auckland (el corazón histórico del vino

Sauvignon Blanc de Hawke's Bay.

neozelandés), Waikato/Bay of Plenty, Gisborne, Hawke's Bay, Wairrapa, en la isla del Norte, y Marlborough, Canterbury y Otago en la isla del Sur. Los mejores vinos tienen su origen principalmente en las tres áreas principales.

GISBORNE

Gisborne es probablemente la mejor zona para el Chardonnay de toda Nueva Zelanda. Los Chardonnays aquí tienen mucho cuerpo y son redondos debido al clima suave y al fértil suelo aluvial.

HAWKE'S BAY

Hawke's Bay posee las bodegas más antiguas de Nueva Zelanda. El clima es muy suave y el suelo es extremadamente variado, pasando de la fertilidad del suelo aluvial a la gravilla. Esto explica la tremenda diversidad en estilo de los vinos locales. Hawke's Bay es conocida sobre todo por sus vinos de las variedades de uva cabernet sauvignon y chardonnay.

MARLBOROUGH

Esta zona se sitúa en el norte de la isla del Sur. Aquí se obtienen los vinos de Sauvignon Blanc más delicados del mundo, pero los espumosos también están ganando calidad. El clima es más pronunciado aquí que en la isla del Norte, con mucho sol, pocas lluvias y temperaturas relativamente bajas. El suelo es característicamente rocoso, con guijarros, cantos rodados y gravilla. Además de los maravillosos Sauvignon Blanc, también se producen aquí excelentes Riesling y Chardonnay y tintos muy aceptables de las variedades pinot noir, cabernet sauvignon y merlot.

Marlborough Chardonnay.

LOS VINOS

Los vinos de Nueva Zelanda sobresalen no sólo por su calidad, sino también por sus precios bastante altos. Los neozelandeses opinan que la calidad superior de sus vinos tiene gran valor y creen en el entendimiento sano del mundo del vino. Por suerte para ellos, cada vez más expertos en vinos han decidido que el precio de los mejores vinos neozelandeses se encuentra en proporción con su calidad.

¿Qué es lo que hace tan buenos a los vinos de Nueva Zelanda? Se trata de una combinación de su clima con sus técnicas. La sabiduria tradicional de los enólogos europeos ha sido incorporada a los métodos de vinificación más modernos. Pero los neozelandeses no serían los que son si sus vinos no reflejaran el mismo respeto por la naturaleza que ellos mismos. Las enfermedades y las plagas se tratan con métodos biológicos y naturales,

Los vinos Corbans son de fiar.

y no se añade azúcar industrial. Todos aquellos agentes estabilizadores o conservantes que deban ser añadidos al vino (como azufre y ácido cítrico) deben ser regulados por la legislación.

CHARDONNAY

El Chardonnay neozelandés se produce en una variedad de estilos, con y sin crianza en barricas de roble, con y sin contacto adicional con las pieles de la uva durante la vinificación (maceración pelicular), y son claramente característicos del área del que proceden. Los mejores Chardonnays tienen cuerpo y son muy aromáticos (melocotón, albaricoque y manzana) y se reconocen por su acidez delicada y elegante. Maravillosos con langosta, cangrejos o vieiras. Temperatura de consumo: 11-14°C (51,8-57,2°F).

SAUVIGNON BLANC

Los Sauvignon Blanc se encuentran entre los mejores del mundo. En ningún otro sitio las uvas sauvignon aportan tanto poder y un aroma tan expresivo. No se trata de un Sauvignon suave tipo Burdeos, sino que se acerca más a un Sancerre de alto nivel con aromas sobrecogedores a grosellas, pedernal, pimiento verde, espárragos, melón o fruta de la pasión. Un Sauvignon de Nueva Zelanda se aferra a uno y no se termina de marchar. Todos los que lo prueban alaban su gran fuerza y su fruta. Este vino es especialmente apropiado para platos que incluyan espárragos, verduras verdes, junto con ensaladas, entrantes con fiambres y productos de carne en rodajas o pescado muy frito o al grill. Temperatura de consumo: 10-12°C (50-53,6°F).

Morton Estate produce Chardonnay de clase mundial.

RIESLING

Los Riesling, sobre todo los de la isla del Sur, son muy elegantes y aromáticos. Algunos aún poseen ligero azúcar residual (ligeramente secos), lo que resulta muy agradable. Cuando las uvas de Riesling han sido afectadas por la *Botrytis*, los vinos tienen una calidad insólita y se presentan opulentos, carnosos y sensuales, con toques a frutas secas como el albaricoque y también miel en el aroma. Un acompañamiento adorable con platos orientales suaves (curry), pescado o aves. Temperatura de consumo: 8-10°C (46,4-50°F).

GEWÜRZTRAMINER

Aunque son menos conocidos que los vinos blancos que acabamos de mencionar, los vinos Gewürztraminer neozelandeses son notablemente buenos. Son poderosos, llenos y exóticamente especiados. Excelentes con platos orientales picantes, frutas frescas, quesos semicurados de pasta blanda, o simplemente para disfrutarlos. Temperatura de consumo: 10-12°C (50-53,6°F).

El Sauvignon de Nueva Zelanda es extremadamente aromático.

CABERNET SAUVIGNON/ MERLOT/CABERNET FRANC/MALBEC

Los vinos tintos han mejorado en calidad enormemente en los últimos años. Los mejores son los vinos de cabernet sauvignon, merlot y cabernet franc, que pueden mezclarse con un poco de malbec y envejecer en barricas de roble. Aunque estos vinos superiores tienen mucho en común con un vino clásico de Burdeos, se las arreglan para retener un carácter propio. Estos vinos son ideales con una buena pieza de cordero al grill o asado. Temperatura de consumo: 16-17°C (62,6°F).

PINOT NOIR

La producción y la calidad de los vinos de Pinot Noir en Nueva Zelanda está en aumento. Este vino tiene cuerpo, es estructurado y rebosa de aromas. Estos vinos se benefician de algunos años de guarda en la botella antes de ser consumidos. Deliciosos con caza menor, cerdo asado, ternera y quesos suaves. Temperatura de consumo: 14-16°C (57,2-60,8°F).

Un Cabernet Sauvignon muy clásico.

Un excelente Merlot.

Asia

Cuando pensamos en vino, Asia no es el primer lugar que viene a la mente. Es cierto que los asiáticos son conocidos por su sed de vinos caros de Burdeos y Borgoña, pero no exactamente por su producción vinícola. Existen, sin embargo, cuatro países productores de vino en el continente asiático, uno de los cuales cuenta con una historia de producción vinícola muy larga: India. Japón también se ha visto envuelto en la industria durante muchos años, pero sólo recientemente ha experimentado un nuevo resurgimiento gracias a una mejora en la calidad de sus vinos nativos. China probablemente no es la más recomendable en cuestión de nuevos viñedos; sin embargo, la industria del vino chino ha tenido que remontar una gran presión debido al clima político existente. Para terminar, Tailandia comenzó a producir vino hace algunos años.

INDIA

La historia vinícola de la India es extremadamente larga, y se remonta a la época de los hindúes, homólogos de los faraones egipcios. En los antiguos escritos mitológicos y religiosos, aparece regularmente el nombre *soma ras* (vino en hindú), la bebida de la planta soma (vid). Los antiguos indios creían que el vino era el espíritu de la vida, y permitían que fluyera en abundancia en las ocasiones alegres y también en las menos felices. Los griegos, que en tiempos de Alejandro Magno intentaron ampliar su perspectiva del mundo, habían establecido algunos asentamientos en la India. Trabajaron junto a sus habitantes para popularizar el vino, mientras también ayudaban a mejorar las técnicas de vinificación. El néctar de Hyderabad fue bien conocido en el siglo XVII por los viajeros. En el siglo XIX, se plantaron muchos nuevos viñedos para satisfacer la sed de las tropas inglesas de ocupación. Desgraciadamente, las vides indias también fueron golpeadas por la invasión de la filoxera a finales del siglo XIX. Pasó casi otro siglo antes de que se pudieran volver a producir buenos vinos en la India. Gracias a los esfuerzos de un número de compañías e individuos particulares, la India

experimentó un renacimiento a finales del siglo XX. Gran parte de los viñedos indios son propiedad del señor Sham Chougule, el hombre que hizo posible el renacimiento de la antigua región vinícola de Maharashtra. En esta región se producen vinos blancos y tintos muy aceptables a una altura de 750-850 metros. Sin embargo, la auténtica fuerza de este área está en el vino espumoso, que se produce siguiendo el método tradicional (por ejemplo, Marquise de Pompadour). Estos vinos hechos bajo la supervisión de un cualificado enólogo de Champagne, nunca cesó de sorprender a todos con su extrema frescura y elegancia. Este aspecto apenas resulta sorprendente, ya que el clima de Maharashtra es muy similar al de la región de Champagne. Los viticultores indios generalmente han elegido seguir los métodos de vinificación tradicionales franceses y así han llegado a producir vinos asombrosos. La calidad de sus blancos, tintos y rosados puede ser desde moderada a razonablemente aceptable. Se emplean los siguientes tipos de uva: chardonnay (también para los vinos espumosos), chenin blanc, moscatel sauvignon blanc, sémillon, pinot blanc, merlot, cabernet franc, cabernet sauvignon, pinot noir y pinot meunier para los tintos, siendo las dos últimas sobre todo empleadas en los vinos espumosos. Dos vinos indios especiales se producen en Italia bajo la supervisión de un conocido enólogo indio. Los aromas orientales característicos del blanco Sahiba y el tinto Nazraana son resultado de una larga maduración en barricas de madera de sándalo. El Sahiba es un excelente acompañamiento con pescado al curry y platos de carne blanca, mientras que el Nazraana es preferible con curry de carne y platos Tandoori.

TAILANDIA

Aquí se producen vinos blancos y tintos muy aceptables con las variedades de uva chenin blanc y chenin rouge respectivamente, cosechadas de los viñedos del Château de Loei, una región vinícola de 485 hectáreas en Loei, en la frontera entre Tailandia y Laos. Este dominio es propiedad de un rico hombre de negocios tailandés y está gestionado por un enólogo francés de Burdeos. La producción vinícola pronto será complementada con un segundo dominio, pero por el momento la demanda de estos vinos delicados y, lo que es más importantes, baratos, excede con mucho la producción. La producción vinícola no se igualará a la demanda hasta el año 2010. El futuro de la industria del vino tailandés se observa con gran optimismo.

CHINA

China también tiene una historia de producción vinícola abundante, aunque ésta haya sido una fuente de misterio durante décadas. China plantó sus primeros viñedos hace unos dos mil años. Las primeras vides fueron introducidas en China por el general Chang Ch'ien en el año 128 a.C. Procedían supuestamente de Irán o el Cáucaso y pretendían ofrecerse como regalo al emperador Wuti. Los primeros viñedos de *Vitis Vinifera* chinos ya estaban en su sitio mucho antes de que los franceses comenzaran su producción vinícola en serio. Los chinos siempre han preferido bebidas más fuertes que el vino. En China se puede encontrar una gran cantidad de variedades de uva antiguas, legado de la antigua producción vinícola de este país (China tiene varios vinos de arroz y de frutas, pero no serán considerados en este apartado). El Yantai procede de Shandong; el tinto China de cerca de Beijing; el blanco Shacheng, de Hebei, y el blanco Minqua, de Henan. El hecho de que estos vinos no sean demandados en Europa tiene algo que ver con el método de vinificación. Las uvas son vendimiadas, prensadas y su mosto se deja fermentar. El vino se cria entonces durante dos años en tinos de cemento o en grandes barriles. Dependiendo del resultado final deseado, el vino joven es, antes o después de esta crianza, mezclado y su sabor se resalta con una mezcla que incluye vinos más añejos, brandy, ácido cítrico y azúcar. El tinto Yantai es muy dulce y tiene poco que ofrecer en cuestión de aroma. Los vinos blancos a menudo están oxidados (hay notas en su aroma que pueden evocar un jerez oloroso seco), pero son algo más frescos y a menudo menos dulces que los vinos tintos. El Minquan es un vino blanco razonablemente fresco y aromático. No recomendaría el tinto dulce Yantai con platos chinos; sin embargo, los vinos blancos son acompañamientos sorprendentemente refrescantes con incluso el más sutil de los platos.

Dynasty, vino franco-chino de Tianjin.

La mayoría de las variedades de uva chinas tienen nombres extremadamente fascinantes, como Corazón de Gallo, Ubre de Vaca u Ojo de Dragón. La última es la única variedad de uva de importancia en la producción vinícola china. La uva de Ojo de Dragón o Longyan también se emplea en Japón. Hace unos veinte años varias empresas europeas reconocieron que la industria vinícola china podría desarrollarse significativamente si quienes tienen el poder dieran luz verde a una producción a gran escala. Remy Martin fue la primera compañía europea en entrar en un proyecto conjunto con una empresa china y como resultado se produjo Dynasty, un vino entre lo razonable y lo bueno, elaborado cerca de Beijing. La empresa Domecq también firmó un proyecto conjunto similar en 1985 y

Riesling chino muy aceptable.

produce los vinos blancos de calidad de Huadong Tsingtao. Las viñas de chardonnay están empezando a alcanzar la edad correcta y empiezan a producir vinos de variedad razonables, mientras que las uvas riesling están dando vinos excelentes, frescos y aromáticos. En 1997, el famoso bodeguero español Miguel Torres se estableció en China e inició un proyecto conjunto de acuerdo con Gran Muralla China Zhangjiakou y el negocio estadounidense Montrose International. La nueva compañía recibe el nombre de bodega Zhangjiakou Gran Muralla Torres y produce vinos que llevan la etiqueta Jaime Torres. El nuevo proyecto de la familia Torres se encuentra en Shacheng, en la provincia de Hebei. La intención consiste en construir una bodega hipermoderna en un futuro no demasiado lejano, que producirá vinos de alta calidad a partir de las variedades de uva europeas. Aparte de estos tres gigantes del mundo de la

Rosado chino
sorprendentemente
agradable con platos
agridulces.

Vino franco-chino:
un saciador de sed
ideal con muchos
platos chinos.

bebida, varias otras grandes multinacionales están produciendo vino en China, incluyendo Seagrams, Pernord Ricard e Hiram Walker. Todos estos vinos combinan la gastronomía oriental y la cultura vinícola occidental, y no podemos dejar de mencionar que es más fácil acostumbrarse a estos vinos que a los vinos tradicionales chinos.

JAPÓN

En los últimos años han tenido lugar drásticas mejoras en la tierra del sol naciente. La primera evidencia de producción vinícola japonesa data del siglo IX cuando, al igual que en China, el emperador japonés plantó sus propios viñedos. Los viñedos del emperador eran cuidados por monjes budistas que habían defendido la plantación de vides en la tierra. No queda claro si se pretendía obtener uvas para comer o para producir vino. Sin embargo, hay algo cierto, las vides eran de la familia *Vitis Vinifera*. La primera forma de producción vinícola se situaba a los pies del monte Fuji, con koshu y zenkoji, un tipo de uva conocida en China como longyan u ojo de dragón. Existen evidencias de producción vinícola organizada que data del siglo XVII, todo a una pequeña escala. A finales del siglo XIX, los viticultores japoneses jóvenes eran enviados a Burdeos en Francia, para aprender las técnicas clásicas de la vinificación. Después de volver a su país, estos jóvenes y apasionados japoneses sentaron la base de la producción vinícola japonesa moderna. Aunque Japón está situado favorablemente para la producción vinícola (más o menos al mismo nivel que el Mediterráneo), la producción de vino es todo menos un picnic. Las primaveras y veranos son particularmente húmedos y ventosos, los inviernos son extremadamente fríos y el otoño tiene también algunas sorpresas. Monzones y tifones son los mayores enemigos de los viñedos. Se tienen que tomar medidas drásticas para prevenir la podredumbre gris y la destrucción total de las uvas durante el periodo de flo-

Viñedos de calidad de Mercian.

recimiento, de crecimiento y el periodo anterior a la cosecha. Como en Portugal, los vinos son guiados en una especie de pérgola y además los viñedos están equipados con una especie de toldo para protegerles de las fuertes lluvias o de las heladas.

Resulta extremadamente difícil para la industria vinícola japonesa competir con otros países productores de vino, ya que sus costes de producción son a menudo cinco veces más altos en comparación. El consumo de vino japonés está subiendo a un ritmo constante, pero son principalmente los países de vinos baratos los que están cosechando los mayores beneficios, como Bulgaria, Hungría, Grecia, Sudáfrica, Australia y Chile. Cuando los adinerados japoneses sienten ganas de beber un buen vino generalmente se inclinan hacia un francés antes que uno de su país.

Hay tres nombres importantes en la industria vinícola japonesa: son los gigantes Suntory (también conocido por su proyecto conjunto con Grands Millésimes de Francia), Mercían y Mars. Además de estas grandes compañías vinícolas, hay un número de otras

Típico viñedo japonés con espalderas (Mercian).

Vino blanco y tinto de calidad.

agradables, pero los vinos de variedades mezcladas, como Château Mercían Blanc, son absolutos primera clase con aromas casi explosivos. Suntory también produce un vino bastante caro, pero, según los informes, de gran éxito a partir de uvas riesling y sémillon afectadas por la *Botrytis*. Todos los mencionados a continuación son excelentes vinos tintos por derecho: Lion d'Or Cabernet Sauvignon, de Suntory; Château Mercían Rouge, Shinsu Kikyogahara Merlot, Mercían Yamanashi Rouge y Johohira Cabernet Sauvignon.

La industria vinícola japonesa se enfrenta probablemente a más problemas inherentes que otras naciones productoras de vino, excepto quizá Canadá. A pesar de esto, los japoneses han sido capaces de producir vinos particularmente buenos, especialmente los tintos de Cabernet Sauvignon y Merlot, que resultan sublimes. Japón ha logrado igualarse al nivel de la elite de los países productores de vino con su considerable conocimento, paciencia y amor por el producto.

Para borrar toda duda que pudiera aún existir sobre la calidad de los mejores vinos japoneses, merece la pena mencionar que el ahora famoso Château Mercían ganó una medalla de oro en la Vinexpo de 1997 en Burdeos, la competición vinícola más prestigiosa del mundo.

Château Mercian blanco (seco).

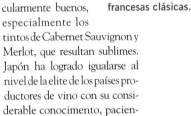

Château Mercian tinto, hecho con variedades francesas clásicas.

grandes compañías junto a más de 230 viticultores independientes que producen vinos usando sus propias uvas y vendiéndolas a Mercían y Mars. Suntory es el único gigante que produce vinos usando uvas de sus propios viñedos. Oficialmente existen cuatro regiones vinícolas en Japón: Hokkaido, Yamagata, Nagano y Yamanashi. La última está considerada como la mejor para la producción de vino de calidad. El clima es algo más cálido, lo que resulta muy favorable para el proceso de maduración de las uvas. Japón ha usado sus propias uvas durante siglos, siendo koshu especialmente popular. Posteriormente se realizaron experimentos con híbridos americanos, pero los resultados no fueron satisfactorios. En la actualidad los vinos se crean usando una mezcla de variedades de uva japonesas y europeas, que obtiene excelentes resultados. Uvas como koshu, chardonnay, riesling y sémillon se emplean para los vinos blancos, y muscat-bailey A (un híbrido japonés), cabernet sauvignon y merlot para los tintos.

Ambos vinos inicialmente desplegaron unos matices vegetales fascinantes, seguidos de mucha fruta y una frescura tremenda. Los Chardonnay y Sémillon son extremadamente

Château Mercian blanco (dulce).

Agradecimientos

Habría sido imposible escribir un libro como éste sin ayuda. Por eso, me gustaría dar las gracias a las siguientes organizaciones y personas por su ayuda en lograr la información y las ilustraciones de este libro. En concreto, me gustaría agradecer a todos aquellos que me han dado su apoyo, comprensión y paciencia.

FRANCIA

Embajada Francesa (La Haya); Sopexa (La Haya); Oud Reuchlin & Boelen; Fourcroy-Lenselink; Pernod-Ricard NL Wijn Verlinden. Château Manos, Cadillac; Mouton Rothschild, Cordier, Didier Michaud, CIVR Bergerac; Comte Laurent de Bosredon, Château Pique-Sègue/Dauzan Lavergne (Montravel), Jean & Evelyne Rebeyrolle, La Ressaudie (Montravel), Alain Brumont, Château Bouscassé, Château Montus (Madiran), Etienne Brana (Irouléguy), Cave Cooperative d'Irouléguy, Domaine Nigri (Béarn), Vignerons de Tursan, Cooperative de Fronton, Vignerons de Beaupuy (Marmande); Les Vins du Sud Ouest, Vignerons Catalans, La Cave de L'Abbé Rous (Banyuls); Gérand Bertrand, C.I. Vins du Languedoc, Georges Schilperoort (Vilaro), Skalli, Georges Fareng (Val d'Orbieu), Comte Péraldi, Domaine d'Alzipratu, Domaine Leccia, Córcega; Château de Fontcreuse (Cassis); Peter Fisscher (Château Revelette, Provenza), Guy Negrel (Mas de Cadentet), Domaine de l'Escarelle (Coteaux Varios), Cave Coopérative Clairette de Die et Crus de la Vallée du Rhône, Die; CI Vins d'AOX Côtes du Rhône et Vallée du Rhône, Château Mont-Redon (Châteauneuf du Pape), Chapoutier (Rhône) J. P. & J. F. Quénard (Chignin, Savoie), Georges Duboeuf (Beaujolais), Joseph Drouhin (Borgoña), Boucherd Père & Fils (Borgoña), Henri Maire (Arbois/Jura), CI Vins d'Alsace, Georges Lorentz, Louis Sipp (Alsacia), Laroppe (Côtes de Toul), Lamé Delisle Boucard (Bourgueil/Chinon), Couly-Dutheil (Chinon), Jackques

Bailly (Sancerre), Marnier Lapostolle (Château de Sancerre), Château de Villeneuve (Saumur/Saumur-Chanpigny), Françoise Chidaine (Montlouis), Lisa Heidemanns (Château de Fesles, Anjou), Gérad Bigonneau (Reuilly/Quincy), Philippe Portier (Quincy), Veuve Amiot (Saumur), Cave du Haut-Poitou, Mireille de Château de Mulonniére (Anjou), Champagne De Veroge, Taittinger, Bollinger, Deutz, etc.

ESPAÑA

ICEX Madrid (Pilar), Vinos de España (Marianne), Instituto del Jerez (Woudine), ICEX Sevilla (Isabel); Asociación de Exportadores de Vinos de Navarra (Conchi), Excal, Valladolid; Yolanda Piñero Chacón (Ribeira del Guadiana), Jean Arnaud, Tilburg; Intercaves-Koopmans & Bruinier, Oud Reuchlin & Boelen, Castillo de Perelada, Amsterdam; Bodegas Antaño (Rueda), Hijos de Antonio Barceló (Viña Mayor), Marqués de Cáceres, Marqués de Riscal, Julián Chivite, Señorío de Sarriá, Virgen Blanca, Guelbenzu, Ochoa, Olite; Bodega Nuestra Señora del Romero, Fariña, Bodegas Frutos Villar, Torremilanos, Bodegas Peñalba López, Consejo Regulador Valdepeñas, ICEX Bruselas (José), Barbadillo, Fourcroy Lenselink, etc.

PORTUGAL

Adega Cooperativa Torres Vedras, Oud Reuchlin & Boelen, Zoetermeer y Vinites Haarlem (Holanda).

ITALIA

ICE Ámsterdam; ICE Roma; Paul Blom (Schermer) Hoorn; Intercaves/Koopmans & Bruinier, Vinites, Margriet Baarns (Incontro Vini de Qualità, Nijmegen), Pio Cesare (Piamonte), etc.

BALCANES

Du Frêne, Babberich; W & L Logic Sales (Eslovenia), Pernod-Ricard NL (Rumania).

GRECIA

Aridjis, De Griekse Wijnhandel, Utrecht.

HUNGRÍA

La Embajada Húngara, La Haya; Egervin, Euróbor (Bátaapáti), Briljant Holding, Pince Polgár, Pince Bock, Attila Gere, Tiffans of Vilyan, Hétszölö, Diznókö, Itsván Szepsy, Királyudvar, Henkell & Söhnlein Hungría, Figula Mihály, Egyedi András (Tokaj Renaissance), Kamocsay Akos (Hilltop), Imperial Wijnkoperij (Regina Meij), Godevin (Bélgica).

RUSIA

Pernod Ricard NL (Georgia), Intercaves/Koopmans & Bruinier (Crimea).

AUSTRIA

Vinos de Austria, Viena; Regina Meij (comerciantes de vino imperial).

SUIZA

SWEA Lausana; Marcel Dubois, Cully; André Darbellay (Bonvin), Uberto & Cesare Valsangiacomo, Montmollin.

ALEMANIA

Embajada Alemana, La Haya; Agencia Alemana de Promoción del Vino, La Haya; Deinhard.

LUXEMBURGO

Bernard Massard.

Escena de la vendimia en Bock, pueblo húngaro.

HOLANDA

Los viñedos De Linie.

REINO UNIDO

Embajada Británica, NL; Chiltern Valley, Hidden Spring, Sharpharm Vineyard Lamberhurst.

TURQUÍA

Kavaklidere, importadores de vino Wanders (Róterdam).

LÍBANO

Eki International (Château Ksara, Amsterdam), Château Musar, Líbano/Londres.

ISRAEL

Oud Reuchlin & Bolen (Cármel).

EGIPTO

Hoteles Mercure, Egipto.

MARRUECOS, ARGELIA Y TÚNEZ

Embajada Argelina, NL; Embajada de Túnez, NL; Delta Comerce, Farouk Mechik (ONCV, Argelia), Celliers de Meknés.

SUDÁFRICA

Embajada Sudafricana, La Haya; Kaapkelder (Teuge); Guy Hickling, Fourcroy-Lenselink.

CANADÁ

Embajada Canadiense, NL; Fema Trading (Théo), Château des Charmes, Klaus Reif.

ESTADOS UNIDOS

Embajada Americana, La Haya; Instituto Californiano del Vino, Fourcroy-Lenselink, Oud Reuchlin & Boleen, Mondavi Europe.

BRASIL

Cámara de Comercio de Brasil, NL; Adriana Miolo, Gianni Tartari.

URUGUAY

Embajada Uruguaya, NL; Daniel Pisano, Ing. Javier Carrau, etc.

ARGENTINA

Intercaves/Koopmas & Bruinier (Trapiche), Zwolle; Ricardo Puebla (Nieto y Senetiner, Mendoza), Pascual Tosa (Mendoza), Pernod Ricard (Etchart).

CHILE

Pro Chile, NL; Pro Chile, Milano; Intercaves/Koopmans & Bruinier, Oud Reuchlin & Boelen, Jean Arnaud, Errazuriz, Casa Lapostolle, Marnier Lapostolle.

AUSTRALIA

Cámara Australiana del Vino (Londres); Phil Laffer (Orlando Wyndham, Barossa Valley), Brown Brothers (Milawa/Londres); Intercaves/Koopmans & Bruinier.

NUEVA ZELANDA

Embajada de Nueva Zelanda, NL; Quality Wines (Naarden), Pernod Ricard.

INDIA

Vinos Sahib (La Haya), Indage Group (India).

CHINA

Huadong Tsingtao, Pernod Ricard Holanda Torres, NL.

JAPÓN

Toshio Matsurra (Wands Publishing, Tokio/París), Mercían (Yamanashi).

OTROS

Centro de Información sobre el Vino, Bossenbroek, Scip Coutellerie de Thiers (exposiciones de sommeliers de Laguiole), Museo del Vino Alemán, Arnhem, Holanda.

FOTÓGRAFOS

Bert de Leeuw, Drent Fotografie, Arnhem; (fotografías de Christian Callec catando el vino).

Phillipe Barret, fotógrafo, Francia (fotos de botellas Chaoutier de Francia/Australia), Etienne Sipp (E.S), Ribeauvillé, Elzas, Francia (todas las fotos de viñedos y vinos de Ribeauvillé grand cru Kirchberg, Louis Sipp').

Fotoestudio Red Point, Son (fotos de Rumania del Pernod Ricard).

MATERIAL FOTOGRÁFICO/REVELADO

Foto Willemz, Arnhem, NL; Foto Combi Kramer, Arnthem, NL.

TRANSPORTE

Autobedrijf Renault Bochane, Arnhem, NL.

También me gustaría agradecer a las siguientes personas por su gran inspiración y apoyo.

Marianne & Philip Mallard (Pique-Sègue/Dauzan Lavergne), Laurent de Bosredon, Thierry Dauilhiac (Saussignac), Marie Laurence Prince Doutreloux (CIVR Bergerac), Georges Lorentz, Etienne Sipp, Michel Chapoutier, Yves Cuilleron, Claude & Pierre Emmanuel Taittinger, Véronique & Frédéric Drouhin, Bernard Georges (Duboeuf), Georges y Franck Duboeuf, Christian Duport (Val Joanis), Jean Abeille (Mont-Redon), Peter Fischer (Revelette), Guy Négrel (Mas Cadenet), Péter Mosoni (Universidad de Agrónomos, Gödöllö), Attila Domokos (Bátaapáti), János Arvay, Attila Máhr e hijo (Arany-sárkány Etterem, Szentendre), István Szepsy, Zoltán Demeter, Anthony E. Wang (Királyudvar), Monika y Pál Debreczeni (Vylyan), László Mészáros (Disnókö), Akos Kamocsay (Hilltop), István Bozóky, Marianne Nuberg (Vinos de España Holanda), José María Fernández, ICEX Bruselas, Fernando y Mercedes Chivite, Ricardo Guelbenzu Morte, Phil Laffer, Richard Dumas y Sally-does-Kerr Handjes (P. R. Holanda), Ciska Spikker, Dick de Wolf, Jessica van Unen (Fourcroy-Lenselink), la familia Donders, Robbers y v/d Hoogen, Arnhem, Paul Molleman (Instituto Californiano del Vino), Robert Leenaers, Hubrecht Duijker, René van Heusden, Karel Koolhoven, Ronald de Groot, Gert Crum y Ton Borghouts, Renate Hageouw (Text-Case) y todos los que por error haya olvidado.

Finalmente, me gustaría expresar mi especial gratitud a mi querida esposa Jantine, por su eterna paciencia y comprensión…

Bibliografía

Dominé, A., *El vino*, Köneman Ediciones.

Guía Troyana de los 300 mejores vinos de España.

Jurado, A., *Las voces del vino y la vid*, C&J Ediciones.

Los mejores vinos 1998/1999/2000, José Peñín, Pi & Erre Ediciones.

Los vinos de España, Ediciones Castell.

Ochoa, J., *El vino y su cata*, Gobierno de Navarra.

Peñín, J. y T. Pacheco, *Historia de los utensilios del vino*, Pi & Erre Ediciones.

Posada, J., *Metafísica del vino*, Irmandade dos Vinos Galegos.

Sánchez Lubián, E., *El gran libro de vinos de Castilla-La Mancha*, Antonio Pareja Editor.

Vázquez Moltabán, M., *Beber o no beber*. Ediciones B.

DIRECCIONES DE INTERNET

www.vinum.info

www.elmundovino.com

www.lavinia.es

www.châteauonline.com

www.verema.com

www.winespectator.com

Glosario

A

Abortus fructalis, 31
Acidez, 37, 53
Aën Bessem-Bouira, 441
Aghiorgitiko, 343
Aglianico del Taburno/Taburno D.O.C., 325
Aglianico del Vulture D.O.C., 331
Agua, 19
Ajaccio, 147
Albana di Romagna D.O.C.G., 304
Albana di Romagna spumante, 307
Albariño, 223
Alcamo/Bianco Alcamo D.O.C., 337
Alcohol y dióxido de carbono, 118
Alcohólica, Fermentación, 37
Aleatico, 317
Aleatico di Puglia D.O.C., 328
Alentejo D.O.C., 265
Alexander, 464
Alezio D.O.C., 330
Alghero D.O.C., 341
Alicante, 253
Aligoté, 362
Aloxe-Corton, 108
Altesse, 133
Altin Köpük, 432
Alto Adige, 288
Alto Adige Cabernet-Cabernet Franc-Cabernet
    Sauvignon/Alto Adige Cabernet-Lagrein/Alto
    Adige Cabernet-Merlot, 289
Alto Adige Malvasia (Malvasier), 289
Alto Adige Merlot, 288
Alto Adige Pinot Nero (Blauburgunder), 289
Alto Adige Schiava (Vernatsch), 289
Alto Adige spumante, 289
Alvarinho, 262

Amabile, 291
Amad-Montjovet, 278
Amigne, 395, 403
Amindeo O.P.A.P., 344
Amontillado, 257
Anjou blanc, 202
Anjou Coteaux de la Loire, 203
Anjou Gamay, 203
Anjou rouge y Anjou villages, 203
Ansonica Costa dell'Argentario D.O.C., 316
Antik, 431
Antociánidos, 37, 53
A.O.C., 70
Appellation d'origine contrôlée, 86
Appellation d'origine – vins délimités de qualité
    supérieure, 86
Aprilia D.O.C., 322
Arbois, 99
Arborea D.O.C., 341
Archanes O.P.A.P., 351
Areas vinícolas, 458
Arges, 360
Arnad-Montjovet, 278
Aromas, 52
Aromas primarios, 52
Aromas secundarios, 52
Aromas terciarios, 52
Arvine, 395
Arvine (Petite Arvine), 403
Asciutto, 291
Asprinio di Aversa D.O.C., 325
Assemblage, 45
Assmannshausen, 417
Assyrtiko, 343
Asti spumante D.O.C.G. en Moscato d'Asti
    D.O.C.G., 279
Aszár-Nesmély, 369
Auslese, 388

Auxerrois, 422
Auxey-Duresses, 111
AVA, 455
Azúcares, 37

B

B28, 398
Bacchus, 413
Baco noir, 454
Bagnoli di Sopra/Bagnoli D.O.C., 298
Bairrada D.O.C., 263
Balatón, 379
Bandol blanc, 142
Bandol rosé, 141
Bandol tinto, 141
Banyuls, 161
Banyuls grand cru, 162
Barbaresco D.O.C. G., 279
Barbera, 305, 468
Barbera d'Alba, 279
Barbera d'Asti, 279
Barbera D.O.C., 279
Barbera de Monferrato, 279
Barco Reale, rosato y vinsanto di Carmignano
    D.O.C., 312
Bardolino D.O.C., 293
Bardolino novello, 293
Barolo D.O.C.G., 280
Barsac, 187
Bâtard-Montrachet, 112
Béarn-Bellocq, 171
Beaujolais, 118
Beaujolais primeur, 118
Beaujolais villages, 119
Beaumes-de-Venise, 132
Beaune, 109
Beerenauslese, 388
Bela Krajina, 355
Bellet blanc, 139
Bellet rosé, 139
Bellet tinto, 139
Beni M'Tir, 443
Bergerac blanc sec, 177
Bergerac rosé, 177
Bergerac tinto, 176
Bianco di Custoza D.O.C., 295
Bianco di Scandiano D.O.C., 305
Bianco Pisano di San Torpè D.O.C., 312
Bienvenues-Bâtard-Montracher, 113
Bierzo, 224
Biferno D.O.C., 324
Biscoitos I.P.R./Graciosa I.P.R./Pico I.P.R., 266
Biturica, 474
Bizeljsko-Sremic, 355
Bizkaiako Txakolina (Chacolí de Vizcaya), 225
Blagny, 111

Blanc de Morgex y de La Salle D.O.C., 278
Blanc fumé, 32
Blanquette de Limoux, 155
Blanquette de Limoux méthode ancestrale, 155
Blatina Mostar, 352
Blauburgunder/Clevner, 411
Boca, 282
Bocksbeutel, 416
Bohemia, 382
Bolgheri D.O.C., 315
Bolgheri Sassicaia, 315
Bonarda, 305
Bondola, 401
Bonnes Mares grand, 105
Bonnezeaux, 204
Bonvillars, Côtes de l'Orbe, Vully, 407
Bordeaux blanc sec, 182
Bordeaux blanc supérieur/Bordeaux, 183
Bordeaux Côtes de Franc, 190
Bordeaux rosé/Bordeaux clairet, 183
Bordeaux supérieur rouge, 183
Bordeaux tinto, 183
Bordeaux tinto/Bordeaux superieure, 183
Borgoña, 114
Borgoña Aligoté, 115
Borgoña Aligoté de Bouzeron, 116
Borgoña grand ordinaire, 114
Borgoña passe-tout-grain, 114
Bosco Eliceo C.O.C., 307
Botrytis cinerea, 23, 33, 44, 372
Botticino, D.O.C., 286
Boudes, 124
Bouquet, 52
Bourgueil, 207
Brachetto d'Acqui D.O.C.G., 280
Bramaterra, 282
Breganze D.O.C., 296
Brindisi D.O.C., 329
Brisko (Brda), 353
Brouilly, 119
Brunello di Montalcino D.O.C.G., 311
Bucelas D.O.C., 264
Bugey blanc, 135
Bugey brut y Montagnieu brut, 136
Bugey Manicle blanc, 136
Bugey Manicle rouge, 136
Bugey rouge, 136
Bugey rouge Mondeuse, 136
Bullas, 254
Buzbag, 431
Buzet, 166

C

Cabardès, 154
Cabernet, 454
Cabernet de Saumur, 205

Cabernet franc, 25, 483
Cabernet Sauvignon, 447, 460, 469, 473, 483, 487
Cacabelos D.O.C., 264
Cacc'é Mmitte di Lucera D.O.C., 327
Cadillac, 188
Cagnina di Romagna D.O.C., 308
Calatayud, 232
Caldaro/Lago di Caldaro (Kalterer/Kalterersee), 290
Campi Flegrei D.O.C., 326
Campo de Borja, 231
Cankaya, 432
Canonau, 338
Canonau di Sardegna D.O.C., 338
Cap blanc, blanc de blancs, 442
Capadocia, 431
Cape Riesling/Kaapse Riesling, 446
Capri D.O.C., 326
Capriano del Colle D.O.C., 286
Carema D.O.C., 280
Carignano del Sulcis D.O.C., 340
Cariñena, 231
Carmel Mizrachi, 436
Carmel Selected, 436
Carmenère, 473
Carmignano D.O.C.G., 308
Carso D.O.C., 299
Cassis blanc, 142
Castel del Monte D.O.C., 328
Castel San Lorenzo D.O.C., 326
Casteller D.O.C., 291
Catawba, 464
Cava, 45
Cava brut, 221
Cava dulce, 222
Cava extra brut, 221
Cava extra seco, 221
Cava seco, 222
Cava semiseco, 222
Cellatica D.O.C., 286
Cellatica rosso, 286
Central Valley, 458
Cerasuolo di Vittoria D.O.C., 335
Cerdon, 137
Cérons, 187
Cerveteri D.O.C., 321
Cesane del Piglio D.O.C./Cesanese di Affile D.O.C./
    Cesanese di Olevano Romano D.O.C., 321
César, 103
Chablais, 405
Chablis, 102
Chablis grand cru, 102
Chablis premier cru, 102
Chambave D.O.C., 278
Chambertin Clos de Bèze grand cru, 103
Chambertin grand cru, 103
Chambolle-Musigny, 105
Champagne brut (sin añada), 90
Champagne brut blanc, 90
Champagne brut blanc de noir, 90

Champagne brut millésimé (con añada), 90
Champagne californiano (Champaing), 459
Champagne doux, 90
Champagne extra brut/brut sauvage Deze, 89
Champagne extra seco, 90
Champagne rosé, 90
Champagne sec, 90
Champagne semiseco, 90
Chanturgue, 123
Chapelle-Chambertin, 104
Chardonnay, 97, 447, 459, 468, 473, 481, 486
Chardonnay seco, 452
Charmes-Chambertin grand cru, 104
Charmont, 397
Chassagne-Montrachet, 113
Chasselas, 410
Chasselas de Genève/Perlan, 407
Chasselas Fribourgeois, 410
Château-Chalon, 98
Château-Grillet, 126
Chateaugay, 123
Châteaumeillant V.D.Q.S., 215
Châteauneuf-du-Pape, 128
Châtillon-en-Diois, 130
Chaume, 204
Chénas, 120
Chenin blanc, 460, 482
Chernomorski Región (Región Oriental), 359
Chevalier de Rhodes, 350
Chevalier-Montrachet, 112
Cheverny, 209
Chianti D.O.C.G., 308
Chignin-Bergeron, 133
China, 489
Chinon, 207
Chiroubles, 119
Chorey-lès-Beaune, 109
Cinqueterre/Cinqueterre Sciacchetrà D.O.C., 283
Cirò D.O.C., 332
Clairette de Bellegarde, 150
Clairette de Die, 129
Clairette du Languedoc, 152
Clásico, 415
Clima, 101
Clos Blanc de Vougeot, 105
Clos de la Roche grand cru, 104
Clos de Tart grand cru, 105
Clos de Vougeot grand cru, 105
Clos des Lambrays grand cru, 105
Clos Saint-Denis grand cru, 105
Colares D.O.C., 265
Colli Albani D.O.C., 322
Colli Berici, 298
Colli Bolognesi D.O.C., 306
Colli de Luni, 283
Colli dell'Etruria Centrale D.O.C., 313
Colli di Bolzano (Bozner Leiten), 289
Colli di Levanto, 283
Colli di Luni, 283

Colli di Parma Malvasia amabile, 305
Colli di Parma Malvasia asciutto/secco, 305
Colli di Parma Rosso, 305
Colli de Parma Sauvignon, 305
Colli Euganei D.O.C., 296
Colli Morenici Mantovani del Garda D.O.C., 287
Colli Orientali del Fruili D.O.C., 300
Colli Teramane, 323
Colli Tortonesi Barbera, 282
Colline Lucchesi D.O.C., 311
Colline Novaresi, 282
Collio Goriziano/Collio D.O.C., 301
Collioure, 161
Colombard, 446
Concord, 464
Condado de Huelva, 255
Condado Pálido, 256
Condado viejo, 256
Condrieu, 126
Contessa Entellina D.O.C., 337
Copertino D.O.C., 330
Corbières, 157
Corchos, 76
Corchos inodoros, 76
Corent, 124
Cori D.O.C., 322
Cornalin, 404
Cornas, 128
Cortese dell'Alto Monferrato, 282
Corton grand cru, 108
Corton-Charlemagne grand cru, 108
Costières de Nîmes, 149
Côte Roannaise, 121
Côte Rôtie, 126
Côte-de-Brouilly, 119
Coteaux champenois, 91
Coteaux d'Aix-en-Provence blanc, 144
Coteaux d'Aix-en-Provence rosé, 143
Coteaux d'Aix-en-Provence tinto, 143
Coteaux de Carthage, 440
Coteaux de l'Aubance, 203
Coteaux de Mascara, 441
Coteaux de Mornag, 440
Coteaux de Saumur, 205
Coteaux de Tebourba, 439
Coteaux de Tlemcen, 441
Coteaux de Zaccar, 441
Coteaux du Cap Corse, 146
Coteaux du Giennois V.D.Q.S., 211
Coteaux du Languedoc, 151
Coteaux du Layon, 204
Coteaux du Loir, 209
Coteaux du Lyonnais, 121
Coteaux du Tricastin, 131
Coteaux du Vendômois, 209
Coteaux du Zaccar, 441
Côtes d'Auvergne A.O.V.D.Q.S., 123
Côtes de Beaune, 110
Côtes de Beaune villages, 110

Côtes de Bergerac, 178
Côtes de Bergerac tinto, 176
Côtes de Blaye, 194
Côtes de Bordeaux Saint-Macaire, 187
Côtes de Bourg, 194
Côtes de Castillon, 190
Côtes de Duras, 174
Côtes de Millau V.D.Q.S., 162
Côtes de Montravel, 178
Côtes de Nuits, 107
Côtes de Nuits villages, 107
Côtes de Provence blanc, 140
Côtes de Provence rosé, 140
Côtes de Provence tinto, 140
Côtes de Saint-Mont V.D.Q.S., 168
Côtes de Toul, 91
Côtes du Brulhois V.D.Q.S., 166
Côtes du Forez, 121
Côtes du Frontonnais, 165
Côtes du Jura, 99
Côtes du Lubéron, 131
Côtes du Marmandais, 167
Côtes du Rhône, 125
Côtes du Rhône villages A.O.C., 125
Côtes du Roussillon, 159
Côtes du Roussillon Lesquerde, 161
Côtes du Roussillon villages, 160
Côtes du Roussillon villages Caramany, 160
Côtes du Roussillon villages Latour de France, 160
Côtes du Roussillon villages Tautavel, 161
Côtes du Ventoux, 131
Côtes du Vivarais, 131
Cotnary, 361
Cour-Cheverny, 210
Crema, 258
Crémant de Bordeaux, 184
Crémant de Bourgogne, 103
Crémant de Die, 130
Crémant de Limoux, 155
Crémant de Loire, 205
Crémant de Luxembourg, 422
Crémants, 46
Criots-Bâtard-Montrachet grand cru, 113
Crouchen blanc, 446
Crozes-hermitage, 127
Crus bourgeois des Premières Côtes de Blaye, 195
Csersegi füszeres, 377
Cuerpo, 53
Cultivo de la vid, 458
Curicó, 472
Cuve close, 46
Cuvée du président, 441

D

D.O.C. (Denominaçao de Origem Controlada), 261
Dafnes O.P.A.P., 351

Dahra, 441
Dao D.O.C., 263
Dealu Mare, 360
Dégorgement, 46, 89
Delaware, 464
Denominación de Origen, 220
Denominación de Origen Calificada, 220
Denominación de Origen Provisional, 220
Denominación Específica (Provisional), 220
Dinámica biológica, 21
Dingac en Postup, 357
Diolinoir, 398
Dobrugeo, 361
Dolceacqua, 283
Dolcetto d'Acqui, 280
Dolcetto d'Alba, 280
Dolcetto d'Asti, 280
Dolcetto d'Ovada, 280
Dolcetto D.O.C., 280
Dolcetto delle Langhe Monregalesi, 280
Dolcetto di Diano d'Alba, 280
Dolcetto di Dogliani, 280
Dôle, 402, 404
Dôle blanche, 398, 403
Dolensjka, 355
Dolinata na Struma Región (Región del sudoeste), 358
Donnaz D.O.C., 278
Donnici D.O.C., 333
Dornfelder, 413
Douro D.O.C., 262
Drakenoog, 489
Drenaje, 18
Dulce, 52
Dunavska Ravina Región (Región Norte), 359
Dynasty, 489

E

Echezeaux grand cru, 106
Edelfäule, 391
Edelzwicker, 95
Efsane, 432
Eger, 370
Egri Bikavér, 370
Einzellage, 412
Eiswein, 388
Elba D.O.C., 316
Elbling, 413, 422
Eloro D.O.C., 335
En primeur, 61
Enfer d'Arvier, D.O.C., 278
Entraygues en Le Fel V.D.Q.S., 162
Entre Arve et Lac, 407
Entre Arve et Rhône, 407
Entre-Deux-Mers, 189
Entre-Deux-Mers Haut-Benauge, 189
Erbaluce di Caluso/Caluso D.O.C., 281
Ermitage, 403

Est! Est!! Est!!! di Montefascione D.O.C., 321
Estaing V.D.Q.S., 163
Estribaciones de la sierra, 458
Etna D.O.C., 335
Etyek, 369
Extra trocken, 388
Extracto, 53
Ezerjó, 369

F

Faberrebe, 413
Falerno del Massico D.O.C., 325
Fara, 282
Faro D.O.C., 334
Faros, 357
Faugères, 152
Federspiel, 388
Federweisser, 399
Federweisser/Schiller/Süssdruck, 411
Fendant, 403
Fermentación secundaria en los vinos espumosos, 449
Fiefs Vendéens V.D.Q.S., 202
Filoxera, 15, 84
Fino, 256, 257
Fior d'Arancio, 296
Fior d'Arancio passito, 296
Fitou, 157
Fixin, 103
Fleurie, 120
Flora, 482
Franciacorta crémant, 284
Franciacorta D.O.C.G., 284
Franciacorta rosé, 284
Franciacorta spumante, 284
François Président, 370
Franconia, 301
Frankovka, 381
Franschoek, 445
Frascati D.O.C., 322
Freisa D.O.C., 281
Freisamer, 397
Freisammer, 409
Friili Annia D.O.C., 299
Friili Aquileia D.O.C., 303
Friili Latisana D.O.C., 301
Frizzante, 47
Fronsac en Canon-Fronsac, 193
Fumé blanc, 32, 446, 459

G

Gaillac, 164
Galilea, 436
Gallo nero, 309
Gamaret, 398
Gamay de Genève, 408

Gamay rosé, 404
Gambellara D.O.C., 296
Gambellara Recioto D.O.C., 296
Gambellara vin santo D.O.C., 296
Gamza, 359
Garda Bresciano bianco, 287
Garda Bresciano Chiaretto, 287
Garda Bresciano Groppello, 287
Garda Bresciano rosso, 287
Garda D.O.C., 298
Gattinara D.O.C.G., 281
Gavi/Cortese di Gavi D.O.C., 282
Getariako Txakolina (Chacolí de Guetaria), 225
Gevrey-Chambertin, 103
Gewürztraminer, 422, 452, 460, 482, 487
Gewürztraminer semiseco/cosecha tardía, 453
Ghemme D.O.C.G., 282
Gigondas, 128
Gioia del Colle D.O.C., 328
Giorgitiko, 343
Giro di Cagliari D.O.C., 340
Givry, 115
Goron, 405
Goumenissa O.P.A.P., 344
Gran reserva, 219
Grand cru/premier grand cru, 447
Grands-Echezeaux grand cru, 106
Graševina, 356
Grave del Friuli D.O.C., 301
Graves blanc sec, 185
Graves de Vayres, 189
Graves rouge, 184
Graves supérieures, 185
Greco di Bianco D.O.C., 333
Greco di Tufo D.O.C., 325
Grenache/Shiraz, 483
Grignolino d'Asti, 282
Grignolino D.O.C., 282
Grignolino del Monferrato Casalese, 282
Gringet, 133
Griotte-Chambertin grand cru, 104
Gris de Boulaouane, 443
Gris de Toul, 91
Gros Plant du Pays, 202
Guerrouane gris, 442
Guerrouane rosé, 442
Guerrouane tinto, 442
Gurdzhaani, 363
Gutedel, 413
Gütezeichen, 414
Gutturnio, 305

H

Hajós-Baja, 376
Halbsüb, 388
Halbtrocken, 388

Halfdroog, 52
Halfzoet, 52
Haloze, 355
Haskovo, 358
Haut-Médoc A.O.C., 196
Haut-Montravel, 178
Heladas, 23
Heladas nocturnas, 23
Hermitage, 26, 27, 127
Hincesti, 362
Horas de sol, 17, 22
Hosbag, 431
Huadong Tsingtao, 489
Humagne blanche, 404
Humagne tinto, 405
Huxelrebe, 413

I

I.P.R. (Indicaçao de Proveniencia Regulamentada), 261
Icewine, 453
Ilios, 350
Irancy, 103
Irouléguy, 172
Irrigación, 18
Irsai olivér, 379
Isabella, 464
Ischia D.O.C., 326
Isonzo/Isonzo del Friuli D.O.C., 302
Ivan Dolac, 357

J

Jacquère, 133
Jasnières, 209
Jerez, Xérès, Sherry, 256
Johannisberg, 404
Judea, 436
Juhfark, 368
Juliénas, 121
Jumilla, 253
Jurançon, 170

K

Kabinett, 387
Kalecik Karasi, 433
Kärnten, 394
Kastelet, 356
Kefallinias Mavrodaphne O.P.E., 347
Kefallinias Muscat, 347
Kefallinias Robola O.P.A.P., 347

Kékfrankos, 368
Kéknyelü, 380
Kernling, 428
Klausner Leitacher, 290
Klevener de Heiligenstein, 94
Klimaatkast, 59
Koper, 354
Koshu, 490, 491
Koudiat, 439
Kraški/Krast, 353
Kritikos, 351
Ksar Djerba, 439
Ksar vin blanc, 442
Kvareli, 363

L

La Côte, 406
La Grande Rue grand cru, 107
La Livinière, 154
La Romanee grand cru, 107
La Romanée-Conti grand cru, 107
Laatoeswyn/vendimia tardía, 447
Lacrima di Morro d'Alba D.O.C., 320
Lacryma Christi, 326
Ladoix, 108
Lagrein Scuro (Lagrein oscuro), 288
Lake County, 458
Lal, 432
Lalande de Pomerol, 193
Lambrusco, 275
Lambrusco Mantovano D.O.C., 287
Lambrusco Modenesi D.O.C., 306
Lambrusco Reggiano D.O.C., 305
Lamezia D.O.C., 332
Langhe, 282
Latricières-Chambertin grand cru, 104
Lavaux, 406
Lavilledieu V.D.Q.S., 166
Lazaridi, 345
Lemberger, 413
Léon Millot, 424
Les Baux-de-Provence rosé, 144
Les Baux-de-Provence tinto, 144
Lessini Durello D.O.C., 298
Lessona, 282
L'Etoile, 98
Levaduras, 37
Levadura de vino, 256
Liatiko, 351
Liebfraumilch, 417
Lieblich, 388
Limnos Muscat O.P.E., 348
Limnos O.P.A.P., 347
Limoux, 156
Liqueur de dosage, 46, 89
Liqueur de tirage, 45
Lirac, 129

Lison-Pramaggiore D.O.C., 298
Listrac-Médoc, 200
Livermore Valley, 458
Lizzano D.O.C., 329
Ljutomer Ormoške Gorice, 354
Lluvias, 23
Locorotondo D.O.C., 329
Loupiac, 188
Lugana D.O.C., 287
Luján de Cuyo, 467

M

Maceración carbónica, 43
Mâcon, Mâcon supérieur, Mâcon villages, 116
Madargue, 123
Madeleine angevine, 428
Maderización, 274
Madiran, 169
Magon, 440
Maipo, 471
Málaga, 259
Malbec, 469
Malbec Luján de Cuyo Denominación de Origen
    Controlada, 469
Malepère, 154
Malvasia, 304
Malvasia D.O.C., 282
Malvasia delle Lipari D.O.C., 334
Malvasia di Bosa D.O.C., 340
Malvasia di Cagliari D.O.C., 339
Malvasia di Casorzo d'Asti, 282
Malvasia di Castelnuovo Don Bosco, 282
Malvoisie, 404
Manavi, 363
Mandement, 407
Mandilaria, 350
Mandrolisai D.O.C., 340
Mantinia O.P.A.P., 349
Manzanilla de Sanlúcar de Barrameda, 258
Manzanilla en rama, 259
Maranges, 114
Marcillac, 163
Margaux, 198
Maribor, 355
Marino D.O.C., 322
Marsala D.O.C., 337
Marsannay, 103
Martina Franca D.O.C., 329
Massandra, 362
Matino D.O.C., 330
Mátraalja (Montaña de Mátra), 370
Maule, 472
Maury, 158
Mavrodaphne, 343
Mavrodaphne Patron/Mavrodaphne
    de Patras O.P.E., 349
Mavron, 433

Mavrud, 358
Mazis-Chambertin grand cru, 104
Mazoyères-Chambertin, 104
Médéa, 441
Media de temperatura anual, 23
Médoc A.O.C., 196
Melissa D.O.C., 333
Melnik, 358
Mendocino County, 458
Menetou Salon, 213
Menfi D.O.C., 335
Meranese di Collina/Meranese (Meraner Hügel/
    Meraner), 290
Mercurey, 115
Merlot, 447, 460, 468, 474
Merlot del Ticino, 400
Merlot/Cabernet franc, 483
Mesenikola O.P.A.P., 346
Méthode ancestrale, 137
Méthode artisanale, 164
Méthode Cap classique, 449
Méthode champenoise, 45
Méthode charmat, 46
Méthode Dioise ancestrale, 130
Método tradicional, 45
Métodos de producción del vino, 38
Metsovo, 346
Meursault, 111
Mezclas, 448, 474
Michel Chapoutier, 397
Michigan, 456
Micro-bullage, 40
Microoxigenación, 43
Minervois, 153
Minervois La Livinière, 153
Minquan, 489
Misket, 359
Missouri, 456
Monbazillac, 179
Monção, 262
Mondeuse, 133
Monferrato, 283
Monica di Cagliari D.O.C., 339
Monica di Sardegna D.O.C., 338
Monocéfage, vinos, 135
Montagny, 116
Montecompatri Colonna/Montecompatri/
    Colonna D.O.C., 322
Montefalco D.O.C., 318
Montefalco Sagrantino D.O.C.G., 318
Montello/Colli Asolani D.O.C., 296
Montepulciano d'Abruzzo D.O.C., 323
Monterosso Val d'Arda, 304
Monterrey, 224
Monterrey County, 458
Montescudaio D.O.C., 314
Monthélie, 110
Montilla-Moriles, 259
Montlouis, 208

Montrachet grand cru, 112
Montravel, 178
Montravel rouge, 177
Monts du Tessala, 441
Montuni del Reno D.O.C., 306
Mór, 369
Moravia, 382
Morellino di Scansano D.O.C., 316
Morey-Saint-Denis, 104
Morgon, 120
Morillon, 392
Morio-muskat, 413
Mornag, 440
Moscadello di Montalcino, 315
Moscatel, 237
Moscatel de Alejandría, 256
Moscatel de grano menudo, 31
Moscatel de Setúbal D.O.C., 265
Moscato di Cagliari D.O.C., 340
Moscato di Noto D.O.C., 335
Moscato di Pantelleria D.O.C., 336
Moscato di Sardegna D.O.C., 339
Moscato di Siracusa D.O.C., 335
Moscato di Trani D.O.C., 328
Moscato passito, 286
Moscato Rosa (Rosenmuskateller), 288
Moschofilero, 349
Moulin-à-Vent, 120
Moulis, 200
Mousseux du Luxembourg, 422
Mtsvane, 363
Mukuzani, 363
Müllerebe, 413
Murfatlar, 361
Muscadet, 201
Muscadet, Coteaux de la, 201
Muscadet, Côtes de, 201
Muscat de Frontignan, 152
Muscat de Lunel, 152
Muscat de Mireval, 152
Muscat de Rivesaltes, 159
Muscat de Saint-Jean de Minervois, 153
Muscat du Cap Corse, 146
Muscat ottonel, 31
Muscat sec de Kelibia, 439
Musigny grand cru, 105
Muter, 45

N

Nagyburgundi, 367
Naoussa O.P.A.P., 344
Napa Valley, 458
Napareuli, 363
Nardo D.O.C., 331
Nasco di Cagliari D.O.C., 340
Nazraana, 488

Nea Anhialos O.P.A.P., 346
Nebbiolo d'Alba D.O.C., 282
Negev, 436
Négrette, 165
Nemea O.P.A.P., 349
Neuchâtel, 409
Neuchâtel Oeil-de-Perdrix, 409
Neuchâtel Pinot Noir, 409
Nordeste, 464
Nosiola, 291
Nostrano, 401
Novi Pazar, 359
Nueva Inglaterra, 456
Nueva York, 456
Nuevo México, 456
Nuits-Saint-Georges, 107
Nuragus, 340
Nuragus di Cagliari D.O.C., 340
Nus D.O.C., 278
Nutrientes, 20
Nycteri, 350

O

Obaideh, 434
Oberösterreich, 394
Oeil-de-Perdrix, 404, 407
Oeil-de-Perdrix/Gamay rosé, 408
Ohio, 456
Olaszrizling, 369
Oloroso, 258
Orange Muscat, 482
Oregon Pinot Noir, 457
Oriachovitza, 358
Orígenes, 6, 20
Orta Nova D.O.C., 327
Orvieto D.O.C., 318
Ostuni D.O.C., 329
Oxidación, 40
Ozel Beyaz Special, 432
Ozel Kirmizi Special, 433

P

Pacherenc du Vic-Bilh, 170
Pagadebit di Romagna D.O.C., 307
Paien, 404
Pale cream, 258
Palette blanc, 143
Palette rosé, 142
Palette rouge, 142
Palmela D.O.C., 265
Palo cortado, 257, 258
Pannonhalma-Sokoróalja, 369
Paros O.P.A.P., 350
Parrina D.O.C., 316
Patra O.P.A.P., 349

Patrós Muscat/Patrós Riou Muscat O.P.E., 349
Patrimonio, 146
Pauillac, 197
Pécharmant, 177
Pedro Ximénez, 256, 258
Penisola Sorrentina D.O.C., 326
Pentro di Isernia/Pentro D.O.C., 323
Percepción retroolfativa, 52
Pér'e Palummo, 326
Pér'e Palummo passito, 326
Perlant, 47
Pernand-vergelesses, 108
Pessac-Léognan, 185
Pétillant, 47
Petit Chablis, 102
Petite Syrah/Syrah, 461
Peza O.P.A.P., 351
Pezgö, 369
Phoenix, 424
Phylloxera vastatrix, 15, 84
Piamonte, 282, 283
Piel de naranja, 51
Pieles de las uvas, 36
Pigato, 283
Pinot Auxerrois, 29
Pinot Blanc, 422
Pinot Gris, 422
Pinot Noir, 98, 405, 410, 423, 447, 454, 460, 483, 487
Pinot Noir de Genève, 408
Pinot Noir Fribourgeois, 410
Pinotage, 447
Piros tramini, 368
Pis de gato, 32
Plavac, 357
Playies Melitona/Côtes de Meliton O.P.A.P., 344
Polifenol, 53
Pollino D.O.C., 331
Pomerol, 192
Pomino D.O.C., 312
Pommard, 110
Portimao D.O.C./Tavira D.O.C./Lagos D.O.C./
    Lagoa D.O.C., 266
Posip, 357
Pouilly fumé, 212
Pouilly-Fuissé, 116
Pouilly sur Loire, 211
Pouilly-Vinzelles, Pouilly-Loche, Viré-Clessé, 116
Poulsard, 44, 98, 135
Prädikatswein, 387
Precipitaciones, 23
Premières Côtes de Blave, 194
Premières Côtes de Bordeaux, 189
Preslav, 359
Primitivo, 29, 326
Primitivo di Manduria D.O.C., 329
Prosec, 352, 357
Prosecco di Conegliano-Valdobbiadene/Prosecco di
    Conegliano/Prosecco di Valdobbiadene D.O.C., 297
Prosecco frizzante, 297

Prosecco spumante, 297
Puligny-Montrachet, 112

Q

Q. b. A., 70
Qualitätswein, 387
Quarts de Chaume, 205
Quincy, 214

R

Rabbi Jacob, 443
Raboso del Piave, 297
Radgona-Kapelske Gorice, 354
Ramandolo, 300
Rapel, 471
Rapsani O.P.A.P., 346
Rasteau, 132
Räuschling, 411
Recioto della Valpolicella Amarone D.O.C., 294
Recioto della Valpolicella D.O.C., 294
Recioto della Valpolicella Spumante D.O.C., 294
Recioto di Soave D.O.C.G., 293
Refosco dal pedonculo rosso, 298
Regent, 424
Régnié, 119
Retsina, 7, 343
Reuilly, 214
Rèze, 395, 404
Rhine Riesling, 482
Rhodes brut, 351
Rhodes O.P.A.P., 350
Rhoditis, 343
Rhodos Muscat O.P.E., 351
Rías Baixas, 223
Ribatejo D.O.C., 265
Ribeira Sacra, 223
Ribeiro, 223
Rich cream, 258
Richebourg grand cru, 106
Riesling, 422, 486
Riesling del Rin, 32
Riesling italiano, 32
Riesling original, 32
Riesling seco, 452
Riesling × Sylvaner, 411
Riesling/Gewürztraminer, 482
Rin, Riesling del, 482
Río Grande del sur, 464
Río Negro, 467
Rioja, 226
Rivaner, 422
Rivesaltes, 158
Riviera, 283
Riviera del Garda Bresciano/Garda Bresciano D.O.C., 286

Riviera Ligure di Ponente, 283
Rizling szilváni, 380
Rkatsiteli, 362, 363
Roble americano, 218
Roble francés de Allien, 218
Roble francés de Limousin, 218
Robola, 343, 347
Rochu & Negru, 362
Roero, 283
Roero rosso, 282
Romanée-Saint-Vivant grand cru, 107
Romeiko, 351
Rosado, 453
Rosado, champagne, 43, 90
Rosato di Carmignano, 312
Rosé d'Anjou y Cabernet d'Anjou, 203
Rosé de Loire, 203
Rosé des riceys, 91
Rosesse, 283
Rosesse di Dolceacqua', 283
Rosette, 179
Rosso Barletta D.O.C., 327
Rosso Canosa (Canosium) D.O.C., 328
Rosso Conero D.O.C., 320
Rosso di Cerignola D.O.C., 328
Rosso di Montalcino D.O.C., 314
Rosso di Montepulciano D.O.C., 314
Rosso Piceno D.O.C., 320
Roter traminer, 413
Rothschild, 435, 436
Roussette de Savoie y Seyssel, 134
Roussette du Bugey, 136
Rozova Dolina Región (Región Balcanes del Sur), 358
Rubino di Cantavenna, 282
Ruby Cabernet, 448
Ruché di Castagnole Monferrato, 282
Rully, 115
Ruster Ausbruch, 391
Rynsky Rizling, 381

S

Sacavigna D.O.C., 333
Sahiba, 488
Saint Chinian, 152
Saint-Amour, 121
Saint-Aubin, 113
Saint-Emilion, 191
Saint-Emilion premier classé, 192
Saint-Estèphe, 197
Saint-Joseph, 126
Saint-Julien, 198
Saint-Nicolas-de Bourgueil, 207
Saint-Peray, 128
Saint-Pourçain, 122
Saint-Romain, 111
Saint-Véran, 116
Sainte-Croix-du-Mont, 188

Sainte-Foy-Bordeaux, 190
Salice Salentino D.O.C., 330
Salvagnin, 407
Salzburgo, 394
Sambuca di Sicilia D.O.C., 336
Sameba, 363
Samos néctar, 348
Samos O.P.E., 348
Samos vin de liqueur, 348
Samos vin doux naturel, 348
Samos vin doux naturel grand cru, 348
San Colombano D.O.C., 285
San Joaquín, valle de, 458
San Luis Obispo, valle de, 458
San Martino della Battaglia D.O.C., 287
San Martino della Battaglia Liquoroso, 287
San Rafael, 467
San Severo D.O.C., 327
Sancerre, 212
Sangiovese di Romagna D.O.C., 307
Sansón, 436
Sant'Agata de Goti/Sant'Agata dei Goti
    D.O.C., 325
Sant'Antimo D.O.C., 315
Santa Barbara County, 458
Santa Cruz, montañas de, 458
Santa Maddalena (Sinkt Magdalener), 290
Santenay, 114
Santorín O.P.A.P., 349
Saperavi, 263
Sardegna Semidano, D.O.C., 341
Sassicaia, 315
Saumur blanc, 205
Saumur brut, 205
Saumur Champigny, 206
Saumur tinto, 205
Saussignac, 179
Sauternes, 186
Sauternes, Barsac en Cérons, 186
Sauvignon blanc, 446, 459, 468, 472, 482, 486
Sauvignon blanc vendimia tardía, 473
Sauvignon blanc reserva especial, 473
Sauvignon de Saint-Bris (A.O.V.D.Q.S.), 103
Savagnin, 97
Savatiano, 343
Savennières, 203
Savennières Coulée de Serrant, 204
Savennières Roche aux Moines, 204
Savigny-lès-Beaune, 109
Savuto D.O.C., 333
Scavigna D.O.C., 333
Schilcher, 392
Schiller, 398
Schwarzriesling, 413
Scuppernong, 456
Seco, 52
Sedimentos, 256
Selección, 415
Selección Beyaz, 432

Selección Kirmizi, 433
Semidulce, 52
Semiseco, 52
Sémillon, 473, 481
Sémillon vendimia tardía, 473
Sémillon/Chardonnay, 481
Seyval blanc, 424
Seyval seco, 452
Shacheng, 489
Shiraz, 448, 484
Shiraz/Cabernet, 484
Shomron, 436
Sidi Saad, 440
Sierra Foothills, 458
Sistema de clasificación español, 253, 257
Sitia O.P.A.P., 352
Sizzano D.O.C., 295
Sliven, 358
Smaragd, 388
Soave D.O.C., 295
Soave spumante D.O.C./Recioto di Soave
    spumante D.O.C., 295
Somló, 368
Somontano, 232
Sonoma County, 458
Sopron, 368
Sorni D.O.C., 291
Spätlese, 387
Spritzig, 47
Squinzano D.O.C., 330
Steen (Chenin Blanc), 446
Stein, 446
Steinfeder, 388
Steinwein, 416
Süb, 388
Suelo, 16, 20
Suhindol, 359
Super Toscanos, 312
Svischtov, 359
Sylvaner, 33
Syrah, 154, 405, 469
Szeksárd, 376
Szürkebarát, 370, 380

T

Tabarno D.O.C., 325
Taninos, 37
Tarrango, 484
Taurasi D.O.C.G., 324
Tavel, 129
Tebourba, 439
Teliani, 363
Temperatura media anual, 23
Terlano (Terlaner), 290
Teroldego Rotaliano D.O.C., 291
Terra rossa, 479
Texas, 456

Tibaani, 363
Tierre di Franciacorta D.O.C., 284
Tinta Barocca, 448
Tirnave, 361
Tirol, 392
Tisehweir, 387
Tokaj-Hegyalja, 370
Tokaji, 371, 383
Tolna, 376
Torcolato, 297
Torette, 278
Torgiano D.O.C., 318
Torgiano rosso riserva D.O.C.G., 317
Törley brut, 370
Torres Vedras D.O.C., 264
Torrontés, 468
Touraine, 206
Touraine Amboise, 207
Touraine Azay-Le-Rideau, 207
Touraine Mesland, 207
Touraine Noble Joué, 207
Trakiiska Nizina Región (Región Sur), 358
Trakya, 431
Traminer, 30
Tramini, 369
Transilvania/Bana, 361
Trebbianino Val Trebbia, 304
Trebbiano d'Abruzzo D.O.C., 323
Trebbiano di Romagna D.O.C., 307
Trentino D.O.C., 291
Tressallier, 122
Triomphe d'Alsace, 424
Trocken, 388
Trosseau, 98
Tsinandali, 363
Tsitska, 363
Tsolikauri, 363
Tursan V.D.Q.S., 168

U

Utiel-Requena, 251

V

V.D.Q.S., 70
V.E.Q.P.R.D., 261
V.L.Q.P.R.D., 261
V.Q.P.R.D., 70
V.Q.P.R.D. (Vinho de Qualidade Produzido em
    Regiao Determinada), 261
Vacqueyras, 128
Val Nure, 304
Valcalepio bianco, 286
Valcalepio D.O.C., 286
Valcalepio rosso, 286
Valdadige D.O.C. (Etschtaler), 292

Valdeorras, 224
Vale de Sao Francisco, 464
Valençay V.D.Q.S., 210
Valencia, 251
Valle d'Aosta D.O.C., 278
Valle de Curicó, 472
Valle de Rapel, 471
Valle de Beka, 434
Valle del Maipo, 471
Valle del Maule, 472
Valle Isarco (Südtirol-Eisacktaler), 290
Valle Venosta (Vinschgau), 290
Valpolicella D.O.C., 293
Valtellina, 286
Valtellina D.O.C., 285
Valtellina Sfursat, 286
Valtellina superiore D.O.C.G., 284
Valtellina superiore Sassella/Valtellina superiore
    Inferno/Valtellina superiore Grumello/
    Valtellina superiore Valgella, 284
Vavrinec, 381
Vazisubani, 363
Velletri D.O.C., 322
Verbicaro D.O.C., 333
Verdea, 347
Verdelho, 482
Verdicchio dei Castelli di Jesi D.O.C., 319
Verdicchio di Matelica D.O.C., 319
Verduno Pelaverga, 282
Verduzzo del Piave, 298
Vermentino, 283
Vermentino di Gallura D.O.C.G., 337
Vermentino di Sardegna D.O.C., 339
Vernaccia di Oristano D.O.C., 340
Vernaccia di San Gimignano D.O.C.G., 310
Vernaccia di Serrapetrona D.O.C., 320
Vesuvio D.O.C., 326
Vid, 17
Vidal seco, 452
Vidal semiseco/cosecha tardía, 453
Viento, 19, 23
Vignanello D.O.C., 321
Vilana, 343, 351
Villa Doluca, 431
Villány, 377
Vin de Corse, 148
Vin de Corse Calvi, 147
Vin de Corse Figari, 147
Vin de Corse Porto Vecchio, 147
Vin de Corse Sartène, 147
Vin de goutte, 42
Vin de paille, 99
Vin de presse, 42
Vin des glaciers, 404
Vin jaune, 99
Vin perlé, 47
Vinhos de mesa, 261
Vinhos regionais, 261
Vinhos verdes D.O.C., 262

Vini del Piave D.O.C., 297
Vini di Romagna D.O.C., 307
Vini Mantovani, 287
Vinificación, tipos de, 38
Vino comarcal, 220
Vino de la tierra, 220
Vino de mesa, 220
Vino gasificado, 46
Vino joven/vin jaune, 99
Vino Nobile di Montepulciano D.O.C.G., 310
Vino perlado, 47
Vinos clasificados, 42
Vinos de guarda, 37
Vinos de la tierra, 387
Vinos de Saboya blancos, 133
Vinos de Saboya tintos, 134
Vinos de Saboya espumosos, 135
Vinos dulces y licorosos, 23
Vinos espumosos, 459, 481
Vinos jóvenes afrutados, 256
Vinos sonrosados, 460
Vins de l' Orléanais V.D.Q.S., 209
Vins de Moselle, 91
Vins de pays, 85
Vins de pays des Côtes de Gascogne, 170
Vins de table, 161
Vinsanto, 313
Vinsanto del Chianti Classico D.O.C., 313
Vinsanto di Carmignano, 312
Vinsanto di Carmignano Occhio di Pernice, 312
Vipava, 353
Virginia, 456
Visanto, 350
Vitis, 24
Vitis vinifera, 6, 24
Vlassky rizling, 381
Volnay, 110
Vosne-Romanée, 106

Vougeot, 105
Vouvray, 208
Vrbnicka Zlahtina, 356

W

Wälschriesling, 32
Weinbaugebiete, 389
Weissbburgunder, 413
Weissherbst, 398

X

Xérès, 362
Xinomavro, 343
Xynisteri, 433

Y

Yakut Rubis, 433
Yamanashi, 491
Yantai, 489
Yecla, 254

Z

Zagarolo D.O.C., 323
Zenkoji, 490
Zinfandel, 461
Zinfandel blanco/vinos sonrosados/
    Grenache blanca, 460
Zitsa O.P.A.P., 346
Zluty Muskat, 381

El buen champagne es un verdadero arte